(주)데니스 서울특별시 방배동 765-1 데니스빌딩 TEL : 02-3481-2250 FAX : 02-3486-0526 www.denniskorea.co.kr

박노준

고교 야구 전성기 때(1979~1981년) 선린상고 선수로 최고 인기 스타였다. 그가 발목 부상으로 병원에 입원하자 꽃다발을 든 소녀 팬들이 줄지어 문병을 온 추억도 있다. 고려대 시절 국가대표 선수로 활약했고, 졸업 후 OB 베어스에 입단했다. 처음에는 투타 겸업 선수로 뛰었으나 말년에 외야수에 전념했다. 해태와 쌍방울을 거쳐 1997년에 은퇴했다. iTV, SBS, JTBC에서 해설을 했고, 2008년에는 신생팀 히어로즈 단장을 역임했다. 현재 IB스포츠에서 해설을 하며, 전주 우석대 교수로서 후학 양성에 힘쓰고 있다.

장원구

스포츠에 완전히 미친 사람. 초등학생 때인 1976년, 차범근의 5분-3득점 경기와 최동원의 20탈삼진 완투승을 현장에서 직접 보며 스포츠에 인생을 올인했다. 중고교 때는 경기장에 가느라 1년 평균 30일 이상 수업을 빠졌고, 그의 가방 속 노트는 자신이 직접 쓴 어설픈 '선수 리포트'로 가득 차 있었다. '월드사커', '베스트일레븐', '스포츠조선', 'OSEN', '일간스포츠'에서 스포츠 전문기자로 일했다. 1990년 이후 현재까지 야구, 축구, 농구 등의 스카우팅 리포트 30여 권을 저술했다.

김광수

프로야구 원년부터 OB 베어스에서 뛰었던 프랜차이즈 스타. 현역 시절 김성래, 김인식과 함께 프로야구를 대표하는 2루수였다. 김광수는 '야구 IQ'가 대단히 좋았고, '수비형 2루수'로서는 역대 최고로 평가받는다. 1988년 9월 6일부터 1989년 7월 18일까지 63경기 무실책을 기록했고, 공격에서는 뛰어난 선구안과 재치 있는 작전 수행으로 감독들의 사랑을 받는 선수였다. 현역에서 은퇴한 후 친정팀 두산에서 지도자로 나섰다. 두산 수석코치와 감독대행, 한화 수석코치를 역임했다.

윤석환

고교 야구 전성기이던 1979년, 2년 후배 박노준과 호흡을 맞춰 대통령배 우승 및 청룡기 준우승을 이끌었다. 성균관대를 거쳐 1984년 OB 베어스에 입단해 그해 12승 8패 25세이브 평균자책 2.84를 기록하며 신인상과 구원투수상을 받았다. 프로 통산 235경기 43승 27패 50세이브 ERA 3.44. 현역에서 은퇴한 후 OB 및 두산 베어스와 SK 와이번스 투수 코치를 역임했고, 원음방송, SBS 스포츠, 일간스포츠에서 해설위원으로 활동했다. 2015년 4월 15일 모교 선린인터넷고 감독으로 취임했다

이종열

1991년에 LG에 입단한 뒤 18년간 '트윈스 원클럽맨'으로 활약했다. 프로 통산 1654경기 4748타수 1175안타, 타율 0.247에 52홈런 448타점 131도루. '늘 푸른 소나무'처럼 묵묵히 팀을 뒷받침했다. 2009년 현역에서 은퇴한 후 LG 육성군 코치로 지도자 생활을 시작했다. 2011시즌 직후 야구 본고장 미국에 연수를 갔고, 귀국 후 SBS 스포츠 해설위원으로 위촉돼 현재까지 활동 중이다. 야구판에서 '공부하는 해설자'로 유명하고, 현재 대한민국 대표팀 전력 분석원을 겸하고 있다.

강준만

스포츠 전문 프리랜서 겸 작가. 오직 스포츠가 좋아 '돈도 안 되는 글쓰기'를 계속 하고 있다. 스포츠를 다 좋아하지만 그중에서도 야구를 가장 좋아한다. 그는 늘 사석에서 "밥보다 야구가 좋다"라고 말한다. 야구를 너무 좋아해 학창 시절 학교 담장을 넘어, 지금은 없어진 동대문구장(예전 서울운동장)을 찾아 경기를 관전하던 걸 추억으로 이야기한다. KBO 선수들의 프로필 및 장단점을 술술 풀어낼 정도로 전문가적 식견을 가지고 있다. 그가 쓴 '재미있는 야구 사전'은 훌륭한 야구 입문서다.

프로야구
스카우팅 리포트
2018

박노준, 장원구, 김광수, 윤석환, 이종열, 강준막 지음

라의눈

최고급 한정식 • 출장부페 마르첼
Outside Catering Company - Marchell

귀한 손님을 내집에 모시는 마음으로

마르첼의 모든 음식은 신선한 재료를 사용하여
정성을 다하여 만들고 있습니다

CONTENTS

2018
프로야구

2강
4중
4약

—

KIA와 두산이 2강을 형성하고 롯데, SK, NC, 넥센이 4중 그리고 LG, 한화, 삼성,
kt가 4약이 될 것이다.

KIA는 올해도 가장 안정된 전력을 자랑한다. 2017시즌 전력을 고스란히 유지한
데다 LG에서 방출된 백업요원 정성훈, 그동안 부상으로 뛰지 못했던 윤석민, 곽
정철, 손영민이 가세해 불펜의 힘이 전반적으로 강해졌다는 평이다. 두산은 장원
준, 유희관이 건재한 데다 불펜진이 막강하고, 상하위 타선도 짜임새가 있다. 새
로 가세한 외국인 원-투 펀치가 기대만큼만 해준다면 올해도 강력한 우승후보다.
롯데는 선발진, 중간계투, 마무리가 안정적이며 타선 또한 막강하다. 강민호의
FA 이적으로 인한 안방공백, 내야수비 불안을 어떻게 극복하느냐가 과제다. SK
는 돌아온 김광현의 활약 여부가 최대의 변수. 타선의 폭발력도 대단하다. 그러
나 불펜진의 불안감이 여전한 데다 세밀한 작전 야구가 부족하다는 점을 어떻게
극복할 것인지 궁금하다. NC 선발진은 외인투수와 신예투수들의 조합이 좋고,
불펜과 마무리도 막강하다. 중심 타선도 강력하다. 그러나 내야수비가 불안하고,
하위타선이 다른 팀에 비해 약하다는 것도 문제다. 넥센은 MLB에서 복귀한 박
병호의 가세로 타선이 훨씬 강력해졌고, 새 용병 로저스의 부활이 기대된다. 젊
은 선발진이 어떤 활약을 하느냐가 변수다.

LG는 '도깨비팀'이다. 상승세를 타면 선두권을 위협할 수 있지만 조금이라도 엇
박자를 내기 시작한다면 추락할 가능성도 있다. 가장 변수가 많은 팀이다. 한화
는 리빌딩 기간이라 승리보다는 선수들의 부상 방지, 신인 육성에 초점을 둘 것
이다. 그럼에도 불구하고 가을야구 진출에 대한 꿈을 결코 버릴 수 없다. '두 마
리 토끼'를 잡을 수 있을까. 삼성과 kt는 지난 2년간 '바닥'을 찍었기에 이제 반등
만 남았다는 기대감이 크다. 프로팀들이기에 성적에 신경을 써야겠지만 선수들
이 부담감을 떨쳐버리고 매 경기 최선을 다한다면 의외의 성과를 낼 수도 있다.

최강 전력으로 V-12 "GO"

　지난해 우승 전력을 다 지켜냈다. 20승을 올린 '대한민국 에이스' 양현종, 외야수 김주찬과 재계약했고, 외인 3총사 헥터, 팻 딘, 버나디나와도 계약하면서 전력누수가 전혀 없었다. 오히려 LG로부터 방출된 정성훈과 헐값(연봉 1억 원)에 계약하면서 훌륭한 백업 요원을 확보했다. '판타스틱4' 헥터, 양현종, 팻 딘, 임기영의 선발진은 단연 리그 최강이다. 문제는 제5선발. 임기준, 이민우, 김진우, 정용운 등이 있으나 딱히 눈에 띄는 선수들은 아니다. 시즌 내내 경쟁체제다. 불펜은 여전히 불안 요소다. 노장 임창용은 언제 컨디션이 떨어질지 미지수고, 김세현의 롤러코스터 피칭도 살짝 불안하다. 김윤동, 심동섭이 제 역할을 해줘야 한다. 부상에서 돌아올 윤석민, 곽정철, 손영민 등이 김기태 감독의 기대만큼만 해준다면 불안한 불펜의 전력을 업그레이드할 수 있다. 타격은 단연 KBO 리그 최강. 김선빈-안치홍의 키스톤 콤비도 화려하다. 그러나 주전들의 고령화, 백업 선수층이 얇다는 건 문제다.

와신상담하며 정상 재도전

**두산
베어스**

　왕좌 탈환을 위해 외인투수를 모두 갈아치웠다. 롯데에서 검증됐던 린드블럼은 니퍼트의 빈자리를 잘 메울 것으로 보인다. 새롭게 가세한 우완 세스 프랭코프가 어떤 활약을 하느냐가 변수다. 토종선발 장원준과 유희관은 지난해에 이어 올해도 준수한 활약을 기대해도 좋다. 불펜투수였던 좌완 함덕주가 선발진에 합류하는 것도 긍정적이다. 불펜에는 믿음직스러운 김강률을 필두로 이용찬, 김승회, 이현승이 있다. 그리고 좋은 신인급 투수들도 합류해 리그 상위권으로 꼽힌다. 타격에서는 거포 좌타자 김재환, 팀의 핵심타자로 새롭게 떠오른 박건우가 무척 든든하다. 그러나 메이저리그에서 복귀한 김현수가 LG로 갔고, FA였던 민병헌이 롯데로 옮겨 아쉽다. 두산으로서는 양의지, 김재호의 회복과 투지 넘치는 오재원의 부활이 절실하다. 새 외국인 타자의 활약 여부도 팀 타선에 큰 영향을 줄 것으로 예상된다. 두산은 '화수분야구'로 불릴 정도로 꾸준히 좋은 신예들이 등장한다. 승부에 강하고 끈질긴 팀이라 올해도 KIA와 함께 강력한 우승후보다.

롯데
자이언츠

부산갈매기 다시 한번 비상

 린드블럼이 떠난 대신 펠릭스 듀브론트가 합류했다. 그는 메이저리그 118경기 출전 경력이 있는 좌완 투수다. 경력만 놓고 보면 KIA 헥터보다 한 수 위다. 레일리, 박세웅, 김원중, 송승준으로 이어지는 선발진은 리그 상위권이다. 또한 손승락을 필두로 박형진, 박시형, 장시환, 고효준 등 불펜진도 나름 제 몫을 할 것으로 보인다. 두산에서 FA로 풀린 민병헌을 잡은 건 큰 소득이었다. 전준우-민병헌-손아섭-이대호-채태인으로 이어지는 상위 타선은 KIA에 필적한다. 단지 포수 강민호와 3루수 황재균을 놓친 건 무척 아쉬운 대목이다. 특히 강민호의 공백은 그동안 확실한 백업 포수가 없던 팀의 상황을 봤을 때 큰 공백으로 작용할 것이다. 그리고 다른 팀에 비해 하위 타선이 약한 것도 문제. 내야수비는 리그평균 이하다. 문규현, 신본기, 정훈의 내야진은 우승을 노리는 라이벌 팀들의 선수들에 비해 타격이나 수비에서 부족한 점이 많다. 이는 롯데의 아킬레스건으로 작용할 수도 있다.

SK
와이번스

홈런군단 위용. 김광현 컴백 든든

아시아 야구를 두루 섭렵한 힐만 감독의 행보가 심상치 않다. 선수들과의 관계에서도 상명하복이 아닌 합리적인 선수기용으로 호평 받았다. 2017시즌 팀 홈런 234개로 KBO리그 한 시즌 최다 기록을 세우며 '대포군단'의 위용을 떨쳤다. 최정(46개), 로맥(31개), 한동민(29개), 김동엽(22개)으로 이어지는 홈런 타선은 타의 추종을 불허했다. 프로야구 역사에 거의 '레전드급'으로 남을 것이다. 켈리, 산체스, 김광현, 박종훈, 윤희상으로 이어지는 선발진은 리그 상위권으로 평가받는다. 좌완에이스 김광현의 복귀는 최소 10승 보증수표나 마찬가지다. 그러나 장점 못지않게 단점도 눈에 확 띈다. 우선 '짜내기 승부'에 약하다는 지적을 받는다. 이 팀은 지난해 득점권 타율이 최하위(0.273)였다. '모 아니면 도' 스타일의 야구를 추구했지만 세밀함이 부족했다는 평가다. 힐만 감독으로서는 좀 더 작전 야구에 신경을 쓸 필요가 있다. 불펜이 불안한 것도 문제다. 박희수, 박정배, 전유수, 채병용, 서진용 등의 불펜진은 다른 강팀의 불펜에 비해 불안하다.

NC
다이노스

폭발적인 중심타선, 새 용병에 기대

NC는 창단 이래 꾸준히 PO에 진출했고 한국시리즈에도 올랐지만 우승을 하기까지 2%가 부족했다. 선수들의 놀라운 투지, 구단의 과감한 투자는 단연 챔피언감이었지만 신생팀의 한계를 넘지 못해 아쉬웠다. 팀의 전통이 하루아침에 만들어지는 건 아니었다. 그래도 구단 프런트의 선진적 운영 방식은 다른 구단에도 긍정적인 영향을 줬다. NC는 올해 외국인 투수를 모두 갈아치웠다. 로건 베렛과 왕웨이중을 영입했고, 장현식, 구창모 등 신예선수들이 급성장한 것도 주목된다. 선발과 불펜을 오갈 수 있는 이민호, 강윤구, 최금강, 배재환, 정수민 등은 수준급 스윙맨이다. 임창민, 원종현, 김진성의 필승조는 리그 상위권으로 평가받는다. 나성범, 박민우, 박석민, 스크럭스, 권희동으로 이어지는 타선은 리그 정상급이고, 모창민이 은퇴한 노장 이호준의 공백을 잘 메워준 것도 '+α'였다. 내외야 수비진의 짜임새도 좋다. 그러나 김태군이 군에 입대해 박광열, 김종민 등이 지켜야 할 안방이 다소 불안하다. 지난해 부진했던 투수 이재학과 타자 박석민이 부활 여부, 부상으로 고전했던 박민우의 재기 여부가 관건이다.

박병호 가세한 핵타선, 올해 반등하나

　지난 시즌 염경엽 감독의 전격적인 사퇴, 지도자 경력이 전무한 장정석 감독의 취임. 주위에서는 우려의 목소리가 많았다. 시즌 초반 5연패로 출발하면서 먹구름이 드리웠다. 모든 것이 안 좋게 작용하면서 결국 7위에 그치고 말았다. 그러나 올해는 반등할 가능성이 높다. 올해 넥센의 로테이션은 새 외국인 투수 로저스와 브리검, 토종 최원태, 신재영, 한현희로 짜여진다. 로저스가 부상 없이 자신의 기량을 찾고, 신재영이 부활한다면 리그 상위권의 선발진을 보유하게 된다. 불펜진은 조상우, 이보근, 박주현, 김상수, 하영민 등 좋은 투수들을 보유했다. 타격에서는 박병호의 귀환이 가장 눈에 띈다. 그의 무서운 홈런포가 재작동할 경우 넥센은 초이스, 김하성, 서건창, 이정후, 장영석과 함께 리그 정상급 타선을 갖추게 될 것이다. 수비력도 준수한 편. 윤석민의 트레이드와 채태인의 방출은 다소 아쉬움으로 남는다. 이장석 전 대표가 실형을 선고받고 항소했다. 항소심은 향후 6개월 이내에 서울고등법원에서 진행된다. 한창 시즌 중일 때다. 결과가 어떻게 나오느냐에 따라 구단에 큰 영향을 줄 것이다.

2018시즌 반등과 함께 PO로

LG 트윈스

올해 대대적인 개편을 했다. 삼성 감독 시절 4연속 우승했던 류중일 감독을 영입했고, 거액을 들여 메이저리그 출신 김현수를 영입했다. 지난해보다 더 좋은 성적을 낼 수 있는 여건은 충분히 마련됐다. 올해 로테이션은 '파이어볼러' 소사, 새 외국인 윌슨, 좌완 에이스 차우찬, 노련한 류제국, 경험이 쌓인 임찬규로 돌아간다. 지난해 차우찬과 임찬규가 보여준 활약은 꽤 훌륭했고, 올해도 기대를 불러일으킨다. 소사가 전성기 위력을 되찾고, 류제국이 부활한다면 꽤 경쟁력 있는 선발진이 될 것이다. 불펜진은 김대현, 신정락, 김지용, 이동현, 정찬헌, 임정우 등 좋은 자원을 보유하고 있다. 지난해 살짝 아쉬웠는데 올해 반등을 기대해도 좋다. 타격에서는 새 외인타자 가르시아와 MLB에서 유턴한 김현수의 영입으로 대폭 강화됐다. 지난해 팀 평균자책 1위를 하고도 PO에 못 갔던 굴욕을 씻어낼 수 있을까. '타격달인' 박용택은 여전히 컨디션이 좋아 보인다. 그럼에도 불구하고 아직 살짝 부족하다. 유강남, 채은성, 오지환, 이형종 등이 더 성장해줘야 완전체 타순이 된다.

한화
이글스

2년 전의 '마리화나' 다시 보여줄까

올해 지휘봉을 잡은 한용덕 감독은 대대적인 체질 개선에 나섰다. 우선 휠러와 샘슨 등 저비용 고효율 외국인 투수들을 영입해 눈길을 끌었다. 이들은 네임밸류는 그리 높지 않아도 성실하고 무엇보다 부상 없이 꾸준히 출장할 수 있는 투수들이라는 점이다. 이는 지난해 총 330만 달러를 투자해 영입한 오간도, 비야누에바가 잦은 부상으로 제 기량을 전혀 보여주지 못한 것을 반면교사 삼은 것이었다. 휠러-샘슨 '원-투 펀치'를 축으로 윤규진, 이태양, 안영명, 김재영, 배영수 등이 남은 선발 3자리를 놓고 경쟁한다. 김성근 전 감독 시절 '혹사 논란'을 일으켰던 정우람, 권혁, 송창식, 박정진, 장민재 등 불펜진이 얼마나 부활할 수 있을지가 관건이다. 타자들도 마찬가지. 지난해 주축 타자들인 정근우, 김태균, 이용규 등이 동시에 출장한 경기가 고작 21회뿐이었다. 신예 하주석과 오선진, 음주 사건으로 물의를 일으켰던 양성우가 제 역할을 해줬다. 주축타자들이 부상 없이 제대로 시즌을 치르는 게 중요하다.

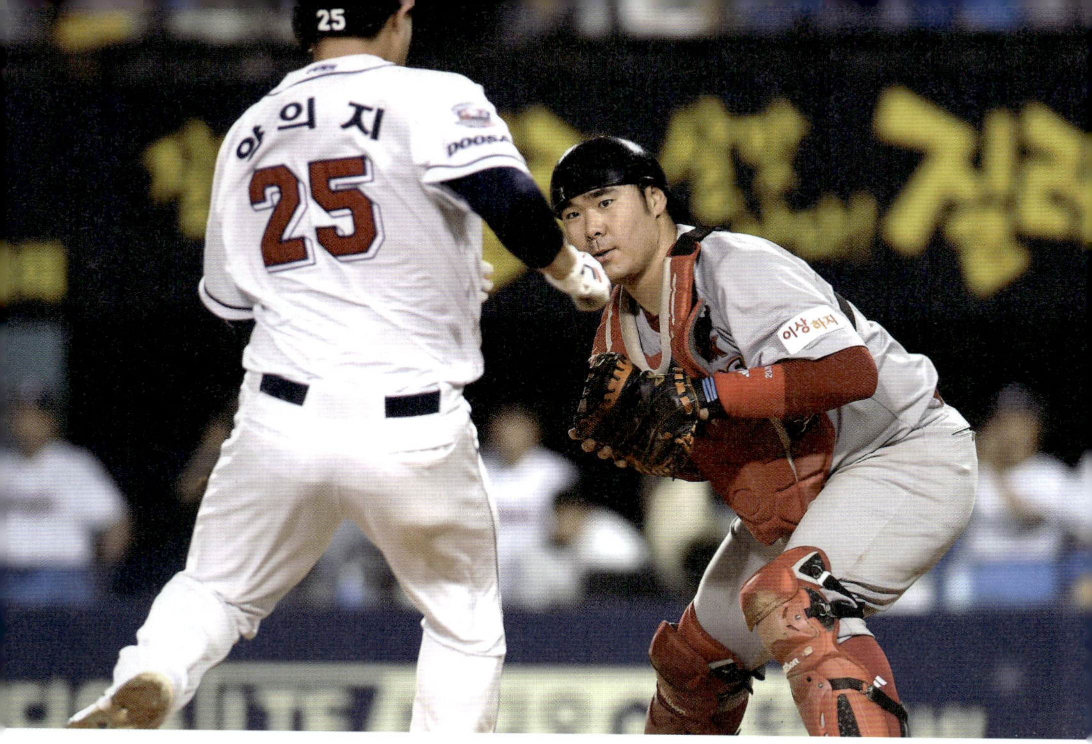

삼성 라이온즈

사자, '악몽의 2년' 털고 재포효(再咆哮)

　　지난해 승률 0.396. 삼성 구단 역사상 최저 승률이었다. 1982년 프로야구 출범 이후 KIA 타이거즈(해태 타이거즈 포함)와 '양대산맥'을 형성해왔던 명문 팀의 자존심이 무너져 내렸다. 구단이 긴축재정을 펼치며 최형우, 박석민, 채태인, 권혁, 차우찬 등 투타 핵심 선수들이 빠져나간 데 따른 대가였다. '국민타자' 이승엽의 은퇴투어조차 빛이 바랬다. 하지만 삼성은 올해 명문 구단의 자존심을 다시 세우려 하고 있다. 사자군단이 '악몽의 2년'을 딛고 다시 포효하려고 준비 중이다. 정통파 외국인 투수 팀 아델만과 계약해 그에게 제1선발의 중책을 맡겼고, 검증된 용병 타자 대린 러프와 재계약해 타선의 중심을 잡게 했다. 여기에 롯데에서 FA로 풀린 강민호를 잡은 건 삼성 구단 프런트의 공이었다. 불펜에서 강한 존재감을 보여준 장필준을 발견한 건 최대의 수확이었다. '이승엽의 후계자'라는 구자욱을 필두로 박해민, 김상수 등 젊은 선수들이 분발한다면 충분히 포스트시즌 진출을 노려볼 만하다.

kt 위즈

단순 탈꼴찌 넘어 포스트시즌 목표로

"우리 목표가 탈꼴찌라고요? 누가 그렇게 말합니까? 우리 목표는 포스트시즌 진출입니다." 김진욱 kt 감독의 목소리에 힘이 넘친다. kt 는 지난해 최저 승률(50승 94패-0.347)을 기록했다. 다른 구단과의 뚜렷한 전력 차이를 실감할 수밖에 없었다. 하지만 그 성적이 올해 김 감독과 kt 선수들이 전의를 불태우도록 자극했다. 주식시장에서 바닥을 찍으면 올라갈 일밖에 없듯이 kt도 더 내려갈 곳이 없기에 반등만 있을 뿐이라는 자신감 말이다. 물론 근거 없는 자신감일 수도 있다. 하지만 김 감독은 오프시즌 동안 선수들에게 '승리 DNA'를 심어주려고 노력했다. 선수 구성은 나름 짜임새가 있어졌다. 피어밴드, 니퍼트, 고영표의 '1-2-3'에 이상화, 김재윤, 류희운, 심재민, 정성곤, 금민철, 최대성 등 두터운 불펜진이 뒤를 받친다. MLB에서 유턴한 황재균을 축으로 로하스, 윤석민, 이해창, 유한준, 박경수, 이진영, 이대형 등의 베테랑과 신예 오태곤, 심우준, 전민수가 가세하며 타격도 좋아졌다. 여전히 불안한 수비를 어떻게 보완하느냐가 숙제다.

건강검진센터 관계자 여러분,

아직도 건강검진 결과표를 비싸게 우편으로 보내시나요?
이제는 마이체크업 서비스를 이용해서 수검자의
스마트폰으로 보내세요.
더욱 편리하고, 더욱 안전하며, 더욱 저렴합니다.

MY CHECK UP

세계최초 개방형
건강검진 관리앱

[제휴병원]

국립중앙의료원(서울), 강동내과(서울),
이대목동병원(서울), 제일병원(서울),
한신메디피아(서울), 성빈센트병원(경기-수원),
우리병원(경기-부천), 일산명지병원(경기-고양),
청심국제(경기-가평), G샘병원(경기-군포),
국제성모병원(인천), 나사렛국제병원(인천),
인천성모병원(인천), 인천한림병원(인천),
고신대병원(부산), 부산대병원(부산),
둔산속편한내과(충남-대전),
울산HM병원(경남-울산), 울산병원(경남-울산),
여수한국병원(전남-여수)

마이체크업 서비스는 제휴 신청 후 2주 이내에 개통
가능합니다.

서비스 문의는 (전화) 1644 - 9077 또는
         (e-mail) mycheckup1@gmail.com

 Google Play 또는 App Store 에서 [MY CHECK UP] **마이체크업** 을 검색하세요.

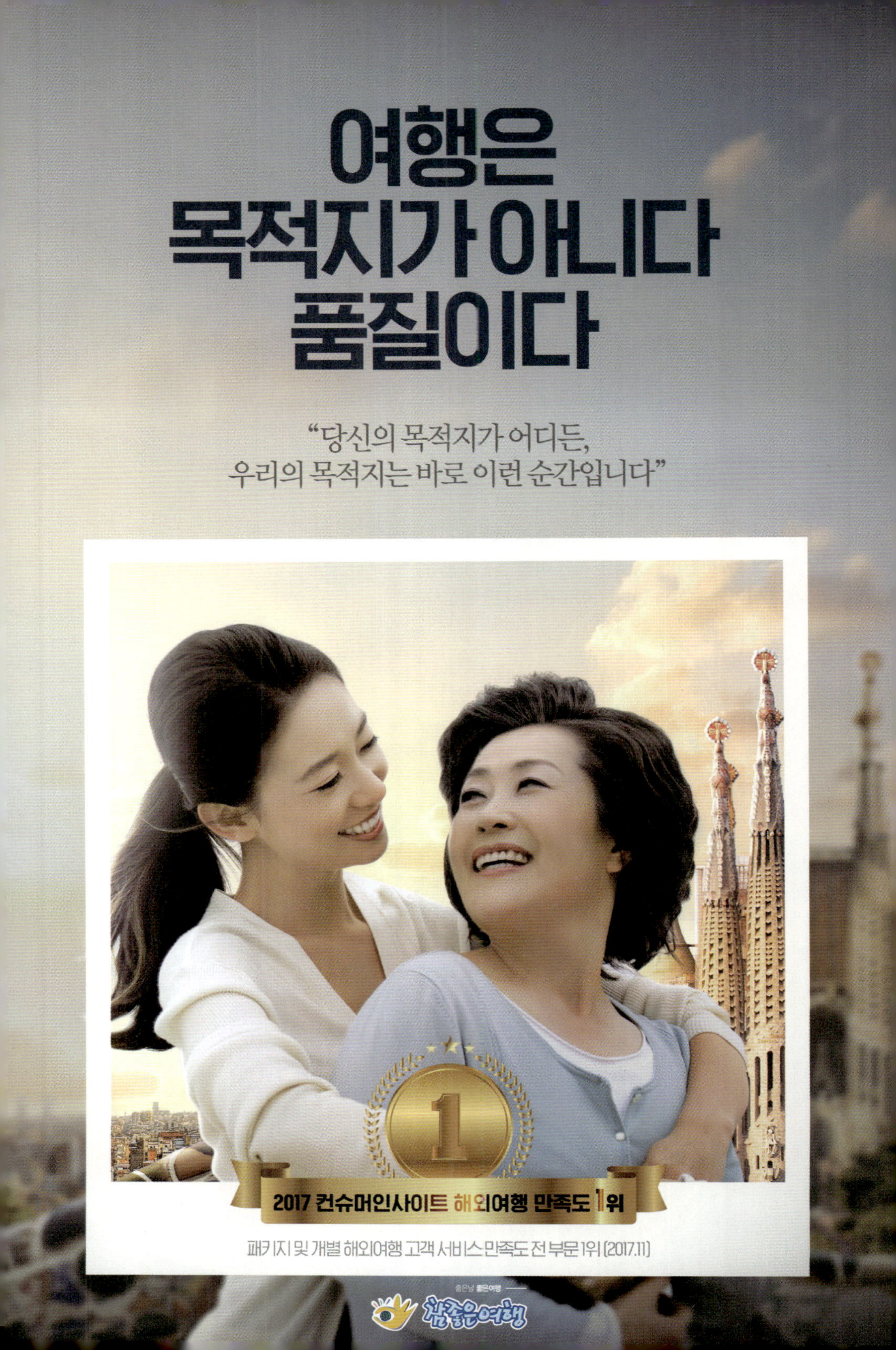

여행은
목적지가 애니다
품질이다

"당신의 목적지가 어디든,
우리의 목적지는 바로 이런 순간입니다"

2017 컨슈머인사이트 해외여행 만족도 1위

패키지 및 개별 해외여행 고객 서비스만족도 전 부문 1위 (2017.11)

2018
불꽃 튀는 전쟁,

프로 선수라면 누구나 최고의 자리에 오르고 싶을 것이다.
가장 중요한 건 역시 팀의 우승이다.
그리고 그 다음은 바로 개인 타이틀을 거머쥐는 것이다.
올해의 개인 타이틀 경쟁은 과연 어떻게 전개될까?
개인 타이틀 수상의 향방은 야구팬들의 큰 관심사다.

개인 타이틀은
누가 차지할 것인가

8

투수
부문

2017시즌에는 피어밴드(3.04, kt), 장원준(3.14, 두산), 해커(3.42, NC), 차우찬(3.43, LG), 양현종(3.44, KIA)이 상위권을 형성했다. 피어밴드는 토미존 수술 이후 제구를 앞세워 극단적인 땅볼 유도형 투수로 거듭나면서 평균자책점이 가장 좋은 투수가 됐다. 토종 투수들 중 상위랭커들이 모두 좌완 일색이라는 게 특징. 한 가지 아쉬운 대목은 우완투수는 박세웅(3.68, 롯데), 소사(3.88, LG) 만이 베스트10에 이름을 올렸다는 점. 2018시즌에도 피어밴드의 강세가 이어질 것으로 보이며 그를 위협할 외국인 투수로 헥터(3.48, KIA)를 꼽을 수 있다. 지난해는 전반기까지만 해도 헥터가 줄곧 선두를 달렸으나 후반기에 평균자책점이 높아졌다. 201이닝 넘게 던진 투구수가 영향을 줬다. 국내선수로는 '대한민국 에이스' 양현종과 '기복 없는 피칭'으로 일관하는 장원진이 유력하다

외국인 투수들을 살펴보면 작년 다승왕 KIA의 헥터와 SK의 켈리, Kt의 피어밴드와 니퍼트, 넥센의 로저스, 롯데의 듀브론트, 삼성의 아델만이 다승왕 경쟁에 뛰어들 것으로 예상된다. 다승왕이 되기 위해서는 본인이 기본적으로 퀄리티스타트를 기록해야겠지만 팀 타선과 불펜진의 도움이 있어야 가능하다. 결국 강팀의 선발 투수들이 유리하다는 얘기다. 현재로서는 헥터, 로저스, 켈리, 듀브론트 등 외인 4명에 토종 에이스들인 양현종(KIA), 장원준(두산), 박세웅(롯데) 등이 경합할 전망이다. 물론 LG 차우찬, SK 김광현, KIA 임기영, NC 장현식, LG 임찬규, SK 박종훈, 넥센 최태원 등도 좋은 투수들이지만 이런저런 사정을 감안하면 위에 열거한 7명 중에서 다승왕이 나올 가능성이 높다.

2017시즌 켈리(189개, SK), 양현종(158개, KIA). 차우찬(157개, LG), 레일리(156개, 롯데), 소사(153개, LG)가 베스트5를 형성했다. 켈리의 압도적인 우세 속에 국내투수로 양현종, 차우찬 두 좌완이 각각 2, 3위를 차지했다. 1, 2, 3위를 차지한 세 선수의 공통적인 특징은 140km 후반대에서 150km 초반대의 포심패스트볼을 던진다는 점. 맞혀 잡는 피칭이 아니라 빠른 볼을 바탕으로 변화구를 적절히 섞어 삼진을 잡아냈다. 2018시즌 역시 켈리와 넥센의 로저스, 양현종과 차우찬, 부상에서 돌아오는 김광현(SK)이 가세해 치열한 다툼이 예상된다. 2015시즌 김광현이 다치기 전에는 삼진 160개를 잡으며 상위권에 이름을 올렸고, 그해 차우찬은 194개로 탈삼진 1위를 차지한 바 있다.

지난해는 손승락(37SV, 롯데), 임창민(29SV, NC), 정우람(26SV, 한화), 이용찬(22SV, 두산), 장필준(21SV, 삼성)이 베스트5를 형성했다. 마무리 투수들의 몸값이 치솟는 건 미국과 일본 등 야구 선진국의 추세다. 9회 마지막 이닝을 책임지고 승리를 매듭짓는 마무리투수의 역할이 그만큼 중요해졌다는 방증이다. 올해는 손승락, 임창민, 장필준, 조상우의 4파전이 예상된다. 하지만 예전에 비해 강력한 마무리투수가 줄어든 것도 현실이다. 2010년대 들어 2011년 오승환(47SV, 삼성), 2013년 손승락(46SV, 롯데)이 각각 40세이브 이상을 기록한 이후에는 '30세이브왕 시대'가 됐다. 그만큼 강력한 마무리투수가 나타나지 않았다는 얘기다. 과거 선동열, 구대성, 이상훈, 오승환 등은 강력한 구위로 한 이닝을 가볍게 삼자범퇴시켰다. 요즘은 그 정도 마무리 투수를 볼 수가 없어 아쉽다

2017시즌 타격 베스트5는 김선빈(0.370, KIA), 박건우(0.366, 두산), 박민우(0.363, NC), 나성범(0.347, NC), 박용택(0.344, LG)이었다. 이중 2016년 타격 베스트5에 들었던 선수는 박용택이 유일하다. 그만큼 매년 가장 치열하게 경쟁하는 부문이다. 타격은 지명타자, 수비부담이 적은 1루수들이 유리하다. 2015, 2016년만 살펴봐도 최형우, 김태균, 테임즈, 박병호 등이 좋은 성적을 냈다. 무엇보다도 부상 없이 꾸준히 경기에 나서 컨디션을 계속 유지하는 게 중요하다. 그래야 꾸준한 타격을 보여줄 수 있기 때문이다. 2018시즌 타격왕 후보는 최형우, 김태균, 박용택, 서건창, 손아섭, 김선빈, 박병호 등이다. 특히 최형우와 김태균의 2파전이 예상된다. 체력을 유지하고 몸이 건강하다면 가장 유력한 후보들이다.

지난해 외야 펜스를 가장 많이 넘긴 선수들은 최정(46개, SK), 로사리오(37개, 한화), 김재환(35개, NC), 스크럭스(35개, NC), 이대호(34개, 롯데)였다. 2018시즌은 메이저리그에서 돌아온 박병호의 가세로 더욱 치열해질 전망이다. 2년 연속 40홈런을 때려낸 최정, 복귀한 박병호, 체력저하로 후반기에 처졌지만 파워 넘치는 최형우, 외인타자 스크럭스, NC의 타격기계 나성범, 신예 거포 한동민의 각축이 예상된다. 가장 강력한 후보인 박병호는 부상 후유증과 마이너리그에서 2년간 활동하면서 나빠진 타격감의 회복이 중요하다. 최정은 젊고 장타력이 일취월장해 50개 이상의 홈런도 가능하다. 좌타자 중에선 최형우가 단연 돋보인다. 단지 체력 저하라는 변수를 슬기롭게 극복하는 것이 관건이다. 전문가들의 일반적인 예상은 박병호와 최정의 2파전이다.

타점왕은 타자 혼자의 힘으로 되는 게 아니라 팀의 전력 여부, 앞선 타자들의 출루 및 주루플레이 능력 등이 복합적으로 작용한다. 팀 성적이 상위권에 있어야 주자가 누상에 많이 모일 수 있고, 이때 안타를 치거나 최소한 희생플라이를 날려주면 타점이 늘어나게 된다. 2017시즌 타점왕 베스트5에는 러프(124점, 삼성), 최형우(120점, KIA), 김재환(115점, 두산), 김하성(114점, 넥센), 최정(113점, SK)이 올랐다. 그러나 최근 2년 간 타점왕에 오른 최형우(144점, KIA), 테임즈(140점, SK)에 비해 기록이 낮아졌다. 최형우에게는 상대 투수들이 고의사구를 많이 내보냈고, 테임즈는 메이저리그에 진출했기에 영향을 줬다. 2018시즌에는 최형우, 박병호, 스크럭스, 최정, 김재환이 경쟁할 것으로 보인다. 이들 중 가장 유력한 후보 2명을 꼽아본다면 역시 최형우와 박병호의 2파전 양상이 될 가능성이 높다.

최다안타 타이틀은 오롯이 타자 혼자의 힘으로도 쟁취할 수 있다. 부상 없이 꾸준히 경기에 출전해 안타를 많이 쳐내면 되기 때문이다. 기본적인 타격 재능이 있어야 함은 물론이고 발빠른 좌타자의 경우 내야안타를 잘 만들 수 있으므로 좀 더 유리하다. 2017시즌 최다안타 베스트5는 손아섭(193개, 롯데), 김재환(185개, 두산), 서건창, 이정후(179개, 넥센), 박건우(177개, 두산), 최형우, 김선빈(176개, KIA)이었다. 서건창은 2014년 201안타로 이종범이 보유하고 있던 기록(198개)을 넘어섰다. 물론 타격왕 타이틀로 함께 거머쥐었다. 올해는 서건창과 이정후의 2파전이 될 것으로 보인다. 서건창은 잦은 부상에도 불구하고 꾸준하게 안타를 생산할 수 있고, 이정후는 고졸신인 1년차라는 사실이 믿기지 않을 정도로 야구센스가 뛰어나다. 시즌 끝날 때까지 참 재미있는 경쟁이 될 것이다.

지난해는 버나디나(118점, KIA), 손아섭(113점, 롯데), 이정후(111점, 넥센), 김재환(110점, 두산), 구자욱(108점, 삼성) 등이 상위권에 올랐다. 일반적으로 득점은 1, 2번 테이블세터가 가장 유리하다. 출루만 한다면 클린업 트리오의 한 방으로 쉽게 득점을 할 수 있기 때문이다. 그러나 홈런타자나 장타력을 겸비한 선수도 유리하다. 홈런 자체가 득점이며 장타는 2루나 3루에 있기 때문에 그만큼 득점하기가 쉬워진다. 득점부문 상위 5명을 살펴보면 김재환을 제외하고 주루센스가 좋고 빠른 발의 소유자가 많다. 2018시즌은 버나디나와 손아섭의 2파전이 될 전망이다. 버나디나는 홈런, 장타력, 도루능력, 주루센스까지 갖춰 가장 유리한 상황. 손아섭 역시 버나디나 못지않게 좋은 툴을 가지고 있어 기대를 모은다. 단지 버나디나에 비해 타율을 제외한 다른 부문에서는 조금 뒤졌다. 올해는 어떨지 주목된다.

도루왕

　도루는 '양날의 칼'과 같다. 도루가 성공하면 좋지만 실패했을 경우 아웃 카운트 하나를 없애거나 공격이 마무리될 수 있기 때문이다. 일반적으로 도루 성공률이 8할 대 아래로 떨어지면 도루를 자제하는 게 원칙이다. 박건우는 2017시즌 87%의 좋은 성공률을 기록한 반면 박해민은 도루왕을 차지했지만 76.9%의 성공률을 보여 대조를 이뤘다. 2017시즌 도루 베스트5는 박해민(40개, 성공률 76.9%, 삼성), 버나디나(32개, 82.1%, KIA), 손아섭(33개, 75.8%, 롯데), 이대형(23개, 85.2%, kt), 박건우(20개, 87.0%, 두산)가 차지했다. 2018시즌 도루왕도 박해민이 가장 유력하다. 그는 도루왕 4연패 달성을 위해 도루에 올인할 것으로 보인다. 또다른 후보 버나디나는 그렇게 무리해가면서 도루할 이유가 많지 않다. 나름 장타력을 보유했기에 상황에 맞춰 뛸 것이기 때문이다.

장타율·출루율

　장타율, 타율, 출루율은 서로 연동이 돼 있다. 전체 안타수 대비 순수한 장타비율을 나타내는 순장타율과는 달리 공식적으로 발표하는 장타율은 타율이 높고, 장타를 많이 치면 확 높아진다. 반면 홈런이 많아도 타율이 아주 낮으면 기록상 손해를 본다. 그리고 출루율도 장타율과 기록상 연동이 된다. 홈런 타자의 경우 고의사구를 많이 얻기에 절대적으로 유리하다. 대표적인 선수가 KIA 최형우다. 그는 지난해 8개의 고의4구(볼넷)를 얻어냈다. 뿐만 아니라 상대 투수가 워낙 조심스럽게 승부하다 보니 일반 볼넷도 상대적으로 많이 얻어내 출루율이 높았다. 2017시즌 장타율 베스트5는 최정(0.684, SK), 로사리오(0.661, 한화), 김재환(0.603, 두산), 최형우(0.576, KIA), 박건우(0.582, 두산)다. 출루율 상위 랭커 5명은 최형우(0.450, KIA), 김재환(0.429, 두산), 최정(0.427, SK), 박건우(0.424, 두산), 로사리오(0.661, 한화)였다. 2018시즌은 박병호, 최정, 최형우 등이 장타율과 출루율 타이틀을 놓고 치열하게 경쟁할 전망이다.

BIG
ISSUE

1

국보급 왼손 에이스
양현종

  2017년 10월 26일 광주-기아 챔피언스필드에서 열린 한국시리즈 2차전 8회말 공격에 나선 KIA가 무사 2루, 1사 3루 기회에서 두산 포수 양의지의 본헤드 플레이로 선취점을 뽑았다. 팽팽한 0의 균형이 깨졌고 1차전을 내준 KIA가 9회초를 막아낼 수 있을지에 관심이 집중됐다. 불펜에는 임창용과 김윤동, 심동섭 등이 몸을 풀고 등판 지시를 기다렸다.

  그때 관중석에서 커다란 함성과 환호가 들렸다. 8회까지 투구수 101개를 기록하며 4피안타 무실점으로 역투 중이던 에이스 양현종이 더그아웃을 박차고 나와 마운드로 걸어갔기 때문이다. 불펜진에 대한 신뢰도 떨어졌지만 2차전까지 내주면 벼랑 끝으로 몰린다는 사실을 알고 있던 양현종의 우승 열망이 '경기를 내가 끝내겠다'라는 의지로 이어졌다.

  선두타자 박건우를 중견수 플라이로 잡아낸 양현종은 김재환에게 빨랫줄 같은 우전안타를 내줬다. 하지만 오재일에게 낮게 떨어지는 슬라이더를 초구로 던져 중견수 플라이로 손쉽게 잡아냈다.

  KIA 이대진 투수코치가 마운드에 올라 "여기까지 왔는데 에이스 자존심 한번 제대로 살려보자"라며 독려했다. 양현종도 내려갈 마음이 없었다. 다만 KIA 김기태 감독은 투구수나 다음 경기 등을 고려해 "혹시 안타나 볼넷을 내주면 불펜을 가동시켜라"라고 최악의 상황을 대비했다. 운명의 장난처럼 8회말 수비에서 결정적인 본헤드 플레이를 한 양의지가 마지막 타자로 나섰다. 양현종이 초구로 던진 141km짜리 돈쪽 공이 볼 판정을 받자 그라운드가 묘한 분위기에 휩싸였다. 공 하나에 양팀 벤치뿐만 아니라 관중석 희비까지 엇갈렸다. 단기전이 주는 중압감이 투수와 타자에게 집중됐다.

  빠른 공 두 개를 잇따라 스크라이크존에 꽂아 넣었지만 몸쪽 길목을 잡고 있던 양의지에게 하마터면 홈런을 내줄 뻔했다. 슬라이더로 타이밍을 빼앗아보려했지만 이미 투구수 115개가 넘어간 터라 꺾이는 각이 밋밋했다. 피를 말리는 듯한 혈투를 이어가다 볼카운트 1-2에서 하이 패스트볼로 시선을 흐트러

뜨렸다. 하지만 자신의 실수로 실점했다는 죄책감에 사로잡힌 양의지도 집중
력을 잃지 않았다. 양팀 더그아웃뿐만 아니라 관중석에서도 '양의 전쟁'을 마
른침과 함께 지켜봤다. 볼카운트 2-2에서 던진 마지막 11구째가 몸쪽 벨트선
위를 파고들었다. 구속도 이날 최고였던 148km보다 낮은 142km에 불과했는
데, 양의지의 배트는 공이 포수 김민식의 미트에 빨려 들어간 뒤 홈플레이트를
지나가는 것처럼 보였다.

　생애 첫 한국시리즈 완봉승을 역사상 최초의 무타점 1-0 완봉으로 장식한
이 순간은 양현종이 왜 국내 최고의 에이스로 불려야 하는지를 증명한 순간이
었다. 시리즈 전적에서 균형을 맞추며 반격의 계기를 마련한 KIA 입장에서도
단순한 1승 이상의 의미를 가진 승리였다.

　1-0 리드, 9회초 2사 1루라는 '살 떨리는' 상황에 언제든 홈런을 때릴 수 있
는 국가대표 포수 양의지와의 대결은 지난해 한국시리즈뿐만 아니라 20승 투
수 양현종이 왜 '최고'로 추앙받는지를 증명하는 한 편의 압축된 드라마였다.

자신이 던지는 몸쪽 공 길목을 막아선 채 기다린 양의지가 한 번 호흡을 가다듬은 찰나의 순간을 놓치지 않았다.

6, 7구를 모두 바깥쪽 슬라이더를 던져 파울 두 개를 내준 양현종은 8구째 빠른 공으로 기습 공략에 들어갔다. 슬라이더 두 개를 연거푸 보기 전까지 빠른 공에 타이밍을 잡고 있던 양의지의 반응에 변화를 이끌어내는 데 성공했기 때문이다. 이 빠른 공에 양의지의 배트가 부러졌고 새 배트로 교체하는 1분 남짓의 시간이 생겼다. 양현종은 포수 김민식에게 "빠져 앉지 말라"라며 승부를 보겠다는 의지를 드러냈다.

양의지가 배트를 골라 송진스틱을 바르고 타석으로 돌아와 자세를 취하는 1분 남짓한 시간 동안 가슴으로 몰아쉬던 양현종의 호흡이 편안해졌다. 정리된 호흡은 볼카운트 1-2에서도 최후의 보루로 볼 수 있는 하이 패스트볼을 던질 심리적 여유까지 선물했다. 포수 김민식이 양의지의 눈높이로 요구했지만 가운데에서 바깥쪽으로 살짝 빠진 하이 패스트볼이 날아들었다. 힘이 많이 들어간, 넓은 의미에서 실투였다. 영리한 양의지는 이 장면을 두고 "하이 패스트볼 이후 일반적으로는 바깥쪽 체인지업 혹은 몸쪽 낮은 슬라이더가 기본이다. 하지만 양현종이라면, 볼카운트 2-2에서 한 번 더 보여주는 공을 던질 것으로 생각했다"라고 돌아봤다. 그 의도대로 양현종은 10구째를 바깥쪽 높은 코스를 파고드는 빠른 공으로 승부했다. 결과는 파울. 오히려 볼배합을 예측했던 양의지의 머릿속이 더 복잡해졌다. 보여주는 공 뒤에는 승부를 걸어올 수밖에 없고 히팅카운트로 볼 수 있는 2-2 상황. 그런데 양의지는 빠른 공에 타이밍이 미묘하게 늦었기 때문에 '100% 변화구'라고 자신할 수 없는 상태였다. 이론상으로 투구수 120개를 넘긴 상황이라 몸쪽 빠른 공 승부는 어렵고 오히려 바깥쪽 체인지업에 대비한 중간 타이밍으로 코스 공략을 하는 게 확률을 높이는 방법이라고 생각했다. 하지만 양현종은 양의지의 벨트선 위를 파고드는 빠른공을 결정구로 선택했다. 양의지가 처음 타석에 들어섰을 때처럼 '몸쪽 빠른 공' 하나만 노리고 있었더라면 장타로 연결할 수도 있는 높이, 속도였다. 하지만 배트를 교체하던 그 짧은 순간이 양현종에게 경기를 냉철하게 들여다보는 여유를 선물했다. 결과적으로는 이날 즈기의 마지막인 122구째 빠른 공은 타이밍, 코스, 구종선택 등에서 양현종이 완승을 따낸 결정적인 장면이었다. 구위와 제구에 대한 확신이 없었다면 던질 스 없는 그 공 하나로 양현종을 전대미문의 정규시즌, 한국시리즈 동반 MVP로 이끌었다.

한국시리즈 2차전 9회초 2사 후 승부는 나흘 뒤 잠실에서 열린 5차전 9회말

1사 만루 위기에서 박세혁과 김재호를 빠른 공 세 개로 유격수 인필드플라이와 포수 파울플라이로 각각 솎아내고 포효할 수 있었던 주춧돌이 됐다. 류현진(LA다저스) 김광현(SK) 등에 밀려 늘 2인자 대우를 받던 양현종이 명실상부한 국내 최고 투수로 자리매김한 순간이기도 했다.

1995년 LG 이상훈 이후 22년 만에 왼손 선발 20승 투수로 우뚝선 양현종은 팔색조 매력을 가미한 완벽한 '포-피치 피처'로 성장했다. 한국인 최초의 메이저리그 타자로 잘 알려진 MBC 스포츠플러스 최희섭 해설위원(전 시카고컵스, 플로리다, LA다저스, KIA)은 "메이저리그에서 말하는 포-피치 피처는 빠른 공 하나를 네 가지 방향으로 던지는 투수라는 의미"라고 말했다. 라이징 패스트볼로 대표되는 '떨어지지 않는 포심 패스트볼'에 바깥쪽으로 살짝 휘는 컷패스트볼, 몸쪽으로 예리하게 꺾이는 투심 패스트볼, 아래로 살짝 떨어지는 싱킹 패스트볼(이상 우타자 기준) 등을 자유자재로 던질 수 있는 투수를 말한다. 여기에 컷패스트볼보다 구속은 떨어지는 대신 휘는 각이 큰 슬라이더, 투심 패스트볼이나 싱킹 패스트볼보다 느리지만 떨어지는 각이 큰 체인지업과 포크볼 등을 가미하면 빅리그에서도 선발진에 포진할 능력을 갖추게 된다. 타자들의 앞뒤 타이밍을 빼앗을 수 있는 커브를 더하면 완성형 투수라는 칭호를 받는다. 2015년 체인지업 완성도 높이기에 열중한 양현종은 2016년 커브 제구에 자신감을 가졌고, 2017년 컷패스트볼을 더해 완성형 투수로 거듭났다.

팔에 힘이 있을 때에는 빠른 공을 중심으로 좌타자 바깥쪽 슬라이더, 우타자 바깥쪽 체인지업을 결정구로 활용한다. 포심 패스트볼 회전이 평소보다 무딜 때에는 슬라이더를 기본 메뉴로, 커브를 카운트 피치로 활용하며 타자들의 조급함을 이끌어낸다. 구종을 추가해 제구를 가다듬기까지 혹독한 과정을 묵묵히 견뎌온 양현종은 "타자들은 포심 아니면 슬라이더 둘 중 하나라는 생각으로 타석에 임한다. 이럴 때 투심 패스트볼이나 체인지업, 커브 등을 하나씩만 가미해도 볼배합 싸움에서 이길 확률이 높아진다. (류)현진이 형이 메이저리그 타자들을 상대하는 모습을 중계로 지켜보면서 큰 공부가 됐다"라고 설명했다. 류현진이 체인지업을 던지는 타이밍과 코스를 관찰한 뒤 이미지 트레이닝으로 자기 것으로 만들고, 실전에서 활용하며 응용력을 키우는 식으로 성장했다. 그럼에도 불구하고 양현종의 최대 무기는 빠른 공이다. 등판 때마다 패스트볼 비율을 60% 이상 유지하는 이유도 "빠른 공이 기본이 돼야 변화구가 산다. 빠른 공이 통하지 않으면 변화구도 통하지 않는다. 구속이나 회전이 생각만큼 안 나오

더라도 일단은 빠른 공으로 카운트를 잡아야 한다"라고 생각하기 때문이다.

집착으로 볼 수도 있지만 빠른 공에 대한 양현종의 자신감은 20승 고지를 밟던 순간에도 빛을 발했다. 9월 26일 광주, LG전에서 7이닝 무실점으로 19승째를 수확한 양현종은 10월 2일 수원, kt전을 최종전으로 잡았다. KIA가 정규시즌 우승을 확정하지 못한 상태라 개인뿐만 아니라 팀도 무조건 이겨야 하는 벼랑끝 경기였다. 이미 30경기나 등판했고 180이닝 이상 소화한 터라 피로가 쌓인 상태였다. 정규시즌 우승을 차지하면 3주간 휴식을 취할 수 있으니 컨디션 조절이 가능하지만 만에 하나 20승 달성에 실패하고 팀도 2위로 시즌을 마칠 경우 허탈감이 물밀듯 밀려올 게 뻔했다.

실제로 1회말 선두타자 정현에게 던진 빠른 공이 143km에 머무는 등 구위가 이전만 못했다. 1사 후 오태곤의 기습번트를 1루로 송구하는 과정에서 왼 옆구리 근육도 살짝 뭉쳤다. 2사 후 멜 로하스 주니어를 상대하기 전에는 트레이너를 불러 허리와 등 상태를 체크하는 등 일촉즉발의 위기까지 맞았다.

수원구장이 상대적으로 작은 규모라는 점을 고려해, 중심타선을 비롯한 장타력을 갖춘 우타자들에게 체인지업을 볼배합 중심에 놓고 빠른 공을 '보여주는 공'으로 활용해 완급조절의 진수를 보여줬다. 이날 던진 120개 중 빠른 공이 65개였다는 점은 '패스트볼을 반드시 스트라이크존으로 던지지 않아도 된다'라는 에이스들의 투구 철학을 증명하는 장면이기도 했다.

모두가 알고 있는 레퍼토리를 갖고 있지만 쉽게 공략당하지 않는 이유는 크게 두 가지다. 우선 하체를 활용한 투구로 볼끝에 체중을 완전히 실어 던진다는 점이다. 20대 초반에는 자유족 발끝이 우타자 배터박스 쪽으로 향해 상하체 밸런스가 무너지는 단점이 있었다. 중심축이 오른쪽으로 향하니 골반도 빨리 열려 팔을 일찍 덮어버리는 악순환이 이어졌다. 웨이트 트레이닝 등으로 150km짜리 강속구를 던지게 됐지만 슬라이더를 제외한 변화구 제구에 어려움을 겪은 결정적인 이유였다. 스트라이드 과정에 과도하게 힘을 쓰려다 보니 자연스럽게 발끝과 무릎이 타깃 방향을 정확히 가리키지 못했다. 완성형 투수가 된 지금도 발끝이 우타자 배터박스 쪽으로 열린 채 지면에 떨어지는 모습을 볼 수 있지만 무릎만큼은 타깃 방향을 정확히 가리킨다. 끊임없는 훈련으로 하체 유연성과 근력을 키워 팀 선배 임창용처럼 발목이 아닌 무릎에 체중을 싣는 기술을 익힌 것으로 볼 수 있다. 무릎을 기준으로 허벅지와 골반이 타깃 방향으로 정확히 유지되면 상체가 일찍 돌아가는 단점이 사라진다. 체중도 안정적으로 실을 수 있게 돼 릴리스 포인트를 조금이라도 더 포수 쪽으로 끌고 나올 힘도 생긴다. 커브와 체인지업 등 타이밍 싸움이 가능한 구종을 자유자재로 구사하기 시작한 시점도 하체 밸런스를 잡은 뒤부터였다.

또 한 가지 흥미로운 장점은 '디셉션'으로 알려진, 공을 숨기는 동작이 메이저리그 투수들과 비교해도 손색없다는 점이다. 2013년부터 양현종을 지켜본 시카고 컵스 스카우트 총괄 부사장은 "같은 팔 스윙으로 포심, 슬라이더, 커브, 체인지업 등을 던지는 투수는 빅리그에서 쉽게 찾아보기 어렵다. 양현종은 팔 스윙에 차이가 거의 없는데 손에서 공이 나오는 장면이 타자 입장에서 잘 보이지 않는 훌륭한 디셉션 동작을 갖고 있다"라고 설명했다. 다소 와일드해 보일 수 있는 폼이지만 공을 쥔 손이 글러브에서 빠져나와 머리 위로 넘어올 때까지 철저히 감춰져 있다는 의미다.

타자들은 일반적으로 투수의 팔 스윙에 타이밍을 잡는다. 킥 동작은 와인드업과 세트포지션 등에 따라 시간차가 있기 때문에 투구동작을 시작하면 글러브에서 손이 빠져 원을 그린 뒤 릴리스 포인트까지 이어지는 리듬에 맞춰 타격 타이밍을 잡는다. 투수들의 디셉션이 좋을수록 리듬 싸움에서 우위를 점할 수밖에 없다는 의미다. 양현종은 글러브에서 빠져나온 왼팔이 어떤 리듬으로 릴리스 포인트까지 올라오는지를 측정하기 어려워 과장을 보태면 공이 손에서 떨어지는 순간부터 예측하고 반응해야 하는 까다로운 투수다. 포심 패스트볼이 140km에 머물러도 타자들이 늦게 반응하는 이유가 이 때문인 것으로 유추할 수 있다. 초고교급 투수로 불리던 광주 동성고 재학 시절부터 양현종의 빠른 팔 스윙과 디셉션은 국내뿐 아니라 빅리그 스카우트 사이에서 리포트 항목 상위권에 기재됐을 정도였다.

이 가능성 덕분에 2007년 신인 2차드래프트 1라운드 전체 1순위로 KIA 유니폼을 입은 양현종은 입단 두 번째 시즌 만에 풀타임을 소화했다. 2006년 혜성처럼 등장해 신인왕과 정규시즌 MVP를 독식한 '괴물' 류현진의 탄생에 각 팀이 왼손 파이어볼러 육성에 공을 들이던 때였다. 2007년 시즌 중반 배터리코치로 KIA 유니폼을 입은 뒤 시즌 후 지휘봉을 잡은 KIA 조범현 감독은 고졸 신인이던 양현종을 보고 "신체조건이 좋고 유연하다. 제구만 가다듬으면 KIA의 10년을 책임질 왼손 에이스가 될 수 있다"라고 확신했다. 전통의 '투수왕국'이지만 왼손 선발투수 기근 또한 감추고 싶은 전통이었다. 조 감독은 당시 현대를 이끌던 김시진 감독(현 한국야구위원회(KBO) 경기운영위원)에게 투수 육성법을 물었다. 김 위원은 "투수는 맞으면서 크는 것 말고 답 없다. 죽이 되든 밥이되든 1군에 데려다놓고 패전처리로라도 경험을 쌓게 하라. 한 타자, 아웃카운트 한 개, 1이닝, 이렇게 임무를 늘려가면 싹수가 있는 놈은 알아서 깨달을 것"이라고 조언했다. 훗날 이들은 광저우 아시안게임에서 감독-투수코치로 의기투합해 양현종에게 컷패트스볼을 전수하며 풀타임 에이스로 발돋움할 발판을 제공한다.

신인 시절 양현종은 '막내딸'로 불렸다. 하얀 피부에 눈웃음을 무기로 살인애교를 떨며 형들의 사랑을 한 몸에 받았다. 철없는 스무 살로 보였지만 누구보다 잘하고 싶은 욕심이 강했다. 웃음만큼 눈물도 많았지만 감정에 솔직한 만큼 악바리 근성도 숨기지 않았다. 2008년 풀타임(선발 9경기 포함 48경기 75.2이닝, 5패 5홀드 평균자책점 5.83)을 소화하고도 1승도 따내지 못하자 독기를 품었다. 조 감독이 영입한 간베 도시오 코치와 지옥훈련으로 스프링캠프를 소화하

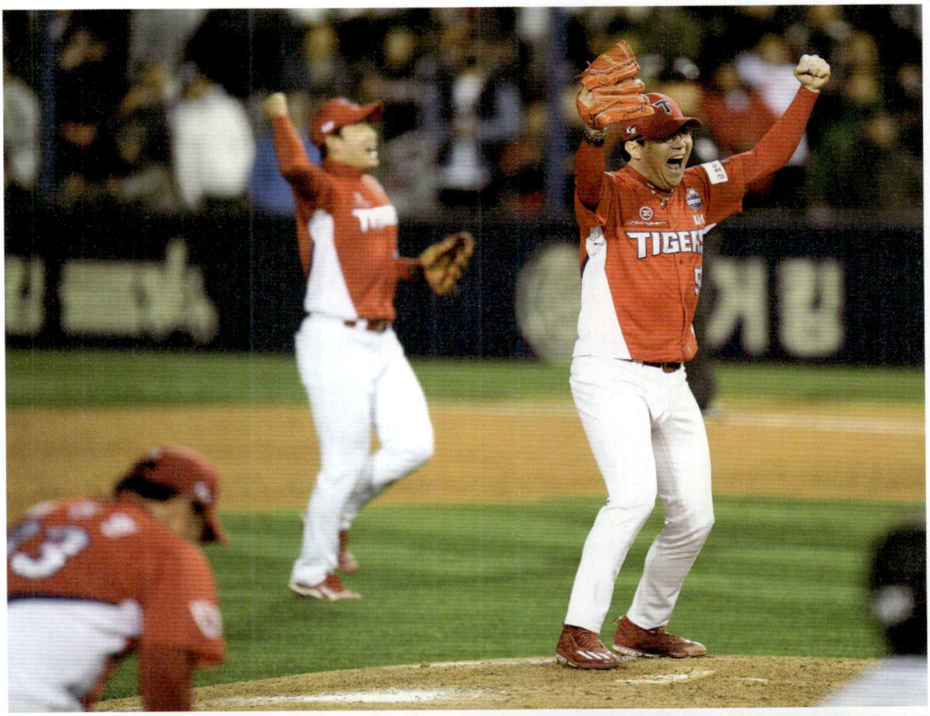
TIGERS

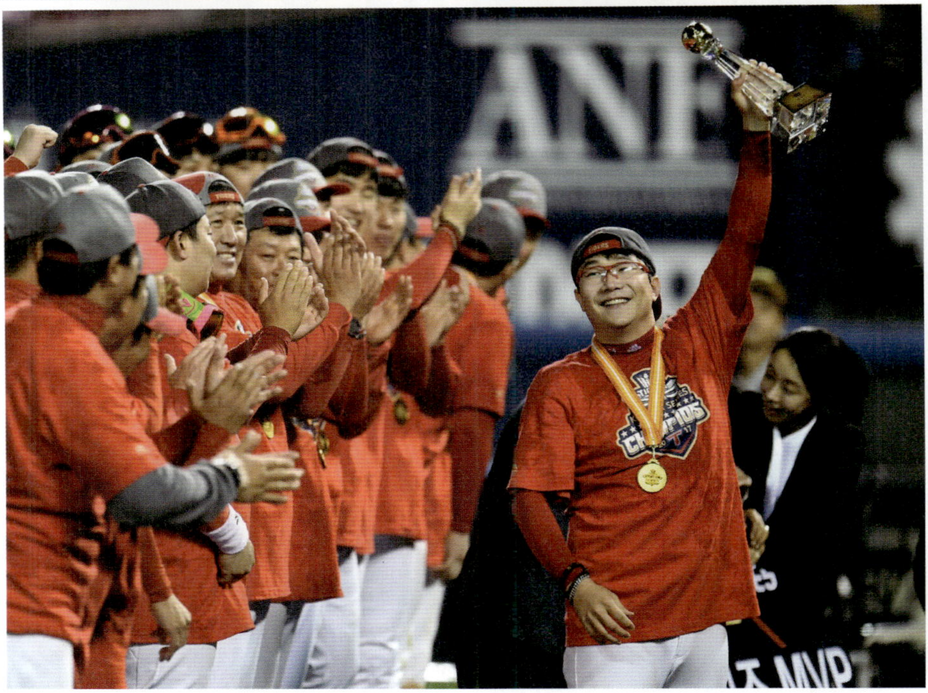

며 한 단계 성장했다. 들쑥날쑥한 제구를 잡기 위해 하루 350개씩 불펜투구를 한 양현종은 "누가 이기는지 한번 해보자는 마음밖에 없었다. 여기서 나 스스로를 이기지 못하면 팀내 경쟁은 물론 타자와의 승부에서도 이길 수 없다는 생각이 들었다. 오기가 생겨 더 이를 악물고 했던 것 같다"라고 돌아봤다. 물론 지옥훈련이 힘들어 방황도 했다. 조 감독은 마음을 잡지 못한채 방황하던 양현종에게 조기 귀국을 통보했다. 천운이 따랐는지 한국행 비행기 티켓을 구하지 못해 캠프에 잔류하게 됐고 한바탕 울분의 눈물을 쏟아낸 뒤 다시 스파이크끈을 조여 맸다.

지옥훈련의 결과는 시즌 12승 5패 평균자책점 3.15라는 성적으로 돌아왔다. 원정경기를 떠나면 동료들이 외출한 한밤중에도 호텔 옥상이나 주차장에 나가 이미지 트레이닝을 했다. 양현종은 "남들이 놀 때 나는 노력한다는 자부심이 생기기 시작했다. 누가 이기는지 한번 해보자는 생각이 강했다. 지금 돌아보면 독기였던 것 같다"라며 웃었다.

2010년에는 타이거즈 왼손 투수 한 시즌 최다 타이인 16승(8패 평균자책점 4.25)을 따내며 에이스 칭호를 듣기 시작했다. 2009년 일본프로야구 요미우리와 치른 한일 클럽챔피언십 시리즈 역투와 2010년 광저우아시안게임 등 국가대표로도 경험을 쌓으며 스펙트럼을 넓혔다.

아시안게임 이후 어깨 통증이 찾아와 슬럼프에 빠졌을 때에도 양현종은 휴식 대신 또 훈련을 선택했다. 이때부터 불꺼진 그라운드를 하얀 수건 한 장 들고 섀도 피칭을 하던 루틴이 생겼다. 실제로 공을 던지면 어깨가 더 상할 수 있으니 섀도 피칭으로 이미지 트레이닝을 했던 것이다. 광주-KIA 챔피언스필드로 홈구장을 옮긴 이후에도, 20승 투수 반열에 오른 2017년에도 양현종의 섀도 피칭은 쉬는 날이 없었다. 슬럼프 아닌 슬럼프에 빠지면 그라운드를 한바퀴 돌 때까지 섀도 피칭을 반복했다. 비가 오는 날에는 실내 훈련장에서도 수건 휘두르기를 멈추지 않았다. 두 시즌 동안 지독한 슬럼프에 빠졌던 그는 2013년 9승 3패 평균자책점 3.10으로 재도약의 기틀을 마련한 뒤 2014년부터 4연속 시즌 두 자리 승리를 따내며 타이거즈의 상징으로 우뚝 섰다. 광저우아시안게임 때 조범현-김시진 콤비에게 배운 컷패스트볼은 양현종의 슬라이더와 절묘한 앙상블을 이루며 강력한 무기로 정착했다.

타이거즈 왼손 투수 최초로 100승(7월 13일 광주 NC전 6이닝 1실점)을 따낸 뒤 "조범현 감독님과 간베, 이강철 코치님이 아니었다면 지금의 나도 없었을 것"이라며 큰 고마움을 표한 배경도 방황과 시련의 시기를 함께 헤쳐나간 은사들의 노력을 가슴에 담고 마운드에 올랐다는 것을 방증한다.

　　마운드 위에서 타자들을 상대하는 요령을 깨친 양현종은 부상 회복 후 매년 구체적인 목표를 세우고 시즌을 준비했다. 2014시즌을 앞두고는 "이닝을 길게 던지는 것을 목표로 삼겠다"라고 선언했다. 우승후보로 꼽혔던 2013년, 주축 선수들의 줄부상에 팀 순위가 곤두박질치는 모습을 본 뒤 생각을 바꿨다. 선발 투수가 긴 이닝을 소화해야 불펜 부하를 줄여 승부처에서 힘을 발휘할 수 있다는 것을 체득했기 때문이다. 2014년 29경기에 나선 양현종은 자신의 한 시즌 최다인 171.1이닝(전체 7위)을 소화하며 자신과의 약속을 지켰다. 평균자책점은 4.25로 만족스럽지 못했지만 16승(8패)을 따내며 붕괴된 KIA 마운드를 지키는 대들보로 올라섰다. 한 번 목표 달성에 성공하자 매년 스스로를 업그레이드했다. 2015년 일본 오키나와 스프링캠프에서는 "그동안 이닝과 탈삼진 욕심만 냈다면 이제 야수들의 부담을 덜어주는 경기를 하고 싶다"라며 평균자책점 관리를 선언했다. 자신의 한 시즌 최다이닝을 가뿐하게 경신(184.1이닝)하며 15승(6패)을 따낸 양현종은 생애 첫 평균자책점 1위(2.44)를 거머쥐었다. 2015년 성공은 자신과 약속을 반드시 지켜내는 악바리 근성에 관록이 더해진 시점으로 볼 수 있다.

　　KIA가 5년 만에 포스트시즌 진출(와일드카드 결정전)에 성공한 2016년, 양현종은 국내 선수로는 류현진(2007년 211이닝) 이후 10년 만에 200이닝을 돌파(200.1이닝)하며 이닝이터 명성을 추가했다. 지독한 타선 침체로 10승(12패)에 그쳤지만 경기당 평균 6.1이닝 이상 버텨준 덕분에 호랑이 군단의 짧지만 강렬했던 가을잔치도 가능했다. 통산 11번째 한국시리즈 우승을 통합우승으로 따낸 2017년에는 정규시즌에서만 193.1이닝을 던졌고 한국시리즈 두 경기 10이닝 무실점 역투로 2연속 시즌 200이닝을 넘게 소화했다. 피로가 쌓일 법하지만 양현종은 "아내를 만나 결혼을 한 뒤부터 책임감 못지않게 편안함이 생겼다. 사람으로 이룰 수 있는 건 다 이루고 있구나 싶은 마음이 마운드에서 나를 더욱 강하게 한다. 남편, 아빠, 아들로 겨울을 보냈더니 피로도 싹 가셨다"라고 말했다 '막내딸'이 '에이스'로 '가장'으로 훌쩍 성장한 데에는 가족들의 힘이 정말 컸다.

　　가족에 대한 양현종의 진심은 '고마움' 그 자체다. 모친 조순하(60) 씨는 양현종의 고교시절부터 그가 등판하는 날마다 108배를 하며 아들과 팀의 건강과 건승을 기원했다. 한국시리즈 때에는 KIA 선수들의 이름 하나하나를 초에 새겨 불공을 드리는 등 물심양면으로 아들을 뒷바라지했다. 양현종은 "지난 연말에 수상 소감을 말할 때마다 아내 얘기만 해서 부모님께 정말 죄송했다. 매일 절에 가서 기도하시고, 부정 탈까봐 경기 중에는 대화도 나누지 않으시면서 정성을 쏟으셨다. 감사하다는 표현도 잘 못했으니 크게 써달라"며 필자에게 따로 부탁까지 했다. 재미있는 점은 불교 신자인 모친과 기독교 신자 아내라는 점이다. 마운드 위에 서 있는 양현종이 위기에 몰리면 모친은 두 손을 비비며, 아내는 두 손을 모으고 각기 다른 방식으로 기도하는 장면이 연출된다. 양현종은 "이 장면을 마운드 위에서 보고 웃음이 터졌었다"라며 껄껄 웃었다.

KBO리그 역사에 남은 한국시리즈 1-0 완봉승 기록에도 가족들의 보이지 않는 공이 숨어 있다. 아내 정라헬(28) 씨가 잔뜩 긴장한 신랑의 기운을 북돋아 주기 위해 기지를 발휘했다. 홈에서 등판할 때마다 분리불안증이 있는 사람처럼 어머니와 아내에게 "꼭 구장에 와달라"라고 부탁하는 양현종은 한국시리즈 2차전 선발을 앞두고는 더욱 불안한 표정을 지었다고 한다. 첫 딸 시온(3) 양이 변비로 고생할 때였는데 "시온이가 엄청난 황금색 변을 시원하게 놓는 꿈을 꿨다"라며 너스레를 떨었다. 양현종은 그 자리에서 30만 원에 아내의 꿈을 샀고 거짓말처럼 1-0 완봉승을 따냈다. 그러고 보면 양현종이 풀타임 선발투수 경험을 쌓던 2009년에도 거짓말 꿈에 한국시리즈 우승을 따냈다. 당시 지휘봉을 잡은 조범현 감독은 시즌 중반부터 "우주의 기운이 KIA로 오고 있다. 연초에 기가 막힌 꿈을 꿨는데 올해 무조건 우승한다"라며 선수단을 세뇌했다. 조 감독도 우승 영예를 누린 뒤 "꿈은 무슨, 선수들이 하도 피곤해하고 순위 싸움에 부담을 느끼기에 뻥 한 번 쳤지"라며 껄껄 웃었다. 8년 뒤 다시 한번 왕관을 차지할 때 양현종도 "우주의 기운이 KIA로 오고 있다"라며 자기최면을 걸었는데, 아내까지 아이를 동원한 가짜 '길몽'으로 지원사격해 천생연분임을 과시했다.

해외 진출을 구체적으로 그리다 포기한 것도 가족 때문이다. 큰딸 시온 양이 막 태어나 아내가 육아로 힘들어할 때 메이저리그와 일본프로야구 진출 기회가 찾아왔다. 도전하면 당장은 고생하겠지만 잘해낼 자신도 있었다. 2014년 가을, KIA 지휘봉을 잡은 김기태 감독도 양현종의 거취에 좌불안석인 표정이었다. 양현종이 전열에서 이탈하면 시즌 평균 15승이 날아간다는 사실을 알고 있었기 때문이다. 하지만 김 감독은 양현종이 품은 큰 꿈을 응원하기 위해 일부러 전화통화도 하지 않은 채 초조한 시간을 보내야 했다. 장고를 거듭하던 양현종은 KIA 잔류를 선택했다. 프리에이전트(FA) 자격을 얻은 2016년 겨울에도 해외 진출을 구체적으로 타진했지만, 이번에도 임신한 아내가 해외에서 육아까지 맡아야 할 처지에 놓이자 1년 계약(총액 22억 5000만 원)으로 호랑이 군단에 남았다. 그리고 생애 최고 성적인 20승을 거머쥔 뒤 연봉 23억 원에 도장을 찍었다.

양현종은 "태어나 자란 곳에서 하고 싶은 야구를 잘한다는 게 내가 내세울 수 있는 유일한 부분이다. 좋아하는 일을 하면서 인정받는 것만큼 어려운 일이 있겠는가. 이걸 해냈으니 성공했다고 볼 수도 있다. 광주에서 이렇게 많은 것을 얻었는데 다른 팀에 가서 팀 우승을 위해 최선을 다할 자신이 없다. 훗날 내 실력이 바닥으로 떨어졌을 때에도 타이거즈 팬이 인정하는 선수로 남고 싶다. 마지막 꿈은 KIA에서 영구결번되는 것이다. 이 꿈을 포기하고 싶지 않다. 수많은 레전드가 계셨던 구단에 내 이름과 등번호가 영원히 남는다면 개인적으로도 큰 영광일 것"이라고 솔직하게 속내를 공개했다. 또 하나의 가족인 타이거즈와 그려갈 왼손 에이스의 '성공 신화'는 여전히 현재 진행형이다.

글=스포츠서울 장강훈기자

BIG
ISSUE

2

영원한 영웅의 뒷모습,
이승엽을 떠나보내고

이승엽. 이름 석 자만으로도 엄청난 존재감을 드러낸다. 그럴 만도 하다. 개인 통산 최다 홈런, 최다 타점, 최다 득점 등 각종 기록을 달성하며 '살아 있는 역사'라 불렸고 지난해 10월 3일 대구 삼성라이온즈파크에서 열린 은퇴 경기에서도 연타석 아치를 쏘아 올리며 클래스가 다르다는 걸 확실히 보여줬다. 그래서일까. '야구는 몰라도 이승엽은 안다'라고 말할 만큼 이승엽의 브랜드 파워는 어마어마하다. '국민타자'라는 최고의 수식어를 비롯해 소속 구단을 대표한다는 의미의 '라이언킹' 그리고 일본 무대에서 활약할 때 '승짱'이라고 불리는 등 명성만큼이나 별명이 다양하다. 실력만 뛰어난 게 아니다. 완벽의 대명사와 같은 '엄친아(엄마 친구 아들)'라는 표현이 어색하지 않을 만큼 그라운드 안팎에서 훈훈한 이야기만 쏟아진다. 그 흔한 구설수 한 번 없이 현역 생활을 마감한 이승엽. 그가 대한민국 야구사에 큰 발자취를 남길 수 있었던 건 피나는 노력과 강한 정신력 그리고 철저한 자기 관리 덕분이 아닐까. 이승엽의 성공 비결을 키워드로 살펴보자.

선택과 집중

삶은 선택의 연속이다. 이승엽 도한 야구를 시작한 이래 숱하게 선택의 갈림길에 섰다. 잘 알려진 대로 한양대 진학을 포기하고 프로 입단을 선택했고 투수에서 타자로 전향해 한국 야구사에 큰 획을 그었다. 메이저리그 진출 대신 일본 무대에 진출해 요미우리 자이언츠 제70대 4번 타자로서 맹위를 떨쳤다. 8년간의 일본 생활을 마감하고 삼성에 복귀해 3년 연속 통합 우승의 기쁨을 만끽했다. 향후 2~3년간 선수 생활을 할 수 있을 만큼 기량이 녹슬지 않았으나 현역 은퇴 시점을 예고해 큰 반향을 일으키기도 했다. 언젠가 이승엽에게 '선택의 갈림길에 섰을 때 가장 우선으로 여기는 게 무엇이냐'라고 물은 적이 있다. 이에 이승엽은 "내 삶의 주인공은 나이기에 나의 의지를 가장 우선시했다. 성공하든 실패하든 고스란히 너가 책임져야 한다. 먼 훗날 돌이켜봤을 때

후회하지 않기 위해서 타의가 아닌 자의에 의해 움직였다"라며 "돌이켜 보면 부모님, 감독님의 의견과는 늘 상반된 선택을 했는데 자의가 아닌 타의에 의해 선택했을 때 혹여나 실패한다면 원망과 미련만 남을 수 있다"라고 대답했다.

　야구에 만약이라는 건 없겠지만 이승엽이 '타자로 전향하는 게 어떠냐'는 코칭스태프의 권유를 뿌리치고 투수를 고집했다면 어땠을까. 또한 일본 무대 진출 대신 더 큰 무대에 도전했거나 삼성 잔류를 선택했다면 어떤 결과를 낳았을지 궁금했다. 다소 엉뚱한 질문이긴 하지만 이승엽에게 두 가지 질문을 던졌다. 그는 "투수 이승엽의 전성기는 중학교 3학년 때였다. 내가 생각해도 폼이 정말 예뻤다. 하지만 프로에 입단했을 때 팔꿈치 상태가 좋지 않았고 여러 부분에서 부족한 게 많다 보니 아마도 1, 2군을 오가면서 중간 계투로 뛰지 않았을까 싶다"라고 웃으며 말했다. 그리고 이승엽은 "메이저리그 스프링캠프 초청 선수로 참가한 뒤 내게 관심을 가진 구단이 늘어났다. 현지 언론에서도 긍정적인 보도가 쏟아졌는데 막상 뚜껑이 열리자 상황이 아주 달랐다. 꿈보다 현실을 선택한다면 조금의 망설임도 없이 삼성 잔류를 선택했을지도 모른다. 당시 삼성에서는 그 누구도 예상치 못할 만큼 엄청난 조건을 제시했다"라고 털어놓았다. 또한 "일본행을 선택한 건 메이저리그 진출을 위한 교두보 마련의 성격이 짙었다. 지바 롯데 마린스와 2년 계약을 체결하고 내 가치를 제대로 보여주고 다시 한번 메이저리그 진출의 꿈을 펼치겠다고 결심했다. 2006년 요미우리 이적 첫해 커리어 하이를 달성하며 복수의 메이저리그 구단으로부터 러브콜을 받았다. 3년 전과는 달리 조건도 아주 좋았다. 그러나 요미우리 동료들의 따뜻한 진심에 잔류를 결심했다"라고 대답했다.

진정한 노력은 배반하지 않는다

'진정한 노력은 배반하지 않는다.' 이승엽의 좌우명이다. 1994년 12월 트레이드를 통해 한화에서 삼성으로 이적한 대선배 이정훈에게 받았다고 한다. 현역 시절 악바리라 불리며 강타자로 이름을 떨쳤던 이정훈처럼 근성 있는 타자가 되겠다고 결심했다. 근성이라는 게 독한 표정을 짓는다고 되는 건 아니다. 피나는 노력과 죽기 아니면 살기의 각오가 뒷받침돼야 한다는 걸 깨달았다. 입단 첫해(1995년)부터 6년간 경산 볼파크 숙소에서 지냈던 이승엽은 경기가 있든 없든 하루에 한 시간씩 개인 훈련을 소화했다. 야간 경기가 끝난 뒤 숙소에 가면 간편한 복장으로 갈아입고 옥상에 올라가 방망이를 휘둘렀다. 때로는 수도권 원정 경기를 마치고 새벽 2~3시에 숙소에 도착한 뒤 홀로 훈련을 하기도 했다. 이승엽은 당시 추억을 떠올리며 "방망이를 휘두르고 나면 몸은 피곤해도 마음은 편했다. 땀을 한번 흘리고 나면 뭔지 모를 희열을 느꼈다. 경산 볼파크의 별이 빛나는 밤이 참 아름다웠다"라고 회상했다. 이승엽에게 개인 훈련은 그날 경기에 대한 복기와 반성의 기회이자 다음 날을 위한 준비 과정이기도 했다. 좋은 활약을 펼치는 날이면 상승세를 이어가기 위해 더 열심히 노력했고 안타를 치지 못하면 방망이를 힘껏 휘두르며 분한 마음을 떨쳐냈다.

국내 무대를 평정한 이승엽에게도 일본 무대의 벽은 높았다. 진출 첫해 타율 2할4푼(333타수 80안타) 14홈런 50타점이라는 초라한 성적표를 받아들었다. 고액 연봉 선수로서 가치를 보여주지 못한 부담감은 눈덩이처럼 커졌고 터놓고 대화를 나눌 동료도 없다 보니 마음고생이 이만저만이 아니었다. 2004년

겨울. 이승엽은 이를 악물었다. 그는 누나의 친구 동생인 오창훈 세진헬스 대표를 소개받아 1대1 지도를 받았다. "죽을 각오가 아니면 아예 시작도 하지 마라"라는 오창훈 대표의 말에 조금의 망설임도 없이 고개를 끄덕였다. 절박한 마음을 읽은 오창훈 대표는 이승엽을 더욱 강하게 만들었다. 이듬해 플래툰 시스템이라는 악재 속에 출장 기회가 제한적이었으나 보란 듯이 일어섰다. 타율 2할6푼(408타수 106안타) 30홈런 82타점. 엉켰던 실타래가 풀리는 느낌이랄까. 이승엽은 한신과의 일본시리즈에서 3차례 홈런을 쏘아 올리며 2002년 한국시리즈에 이어 생애 두 번째 우승 반지를 거머쥐었다. 이후 수년간 이승엽의 동계 훈련을 도왔던 오창훈 대표는 "이승엽 선수는 정말 독종이다. 지금껏 수많은 선수를 가르쳐봤지만 이승엽 선수만큼 근성이 강한 선수는 없었다. 지칠 만도 하지만 '하나 더'를 외치면서 목표 그 이상을 소화했다. 평소에는 법 없이도 살 정도로 선하지만 운동할 땐 180도 다른 모습이었다. 역시 프로는 프로다"고 엄지를 세웠다.

철저한 자기 관리

일본 생활을 마치고 삼성으로 돌아온 이승엽은 야구장에 가장 일찍 출근하는 선수였다. 가장 늦게 와도 그 누구도 뭐라고 할 사람이 없는 말년 병장의 위치에도 초심을 잃지 않았다. 가벼운 러닝과 스트레칭으로 몸을 푼 뒤 캐치볼, 타격 훈련까지 소화한다. 그리고 이미지 트레이닝을 하면서 경기를 준비한다. 이승엽이 불혹의 나이에도 국민타자의 명성에 어긋나지 않는 성과를 남길 수 있었던 원동력도 이 때문이다. 그는 늘 말한다. "야구에서는 나이, 학력, 재력 등 모든 게 무의미하다. 오로지 실력으로만 대결해야 한다"라고. 흐르는 세월을 거스를 순 없다. 이승엽 또한 "나이가 들면서 자연스레 기량이 떨어질 수 있겠지만 나이가 들어 야구를 못 하는 건 변명에 불과하다. 나이가 들면 젊었을 때보다 야구에 투자하는 시간이 더 많아야 하고 몰입도를 높여야 한다. 그렇게 한다면 전성기만큼은 아니더라도 충분히 좋은 모습을 보여줄 수 있다"라고 했다.

이승엽이 최고의 자리에 오르기까지 숱한 유혹이 있었으나 조금의 흔들림도 없이 야구 선수로서 성공하겠다는 하나의 목표를 향해 나아갔다. 경기가 없는 날에도 친구들과 어울려 볼링 또는 당구를 치거나 먹방 투어를 하는 게 유일한 낙이었다. 친구들이 '오늘 제대로 한번 놀아보자'라고 해도 버스가 끊기기 전에 들어갔다. 자정이 되기 전에 귀가하는 신데렐라처럼. 이승엽이 가장 좋아하는 친구인 김승관 롯데 자이언츠 타격 코치의 이야기를 들어보자. "승엽이는 자기 관리가 아주 철저했다. 친구들과 함께 놀다가도 버스가 끊기기 전에 숙소에 들어가서 혼자 스윙 훈련까지 했었다. 아마도 그러한 자기 관리가 있었기에 최고의 자리에 오르지 않았을까. 얼마나 자기 관리를 잘했으면 일본 가기 전까지 9년간 뛰면서 단 한 번도 2군에 내려오지 않았다. 나는 2군에서 한없이 준비하면서 10년 가까이 기다렸는데. 물론 웃자고 하는 이야기지만 독하다는 생각마저 들었다. 그만큼 승엽이의 실력과 자기 관리 모두 뛰어났다는 방증이다. 요즘 선수들이 승엽이의 그런 모습을 보고 배웠으면 한다."

이승엽은 그 흔한 술과 담배와도 거리가 멀고 2000년에서야 오너 드라이버가 됐다. 억대 연봉 선수인 그가 뒤늦게(?) 운전대를 잡게 된 건 아버지 이춘광 씨의 엄한 가르침도 한몫했었다. 이승엽은 1997년 정규 시즌 MVP 등극에 이어 스포츠조선과 대우자동차(주)가 공동 주최하는 레간자 대상 수상자로 선정됐다. 부상으로 승용차 2대를 받게 된 그는 아버지께 "저도 이제 제 차가 한 대 있었으면 좋겠습니다"라고 조심스레 말했다. 굳이 돈을 들이지 않고 부상으로 받은 승용차를 몰면 그만이었다. 하지만 돌아온 한 마디는 짧지만 묵직했다. "어디 건방지게." 이승엽은 조금의 망설임도 없이 아버지의 뜻을 받아들였다. 흔히 말하는 아버지의 빅 픽처였다. 어린 나이에 자기 차가 생기면 예쁜 아가씨를 태워 놀러도 가고 싶을 테고 야구를 등한시 여길 수도 있다는 판단에서였다.

아름다운 이별
흔히 '박수칠 때 떠나라'라고 말한다. 이승엽은 "현역 유니폼을 벗는 시점은 나 스스로 정하겠다"라고 입버릇처럼 말해왔다. 현역 은퇴를 종용하는 구단과 현역 연장을 고집하는 선수의 끝 모를 줄다리기를 지켜보면서 먹먹한 슬픈 결말이 아닌 좋은 결말을 그리고 싶었단다. 미련 없이 선수 생활을 마감하지 않고 타의에 의해 마침표를 찍게 된다면 그 아쉬움은 말로 표현할 수 없기에. 이승엽은 현역 은퇴 시점을 예고한 뒤 한 경기 한 경기가 아주 소중하게 느껴졌다고 했다. 이승엽은 왜 현역 은퇴를 번복하지 않았을까. 그가 은퇴를 번복하더라도 비난보다 격려의 목소리가 더 클 게 뻔했다. 하지만 이승엽은 고개를 가로저었다. "은퇴는 약속이다. 프로는 약속이 굉장히 중요하다. 많은 사람에게 좋은 기억을 선사하고 떠나는 게 옳다. '역시 이승엽은 일반 선수들과 격이 다르다'라는 걸 보여주고 싶은 마음도 담겨 있다. 예를 들어 현역 연장에 대한

욕심을 부린다면 쉬엄쉬엄하면서도 억대 연봉을 받을 수 있다. 하지만 과연 이런 게 프로 선수로서 가져야 할 마음가짐일까. 나는 절대 아니라고 본다. 내가 사랑하는 삼성 라이온즈가 더 발전하기 위해 내가 떠나야 한다. 눈앞의 성적만 놓고 본다면 내가 뛰는 게 더 도움이 될 수 있겠지만 내가 계속 버틴다면 젊은 선수들이 성장할 기회를 얻지 못한다."

이별도 아름다웠다. KBO와 10개 구단은 대한민국 야구를 대표하는 이승엽이 KBO리그 첫 은퇴 투어의 주인공이 되는 것에 대해 의견을 함께하고 각 구단별로 그를 위한 기념행사를 마련했다. 은퇴 투어는 은퇴를 앞둔 선수가 홈은 물론 원정 구장에서도 팬들과 마지막 인사를 나누고 그간의 위업에 대해 박수를 받으며 아름다운 퇴장을 기념하는 행사다. 각 구장의 홈 구단이 타 구단 선수의 명예로운 퇴장을 기념하며 마련해주는, 아무에게나 주어지지 않는 영광스러운 자리이기도 하다. KBO리그에서 은퇴 투어를 치르는 선수는 이승엽이 최초다. KBO 관계자는 "이승엽은 홈런을 넘어 타격 기록의 역사를 다시 쓴 한국 프로야구 기록의 상징이며 국민타자로 불릴 만큼 응원하는 팀과 관계없이 모든 야구팬들의 사랑을 받는 선수이기도 하다. 국가대표로서도 이승엽의 활약은 눈부셨고 인품으로도 최고의 선수로 평가받으며 동료와 선후배 선수들을 비롯해 많은 야구인으로부터 존경받고 있다"라고 은퇴 투어 추진 배경을 설명했다.

겸손과 배려

야구는 희생이 공식적으로 기록되는 유일한 스포츠 종목이다. 팀 승리에 자신의 아웃 카운트를 바치는 희생 번트, 희생 플라이가 그렇다. 희생의 몫은 테이블 세터 또는 타격이 약한 타자들의 몫인 경우가 많다. 이승엽은 KBO리그가 낳은 최고의 타자로서 희생과는 거리가 먼 중심 타자를 맡고 있다. 하지만 그라운드 안팎에서 이승엽은 늘 상대를 배려하는 모습으로 감동을 주고 사랑을 받고 있다. 빙산의 일각에 불과하겠지만 그의 따뜻한 마음씨를 엿볼 수 있는 몇 가지 일화들이 있다.

2016년 5월 14일 대구 롯데전. 1회 중견수 플라이, 2회 볼넷, 4회 중견수 플라이로 물러났던 이승엽은 9-4로 앞선 6회 네 번째 타석에 들어섰다. 2사 주자 없는 가운데 롯데 세 번째 투수 김유영과 볼카운트 1-2에서 4구째를 받아

쳤고 타구는 김유영의 왼쪽 무릎을 강타했다. 김유영은 그 자리에 주저앉았다. 1루를 통과한 이승엽은 오훈규 1루심에게 양해를 구한 뒤 마운드에 올라가 김유영에게 사과의 뜻을 전했다. 이에 3루 관중석에서는 "이승엽"을 연호하며 박수를 보냈다. 승부의 세계는 냉정하다. 찔러도 피 한 방울 나올 것 같지 않은 살벌한 그라운드. 하지만 아름다운 동업자 정신을 발휘하는 훈훈한 감동 스토리가 팬들의 가슴을 따뜻하게 해줬다.

2017년 5월 2일 대구 두산전. 6번 지명타자로 선발 출장한 이승엽은 2-5로 뒤진 9회 1사 후 두산 소방수 이용찬을 상대로 우전 안타를 빼앗았다. 이원석의 볼넷과 김상수의 좌전 안타에 힘입어 홈까지 파고들었다. 양준혁(은퇴)을 제치고 개인 통산 1300득점 고지를 밟으며 이 부문 1위로 우뚝 섰다. 삼성은 연장 10회 다린 러프의 끝내기 홈런에 힘입어 혈투의 마침표를 찍었다. 당시 경기 중계를 맡은 SBS 스포츠는 구단 홍보팀에 러프와 이승엽의 방송 인터뷰를 요청했다. 하지만 이승엽은 구단 홍보팀에 "오늘은 러프 혼자 인터뷰를 해야 한다. 둘 다 인터뷰에 나선다면 (끝내기 홈런을 터뜨린) 러프의 활약이 빛바랜다"라고 정중히 거절했다. 그리고 이승엽은 방송사 측에 3일 경기 전에 인터뷰를 하겠다고 양해를 구했다. 그는 구단 홍보팀을 통해 조심스레 개인 통산 최다 득점 신기록 달성 소감을 전했다. "팀이 새달의 첫 경기에서 기분 좋은 승리를 거둬 기쁘다. 또 이기는 날 기록이 달성돼 더욱 뜻깊다. 득점 기록은 내가 잘해서가 아니라 신인 시절부터 훌륭한 선배님들이 좋은 타격으로 많이 불러들여주시고 오랜 세월 좋은 후배들과 열심히 뛰어온 덕분에 만들어진 것으로 생각한다."

이뿐만이 아니다. 젊고 유망한 투수들을 상대로 홈런을 쳤을 때 고개를 숙이고 홈런 세러머니도 최대한 자제하는 이유에 관해 물어봤다. "상대에게 조금이라도 자극이 될 만한 행동은 하지 않는 게 예의"라는 게 이승엽의 대답이었다. '연예계에 유재석이 있다면 야구계에는 이승엽이 있다'라는 말처럼 그의 인성이 빛날 수밖에 없는 이유다.

진정한 권력은 봉사

'왼손이 하는 일을 오른손이 모르게 하라.' 이승엽은 남몰래 선행을 이어오고 있다. 그는 "항상 나보다 남을 먼저 생각하라"라는 아버지의 가르침대로 프로 데뷔 후 꾸준히 선행을 계속 해왔다. 일본 무대 진출 전까지 대구의 한 사회

복지시설에 수년간 성금을 지원해왔다. 노블레스 오블리주가 정착되지 않았던 시기였지만 그에게 선행은 아주 익숙한 일이었다. 이승엽의 측근에 따르면 그 액수도 만만치 않았다고 한다. 일본 무대에 진출한 뒤 그의 선행 범위는 더욱 넓어졌다. 대표적인 사례를 보면 뇌경색으로 쓰러진 김동재 전 KIA 코치의 쾌유를 위해 조심스레 성금을 건넸고 가톨릭대학교 서울성모병원에 생명존중 기금을 전달해 만성신부전증으로 투병 중인 김 모 씨가 신장이식 수술을 받도록 도왔다. 또한 모교에 피칭 머신을 기증하는 등 아낌없이 나눠줬다. 국내 무대 복귀 이후에는 유소년 야구에 관심을 두고 경제적 여유가 없는 선수들에게 남몰래 후원하거나 시즌이 끝난 뒤 재능 기부를 해왔다. 이승엽의 선행은 외부에 잘 알려지지 않았다. 공치사를 싫어하는 그의 성격 때문이다. 그러다 보니 '이승엽은 기부 활동에 인색하다'라는 오해를 받기도 했다. 이승엽에게 조용한 선행을 고집하는 이유에 관해 물어봤더니 "남을 돕는다는 건 누군가에게 보여주기 위한 게 아니라 일종의 자기 만족"이라고 했다. 역시 이승엽다운 대답이었다.

현역 생활을 마감하고 야구 인생 2막을 시작한 이승엽은 어린이들에게 꿈과 희망을 심는 게 먼저라고 강조했다. 자신의 이름을 딴 장학재단을 설립하고 KBO 홍보대사로 활동하면서 한국 야구 발전에 이바지하고 싶다는 뜻을 밝혔다. 이승엽은 "박찬호 선배 재단 20주년 기념행사를 갔는데 그곳에서 박찬호 재단이 준 장학금을 받고 야구를 해 성공한 선수들의 영상을 보여줬다. 그렇게 많은 선수가 도움을 받은 줄 몰랐다. 굉장히 뭉클했고 마음에 와닿았다"라고 말했다. 그가 추구하는 재단의 운영 방향도 마찬가지다. "물론 재단의 도움을 받아도 중도 하차하는 선수들이 있겠지만 나중에 성공하면 정말 기쁠 것 같다. 좋은 재단을 만들어보겠다"라고 약속했다.

2018시즌 KBO 10대 키워드

2017년 한국프로야구는 흡사 '카드로 만든 집'과 같았다. 겉보기엔 화려하고 그럴듯해 보이지만, 언제 와르르 무너져 내릴지 모르는 사상누각의 상태가 시즌 내내 계속됐다. WBC(월드베이스볼클래식) 참패로 우울하게 시작한 시즌은 타자들의 홈런쇼와 인기구단 KIA의 선전 덕에 흥행을 이어갔지만, '최규순 사건'과 입찰비리 등 KBO 수뇌부를 둘러싼 온갖 추문이 야구 열기에 흙탕물을 끼얹었다. 여기에 선수와 리그 구성원들의 각종 일탈 행위, 심판 판정 논란, 졸속 비디오판독 문제도 끊이지 않았다. 지난 36년간 빠르게 양적 성장을 이룬 프로야구에 이제는 질적 성장이 필요한 시기가 왔다는 공감대가 형성됐다. 질적 성장과 프로야구의 산업화는 정운찬 신임 KBO 총재가 취임 이후 가장 강조한 과제이기도 하다. 과연 2018시즌 한국프로야구는 카드로 만든 집 같은 상태를 벗어나, 국내 최고 프로 스포츠의 위상을 다시 세울 수 있을까. 다가오는 2018시즌을 10가지 키워드를 통해 미리 살펴봤다.

01
메이저리거

박병호, 김현수, 황재균 등 메이저리거 타자들이 돌아 왔다. 2018 KBO리그 흥행에는 호재가 틀림없다. 이들이 메이저리그에서 겪은 실패는 이미 팬들의 머릿속에서 잊 힌 지 오래다. 양상문 단장을 향한 LG팬들의 비난도 김현 수 영입을 기점으로 잠잠해졌다. 지난해 하위권에 그친 넥센, LG, kt팬들은 벌 써부터 유턴파 선수와 함께할 새로운 시즌을 그리며 기대감에 가득차 있다. 이 들 유턴파 선수들이 비록 미국 무대에서는 성공을 거두지 못했지만, KBO리그 에선 여전히 정상급 기량을 발휘할 것이란 예상이 많다. 앞서 해외로 진출했다 돌아온 이대호, 김태균, 이범호 등은 대부분 복귀 후에도 여전한 기량을 자랑 했다. 모 구단 스카우트는 "KBO리그는 메이저리그보다 강속구 투수가 적고, 상대적으로 만만한 투수와 만날 기회가 많은 편이다. 돌아온 선수들이 성적 면 에서는 진출 이전과 큰 차이가 없거나, 오히려 더 좋은 성적을 낼 수 있다고 본 다"라고 밝혔다. 낯선 무대에서 겪은 심리적인 부담을 덜고 익숙하고 편안한 환경에서 뛰는 것도 유리한 점이다. 타자 3인조 외에 KIA 투수 윤석민도 올 시 즌 부상에서 벗어나 재기를 노린다. 이들 유턴파의 활약은 개인 타이틀 판도는 물론 리그 흥행과 순위까지 뒤흔들 수 있는 중대 변수다.

02
타고투저

복귀한 메이저리거 3명은 공교롭게도 전원 타자다. 지 난 시즌과 비교해 특급 외국인 타자 세 명이 추가된 것과 마찬가지다. 리그 투수들에게는 악몽 같은 일이다. 지난 해 리그를 압도한 다린 러프, 재비어 스크럭스, 로저 버나 디나 등은 올해도 건재하다. 여기어 지난해 가능성을 보여준 마이클 초이스, 멜 로하스 등이 풀타임 시즌을 치르고 현역 빅리거 출신으로 새롭게 가세한 외국인 타자도 많다. 반면 투수 쪽에선 지난해에 비해 눈에 띄는 빅네임을 찾 기 힘들다. 일본 프로 구단이 외국인 투수 영입전에 뛰어들면서 KBO 구단들 이 거물 외인투수 영입에 애를 먹은 탓이다. 최근 몇 년간 리그의 타고투저는 날로 발전하는 타자들의 힘과 기술 발달 속도를 투수들이 따라잡지 못하는 게 원인이다. 이런 추세가 올 시즌 달라질 거라고 볼 만한 근거는 없다. 올 시즌도 타자들의 시대가 이어질 가능성이 크다.

03
세대교체

올 겨울 스토브리그에선 매서운 세대교체 바람이 불었다. 대부분의 팀이 육성과 '젊은 선수'를 강조하는 가운데 베테랑 선수들은 된서리를 맞았다. 몇 해 전까지만 해도 에이스 대접을 받던 30대 초반 투수가 2차 드래프트에서 어느 팀의 선택도 받지 못했고, 정성훈 등 베테랑 야수들이 방출의 설움을 겪었다. FA(자유계약선수)를 신청한 몇몇 노장들은 보상 선수 받지 않겠다는 원 소속팀의 선언에도 새 팀을 구하지 못했다. 이런 흐름에 대한 야구계 시선은 엇갈린다. 일각에선 세대교체 흐름이 앞으로도 상당 기간 지속될 것으로 예상한다. 계속된 불경기 탓에 야구단 모기업 중에 허리띠를 졸라매는 곳이 늘고 있다. 이런 가운데 '고비용 저효율'의 베테랑 선수들은 앞으로도 시장에서 좋은 대접을 받기 힘들 것이란 견해다. 반면 일시적인 현상일 뿐, 올 시즌이 끝나면 또 다른 흐름이 형성될 수 있단 의견도 있다. 한 구단 관계자는 "지금 모든 팀이 육성을 외치지만, 이 가운데 정말로 시스템과 방향성을 갖고 육성을 추구하는 구단은 얼마 되지 않는다. 일부 구단은 조금 해본 뒤 성과가 나지 않으면, 다시 예전 방식으로 돌아갈 것으로 본다"라는 생각을 조심스레 밝혔다. 한 가지 확실한 건, 구단이 베테랑을 대하는 방식이 젊은 선수들이 구단을 보는 시각에도 영향을 준다는 점이다. 구단은 좀 더 베테랑에 대한 존중을 보이고, 베테랑 선수들도 베테랑 대접을 받으려 하기보단 베테랑으로서 제 역할을 하려는 노력이 요구된다.

04
신인 돌풍

2017시즌 '바람의 손자' 넥센 이정후는 19살 신인답지 않은 플레이로 돌풍을 일으켰다. 그 외에도 두산 함덕주, NC 장현식과 구창모 등 각 구단마다 젊은 타자들과 투수들 가운데 많은 선수가 두각을 드러냈다. 젊은 선수들의 약진은 리그의 전체적 타고투저 현상과 연관이 있다. 한때 '3할 타자'는 강타자의 상징이었지만, 2017시즌엔 리그에 3할 타자가 33명이나 될 정도로 인플레 현상이 심했다. 이는 나이 어린 타자들도 조금만 분발하면 어렵지 않게 눈에 띄는 숫자를 기록할 수 있단 얘기다. 젊은 타자들에겐 나쁠 것 없는 조건이다. 투수도 마찬가지다. 타고투저와 국내 투수들의 전반적인 성적 하락 추세는, 어린 투수들의 단점이 상대적으로 덜 부각되는 효과를 낳는다. 올 시즌에도 세대교체, 타고투저와 맞물려 신인 선수들의 약진이 이어질 전망이다. 강백호, 김민(kt), 김형준(NC), 곽빈(두산), 김선기(넥센) 등은 '즉시 전력감'으로 좋은 평가를 받는 선수들이다. 넥센 안우진도 기량만 놓고 보면 최근 데뷔한 신인 투수 중에 가장 뛰어나단 평가다.

05
사건 사고

넥센 안우진은 기량만큼은 최근 몇 년간 등장한 신인 선수 가운데 최고 수준이란 평가를 받는다. 팀에서는 애초 1군 스프링캠프를 거쳐 시즌 개막부터 선발 로테이션에 포함시킬 계획을 갖고 있었다. 하지만 고교 시절 후배에게 폭력을 휘두른 전력이 문제가 되어, '50경기 출전정지' 중징계로 프로 경력을 시작하게 됐다. 넥센만의 문제는 아니다. 2015년 삼성은 '5년 연속 통합 우승'에 도전했지만, 한국시리즈를 앞두고 터진 원정 도박 파문으로 우승 문턱에서 좌절했다. 2016년 NC는 승부조작 파문과 에릭 테임즈의 음주운전 징계 등 사건사고 속에 한국시리즈에 올라갔지만, 결국 두산에 패했다. 거꾸로 지난해엔 두산이 '최규순 사건' 여파로 시즌 중 대표이사가 사퇴하는 어려움을 겪었다. 불펜 투수들이 잇달아 사건 사고에 휘말린 탓에 포스트시즌 진출에 실패한 구단도 있었다. 올 시즌도 마찬가지다. 눈에 보이는 팀 전력만이 전부가 아니다. 야구장 밖에서 터지는 사건 사고를 최소화하는 팀, 또 외부 변수에도 흔들리지 않고 단합을 유지하는 팀이 정상을 노릴 수 있다.

06
아시안게임

2018시즌을 좌우할 또 하나의 변수는 자카르타 아시안게임이다. 아시안게임이 열리는 기간에 프로야구는 정규시즌을 잠시 중단하고 휴식기를 갖는다. 시즌 개막도 3월 24일로 예년보다 일주일 가량 앞당겼다. 예년보다 일찍 개막해 더 늦게 끝나는 긴 시즌이 될 전망이다. 구단들은 쌀쌀한 날씨 속에 치를 시즌 초반을 벌써부터 대비하고 있다. 두산-LG 등의 팀은 '6선발 체제'를 시즌 초반 해법으로 내놨다. 시즌 후반엔 주축 선수들의 체력 관리와 부상이 이슈로 떠오를 가능성이 높다. 지난해 두산, NC등의 구단은 WBC에 다녀온 주전 선수들의 부상으로 시즌 내내 어려움을 겪었다. 올해 아시안게임이 시즌 판도에 큰 변수로 작용할 전망이다.

07
하위팀의
반란

지난 시즌 하위권 팀들이 올 겨울 일제히 전력 보강에 나섰다. 3년 연속 꼴찌 kt는 3루수 황재균을 영입했고, 외국인 투수로 더스틴 니퍼트를 데려와 약점을 해결했다. 거물신인 강백호 가세, 트레이닝 파트 강화 등도 kt 전력에 플러스 요인이다. 2년 연속 하위권에 처진 삼성도 강민호를 영입해 포수 고민을 단칼에 해소했다. 거물 외국인 투수 팀 아델만 영입으로 '외국인 투수 잔혹사'를 올해만큼은 되풀이하지 않겠다는 각오가 대단하다. 넥센은 박병호가 돌아왔고, 에스밀 로저스를 영입해 막강 타선과 마운드를 구축했다. LG 역시 김현수 영입과 외극인 선수 대거 교체로 전력이 예년보다 좋아졌다는 평가다. 반면 기존 상위권 팀들은 KIA와 SK처럼 전력 유지에 초점을 맞추거나, 두산-NC처럼 주축 선수 유출을 겪었다. 올 시즌 치열한 순위 싸움이 예상되는 이유다.

08
독배를 든
감독들

kt, 삼성, 넥센, LG 등 지난해 약체였던 팀들이 일제히 전력을 보강했다. 그런데 감독 입장에서 보면 이게 반드시 좋은 일만은 아니다. 거액을 투자하고 전력을 보강한 만큼, 그에 걸맞은 성적을 내야 한다는 부담이 따르기 때문이다. 과거 한화 사령탑을 맡은 한대화 감독은 구단이 박찬호, 송신영을 영입한 뒤 울며 겨자 먹기로 '상위권 진입'을 공언해야 했다. 막상 시즌이 되자 영입 선수들은 팀 성적에 큰 도움을 주지 못했고, 결국 한 감독은 시즌을 마치지 못하고 교체됐다. kt 김진욱, 삼성 김한수, 넥센 장정석 감독은 올해 감독 계약 2년째 시즌을 맞는다. 올해 뭔가 보여줘야 한다는 부담이 클 수밖에 없다. 만약 올해도 별다른 성과가 없다면, 계약 기간(2019년까지)과 관계없이 언제든 조기 교체의 위험이 도사리고 있다. 부담감은 올해 임기를 시작할 감독들도 마찬가지다. 류중일 감독은 삼성 시절 4년 연속 통합 우승을 이룬 명장이다. 그러나 삼성 전력이 약해진 2016년엔 팀의 하위권 추락을 막지 못했다. LG에서 자신의 지도력을 다시 한번 증명해야 한다. 한용덕 감독은 하위권팀 중에 유일하게 외부 영입이 없는 한화 사령탑을 맡았다. 이전엔 감독대행으로 능력을 발휘했지만, 이젠 정식 사령탑이다. 어깨가 무거울 수밖에 없다.

09 외풍

올해 프로야구는 경기장 안에서 벌어지는 일만큼이나, 야구장 외부 변수에도 주의를 기울여야 한다. 넥센 히어로즈 이장석 구단주는 홍성은 레이니어 그룹 회장과 법정 분쟁으로 위기에 처했다. 재판 결과에 따라 넥센 구단 소유권을 둘러싼 격랑이 불가피하다. 현재의 넥센은 이장석 구단주에 의한, 이장석 구단주의 야구단이다. 구단 운영의 컨셉과 구단 프런트, 코칭스태프와 선수단까지 이장석 구단주의 손길이 미치지 않은 곳이 없다. '어른의 사정'에 따라서는, 넥센이 지금까지와 완전히 다른 구단으로 바뀔지도 모른다. 넥센뿐만이 아니다. 경제 상황 급변으로 모기업 상황에 문제가 생긴 구단이 추가로 나올 수 있다. 모 구단은 만약 올해도 하위권에 그칠 경우 모기업에서 야구단 운영을 다시 생각할 수 있다는 위기감이 팽배하다. 비교적 안정적으로 굴러가던 10구단 체제에 구단주 거취와 경제 상황이란 외풍이 새로운 변수로 등장했다. 프로야구가 모기업 홍보 수단을 넘어, 산업으로 자리매김하고 자생력을 갖춰야 할 이유다.

10 인기

프로야구는 연인원 800만 관중을 돌파한 국내 최고 인기 스포츠다. 하지만 각종 지표를 살펴보면 위기의 징후가 뚜렷하다. 젊은 층의 관심이 줄어드는 추세가 뚜렷하게 보인다. 지난해 프로야구 중계방송 시청률은 예년에 비해 하락세를 면치 못했다. 빅데이터 분석에 따르면 개막전-한국시리즈 등 경기 자체와 관련된 키워드 검색량이 줄어든 것으로 나타났다. 중계방송 시청률도 프로배구가 프로야구 턱밑까지 맹추격하고 있다. 야구 외의 다양한 볼거리가 사람들의 시선을 조금씩 야구장 밖으로 돌리고 있다. 지금은 샴페인을 터뜨릴 때가 아니라 위기감을 갖고 야구의 미래를 고민해야 할 시기다.

2018 프로야구 이렇게 달라진다

야구는 선수가 한다. 하지만 선수들이 뛰는 야구의 판을 만들고, 룰을 정하는 건 야구장 밖에 있는 KBO와 이사회 사람들이다. 자유계약선수(FA) 제도 도입, 외국인 선수 제도, 팀 창단과 경기 수 변화 등 그간 프로야구에 찾아온 다양한 변화는 구단들의 전략부터 선수들이 야구를 대하는 자세, 야구판의 풍경까지 모든 것을 바꿔 놓았다. 지난 시즌에는 새로 도입된 비디오 판독 제도가 숱한 논란과 화제를 불렀고, 중요한 경기의 결과를 뒤바꿔 놓기도 했다. 개막을 앞둔 2018 시즌 프로야구에는 또 어떤 변화가 기다리고 있을까.

1 | 비디오 판독 센터 KBO로 이전

KBO는 지난해 야심차게 비디오 판독 센터를 도입해 선보였다. 메이저리그의 비디오 판독 시스템을 참고해 판정 정확도를 끌어올린다는 목표를 내세웠지만, 뚜껑을 열어보니 판독 결과를 둘러싼 논란과 잡음이 끊이지 않았다. 거액을 들여 만든 판독 장비는 방송사 중계 화면보다 못한 수준의 영상으로 수차례 오심을 야기했다. 판독 센터를 상암동 특정 방송사 건물에 마련한 탓에 '특혜 의혹'이 제기되는가 하면, 판독 센터 인사를 놓고도 논란이 제기됐다.

이에 KBO는 올해부터 비디오 판독 센터를 KBO 건물 내부로 이전하기로 했다. 이미 이전 작업이 마무리된 단계로, 지난해 제기된 특혜 의혹과 비효율적 시스템 문제가 개선될 수 있을지 주목된다. 여기에 팀당 최대 2차례로 제한된 비디오 판독 횟수를 늘리고, 판독 범위를 확대하는 방안도 KBO 내부적으로 검토되고 있다.

2 | 에이전트 제도 시행

선수들이 오랫동안 요구한 '공인 에이전트' 제도가 올해부터 본격적으로 시행된다. 한국프로야구선수협회(KPBPA)는 최초 210명의 공인 선수대리인 자격 신청자 가운데 자격심사와 필기시험을 통해 91명의 공인 선수대리인을 확정해 1월 18일 KBO에 통보했다. 이들 공인 에이전트는 2월 1일부터 정식으로 활동을 시작할 수 있다. 이미 몇 해 전부터 구단들은 에이전트의 존재를 음성적으로 인정해왔고, FA 계약과 연봉 협상 자리에 선수 대신 에이전트와 상대하는 경우도 많았다. 구단들은 에이전트 제도 양성화가 나쁠 게 없다는 반응이다. 모 구단 관계자는 "연봉 협상 자리에서 예전엔 선수와 불필요한 감정싸움을 할 때도 많았고, 선수의 단점을 본인에게 이야기해야 해서 불편한 점이 많았다. 하지만 최근엔 에이전트와 직접 상대하기 때문에 선수와 얼굴 붉힐 필요가 없다. 정확한 자료를 바탕으로 교섭을 하면 돼서 오히려 일처리가 깔끔해진 면이 있다"라고 했다. 다만 시행 초기인 만큼 개선해가야 할 문제점도 적지 않다. 에이전트 한 명이 구단당 3명-최대 15명까지만 선수를 보유할 수 있게 한 제도가 대표적이다. 선수협 측에선 에이전트 제도 시행을 위해 초기엔 일정 부분 양보할 수밖에 없었다며, 앞으로 문제점을 개선해가겠다고 밝혔다.

3 | 아시안 게임 브레이크

자카르타 아시안게임은 올해 프로야구의 주요 변수 중 하나다. 아시안게임 야구 대표팀은 거의 전원이 프로야구 선수로 구성될 전망이다. 이에 따라 KBO는 아시안게임 기간 동안 리그를 잠시 중단한다. 아시안게임 개막 전날인 8월 16일부터 9월 3일까지 2주 이상이다. 아시안게임에 출전하지 않는 선수들은 2주간 휴식을 취하며 컨디션을 조절할 수 있다. 반면 아시안게임 대표팀 선수들은 추가로 훈련과 경기를 소화하는 만큼 시즌 후반 체력 문제를 겪을 가능성이 생긴다. 리그 일정이 2주간 중단되는 변수가 시즌 막판 순위 싸움에 어떻게 작용할지도 관심사다. 한편 아시안게임 관계로 올해 KBO리그는 시즌 개막도 예년보다 일주일 앞당겨졌다. 시범경기를 전보다 단축하고, 3월 24일부터 바로 시즌을 시작한다. 야구계는 쌀쌀한 3월 날씨가 선수들의 컨디션 관리에 변수가 될 수 있다고 예상한다. 두산과 LG 등 몇몇 구단은 시즌 초반 선발 로테이션을 '6선발'로 가동할 계획을 갖고 있다.

10개 구단
외국인 선수 열전

　지난해 KBO리그 구단들은 외국인 선수에 울고 웃었다. KIA 타이거즈는 헥터 –팻딘 듀오의 호투와 팔방미인 로저 버나디나의 공수 활약에 힘입어 8년 만에 한국시리즈 우승을 차지했다. 반면 더스틴 니퍼트가 예년보다 저조한 성적을 내고, 마이클 보우덴이 부상에 시달린 두산 베어스는 3년 연속 우승 도전에 실패했다. NC 다이노스는 시즌 초반만 해도 제프 맨쉽의 연승 행진에 힘입어 1위 KIA를 맹추격했지만, 맨쉽과 외국인 타자 재비어 스크럭스가 부상으로 이탈한 여름 이후 순위가 하락해 4위로 시즌을 마쳤다. 반면 시즌 초만 해도 하위권에 머물던 롯데 자이언츠는 후반기 조시 린드블럼–브룩스 레일리의 호투와 앤디 번즈의 공수 활약 덕분에 3위에 올라섰다. 외국인 투수진이 무너진 삼성, 이름값에 비해 큰 역할을 못한 한화는 하위권을 벗어나지 못했다.

　최근 KBO리그에서는 외국인 선수의 중요성이 갈수록 커지는 추세다. 외국인 선수 정원이 2명이던 때만 해도 삼성처럼 국내 선수 전력만으로 우승을 차지하는 예가 적지 않았다. 그러나 외국인 타자 기용이 의무화되고, 보유 외국인 선수가 3명이 된 뒤에는 외국인 선수가 팀 성적에 차지하는 비중이 훨씬 커졌다. 지난해 KIA를 비롯해 2015년과 2016년 두산은 국내 선수 전력 플러스 강력한 외국인 선수의 힘으로 우승을 차지했다. 이번 오프시즌에도 10개 구단이 막강 외국인 선수 라인업 구축을 위해 많은 시간과 자금을 투자한 이유다.

　먼저 지난 시즌과 거의 같은 외국인 선수로 올 시즌을 준비하는 팀이 있다. 지난해 우승팀 KIA는 2년 연속 동일한 외국인 선수로 시즌을 치른다. 헥터–팻딘 듀오는 물론 버나디나까지 기존 외국인 3인조에 전원 재계약에 성공했다. 올 시즌에도 리그에서 가장 막강한 외국인 선수 구성을 갖춘 팀이란 평가를 받는다. 롯데도 번즈, 레일리와 재계약에 성공했다. 린드블럼과 계약에 실패해 잠시 체면을 구겼지만, 메이저리그 선발투수 출신인 펠릭스 듀브론트를 영입해 '전화위복'이 됐다. 레일리–듀브론트의 외국인 좌완 듀오가 올 시즌 얼마나 위력을 발휘할지 벌써부터 기대를 모은다. SK 와이번스도 거포 제이미 로맥, 에이스 메릴 켈리와 무사히 재계약한 뒤 새 외국인 투수로 '파이어볼러' 앙헬 산체스를 영입해 외국인 구성을 업그레이드했다.

지난 시즌보다 더 강력한 외국인 선수 영입을 추진한 팀도 있다. NC 다이노스는 지난해 에릭 해커와 제프 맨쉽이 나란히 12승을 합작했다. 결과만 보면 나쁘지 않았지만, 시즌 중 장기간 부상에 시달리며 많은 이닝을 소화하지 못한 점이 아쉬움으로 남았다. 이에 NC는 보다 강력하고 젊은 외국인 투수 영입을 추진했고, 전 뉴욕 메츠 투수 로건 베렛과 'KBO리그 1호 대만 출신' 왕웨이중을 영입했다. NC가 추구한 '젊고 건강한' 외국인 투수 조건에 딱 들어맞는 영입이다. 넥센은 지난해 대체 외국인 선수로 합류해 좋은 활약을 펼친 마이클 초이스, 제이크 브리검과 일찌감치 재계약을 체결한 뒤 새 외국인 투수로 2015년 한화에서 활약한 에스밀 로저스까지 영입했다. 많은 야구팬은 로저스가 한화 시절 보여준 압도적인 존재감을 아직도 잊지 못한다. 건강만 문제없다면, 올 시즌 리그 최고의 외국인 투수 자리를 다툴 전망이다. 한편 3년 연속 최하위에 그친 kt 위즈는 라이언 피어밴드-멜 로하스와 재계약한 뒤 지난 7년간 두산 에이스로 활약한 더스틴 니퍼트를 영입해 외국인 구성을 업그레이드했다. 피어밴드-니퍼트 듀오가 올 시즌 kt를 하위권에서 건져낼 수 있을지 주목할 만하다.

일부 구단은 외국인 선수 구성을 전면 물갈이했다. 3년 연속 우승 도전이 좌절된 두산은 니퍼트-보우덴 듀오와 닉 에반스까지 외국인 선수를 모두 교체했다. 대신 새 타자로 지미 파레디스를 영입해 민병헌(롯데 이적)의 빈자리를 채웠고, 땅볼 유도 능력이 좋은 세스 프랭코프를 새 외국인 투수로 영입했다. 또 지난해 롯데에서 활약한 조시 린드블럼을 영입해 외국인 선수 구성을 마쳤다. 외국인 선수 3명을 모두 바꾼 두산의 강수가 올 시즌 어떤 결과로 돌아올지 지켜볼 대목이다. 한화 이글스는 지난해 오간도, 비야누에바, 로사리오까지 현역 메이저리거 출신 선수로 화려한 외국인 선수 구성을 자랑했지만 큰 재미를 보지 못했다. 이에 올해는 키버스 샘슨-제이슨 휠러-제러드 호잉으로 완전히 새로운 외국인 선수진을 구성했다. 세 명의 몸값이 200만 달러를 넘지 않을 만큼, 이름값보단 한국에서 성공 가능성에 초점을 맞췄다.

그외 LG 트윈스는 아도니스 가르시아를 영입해 팀의 약점인 3루와 장타력을 보강했고, 삼성 라이온즈는 팀 아델만을 영입해 외국인 1선발 자리를 채웠다.

2018 KBO 리그
FA 총정리

富益富貧益貧
부익부빈익빈

부익부빈익빈, 그리고 노장 수난시대. 2018 KBO리그 FA(자유계약선수) 시장을 요약하는 두 개의 키워드다.

부익부빈익빈 현상은 예년보다 더 심해졌다. 시작은 '부익부'였다. 미국에서 유턴한 황재균이 kt 위즈와 4년 발표액 88억 원에 계약했다. 손아섭도 친정 롯데에 4년 발표액 98억 원을 받는 조건으로 잔류했다. 삼성으로 이적한 강민호는 두 번째 FA에서도 4년 80억 원 대박을 터뜨렸다. 강민호를 뺏긴 롯데는 민병헌을 4년 80억 원에 잡았다. 미국에서 복귀한 김현수도 LG 트윈스와 4년 총액 115억 원 대형 계약을 맺었다. 롯데를 제외하면 kt, LG, 삼성 등 지난해 하위권 구단이 일제히 대형 FA 영입으로 전력을 강화한 게 눈에 띈다. 젊고 싱싱한 A급 선수들에게 FA 시장은 여전히 따뜻하고 행복했다.

하지만 이후 FA 시장은 급속히 얼어붙었다. 특히 30대 중반 이상 베테랑 선수들이 일제히 매서운 칼바람을 맞았다. 원 소속팀 NC에 잔류한 손시헌, 이종욱, 지석훈은 그래도 행복한 사례에 속한다. FA 재수를 택한 한화 이용규를 스토브리그 숨은 승자로 보는 의견이 나올 정도다. 채태인, 이대형, 이우민은 '보상 선수를 받지 않을 수도 있다'라는 원 소속팀의 공언에도 새로운 팀을 찾지 못했다. 결국 채태인은 '사인 앤드 트레이드'를 통해 어렵게 롯데로 팀을 옮겼고, 이대형은 2년 4억 원에 kt에 남았다. 이우민은 FA 미아 위기에 놓였다.

다른 베테랑 선수들의 상황도 좋지 않긴 마찬가지다. 첫 번째 FA에서 대형 계약을 거머쥐었던 한화 정근우와 KIA 김주찬은 구단과 해를 넘겨 줄다리기를 했다. 장기 계약을 꺼리는 구단과 조금이라도 긴 기간에 계약하려는 선수의 입장이 팽팽하게 평행선을 이뤘다. 결국 정근우는 2+1년에 35억 원, 김주찬은 2+1년에 27억 원을 받는 조건에 도장을 찍었다. 구단들은 30대 이상 베테랑 선수에게 좀처럼 3년 이상 장기 계약을 허용하지 않는다.

KBO리그 FA 시장은 2015년부터 지난해까지 3년 연속 총액 700억 원을 넘겼다. 2015년 720억 6천만 원, 2016년 766억 2천만 원, 지난해 703억 원으로 해마다 '쩐의 전쟁'이 펼쳐졌지만 올해는 한화 안영명 계약까지 총액이 630억 5천만 원으로 700억 원을 넘지 않았다. 630억 5천만 원 가운데 약 4분의 3은 김현수-손아섭-황재균-강민호-민병헌 등 A급 선수 5명의 계약이다. 구단들은 이제 확실한 A급 선수에겐 아낌없이 거액을 베팅하되, 나이가 많거나 기량이 애매한 선수에게는 보상선수는 물론 보상금마저도 아까워하는 분위기다.

원인은 여러가지다. 야구계에선 최근 야구인 출신 단장이 늘어난 것을 FA 시장 변화의 원인으로 보고 있다. 야구인 출신 단장들이 오히려 비선출 프런트보다 선수를 냉정하게 평가하고, 정에 이끌려 계약하지 않는다는 얘기다. 또 야구인 출신 단장들은 선수단이 돌아가는 시스템을 비선출 프런트보다 잘 파악하고 있다. 베테랑 선수라도 팀 분위기에 도움이 되는 선수와 그렇지 않은 선수를 구분할 줄 안다. 스토브리그 계약에 어려움을 겪은 베테랑 가운데 일부는 현장에서 '팀 분위기를 해치는 선수'라는 평가를 받았단 게 중론이다.

육성을 강화하는 최근 야구계 흐름도 FA 시장 분위기가 달라진 원인이다. 베테랑 선수는 대부분 고액의 연봉을 받는다. 하지만 정작 연봉에 비해 성적이 따라주지 않거나, 현장에서 컨트롤하기 어려운 경우가 많다. 고비용 저효율의 베테랑 선수에게 거액을 투자하느니, 신인급 선수를 과감히 기용해 성과를 내는 편이 낫다는 게 최근의 분위기다. 한 야구인은 "베테랑 선수를 거액을 주고 영입했다 실패하면 누군가는 책임을 져야 한다. 반면 젊은 선수를 키워내면 선수를 뽑은 구단도, 선수를 기용한 지도자도 능력 있다는 소릴 듣는다. 무엇보다 감독 출신 단장들은 '에버리지'가 있는 베테랑 선수를 쓰고 싶은 감독들의 심리를 누구보다 잘 안다. 그래서 베테랑 선수가 계약을 맺기 어려워지는 것"이라 진단했다.

달라진 FA 시장 분위기는 올 시즌 뒤에도 계속 이어질 가능성이 높다. 올해를 끝으로 FA 자격을 얻는 선수들은 벌써부터 시장 흐름에 촉각을 곤두세우는 중이다. 한 예비 FA 선수는 "요즘 분위기로 봐선 FA 자격이 생겨도 신청하기가 겁날 것 같다"라며 고개를 저었다. 이 선수는 아직 30대 중반도 되지 않아, 예전 같으면 FA 대박을 노렸을 만한 선수다. 선수들에게 축복으로 여겨졌던 FA 자격이 이제는 베테랑 선수들에게는 축복이 아닌 멍에가 되는 분위기다.

역대 FA
계약 순위

순위	계약연도	이름	팀 이동	총액(원)
1위	2017년	이대호	미국 시애틀→롯데	150억
2위	2017년	김현수	미국 필라델피아→LG	115억
3위	2016년	최형우	삼성→KIA	100억
4위	2017년	손아섭	롯데 잔류	98억
5위	2015년	박석민	삼성→NC	96억
6위	2016년	차우찬	삼성→LG	95억
7위	2015년	윤석민	미국 볼티모어→KIA	90억
8위	2017년	황재균	미국 샌프란시스코→kt	88억
9위	2014년	최정	SK 잔류	86억
10위	2016년	김광현	SK 잔류	85억
11위	2014년	장원준	롯데→두산	84억
	2015년	김태균	한화 잔류	
	2015년	정우람	SK→한화	

* 4년 계약 총액 기준, 해외 진출 후 복귀 선수 포함

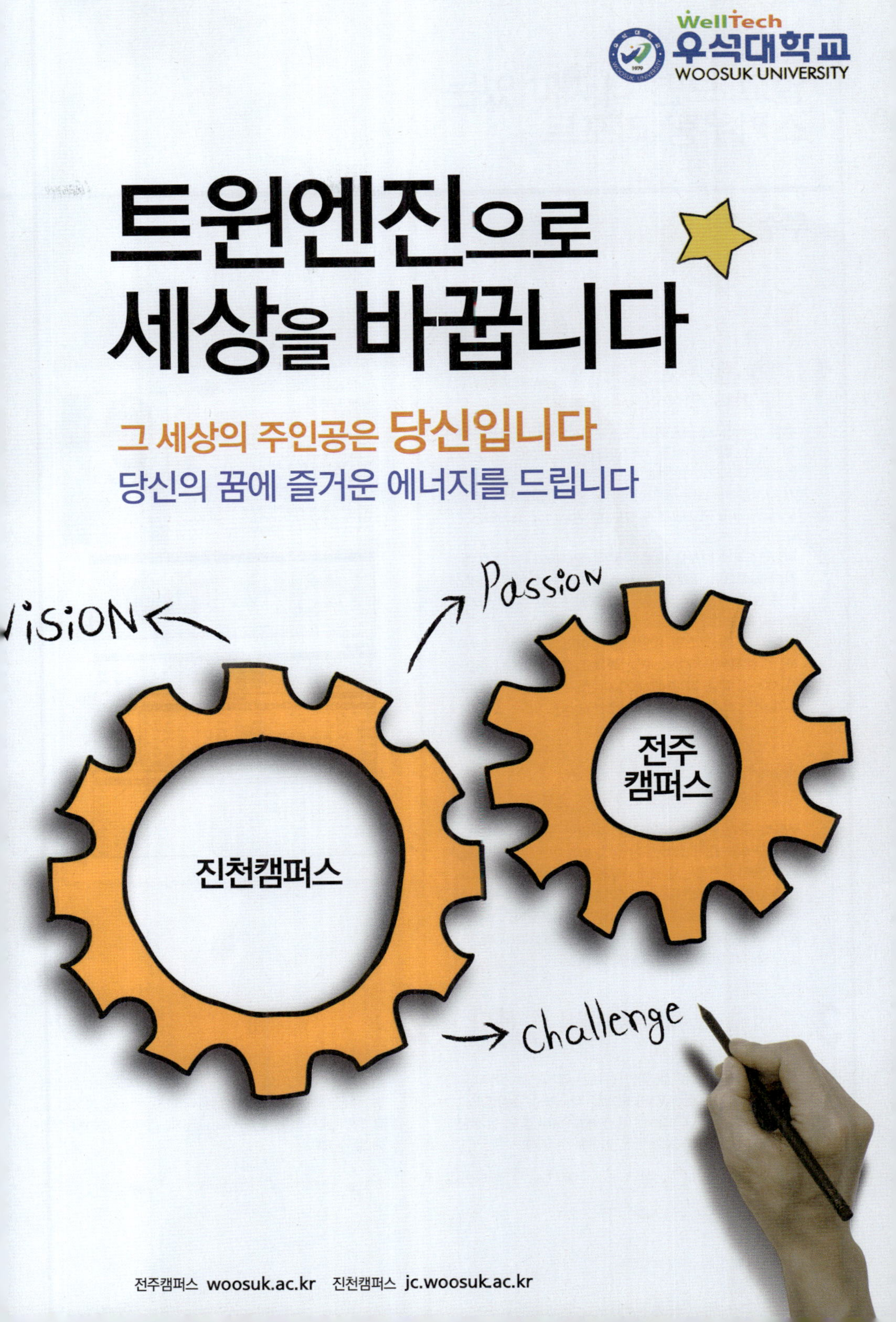

트윈엔진으로
세상을 바꿉니다

그 세상의 주인공은 당신입니다
당신의 꿈에 즐거운 에너지를 드립니다

Vision

Passion

전주
캠퍼스

진천캠퍼스

Challenge

전주캠퍼스 woosuk.ac.kr   진천캠퍼스 jc.woosuk.ac.kr

알고 보면 더 재미있는
스카우팅 리포트

투수

1 피칭존, 핫&콜드
전문가들도 인정하는 국내 유일

해당 투수가 지난해 어느 코스로 공을 많이 던졌는지(피칭존), 또 각 코스별로 피안타율은 어느 정도 되었는지(핫&콜드) 색으로 표현해 한눈에 알 수 있다. 이 표는 투수가 타자를 바라보는 시각이다. TV 중계방송의 시각이기에 보기 편하다. 국내에서 두 가지를 한꺼번에 표기하는 건 유일하다.

피칭존 좌우 타자를 따로 구분해 6단계로 나눠 흐린색에서 진한색으로 구분했다. 3~5%는 평균, 6~8%는 약간 많은 편, 9~11%는 많은 편, 12% 이상은 매우 자주 던지는 코스라고 보면 된다.

핫&콜드 각 코스별 피안타율에 따라 빨간색(0.099 이하), 오렌지색(0.100~0.199), 회색(0.200~0.299), 하늘색(0.300~0.399), 파란색(0.400 이상)으로 나눴다. 해당 투수가 어느 코스에서 강점을 보였는지 바로 알 수 있다.

2 투수에 관한 모든 것
다른 책에서는 담지 못한 최강의 정보

구종별 구속/구사율/피안타율 다양한 구종을 제시하고 평균 구속을 표기했다. 또한 상황별로 어떤 구종의 공을 몇 퍼센트나 던졌는지 표로 제시했다. 이 표만 있으면 해당 투수의 투구 패턴을 쉽게 알 수 있다. 실제 중계 상황에서 시청자 스스로 예측을 할 수 있도록 도왔다.

볼카운트별 피안타율-실점 볼카운트 상황에 따라 피안타율과 타점이 어떻게 달라지는지 알려준다.

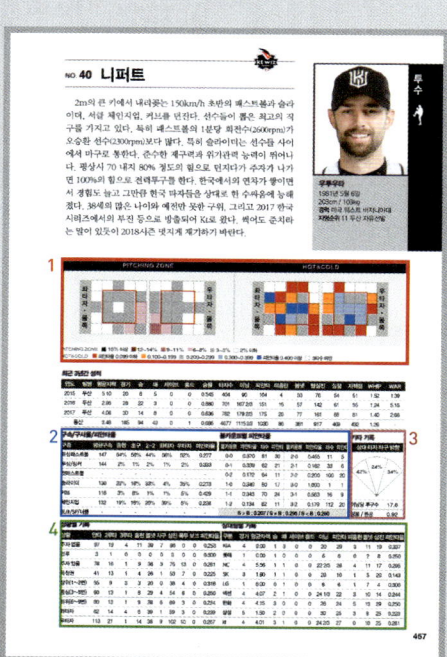

3 그림을 통해 직관적으로 본다
상대타자 타구 방향

해당 투수가 지난 한 해 동안 상대한 타자들로부터 나온 모든 타구(안타, 아웃 포함) 방향을 좌-중-우 3방향으로 구분해 백분율로 표기했다. 이 부채꼴 하나만 보면 해당 투수의 구위, 던지는 방향 등을 짐작할 수 있다.

4 토토가이드를 위한 유익한 정보
상황별 상대팀별 기록

홈과 원정, 좌타자와 우타자, 무주자와 유주자, 타순별(상위, 중심, 하위) 등 다양한 상황에 따른 투수의 성적을 표로 정리했다. 해당 투수가 어느 팀에 강하고 약한지 한눈에 알 수 있다.

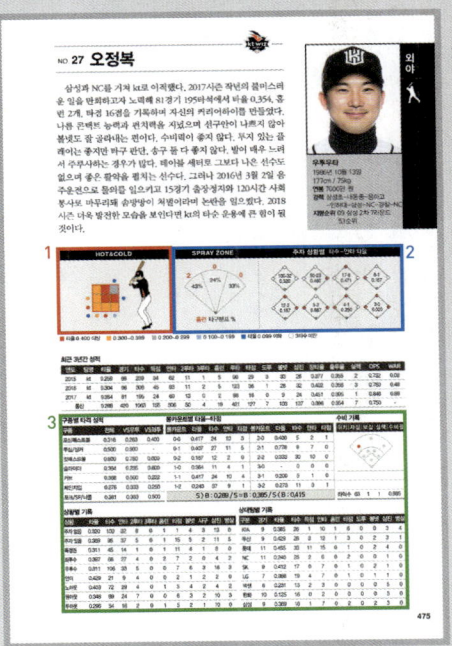

1 핫&콜드, 스프레이존
전문가들도 인정하는 국내 유일

코스별 타율을 집계해 투수의 시각(TV 중계방송의 시각)으로 표시했다. 투수의 핫&콜드와는 정반대로 표시된 것이다.

핫&콜드 타율 0.400 이상이면 빨간색, 0.300~0.399는 오렌지색, 0.200~0.299는 회색, 0.100~0.199는 하늘색, 0.099 이하는 파란색이다. 그리고 볼존도 표기했다. 일반적으로 볼존을 공략하면 타율이 많이 나빠진다. 하지만 어떤 선수들은 스트라이크존보다 볼존을 공략할 때 타율이 더 높게 나오기도 한다. 3타수 미만은 색을 표시하지 않았다. 샘플이 너무 적어 변별력이 없기 때문이다. 단, 2타수 2안타는 빨간색으로 표시했다.

2 어떤 때 강한 타자인가?
그림으로 한눈에 본다

스프레이존 해당 타자가 어느 방향으로 타구를 많이 날리는지 알려주는 데이터. 지난 한 해 모든 경기를 분석해 추출한 다음 좌-중-우 위치에 백분율로 표시했다. 여기서 중요한 건 안타 방향이 아니라 전체 타구 방향을 나타냈다는 점이다. 안타는 대부분 외야에서 나온다. 그러다보면 내야에서 이루어진 플레이에 대해서는 방향을 알 수가 없다. 그래서 안타, 아웃을 막론하고 모든 타구를 추적해 표본을 만든 것이다. 스프레이존만 보면 잡아당기는 타자인지, 밀어치는 타자인지, 스프레이 히터인지 알 수 있다.

그리고 부채꼴 위쪽에는 빨간색으로 홈런 개수도 표현했다. 잘 살펴보면 부채꼴 안의 백분율 데이터와 홈런 방향이 일치하는 선수도 있고, 그렇지 않은 선수도 있다. 잘 밀어치는 타자인데 홈런은 잡아당겨야만 나오는 선수, 잘 잡아당기는 타자인데 홈런은 오히려 밀어쳐서 만드는 타자 등 여러 경우가 있을 수 있다.

주자 상황별 타수/안타/타율 8가지 경우의 수에 대해 타격 성적을 표기해 놓았다. 이 타자가 어느 상황에 강하고 약한지 알 수 있다.

3 타자에 관한 모든 것
다른 책에서는 담지 못한 최강의 정보

볼카운트별 타율-타점 볼카운트별로 타격을 한눈에 알아보도록 정리했다. 판별하기 매우 쉽게 돼 있다.

구종별 타격 성적/리그평균/수비기록 각 구종을 상대로 어떤 타율을 기록했는지 제시했다. 강약점이 한눈에 드러난다.

상황별/상대팀별 기록 토토가이드를 위한 정보. 어느 팀에 강하고 약한지 한눈에 알 수 있다.

KIA
TIGERS

KIA 타이거즈

TEAM PROFILE

구단 창립 1982년
(2001년 현재 명칭으로 변경)
마스코트 호돌이&호순이(변경 예정)
구단주 정몽구
모기업 현대자동차그룹
감독 김기태
단장 조계현

HOME

현재 연고지 광주광역시
이전 연고지 –
홈구장 광주-기아 챔피언스 필드
수용인원 2만 7000명
영구결번 7번(이종범), 18번(선동열)

PERFORMANCE

한국시리즈 우승 11회
1983, 1986, 1987, 1988, 1989, 1991,
1993, 1996, 1997, 2009, 2017년

한국시리즈 출전 10회
1983, 1986, 1987, 1988, 1989, 1991,
1993, 1996, 1997, 2009, 2017년

플레이오프 출전 6회
1987, 1989, 1990, 1992, 2002, 2003년

준플레이오프 출전 4회
1994, 2004, 2006, 2011년

UNIFORM

Home / Away

LINE-UP

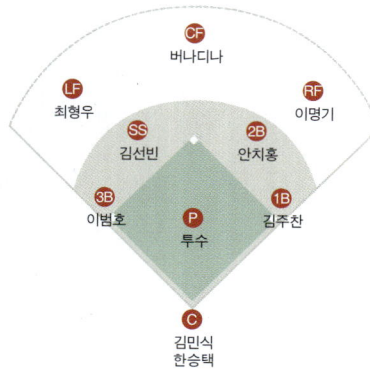

ROTATION	
SP	헥터 노에시
SP	양현종
SP	팻 딘
SP	임기영
SP	김진우 外

BULLPEN	
RP	김윤동
RP	홍건희
RP	임기준
RP	한승혁
RP	임창용
RP	심동섭
CL	김세현

BATTING	
1	이명기
2	김주찬
3	버나디나
4	최형우
5	나지완
6	안치홍
7	이범호
8	김민식
9	김선빈

UTILITY PLAYERS	
IF	서동욱
IF	김주형
IF	김지성
OF	이호신
OF	신종길
OF	황대인

우주의 기운,
2년 연속 이어질까

우주의 기운 가득했던 2017년

이보다 더 좋을 순 없었다. 1년 계약으로 잔류한 양현종은 시즌 20승을 거두며 리그 최고 투수로 우뚝 섰다. 외국인 선수 3인조(헥터, 팻 딘, 버나디나)도 최고의 활약을 펼쳤고, 거액을 주고 FA(자유계약선수) 영입한 최형우는 여전히 최형우였다. 군복무를 마치고 돌아온 안치홍−김선빈 키스톤과 시즌 내내 꾸준한 성적을 낸 김주찬−이범호 노장 듀오의 활약도 빼놓을 수 없다. 허약한 불펜, 백업 내야수 부재, 주전 야수들의 부상 등 문제가 전혀 없진 않았지만 워낙 다른 전력이 압도적인 탓에 KIA의 우승에는 걸림돌이 되지 못했다. 고비 때마다 KIA를 일으켜 세운 '우주의 기운'과 함께 KIA는 다시 챔피언 자리에 올랐다.

수성에 초점 맞춘 오프시즌

KIA의 오프시즌 키워드는 '수성'에 맞춰졌다. 외국인 선수 3인조를 모두 붙잡고, FA 자격을 다시 얻은 김주찬 계약, 양현종 재계약도 무리 없이 마무리지었다. 외부 영입은 2차 드래프트 등을 통해 백업 내야수를 보강하는 정도로 끝냈다. 대신 코칭스태프와 구단 조직에선 큰 폭의 변화를 줬다. 조계현 수석코치가 '단장'으로 영전해 야구인 단장 시대에 보조를 맞췄다. 박흥식 코치가 퓨처스 감독으로 이동하고, 대신 젊은 코치진이 대거 1군 스태프에 합류해 대규모 코치진 개각을 단행했다. 보통 우승한 팀은 이듬해에도 코치진 구성을 그대로 가져가는 편이다. KIA의 과감한 선택이 어떤 결과로 이어질지 주목된다.

부상, 백업 야수, 불펜 문제 관건

KIA가 2년 연속 우승을 차지하려면 몇 가지 해결 과제도 있다. 외국인 트리오와 전원 재계약했지만, 과연 올 시즌에도 3명 모두 최고의 활약을 펼칠지는 미지수다. 지난해를 무사히 보낸 김주찬−이범호 듀오는 올해로 37살이다. 시즌 후반 부상에 시달린 유격수 김선빈도 있다. 큰 부상 없이 한 시즌이 지나가는 행운이 2년 연속 이어지길 바라는 것보단, 부상에 대비해 든든한 백업을 구축하는 편이 현실적이다. 최원준 등 신인급 선수와 황윤호 등 외부 영입 선수, 오프시즌 막판 데려온 정성훈 등의 활약이 관건이다. 여기에 지난해 시즌 내내 '쫄깃한' 상황을 연출한 불펜을 탄탄하게 재조직하는 것도 KIA의 과제다.

No.77 │ 김기태
1969년 5월 23일
180cm │ 85kg
프로 입단 연도 1991년
드래프트 순위 1991년 특별우선지명
　　　　　　　 (쌍방울 레이더스)
첫 경기 KBO 1991년
마지막 경기 KBO 2005년
연봉 5억 원(2018년)

감독 **김기태**

　LG 감독 시절 다양한 작전 야구를 선보이며 명과 암이 공존했다. 그러나 2016년엔 기아의 암흑기를 끊어내고 5년 만에 포스트시즌에 진출, 팀 재건에 성과를 내기 시작했다. 2017년 V11을 달성하고 5명의 골든글러브 수상자를 배출시켰다. 김기태 감독 입장에서는 2018년 시즌에도 정상을 지켜야하는 무거운 책임감을 안게 되었다. 2017 시즌 내내 1위를 달리다 두산과 피 말리는 혈투 끝에 마지막 게임에서 1위를 확정한 뒤 모든 공을 선수와 프런트에게 돌리는 특유의 형님 리더쉽을 보였다. 그리고 대망의 한국시리즈까지 거머줬었다. 그는 장기적인 안목을 가지고 강팀으로 자리매김할 수 있는 시스템을 구축하기 위해 전면적으로 코치진을 개편하는 등 수성에 전력을 다하고 있다.

TEAM STATS

*는 수치가 낮을수록 순위가 높아짐

투수 기록

항목	평균자책점	승	패	세이브	홀드	승률	이닝	피안타	피홈런	볼넷	사구	탈삼진	실점	자책점	*WHIP
기록	4.79	87	56	33	46	0.608	1290	1518	137	434	77	985	743	687	1.51
순위	5위	1위	1위	4위	7위	1위	8위	3위	4위	1위	6위	1위	6위	6위	

항목	완투	완봉	QS	블론승	타자수	투구수	피안타율	볼넷/9	피홈런/9	삼진/9	삼진/볼넷	고의사구	폭투	보크
기록	5	5	75	18	5748	22223	0.295	255	21	52	46	22	69	4
순위	1위	6위	1위	4위	2위	2위	8위	6위	5위	3위	5위	7위	5위	4위

타자 기록

항목	타율	경기	타석	타수	득점	안타	2루타	3루타	홈런	총루타	타점	희생번트
기록	0.302	144	5841	5142	906	1554	292	29	170	2414	868	55
순위	1위	-	1위	1위	1위	1위	1위	3위	3위	1위	1위	8위

항목	희생플라이	볼넷	고의볼넷	사구	삼진	병살타	장타율	출루율	OPS	멀티히트	득점권	대타타율
기록	56	499	19	89	891	117	0.469	0.370	0.839	423	0.324	0.254
순위	1위	2위	3위	7위	1위	4위	1위	1위	1위	1위	1위	2위

득점 분포 및 승패

득점	0	1	2	3	4	5	6	7	8	9	10	11	12	13	14	15	16	17	18	19	20	21	22
경기	6	11	9	17	12	13	12	15	11	12	8	6	0	4	0	2	1	2	0	0	2	0	1
승	0	0	2	4	7	10	8	12	8	12	7	6	0	4	0	2	1	1	0	0	2	0	1
패	6	11	7	12	5	3	4	3	3	0	1	0	0	0	0	0	0	1	0	0	0	0	0
무	0	0	0	1	0	0	0	0	0	0	0	0	0	0	0	0	0	0	0	0	0	0	0
승률	0.000	0.000	0.222	0.250	0.583	0.769	0.667	0.800	0.727	1.000	0.875	1.000	-	1.000	-	1.000	1.000	0.500	-	-	1.000	-	1.000

실점 분포 및 승패

실점	0	1	2	3	4	5	6	7	8	9	10	11	12	13	14	15	16	17	18	19	20
경기	5	10	15	25	26	8	12	15	9	7	2	1	1	1	0	2	3	0	1	0	1
승	5	9	14	21	16	4	4	7	3	2	2	0	0	0	0	0	0	0	0	0	0
패	0	1	1	3	10	4	8	8	6	5	0	1	1	1	0	2	3	0	1	0	1
무	0	0	0	1	0	0	0	0	0	0	0	0	0	0	0	0	0	0	0	0	0
승률	1.000	0.900	0.933	0.875	0.615	0.500	0.333	0.467	0.333	0.286	1.000	0.000	0.000	0.000	-	0.000	0.000	-	0.000	-	0.000

이닝별 득점

이닝	경기	0점	1+점	1점	2점	3점	4점	5+점	최다	합계	평균	평균/9
1	144	101	43	22	9	6	1	5	8	94	0.65	5.88
2	144	94	50	23	14	4	3	6	9	111	0.77	6.94
3	144	100	44	19	12	4	3	6	7	113	0.78	7.06
4	144	77	67	37	12	13	2	3	7	126	0.88	7.88
5	144	101	43	18	9	9	4	3	12	106	0.74	6.63
6	144	91	53	25	11	11	3	3	5	107	0.74	6.69
7	144	91	53	25	17	5	4	2	5	100	0.69	6.25
8	143	101	42	25	8	7	2	0	4	70	0.49	4.41
9	105	73	32	14	11	4	1	0	2	62	0.59	5.31
10	14	9	5	3	1	0	1	0	2	7	0.50	4.50
11	7	2	5	3	1	0	1	0	4	9	1.29	11.57
12	2	1	1	1	0	0	0	0	1	2	0.50	4.50
합계		0점	1+점	1점	2점	3점	4점	5+점	최다	합계	평균	평균/9
	1279	841	438	215	106	63	24	30	12	906	0.71	6.38

이닝별 실점

이닝	경기	0점	1+점	1점	2점	3점	4점	5+점	최다	합계	평균	평균/9
1	144	102	42	21	11	4	4	2	8	85	0.59	5.31
2	144	101	43	24	13	3	3	0	4	71	0.49	4.44
3	144	102	42	19	14	3	5	1	7	83	0.58	5.19
4	144	105	39	18	13	5	2	1	8	75	0.52	4.69
5	144	97	47	22	16	7	2	0	4	83	0.58	5.19
6	144	94	50	26	9	12	1	2	6	95	0.66	5.94
7	143	99	44	26	5	4	5	1	12	101	0.71	6.36
8	143	108	35	16	11	6	1	1	6	66	0.46	4.15
9	120	83	37	17	12	2	2	4	7	79	0.66	5.93
10	14	12	2	1	0	0	0	0	2	2	0.14	1.29
11	7	7	0	0	0	0	0	0	0	0	0.00	0.00
12	2	1	1	0	0	0	1	0	3	3	1.50	13.50
합계		0점	1+점	1점	2점	3점	4점	5+점	최다	합계	평균	평균/9
	1293	911	382	191	104	47	24	16	12	743	0.57	5.17

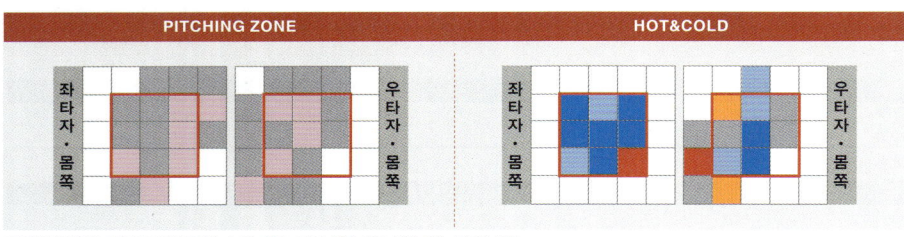

투수

NO. 49 김세현

우투우타
1987년 8월 7일
188cm / 98kg
연봉 2억 9000만 원
경력 도신초-우신중-덕수정보고
-현대-우리-히어로즈-넥센
지명순위 06 현대 2차 2라운드
16순위

만년 유망주에 그쳤던 김세현은 2016년 자신의 잠재력을 폭발시켰다. 넥센의 마무리를 맡아 2승 무패 36세이브 평균자책점 2.60을 기록하며 세이브왕 타이틀을 따냈다. 150km를 넘나드는 강력한 직구, 날카로운 슬라이더와 의표를 찌르는 커브로 리그 최고의 마무리 투수로 떠올랐다. 그러나 고질적인 제구력 난조와 가운데로 몰리거나 높은 공이 많이 나오면서 2017년은 지난 시즌의 위력을 이어가지 못했다. 27경기 1승 3패 10세이브, 평균자책점 6.83에 블론 세이브도 5개를 기록했다. 결국 넥센은 그를 트레이드 카드로 활용하여 KIA로 보냈다. 절반의 성공이었다. 2017년 후반기에는 KIA에서 활약하면서 그동안 포스트시즌(6경기 5⅓이닝을 던져 2패, 평균자책점 3.38을 기록) 경험을 바탕으로 KIA 우승에 일조했다.

PITCHING ZONE | HOT&COLD

PITCHING ZONE ■ 15% 이상 ■ 12~14% ■ 9~11% ■ 6~8% ■ 3~5% □ 2% 이하
HOT&COLD ■ 피안타율 0.099 이하 ■ 0.100~0.199 ■ 0.200~0.299 ■ 0.300~0.399 ■ 피안타율 0.400 이상 □ 3타수 미만

최근 3년간 성적

연도	팀명	평균자책	경기	승	패	세이브	홀드	승률	타수	이닝	피안타	피홈런	볼넷	탈삼진	실점	자책점	WHIP	WAR
2015	넥센	4.38	57	4	5	0	6	0.444	389	90 1/3	90	14	28	85	47	44	1.31	1.06
2016	넥센	2.60	62	2	0	36	0	1.000	254	62 1/3	66	2	7	50	19	18	1.17	2.77
2017	넥센·KIA	5.40	48	1	5	18	7	0.167	230	50	65	4	15	47	31	30	1.60	0.72
통산		4.98	317	27	33	54	15	0.450	2693	596 1/3	695	48	266	437	358	330	1.61	-

구속/구사율/피안타율

구종	평균구속	종합	초구	2-2	좌타자	우타자	피안타율
포심패스트볼	147	68%	76%	57%	70%	67%	0.329
투심 / 싱커	144	3%	1%	3%	6%	1%	0.600
컷패스트볼	143	0%	0%	0%	0%	1%	0.000
슬라이더	131	26%	21%	36%	19%	31%	0.204
커브	124	1%	2%	0%	1%	1%	-
체인지업	133	1%	0%	0%	0%	0%	0.000
포크/SF/너클	134	2%	1%	5%	3%	0%	0.400

볼카운트별 피안타율

볼카운트	피안타율	타수	피안타	볼카운트	피안타율	타수	피안타
0-0	0.586	29	17	2-0	0.167	6	1
0-1	0.261	23	6	2-1	0.615	13	8
0-2	0.038	26	1	2-2	0.259	27	7
1-0	0.533	15	8	3-0	-	0	0
1-1	0.400	10	4	3-1	0.000	3	0
1-2	0.175	40	7	3-2	0.333	18	6

S〉B : 0.157 / S=B : 0.424 / S〈B : 0.418

기타 기록

상대 타자 타구 방향

27%
37% 37%

이닝당 투구수 17.6
땅볼 / 뜬공 0.94

상황별 기록

상황	안타	2루타	3루타	홈런	볼넷	사구	삼진	폭투	보크	피안타율
주자 없음	26	4	1	2	5	1	29	0	0	0.248
만루	3	0	0	0	0	0	1	0	0	0.333
주자 있음	39	6	0	2	10	1	18	3	0	0.371
득점권	25	2	0	2	8	1	13	2	0	0.342
상위(1~2번)	19	2	1	0	4	0	7	1	0	0.365
중심(3~5번)	20	4	0	2	6	1	15	1	0	0.274
하위(6~9번)	26	4	0	2	5	1	25	1	0	0.306
좌타자	32	5	0	3	9	1	16	1	0	0.340
우타자	33	5	0	3	9	1	31	2	0	0.284

상대팀별 기록

구분	경기	평균자책	승	패	세이브	홀드	이닝	피안타	피홈런	볼넷	삼진	피안타율
KIA	5	7.20	0	1	1	1	5	11	0	1	4	0.440
두산	5	2.08	0	0	3	1	4 1/3	4	1	1	4	0.235
롯데	4	8.10	0	1	2	0	3 1/3	6	0	1	1	0.375
NC	6	14.54	0	0	2	2	4 1/3	10	0	2	5	0.417
SK	5	3.86	0	0	2	1	7	4	1	2	7	0.167
LG	3	6.75	0	2	0	0	4	6	1	3	6	0.368
넥센	1	9.00	0	0	0	1	1	1	0	0	0	0.250
한화	5	3.18	1	0	2	0	5 2/3	5	0	1	6	0.217
삼성	5	3.18	0	0	1	1	5 2/3	5	0	2	2	0.250
kt	9	3.72	0	1	5	0	9 2/3	12	0	3	6	0.316

NO. 28 김윤동

투수

야수에서 투수로 전향한 지 5년차다. 최고 구속 145km의 묵직하면서도 빠른 공을 지니고 있다. 패스트볼 위주의 투구 패턴과 주력 구종으로 쓰고 있는 종 슬라이더는 휘어지는 각도가 좋아 타자들이 애를 먹는다. 들쭉날쭉한 제구력 탓에 완전히 신뢰를 얻지는 못했다. 가끔 도망가는 피칭만 하다 볼넷으로 자멸하는 모습도 보여준다. 좀 더 자신감을 가져야 한다. 또한 팀에 믿을 만한 불펜이 없기에 혹사로 인한 부상이 염려된다. 2017시즌 투구 폼을 수정하면서 비로소 안정을 찾았다. 팔 스윙을 짧게 하면서 몸 전체를 이용해 공을 던져 투구에 체중을 실었다. 그리고 체인지업과 커브를 새롭게 장착, 선택의 폭을 넓혀 불펜의 핵으로 자리 잡았다. 그는 발전 가능성이 무궁무진한 KIA의 미래자원이다.

우투우타
1993년 4월 1일
186cm / 97kg
연봉 1억 5000만 원
경력 남도초-경상중-경북고
    -KIA-상무
지명순위 12 KIA 4라운드 38순위

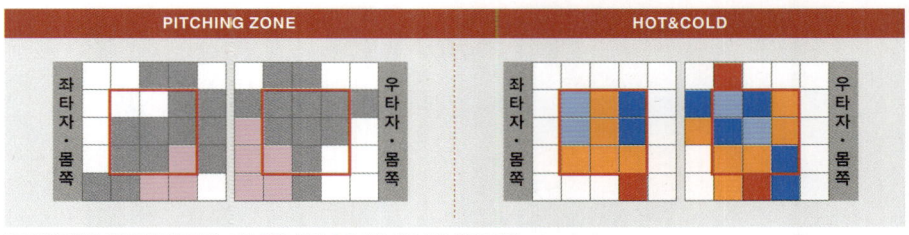

PITCHING ZONE ■ 15% 이상　■ 12~14%　■ 9~11%　■ 6~8%　■ 3~5%　□ 2% 이하
HOT&COLD ■ 피안타율 0.099 이하　■ 0.100~0.199　■ 0.200~0.299　■ 0.300~0.399　■ 피안타율 0.400 이상　□ 3타수 미만

최근 3년간 성적

연도	팀명	평균자책	경기	승	패	세이브	홀드	승률	타자수	이닝	피안타	피홈런	볼넷	탈삼진	실점	자책점	WHIP	WAR
2015	–																	
2016	KIA	5.43	31	0	3	2	2	0.000	242	53	48	9	38	47	33	32	1.62	0.15
2017	KIA	4.59	65	7	4	11	6	0.636	356	80 1/3	70	10	47	66	41	41	1.46	0.91
통산		5.06	97	7	7	13	8	0.500	603	133 1/3	121	19	87	113	76	75	1.56	-

구속/구사율/피안타율

구종	평균구속	종합	초구	2-2	좌타자	우타자	피안타율
포심패스트볼	145	63%	61%	57%	66%	61%	0.256
투심/싱커	-	-	-	-	-	-	-
컷패스트볼	-	-	-	-	-	-	-
슬라이더	132	21%	24%	21%	11%	28%	0.274
커브	115	3%	5%	1%	2%	4%	0.000
체인지업	127	1%	1%	2%	2%	0%	-
포크/SF/너클	131	12%	10%	19%	19%	8%	0.086

볼카운트별 피안타율

볼카운트	피안타율	타수	피안타	볼카운트	피안타율	타수	피안타
0-0	0.333	30	10	2-0	0.250	8	2
0-1	0.174	23	4	2-1	0.167	18	3
0-2	0.071	14	1	2-2	0.119	59	7
1-0	0.560	25	14	3-0	-	0	0
1-1	0.387	31	12	3-1	0.500	8	4
1-2	0.184	49	9	3-2	0.118	34	4
S>B : 0.163 / S=B : 0.242 / S<B : 0.290							

기타 기록

상대 타자 타구 방향
43%　22%　35%

이닝당 투구수 18.5
땅볼/뜬공 0.90

상황별 기록

상황	안타	2루타	3루타	홈런	콜넷	사구	삼진	폭투	보크	피안타율
주자 없음	31	1	0	4	23	2	31	0	0	0.217
만루	3	0	0	1	1	0	5	0	0	0.214
주자 있음	39	7	1	6	24	3	35	7	1	0.250
득점권	21	4	0	5	15	2	22	5	0	0.223
상위(1~2번)	19	1	1	3	6	0	17	1	0	0.279
중심(3~5번)	24	3	0	3	25	5	15	3	0	0.276
하위(6~9번)	27	4	0	4	16	0	34	3	1	0.188
좌타자	25	4	0	3	19	1	22	3	0	0.231
우타자	45	6	0	7	28	4	44	4	1	0.236

상대팀별 기록

구분	경기	평균자책	승	패	세이브	홀드	이닝	피안타	피홈런	볼넷	삼진	피안타율
두산	9	2.45	0	0	1	2	11	8	1	4	8	0.205
롯데	8	1.74	2	0	2	0	10 1/3	6	0	10	7	0.171
NC	8	6.17	1	1	1	1	11 2/3	7	2	7	9	0.171
SK	8	13.50	1	1	2	0	6	8	1	8	6	0.320
LG	8	1.50	1	0	1	0	12	8	0	8	13	0.200
넥센	8	2.53	2	0	3	1	10 2/3	12	1	3	8	0.286
한화	6	3.38	0	0	0	1	5 1/3	3	1	1	2	0.158
삼성	7	7.71	0	1	0	1	11 2/3	14	4	4	7	0.286
kt	2	10.80	0	1	0	0	1 2/3	4	0	1	2	0.444

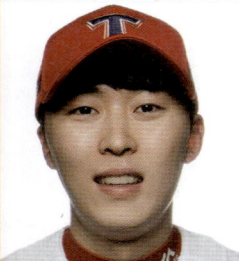

투수

우투우타
1989년 9월 2일
182cm / 85kg
연봉 4200만 원
경력 본리초-대구중-경북고
－단국대
지명순위 12 KIA 1라운드 4순위

NO. **39** 박지훈

경북고 시절 구속이 130km/h 중후반에서 140km/h 초반까지 상승해 에이스 역할을 했으나 2008년 드래프트에서 지명을 받지 못했다. 직구 구속은 뛰어나나 커맨드나 변화구 제구가 부족했기 때문이다. 다양한 변화구를 가지고 있고 130km/h 정도에서 형성되는 날카로운 슬라이더와 주 무기로 쓰는 스플리터가 인상적이다. KIA에서는 구속과 구위를 끌어올리며 150km/h 대의 속구와 140km/h 대에서 형성되는 슬라이더를 장착했다. 영점만 제대로 잡힌다면 강속구로 윽박지르는 피칭도 기대해볼 만하다. 사회복무요원을 마치고 2017년에 복귀했으나 5월에 발생한 부상으로 시즌 아웃됐다. 그의 부활이 가뜩이나 허약한 KIA의 뒷문을 강화시켜줄 구세주가 될 수 있을까.

PITCHING ZONE

HOT&COLD

PITCHING ZONE ■ 15% 이상 ■ 12~14% ■ 9~11% ■ 6~8% ■ 3~5% □ 2% 이하
HOT&COLD ■ 피안타율 0.099 이하 ■ 0.100~0.199 ■ 0.200~0.299 ■ 0.300~0.399 ■ 피안타율 0.400 이상 □ 3타수 미만

최근 3년간 성적

연도	팀명	평균자책	경기	승	패	세이브	홀드	승률	타자수	이닝	피안타	피홈런	볼넷	탈삼진	실점	자책점	WHIP	WAR
2015	-	-	-	-	-	-	-	-	-	-	-	-	-	-	-	-	-	-
2016	-	-	-	-	-	-	-	-	-	-	-	-	-	-	-	-	-	-
2017	KIA	7.07	18	1	1	0	4	0.500	66	14	16	1	9	10	12	11	1.79	-0.13
통산		6.00	103	6	5	3	18	0.545	489	105	119	10	61	74	73	70	1.71	-

구속/구사율/피안타율

구종	평균구속	종합	초구	2-2	좌타자	우타자	피안타율
포심패스트볼	139	55%	57%	39%	58%	54%	0.520
투심/싱커	-	-	-	-	-	-	-
컷패스트볼	-	-	-	-	-	-	-
슬라이더	133	18%	25%	31%	8%	22%	0.300
커브	-	-	-	-	-	-	-
체인지업	-	-	-	-	-	-	-
포크/SF/너클	125	27%	18%	31%	34%	24%	0.000

볼카운트별 피안타율

볼카운트	피안타율	타수	피안타	볼카운트	피안타율	타수	피안타
0-0	0.300	10	3	2-0	-	-	-
0-1	0.667	6	4	2-1	0.000	1	0
0-2	0.000	1	0	2-2	0.143	7	1
1-0	0.250	4	1	3-0	-	0	0
1-1	0.400	5	2	3-1	1.000	1	1
1-2	0.143	14	2	3-2	0.333	6	2

S〉B : 0.286 / S=B : 0.273 / S〈B : 0.333

기타 기록

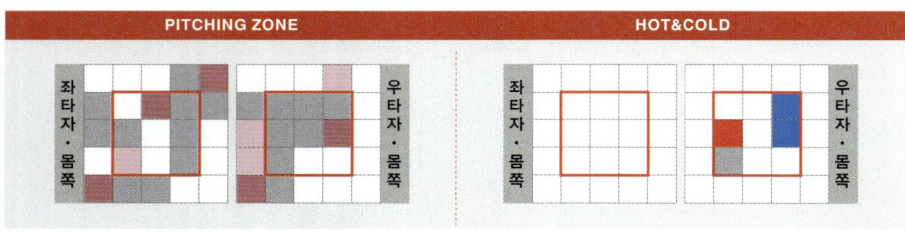

	상대 타자 타구 방향	
44%	24%	32%

이닝당 투구수	18.3
땅볼 / 뜬공	1.14

상황별 기록

상황	안타	2루타	3루타	홈런	볼넷	사구	삼진	폭투	보크	피안타율
주자 없음	9	1	1	1	2	0	5	0	0	0.310
만루	2	0	0	0	0	1	0	0	0	0.400
주자 있음	7	0	0	0	7	1	5	1	0	0.269
득점권	6	0	0	0	5	1	3	1	0	0.333
상위(1~2번)	6	0	1	0	2	0	2	0	0	0.375
중심(3~5번)	2	0	0	0	2	1	6	1	0	0.111
하위(6~9번)	8	1	0	1	5	0	2	0	0	0.381
좌타자	5	0	1	0	3	0	3	0	0	0.263
우타자	11	1	0	1	8	1	5	0	0	0.306

상대팀별 기록

구분	경기	평균자책	승	패	세이브	홀드	이닝	피안타	피홈런	볼넷	삼진	피안타율
두산	2	10.80	0	0	0	1	1 2/3	3	0	0	0	0.500
롯데	1	27.00	0	0	0	0	0 2/3	0	0	3	0	0.000
NC	2	0.00	0	0	0	0	0 1/3	0	0	1	0	0.000
SK	2	9.00	0	1	0	0	1	1	1	0	0	0.250
LG	3	0.00	0	0	0	1	2	2	0	1	5	0.250
넥센	3	6.75	1	0	0	1	2 2/3	4	0	2	0	0.308
한화	2	108.00	0	0	0	0	0 1/3	3	0	0	0	0.750
삼성	2	0.00	0	0	0	0	2	2	0	0	3	0.286
kt	2	0.00	0	0	0	0	3 1/3	1	0	1	2	0.100

NO. 1 # 심동섭

140km/h 후반에서 150km/h 초반의 패스트볼을 던진다. 날카로운 슬라이더와 포크볼을 구사한다. 매력적인 좌완 파이어볼러다. 2010년 입단 후 투구 밸런스가 좋지 않아 항상 제구 기복이 문제였다. 그러나 멘탈이 좋아 웬만한 위기상황에서도 크게 흔들리지 않는 모습이 강점이다. 제구가 되는 날은 언터처블. 반면 제구가 안 되면 볼이 빠른 만큼 팔 스윙이 빠르니 릴리스포인트가 흔들리면서 볼넷을 남발. 한복판에 몰리는 패스트볼은 홈런 맞기에 딱 좋아 이러한 악순환이 계속됐다. 힘에 의존하는 피칭에서, 몸에 힘을 빼고 팔의 각도를 올리고 최적의 투구 밸런스를 잡으면서 한국시리즈에서 좋은 피칭을 선보였다. 2018시즌을 기대해도 좋다.

좌투좌타
1991년 9월 20일
185cm / 93kg
연봉 1억 3000만 원
경력 광주화정초-충장중
　　　-광주제일고
지명순위 10 KIA 1라운드 3순위

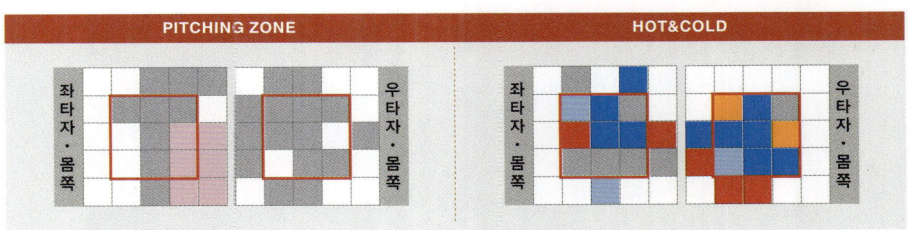

PITCHING ZONE　■ 15% 이상　■ 12~14%　■ 9~11%　■ 6~8%　■ 3~5%　□ 2% 이하
HOT&COLD　■ 피안타율 0.099 이하　■ 0.100~0.199　■ 0.200~0.299　■ 0.300~0.399　■ 피안타율 0.400 이상　□ 3타수 미만

최근 3년간 성적

연도	팀명	평균자책	경기	승	패	세이브	홀드	승률	타자수	이닝	피안타	피홈런	볼넷	탈삼진	실점	자책점	WHIP	WAR
2015	KIA	5.02	69	3	1	1	21	0.750	257	57 1/3	47	7	43	71	35	32	1.57	0.31
2016	KIA	6.45	54	5	2	1	13	0.714	182	37 2/3	45	5	21	33	30	27	1.75	-0.39
2017	KIA	5.68	52	2	2	2	11	0.500	233	50 2/3	64	6	21	50	34	32	1.68	0.32
통산		4.91	332	14	15	10	66	0.483	1335	291 2/3	282	25	178	304	182	159	1.58	-

구속/구사율/피안타율

구종	평균구속	종합	초구	2-2	좌타자	우타자	피안타율
포심패스트볼	141	58%	62%	57%	57%	59%	0.342
투심/싱커	134	1%	1%	0%	0%	1%	-
컷패스트볼	-	-	-	-	-	-	-
슬라이더	131	20%	18%	18%	32%	9%	0.317
커브	121	1%	0%	3%	1%	1%	0.000
체인지업	-	-	-	-	-	-	-
포크/SF/너클	129	20%	18%	22%	10%	30%	0.239

볼카운트별 피안타율

볼카운트	피안타율	타수	피안타	볼카운트	피안타율	타수	피안타
0-0	0.294	17	5	2-0	0.500	2	1
0-1	0.231	13	3	2-1	0.455	11	5
0-2	0.143	21	3	2-2	0.313	32	10
1-0	0.714	14	10	3-0	-	0	0
1-1	0.444	18	8	3-1	0.143	7	1
1-2	0.182	44	8	3-2	0.370	27	10

S > E : 0.179 / S = B : 0.343 / S < B : 0.443

기타 기록

상대 타자 타구 방향

42%　25%　34%

이닝당 투구수 19.0
땅볼 / 뜬공 0.77

상황별 기록

상황	안타	2루타	3루타	홈런	볼넷	사구	삼진	폭투	보크	피안타율
주자 없음	34	8	1	3	10	0	26	0	0	0.327
만루	1	0	0	0	0	0	2	0	0	0.167
주자 있음	30	5	0	3	11	0	24	1	0	0.294
득점권	20	3	0	3	10	0	15	0	0	0.317
상위(1~2번)	21	3	1	1	6	0	13	0	0	0.318
중심(3~5번)	16	3	0	3	9	0	20	1	0	0.239
하위(6~9번)	27	7	0	2	6	0	17	0	0	0.370
좌타자	33	8	1	3	11	0	25	1	0	0.320
우타자	31	3	0	3	10	0	25	0	0	0.301

상대팀별 기록

구분	경기	평균자책	승	패	세이브	홀드	이닝	피안타	피홈런	볼넷	삼진	피안타율
두산	5	6.23	0	0	0	2	4 1/3	5	1	2	4	0.278
롯데	5	2.70	0	0	0	1	3 1/3	3	1	1	4	0.231
NC	7	8.53	0	0	0	1	6 1/3	8	1	3	7	0.333
SK	6	3.00	1	0	0	1	6	5	1	1	5	0.217
LG	7	9.35	0	1	0	2	8 2/3	17	2	3	8	0.447
넥센	6	10.80	0	0	0	3	3 1/3	5	0	3	5	0.333
한화	6	4.91	0	1	0	1	3 2/3	4	0	5	1	0.286
삼성	7	2.13	1	0	1	1	12 2/3	13	0	2	14	0.260
kt	7	7.71	0	0	0	2	2 1/3	4	2	2	4	0.364

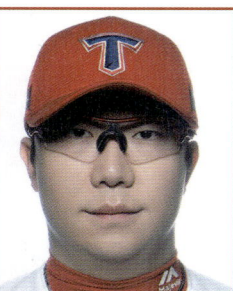

투수

좌투좌타
1988년 3월 1일
183cm / 91kg
연봉 23억 원
경력 학강초-광주동성중
　　　-광주동성고
지명순위 07 KIA 2차 1라운드
　　　1순위

NO. 54 양현종

　　명실상부한 대한민국 에이스. 2017시즌 11개의 상을 휩쓸며 프로야구 최초로 한국시리즈·정규시즌 MVP와 골든글러브까지 독차지했다. 부상으로 상금 6,000만 원과 차량 3대 등 최고의 한 해를 보냈다. 140km/h 후반의 포심 패스트볼, 체인지업, 슬라이더를 사용한다. 2017시즌을 최고로 만든 비결은 바로 슬라이더에 있다. 양현종은 밸런스가 좋지 않을 때 슬라이더 구사 비율을 높이면서 패스트볼을 줄인다. 슬라이더를 많이 쓰면 타자의 방망이를 피할 수 있고, 맞춰 잡기보다는 삼진 잡는 구종으로 활용하고 있다. 또한 디셉션이 상당히 뛰어난 투수다. 이닝당 투구 수가 많아 통상 6~7이닝 정도 소화한다. KIA의 불펜을 생각한다면 게임 평균 7~8이닝 정도는 투구할 수 있어야 한다.

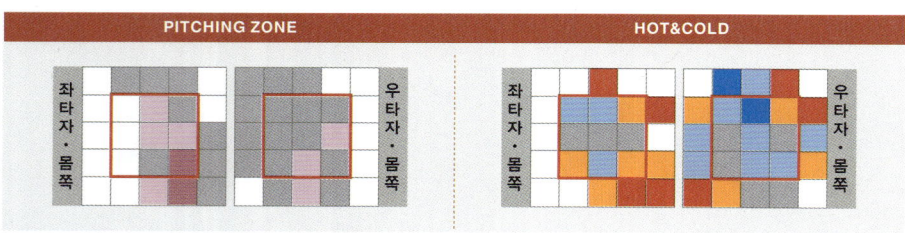

PITCHING ZONE ■ 15% 이상 ■ 12~14% ■ 9~11% ■ 6~8% ■ 3~5% □ 2% 이하
HOT&COLD ■ 피안타율 0.099 이하 ■ 0.100~0.199 ■ 0.200~0.299 ■ 0.300~0.399 ■ 피안타율 0.400 이상 □ 3타수 미만

최근 3년간 성적

연도	팀명	평균자책	경기	승	패	세이브	홀드	승률	타자수	이닝	피안타	피홈런	볼넷	탈삼진	실점	자책점	WHIP	WAR
2015	KIA	2.44	32	15	6	0	1	0.714	756	184 1/3	150	18	78	157	52	50	1.24	6.46
2016	KIA	3.68	31	10	12	0	0	0.455	850	200 1/3	191	19	77	146	96	82	1.34	5.00
2017	KIA	3.44	31	20	6	0	0	0.769	808	193 1/3	209	17	45	158	88	74	1.31	5.20
통산		3.88	336	107	66	0	9	0.618	6214	1444 2/3	1396	122	655	1209	670	623	1.42	-

구속/구사율/피안타율

구종	평균구속	종합	초구	2-2	좌타자	우타자	피안타율
포심패스트볼	144	60%	64%	55%	58%	61%	0.280
투심/싱커	-	-	-	-	-	-	-
컷패스트볼	-	-	-	-	-	-	-
슬라이더	129	14%	13%	15%	34%	8%	0.221
커브	118	6%	4%	8%	7%	6%	0.242
체인지업	129	20%	19%	23%	2%	26%	0.318
포크/SF/너클	-	-	-	-	-	-	-

볼카운트별 피안타율

볼카운트	피안타율	타수	피안타	볼카운트	피안타율	타수	피안타
0-0	0.287	87	25	2-0	0.231	13	3
0-1	0.308	78	24	2-1	0.500	36	18
0-2	0.141	78	11	2-2	0.202	109	22
1-0	0.438	64	28	3-0	-	-	-
1-1	0.375	72	27	3-1	0.357	14	5
1-2	0.206	131	27	3-2	0.268	71	19

S〉B : 0.216 / S＝B : 0.276 / S〈B : 0.369

기타 기록

상대 타자 타구 방향

48%　22%　30%

이닝당 투구수 16.0
땅볼 / 뜬공 0.95

상황별 기록

상황	안타	2루타	3루타	홈런	볼넷	사구	삼진	폭투	보크	피안타율
주자 없음	127	22	2	8	22	0	102	1	0	0.291
만루	1	0	0	0	0	0	3	0	0	0.100
주자 있음	82	10	0	9	23	0	56	13	0	0.259
득점권	44	4	0	8	15	0	30	7	0	0.262
상위(1~2번)	46	6	0	2	11	0	36	4	0	0.250
중심(3~5번)	76	13	1	9	17	0	55	7	0	0.293
하위(6~9번)	87	13	1	8	17	0	67	3	0	0.281
좌타자	35	6	1	7	7	0	47	5	0	0.207
우타자	174	26	1	10	38	0	111	9	0	0.298

상대팀별 기록

구분	경기	평균자책	승	패	세이브	홀드	이닝	피안타	피홈런	볼넷	삼진	피안타율
두산	2	6.17	1	1	0	0	11 2/3	19	2	1	9	0.352
롯데	4	4.94	1	2	0	0	23 2/3	30	4	11	14	0.323
NC	5	3.81	3	2	0	0	28 1/3	28	6	29	29	0.255
SK	5	3.12	2	1	0	0	34 2/3	34	3	6	29	0.258
LG	3	2.79	3	0	0	0	19 1/3	20	3	16	0.278
넥센	5	1.69	3	0	0	0	32	29	2	7	0.242
한화	2	3.21	2	0	0	0	14	15	1	11	0.294
삼성	1	4.50	1	0	0	0	6	6	1	5	0.261
kt	3	3.42	4	0	0	0	23 2/3	28	2	5	20	0.286

임기영

우언우타
1993년 4월 16일
184cm / 78kg
연봉 1억 3000만 원
경력 대구수창초-경운중-경북고
　　　-한화-KIA-상무
지명순위 12 한화 2라운드 18순위

투수

2017시즌 KIA의 신데렐라였다. 상무에서 군복구를 마치고 2017시즌 두 번의 완봉을 포함해 파죽의 호투로 5월까지 7승 2패, 평균자책점 1.72의 빼어난 투구를 했다. 6월에 계륵으로 이탈한 게 아쉽다. 한국시리즈 4차전에서 5와 2/3이닝 6피안타 무실점 역투로 승리 투수가 됐다. 다양한 구종을 던지는 사이드암 투수로 절묘한 제구력을 바탕으로 높은 초구 스트라이크를 보여주며 이를 통해 타자와의 수 싸움을 유리하게 이끌어간다. 직구와 똑같은 폼으로 던지는 춤추는 체인지업의 위력이 대단하다. 몸 쪽 구석구석 찌르는 직구 스피드도 141km까지 나오면서 체인지업 위력이 더해졌다. 또한 강한 멘탈의 소유자다. 체인지업의 예리함과 직구의 스피드업이 2018시즌을 기대하게 하는 이유다.

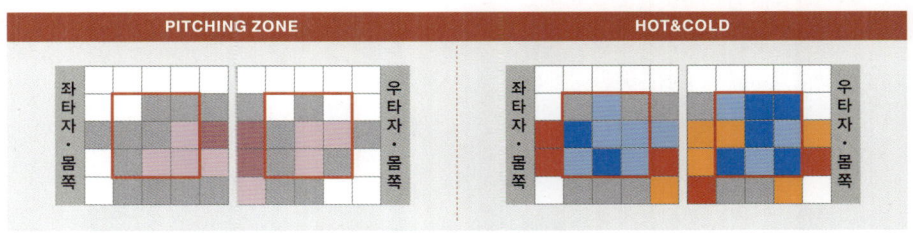

PITCHING ZONE　■ 15% 이상　■ 12~14%　■ 9~11%　■ 6~8%　■ 3~5%　□ 2% 이하
HOT&COLD　■ 피안타율 0.099 이하　■ 0.100~0.199　■ 0.200~0.299　■ 0.300~0.399　■ 피안타율 0.400 이상　□ 3타수 미만

최근 3년간 성적

연도	팀명	평균자책	경기	승	패	세이브	홀드	승률	타자수	이닝	피안타	피홈런	볼넷	탈삼진	실점	자책점	WHIP	WAR
2015	-	-	-	-	-	-	-	-	-	-	-	-	-	-	-	-	-	-
2016	-	-	-	-	-	-	-	-	-	-	-	-	-	-	-	-	-	-
2017	KIA	3.65	23	8	6	0	0	0.571	497	118 1/3	138	9	18	73	54	48	1.32	3.08
통산		4.20	64	10	9	0	1	0.526	775	175 2/3	220	18	44	120	96	82	1.50	-

구속/구사율/피안타율

구종	평균구속	종합	초구	2-2	좌타자	우타자	피안타율
포심패스트볼	136	44%	48%	37%	49%	39%	0.305
투심/싱커	132	4%	5%	1%	3%	5%	0.611
컷패스트볼	-	-	-	-	-	-	-
슬라이더	127	13%	14%	9%	7%	19%	0.339
커브	119	8%	11%	6%	6%	10%	0.313
체인지업	121	31%	23%	47%	36%	26%	0.237
포크/SF/너클	-	-	-	-	-	-	-

볼카운트별 피안타율

볼카운트	피안타율	타수	피안타	볼카운트	피안타율	타수	피안타
0-0	0.367	60	22	2-0	0.333	6	2
0-1	0.379	58	22	2-1	0.412	17	7
0-2	0.125	32	4	2-2	0.259	85	22
1-0	0.406	32	13	3-0	0.000	1	0
1-1	0.348	46	16	3-1	0.375	8	3
1-2	0.198	81	16	3-2	0.250	44	11

S〉B : 0.246 / S=B : 0.314 / S〈B : 0.333

기타 기록

상대 타자 타구 방향

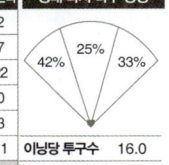

42%　25%　33%

이닝당 투구수	16.0
땅볼 / 뜬공	1.19

상황별 기록

상황	안타	2루타	3루타	홈런	볼넷	사구	삼진	폭투	보크	피안타율
주자 없음	76	16	1	3	9	4	47	0	0	0.268
만루	2	1	0	1	0	2	1	0	0	0.250
주자 있음	62	9	0	6	9	2	26	2	0	0.333
득점권	30	6	0	2	3	0	16	2	0	0.294
상위(1~2번)	36	6	1	0	1	1	15	0	0	0.308
중심(3~5번)	54	9	0	7	12	1	27	2	0	0.333
하위(6~9번)	48	10	0	2	4	4	31	0	0	0.251
좌타자	63	11	0	3	10	2	37	0	0	0.290
우타자	75	14	1	6	8	4	36	2	0	0.296

상대팀별 기록

구분	경기	평균자책	승	패	세이브	홀드	이닝	피안타	피홈런	볼넷	삼진	피안타율
두산	2	6.52	1	1	0	0	9 2/3	14	1	3	8	0.333
롯데	2	1.23	1	0	0	0	14 2/3	13	0	1	8	0.245
NC	4	3.24	0	1	0	0	16 2/3	19	0	4	5	0.297
SK	4	5.63	0	1	0	0	16	21	2	2	8	0.309
LG	1	1.50	1	0	0	0	6	9	0	0	5	0.375
넥센	2	7.71	0	0	0	0	9 1/3	18	1	3	9	0.400
한화	2	0.56	2	0	0	0	16	10	1	3	8	0.175
삼성	3	3.75	1	0	0	0	16	16	1	2	5	0.261
kt	3	4.00	2	1	0	0	18	22	2	1	14	0.310

NO. 56 임기준

투수

좌투좌타
1991년 10월 8일
182cm / 83kg
연봉 6000만 원
경력 서림초-진흥중-진흥고
-(전남과학대)-KIA-경찰
지명순위 10 KIA 2라운드 14순위

　임기준은 투구 폼이 독특하다. 오른발을 내딛으면서 공을 쥔 왼팔을 등 뒤로 쭉 뻗었다 앞으로 강하게 챈다. 메이저리그 왼손 투수 매디슨 범가너(샌프란시스코)와 닮았다. 경찰 야구단에서 군 복무를 마치고 2015년 1군 마운드에 본격적으로 올랐다. 임기준은 최고 141km의 포심패스트볼, 슬라이더, 투심패스트볼, 체인지업, 포크볼 등 다양한 구종을 구사한다. 최근에는 포크볼을 많이 던지면서도 좋은 컨트롤을 보여주고 있다. 좌타자에게 상당히 강하고 주자 견제 능력도 뛰어나다. 그러나 제구가 불안해, 볼넷을 남발하다 가운데로 우겨넣은 공은 종종 상대에게 통타 당했다. 그가 선발진이나 불펜에서 제몫을 다하기 위해서는 제구력을 가다듬는 게 급선무다.

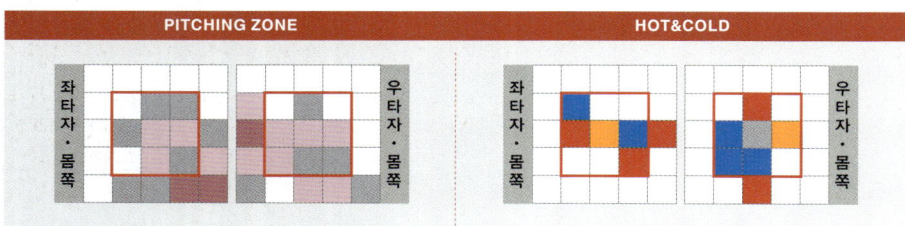

PITCHING ZONE ■ 15% 이상 ■ 12~14% ■ 9~11% ■ 6~8% ■ 3~5% □ 2% 이하
HOT&COLD ■ 피안타율 0.099 이하 ■ 0.100~0.199 ■ 0.200~0.299 ■ 0.300~0.399 ■ 피안타율 0.400 이상 □ 3타수 미만

최근 3년간 성적

연도	팀명	평균자책	경기	승	패	세이브	홀드	승률	타자수	이닝	피안타	피홈런	볼넷	탈삼진	실점	자책점	WHIP	WAR
2015	KIA	6.62	17	1	3	0	0	0.250	175	34	39	4	27	26	32	25	1.94	-0.42
2016	KIA	6.03	19	0	2	1	1	0.000	158	31 1/3	37	2	33	15	23	21	2.23	-0.10
2017	KIA	3.27	15	0	1	1	2	0.000	104	22	25	1	15	12	9	8	1.82	0.49
통산		5.98	54	1	6	2	3	0.143	453	90 1/3	106	8	78	56	70	60	2.04	-

구속/구사율/피안타율

구종	평균구속	종합	초구	2-2	좌타자	우타자	피안타율
포심패스트볼	142	58%	53%	52%	60%	56%	0.340
투심/싱커	136	6%	12%	0%	2%	8%	0.000
컷패스트볼	-	-	-	-	-	-	-
슬라이더	128	22%	20%	26%	33%	14%	0.208
커브	116	1%	1%	7%	1%	0%	0.000
체인지업	132	4%	4%	7%	2%	5%	0.000
포크/SF/너클	129	11%	11%	10%	2%	17%	0.333

볼카운트별 피안타율

볼카운트	피안타율	타수	피안타	볼카운트	피안타율	타수	피안타
0-0	0.167	6	1	2-0	0.000	1	0
0-1	0.125	8	1	2-1	0.333	6	2
0-2	0.167	6	1	2-2	0.333	15	5
1-0	0.000	8	0	3-0	-	0	0
1-1	0.429	14	6	3-1	0.750	4	3
1-2	0.200	10	2	3-2	0.400	10	4

S〉B : 0.167 / S=B : 0.343 / S〈B : 0.310

기타 기록

상대 타자 타구 방향		
34%	24%	41%

이닝당 투구수	19.0
땅볼 / 뜬공	1.43

상황별 기록

상황	안타	2루타	3루타	홈런	볼넷	사구	삼진	폭투	보크	피안타율
주자 없음	15	2	0	1	7	0	4	0	0	0.326
만루	0	0	0	0	0	0	0	0	0	0.000
주자 있음	10	1	0	0	8	0	8	0	2	0.238
득점권	6	1	0	0	3	0	3	0	0	0.250
상위(1~2번)	3	0	0	0	3	0	3	0	0	0.111
중심(3~5번)	8	2	0	0	4	0	6	0	1	0.276
하위(6~9번)	14	1	0	1	8	0	3	0	1	0.438
좌타자	7	1	0	0	3	0	9	0	1	0.167
우타자	18	2	0	1	12	0	3	0	1	0.391

상대팀별 기록

구분	경기	평균자책	승	패	세이브	홀드	이닝	피안타	피홈런	볼넷	삼진	피안타율
두산	2	3.18	0	1	0	1	5 2/3	4	1	1	3	0.190
롯데	1	27.00	0	0	0	0	0 2/3	2	0	0	0	0.500
NC	3	2.70	0	1	0	0	6 2/3	10	0	7	4	0.345
SK	1		0	0	0	0	1	1	0	1	0	0.250
LG	2	4.15	0	0	0	0	4 1/3	5	0	1	1	0.278
넥센	1		0	0	0	0	1 2/3	2	0	2	1	0.333
한화	1		0	0	0	0	0 2/3	0	0	1	0	0.000
삼성	1		0	0	0	0	1 0 1/3	1	0	0	0	0.000
kt	1		0	0	0	0	1	1	0	1	1	0.250

NO. 12 임창용

직구가 주력인 거의 원피치형 투수. 슬라이더, 싱커, 커브를 던지나 변화구의 위력이 뛰어나지는 않다. 나이 때문에 변화구 구사가 많아지고 있으나 주력 구종은 여전히 뱀 직구다. 예전의 전성기처럼 풀타임 마무리투수를 맡을 가능성은 현실적으로 적다. 하지만 그의 관록은 무시할 수 없으며, 공의 스피드나 무브먼트도 여전히 활용 가치가 높다. 당장 2017시즌만 봐도 중간이든 마무리든 경기 승부처라 할 수 있는 시점에 필승조로 투입돼 KIA의 구원투수들 중 가장 좋은 평균 자책점(3.78)을 기록했다. 2018시즌에도 마무리 김세현 앞 이닝에서 1~2이닝을 책임져줄 필승 조 활약이 유력하다. 무엇보다도 어린 선수들에게 많은 노하우를 전수하면서 명예로운 은퇴를 준비해야 한다.

우언우타
1976년 6월 4일
180cm / 75kg
연봉 5억 원
경력 광주대성초-진흥중-진흥고
　　　-해태-삼성
지명순위 95 해태 고졸신인

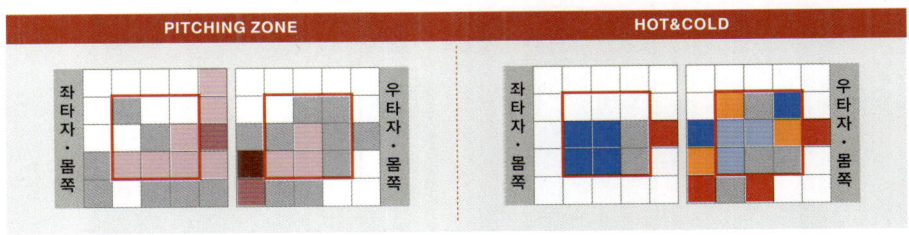

PITCHING ZONE 　　좌타자·몸쪽　　우타자·몸쪽　　HOT&COLD 　　좌타자·몸쪽　　우타자·몸쪽

PITCHING ZONE ■ 15% 이상　■ 12~14%　■ 9~11%　■ 6~8%　■ 3~5%　□ 2% 이하
HOT&COLD ■ 피안타율 0.099 이하　■ 0.100~0.199　■ 0.200~0.299　■ 0.300~0.399　■ 피안타율 0.400 이상　□ 3타수 미만

최근 3년간 성적

연도	팀명	평균자책	경기	승	패	세이브	홀드	승률	타수	이닝	피안타	피홈런	볼넷	탈삼진	실점	자책점	WHIP	WAR
2015	삼성	2.83	55	5	2	33	0	0.714	219	54	45	2	13	71	17	17	1.07	2.00
2016	KIA	4.37	34	3	0	15	0	0.500	159	35	45	5	10	38	18	17	1.57	0.65
2017	KIA	3.78	51	8	6	7	9	0.571	225	50	51	3	22	58	22	21	1.46	1.29
통산		3.35	723	125	81	254	15	0.607	6826	1639 1/3	1451	132	469	1390	676	610	1.17	-

구속/구사율/피안타율

구종	평균구속	종합	초구	2-2	좌타자	우타자	피안타율
포심패스트볼	144	55%	52%	66%	62%	51%	0.279
투심/싱커	136	11%	18%	2%	11%	11%	0.217
컷패스트볼	-						-
슬라이더	124	4%	3%	6%	1%	6%	0.154
커브	120	25%	24%	23%	9%	32%	0.304
체인지업	130	3%	3%	2%	10%	0%	0.000
포크/SF/너클	134	2%	2%	2%	6%	0%	0.250

볼카운트별 피안타율

볼카운트	피안타율	타수	피안타	볼카운트	피안타율	타수	피안타
0-0	0.160	25	4	2-0	0.167	6	1
0-1	0.480	25	12	2-1	0.714	7	5
0-2	0.158	19	3	2-2	0.200	35	7
1-0	0.667	12	8	3-0	-	0	0
1-1	0.417	12	5	3-1	0.500	2	1
1-2	0.027	37	1	3-2	0.286	14	4

S〉B : 0.198 / S=B : 0.222 / S〈B : 0.463

기타 기록

상대 타자 타구 방향

36%　23%　41%

이닝당 투구수	16.9
땅볼 / 뜬공	1.07

상황별 기록

상황	안타	2루타	3루타	홈런	볼넷	사구	삼진	폭투	보크	피안타율
주자 없음	25	3	0	1	10	2	19	0	0	0.266
만루	3	0	1	1	1	0	4	0	0	0.300
주자 있음	26	4	1	2	12	3	39	2	0	0.260
득점권	15	4	1	2	11	3	25	1	0	0.250
상위(1~2번)	17	4	1	1	1	1	10	0	0	0.447
중심(3~5번)	13	3	0	2	7	3	19	1	0	0.197
하위(6~9번)	21	0	0	0	14	1	29	1	0	0.233
좌타자	16	4	0	1	10	0	14	0	0	0.308
우타자	35	3	1	2	12	5	44	2	0	0.246

상대팀별 기록

구분	경기	평균자책	승	패	세이브	홀드	이닝	피안타	피홈런	볼넷	삼진	피안타율
두산	5	15.00	0	1	1	2	3	5	2	1	4	0.357
롯데	7	2.16	1	1	2	0	8 1/3	7	0	1	11	0.233
NC	7	0.00	1	0	1	2	6 1/3	2	0	3	6	0.100
SK	9	3.75	2	1	1	1	12	9	1	3	11	0.200
LG	5	0.00	2	0	1	0	3 2/3	2	0	2	5	0.154
넥센	3	20.25	1	0	0	1	1 1/3	3	0	1	2	0.429
한화	6	9.64	0	1	1	1	4 2/3	11	0	4	5	0.500
삼성	2	6.75	1	0	0	0	1 1/3	4	0	2	2	0.500
kt	7	0.00	1	0	0	2	9 1/3	8	0	0	12	0.229

투수

좌투좌타
1989년 5월 25일
185cm / 88kg
경력 미국 보스턴대
지명순위 17 KIA 자유선발

NO. 45 팻 딘

2017시즌 한국시리즈에서 7이닝 3실점으로 호투하며 KIA의 V-11 달성에 이바지했다. 그는 타선의 도움을 받지 못해 아쉬움을 삼킨 경기도 많았으나 시즌 중반 무차별 난타를 당하면서 퇴출 위기까지 몰렸다. 한여름 더위에 약한 모습을 보였다. 제구력이 뛰어나고, 투구 밸런스가 좋은 유형의 투수로 패스트볼 평균 구속은 140km/h 초중반에 머문다. 변화구로는 슬라이더, 체인지업, 커브를 구사한다. 체인지업은 패스트볼과 구분이 쉽지 않다는 게 최대 장점이다. 타자 몸 쪽에 던지는 빠른 패스트볼은 더욱 위력적이다. 낮은 볼넷 비율과 낮은 삼진 비율로 파워 피처가 아닌 제구형 투수로 맞춰 잡는 스타일의 피칭을 한다. 우타자에게는 약하나 좌타자에게는 강점을 가진 투수다.

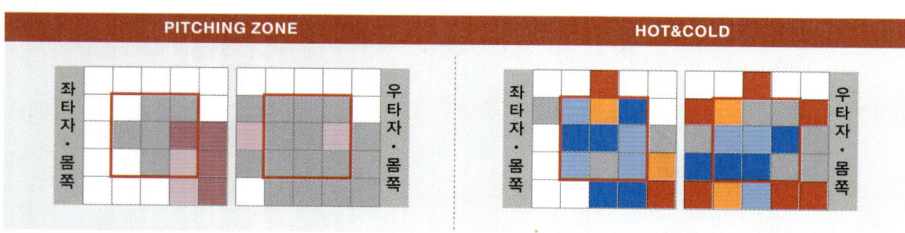

PITCHING ZONE ■ 15% 이상 ■ 12~14% ■ 9~11% ■ 6~8% ■ 3~5% ■ 2% 이하
HOT&COLD ■ 피안타율 0.099 이하 ■ 0.100~0.199 ■ 0.200~0.299 ■ 0.300~0.399 ■ 피안타율 0.400 이상 □ 3타수 미만

최근 3년간 성적

연도	팀명	평균자책	경기	승	패	세이브	홀드	승률	타자수	이닝	피안타	피홈런	볼넷	탈삼진	실점	자책점	WHIP	WAR
2015	-	-	-	-	-	-	-	-	-	-	-	-	-	-	-	-	-	-
2016	-	-	-	-	-	-	-	-	-	-	-	-	-	-	-	-	-	-
2017	KIA	4.14	30	9	7	0	0	0.563	770	176	211	22	39	143	86	81	1.42	3.80
통산		4.14	30	9	7	0	0	0.563	770	176	211	22	39	143	86	81	1.42	

구속/구사율/피안타율

구종	평균구속	종합	초구	2-2	좌타자	우타자	피안타율
포심패스트볼	143	51%	54%	45%	51%	52%	0.276
투심/싱커	140	2%	2%	1%	1%	2%	0.667
컷패스트볼	136	8%	6%	9%	11%	7%	0.317
슬라이더	134	10%	10%	9%	14%	8%	0.368
커브	122	14%	14%	21%	18%	13%	0.331
체인지업	-	-	-	-	-	-	-
포크/SF/너클	134	15%	15%	15%	5%	19%	0.289

볼카운트별 피안타율

볼카운트	피안타율	타수	피안타	볼카운트	피안타율	타수	피안타
0-0	0.375	96	36	2-0	0.583	12	7
0-1	0.394	71	28	2-1	0.375	32	12
0-2	0.263	57	15	2-2	0.211	109	23
1-0	0.356	59	21	3-0	0.000	1	0
1-1	0.421	57	24	3-1	0.429	14	6
1-2	0.179	117	21	3-2	0.257	70	18
S〉B : 0.261 / S=B : 0.317 / S〈B : 0.340							

기타 기록

상대 타자 타구 방향

26%
44% 31%

이닝당 투구수	16.6
땅볼/뜬공	1.00

상황별 기록

상황	안타	2루타	3루타	홈런	볼넷	사구	삼진	폭투	보크	피안타율
주자 없음	124	28	2	13	13	7	82	0	0	0.321
만루	6	1	0	4	1	7	0	0	0	0.231
주자 있음	87	11	1	9	26	9	61	3	0	0.282
득점권	44	4	1	4	22	6	37	2	0	0.251
상위(1~2번)	55	9	2	6	2	33	1	0		0.322
중심(3~5번)	72	16	1	10	20	8	53	1	0	0.306
하위(6~9번)	84	14	0	6	17	6	57	1	0	0.291
좌타자	64	8	1	4	15	2	38	1	0	0.327
우타자	147	31	2	18	24	14	105	2	0	0.295

상대팀별 기록

구분	경기	평균자책	승	패	세이브	홀드	이닝	피안타	피홈런	볼넷	삼진	피안타율
두산	3	4.67	1	1	0	0	17 1/3	22	0	9	15	0.319
롯데	3	1.80	0	0	0	0	20	15	1	3	21	0.208
NC	2	6.10	0	1	0	0	10 1/3	17	1	4	8	0.415
SK	2	10.00	1	0	0	0	9	15	0	0	5	0.395
LG	4	4.32	1	2	0	0	25	25	5	6	23	0.260
넥센	3	5.54	1	1	0	0	13	16	2	6	13	0.291
한화	6	2.09	3	1	0	0	38 2/3	42	3	8	32	0.282
삼성	4	3.81	2	0	0	0	26	28	2	4	13	0.286
kt	3	5.94	0	0	0	0	16 2/3	29	4	2	13	0.403

98

NO. 43 헥터

투수

2016, 2017시즌 2년 연속 200이닝을 돌파한 이닝이터의 면모를 과시했다. 여전히 150km/h 초반대의 빠른 패스트볼과 슬라이더, 체인지업을 적절히 구사하며 20승을 달성했다. 그의 장점은 체인지업으로 지난해보다 구사 비율이 크게 늘어났다. 스트라이크처럼 들어오다 떨어지며 방망이의 중심을 빗겨 나가는 투구를 하면서 헛스윙이나 땅볼을 유도하는 데 체인지업을 아주 잘 활용했다. 빠른 구속에 비해 기교파에 가까운 투수. 2016년에는 홈런을 많이 맞지 않았다. 2017시즌에는 피홈런 개수가 3배로 증가했다. 반면 안 좋을 때는 상대의 방망이에 걸리는 확률이 높아 이해하기 힘들 정도로 난타를 당하기도 했다. 수비 때 기습 번트에 약한 면을 보인다.

우투우타
1987년 1월 26일
191cm / 93kg
경력 도미니카 라몬마티아멜라고
지명순위 16 KIA 자유선발

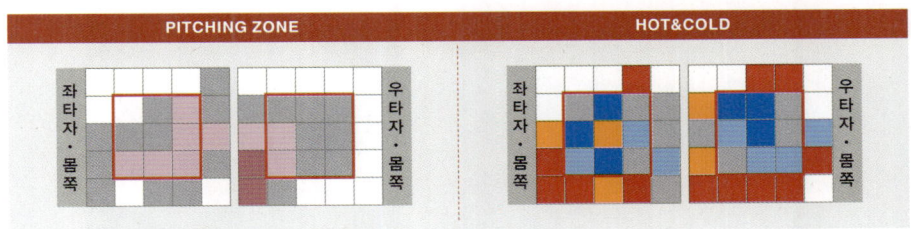

PITCHING ZONE	HOT&COLD
좌타자·몸쪽　우타자·몸쪽	좌타자·몸쪽　우타자·몸쪽

PITCHING ZONE　■ 15% 이상　■ 12~14%　■ 9~11%　■ 6~8%　□ 3~5%　□ 2% 이하
HOT&COLD　■ 피안타율 0.099 이하　■ 0.100~0.199　□ 0.200~0.299　■ 0.300~0.399　■ 피안타율 0.400 이상　□ 3타수 미만

최근 3년간 성적

연도	팀명	평균자책	경기	승	패	세이브	홀드	승률	타자수	이닝	피안타	피홈런	볼넷	탈삼진	실점	자책점	WHIP	WAR
2015	–																	
2016	KIA	3.40	31	15	5	0	0	0.750	868	206 2/3	211	7	51	139	88	78	1.27	6.91
2017	KIA	3.48	30	20	5	0	0	0.800	854	201 2/3	221	21	45	149	83	78	1.32	5.57
통산		3.44	61	35	10	0	0	0.778	1722	408 1/3	432	28	96	288	171	156	1.29	–

구속/구사율/피안타율

구종	평균구속	종합	초구	2-2	좌타자	우타자	피안타율
포심패스트볼	145	47%	55%	48%	47%	47%	0.279
투심/싱커	-	-	-	-	-	-	-
컷패스트볼	-	-	-	-	-	-	-
슬라이더	138	20%	22%	8%	18%	21%	0.309
커브	121	13%	9%	17%	7%	16%	0.234
체인지업	134	14%	14%	28%	28%	16%	0.286
포크/SF/너클	-	-	-	-	-	-	-

볼카운트별 피안타율

볼카운트	피안타율	타수	피안타	볼카운트	피안타율	타수	피안타
0-0	0.410	100	41	2-0	0.368	19	7
0-1	0.310	84	26	2-1	0.261	23	6
0-2	0.154	104	16	2-2	0.274	106	29
1-0	0.328	67	22	3-0	-	0	0
1-1	0.271	70	19	3-1	0.333	12	4
1-2	0.243	144	35	3-2	0.250	64	16

S〉B : 0.232 / S=B : 0.322 / S〈B : 0.297

기타 기록

상대 타자 타구 방향

42%　24%　35%

이닝당 투구수	15.7
땅볼／뜬공	1.10

상황별 기록

상황	안타	2루타	3루타	홈런	볼넷	사구	삼진	폭투	보크	피안타율
주자 없음	128	21	3	13	23	3	97	0	0	0.278
만루	2	1	0	0	0	1	0	0	0	0.250
주자 있음	93	15	1	8	22	2	52	7	0	0.280
득점권	42	6	0	3	14	2	23	4	0	0.275
상위(1~2번)	56	7	2	5	9	0	19	1	0	0.284
중심(3~5번)	83	15	1	10	18	0	53	3	0	0.314
하위(6~9번)	82	14	1	6	18	5	77	3	0	0.247
좌타자	88	16	2	6	16	2	65	2	0	0.272
우타자	133	20	2	15	29	3	84	5	0	0.283

상대팀별 기록

구분	경기	평균자책	승	패	세이브	홀드	이닝	피안타	피홈런	볼넷	삼진	피안타율
두산	5	4.06	3	1	0	0	31	41	3	10	23	0.315
롯데	4	5.04	1	2	0	0	25	32	4	5	23	0.320
NC	4	2.33	3	0	0	0	19 1/3	18	1	7	12	0.243
SK	2	4.50	1	0	0	0	14	13	3	5	5	0.255
LG												
넥센	3	2.49	1	0	0	0	21 2/3	17	0	7	21	0.221
한화	3	3.68	4	1	0	0	36 2/3	42	1	8	19	0.286
삼성	3	3.34	4	1	0	0	32 1/3	36	6	5	30	0.275
kt	3	2.08	5	0	0	0	21 2/3	22	3	1	18	0.265

투수

우투우타
1992년 9월 29일
185cm / 92kg
연봉 8000만 원
경력 화순초-화순중-화순고
　　 -KIA-상무
지명순위 11 KIA 2라운드 9순위

NO. 48 홍건희

　한승혁과 더불어 팀내 유망주 중 한 명이나 아직까지 확실하게 꼬리표를 못 떼고 있다. 최고구속 150km/h 초반대를 육박하던 패스트볼과 날카로운 슬라이더, 브레이킹볼이 뛰어나다. 그러나 2017시즌 구속 저하, 브레이킹볼의 위력이 저하되면서 전반기에 1패 8.36의 평균자책점을 기록하고 홀연히 1군 무대에서 사라졌다. 가장 큰 문제점은 확실한 결정구의 부재. 2스트라이크를 잡아놓고 커트를 당하는 빈도가 높아지면서 볼넷이나 안타를 허용하며 스스로 무너지는 상황이 늘었다. 후반기 1군 무대로 복귀해 나름대로 호투하면서 1승을 달성했으나 정작 한국시리즈에는 등판하지 못했다. KIA의 미래를 책임져야 할 선수라 그의 더딘 성장이 아쉽기만 하다.

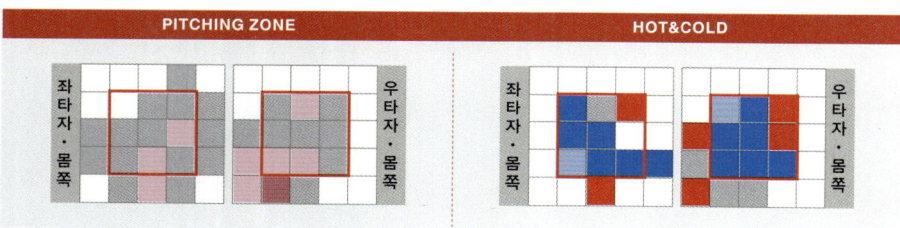

PITCHING ZONE	HOT&COLD

PITCHING ZONE ■ 15% 이상　■ 12~14%　■ 9~11%　■ 6~8%　■ 3~5%　□ 2% 이하
HOT&COLD ■ 피안타율 0.099 이하　■ 0.100~0.199　■ 0.200~0.299　■ 0.300~0.399　■ 피안타율 0.400 이상　□ 3타수 미만

최근 3년간 성적

연도	팀명	평균자책	경기	승	패	세이브	홀드	승률	타자수	이닝	피안타	피홈런	볼넷	탈삼진	실점	자책점	WHIP	WAR
2015	KIA	6.04	38	2	5	1	0	0.286	383	82	84	18	57	86	63	55	1.72	-0.45
2016	KIA	4.98	50	4	4	4	5	0.500	407	90 1/3	103	10	41	83	53	50	1.59	1.07
2017	KIA	6.41	31	1	1	0	0	0.500	270	59	83	5	21	41	44	42	1.76	0.01
통산		5.74	124	7	10	5	5	0.412	1086	236 2/3	277	33	121	213	164	151	1.68	-

구속/구사율/피안타율

구종	평균구속	종합	초구	2-2	좌타자	우타자	피안타율
포심패스트볼	144	62%	65%	50%	65%	61%	0.350
투심/싱커	-	-	-	-	-	-	-
컷패스트볼	-	-	-	-	-	-	-
슬라이더	133	18%	18%	21%	11%	22%	0.370
커브	112	4%	4%	2%	2%	5%	0.200
체인지업	130	6%	5%	10%	9%	5%	0.438
포크/SF/너클	130	10%	7%	17%	13%	8%	0.240

볼카운트별 피안타율

볼카운트	피안타율	타수	피안타	볼카운트	피안타율	타수	피안타
0-0	0.480	25	12	2-0	0.000	7	0
0-1	0.364	11	4	2-1	0.588	17	10
0-2	0.231	26	6	2-2	0.250	36	9
1-0	0.533	15	8	3-0	0.000	3	0
1-1	0.571	28	16	3-1	0.222	9	2
1-2	0.256	39	10	3-2	0.250	24	6

S > B : 0.263 / S = B : 0.416 / S < B : 0.347

기타 기록

상대 타자 타구 방향

42%　21%　37%

이닝당 투구수	18.5
땅볼 / 뜬공	0.71

상황별 기록

상황	안타	2루타	3루타	홈런	볼넷	사구	삼진	폭투	보크	피안타율
주자 없음	36	5	1	3	10	2	20	0	0	0.360
만루	2	1	0	0	0	0	0	0	0	0.667
주자 있음	47	12	1	2	11	0	21	7	0	0.336
득점권	29	7	1	2	6	0	10	4	0	0.377
상위(1~2번)	20	3	1	1	4	0	12	3	0	0.377
중심(3~5번)	22	3	0	2	9	1	12	2	0	0.282
하위(6~9번)	41	11	1	2	8	1	17	2	0	0.376
좌타자	27	6	1	0	8	0	13	0	0	0.365
우타자	56	11	1	5	13	2	28	4	0	0.337

상대팀별 기록

구분	경기	평균자책	승	패	세이브	홀드	이닝	피안타	피홈런	볼넷	삼진	피안타율
두산	7	3.52	1	1	0	0	15 1/3	15	0	4	8	0.268
롯데	2	2.25	0	0	0	0	4	2	0	2	2	0.154
NC												
SK	3	2.08	0	0	0	0	4 1/3	5	1	2	4	0.313
LG	5	6.35	0	0	0	0	11 1/3	20	3	3	6	0.400
넥센	2	5.06	0	0	0	0	5 1/3	8	0	2	7	0.348
한화	4	5.63	0	0	0	0	8	11	0	4	4	0.344
삼성	3	50.14	0	0	0	0	2 1/3	14	2	1	1	0.737
kt	5	5.40	0	0	0	0	8 1/3	8	1	3	8	0.258

포수

우투좌타
1989년 6월 28일
180cm / 80kg
연봉 1억 5000만 원
경력 양덕초-마산중-마산고
　　　-원광대-SK-상무-SK
지명순위 12 SK 2라운드 11순위

NO. 32 김민식

외야수 출신답게 빠른 발을 소유하고 있다. 또한 포수로서는 드문 좌타자다. 고교시절 내야수, 대학시절 외야수를 봤다. 2012년 SK에 입단해 박경환 배터리 코치의 조련으로 블로킹 능력과 도루 저지 능력을 크게 향상시키면서, 1년 사이에 KBO 리그 상위권의 실력을 갖춘 포수로 급성장했다. 그러나 포구에 있어서는 불안한 면을 보이면서 스트라이크로 들어온 공을 제대로 잡지 못하거나 가끔 공을 뒤로 빠트리는 장면도 보였다. 하지만 KIA 포수들 중 가장 수비 능력이 좋다는 말을 듣는다. 타격 능력(타율 0.222, 장타율 0.293, 출루율 0.283)은 부족하나 득점권(타율 0.340) 기록이 좋아 찬스에 강한 면모를 보여주었다.

| HOT&COLD | SPRAY ZONE | 주자 상황별 타수-안타 타율 |

홈런 타구분포 %

■ 타율 0.400 이상　■ 0.300~0.399　■ 0.200~0.299　■ 0.100~0.199　■ 타율 0.099 이하　□ 3타수 미만

최근 3년간 성적

연도	팀명	타율	경기	타수	득점	안타	2루타	3루타	홈런	루타	타점	도루	볼넷	삼진	장타율	출루율	실책	OPS	WAR
2015	SK	0.167	23	24	4	4	0	0	0	4	0	0	2	8	0.167	0.231	0	0.398	-0.24
2016	SK	0.257	88	144	17	37	9	0	2	52	14	1	21	38	0.361	0.359	7	0.720	0.28
2017	SK·KIA	0.222	137	352	39	78	9	2	4	103	40	3	26	55	0.293	0.283	8	0.576	-0.69
통산		0.229	248	520	60	119	18	2	6	159	54	4	49	95	0.306	0.303	15	0.609	-

구종별 타격 성적

구종	전체	VS우투	VS좌투
포심패스트볼	0.226	0.201	0.333
투심/싱커	0.208	0.217	0.000
컷패스트볼	0.400	0.500	0.000
슬라이더	0.194	0.154	0.261
커브	0.143	0.200	0.000
체인지업	0.345	0.385	0.000
포크/SF/너클	0.225	0.211	0.500

볼카운트별 타율-타점

볼카운트	타율	타수	안타	타점	볼카운트	타율	타수	안타	타점
0-0	0.352	54	19	11	2-0	0.167	12	2	1
0-1	0.206	34	7	4	2-1	0.240	25	6	3
0-2	0.161	31	5	2	2-2	0.111	45	5	2
1-0	0.440	25	11	10	3-0	-	0	0	1
1-1	0.297	37	11	1	3-1	0.357	14	5	2
1-2	0.067	45	3	4	3-2	0.133	30	4	3
					S〉B : 0.136 / S=B : 0.257 / S〈B : 0.264				

수비 기록

위치	자살	보살	실책	수비율
포수	739	72	8	0.990

상황별 기록

상황	타율	타수	안타	2루타	3루타	홈런	타점	볼넷	사구	삼진	병살
주자 없음	0.161	186	30	5	0	3	3	12	2	32	0
주자 있음	0.289	166	48	4	2	1	37	14	3	23	7
득점권	0.340	94	32	3	0	1	35	9	3	18	3
좌투수	0.246	69	17	0	0	1	8	4	1	10	2
우투수	0.190	232	44	6	1	3	30	20	4	43	4
언더	0.333	51	17	3	1	0	5	2	1	2	1
노아웃	0.165	91	15	1	0	0	4	8	1	16	0
원아웃	0.212	146	31	5	1	1	16	11	2	23	6
투아웃	0.278	115	32	3	0	3	20	7	3	16	0

상대팀별 기록

구분	경기	타율	타수	득점	안타	홈런	타점	도루	볼넷	삼진	병살
KIA	1	-	0	0	0	0	0	0	0	0	0
두산	15	0.200	25	4	5	0	2	0	3	6	0
롯데	16	0.163	43	5	7	0	3	0	6	10	1
NC	16	0.233	43	5	10	1	3	0	5	6	0
SK	14	0.225	40	4	9	0	5	0	1	6	1
LG	16	0.209	43	3	9	1	6	1	2	9	0
넥센	16	0.231	39	3	9	0	5	1	3	7	1
한화	14	0.263	38	3	10	0	6	0	1	8	1
삼성	13	0.316	38	8	12	1	9	0	2	3	3
kt	16	0.163	43	4	7	1	5	0	2	4	1

NO. 42 한승택

포수

우투우타
1994년 6월 21일
174cm / 83kg
연봉 7500만 원
경력 잠전초(남양주리틀)-잠신중
-덕수고-한화-경찰
지명순위 13 한화 3라운드 23순위

고교시절(덕수고) 최고의 포수였으나 타격 능력이 떨어지고 포수로서 작은 체구, 근력 부족으로 2군에서도 저조한 타격을 보였다. 다만 이제까지 1군 출전 기회도 많지 않았으며, KIA에서 첫 해 헤드 샷으로 인한 뇌진탕 후유증이 있었다는 점을 감안한다면 타격면에서 반등할 가능성이 전혀 없는 것은 아니다. 그러나 그의 최대 장점은 인사이드 워크와 프레이밍 능력. 2017년 한국시리즈 2차전에서 양현종을 완벽하게 리드하면서 완봉승을 이루어낸 능력을 인정받았다. 2017 아시아프로야구 챔피언십의 대표팀에 승선해, 2017 APBC BEST9 포수 부문을 수상하며 차기 국가대표 수비형 포수로 눈도장을 찍는 계기를 만들었다.

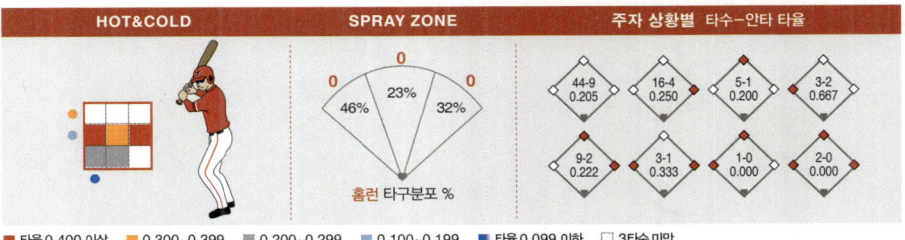

| HOT&COLD | SPRAY ZONE | 주자 상황별 타수-안타 타율 |

홈런 타구분포 %

■ 타율 0.400 이상　■ 0.300~0.399　■ 0.200~0.299　■ 0.100~0.199　■ 타율 0.099 이하　□ 3타수 미만

최근 3년간 성적

연도	팀명	타율	경기	타수	득점	안타	2루타	3루타	홈런	루타	타점	도루	볼넷	삼진	장타율	출루율	실책	OPS	WAR
2015	-	-	-	-	-	-	-	-	-	-	-	-	-	-	-	-	-	-	-
2016	KIA	0.179	27	28	1	5	0	0	0	5	5	0	1	8	0.179	0.207	1	0.386	-0.33
2017	KIA	0.229	96	83	7	19	2	1	0	23	7	0	6	25	0.277	0.289	2	0.566	-0.10
통산		0.174	147	144	10	25	2	1	0	29	14	0	10	45	0.201	0.237	4	0.438	-

구종별 타격 성적

구종	전체	VS우투	VS좌투
포심패스트볼	0.250	0.333	0.167
투심/싱커	0.000	0.000	0.000
컷패스트볼	0.000	0.000	-
슬라이더	0.250	0.083	0.750
커브	0.500	1.000	0.000
체인지업	0.200	0.000	0.231
포크/SF/너클	0.250	0.333	0.200

볼카운트별 타율-타점

볼카운트	타율	타수	안타	타점	볼카운트	타율	타수	안타	타점
0-0	0.250	8	2	0	2-0	-	-	-	-
0-1	0.200	5	1	0	2-1	0.500	2	1	0
0-2	0.375	8	3	1	2-2	0.182	22	4	2
1-0	0.200	5	1	0	3-0	-	-	-	-
1-1	0.500	4	2	0	3-1	-	0	0	0
1-2	0.105	19	2	2	3-2	0.300	10	3	2
					S〉B : 0.188 / S=B : 0.235 / S〈B : 0.294				

수비 기록

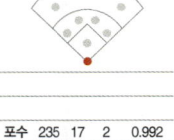

위치	자살	보살	실책	수비율
포수	235	17	2	0.992

상황별 기록

상황	타율	타수	안타	2루타	3루타	홈런	타점	볼넷	사구	삼진	병살
주자 없음	0.205	44	9	1	0	0	0	6	1	15	0
주자 있음	0.256	39	10	1	1	0	7	0	0	10	1
득점권	0.261	23	6	1	1	0	7	0	0	5	0
좌투수	0.238	42	10	2	0	0	4	2	0	13	1
우투수	0.156	32	5	0	1	0	3	3	1	9	0
언더	0.444	9	4	0	0	0	0	1	0	3	0
노아웃	0.143	14	2	1	0	0	2	0	0	5	0
원아웃	0.261	23	6	0	1	0	2	4	1	8	1
투아웃	0.239	46	11	1	1	0	5	0	0	13	0

상대팀별 기록

구분	경기	타율	타수	득점	안타	홈런	타점	도루	볼넷	삼진	병살
두산	15	0.278	18	1	5	0	2	0	0	3	0
롯데	9	0.182	11	1	2	0	0	0	0	3	0
NC	11	0.125	8	1	1	0	0	0	0	2	1
SK	11	0.273	11	0	3	0	3	0	4	0	0
LG	9	0.000	3	0	0	0	0	0	0	1	0
넥센	10	0.111	9	1	1	0	0	0	0	3	0
한화	9	0.222	9	0	2	0	2	0	1	3	0
삼성	10	0.167	6	1	1	0	1	0	0	3	0
kt	12	0.500	8	2	4	0	3	0	1	2	0

내야

우투우타
1989년 12월 18일
165cm / 77kg
연봉 2억 8000만 원
경력 화순초-화순중-화순고
-KIA-상무
지명순위 08 KIA 2차 6라운드
43순위

NO. 3　**김선빈**

　고교시절 투수로도 활약했던 강견이다. 리그에서 두 번째로 작은 키(164cm)에도 불구하고 타격과 수비력이 정상급이다. 그동안 밀어치기 일변도였으나 경찰청 복무 때 유승안 감독의 지도로 끌어당기는 타격에 눈을 떠 스프레이 히터의 면모를 보여주면서 2017시즌 유격수로는 두 번째(첫 번째 이종범)로 타격왕에 올랐다. 주력도 좋아 언제든지 두 자릿수의 도루 능력을 선보인다. 잦은 부상과 체력이 약한 것이 단점. 수비 시 뜬공 처리에 트라우마가 있을 정도로 범실을 저질러 게임을 망치는 경우가 가끔 있었다. 지금은 많이 개선되어 다행이다. 지난해 넓은 수비 범위로 안치홍과 키스톤 콤비를 맞추며 병살 처리 157개로 1위를 차지하면서 팀을 우승으로 이끌었다. 이제는 KBO 리그를 대표하는 유격수다.

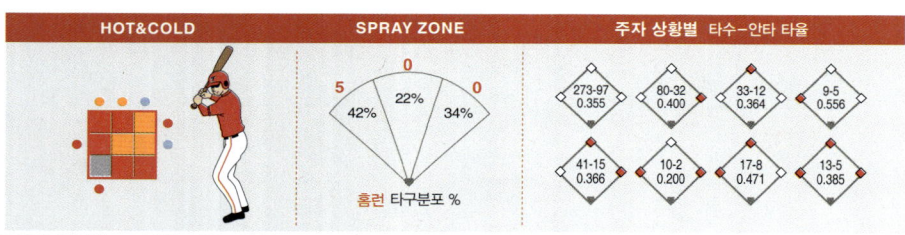

HOT&COLD	SPRAY ZONE	주자 상황별　타수-안타 타율

SPRAY ZONE
5　0　0
42%　22%　34%
홈런 타구분포 %

주자 상황별 타수-안타 타율
273-97 0.355 | 80-32 0.400 | 33-12 0.364 | 9-5 0.556
41-15 0.366 | 10-2 0.200 | 17-8 0.471 | 13-5 0.385

■ 타율 0.400 이상　■ 0.300~0.399　▨ 0.200~0.299　☐ 0.100~0.199　■ 타율 0.099 이하　☐ 3타수 미만

최근 3년간 성적

연도	팀명	타율	경기	타수	득점	안타	2루타	3루타	홈런	루타	타점	도루	볼넷	삼진	장타율	출루율	실책	OPS	WAR
2015	-																		
2016	KIA	0.360	6	25	3	9	2	1	0	13	0	1	1	3	0.520	0.385	1	0.905	0.12
2017	KIA	0.370	137	476	84	176	34	1	5	227	64	4	39	40	0.477	0.420	14	0.897	4.70
통산		0.303	787	2422	374	733	108	11	16	911	262	123	264	266	0.376	0.372	85	0.748	-

구종별 타격 성적

구종	전체	VS우투	VS좌투
포심패스트볼	0.406	0.395	0.442
투심/싱커	0.308	0.257	0.750
컷패스트볼	0.333	0.400	0.000
슬라이더	0.313	0.324	0.250
커브	0.281	0.238	0.364
체인지업	0.474	0.455	0.481
포크/SF/너클	0.341	0.323	0.385

볼카운트별 타율-타점

볼카운트	타율	타수	안타	타점	볼카운트	타율	타수	안타	타점
0-0	0.410	78	32	10	2-0	0.588	17	10	4
0-1	0.314	51	16	3	2-1	0.455	22	10	4
0-2	0.234	47	11	3	2-2	0.391	64	25	4
1-0	0.348	46	16	9	3-0	0.000	1	0	0
1-1	0.347	49	17	7	3-1	0.583	12	7	4
1-2	0.313	67	21	9	3-2	0.500	22	11	7

S〉B : 0.291 / S=B : 0.387 / S〈B : 0.450

수비 기록

유격수 169 346 14 0.974

위치	자살	보살	실책	수비율
유격수	169	346	14	0.974

상황별 기록

상황	타율	타수	안타	2루타	3루타	홈런	타점	볼넷	사구	삼진	병살
주자 없음	0.355	273	97	21	1	2	11	3	21	0	
주자 있음	0.389	203	79	13	0	3	62	28	2	19	10
득점권	0.382	123	47	11	0	2	58	16	0	11	5
좌투수	0.421	121	51	7	0	2	10	11	0	7	0
우투수	0.342	295	101	24	1	2	42	23	3	26	9
언더	0.400	60	24	3	0	1	12	5	2	7	1
노아웃	0.370	165	61	15	0	1	11	7	1	12	3
원아웃	0.361	144	52	13	1	2	23	17	2	11	7
투아웃	0.377	167	63	6	0	2	30	15	1	17	0

상대팀별 기록

구분	경기	타율	타수	득점	안타	홈런	타점	도루	볼넷	삼진	병살
두산	16	0.403	62	13	25	0	5	2	4	6	1
롯데	16	0.447	47	14	21	0	6	0	12	2	2
NC	16	0.407	59	10	24	0	5	0	3	4	0
SK	13	0.326	43	7	14	1	0	0	4	6	1
LG	16	0.276	58	7	16	1	0	0	5	4	2
넥센	16	0.357	56	6	20	0	8	0	4	4	0
한화	14	0.340	47	8	16	1	10	0	2	6	2
삼성	16	0.413	63	12	26	0	9	1	3	1	1
kt	14	0.341	41	7	14	2	6	1	2	3	1

NO. 16 김주찬

언제든지 3할을 칠 수 있는 타자. 콘택트 능력이 뛰어나며, 교타자에서 장거리용 타자로의 전환에 성공했다. 호쾌한 스윙은 그의 트레이드마크다. 그러나 전형적인 장타를 노리는 풀스윙으로 일관하여 2스트라이크 이후 헛스윙 삼진이 많다. 그래서 삼진 대 볼넷 비율이 안 좋은 편이다. 빠른 발에 비해 수비 능력은 떨어지나 지독한 연습으로 이를 극복했다. 그러나 잔부상에 시달리며 게임에 결장하는 일이 많았다. 리그에서 손꼽히는 유리 몸이다. 2017시즌 상반기 극도의 슬럼프(1할대 타율)를 보였으나 중반기에 기적처럼 부활해 3할대 타율과 39개의 2루타를 기록하며 KIA 우승에 일조했다. 특히 한국시리즈 2차전에서 주루 플레이로 결승점을 만들며 베테랑의 면모를 과시했다.

우투우타
1981년 3월 25일
183cm / 94kg
연봉 4억 원
경력 충암초(장충리틀)-충암중
-충암고-삼성-롯데
지명순위 00 삼성 2차 1라운드
5순위

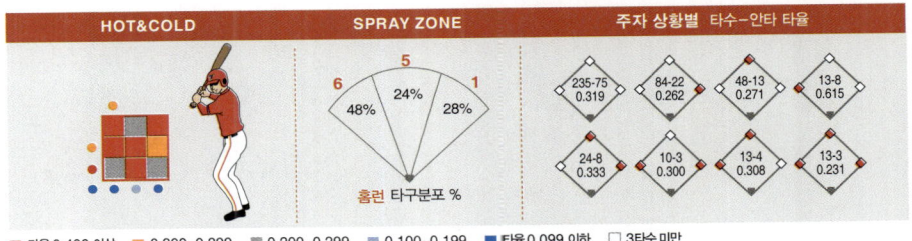

HOT&COLD

SPRAY ZONE

5 24%
6 48%
1 28%

홈런 타구분포 %

주자 상황별 타수-안타 타율

| 235-75 0.319 | 84-22 0.262 | 48-13 0.271 | 13-8 0.615 |
| 24-8 0.333 | 10-3 0.300 | 13-4 0.308 | 13-3 0.231 |

■ 타율 0.400 이상　■ 0.300~0.399　■ 0.200~0.299　■ 0.100~0.199　■ 타율 0.099 이하　□ 3타수 미만

최근 3년간 성적

연도	팀명	타율	경기	타수	득점	안타	2루타	3루타	홈런	루타	타점	도루	볼넷	삼진	장타율	출루율	실책	OPS	WAR
2015	KIA	0.327	98	333	66	109	23	2	18	190	52	2	23	58	0.571	0.383	0	0.954	3.32
2016	KIA	0.346	130	511	97	177	37	3	23	289	101	9	30	68	0.566	0.386	3	0.952	4.02
2017	KIA	0.309	122	440	78	136	39	2	12	215	70	9	31	59	0.489	0.359	5	0.848	2.81
통산		0.296	1550	5513	916	1634	322	54	116	2412	655	377	361	860	0.438	0.347	66	0.785	-

구종별 타격 성적

구종	전체	VS우투	VS좌투
포심패스트볼	0.354	0.346	0.377
투심/싱커	0.353	0.407	0.143
컷패스트볼	0.500	0.571	0.000
슬라이더	0.271	0.286	0.200
커브	0.132	0.111	0.182
체인지업	0.195	0.067	0.269
포크/SF/너클	0.386	0.323	0.538

볼카운트별 타율-타점

볼카운트	타율	타수	안타	타점	볼카운트	타율	타수	안타	타점
0-0	0.392	51	20	12	2-0	0.100	10	1	1
0-1	0.333	60	20	9	2-1	0.375	24	9	6
0-2	0.302	43	13	2	2-2	0.204	49	10	5
1-0	0.367	49	18	12	3-0		0	0	1
1-1	0.347	49	17	8	3-1	0.250	4	1	0
1-2	0.243	70	17	6	3-2	0.323	31	10	8
S〉B : 0.289 / S = B : 0.315 / S〈B : 0.331									

수비 기록

위치 | 자살 | 보살 | 실책 | 수비율

	위치	자살	보살	실책	수비율
1루수	572	43	5	0.992
좌익수	17	1	0	1.000
우익수	37	0	0	1.000

상황별 기록

상황	타율	타수	안타	2루타	3루타	홈런	타점	볼넷	사구	삼진	병살
주자 없음	0.319	235	75	22	2	8	8	17	1	39	0
주자 있음	0.298	205	61	17	0	4	62	14	3	20	17
득점권	0.322	121	39	11	0	2	55	7	2	13	12
좌투수	0.320	122	39	10	0	3	13	12	1	18	6
우투수	0.287	261	75	22	1	5	42	14	2	33	10
언더	0.386	57	22	7	1	4	15	4	1	8	1
노아웃	0.317	123	39	12	0	2	13	12	2	14	6
원아웃	0.327	171	56	13	2	6	32	9	1	23	11
투아웃	0.281	146	41	14	0	5	36	10	1	22	0

상대팀별 기록

구분	경기	타율	타수	득점	안타	홈런	타점	도루	볼넷	삼진	병살
두산	14	0.367	49	7	18	2	9	0	2	6	1
롯데	11	0.263	38	2	10	0	5	1	1	10	2
NC	13	0.304	46	9	14	3	9	1	8	11	3
SK	16	0.317	60	14	19	3	10	4	2	6	1
LG	15	0.208	53	6	11	0	5	0	5	10	1
넥센	15	0.420	50	10	21	1	8	0	2	4	3
한화	11	0.375	40	7	15	1	6	2	1	0	1
삼성	11	0.390	41	14	16	1	11	0	3	4	1
kt	16	0.190	63	9	12	0	1	1	7	8	4

내야

우투좌타
1984년 3월 21일
188cm / 99kg
연봉 1억 8500만 원
경력 서울학동초-휘문중-경기고
-(전남과학대)-KIA-상무-LG-넥센
지명순위 03 KIA 2차 1라운드 4순위

NO. 4 서동욱

　　LG 시절 스위치 히터로 활약하다 재미를 못 보고 넥센 이적 후 좌타자로 정착했다. 스윙 자체는 굉장히 깨끗하다. 정석의 타격 폼을 유지하며 기본적인 스윙이 뛰어나다. 배트 스피드는 떨어지는 편이며 몸 쪽 높은 공에 약점을 보이고 변칙적인 공에 약하다. 그러나 낮은 공에 강점을 보인다. 큰 키에도 불구하고 주루 센스가 좋은 편이며 간혹 내야 안타도 만들어낸다. 그러나 도루는 자주 시도하지 않는다. 전형적인 중장거리 타자이며 포수를 제외한 전 포지션을 맡을 수 있는 유틸리티 맨이다. 리그 평균 중간 정도의 수비력이다. 팀이 필요할 때 홈런을 만드는 능력이 있으며 KIA로 이적 후 주로 2루 수비를 담당하며 무난한 수비력을 보여주었다. 정작 본인은 외야수를 선호한다.

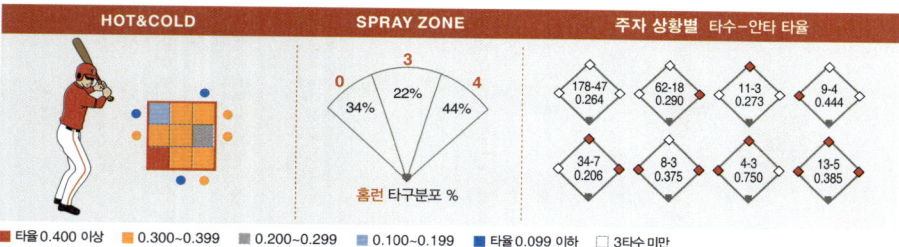

■ 타율 0.400 이상　■ 0.300~0.399　■ 0.200~0.299　■ 0.100~0.199　■ 타율 0.099 이하　□ 3타수 미만

최근 3년간 성적

연도	팀명	타율	경기	타수	득점	안타	2루타	3루타	홈런	루타	타점	도루	볼넷	삼진	장타율	출루율	실책	OPS	WAR
2015	넥센	0.233	55	103	14	24	5	0	3	38	15	0	11	45	0.369	0.325	2	0.694	0.07
2016	KIA	0.292	124	411	73	120	30	3	16	204	67	9	60	108	0.496	0.386	6	0.882	3.56
2017	KIA	0.282	125	319	49	90	21	1	7	134	48	1	33	86	0.420	0.352	2	0.772	1.49
통산		0.255	817	1925	270	490	95	10	47	746	231	26	230	577	0.388	0.343	32	0.731	-

구종별 타격 성적

구종	전체	VS우투	VS좌투
포심패스트볼	0.288	0.272	0.357
투심/싱커	0.444	0.471	0.000
컷패스트볼	0.000	0.000	-
슬라이더	0.286	0.286	0.286
커브	0.278	0.333	0.000
체인지업	0.250	0.273	0.000
포크/SF/너클	0.218	0.226	0.000

볼카운트별 타율-타점

볼카운트	타율	타수	안타	타점	볼카운트	타율	타수	안타	타점
0-0	0.383	47	18	10	2-0	0.667	6	4	0
0-1	0.500	24	12	10	2-1	0.353	17	6	2
0-2	0.222	36	8	7	2-2	0.245	49	12	7
1-0	0.409	22	9	3	3-0	-	0	0	0
1-1	0.381	21	8	3	3-1	0.143	7	1	2
1-2	0.113	71	8	6	3-2	0.211	19	4	4

S〉B : 0.214 / S = B : 0.325 / S〈B : 0.338

수비 기록

위치	자살	보살	실책

1루	490-29-0	2루	39-37-0
3루	3-14-1	유격	0-0-1
좌익	0-0-0	우익	1-0-0

상황별 기록

상황	타율	타수	안타	2루타	3루타	홈런	타점	볼넷	사구	삼진	병살
주자 없음	0.264	178	47	11	1	3	3	15	2	50	0
주자 있음	0.305	141	43	10	0	4	45	18	1	36	5
득점권	0.316	79	25	7	0	4	43	12	0	22	1
좌투수	0.286	42	12	3	0	1	5	6	0	14	0
우투수	0.269	234	63	15	1	6	40	23	2	62	5
언더	0.349	43	15	3	0	0	3	1	1	10	0
노아웃	0.289	114	33	7	1	1	7	3	2	33	2
원아웃	0.267	101	27	6	0	4	15	11	1	22	3
투아웃	0.288	104	30	8	0	4	26	8	0	31	0

상대팀별 기록

구분	경기	타율	타수	득점	안타	홈런	타점	도루	볼넷	삼진	병살
두산	11	0.125	24	1	3	0	1	0	2	7	0
롯데	15	0.333	39	8	13	2	8	0	9	12	0
NC	11	0.083	24	1	2	0	1	0	3	6	0
SK	14	0.222	45	6	10	1	5	0	4	14	0
LG	15	0.290	31	4	9	1	6	0	1	9	0
넥센	13	0.289	38	3	11	2	3	0	7	5	0
한화	15	0.375	8	3	3	0	3	0	0	0	0
삼성	16	0.327	52	15	17	1	15	0	5	10	0
kt	15	0.385	26	6	10	0	4	0	4	6	1

NO. 8 안치홍

내야

평균 이상의 2루 수비를 보여주는 중장거리형 타자. 특히 외야수가 잡아야 할 것까지 자신이 처리하기 때문에 뜬공에 한해서는 수비 범위가 상당히 넓다. 발도 빨라 두 자릿수 도루를 매년 기록할 수 있고, 3할 대에 도전할 수 있는 타격 실력도 갖췄다. 특히 상대 전적에 있어 SK의 김광현에게 매우 강한 면모를 보인다. 2017시즌 21개의 홈런을 치면서 자신의 역대 최다 홈런을 기록했다. 그러나 타격감이 떨어질 때 슬럼프가 길어지면서 24타수 연속 무안타를 기록하기도 했다. 잦은 부상을 달고 살지만 몸이 아파 게임에 결장하는 일은 드물 정도로 금강불괴를 자랑한다. 타격은 볼에 힘을 싣는 요령이 상당히 좋다. KBO 2루수를 대표하는 선수 중 한 명이다.

우투우타
1990년 7월 2일
178cm / 94kg
연봉 3억 2000만 원
경력 구지초(구리리틀)-대치중 -서울고-KIA-경찰
지명순위 09 KIA 2차 1라운드 1순위

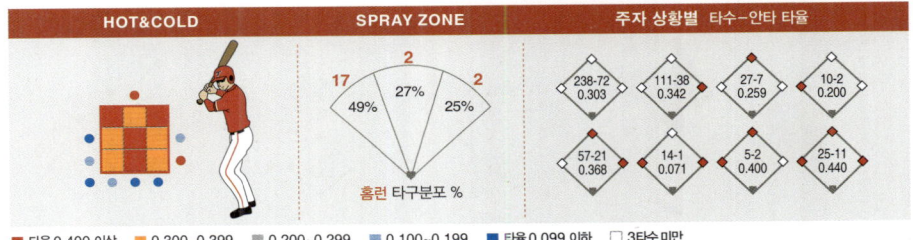

HOT&COLD	SPRAY ZONE	주자 상황별 타수-안타 타율

SPRAY ZONE: 17 2 2 / 49% 27% 25%
홈런 타구분포 %

주자 상황별:
238-72 0.303 | 111-38 0.342 | 27-7 0.259 | 10-2 0.200
57-21 0.368 | 14-1 0.071 | 5-2 0.400 | 25-11 0.440

■ 타율 0.400 이상　■ 0.300~0.399　■ 0.200~0.299　■ 0.100~0.199　■ 타율 0.099 이하　□ 3타수 미만

최근 3년간 성적

연도	팀명	타율	경기	타수	득점	안타	2루타	3루타	홈런	루타	타점	도루	볼넷	삼진	장타율	출루율	실책	OPS	WAR
2015	-	-	-	-	-	-	-	-	-	-	-	-	-	-	-	-	-	-	-
2016	KIA	0.222	10	36	3	8	2	0	0	10	1	0	5	8	0.278	0.310	0	0.588	-0.02
2017	KIA	0.316	132	487	95	154	29	2	21	250	93	7	43	70	0.513	0.373	13	0.886	5.05
통산		0.291	889	3070	465	893	163	17	72	1306	419	97	289	545	0.425	0.355	70	0.780	-

구종별 타격 성적

구종	전체	VS우투	VS좌투
포심패스트볼	0.362	0.395	0.273
투심/싱커	0.429	0.500	0.000
컷패스트볼	0.500	0.400	1.000
슬라이더	0.240	0.241	0.231
커브	0.457	0.429	0.571
체인지업	0.216	0.176	0.235
포크/SF/너클	0.241	0.279	0.133

볼카운트별 타율-타점

볼카운트	타율	타수	안타	타점	볼카운트	타율	타수	안타	타점
0-0	0.324	74	24	17	2-0	0.636	11	7	2
0-1	0.326	46	15	7	2-1	0.435	23	10	8
0-2	0.028	36	1	0	2-2	0.190	63	12	9
1-0	0.424	33	14	12	3-0	-	0	0	0
1-1	0.407	54	22	9	3-1	0.385	13	5	5
1-2	0.278	90	25	11	3-2	0.432	44	19	13

S〉B : 0.238 / S＝B : 0.304 / S〈B : 0.444

수비 기록

위치	자살	보살	실책	수비율
2루수	291	359	13	0.980

상황별 기록

상황	타율	타수	안타	2루타	3루타	홈런	타점	볼넷	사구	삼진	병살
주자 없음	0.303	238	72	14	1	9	9	21	0	33	0
주자 있음	0.329	249	82	15	1	12	84	22	4	37	19
득점권	0.319	138	44	7	1	7	69	17	2	23	8
좌투수	0.266	128	34	8	0	4	22	13	1	21	7
우투수	0.351	296	104	19	1	14	59	26	2	41	10
언더	0.254	63	16	2	1	3	12	4	1	8	2
노아웃	0.333	171	57	11	0	10	25	16	2	18	0
원아웃	0.343	169	58	11	0	8	31	8	1	21	9
투아웃	0.265	147	39	7	1	3	37	19	2	27	10

상대팀별 기록

구분	경기	타율	타수	득점	안타	홈런	타점	도루	볼넷	삼진	병살
두산	16	0.356	59	8	21	3	10	0	3	8	1
롯데	16	0.322	59	10	19	3	8	2	8	8	4
NC	13	0.265	49	7	13	1	7	0	5	11	2
SK	12	0.298	47	13	14	3	13	0	3	9	2
LG	16	0.352	54	13	19	2	9	1	4	6	4
넥센	16	0.263	57	15	15	4	10	0	7	6	0
한화	16	0.305	59	13	18	2	8	1	4	6	4
삼성	13	0.434	53	14	23	3	15	0	4	6	3
kt	15	0.240	50	11	12	0	3	3	5	9	1

내야

NO. 25 이범호

우투우타
1981년 11월 25일
183cm / 100kg
연봉 6억 5000만 원
경력 대구수창초-경운중-대구고
-한화
지명순위 00 한화 2차 1라운드
8순위

끌어당기는 타격을 하면서 공격적인 스윙을 하기 때문에 병살타와 삼진이 많은 편. 통산 만루홈런(15개) 1위와 4년 연속 20홈런 이상을 기록하면서 일발 장타력을 과시하는 선수다. 현재 국내 타자들 중 유일하게 300홈런을 달성했다. 큰 게임에서 한방 쳐줄 수 있는 클러치 능력을 보유하여 투수들이 두려워하는 선수다. 최태원, 김형석, 황재균에 이어 615경기 연속 출장이라는 대기록도 가지고 있다. 3루 수비는 준수한 편이나 나이가 들면서 노쇠화 기미를 보인다. 타구 반응속도가 떨어져 평범한 땅볼이나 직선타가 될 타구가 3루수 옆을 빠져나가는 안타로 연결되는 장면이 2017년 들어 자주 보였다. 고질적인 햄스트링 부상은 그의 아킬레스건이다.

HOT&COLD	SPRAY ZONE	주자 상황별 타수-안타 타율

홈런 타구분포 %

18 / 51% 3 / 25% 4 / 24%

주자 상황별:
198-50 0.253 | 83-22 0.265 | 18-5 0.278 | 10-4 0.400
39-12 0.308 | 7-1 0.143 | 9-4 0.444 | 18-6 0.333

■ 타율 0.400 이상　■ 0.300~0.399　■ 0.200~0.299　■ 0.100~0.199　■ 타율 0.099 이하　□ 3타수 미만

최근 3년간 성적

연도	팀명	타율	경기	타수	득점	안타	2루타	3루타	홈런	루타	타점	도루	볼넷	삼진	장타율	출루율	실책	OPS	WAR
2015	KIA	0.270	138	437	60	118	25	0	28	227	79	3	57	91	0.519	0.372	9	0.891	3.59
2016	KIA	0.310	138	484	93	150	23	0	33	272	108	1	60	57	0.562	0.391	11	0.953	4.06
2017	KIA	0.272	115	382	57	104	14	0	25	193	89	0	52	81	0.505	0.365	13	0.870	2.14
통산		0.271	1881	6012	912	1628	326	12	308	2902	1053	48	818	1096	0.483	0.365	171	0.848	-

구종별 타격 성적

구종	전체	VS우투	VS좌투
포심패스트볼	0.331	0.313	0.373
투심/싱커	0.258	0.286	0.000
컷패스트볼	1.000	1.000	-
슬라이더	0.133	0.130	0.143
커브	0.348	0.294	0.500
체인지업	0.318	0.333	0.310
포크/SF/너클	0.147	0.111	0.286

볼카운트별 타율-타점

볼카운트	타율	타수	안타	타점	볼카운트	타율	타수	안타	타점
0-0	0.423	52	22	19	2-0	0.400	5	2	4
0-1	0.303	33	10	10	2-1	0.345	29	10	6
0-2	0.152	33	5	4	2-2	0.254	59	15	15
1-0	0.200	20	4	3	3-0	-	0	0	1
1-1	0.297	37	11	6	3-1	0.429	7	3	1
1-2	0.217	69	15	10	3-2	0.184	38	7	9

S > B : 0.222 / S = B : 0.324 / S < B : 0.263

수비 기록

위치	자살	보살	실책	수비율
1루수	5	1	0	1.000
3루수	57	179	13	0.948

상황별 기록

상황	타율	타수	안타	2루타	3루타	홈런	타점	볼넷	사구	삼진	병살
주자 없음	0.253	198	50	4	0	11	11	21	5	45	0
주자 있음	0.293	184	54	10	0	14	78	31	2	36	9
득점권	0.317	101	32	7	0	9	66	22	2	24	3
좌투수	0.321	109	35	3	0	11	32	15	0	19	3
우투수	0.241	228	55	10	0	10	47	34	6	50	6
언더	0.311	45	14	1	0	4	10	3	1	12	0
노아웃	0.240	129	31	3	0	9	9	24	2	26	2
원아웃	0.304	138	42	7	0	9	27	22	4	29	7
투아웃	0.270	115	31	4	0	10	42	21	1	26	0

상대팀별 기록

구분	경기	타율	타수	득점	안타	홈런	타점	도루	볼넷	삼진	병살
두산	13	0.256	43	6	11	3	9	0	8	9	3
롯데	13	0.229	48	3	11	1	5	0	8	8	0
NC	13	0.195	41	3	8	2	4	0	6	4	3
SK	14	0.347	49	9	17	8	21	0	6	7	1
LG	14	0.357	42	11	15	4	19	0	6	11	0
넥센	14	0.217	46	5	10	1	9	0	2	11	0
한화	13	0.265	34	2	9	3	7	0	9	8	1
삼성	12	0.353	34	12	12	6	15	0	7	6	1
kt	13	0.244	45	9	11	4	10	0	7	11	0

정성훈

내야

오프시즌에 KIA로 복귀했다. 지난 시즌 유틸리티 플레이어로 활약하며 115경기에서 86안타, 타율 0.312, 6홈런, 30타점, 출루율 0.400, 장타율 0.428, OPS 0.828을 올렸다. 주전으로 뛴 것은 아니었지만 상당히 쏠쏠한 성적이었다. 그럼에도 불구하고 LG 세대교체의 바람에 밀려 고향 팀 유니폼을 다시 입었다. 정성훈은 한국 나이로 39살이다. 하지만 나이와 실력은 별개다. 그는 KIA에서 큰 힘이 될 수 있을 것이다. 일단 3할대 타자이기에 우타 대타 요원으로 가치가 충분하다. 주전 1루수 김주찬의 체력 부담을 덜어줄 수 있는 카드. 그런데 이 뿐만이 아니다. 정성훈은 팀 사정에 따라 3루수로 출전할 길도 열어뒀다. 실제 오키나와 스프링캠프 때 3루 수비를 열심히 했다. 주전 3루수 이범호의 백업으로도 가치가 충분해 보인다.

우투우타
1980년 6월 27일
182cm / 83kg
경력 송정초-무등중-광주제일고-해태
-KIA-현대-우리
지명순위 99 해태 1차

HOT&COLD

SPRAY ZONE

5   1   0
40%   26%   34%

홈런 타구분포 %

주자 상황별 타수-안타 타율

| 140-46 0.329 | 55-22 0.400 | 21-6 0.286 | 8-4 0.500 |
| 29-3 0.103 | 7-2 0.286 | 5-0 0.000 | 11-3 0.273 |

🟥 타율 0.400 이상   🟧 0.300~0.399   ⬜ 0.200~0.299   🟦 0.100~0.199   🟦 타율 0.099 이하   ⬜ 3타수 미만

최근 3년간 성적

연도	팀명	타율	경기	타수	득점	안타	2루타	3루타	홈런	루타	타점	도루	볼넷	삼진	장타율	출루율	실책	OPS	WAR
2015	LG	0.284	117	363	47	103	16	1	9	148	45	9	54	65	0.408	0.392	5	0.800	2.34
2016	LG	0.322	126	370	58	119	22	1	6	161	64	8	33	59	0.435	0.380	4	0.815	2.29
2017	LG	0.312	115	276	32	86	14	0	6	118	30	4	36	49	0.428	0.400	5	0.828	1.92
통산		0.293	2135	7176	1018	2105	385	23	170	3046	959	130	797	1005	0.424	0.370	214	0.794	-

구종별 타격 성적

구종	전체	VS우투	VS좌투
포심패스트볼	0.351	0.358	0.340
투심/싱커	0.429	0.400	0.500
컷패스트볼	0.000	0.000	-
슬라이더	0.250	0.250	0.250
커브	0.250	0.286	0.143
체인지업	0.393	0.300	0.444
포크/SF/너클	0.200	0.208	0.182

볼카운트별 타율-타점

볼카운트	타율	타수	안타	타점	볼카운트	타율	타수	안타	타점
0-0	0.324	34	11	2	2-0	0.667	6	4	2
0-1	0.438	32	14	5	2-1	0.273	11	3	1
0-2	0.261	23	6	1	2-2	0.317	41	13	8
1-0	0.647	17	11	5	3-0	-	0	0	1
1-1	0.471	17	8	3	3-1	0.500	4	2	1
1-2	0.145	62	9	1	3-2	0.172	29	5	0

S﹥B : 0.248 / S=B : 0.348 / S﹤B : 0.373

수비 기록

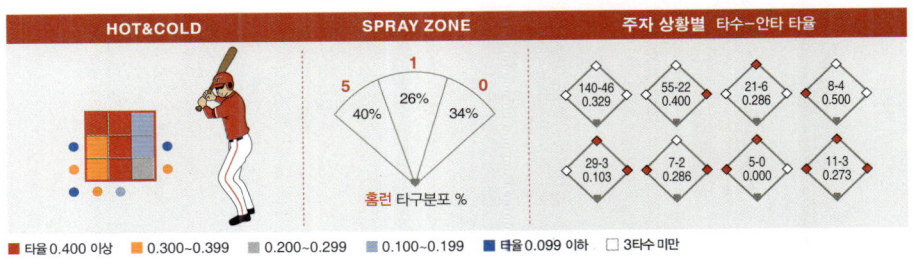

위치	자살	보살	실책	수비율
1루수	397	26	5	0.988

상황별 기록

상황	타율	타수	안타	2루타	3루타	홈런	타점	볼넷	사구	삼진	병살
주자 없음	0.329	140	46	9	0	5	5	12	3	22	0
주자 있음	0.294	136	40	5	0	1	25	24	3	27	4
득점권	0.222	81	18	2	0	1	24	19	1	18	2
좌투수	0.323	96	31	3	0	3	9	12	4	13	1
우투수	0.299	147	44	10	0	3	18	17	1	29	3
언더	0.333	33	11	1	0	0	3	7	1	7	0
노아웃	0.301	93	28	5	0	2	4	10	1	19	1
원아웃	0.337	92	31	4	0	3	14	13	3	17	3
투아웃	0.297	91	27	5	0	1	12	13	2	13	0

상대팀별 기록

구분	경기	타율	타수	득점	안타	홈런	타점	도루	볼넷	삼진	병살
KIA	13	0.441	34	6	15	0	5	1	3	5	0
두산	15	0.333	42	4	14	1	5	1	4	9	1
롯데	13	0.229	35	3	8	0	1	0	9	5	1
NC	12	0.222	18	1	4	0	0	0	3	6	1
SK	12	0.348	23	4	8	2	7	0	3	3	1
넥센	13	0.314	35	3	11	2	3	0	2	8	0
한화	13	0.267	30	3	8	0	3	1	1	5	0
삼성	13	0.364	33	5	12	1	2	1	7	6	0
kt	13	0.231	26	2	6	0	4	0	4	2	0

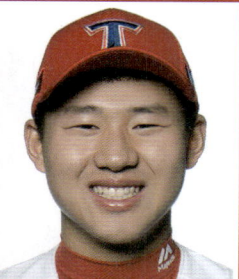

내야

우투좌타
1997년 3월 23일
178cm / 81kg
연봉 7500만 원
경력 연현초-서울경원중-서울고
지명순위 16 KIA 2차 1라운드
3순위

NO. 6 **최원준**

향후 10년간 KIA를 이끌어나갈 기대주. 타고난 타격 재질과 어린 나이답지 않은 활기찬 플레이가 인상적이다. 전형적인 '배드볼 히터'로 공을 가리지 않고 타격한다. 컨디션이 좋은 날은 잘 맞지만 반대의 경우 삼진을 많이 당하는 스타일이다. 아직 변화구 대처 능력이 떨어진다. 발이 빠르고 주루 센스도 있으나 가끔 이해할 수 없는 주루 플레이로 게임을 망치고는 한다. 투수 출신이라 강견이지만 내야 수비는 여전히 불안한 상태다. 특히 송구 능력이 불안하여 투수에게 부담을 주는 수비가 고질적인 문제점. 이 때문에 외야수가 잘 맞을 수 있으나 본인은 내야가 더 편하다고 한다. 퓨처스리그에서 외야수로 뛰었으나 출장한 경기가 많지 않아 기아에서는 내야를 담당하고 있다.

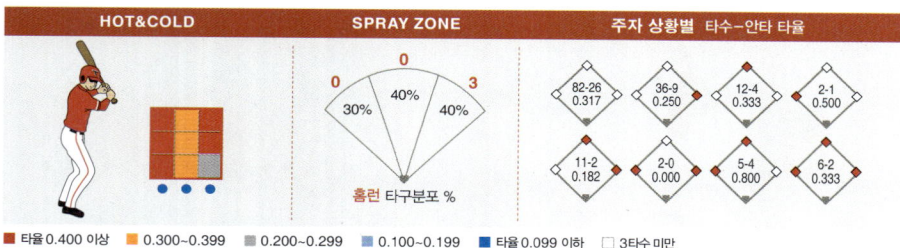

HOT&COLD	SPRAY ZONE	주자 상황별 타수-안타 타율

홈런 타구분포 %

■ 타율 0.400 이상 ■ 0.300~0.399 ■ 0.200~0.299 ■ 0.100~0.199 ■ 타율 0.099 이하 □ 3타수 미만

최근 3년간 성적

연도	팀명	타율	경기	타수	득점	안타	2루타	3루타	홈런	루타	타점	도루	볼넷	삼진	장타율	출루율	실책	OPS	WAR
2015	-	-	-	-	-	-	-	-	-	-	-	-	-	-	-	-	-	-	-
2016	KIA	0.458	14	24	5	11	1	0	1	15	4	1	0	3	0.625	0.458	2	1.083	0.33
2017	KIA	0.308	72	156	27	48	15	0	3	72	27	3	10	20	0.462	0.351	6	0.813	0.64
통산		0.328	86	180	32	59	16	0	4	87	31	4	10	23	0.483	0.364	8	0.847	-

구종별 타격 성적

구종	전체	VS우투	VS좌투
포심패스트볼	0.394	0.414	0.250
투심/싱커	0.400	0.400	-
컷패스트볼	0.667	0.667	-
슬라이더	0.250	0.308	0.143
커브	0.071	0.077	0.000
체인지업	0.273	0.273	-
포크/SF/너클	0.219	0.233	0.000

볼카운트별 타율-타점

볼카운트	타율	타수	안타	타점	볼카운트	타율	타수	안타	타점
0-0	0.421	19	8	12	2-0	0.667	3	2	3
0-1	0.533	15	8	4	2-1	0.286	7	2	1
0-2	0.176	17	3	0	2-2	0.091	22	2	2
1-0	0.417	12	5	1	3-0	-	0	0	0
1-1	0.353	17	6	1	3-1	0.333	6	2	1
1-2	0.258	31	8	2	3-2	0.286	7	2	0
					S > B : 0.302 / S = B : 0.276 / S < B : 0.371				

수비 기록

위치	자살	보살	실책

1루 52-3-1   3루 8-26-3
유격 8-23-2   좌익 0-0-0
중견 0-0-0   우익 19-3-0

상황별 기록

상황	타율	타수	안타	2루타	3루타	홈런	타점	볼넷	사구	삼진	병살
주자 없음	0.317	82	26	7	0	1	1	5	1	9	0
주자 있음	0.297	74	22	8	0	2	26	5	1	11	2
득점권	0.342	38	13	5	0	2	25	4	0	6	0
좌투수	0.167	18	3	0	0	0	2	0	0	4	1
우투수	0.355	110	39	14	0	3	21	9	1	14	1
언더	0.214	28	6	1	0	0	4	1	1	2	0
노아웃	0.313	64	20	5	0	0	2	1	0	5	0
원아웃	0.304	46	14	2	0	3	11	5	2	6	0
투아웃	0.304	46	14	7	0	0	10	3	0	6	0

상대팀별 기록

구분	경기	타율	타수	득점	안타	홈런	타점	도루	볼넷	삼진	병살
두산	7	0.286	7	1	2	0	0	0	0	0	0
롯데	9	0.462	26	3	12	1	0	0	3	4	0
NC	8	0.143	21	2	3	0	3	1	2	6	1
SK	11	0.370	27	6	10	0	3	2	1	4	0
LG	6	0.500	10	2	5	0	2	0	0	0	0
넥센	5	0.000	5	0	0	0	0	0	0	0	0
한화	8	0.240	25	3	6	0	5	0	1	1	1
삼성	10	0.294	17	4	5	0	3	0	4	3	0
kt	8	0.294	17	5	5	2	5	2	0	2	0

NO. 29 나지완

외야

고교시절 국가대표 투수였으나 대학시절 타자로 전향했다. 특히 2009년 한국시리즈 7차전에서의 결승 홈런은 아직도 많은 야구팬들에게 회자되고 있다. 정교한 타격보다는 중타 능력을 갖춘 중장거리 타자다. 좋은 선구안을 가지고 있지만, 잔부상이 많아 포텐을 터트리지 못하고 있다. 타구 판단, 수비 범위, 어깨 등 수비력은 리그 평균 이하. 타격에서는 몸 쪽이 약해 투수들의 집요한 몸 쪽 공략으로 힛바이 피치드볼을 많이 얻는다. KIA 타선의 중심 타자로 활약하면서 일발장타의 호쾌한 스윙을 보여 주나 변화구 대처가 미흡하여 어이없는 공에 삼진을 많이 당한다. 타격과 수비에서 동시에 기복을 보이며 잘 나갈 때는 4할 대를 치지만 반대의 경우 한없이 추락하는 스타일이다.

우투우타
1985년 5월 19일
182cm / 105kg
연봉 6억 원
경력 수유초-신일중-신일고
－단국대
지명순위 08 KIA 2차 1라운드
5순위

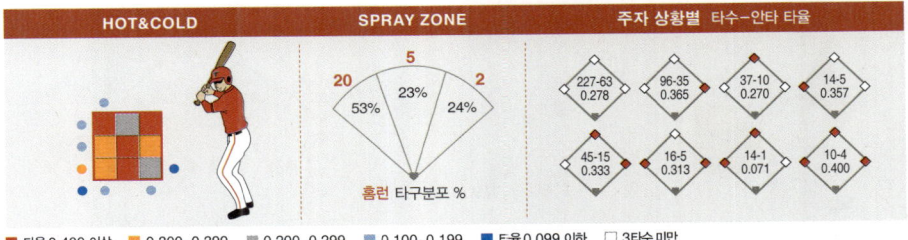

HOT&COLD

SPRAY ZONE

5
20　　23%　　2
53%　　24%

홈런 타구분포 %

주자 상황별 타수－안타 타율

227-63 0.278	96-35 0.365	37-10 0.270	14-5 0.357
45-15 0.333	16-5 0.313	14-1 0.071	10-4 0.400

■ 타율 0.400 이상　■ 0.300~0.399　■ 0.200~0.299　■ 0.100~0.199　■ 타율 0.099 이하　□ 3타수 미만

최근 3년간 성적

연도	팀명	타율	경기	타수	득점	안타	2루타	3루타	홈런	루타	타점	도루	볼넷	삼진	장타율	출루율	실책	OPS	WAR
2015	KIA	0.253	116	304	34	77	16	0	7	114	31	3	46	79	0.375	0.378	1	0.753	1.13
2016	KIA	0.308	118	380	84	117	21	2	25	217	90	6	85	90	0.571	0.451	1	1.022	5.54
2017	KIA	0.301	137	459	85	138	20	3	27	245	94	1	62	105	0.534	0.405	1	0.939	4.49
통산		0.282	1133	3565	530	1006	158	7	172	1694	663	35	531	854	0.475	0.391	8	0.866	-

구종별 타격 성적

구종	전체	VS우투	VS좌투
포심패스트볼	0.310	0.301	0.328
투심/싱커	0.455	0.433	0.667
컷패스트볼	0.143	0.200	0.000
슬라이더	0.300	0.270	0.438
커브	0.333	0.333	0.333
체인지업	0.286	0.263	0.297
포크/SF/너클	0.167	0.185	0.111

볼카운트별 타율－타점

볼카운트	타율	타수	안타	타점	볼카운트	타율	타수	안타	타점
0-0	0.434	53	23	18	2-0	0.556	9	5	8
0-1	0.381	42	16	14	2-1	0.435	23	10	6
0-2	0.146	41	6	4	2-2	0.232	82	19	5
1-0	0.341	41	14	11	3-0	-	0	0	0
1-1	0.452	42	19	15	3-1	0.571	7	4	1
1-2	0.154	78	12	4	3-2	0.244	41	10	8

S〉B : 0.211 / S＝B : 0.345 / S〈B : 0.355

수비 기록

위치	자살	보살	실책	수비율
좌익수	25	0	1	0.962

상황별 기록

상황	타율	타수	안타	2루타	3루타	홈런	타점	볼넷	사구	삼진	병살
주자 없음	0.278	227	63	7	2	13	13	29	11	54	0
주자 있음	0.323	232	75	13	1	14	81	33	12	51	10
득점권	0.294	136	40	8	0	8	67	23	6	33	4
좌투수	0.316	133	42	8	1	9	29	15	4	30	4
우투수	0.293	270	79	9	0	16	55	45	16	64	6
언더	0.304	56	17	3	2	2	10	2	3	11	0
노아웃	0.331	145	48	7	0	5	19	4	3	29	2
원아웃	0.349	146	51	8	1	14	41	23	13	30	8
투아웃	0.232	168	39	5	0	8	41	19	7	46	0

상대팀별 기록

구분	경기	타율	타수	득점	안타	홈런	타점	도루	볼넷	삼진	병살
두산	16	0.298	57	9	17	0	7	0	6	14	2
롯데	14	0.214	42	9	9	3	8	0	7	14	3
NC	16	0.393	56	11	22	8	18	0	6	12	2
SK	16	0.365	52	11	19	2	9	0	2	9	0
LG	14	0.208	48	9	10	2	6	0	5	15	0
넥센	16	0.204	54	4	11	1	7	0	6	8	2
한화	14	0.224	49	8	11	0	9	0	9	11	0
삼성	14	0.378	45	13	17	5	10	0	11	9	0
kt	16	0.393	56	12	22	6	10	1	10	13	1

외야

좌투좌타
1984년 6월 12일
188cm / 95kg
경력 네덜란드 부어벤 프락틱고
지명순위 17 KIA 자유선발

NO.50 버나디나

시즌 초반 타격면에서 극도로 부진하여 5월까지만 해도 타율이 0.230대에 지나지 않아 퇴출설이 나돌았다. 그러나 타격 폼을 꾸준히 수정하고(스트라이드 동작), 레그킥이 정착되면서 호타준족의 대명사가 됐다. 전형적인 5툴 선수로 중견수 수비 범위가 넓고 강견에다 정확한 송구 능력을 보여준다. 슈퍼캐치 영상이 가장 많은 선수다. 그러나 타구 판단 능력은 떨어져 미리 예측하는 수비가 아니라 압도적인 운동 능력을 활용한 수비를 한다. 빠른 발과 일발장타력도 보유하여 20-20 클럽에 가입했다. 그러나 몸 쪽 공에는 강하지만 낮은 공에 약점을 보이면서 삼진을 많이 당한다. 타 구단들도 버나디나와 같은 타자를 구하기 위해 혈안이 될 정도로 첫해 팀 우승에 큰 역할을 했다. 국내 리그 연착륙에 성공한 것.

HOT&COLD	SPRAY ZONE	주자 상황별 타수-안타 타율

SPRAY ZONE: 5 / 30% / 9 / 27% / 13 / 44%
홈런 타구분포 %

주자 상황별:
305-92 0.302 | 104-37 0.356 | 60-16 0.267 | 9-2 0.222
42-13 0.310 | 10-5 0.500 | 16-10 0.625 | 11-3 0.273

■ 타율 0.400 이상 ■ 0.300~0.399 ■ 0.200~0.299 ■ 0.100~0.199 ■ 타율 0.099 이하 □ 3타수 미만

최근 3년간 성적

연도	팀명	타율	경기	타수	득점	안타	2루타	3루타	홈런	루타	타점	도루	볼넷	삼진	장타율	출루율	실책	OPS	WAR
2015	–	-	-	-	-	-	-	-	-	-	-	-	-	-	-	-	-	-	-
2016	–	-	-	-	-	-	-	-	-	-	-	-	-	-	-	-	-	-	-
2017	KIA	0.320	139	557	118	178	26	8	27	301	111	32	41	112	0.540	0.372	0	0.912	6.08
통산		0.320	139	557	118	178	26	8	27	301	111	32	41	112	0.540	0.372		0.912	-

구종별 타격 성적

구종	전체	VS우투	VS좌투
포심패스트볼	0.312	0.295	0.347
투심/싱커	0.321	0.375	0.000
컷패스트볼	0.308	0.273	0.500
슬라이더	0.296	0.322	0.265
커브	0.415	0.375	0.471
체인지업	0.333	0.366	0.200
포크/SF/너클	0.287	0.291	0.250

볼카운트별 타율-타점

볼카운트	타율	타수	안타	타점	볼카운트	타율	타수	안타	타점
0-0	0.494	87	43	22	2-0	0.600	10	6	3
0-1	0.379	58	22	7	2-1	0.359	39	14	14
0-2	0.116	43	5	3	2-2	0.186	86	16	11
1-0	0.440	50	22	13	3-0	-	0	0	0
1-1	0.354	48	17	11	3-1	0.467	15	7	8
1-2	0.282	71	20	16	3-2	0.120	50	6	9

S〉B : 0.273 / S = B : 0.344 / S〈B : 0.335

수비 기록

위치	자살	보살	실책	수비율

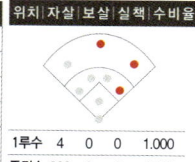

1루수	4	0	0	1.000
중견수	238	9	0	1.000
우익수	43	1	0	1.000

상황별 기록

상황	타율	타수	안타	2루타	3루타	홈런	타점	볼넷	사구	삼진	병살
주자 없음	0.302	305	92	12	5	16	16	22	6	62	0
주자 있음	0.341	252	86	14	3	11	95	19	5	50	9
득점권	0.331	148	49	10	2	7	85	14	4	24	3
좌투수	0.311	164	51	7	1	7	33	13	6	35	4
우투수	0.333	339	113	16	7	20	70	25	3	67	5
언더	0.259	54	14	3	0	0	8	2	2	10	0
노아웃	0.262	221	58	7	1	12	21	14	4	47	2
원아웃	0.354	178	63	9	5	6	37	11	3	35	7
투아웃	0.361	158	57	10	2	9	53	14	4	30	0

상대팀별 기록

구분	경기	타율	타수	득점	안타	홈런	타점	도루	볼넷	삼진	병살
두산	15	0.211	57	9	12	2	11	2	6	12	2
롯데	16	0.348	69	10	24	2	14	7	2	19	0
NC	15	0.234	64	9	15	1	13	4	3	13	1
SK	14	0.277	47	10	13	2	5	4	4	9	1
LG	15	0.381	63	18	24	4	14	5	5	10	1
넥센	15	0.393	56	12	22	1	9	6	4	9	0
한화	16	0.362	58	14	21	6	22	3	7	15	0
삼성	16	0.250	76	16	19	4	9	2	8	16	2
kt	16	0.418	67	20	28	6	17	3	5	11	0

NO.27 이명기

외야

2017시즌 SK에서 KIA로 트레이드 되어 성공한 신데렐라 선수. 콘택트 능력이 뛰어난 교타자이면서 발도 빨라 빗맞은 땅볼을 안타로 잘 만들어낸다. 매년 3할 대를 기록할 수 있는 타격능력을 가졌으나 파워가 부족하다. SK 시절 1300여 타석에서 홈런이 9개였으나 KIA로 이적한 후 한 시즌 9개를 치며 두 자릿수 홈런도 충분히 가능해 보인다. 빠른 발에 비해 수비력은 더 보완해야 한다. KIA 이적 후 최형우를 대신한 우익수 또는 좌익수 역할로 일취월장한 수비력을 보여주면서 주전 자리를 확실히 꿰찼다. 빠른 발에 비해 도루 능력이 높지 않고 주루 센스가 부족한 편이다. 이제 KIA의 보물 같은 존재가 되었으니 약점을 고쳐나가야 한다.

좌투좌타
1987년 12월 26일
183cm / 80kg
연봉 2억 5000만 원
경력 서화초-상인천중-인천고-SK
지명순위 06 SK 2차 8라운드
63순위

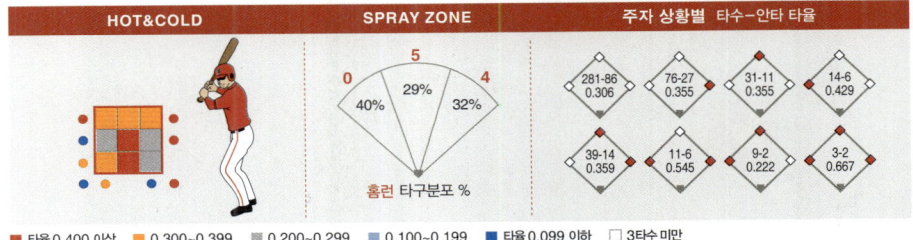

HOT&COLD	SPRAY ZONE	주자 상황별 타수-안타 타율

SPRAY ZONE: 0 5 4 / 40% 29% 32%
홈런 타구분포 %

주자 상황별:
281-86 0.306 | 76-27 0.355 | 31-11 0.355 | 14-6 0.429
39-14 0.359 | 11-6 0.545 | 9-2 0.222 | 3-2 0.667

■ 타율 0.400 이상　■ 0.300~0.399　■ 0.200~0.299　■ 0.100~0.199　■ 타율 0.099 이하　□ 3타수 미만

최근 3년간 성적

연도	팀명	타율	경기	타수	득점	안타	2루타	3루타	홈런	루타	타점	도루	볼넷	삼진	장타율	출루율	실책	OPS	WAR
2015	SK	0.315	137	521	88	164	30	2	3	207	35	22	35	86	0.397	0.368	2	0.765	2.13
2016	SK	0.272	99	287	29	78	7	4	1	96	22	14	23	37	0.334	0.332	4	0.666	-0.11
2017	KIA	0.332	115	464	79	154	24	4	9	213	63	8	28	57	0.459	0.371	5	0.830	2.43
통산		0.322	474	1678	274	540	77	14	18	699	161	58	117	253	0.417	0.371	15	0.788	-

구종별 타격 성적

구종	전체	VS우투	VS좌투
포심패스트볼	0.338	0.333	0.349
투심/싱커	0.393	0.478	0.000
컷패스트볼	0.400	0.333	1.000
슬라이더	0.288	0.333	0.222
커브	0.259	0.357	0.154
체인지업	0.350	0.343	0.400
포크/SF/너클	0.316	0.327	0.250

볼카운트별 타율-타점

볼카운트	타율	타수	안타	타점	볼카운트	타율	타수	안타	타점
0-0	0.558	43	24	9	2-0	0.000	2	0	0
0-1	0.359	64	23	9	2-1	0.318	22	7	4
0-2	0.318	44	14	2	2-2	0.257	70	18	6
1-0	0.343	35	12	11	3-0	-	0	0	1
1-1	0.333	60	20	9	3-1	0.429	7	3	6
1-2	0.303	76	23	3	3-2	0.244	41	10	3

S〉B : 0.326 / S=B : 0.358 / S〈B : 0.299

수비 기록

위치	자살	보살	실책	수비율
좌익수	29	1	0	1.000
중견수	9	0	0	1.000
우익수	198	4	5	0.976

상황별 기록

상황	타율	타수	안타	2루타	3루타	홈런	타점	볼넷	사구	삼진	병살
주자 없음	0.306	281	86	13	0	6	6	16	2	40	0
주자 있음	0.372	183	68	11	4	3	57	12	1	17	2
득점권	0.383	107	41	10	4	3	57	9	1	9	2
좌투수	0.293	123	36	5	0	2	9	7	0	23	0
우투수	0.329	286	94	14	3	6	43	20	3	28	2
언더	0.436	55	24	5	1	1	11	1	0	6	0
노아웃	0.298	168	50	7	3	3	22	5	1	20	2
원아웃	0.339	165	56	8	2	3	30	6	2	27	0
투아웃	0.366	131	48	11	1	1	25	13	0	7	0

상대팀별 기록

구분	경기	타율	타수	득점	안타	홈런	타점	도루	볼넷	삼진	병살
두산	13	0.182	44	7	8	1	8	0	2	6	0
롯데	14	0.275	51	4	14	1	5	0	6	9	0
NC	16	0.324	71	12	23	2	8	4	3	10	1
SK	10	0.250	44	8	11	2	5	1	1	7	0
LG	14	0.479	48	7	23	0	5	0	3	3	0
넥센	16	0.348	69	12	24	1	11	2	4	5	1
한화	11	0.304	46	6	14	0	4	0	2	6	0
삼성	11	0.440	50	13	22	0	7	1	5	6	0
kt	10	0.366	41	10	15	2	8	0	2	5	0

외야

우투좌타
1983년 12월 16일
179cm / 106kg
연봉 15억 원
경력 진북초-전주동중-전주고
　　　-삼성-경찰-삼성
지명순위 02 삼성 2차 6라운드
　　　48순위

NO. 34 **최형우**

　3년 연속 30홈런을 친 리그 최고의 좌타 거포 외야수. 원래 2루수 출신이지만 수비력 빈곤으로 외야수로 전향했다. 어깨와 송구 능력은 좋지만 발이 느리고 타구 판단에 문제가 있다. 수비력은 리그 평균 이하. 몸값 총액 100억 원에 걸맞게 시즌 시작부터 8월까지는 그야말로 리그 최고의 4번 타자였다. 그러나 후반기부터 장타 생산 능력이 급격히 떨어지더니 8월 말~9월 초부터는 안타 생산마저 떨어지는 모습을 보였다. 체력이 급격히 저하되어 2017 한국시리즈에서도 인상적인 활약을 못했다. 또한 불안한 수비는 항상 문제점으로 지적되었으나 수비력을 상쇄하고도 남을 공격에서의 활약으로 KIA의 V-11 달성에 결정적인 역할을 했다. 5년 연속 포스트시즌에서 홈런을 기록했다.

HOT&COLD　　　**SPRAY ZONE**　　　**주자 상황별** 타수-안타 타율

SPRAY ZONE: 6 / 10 / 10 ; 38% / 26% / 37% ; 홈런 타구분포 %

주자 상황별:
252-74 0.294 | 110-46 0.418 | 61-19 0.311 | 16-7 0.438
39-12 0.308 | 23-11 0.478 | 5-3 0.600 | 8-4 0.500

■ 타율 0.400 이상　■ 0.300~0.399　■ 0.200~0.299　■ 0.100~0.199　■ 타율 0.099 이하　□ 3타수 미만

최근 3년간 성적

연도	팀명	타율	경기	타수	득점	안타	2루타	3루타	홈런	루타	타점	도루	볼넷	삼진	장타율	출루율	실책	OPS	WAR
2015	삼성	0.318	144	547	94	174	33	4	33	308	123	2	73	101	0.563	0.402	2	0.965	5.35
2016	삼성	0.376	138	519	99	195	46	2	31	338	144	2	83	83	0.651	0.464	3	1.115	7.55
2017	KIA	0.342	142	514	98	176	36	3	26	296	120	0	96	82	0.576	0.450	4	1.026	6.95
통산		0.317	1289	4688	803	1485	319	11	260	2606	1031	24	652	811	0.556	0.404	23	0.960	-

구종별 타격 성적

구종	전체	VS우투	VS좌투
포심패스트볼	0.351	0.370	0.314
투심/싱커	0.320	0.368	0.167
컷패스트볼	0.273	0.250	0.333
슬라이더	0.326	0.396	0.250
커브	0.360	0.370	0.348
체인지업	0.354	0.293	0.714
포크/SF/너클	0.320	0.319	0.333

볼카운트별 타율-타점

볼카운트	타율	타수	안타	타점	볼카운트	타율	타수	안타	타점
0-0	0.439	57	25	14	2-0	0.429	7	3	3
0-1	0.435	46	20	16	2-1	0.409	44	18	10
0-2	0.257	35	9	9	2-2	0.291	86	25	15
1-0	0.238	42	10	8	3-0	0.333	6	2	4
1-1	0.449	49	22	20	3-1	0.429	14	6	1
1-2	0.217	69	15	9	3-2	0.356	59	21	15

S〉B : 0.293 / S=B : 0.375 / S〈B : 0.349

수비 기록

위치	자살	보살	실책	수비율
좌익수	196	7	4	0.981

상황별 기록

상황	타율	타수	안타	2루타	3루타	홈런	타점	볼넷	사구	삼진	병살
주자 없음	0.294	252	74	9	0	16	16	33	6	44	0
주자 있음	0.389	262	102	27	3	10	104	63	5	38	15
득점권	0.368	152	56	16	2	6	90	49	4	22	7
좌투수	0.314	159	50	11	0	7	30	23	4	28	3
우투수	0.340	297	101	19	3	15	70	66	5	47	9
언더	0.431	58	25	6	0	4	20	7	2	7	3
노아웃	0.341	185	63	11	1	10	22	21	3	24	5
원아웃	0.377	167	63	14	1	11	56	21	3	29	10
투아웃	0.309	162	50	14	1	5	42	54	5	29	0

상대팀별 기록

구분	경기	타율	타수	득점	안타	홈런	타점	도루	볼넷	삼진	병살
두산	16	0.309	55	8	17	2	11	0	14	8	2
롯데	16	0.267	60	9	16	2	9	0	12	11	1
NC	16	0.377	61	12	23	4	16	0	8	11	2
SK	16	0.352	54	17	19	6	18	0	12	5	6
LG	16	0.323	62	12	20	2	13	0	9	16	0
넥센	16	0.439	57	6	25	4	12	0	7	5	2
한화	16	0.260	50	7	13	2	9	0	15	7	1
삼성	16	0.351	57	17	20	4	19	0	8	4	1
kt	16	0.397	58	10	23	2	14	0	8	6	0

김진우

NO.11

우투우타
1983년 3월 7일
193cm / 115kg
경력 광주서석초–진흥중
–진흥고
지명순위 02 KIA 1차

연도	팀명	평균자책	경기	승-패-세-홀	이닝	피안타	피홈런	볼넷	탈삼진	WHIP	WAR
2017	KIA	7.93	14	2-6-0-0	36 1/3	52	5	23	21	2.06	-0.38
통산		4.07	247	74-61-6-4	1124 1/3	1077	71	502	956	1.40	-

볼카운트별 피안타율

볼카운트	피안타율	타수	피안타	볼카운트	피안타율	타수	피안타
0-0	0.409	22	9	2-0	0.500	2	1
0-1	0.273	11	3	2-1	0.364	11	4
0-2	0.143	7	1	2-2	0.385	13	5
1-0	0.400	10	4	3-0			
1-1	0.474	19	9	3-1	0.667	6	4
1-2	0.276	29	8	3-2	0.200	20	4

S > B : 0.255 / S = B : 0.426 / S < B : 0.347

포심패스트볼은 140km/h 중반대를 유지한다. 130km/h 중반 폭포수 커브는 리그 최고로 평가받는다. 그러나 타고난 하드웨어(193cm, 117kg)와 강속구를 가졌음에도 불구하고 재능을 꽃피우지 못했다. 잦은 부상과 자기관리 실패로 평균 이하의 투수로 전락했다. 제구력이 좋지 않은 데다 하체를 사용할 줄 모르는 피칭이 문제점으로 부각됐다.

상황별 기록

상황	안타	삼진	피안타율
주자 없음	27	12	0.338
만루	2	1	0.154
주자 있음	25	9	0.357
득점권	16	8	0.356
상위(1~2번)	11	5	0.282
중심(3~5번)	22	9	0.415
하위(6~9번)	19	7	0.328
좌타자	15	7	0.313
우타자	37	14	0.363

상대팀별 기록

구분	경기	평균자책	승-패-세-홀	이닝
두산	1	6.23	0-1-0-0	4 1/3
롯데	3	9.45	1-1-0-0	6 2/3
NC	1	10.38	0-0-0-0	4 1/3
SK	1	81.00	0-0-0-0	1/3
LG	1	3.00	0-0-0-0	6
넥센	4	4.26	1-1-0-0	6 1/3
한화	1	81.00	0-0-0-0	0 1/3
삼성	1	18.00	0-1-0-0	2
kt	3	3.00	0-1-0-0	6

구속/구사율/피안타율

구종	평균구속	구사율	피안타율
포심패스트볼	141	51%	0.373
투심/싱커	139	2%	0.000
컷패스트볼	137	0%	0.000
슬라이더	131	13%	0.440
커브	119	12%	0.357
체인지업	120	18%	0.261
포크/SF/너클	130	4%	0.222

기타 기록

상대	타자	타구	방향
43%	30%	27%	

이닝당 투구수	19.6
땅볼/뜬공	1.23

PITCHING ZONE

좌타자·몸쪽 / 우타자·몸쪽

■ 15% 이상　■ 12~14%　■ 9~11%　■ 6~8%　■ 3~5%　□ 2% 이하

박경태

NO.57

좌투좌타
1987년 9월 2일
185cm / 94kg
연봉 4000만 원
경력 인천숭의초–동산중 동산고
지명순위 06 KIA 2차 3라운드
21순위

연도	팀명	평균자책	경기	승-패-세-홀	이닝	피안타	피홈런	볼넷	탈삼진	WHIP	WAR
2017	KIA	9.00	3	0-0-0-0	4	7	0	3	3	2.50	-0.11
통산		6.44	229	4-20-0-15	262 2/3	301	21	144	202	1.69	-

볼카운트별 피안타율

볼카운트	피안타율	타수	피안타	볼카운트	피안타율	타수	피안타
0-0	0.500	4	2	2-0	0.000	1	0
0-1				2-1	1.000	1	1
0-2	0.000	1	0	2-2	0.250	4	1
1-0				3-0	-	-	-
1-1	1.000	1	1	3-1	0.000	1	0
1-2	0.333	6	2	3-2	0.000	1	0

S > B : 0.286 / S = B : 0.444 / S < B : 0.250

140km/h 중반대의 패스트볼과 다양한 변화구를 구사한다. 그러나 심각한 제구력의 문제를 보이며 볼넷을 남발하다 스트라이크를 던지기 위해 한가운데 몰린 공은 얻어맞기 일쑤였다. 중간계투, 원포인트 릴리프로 활동했다. 좌투수이면서도 좌타자에게 더 약하고 우타자에게 강한 독특한 피칭을 선보였다. 잦은 부상과 고질적인 제구력 난조가 문제다.

상황별 기록

상황	안타	삼진	피안타율
주자 없음	1	0	0.200
만루	2	0	1.000
주자 있음	6	3	0.400
득점권	4	2	0.364
상위(1~2번)	1	1	0.250
중심(3~5번)	3	1	0.300
하위(6~9번)	3	1	0.300
좌타자	3	2	0.300
우타자	4	1	0.400

상대팀별 기록

구분	경기	평균자책	승-패-세-홀	이닝
두산	1	0.00	0-0-0-0	2
롯데				
NC				
SK				
LG	1	27.00	0-0-0-0	1
넥센				
한화				
삼성	1	9.00	0-0-0-0	1
kt				

구속/구사율/피안타율

구종	평균구속	구사율	피안타율
포심패스트볼	140	62%	0.300
투심/싱커	-		
컷패스트볼	-		
슬라이더	122	29%	0.444
커브	113	3%	
체인지업	127	2%	
포크/SF/너클	130	4%	0.000

기타 기록

상대	타자	타구	방향
44%	6%	50%	

이닝당 투구수	25.8
땅볼/뜬공	1.20

PITCHING ZONE

좌타자·몸쪽 / 우타자·몸쪽

연도	팀명	평균자책	경기	승-패-세-홀	이닝	피안타	피홈런	볼넷	탈삼진	WHIP	WAR
2017	KIA	10.80	15	0-1-0-4	13 1/3	26	4	3	9	2.18	-0.49
통산		3.82	328	27-19-9-52	417 1/3	388	29	130	309	1.24	-

손영민

NO. 26

투수

우언우타
1987년 4월 28일
184cm / 104kg
연봉 5500만 원
경력 청주우암초-청주중
-청주기공고
지명순위 06 KIA 2차 1라운드
5순위

볼카운트별 피안타율

볼카운트	피안타율	타수	피안타	볼카운트	피안타율	타수	피안타
0-0	0.636	11	7	2-0	1.000	2	2
0-1	0.400	5	2	2-1	0.200	5	1
0-2	0.167	6	1	2-2	0.333	6	2
1-0	0.400	5	2	3-0	-	0	0
1-1	0.600	5	3	3-1	0.000	2	0
1-2	0.455	11	5	3-2	0.333	3	1

S > B : 0.364 / S = B : 0.545 / S < B : 0.353

상황별 기록

상황	안타	삼진	피안타율
주자 없음	12	1	0.522
만루	1	2	0.200
주자 있음	14	8	0.368
득점권	8	6	0.381
상위(1~2번)	7	1	0.700
중심(3~5번)	5	5	0.250
하위(6~9번)	14	3	0.452
좌타자	8	1	0.500
우타자	18	8	0.400

상대팀별 기록

구분	경기	평균자책	승-패-세-홀	이닝
KIA				
롯데	2	0.00	0-0-0-2	1
NC	3	18.00	0-0-0-1	1
SK	1	54.00	0-0-0-0	0 1/3
LG	3	27.00	0-1-0-1	1 2/3
넥센	3	12.46	0-0-0-0	4 1/3
한화				
삼성	1	0.00	0-0-0-0	1
kt	2	2.25	0-0-0-0	4

싱커가 주 무기인 사이드암 투수. 몸 쪽으로 파고드는 싱커와 특유의 커브 덕에 우타자보다 좌타자 상대 기록이 더 좋았다. 사생활 문제와 음주운전으로 구설수에 오른 후 사회복무요원을 마치고 2017시즌 복귀했다. 15경기 1패 4홀드 평균자책점 10.80으로 최악의 시즌을 보냈다. 그동안 야구와 떨어져 생활한 요인이 컸다.

구속/구사율/피안타율

구종	평균구속	구사율	피안타율
포심패스트볼	138	49%	0.417
투심/싱커	135	8%	1.000
컷패스트볼	-	-	-
슬라이더	122	35%	0.385
커브	112	8%	0.500
체인지업	-	-	-
포크/SF/너클	-	-	-

기타 기록

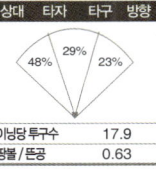

상대	타자	타구	방향
48%	29%	23%	

이닝당투구수	17.9
땅볼/뜬공	0.63

PITCHING ZONE

■ 15% 이상　■ 12~14%　■ 9~11%　■ 6~8%　3~5%　□ 2% 이하

연도	팀명	평균자책	경기	승-패-세-홀	이닝	피안타	피홈런	볼넷	탈삼진	WHIP	WAR
2017	KIA	2.84	4	1-1-0-0	12 2/3	14	2	0	9	1.11	0.35
통산		2.84	4	1-1-0-0	12 2/3	14	2	0	9	1.11	-

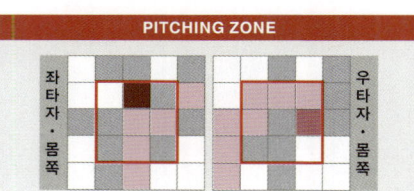

이민우

NO.19

투수

우투우타
1993년 2월 9일
185cm / 94kg
연봉 3500만 원
경력 순천북초-순천이수중
-효천고-경성대
지명순위 15 KIA 1차

볼카운트별 피안타율

볼카운트	피안타율	타수	피안타	볼카운트	피안타율	타수	피안타
0-0	0.667	3	2	2-0	-	-	-
0-1	0.500	4	2	2-1	0.250	4	1
0-2	0.286	7	2	2-2	0.333	3	1
1-0	0.500	6	3	3-0	0.000	1	0
1-1	0.286	7	2	3-1	1.000	1	1
1-2	0.000	9	0	3-2	0.000	7	0

S > B : 0.200 / S = B : 0.385 / S < B : 0.263

상황별 기록

상황	안타	삼진	피안타율
주자 없음	10	7	0.313
만루	-	-	-
주자 있음	4	2	0.200
득점권	1	0	0.000
상위(1~2번)	2	4	0.143
중심(3~5번)	5	0	0.294
하위(6~9번)	7	5	0.333
좌타자	3	6	0.167
우타자	11	3	0.324

상대팀별 기록

구분	경기	평균자책	승-패-세-홀	이닝
KIA				
롯데	1	3.00	1-0-0-0	6
NC				
SK	1	3.60	0-1-0-0	5
LG				
넥센				
한화	1	0.00	0-0-0-0	0 2/3
삼성				
kt	1	0.00	0-0-0-0	1

토미존 수술 이후 패스트볼 구속은 저하됐으나 직구, 슬라이더, 커브, 스플리터의 4가지 구종을 던진다. 직구의 평균구속이 140km/h, 최고구속이 144km/h가 나왔으며 커브, 슬라이더로 카운트를 잡는다. 무너질 때 점수를 꾸준히 주는 것이 아니라 잘 던지다가 갑자기 사사구, 피안타를 대량으로 내줘 급격히 무너진다.

구속/구사율/피안타율

구종	평균구속	구사율	피안타율
포심패스트볼	141	58%	0.296
투심/싱커	-	-	-
컷패스트볼	-	-	-
슬라이더	127	24%	0.154
커브	121	6%	0.333
체인지업	-	-	-
포크/SF/너클	130	11%	0.333

기타 기록

상대	타자	타구	방향
29%	29%	43%	

이닝당투구수	16.7
땅볼/뜬공	0.61

PITCHING ZONE

정용운

투수

NO. 47

좌투좌타
1990년 7월 6일
185cm / 90kg
연봉 7500만 원
경력 인헌초–선린중–충암고
지명순위 09 KIA 2차 2라운드
16순위

연도	팀명	평균자책	경기	승-패-세-홀	이닝	피안타	피홈런	볼넷	탈삼진	WHIP	WAR
2017	KIA	5.92	25	3-2-0-0	59 1/3	56	7	37	32	1.57	0.07
통산		6.63	51	3-4-0-0	92 1/3	102	9	71	50	1.87	-

볼카운트별 피안타율

볼카운트	피안타율	타수	피안타	볼카운트	피안타율	타수	피안타
0-0	0.333	15	5	2-0	0.200	5	1
0-1	0.231	26	6	2-1	0.167	12	2
0-2	0.111	18	2	2-2	0.225	40	9
1-0	0.353	17	6	3-0	1.000	1	1
1-1	0.393	28	11	3-1	0.333	6	2
1-2	0.182	33	6	3-2	0.263	19	5

S〉B : 0.182 / S=B : 0.301 / S〈B : 0.283

오른팔을 앞으로 쭉 펴는 독특한 모션을 취한 후 투구한다. 평균구속이 130km 중반으로 느린 편이다. 회전이 많은 지저분한 공과 높은 타점에서 잡아채는 투구 폼으로 인해 타석에서의 체감 구위는 더욱 묵직하게 느껴지는 타입. 변화구는 커브, 체인지업, 슬라이더다. 발전 가능성이 큰 투수다.

상황별 기록

상황	안타	삼진	피안타율
주자 없음	25	18	0.236
만루	3	1	0.375
주자 있음	31	14	0.272
득점권	16	5	0.348
상위(1~2번)	18	5	0.340
중심(3~5번)	22	9	0.265
하위(6~9번)	16	18	0.190
좌타자	23	13	0.288
우타자	33	19	0.263

상대팀별 기록

구분	경기	평균자책	승-패-세-홀	이닝
두산	4	6.75	0-0-0-0	2 2/3
롯데	1	0.00	0-0-0-0	1
NC	4	1.59	0-1-0-0	11 1/3
SK	4	5.91	0-0-0-0	10 2/3
LG	4	10.61	1-0-0-0	9 1/3
넥센	4	3.77	1-0-0-0	14 1/3
한화	3	5.40	0-0-0-0	1 2/3
삼성	2	2.70	1-0-0-0	6 2/3
kt	2	43.20	0-1-0-0	1 2/3

PITCHING ZONE

구속/구사율/피안타율

구종	평균구속	구사율	피안타율
포심패스트볼	135	55%	0.305
투심/싱커	-	-	-
컷패스트볼	-	-	-
슬라이더	123	9%	0.190
커브	107	5%	0.000
체인지업	120	31%	0.222
포크/SF/너클	-	-	-

기타 기록

상대 타자 타구 방향

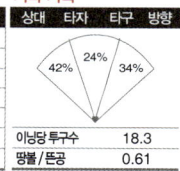

42% 24% 34%

이닝당투구수	18.3
땅볼/뜬공	0.61

■ 15% 이상　■ 12~14%　■ 9~11%　■ 6~8%　■ 3~5%　□ 2% 이하

한승혁

투수

NO. 41

우투좌타
1993년 1월 3일
185cm / 94kg
연봉 6500만 원
경력 도신초–강남중–덕수고
지명순위 11 KIA 1차 1라운드 8순위

연도	팀명	평균자책	경기	승-패-세-홀	이닝	피안타	피홈런	볼넷	탈삼진	WHIP	WAR
2017	KIA	7.15	36	1-1-1-3	39	46	4	23	42	1.77	-0.17
통산		6.20	175	7-15-2-19	219 1/3	239	20	145	206	1.75	-

볼카운트별 피안타율

볼카운트	피안타율	타수	피안타	볼카운트	피안타율	타수	피안타
0-0	0.375	16	6	2-0	0.200	5	1
0-1	0.462	13	6	2-1	0.500	10	5
0-2	0.188	16	3	2-2	0.269	26	7
1-0	0.364	11	4	3-0	-	0	0
1-1	0.500	12	6	3-1	0.000	2	0
1-2	0.143	28	4	3-2	0.250	16	4

S〉B : 0.228 / S=B : 0.352 / S〈B : 0.318

평균구속 150km/h 초반대의 대표적인 파이어볼러지만 제구가 가장 안 좋은 선수 중 하나다. 포크볼과 패스트볼을 섞어 던지는 투피치 스타일. 100구를 던지고도 150km/h가 찍히는 강견이나 볼넷 남발이 그를 가로막는 장애물이다. 밸런스가 좋을 때 몇 경기 호투하다 어느 순간 다시 흐트러지며 볼넷과 폭투를 남발하고 2군에 내려간다.

상황별 기록

상황	안타	삼진	피안타율
주자 없음	15	23	0.205
만루	1	1	0.200
주자 있음	31	19	0.378
득점권	20	12	0.357
상위(1~2번)	11	12	0.314
중심(3~5번)	13	13	0.333
하위(6~9번)	17	15	0.258
좌타자	14	14	0.275
우타자	32	28	0.308

상대팀별 기록

구분	경기	평균자책	승-패-세-홀	이닝
두산	5	9.64	0-0-0-1	4 2/3
롯데	2	2.70	0-0-0-0	3 1/3
NC	4	13.50	0-1-0-0	4
SK	4	3.00	1-0-0-1	6
LG	7	6.75	0-0-0-0	9 1/3
넥센	6	18.00	0-0-1-0	3
한화	4	1.93	0-0-0-0	4 2/3
삼성	3	9.00	0-0-0-0	1
kt	1	0.00	0-0-0-0	1

PITCHING ZONE

구속/구사율/피안타율

구종	평균구속	구사율	피안타율
포심패스트볼	151	67%	0.385
투심/싱커	-	-	-
컷패스트볼	-	-	-
슬라이더	133	14%	0.133
커브	-	-	-
체인지업	-	-	-
포크/SF/너클	137	19%	0.111

기타 기록

상대 타자 타구 방향

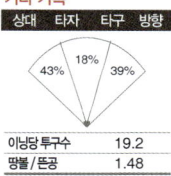

43% 18% 39%

이닝당투구수	19.2
땅볼/뜬공	1.48

연도	팀명	타율	경기	타수	득점	안타	홈런	타점	도루	볼넷	삼진	장타율	OPS	WAR
2017	KIA	0.176	15	17	2	3	0	1	0	3	3	0.176	0.476	-0.09
통산		0.202	233	476	48	96	18	59	5	52	146	0.355	0.635	

볼카운트별 타율-타점

볼카운트	타율	타수	안타	타점	볼카운트	타율	타수	안타	타점
0-0	0.000	2	0	0	2-0	-	-	-	-
0-1	0.000	2	0	0	2-1	-	-	-	-
0-2	0.000	1	0	0	2-2	0.000	3	0	0
1-0	-	-	-	-	3-0	-	-	-	-
1-1	0.000	1	0	0	3-1	-	0	0	0
1-2	0.429	7	3	1	3-2	0.000	1	0	0
S〉B : 0.300 / S=B : 0.000 / S〈B : 0.000									

상황별 기록

구분	타율	타수	안타	타점
주자 없음	0.167	6	1	0
주자 있음	0.182	11	2	1
득점권	0.200	5	1	1
좌투수	0.182	11	2	0
우투수	0.200	5	1	1
언더	0.000	1	0	0
노아웃	0.333	6	2	1
원아웃	0.000	4	0	0
투아웃	0.143	7	1	0

상대팀별 기록

상대팀	타율	타수	안타	타점
두산	0.000	2	0	0
롯데	0.000	1	0	0
NC	-	-	-	-
SK	0.000	1	0	0
LG	0.500	4	2	0
넥센	1.000	1	1	1
한화	0.000	2	0	0
삼성	0.000	3	0	0
kt	0.000	3	0	0

구종별 타격 성적

구종	전체	VS우투	VS좌투
포심패스트볼	0.111	0.000	0.167
투심/싱커	-	-	-
컷패스트볼	-	-	-
슬라이더	0.333	0.333	-
커브	0.000	-	0.000
체인지업	0.000	-	0.000
포크/SF/너클	1.000	-	1.000

수비 기록

위치	자살	보살	실책	수비율
포수	22	1	0	1.000

백용환

NO. 22 포수

우투우타
1989년 3월 20일
180cm / 95kg
연봉 5300만 원
경력 서울영중초-양천중-장충고-KIA-경찰
지명순위 08 KIA 2차 5라운드 37순위

기본적으로 파워를 가진 선수다. 타격은 좋지만 수비가 부족(미숙한 미트질과 불안한 송구)하다는 평을 듣는다. 포수 능력이 떨어져 포지션 전향을 권유받지만 본인과 코치진은 이를 반대한다. 특히 백용환은 양현종이나 윤석민의 파트너로 많이 출전했다. 2016년 후반기 십자인대 파열로 재활을 거듭하다 2017시즌 후반기에 돌아왔다.

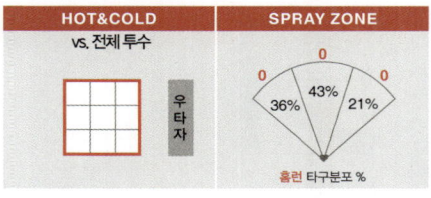

HOT&COLD vs. 전체투수 / SPRAY ZONE
우타자
36%   43%   21%
홈런 타구분포 %

타율 0.400 이상 / 0.300~0.399 / 0.200~0.299 / 0.100~0.199 / 타율 0.099 이하 / 3타수 미만

연도	팀명	타율	경기	타수	득점	안타	홈런	타점	도루	볼넷	삼진	장타율	OPS	WAR
2017	KIA	0.170	57	106	11	18	0	10	0	8	13	0.217	0.450	-0.90
통산		0.224	744	1801	175	404	61	222	4	135	388	0.370	0.657	-

볼카운트별 타율-타점

볼카운트	타율	타수	안타	타점	볼카운트	타율	타수	안타	타점
0-0	0.176	17	3	0	2-0	0.000	4	0	0
0-1	0.250	8	2	1	2-1	0.167	9	1	1
0-2	0.000	15	0	0	2-2	0.214	14	3	2
1-0	0.556	9	5	4	3-0	-	0	0	0
1-1	0.000	6	0	0	3-1	0.333	3	1	0
1-2	0.188	16	3	1	3-2	0.000	8	0	0
S〉B : 0.128 / S=B : 0.162 / S〈B : 0.233									

상황별 기록

구분	타율	타수	안타	타점
주자 없음	0.151	53	8	0
주자 있음	0.189	53	10	10
득점권	0.231	26	6	10
좌투수	0.121	33	4	0
우투수	0.213	61	13	9
언더	0.083	12	1	1
노아웃	0.094	32	3	2
원아웃	0.200	35	7	1
투아웃	0.205	39	8	7

상대팀별 기록

상대팀	타율	타수	안타	타점
두산	0.056	18	1	1
롯데	0.000	4	0	0
NC	-	-	-	-
SK	0.188	16	3	3
LG	0.000	11	0	0
넥센	0.100	10	1	0
한화	0.286	14	4	3
삼성	0.263	19	5	2
kt	0.286	14	4	1

구종별 타격 성적

구종	전체	VS우투	VS좌투
포심패스트볼	0.188	0.235	0.071
투심/싱커	0.000	0.000	0.000
컷패스트볼	0.500	0.500	-
슬라이더	0.222	0.200	0.333
커브	0.000	0.000	0.000
체인지업	0.071	0.071	0.091
포크/SF/너클	0.333	0.250	0.500

수비 기록

위치	자살	보살	실책
1루	48-3-0	2루	4-2-0
3루	16-48-3	유격	2-9-1
좌익	0-0-0		

김주형

NO. 33 내야

우투우타
1985년 12월 15일
186cm / 112kg
연봉 7500만 원
경력 학강초-광주동성중-광주동성고-KIA-상무
지명순위 04 KIA 1차

타고난 신체조건(185cm 93kg)과 유연성으로 데뷔 때부터 KIA의 미래로 불리우며 코치진과 팬들을 설레게 했다. 그러나 여전히 13년차 임에도 불구하고 터지지 못하고 있다. 거포의 자질은 충분하지만 변화구에 약점이 있고, 기복이 심한 타격 페이스를 보인다. 그나마 2016년 자신의 커리어 하이를 보여준 후 2017시즌 1, 2군을 반복하다 초라한 성적만 남겼다.

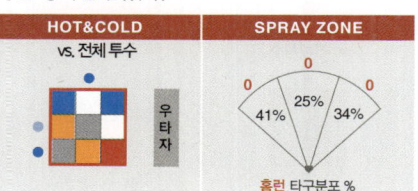

HOT&COLD vs. 전체투수 / SPRAY ZONE
우타자
41%   25%   34%
홈런 타구분포 %

내야

김지성
NO. 5

우투우타
1985년 7월 20일
178cm / 88kg
연봉 4000만 원
경력 봉천초-강남중
-선린인터넷고-한양대-LG
지명순위 12 LG 육성선수

연도	팀명	타율	경기	타수	득점	안타	홈런	타점	도루	볼넷	삼진	장타율	OPS	WAR
2017	KIA	0.234	37	47	6	11	2	4	1	1	14	0.426	0.691	0.11
통산		0.176	80	91	10	16	3	9	2	3	30	0.330	0.541	-

볼카운트별 타율-타점

볼카운트	타율	타수	안타	타점	볼카운트	타율	타수	안타	타점
0-0	0.200	5	1	1	2-0	-	-	-	-
0-1	0.250	4	1	1	2-1	-	-	-	-
0-2	0.111	9	1	0	2-2	0.500	4	2	0
1-0	0.500	2	1	0	3-0	-	-	-	-
1-1	0.400	5	2	0	3-1	-	0	0	0
1-2	0.071	14	1	0	3-2	0.500	4	2	2

S>B: 0.111 / S=B: 0.357 / S<B: 0.500

상황별 기록

구분	타율	타수	안타	타점
주자 없음	0.261	23	6	2
주자 있음	0.208	24	5	2
득점권	0.100	10	1	2
좌투수	0.200	20	4	0
우투수	0.318	22	7	4
언더	0.000	5	0	0
노아웃	0.273	11	3	1
원아웃	0.364	22	8	3
투아웃	0.000	14	0	0

상대팀별 기록

상대팀	타율	타수	안타	타점
두산	0.167	6	1	0
롯데	0.000	5	0	0
NC	1.000	1	1	1
SK	0.250	4	1	0
LG	0.000	6	0	0
넥센	0.500	9	0	1
한화	0.000	7	0	0
삼성	0.400	5	2	2
kt	0.273	11	3	0

한양대를 졸업하고 프로에 지명을 받지 못했다. 현역으로 군에 입대했고, 2017년 KIA에 들어갔다. 백업 유격수로 활용할 생각을 가졌던 코칭스태프는 수준 이하의 수비력에 고민이 깊어졌다. 타격에서는 나름대로 준수한 모습을 보여줬다. 일발장타력도 갖춘 선수이기에 스프링캠프에서 수비력을 집중적으로 보강한다면 서광이 비칠 수도 있는 선수다.

구종별 타격 성적

구종	전체	VS우투	VS좌투
포심패스트볼	0.133	0.125	0.143
투심/싱커	0.667	0.750	0.500
컷패스트볼	-	-	-
슬라이더	0.167	0.000	0.500
커브	0.200	0.000	0.500
체인지업	0.091	0.333	0.000
포크/SF/너클	0.500	0.500	-

수비 기록

위치	자살	보살	실책
1루	1-0-0	2루	3-5-0
3루	2-6-0	유격	15-33-3

HOT&COLD vs. 전체 투수 / **SPRAY ZONE**
우타자
2 0 0
55% 23% 23%
홈런 타구분포 %

■ 타율 0.400 이상　■ 0.300~0.399　■ 0.200~0.299　■ 0.100~0.199　■ 타율 0.099 이하　□ 3타수 미만

내야

신종길
NO. 2

우투좌타
1983년 12월 31일
183cm / 87kg
연봉 7000만 원
경력 광주대성초-무등중
-광주제일고-(동신대)-롯데-한화
지명순위 02 롯데 2차6라운드 46순위

연도	팀명	타율	경기	타수	득점	안타	홈런	타점	도루	볼넷	삼진	장타율	OPS	WAR
2017	KIA	0.241	64	83	13	20	1	10	2		13	0.361	0.639	-0.34
통산		0.273	768	2032	322	554	28	223	132	160	484	0.395	0.728	-

볼카운트별 타율-타점

볼카운트	타율	타수	안타	타점	볼카운트	타율	타수	안타	타점
0-0	0.571	14	8	5	2-0	1.000	1	1	0
0-1	0.091	11	1	0	2-1	0.500	4	2	2
0-2	0.143	7	1	0	2-2	0.000	6	0	0
1-0	0.100	10	1	0	3-0	-	0	0	0
1-1	0.250	4	1	0	3-1	0.000	1	0	0
1-2	0.067	15	1	0	3-2	0.400	10	4	2

S>B: 0.091 / S=B: 0.375 / S<B: 0.308

상황별 기록

구분	타율	타수	안타	타점
주자 없음	0.268	41	11	1
주자 있음	0.214	42	9	9
득점권	0.185	27	5	9
좌투수	0.200	5	1	0
우투수	0.267	60	16	7
언더	0.167	18	3	3
노아웃	0.276	29	8	2
원아웃	0.300	30	9	5
투아웃	0.125	24	3	3

상대팀별 기록

상대팀	타율	타수	안타	타점
두산	0.111	9	1	2
롯데	0.000	5	0	0
NC	0.500	4	2	0
SK	0.154	13	2	0
LG	0.091	11	1	1
넥센	0.455	11	5	1
한화	0.000	5	0	0
삼성	0.471	17	8	5
kt	0.125	8	1	0

배트 스피드가 빠른 단타형 타자다. 발이 빨라 내야 번트 안타를 잘 기록하지만, 전반적인 주루 센스는 떨어지며 도루나 주루사가 많은 선수다. 직구에는 강점이 있으나 어이없는 변화구에 약점을 보인다. 선구안도 뛰어나지 않다. 수비 범위가 넓어 외야 어떤 포지션도 소화할 수 있지만 타구 판단이나 포구에 아쉬움이 많다.

구종별 타격 성적

구종	전체	VS우투	VS좌투
포심패스트볼	0.295	0.293	0.333
투심/싱커	1.000	1.000	-
컷패스트볼	0.000	0.000	-
슬라이더	0.273	0.300	0.000
커브	0.500	0.500	-
체인지업	0.250	0.250	-
포크/SF/너클	0.000	0.000	-

수비 기록

위치	자살	보살	실책
1루	0-0-0	좌익	3-0-0
중견	0-0-0	우익	14-0-0

HOT&COLD vs. 전체 투수 / **SPRAY ZONE**
좌타자
0 0 1
27% 28% 46%
홈런 타구분포 %

유재신 NO. 24 외야

연도	팀명	타율	경기	타수	득점	안타	홈런	타점	도루	볼넷	삼진	장타율	OPS	WAR
2017	넥·KIA	0.222	25	18	4	4	0	1	3	1	6	0.222	0.485	-0.23
통산		0.241	399	311	110	175	0	26	54	23	77	0.280	0.577	-

볼카운트별 타율-타점

볼카운트	타율	타수	안타	타점	볼카운트	타율	타수	안타	타점
0-0	-	0	0	0	2-0	0.000	1	0	0
0-1	0.000	1	0	0	2-1	1.000	1	1	1
0-2	0.000	3	0	0	2-2	0.400	5	2	0
1-0	0.000	2	0	0	3-0				
1-1					3-1	-	0	0	0
1-2	0.000	4	0	0	3-2	0.500	2	1	0

S＞B : 0.000 / S＝B : 0.400 / S＜B : 0.333

상황별 기록

구분	타율	타수	안타	타점
주자 없음	0.167	6	1	0
주자 있음	0.250	12	3	1
득점권	0.250	8	2	1
좌투수	0.500	4	2	1
우투수	0.100	10	1	0
언더	0.250	4	1	0
노아웃	0.000	4	0	0
원아웃	0.500	4	2	0
투아웃	0.200	10	2	1

상대팀별 기록

상대팀	타율	타수	안타	타점
KIA		0	2	0
두산	0.667	3	2	0
롯데	-			
NC	0.000	3	0	0
SK	1.000	2	2	1
LG	-			
넥센	-			
한화	0.000	1	0	0
삼성	0.000	6	0	0
kt	0.000	1	0	0

구종별 타격 성적

구종	전체	VS우투	VS좌투
포심패스트볼	0.182	0.000	0.667
투심/싱커	-	-	-
컷패스트볼	-	-	-
슬라이더	0.500	0.500	-
커브	-	-	-
체인지업	0.000	0.000	0.000
포크/SF/너클	0.000	0.000	-

수비 기록

위치	자살	보살	실책
1루	2-0-0	3루	0-0-0
유격	2-4-2	좌익	1-0-0
중견	10-0-0	우익	0-0-0

유재신
NO. 24
우투우타
1987년 11월 21일
179cm / 70kg
연봉 6500만 원
경력 사직초(부산롯데마린즈리틀)
－사직중－북일고－현대－우리
－히어로즈－경찰－넥센
지명순위 06 현대 2차 7라운드 56순위

故유두열 前선수의 아들이다. 주로 대수비, 대주자요원으로 활약했다. 넥센에서 활동하다 2017년 하반기 KIA로 트레이드됐다. 발이 빨라 대주자로 나가면 홈으로 귀환할 확률이 꽤 높다. 이적 후 김선빈의 백업요원으로 활약했다. 발이 빠르고 수비 실력도 준수하나 약한 타격이 항상 그의 발목을 잡는다.

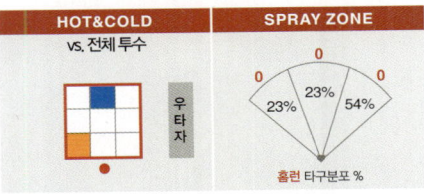

HOT&COLD vs. 전체 투수 / 우타자

SPRAY ZONE
0 0 0
23% 23% 54%
홈런 타구분포 %

■ 타율 0.400 이상　■ 0.300~0.399　■ 0.200~0.299　■ 0.100~0.199　■ 타율 0.099 이하　□ 3타수 미만

이영욱 NO. 24 외야

연도	팀명	타율	경기	타수	득점	안타	홈런	타점	도루	볼넷	삼진	장타율	OPS	WAR
2017	삼성	0.000	6	4	0	0	0	0	0	0	3	0.000	0.000	-0.11
통산		0.245	521	939	173	230	12	103	72	104	260	0.341	0.670	-

볼카운트별 타율-타점

볼카운트	타율	타수	안타	타점	볼카운트	타율	타수	안타	타점
0-0	-	-	-	-	2-0	-	-	-	-
0-1	-	-	-	-	2-1	-	-	-	-
0-2	0.000	2	0	0	2-2	0.000	1	0	0
1-0	-	-	-	-	3-0	-	-	-	-
1-1	-	-	-	-	3-1	-	-	-	-
1-2	0.000	1	0	0	3-2	0.000	1	0	0

S＞B : 0.000 / S＝B : 0.000 / S＜B : 0.000

상황별 기록

구분	타율	타수	안타	타점
주자 없음	0.000	2	0	0
주자 있음	0.000	2	0	0
득점권	0.000	1	0	0
좌투수	-	-	-	-
우투수	0.000	3	0	0
언더	-	-	-	-
노아웃	0.000	1	0	0
원아웃	0.000	3	0	0
투아웃	-	-	-	-

상대팀별 기록

상대팀	타율	타수	안타	타점
KIA	0.000	2	0	0
두산	-	-		
롯데	-	0	-	-
NC	0.000	2	0	0
SK	-	-		
LG	-	-		
넥센	-	-		
한화	-	-		
kt	-	-		

구종별 타격 성적

구종	전체	VS우투	VS좌투
포심패스트볼	-	-	-
투심/싱커	-	-	-
컷패스트볼	-	-	-
슬라이더	0.000	-	-
커브	-	-	-
체인지업	-	-	-
포크/SF/너클	0.000	0.000	-

수비 기록

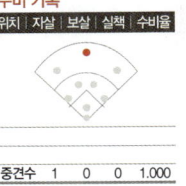

위치	자살	보살	실책	수비율
중견수	1	0	0	1.000

이영욱
NO. 24
좌투좌타
1985년 10월 11일
180cm / 85kg
경력 삼광초－덕수중－중앙고
－동국대－삼성－상무
지명순위 08 삼성 2차 6라운드 41순위

지난해 11월30일 투수 한기주와의 1대1 트레이드로 삼성에서 KIA로 옮겼다. 삼성 시절 항상 '장래가 촉망되는 외야수'로 평가받아왔으나 당초 기대만큼 성장하지는 못했다. 이제 선수로서 황혼기에 접어들기 시작한 만큼 올해는 뭔가 반전이 필요하다. KIA 외야는 이미 주전이 짜여있다. 이영욱은 든든한 백업맨의 역할을 해줘야 한다.

HOT&COLD vs. 전체 투수 / 좌타자

SPRAY ZONE
0 0 0
100% 0% 0%
홈런 타구분포 %

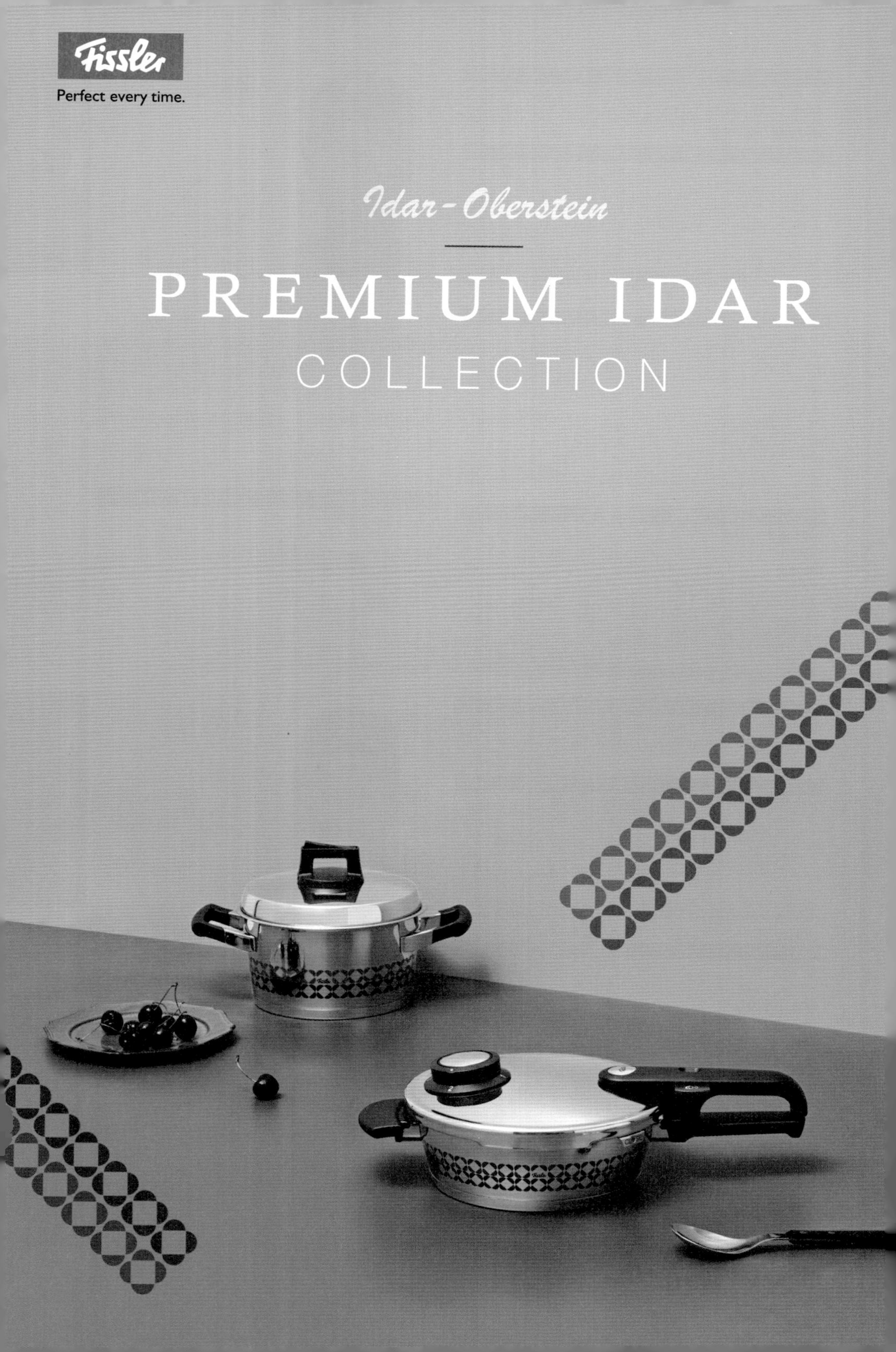
Fissler
Perfect every time.
Idar-Oberstein
PREMIUM IDAR
COLLECTION

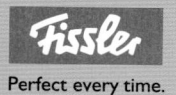

프리미엄 이다 컬렉션

휘슬러의 새로운 패턴을 입은 이다 컬렉션이 당신의 주방을 보석처럼 환하게 밝혀 줍니다.
휘슬러의 본 고장은 독일 이다-오버슈타인(Idar-Oberstein)으로 휘슬러는 이번 컬렉션을 이다 컬렉션으로 명명,
173여년을 이어오는 브랜드의 전통과 역사를 고스란히 계승했습니다.

이다 컬렉션의 패턴은 전통의 바탕 위에 동시대적인 감각을 덧입힌 결과물로 휘슬러의 상징인 클래식 솔라(Solar) 패턴의 조형미를
현대적으로 재해석한 것이 특징입니다. 솔라 패턴의 미학적 구성을 재해석해
뉴 패턴을 표현하고 레드, 그레이 컬러를 입혀 간명한 '이다(Idar) 패턴'을 완성시켰습니다.

DOOSAN BEARS

두산 베어스

TEAM PROFILE

구단 창립 1982년
(1999년 현재 명칭으로 변경)
마스코트 철웅이
구단주 박정원
모기업 (주)두산
감독 김태형
단장 김태룡

HOME

현재 연고지 서울특별시 (1985년~현재)
이전 연고지 대전시 (1982~1984년)
홈구장 서울종합운동장 야구장
수용인원 2만 6000명
영구결번 21번(박철순), 54번(김영신)

PERFORMANCE

한국시리즈 우승 5회
1982, 1995, 2001, 2015, 2016년

한국시리즈 출전 11회
1982, 1995, 2000, 2001, 2005, 2007,
2008, 2013, 2015, 2016, 2017년

플레이오프 출전 14회
1986, 1987, 1999, 2000, 2001,
2004, 2005, 2007, 2008, 2009,
2010, 2013, 2015, 2017년

준플레이오프 출전 9회
1993, 1998, 2001, 2004, 2009,
2010, 2012, 2013, 2015년

UNIFORM

Home / Away

LINE-UP

ROTATION	
SP	린드블럼
SP	장원준
SP	프랭코프
SP	유희관
SP	함덕주 外

BULLPEN	
RP	이영하
RP	이용찬
RP	이현승
RP	김명신
RP	김승회
RP	이현호
CL	김강률

BATTING	
1	박건우
2	오재원
3	파레디스
4	김재환
5	오재일
6	양의지
7	정진호
8	허경민
9	김재호

UTILITY PLAYERS	
IF	류지혁
IF	신성현
IF	최주환
OF	국해성
OF	김인태
OF	조수행

급진 개혁 선택한 두산, 정상 재도전

부상과 부진으로 어려움 겪은 2017년, 그래도 한국시리즈 진출

KIA와는 정반대로 시즌 중반까지 '이보다 더 나쁠 순 없는' 나날이 이어졌다. WBC(월드베이스볼클래식)에 리그에서 가장 많은 인원이 차출됐고, 그 후유증이 시즌 초반 부상과 부진으로 돌아왔다. '판타스틱 4'의 위력도 예전만 못했다. 더스틴 니퍼트는 시즌 후반으로 갈수록 위력이 눈에 띄게 떨어졌고 마이클 보우덴은 어깨 부상에 시달리며 제 활약을 못했다. 젊은 좌완 함덕주가 급성장해 호투를 펼쳤고, 김재호 대신 류지혁이, 양의지 대신에 박세혁이 맹활약을 했지만 주전들의 자리를 100% 대체하기엔 한계가 있었다. 시즌 중반 이후 반등한 두산은 플레이오프를 거쳐 3년 연속 한국시리즈에 올랐지만, 막강 KIA의 벽을 넘지 못해 3년 연속 우승에는 실패했다.

수성 택한 기아와 달리 선수단을 완전히 갈아엎는 수준의 개혁

우승에 실패한 두산은 시즌 뒤 선수단을 완전히 뒤집어 엎는 수준의 개혁을 시도했다. 여기엔 고액 FA를 잡기 어려운 구단 상황과 연관이 있지만, 그보다는 수년째 비슷한 구성을 유지한 선수단을 한 차례 '리프레시'할 필요가 있다는 판단이 우선했다. 부상과 부진에 시달린 외국인 선수 셋을 전원 교체했고, FA 자격을 얻은 민병헌과 메이저리그에서 돌아온 김현수도 잡지 않았다. 3루와 외야가 모두 가능한 파레디스 영입, 외부 외야수 영입을 통해 기존 주전 선수들에게는 '결코 지금의 주전 자리가 안전하지 않다'는 메시지를 던졌다. 한용덕 수석코치(한화 감독) 등이 떠난 빈 자리는 조인성, 정재훈 등 막 은퇴한 젊은 코치들로 채웠다. 과감하고 자신감 넘치는 두산식 개혁이다.

과거에도 준우승 뒤 대개혁으로 상위권 재도약

두산은 과거에도 준우승에 그친 뒤 오프시즌 '혁명'으로 선수단 구성을 갈아엎은 경험이 있다. 삼성에 3승 4패로 아쉽게 무릎을 꿇은 2013 한국시리즈가 끝난 뒤 두산은 감독부터 주전 선수까지 대대적인 교체를 단행했다. 그 성과는 2년 뒤 2015년 한국시리즈 우승, 2016년 통합 우승으로 돌아왔다. 기존 선수단의 하향세가 시작되기 전에 먼저 선제적으로 선수단을 재구성하고 긴장감을 불어넣은 두산의 혜안이 돋보였다. 이번에도 두산은 3년 연속 한국시리즈에 오른 전력을 지키는 대신, 과감하게 개혁하는 쪽을 택했다. 두산의 선택이 2018시즌 어떤 결과로 돌아올지 지켜볼 일이다.

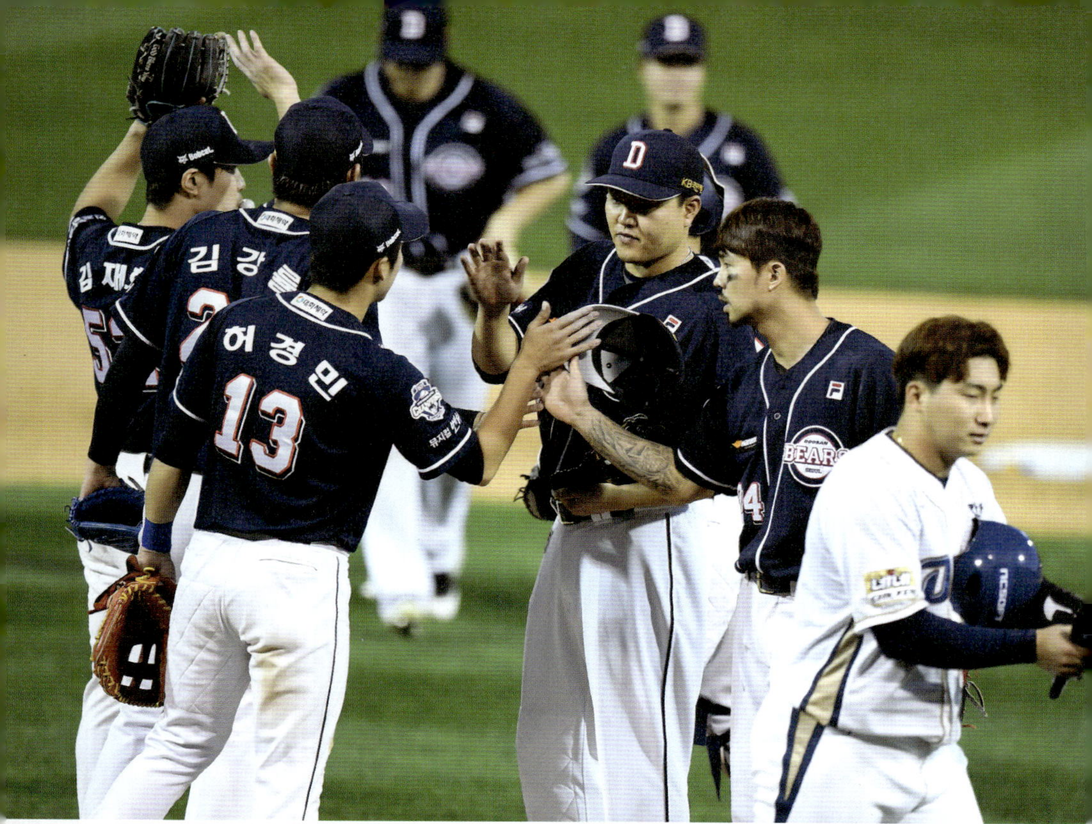
허경민
13
BEARS

Hankook
FILA
D

Hankook

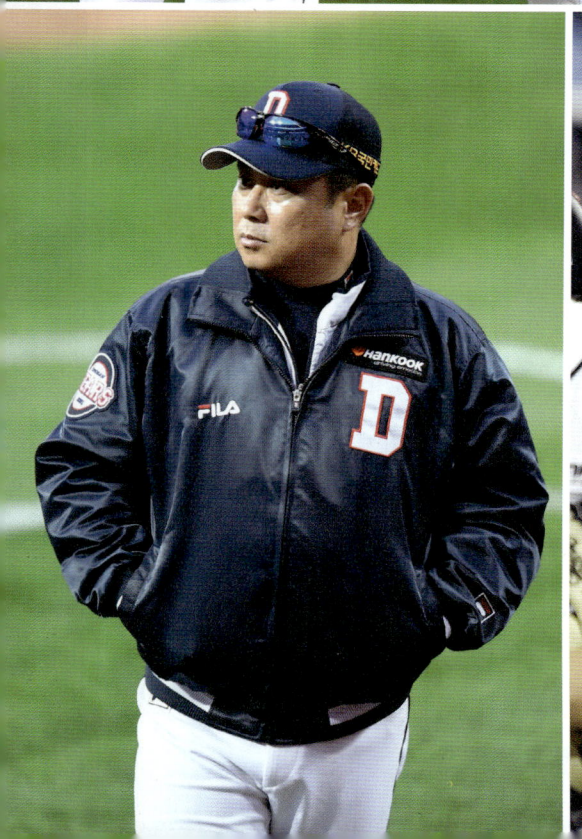

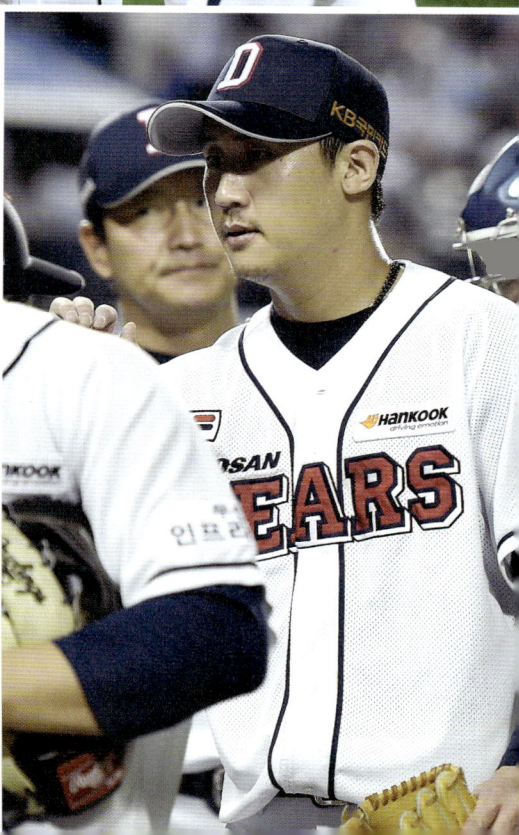

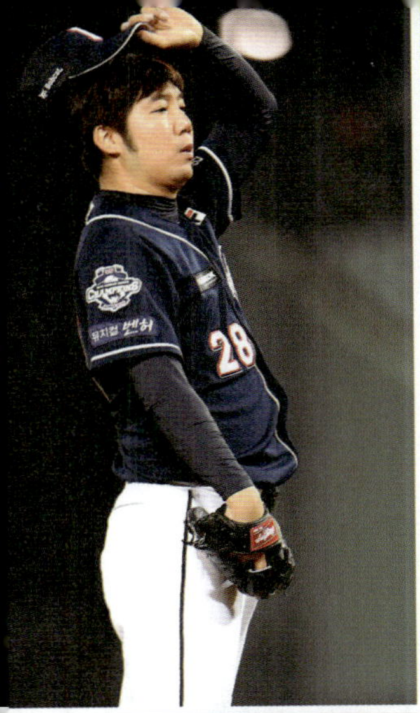
28

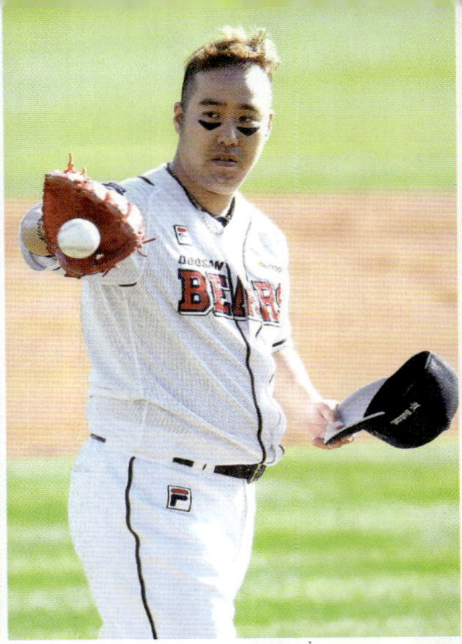

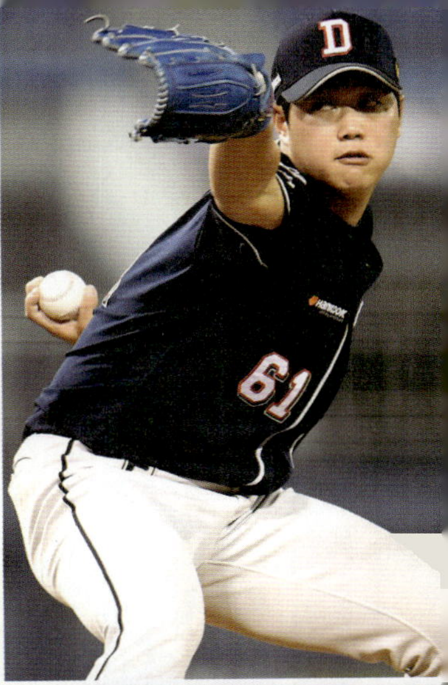
61

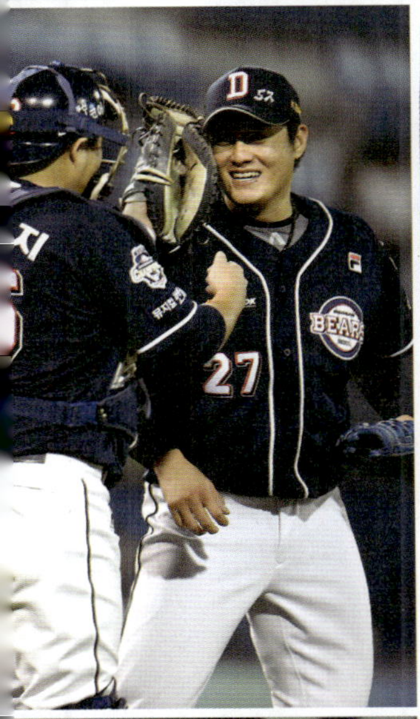
27

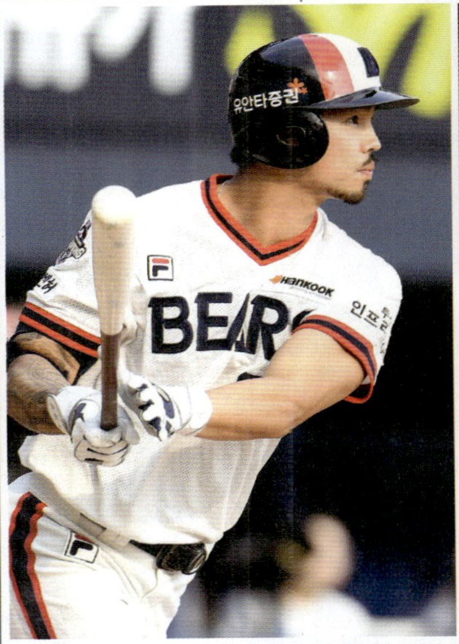
유안타증권
HANKOOK

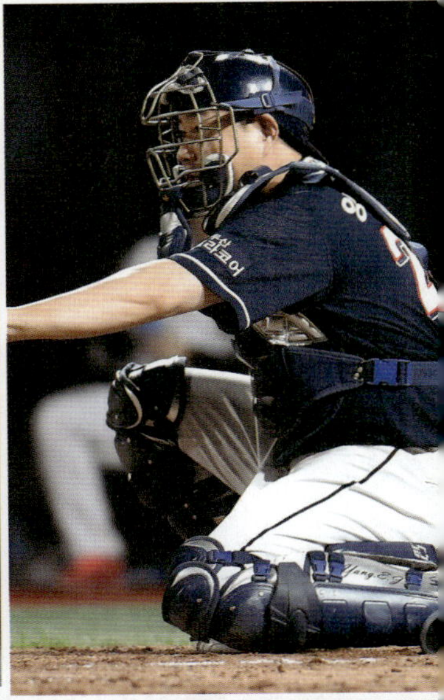

37

유안타증권
HANKOOK
36

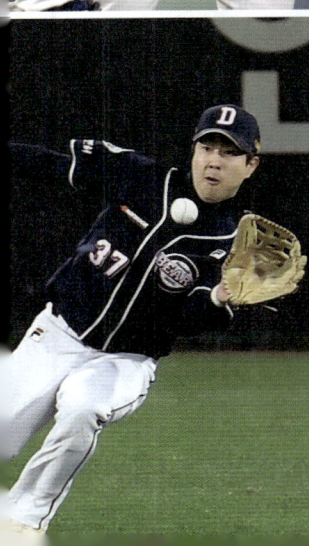

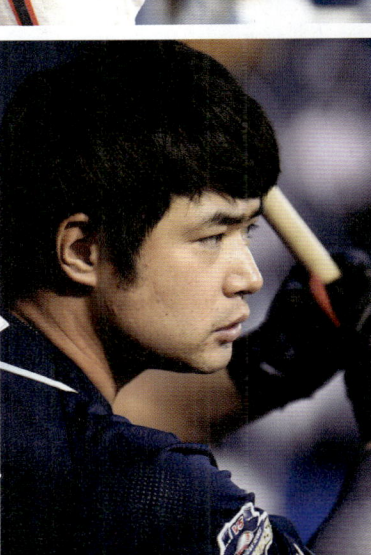

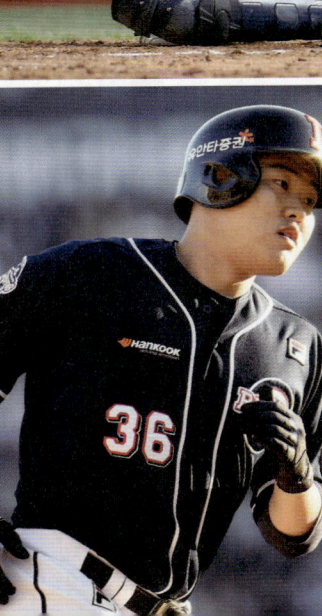

No.88 | 김태형
1967년 9월 12일
173cm | 76kg
프로 입단 연도 1990년
드래프트 순위 1988년 2차 4순위
(OB 베어스)
첫 경기 KBO 1990년
마지막 경기 KBO 2001년
연봉 5억 원(2018년)

감독 **김태형**

　두산의 프랜차이즈 포수 출신. SK에서 1군 배터리코치로 세 시즌을 보낸 후 2015년 감독에 취임하여 2년 연속 우승 하면서 시즌 중에 3년 재계약을 마쳤다. 2017년 팀이 한국시리즈에서 맥없이 패하면서 아쉬움을 남겼다. 부드러운 카리스마를 가지고 있는 김태형 감독은 스몰볼을 지양하고 빅볼을 선호하는 스타일로 타고투저의 영향도 작용했으리라 생각된다. 그러나 너무 강공 일변도로 몰아쳐 게임을 내줄 때도 있어 팬들은 아쉬워한다. 철저한 선발야구를 추구하며 최소 인원으로 최대의 효과를 창출한다. 그러다 보니 선발 투수들이 다른 팀 선발 투수들에 비해 투구 이닝이 긴 편이다. 타선 구성 시 우좌우좌 라인업에 집착을 하며 무리를 해서라도 단기전에서 승부사기질을 발휘한다.

TEAM STATS

투수 기록

*는 수치가 낮을수록 순위가 높아짐

항목	평균자책점	승	패	세이브	홀드	승률	이닝	피안타	피홈런	볼넷	사구	탈삼진	실점	자책점	WHIP
기록	4.38	84	57	35	46	0.596	1288	1405	125	464	87	956	678	627	1.45
순위	2위	2위	2위	3위	7위	2위	2위	4위	2위	6위	3위	7위	2위	2위	4위

항목	완투	완봉	QS	블론S	타자수	투구수	피안타율	2루타	3루타	희생번트	희생플라이	고의사구	폭투	보크
기록	3	9	69	13	5682	22169	0.280	234	31	77	39	11	54	4
순위	4위	3위	2위	3위	6위	4위	4위	2위	10위	10위	3위	2위	1위	4위

타자 기록

항목	타율	경기	타석	타수	득점	안타	2루타	3루타	홈런	총루타	타점	희생번트
기록	0.294	144	5833	5102	849	1499	270	20	178	2343	812	48
순위	2위	-	2위	2위	2위	2위	4위	4위	2위	2위	2위	9위

항목	희생플라이	볼넷	고의볼넷	사구	삼진	병살타	장타율	출루율	OPS	멀티히트	득점권	대타타율
기록	47	541	19	95	960	120	0.459	0.369	0.828	385	0.296	0.200
순위	5위	1위	3위	5위	2위	7위	3위	2위	2위	5위		10위

득점 분포 및 승패

득점	0	1	2	3	4	5	6	7	8	9	10	11	12	13	14	15	16	17	18	19	20	21
경기	4	11	15	16	17	13	17	9	10	8	8	2	1	3	4	2	1	2	0	0	0	1
승	0	0	7	5	8	7	12	9	7	7	6	2	1	3	4	2	1	2	0	0	0	1
패	4	10	8	9	9	6	5	0	3	1	2	0	0	0	0	0	0	0	0	0	0	0
무	0	1	0	2	0	0	0	0	0	0	0	0	0	0	0	0	0	0	0	0	0	0
승률	0.000	0.000	0.467	0.357	0.471	0.538	0.706	1.000	0.700	0.875	0.750	1.000	1.000	1.000	1.000	1.000	1.000	1.000	-	-	-	1.000

실점 분포 및 승패

실점	0	1	2	3	4	5	6	7	8	9	10	11	12	13	14	15	16	17	18	19	20
경기	9	18	11	21	25	15	10	9	7	5	1	3	4	5	0	0	0	0	0	0	1
승	9	17	7	13	20	6	5	3	1	1	0	1	0	1	0	0	0	0	0	0	0
패	0	0	4	6	5	9	5	6	6	4	1	2	4	4	0	0	0	0	0	0	0
무	0	1	0	2	0	0	0	0	0	0	0	0	0	0	0	0	0	0	0	0	0
승률	1.000	1.000	0.636	0.684	0.800	0.400	0.500	0.333	0.143	0.200	0.000	0.333	0.000	0.200	-	-	-	-	-	-	0.000

이닝별 득점

이닝	경기	0점	1+점	1점	2점	3점	4점	5+점	최다	합계	평균	평균/9
1	144	101	43	16	13	6	6	2	6	95	0.66	5.94
2	144	93	51	24	10	9	3	5	10	119	0.83	7.44
3	144	91	53	23	9	10	7	4	7	125	0.87	7.81
4	144	90	54	29	10	9	5	1	8	104	0.72	6.50
5	144	104	40	14	14	7	4	1	5	84	0.58	5.25
6	144	102	44	29	6	4	1	2	10	72	0.50	4.50
7	143	97	46	26	11	5	2	2	7	83	0.58	5.22
8	143	93	50	27	11	9	3	0	6	104	0.64	5.79
9	110	74	36	18	10	4	1	3	5	69	0.63	5.65
10	12	10	2	2	0	0	0	0	1	7	0.58	5.17
11	5	2	3	3	0	0	0	0	3	3	0.60	5.40
12	4	3	1	1	0	0	0	0	1	1	0.25	2.25
합계		0점	1+점	1점	2점	3점	4점	5+점	최다	합계	평균	평균/9
	1281	860	421	212	94	63	29	23	10	849	0.66	5.96

이닝별 실점

이닝	경기	0점	1+점	1점	2점	3점	4점	5+점	최다	합계	평균	평균/9
1	144	93	51	28	12	9	2	0	4	87	0.60	5.44
2	144	99	45	23	12	7	1	2	10	89	0.62	5.56
3	144	101	43	20	17	3	3	0	4	75	0.52	4.69
4	144	111	33	10	5	2	3	6	7	72	0.50	4.50
5	144	100	44	17	19	4	1	3	5	86	0.60	5.38
6	143	102	41	25	9	5	0	2	5	68	0.48	4.28
7	143	107	36	14	11	6	3	0	5	75	0.52	4.72
8	143	105	38	23	8	5	3	0	7	71	0.50	4.47
9	119	97	22	12	4	4	1	1	4	41	0.34	3.10
10	12	7	5	2	2	0	1	0	4	10	0.83	7.50
11	5	2	3	2	1	0	0	0	2	4	0.80	7.20
12	4	4	0	0	0	0	0	0	0	0	0.00	0.00
합계		0점	1+점	1점	2점	3점	4점	5+점	최다	합계	평균	평균/9
	1289	928	361	179	105	47	13	17	10	678	0.53	4.73

투수

우투우타
1988년 8월 28일
187cm / 95kg
연봉 1억 5000만 원
경력 문촌초(일산리틀)–장성중
–경기고–두산–상무
지명순위 07 두산 2차 4라운드
26순위

NO. 27 김강률

187cm, 95kg의 당당한 체구에서 150km/h 초반의 강속구를 뿌려대는 우완 정통파 투수다. 구단에서 선발로 키우려고 노력했지만, 세컨드 피치인 슬라이더가 말을 듣지 않은 점이 아쉽다. 일반적으로 강속구 투수들이 구속이나 구위가 떨어지면 난타를 당하나 김강률은 구위가 떨어져도 패스트볼과 포크볼로 이겨낸다. 제구력이 많이 향상됐고 10년이나 걸려 완성된, 무릎 높이에서 제구되는 공은 아예 건드릴 수 없을 정도로 위력적이다. 10개 구단 마무리 중 가장 믿음을 주는 선수로 발전했다. 그러나 마무리 투수의 미덕인 삼진 비율이 떨어지는 단점이 있다. 희한하게도 어깨 부상은 없지만 다른 부위의 잔부상이 많아 유리 몸으로 불린다.

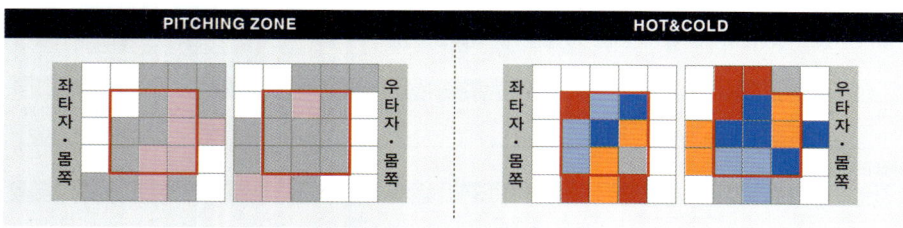

PITCHING ZONE ■ 15% 이상 ■ 12~14% ■ 9~11% ■ 6~8% ■ 3~5% □ 2% 이하

HOT&COLD ■ 피안타율 0.099 이하 ■ 0.100~0.199 ■ 0.200~0.299 ■ 0.300~0.399 ■ 피안타율 0.400 이상 □ 3타수 미만

최근 3년간 성적

연도	팀명	평균자책	경기	승	패	세이브	홀드	승률	타자수	이닝	피안타	피홈런	볼넷	탈삼진	실점	자책점	WHIP	WAR
2015	두산	2.45	16	3	1	0	3	0.750	67	14 2/3	14	1	10	7	5	4	1.64	0.19
2016	두산	5.14	25	0	2	0	4	0.000	125	28	31	2	17	21	18	16	1.71	-0.07
2017	두산	3.44	70	7	2	7	12	0.778	383	89	89	6	32	73	39	34	1.36	1.26
통산		4.01	192	10	6	8	22	0.625	1015	228 2/3	238	18	114	179	112	102	1.54	-

구속/구사율/피안타율

구종	평균구속	종합	초구	2-2	좌타자	우타자	피안타율
포심패스트볼	148	71%	75%	69%	70%	71%	0.261
투심/싱커	-	-	-	-	-	-	-
컷패스트볼	-	-	-	-	-	-	-
슬라이더	133	16%	16%	16%	8%	21%	0.326
커브	121	5%	4%	7%	3%	6%	0.156
체인지업	-	-	-	-	-	-	-
포크/SF/너클	136	8%	6%	9%	19%	2%	0.258

볼카운트별 피안타율

볼카운트	피안타율	타수	피안타	볼카운트	피안타율	타수	피안타
0-0	0.270	37	10	2-0	0.500	6	3
0-1	0.400	25	10	2-1	0.444	18	8
0-2	0.200	35	7	2-2	0.232	56	13
1-0	0.250	28	7	3-0	-	0	0
1-1	0.438	32	14	3-1	0.625	8	5
1-2	0.103	68	7	3-2	0.200	25	5

S > B : 0.188 / S = B : 0.296 / S < B : 0.329

기타 기록

상대 타자 타구 방향

47%　21%　32%

이닝당 투구수 16.8
땅볼 / 뜬공 1.57

상황별 기록

상황	안타	2루타	3루타	홈런	볼넷	사구	삼진	폭투	보크	피안타율
주자 없음	49	4	0	5	16	0	36	1	0	0.287
만루	3	2	0	0	1	0	2	1	0	0.375
주자 있음	40	4	1	1	16	3	37	10	0	0.240
득점권	19	3	0	1	13	3	18	7	0	0.226
상위(1~2번)	22	3	0	0	10	0	13	2	0	0.314
중심(3~5번)	24	1	0	4	10	1	21	4	0	0.226
하위(6~9번)	43	4	1	2	12	2	39	5	0	0.265
좌타자	27	4	0	1	14	0	31	5	0	0.233
우타자	62	5	1	5	18	3	42	6	0	0.279

상대팀별 기록

구분	경기	평균자책	승	패	세이브	홀드	이닝	피안타	피홈런	볼넷	삼진	피안타율
KIA	8	0.79	0	0	1	2	11 1/3	6	1	2	8	0.154
롯데	7	4.70	0	0	1	0	7 2/3	13	1	1	7	0.382
NC	10	5.23	0	1	2	2	10 1/3	17	1	6	13	0.370
SK	9	5.59	2	1	0	2	9 2/3	7	1	6	10	0.212
LG	11	6.06	2	0	1	3	16 1/3	21	1	4	13	0.309
넥센	6	1.00	1	0	0	1	9	3	0	5	8	0.111
한화	6	2.89	1	0	0	1	9 1/3	4	0	5	4	0.212
삼성	6	1.29	0	0	1	0	7	7	1	1	5	0.269
kt	7	1.08	1	0	2	0	8 1/3	8	1	3	7	0.250

NO. 46 김명신

투수

우투우타
1993년 11월 29일
178cm / 90kg
연봉 5200만 원
경력 남도초-대구중-경북고
-경성대
지명순위 17 두산 2차 2라운드
20순위

고3 때 투수로 전향해 경성대에서 대학야구 3관왕(당시 MVP)를 달성했다. 139km/h의 패스트볼과 포크볼, 슬라이더 등 다양한 변화구를 구사하고, 120km/h대의 무브먼트가 좋은 브레이킹볼을 던진다. 팀에서 일명 '우완 류희관'이라는 별명을 얻었다. 두둑한 배짱을 바탕으로 상당한 노력파이기도 하며 뛰어난 제구력을 이용해 지능적인 피칭을 한다. 수비 능력도 좋아 기본기가 탄탄한 선수다. 그러나 구위가 떨어지면 라인 드라이브성 타구가 많이 나와 장타나 홈런으로 연결되는 경우가 많다. 팀 내 이영하, 박치국, 곽빈처럼 미래의 유망주라기보다는 즉시 전력감으로 사용할 투수다. 구위나 신체 조건이 뛰어나지 않으나 중간 계투형으로는 안성맞춤이다.

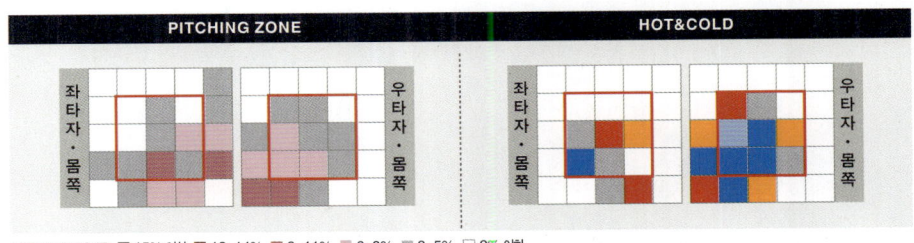

| PITCHING ZONE | ■ 15% 이상 | ■ 12~14% | ■ 9~11% | ■ 6~8% | ■ 3~5% | □ 2% 이하 |
| HOT&COLD | ■ 피안타율 0.099 이하 | ■ 0.100~0.199 | ■ 0.200~0.299 | ■ 0.300~0.399 | ■ 피안타율 0.400 이상 | □ 3타수 미만 |

최근 3년간 성적

연도	팀명	평균자책	경기	승	패	세이브	홀드	승률	타자수	이닝	피안타	피홈런	볼넷	탈삼진	실점	자책점	WHIP	WAR
2015	–																	
2016	–																	
2017	두산	4.37	39	3	1	0	5	0.750	200	45 1/3	54	2	12	38	23	22	1.46	0.56
통산		4.37	39	3	1	0	5	0.750	200	45 1/3	54	2	12	38	23	22	1.46	–

구속/구사율/피안타율

구종	평균구속	종합	초구	2-2	좌타자	우타자	피안타율
포심패스트볼	139	52%	51%	49%	58%	49%	0.316
투심/싱커	-	-	-	-	-	-	-
컷패스트볼	-	-	-	-	-	-	-
슬라이더	125	20%	23%	12%	10%	26%	0.276
커브	108	7%	7%	12%	4%	9%	0.375
체인지업	-	-	-	-	-	-	-
포크/SF/너클	121	21%	19%	27%	28%	17%	0.288

볼카운트별 피안타율

볼카운트	피안타율	타수	피안타	볼카운트	피안타율	타수	피안타
0-0	0.429	14	6	2-0	0.000	4	0
0-1	0.263	19	5	2-1	0.667	6	4
0-2	0.200	15	3	2-2	0.300	30	9
1-0	0.455	11	5	3-0	-	-	-
1-1	0.667	18	12	3-1	0.250	8	2
1-2	0.139	36	5	3-2	0.176	17	3

S > B : 0.186 / S = B : 0.435 / S < B : 0.304

기타 기록

상대 타자 타구 방향

42% 25% 32%

이닝당 투구수 17.5
땅볼 / 뜬공 1.23

상황별 기록

상황	안타	2루타	3루타	홈런	볼넷	사구	삼진	폭투	보크	피안타율
주자 없음	30	3	2	2	8	3	24	0	0	0.294
만루	3	0	0	0	0	1	0	0	0	0.429
주자 있음	24	1	0	0	4	4	14	1	1	0.316
득점권	14	1	0	0	3	2	9	1	1	0.318
상위(1~2번)	14	0	0	0	3	1	10	0	0	0.311
중심(3~5번)	18	2	1	1	5	2	12	1	0	0.321
하위(6~9번)	22	2	1	1	4	4	16	0	1	0.286
좌타자	19	1	0	0	5	0	12	0	0	0.297
우타자	35	3	2	2	7	7	26	1	1	0.307

상대팀별 기록

구분	경기	평균자책	승	패	세이브	홀드	이닝	피안타	피홈런	볼넷	삼진	피안타율
KIA	4	0.00	0	0	0	0	2 2/3	1	0	2	2	0.125
롯데	3	9.82	0	0	0	0	3 2/3	5	1	2	4	0.313
NC	2	3.18	1	0	0	0	5 2/3	6	0	1	5	0.273
SK	5	4.15	0	1	0	0	4 1/3	6	1	2	4	0.316
LG	4	0.00	0	0	0	0	5 2/3	4	0	2	4	0.211
넥센	5	12.38	0	0	0	1	8	16	0	2	6	0.432
한화	6	1.35	0	0	0	0	6 2/3	6	0	1	6	0.250
삼성	4	2.08	1	0	0	0	4 1/3	4	0	1	2	0.267
kt	6	2.08	0	0	0	0	4 1/3	6	0	0	5	0.333

투수

우투우타
1981년 2월 11일
177cm / 85kg
연봉 1억 원
경력 역삼초-배명중-배명고
-탐라대-두산-롯데-SK
지명순위 03 두산 2차 5라운드
40순위

NO. 16 김승회

140km/h 초반대의 패스트볼과 포크볼, 커터, 커브를 구사하며 간간히 체인지업도 사용한다. 독특한 키킹 동작을 갖춰 상체와 팔에 의존하는 정통 오버스로 투수다. 제구력과 경기 운용 능력이 뛰어나 마무리나 후반 1, 2이닝을 책임지는 역할을 충실이 수행한다. 만 37세의 노장임에도 불구하고 내구성이 강한 선수로, 구속 하락 없이 풀타임 불펜으로 던질 수 있다. 포크볼은 위력적이지만 다른 변화구는 리그 평균 이하다. 특히 밋밋한 변화구는 실투로 이어져 장타를 허용하는 경우가 종종 있다. 그래도 베테랑 투수답게 구위가 하락하면 로케이션으로 땅볼을 유도하는 피칭도 병행한다. 연속 투구 시 구위는 여전하더라도 피칭 밸런스가 무너지거나 구위가 크게 하락한다.

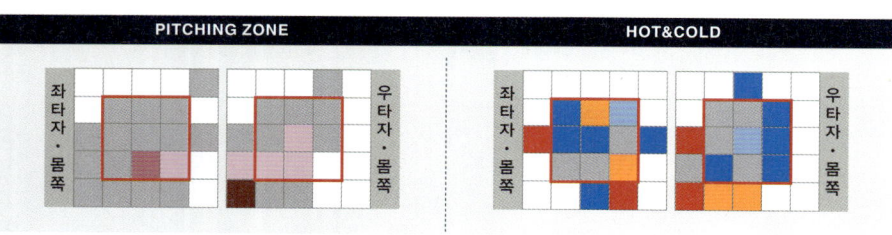

PITCHING ZONE

좌타자·몸쪽 / 우타자·몸쪽

HOT&COLD

좌타자·몸쪽 / 우타자·몸쪽

PITCHING ZONE ■ 15% 이상 ■ 12~14% ■ 9~11% ■ 6~8% ■ 3~5% □ 2% 이하
HOT&COLD ■ 피안타율 0.099 이하 ■ 0.100~0.199 ■ 0.200~0.299 ■ 0.300~0.399 ■ 피안타율 0.400 이상 □ 3타수 미만

최근 3년간 성적

연도	팀명	평균자책	경기	승	패	세이브	홀드	승률	타자수	이닝	피안타	피홈런	볼넷	탈삼진	실점	자책점	WHIP	WAR
2015	롯데	6.24	39	7	3	2	7	0.700	343	75	96	13	28	50	52	52	1.65	0.27
2016	SK	5.92	23	1	1	0	4	0.500	105	24 1/3	29	4	9	19	16	16	1.56	-0.01
2017	두산	4.96	69	7	4	0	11	0.636	304	69	86	6	17	41	38	38	1.49	0.30
통산		4.59	455	38	43	24	55	0.469	3238	746 2/3	788	76	273	496	412	381	1.42	-

구속/구사율/피안타율

구종	평균구속	종합	초구	2-2	좌타자	우타자	피안타율
포심패스트볼	142	46%	42%	32%	52%	42%	0.352
투심/싱커	-	-	-	-	-	-	-
컷패스트볼	137	18%	24%	10%	11%	21%	0.333
슬라이더	-	-	-	-	-	-	-
커브	121	17%	18%	20%	11%	21%	0.211
체인지업	129	1%	1%	1%	2%	1%	0.000
포크/SF/너클	129	18%	15%	37%	24%	16%	0.295

볼카운트별 피안타율

볼카운트	피안타율	타수	피안타	볼카운트	피안타율	타수	피안타
0-0	0.372	43	16	2-0	0.545	11	6
0-1	0.333	24	8	2-1	0.455	11	5
0-2	0.130	23	3	2-2	0.209	43	9
1-0	0.320	25	8	3-0	-	0	0
1-1	0.464	28	13	3-1	0.375	8	3
1-2	0.229	35	8	3-2	0.280	25	7

S > B : 0.232 / S = B : 0.333 / S < B : 0.363

기타 기록

상대 타자 타구 방향

35% | 28% | 37%

이닝당 투구수 15.9
땅볼 / 뜬공 0.96

상황별 기록

상황	안타	2루타	3루타	홈런	볼넷	사구	삼진	폭투	보크	피안타율
주자 없음	47	8	2	4	6	3	21	0	0	0.303
만루	3	2	0	0	0	0	0	0	0	0.333
주자 있음	39	9	1	2	11	3	20	3	0	0.322
득점권	21	4	0	1	9	3	12	3	0	0.296
상위(1~2번)	19	3	0	1	2	1	8	1	0	0.317
중심(3~5번)	28	6	1	2	7	1	16	0	0	0.346
하위(6~9번)	39	8	2	3	8	4	17	2	0	0.289
좌타자	29	7	2	1	2	1	14	1	0	0.302
우타자	57	10	1	5	12	4	27	2	0	0.317

상대팀별 기록

구분	경기	평균자책	승	패	세이브	홀드	이닝	피안타	피홈런	볼넷	삼진	피안타율
KIA	5	7.36	0	1	0	1	3 2/3	2	0	4	4	0.167
롯데	9	9.35	0	3	0	1	8 2/3	13	1	3	6	0.351
NC	9	8.10	2	0	0	0	10	12	2	1	9	0.293
SK	4	6.23	0	0	0	0	4 1/3	7	2	0	4	0.368
LG	8	2.16	1	0	0	3	8 1/3	7	1	5	4	0.219
넥센	8	0.84	3	0	0	3	10 2/3	17	0	1	6	0.370
한화	8	5.19	0	0	0	1	8 2/3	14	0	2	4	0.378
삼성	9	2.70	1	0	0	2	6 2/3	8	0	1	3	0.292
kt	9	4.50	0	0	0	0	4	8	1	2	2	0.250

134

린드블럼

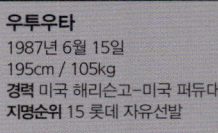

투수

195cm, 108kg의 거구가 내리꽂는 패스트볼은 140km/h 후반대에서 150km/h 초반을 상회하고, 130km/h 후반대의 슬라이더와 커브, 체인지업을 던진다. 슬라이더는 주로 우타자에게 던지며 위력이 제법 뛰어난 편이다. 좌타자를 상대로 커브, 체인지업, 싱커를 사용하는데 위력이 없어 피홈런을 종종 허용한다. 이 때문에 좌타자 상대 피장타율이 2할 정도 높은 편. 메이저리그에서는 실패했지만 국내리그에서는 활용가치가 높은 투수다. 특히 2017년 후반기 뛰어난 구위를 보여주며 수준 높은 피칭을 보여주었다. 롯데에서 생활을 마감하고 두산에 새로운 둥지를 튼 린드블럼은 롯데 시절보다도 더 좋은 성적이 예상된다. 투수 친화적인 구장, 불펜진이 상대적으로 롯데에 비해 강하기 때문이다.

우투우타
1987년 6월 15일
195cm / 105kg
경력 미국 해리슨고-미국 퍼듀대
지명순위 15 롯데 자유선발

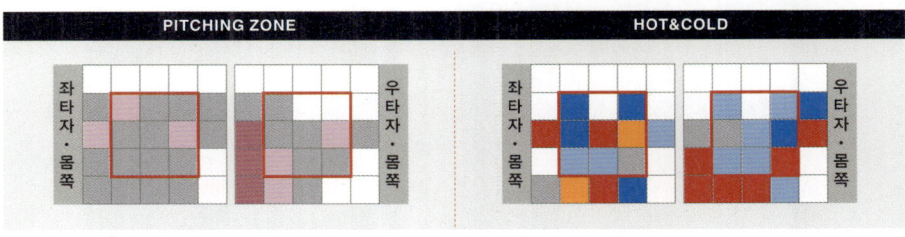

PITCHING ZONE		HOT&COLD	

PITCHING ZONE ■ 15% 이상 ■ 12~14% ■ 9~11% ■ 6~8% ■ 3~5% □ 2% 이하
HOT&COLD ■ 피안타율 0.099 이하 □ 0.100~0.199 ■ 0.200~0.299 ■ 0.300~0.399 ■ 피안타율 0.400 이상 □ 3타수 미만

최근 3년간 성적

연도	팀명	평균자책	경기	승	패	세이브	홀드	승률	타수	이닝	피안타	피홈런	볼넷	탈삼진	실점	자책점	WHIP	WAR
2015	롯데	3.56	32	13	11	0	0	0.542	861	210	196	28	52	180	86	83	1.18	6.08
2016	롯데	5.28	30	10	13	0	0	0.435	791	177 1.3	197	28	77	148	109	104	1.55	2.88
2017	롯데	3.72	12	5	3	0	0	0.625	296	72 2/3	66	10	18	76	31	30	1.16	2.20
통산		4.25	74	28	27	0	0	0.509	1948	460	459	66	147	404	226	217	1.32	-

구속/구사율/피안타율

구종	평균구속	종합	초구	2-2	좌타자	우타자	피안타율
포심패스트볼	144	25%	24%	26%	19%	30%	0.308
투심/싱커	144	16%	29%	7%	17%	15%	0.449
컷패스트볼	-	-	-	-	-	-	-
슬라이더	137	25%	25%	19%	29%	23%	0.200
커브	115	9%	7%	9%	5%	12%	0.125
체인지업	132	11%	15%	3%	18%	5%	0.348
포크/SF/너클	130	14%	1%	35%	11%	16%	0.085

볼카운트별 피안타율

볼카운트	피안타율	타수	피안타	볼카운트	피안타율	타수	피안타
0-0	0.357	42	15	2-0	0.250	4	1
0-1	0.273	22	6	2-1	0.250	16	4
0-2	0.045	22	1	2-2	0.119	42	5
1-0	0.714	14	10	3-0	-	-	-
1-1	0.381	21	8	3-1	0.200	5	1
1-2	0.151	53	8	3-2	0.233	30	7

S > B : 0.155 / S = B : 0.267 / S < B : 0.333

기타 기록

상대 타자 타구 방향

40% 20% 40%

이닝당 투구수	15.6
땅볼 / 뜬공	0.81

상황별 기록

상황	안타	2루타	3루타	홈런	볼넷	사구	삼진	폭투	보크	피안타율
주자 없음	40	7	1	6	11	0	42	0	0	0.241
만루	0	0	0	0	0	0	1	1	0	0.000
주자 있음	26	3	0	4	7	2	34	3	2	0.248
득점권	15	2	0	3	5	2	19	2	0	0.254
상위(1~2번)	23	4	0	3	3	1	19	1	0	0.338
중심(3~5번)	20	4	1	3	9	1	33	1	0	0.215
하위(6~9번)	23	2	0	4	6	0	24	1	2	0.209
좌타자	32	7	1	4	9	1	34	1	0	0.250
우타자	34	3	0	6	10	1	44	3	2	0.238

상대팀별 기록

구분	경기	평균자책	승	패	세이브	홀드	이닝	피안타	피홈런	볼넷	삼진	피안타율
KIA	3	1.80	1	0	0	0	20	11	2	5	20	0.159
두산	1	2.57	1	0	0	0	7	5	0	1	4	0.200
NC	1	1.29	0	0	0	0	7	3	0	3	5	0.143
SK	2	4.50	1	1	0	0	10	11	2	4	10	0.306
LG	-											
넥센	2	13.97	0	1	0	0	9 2/3	20	5	3	11	0.417
한화	2	4.50	0	0	2	0	0	13	9	0	2	14	0.188
삼성	-											
kt	2	4.50	0	1	0	0	8	7	1	0	12	0.292

투수

좌투좌타
1986년 6월 1일
180cm / 88kg
연봉 5억 원
경력 방배초–이수중–장충고
　　　–중앙대–두산–상무
지명순위 09 두산 2차 6라운드
　　　42순위

NO. 29 유희관

　'느림의 미학 투수'라고 불린다. 최고구속 135km/h의 패스트볼, 73km/h 초슬로 커브, 76km/h의 느린 변화구. 그래서 '지옥에서 데려온 모닥불러'라는 말이 팬들에게 회자된다. 구속이 느린 만큼 완급 조절과 제구력으로 승부한다. 공은 느리나 회전수가 높아 상승 무브먼트를 가지고 있기에 위력적이다. 또한 내구성도 뛰어나 3년 연속 180이닝과 5년 연속 10승을 달성했다. 좌완이면서도 우타자에게 강한 편이다. 특히 우타자 바깥으로 떨어지는 체인지업은 극강의 필살기다. 유희관이 던지는 2s 이후의 130km/h대 패스트볼의 체감 속도는 140km/h 후반대라고 한다. 일부에서 유희관에게 스트라이크존이 너무 후하다는 말이 나오나, 그만큼 체인지업과 싱커가 심판들의 눈을 속이기에 효과가 좋다는 의미다.

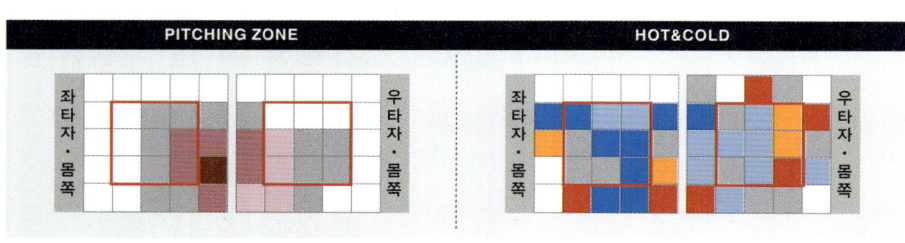

PITCHING ZONE　■ 15% 이상　■ 12~14%　■ 9~11%　■ 6~8%　□ 3~5%　□ 2% 이하
HOT&COLD　■ 피안타율 0.099 이하　■ 0.100~0.199　■ 0.200~0.299　■ 0.300~0.399　■ 피안타율 0.400 이상　□ 3타수 미만

최근 3년간 성적

연도	팀명	평균자책	경기	승	패	세이브	홀드	승률	타자수	이닝	피안타	피홈런	볼넷	탈삼진	실점	자책점	WHIP	WAR
2015	두산	3.94	30	18	5	0	0	0.783	786	189 2/3	193	23	44	126	84	83	1.25	3.99
2016	두산	4.41	30	15	6	0	0	0.714	809	185 2/3	212	22	58	102	95	91	1.45	3.40
2017	두산	4.53	30	11	6	0	1	0.647	822	188 2/3	228	20	41	106	104	95	1.43	2.17
통산		4.21	182	66	33	1	4	0.667	3886	903 1/3	996	94	254	553	452	423	1.38	-

구속/구사율/피안타율

구종	평균구속	종합	초구	2–2	좌타자	우타자	피안타율
포심패스트볼	129	42%	41%	38%	49%	39%	0.265
투심/싱커	-	-	-	-	-	-	-
컷패스트볼	-	-	-	-	-	-	-
슬라이더	122	19%	28%	12%	35%	13%	0.309
커브	102	7%	9%	6%	10%	6%	0.429
체인지업	121	32%	22%	44%	6%	43%	0.314
포크/SF/너클	-	-	-	-	-	-	-

볼카운트별 피안타율

볼카운트	피안타율	타수	피안타	볼카운트	피안타율	타수	피안타
0-0	0.242	91	22	2-0	0.458	24	11
0-1	0.350	80	28	2-1	0.425	40	17
0-2	0.143	70	10	2-2	0.252	119	30
1-0	0.449	49	22	3-0	-	0	0
1-1	0.435	85	37	3-1	0.538	13	7
1-2	0.183	109	20	3-2	0.338	71	24
				S > B : 0.224 / S = B : 0.302 / S < B : 0.411			

기타 기록

상대 타자 타구 방향

44%　25%　31%

이닝당 투구수	16.0
땅볼 / 뜬공	0.88

상황별 기록

상황	안타	2루타	3루타	홈런	볼넷	사구	삼진	폭투	보크	피안타율
주자 없음	124	12	2	10	18	6	59	0	0	0.294
만루	0	0	0	0	0	0	1	0	0	0.000
주자 있음	104	25	1	10	23	4	47	5	1	0.316
득점권	50	15	1	5	12	4	28	1	0	0.286
상위(1~2번)	69	10	3	7	10	1	14	0	0	0.375
중심(3~5번)	76	15	0	8	23	2	42	5	0	0.299
하위(6~9번)	83	12	0	5	8	7	50	1	1	0.265
좌타자	74	12	3	7	19	2	19	1	0	0.357
우타자	154	25	0	13	22	8	87	4	1	0.283

상대팀별 기록

구분	경기	평균자책	승	패	세이브	홀드	이닝	피안타	피홈런	볼넷	삼진	피안타율
KIA	3	2.31	1	1	0	0	23 1/3	25	2	4	7	0.278
롯데	4	2.52	2	1	0	0	25	20	1	7	18	0.213
NC	4	5.32	2	1	0	0	23 2/3	35	1	7	14	0.350
SK	1	27.00	0	0	0	1	0 1/3	1	0	0	0	0.500
LG	3	6.23	0	1	0	0	17 1/3	30	1	5	6	0.395
넥센	4	4.85	0	0	0	0	13	13	1	1	5	0.255
한화	6	6.97	2	1	0	0	31	46	7	3	15	0.362
삼성	4	4.66	3	0	0	0	29	27	4	7	22	0.241
kt	3	3.12	1	1	0	0	26	31	3	7	9	0.313

NO. 50 이영하

선린인터넷고 시절 날리던 파이어볼러였다. 전국구 수타 출신. 2016년 신인드래프트에서 서울 팜 1차 지명에서 1번으로 선택됐을 정도로 가능성이 무궁무진한 투수다. 192cm. 91kg의 좋은 체격에서 140km/h 후반대의 패스트볼과 다양한 변화구를 구사한다. 또한 안정된 제구력이 돋보인다. 입단하자마자 토미존 수술과 뼛조각 제거 수술을 함께 받았으나 구속 저하는 없었다. 2017년 1군에 콜업되며 2017시즌에서 팀 내 김명신과 함께 투수로서의 가능성을 보여줬다. 5월 19일, KIA와의 경기에서 150km/h에 이르는 강속구를 뿌리며 인상적인 데뷔전을 치렀다. 플레이오프에 출전해 플레이오프 1경기에서 1.1이닝 무실점 투구를 하며 2018시즌을 기대하게 만들었다.

투수

우투우타
1997년 11월 1일
192cm / 91kg
연봉 4200만 원
경력 영일초-강남중
-선린인터넷고
지명순위 16 두산 1차

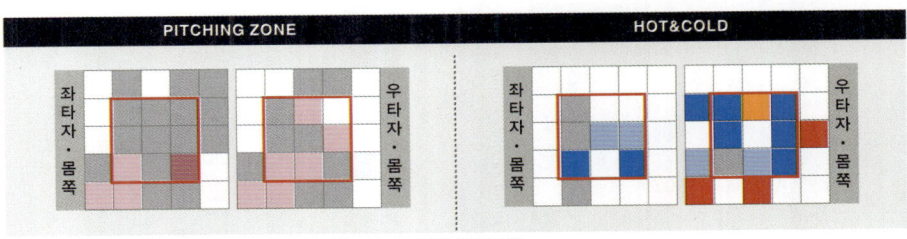

PITCHING ZONE

HOT&COLD

좌타자·몸쪽

우타자·몸쪽

좌타자·몸쪽

우타자·몸쪽

PITCHING ZONE ■15% 이상 ■12~14% ■9~11% ■6~8% ■3~5% □2% 이하
HOT&COLD ■피안타율 0.099 이하 ■0.100~0.199 ■0.200~0.299 ■0.300~0.399 ■피안타율 0.400 이상 □3타수 미만

최근 3년간 성적

연도	팀명	평균자책	경기	승	패	세이브	홀드	승률	타자수	이닝	피안타	피홈런	볼넷	탈삼진	실점	자책점	WHIP	WAR
2015	–	–	–	–	–	–	–	–	–	–	–	–	–	–	–	–	–	–
2016	–	–	–	–	–	–	–	–	–	–	–	–	–	–	–	–	–	–
2017	두산	5.55	20	3	3	0	0	0.500	160	35 2/3	43	8	16	26	22	22	1.65	-0.22
통산		5.55	20	3	3	0	0	0.500	160	35 2/3	43	8	16	26	22	22	1.65	–

구속/구사율/피안타율

구종	평균구속	종합	초구	2-2	좌타자	우타자	피안타율
포심패스트볼	145	71%	73%	60%	77%	67%	0.354
투심/싱커	-	-	-	-	-	-	-
컷패스트볼	-	-	-	-	-	-	-
슬라이더	125	23%	21%	38%	14%	29%	0.211
커브	110	1%	1%	0%	1%	1%	0.000
체인지업	-	-	-	-	-	-	-
포크/SF/너클	130	6%	6%	3%	9%	4%	0.000

볼카운트별 피안타율

볼카운트	피안타율	타수	피안타	볼카운트	피안타율	타수	피안타
0-0	0.316	19	6	2-0	0.571	7	4
0-1	0.438	16	7	2-1	0.091	11	1
0-2	0.000	6	0	2-2	0.333	18	6
1-0	0.364	11	4	3-0	-	0	0
1-1	0.367	9	6	3-1	0.500	2	1
1-2	0.160	25	4	3-2	0.333	12	4

S > B : 0.234 / S = B : 0.391 / S < B : 0.326

기타 기록

상대 타자 타구 방향

39% 26% 35%

이닝당 투구수	17.3
땅볼 / 뜬공	0.63

상황별 기록

상황	안타	2루타	3루타	홈런	볼넷	사구	삼진	폭투	보크	피안타율
주자 없음	25	2	1	6	10	2	13	0	0	0.347
만루	1	1	0	0	0	0	2	0	0	0.200
주자 있음	18	2	0	2	6	1	13	4	0	0.281
득점권	9	1	0	2	6	1	8	2	0	0.300
상위(1~2번)	14	2	1	2	4	0	5	1	0	0.400
중심(3~5번)	14	1	0	3	5	0	6	3	0	0.326
하위(6~9번)	15	1	0	1	7	3	15	0	0	0.259
좌타자	14	1	0	3	7	2	7	2	0	0.280
우타자	29	2	1	3	9	1	19	2	0	0.337

상대팀별 기록

구분	경기	평균자책	승	패	세이브	홀드	이닝	피안타	피홈런	볼넷	삼진	피안타율
KIA	3	16.88	0	1	0	0	2 2/3	8	2	3	0	0.500
롯데	4	1.54	0	1	0	0	11 2/3	12	1	4	9	0.286
NC	2	11.57	1	1	0	0	4 2/3	7	0	4	3	0.412
SK	2	0.00	0	0	0	0	1 2/3	1	0	1	1	0.200
LG	-	-	-	-	-	-	-	-	-	-	-	-
넥센	3	6.00	0	0	0	0	3	3	1	2	4	0.273
한화	2	27.00	1	0	0	0	2 1/3	7	4	2	0	0.538
삼성	1	0.00	1	0	0	0	6	3	0	0	1	0.150
kt	3	0.00	1	0	0	0	3 2/3	2	0	0	1	0.167

투수

우투우타
1989년 1월 2일
185cm / 85kg
연봉 2억 3500만 원
경력 신월초-양천중-장충고
　　　-두산-상무
지명순위 07 두산 1차

NO. 45　이용찬

144km/h의 패스트볼과 127km/h의 슬라이더, 위력적인 포크볼, 120km/h의 커브를 던지는 '포피치 투수'다. 최근에는 커브의 비중을 많이 늘렸다. 선발과 마무리를 맡을 수 있는 전천후 투수다. 현재 팀 사정상 불펜에서 활약하고 있으나 불펜보다는 선발이 더 효율적일 수 있다. 실제 불펜에서 뛰면서 게임이 연장으로 들어가 소화 이닝이 길어지면 오히려 더 잘 던진다. 내야수 비에 적극적이며 웬만한 야수급 수비 실력을 선보인다. 주자 견제 능력도 뛰어나다. 한마디로 야구 재능을 타고난 선수다. 마무리로 나설 때는 패스트볼과 포크볼로 승부한다. 음주운전 및 뺑소니 사건, 성의 없는 팬서비스 때문에 두산 팬들로부터 엄청난 질타를 받았다.

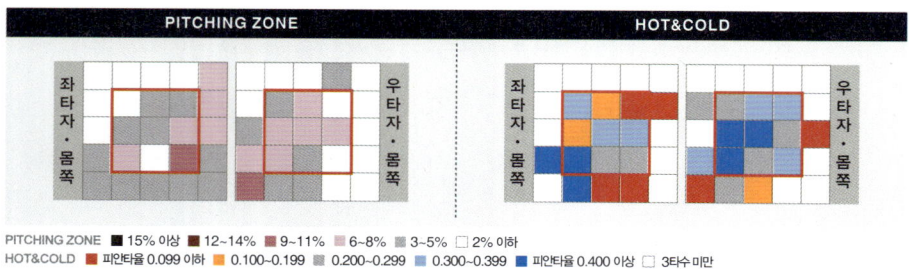

PITCHING ZONE ■ 15% 이상　■ 12~14%　■ 9~11%　■ 6~8%　■ 3~5%　□ 2% 이하
HOT&COLD ■ 피안타율 0.099 이하　■ 0.100~0.199　■ 0.200~0.299　■ 0.300~0.399　■ 피안타율 0.400 이상　□ 3타수 미만

최근 3년간 성적

연도	팀명	평균자책	경기	승	패	세이브	홀드	승률	타자수	이닝	피안타	피홈런	볼넷	탈삼진	실점	자책점	WHIP	WAR
2015																		
2016	두산	2.70	5	1	0	0	2	1.000	26	6 2/3	7	0	0	5	2	2	1.05	0.22
2017	두산	4.40	68	5	5	22	2	0.500	324	71 2/3	83	5	27	57	38	35	1.53	0.60
통산		3.66	286	30	34	90	4	0.469	2237	520 2/3	517	32	200	399	234	212	1.38	-

구속/구사율/피안타율

구종	평균구속	종합	초구	2-2	좌타자	우타자	피안타율
포심패스트볼	145	53%	52%	43%	58%	50%	0.292
투심/싱커	-	-	-	-	-	-	-
컷패스트볼	-	-	-	-	-	-	-
슬라이더	132	1%	2%	1%	0%	2%	0.400
커브	121	17%	29%	10%	8%	22%	0.344
체인지업	-	-	-	-	-	-	-
포크/SF/너클	127	29%	18%	45%	34%	27%	0.242

볼카운트별 피안타율

볼카운트	피안타율	타수	피안타	볼카운트	피안타율	타수	피안타
0-0	0.262	42	11	2-0	0.333	3	1
0-1	0.367	30	11	2-1	0.111	9	1
0-2	0.281	32	9	2-2	0.182	44	8
1-0	0.455	22	10	3-0	-	-	-
1-1	0.355	31	11	3-1	0.500	4	2
1-2	0.180	50	9	3-2	0.435	23	10

S > B : 0.259 / S = B : 0.256 / S < B : 0.393

기타 기록

상대 타자 타구 방향
48%　24%　28%

이닝당 투구수	16.9
땅볼 / 뜬공	1.01

상황별 기록

상황	안타	2루타	3루타	홈런	볼넷	사구	삼진	폭투	보크	피안타율
주자 없음	41	9	0	2	9	1	23	0	0	0.289
만루	6	0	0	0	2	0	1	0	0	0.375
주자 있음	42	7	1	3	18	3	34	3	0	0.284
득점권	25	1	1	1	11	2	18	3	0	0.278
상위(1~2번)	16	3	0	0	7	0	14	0	0	0.239
중심(3~5번)	31	9	0	3	6	2	15	3	0	0.337
하위(6~9번)	36	4	1	2	14	2	28	0	0	0.275
좌타자	24	6	0	2	12	1	25	1	0	0.231
우타자	59	10	1	3	15	3	32	2	0	0.317

상대팀별 기록

구분	경기	평균자책	승	패	세이브	홀드	이닝	피안타	피홈런	볼넷	삼진	피안타율
KIA	7	0.00	0	0	2	0	8 2/3	4	0	4	5	0.138
롯데	8	3.38	0	0	2	0	8	10	0	2	5	0.313
NC	6	0.00	0	0	4	0	7 1/3	11	0	1	6	0.333
SK	8	7.11	0	1	3	0	6 1/3	10	1	6	3	0.345
LG	8	1.74	2	0	3	0	10 1/3	10	0	1	5	0.250
넥센	7	9.00	1	1	3	0	5	15	1	2	6	0.357
한화	8	3.52	1	0	2	0	7 2/3	4	0	3	6	0.154
삼성	9	6.10	1	1	3	0	10 1/3	12	2	4	10	0.293
kt	7	11.57	0	2	0	0	7	12	1	2	5	0.375

NO. 48 이현승

140km/h 초반대의 패스트볼과 130km/h 초반대의 종 슬라이더를 자주 던지고, 낙폭이 큰 슬라이더를 결정구로 쓴다. 그리고 보여주기 형태로 80km/h 후반대에서 100km/h 초반대의 느린 커브를 사용한다. 서로 다른 두 가지 슬라이드 스텝을 가지고 있어 주자를 효율적으로 견제한다. 두둑한 배짱으로 공격적인 피칭을 하나 구위가 썩 좋지 못해 삼진보다는 맞춰 잡는 스타일이다. 그러나 제구가 흔들리는 날에는 장타를 허용하며 과거에 비해 패스트볼 구속, 구위가 상당 부분 감소한 것이 치명적이다. 2017시즌에는 이 같은 모습이 자주 연출됐다. 타자들을 유인구로 제압하기보다는 정면승부를 선호하는 싸움닭 스타일. 맞더라도 볼넷은 안 주려는 스타일의 피칭을 한다.

투수

좌투좌타
1983년 10월 11일
179cm / 87kg
연봉 4억 원
경력 서화초-대헌중-동산고
－인하대-현대-히어로즈
－두산-상무
지명순위 02 현대 2차 3라운드 26순위

PITCHING ZONE

HOT&COLD

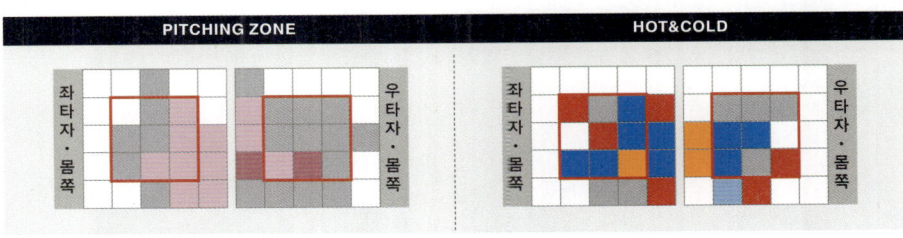

PITCHING ZONE ■ 15% 이상 ■ 12~14% ■ 9~11% ■ 6~8% ■ 3~5% □ 2% 이하
HOT&COLD ■ 피안타율 0.099 이하 ■ 0.100~0.199 ■ 0.200~0.299 ■ 0.300~0.399 ■ 피안타율 0.400 이상 □ 3타수 미만

최근 3년간 성적

연도	팀명	평균자책	경기	승	패	세이브	홀드	승률	타자수	이닝	피안타	피홈런	볼넷	탈삼진	실점	자책점	WHIP	WAR
2015	두산	2.89	41	3	1	18	2	0.750	191	46 2/3	45	3	10	41	16	15	1.18	1.53
2016	두산	4.84	56	1	4	25	1	0.200	260	57 2/3	65	8	17	41	36	31	1.42	-0.10
2017	두산	3.98	57	3	2	5	9	0.600	235	52	62	4	16	38	23	23	1.50	0.78
통산		4.47	500	38	41	54	62	0.481	3135	716 2/3	775	72	259	514	382	356	1.44	-

구속/구사율/피안타율

구종	평균구속	종합	초구	2-2	좌타자	우타자	피안타율
포심패스트볼	140	44%	50%	33%	48%	42%	0.345
투심/싱커	-	-	-	-	-	-	-
컷패스트볼	-	-	-	-	-	-	-
슬라이더	132	29%	27%	32%	46%	18%	0.313
커브	99	4%	4%	8%	6%	2%	0.400
체인지업	131	24%	19%	27%	0%	39%	0.208
포크/SF/너클	-	-	-	-	-	-	-

볼카운트별 피안타율

볼카운트	피안타율	타수	피안타	볼카운트	피안타율	타수	피안타
0-0	0.353	34	12	2-0	0.000	3	0
0-1	0.269	26	7	2-1	0.333	9	3
0-2	0.143	14	2	2-2	0.182	33	6
1-0	0.400	15	6	3-0	-	0	0
1-1	0.423	26	11	3-1	0.500	4	2
1-2	0.345	29	10	3-2	0.250	12	3

S > B 0.275 / S = B : 0.312 / S < B : 0.326

기타 기록

상대 타자 타구 방향

44%　25%　31%

이닝당 투구수 16.0
땅볼 / 뜬공 0.96

상황별 기록

상황	안타	2루타	3루타	홈런	볼넷	사구	삼진	폭투	보크	피안타율
주자 없음	28	4	0	3	4	0	20	0	0	0.283
만루	2	1	0	0	0	1	5	0	0	0.125
주자 있음	34	5	2	1	12	4	18	0	0	0.321
득점권	23	4	2	0	9	3	15	0	0	0.307
상위(1~2번)	18	0	1	0	4	2	10	0	0	0.305
중심(3~5번)	23	3	1	4	5	0	16	0	0	0.329
하위(6~9번)	21	6	0	0	7	2	14	0	0	0.276
좌타자	24	3	1	1	5	2	19	0	0	0.308
우타자	38	6	1	3	12	2	19	0	0	0.299

상대팀별 기록

구분	경기	평균자책	승	패	세이브	홀드	이닝	피안타	피홈런	볼넷	삼진	피안타율
KIA	6	4.15	0	0	1	0	4 1/3	6	0	1	5	0.333
롯데	5	5.79	1	0	2	0	4 2/3	5	0	3	3	0.294
NC	5	0.00	0	0	0	2	5 2/3	4	0	1	2	0.190
SK	6	1.80	0	0	0	0	5	7	0	0	7	0.333
LG	7	0.00	0	0	1	1	6 1/3	6	0	1	5	0.273
넥센	7	2.35	1	0	0	1	7 2/3	9	0	5	4	0.310
한화	5	6.35	0	1	0	0	5 2/3	6	0	2	2	0.300
삼성	8	15.19	0	0	1	2	5 1/3	12	2	3	4	0.429
kt	8	2.45	0	0	0	3	7 1/3	7	2	0	6	0.241

투수

좌투좌타
1985년 7월 31일
184cm / 85kg
연봉 10억 원
경력 부산수영초-대동중
　　　-부산고-(영남사이버대)-롯데
　　　-경찰-롯데
지명순위 04 롯데 1차

NO. 28 장원준

　140km/h 초중반대의 묵직한 포심 패스트볼과 날카로운 슬라이더가 주 무기다. 커브, 체인지업도 구사한다. 양현종, 김광현과 더불어 한국을 대표하는 좌완투수다. 가끔 컨디션이 안 좋을 때 난타당하는 경향이 있다. 2011년을 계기로 제구력이 한층 정교해지고 패스트볼의 바깥쪽 제구와 슬라이더 몸 쪽 제구가 가능해지면서 한 단계 성장했다. 그의 가장 큰 장점은 내구성. 잔부상이 없는 건강 체질이다. 100구를 던져도 공의 구위가 크게 떨어지지 않고, 최대한 많은 이닝을 소화하는 이닝이터. 또한 주자 견제 능력도 뛰어나다. 다만 몸이 늦게 풀려 2회 이전에 실점을 많이 하지 않고 3회만 무사히 넘기면 안정감이 더해지면서 호투하는 경기가 많다.

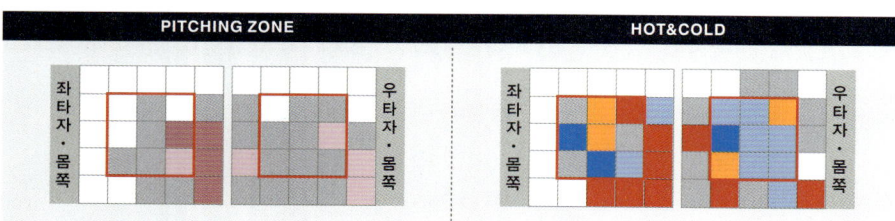

PITCHING ZONE ■ 15% 이상 ■ 12~14% ■ 9~11% ■ 6~8% ■ 3~5% □ 2% 이하
HOT&COLD ■ 피안타율 0.099 이하 ■ 0.100~0.199 ■ 0.200~0.299 ■ 0.300~0.399 ■ 피안타율 0.400 이상 □ 3타수 미만

최근 3년간 성적

연도	팀명	평균자책	경기	승	패	세이브	홀드	승률	타자수	이닝	피안타	피홈런	볼넷	탈삼진	실점	자책점	WHIP	WAR
2015	두산	4.08	30	12	12	0	0	0.500	748	169 2/3	182	13	68	128	86	77	1.47	3.04
2016	두산	3.32	27	15	6	0	0	0.714	727	168	161	14	76	137	66	62	1.41	4.63
2017	두산	3.14	29	14	9	0	0	0.609	760	180 1/3	172	12	51	125	70	63	1.24	4.37
통산		3.99	344	126	104	0	2	0.548	8035	1844	1877	158	762	1297	908	818	1.43	-

구속/구사율/피안타율

구종	평균구속	종합	초구	2-2	좌타자	우타자	피안타율
포심패스트볼	142	42%	44%	37%	47%	39%	0.288
투심/싱커	-	-	-	-	-	-	-
컷패스트볼	-	-	-	-	-	-	-
슬라이더	135	27%	24%	23%	34%	23%	0.287
커브	120	11%	16%	12%	13%	10%	0.214
체인지업	130	21%	16%	28%	5%	27%	0.189
포크/SF/너클	-	-	-	-	-	-	-

볼카운트별 피안타율

볼카운트	피안타율	타수	피안타	볼카운트	피안타율	타수	피안타
0-0	0.312	77	24	2-0	0.462	13	6
0-1	0.303	66	20	2-1	0.361	36	13
0-2	0.250	40	10	2-2	0.176	108	19
1-0	0.275	51	14	3-0	0.000	1	0
1-1	0.403	77	31	3-1	0.125	16	2
1-2	0.165	91	15	3-2	0.175	103	18

S > B : 0.228 / S = B : 0.282 / S < B : 0.241

기타 기록

상대 타자 타구 방향		
48%	23%	29%

이닝당 투구수 16.7
땅볼 / 뜬공 1.55

상황별 기록

상황	안타	2루타	3루타	홈런	볼넷	사구	삼진	폭투	보크	피안타율
주자 없음	94	14	1	6	25	7	77	0	0	0.237
만루	0	0	0	0	1	1	5	0	0	0.000
주자 있음	78	12	1	6	26	7	48	3	0	0.277
득점권	40	6	1	3	17	4	34	1	0	0.241
상위(1~2번)	42	8	0	1	14	1	28	1	0	0.243
중심(3~5번)	59	11	0	6	22	6	46	2	0	0.257
하위(6~9번)	71	7	2	5	15	7	51	0	0	0.257
좌타자	40	8	0	1	19	2	35	0	0	0.211
우타자	132	18	2	11	32	12	90	3	0	0.270

상대팀별 기록

구분	경기	평균자책	승	패	세이브	홀드	이닝	피안타	피홈런	볼넷	삼진	피안타율
KIA	4	2.84	4	0	0	0	25 1/3	24	1	5	17	0.258
롯데	4	3.00	1	1	0	0	24	29	2	11	18	0.290
NC	3	3.78	1	1	0	0	16 2/3	21	0	4	9	0.313
SK	6	4.12	3	3	0	0	39 1/3	37	4	7	27	0.259
LG	4	2.52	1	2	0	0	25	19	3	9	13	0.211
넥센	2	4.85	0	1	0	0	13	16	1	2	11	0.308
한화	1	3.00	0	1	0	0	6	5	1	3	1	0.227
삼성	2	2.45	1	0	0	0	14	14	0	4	8	0.292
kt	3	1.35	3	0	0	0	20	7	0	6	15	0.109

NO. 40 프랭코프

투수

몸값 총액 85만 달러. 마이클 보우덴을 대체할 팀 제2 선발 후보다. 가장 눈에 띄는 것은 그의 큰 키. 196cm로 웬만한 농구선수만큼 크다. 우완 정통파 투수로 큰 키에서 내리꽂는 패스트볼의 각이 좋다. 미국 야구전문사이트 팬그래프 닷컴에 나온 지난해 그의 기록을 보면 포심패스트볼(54%), 컷패스트볼(30%), 커브(14%), 체인지업(3%)를 섞어 던지는 것으로 분석됐다. 포심 평균 구속은 147km/h. 메이저리그에서는 평범하지만 KBO리그에서는 제구력만 동반된다면 충분히 위력적인 '파이어볼'이 될 수 있다. 변화구 제구력이 안정돼 있고, 스트라이크존을 넓게 활용하며 전형적인 땅볼 유도형 투수다. KBO리그 최고 포수인 동료 양의지는 "프랭코프의 제구가 수준급이고 위력적인 공을 던진다"며 미소지었다.

우투우타
1988년 8월 27일
195cm / 90kg
연봉 75만 달러
경력 오클랜드-LA 다저스-시카고
컵스

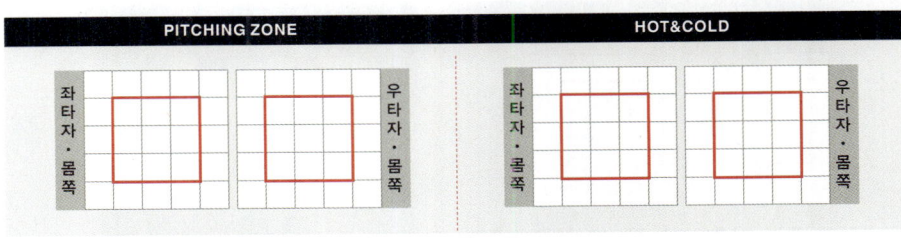

PITCHING ZONE ■ 15% 이상 ■ 12~14% ■ 9~11% ■ 6~8% ■ 3~5% □ 2% 이하
HOT&COLD ■ 피안타율 0.099 이하 ■ 0.100~0.199 ■ 0.200~0.299 ■ 0.300~0.399 ■ 피안타율 0.400 이상 □ 3타수 미만

최근 3년간 성적

연도	팀명	평균자책	경기	승	패	세이브	홀드	승률	타자수	이닝	피안타	피홈런	볼넷	탈삼진	실점	자책점	WHIP	WAR
2015	-	-	-	-	-	-	-	-	-	-	-	-	-	-	-	-	-	-
2016	-	-	-	-	-	-	-	-	-	-	-	-	-	-	-	-	-	-
2017	-	-	-	-	-	-	-	-	-	-	-	-	-	-	-	-	-	-
통산		-	-	-	-	-	-	-	-	-	-	-	-	-	-	-	-	-

구속/구사율/피안타율

구종	평균구속	종합	초구	2-2	좌타자	우타자	피안타율
포심패스트볼	-	-	-	-	-	-	-
투심/싱커	-	-	-	-	-	-	-
컷패스트볼	-	-	-	-	-	-	-
슬라이더	-	-	-	-	-	-	-
커브	-	-	-	-	-	-	-
체인지업	-	-	-	-	-	-	-
포크/SF/너클	-	-	-	-	-	-	-

볼카운트별 피안타율

볼카운트	피안타율	타수	피안타	볼카운트	피안타율	타수	피안타
0-0	-	-	-	-	-	-	-
0-1	-	-	-	-	-	-	-
0-2	-	-	-	-	-	-	-
1-0	-	-	-	-	-	-	-
1-1	-	-	-	-	-	-	-
1-2	-	-	-	-	-	-	-
	S〉B : - / S=B : - / S〈B : -						

기타 기록

상대 타자 타구 방향

-% -% -%

이닝당 투구수 -
땅볼 / 뜬공 -

상황별 기록

상황	안타	2루타	3루타	홈런	볼넷	사구	삼진	폭투	보크	피안타율
주자 없음	-	-	-	-	-	-	-	-	-	-
만루	-	-	-	-	-	-	-	-	-	-
주자 있음	-	-	-	-	-	-	-	-	-	-
득점권	-	-	-	-	-	-	-	-	-	-
상위(1~2번)	-	-	-	-	-	-	-	-	-	-
중심(3~5번)	-	-	-	-	-	-	-	-	-	-
하위(6~9번)	-	-	-	-	-	-	-	-	-	-
좌타자	-	-	-	-	-	-	-	-	-	-
우타자	-	-	-	-	-	-	-	-	-	-

상대팀별 기록

구분	경기	평균자책	승	패	세이브	홀드	이닝	피안타	피홈런	볼넷	삼진	피안타율
KIA	-	-	-	-	-	-	-	-	-	-	-	-
두산	-	-	-	-	-	-	-	-	-	-	-	-
롯데	-	-	-	-	-	-	-	-	-	-	-	-
SK	-	-	-	-	-	-	-	-	-	-	-	-
LG	-	-	-	-	-	-	-	-	-	-	-	-
넥센	-	-	-	-	-	-	-	-	-	-	-	-
한화	-	-	-	-	-	-	-	-	-	-	-	-
삼성	-	-	-	-	-	-	-	-	-	-	-	-
kt	-	-	-	-	-	-	-	-	-	-	-	-

투수

좌투좌타
1995년 1월 13일
181cm / 78kg
연봉 1억 6000만 원
경력 일산초–원주중–원주고
지명순위 13 두산 5라운드 43순위

NO. **61** 함덕주

　2013년 입단 당시에는 패스트볼 최고구속이 130km/h 후반대에 불과했다. 이후 웨이트 트레이닝을 통해 9kg을 불려 최고구속이 146km/h로 올라갔다. 슬라이더, 체인지업, 커브를 잘 섞어 던지며 특히 체인지업이 위력적이다. 탈삼진 능력이 뛰어나고 선발, 불펜을 오가며 경험을 쌓았다. 2017년 한국시리즈와 아시아 프로야구 챔피언십을 통해 큰 무대 경험을 쌓은 것은 그에게 소중한 자산이 될 것이다. 잘 던지다가도 어느 순간이 되면 힘이 빠지고 제구가 흔들리면서 난타를 당하는 경향이 있다. 타고난 파워피처나 경험이 부족해 4~5이닝이 지나면 쉽게 지치는 약점을 보이며, 구위가 떨어질 때 이를 헤쳐 나갈 능력이 다소 부족하다. 갈수록 이닝 소화 능력이 좋아지는 모습을 보이고 있기에 기대가 크다.

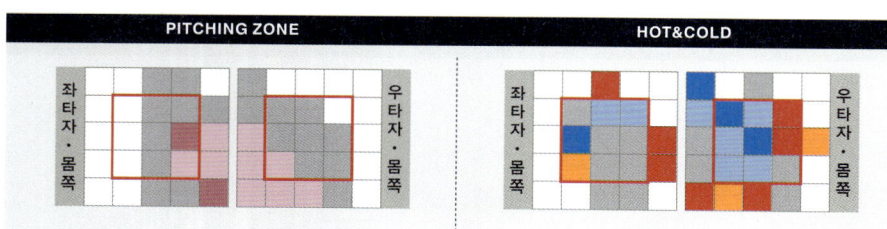

PITCHING ZONE ■ 15% 이상　■ 12~14%　■ 9~11%　■ 6~8%　■ 3~5%　□ 2% 이하
HOT&COLD ■ 피안타율 0.099 이하　■ 0.100~0.199　■ 0.200~0.299　■ 0.300~0.399　■ 피안타율 0.400 이상　□ 3타수 미만

최근 3년간 성적

연도	팀명	평균자책	경기	승	패	세이브	홀드	승률	타자수	이닝	피안타	피홈런	볼넷	탈삼진	실점	자책점	WHIP	WAR
2015	두산	3.65	68	7	2	2	16	0.778	278	61 2/3	52	4	46	76	30	25	1.59	0.77
2016	두산	6.23	15	0	0	0	0	-	46	8 2/3	10	0	11	7	6	6	2.42	-0.04
2017	두산	3.67	35	9	8	0	2	0.529	598	137 1/3	128	8	64	139	61	56	1.40	3.04
통산		4.02	152	17	10	2	20	0.630	1045	235 1/3	220	14	135	247	115	105	1.51	

구속/구사율/피안타율

구종	평균구속	종합	초구	2-2	좌타자	우타자	피안타율
포심패스트볼	140	56%	57%	44%	64%	52%	0.244
투심/싱커	-	-	-	-	-	-	-
컷패스트볼	-	-	-	-	-	-	-
슬라이더	122	14%	20%	15%	28%	8%	0.224
커브	109	4%	1%	6%	7%	3%	0.350
체인지업	127	27%	23%	35%	0%	38%	0.265
포크/SF/너클	-	-	-	-	-	-	-

볼카운트별 피안타율

볼카운트	피안타율	타수	피안타	볼카운트	피안타율	타수	피안타
0-0	0.342	38	13	2-0	0.500	10	5
0-1	0.405	37	15	2-1	0.167	18	3
0-2	0.209	43	9	2-2	0.158	95	15
1-0	0.531	32	17	3-0	-	0	0
1-1	0.265	49	13	3-1	0.471	17	8
1-2	0.136	103	14	3-2	0.208	77	16
S > B : 0.208 / S = B : 0.225 / S < B : 0.318							

기타 기록

상대 타자 타구 방향

44%　26%　30%

이닝당 투구수 18.6
땅볼 / 뜬공 0.90

상황별 기록

상황	안타	2루타	3루타	홈런	볼넷	사구	삼진	폭투	보크	피안타율
주자 없음	75	13	0	6	30	0	80	0	0	0.254
만루	4	1	0	0	6	1	6	0	0	0.222
주자 있음	53	14	1	2	34	4	59	3	1	0.237
득점권	25	7	1	1	26	2	39	3	1	0.202
상위(1~2번)	33	5	0	3	15	0	37	0	1	0.232
중심(3~5번)	39	13	0	2	35	2	50	1	0	0.224
하위(6~9번)	56	9	1	3	14	2	52	2	0	0.276
좌타자	32	4	1	0	15	0	38	0	0	0.209
우타자	96	23	0	7	49	4	101	3	1	0.262

상대팀별 기록

구분	경기	평균자책	승	패	세이브	홀드	이닝	피안타	피홈런	볼넷	삼진	피안타율
KIA	3	3.00	1	1	0	0	15	13	1	4	8	0.224
롯데	4	0.73	2	1	0	0	24 2/3	13	0	9	28	0.157
NC	5	1.26	2	0	0	0	14 1/3	12	0	8	17	0.240
SK	4	3.54	2	1	0	0	20 1/3	20	2	9	19	0.263
LG	6	7.84	0	2	0	0	20 2/3	25	4	15	20	0.301
넥센	5	2.53	0	0	0	0	10 2/3	8	1	10	8	0.200
한화	3	10.00	1	1	0	0	9	16	1	4	10	0.372
삼성	4	3.27	1	0	0	0	11	11	1	1	9	0.273
kt	3	3.09	1	1	0	0	11 2/3	9	1	8	15	0.214

포수

NO.10 박세혁

우투좌타
1990년 1월 9일
181cm / 86kg
연봉 1억 원
경력 수유초-신일중-신일고
　-고려대-두산-상무
지명순위 12 두산 5라운드 47순위

　전 해태타이거즈 강타자였던 박철우 씨의 아들이다. 리그에서 포수 수비 능력은 뛰어난 편이다. 도루 저지율이 3할 9푼이며, 주루 센스도 뛰어난 포수다. 경험 부족으로 볼 배합에 약점은 보이나 블로킹은 평균 이상이다. 배트 스피드는 괜찮지만, 스윙이 유연하지 못해 변화구에 약점을 보인다. 그러나 패스트볼은 잘 쳐낸다. 선구안은 보통이며 공격적인 배팅을 한다. 손목힘이 좋고 출전 기회가 많아진다면 타자로서도 대성할 선수다. 유리한 카운트를 유도하기보다는 피해 가는 승부를 많이 한다. 한마디로 배짱이 약하다. 양의지의 백업포수로서 더 많이 배워야 한다. 2016년에는 공격력에서 아쉬움을 남겼으나 지난해엔 타율 0.284를 기록하며 반등했다.

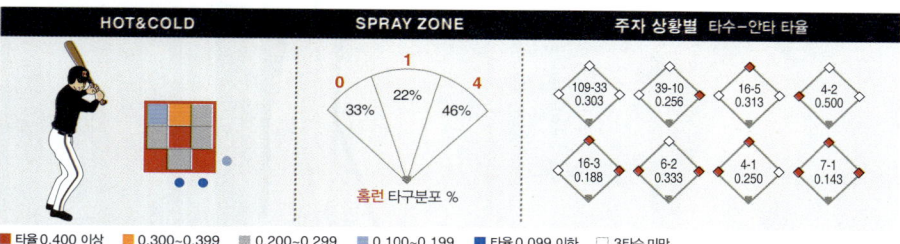

| HOT&COLD | SPRAY ZONE | 주자 상황별 타수-안타 타율 |

SPRAY ZONE: 0 33% / 1 22% / 4 46%
홈런 타구분포 %

주자 상황별:
109-33 0.303 | 39-10 0.256 | 16-5 0.313 | 4-2 0.500
16-3 0.188 | 6-2 0.333 | 4-1 0.250 | 7-1 0.143

■ 타율 0.400 이상　■ 0.300~0.399　■ 0.200~0.299　■ 0.100~0.199　■ 타율 0.099 이하　□ 3타수 미만

최근 3년간 성적

연도	팀명	타율	경기	타수	득점	안타	2루타	3루타	홈런	루타	타점	도루	볼넷	삼진	장타율	출루율	실책	OPS	WAR
2015	-	-	-	-	-	-	-	-	-	-	-	-	-	-	-	-	-	-	-
2016	두산	0.209	87	172	26	36	5	1	5	58	23	2	22	45	0.337	0.302	2	0.639	0.10
2017	두산	0.284	97	201	41	57	8	0	5	80	26	2	19	44	0.398	0.354	2	0.752	1.36
통산		0.249	208	405	72	101	17	1	10	150	52	4	44	95	0.370	0.330	5	0.700	

구종별 타격 성적

구종	전체	VS우투	VS좌투
포심패스트볼	0.235	0.204	0.296
투심/싱커	0.435	0.476	0.000
컷패스트볼	0.250	0.250	-
슬라이더	0.391	0.500	0.308
커브	0.313	0.200	0.500
체인지업	0.192	0.143	0.400
포크/SF/너클	0.261	0.263	0.250

볼카운트별 타율-타점

볼카운트	타율	타수	안타	타점	볼카운트	타율	타수	안타	타점
0-0	0.500	30	15	7	2-0	0.000	6	0	0
0-1	0.483	29	14	4	2-1	0.500	4	2	1
0-2	0.125	16	2	0	2-2	0.231	26	6	4
1-0	0.294	17	5	5	3-0	-	0	0	0
1-1	0.368	19	7	4	3-1	0.000	3	0	0
1-2	0.086	35	3	1	3-2	0.188	16	3	1

S > B : 0.238 / S = B : 0.373 / S < B : 0.217

수비 기록

위치	자살	보살	실책	수비율
포수	394	31	2	0.995

상황별 기록

상황	타율	타수	안타	2루타	3루타	홈런	타점	볼넷	사구	삼진	병살
주자 없음	0.303	109	33	5	0	3	3	6	3	23	0
주자 있음	0.261	92	24	3	0	2	23	13	2	21	1
득점권	0.264	53	14	2	0	1	21	8	1	13	0
좌투수	0.317	60	19	2	0	2	12	2	3	13	1
우투수	0.288	104	30	4	0	2	11	12	0	24	0
언더	0.216	37	8	2	0	1	3	5	2	7	0
노아웃	0.359	64	23	4	0	3	6	4	0	11	0
원아웃	0.270	63	17	2	0	2	12	9	1	12	1
투아웃	0.230	74	17	2	0	0	8	6	4	21	0

상대팀별 기록

구분	경기	타율	타수	득점	안타	홈런	타점	도루	볼넷	삼진	병살
KIA	9	0.286	14	2	4	0	0	0	0	1	0
롯데	10	0.273	11	4	3	0	2	0	4	6	0
NC	10	0.240	25	7	6	2	7	0	1	7	0
SK	10	0.189	37	5	7	0	2	0	4	6	1
LG	12	0.227	22	2	5	0	0	2	0	8	0
넥센	12	0.462	26	3	12	1	3	1	1	4	0
한화	10	0.333	18	6	6	0	6	0	2	3	0
삼성	8	0.333	15	7	5	1	5	0	2	2	0
kt	13	0.273	33	5	9	1	4	1	2	6	0

NO. 25 양의지

명실상부한 대한민국 최고의 포수. 경기 흐름을 잘 파악하고 도루 저지 능력 또한 탁월하다. 투수가 마운드에서 위기에 봉착하면 어김없이 마운드로 달려가 투수의 긴장을 풀어준다. 덕아웃에 사인을 보내 교체 타이밍까지 조율하는 진짜 야전사령관이다. 공격력 또한 출중해 넓은 잠실구장을 홈으로 쓰면서도 매년 20홈런 이상을 쳐낸다. 또한 노림수 타격도 압권이다. 중요할 때 한 방 쳐주는 해결사 본능도 가지고 있다. 콘택트 능력이 좋고 타격 폼도 부드럽다. 발은 느리지만 주루 센스가 뛰어나다. 적극적인 주루 플레이로 상대의 허를 찌른다. 2017년 한국시리즈에서 중요한 순간 부상 후유증으로 공격력의 아쉬움을 보였다. 투수나 타자에게 중요한 순간 조언하는 편으로, 미래의 두산 감독 후보 0순위다.

우투우타
1987년 6월 5일
179cm / 85kg
연봉 6억 원
경력 송정동초-무등중-진흥고
-두산-경찰
지명순위 06 두산 2차 8라운드
59순위

포수

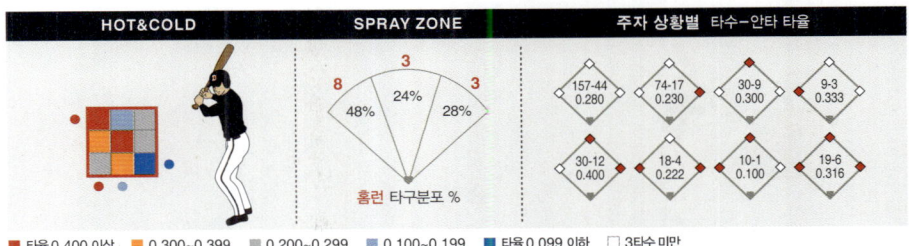

HOT&COLD	SPRAY ZONE	주자 상황별 타수-안타 타율

SPRAY ZONE: 8 | 3 | 3 / 48% | 24% | 28%
홈런 타구분포 %

주자 상황별:
157-44 0.280 | 74-17 0.230 | 30-9 0.300 | 9-3 0.333
30-12 0.400 | 18-4 0.222 | 10-1 0.100 | 19-6 0.316

■ 타율 0.400 이상 ■ 0.300~0.399 ■ 0.200~0.299 ■ 0.100~0.199 ■ 타율 0.099 이하 □ 3타수 미만

최근 3년간 성적

연도	팀명	타율	경기	타수	득점	안타	2루타	3루타	홈런	루타	타점	도루	볼넷	삼진	장타율	출루율	실책	OPS	WAR
2015	두산	0.326	132	442	70	144	27	0	20	231	93	5	39	64	0.523	0.405	6	0.928	5.23
2016	두산	0.319	108	332	66	106	17	0	22	189	66	2	40	29	0.569	0.404	7	0.973	4.73
2017	두산	0.277	111	347	47	96	15	0	14	153	67	1	43	53	0.441	0.373	5	0.814	3.05
통산		0.290	933	2838	390	823	151	6	102	1292	470	26	303	407	0.455	0.372	53	0.827	

구종별 타격 성적

구종	전체	VS우투	VS좌투
포심패스트볼	0.263	0.275	0.207
투심/싱커	0.217	0.217	-
컷패스트볼	0.500	0.500	-
슬라이더	0.279	0.268	0.400
커브	0.375	0.318	1.000
체인지업	0.367	0.357	0.375
포크/SF/너클	0.185	0.130	0.500

볼카운트별 타율-타점

볼카운트	타율	타수	안타	타점	볼카운트	타율	타수	안타	타점
0-0	0.343	70	24	17	2-0	0.167	12	2	1
0-1	0.308	26	8	2	2-1	0.400	20	8	11
0-2	0.278	18	5	3	2-2	0.234	47	11	6
1-0	0.292	24	7	4	3-0	0.333	3	1	1
1-1	0.303	33	10	11	3-1	0.286	14	4	1
1-2	0.244	41	10	7	3-2	0.154	39	6	3

S > B : 0.271 / S = B : 0.300 / S < B : 0.250

수비 기록

위치	자살	보살	실책	수비율
포수	596	38	5	0.992

상황별 기록

상황	타율	타수	안타	2루타	3루타	홈런	타점	볼넷	사구	삼진	병살
주자 없음	0.280	157	44	6	0	7	7	25	4	27	0
주자 있음	0.274	190	52	9	0	7	60	18	8	26	17
득점권	0.302	116	35	5	0	4	51	9	7	19	8
좌투수	0.333	57	19	2	0	3	15	10	2	8	0
우투수	0.258	244	63	10	0	9	42	30	9	36	13
언더	0.304	46	14	3	0	2	10	3	1	9	4
노아웃	0.263	114	30	2	0	5	14	10	4	18	5
원아웃	0.244	123	30	5	0	4	20	14	5	20	12
투아웃	0.327	110	36	8	0	6	37	20	4	17	0

상대팀별 기록

구분	경기	타율	타수	득점	안타	홈런	타점	도루	볼넷	삼진	병살
KIA	16	0.229	48	3	11	1	6	0	4	10	3
롯데	16	0.233	43	7	10	4	8	0	8	5	2
NC	12	0.295	44	8	13	1	7	0	3	6	1
SK	9	0.520	25	6	13	3	10	0	4	2	1
LG	14	0.150	40	1	6	0	2	0	3	10	3
넥센	8	0.281	32	6	9	1	6	0	1	4	1
한화	11	0.250	40	3	10	0	4	0	5	4	1
삼성	16	0.306	49	6	15	1	12	0	11	6	2
kt	10	0.346	26	5	9	1	5	0	5	3	2

145

내야

우투우타
1985년 3월 21일
181cm / 75kg
연봉 6억 5000만 원
경력 남정초-중앙중-중앙고-두산
　　-상무
지명순위 04 두산 1차

NO.52 김재호

　　2004년 두산에 1차 지명됐으나 병역비리로 상무에서 전역한 후 2008년 두산에 복귀했다. 당시만 해도 그가 비집고 들어갈 틈이 없었다. 주로 대주자 대수비 요원으로 활약했다. 그러다 2013년 주전 자리를 꿰차며 자신의 기량을 발휘하기 시작했다. 중전 안타성 타구를 2루 쪽까지 뛰어가 걷어낸다. 글로브에서 공 빼는 속도가 빨라 어지간한 빠른 주자도 1루를 밟기 힘들다. 그러나 빠른 발에 비해 타격은 별로였다. 줄곧 2할대에 머물다 2015, 2016년 연속 3할 이상을 치며 주전 자리를 꿰찼다. 2017 시즌 잦은 부상으로 팀의 전력에 큰 손실을 끼쳤고, 팀이 패한 상황에서 미소 짓는 바람에 팬들에게 욕을 바가지로 들어야 했다. 올해는 두산 팬들로부터 찬사를 받을 수 있을까.

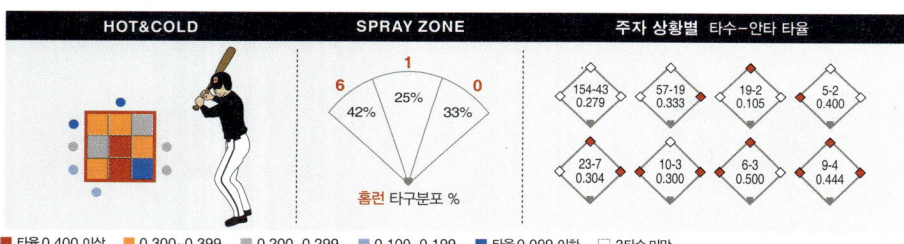

| HOT&COLD | SPRAY ZONE | 주자 상황별　타수-안타 타율 |

홈런 타구분포 %

■ 타율 0.400 이상　■ 0.300~0.399　■ 0.200~0.299　■ 0.100~0.199　■ 타율 0.099 이하　□ 3타수 미만

최근 3년간 성적

연도	팀명	타율	경기	타수	득점	안타	2루타	3루타	홈런	루타	타점	도루	볼넷	삼진	장타율	출루율	실책	OPS	WAR
2015	두산	0.307	133	410	63	126	24	3	3	165	50	7	54	42	0.402	0.386	16	0.788	2.44
2016	두산	0.310	137	416	69	129	27	3	7	183	78	8	57	52	0.440	0.389	10	0.829	3.61
2017	두산	0.293	91	283	34	83	18	1	7	124	50	7	36	52	0.438	0.371	9	0.809	2.26
통산		0.272	1073	2546	383	693	121	25	26	942	353	59	311	358	0.370	0.351	82	0.721	-

구종별 타격 성적

구종	전체	VS우투	VS좌투
포심패스트볼	0.304	0.317	0.270
투심/싱커	0.211	0.118	1.000
컷패스트볼	0.000	0.000	0.000
슬라이더	0.239	0.211	0.375
커브	0.444	0.500	0.250
체인지업	0.423	0.467	0.364
포크/SF/너클	0.300	0.154	0.571

볼카운트별 타율-타점

볼카운트	타율	타수	안타	타점	볼카운트	타율	타수	안타	타점
0-0	0.313	32	10	8	2-0	0.500	4	2	1
0-1	0.324	34	11	7	2-1	0.412	17	7	3
0-2	0.214	14	3	0	2-2	0.205	39	8	7
1-0	0.467	15	7	7	3-0	-	0	0	0
1-1	0.429	28	12	3	3-1	0.000	3	0	0
1-2	0.229	48	11	10	3-2	0.245	49	12	10

S〉B : 0.260 / S = B : 0.303 / S〈B : 0.318

수비 기록

위치	자살	보살	실책	수비율

유격수 112　262　9　0.977

상황별 기록

상황	타율	타수	안타	2루타	3루타	홈런	타점	볼넷	사구	삼진	병살
주자 없음	0.279	154	43	8	1	4	4	11	2	33	0
주자 있음	0.310	129	40	10	0	3	46	25	1	19	6
득점권	0.292	72	21	5	0	2	41	18	0	12	2
좌투수	0.343	70	24	5	0	3	9	10	0	13	2
우투수	0.296	162	48	11	1	4	33	20	2	27	4
언더	0.216	51	11	2	0	0	8	6	1	12	2
노아웃	0.242	95	23	7	1	2	5	4	2	15	1
원아웃	0.361	83	30	5	0	3	18	11	0	14	4
투아웃	0.286	105	30	7	0	1	30	18	0	23	1

상대팀별 기록

구분	경기	타율	타수	득점	안타	홈런	타점	도루	볼넷	삼진	병살
KIA	9	0.417	24	4	10	1	5	1	3	5	0
롯데	11	0.269	26	4	7	0	4	2	2	5	0
NC	9	0.280	25	2	7	0	3	0	4	4	1
SK	9	0.259	27	2	7	1	4	1	8	4	1
LG	10	0.270	37	5	10	2	7	0	3	10	1
넥센	14	0.396	48	6	19	1	11	1	4	4	2
한화	9	0.241	29	7	7	0	0	1	4	9	0
삼성	9	0.273	33	1	9	0	2	0	3	7	0
kt	11	0.206	34	3	7	1	7	0	4	5	1

NO. 8 류지혁

내야

2군에서는 타격 성적도 준수했지만, 아직 1군 수준에 도달한 건 아니었다. 타격은 미숙하지만 수비력이 뛰어나 경기 후반 대수비 요원으로 나선다. 깊은 내야 땅볼도 안정감 있는 포구로 잡아내며, 중전 안타성 타구를 손쉽게 아웃시킨다. 발도 빠른 편. 주전 유격수 김재호의 부상으로 당당히 한자리를 차지하면서 공백을 잘 메웠다. 그러나 아직 수비에서 불안한 모습을 보인다. 또한 정신력이 약해 한 번 실책을 하면 연이어 실책하는 스타일이라 멘탈을 강화할 필요가 있다. 그러나 나이가 어려 앞으로 타격이나 수비에서 더 노력할 경우 성장할 가능성이 매우 높다. 유격수 자리가 체력이 많이 소모되는 포지션임을 감안할 때, 그의 성장이 팀에서는 절실한 상황이다.

우투좌타
1994년 1월 13일
181cm / 75kg
연봉 9500만 원
경력 청원초-선린중-충암고
　　　-두산-상무
지명순위 12 두산 4라운드 36순위

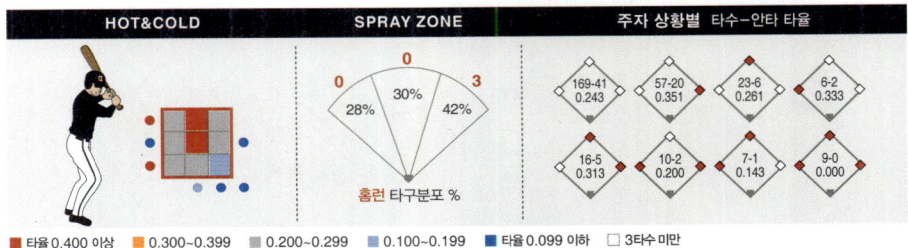

HOT&COLD　　SPRAY ZONE　　주자 상황별 타수-안타 타율

0　0　3
28% 30% 42%
홈런 타구분포 %

169-41 0.243 | 57-20 0.351 | 23-6 0.261 | 6-2 0.333
16-5 0.313 | 10-2 0.200 | 7-1 0.143 | 9-0 0.000

■ 타율 0.400 이상　■ 0.300~0.399　■ 0.200~0.299　■ 0.100~0.199　■ 타율 0.099 이하　□ 3타수 미만

최근 3년간 성적

연도	팀명	타율	경기	타수	득점	안타	2루타	3루타	홈런	루타	타점	도루	볼넷	삼진	장타율	출루율	실책	OPS	WAR
2015	두산	0.200	14	5	3	1	0	0	0	1	0	0	0	3	0.200	0.200	0	0.400	0.00
2016	두산	0.288	90	118	34	34	5	0	3	48	9	3	10	28	0.407	0.356	2	0.763	0.74
2017	두산	0.259	125	297	60	77	13	4	3	107	26	7	21	55	0.360	0.317	15	0.677	-0.09
통산		0.268	231	421	97	113	18	4	6	157	35	10	31	86	0.373	0.328	17	0.701	-

구종별 타격 성적

구종	전체	VS우투	VS좌투
포심패스트볼	0.257	0.288	0.188
투심/싱커	0.357	0.385	0.000
컷패스트볼	0.250	0.250	-
슬라이더	0.302	0.375	0.211
커브	0.211	0.250	0.143
체인지업	0.286	0.269	0.500
포크/SF/너클	0.214	0.222	0.000

볼카운트별 타율-타점

볼카운트	타율	타수	안타	타점	볼카운트	타율	타수	안타	타점
0-0	0.370	46	17	3	2-0	0.167	6	1	0
0-1	0.464	28	13	3	2-1	0.238	21	5	4
0-2	0.000	26	0	1	2-2	0.243	37	9	2
1-0	0.226	31	7	2	3-0	-	0	0	0
1-1	0.333	30	10	3	3-1	0.286	7	2	1
1-2	0.140	43	6	3	3-2	0.318	22	7	3
				S〉B : 0.196 / S=B : 0.319 / S〈B : 0.253					

수비 기록

위치	자살	보살	실책

1루	17-0-0	2루	6-13-1
3루	8-20-1	유격	93-180-13

상황별 기록

상황	타율	타수	안타	2루타	3루타	홈런	타점	볼넷	사구	삼진	병살
주자 없음	0.243	169	41	7	3	1	1	13	2	28	0
주자 있음	0.281	128	36	6	1	2	25	8	2	27	2
득점권	0.225	71	16	3	1	1	22	7	1	16	2
좌투수	0.190	79	15	3	0	0	7	0	0	18	1
우투수	0.274	175	48	6	4	3	2	14	18	2	29	1
언더	0.326	43	14	4	0	0	4	3	2	8	0
노아웃	0.330	94	31	6	1	0	7	4	2	16	1
원아웃	0.211	114	24	3	1	0	9	8	1	20	1
투아웃	0.247	89	22	4	2	1	9	13	1	19	0

상대팀별 기록

구분	경기	타율	타수	득점	안타	홈런	타점	도루	볼넷	삼진	병살
KIA	13	0.298	47	10	14	0	1	0	0	9	0
롯데	14	0.306	36	7	11	1	4	1	1	9	1
NC	14	0.310	29	4	9	0	3	0	1	4	0
SK	16	0.182	44	4	8	0	2	1	4	7	0
LG	14	0.200	30	7	6	1	2	0	2	5	1
넥센	12	0.286	21	2	6	0	3	0	0	5	0
한화	15	0.345	29	9	10	0	4	1	2	5	0
삼성	15	0.242	33	11	8	1	7	6	0	8	0
kt	12	0.179	28	6	5	0	1	3	3	8	0

내야

우투좌타
1985년 2월 19일
185cm / 75kg
연봉 5억 5000만 원
경력 서울학동초―서울경원중
―야탑고―경희대
지명순위 04 두산 2차 9라운드
72순위

NO.24 오재원

　　KBO리그의 대표적인 유틸리티맨. 지난 7시즌 동안 한 번도 3할대 타율을 달성하지 못했고, 홈런도 2015년도에 기록한 11개가 그마나 가장 많다. 그러나 내야 전 포지션 수비가 가능하고 수비 센스가 뛰어나며 발이 빠른 만큼 수비 범위도 넓다. 수비에 관한 한 리그를 대표하는 선수다. 키스톤 콤비 김재호와 더불어 리그 상위권의 플레이를 보여주고 있다. 또한 빠른 발로 2011시즌 도루왕과 2013~2015시즌에 3시근 연속 30도루를 기록했다. 합의 판정의 대가로 그가 신청한 비디오 판독 요청은 90% 이상 들어맞는다. 승부욕과 근성이 엄청나서 그로 인해 가끔 부작용도 발생한다. 팬들에게 대표적인 비호감 선수로 알려져 있다. 그러나 파이팅 넘치는 의욕은 팀과 자신을 위해 긍정적이다.

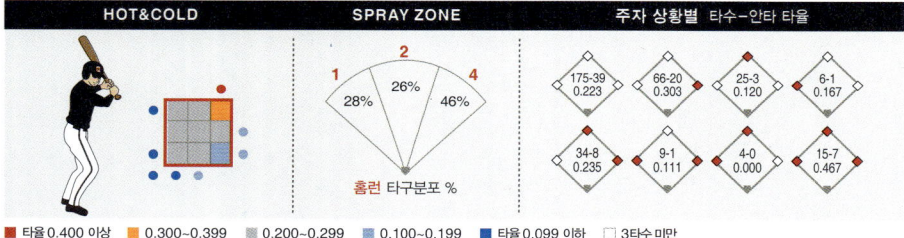

	HOT&COLD	SPRAY ZONE	주자 상황별 타수-안타 타율

SPRAY ZONE: 1 28%, 2 26%, 4 46% 홈런 타구분포 %

주자 상황별: 175-39 0.223, 66-20 0.303, 25-3 0.120, 6-1 0.167 / 34-8 0.235, 9-1 0.111, 4-0 0.000, 15-7 0.467

■ 타율 0.400 이상　■ 0.300~0.399　■ 0.200~0.299　■ 0.100~0.199　■ 타율 0.099 이하　□ 3타수 미만

최근 3년간 성적

연도	팀명	타율	경기	타수	득점	안타	2루타	3루타	홈런	루타	타점	도루	볼넷	삼진	장타율	출루율	실책	OPS	WAR
2015	두산	0.280	120	411	60	115	20	2	11	172	59	31	47	94	0.418	0.356	8	0.774	2.95
2016	두산	0.272	122	416	68	113	18	1	5	148	58	13	54	82	0.356	0.358	16	0.714	0.88
2017	두산	0.237	127	334	43	79	16	1	7	118	40	7	47	85	0.353	0.332	6	0.685	0.72
통산		0.270	1193	3415	537	922	148	30	41	1253	386	255	373	688	0.367	0.347	83	0.714	-

구종별 타격 성적

구종	전체	VS우투	VS좌투
포심패스트볼	0.266	0.260	0.289
투심/싱커	0.280	0.350	0.000
컷패스트볼	0.250	0.333	0.000
슬라이더	0.156	0.208	0.095
커브	0.273	0.200	0.429
체인지업	0.160	0.211	0.000
포크/SF/너클	0.167	0.200	0.000

볼카운트별 타율-타점

볼카운트	타율	타수	안타	타점	볼카운트	타율	타수	안타	타점
0-0	0.304	46	14	7	2-0	0.400	5	2	0
0-1	0.333	24	8	3	2-1	0.278	18	5	3
0-2	0.100	20	2	0	2-2	0.192	52	10	3
1-0	0.241	29	7	8	3-0	-	0	0	0
1-1	0.400	30	12	5	3-1	0.100	10	1	0
1-2	0.204	49	10	3	3-2	0.157	51	8	8

S > B : 0.215 / S = B : 0.281 / S < B : 0.204

수비 기록

위치	자살	보살	실책	
1루수	36	1	0	1.000
2루수	204	214	6	0.986
유격수	93	180	13	0.955

상황별 기록

상황	타율	타수	안타	2루타	3루타	홈런	타점	볼넷	사구	삼진	병살
주자 없음	0.223	175	39	11	1	2	2	19	1	43	0
주자 있음	0.252	159	40	5	0	5	38	28	1	42	5
득점권	0.215	93	20	1	0	3	33	21	1	25	1
좌투수	0.190	84	16	4	0	1	9	9	0	28	1
우투수	0.281	203	57	11	1	6	31	31	1	45	1
언더	0.128	47	6	1	0	0	4	7	1	12	3
노아웃	0.262	107	28	4	1	3	9	9	0	27	3
원아웃	0.200	105	21	2	0	2	11	17	2	25	2
투아웃	0.246	122	30	5	0	2	22	17	0	33	0

상대팀별 기록

구분	경기	타율	타수	득점	안타	홈런	타점	도루	볼넷	삼진	병살
KIA	15	0.211	38	3	8	1	5	3	9	0	
롯데	15	0.250	36	5	9	1	2	1	3	5	0
NC	13	0.200	45	7	9	2	6	5	11	1	
SK	11	0.083	24	2	2	0	2	1	7	0	
LG	14	0.302	43	7	13	0	7	6	14	0	
넥센	16	0.308	39	8	12	1	2	1	9	10	0
한화	14	0.314	35	4	11	1	5	2	5	4	1
삼성	14	0.171	41	4	7	1	1	1	5	11	2
kt	15	0.242	33	3	8	0	3	1	1	9	1

NO. 36 오재일

당겨치기 일변도의 풀스윙을 구사하는 거포형 타자. 선구안은 좋은 편이나 콘택트 능력은 떨어진다. 밀어치는 타법이 취약해 바깥쪽 공이나 떨어지는 변화구에 상당한 약점을 보인다. 발도 느리고 수비 실력도 리그 평균보다 살짝 낮은 편. 투고타저가 극심했던 2015~2017시즌 바깥쪽을 버리거나 적당히 커트만 해내고 몸 쪽과 가운데 몰리는 공만 쳐내는 방식으로 좋은 성적을 올렸지만 그 외 시즌은 별로 좋지 못했다. 주 포지션은 1루이며 다른 포지션 수비는 어렵다. 1루수 수비 또한 평범한 땅볼을 놓치거나 강습타구 처리는 아예 기대할 수 없다. 포구 능력을 대단히 뛰어나 송구에 약점이 있는 내야수들의 나쁜 송구도 어지간해서는 다 받아준다. 그러나 공격력이 좋기에 수비 약점을 커버하고도 남는다.

내야

좌투좌타
1986년 10월 29일
187cm / 95kg
연봉 3억 원
경력 인창초(구리리틀)-구리인창중
-야탑고-현대-상무-히어로즈
-넥센
지명순위 05 현대 2차 3라운드 24순위

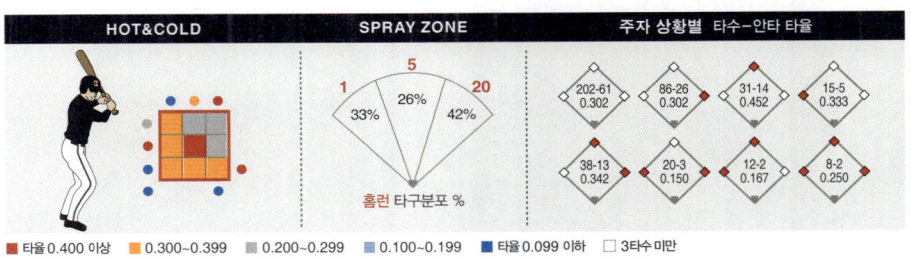

HOT&COLD / SPRAY ZONE / 주자 상황별 타수-안타 타율

홈런 타구분포 %

■ 타율 0.400 이상 ■ 0.300~0.399 ■ 0.200~0.299 ■ 0.100~0.199 ■ 타율 0.099 이하 □ 3타수 미만

최근 3년간 성적

연도	팀명	타율	경기	타수	득점	안타	2루타	3루타	홈런	루타	타점	도루	볼넷	삼진	장타율	출루율	실책	OPS	WAR
2015	두산	0.289	66	180	33	52	11	1	14	107	36	0	28	49	0.594	0.387	3	0.981	2.67
2016	두산	0.316	105	380	69	120	20	2	27	225	92	1	64	73	0.592	0.411	7	1.003	5.02
2017	두산	0.306	128	412	62	126	27	0	26	231	89	1	45	80	0.561	0.378	5	0.939	5.02
	통산	0.272	645	1660	224	452	99	3	83	806	312	5	212	383	0.486	0.355	25	0.841	-

구종별 타격 성적

구종	전체	VS우투	VS좌투
포심패스트볼	0.329	0.310	0.368
투심/싱커	0.258	0.286	0.000
컷패스트볼	0.250	0.286	0.000
슬라이더	0.327	0.333	0.318
커브	0.125	0.107	0.250
체인지업	0.264	0.265	0.250
포크/SF/너클	0.418	0.449	0.167

볼카운트별 타율-타점

볼카운트	타율	타수	안타	타점	볼카운트	타율	타수	안타	타점
0-0	0.345	58	20	9	2-0	0.500	16	8	2
0-1	0.342	38	13	10	2-1	0.455	22	10	4
0-2	0.167	24	4	1	2-2	0.276	76	21	26
1-0	0.323	31	10	8	3-0	0.000	1	0	1
1-1	0.250	36	9	4	3-1	0.750	4	3	3
1-2	0.245	53	13	10	3-2	0.283	53	15	11

S > B : 0.261 / S = B : 0.294 / S < B : 0.362

수비 기록

위치	자살	보살	실책	수비율
1루수	782	43	5	0.994

상황별 기록

상황	타율	타수	안타	2루타	3루타	홈런	타점	볼넷	사구	삼진	병살
주자 없음	0.302	202	61	11	0	13	13	22	1	42	0
주자 있음	0.310	210	65	16	0	13	76	23	4	38	5
득점권	0.315	124	39	8	0	8	65	14	1	24	2
좌투수	0.320	97	31	7	0	3	14	14	2	13	0
우투수	0.296	250	74	15	0	20	62	24	0	49	5
언더	0.323	65	21	5	0	3	13	7	3	12	0
노아웃	0.280	125	35	7	0	10	10	15	1	28	2
원아웃	0.321	137	44	7	0	9	32	10	2	25	3
투아웃	0.313	150	47	12	0	7	37	20	2	27	0

상대팀별 기록

구분	경기	타율	타수	득점	안타	홈런	타점	도루	볼넷	삼진	병살
KIA	14	0.306	49	10	15	3	14	0	6	8	0
롯데	13	0.250	32	3	8	1	6	0	1	9	0
NC	15	0.288	52	8	15	5	15	0	4	13	0
SK	15	0.353	51	8	18	3	15	0	6	8	1
LG	15	0.395	38	5	15	0	10	0	3	7	0
넥센	15	0.306	36	6	11	4	10	0	3	7	2
한화	16	0.321	53	6	17	3	5	0	7	9	1
삼성	11	0.182	44	6	8	1	5	0	5	11	0
kt	16	0.333	57	10	19	0	18	1	10	8	1

149

BEARS

내
야

우투좌타
1988년 2월 28일
178cm / 73kg
연봉 2억 원
경력 학강초-광주동성중
　　-광주동성고-두산-상무
지명순위 06 두산 2차 6라운드
46순위

NO.53 최주환

타격은 뛰어나나 수비에 약점을 보이면서 1군과 2군을 전전했다. 2015년 1군에 머무르면서 마음껏 타격 재능을 선보였다. 레벨스윙을 하면서 간결하고 짧게 배트가 나오지만, 손목을 제대로 활용해 장타나 홈런을 잘 만들어낸다. 선구안이 뛰어나나 볼넷은 적은 편. 배트 스피드가 빠르고 타격 시 힘을 모으는 타격 메커니즘이 뛰어나다. 발은 빠르지만 도루를 활발하게 하는 스타일은 아니다. 변화구에 약점이 있었으나 점점 대처 능력이 향상되고 있다. 수비가 뛰어나지 않아 고정된 자리가 없다는 아쉬움이 많은 선수다. 2017시즌 오재원으로 부상으로 2루수를 꿰차고 수비와 공격에서 준수한 플레이를 선보였다. 2017년은 그에게 규정 타석을 채우며 첫 3할대를 달성한 뜻깊은 한 해였다.

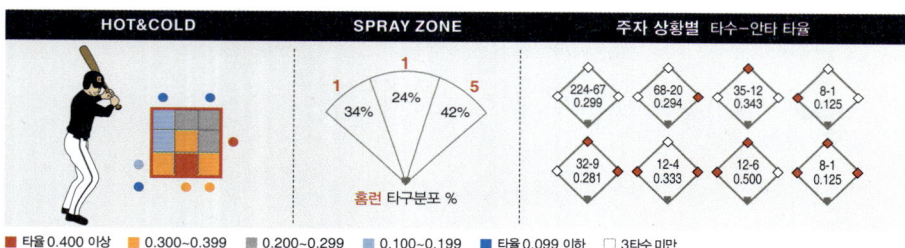

■ 타율 0.400 이상　■ 0.300~0.399　■ 0.200~0.299　■ 0.100~0.199　■ 타율 0.099 이하　□ 3타수 미만

최근 3년간 성적

연도	팀명	타율	경기	타수	득점	안타	2루타	3루타	홈런	루타	타점	도루	볼넷	삼진	장타율	출루율	실책	OPS	WAR
2015	두산	0.282	100	238	34	67	16	2	5	102	32	0	25	34	0.429	0.356	8	0.785	0.68
2016	두산	0.281	85	160	21	45	11	0	2	62	22	0	12	19	0.388	0.339	2	0.727	0.13
2017	두산	0.301	129	399	65	120	16	6	7	169	57	3	38	58	0.424	0.370	7	0.794	1.92
통산		0.283	556	1318	202	373	75	12	22	538	180	9	116	176	0.408	0.348	27	0.756	-

구종별 타격 성적

구종	전체	VS우투	VS좌투
포심패스트볼	0.390	0.402	0.364
투심/싱커	0.222	0.212	0.333
컷패스트볼	0.000	0.000	-
슬라이더	0.266	0.282	0.240
커브	0.212	0.238	0.167
체인지업	0.205	0.222	0.000
포크/SF/너클	0.344	0.367	0.000

볼카운트별 타율-타점

볼카운트	타율	타수	안타	타점	볼카운트	타율	타수	안타	타점
0-0	0.258	31	8	7	2-0	0.250	12	3	1
0-1	0.271	48	13	6	2-1	0.333	27	9	3
0-2	0.192	26	5	5	2-2	0.200	65	13	8
1-0	0.414	29	12	4	3-0	-	0	0	1
1-1	0.375	48	18	7	3-1	0.571	14	8	3
1-2	0.351	57	20	7	3-2	0.262	42	11	8

S > B : 0.290 / S = B : 0.271 / S < B : 0.347

수비 기록

위치	자살	보살	실책	수비율
2루수	129	144	4	0.986
3루수	15	50	3	0.956

상황별 기록

상황	타율	타수	안타	2루타	3루타	홈런	타점	볼넷	사구	삼진	병살
주자 없음	0.299	224	67	8	4	1	1	15	4	35	0
주자 있음	0.303	175	53	8	2	6	56	23	5	23	10
득점권	0.308	107	33	5	2	3	48	17	2	14	5
좌투수	0.284	102	29	5	1	2	18	6	1	14	2
우투수	0.312	237	74	10	5	3	30	25	1	32	7
언더	0.283	60	17	1	0	2	9	7	1	12	1
노아웃	0.304	158	48	8	2	4	4	14	4	24	4
원아웃	0.281	135	38	4	4	5	27	11	4	21	6
투아웃	0.321	106	34	4	1	1	23	16	1	13	0

상대팀별 기록

구분	경기	타율	타수	득점	안타	홈런	타점	도루	볼넷	삼진	병살
KIA	12	0.333	39	6	13	2	7	0	2	3	0
롯데	15	0.226	53	7	12	1	9	1	4	8	3
NC	15	0.381	42	8	16	0	5	0	2	8	2
SK	15	0.279	43	7	12	0	6	0	8	6	1
LG	13	0.413	46	7	19	2	11	1	3	4	0
넥센	15	0.217	46	4	10	0	4	0	3	4	1
한화	15	0.255	47	8	12	0	5	1	6	7	4
삼성	15	0.378	45	12	17	1	8	0	6	10	0
kt	14	0.237	38	6	9	1	4	0	5	10	2

NO. 44 파레디스

도미니카 공화국 출신 우투양타 내야수. 2006년 뉴욕 양키스와 자유계약을 통해 프로생활을 시작했다. 파레디스는 지난 2015년 메이저리거로 뛰며 홈런 10개를 기록한 바 있다. 올해 KBO리그에서 풀타임 활약한다면 홈런 25개 이상을 충분히 때려낼 수 있을 것으로 보인다. 마이너리그 AAA 시절 37도루를 기록할 정도로 호타준족이다. 여기에 스위치타자라는 것도 플러스 요인이다. 수비에서는 내–외야 모두 가능한 전형적인 멀티–포지션 플레이어다. 일단 민병헌의 이탈로 무주공산이 된 우익수로 나설 가능성이 높지만 김태형 감독이 선의의 경쟁을 유도하기 위해 다양한 시험을 할 수도 있다. 어느 방향이 됐든 팀으로서는 좋은 현상이다. 일본 프로야구 경력이 있다는 점도 한국 야구에 적응하는 데 좀더 유리한 요소다.

내야

우투양타
1988년 11월 25일
191cm / 95kg
연봉 70만 달러
경력 휴스턴–마이애미–캔자스시티–볼티모어–토론토–필라델피아–지바 롯데

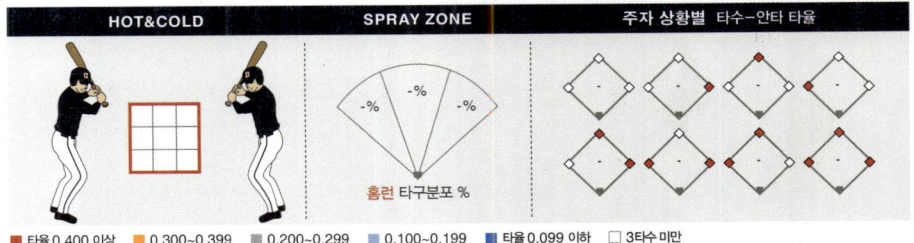

■ 타율 0.400 이상　■ 0.300~0.399　■ 0.200~0.299　■ 0.100~0.199　■ 타율 0.099 이하　□ 3타수 미만

최근 3년간 성적

연도	팀명	평균자책	경기	승	패	세이브	홀드	승률	타자수	이닝	피안타	피홈런	볼넷	탈삼진	실점	자책점	WHIP	WAR
2015	-	-	-	-	-	-	-	-	-	-	-	-	-	-	-	-	-	-
2016	-	-	-	-	-	-	-	-	-	-	-	-	-	-	-	-	-	-
2017	-	-	-	-	-	-	-	-	-	-	-	-	-	-	-	-	-	-
통산	-	-	-	-	-	-	-	-	-	-	-	-	-	-	-	-	-	-

구종별 타격 성적

구종	전체	VS우투	VS좌투
포심패스트볼	-	-	-
투심/싱커	-	-	-
컷패스트볼	-	-	-
슬라이더	-	-	-
커브	-	-	-
체인지업	-	-	-
포크/SF/너클	-	-	-

볼카운트별 타율–타점

볼카운트	타율	타수	안타	타점	볼카운트	타율	타수	안타	타점
0-0	-	-	-	-					
0-1	-	-	-	-					
0-2	-	-	-	-					
1-0	-	-	-	-					
1-1	-	-	-	-					
1-2	-	-	-	-					

S〉B:-/S=B:-/S〈B:-

수비 기록

위치	자살	보살	실책	수비율

상황별 기록

상황	타율	타수	안타	2루타	3루타	홈런	타점	볼넷	사구	삼진	병살
주자 없음	-	-	-	-	-	-	-	-	-	-	-
주자 있음	-	-	-	-	-	-	-	-	-	-	-
득점권	-	-	-	-	-	-	-	-	-	-	-
좌투수	-	-	-	-	-	-	-	-	-	-	-
우투수	-	-	-	-	-	-	-	-	-	-	-
언더	-	-	-	-	-	-	-	-	-	-	-
노아웃	-	-	-	-	-	-	-	-	-	-	-
원아웃	-	-	-	-	-	-	-	-	-	-	-
투아웃	-	-	-	-	-	-	-	-	-	-	-

상대팀별 기록

구분	경기	타율	타수	득점	안타	홈런	타점	도루	볼넷	삼진	병살
KIA	-	-	-	-	-	-	-	-	-	-	-
롯데	-	-	-	-	-	-	-	-	-	-	-
NC	-	-	-	-	-	-	-	-	-	-	-
SK	-	-	-	-	-	-	-	-	-	-	-
LG	-	-	-	-	-	-	-	-	-	-	-
넥센	-	-	-	-	-	-	-	-	-	-	-
한화	-	-	-	-	-	-	-	-	-	-	-
삼성	-	-	-	-	-	-	-	-	-	-	-
kt	-	-	-	-	-	-	-	-	-	-	-

내야

우투우타
1990년 8월 26일
176cm / 69kg
연봉 2억 6500만 원
경력 송정동초-충장중-광주제일고
-두산-경찰
지명순위 09 두산 2차 1라운드
7순위

NO. 13 허경민

　　전형적인 수비형 내야수다. 특히 3루수로 고정되면서 좋은 송구 능력과 안정된 수비력을 보여주고 있다. 수비에 비해 타격은 상대적으로 약하다. 역대 타고투저의 현실에서도 2017 2할 5푼대를 기록하는 데 그쳤다. 그나마 두산 타선이 막강해 그의 타율이 부각되지는 않지만, 팀과 자신을 위해 타율을 최소 2~3푼 정도 끌어올려야 한다. 기본적으로 장타력이 부족하나 준수한 클러치 능력으로 타율에 비해 타점(2017시즌 40점) 생산력은 좋은 편이다. 큰 경기에 강한 선수로 정규 시즌과 무관하게 포스트 시즌에서는 늘 절정의 타격감을 보여준다. 꾸준히 웨이트 트레이닝을 하고 타격 폼을 조정한다면, 공격에서도 좋은 모습을 보일 것이다. 장기적으로 유격수나 2루수로 옮기는 게 팀과 본인을 위해 좋을 듯하다.

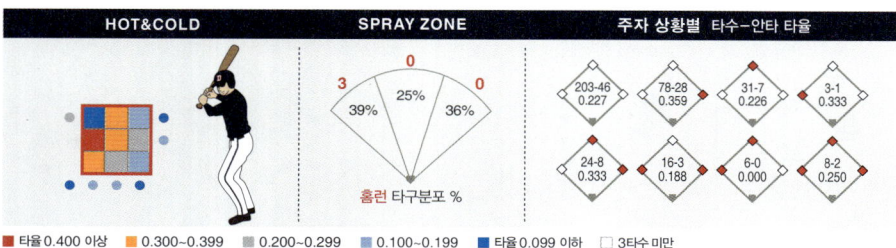

HOT&COLD　　　**SPRAY ZONE**　　　**주자 상황별** 타수-안타 타율

SPRAY ZONE: 3 / 0 / 0 / 39% / 25% / 36%
홈런 타구분포 %

주자 상황별:
203-46 0.227 | 78-28 0.359 | 31-7 0.226 | 3-1 0.333
24-8 0.333 | 16-3 0.188 | 6-0 0.000 | 8-2 0.250

■ 타율 0.400 이상　■ 0.300~0.399　■ 0.200~0.299　■ 0.100~0.199　■ 타율 0.099 이하　□ 3타수 미만

최근 3년간 성적

연도	팀명	타율	경기	타수	득점	안타	2루타	3루타	홈런	루타	타점	도루	볼넷	삼진	장타율	출루율	실책	OPS	WAR
2015	두산	0.317	117	404	64	128	20	2	1	155	41	8	31	42	0.384	0.373	13	0.757	1.24
2016	두산	0.286	144	538	96	154	24	4	7	207	81	6	49	58	0.385	0.360	8	0.745	1.34
2017	두산	0.257	130	369	50	95	22	1	3	128	40	8	29	48	0.347	0.327	5	0.674	-0.06
통산		0.283	663	1891	306	535	91	9	12	680	211	51	164	200	0.360	0.354	41	0.714	-

구종별 타격 성적

구종	전체	VS우투	VS좌투
포심패스트볼	0.297	0.331	0.216
투심/싱커	0.214	0.167	0.500
컷패스트볼	0.429	0.500	0.000
슬라이더	0.255	0.244	0.333
커브	0.097	0.107	0.000
체인지업	0.273	0.278	0.267
포크/SF/너클	0.194	0.182	0.214

볼카운트별 타율-타점

볼카운트	타율	타수	안타	타점	볼카운트	타율	타수	안타	타점
0-0	0.410	39	16	4	2-0	0.333	12	4	3
0-1	0.314	35	11	3	2-1	0.211	19	4	2
0-2	0.111	36	4	1	2-2	0.167	60	10	5
1-0	0.314	35	11	4	3-0	-	0	0	1
1-1	0.432	37	16	7	3-1	0.167	30	5	5
1-2	0.140	57	8	4	3-2	0.381	21	8	1

S〉B : 0.180 / S = B : 0.309 / S〈B : 0.286

수비 기록

위치	자살	보살	실책	수비율
2루수	1	0	0	1.000
3루수	100	202	5	0.984
유격수	0	1	0	1.000

상황별 기록

상황	타율	타수	안타	2루타	3루타	홈런	타점	볼넷	사구	삼진	병살
주자 없음	0.227	203	46	8	1	1	1	15	6	27	0
주자 있음	0.295	166	49	14	0	2	39	14	4	21	15
득점권	0.239	88	21	5	0	2	35	11	2	11	4
좌투수	0.229	96	22	7	0	0	9	5	2	15	4
우투수	0.270	230	62	13	0	2	24	22	3	26	10
언더	0.256	43	11	2	1	1	7	2	5	7	1
노아웃	0.248	153	38	11	1	0	3	11	3	22	4
원아웃	0.268	112	30	7	0	1	13	8	4	12	6
투아웃	0.260	104	27	4	0	2	24	14	0	14	0

상대팀별 기록

구분	경기	타율	타수	득점	안타	홈런	타점	도루	볼넷	삼진	병살
KIA	14	0.250	44	7	11	0	6	1	4	3	3
롯데	13	0.282	39	6	11	1	6	1	0	1	1
NC	13	0.326	43	7	14	0	5	2	6	4	1
SK	14	0.209	43	3	9	0	3	1	8	6	0
LG	14	0.286	35	4	10	1	4	1	4	6	0
넥센	14	0.214	42	5	9	0	3	1	3	6	4
한화	16	0.216	51	4	11	0	8	0	4	8	1
삼성	15	0.343	35	7	12	1	5	1	5	7	2
kt	15	0.216	37	5	8	0	5	1	2	5	3

NO. 32 김재환

외야

모든 팬들이 김재환을 홈런타자라 알고 있다. 그러나 그는 고 2 때까지 홈런이 하나도 없는 선수였다. 그러다 공을 정확히 치고 힘이 실리면서 잠실구장에서 30홈런 이상을 때릴 수 있는 거포로 성장했다. 퓨처스리그에서는 리그를 지배했지만 1군에서는 몇 년간 1군과 2군을 들락거리며 가능성만 확인했다. 2016년 콘택트와 선구안이 좋아지면서 힘을 실은 배팅을 통해 능력 있는 거포로 거듭났다. 빠른 허리 회전과 이상적인 스윙 궤적으로 라인드라이브 타구를 만들고, 그게 잘 맞으면 홈런으로 이어진다. 엄청난 힘이 뒷받침되지 않으면 불가능한 폼이다. 타격 재능에 비해 수비는 리그 평균 이하다. 원래 포수 출신이지만 2016년 좌익수로 전향한 뒤 수비 실력도 향상되고 있다.

우투좌타
1988년 9월 22일
183cm / 90kg
연봉 4억 7000만 원
경력 영랑초–상인천중–인천고
–두산–상무
지명순위 08 두산 2차 1라운드
4순위

HOT&COLD

SPRAY ZONE

16
9   10
29%
34%   37%

홈런 타구분포 %

주자 상황별 타수-안타 타율

| 277-97 0.350 | 121-38 0.314 | 49-20 0.408 | 16-4 0.250 |
| 44-16 0.364 | 18-5 0.278 | 5-0 0.000 | 14-5 0.357 |

■ 타율 0.400 이상 ■ 0.300~0.399 ■ 0.200~0.299 ■ 0.100~0.199 ■ 타율 0.099 이하 □ 3타수 미만

최근 3년간 성적

연도	팀명	타율	경기	타수	득점	안타	2루타	3루타	홈런	루타	타점	도루	볼넷	삼진	장타율	출루율	실책	OPS	WAR
2015	두산	0.235	48	153	24	36	8	0	7	65	22	4	22	39	0.425	0.335	2	0.760	0.66
2016	두산	0.325	134	492	107	160	32	3	37	309	124	8	71	107	0.628	0.407	5	1.035	6.70
2017	두산	0.340	144	544	110	185	34	2	35	328	115	4	81	123	0.603	0.429	8	1.032	7.78
통산		0.306	435	1388	264	425	84	5	85	774	263	18	190	310	0.558	0.391	19	0.949	-

구종별 타격 성적

구종	전체	VS우투	VS좌투
포심패스트볼	0.363	0.351	0.397
투심/싱커	0.406	0.429	0.250
컷패스트볼	0.545	0.600	0.000
슬라이더	0.329	0.356	0.297
커브	0.256	0.261	0.250
체인지업	0.310	0.314	0.286
포크/SF/너클	0.273	0.250	0.357

볼카운트별 타율-타점

볼카운트	타율	타수	안타	타점	볼카운트	타율	타수	안타	타점
0-0	0.467	92	43	20	2-0	0.462	13	6	3
0-1	0.500	40	20	11	2-1	0.359	39	14	6
0-2	0.065	31	2	1	2-2	0.236	89	21	12
1-0	0.474	38	18	14	3-0	0.333	6	2	1
1-1	0.417	48	20	16	3-1	0.429	7	3	6
1-2	0.213	75	16	12	3-2	0.303	66	20	13

S > B : 0.260 / S = B : 0.367 / S < B : 0.373

수비 기록

위치	자살	보살	실책	수비율

| 좌익수 | 232 | 5 | 8 | 0.967 |

상황별 기록

상황	타율	타수	안타	2루타	3루타	홈런	타점	볼넷	사구	삼진	병살
주자 없음	0.350	277	97	18	2	19	19	28	5	64	0
주자 있음	0.330	267	88	16	0	16	96	53	2	59	8
득점권	0.342	146	50	9	0	8	77	41	1	32	3
좌투수	0.326	144	47	10	1	6	29	21	2	33	2
우투수	0.346	324	112	21	1	22	73	54	2	68	4
언더	0.342	76	26	3	0	7	19	6	3	22	2
노아웃	0.362	213	77	17	1	16	30	24	0	50	2
원아웃	0.320	150	48	5	0	10	41	34	4	36	6
투아웃	0.331	181	60	12	1	7	45	26	3	37	0

상대팀별 기록

구분	경기	타율	타수	득점	안타	홈런	타점	도루	볼넷	삼진	병살
KIA	16	0.305	59	7	18	0	8	1	11	18	1
롯데	16	0.250	60	5	15	0	6	0	9	14	1
NC	16	0.359	64	13	23	4	13	0	8	13	1
SK	16	0.348	66	17	23	7	15	0	3	16	1
LG	16	0.356	59	12	21	6	18	1	11	13	0
넥센	16	0.295	61	11	18	1	9	0	9	11	0
한화	16	0.375	56	11	21	7	14	0	13	10	2
삼성	16	0.383	60	15	23	4	18	1	11	14	1
kt	16	0.390	59	11	23	6	19	1	6	9	1

외야

우투우타
1990년 9월 8일
184cm / 80kg
연봉 3억 7000만 원
경력 역삼초-이수중-서울고
-두산-경찰
지명순위 09 두산 2차 2라운드
10순위

NO.37 박건우

잠실구장에서 20-20을 달성할 수 있는 선수다. 호타준족이며 강한 어깨와 준수한 포구 실력, 빠른 발, 강한 손목을 이용해 잠실구장에서 밀어쳐서 홈런을 만들어내기도 한다. 뛰어난 실력에 비해 콘택트 능력과 선구안이 살짝 부족해 아쉽다. 그나마 2017시즌에는 삼진율을 줄이면서 발전된 모습을 보여줬다. 슬럼프가 오면 그 기간이 길어지는 경향이 있다. 수비에서는 중견수 자리에서 홈 보살을 잡을 정도로 강한 어깨와 정확한 송구 능력을 갖췄다. 2016년 사이클링히트를 기록하더니 2년 연속 20홈런을 달성하고 2017년에 20-20클럽에 가입했다. 타격 2위 (0.366)를 기록하며 최고의 한 해를 보냈다.

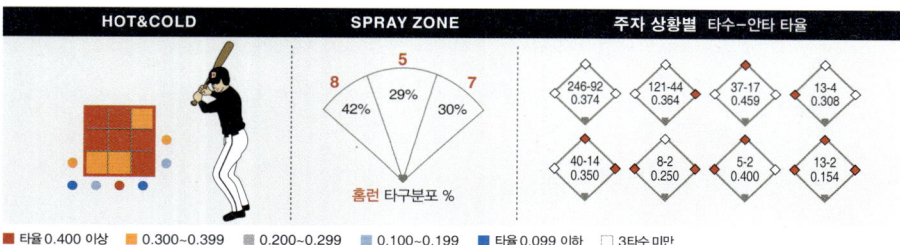

HOT&COLD　　SPRAY ZONE　　주자 상황별 타수-안타 타율

홈런 타구분포 %

■ 타율 0.400 이상　■ 0.300~0.399　■ 0.200~0.299　■ 0.100~0.199　■ 타율 0.099 이하　□ 3타수 미만

최근 3년간 성적

연도	팀명	타율	경기	타수	득점	안타	2루타	3루타	홈런	루타	타점	도루	볼넷	삼진	장타율	출루율	실책	OPS	WAR
2015	두산	0.342	70	158	31	54	12	0	5	81	26	2	12	29	0.513	0.399	2	0.912	1.74
2016	두산	0.335	132	484	95	162	36	4	20	266	83	17	38	86	0.550	0.390	3	0.940	5.80
2017	두산	0.366	131	483	91	177	40	2	20	281	78	20	41	64	0.582	0.424	4	1.006	7.19
통산		0.337	419	1239	237	418	93	7	46	663	197	42	96	204	0.535	0.393	11	0.928	-

구종별 타격 성적

구종	전체	VS우투	VS좌투
포심패스트볼	0.404	0.422	0.361
투심/싱커	0.433	0.481	0.000
컷패스트볼	0.125	0.250	0.000
슬라이더	0.278	0.268	0.375
커브	0.405	0.436	0.000
체인지업	0.429	0.407	0.455
포크/SF/너클	0.313	0.219	0.500

볼카운트별 타율-타점

볼카운트	타율	타수	안타	타점	볼카운트	타율	타수	안타	타점
0-0	0.392	79	31	15	2-0	0.364	22	8	7
0-1	0.419	43	18	1	2-1	0.417	24	10	5
0-2	0.360	25	9	5	2-2	0.338	68	23	7
1-0	0.538	52	28	14	3-0	-	0	0	1
1-1	0.333	36	12	3	3-1	0.625	16	10	7
1-2	0.149	67	10	4	3-2	0.353	51	18	7

S〉B : 0.274 / S＝B : 0.361 / S〈B : 0.448

수비 기록

위치	자살	보살	실책	수비율

| 좌익수 | 0 | 0 | 0 | - |
| 중견수 | 227 | 4 | 4 | 0.983 |

상황별 기록

상황	타율	타수	안타	2루타	3루타	홈런	타점	볼넷	사구	삼진	병살
주자 없음	0.374	246	92	25	2	9	9	23	3	26	0
주자 있음	0.359	237	85	15	0	11	69	18	7	38	15
득점권	0.353	116	41	7	0	6	55	14	5	22	4
좌투수	0.361	119	43	8	0	6	23	9	3	15	2
우투수	0.376	298	112	27	2	12	46	27	5	41	10
언더	0.333	66	22	5	0	2	9	5	2	8	3
노아웃	0.414	140	58	13	2	4	11	15	2	17	8
원아웃	0.349	149	52	10	0	8	31	17	3	19	7
투아웃	0.345	194	67	17	0	8	35	16	2	28	0

상대팀별 기록

구분	경기	타율	타수	득점	안타	홈런	타점	도루	볼넷	삼진	병살
KIA	14	0.446	56	11	25	0	7	5	5	6	5
롯데	13	0.426	47	6	20	3	9	2	3	1	2
NC	14	0.380	50	13	19	4	10	1	9	4	3
SK	14	0.348	46	6	16	1	6	2	0	10	0
LG	16	0.214	56	5	12	0	2	0	3	12	1
넥센	13	0.356	45	6	16	1	6	3	6	10	1
한화	16	0.290	69	14	20	5	14	1	1	3	5
삼성	15	0.491	53	19	26	5	17	2	11	8	0
kt	16	0.377	61	11	23	0	7	6	3	6	0

고봉재
NO. 30

우언우타
1993년 5월 14일
185cm / 86kg
연봉 3300만 원
경력 감천초-대동중
　　-경남고-호원대
지명순위 16 두산 2차 3라운드
25순위

연도	팀명	평균자책	경기	승-패-세-홀	이닝	피안타	피홈런	볼넷	탈삼진	WHIP	WAR
2017	두산	0.00	1	0-0-0-0	1	2	0	1	0	3.00	0.02
통산		5.92	26	3-0-0-0	24 1/3	34	1	3	18	1.52	-

볼카운트별 피안타율

볼카운트	피안타율	타수	피안타	볼카운트	피안타율	타수	피안타
0-0				2-0	0.000	1	0
0-1	0.000	1	0	2-1	1.000	1	1
0-2				2-2			
1-0				3-0			
1-1				3-1		0	0
1-2	1.000	1		3-2			

S > B : 0.500 / S = B : - / S < B : 0.500

상황별 기록

상황	안타	삼진	피안타율
주자 없음	1	0	1.000
만루	0	0	0.000
주자 있음	1	0	0.333
득점권	1	0	0.500
상위(1~2번)	-	-	-
중심(3~5번)	1	0	1.000
하위(6~9번)	1	0	0.333
좌타자	0	0	0.000
우타자	2	0	1.000

상대팀별 기록

구분	경기	평균자책	승-패-세-홀	이닝
KIA	-	-	-	-
롯데	-	-	-	-
NC	-	-	-	-
SK	-	-	-	-
LG	-	-	-	-
넥센	1	0.00	0-0-0-0	1
한화	-	-	-	-
삼성	-	-	-	-
kt	-	-	-	-

우완 사이드암. 130km/h 초중반 느린 공을 던지지만 제구력이 안정적이며 좋은 변화구를 가진 투수다. 2016년 5월 무너진 두산 불펜의 한 줄기 희망이었다. 주로 선발이 일찌감치 무너지면 등판해 기대 이상의 호투를 보여줬으나 2017시즌에는 급전직하의 투구를 하며 루키의 한계를 드러내고 말았다.

구속/구사율/피안타율

구종	평균구속	구사율	피안타율
포심패스트볼	132	50%	0.000
투심/싱커	-	-	-
컷패스트볼	-	-	-
슬라이더	121	39%	1.000
커브	-	-	-
체인지업	121	11%	0.000
포크/SF/너클	-	-	-

기타 기록

상대 타자 타구 방향
75%　0%　25%

이닝당 투구수	18.0
땅볼 / 뜬공	1.00

PITCHING ZONE

좌타자·몸쪽 / 우타자·몸쪽

15% 이상　12~14%　9~11%　6~8%　3~5%　2% 이하

장민익
NO. 58

좌투좌타
1991년 2월 5일
207cm / 99kg
연봉 3000만 원
경력 순천북초-이수중
　　-효천고
지명순위 10 두산 1라운드
7순위

연도	팀명	평균자책	경기	승-패-세-홀	이닝	피안타	피홈런	볼넷	탈삼진	WHIP	WAR
2017	두산	0.00	3	0-0-0-0	2	0	0	2	2	1.00	0.05
통산		9.09	28	0-0-0-1	33 2/3	54	7	30	19	2.50	-

볼카운트별 피안타율

볼카운트	피안타율	타수	피안타	볼카운트	피안타율	타수	피안타
0-0	0.000	2	0	2-0			
0-1	0.000	1	0	2-1			
0-2	0.000	1	0	2-2	0.000	1	0
1-0	0.000	1	0	3-0			
1-1				3-1			
1-2				3-2			

S > B : 0.000 / S = B : 0.000 / S < B : 0.000

상황별 기록

상황	안타	삼진	피안타율
주자 없음	0	0	0.000
만루	-	-	-
주자 있음	0	2	0.000
득점권	0	1	0.000
상위(1~2번)	0	1	0.000
중심(3~5번)	0	1	0.000
하위(6~9번)	0	1	0.000
좌타자	0	0	0.000
우타자	0	1	0.000

상대팀별 기록

구분	경기	평균자책	승-패-세-홀	이닝
KIA	2	0.00	0-0-0-0	1 1/3
롯데	1	0.00	0-0-0-0	0 2/3
NC	-	-	-	-
SK	-	-	-	-
LG	-	-	-	-
넥센	-	-	-	-
한화	-	-	-	-
삼성	-	-	-	-
kt	-	-	-	-

2010년 고교 시절부터 자완의 키가 큰 선수라 프로 팀의 주목을 받았다. 207cm라는 큰 키로 자완에 목말랐던 두산에 입단했다. 뻣뻣한 투구 폼과 제구력 난조, 변화구 구사 능력 부재 등 모든 악조건을 개선하기 위해 코칭스태프와 본인도 피나는 노력을 했다. 그러나 여전히 답이 없는 투수로 전락했다. 2018시즌에서도 발전이 없다면 방출 대상이다.

구속/구사율/피안타율

구종	평균구속	구사율	피안타율
포심패스트볼	142	100%	0.000
투심/싱커	-	-	-
컷패스트볼	-	-	-
슬라이더	-	-	-
커브	-	-	-
체인지업	-	-	-
포크/SF/너클	-	-	-

기타 기록

상대 타자 타구 방향
67%　0%　33%

이닝당 투구수	12.0
땅볼 / 뜬공	3.00

PITCHING ZONE

좌타자·몸쪽 / 우타자·몸쪽

연도	팀명	평균자책	경기	승-패-세-홀	이닝	피안타	피홈런	볼넷	탈삼진	WHIP	WAR
2017	두산	6.75	21	1-1-0-0	32	37	3	14	23	1.59	-0.27
통산		6.75	21	1-1-0-0	32	37	3	14	23	1.59	

박치국

NO. 66

투수

우투우타
1998년 3월 10일
177cm / 78kg
연봉 3400만 원
경력 인천숭의초-신흥중-제물포고
지명순위 17 두산 2차 1라운드 10순위

볼카운트별 피안타율

볼카운트	피안타율	타수	피안타	볼카운트	피안타율	타수	피안타
0-0	0.300	10	3	2-0	0.000	2	0
0-1	0.294	17	5	2-1	0.444	9	4
0-2	0.133	15	2	2-2	0.217	23	5
1-0	0.667	12	8	3-0			
1-1	0.429	7	3	3-1	0.500	6	3
1-2	0.154	13	2	3-2	0.154	13	2
				S > B : 0.200 / S = B : 0.275 / S < B : 0.405			

상황별 기록

상황	안타	삼진	피안타율
주자 없음	15	14	0.246
만루	3	1	0.500
주자 있음	22	9	0.333
득점권	15	4	0.375
상위(1~2번)	6	6	0.207
중심(3~5번)	16	8	0.320
하위(6~9번)	15	9	0.313
좌타자	13	9	0.271
우타자	24	14	0.304

상대팀별 기록

구분	경기	평균자책	승-패-세-홀	이닝
KIA	2	13.50	0-0-0-0	5 1/3
롯데	5	3.38	0-0-0-0	2 2/3
NC	2	2.70	1-0-0-0	3 1/3
SK	2	0.00	0-0-0-0	3
LG	4	3.48	0-0-0-0	10 1/3
넥센	2	24.00	0-1-0-0	3
한화	2	3.86	0-0-0-0	2 1/3
삼성	2	3.00	0-0-0-0	3
kt				

구속/구사율/피안타율

구종	평균구속	구사율	피안타율
포심패스트볼	138	68%	0.313
투심/싱커	-	-	-
컷패스트볼	-	-	-
슬라이더	-	-	-
커브	118	29%	0.243
체인지업	128	3%	0.500
포크/SF/너클	-	-	-

기타 기록

상대 타자 타구 방향
34% 27% 38%

이닝당 투구수	18.6
땅볼/뜬공	1.62

사이드암 투수. U-18 국가대표 출신이며 140km/h 초반대의 패스트볼과 예리한 슬라이더가 주 무기다. 또한 주자 견제 능력이 뛰어나며 탈삼진 능력도 갖췄다. 공격적인 투구를 한다. 그러나 패스트볼과 슬라이더만 사용하는 '투피치' 투수라 아직까지 선발이나 셋업맨 등 긴급한 상황에서 쓸 선수는 아니다. 주로 패전용 처리 투수로 등판할 가능성이 높다.

PITCHING ZONE

좌타자·몸쪽 / 우타자·몸쪽

■ 15% 이상 ■ 12~14% ■ 9~11% ■ 6~8% ■ 3~5% □ 2% 이하

연도	팀명	평균자책	경기	승-패-세-홀	이닝	피안타	피홈런	볼넷	탈삼진	WHIP	WAR
2017	두산	7.94	11	1-1-0-0	17	20	2	11	7	1.82	-0.41
통산		4.86	208	24-21-11-37	422 1/3	386	60	244	374	1.49	-

홍상삼

NO. 47

투수

우투좌타
1990년 2월 13일
188cm / 85kg
연봉 9000만 원
경력 영일초-중암중-충암고-두산-경찰
지명순위 08 두산 2차 3라운드 20순위

볼카운트별 피안타율

볼카운트	피안타율	타수	피안타	볼카운트	피안타율	타수	피안타
0-0	0.333	6	2	2-0	0.333	3	1
0-1	0.500	4	2	2-1	0.200	5	1
0-2	0.200	5	1	2-2	0.231	13	3
1-0	0.400	5	2	3-0	-	0	0
1-1	0.500	8	4	3-1	0.000	2	0
1-2	0.100	10	1	3-2			
				S > B : 0.211 / S = B : 0.333 / S < B : 0.304			

상황별 기록

상황	안타	삼진	피안타율
주자 없음	12	0	0.429
만루	0	0	0.000
주자 있음	8	7	0.195
득점권	5	6	0.179
상위(1~2번)	2	1	0.154
중심(3~5번)	11	3	0.407
하위(6~9번)	7	3	0.241
좌타자	10	2	0.323
우타자	10	5	0.263

상대팀별 기록

구분	경기	평균자책	승-패-세-홀	이닝
KIA	2	6.75	0-0-0-0	2 2/3
롯데	1	27.00	0-0-0-0	1 1/3
NC	1	0.00	0-0-0-0	-
SK	1	4.50	0-0-0-0	2
LG	-	-	-	-
넥센	3	7.71	0-1-0-0	4 2/3
한화	1	0.00	0-0-0-0	-
삼성	1	7.20	1-0-0-0	5
kt	1	0.00	0-0-0-0	0 2/3

구속/구사율/피안타율

구종	평균구속	구사율	피안타율
포심패스트볼	146	55%	0.308
투심/싱커	-	-	-
컷패스트볼	-	-	-
슬라이더	124	34%	0.381
커브	113	7%	0.000
체인지업	-	-	-
포크/SF/너클	129	4%	0.000

기타 기록

상대 타자 타구 방향
37% 23% 40%

이닝당 투구수	19.6
땅볼/뜬공	1.15

140km/h 중후반대의 패스트볼과 슬라이더, 커브, 포크볼을 구사한다. 구위가 좋고 특히 슬라이더는 변화구의 폭이 크고 구위가 좋아 상대 타자의 헛스윙을 유도한다. 단점이라면 독특한 투구폼으로 인한 제구력 난조. 난공불락의 모습을 보여주다가도 갑작스럽게 장타를 얻어맞는 경우가 있다. 올해 소속팀에서는 선발, 중간 가리지 말고 자주 등판해야 한다.

PITCHING ZONE

좌타자·몸쪽 / 우타자·몸쪽

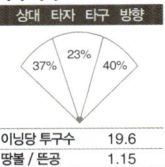

내야

김민혁
NO. 92
우투우타
1996년 5월 3일
188cm / 100kg
연봉 3000만 원
경력 광주대성초-광주동성중
-광주동성고
지명순위 15 두산 2차 2라운드
16순위

연도	팀명	타율	경기	타수	득점	안타	홈런	타점	도루	볼넷	삼진	장타율	OPS	WAR
2017	두산	0.190	18	21	1	4	0	2	0	0	6	0.286	0.476	-0.19
통산		0.190	18	21	1	4	0	2	0	0	6	0.286	0.476	

볼카운트별 타율-타점

볼카운트	타율	타수	안타	타점	볼카운트	타율	타수	안타	타점
0-0	0.000	2	0	0	2-0	-	-	-	-
0-1	0.333	3	1	0	2-1	0.000	3	0	0
0-2	0.333	3	1	0	2-2	0.000	4	0	0
1-0	-	-	-	-	3-0	-	-	-	-
1-1	1.000	1	1	0	3-1	0.000	1	0	0
1-2	-	-	-	-	3-2	-	-	-	-
					S > B : 0.300 / S = B : 0.143 / S < B : 0.000				

상황별 기록

구분	타율	타수	안타	타점
주자없음	0.182	11	2	0
주자있음	0.200	10	2	2
득점권	0.286	7	2	2
좌투수	0.154	13	2	0
우투수	0.167	6	1	1
언더	0.500	2	1	0
노아웃	0.167	6	1	0
원아웃	0.250	8	2	1
투아웃	0.143	7	1	1

상대팀별 기록

상대팀	타율	타수	안타	타점
KIA	0.000	6	0	0
롯데	-	-	-	-
NC	0.250	4	1	0
SK	1.000	2	2	2
LG	0.250	4	1	0
넥센	-	-	-	-
한화	0.000	2	0	0
삼성	0.000	1	0	0
kt	-	0	0	0

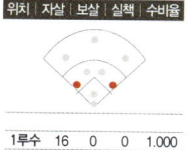

구종별 타격 성적

구종	전체	VS우투	VS좌투
포심패스트볼	0.111	0.333	0.000
투심/싱커	0.500	0.000	1.000
컷패스트볼	0.000	-	-
슬라이더	0.000	0.000	0.000
커브	1.000	1.000	-
체인지업	0.500	-	0.500
포크/SF/너클	0.000	0.000	0.000

수비 기록

위치	자살	보살	실책	수비율
1루수	16	0	0	1.000
3루수	0	1	0	1.000

188cm, 100kg의 메이저리거 같은 체격을 갖췄다. 2017년 1군에 데뷔해 6월 16일 NC와의 경기에서 8회말 대타로 나와 데뷔 첫 안타를 터트렸다. 2017년 21타석에서 홈런 없이 4안타를 기록하는 빈공을 보였지만, 가능성만 확인한 한 해였다. 힘이 엄청나 타격의 정교함만 다듬는다면 앞으로 두산을 대표하는 3루 거포 우타자가 될 것이다.

HOT&COLD
vs. 전체 투수

SPRAY ZONE

우타자

0 0
40% 33% 27%

홈런 타구분포 %

■ 타율 0.400 이상 ■ 0.300~0.399 ■ 0.200~0.299 ■ 0.100~0.199 ■ 타율 0.099 이하 □ 3타수 미만

내야

신성현
NO. 12
우투우타
1990년 10월 19일
183cm / 85kg
연봉 5700만 원
경력 가동초-덕수중-일본 교토
고쿠사이고-히로시마-한화
지명순위 15 한화 육성선수

연도	팀명	타율	경기	타수	득점	안타	홈런	타점	도루	볼넷	삼진	장타율	OPS	WAR
2017	한화·두산	0.164	34	67	5	11	1	7	1	2	21	0.269	0.466	-0.77
통산		0.239	187	327	52	78	13	48	1	30	119	0.404	0.717	-

볼카운트별 타율-타점

볼카운트	타율	타수	안타	타점	볼카운트	타율	타수	안타	타점
0-0	0.286	7	2	2	2-0	-	-	-	-
0-1	0.143	7	1	1	2-1	0.000	2	0	0
0-2	0.500	4	2	0	2-2	0.000	18	0	0
1-0	0.500	4	2	0	3-0	-	-	-	-
1-1	0.333	3	1	0	3-1	0.000	1	0	0
1-2	0.176	17	3	4	3-2	0.000	2	0	0
					S > B : 0.214 / S = B : 0.107 / S < B : 0.182				

상황별 기록

구분	타율	타수	안타	타점
주자없음	0.154	39	6	1
주자있음	0.179	28	5	6
득점권	0.231	13	3	6
좌투수	0.125	24	3	0
우투수	0.200	25	5	1
언더	0.167	18	3	6
노아웃	0.091	22	2	0
원아웃	0.263	19	5	3
투아웃	0.154	26	4	4

상대팀별 기록

상대팀	타율	타수	안타	타점
KIA	0.000	3	0	1
두산	0.375	8	3	1
롯데	0.143	7	1	0
NC	0.000	4	0	0
SK	0.200	15	3	0
LG	0.000	4	0	0
넥센	0.273	11	3	3
한화	-	-	-	-
삼성	0.063	16	1	2
kt	-	-	-	-

구종별 타격 성적

구종	전체	VS우투	VS좌투
포심패스트볼	0.292	0.235	0.429
투심/싱커	0.000	0.000	0.000
컷패스트볼	1.000	1.000	-
슬라이더	0.333	0.375	0.000
커브	0.000	0.000	0.000
체인지업	0.000	0.000	0.000
포크/SF/너클	0.000	0.000	0.000

수비 기록

위치	자살	보살	실책	수비율
1루수	64	11	0	1.000
3루수	2	9	2	0.846
유격수	0	2	1	0.667

파워형 히터. 삼진이 많지만 제대로 걸리면 어김없이 장타가 나온다. 특히 좌타수에 상당히 강하다. 우완, 특히 사이드암을 만나면 맥없이 물러나곤 한다. 수비력은 나쁘지 않지만 1군 경험이 부족해 가끔 결정적인 실책을 범한다. 그러나 간혹 호수비도 보여 경험을 쌓는다면 발전 가능성이 많은 선수다.

HOT&COLD
vs. 전체 투수

SPRAY ZONE

우타자

0
1 0
52% 20% 28%

홈런 타구분포 %

연도	팀명	타율	경기	타수	득점	안타	홈런	타점	도루	볼넷	삼진	장타율	OPS	WAR
2017	두산	0.277	80	47	17	13	0	2	3	4	12	0.319	0.665	0.30
통산		0.276	146	76	33	21	0	5	5	4	18	0.303	0.624	

볼카운트별 타율-타점

볼카운트	타율	타수	안타	타점	볼카운트	타율	타수	안타	타점
0-0	0.273	11	3	1	2-0	-			
0-1	0.500	4	2	0	2-1	1.000	1	1	0
0-2	0.000	5	0	0	2-2	0.400	5	2	1
1-0	1.000	1	1	0	3-0	-			
1-1	0.250	4	1	0	3-1	0.667	3	2	1
1-2	0.100	10	1	0	3-2	-			

S > B : 0.158 / S = B : 0.300 / S < B : 0.500

상황별 기록

구분	타율	타수	안타	타점
주자 없음	0.333	30	10	0
주자 있음	0.176	17	3	2
득점권	0.143	14	2	2
좌투수	0.417	12	5	0
우투수	0.233	30	7	0
언더	0.200	5	1	0
노아웃	0.250	20	5	0
원아웃	0.500	12	6	2
투아웃	0.133	15	2	0

상대팀별 기록

상대팀	타율	타수	안타	타점
KIA	0.333	3	1	0
롯데	0.500	4	2	0
NC	0.400	5	2	0
SK	0.167	6	1	1
LG	0.333	6	2	0
넥센	0.333	3	1	0
한화	0.667	3	2	0
삼성	0	7	0	0
kt	0.143	7	1	0

구종별 타격 성적

구종	전체	VS우투	VS좌투
포심패스트볼	0.462	0.412	0.556
투심/싱커	0.000	0.000	-
컷패스트볼	-	-	-
슬라이더	0.000	-	0.000
커브	0.000	-	0.000
체인지업	0.000	0.000	-
포크/SF/너클	0.143	0.143	

수비 기록

위치	자살	보살	실책	수비율
좌익수	11	1	0	1.000
중견수	17	1	1	0.947
우익수	20	1	0	1.000

조수행

NO. 9

우투좌타
1993년 8월 30일
178cm / 73kg
연봉 4500만 원
경력 노암초-경포중-강릉고-건국대
지명순위 16 두산 2차 1라운드 5순위

외야

건국대 시절 4년간 90경기에 출전해 92도루를 달성하며 대학 최고의 1번 타자이자 대도로 명성을 날렸다. 홈에서 1루까지 3.88초에 끊어낼 정도로 어지간해서는 병살타는 나오기 힘든 수준의 빠른 발이 최대의 무기다. 두산 구단은 이런 점을 높이 평가해 중견수 자원으로 조련 중이다. 수비 범위가 넓고 유격수 출신이라 강한 어깨를 바탕으로 한 송구 능력 또한 대단하다.

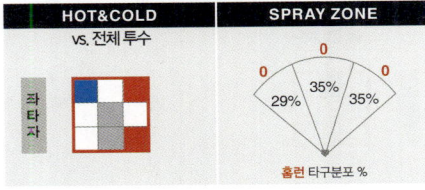

■ 타율 0.400 이상　■ 0.300~0.399　■ 0.200~0.299　■ 0.100~0.199　■ 타율 0.099 이하　□ 3타수 미만

연도	팀명	타율	경기	타수	득점	안타	홈런	타점	도루	볼넷	삼진	장타율	OPS	WAR
2017	두산	0.209	57	86	15	18	3	14	0	5	23	0.349	0.630	0.31
통산		0.243	129	263	49	64	8	46	1	28	66	0.392	0.718	-

볼카운트별 타율-타점

볼카운트	타율	타수	안타	타점	볼카운트	타율	타수	안타	타점
0-0	0.250	8	2	2	2-0	0.333	3	1	0
0-1	0.333	3	1	1	2-1	0.000	1	0	0
0-2	0.250	8	2	1	2-2	0.222	18	4	6
1-0	0.500	6	3	2	3-0	-			
1-1	0.000	9	0	0	3-1	0.500	2	1	3
1-2	0.133	15	2	1	3-2	0.091	11	1	1

S > B : 0.192 / S = B : 0.171 / S < B : 0.280

상황별 기록

구분	타율	타수	안타	타점
주자 없음	0.163	43	7	1
주자 있음	0.256	43	11	16
득점권	0.385	26	10	16
좌투수	0.136	22	3	1
우투수	0.237	59	14	12
언더	0.200	5	1	4
노아웃	0.235	34	8	3
원아웃	0.179	28	5	6
투아웃	0.208	24	5	8

상대팀별 기록

상대팀	타율	타수	안타	타점
KIA	0.333	3	1	3
롯데	0.250	8	2	2
NC	0.357	14	5	3
SK	0.000	6	0	0
LG	0.111	9	1	1
넥센	0.217	23	5	6
한화	0.143	7	1	0
삼성	0.273	11	3	2
kt	0.000	5	0	0

구종별 타격 성적

구종	전체	VS우투	VS좌투
포심패스트볼	0.175	0.172	0.182
투심/싱커	0.571	0.571	-
컷패스트볼	-	-	-
슬라이더	0.143	0.167	0.000
커브	0.000	0.000	0.000
체인지업	0.250	0.333	0.167
포크/SF/너클	0.154	0.200	0.000

수비 기록

위치	자살	보살	실책	수비율
1루수	7	1	0	1.000
좌익수	8	1	0	1.000
우익수	33	2	0	1.000

국해성

NO.15

우투양타
1989년 10월 8일
180cm / 94kg
연봉 5000만 원
경력 군산중앙초-동인천중-인천고
지명순위 08 두산 육성선수

외야

고3 시절 시카고 컵스와 계약을 앞두고 컵스에서 팔꿈치 부상을 이유로 약속을 파기해버려 미아 신세로 있다가 이를 눈여겨본 두산이 신고 선수로 영입했다. 잦은 부상으로 엄청난 잠재력을 제대로 피우지 못하고 있다. 외야거포 자원으로 경기에 꾸준하게 출장한다면 엄청난 결과를 낼 수 있는 선수다.

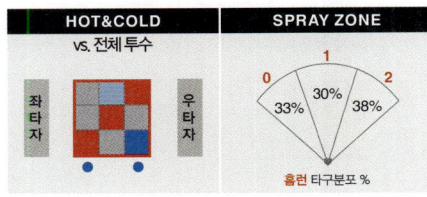

외야

김인태

NO. 39

좌투좌타
1994년 7월 3일
178cm / 78kg
연봉 3200만 원
경력 포항제철서초-천안북중
-북일고-두산-경찰
지명순위 13 두산 1라운드
4순위

연도	팀명	타율	경기	타수	득점	안타	홈런	타점	도루	볼넷	삼진	장타율	OPS	WAR
2017	두산	0.186	31	43	5	8	2	4	0	1	11	0.349	0.554	-0.29
통산		0.180	45	61	5	11	2	7	0	2	15	0.311	0.517	-

볼카운트별 타율-타점

볼카운트	타율	타수	안타	타점	볼카운트	타율	타수	안타	타점
0-0	0.143	7	1	2	2-0	0.000	1	0	0
0-1	0.000	1	0	0	2-1	0.000	2	0	0
0-2	0.286	7	2	0	2-2	0.143	7	1	0
1-0	0.000	1	0	0	3-0	-	-	-	-
1-1	0.667	3	2	1	3-1	1.000	1	0	0
1-2	0.125	8	1	1	3-2	0.200	5	1	1
				S > B : 0.188 / S = B : 0.235 / S < B : 0.100					

상황별 기록

구분	타율	타수	안타	타점
주자 없음	0.182	22	4	1
주자 있음	0.190	21	4	3
득점권	0.083	12	1	1
좌투수	0.333	6	2	1
우투수	0.138	29	4	2
언더	0.250	8	2	1
노아웃	0.400	15	6	1
원아웃	0.063	16	1	1
투아웃	0.083	12	1	1

상대팀별 기록

상대팀	타율	타수	안타	타점
KIA	0.250	8	2	1
롯데	0.000	1	0	0
NC	0.000	5	0	0
SK	0.273	11	3	0
LG	-	0	0	0
넥센	0.143	14	2	2
한화	0.000	1	0	0
삼성	1.000	1	1	1
kt				

구종별 타격 성적

구종	전체	VS우투	VS좌투
포심패스트볼	0.227	0.188	0.333
투심/싱커	0.200	0.200	-
컷패스트볼	0.000	0.000	-
슬라이더	0.000	0.000	-
커브	0.250	0.250	-
체인지업	0.167	0.167	-
포크/SF/너클	0.000	0.000	-

수비 기록

위치	자살	보살	실책	수비율
좌익수	2	0	1	0.667
우익수	25	0	0	1.000

천안북일고의 에이스이자 뛰어난 외야수 출신이다. 프로 입단 후 타자로 전념하기로 했다. 체격은 왜소하지만 뛰어난 콘택트 능력과 공수주 삼박자를 겸비한 선수다. 같은 팀의 정수빈과 비슷한 플레이를 한다. 경찰청에서 복무를 마치고 2017 시즌 4월 9일 데뷔 첫 투런 홈런을 쏘아 올렸지만 그 후 극심한 무안타로 일관하다가 1군에서 말소됐다.

HOT&COLD vs. 전체 투수	SPRAY ZONE
좌타자	0 / 0 / 2 / 23% / 30% / 47% / 홈런 타구분포 %

■ 타율 0.400 이상	■ 0.300~0.399	■ 0.200~0.299	■ 0.100~0.199	■ 타율 0.099 이하	□ 3타수 미만

외야

정진호

NO. 23

우투좌타
1988년 10월 2일
185cm / 78kg
연봉 8500만 원
경력 인헌초-선린중-유신고
-중앙대-두산-상무
지명순위 11 두산 5라운드
38순위

연도	팀명	타율	경기	타수	득점	안타	홈런	타점	도루	볼넷	삼진	장타율	OPS	WAR
2017	두산	0.283	97	198	43	56	5	31	19		32	0.434	0.779	0.50
통산		0.251	298	486	110	122	9	60	19	47	76	0.370	0.692	-

볼카운트별 타율-타점

볼카운트	타율	타수	안타	타점	볼카운트	타율	타수	안타	타점
0-0	0.333	18	6	5	2-0	0.200	5	1	0
0-1	0.267	15	4	1	2-1	0.429	14	6	3
0-2	0.000	14	0	0	2-2	0.273	33	9	4
1-0	0.600	15	9	6	3-0	-	-	-	-
1-1	0.105	19	2	4	3-1	0.444	9	4	5
1-2	0.211	38	8	1	3-2	0.250	28	7	6
				S > B : 0.179 / S = B : 0.243 / S < B : 0.443					

상황별 기록

구분	타율	타수	안타	타점
주자 없음	0.258	120	31	2
주자 있음	0.321	78	25	29
득점권	0.367	49	18	25
좌투수	0.327	52	17	15
우투수	0.268	112	30	14
언더	0.265	34	9	0
노아웃	0.258	66	17	3
원아웃	0.314	70	22	15
투아웃	0.274	62	17	13

상대팀별 기록

상대팀	타율	타수	안타	타점
KIA	0.188	16	3	1
롯데	0.333	39	13	4
NC	0.118	17	2	1
SK	0.292	24	7	4
LG	0.111	9	1	2
넥센	0.296	27	8	2
한화	0.370	27	10	8
삼성	0.409	22	9	5
kt	0.176	17	3	4

구종별 타격 성적

구종	전체	VS우투	VS좌투
포심패스트볼	0.302	0.254	0.407
투심/싱커	0.313	0.250	0.500
컷패스트볼	0.571	0.571	-
슬라이더	0.333	0.385	0.273
커브	0.077	0.083	0.000
체인지업	0.182	0.176	0.200
포크/SF/너클	0.235	0.308	0.000

수비 기록

위치	자살	보살	실책	수비율
좌익수	28	0	0	1.000
중견수	12	1	0	1.000
우익수	53	0	0	1.000

2017시즌 최고의 한 해를 보냈다. 6월 8일 박건우의 부상으로 선발 출전의 기회를 잡은 순간 KBO리그 사상 5이닝 사이클링히트를 달성했다. 올 시즌 성적은 97경기 0.283, 5홈런, 31타점, 제 몫을 다했다. FA로 이적한 민병헌의 빈자리를 메울 수 있는 선수 중 한 명으로 낙점받았다.

HOT&COLD vs. 전체 투수	SPRAY ZONE
좌타자	1 / 1 / 3 / 29% / 29% / 41% / 홈런 타구분포 %

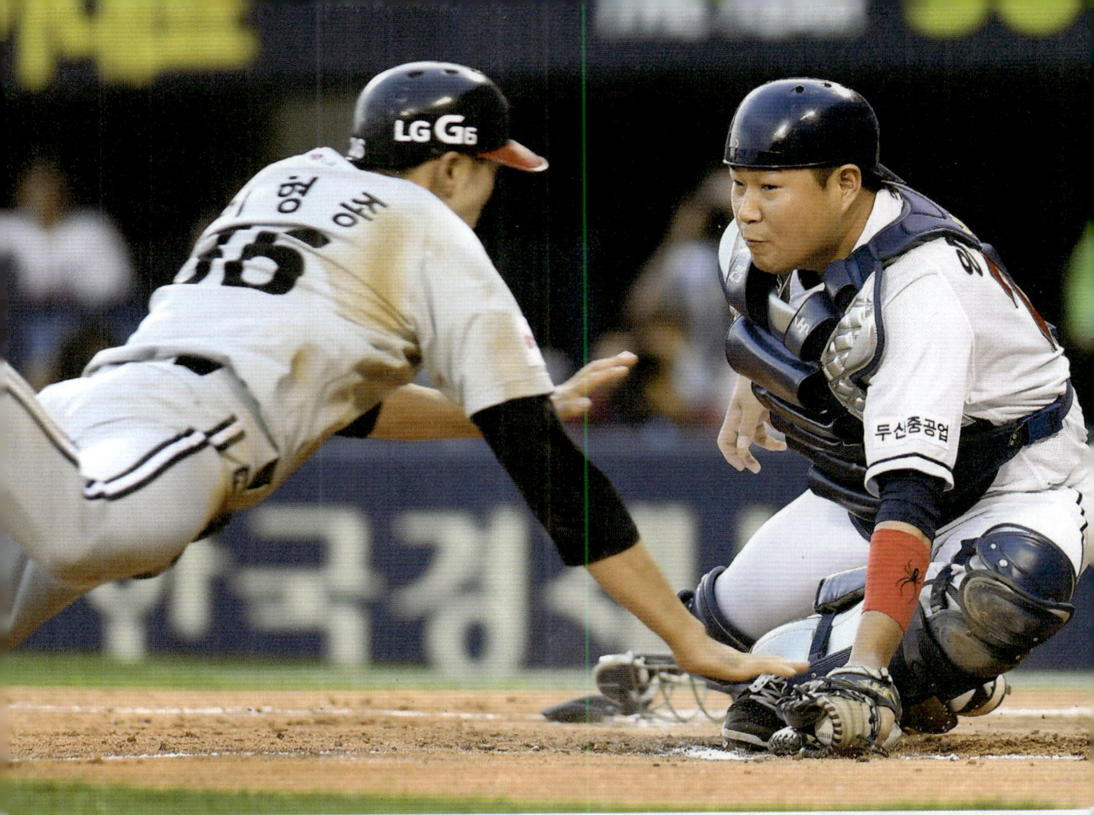
LG G6
두산중공업

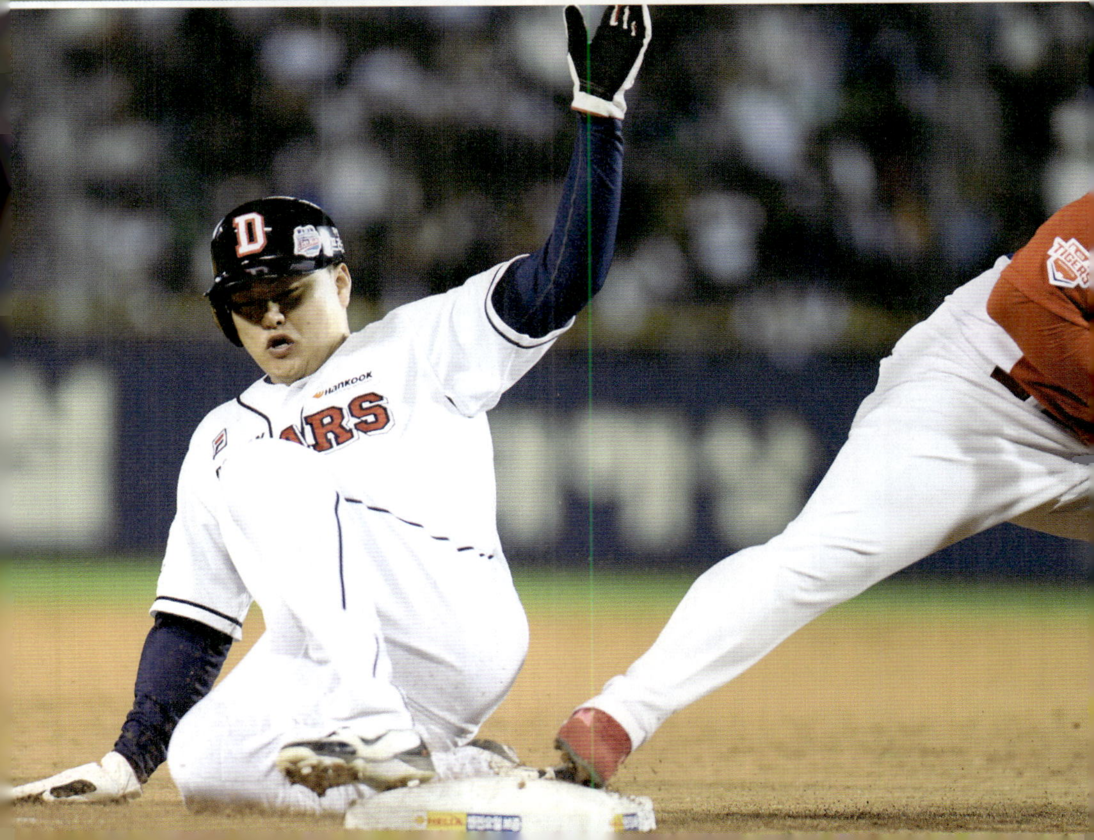
HANKOOK
TIGERS

LOTTE GIANTS

롯데 자이언츠

TEAM PROFILE

구단 창립 1982년
마스코트 누리 & 아라 & 피니
구단주 신격호
모기업 롯데그룹
감독 조원우
단장 이윤원

HOME

현재 연고지 부산광역시
이전 연고지 –
홈구장 사직야구장
수용인원 2만 6800명
영구결번 11번(최동원)

PERFORMANCE

한국시리즈 우승 2회
1984, 1992년

한국시리즈 출전 4회
1984, 1992, 1995, 1999년

플레이오프 출전 5회
1992, 1995, 1999, 2011, 2012년

준플레이오프 출전 8회
1991, 1992, 2000, 2008, 2009, 2010,
2012, 2017년

UNIFORM

Home / Away

LINE-UP

ROTATION	
SP	레일리
SP	듀브론트
SP	박세웅
SP	김원중
SP	송승준外

BULLPEN	
RP	배장호
RP	구승민
RP	박진형
RP	윤성빈
RP	박시영
RP	고효준
CL	손승락

BATTING	
1	민병헌
2	손아섭
3	전준우
4	이대호
5	채태인
6	번즈
7	문규현
8	김사훈
9	신본기

UTILITY PLAYERS	
IF	황진수
IF	김동한
IF	전병우
OF	김문호
OF	이병규
OF	나경민

막강 마운드와 그물수비, 진격의 거인

끔찍했던 전반기, 반전의 후반기

롯데의 2017시즌은 지옥에서 시작해 천국에서 끝났다. 시즌 초반은 끔찍한 부진의 연속이었다. 외국인 투수들의 부진 속에 선발 마운드가 무너졌다. 6월 중순에는 6연패로 리그 7위까지 추락했고, '라인업 카드 사태'까지 터지며 거센 비난이 쏟아졌다. 하지만 조원우 감독은 흔들리지 않고 처음 세운 원칙을 고수했다. 선수들을 다그치거나 조급해 하지 않았다. 투수 기용에 무리수를 두지 않았다. 성과는 서서히 드러났다. 레일리와 린드블럼 듀오가 연일 호투를 펼쳤고, 불펜으로 이동한 박진형이 최고의 셋업맨으로 거듭났다. 타선도 매 경기 대량득점하며 살아났다. 6월 말부터 반등을 시작한 롯데는 결국 지역 라이벌 NC를 제치고 3위로 시즌을 마쳤다.

알찬 전력 보강 성공한 오프시즌, 한층 탄탄해진 전력

오프시즌 롯데는 발빠른 행보로 알찬 전력 보강을 이뤘다. 팀을 포스트시즌으로 이끈 조원우 감독은 3년 재계약에 성공했다. 주전 포수 강민호를 삼성에 뺏겼지만, 대신 외야수 민병헌을 영입해 팀 타선에 기동력과 정교함을 더했다. 오프시즌 막판엔 채태인을 사인 앤드 트레이드로 영입해 팀의 약점인 좌타 라인을 보강했다. 외국인 투수 조시 린드블럼과 재계약 무산 과정이 진통을 겪긴 했지만, 강력한 좌완투수 펠릭스 듀브론트를 영입해 빈 자리를 채웠다. 전체적으로 지난 시즌에 드러난 약점을 보완해 한결 탄탄한 선수 구성을 갖추게 됐다고 볼 수 있다.

포수-3루수 약점, 어떻게 해결할지가 과제

물론 약점도 뚜렷하다. 당장 강민호가 떠난 안방마님 자리를 어떻게 채울지가 문제다. 강민호는 포수 수비도 수비지만, 해마다 20홈런 이상을 때려내는 공격력에서 존재감이 컸다. 또 부산 팬들의 많은 사랑을 받은 스타 플레이어이기도 하다. 김사훈, 나종덕, 나원탁 등 기존 백업 포수들이 공수와 인기 면에서 강민호의 자리를 채울 수 있을지 지켜봐야 한다. 지난 시즌 내내 확실한 주전이 없던 3루수 주인을 찾는 것도 과제다. 여기에 지난 시즌 리그 정상급 수준을 자랑한 마운드를 부상 없이 보다 탄탄하게 유지하는 것도 관건이다. 투수는 고장나기 쉬운 포지션이다. 2년 연속 강한 마운드를 유지하는 건 생각만큼 쉽지 않다.

No.74 | 조원우
1971년 4월 8일
178cm | 80kg
프로 입단 연도 1994년
드래프트 순위 1994년 2차 5순위
　　　　　　　　(쌍방울 레이더스)
첫 경기 KBO 1994년
마지막 경기 KBO 2008년
연봉 3억 원(2018년)

감독 조원우

　2015년 10월 16일 감독으로 취임했다. 그는 취임사에서 "개인보다 팀이 우선, 선의의 경쟁, 경기 종료때까지 포기하지 말고, 화끈한 야구를 하자"고 강조했다. 그는 철저하게 투수 로테이션을 지켜주었고 부상자를 제대로 관리했다. 또한 플래툰시스템의 신봉자이고, 베테랑을 우대해주는 등 나름대로 정한 원칙에 충실하면서 2017시즌 롯데 역사상 최다승을 올렸다. 팀을 5년 만에 포스트시즌에 진출시킨 것. 그러나 3위라는 유리한 고지를 선점하고도 아쉬운 선수 운용으로 플레이오프에 실패했다. 하지만 후반기 롯데가 보여준 무서운 상승세는 2018시즌을 밝게 해주는 힘이 된다. 선발투수들이 제 몫을 해준다면 중간계투진이 비교적 좋기 때문에 좋은 성적이 예상된다.

TEAM STATS

*는 수치가 낮을수록 순위가 높아짐

투수 기록

항목	평균자책점	승	패	세이브	홀드	승률	이닝	피안타	피홈런	볼넷	사구	탈삼진	실점	자책점	WHIP
기록	4.56	80	62	39	59	0.563	1287 1/3	1357	162	477	79	1096	701	652	1.42
순위	3위	3위	3위	2위	4위	3위	3위	3위	6위	8위	2위	2위	3위	3위	3위

항목	완투	완봉	QS	볼넷S	타자수	투구수	피안타율	2루타	3루타	희생번트	병살타이	고의사구	폭투	보크
기록	1	10	61	21	5634	21978	0.273	245	20	51	50	25	67	7
순위	7위	1위	4위	8위	9위	6위	3위	3위	4위	2위	7위	8위	4위	9위

타자 기록

항목	타율	경기	타석	타수	득점	안타	2루타	3루타	홈런	총루타	타점	희생번트
기록	0.285	144	5671	4994	743	1425	250	17	151	2162	697	76
순위	6위	-	6위	7위	7위	6위	8위	7위	4위	8위	7위	2위

항목	희생플라이	볼넷	고의볼넷	사구	삼진	병살타	장타율	출루율	OPS	멀티히트	득점권	대타타율
기록	32	457	33	112	1018	146	0.433	0.356	0.789	371	0.280	0.229
순위	10위	5위	1위	3위	7위	10위	7위	5위	6위	6위	9위	6위

득점 분포 및 승패

득점	0	1	2	3	4	5	6	7	8	9	10	11	12	13	14	15	16	17
경기	9	12	13	15	17	16	11	16	12	11	4	4	2	0	1	0	0	1
승	0	2	3	5	8	9	10	12	10	10	3	4	2	0	1	0	0	1
패	9	10	10	10	8	7	1	4	2	0	1	0	0	0	0	0	0	0
무	0	0	0	0	1	0	0	0	0	1	0	0	0	0	0	0	0	0
승률	0.000	0.167	0.231	0.333	0.500	0.563	0.909	0.750	0.833	1.000	0.750	1.000	1.000	-	1.000	-	-	1.000

실점 분포 및 승패

실점	0	1	2	3	4	5	6	7	8	9	10	11	12	13	14	15	16
경기	10	8	24	14	22	13	19	3	11	5	4	4	1	2	1	2	1
승	10	8	18	7	16	8	7	1	4	0	1	0	0	0	0	0	0
패	0	0	6	7	5	5	12	2	7	4	3	4	1	2	1	2	1
무	0	0	0	0	1	0	0	0	0	1	0	0	0	0	0	0	0
승률	1.000	1.000	0.750	0.500	0.762	0.615	0.368	0.333	0.364	0.000	0.250	0.000	0.000	0.000	0.000	0.000	0.000

이닝별 득점

이닝	경기	0점	1+점	1점	2점	3점	4점	5+점	최다	합계	평균	평균/9
1	144	100	44	27	7	4	6	0	4	77	0.53	4.81
2	144	107	37	19	12	3	3	0	4	64	0.44	4.00
3	144	105	39	22	10	4	1	2	5	68	0.47	4.25
4	144	100	44	23	5	11	0	5	7	95	0.66	5.94
5	144	101	43	21	14	5	2	1	10	82	0.57	5.13
6	144	93	51	26	17	5	2	1	6	89	0.62	5.56
7	144	91	53	23	11	9	8	2	6	115	0.80	7.19
8	144	100	44	23	13	4	3	1	7	80	0.56	5.00
9	105	76	29	15	10	2	2	0	4	49	0.47	4.20
10	13	8	5	1	2	0	1	1	5	14	1.08	9.69
11	8	6	2	1	0	1	0	0	4	4	0.50	4.50
12	5	2	3	2	0	0	1	0	4	6	1.20	10.80
	합계	0점	1+점	1점	2점	3점	4점	5+점	최다	합계	평균	평균/9
	1283	889	394	203	101	48	29	13	10	743	0.58	5.21

이닝별 실점

이닝	경기	0점	1+점	1점	2점	3점	4점	5+점	최다	합계	평균	평균/9
1	144	101	43	26	6	3	3	5	8	89	0.62	5.56
2	144	101	43	23	14	3	2	1	6	74	0.51	4.63
3	144	101	43	21	10	9	1	2	7	84	0.58	5.25
4	144	103	41	12	16	9	3	1	5	88	0.61	5.50
5	144	116	28	20	3	2	3	0	8	49	0.34	3.06
6	144	96	48	26	8	9	3	2	5	92	0.64	5.75
7	144	107	37	14	12	4	2	5	6	85	0.59	5.31
8	144	103	41	23	11	3	2	2	4	67	0.47	4.19
9	14	82	32	21	7	2	0	2	5	51	0.45	4.03
10	13	8	5	1	1	2	0	1	5	14	1.08	9.69
11	8	6	2	1	0	0	1	0	4	6	0.63	5.63
12	5	2	3	3	0	0	0	0	1	3	0.60	5.40
	합계	0점	1+점	1점	2점	3점	4점	5+점	최다	합계	평균	평균/9
	1292	926	366	191	88	49	16	22	8	701	0.54	4.88

투수

좌투좌타
1983년 2월 8일
179cm / 74kg
경력 서원초-세광중-세광고
-롯데-SK
지명순위 02 롯데 2차 1라운드
6순위

NO. 23 고효준

　140km/h 대 중반의 포심과 낙차 큰 커브, 예리한 슬라이더, 포크볼이 주 무기로 역동적인 투구 폼을 가지고 있다. 강력한 구위를 앞세운 탈삼진 능력도 압도적이다. 2009시즌 152개의 탈삼진 기록을 갖고 있는데, 이는 189이닝에서 188개의 탈삼진을 잡은 류현진, 182이닝에서 175개의 탈삼진을 잡은 조정훈과 비교해 126이닝을 던져 152개의 탈삼진을 잡은 것으로 이닝당 탈삼진율 12.06으로 독보적인 1위를 기록했다. 그러나 좋은 장점을 상쇄시켜 버리는 들쑥날쑥한 제구력으로 릴리즈 포인트가 흐트러지거나 누상에 주자가 나가면 볼넷을 남발하며 스스로 무너진다. 접전 양상의 게임에서 믿고 맡길 수 있는 선수는 못 되며 롱릴리프, 임시 선발, 추격조 등 다양하게 쓸 수 있는 투수다. 시즌 후 이적한 롯데에서 좋은 성적이 기대된다.

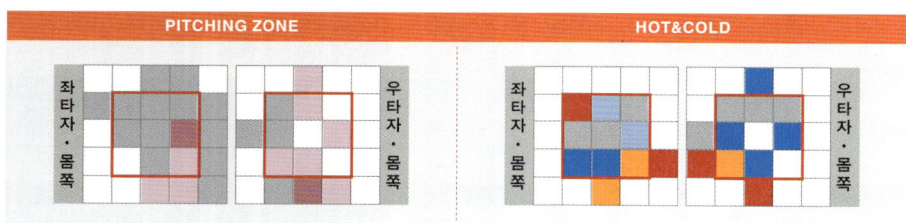

| PITCHING ZONE | ■ 15% 이상 ■ 12~14% ■ 9~11% ■ 6~8% ▨ 3~5% □ 2% 이하 |
| HOT&COLD | ■ 피안타율 0.099 이하 ■ 0.100~0.199 ■ 0.200~0.299 ■ 0.300~0.399 ■ 피안타율 0.400 이상 □ 3타수 미만 |

최근 3년간 성적

연도	팀명	평균자책	경기	승	패	세이브	홀드	승률	타자수	이닝	피안타	피홈런	볼넷	탈삼진	실점	자책점	WHIP	WAR
2015	SK	6.18	30	0	3	0	0	0.000	246	51	61	8	31	43	37	35	1.80	-0.33
2016	SK·KIA	6.07	24	0	2	0	2	0.000	222	46	54	6	29	52	39	31	1.80	0.03
2017	KIA	4.28	40	3	1	0	4	0.750	186	40	44	1	22	35	19	19	1.65	0.65
통산		5.29	312	35	42	4	9	0.455	3042	658 2/3	617	67	451	644	432	387	1.62	

구속/구사율/피안타율

구종	평균구속	종합	초구	2-2	좌타자	우타자	피안타율
포심패스트볼	142	66%	69%	57%	66%	67%	0.294
투심 / 싱커	-	-	-	-	-	-	-
컷패스트볼	-	-	-	-	-	-	-
슬라이더	132	13%	11%	14%	14%	10%	0.182
커브	121	17%	17%	27%	19%	15%	0.308
체인지업	132	2%	1%	2%	0%	4%	0.000
포크/SF/너클	126	2%	1%	0%	0%	4%	0.000

볼카운트별 피안타율

볼카운트	피안타율	타수	피안타	볼카운트	피안타율	타수	피안타
0-0	0.375	16	6	2-0	0.400	5	2
0-1	0.250	8	2	2-1	0.385	13	5
0-2	0.273	11	3	2-2	0.233	30	7
1-0	0.273	11	3	3-0	-	0	0
1-1	0.400	15	6	3-1	0.667	3	2
1-2	0.250	28	7	3-2	0.059	17	1

S > B : 0.255 / S = B : 0.311 / S < B : 0.265

기타 기록

상대 타자 타구 방향

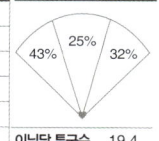

43%　25%　32%

| 이닝당 투구수 | 19.4 |
| 땅볼 / 뜬공 | 1.11 |

상황별 기록

상황	안타	2루타	3루타	홈런	볼넷	사구	삼진	폭투	보크	피안타율
주자 없음	26	4	1	1	12	1	13	0	0	0.329
만루	2	0	0	0	2	0	0	0	0	0.667
주자 있음	18	3	0	0	10	4	22	2	1	0.231
득점권	8	1	0	0	8	2	14	2	0	0.200
상위(1~2번)	16	1	1	1	7	3	7	0	0	0.348
중심(3~5번)	13	3	0	0	10	0	12	2	0	0.232
하위(6~9번)	15	3	0	0	5	2	16	0	1	0.273
좌타자	21	1	1	1	13	4	19	1	1	0.253
우타자	23	6	0	0	9	1	16	1	0	0.311

상대팀별 기록

구분	경기	평균자책	승	패	세이브	홀드	이닝	피안타	피홈런	볼넷	삼진	피안타율
두산	6	1.29	0	0	0	1	7	8	0	1	4	0.286
롯데	4	5.79	0	0	0	1	4 2/3	4	1	2	4	0.222
NC	5	6.00	0	0	0	1	3	3	0	3	2	0.250
SK	3	7.71	0	0	0	1	2 1/3	1	0	2	1	0.143
LG	2	5.79	0	0	0	0	2 1/3	2	0	1	2	0.222
넥센	6	6.75	0	0	0	0	2 2/3	6	1	4	2	0.462
한화	2	9.00	0	0	0	0	1	1	0	0	1	0.250
삼성	3	3.65	1	0	0	0	12 1/3	12	0	6	15	0.255
kt	4	5.79	0	1	0	0	4 2/3	7	0	2	3	0.368

NO. 34 김원중

140km/h 중반대의 패스트볼과 슬라이더, 커브를 던진다. 1군 데뷔 후 고질적인 제구력 난조로 고전했지만 경기가 거듭될수록 나아지고 있다. 시즌 초반 호투와 난타를 거듭했으며 체력 또한 부실해 고전했다. 그러나 구단 차원에서 충분한 휴식을 보장해주자 체력적인 부분은 많이 해소됐다. 후반기 기복 없이 꾸준히 퀄리티 스타트를 이어가면서 모든면에서 안정을 찾았으나 이상하게 KIA만 만나면 난타를 당했다. 2017시즌 두산의 함덕주와 함께 최고의 제5선발을 수행했다. 그가 보강해야할 사항은 체력과 위기관리 능력. 정교한 제구력을 바탕으로 타자들에게 자신감을 갖는 것이 급선무다. 강한 멘탈을 동반해 자신의 공에 믿음을 가져야한다.

우투좌타
1993년 6월 14일
191cm / 97kg
연봉 6300만 원
경력 학강초-광주동성중-광주동성고
지명순위 12 롯데 1라운드 5순위

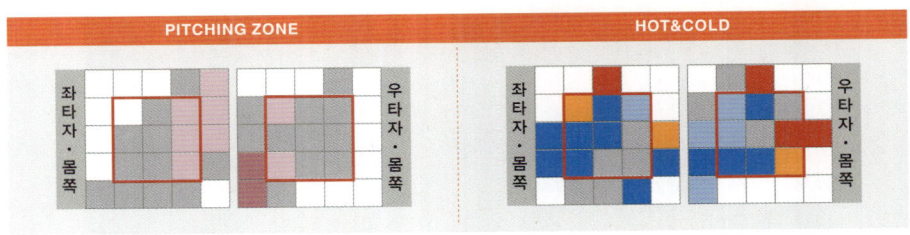

최근 3년간 성적

연도	팀명	평균자책	경기	승	패	세이브	홀드	승률	타자수	이닝	피안타	피홈런	볼넷	탈삼진	실점	자책점	WHIP	WAR
2015	롯데	5.75	15	0	0	0	1	-	99	20 1/3	24	1	15	20	15	13	1.77	0.02
2016	롯데	9.39	3	0	1	0	0	0.000	37	7 2/3	7	2	8	5	8	8	1.96	-0.09
2017	롯데	5.70	24	7	8	0	0	0.467	507	107 1/3	130	13	56	87	71	68	1.73	1.38
통산		5.92	42	7	9	0	1	0.438	643	135 1/3	158	16	79	112	94	89	1.75	-

구속/구사율/피안타율

구종	평균구속	종합	초구	2-2	좌타자	우타자	피안타율
포심패스트볼	141	57%	58%	51%	60%	55%	0.300
투심/싱커	-	-	-	-	-	-	-
컷패스트볼	-	-	-	-	-	-	-
슬라이더	125	16%	20%	11%	8%	22%	0.419
커브	113	11%	13%	12%	8%	12%	0.270
체인지업	126	9%	8%	8%	16%	4%	0.362
포크/SF/너클	128	8%	0%	17%	8%	7%	0.206

볼카운트별 피안타율

볼카운트	피안타율	타수	피안타	볼카운트	피안타율	타수	피안타
0-0	0.333	45	15	2-0	0.571	14	8
0-1	0.250	44	11	2-1	0.241	29	7
0-2	0.212	33	7	2-2	0.296	71	21
1-0	0.462	26	12	3-0	-	0	0
1-1	0.486	35	17	3-1	0.455	11	5
1-2	0.132	76	10	3-2	0.395	43	17
S > B : 0.183 / S = B : 0.351 / S < B : 0.398							

기타 기록

상대 타자 타구 방향
38% / 27% / 36%

이닝당 투구수	18.9
땅볼 / 뜬공	0.65

상황별 기록

상황	안타	2루타	3루타	홈런	볼넷	사구	삼진	폭투	보크	피안타율
주자 없음	64	12	1	10	27	4	41	1	0	0.282
만루	8	0	1	1	1	0	4	0	0	0.364
주자 있음	66	9	1	3	29	6	46	7	0	0.330
득점권	37	7	1	2	19	5	21	3	0	0.330
상위(1~2번)	39	3	0	3	21	3	17	1	0	0.371
중심(3~5번)	43	6	0	7	19	4	30	3	0	0.289
하위(6~9번)	48	12	2	6	17	4	40	4	0	0.277
좌타자	55	6	0	6	30	5	42	4	0	0.313
우타자	75	13	2	7	26	5	45	4	0	0.299

상대팀별 기록

구분	경기	평균자책	승	패	세이브	홀드	이닝	피안타	피홈런	볼넷	삼진	피안타율
KIA	4	10.29	0	3	0	0	14	25	5	3	12	0.397
두산	4	4.12	2	2	0	0	19 2/3	20	3	7	17	0.256
NC	4	2.86	3	1	0	0	22	21	1	10	20	0.253
SK	2	7.36	0	0	0	0	14 2/3	17	3	11	8	0.304
LG	2	5.40	0	1	0	0	10	12	1	2	6	0.308
넥센	1	1.50	1	0	0	0	6	5	0	3	7	0.238
한화	1	0.00	0	0	0	0	5	5	0	2	4	0.227
삼성	3	9.82	0	0	0	0	3 2/3	5	0	3	3	0.313
kt	3	10.32	1	1	0	0	11 1/3	20	0	5	5	0.408

171

投手

좌투좌타
1987년 10월 23일
188cm / 108kg
연봉 90만 달러
경력 보스턴-시카고 컵스-토론토
　-오클랜드

NO. 26 듀브론트

　베네수엘라 출생의 좌완투수. 2004년 자유계약을 통해 보스턴 레드삭스에 입단했다. 올해로 프로 15년차. 140km/h 중후반대 포심패스트볼과 무브먼트 좋은 투심패스트볼, 우타자 몸쪽을 파고드는 컷패스트볼 등 빠른공 계열의 여러 가지 공을 주무기로 구사한다. 왼손잡이의 희소성을 감안하면 KBO리그에서 일단 구위로 통할 수 있는 투수다. 브레이킹볼은 커브(슬라이더는 던지지 않음), 오프-스피드 피치로 서클 체인지업을 던진다. 구위가 좋은 패스트볼을 가지고 있기에 커브와 체인지업을 더 가다듬으면 상당히 좋은 효과를 볼 수 있을 것이다. 듀브론트의 또다른 특징은 공을 숨기는 동작인 일명 '디셉션.' 타자에게 공을 오래 보여주지만 던지는 순간에 머리 뒤에서 공이 갑자기 튀어나오기 때문에 공략하기 까다롭다는 평이다.

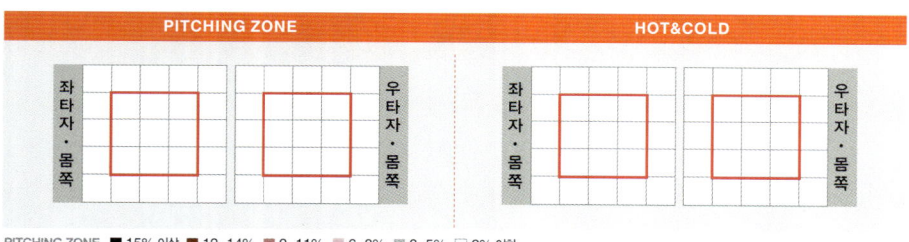

PITCHING ZONE　■ 15% 이상　■ 12~14%　■ 9~11%　■ 6~8%　■ 3~5%　□ 2% 이하
HOT&COLD　■ 피안타율 0.099 이하　■ 0.100~0.199　■ 0.200~0.299　■ 0.300~0.399　■ 피안타율 0.400 이상　□ 3타수 미만

최근 3년간 성적

연도	팀명	평균자책	경기	승	패	세이브	홀드	승률	타자수	이닝	피안타	피홈런	볼넷	탈삼진	실점	자책점	WHIP	WAR
2015	-	-	-	-	-	-	-	-	-	-	-	-	-	-	-	-	-	-
2016	-	-	-	-	-	-	-	-	-	-	-	-	-	-	-	-	-	-
2017	-	-	-	-	-	-	-	-	-	-	-	-	-	-	-	-	-	-
통산	-	-	-	-	-	-	-	-	-	-	-	-	-	-	-	-	-	-

구속/구사율/피안타율

구종	평균구속	종합	초구	2-2	좌타자	우타자	피안타율
포심패스트볼	-	-	-	-	-	-	-
투심/싱커	-	-	-	-	-	-	-
컷패스트볼	-	-	-	-	-	-	-
슬라이더	-	-	-	-	-	-	-
커브	-	-	-	-	-	-	-
체인지업	-	-	-	-	-	-	-
포크/SF/너클	-	-	-	-	-	-	-

볼카운트별 피안타율

볼카운트	피안타율	타수	피안타	볼카운트	피안타율	타수	피안타
0-0	-	-	-	-	-	-	-
0-1	-	-	-	-	-	-	-
0-2	-	-	-	-	-	-	-
1-0	-	-	-	-	-	-	-
1-1	-	-	-	-	-	-	-
1-2	-	-	-	-	-	-	-
S〉B:-/S=B:-/S〈B:-							

기타 기록

상대 타자 타구 방향

-% 　 -% 　 -%

이닝당 투구수　-
땅볼 / 뜬공　-

상황별 기록

상황	안타	2루타	3루타	홈런	볼넷	사구	삼진	폭투	보크	피안타율
주자 없음	-	-	-	-	-	-	-	-	-	-
만루	-	-	-	-	-	-	-	-	-	-
주자 있음	-	-	-	-	-	-	-	-	-	-
득점권	-	-	-	-	-	-	-	-	-	-
상위(1~2번)	-	-	-	-	-	-	-	-	-	-
중심(3~5번)	-	-	-	-	-	-	-	-	-	-
하위(6~9번)	-	-	-	-	-	-	-	-	-	-
좌타자	-	-	-	-	-	-	-	-	-	-
우타자	-	-	-	-	-	-	-	-	-	-

상대팀별 기록

구분	경기	평균자책	승	패	세이브	홀드	이닝	피안타	피홈런	볼넷	삼진	피안타율
KIA	-	-	-	-	-	-	-	-	-	-	-	-
두산	-	-	-	-	-	-	-	-	-	-	-	-
롯데	-	-	-	-	-	-	-	-	-	-	-	-
SK	-	-	-	-	-	-	-	-	-	-	-	-
LG	-	-	-	-	-	-	-	-	-	-	-	-
넥센	-	-	-	-	-	-	-	-	-	-	-	-
한화	-	-	-	-	-	-	-	-	-	-	-	-
삼성	-	-	-	-	-	-	-	-	-	-	-	-
kt	-	-	-	-	-	-	-	-	-	-	-	-

NO. 46 레일리

투수

명실상부한 롯데의 에이스. 국내에 진출한 좌완 가운데 최고의 선수 중 한 명이다. 140km/h 중반대의 패스트볼과 슬라이더, 커브, 체인지업을 구사한다. 주 무기는 슬라이더다. 또한 공의 무브먼트가 좋고 싱커도 구사할 수 있으나 확실한 결정구가 없고 제구 위주 피칭을 하다 보니, 피안타 허용율이 높다. 2014년 팔꿈치 수술 후 직구 구속이 변수로 작용해 2016시즌에는 13경기 연속 무승리를 기록하며, 그 해 두 자릿수 승수 쌓기에 실패했다(8승). 그러나 2017시즌에 들어와 6월까지는 많은 피 홈런을 기록했지만 7월 이후 최고의 피칭을 보여줬다. 투구 폼이 1루 쪽으로 몸이 많이 쏠려 타자를 공략하는데, 좌타자가 레일리를 공략하기란 쉽지 않아 보인다.

좌투좌타
1988년 6월 29일
190cm / 84kg
경력 미국 유밸디고
　　　—미국 텍사스A&M대
지명순위 15 롯데 자유선발

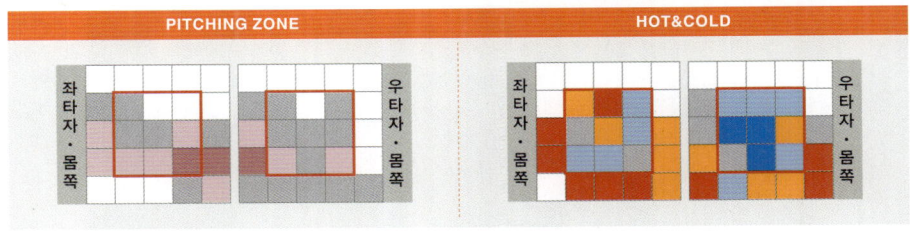

PITCHING ZONE ■ 15% 이상　■ 12~14%　■ 9~11%　■ 6~8%　■ 3~5%　□ 2% 이하
HOT&COLD ■ 피안타율 0.099 이하　□ 0.100~0.199　■ 0.200~0.299　■ 0.300~0.399　■ 피안타율 0.400 이상　□ 3타수 미만

최근 3년간 성적

연도	팀명	평균자책	경기	승	패	세이브	홀드	승률	타자수	이닝	피안타	피홈런	볼넷	탈삼진	실점	자책점	WHIP	WAR
2015	롯데	3.91	31	11	9	0	0	0.550	768	179 1/3	182	20	57	134	93	78	1.33	3.95
2016	롯데	4.34	31	8	10	0	0	0.444	808	184 2/3	207	21	51	147	105	89	1.40	4.09
2017	롯데	3.80	30	13	7	0	0	0.650	798	187 1/3	199	19	44	156	87	79	1.30	5.19
통산		4.02	92	32	26	0	0	0.552	2374	551 1/3	588	60	152	437	285	246	1.34	-

구속/구사율/피안타율

구종	평균구속	종합	초구	2-2	좌타자	우타자	피안타율
포심패스트볼	143	22%	24%	21%	14%	25%	0.346
투심/싱커	143	29%	31%	22%	47%	22%	0.263
컷패스트볼	-	-	-	-	-	-	-
슬라이더	134	10%	8%	12%	14%	9%	0.222
커브	124	16%	20%	15%	24%	13%	0.306
체인지업	133	22%	17%	30%	0%	30%	0.266
포크/SF/너클	136	1%	0%	1%	0%	1%	0.000

볼카운트별 피안타율

볼카운트	피안타율	타수	피안타	볼카운트	피안타율	타수	피안타
0-0	0.408	103	42	2-0	0.375	16	6
0-1	0.387	93	36	2-1	0.176	34	6
0-2	0.187	75	14	2-2	0.128	94	12
1-0	0.422	45	19	3-0	0.000	1	0
1-1	0.305	59	18	3-1	0.333	15	5
1-2	0.189	127	24	3-2	0.262	65	17
S > B : 0.251 / S = B : 0.281 / S < B : 0.301							

기타 기록

상대 타자 타구 방향
41%　28%　32%

이닝당 투구수 15.8
땅볼 / 뜬공 1.27

상황별 기록

상황	안타	2루타	3루타	홈런	볼넷	사구	삼진	폭투	보크	피안타율
주자 없음	113	25	0	10	21	10	85	0	0	0.282
만루	3	1	0	1	0	0	6	0	0	0.143
주자 있음	86	14	2	9	23	7	71	3	1	0.264
득점권	42	7	1	5	16	3	41	1	0	0.231
상위(1~2번)	52	10	1	3	11	2	30	0	1	0.280
중심(3~5번)	72	16	0	7	16	6	49	2	0	0.300
하위(6~9번)	75	13	1	9	17	9	77	1	0	0.249
좌타자	42	8	1	0	5	5	55	0	0	0.205
우타자	157	31	1	19	35	12	101	3	1	0.301

상대팀별 기록

구분	경기	평균자책	승	패	세이브	홀드	이닝	피안타	피홈런	볼넷	삼진	피안타율
KIA	3	2.08	2	0	0	0	21 2/3	19	1	2	15	0.235
두산	6	6.43	1	1	0	0	21	29	1	9	14	0.333
NC	5	4.82	1	3	0	0	28	35	4	8	21	0.315
SK	4	4.28	2	0	0	0	27 1/3	28	4	6	25	0.264
LG	3	2.21	2	0	0	0	20 1/3	17	2	4	19	0.227
넥센	6	3.75	2	2	0	0	36	40	6	8	34	0.278
한화	2	3.46	1	0	0	0	13	15	1	3	10	0.288
삼성	3	2.70	2	1	0	0	17	14	0	4	18	0.225
kt												

투수

우투우타
1995년 11월 30일
183cm / 79kg
경력 대구경운초-경운중-경북고
　　　-kt
지명순위 14 kt 1차

NO.32 박세웅

　140km/h 초-중반대의 패스트볼과 슬라이더, 커브, 포크볼을 던진다. 특히 포크볼을 구사할 경우 헛스윙과 뛰어난 탈삼진 능력을 보여준다. 간혹 급격하게 제구력이 난조에 빠지는 경향을 보일 때가 있다. 하체보다는 상체위주의 피칭을 하다 보니 자칫 부상의 염려가 있다. 경기 운용 때 스트라이크가 볼보다 많으면 포크볼의 비중을 높이고, 볼이 스트라이크보다 많으면 포심 구사율을 높인다. 투구 패턴을 보면 초구는 반 정도 확률로 패스트볼이 들어오며, 우타 상대로 슬라이더의 구사율이 높고 좌타자 상대로 포크볼의 비중을 높인다. 2017시즌에는 최초로 12승을 달성하며 팀이 플레이오프에 진출하는데 일등공신이 됐다. 후반기의 저조한 성적이 아쉬울 뿐이다.

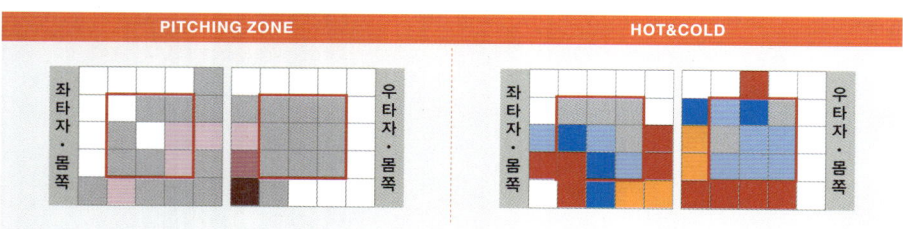

PITCHING ZONE 좌타자·몸쪽 우타자·몸쪽

HOT&COLD 좌타자·몸쪽 우타자·몸쪽

PITCHING ZONE ■ 15% 이상 ■ 12~14% ■ 9~11% ■ 6~8% ■ 3~5% □ 2% 이하
HOT&COLD ■ 피안타율 0.099 이하 ■ 0.100~0.199 ■ 0.200~0.299 ■ 0.300~0.399 ■ 피안타율 0.400 이상 □ 3타수 미만

최근 3년간 성적

연도	팀명	평균자책	경기	승	패	세이브	홀드	승률	타수	이닝	피안타	피홈런	볼넷	탈삼진	실점	자책점	WHIP	WAR
2015	kt·롯데	5.76	31	2	11	0	0	0.154	526	114	129	16	54	82	81	73	1.61	1.00
2016	롯데	5.76	27	7	12	0	0	0.368	627	139	160	17	62	133	97	89	1.60	2.08
2017	롯데	3.68	28	12	6	0	0	0.667	725	171 1/3	170	21	56	117	74	70	1.32	4.49
통산		4.92	86	21	29	0	0	0.420	1878	424 1/3	459	54	172	332	252	232	1.49	-

구속/구사율/피안타율

구종	평균구속	종합	초구	2-2	좌타자	우타자	피안타율
포심패스트볼	143	47%	49%	39%	49%	45%	0.305
투심/싱커	-	-	-	-	-	-	-
컷패스트볼	-	-	-	-	-	-	-
슬라이더	133	19%	24%	10%	12%	24%	0.202
커브	118	11%	11%	8%	10%	11%	0.289
체인지업	-	-	-	-	-	-	-
포크/SF/너클	128	24%	15%	44%	29%	19%	0.214

볼카운트별 피안타율

볼카운트	피안타율	타수	피안타	볼카운트	피안타율	타수	피안타
0-0	0.361	83	30	2-0	0.375	32	12
0-1	0.268	41	11	2-1	0.189	37	7
0-2	0.212	33	7	2-2	0.198	111	22
1-0	0.424	59	25	3-0	-	0	0
1-1	0.288	73	21	3-1	0.467	15	7
1-2	0.163	92	15	3-2	0.183	71	13
S > B : 0.199 / S = B : 0.273 / S < B : 0.299							

기타 기록

상대 타자 타구 방향

44%　22%　35%

이닝당 투구수	16.4
땅볼 / 뜬공	1.40

상황별 기록

상황	안타	2루타	3루타	홈런	볼넷	사구	삼진	폭투	보크	피안타율
주자 없음	108	17	0	16	25	3	63	1	0	0.267
만루	3	1	0	1	0	2	0	0	0	0.231
주자 있음	62	8	1	5	31	6	54	6	0	0.256
득점권	34	5	0	2	21	3	26	2	0	0.254
상위(1~2번)	43	4	0	4	10	2	22	0	0	0.259
중심(3~5번)	54	9	0	10	29	4	50	3	0	0.249
하위(6~9번)	73	12	1	7	17	3	45	4	0	0.277
좌타자	74	12	1	8	26	2	53	1	0	0.261
우타자	96	13	0	13	30	7	64	6	0	0.264

상대팀별 기록

구분	경기	평균자책	승	패	세이브	홀드	이닝	피안타	피홈런	볼넷	삼진	피안타율
KIA	4	7.11	0	0	0	0	6 1/3	14	1	5	5	0.182
두산	2	2.13	1	1	0	0	12 2/3	10	1	7	6	0.227
NC	3	4.50	2	0	0	0	18	18	5	7	12	0.257
SK	3	2.79	1	0	0	0	19 1/3	16	4	5	17	0.229
LG	3	3.44	1	0	0	0	18 1/3	16	0	4	17	0.232
넥센	2	1.32	2	0	0	0	13 2/3	12	0	2	8	0.240
한화	5	5.40	2	0	0	0	28 1/3	29	6	12	17	0.269
삼성	5	4.80	2	2	0	0	30	39	3	10	19	0.322
kt	1	1.82	3	0	0	0	24 2/3	16	1	4	16	0.280

박진형

유격수에서 투수로 전향한 선수. 평균 140km/h 초반의 패스트볼과 슬라이더, 커브, 포크볼을 구사한다. 특히 포크볼의 낙차가 커 타자들이 전혀 예상 못할 정도로 위력적이다. 제구력이 좋고 투수의 기본요소인 두둑한 배짱투구가 인상적이다. 체력에 문제가 있어 1회 피안타율이 1할대에 그치지만, 5회 피안타율이 거의 4할에 육박한다. 포크볼에 대한 의존도가 너무 높아 5회가 되면 악력이 떨어지면서 피안타율이 높아진다. 심할 경우 패스트볼과 포크볼의 구사비율이 1:1인 경우도 있다. 포크볼을 많이 던지면 패스트볼의 구속도 동반하락 한다. 그래서 5이닝 이상 채우기가 힘들어지자 코칭스태프에서는 불펜 필승조로 돌렸다. 아직 어리기에 경험이 쌓이면 좋은 재목으로 성장 가능성이 높다.

투수

우투우타
1994년 6월 10일
181cm / 80kg
연봉 1억 500만 원
경력 영랑초-경포중-강릉고
지명순위 13 롯데 2라운드 13순위

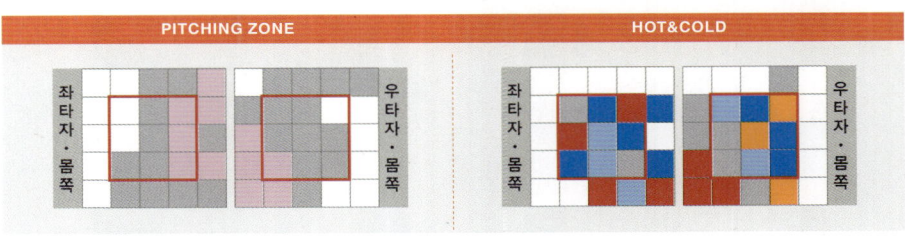

PITCHING ZONE ■ 15% 이상 ■ 12~14% ■ 9~11% ■ 6~8% ■ 3~5% □ 2% 이하
HOT&COLD ■ 피안타율 0.099 이하 ■ 0.100~0.199 ■ 0.200~0.299 ■ 0.300~0.399 ■ 피안타율 0.400 이상 □ 3타수 미만

최근 3년간 성적

연도	팀명	평균자책	경기	승	패	세이브	홀드	승률	타자수	이닝	피안타	피홈런	볼넷	탈삼진	실점	자책점	WHIP	WAR
2015	롯데	0.00	2	0	0	0	0	-	6	1 1/3	2	0	1	0	1	0	1.50	0.04
2016	롯데	5.81	39	6	2	0	3	0.750	438	93	101	9	54	78	65	60	1.67	0.83
2017	롯데	5.11	45	4	4	2	10	0.500	391	88	88	8	47	95	51	50	1.53	1.59
통산		5.43	86	10	6	2	13	0.625	835	182 1/3	191	17	101	174	116	110	1.60	-

구속/구사율/피안타율

구종	평균구속	종합	초구	2-2	좌타자	우타자	피안타율
포심패스트볼	140	47%	45%	37%	50%	45%	0.299
투심/싱커	-	-	-	-	-	-	-
컷패스트볼	-	-	-	-	-	-	-
슬라이더	126	20%	34%	13%	14%	25%	0.261
커브	110	6%	8%	4%	5%	6%	0.538
체인지업	-	-	-	-	-	-	-
포크/SF/너클	127	28%	13%	47%	32%	25%	0.205

볼카운트별 피안타율

볼카운트	피안타율	타수	피안타	볼카운트	피안타율	타수	피안타
0-0	0.326	46	15	2-0	0.500	12	6
0-1	0.391	23	9	2-1	0.571	14	8
0-2	0.143	28	4	2-2	0.197	61	12
1-0	0.273	11	3	3-0	-	0	0
1-1	0.391	23	9	3-1	0.167	6	1
1-2	0.250	72	18	3-2	0.088	34	3

S > B : 0.252 / S = B : 0.277 / S < B : 0.273

기타 기록

상대 타자 타구 방향
36% 26% 38%

이닝당 투구수	17.9
땅볼 / 뜬공	0.99

상황별 기록

상황	안타	2루타	3루타	홈런	볼넷	사구	삼진	폭투	보크	피안타율
주자 없음	44	5	0	4	25	0	54	0	0	0.246
만루	4	2	0	1	0	0	1	0	0	0.571
주자 있음	44	14	0	4	22	4	41	6	2	0.291
득점권	25	9	0	4	14	3	21	3	1	0.301
상위(1~2번)	24	9	0	2	9	0	19	0	0	0.286
중심(3~5번)	26	4	0	1	16	2	42	3	0	0.224
하위(6~9번)	38	6	0	5	22	2	34	3	2	0.292
좌타자	40	13	0	2	19	1	38	2	0	0.294
우타자	48	6	0	6	28	3	57	4	2	0.247

상대팀별 기록

구분	경기	평균자책	승	패	세이브	홀드	이닝	피안타	피홈런	볼넷	삼진	피안타율
KIA	6	9.64	0	1	0	1	14	21	1	14	9	0.350
두산	3	6.75	0	1	0	1	5 1/3	7	2	5	5	0.318
NC	3	5.11	0	1	0	1	12 1/3	11	2	4	19	0.250
SK	3	0.00	0	0	0	0	4 1/3	1	0	2	6	0.071
LG	5	1.17	1	0	0	0	15 1/3	9	0	7	14	0.173
넥센	9	2.89	0	0	2	2	9 1/3	8	0	3	12	0.229
한화	5	2.38	3	0	0	1	11 1/3	10	1	2	6	0.250
삼성	3	6.75	0	0	0	0	4	4	1	1	3	0.313
kt	6	11.25	0	1	0	2	8	11	1	6	9	0.355

투수

우언우타
1987년 6월 25일
188cm / 93kg
연봉 1억 3000만 원
경력 수원신곡초-수원북중-유신고-(영남사이버대)-롯데-상무
지명순위 06 롯데 2차 4라운드 25순위

NO. 49 배장호

187cm의 장신 사이드암 투수. 밸런스가 좋고 손목 활용도가 좋은 투수라 우타자 상대 시 바깥쪽 패스트볼이 매우 위력적이다. 온몸을 비트는 사이드암 투수들의 한계로 인해 내구성이 떨어지는 게 문제. 변화구 구사능력과 제구력이 좋지 않아 좌타자를 효과적으로 제압할 무기가 없는 것이 약점이다. 그러다보니 좌타자에 대한 피안타율이 3할 초중반대로 높다. 2017시즌은 데뷔 12년 만에 본인 커리어하이를 보냈다. 2017시즌 빈약한 롯데 불펜에 박시영과 더불어 큰 힘이 됐다. 불펜에서 10승 20홀드 이상을 기록한 최초의 롯데 투수였다. 롯데가 가을야구를 할 수 있도록 불펜에서 많은 활약을 했다. 2018년이 더 기대된다.

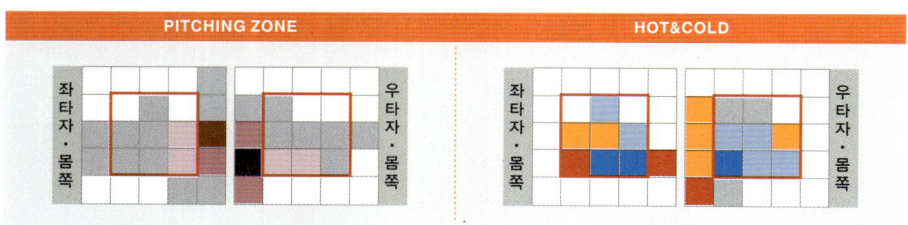

PITCHING ZONE
좌타자·몸쪽 / 우타자·몸쪽

HOT&COLD
좌타자·몸쪽 / 우타자·몸쪽

PITCHING ZONE ■ 15% 이상 ■ 12~14% ■ 9~11% ■ 6~8% ■ 3~5% ■ 2% 이하
HOT&COLD ■ 피안타율 0.099 이하 ■ 0.100~0.199 ■ 0.200~0.299 ■ 0.300~0.399 ■ 피안타율 0.400 이상 □ 3타수 미만

최근 3년간 성적

연도	팀명	평균자책	경기	승	패	세이브	홀드	승률	타자수	이닝	피안타	피홈런	볼넷	탈삼진	실점	자책점	WHIP	WAR
2015	롯데	6.59	9	0	2	0	0	0.000	132	28 2/3	35	5	10	9	21	21	1.57	0.06
2016	롯데	3.80	19	0	0	0	1	-	104	23 2/3	26	1	10	11	10	10	1.52	0.34
2017	롯데	4.34	72	8	1	0	6	0.889	287	66 1/3	70	9	19	47	37	32	1.34	0.78
통산		4.43	275	18	10	3	23	0.643	1570	355 1/3	398	26	127	174	192	175	1.48	-

구속/구사율/피안타율

구종	평균구속	종합	초구	2-2	좌타자	우타자	피안타율
포심패스트볼	134	45%	47%	57%	51%	44%	0.371
투심/싱커	-	-	-	-	-	-	-
컷패스트볼	-	-	-	-	-	-	-
슬라이더	-	-	-	-	-	-	-
커브	119	50%	49%	39%	33%	56%	0.216
체인지업	125	3%	3%	3%	12%	0%	0.375
포크/SF/너클	125	1%	1%	1%	5%	0%	0.667

볼카운트별 피안타율

볼카운트	피안타율	타수	피안타	볼카운트	피안타율	타수	피안타
0-0	0.371	35	13	2-0	0.286	7	2
0-1	0.259	27	7	2-1	0.400	10	4
0-2	0.133	15	2	2-2	0.250	40	10
1-0	0.478	23	11	3-0	-	0	0
1-1	0.265	34	9	3-1	0.250	8	2
1-2	0.158	38	6	3-2	0.222	18	4

S > B : 0.188 / S = B : 0.294 / S < B : 0.348

기타 기록

상대 타자 타구 방향
47% 23% 30%

이닝당 투구수	15.7
땅볼/뜬공	1.35

상황별 기록

상황	안타	2루타	3루타	홈런	볼넷	사구	삼진	폭투	보크	피안타율
주자 없음	32	10	0	6	4	4	28	0	0	0.241
만루	1	0	0	1	1	0	5	0	0	0.091
주자 있음	38	7	1	3	15	4	19	2	0	0.341
득점권	26	4	1	3	14	3	16	2	0	0.321
상위(1~2번)	7	2	0	0	1	4	3	1	0	0.233
중심(3~5번)	15	4	0	4	9	0	19	0	0	0.192
하위(6~9번)	48	11	1	2	4	4	25	1	0	0.327
좌타자	18	6	1	1	8	4	7	0	0	0.300
우타자	52	11	0	8	13	6	38	0	0	0.267

상대팀별 기록

구분	경기	평균자책	승	패	세이브	홀드	이닝	피안타	피홈런	볼넷	삼진	피안타율
KIA	6	15.00	0	1	0	1	3	8	1	3	2	0.533
두산	7	4.15	1	0	0	1	8 2/3	7	1	1	4	0.226
NC	7	4.70	1	0	0	1	7 2/3	8	1	1	4	0.276
SK	7	7.71	1	0	0	0	7	9	1	4	3	0.321
LG	10	4.35	0	0	0	0	10 1/3	6	1	3	9	0.167
넥센	7	7.71	1	0	0	1	4 2/3	7	3	1	4	0.350
한화	7	0.00	0	0	0	1	6	1	0	0	2	0.053
삼성	9	0.00	1	0	0	0	6	4	0	1	0	0.240
kt	11	3.00	1	0	0	2	12	18	1	3	8	0.346

손승락

KBO 정상급 마무리. 140km/h 후반대의 강력한 패스트볼과 140km/h 중반대의 커터와 슬라이더가 주 무기다. 2017 시즌 중반 본인의 장점인 커터에 대한 자신감 회복으로 더 공격적인 피칭을 보였다. 제구력이 좋은 편은 아니지만 구위가 매우 뛰어나다. 커맨드가 안정적이며 우타자에게 매우 강하다. 투구 폼도 매우 역동적이다. 거의 온 몸을 내던지는 듯이 특유의 투구 폼으로 공을 던진 후 몸이 붕 떴다 착지한다. 멘탈이 강해 완급조절과 제구로 위기관리 능력이 뛰어나지만, 블론세이브를 기록할 때에는 속절없이 무너질 때도 있다. 2016년 롯데로 트레이드되어 사직의 새로운 수호신으로 군림하고 있다.

투수

우투우타
1982년 3월 4일
187cm / 99kg
연봉 7억 원
경력 내당초-경상중-대구고
　　　-영남대-현대-경찰-넥센
지명순위 01 현대 2차 3라운드
　　　25순위

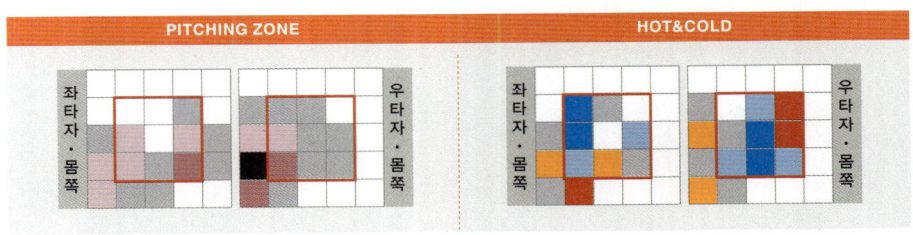

PITCHING ZONE — 좌타자·몸쪽 / 우타자·몸쪽

HOT&COLD — 좌타자·몸쪽 / 우타자·몸쪽

PITCHING ZONE ■ 15% 이상　■ 12~14%　■ 9~11%　■ 6~8%　■ 3~5%　□ 2% 이하
HOT&COLD ■ 피안타율 0.099 이하　■ 0.100~0.199　□ 0.200~0.299　■ 0.300~0.399　■ 피안타율 0.400 이상　□ 3타수 미만

최근 3년간 성적

연도	팀명	평균자책	경기	승	패	세이브	홀드	승률	타자수	이닝	피안타	피홈런	볼넷	탈삼진	실점	자책점	WHIP	WAR
2015	넥센	3.82	58	4	6	23	0	0.400	272	61 1/3	73	6	13	63	35	26	1.40	1.03
2016	롯데	4.26	48	7	3	20	0	0.700	232	50 2/3	61	5	24	48	25	24	1.68	1.07
2017	롯데	2.18	61	1	3	37	0	0.250	250	62	59	7	11	62	16	15	1.13	3.22
통산		3.59	491	38	41	234	5	0.481	2919	694 1/3	716	54	193	558	297	277	1.31	-

구속/구사율/피안타율

구종	평균구속	종합	초구	2-2	좌타자	우타자	피안타율
포심패스트볼	147	43%	52%	28%	29%	54%	0.277
투심/싱커	-	-	-	-	-	-	-
컷패스트볼	140	56%	48%	72%	70%	46%	0.234
슬라이더	-	-	-	-	-	-	-
커브	-	-	-	-	-	-	-
체인지업	-	-	-	-	-	-	-
포크/SF/너클	136	0%	1%	0%	1%	0%	-

볼카운트별 피안타율

볼카운트	피안타율	타수	피안타	볼카운트	피안타율	타수	피안타
0-0	0.286	21	6	2-0	0.000	1	0
0-1	0.412	17	7	2-1	0.550	20	11
0-2	0.056	18	1	2-2	0.190	42	8
1-0	0.455	11	5	3-0	0.000	1	0
1-1	0.357	28	10	3-1	0.000	2	0
1-2	0.122	49	6	3-2	0.200	25	5

S > B : 0.167 / S = B : 0.264 / S < B : 0.350

기타 기록

상대 타자 타구 방향
36%　23%　41%

이닝당 투구수　15.9
땅볼 / 뜬공　2.11

상황별 기록

상황	안타	2루타	3루타	홈런	볼넷	사구	삼진	폭투	보크	피안타율
주자 없음	32	1	0	4	6	1	30	0	0	0.283
만루	3	0	0	0	0	4	0	0	0.273
주자 있음	27	2	1	3	5	0	32	0	1	0.221
득점권	14	1	0	2	0	0	20	0	1	0.203
상위(1~2번)	11	0	0	1	0	11	0	0	0.180
중심(3~5번)	19	0	0	4	2	1	22	0	0	0.279
하위(6~9번)	29	3	1	2	8	0	29	0	1	0.274
좌타자	26	2	0	5	0	31	0	1	0.250
우타자	33	1	1	5	6	1	31	0	1	0.252

상대팀별 기록

구분	경기	평균자책	승	패	세이브	홀드	이닝	피안타	피홈런	볼넷	삼진	피안타율
KIA	6	0.00	0	0	4	0	7	5	0	1	6	0.227
두산	7	3.68	1	0	4	0	7 1/3	6	1	1	5	0.222
NC	6	2.70	0	1	4	0	6 2/3	5	1	1	5	0.208
SK	8	5.63	0	1	5	0	8	12	2	4	11	0.353
LG	7	0.00	0	0	2	0	6 2/3	8	0	2	8	0.296
넥센	5	1.69	0	0	3	0	5 1/3	4	1	1	6	0.200
한화	8	2.35	0	0	4	0	7 2/3	7	2	0	10	0.226
삼성	9	2.00	0	1	5	0	9	8	0	0	6	0.235
kt	5	0.00	0	0	4	0	4 1/3	4	0	2	5	0.250

177

투수

우투우타
1980년 6월 29일
184cm / 105kg
연봉 4억 원
경력 하단초–경남중–경남고
　　　–(미국 퍼시픽대)
지명순위 07 해외진출선수
　　　특별지명

NO. **21**　**송승준**

공격형 투수. 140km/h 초–중반대 포심 패스트볼과 포크볼, 너클커브가 주 무기다. 컨디션이 좋을 때는 포심 구위로 상대를 찍어 누르며 포크볼로 요리를 하고, 컨디션이 나쁠 때는 포심을 대신해 포크볼 비중이 굉장히 높아진다. 포크볼을 자주 사용하다보니 악력이 약해지며 패스트볼의 위력마저 떨어져 이닝이 거듭될수록 난타당하는 경향이 있다. 주자 견제능력이 뛰어나고, 제구력도 준수한 편이다. 체력이 뛰어나 부상을 당하지 않는한 로테이션을 거르는 일이 없다. 나이를 먹을수록 기복이 심한 피칭을 한다. 3연속 완봉승을 거두다가 다음 경기에서는 난타를 당하는 등 롤러코스터 피칭을 자주한다. 무리가 많이 가는 포크볼을 자제하고, 새로운 레퍼토리 개발이 절실하다.

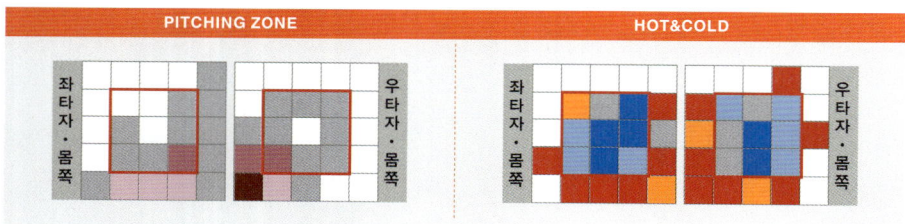

PITCHING ZONE ■ 15% 이상 ■ 12~14% ■ 9~11% ■ 6~8% ■ 3~5% □ 2% 이하
HOT&COLD ■ 피안타율 0.099 이하 ■ 0.100~0.199 ■ 0.200~0.299 ■ 0.300~0.399 ■ 피안타율 0.400 이상 □ 3타수 미만

최근 3년간 성적

연도	팀명	평균자책	경기	승	패	세이브	홀드	승률	타자수	이닝	피안타	피홈런	볼넷	탈삼진	실점	자책점	WHIP	WAR
2015	롯데	4.75	25	8	7	0	0	0.533	551	125	131	17	46	112	71	66	1.42	2.43
2016	롯데	8.71	10	1	2	0	0	0.333	201	41 1/3	62	6	21	35	43	40	2.01	-0.13
2017	롯데	4.21	30	11	5	0	1	0.688	558	130 1/3	132	19	41	113	63	61	1.33	3.04
통산		4.37	283	104	78	0	1	0.571	6630	1527 2/3	1601	163	578	1132	811	742	1.43	-

구속/구사율/피안타율

구종	평균구속	종합	초구	2–2	좌타자	우타자	피안타율
포심패스트볼	141	43%	44%	48%	40%	45%	0.265
투심/싱커	139	4%	5%	0%	8%	1%	0.438
컷패스트볼	-	-	-	-	-	-	-
슬라이더	131	7%	9%	3%	1%	10%	0.241
커브	118	18%	24%	14%	16%	19%	0.254
체인지업	129	0%	1%	0%	1%	0%	0.500
포크/SF/너클	131	29%	17%	35%	34%	25%	0.258

볼카운트별 피안타율

볼카운트	피안타율	타수	피안타	볼카운트	피안타율	타수	피안타
0-0	0.339	56	19	2-0	0.313	16	5
0-1	0.333	39	13	2-1	0.407	27	11
0-2	0.139	36	5	2-2	0.231	91	21
1-0	0.320	25	8	3-0	0.000	1	0
1-1	0.323	62	20	3-1	0.333	9	3
1-2	0.198	86	17	3-2	0.169	59	10

S > B : 0.217 / S = B : 0.287 / S < B : 0.270

기타 기록

상대 타자 타구 방향

42%　27%　31%

이닝당 투구수	17.2
땅볼 / 뜬공	1.31

상황별 기록

상황	안타	2루타	3루타	홈런	볼넷	사구	삼진	폭투	보크	피안타율
주자 없음	83	19	2	11	14	2	80	0	0	0.256
만루	1	0	0	0	0	1	3	1	0	0.083
주자 있음	49	12	1	8	27	2	33	6	0	0.268
득점권	26	8	1	5	23	2	19	5	0	0.248
상위(1~2번)	31	2	1	5	7	0	34	2	0	0.238
중심(3~5번)	47	9	1	6	15	2	36	2	0	0.267
하위(6~9번)	54	20	1	8	19	2	43	2	0	0.269
좌타자	54	13	1	9	18	2	45	3	0	0.269
우타자	78	19	1	10	23	2	68	3	0	0.255

상대팀별 기록

구분	경기	평균자책	승	패	세이브	홀드	이닝	피안타	피홈런	볼넷	삼진	피안타율
KIA	1	3.60	0	0	0	0	5	6	1	2	2	0.316
두산	2	0.00	1	0	0	0	7	5	0	3	5	0.192
NC	2	3.60	0	0	0	0	5	5	1	1	7	0.250
SK	5	5.50	1	0	0	0	18	20	6	5	18	0.278
LG	3	3.57	1	1	0	0	17 2/3	22	2	6	17	0.289
넥센	2	6.55	1	0	0	0	11	14	2	4	4	0.318
한화	4	2.25	3	0	0	0	20	19	1	6	16	0.260
삼성	4	6.16	0	3	0	0	19	19	4	7	20	0.253
kt	5	4.23	4	0	0	0	27 2/3	22	1	7	24	0.216

윤길현

우완 정통파 투수. 구위와 제구 중심으로 경기를 풀어낸다. 140km/h 중반대의 묵직한 패스트볼과 각이 날카로운 슬라이더가 일품이다. 2016년 롯데로 이적하여 현재까지 '먹튀'라는 말을 들으며 고전하고 있다. 팬들 사이에 이승호, 정대현, 윤길현에 이르기까지 SK에서 트레이드된 '먹튀 삼총사'로 불린다. 이적 첫해 평균자책점 6.00을 기록하며 8회를 책임져야할 상황에서 오히려 불만 지르고 내려가는 일이 비일비재하자 팀 내에서도 계륵과 같은 존재가 됐다. 2018 2차 드래프트 40인 보호 명단에서 제외 되었으나 결국 아무 팀도 그를 지명하지 않았다. 2018시즌은 그가 명예회복을 해야만 하는 중요한 시기다. 윤길현이 불펜에서 제몫을 해야 마무리 손승락의 부담이 줄어든다.

투수

우투우타
1983년 9월 23일
183cm / 85kg
연봉 5억 원
경력 본리초-대구중-대구고-SK -상무-SK
지명순위 02 SK 2차 2라운드 2순위

PITCHING ZONE / HOT&COLD

좌타자·몸쪽 / 우타자·몸쪽

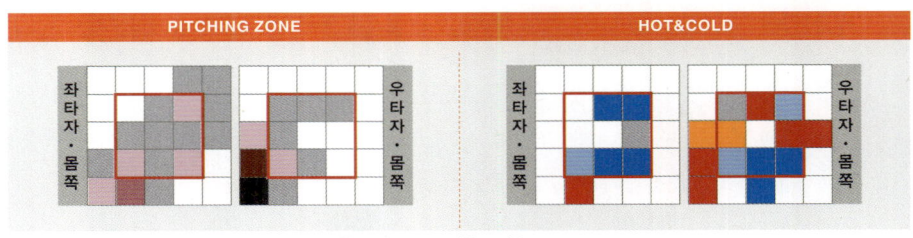

PITCHING ZONE ■ 15% 이상 ■ 12~14% ■ 9~11% ■ 6~8% ■ 3~5% □ 2% 이하
HOT&COLD ■ 피안타율 0.099 이하 ■ 0.100~0.199 ■ 0.200~0.299 ■ 0.300~0.399 ■ 피안타율 0.400 이상 □ 3타수 미만

최근 3년간 성적

연도	팀명	평균자책	경기	승	패	세이브	홀드	승률	타수	이닝	피안타	피홈런	볼넷	탈삼진	실점	자책점	WHIP	WAR
2015	SK	3.16	70	0	4	13	17	0.000	284	62 2/3	58	7	36	62	25	22	1.50	1.06
2016	롯데	6.00	62	7	7	2	16	0.500	275	60	75	8	22	50	42	40	1.62	0.10
2017	롯데	6.41	40	1	4	0	13	0.200	182	39 1/3	46	3	16	43	29	28	1.58	0.30
통산		4.25	597	42	38	30	107	0.525	3285	762 2/3	711	80	335	642	380	360	1.37	-

구속/구사율/피안타율

구종	평균구속	종합	초구	2-2	좌타자	우타자	피안타율
포심패스트볼	144	43%	50%	50%	38%	46%	0.356
투심/싱커	143	1%	2%	0%	2%	0%	-
컷패스트볼	-	-	-	-	-	-	-
슬라이더	133	38%	36%	42%	36%	40%	0.231
커브	119	12%	11%	5%	12%	11%	0.273
체인지업	133	1%	0%	1%	0%	1%	-
포크/SF/너클	135	6%	1%	3%	11%	3%	0.600

볼카운트별 피안타율

볼카운트	피안타율	타수	피안타	볼카운트	피안타율	타수	피안타
0-0	0.278	18	5	2-0	0.500	4	2
0-1	0.250	16	4	2-1	0.571	7	4
0-2	0.091	11	1	2-2	0.323	31	10
1-0	0.556	9	5	3-0	1.000	1	1
1-1	0.625	8	5	3-1	0.500	2	1
1-2	0.167	36	6	3-2	0.143	14	2

S > B : 0.175 / S = B : 0.351 / S < B : 0.405

기타 기록

상대 타자 타구 방향
39% | 27% | 34%

이닝당 투구수	18.5
땅볼 / 뜬공	0.53

상황별 기록

상황	안타	2루타	3루타	홈런	볼넷	사구	삼진	폭투	보크	피안타율
주자 없음	22	4	1	2	5	2	20	0	0	0.268
만루	2	0	1	1	0	3	0	0	0	0.286
주자 있음	24	4	1	11	3	23	3	0	0	0.320
득점권	18	4	1	9	1	16	3	0	0	0.360
상위(1~2번)	6	3	0	3	0	6	0	0	0	0.222
중심(3~5번)	16	1	1	6	1	14	0	0	0	0.308
하위(6~9번)	24	4	1	2	1	6	9	0	0	0.308
좌타자	18	4	2	7	2	12	0	0	0	0.346
우타자	28	5	1	9	3	31	1	0	0	0.267

상대팀별 기록

구분	경기	평균자책	승	패	세이브	홀드	이닝	피안타	피홈런	볼넷	삼진	피안타율
KIA	5	18.69	0	3	0	0	4 1/3	8	1	3	5	0.421
두산	6	8.53	0	0	0	4	6 1/3	9	0	1	6	0.321
NC	7	1.35	1	0	0	2	6 2/3	6	1	1	8	0.231
SK	2	3.00	0	1	0	0	3	2	0	2	5	0.182
LG	6	10.80	0	0	0	1	5	10	0	3	4	0.435
넥센	4	8.10	0	0	0	3	3 1/3	3	1	2	4	0.250
한화	4	0.00	0	0	0	2	3	1	0	1	2	0.111
삼성	3	6.75	0	0	0	1	2 2/3	6	0	1	4	0.385
kt	4	0.00	0	0	0	3	5	2	0	1	5	0.125

투수

우투우타
1987년 11월 1일
184cm / 82kg
연봉 8500만 원
경력 태안초-태안중-북일고
　　　-현대-우리-상무-넥센-kt
지명순위 07 현대 2차 1라운드
　　　2순위

NO. **28**　**장시환**

우완 정통파 투수. KBO리그에서 가장 강력한 속구를 가지고 있다. 140km/h 후반의 위력적인 패스트볼과 140km/h 초반의 슬라이더, 낙차 큰 커브를 구사한다. 그러나 경기 운용 능력이 떨어지고, 제구력이 좋지 않다. 멘탈이 약하고 이닝 소화력이 좋지 못한 것도 흠이다. 잘 던지다가 내야에서 조그마한 실수가 나오면 바로 흔들리는 유리 멘탈이다. 선발보다는 중간 계투진에서 활용도가 높으나, 접전양상의 게임에서는 멘탈이 약해 쉽게 못써먹는 안타까움이 존재하는 선수. 공의 위력도 좋고 변화구 구사능력이 뛰어난데도, 본인이 가진 잠재력을 충분히 끌어내지 못해 안타깝다. 2018시즌은 자신과의 싸움에서 이기는 게 급선무다.

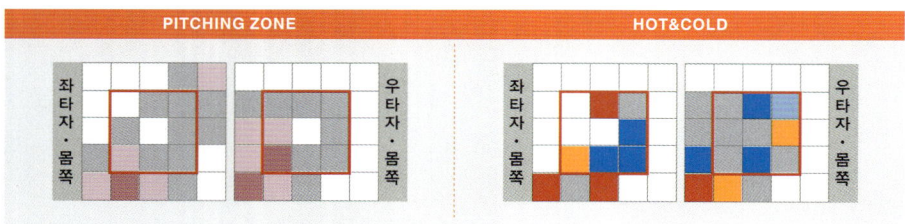

PITCHING ZONE　■ 15% 이상　■ 12~14%　■ 9~11%　■ 6~8%　■ 3~5%　□ 2% 이하
HOT&COLD　■ 피안타율 0.099 이하　■ 0.100~0.199　■ 0.200~0.299　■ 0.300~0.399　■ 피안타율 0.400 이상　□ 3타수 미만

최근 3년간 성적

연도	팀명	평균자책	경기	승	패	세이브	홀드	승률	타수	이닝	피안타	피홈런	볼넷	탈삼진	실점	자책점	WHIP	WAR
2015	kt	3.98	47	7	5	12	0	0.583	308	74 2/3	73	1	28	75	33	33	1.35	2.56
2016	kt	6.33	40	3	12	6	3	0.200	365	75 1/3	93	7	43	67	62	53	1.81	0.36
2017	kt·롯데	4.38	53	4	4	0	10	0.500	228	51 1/3	48	6	31	57	28	25	1.54	0.76
통산		5.71	179	14	27	19	14	0.341	1345	291 2/3	324	20	172	261	202	185	1.70	-

구속/구사율/피안타율

구종	평균구속	종합	초구	2-2	좌타자	우타자	피안타율
포심패스트볼	148	56%	65%	26%	60%	53%	0.329
투심/싱커	-	-	-	-	-	-	-
컷패스트볼	-	-	-	-	-	-	-
슬라이더	137	33%	28%	55%	25%	38%	0.182
커브	123	9%	7%	15%	9%	9%	0.444
체인지업	-	-	-	-	-	-	-
포크/SF/너클	138	3%	1%	4%	6%	1%	0.111

볼카운트별 피안타율

볼카운트	피안타율	타수	피안타	볼카운트	피안타율	타수	피안타
0-0	0.286	21	6	2-0	1.000	5	5
0-1	0.455	11	5	2-1	0.286	7	2
0-2	0.111	18	2	2-2	0.088	34	3
1-0	0.364	11	4	3-0	-	0	0
1-1	0.474	19	9	3-1	0.250	4	1
1-2	0.219	32	7	3-2	0.143	28	4
S > B : 0.230 / S = B : 0.243 / S < B : 0.291							

기타 기록

상대 타자 타구 방향

39%　25%　36%

이닝당 투구수	18.5
땅볼 / 뜬공	1.18

상황별 기록

상황	안타	2루타	3루타	홈런	볼넷	사구	삼진	폭투	보크	피안타율
주자 없음	26	2	0	3	17	1	27	0	0	0.268
만루	0	0	0	0	1	0	2	0	0	0.000
주자 있음	22	7	0	3	14	3	30	8	0	0.237
득점권	10	3	0	2	12	2	19	7	0	0.208
상위(1~2번)	10	0	0	0	6	0	14	3	0	0.244
중심(3~5번)	23	5	0	5	10	2	23	3	0	0.311
하위(6~9번)	15	4	0	1	15	2	20	2	0	0.200
좌타자	16	5	0	3	22	0	19	4	0	0.242
우타자	32	7	0	3	9	4	38	4	0	0.258

상대팀별 기록

구분	경기	평균자책	승	패	세이브	홀드	이닝	피안타	피홈런	볼넷	삼진	피안타율
KIA	7	1.29	1	1	0	0	7	8	1	7	6	0.286
두산	6	7.71	0	1	0	3	4 2/3	2	0	6	2	0.143
NC	6	6.35	1	0	0	1	5 2/3	7	2	7	7	0.304
SK	6	4.50	1	0	0	2	8	6	2	3	11	0.200
LG	7	8.44	0	1	0	0	5 1/3	8	1	3	6	0.348
넥센	6	1.59	0	0	0	1	5 2/3	5	0	1	8	0.250
한화	5	3.86	0	1	0	1	4 2/3	4	0	4	5	0.235
삼성	3	3.86	1	0	0	0	7	5	0	3	7	0.217
kt	4	2.70	0	0	0	1	3 1/3	3	0	3	6	0.250

NO. 37 조정훈

투수

우투우타
1985년 5월 3일
188cm / 95kg
연봉 6100만 원
경력 양덕초-마산중-용마고
-(영남사이버대)
지명순위 05 롯데 2차 1라운드
1순위

전성기 때 140km/h 중후반의 패스트볼을 뿌렸지만 어깨 부상 이후 140km/h 초반대로 볼의 스피드가 감소했다. 그러나 포크볼은 리그 최상급 수준이며, 슬라이더 또한 종으로 떨어지는 구질과 횡으로 떨어지는 구질을 가진 드문 선수다. 제구력은 뛰어난 편이나 부상 후 패스트볼이 가벼워지면서 장타를 많이 허용했다. 유일하게 S존에서 대각선에 위치한 두 꼭짓점을 연속으로 던져 2스트라이크를 잡을 수 있는 투수라는 평가를 받는다. 그동안 위력적인 구위와는 별도로 부상이 발목을 잡으면서 허송세월한 시간이 너무 길었다. 2017시즌 롯데의 든든한 지원군이자 핵심 불펜요원으로 화려하게 컴백했다. 부상 없이 건강한 모습으로 투구하는 게 중요하다.

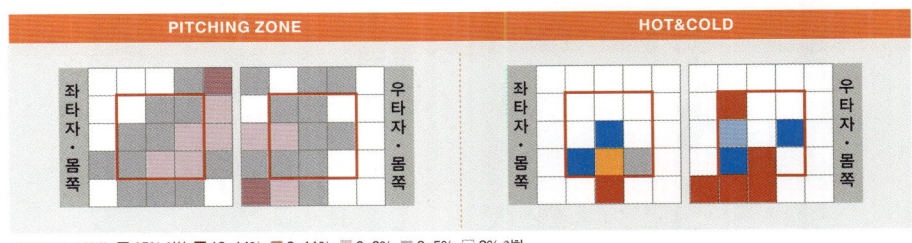

PITCHING ZONE 좌타자·몸쪽 / 우타자·몸쪽

HOT&COLD 좌타자·몸쪽 / 우타자·몸쪽

PITCHING ZONE ■ 15% 이상 ■ 12~14% ■ 9~11% ■ 6~8% ■ 3~5% □ 2% 이하
HOT&COLD ■ 피안타율 0.099 이하 ■ 0.100~0.199 ■ 0.200~0.299 ■ 0.300~0.399 ■ 피안타율 0.400 이상 □ 3타수 미만

최근 3년간 성적

연도	팀명	평균자책	경기	승	패	세이브	홀드	승률	타자수	이닝	피안타	피홈런	볼넷	탈삼진	실점	자책점	WHIP	WAR
2015	–	–	–	–	–	–	–	–	–	–	–	–	–	–	–	–	–	–
2016	–	–	–	–	–	–	–	–	–	–	–	–	–	–	–	–	–	–
2017	롯데	3.91	26	4	2	0	8	0.667	99	23	17	1	13	25	11	10	1.30	0.66
통산		4.33	121	29	19	0	12	0.604	1761	405 1/3	434	42	138	342	219	195	1.41	–

구속/구사율/피안타율

구종	평균구속	종합	초구	2-2	좌타자	우타자	피안타율
포심패스트볼	142	32%	31%	11%	33%	31%	0.389
투심/싱커	-	-	-	-	-	-	-
컷패스트볼	-	-	-	-	-	-	-
슬라이더	130	6%	12%	0%	2%	10%	0.333
커브	122	19%	36%	0%	15%	22%	0.250
체인지업	-	-	-	-	-	-	-
포크/SF/너클	132	43%	21%	89%	51%	37%	0.148

볼카운트별 피안타율

볼카운트	피안타율	타수	피안타	볼카운트	피안타율	타수	피안타
0-0	0.333	15	5	2-0			
0-1	0.000	3	0	2-1	0.143	7	1
0-2	0.143	7	1	2-2	0.214	14	3
1-0	0.286	7	2	3-0	0.000	1	0
1-1	0.250	4	1	3-1	0.000	2	0
1-2	0.176	17	3	3-2	0.125	8	1
S > B : 0.148 / S = B : 0.273 / S < B : 0.160							

기타 기록

상대 타자 타구 방향
36% 23% 41%

이닝당 투구수	16.8
땅볼 / 뜬공	2.58

상황별 기록

상황	안타	2루타	3루타	홈런	볼넷	사구	삼진	폭투	보크	피안타율
주자 없음	8	2	0	1	6	0	15	0	0	0.163
만루	0	0	0	0	0	0	0	1	0	0.000
주자 있음	9	3	0	0	7	0	10	1	0	0.250
득점권	5	2	0	0	6	0	6	1	0	0.192
상위(1~2번)	5	1	0	0	3	0	4	0	0	0.250
중심(3~5번)	7	3	0	1	6	0	9	0	0	0.250
하위(6~9번)	5	1	0	0	4	0	12	1	0	0.135
좌타자	9	2	0	1	6	0	9	0	0	0.237
우타자	8	3	0	0	9	0	16	0	0	0.170

상대팀별 기록

구분	경기	평균자책	승	패	세이브	홀드	이닝	피안타	피홈런	볼넷	삼진	피안타율
KIA	3	0.00	2	0	0	1	1 2/3	0	0	2	2	0.000
두산	2	10.80	0	0	0	0	1 2/3	3	0	0	1	0.375
NC	1	0.00	0	0	0	0	1	1	0	0	2	0.250
SK	3	0.00	0	0	0	0	2 1/3	0	0	1	4	0.000
LG	3	27.00	0	1	0	0	1	3	0	1	1	0.500
넥센	5	2.25	0	0	0	3	4	3	0	2	6	0.200
한화	6	3.18	0	1	0	2	5 2/3	4	0	4	5	0.200
삼성	3	0.00	2	0	0	1	3 1/3	0	0	1	3	0.000
kt	2	7.71	0	0	0	1	2 1/3	3	1	2	1	0.333

김사훈

포수

우투우타
1987년 6월 18일
174cm / 86kg
연봉 4000만 원
경력 감천초-대신중-부산고
　　-한민대-롯데-경찰
지명순위 11 롯데 육성선수

경남상고 시절 사촌형 김사율(KT 위즈)을 동경하며 야구를 시작했다. 형과 달리 고등학교 때 프로와 계약을 못하고 한민대에 들어가 대학에서 좋지 못한 모습을 보였다. 대학통산 265타석에서 2할 5푼대의 타격으로 이 같은 성적으로는 프로에 지명을 받을 수 없으나 김사율의 추천으로 입단 테스트를 받고, 2011년 신고선수로 들어갔다. 그에게 기회가 찾아온 것은 강민호의 백업 요원으로 활동하면서 57경기에 출장한 시점. 포구능력, 투수 리드, 블로킹에서 그 이전보다 한결 나아진 모습을 보였다. 그러나 갑작스럽게 출장횟수가 늘어나면서 타격성적은 내려앉았다. 한 경기 4삼진을 당하는 수모를 겪기도 했다. 전반적으로 2017 시즌은 기량 및 준비부족으로 인한 자신의 한계를 보였다. 발전이 필요하다.

HOT&COLD	SPRAY ZONE	주자 상황별 타수-안타 타율

SPRAY ZONE: 0 / 0 / 0 / 44% / 25% / 31% — 홈런 타구분포 %

주자 상황별: 37-6 0.162 / 10-3 0.300 / 12-1 0.083 / 2-1 0.500 / 5-0 0.000 / 3-1 0.333 / 5-2 0.400 / 2-0 0.000

■ 타율 0.400 이상　■ 0.300~0.399　▨ 0.200~0.299　▨ 0.100~0.199　■ 타율 0.099 이하　□ 3타수 미만

최근 3년간 성적

연도	팀명	타율	경기	타수	득점	안타	2루타	3루타	홈런	루타	타점	도루	볼넷	삼진	장타율	출루율	실책	OPS	WAR
2015	–	–	–	–	–	–	–	–	–	–	–	–	–	–	–	–	–	–	–
2016	롯데	0.321	19	28	5	9	1	0	0	10	4	0	3	6	0.357	0.387	0	0.744	0.05
2017	롯데	0.184	57	76	1	14	3	0	0	17	8	1	6	21	0.224	0.250	1	0.474	-0.55
통산		0.205	114	151	8	31	6	0	0	37	16	1	13	43	0.245	0.275	2	0.520	–

구종별 타격 성적

구종	전체	VS우투	VS좌투
포심패스트볼	0.194	0.136	0.333
투심/싱커	0.167	0.167	-
컷패스트볼	-	-	-
슬라이더	0.300	0.353	0.000
커브	0.000	0.000	0.000
체인지업	0.000	0.000	0.000
포크/SF/너클	1.000	-	1.000

볼카운트별 타율-타점

볼카운트	타율	타수	안타	타점	볼카운트	타율	타수	안타	타점
0-0	0.231	13	3	1	2-0	0.500	2	1	1
0-1	0.333	6	2	1	2-1	0.333	6	2	3
0-2	0.143	7	1	0	2-2	0.200	15	3	0
1-0	0.000	3	0	0	3-0	-	-	-	-
1-1	0.000	3	0	0	3-1	1.000	1	1	0
1-2	0.063	16	1	2	3-2	0.000	4	0	0
				S > B : 0.138 / S = B : 0.194 / S < B : 0.250					

수비 기록

위치	자살	보살	실책	수비율
포수	208	13	1	0.995

상황별 기록

상황	타율	타수	안타	2루타	3루타	홈런	타점	볼넷	사구	삼진	병살
주자없음	0.162	37	6	1	0	0	0	4	1	8	0
주자있음	0.205	39	8	2	0	0	8	2	0	13	2
득점권	0.172	29	5	2	0	0	8	2	0	12	1
좌투수	0.167	24	4	0	0	0	2	3	0	7	2
우투수	0.222	45	10	3	0	0	6	3	1	11	2
언더	0.000	7	0	0	0	0	0	0	0	3	0
노아웃	0.111	18	2	0	0	0	1	1	0	4	0
원아웃	0.241	29	7	1	0	0	3	0	0	4	2
투아웃	0.172	29	5	2	0	0	4	5	1	9	0

상대팀별 기록

구분	경기	타율	타수	득점	안타	홈런	타점	도루	볼넷	삼진	병살
KIA	6	0.000	8	0	0	0	2	1	1	2	1
두산	8	0.154	13	0	2	0	0	0	1	5	0
NC	7	0.353	17	0	6	0	3	0	0	4	0
SK	8	0.333	3	0	1	0	0	0	0	0	0
LG	9	0.067	15	1	1	0	0	0	1	6	1
넥센	6	0.167	6	0	1	0	0	0	0	0	0
한화	5	0.200	5	0	1	0	0	0	0	3	0
삼성	4	0.286	7	0	2	0	1	0	1	2	0
kt	9	0.000	2	0	0	0	0	0	0	1	0

NO. 39 나종덕

강민호의 삼성 이적으로 올해 김사훈과 함께 롯데 홈플레이트를 지켜야 한다. 아마추어 투수출신이라 어깨가 강하다. 또한 양호한 포구, 블로킹, 인사이드워크를 갖췄다. 지난해 주로 퓨처스리그에서 활약하며 69경기 타율 0.211, 12홈런, 32타점을 기록했다. 세밀함은 다소 부족했지만 장타력과 타점 생산 능력을 어느 정도 선보인 셈. 물론 프로 1군과 2군의 기량 차이는 크다. 나종덕이 지난해 퓨처스리그에서 보여준 파워배팅이 올해 1군에서도 통할 지는 미지수다. 타격 기술적인 부분에서는 선배 손아섭으로부터 많은 도움을 받았다. 롯데 전지훈련 장소인 대만 가오슝에서 손아섭과 한방을 쓰며 대선배의 일거수일투족을 몸소 체험했다. 올해 나종덕이 1군에서 타율 0.250 안팎만 기록해 준다면 구단으로서는 더 바랄 게 없다.

포수

우투우타
1998년 3월 16일
186cm / 97kg
연봉 2800만 원
경력 무학초-창원신월중-용마고
지명순위 17 롯데 2차 1라운드 3순위

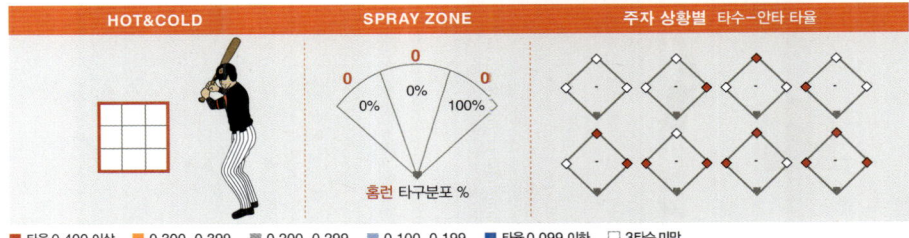

HOT&COLD	SPRAY ZONE	주자 상황별 타수-안타 타율
	0% 0% 100%	
	홈런 타구분포 %	

■ 타율 0.400 이상 ■ 0.300~0.399 ■ 0.200~0.299 ■ 0.100~0.199 ■ 타율 0.099 이하 □ 3타수 미만

최근 3년간 성적

연도	팀명	타율	경기	타수	득점	안타	2루타	3루타	홈런	루타	타점	도루	볼넷	삼진	장타율	출루율	실책	OPS	WAR
2015	–	-	-	-	-	-	-	-	-	-	-	-	-	-	-	-	-	-	-
2016	–	-	-	-	-	-	-	-	-	-	-	-	-	-	-	-	-	-	-
2017	롯데	0.000	5	4	0	0	-	-	0	0	0	0	0	2	0.000	-	-	0.000	-0.01
통산		0.000	5	4	0	0	-	-	0	0	0	0	0	2	0.000	-	-	0.000	-

구종별 타격 성적

구종	전체	VS우투	VS좌투
포심패스트볼	-	-	-
투심/싱커	-	-	-
컷패스트볼	-	-	-
슬라이더	-	-	-
커브	-	-	-
체인지업	-	-	-
포크/SF/너클	-	-	-

볼카운트별 타율-타점

볼카운트	타율	타수	안타	타점	볼카운트	타율	타수	안타	타점
0-0	-	-	-	-					
0-1	-	-	-	-					
0-2	-	-	-	-					
1-0	-	-	-	-					
1-1	-	-	-	-					
1-2	-	-	-	-					
				S>B:-/S=B:-/S<B:-					

수비 기록

위치	자살	보살	실책	수비율
포수	15	0	0	1.000

상황별 기록

상황	타율	타수	안타	2루타	3루타	홈런	타점	볼넷	사구	삼진	병살
주자 없음	0.000	1	0	-	-	-	0	-	-	-	-
주자 있음	0.000	3	0	-	-	-	0	-	-	-	-
득점권	0.000	1	0	-	-	-	0	-	-	-	-
좌투수	0.000	1	0	-	-	-	0	-	-	-	-
우투수	0.000	3	0	-	-	-	0	-	-	-	-
언더	-	-	-	-	-	-	-	-	-	-	-
노아웃	0.000	2	0	-	-	-	0	-	-	-	-
원아웃	0.000	1	0	-	-	-	0	-	-	-	-
투아웃	0.000	1	0	-	-	-	0	-	-	-	-

상대팀별 기록

구분	경기	타율	타수	득점	안타	홈런	타점	도루	볼넷	삼진	병살
KIA	-	0.000	2	-	0	-	0	-	-	-	-
두산	-	-	0	-	0	-	0	-	-	-	-
NC	-	-	0	-	0	-	0	-	-	-	-
SK	-	0.000	1	-	0	-	0	-	-	-	-
LG	-	-	0	-	0	-	0	-	-	-	-
넥센	-	-	0	-	0	-	0	-	-	-	-
한화	-	-	0	-	0	-	0	-	-	-	-
삼성	-	0.000	1	-	0	-	0	-	-	-	-
kt	-	0.200	10	-	2	-	1	-	-	-	-

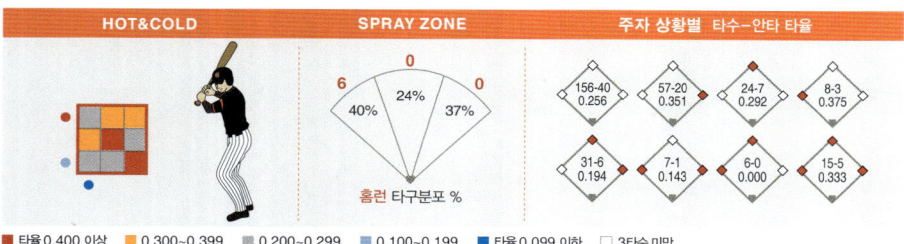

내야

우투우타
1983년 7월 5일
184cm / 85kg
연봉 1억 8000만 원
경력 군산초-군산남중-군산상고
-롯데-상무
지명순위 02 롯데 2차 10라운드
78순위

NO. 6 문규현

입단 후 간간이 백업 선수로 출장하다 유격수 외에 2루와 3루, 사실상 1루수를 제외하고 내야 전 포지션을 볼 수 있는 능력을 갖췄다. 2010년 박기혁의 군입대를 틈타 주전 유격수 자리를 꿰찼으나 저조한 공격력과 느린 발, 평범한 주루센스로 확실한 위치를 차지하지는 못했다. 13시즌 통산타율 0.247, 홈런 20개로 빈약한 공격과 수비에서 그다지 높은 평가를 받지 못했다. 어깨가 약하고 실책이 많으며 타구에 대한 대처능력이 부족하다. 2016, 2017시즌에서 준수한 공격을 이끌기도 했다. 하위타선에서 공격력을 이끌었다. 현재 롯데에는 문규현을 능가할 유격수가 없기에 당분간 주전 유격수 자리를 유지할 것으로 보인다.

HOT&COLD / SPRAY ZONE / 주자 상황별 타수-안타 타율

SPRAY ZONE: 6 / 0 / 40% 24% 37%
홈런 타구분포 %

주자 상황별:
156-40 0.256 | 57-20 0.351 | 24-7 0.292 | 8-3 0.375
31-6 0.194 | 7-1 0.143 | 6-0 0.000 | 15-5 0.333

■ 타율 0.400 이상　■ 0.300~0.399　■ 0.200~0.299　■ 0.100~0.199　■ 타율 0.099 이하　□ 3타수 미만

최근 3년간 성적

연도	팀명	타율	경기	타수	득점	안타	2루타	3루타	홈런	루타	타점	도루	볼넷	삼진	장타율	출루율	실책	OPS	WAR
2015	롯데	0.245	105	265	24	65	12	1	2	85	25	4	14	39	0.321	0.283	11	0.604	-0.65
2016	롯데	0.272	120	316	38	86	10	0	4	108	40	2	29	39	0.342	0.333	7	0.675	0.37
2017	롯데	0.270	110	304	38	82	15	2	6	119	42	2	10	42	0.391	0.295	7	0.686	-0.04
통산		0.247	863	2045	227	505	91	6	20	668	218	22	147	347	0.327	0.301	84	0.628	-

구종별 타격 성적

구종	전체	VS우투	VS좌투
포심패스트볼	0.316	0.308	0.346
투심/싱커	0.350	0.350	-
컷패스트볼	0.429	0.333	1.000
슬라이더	0.222	0.224	0.214
커브	0.118	0.077	0.250
체인지업	0.179	0.125	0.200
포크/SF/너클	0.350	0.357	0.333

볼카운트별 타율-타점

볼카운트	타율	타수	안타	타점	볼카운트	타율	타수	안타	타점
0-0	0.314	51	16	13	2-0	0.333	6	2	0
0-1	0.205	39	8	3	2-1	0.308	13	4	2
0-2	0.200	25	5	2	2-2	0.222	36	8	4
1-0	0.296	27	8	5	3-0	-			
1-1	0.323	31	10	4	3-1	0.000	2	0	0
1-2	0.175	40	7	4	3-2	0.412	34	14	5

S > B : 0.192 / S = B : 0.288 / S < B : 0.341

수비 기록

위치	자살	보살	실책	수비율
2루수	23	28	0	1.000
3루수	9	30	3	0.929
유격수	101	214	4	0.987

상황별 기록

상황	타율	타수	안타	2루타	3루타	홈런	타점	볼넷	사구	삼진	병살
주자 없음	0.256	156	40	10	1	4	4	4	0	21	0
주자 있음	0.284	148	42	5	1	2	38	6	2	21	10
득점권	0.242	91	22	2	1	0	32	5	1	13	5
좌투수	0.293	75	22	9	1	2	10	3	0	12	1
우투수	0.253	194	49	5	1	4	30	5	1	26	8
언더	0.314	35	11	1	0	0	2	2	1	4	1
노아웃	0.268	97	26	5	1	3	7	1	0	13	0
원아웃	0.324	105	34	6	1	3	20	6	2	15	9
투아웃	0.216	102	22	4	0	0	15	3	0	16	0

상대팀별 기록

구분	경기	타율	타수	득점	안타	홈런	타점	도루	볼넷	삼진	병살
KIA	10	0.238	21	1	5	0	4	0	0	2	1
두산	12	0.278	36	5	10	2	7	0	1	6	1
NC	12	0.256	39	5	10	0	4	0	1	5	1
SK	12	0.115	26	1	3	0	3	0	1	6	2
LG	13	0.241	29	0	7	0	5	0	2	4	1
넥센	13	0.289	38	8	11	0	6	0	0	5	1
한화	15	0.286	35	4	10	1	2	2	4	4	2
삼성	13	0.271	48	8	13	1	8	0	1	7	5
kt	10	0.406	32	6	13	2	6	0	0	2	0

NO. 98 번즈

내야 전체를 수비할 수 있는 유틸리티 선수다. 기본적으로 수비가 탁월한 2루수. 수비범위가 매우 넓고, 포구를 잘 한다. 글로브에서 공을 빼는 속도가 빠르며 어려운 자세에서도 정확한 송구가 돋보인다. 타격은 국내의 외국인 타자 중 팀 기여도가 높은 영양가 있는 타격을 한다. 스윙 궤적 상 낮은 볼에 강점을 가지고 있기 때문에 낮은 볼을 공략하려고 노력한다. 2017시즌 전반기에는 적응하느라 부진했지만 후반기에는 롯데 상승세를 이끌며 하위타선의 핵심으로 활약했다. 타율 0.303, 홈런 15개 타점 27점을 기록했다. 월등한 수비력과 준수한 타격, 친화력으로 좋은 활약을 하고 있다. 2018시즌에 타격에서 더 발전된 모습을 보여준다면 타선의 무게감이 달라지면서 '이대호 의존증'에서 어느 정도 벗어날 수 있다.

내야

우투우타
1990년 8월 17일
188cm / 93kg
경력 미국 켄터키대
지명순위 17 롯데 자유선발

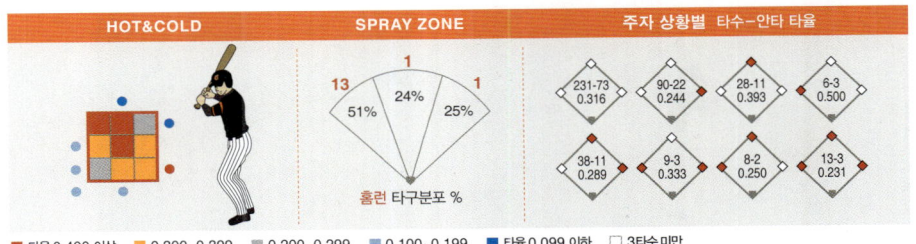

HOT&COLD | SPRAY ZONE | 주자 상황별 타수-안타 타율

SPRAY ZONE: 13 / 1 / 1 ─ 51% / 24% / 25% ─ 홈런 타구분포 %

주자 상황별:
231-73 0.316 | 90-22 0.244 | 28-11 0.393 | 6-3 0.500
38-11 0.289 | 9-3 0.333 | 8-2 0.250 | 13-3 0.231

■ 타율 0.400 이상　■ 0.300~0.399　■ 0.200~0.299　■ 0.100~0.199　■ 타율 0.099 이하　□ 3타수 미만

최근 3년간 성적

연도	팀명	타율	경기	타수	득점	안타	2루타	3루타	홈런	루타	타점	도루	볼넷	삼진	장타율	출루율	실책	OPS	WAR
2015	–	-	-	-	-	-	-	-	-	-	-	-	-	-	-	-	-	-	-
2016	–	-	-	-	-	-	-	-	-	-	-	-	-	-	-	-	-	-	-
2017	롯데	0.303	116	423	71	128	38	0	15	211	57	10	29	100	0.499	0.361	8	0.860	2.98
통산		0.303	116	423	71	128	38	0	15	211	57	10	29	100	0.499	0.361		0.860	-

구종별 타격 성적

구종	전체	VS우투	VS좌투
포심패스트볼	0.282	0.248	0.400
투심/싱커	0.303	0.323	0.000
컷패스트볼	0.417	0.286	0.600
슬라이더	0.360	0.365	0.333
커브	0.233	0.235	0.222
체인지업	0.341	0.316	0.360
포크/SF/너클	0.314	0.310	0.333

볼카운트별 타율-타점

볼카운트	타율	타수	안타	타점	볼카운트	타율	타수	안타	타점
0-0	0.400	70	28	14	2-0	0.385	13	5	1
0-1	0.455	44	20	8	2-1	0.179	28	5	2
0-2	0.156	32	5	3	2-2	0.300	60	18	10
1-0	0.439	41	18	10	3-0	0.000	1	0	0
1-1	0.357	42	15	4	3-1	1.000	2	2	2
1-2	0.130	54	7	2	3-2	0.139	36	5	1

S > B : 0.246 / S = B : 0.355 / S < B : 0.289

수비 기록

위치	자살	보살	실책	수비율
2루수	225	307	8	0.985
3루수	5	18	0	1.000
유격수	0	2	0	1.000

상황별 기록

상황	타율	타수	안타	2루타	3루타	홈런	타점	볼넷	사구	삼진	병살
주자 없음	0.316	231	73	24	0	8	8	14	6	57	0
주자 있음	0.286	192	55	14	0	7	49	15	5	43	18
득점권	0.324	102	33	7	0	6	46	11	0	21	4
좌투수	0.351	97	34	10	0	5	16	4	3	20	5
우투수	0.304	260	79	25	0	8	31	21	7	68	11
언더	0.227	66	15	3	0	2	10	4	1	12	2
노아웃	0.346	162	56	15	0	5	9	6	2	29	10
원아웃	0.265	136	36	12	0	4	18	11	4	44	8
투아웃	0.288	125	36	11	0	6	28	8	4	27	0

상대팀별 기록

구분	경기	타율	타수	득점	안타	홈런	타점	도루	볼넷	삼진	병살
KIA	13	0.340	47	8	16	2	7	2	3	9	1
두산	10	0.226	31	3	7	1	4	0	3	12	3
NC	10	0.231	39	7	9	0	4	0	3	13	1
SK	16	0.393	61	15	24	3	12	2	7	14	4
LG	14	0.340	50	8	17	3	6	2	3	11	1
넥센	13	0.255	47	9	12	1	5	2	5	8	1
한화	16	0.345	55	10	19	4	9	1	3	14	2
삼성	13	0.216	51	5	11	0	2	0	2	14	3
kt	11	0.310	42	6	13	1	8	1	0	5	2

내야

우투우타
1982년 6월 21일
194cm / 100kg
연봉 25억 원
경력 부산수영초-대동중-경남고
　　　-(영남사이버대)
지명순위 01 롯데 2차 1라운드
　　　4순위

NO. 10 이대호

　명실상부한 대한민국 4번 타자. 전형적인 거포라기보다는 장거리 교타자로 분류된다. 콘택트 능력이 좋고 선구안도 뛰어나 몸 전체의 타고난 유연성을 바탕으로 장타나 홈런을 만들어낸다. 트리플 크라운을 2회 차지할 정도로 타격은 이미 정평이 나 있다. 특히 유연성이 좋은데다 리치가 길어 스트라이크존에서 떨어지는 볼도 곧잘 걷어내 안타를 만드는 경우가 많다. 느린 발 때문에 중견수 키를 넘는 1루타, 우중간을 가르는 1루타 등도 기록했다. 또한 내야안타가 거의 없을 정도로 발이 느리다. 수비력은 둔해 보이는 체구 때문에 저평가를 받지만 기본기가 매우 충실한 선수다. 3루수일 경우 느린 발로 인해 수비범위가 좁아 유격수가 꽤나 고생한다. 올 시즌에는 1루수나 DH로 출전할 것이다.

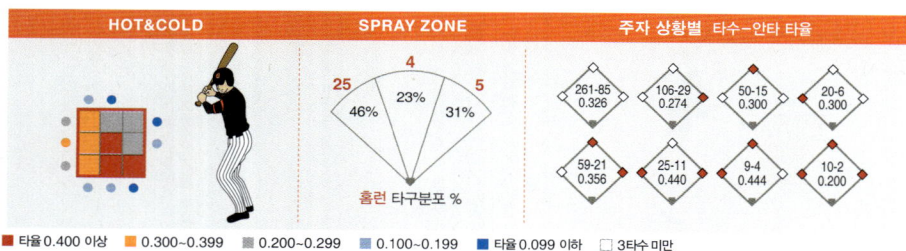

| HOT&COLD | SPRAY ZONE | 주자 상황별 타수-안타 타율 |

홈런 타구분포 %

46%　23%　31%

261-85 0.326 | 106-29 0.274 | 50-15 0.300 | 20-6 0.300

59-21 0.356 | 25-11 0.440 | 9-4 0.444 | 10-2 0.200

■ 타율 0.400 이상　■ 0.300~0.399　■ 0.200~0.299　■ 0.100~0.199　■ 타율 0.099 이하　□ 3타수 미만

최근 3년간 성적

연도	팀명	타율	경기	타수	득점	안타	2루타	3루타	홈런	루타	타점	도루	볼넷	삼진	장타율	출루율	실책	OPS	WAR
2015	-	-	-	-	-	-	-	-	-	-	-	-	-	-	-	-	-	-	-
2016	-	-	-	-	-	-	-	-	-	-	-	-	-	-	-	-	-	-	-
2017	롯데	0.320	142	540	73	173	13	0	34	288	111	1	50	84	0.533	0.391	8	0.924	3.54
통산		0.310	1292	4588	684	1423	217	5	259	2427	920	10	525	711	0.529	0.395	99	0.924	-

구종별 타격 성적

구종	전체	VS우투	VS좌투
포심패스트볼	0.317	0.331	0.279
투심/싱커	0.306	0.333	0.000
컷패스트볼	0.333	0.364	0.250
슬라이더	0.364	0.430	0.167
커브	0.390	0.389	0.400
체인지업	0.274	0.320	0.243
포크/SF/너클	0.289	0.250	0.385

볼카운트별 타율-타점

볼카운트	타율	타수	안타	타점	볼카운트	타율	타수	안타	타점
0-0	0.377	77	29	16	2-0	0.214	14	3	0
0-1	0.400	55	22	18	2-1	0.250	20	5	2
0-2	0.216	37	8	3	2-2	0.287	87	25	16
1-0	0.460	50	23	17	3-0	0.000	1	0	1
1-1	0.328	64	21	13	3-1	0.333	6	2	1
1-2	0.262	84	22	14	3-2	0.289	45	13	10
					S > B : 0.295 / S = B : 0.329 / S < B : 0.338				

수비 기록

위치	자살	보살	실책	수비율
1루수	898	59	8	0.992
3루수	0	0	0	-

상황별 기록

상황	타율	타수	안타	2루타	3루타	홈런	타점	볼넷	사구	삼진	병살
주자 없음	0.326	261	85	9	0	21	21	16	6	46	0
주자 있음	0.315	279	88	4	0	13	90	34	9	38	22
득점권	0.341	173	59	2	0	6	74	28	7	24	11
좌투수	0.273	143	39	2	0	8	23	14	1	21	5
우투수	0.345	319	110	8	0	23	77	30	9	54	13
언더	0.308	78	24	3	0	3	11	6	5	9	4
노아웃	0.351	188	66	4	0	15	25	11	4	39	8
원아웃	0.309	165	51	3	0	10	44	17	6	21	14
투아웃	0.299	187	56	2	0	9	42	22	5	24	0

상대팀별 기록

구분	경기	타율	타수	득점	안타	홈런	타점	도루	볼넷	삼진	병살
KIA	15	0.350	60	8	21	4	13	0	4	6	4
두산	16	0.328	61	8	20	3	10	0	6	12	0
NC	16	0.382	55	10	21	5	14	0	9	5	1
SK	15	0.340	53	12	18	7	13	0	9	7	1
LG	16	0.274	62	8	17	3	9	0	8	4	4
넥센	16	0.303	66	7	20	5	14	0	2	10	5
한화	16	0.210	62	4	13	1	5	0	3	13	2
삼성	16	0.333	60	8	20	3	9	0	4	6	3
kt	16	0.377	61	6	23	2	15	1	4	12	2

NO. 7 신본기

발 빠른 유격수답게 깔끔한 수비와 넓은 수비범위를 자랑한다. 이름대로 기본기가 상당히 튼튼한 선수다. 그러나 어깨가 약해 송구능력이 떨어진다. 또한 송구 실수도 제법 많았으나 피나는 훈련으로 이 모든 것을 극복했다. 빠른 발 때문에 대주자로 자주 기용된다. 타격은 수비에 비해 훨씬 못 미치며 파워도 부족하고 2할 초반대의 타율을 유지한다. 문규현의 백업으로 활약하고 있다. 2017시즌 초반의 부진을 딛고 후반기에 가장 기대되는 선수로 반전을 이루며 롯데 하위타선의 핵으로 올라섰다. 2017시즌 하반기의 회복세를 이어가 타격에서 좀 더 발전을 이룬다면 3루수 혹은 유격수 주전이 될 가능성이 높다.

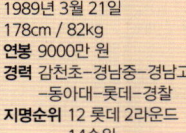

내야

우투우타
1989년 3월 21일
178cm / 82kg
연봉 9000만 원
경력 감천초-경남중-경남고
　　-동아대-롯데-경찰
지명순위 12 롯데 2라운드
　　14순위

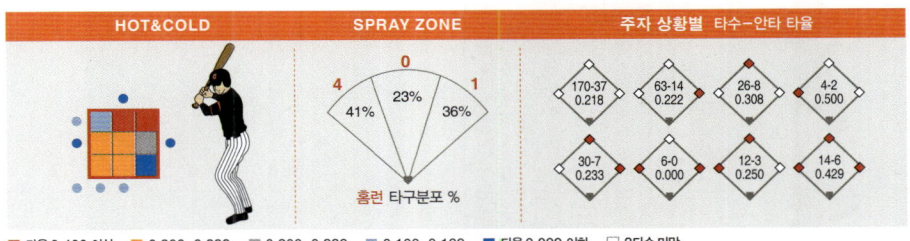

HOT&COLD | **SPRAY ZONE** | **주자 상황별 타수-안타 타율**

홈런 타구분포 %

170-37 0.218	63-14 0.222	26-8 0.308	4-2 0.500
30-7 0.233	6-0 0.000	12-3 0.250	14-6 0.429

■ 타율 0.400 이상　■ 0.300~0.399　■ 0.200~0.299　■ 0.100~0.199　■ 타율 0.099 이하　□ 3타수 미만

최근 3년간 성적

연도	팀명	타율	경기	타수	득점	안타	2루타	3루타	홈런	루타	타점	도루	볼넷	삼진	장타율	출루율	실책	OPS	WAR
2015	-	-	-	-	-	-	-	-	-	-	-	-	-	-	-	-	-	-	-
2016	롯데	0.309	25	81	13	25	4	0	1	32	10	0	13	12	0.395	0.451	2	0.846	0.83
2017	롯데	0.237	128	325	49	77	11	0	5	103	47	5	25	76	0.317	0.313	10	0.630	-0.39
통산		0.232	365	816	118	189	32	1	11	256	98	13	76	185	0.314	0.318	27	0.632	-

구종별 타격 성적

구종	전체	VS우투	VS좌투
포심패스트볼	0.230	0.248	0.184
투심/싱커	0.100	0.100	-
컷패스트볼	0.100	0.143	0.000
슬라이더	0.255	0.233	0.500
커브	0.227	0.267	0.143
체인지업	0.280	0.167	0.316
포크/SF/너클	0.257	0.308	0.111

볼카운트별 타율-타점

볼카운트	타율	타수	안타	타점	볼카운트	타율	타수	안타	타점
0-0	0.289	45	13	11	2-0	0.400	5	2	1
0-1	0.324	37	12	5	2-1	0.214	14	3	1
0-2	0.081	37	3	2	2-2	0.133	45	6	3
1-0	0.304	23	7	6	3-0	-	0	0	0
1-1	0.281	32	9	5	3-1	0.500	4	2	0
1-2	0.172	58	10	3	3-2	0.400	25	10	10
					S > B : 0.189 / S = B : 0.230 / S < B : 0.338				

수비 기록

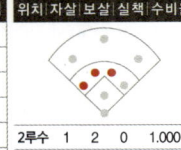

위치	자살	보살	실책	수비율
2루수	1	2	0	1.000
3루수	23	56	4	0.952
유격수	77	199	6	0.979

상황별 기록

상황	타율	타수	안타	2루타	3루타	홈런	타점	볼넷	사구	삼진	병살
주자 없음	0.218	170	37	5	0	3	3	14	6	39	0
주자 있음	0.258	155	40	6	0	2	44	11	7	37	8
득점권	0.283	92	26	5	0	2	43	9	6	25	5
좌투수	0.230	87	20	3	0	2	18	4	4	25	2
우투수	0.234	197	46	8	0	2	26	17	6	40	6
언더	0.268	41	11	0	0	1	3	3	3	11	0
노아웃	0.239	92	22	2	0	1	8	7	1	19	0
원아웃	0.252	115	29	6	0	2	11	3	6	28	7
투아웃	0.220	118	26	3	0	2	31	14	3	38	0

상대팀별 기록

구분	경기	타율	타수	득점	안타	홈런	타점	도루	볼넷	삼진	병살
KIA	12	0.171	41	5	7	0	6	1	2	6	1
두산	13	0.379	29	8	11	0	5	0	2	8	0
NC	16	0.262	42	5	11	2	7	0	5	10	2
SK	16	0.200	40	9	8	1	5	0	2	13	0
LG	16	0.209	43	6	9	1	8	1	3	14	0
넥센	16	0.226	31	1	7	0	7	0	1	10	1
한화	14	0.206	34	6	7	0	2	0	0	7	1
삼성	15	0.235	34	2	8	0	1	1	5	5	2
kt	10	0.290	31	7	9	1	3	1	5	3	1

내야

좌투좌타
1982년 10월 11일
187cm / 94kg
경력 대신초-대동중-부산상고
-삼성
지명순위 07 해외진출선수
특별지명

NO. 65 채태인

2018년 1월 12일 넥센 히어로즈와 1+1년 총액 10억 원에 FA 계약한 후 '사인 & 트레이드'로 투수 박성민과 트레이드 돼 롯데 자이언츠로 이적했다. 채태인은 롯데의 전지훈련지인 대만 가오슝에서 놀라운 적응력을 보였다. 마치 오랫동안 롯데 선수였던 것 같은 착각까지 불러일으킬 정도로 말이다. 채태인 있는 곳은 웃음바다가 됐다. 그의 재치 있는 입담이 한 몫 한 것. 채태인은 전형적인 중거리 타자다. 초구부터 적극적인 스윙을 하고, 극단적인 라인드라이브 타자이며 2루타가 많다. 반면 데뷔 이후 한 시즌 20홈런 이상을 쳐본 적은 없다. 수비력은 좋다. 187cm의 큰 키를 이용해 1-2루를 빠지는 안타성 타구, 혹은 베이스 옆을 타고 흐르는 타구를 잘 잡아낸다. 올해 롯데에서 중요한 역할을 할 것이다.

■ 타율 0.400 이상　■ 0.300~0.399　■ 0.200~0.299　■ 0.100~0.199　■ 타율 0.099 이하　□ 3타수 미만

최근 3년간 성적

연도	팀명	타율	경기	타수	득점	안타	2루타	3루타	홈런	루타	타점	도루	볼넷	삼진	장타율	출루율	실책	OPS	WAR
2015	삼성	0.348	104	333	35	116	19	0	8	159	49	0	33	92	0.477	0.408	4	0.885	2.28
2016	넥센	0.286	124	370	29	106	14	3	7	147	72	0	36	92	0.397	0.345	3	0.742	0.74
2017	넥센	0.322	109	342	46	110	23	1	12	171	62	0	34	94	0.500	0.388	6	0.888	1.94
통산		0.301	981	3202	415	965	179	9	100	1462	550	8	342	789	0.457	0.371	33	0.828	-

구종별 타격 성적

구종	전체	VS우투	VS좌투
포심패스트볼	0.310	0.296	0.353
투심/싱커	0.474	0.471	0.500
컷패스트볼	0.250	0.286	0.200
슬라이더	0.264	0.286	0.240
커브	0.407	0.550	0.000
체인지업	0.333	0.361	0.222
포크/SF/너클	0.302	0.300	0.333

볼카운트별 타율-타점

볼카운트	타율	타수	안타	타점	볼카운트	타율	타수	안타	타점
0-0	0.364	55	20	9	2-0	0.556	9	5	1
0-1	0.433	30	13	10	2-1	0.556	9	5	5
0-2	0.143	21	3	4	2-2	0.233	60	14	8
1-0	0.435	23	10	9	3-0	0.000	2	0	0
1-1	0.615	26	16	13	3-1	0.500	4	2	1
1-2	0.177	62	11	0	3-2	0.268	41	11	6
S > B : 0.239 / S = B : 0.355 / S < B : 0.375									

수비 기록

위치	자살	보살	실책	수비율
1루수	472	26	6	0.988

상황별 기록

상황	타율	타수	안타	2루타	3루타	홈런	타점	볼넷	사구	삼진	병살
주자 없음	0.387	155	60	11	0	6	6	9	1	32	0
주자 있음	0.267	187	50	12	1	6	56	25	4	62	9
득점권	0.317	101	32	9	0	2	47	16	3	33	3
좌투수	0.279	86	24	2	0	1	7	6	2	27	2
우투수	0.346	208	72	16	1	9	44	23	3	53	7
언더	0.292	48	14	5	0	2	11	5	0	14	0
노아웃	0.346	104	36	6	0	3	10	8	1	23	2
원아웃	0.308	120	37	8	1	5	25	15	3	36	7
투아웃	0.314	118	37	9	0	4	27	11	1	35	0

상대팀별 기록

구분	경기	타율	타수	득점	안타	홈런	타점	도루	볼넷	삼진	병살
KIA	13	0.282	39	4	11	1	8	0	9	12	2
두산	14	0.367	49	11	18	2	9	0	5	9	1
롯데	14	0.517	29	4	15	1	6	0	1	8	0
NC	9	0.333	18	1	6	0	1	0	5	6	1
SK	15	0.217	46	6	10	2	9	0	7	14	1
LG	9	0.231	26	1	6	0	2	0	5	3	1
한화	11	0.324	34	3	11	1	8	0	3	8	1
삼성	14	0.327	55	9	18	3	16	0	6	9	0
kt	14	0.326	46	7	15	2	10	0	2	14	1

NO. 15 황진수

내야의 모든 포지션을 맡을 수 있는 유틸리티 플레이어. 또한 스위치 타자이기도 하다. 지난 10년 간 거의 무명으로 지내던 그에게 2017시즌은 강렬한 한 해였다. 6월에 찾아온 기회에서 타석보다 더 많은 54타수에서 0.278을 기록하며 순조로운 3루수로 자리 잡았다. 연이은 타격부진으로 2군으로 내려갔으나, 다시 8월에 콜업되어 4할대의 타율과 9월에는 0.353의 타율을 기록하며 총 117타수 34안타 타율 0.291을 올리면서 롯데의 가을잔치 진출에 상당한 기여를 했다. 적은 기회에도 불구하고 3할 타율에 스위치히터라는 이점까지 갖추었다. 천성적으로 몸이 뻣뻣해 잔부상이 많았으나, 요가를 통해 이를 극복했다고 한다. 이런 페이스만 유지한다면 주전의 꿈도 멀지 않았다.

내야

우투양타
1989년 2월 15일
180cm / 81kg
연봉 6200만 원
경력 석천초-대헌중-공주고
지명순위 07 롯데 2차 6라운드
45순위

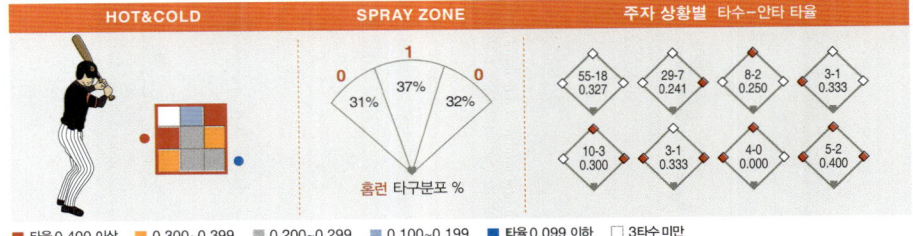

| HOT&COLD | SPRAY ZONE | 주자 상황별 타수-안타 타율 |

SPRAY ZONE
0 · 1 · 0
31% · 37% · 32%
홈런 타구분포 %

주자 상황별 타수-안타 타율
55-18 0.327 / 29-7 0.241 / 8-2 0.250 / 3-1 0.333
10-3 0.300 / 3-1 0.333 / 4-0 0.000 / 5-2 0.400

■ 타율 0.400 이상　■ 0.300~0.399　■ 0.200~0.299　■ 0.100~0.199　■ 타율 0.099 이하　□ 3타수 미만

최근 3년간 성적

연도	팀명	타율	경기	타수	득점	안타	2루타	3루타	홈런	루타	타점	도루	볼넷	삼진	장타율	출루율	실책	OPS	WAR
2015	롯데	0.000	2	2	0	0	0	0	0	0	0	0	0	0	0.000	0.000	0	0.000	−0.05
2016	롯데	0.000	11	10	2	0	0	0	0	0	0	0	0	5	0.000	0.000	0	0.000	−0.28
2017	롯데	0.291	60	117	18	34	6	2	1	47	16	4	10	38	0.402	0.359	4	0.761	0.49
통산		0.237	108	152	22	36	7	2	1	50	16	6	11	53	0.329	0.299	4	0.628	−

구종별 타격 성적

구종	전체	VS우투	VS좌투
포심패스트볼	0.396	0.303	0.600
투심/싱커	0.400	0.400	-
컷패스트볼	0.000	0.000	-
슬라이더	0.200	0.200	0.200
커브	0.000	0.000	-
체인지업	0.250	0.300	0.167
포크/SF/너클	0.286	0.231	1.000

볼카운트별 타율-타점

볼카운트	타율	타수	안타	타점	볼카운트	타율	타수	안타	타점
0-0	0.263	19	5	3	2-0	1.000	1	1	0
0-1	0.400	5	2	1	2-1	0.250	4	1	0
0-2	0.231	13	3	0	2-2	0.278	18	5	5
1-0	0.333	6	2	3	3-0	1.000	1	1	0
1-1	0.615	13	8	4	3-1	0.000	1	0	0
1-2	0.231	26	6	0	3-2	0.000	10	0	0
S > B : 0.250 / S = B : 0.360 / S < B : 0.217									

수비 기록

위치	자살	보살	실책	수비율
1루수	31	2	0	1.000
2루수	9	19	2	0.933
3루수	17	38	2	0.965

상황별 기록

상황	타율	타수	안타	2루타	3루타	홈런	타점	볼넷	사구	삼진	병살
주자 없음	0.327	55	18	4	0	0	0	5	2	21	0
주자 있음	0.258	62	16	2	2	1	16	5	1	17	2
득점권	0.273	33	9	0	2	1	16	4	0	10	0
좌투수	0.438	32	14	2	0	0	2	4	0	6	0
우투수	0.238	63	15	4	1	1	8	6	1	21	1
언더	0.227	22	5	0	1	0	6	2	1	11	1
노아웃	0.275	40	11	2	0	0	3	2	1	16	0
원아웃	0.225	40	9	1	1	0	5	2	0	11	2
투아웃	0.378	37	14	3	1	1	11	6	1	11	0

상대팀별 기록

구분	경기	타율	타수	득점	안타	홈런	타점	도루	볼넷	삼진	병살
KIA	7	0.273	11	2	3	0	1	0	0	4	1
두산	10	0.176	17	2	3	0	2	1	2	4	0
NC	7	0.316	19	2	6	0	4	1	3	7	0
SK	5	0.333	12	2	4	1	4	0	0	3	1
LG	7	0.214	14	3	3	0	3	0	0	5	0
넥센	7	0.375	8	2	3	0	2	0	1	3	0
한화	7	0.300	10	2	3	0	0	0	3	4	0
삼성	4	0.182	11	2	2	0	0	0	0	5	0
kt	6	0.467	15	3	7	0	7	0	2	3	0

외야

우투우타
1987년 3월 10일
178cm / 78kg
경력 화곡초-잠신중-덕수정보고
　　　-두산-경찰
지명순위 06 두산 2차 2라운드
　　　　　14순위

NO. 3 민병헌

　빠른 발을 가진 전형적인 리드오프 스타일이다. 콘택트 능력이 떨어지고 컨디션의 기복이 심하다. 타석에서는 공격적인 면모를 보이며 배트스피드가 뛰어나 중장거리 안타를 많이 생산한다. 타격 시 짧고 가벼운 배트를 더 짧게 잡고 콘택트에 집중하는 유형으로 체력소모가 많은 타격 폼이다. 수비에 있어서는 신인시절 대주자, 대수비 경험이 많아 수비도 일품이다. 특히 강견이라 리그에서도 손꼽히는 수준이다. 발이 빠른 만큼 수비범위가 넓고 외야 모든 포지션이 가능한 선수이며 포지션 불문하고 안정적인 수비를 보여준다. 특히 각 팀의 에이스 킬러일 정도로 잘 친다. 그러나 잔부상이 많고 연습벌레라 풀타임으로 시즌을 소화하기가 어려운 선수이며 도루는 자제하지만 의외로 병살타가 많다.

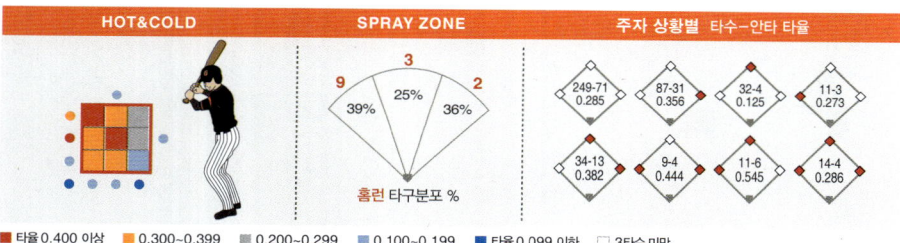

HOT&COLD	SPRAY ZONE	주자 상황별　타수-안타 타율

SPRAY ZONE
9　39%　3　25%　2　36%
홈런 타구분포 %

주자 상황별 타수-안타 타율
249-71 0.285 ｜ 87-31 0.356 ｜ 32-4 0.125 ｜ 11-3 0.273
34-13 0.382 ｜ 9-4 0.444 ｜ 11-6 0.545 ｜ 14-4 0.286

■ 타율 0.400 이상　■ 0.300~0.399　■ 0.200~0.299　■ 0.100~0.199　■ 타율 0.099 이하　□ 3타수 미만

최근 3년간 성적

연도	팀명	타율	경기	타수	득점	안타	2루타	3루타	홈런	루타	타점	도루	볼넷	삼진	장타율	출루율	실책	OPS	WAR
2015	두산	0.303	129	491	80	149	20	2	12	209	75	7	50	74	0.426	0.373	4	0.799	2.25
2016	두산	0.325	134	511	98	166	31	4	16	253	87	9	48	91	0.495	0.396	0	0.891	4.54
2017	두산	0.304	123	447	73	136	21	0	14	199	71	3	47	74	0.445	0.389	4	0.834	3.14
통산		0.299	1096	3122	578	933	154	22	71	1344	444	156	284	524	0.430	0.365	11	0.795	-

구종별 타격 성적

구종	전체	VS우투	VS좌투
포심패스트볼	0.335	0.331	0.348
투심/싱커	0.400	0.400	-
컷패스트볼	0.200	0.000	0.333
슬라이더	0.304	0.292	0.429
커브	0.188	0.158	0.300
체인지업	0.306	0.333	0.286
포크/SF/너클	0.250	0.269	0.167

볼카운트별 타율-타점

볼카운트	타율	타수	안타	타점	볼카운트	타율	타수	안타	타점
0-0	0.378	82	31	15	2-0	0.556	9	5	7
0-1	0.308	39	12	4	2-1	0.484	31	15	4
0-2	0.200	35	7	1	2-2	0.175	57	10	6
1-0	0.419	43	18	6	3-0	-	0	0	0
1-1	0.333	42	14	10	3-1	0.600	10	6	5
1-2	0.162	68	11	6	3-2	0.226	31	7	7

S〉B : 0.211 / S＝B : 0.304 / S〈B : 0.411

수비 기록

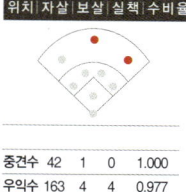

위치	자살	보살	실책	수비율
중견수	42	1	0	1.000
우익수	163	4	4	0.977

상황별 기록

상황	타율	타수	안타	2루타	3루타	홈런	타점	볼넷	사구	삼진	병살
주자 없음	0.285	249	71	11	0	7	7	27	7	40	0
주자 있음	0.328	198	65	10	0	7	64	20	12	34	14
득점권	0.306	111	34	4	0	2	52	14	8	22	1
좌투수	0.326	95	31	4	0	1	13	12	2	16	3
우투수	0.277	282	78	12	0	8	47	31	14	49	8
언더	0.386	70	27	5	0	5	11	4	3	9	3
노아웃	0.291	165	48	8	0	5	15	19	4	29	8
원아웃	0.287	150	43	4	0	6	28	14	6	28	9
투아웃	0.341	132	45	9	0	3	28	16	6	17	0

상대팀별 기록

구분	경기	타율	타수	득점	안타	홈런	타점	도루	볼넷	삼진	병살
KIA	16	0.397	63	10	25	2	12	0	4	14	4
롯데	16	0.182	55	9	10	3	13	0	6	9	2
NC	14	0.319	47	8	15	3	9	0	8	8	2
SK	10	0.389	36	7	14	1	5	1	5	0	2
LG	12	0.237	59	10	14	0	6	0	3	11	0
넥센	12	0.357	42	7	15	1	6	0	3	8	0
한화	11	0.205	39	3	8	0	4	0	1	11	1
삼성	12	0.354	65	17	23	4	14	0	9	2	2
kt	12	0.293	41	2	12	0	4	2	8	4	1

NO.31 손아섭

외야

타석에서 매우 적극적인 선수다. 콘택트 능력은 리그 최고. 선구안이 좋고, 발도 무척 빠르다. 당겨 치고 밀어 치며 수비쉬프트를 비웃는 스프레이 히터다. 또한 전력질주로 번트나 내야안타 비율도 높다. 팀의 필요에 따라 톱타자나 중심타자도 맡을 수 있다. 타격 시 고개를 숙였다 폈다하며 매서운 눈초리로 투수를 제압하는 독특한 폼을 가진 악바리 근성의 소유자다. 강견이라 송구능력이 뛰어나며, 수비범위가 넓다. 단지 타구 판단과 펜스 플레이에 약점을 보인다. 도루 능력도 뛰어나지만 부상을 염려해 자제하는 편이다. 본인은 좌익수보다 우익수를 선호하나 팀 사정상 좌익수를 책임지고 있다. 명실상부 국내 최고의 외야수 중 한 명이다.

우투좌타
1988년3월 18일
174cm / 84kg
연봉 15억 원
경력 양정초-개성중-부산고
지명순위 07 롯데 2차 4라운드 29순위

HOT&COLD

SPRAY ZONE

5
9   6
40% 29% 31%

홈런 타구분포 %

주자 상황별   타수-안타 타율

351-118 0.336	94-37 0.394	56-15 0.268	12-3 0.250
29-9 0.310	12-5 0.417	11-3 0.273	11-3 0.273

■ 타율 0.400 이상　■ 0.300~0.399　■ 0.200~0.299　■ 0.100~0.199　■ 타율 0.099 이하　□ 3타수 미만

최근 3년간 성적

연도	팀명	타율	경기	타수	득점	안타	2루타	3루타	홈런	루타	타점	도루	볼넷	삼진	장타율	출루율	실책	OPS	WAR
2015	롯데	0.317	116	445	86	141	28	1	13	210	54	11	68	96	0.472	0.406	8	0.878	3.57
2016	롯데	0.323	144	575	118	186	33	1	16	269	81	42	92	104	0.468	0.418	3	0.886	5.24
2017	롯데	0.335	144	576	113	193	35	4	20	296	80	25	83	96	0.514	0.420	2	0.934	6.28
통산		0.325	1141	4254	774	1381	234	19	115	1998	574	156	558	755	0.470	0.404	41	0.874	-

구종별 타격 성적

구종	전체	VS우투	VS좌투
포심패스트볼	0.342	0.357	0.318
투심/싱커	0.360	0.360	-
컷패스트볼	0.500	0.538	0.400
슬라이더	0.361	0.407	0.302
커브	0.370	0.375	0.364
체인지업	0.302	0.309	0.250
포크/SF/너클	0.204	0.209	0.182

볼카운트별 타율-타점

볼카운트	타율	타수	안타	타점	볼카운트	타율	타수	안타	타점
0-0	0.367	60	22	17	2-0	0.200	10	2	2
0-1	0.356	59	21	7	2-1	0.486	37	18	10
0-2	0.238	42	10	4	2-2	0.274	113	31	11
1-0	0.431	51	22	4	3-0	0.000	1	0	0
1-1	0.500	50	25	12	3-1	0.636	11	7	1
1-2	0.218	87	19	6	3-2	0.291	55	16	8
S > B : 0.266 / S = B : 0.350 / S < B : 0.394									

수비 기록

위치	자살	보살	실책	수비율
우익수	250	11	2	0.992

상황별 기록

상황	타율	타수	안타	2루타	3루타	홈런	타점	볼넷	사구	삼진	병살
주자 없음	0.336	351	118	23	2	10	10	41	1	52	0
주자 있음	0.333	225	75	12	2	10	70	42	3	44	7
득점권	0.290	131	38	4	2	6	59	28	2	31	1
좌투수	0.302	192	58	10	0	5	19	30	1	31	1
우투수	0.351	328	115	22	3	10	46	43	3	49	5
언더	0.357	56	20	3	1	5	15	10	0	9	1
노아웃	0.347	216	75	14	3	9	34	24	2	31	6
원아웃	0.368	190	70	11	1	8	29	28	2	34	1
투아웃	0.282	170	48	8	1	3	25	21	0	34	0

상대팀별 기록

구분	경기	타율	타수	득점	안타	홈런	타점	도루	볼넷	삼진	병살
KIA	16	0.358	67	9	24	2	3	1	7	17	1
두산	16	0.274	62	9	17	0	4	3	10	7	0
NC	16	0.286	63	11	18	1	8	3	9	8	0
SK	16	0.277	65	8	18	1	9	0	9	12	2
LG	16	0.386	70	14	27	3	10	4	6	9	1
넥센	16	0.311	61	13	19	3	14	1	12	13	2
한화	16	0.355	62	12	22	3	11	5	10	13	0
삼성	16	0.317	63	11	20	4	9	1	12	11	0
kt	16	0.444	63	23	28	3	13	7	8	6	1

우투우타
1986년 2월 25일
184cm / 91kg
연봉 2억 7000만 원
경력 흥무초-경주중-경주고
　-건국대-롯데-경찰
지명순위 08 롯데 2차 2라운드
　15순위

NO. 8 　전준우

　　아마추어 시절 '5툴 플레이어'로 각광받았으나 프로의 벽은 높았다. 발이 빠르고, 수비 좋고, 주루 능력도 우수한 중장거리용 타자다. 손목 힘이 좋아 장타력이 뛰어나다. 3할대 타율과 20-20이 가능한 선수다. 수비에서 타구 판단 능력이 좋고 넓은 수비범위와 정확한 송구가 돋보인다. 그러나 무리하게 다이빙 캐치를 시도하다 단타로 막을 걸 2루타 이상으로 만들어주는 경향이 있다. 군에서 복귀한 2017시즌에는 기대에 비해 수비에서 실망스러운 모습을 보여줬다. 타구를 따라가는 주력이 떨어져 수비에서 큰 도움이 되질 못했고 송구능력도 퇴화한 모습이었다. 그러나 롯데 타선의 중심적인 역할을 수행해야 하기에 출전 횟수는 줄어들지 않을 것이다.

| HOT&COLD | SPRAY ZONE | 주자 상황별 타수-안타 타율 |

홈런 타구분포 %

■ 타율 0.400 이상　■ 0.300~0.399　■ 0.200~0.299　■ 0.100~0.199　■ 타율 0.099 이하　□ 3타수 미만

최근 3년간 성적

연도	팀명	타율	경기	타수	득점	안타	2루타	3루타	홈런	루타	타점	도루	볼넷	삼진	장타율	출루율	실책	OPS	WAR
2015	-	-	-	-	-	-	-	-	-	-	-	-	-	-	-	-	-	-	-
2016	롯데	0.253	25	99	16	25	7	0	2	38	10	3	7	25	0.384	0.339	0	0.723	0.05
2017	롯데	0.321	110	455	76	146	27	1	18	229	69	2	30	70	0.503	0.370	0	0.873	3.24
통산		0.284	786	2861	457	812	162	15	80	1244	382	92	267	561	0.435	0.353	25	0.788	-

구종별 타격 성적

구종	전체	VS우투	VS좌투
포심패스트볼	0.361	0.388	0.288
투심/싱커	0.389	0.371	1.000
컷패스트볼	0.375	0.429	0.000
슬라이더	0.275	0.271	0.300
커브	0.179	0.182	0.167
체인지업	0.326	0.211	0.417
포크/SF/너클	0.256	0.269	0.235

볼카운트별 타율-타점

볼카운트	타율	타수	안타	타점	볼카운트	타율	타수	안타	타점
0-0	0.453	53	24	15	2-0	0.471	17	8	7
0-1	0.308	39	12	8	2-1	0.370	27	10	2
0-2	0.226	31	7	2	2-2	0.239	71	17	8
1-0	0.444	36	16	8	3-0	0.000	2	0	1
1-1	0.318	44	14	3	3-1	0.480	25	12	4
1-2	0.212	66	14	9	3-2	0.273	44	12	8
					S > B : 0.243 / S = B : 0.327 / S < B : 0.384				

수비 기록

위치	자살	보살	실책	수비율

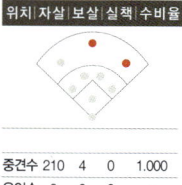

| 중견수 | 210 | 4 | 0 | 1.000 |
| 우익수 | 0 | 0 | 0 | - |

상황별 기록

상황	타율	타수	안타	2루타	3루타	홈런	타점	볼넷	사구	삼진	병살
주자 없음	0.308	263	81	13	1	13	13	12	2	43	0
주자 있음	0.339	192	65	14	0	5	56	18	5	27	11
득점권	0.325	120	39	10	0	2	47	11	3	21	3
좌투수	0.302	126	38	6	0	5	15	10	0	23	0
우투수	0.338	278	94	17	1	12	45	17	5	37	8
언더	0.275	51	14	4	0	1	9	3	2	9	0
노아웃	0.337	193	65	12	1	6	19	7	4	32	7
원아웃	0.295	122	36	7	0	3	21	9	3	16	4
투아웃	0.321	140	45	8	0	7	32	12	0	22	0

상대팀별 기록

구분	경기	타율	타수	득점	안타	홈런	타점	도루	볼넷	삼진	병살
KIA	13	0.283	53	6	15	0	4	0	4	6	0
두산	11	0.286	49	6	14	1	6	1	1	10	0
NC	13	0.396	53	12	21	3	8	0	4	8	1
SK	13	0.259	54	10	14	2	6	0	4	7	4
LG	13	0.321	56	10	18	2	9	0	1	10	2
넥센	13	0.364	55	12	20	3	8	0	4	10	0
한화	11	0.300	40	7	12	2	11	1	3	5	1
삼성	13	0.333	51	7	17	0	9	0	7	9	2
kt	10	0.341	44	6	15	2	6	0	2	5	1

NO.24 김문호

아마추어 시절 천재타자로 불렸으나 프로에 와서 천재성은 사라지고 입단 4년(2016년) 만에 주전 자리를 꿰찼다 콘택트 능력이나 선구안은 준수한 편이다. 발이 빠르지만, 주루센스가 부족해 한 게임에서 3번의 주루사를 기록한 적도 있다 타격은 날로 발전하는 중. 수비에서는 타구위치 판단능력이 뛰어나고 어깨도 강한 편이다. 그러나 결정적으로 앞으로 굴러오는 타구를 제대로 잡지 못하고 뒤로 빠뜨린다는 것이 가장 큰 문제다. 2016년을 기점으로 주전으로 승격되면서 공, 수 양면에 질적인 발전을 했다. 특히 고질적인 수비 불안이 조금씩 개선되는 중이라 눈길을 끈다. 2017시즌 도루, 수비, 작전수행 능력이 향상되었으나 공격력은 아주 만족할 만한 수준은 아니었다.

외야

좌투좌타
1987년 6월 22일
184cm / 90kg
연봉 1억 5000만 원
경력 고명초-덕수중-덕수정보고
　　　-(영남사이버대)-롯데-상무
지명순위 06 롯데 2차 3라운드
　　　　17순위

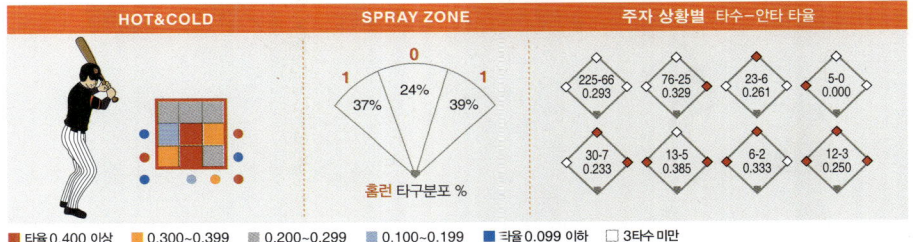

HOT&COLD | **SPRAY ZONE** | **주자 상황별 타수-안타 타율**

SPRAY ZONE: 0 / 1 / 1 | 37% / 24% / 39% | 홈런 타구분포 %

주자 상황별:
225-66 0.293 | 76-25 0.329 | 23-6 0.261 | 5-0 0.000
30-7 0.233 | 13-5 0.385 | 6-2 0.333 | 12-3 0.250

■ 타율 0.400 이상　■ 0.300~0.399　■ 0.200~0.299　■ 0.100~0.199　■ 타율 0.099 이하　□ 3타수 미만

최근 3년간 성적

연도	팀명	타율	경기	타수	득점	안타	2루타	3루타	홈런	루타	타점	도루	볼넷	삼진	장타율	출루율	실책	OPS	WAR
2015	롯데	0.306	93	288	35	88	13	0	4	113	31	8	25	45	0.392	0.367	3	0.759	0.95
2016	롯데	0.325	140	526	77	171	28	3	7	226	70	12	62	70	0.430	0.401	5	0.831	2.25
2017	롯데	0.292	131	390	49	114	17	1	2	139	35	9	37	73	0.356	0.372	4	0.728	0.28
통산		0.288	588	1697	227	488	83	8	16	635	83	43	183	319	0.374	0.368	19	0.742	-

구종별 타격 성적

구종	전체	VS우투	VS좌투
포심패스트볼	0.282	0.269	0.318
투심/싱커	0.485	0.469	1.000
컷패스트볼	0.222	0.222	-
슬라이더	0.340	0.360	0.318
커브	0.111	0.111	0.111
체인지업	0.293	0.294	0.286
포크/SF/너클	0.333	0.333	-

볼카운트별 타율-타점

볼카운트	타율	타수	안타	타점	볼카운트	타율	타수	안타	타점
0-0	0.333	54	18	6	2-0	0.222	9	2	2
0-1	0.475	40	19	2	2-1	0.455	22	10	1
0-2	0.257	35	9	2	2-2	0.200	60	12	5
1-0	0.448	29	13	4	3-0	-	0	0	1
1-1	0.350	40	14	5	3-1	0.000	2	0	0
1-2	0.145	62	9	2	3-2	0.216	37	8	2

S > B : 0.270 / S = B : 0.286 / S < B : 0.333

수비 기록

위치	자살	보살	실책
1루	11-2-1	좌익	179-2-3
중견	0-0-0	우익	0-0-0

상황별 기록

상황	타율	타수	안타	2루타	3루타	홈런	타점	볼넷	사구	삼진	병살
주자 없음	0.293	225	66	12	0	0	0	14	6	44	0
주자 있음	0.291	165	48	5	1	2	35	23	7	29	5
득점권	0.258	89	23	3	1	1	33	16	4	15	4
좌투수	0.271	96	26	2	0	0	11	6	3	21	2
우투수	0.310	242	75	11	1	1	18	24	7	38	1
언더	0.250	52	13	4	0	1	4	7	0	14	2
노아웃	0.314	140	44	9	0	0	5	12	5	26	2
원아웃	0.239	134	32	4	1	1	12	14	2	24	3
투아웃	0.328	116	38	5	0	1	18	12	4	23	0

상대팀별 기록

구분	경기	타율	타수	득점	안타	홈런	타점	도루	볼넷	삼진	병살
KIA	16	0.175	40	2	7	0	1	0	2	12	0
두산	16	0.286	42	5	12	0	4	1	8	8	1
NC	13	0.225	40	6	9	1	3	1	8	9	1
SK	16	0.327	52	4	17	0	6	1	5	5	0
LG	15	0.259	27	3	7	0	4	0	1	4	0
넥센	13	0.242	33	3	8	0	0	0	2	5	0
한화	16	0.400	60	10	24	0	18	3	2	11	0
삼성	13	0.275	51	7	14	0	5	5	7	2	2
kt	13	0.356	45	9	16	0	3	4	12	1	1

외야

우투우타
1987년 1월 1일
180cm / 95kg
연봉 7200만 원
경력 사파초-창원신월중-용마고
-경성대-히어로즈-상무-넥센
지명순위 09 히어로즈 2차 4라운드
30순위

NO. 27 박헌도

　　고교 시절 포수였으나 프로에 지명을 받지 못하고 경성대에 진학한 후 외야수로 전향했다. 일발장타 능력은 있으나 발이 느리고, 선구안이나 콘택트 능력이 떨어진다. 팀에서 대타 요원으로 활약하며, 간간히 중요한 타이밍에 홈런을 날리는 등 찬스에 강한 면모를 보여줬다. 좌우투수에 대한 편차가 큰 선수다. 2015시즌 좌투수 상대로 타율이 0.321이였으나 우투수 상대 타율 0.207 언더핸드 투수 상대 타율이 0.125로 최악의 성적을 냈다. 삼성전에 매우 강한 선수이면서 차우찬에게 강점을 보여 타율 5할에 장타율 1.792를 기록했다. 그가 리그에서 살아남기 위해서는 우투수와 언더, 사이드암 투수를 공략해야 한다. 2018시즌 또한 대타 요원으로 활약할 예정이다.

HOT&COLD	SPRAY ZONE	주자 상황별 타수-안타 타율

SPRAY ZONE: 2 39% / 28% / 1 33% / 1
홈런 타구분포 %

주자 상황별:
73-19 0.260 / 15-4 0.267 / 2-0 0.000 / 2-0 0.000
8-2 0.250 / 8-1 0.125 / 2-2 1.000 / 3-1 0.333

■ 타율 0.400 이상　■ 0.300~0.399　■ 0.200~0.299　■ 0.100~0.199　■ 타율 0.099 이하　□ 3타수 미만

최근 3년간 성적

연도	팀명	타율	경기	타수	득점	안타	2루타	3루타	홈런	루타	타점	도루	볼넷	삼진	장타율	출루율	실책	OPS	WAR
2015	넥센	0.248	108	218	31	54	13	0	8	91	42	0	37	52	0.417	0.371	0	0.788	0.76
2016	롯데	0.261	37	69	9	18	7	0	3	34	11	1	10	25	0.493	0.378	0	0.871	0.46
2017	롯데	0.257	56	113	19	29	4	0	4	45	13	0	14	27	0.398	0.354	2	0.752	0.18
통산		0.238	287	550	74	131	27	0	19	215	81	3	79	145	0.391	0.348	2	0.739	-

구종별 타격 성적

구종	전체	VS우투	VS좌투
포심패스트볼	0.250	0.294	0.222
투심/싱커	0.333	0.333	-
컷패스트볼	0.500	0.500	-
슬라이더	0.211	0.250	0.000
커브	0.308	0.111	0.750
체인지업	0.368	0.667	0.313
포크/SF/너클	0.100	0.000	0.250

볼카운트별 타율-타점

볼카운트	타율	타수	안타	타점	볼카운트	타율	타수	안타	타점
0-0	0.273	11	3	0	2-0	0.500	2	1	1
0-1	0.167	12	2	2	2-1	0.000	3	0	0
0-2	0.200	10	2	0	2-2	0.286	21	6	0
1-0	1.000	5	5	0	3-0	-			
1-1	0.357	14	5	3	3-1	0.333	3	1	1
1-2	0.100	20	2	1	3-2	0.167	12	2	5
					S > B : 0.143 / S = B : 0.304 / S < B : 0.360				

수비 기록

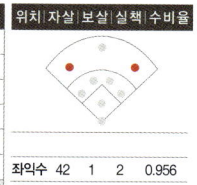

위치	자살	보살	실책	수비율
좌익수	42	1	2	0.956
우익수	0	0	0	-

상황별 기록

상황	타율	타수	안타	2루타	3루타	홈런	타점	볼넷	사구	삼진	병살
주자 없음	0.260	73	19	3	0	2	2	7	1	20	0
주자 있음	0.250	40	10	1	0	2	11	7	2	7	3
득점권	0.240	25	6	0	0	1	9	5	2	4	1
좌투수	0.263	57	15	2	0	1	6	6	1	12	0
우투수	0.260	50	13	2	0	3	7	8	2	11	3
언더	0.167	6	1	0	0	0	0	0	0	4	0
노아웃	0.319	47	15	2	0	4	9	4	0	9	0
원아웃	0.258	31	8	2	0	1	4	7	1	7	3
투아웃	0.171	35	6	0	0	1	8	1	0	10	0

상대팀별 기록

구분	경기	타율	타수	득점	안타	홈런	타점	도루	볼넷	삼진	병살
KIA	7	0.250	12	2	3	1	3	0	3	4	0
두산	5	0.125	16	1	2	0	1	0	2	4	0
NC	5	0.154	13	1	2	0	0	0	1	4	0
SK	5	0.333	15	1	5	2	6	0	1	2	0
LG	8	0.300	20	5	6	0	1	0	2	4	0
넥센	8	0.444	18	5	8	3	5	0	2	5	0
한화	4	0.333	3	1	1	0	0	0	0	1	0
삼성	6	0.000	5	1	0	0	1	0	5	1	2
kt	6	0.278	18	3	5	0	3	0	0	5	0

노경은

NO. 38

우투우타
1984년 3월 11일
186cm / 85kg
연봉 1억 원
경력 화곡초–성남중
　　　–성남고–(대불대)–두산
지명순위 03 두산 1차

연도	팀명	평균자책	경기	승-패-세-홀	이닝	피안타	피홈런	볼넷	탈삼진	WHIP	WAR
2017	롯데	11.66	9	0-2-0-0	14 2/3	25	4	8	8	2.25	-0.58
통산		5.32	295	40-59-7-11	822	874	82	435	604	1.59	

볼카운트별 피안타율

볼카운트	피안타율	타수	피안타	볼카운트	피안타율	타수	피안타
0-0	0.538	13	7	2-0	0.000	1	0
0-1	0.333	6	2	2-1	0.250	4	1
0-2	-	-	-	2-2	0.222	9	2
1-0	0.375	8	3	3-0	-	0	0
1-1	0.571	7	4	3-1	0.000	1	0
1-2	0.111	9	1	3-2	0.833	6	5

S > B : 0.200 / S = B : 0.448 / S < B : 0.450

데뷔 당시 150km/h초반의 패스트볼과 낙차 큰 커브와 포크볼을 주 무기로 구사했다. 연이은 부상과 재활 끝에 현재는 140km/h 초반으로 패스트볼의 위력이 떨어졌다. 2016시즌 은퇴소동과 함께 롯데로 이적했다. 롯데에서 두 시즌동안 별다른 활약 없이 난타를 당하면서 2017시즌 평균자책점 11.66을 기록했다.

상황별 기록

상황	안타	삼진	피안타율
주자 없음	11	6	0.333
만루	1	0	0.500
주자 있음	14	2	0.452
득점권	6	2	0.353
상위(1~2번)	7	1	0.412
중심(3~5번)	10	4	0.476
하위(6~9번)	8	3	0.308
좌타자	9	3	0.409
우타자	16	5	0.381

상대팀별 기록

구분	경기	평균자책	승-패-세-홀	이닝
KIA	-	-	-	-
두산	-	-	-	-
NC	2	16.20	0-0-0-0	3 1/3
SK	-	-	-	-
LG	3	11.57	0-0-0-0	2 1/3
넥센	2	5.14	0-1-0-0	7
한화	-	-	-	-
삼성	-	-	-	-
kt	2	27.00	0-1-0-0	2

PITCHING ZONE

좌타자·몸쪽 / 우타자·몸쪽

구속/구사율/피안타율

구종	평균구속	구사율	피안타율
포심패스트볼	143	36%	0.435
투심/싱커	143	17%	0.462
컷패스트볼	-	-	-
슬라이더	136	31%	0.400
커브	116	9%	0.000
체인지업	-	-	-
포크/SF/너클	133	9%	0.200

기타 기록

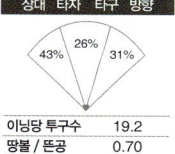

상대 타자 타구 방향
43%　26%　31%

이닝당 투구수	19.2
땅볼 / 뜬공	0.70

■ 15% 이상　■ 12~14%　■ 9~11%　■ 6~8%　■ 3~5%　□ 2% 이하

박시영

NO. 62

우투우타
1989년 3월 10일
181cm / 88kg
연봉 6300만 원
경력 축현초–인천신흥중
　　　–제물포고–(영남사이버대)
지명순위 08 롯데 2차 4라운드
　　　　31순위

연도	팀명	평균자책	경기	승-패-세-홀	이닝	피안타	피홈런	볼넷	탈삼진	WHIP	WAR
2017	롯데	6.47	47	2-3-0-5	57	60	14	32	52	1.61	-0.26
통산		6.19	91	4-6-0-6	120 2/3	129	22	64	112	1.60	

볼카운트별 피안타율

볼카운트	피안타율	타수	피안타	볼카운트	피안타율	타수	피안타
0-0	0.400	25	10	2-0	0.500	2	1
0-1	0.538	13	7	2-1	0.438	16	7
0-2	0.111	18	2	2-2	0.139	36	5
1-0	0.211	19	4	3-0	-	0	0
1-1	0.318	22	7	3-1	0.375	8	3
1-2	0.135	37	5	3-2	0.321	28	9

S > B : 0.206 / S = B : 0.265 / S < B : 0.329

140km/h 중반대의 패스트볼, 슬라이더, 커브를 던진다. 손목스냅과 릴리스 포인트가 일정하며 허리를 잘 이용하는 투수이다. 선발, 중간계투, 마무리까지 가능한 전천후 투수다. 2017시즌에는 필승조에서 롯데의 희망일 정도로 호투했다. 여름에는 혹사로 인해 난타를 당했다. 하반기에 구위를 찾으며 기대 이상으로 추격조의 역할을 잘 수행했다.

상황별 기록

상황	안타	삼진	피안타율
주자 없음	36	27	0.279
만루	4	0	0.500
주자 있음	24	25	0.253
득점권	17	12	0.347
상위(1~2번)	19	11	0.358
중심(3~5번)	18	16	0.254
하위(6~9번)	23	25	0.230
좌타자	26	26	0.283
우타자	34	26	0.258

상대팀별 기록

구분	경기	평균자책	승-패-세-홀	이닝
KIA	4	10.80	0-0-0-0	3 1/3
두산	7	4.09	0-1-0-0	11
NC	5	15.00	0-0-0-1	3
SK	8	5.56	0-0-0-2	11 1/3
LG	6	5.68	0-1-0-0	6 1/3
넥센	6	6.94	1-1-0-0	11 2/3
한화	2	5.40	0-0-0-1	1 2/3
삼성	4	9.82	0-0-0-1	3 2/3
kt	5	3.60	1-0-0-0	5

PITCHING ZONE

좌타자·몸쪽 / 우타자·몸쪽

구속/구사율/피안타율

구종	평균구속	구사율	피안타율
포심패스트볼	143	45%	0.347
투심/싱커	-	-	-
컷패스트볼	-	-	-
슬라이더	131	17%	0.103
커브	122	19%	0.167
체인지업	-	-	-
포크/SF/너클	134	19%	0.234

기타 기록

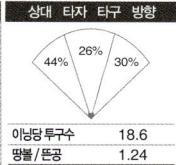

상대 타자 타구 방향
44%　26%　30%

이닝당 투구수	18.6
땅볼 / 뜬공	1.24

연도	팀명	평균자책	경기	승-패-세-홀	이닝	피안타	피홈런	볼넷	탈삼진	WHIP	WAR
2017	롯데	5.74	34	2-0-0-4	26 2/3	34	3	7	15	1.54	0.09
통산		4.89	511	12-25-1-66	438	506	30	172	264	1.55	

이명우
NO. 35

좌투좌타
1982년 6월 3일
185cm / 98kg
연봉 1억 500만 원
경력 연동초-개성중-부산공고
지명순위 02 롯데 2차 2라운드 14순위

볼카운트별 피안타율

볼카운트	피안타율	타수	피안타	볼카운트	피안타율	타수	피안타
0-0	0.538	13	7	2-0	-	-	-
0-1	0.250	12	3	2-1	0.286	7	2
0-2	0.556	9	5	2-2	0.167	18	3
1-0	0.250	12	3	3-0	-	0	0
1-1	0.364	11	4	3-1	0.400	5	2
1-2	0.167	18	3	3-2	0.286	7	2

S > B : 0.282 / S = B : 0.333 / S < B : 0.290

상황별 기록

상황	안타	삼진	피안타율
주자 없음	13	7	0.220
만루	0	0	0.000
주자 있음	21	8	0.396
득점권	11	4	0.355
상위(1~2번)	9	3	0.237
중심(3~5번)	14	4	0.368
하위(6~9번)	11	6	0.306
좌타자	18	8	0.269
우타자	16	7	0.356

상대팀별 기록

구분	경기	평균자책	승-패-세-홀	이닝
KIA	5	11.57	0-0-0-1	2 1/3
두산	5	6.75		4
NC	3	6.00	0-0-0-1	3
SK	1	0.00	0-0-0-0	0 2/3
LG	3	0.00	0-0-0-0	1
넥센	8	4.05	2-0-0-1	6 2/3
한화	1	0.00		0 1/3
삼성	6	9.64	0-0-0-0	4 2/3
kt	2	3.00	0-0-0-0	3

좌완으로 140km/h의 초반대의 포심 패스트볼과 투심 패스트볼, 슬라이더, 서클체인지업, 커브 등을 장착하고 있다. 제구력이 좋은 편은 아니다. 5이닝이 넘어서면 구위가 확연히 떨어져 긴 이닝을 소화하기가 어렵다. 불펜진에서 원포인트 릴리프, 또는 1이닝을 책임지는 역할을 담당했다. 나름대로 맡은바 임무를 비교적 잘 수행했다.

구속/구사율/피안타율

구종	평균구속	구사율	피안타율
포심패스트볼	138	40%	0.324
투심/싱커	139	4%	0.500
컷패스트볼	-	-	-
슬라이더	129	34%	0.297
커브	-	-	-
체인지업	130	13%	0.188
포크/SF/너클	132	9%	0.300

기타 기록

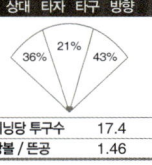

상대 타자 타구 방향
36% 21% 43%

이닝당 투구수	17.4
땅볼 / 뜬공	1.46

PITCHING ZONE

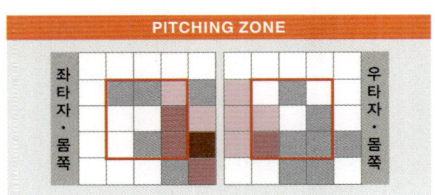

좌타자·몸쪽 / 우타자·몸쪽

■ 15% 이상　■ 12~14%　■ 9~11%　■ 6~8%　■ 3~5%　□ 2% 이하

연도	팀명	평균자책	경기	승-패-세-홀	이닝	피안타	피홈런	볼넷	탈삼진	WHIP	WAR
2017	롯데	5.40	24	3-1-0-2	26 2/3	32	5	9	11	1.54	0.02
통산		4.37	367	22-23-11-42	529	607	49	235	335	1.59	-

이정민
NO. 45

우투우타
1979년 3월 2일
182cm / 90kg
연봉 1억 원
경력 동삼초-경남중-경남고-동아대-롯데-상무
지명순위 02 롯데 1차

볼카운트별 피안타율

볼카운트	피안타율	타수	피안타	볼카운트	피안타율	타수	피안타
0-0	0.333	15	5	2-0	0.500	6	3
0-1	0.400	5	2	2-1	0.556	9	5
0-2	0.000	4	0	2-2	0.158	19	3
1-0	0.455	11	5	3-0	-	0	0
1-1	0.500	10	5	3-1	0.000	5	0
1-2	0.200	10	2	3-2	0.200	10	2

S > B : 0.211 / S = B : 0.295 / S < B : 0.366

상황별 기록

상황	안타	삼진	피안타율
주자 없음	16	7	0.262
만루	-	-	-
주자 있음	16	4	0.372
득점권	9	3	0.333
상위(1~2번)	7	4	0.350
중심(3~5번)	12	6	0.343
하위(6~9번)	13	1	0.265
좌타자	12	6	0.343
우타자	20	5	0.290

상대팀별 기록

구분	경기	평균자책	승-패-세-홀	이닝
KIA	2	5.40	0-0-0-0	1 2/3
두산	1	0.00	0-0-0-0	1
NC	5	5.40	0-0-0-1	3 1/3
SK	2	3.60	0-1-0-0	5
LG	2	6.00	1-0-0-0	3
넥센	1	54.00	0-0-0-0	0 1/3
한화	4	1.93	0-0-0-1	4 2/3
삼성	4	6.35	1-0-0-0	5 2/3
kt	2	9.00	1-0-0-0	2

입단 당시 150km/h 초반의 강력한 포심 패스트볼과 슬라이더를 주로 던지던 파워 피처였다. 그러나 30대 후반의 나이가 되면서 140km/h 초반대의 포심을 뿌린다. 제구력이 좋지 않아 그날 컨디션이 나쁘면 볼넷을 남발한다. 그러나 컨디션이 좋은날은 위력적인 포심과 슬라이더까지 합세하여 난공불락의 모습을 보인다.

구속/구사율/피안타율

구종	평균구속	구사율	피안타율
포심패스트볼	142	52%	0.321
투심/싱커	-	-	-
컷패스트볼	-	-	-
슬라이더	129	18%	0.438
커브	121	14%	0.111
체인지업	-	-	-
포크/SF/너클	135	17%	0.316

기타 기록

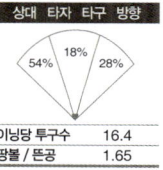

상대 타자 타구 방향
54% 18% 28%

이닝당 투구수	16.4
땅볼 / 뜬공	1.65

PITCHING ZONE

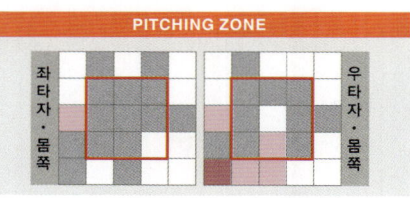

좌타자·몸쪽 / 우타자·몸쪽

조무근

NO. 54

우투우타
1991년 9월 26일
198cm / 116kg
경력 남도초–경상중
　　　–대구상원고–성균관대
지명순위 15 kt 2차 6라운드
　　　54순위

연도	팀명	평균자책	경기	승-패-세-홀	이닝	피안타	피홈런	볼넷	탈삼진	WHIP	WAR
2017	kt	7.36	16	0-0-0-3	14 2/3	21	2	3	9	1.64	-0.06
통산		4.61	97	10-5-4-9	125	134	10	62	123	1.57	-

볼카운트별 피안타율

볼카운트	피안타율	타수	피안타	볼카운트	피안타율	타수	피안타
0-0	0.417	12	5	2-0	1.000	1	1
0-1	0.000	4	0	2-1	0.750	4	3
0-2	0.000	8	0	2-2	0.167	6	1
1-0	0.625	8	5	3-0	0.000	1	0
1-1	0.250	8	2	3-1	1.000	2	2
1-2	0.167	6	1	3-2	0.200	5	1

S〉B : 0.056 / S = B : 0.308 / S〈B : 0.571

198cm라는 큰 키에서 내리꽂는 150km/h 초반대의 패스트볼과 종으로 떨어지는 130km/h 중반대의 낙차 큰 슬라이더가 일품이다. 공의 무브먼트가 좋아 범타유도에 능하다. 2015시즌 71.2이닝 동안 평균자책점 1.88을 기록하며 최고의 한 해를 보냈다. 그러나 2016시즌 2년차 징크스를 겪으며 38과 2/3이닝 동안 평균자책점 8.61을 기록하며 심각하게 무너졌다.

상황별 기록

상황	안타	삼진	피안타율
주자없음	7	5	0.259
만루	0	0	-
주자있음	14	4	0.368
득점권	11	1	0.393
상위(1~2번)	4	1	0.364
중심(3~5번)	11	3	0.407
하위(6~9번)	6	5	0.222
좌타자	12	2	0.400
우타자	9	7	0.257

상대팀별 기록

구분	경기	평균자책	승-패-세-홀	이닝
KIA	4	4.91	0-0-0-1	3 2/3
두산	4	9.00	0-0-0-0	3
롯데	-	-	-	-
NC	1	0.00	0-0-0-0	1 1/3
SK	1	0.00	0-0-0-0	0 1/3
LG	-	-	-	-
넥센	2	5.40	0-0-0-1	1 2/3
한화	2	27.00	0-0-0-0	1
삼성	2	0.00	0-0-0-1	2 2/3

PITCHING ZONE

좌타자·몸쪽

우타자·몸쪽

■ 15% 이상　■ 12~14%　■ 9~11%　■ 6~8%　■ 3~5%　□ 2% 이하

구속/구사율/피안타율

구종	평균구속	구사율	피안타율
포심패스트볼	140	62%	0.417
투심/싱커	140	1%	1.000
컷패스트볼	-	-	-
슬라이더	125	38%	0.190
커브	-	-	-
체인지업	-	-	-
포크/SF/너클	-	-	-

기타 기록

	상대 타자 타구 방향
46%	22% 33%
이닝당 투구수	15.7
땅볼 / 뜬공	0.50

진명호

NO. 48

우투좌타
1989년 3월 20일
191cm / 91kg
연봉 3300만 원
경력 진북초–전라중–효천고
　　　–(영남사이버대)–롯데–상무
지명순위 09 롯데 2차 1라운드
　　　2순위

연도	팀명	평균자책	경기	승-패-세-홀	이닝	피안타	피홈런	볼넷	탈삼진	WHIP	WAR
2017	롯데	0.00	4	0-0-0-0	5	1	0	5	7	1.20	0.15
통산		5.05	65	3-5-0-1	128 1/3	122	20	90	114	1.65	-

볼카운트별 피안타율

볼카운트	피안타율	타수	피안타	볼카운트	피안타율	타수	피안타
0-0	-	-	-	2-0	0.000	1	0
0-1	-	-	-	2-1	-	-	-
0-2	-	-	-	2-2	0.500	2	1
1-0	0.000	1	0	3-0	-	-	-
1-1	0.000	3	0	3-1	-	-	-
1-2	0.000	2	0	3-2	0.000	2	0

S〉B : 0.000 / S = B : 0.200 / S〈B : 0.000

140km/h 중반의 패스트볼과 주 무기인 슬라이더 위력이 좋다. 192cm의 큰 키로 오버스로로 내리꽂는 공은 구속이상으로 위력적이다. 피지컬이 뛰어나고 큰 부상이 자주 없다. 그러나 제구력에 문제가 있어 1군에서 좋은 활약을 못하고 있다. 때로는 1이닝을 마치기도 힘들다. 그러나 성실하기에 성공할 가능성이 높다.

상황별 기록

상황	안타	삼진	피안타율
주자없음	1	2	0.143
만루	-	-	-
주자있음	0	5	0.000
득점권	0	5	0.000
상위(1~2번)	0	3	0.000
중심(3~5번)	0	1	0.000
하위(6~9번)	1	3	0.125
좌타자	1	2	0.333
우타자	0	5	0.000

상대팀별 기록

구분	경기	평균자책	승-패-세-홀	이닝
KIA	1	0.00	0-0-0-0	2
두산	1	0.00	0-0-0-0	1
NC	-	-	-	-
SK	-	-	-	-
LG	1	0.00	0-0-0-0	1
넥센	-	-	-	-
한화	-	-	-	-
삼성	-	-	-	-
kt	1	0.00	0-0-0-0	1

PITCHING ZONE

좌타자·몸쪽

우타자·몸쪽

구속/구사율/피안타율

구종	평균구속	구사율	피안타율
포심패스트볼	144	63%	0.000
투심/싱커	-	-	-
컷패스트볼	-	-	-
슬라이더	131	27%	0.000
커브	116	2%	-
체인지업	-	-	-
포크/SF/너클	129	8%	0.500

기타 기록

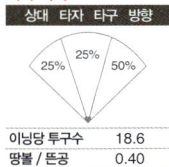

	상대 타자 타구 방향
25%	25% 50%
이닝당 투구수	18.6
땅볼 / 뜬공	0.40

연도	팀명	평균자책	경기	승-패-세-홀	이닝	피안타	피홈런	볼넷	탈삼진	WHIP	WAR
2017	롯데	0.00	3	0-0-0-0	2 1/3	1	0	0	2	0.43	0.07
통산		8.53	7	0-0-0-0	6 1/3	4	1	5	2	1.42	-

차재용

NO. 59

좌투좌타
1996년 8월 20일
183cm / 81kg
연봉 2800만 원
경력 소래초-동산중-부천고
지명순위 15 롯데 2차 2라운드 19순위

투수

볼카운트별 피안타율

볼카운트	피안타율	타수	피안타	볼카운트	피안타율	타수	피안타
0-0	-	-	-	2-0	0.000	1	0
0-1	0.500	2	1	2-1	-	-	-
0-2	-	-	-	2-2	0.000	2	0
1-0	-	-	-	3-0	-	-	-
1-1	0.000	1	0	3-1	-	-	-
1-2	0.000	1	0	3-2	0.000	1	0

S > B : 0.333 / S = B : 0.000 / S < B : 0.000

좌완으로 140km/h 초반의 패스트볼과 커브, 체인지업을 던진다. 딜리버리가 안정적이고 제구력 또한 준수하다. 스프링 캠프에서 안정적인 모습을 보였지만, 2017시즌에 3경기 2이닝에서 무실점을 기록했다. 현재보다는 미래가 더 기대되는 선수이기에 주목해야 한다.

상황별 기록

상황	안타	삼진	피안타율
주자 없음	1	1	0.167
만루	-	-	-
주자 있음	0	1	0.000
득점권	0	0	0.000
상위(1~2번)	-	-	-
중심(3~5번)	1	1	0.167
하위(6~9번)	0	1	0.000
좌타자	1	1	0.500
우타자	0	1	0.000

상대팀별 기록

구분	경기	평균자책	승-패-세-홀	이닝
KIA	-	-	-	-
두산	1	0.00	0-0-0-0	1
NC	-	-	-	-
SK	1	0.00	0-0-0-0	1
LG	1	0.00	0-0-0-0	0 1/3
넥센	-	-	-	-
한화	-	-	-	-
삼성	-	-	-	-
kt	-	-	-	-

구속/구사율/피안타율

구종	평균구속	구사율	피안타율
포심패스트볼	136	58%	0.000
투심/싱커	-	-	-
컷패스트볼	-	-	-
슬라이더	118	36%	1.000
커브	109	7%	0.000
체인지업	-	-	-
포크/SF/너클	-	-	-

기타 기록

상대 타자 타구 방향

50% 0% 50%

이닝당 투구수	13.3
땅볼/뜬공	0.25

PITCHING ZONE

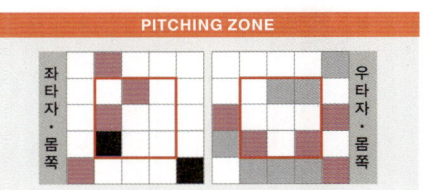

좌타자·몸쪽　　우타자·몸쪽

내야

김상호

NO.66

우투우타
1989년 5월 10일
182cm / 85kg
연봉 6200만 원
경력 청구초-홍은중-장충고
-고려대-롯데-상무
지명순위 12 롯데 7라운드
64순위

연도	팀명	타율	경기	타수	득점	안타	홈런	타점	도루	볼넷	삼진	장타율	OPS	WAR
2017	롯데	0.228	80	101	7	23	0	7	0	11	22	0.277	0.593	-0.50
통산		0.268	227	523	52	140	7	66	3	57	122	0.361	0.704	-

볼카운트별 타율-타점

볼카운트	타율	타수	안타	타점	볼카운트	타율	타수	안타	타점
0-0	0.200	10	2	1	2-0	0.333	3	1	1
0-1	0.750	4	3	0	2-1	0.200	5	1	0
0-2	0.100	10	1	0	2-2	0.214	14	3	0
1-0	0.429	7	3	3	3-0	-	0	0	0
1-1	0.214	14	3	0	3-1	0.000	1	0	0
1-2	0.154	26	4	1	3-2	0.286	7	2	2

S > B : 0.200 / S = B : 0.211 / S < B : 0.304

182cm, 85kg의 탄탄한 몸을 가지고 있다. 2012년 롯데 입단 후 거의 대부분을 2군에서 보내고, 상무를 거쳐 2017년 복귀했다. 선구안이 뛰어나고 타석에서 유인구에 대해 참을성이 많다. 일발장타력은 부족하나 정교한 타격을 하는 중장거리 타자다. 본인이 원하는 공이나 상대 투수가 실투한 공을 노려 치는 스타일이며 미래의 롯데 1루수감이다.

상황별 기록

구분	타율	타수	안타	타점
주자 없음	0.235	51	12	0
주자 있음	0.220	50	11	7
득점권	0.214	28	6	6
좌투수	0.122	41	5	3
우투수	0.288	52	15	3
언더	0.375	8	3	1
노아웃	0.241	29	7	1
원아웃	0.256	43	11	2
투아웃	0.172	29	5	4

상대팀별 기록

상대팀	타율	타수	안타	타점
KIA	0.200	25	5	2
두산	0.294	17	5	1
NC	0.000	3	0	0
SK	0.100	10	1	0
LG	0.250	8	2	0
넥센	0.000	8	0	0
한화	0.273	11	3	0
삼성	0.333	9	3	1
kt	0.400	10	4	3

구종별 타격 성적

구종	전체	VS우투	VS좌투
포심패스트볼	0.311	0.400	0.200
투심/싱커	0.286	0.333	0.000
컷패스트볼	0.000	0.000	0.000
슬라이더	0.067	0.077	0.000
커브	0.200	0.400	0.000
체인지업	0.125	-	0.125
포크/SF/너클	0.125	0.200	0.000

수비 기록

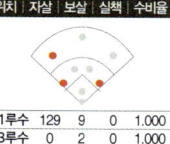

위치	자살	보살	실책	수비율
1루수	129	9	0	1.000
3루수	0	2	0	1.000
좌익수	2	0	0	1.000

HOT&COLD	SPRAY ZONE
vs. 전체투수	

우타자

38% 28% 34%

홈런 타구분포 %

■ 타율 0.400 이상　■ 0.300~0.399　■ 0.200~0.299　■ 0.100~0.199　■ 타율 0.099 이하　□ 3타수 미만

내야

정훈

NO.33

우투우타
1987년 7월 18일
180cm / 85kg
연봉 1억 원
경력 양덕초-마산동중-용마고
지명순위 06 현대 육성선수

연도	팀명	타율	경기	타수	득점	안타	홈런	타점	도루	볼넷	삼진	장타율	OPS	WAR
2017	롯데	0.248	68	109	16	27	1	6	3	18	28	0.385	0.761	0.30
통산		0.272	694	1986	312	540	26	231	42	212	433	0.379	0.736	-

볼카운트별 타율-타점

볼카운트	타율	타수	안타	타점	볼카운트	타율	타수	안타	타점
0-0	0.385	13	5	1	2-0	0.000	1	0	0
0-1	0.333	9	3	0	2-1	0.400	5	2	0
0-2	0.000	7	0	0	2-2	0.217	23	5	1
1-0	0.500	2	1	0	3-0	-	0	0	1
1-1	0.444	9	4	1	3-1	0.000	3	0	0
1-2	0.185	27	5	0	3-2	0.200	10	2	2

S > B : 0.186 / S = B : 0.311 / S < B : 0.238

선구안과 콘택트 능력이 좋으며 일발장타 능력도 갖춘 2루수다. 발도 빠르나 도루시도는 잘 하지 않는다. 리그평균 공격력을 갖춘 선수다. 그러나 수비는 리그평균 이하. 타구 판단이 늦고 대시 능력도 떨어지며 바운드 측정을 잘 못한다. 언더핸드 송구로 인해 병살타를 놓치면서 투수에게 부담감을 주어 끝내 실점으로 연결된다.

상황별 기록

구분	타율	타수	안타	타점
주자 없음	0.344	61	21	1
주자 있음	0.125	48	6	5
득점권	0.080	25	2	5
좌투수	0.244	45	11	2
우투수	0.240	50	12	3
언더	0.286	14	4	1
노아웃	0.258	31	8	0
원아웃	0.250	40	10	3
투아웃	0.237	38	9	3

상대팀별 기록

상대팀	타율	타수	안타	타점
KIA	0.071	14	1	0
두산	0.250	24	6	0
NC	0.143	14	2	3
SK	0.125	8	1	0
LG	0.200	10	2	0
넥센	0.375	8	3	0
한화	0.444	9	4	2
삼성	0.333	6	2	1
kt	0.375	16	6	0

구종별 타격 성적

구종	전체	VS우투	VS좌투
포심패스트볼	0.283	0.313	0.238
투심/싱커	0.286	0.400	0.000
컷패스트볼	0.000	-	0.000
슬라이더	0.267	0.250	0.333
커브	0.111	0.000	0.200
체인지업	0.182	0.000	0.286
포크/SF/너클	0.125	0.167	0.000

수비 기록

위치	자살	보살	실책	수비율
1루수	27	2	1	0.967
2루수	32	43	2	0.974
중견수	11	0	0	1.000

HOT&COLD	SPRAY ZONE
vs. 전체투수	

우타자

38% 25% 38%

홈런 타구분포 %

연도	팀명	타율	경기	타수	득점	안타	홈런	타점	도루	볼넷	삼진	장타율	OPS	WAR
2017	롯데	0.256	97	117	37	30	1	11	20	7	37	0.359	0.666	0.30
통산		0.249	132	173	50	43	1	14	23	15	55	0.329	0.642	-

볼카운트별 타율-타점

볼카운트	타율	타수	안타	타점	볼카운트	타율	타수	안타	타점
0-0	0.400	5	2	1	2-0	0.000	3	0	0
0-1	0.455	11	5	2	2-1	0.000	4	0	0
0-2	0.273	11	3	0	2-2	0.154	26	4	0
1-0	0.400	5	2	1	3-0	-	-	-	-
1-1	0.286	7	2	2	3-1	0.000	1	0	0
1-2	0.280	25	7	1	3-2	0.263	19	5	4
S > B : 0.319 / S = B : 0.211 / S < B : 0.219									

상황별 기록

구분	타율	타수	안타	타점
주자 없음	0.260	77	20	1
주자 있음	0.250	40	10	10
득점권	0.240	25	6	10
좌투수	0.222	18	4	1
우투수	0.241	79	19	7
언더	0.350	20	7	3
노아웃	0.244	41	10	2
원아웃	0.298	47	14	5
투아웃	0.207	29	6	4

상대팀별 기록

상대팀	타율	타수	안타	타점
KIA	0.211	19	4	3
두산	0.200	10	2	0
NC	0.143	7	1	0
SK	0.364	11	4	2
LG	0.200	15	3	2
넥센	0.333	12	4	2
한화	0.276	29	8	2
삼성	0.333	6	2	0
kt	0.250	8	2	0

구종별 타격 성적

구종	전체	VS우투	VS좌투
포심패스트볼	0.234	0.226	0.273
투심/싱커	0.400	0.400	-
컷패스트볼	-	-	-
슬라이더	0.222	0.273	0.143
커브	0.333	0.333	-
체인지업	0.455	0.455	-
포크/SF/너클	0.111	0.111	-

수비 기록

위치	자살	보살	실책	수비율
좌익수	2	1	0	1.000
중견수	59	0	0	1.000
우익수	1	0	0	1.000

나경민

NO. 0 · 외야

좌투좌타
1991년 12월 12일
178cm / 80kg
연봉 5800만 원
경력 둔촌초-잠신중-덕수고
지명순위 16 롯데 2차 3라운드 24순위

2009년 시카고 컵스에 입단해 샌디에이고 파드레스 산하 마이너리그에서 활약하다 2016년 롯데에 입단했다. 투수 상대 시 끈질긴 승부로 지치게 만들고, 출루하면 빠른 발과 주루센스로 내야수들을 최대한 피곤하게 만든 후 도루한다. 상대 입장에서는 매우 피곤한 스타일이다. 입단 때부터 롯데 타선에 새로운 바람을 일으키며 후반기에 진가를 보여줬다.

HOT&COLD
vs. 전체 투수

SPRAY ZONE
0 0 1
39% 20% 41%
홈런 타구분포 %

좌타자

■ 타율 0.400 이상 ■ 0.300~0.399 ■ 0.200~0.299 ■ 0.100~0.199 ■ 타율 0.099 이하 □ 3타수 미만

당신의 소중한 검진결과, 아직도 우편으로 받으시나요?

이제는 <u>스마트폰</u>으로 받으세요!

마이체크업이란 수검자의 건강증진을 위하여 도입한 서비스로
스마트폰에 검진결과를 저장하고 관리하는 어플리케이션 입니다

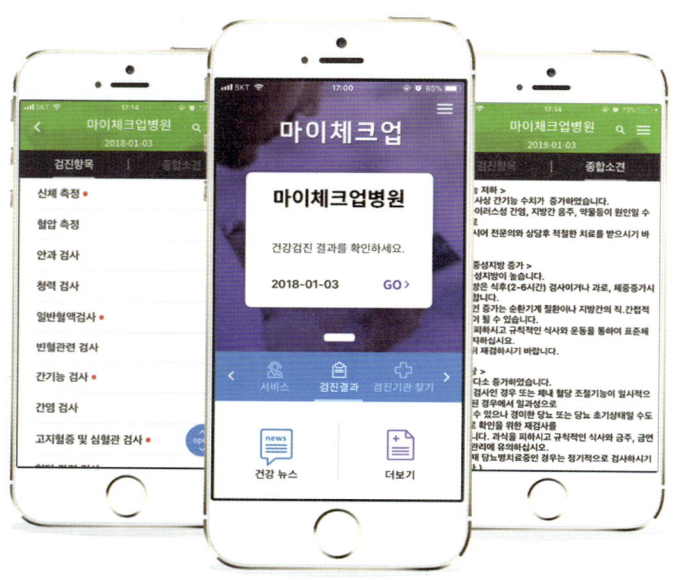

내 손 안의 건강검진 리포트
MyCheckUp | 마이체크업

- 스마트폰에 건강검진결과 저장
- 여러 병원의 검진결과를 한 곳에서 관리
- 검진결과는 암호화되어 안전하게 저장
- 검진결과는 PDF로 출력 가능
- 대사증후군 검진항목 별도 표시
- 스마트 체중관리 등 건강관리에
  도움되는 다양한 서비스 제공

< 추가기능 >

- 병원일정 관리
- 병원카드관리
- 미세먼지 확인
- 스마트혈당 및 혈압 관리

※ 추가기능은 개발 중에 있습니다

 Google Play 또는 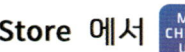 App Store 에서 MY CHECK UP <u>마이체크업</u> 을 검색하세요.

럭셔리하고 아늑한
GS스크린골프

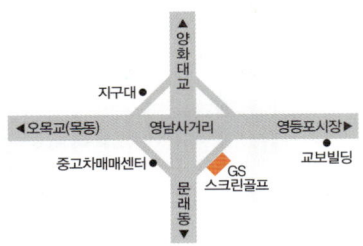

NC DINOS

NC 다이노스

TEAM PROFILE

구단 창립 2011년
마스코트 단디&쎄리
구단주 김택진
모기업 (주)엔씨소프트
감독 김경문
단장 유영준

HOME

현재 연고지 경상남도 창원시
이전 연고지 –
홈구장 : 마산종합운동장 야구장
수용인원 1만 1000명
영구결번 –

PERFORMANCE

한국시리즈 출전 1회
2016년

플레이오프 출전 3회
2015, 2016, 2017년

준플레이오프 출전 1회
2014년

UNIFORM

Home / Away

LINE-UP

CF	김성욱
LF	권희동
RF	나성범
SS	손시헌
2B	박민우
3B	박석민
1B	스크럭스
P	투수
C	박광열 / 신진호

ROTATION
SP 왕웨이중
SP 로건 베렛
SP 장현식
SP 구창모
SP 이재학外

BULLPEN
RP 김진성
RP 노성호
RP 원종현
RP 강윤구
RP 이민호
RP 유원상
CL 임창민

BATTING
1 박민우
2 김성욱
3 나성범
4 스크럭스
5 박석민
6 모창민
7 권희동
8 박광열
9 손시헌

UTILITY PLAYERS
IF 이상호
IF 노진혁
IF 지석훈
OF 이종욱
OF 강진성
OF 윤병호

'젊은 베테랑' 중심으로 창단 첫 우승 도전한다

세대교체와 성적을 함께 추진한 2017년

2017시즌 NC의 화두는 세대교체였다. 스프링캠프부터 이호준, 손시헌, 김태군 등의 후계자 찾기 경쟁이 펼쳐졌다. 시즌 들어선 선발투수 육성이 과제로 떠올랐다. 장현식, 구창모 등 20대 초반 젊은 투수들이 연일 난타당하면서도 마운드에 올라 1군 투수의 형상을 갖춰 갔다. 다만 여기엔 불펜의 희생이 따랐다. 선발투수가 조기 강판되는 날이 잦다 보니, 핵심 불펜투수들이 시즌 초반 많은 경기에 등판하는 문제가 생겼다. 여기에 제프 맨쉽, 재비어 스크럭스 등 전반기 맹위를 떨친 외국인 선수들이 시즌 중반 부상으로 장기 결장해 전력에 구멍이 생겼다. 여름 이후엔 김경문 감독이 건강 이상으로 잠시 입원하는 사태도 있었다. 전반기 리그 2위로 KIA를 위협하던 NC는 후반기 하락세를 겪으며 4위로 시즌을 마쳤다.

2017년 드러난 여러 문제점 보완에 초점 맞춘 오프시즌

2017시즌을 끝으로 이호준이 은퇴했다. 손시헌, 이종욱 등 내부 FA들과는 재계약했지만 후계자를 준비해야 하는 과제가 생겼다. 군입대한 주전 포수 김태군의 뒤를 이을 선수도 찾아야 한다. NC는 외부 영입 대신 팀내 젊은 선수들로 빈 자리를 채울 계획이다. 포수로는 박광열과 신진호, 내야수는 노진혁과 유영준 등이 스프링캠프부터 뜨거운 경쟁을 펼친다. 시즌 막판 무너진 불펜 문제는 두 가지 해법을 내놨다. 유원상 등 외부 선수 영입이 첫 번째고, 두 번째로는 외국인 선발투수 전원 교체다. NC는 이닝 소화 능력에서 아쉬운 모습을 보인 해커-맨쉽을 모두 교체하고, 대신 로건 베렛와 대만 출신 왕웨이중을 영입했다. 젊고 싱싱한 투수들이 많은 이닝을 소화해준다면, 불펜 혹사도 자연히 줄어들 거란 계산이다.

마산구장에서 마지막 시즌, 유종의 미 거둘까

2018시즌은 NC가 창원 마산야구장에서 치르는 마지막 시즌이다. 2019시즌부턴 새 야구장으로 이전한다. 지난해까지 4년 연속 포스트시즌에 진출했지만, 아직 우승을 맛보진 못한 NC다. 지난 시즌과 비교하면 플러스 전력이 많지 않아 우려의 목소리도 나온다. 그러나 NC에는 성장하는 젊은 선수들이 있다. 나성범, 박민우 등은 2011년 팀 창단 때부터 지금까지 활약한 선수들이다. 아직 나이는 20대지만 경험만큼은 어느 베테랑 선수에도 뒤지지 않는다. 이 선수들을 중심으로 신예 선수들의 잠재력이 빛을 발한다면, 올 시즌에도 NC는 예상을 뛰어넘는 성적을 거둘지 모른다.

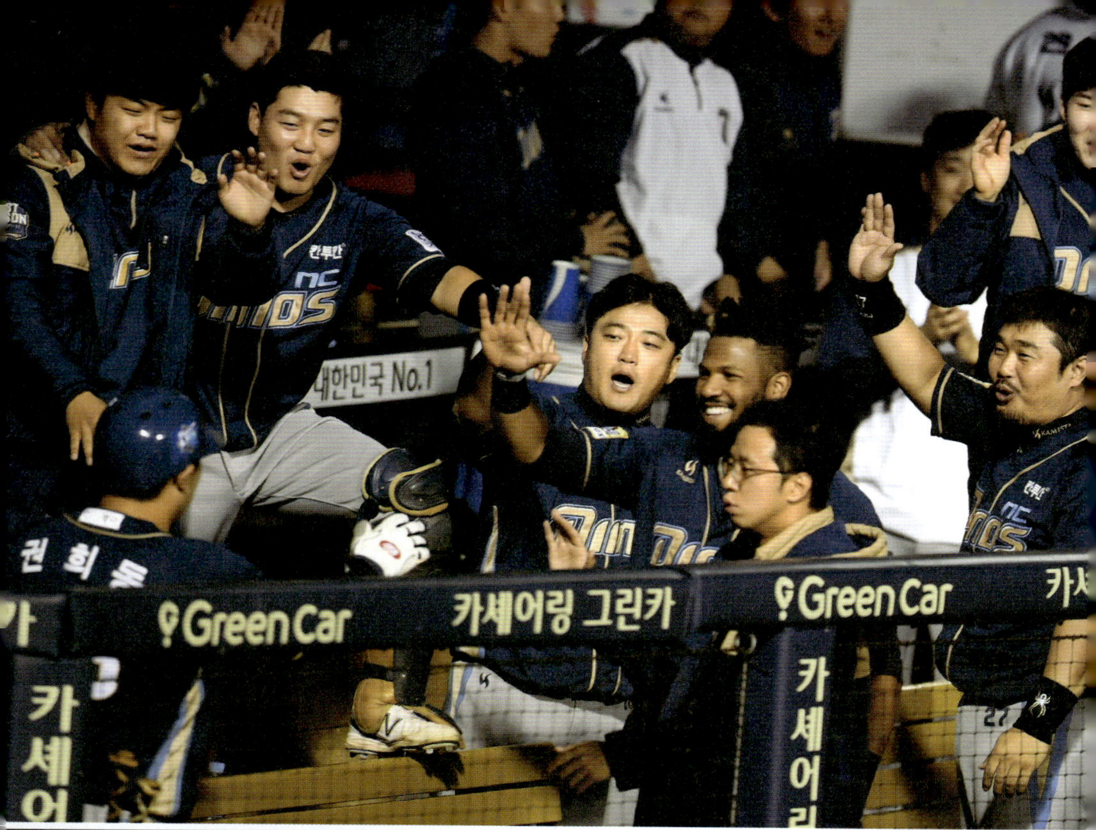
칸투칸
NC
DINOS
대한민국 No.1
권희동
Green Car
카셰어링 그린카
Green Car
카셰어링

hite

KAMISTA
칸투칸
NC
DINOS

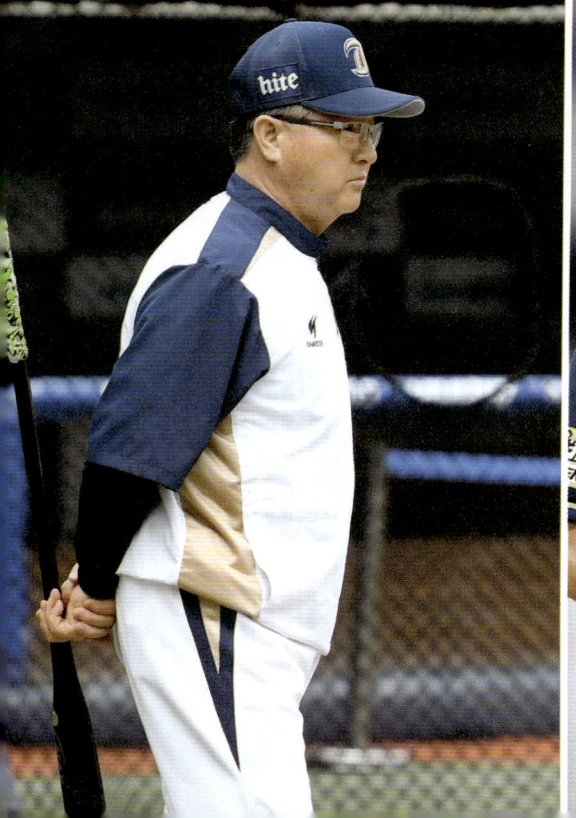

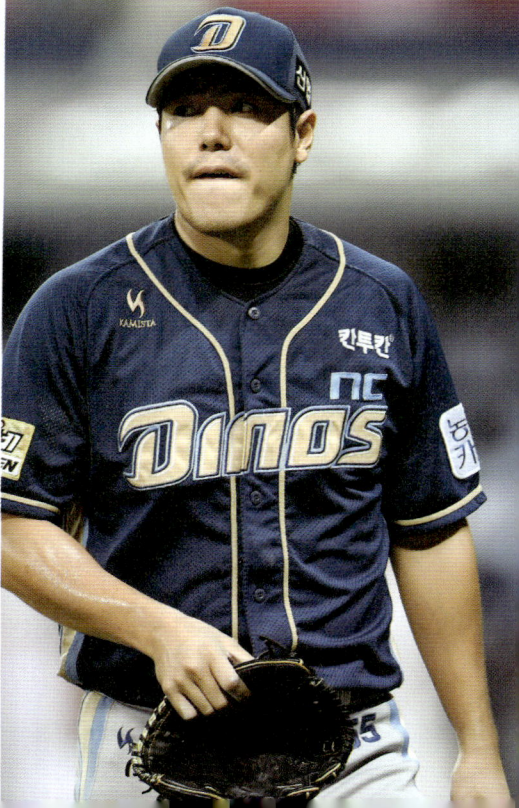

No.74 | 김경문
1958년 11월 1일
175cm | 78kg
프로 입단 연도 1982년
드래프트 순위 프로 원년 멤버
첫 경기 KBO 1982년
마지막 경기 KBO 1991년
연봉 5억 원(2018년)

감독 **김경문**

　김경문 감독은 '2% 부족한 국민감독'이다. 이게 무슨 말일까. 그는 지난 2008년 베이징올림픽 사령탑으로 대표팀을 8전 전승 금메달로 이끌었다. 당시 '김경문의 아이들'은 매 경기 숱한 명승부를 펼치며 정상에 올라(특히 일본과의 준결승전은 백미였다) 전 국민을 감동시켰다. 이때 얻은 별명이 '국민감독'이었다. 그러나 그는 대표팀에서의 성공과는 달리 소속 팀에선 아쉬움을 많이 남겼다. 두산 시절 2차례, NC 감독으로 1차례 등 총 3회 한국시리즈에 올랐지만 모두 준우승에 그쳤다. 평소 번트보다는 강공을 지시하는 빅볼을 추구한다. 이런 스타일이 정규리그에서는 통할 수 있지만 한국시리즈같은 '단두대매치'에서는 잘 안 통했다는 얘기다. 김 감독은 다른 팀 감독에 비해 불펜 투수들을 많이 활용하는 편이다. 올해 과연 부족한 2%를 채울 수 있을까.

TEAM STATS

*는 수치가 낮을수록 순위가 높아짐

투수 기록

항목	평균자책점	승	패	세이브	홀드	승률	이닝	피안타	피홈런	볼넷	사구	탈삼진	실점	자책점	WHIP
기록	4.71	79	62	32	51	0.560	1284 2/3	1342	169	470	93	1097	745	673	1.41
순위	4위	4위	3위	5위	5위	4위	4위	2위	8위	7위	4위	1위	5위	4위	2위

항목	완투	완봉	QS	블론S	타자수	투구수	피안타율	2루타	3루타	피병살타	피희생타	고의사구	폭투	보크
기록	1	10	48	11	5640	22176	0.269	208	9	63	29	12	93	3
순위	7위	1위	9위	1위	8위	3위	2위	1위	1위	7위	1위	4위	10위	1위

타자 기록

항목	타율	경기	타석	타수	득점	안타	2루타	3루타	홈런	총루타	타점	희생번트
기록	0.293	144	5790	5079	786	1489	277	19	149	2251	739	62
순위	3위	-	3위	5위	4위	3위	2위	6위	6위	4위	4위	4위

항목	희생플라이	볼넷	고의볼넷	사구	삼진	병살타	장타율	출루율	OPS	멀티히트	득점권	대타타율
기록	48	471	19	130	979	119	0.443	0.365	0.808	403	0.292	0.249
순위	4위	3위	3위	1위	4위	6위	4위	3위	3위	2위	4위	3위

득점 분포 및 승패

득점	0	1	2	3	4	5	6	7	8	9	10	11	12	13	14	15	16
경기	6	14	12	18	20	16	10	10	10	6	3	7	2	5	2	2	1
승	0	1	5	5	12	10	6	8	9	4	3	5	2	4	2	2	1
패	6	13	7	13	7	6	4	2	0	1	0	1	0	1	0	0	0
무	0	0	0	0	1	0	0	0	1	0	0	1	0	0	0	0	0
승률	0.000	0.071	0.417	0.278	0.632	0.625	0.600	0.800	1.000	0.667	1.000	0.833	1.000	0.800	1.000	1.000	1.000

실점 분포 및 승패

실점	0	1	2	3	4	5	6	7	8	9	10	11	12	13	14
경기	10	16	12	18	20	13	11	6	7	11	3	5	3	4	5
승	10	16	9	14	12	9	5	1	1	1	0	0	0	0	1
패	0	0	3	4	7	4	6	5	5	10	3	4	3	4	4
무	0	0	0	0	1	0	0	0	1	0	0	1	0	0	0
승률	1.000	1.000	0.750	0.778	0.632	0.692	0.455	0.167	0.167	0.091	0.000	0.000	0.000	0.000	0.200

이닝별 득점

이닝	경기	0점	1+점	1점	2점	3점	4점	5+점	최다	합계	평균	평균/9
1	144	89	55	28	12	8	4	3	5	107	0.74	6.69
2	144	108	36	20	8	4	1	3	7	71	0.49	4.44
3	144	83	61	34	11	8	2	6	8	124	0.86	7.75
4	144	109	35	17	10	3	1	4	6	71	0.49	4.44
5	144	93	51	31	11	2	4	3	5	90	0.63	5.63
6	144	97	47	26	7	10	3	1	5	87	0.60	5.44
7	144	101	43	21	9	9	2	2	5	84	0.58	5.25
8	144	100	44	22	7	7	8	0	6	88	0.61	5.56
9	105	81	24	9	8	3	2	2	5	52	0.50	4.46
10	12	7	5	4	1	0	0	0	2	6	0.50	4.50
11	7	5	2	2	0	0	0	0	1	2	0.29	2.57
12	4	3	1	0	0	1	0	0	3	3	0.75	6.75
합계	1280	876	404	214	84	55	27	24	8	786	0.61	5.53

이닝별 실점

이닝	경기	0점	1+점	1점	2점	3점	4점	5+점	최다	합계	평균	평균/9
1	144	101	43	24	6	4	5	4	6	89	0.62	5.56
2	144	98	46	23	15	4	1	3	7	88	0.61	5.50
3	144	97	47	18	10	10	2	7	7	116	0.81	7.25
4	144	103	41	22	7	9	3	0	4	75	0.52	4.69
5	144	99	45	21	12	5	4	3	7	93	0.65	5.81
6	144	104	40	17	15	7	1	0	4	72	0.50	4.50
7	144	101	43	24	8	3	3	7	5	85	0.59	5.31
8	144	112	32	21	3	6	2	0	6	58	0.40	3.63
9	111	82	29	12	11	3	1	2	5	57	0.51	4.62
10	12	9	3	3	0	0	0	0	1	3	0.25	2.25
11	7	5	2	0	0	1	0	1	5	8	1.14	10.29
12	4	3	1	1	0	0	0	0	1	1	0.25	2.25
합계	1286	914	372	186	87	50	25	24	7	745	0.58	5.21

투수

좌투좌타
1990년 7월 10일
183cm / 89kg
연봉 8500만 원
경력 서울이수초-서울경원중
 -장충고-히어로즈-넥센
 -상무-넥센
지명순위 09 히어로즈 1차

NO. 56 **강윤구**

좌완으로 140km/h 초중반의 포심 패스트볼과 완성도 높은 슬라이더, 커브, 체인지업을 구사한다. 체격이 좋고 유연성을 타고났다. 그러나 경기 운용 능력이 떨어지고 밸런스가 자주 흔들린다. 무엇보다 제구력이 떨어져 긴 이닝을 소화하지 못한다는 약점이 있다. 2012시즌 규정 이닝을 채우지도 못했는데 볼넷이 74개로 전체 2위였다. 2013년 후반기 체력적인 한계를 느끼고 벌크업으로 체격을 키웠으나 2014시즌 밸런스가 망가지면서 구위, 구속을 모두 잃고 시즌 중반 아웃되고 말았다. 2017시즌 NC에서 선발로 몇 게임 활약했으나 주로 불펜에서 뛰면서 기대 이상의 준수한 투구를 보여줬다. 선발보다는 불펜에 더 적합한 선수라는 것이 입증됐다.

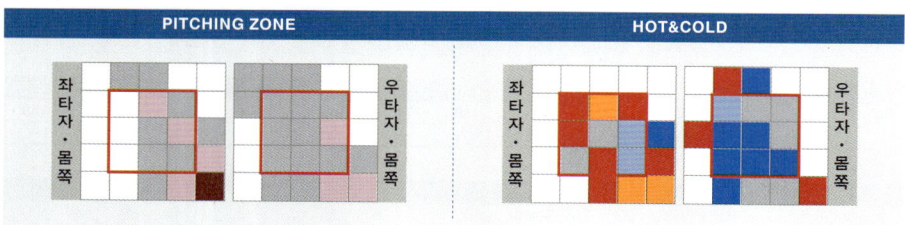

PITCHING ZONE ■ 15% 이상 ■ 12~14% ■ 9~11% ▨ 6~8% ▨ 3~5% □ 2% 이하
HOT&COLD ■ 피안타율 0.099 이하 ■ 0.100~0.199 ▨ 0.200~0.299 ▨ 0.300~0.399 ■ 피안타율 0.400 이상 □ 3타수 미만

최근 3년간 성적

연도	팀명	평균자책	경기	승	패	세이브	홀드	승률	타자수	이닝	피안타	피홈런	볼넷	탈삼진	실점	자책점	WHIP	WAR
2015	–	–																
2016	넥센	18.00	1	0	0	0	0		5	1	1	1	1	0	2	2	2.00	-0.09
2017	NC	4.45	36	2	1	0	0	0.667	245	54 2/3	57	14	24	51	30	27	1.48	-0.11
통산		4.81	185	20	19	1	10	0.513	2081	469 1/3	413	66	300	446	272	251	1.52	–

구속/구사율/피안타율

구종	평균구속	종합	초구	2-2	좌타자	우타자	피안타율
포심패스트볼	142	54%	71%	45%	51%	56%	0.274
투심/싱커	144	0%	0%	0%	0%	0%	–
컷패스트볼	-	-	-	-	-	-	-
슬라이더	131	31%	20%	43%	40%	23%	0.240
커브	115	8%	5%	9%	8%	8%	0.235
체인지업	128	7%	4%	3%	1%	13%	0.353
포크/SF/너클	-	-	-	-	-	-	-

볼카운트별 피안타율

볼카운트	피안타율	타수	피안타	볼카운트	피안타율	타수	피안타
0-0	0.450	20	9	2-0	0.143	7	1
0-1	0.348	23	8	2-1	0.333	12	4
0-2	0.077	13	1	2-2	0.118	34	4
1-0	0.467	15	7	3-0	–	0	0
1-1	0.435	23	10	3-1	0.500	4	2
1-2	0.191	47	9	3-2	0.111	18	2

S〉B : 0.217 / S=B : 0.299 / S〈B : 0.286

기타 기록

상대 타자 타구 방향

45% 26% 30%

이닝당 투구수	17.6
땅볼/뜬공	0.75

상황별 기록

상황	안타	2루타	3루타	홈런	볼넷	사구	삼진	폭투	보크	피안타율
주자 없음	30	5	0	8	13	1	32	0	0	0.244
만루	0	0	0	0	1	0	0	0	0	0.000
주자 있음	27	5	0	6	11	1	19	4	0	0.290
득점권	14	2	0	2	8	0	12	3	0	0.250
상위(1~2번)	17	0	0	4	6	1	15	1	0	0.283
중심(3~5번)	18	2	0	9	8	0	18	1	0	0.240
하위(6~9번)	22	8	0	1	10	1	18	2	0	0.272
좌타자	19	4	0	2	8	1	29	2	0	0.190
우타자	38	6	0	12	16	1	22	2	0	0.328

상대팀별 기록

구분	경기	평균자책	승	패	세이브	홀드	이닝	피안타	피홈런	볼넷	삼진	피안타율
KIA	6	5.63	1	0	0	0	8	6	3	5	7	0.214
두산	5	6.14	0	0	0	0	7 1/3	10	3	4	5	0.333
롯데	1	0.00	0	0	0	0	0 1/3	1	0	0	0	0.500
SK	5	3.77	0	1	0	0	14 1/3	13	3	6	16	0.236
LG	1	0.00	0	0	0	0	0 1/3	0	0	0	0	0.000
넥센	5	4.91	0	0	0	0	11	10	2	4	3	0.233
한화	1	0.00	0	0	0	0	1	0	0	1	0	0.000
삼성	7	4.32	0	0	0	0	8 1/3	10	0	4	9	0.278
kt	5	1.93	0	0	0	0	4 2/3	7	0	2	2	0.350

NO.59 구창모

향후 NC를 이끌고 갈 기대주. 좌완이며 140km/h 초반의 포심 패스트볼과 슬라이더, 커브를 주로 사용하며 간간히 체인지업을 던진다. 2017시즌부터는 스플리터의 사용을 늘리고 있다. 9이닝 기준으로 탈삼진 9.07개에 이를 정도로 리그 최상위권 탈삼진 능력을 선보인 파워피처다. 구속에 비해 패스트볼 구위가 좋고 변화구 위력과 제구가 상당히 뛰어나다. 경기 운용 능력이나 제구력도 나이에 비해 우수한 편. 그러나 등판마다 기복이 심해 안 좋을 때는 속절없이 무너지고 만다. 좌타자와 상대할 때 몸 쪽 승부에 약점을 보이고, 오히려 우타자에게 더 강한 모습을 보여준다. 상대 피안타율이 좌타자에게는 0.333, 우타자에게는 0.246을 기록했다. 그러나 피홈런은 거의 우타자에게 맞고 있다.

좌투좌타
1997년 2월 17일
183cm / 85kg
연봉 9000만 원
경력 천안남산초-덕수중
-울산공고
지명순위 15 NC 2차 1라운드
3순위

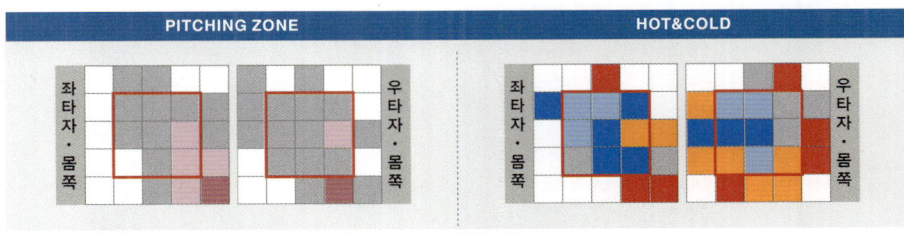

PITCHING ZONE ■ 15% 이상 ■ 12~14% ■ 9~11% ■ 6~8% ■ 3~5% □ 2% 이하
HOT&COLD ■ 피안타율 0.099 이하 □ 0.100~0.199 ■ 0.200~0.299 ■ 0.300~0.399 ■ 피안타율 0.400 이상 □ 3타수 미만

최근 3년간 성적

연도	팀명	평균자책	경기	승	패	세이브	홀드	승률	타자수	이닝	피안타	피홈런	볼넷	탈삼진	실점	자책점	WHIP	WAR
2015	-	-	-	-	-	-	-	-	-	-	-	-	-	-	-	-	-	-
2016	NC	4.19	39	4	1	0	1	0.800	296	68 2/3	61	9	37	67	32	32	1.43	0.82
2017	NC	5.32	31	7	10	0	0	0.412	524	115	138	18	50	118	80	68	1.63	0.42
통산		4.90	70	11	11	0	1	0.500	820	183 2/3	199	27	87	185	112	100	1.56	-

구속/구사율/피안타율

구종	평균구속	종합	초구	2-2	좌타자	우타자	피안타율
포심패스트볼	143	62%	61%	60%	62%	62%	0.305
투심/싱커	-	-	-	-	-	-	-
컷패스트볼	-	-	-	-	-	-	-
슬라이더	126	14%	17%	10%	26%	9%	0.346
커브	117	13%	11%	18%	10%	14%	0.219
체인지업	132	2%	2%	3%	1%	3%	0.091
포크/SF/너클	133	9%	10%	9%	1%	12%	0.365

볼카운트별 피안타율

볼카운트	피안타율	타수	피안타	볼카운트	피안타율	타수	피안타
0-0	0.340	50	17	2-0	0.250	8	2
0-1	0.514	37	19	2-1	0.296	27	8
0-2	0.163	43	7	2-2	0.312	77	24
1-0	0.438	32	14	3-0	-	0	0
1-1	0.290	31	9	3-1	0.333	9	3
1-2	0.207	92	19	3-2	0.286	56	16

S) B : 0.262 / S=B : 0.316 / S<B : 0.326

기타 기록

상대 타자 타구 방향		
41%	28%	31%

이닝당 투구수	18.9
땅볼 / 뜬공	0.97

상황별 기록

상황	안타	2루타	3루타	홈런	볼넷	사구	삼진	폭투	보크	피안타율
주자 없음	79	10	1	6	18	3	61	0	0	0.317
만루	2	0	0	1	2	0	5	0	0	0.133
주자 있음	59	8	0	12	32	2	57	9	0	0.277
득점권	39	6	0	8	17	2	28	5	0	0.339
상위(1~2번)	38	2	0	2	9	1	21	1	0	0.299
중심(3~5번)	54	11	0	7	20	1	35	6	0	0.351
하위(6~9번)	46	7	1	9	21	3	62	3	0	0.254
좌타자	52	4	1	3	13	0	34	2	0	0.356
우타자	86	15	1	15	37	5	84	7	0	0.272

상대팀별 기록

구분	경기	평균자책	승	패	세이브	홀드	이닝	피안타	피홈런	볼넷	삼진	피안타율
KIA	4	8.35	1	3	0	0	18 1/3	32	4	6	15	0.395
두산	3	9.39	0	1	0	0	7 2/3	12	2	5	8	0.375
롯데	4	4.09	1	1	0	0	11	11	1	1	9	0.256
SK	4	7.04	1	1	0	0	15 1/3	21	5	7	20	0.323
LG	4	6.14	2	1	0	0	14 2/3	16	1	7	15	0.291
넥센	4	5.00	0	1	0	0	16	16	3	0	13	0.364
한화	4	3.38	1	0	0	0	16	12	1	11	11	0.207
삼성	3	1.74	0	1	0	0	10 1/3	11	1	8	11	0.250
kt	4	2.13	1	0	0	0	12 2/3	9	0	8	16	0.182

우투우타
1985년 3월 7일
186cm / 92kg
연봉 2억 3000만 원
경력 인헌초-성남중-성남서고-SK
지명순위 04 SK 2차 6라운드
42순위

NO. 55 김진성

　140km/h 중반대의 포심 패스트볼과 주 무기인 포크볼, 그리고 간혹 슬라이더를 구사한다. 두 번의 팔꿈치 수술 경력이 있지만 높은 악력과 강견으로 공의 회전력이 좋고 무거운 공을 던진다. 구속에 비해 강한 패스트볼과 떨어지는 포크볼을 적절하게 섞어 탈삼진을 노리는 파워피처다. 위기 상황에서도 터프세이브를 올리는 멘탈이 강한 투수다. 그러나 제구 기복이 심해 결정적인 장타를 허용하며 포크볼이 한가운데로 몰려 홈런을 자주 허용하는 편이다. 특히 볼카운트가 불리해지면 볼넷을 많이 내줘 때로는 볼넷으로 자멸하기도 한다. 전체적으로 탈삼진이 많지만 결정적인 한 방도 허용하는 스타일이다. 연투 능력이 뛰어나 많은 경기에 등판한다는 장점이 있다.

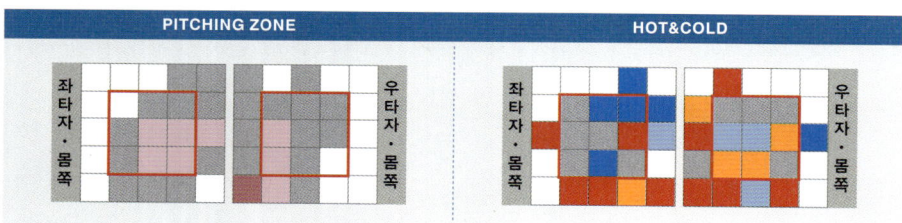

PITCHING ZONE　■ 15% 이상　■ 12~14%　■ 9~11%　■ 6~8%　■ 3~5%　□ 2% 이하
HOT&COLD　■ 피안타율 0.099 이하　■ 0.100~0.199　■ 0.200~0.299　■ 0.300~0.399　■ 피안타율 0.400 이상　□ 3타수 미만

최근 3년간 성적

연도	팀명	평균자책	경기	승	패	세이브	홀드	승률	타자수	이닝	피안타	피홈런	볼넷	탈삼진	실점	자책점	WHIP	WAR
2015	NC	4.50	59	3	4	5	12	0.429	271	66	59	14	18	70	35	33	1.17	0.10
2016	NC	4.48	69	6	8	1	14	0.429	347	84 1/3	79	15	16	100	44	42	1.13	0.56
2017	NC	3.61	69	10	6	0	15	0.625	361	89 2/3	72	13	27	98	38	36	1.10	1.45
통산		4.22	288	23	23	33	42	0.500	1339	322 1/3	282	51	104	348	162	151	1.20	-

구속/구사율/피안타율

구종	평균구속	종합	초구	2-2	좌타자	우타자	피안타율
포심패스트볼	142	42%	45%	33%	48%	39%	0.213
투심/싱커	-	-	-	-	-	-	-
컷패스트볼	-	-	-	-	-	-	-
슬라이더	132	17%	20%	14%	8%	22%	0.268
커브	-	-	-	-	-	-	-
체인지업	-	-	-	-	-	-	-
포크/SF/너클	129	41%	35%	53%	44%	39%	0.191

볼카운트별 피안타율

볼카운트	피안타율	타수	피안타	볼카운트	피안타율	타수	피안타
0-0	0.333	39	13	2-0	0.667	6	4
0-1	0.214	28	6	2-1	0.333	15	5
0-2	0.087	46	4	2-2	0.125	48	6
1-0	0.263	19	5	3-0	-	0	0
1-1	0.269	26	7	3-1	0.333	3	1
1-2	0.235	68	16	3-2	0.167	30	5

S > B : 0.183 / S = B : 0.230 / S < B : 0.274

기타 기록

상대 타자 타구 방향

41%　22%　37%

이닝당 투구수 15.7
땅볼 / 뜬공 0.64

상황별 기록

상황	안타	2루타	3루타	홈런	볼넷	사구	삼진	폭투	보크	피안타율
주자 없음	40	4	0	7	13	1	63	0	0	0.197
만루	2	1	0	0	0	0	4	0	0	0.154
주자 있음	32	5	0	6	14	1	35	11	0	0.256
득점권	17	2	0	4	13	1	21	8	0	0.254
상위(1~2번)	17	3	0	2	7	0	13	3	0	0.236
중심(3~5번)	25	2	0	7	14	1	45	5	0	0.223
하위(6~9번)	30	4	0	4	6	1	41	3	0	0.208
좌타자	33	6	0	6	6	0	34	1	0	0.266
우타자	39	3	0	7	21	2	64	10	0	0.191

상대팀별 기록

구분	경기	평균자책	승	패	세이브	홀드	이닝	피안타	피홈런	볼넷	삼진	피안타율
KIA	8	3.72	0	0	0	3	9 2/3	9	2	1	8	0.243
두산	8	6.52	1	2	0	2	9 2/3	19	1	3	8	0.422
롯데	8	6.08	1	2	0	1	13 1/3	7	2	6	15	0.152
SK	8	0.75	2	0	0	2	12	3	1	6	17	0.079
LG	8	2.13	3	2	0	2	12 2/3	9	3	1	15	0.182
넥센	8	2.08	0	0	0	2	8 2/3	7	0	4	6	0.219
한화	8	10.50	2	0	0	0	6	11	2	2	5	0.393
삼성	8	1.80	1	0	0	0	10	4	2	1	14	0.121
kt	8	1.17	0	0	0	3	7 2/3	4	0	1	6	0.160

NO. 53 베렛

볼티모어 오리올스 출신. 총액 80만 달러에 NC와 계약했다. 188cm, 86kg 우완투수로 2011년 MLB 신인 드래프트 3라운드에서 뉴욕 메츠의 선택을 받았다. 마이너리그에서 활약하다 2015년 텍사스 레인저스 소속으로 메이저리그에 데뷔했다. 이후 뉴욕 메츠와 볼티모어 오리올스에서 뛰다 2017시즌을 끝으로 FA 신분이 됐다. 메이저 통산 57경기(선발 16경기)에서 6승 10패 평균자책점 4.62, 마이너리그 129경기(선발 84경기)에 나와 37승 22패 평균자책점 4.06을 기록했다. 쓰리쿼터형 투수로 포심패스트볼 최고구속은 152km/h이며 2017시즌 평균 145km/h를 기록했다. 포심 외에 변화구(슬라이더, 커브), 오프스피드피치(체인지업)를 다양하게 구사한다. 볼카운트 2-2에서 아웃을 잡는 결정구는 슬라이더다.

우투우타
1990년 6월 19일
188cm / 86kg
연봉 40만 달러
경력 텍사스-뉴욕 메츠-볼티모어

PITCHING ZONE	HOT&COLD

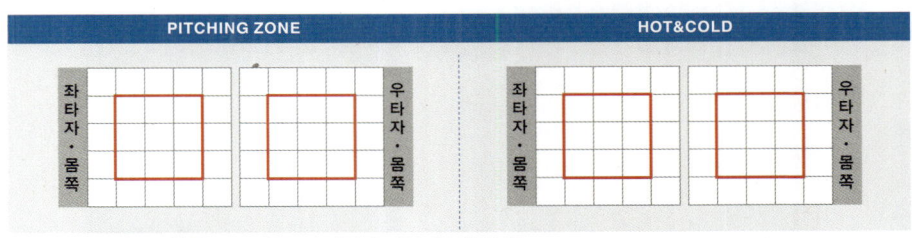

PITCHING ZONE　■ 15% 이상　■ 12~14%　■ 9~11%　■ 6~8%　■ 3~5%　□ 2% 이하
HOT&COLD　■ 피안타율 0.099 이하　■ 0.100~0.199　■ 0.200~0.299　■ 0.300~0.399　■ 피안타율 0.400 이상　□ 3타수 미만

최근 3년간 성적

연도	팀명	평균자책	경기	승	패	세이브	홀드	승률	타자수	이닝	피안타	피홈런	볼넷	탈삼진	실점	자책점	WHIP	WAR
2015	-	-	-	-	-	-	-	-	-	-	-	-	-	-	-	-	-	-
2016	-	-	-	-	-	-	-	-	-	-	-	-	-	-	-	-	-	-
2017	-	-	-	-	-	-	-	-	-	-	-	-	-	-	-	-	-	-
통산		-	-	-	-	-	-	-	-	-	-	-	-	-	-	-	-	-

구속/구사율/피안타율

구종	평균구속	종합	초구	2-2	좌타자	우타자	피안타율
포심패스트볼	-	-	-	-	-	-	-
투심/싱커	-	-	-	-	-	-	-
컷패스트볼	-	-	-	-	-	-	-
슬라이더	-	-	-	-	-	-	-
커브	-	-	-	-	-	-	-
체인지업	-	-	-	-	-	-	-
포크/SF/너클	-	-	-	-	-	-	-

볼카운트별 피안타율

볼카운트	피안타율	타수	피안타	볼카운트	피안타율	타수	피안타
0-0	-	-	-		-	-	-
0-1	-	-	-		-	-	-
0-2	-	-	-		-	-	-
1-0	-	-	-		-	-	-
1-1	-	-	-		-	-	-
1-2	-	-	-		-	-	-
S〉B:-/S=B:-/S〈B:-							

기타 기록

상대 타자 타구 방향

-% -% -%

이닝당 투구수 -
땅볼 / 뜬공 -

상황별 기록

상황	안타	2루타	3루타	홈런	볼넷	사구	삼진	폭투	보크	피안타율
주자 없음	-	-	-	-	-	-	-	-	-	-
만루	-	-	-	-	-	-	-	-	-	-
주자 있음	-	-	-	-	-	-	-	-	-	-
득점권	-	-	-	-	-	-	-	-	-	-
상위(1~2번)	-	-	-	-	-	-	-	-	-	-
중심(3~5번)	-	-	-	-	-	-	-	-	-	-
하위(6~9번)	-	-	-	-	-	-	-	-	-	-
좌타자	-	-	-	-	-	-	-	-	-	-
우타자	-	-	-	-	-	-	-	-	-	-

상대팀별 기록

구분	경기	평균자책	승	패	세이브	홀드	이닝	피안타	피홈런	볼넷	삼진	피안타율
KIA	-	-	-	-	-	-	-	-	-	-	-	-
두산	-	-	-	-	-	-	-	-	-	-	-	-
롯데	-	-	-	-	-	-	-	-	-	-	-	-
SK	-	-	-	-	-	-	-	-	-	-	-	-
LG	-	-	-	-	-	-	-	-	-	-	-	-
넥센	-	-	-	-	-	-	-	-	-	-	-	-
한화	-	-	-	-	-	-	-	-	-	-	-	-
삼성	-	-	-	-	-	-	-	-	-	-	-	-
kt	-	-	-	-	-	-	-	-	-	-	-	-

좌투좌타
1992년 4월 25일
188cm / 83kg
연봉 50만 달러
경력 피츠버그-밀워키

NO. 48 왕웨이중

"좌완 강속구투수는 지옥에서라도 데려온다"는 말이 있다. 매년 용병 농사에서 크게 성공을 거둬왔던 NC 프런트가 이번에도 총액 90만 달러에 좋은 선택을 했다. 밀워키 브루어스 출신 왼손 투수인 왕웨이중은 패스트볼(포심, 싱커, 커터), 브레이킹볼(커브), 오프-스피드 피치(체인지업) 등 다양한 구종을 던진다. 포심 패스트볼 최고 구속은 155km/h. 왼손잡이가 던지는 150km/h 이상의 공은 그 체감속도가 엄청날 수밖에 없다. 이로써 NC는 로건 베렛-왕웨이중의 강력한 원-투 펀치를 구성하게 됐다. 지난 2011년 19살 때 메이저리그 피츠버그와 계약, 미국에 진출했다. 2013년 피츠버그 소속으로 루키 리그를 보내고 같은 해 룰5 드래프트로 밀워키로 이적, 2014년 밀워키 소속으로 빅리그 무대에 데뷔했다.

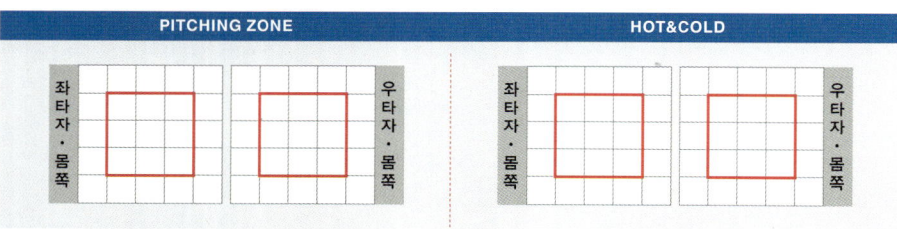

PITCHING ZONE	HOT&COLD

PITCHING ZONE ■ 15% 이상 ■ 12~14% ■ 9~11% ■ 6~8% ▨ 3~5% □ 2% 이하
HOT&COLD ■ 피안타율 0.099 이하 ■ 0.100~0.199 ■ 0.200~0.299 ■ 0.300~0.399 ■ 피안타율 0.400 이상 □ 3타수 미만

최근 3년간 성적

연도	팀명	평균자책	경기	승	패	세이브	홀드	승률	타자수	이닝	피안타	피홈런	볼넷	탈삼진	실점	자책점	WHIP	WAR
2015	-	-	-	-	-	-	-	-	-	-	-	-	-	-	-	-	-	-
2016	-	-	-	-	-	-	-	-	-	-	-	-	-	-	-	-	-	-
2017	-	-	-	-	-	-	-	-	-	-	-	-	-	-	-	-	-	-
통산	-	-	-	-	-	-	-	-	-	-	-	-	-	-	-	-	-	-

구속/구사율/피안타율

구종	평균구속	종합	초구	2-2	좌타자	우타자	피안타율
포심패스트볼	-	-	-	-	-	-	-
투심/싱커	-	-	-	-	-	-	-
컷패스트볼	-	-	-	-	-	-	-
슬라이더	-	-	-	-	-	-	-
커브	-	-	-	-	-	-	-
체인지업	-	-	-	-	-	-	-
포크/SF/너클	-	-	-	-	-	-	-

볼카운트별 피안타율

볼카운트	피안타율	타수	피안타	볼카운트	피안타율	타수	피안타
0-0	-	-	-				
0-1	-	-	-				
0-2	-	-	-				
1-0	-	-	-				
1-1	-	-	-				
1-2	-	-	-				
S>B:-/S=B:-/S<B:-							

기타 기록

상대 타자 타구 방향
-% -% -%
이닝당 투구수 -
땅볼 / 뜬공 -

상황별 기록

상황	안타	2루타	3루타	홈런	볼넷	사구	삼진	폭투	보크	피안타율
주자 없음	-	-	-	-	-	-	-	-	-	-
만루	-	-	-	-	-	-	-	-	-	-
주자 있음	-	-	-	-	-	-	-	-	-	-
득점권	-	-	-	-	-	-	-	-	-	-
상위(1~2번)	-	-	-	-	-	-	-	-	-	-
중심(3~5번)	-	-	-	-	-	-	-	-	-	-
하위(6~9번)	-	-	-	-	-	-	-	-	-	-
좌타자	-	-	-	-	-	-	-	-	-	-
우타자	-	-	-	-	-	-	-	-	-	-

상대팀별 기록

구분	경기	평균자책	승	패	세이브	홀드	이닝	피안타	피홈런	볼넷	삼진	피안타율
KIA	-	-	-	-	-	-	-	-	-	-	-	-
두산	-	-	-	-	-	-	-	-	-	-	-	-
롯데	-	-	-	-	-	-	-	-	-	-	-	-
SK	-	-	-	-	-	-	-	-	-	-	-	-
LG	-	-	-	-	-	-	-	-	-	-	-	-
넥센	-	-	-	-	-	-	-	-	-	-	-	-
한화	-	-	-	-	-	-	-	-	-	-	-	-
삼성	-	-	-	-	-	-	-	-	-	-	-	-
kt	-	-	-	-	-	-	-	-	-	-	-	-

NO. 46 원종현

2015년 대장암을 이겨내고 재기한 투수. 사이드암이며 평균 140km/h대 묵직한 포심 패스트볼과 종으로 변하는 좋은 슬라이더를 가지고 있다. 상대를 압도할 수 있는 구위에 제구력까지 겸비해 9이닝당 탈삼진이 9개를 넘는 위력적인 투구를 하는 선수다. 특히 슬라이더를 더욱 가다듬어 옆으로 휘는 것보다 종으로 변화하는 데 중점을 두어 구종 가치를 더욱 상승시켰다. 2016시즌에서는 암을 이겨내고 훌륭한 활약을 하면서 54경기 70과 2/3이닝 동안 155개의 탈삼진을 기록했다. 2017시즌 NC 창단 이후 첫 20홀드를 기록한 투수가 됐다. 압도적인 구위로 전반기를 평정했으나 후반기에 무너지면서 희비가 엇갈린 한 시즌을 보냈다.

투수

우언우타
1987년 7월 31일
182cm / 83kg
연봉 1억 8500만 원
경력 군산중앙초-군산중-군산상고
-LG-경찰
지명순위 06 LG 2차 2라운드
11순위

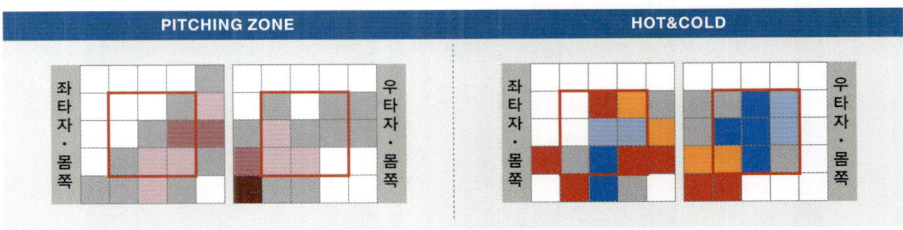

PITCHING ZONE ■ 15% 이상 ■ 12~14% ■ 9~11% ■ 6~8% ■ 3~5% □ 2% 이하
HOT&COLD ■ 피안타율 0.099 이하 ■ 0.100~0.199 ■ 0.200~0.299 ■ 0.300~0.399 ■ 피안타율 0.400 이상 □ 3타수 미만

최근 3년간 성적

연도	팀명	평균자책	경기	승	패	세이브	홀드	승률	타수	이닝	피안타	피홈런	볼넷	탈삼진	실점	자책점	WHIP	WAR
2015																		
2016	NC	3.18	54	3	3	3	17	0.500	283	70 2/3	51	4	18	75	26	25	0.98	1.62
2017	NC	4.39	68	3	6	0	22	0.333	346	80	86	4	19	69	44	39	1.31	0.92
통산		3.90	195	11	12	4	50	0.478	940	221 2/3	199	15	68	217	106	96	1.20	-

구속/구사율/피안타율

구종	평균구속	종합	초구	2-2	좌타자	우타자	피안타율
포심패스트볼	147	25%	27%	26%	12%	36%	0.301
투심/싱커	148	32%	35%	25%	45%	21%	0.351
컷패스트볼	-	-	-	-	-	-	-
슬라이더	134	42%	38%	48%	42%	43%	0.220
커브	-	-	-	-	-	-	-
체인지업	-	-	-	-	-	-	-
포크/SF/너클	138	1%	0%	1%	1%	1%	0.000

볼카운트별 피안타율

볼카운트	피안타율	타수	피안타	볼카운트	피안타율	타수	피안타
0-0	0.320	50	16	2-0	0.750	4	3
0-1	0.214	28	6	2-1	0.286	7	2
0-2	0.152	33	5	2-2	0.214	56	12
1-0	0.429	14	6	3-0		0	0
1-1	0.500	30	15	3-1	0.750	4	3
1-2	0.179	56	10	3-2	0.242	33	8

S〉B : 0.179 / S=B : 0.316 / S〈B : 0.355

기타 기록

상대 타자 타구 방향

44%　22%　34%

이닝당 투구수	16.5
땅볼 / 뜬공	2.06

상황별 기록

상황	안타	2루타	3루타	홈런	볼넷	사구	삼진	폭투	보크	피안타율
주자 없음	44	7	1	3	8	6	42	0	0	0.262
만루	4	1	1	0	0	0	3	0	0	0.286
주자 있음	42	4	1	1	11	1	27	5	0	0.286
득점권	25	3	1	1	9	1	13	4	0	0.301
상위(1~2번)	13	1	0	0	8	1	11	0	0	0.217
중심(3~5번)	33	9	1	3	6	3	28	2	0	0.320
하위(6~9번)	40	1	1	2	5	3	30	3	0	0.263
좌타자	31	4	2	1	6	1	31	2	0	0.238
우타자	55	7	0	3	13	6	38	3	0	0.297

상대팀별 기록

구분	경기	평균자책	승	패	세이브	홀드	이닝	피안타	피홈런	볼넷	삼진	피안타율
KIA	7	4.35	1	2	0	2	10 1/3	10	0	4	3	0.250
두산	6	4.70	1	0	0	2	6	13	2	5	6	0.452
롯데	6	11.81	0	1	0	2	5 1/3	10	1	0	6	0.385
SK	8	0.84	0	0	0	3	10 2/3	3	0	0	8	0.088
LG	9	4.35	0	0	0	4	10 1/3	11	1	3	10	0.268
넥센	8	0.87	0	0	0	3	10 1/3	4	0	2	11	0.167
한화	8	6.23	0	2	0	3	8 2/3	13	1	4	6	0.342
삼성	7	6.75	0	1	0	1	6 2/3	10	0	0	8	0.333
kt	9	4.50	0	1	0	2	10	9	1	2	12	0.231

투수

우투우타
1993년 8월 11일
185cm / 90kg
연봉 1억 8800만 원
경력 부산수영초-부산중-부산고
지명순위 12 NC 우선지명

NO. 29 **이민호**

우완으로 평균 149km/h 후반대의 패스트볼과 슬라이더, 커브, 스플리터를 구사한다. 포심 패스트볼의 구위가 매우 뛰어나 컨디션이 좋은 날은 빠른 공만 던지고 삼진을 잡아낸다. 주 무기인 슬라이더 또한 140km/h 초반의 빠르고 낙차가 큰 편이라 탈삼진을 자주 잡아낸다. 위력적인 구위를 가지고 있지만 기복이 심해 유리하게 상황을 이끌고 가다가 어이없이 피홈런과 연속안타로 실점하는 경우가 잦다. 위기관리 능력, 멘탈, 제3의 구종을 장착한다면 KBO리그를 대표하는 선수가 될 것이다. 팀 사정상 선발보다는 긴 이닝을 책임지는 중간 계투로 더 많이 활약하고 있다. 실제로 구원으로 등판했을 때 성적이 훨씬 뛰어나다. 그러나 항상 시즌 초반 구위가 늦게 올라와 코칭스태프들의 쓴소리를 들어야 했다.

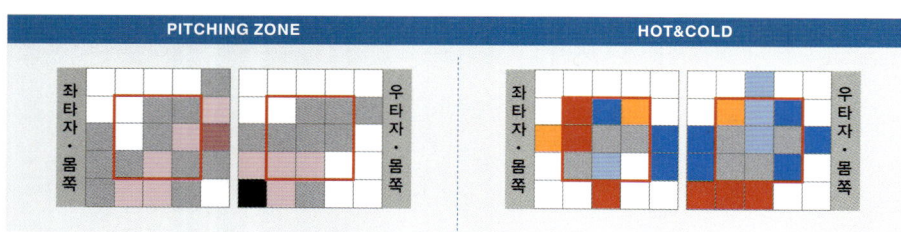

PITCHING ZONE	HOT&COLD

PITCHING ZONE ■ 15% 이상 ■ 12~14% ■ 9~11% ■ 6~8% ■ 3~5% □ 2% 이하
HOT&COLD ■ 피안타율 0.099 이하 ■ 0.100~0.199 ■ 0.200~0.299 ■ 0.300~0.399 ■ 피안타율 0.400 이상 □ 3타수 미만

최근 3년간 성적

연도	팀명	평균자책	경기	승	패	세이브	홀드	승률	타자수	이닝	피안타	피홈런	볼넷	탈삼진	실점	자책점	WHIP	WAR
2015	NC	5.06	64	6	5	0	10	0.545	436	96	103	15	41	62	54	54	1.50	0.17
2016	NC	5.51	45	9	9	2	3	0.500	603	130 2/3	159	18	55	102	90	80	1.64	0.58
2017	NC	4.06	60	5	1	3	6	0.833	388	88 2/3	88	10	30	86	46	40	1.33	0.88
통산		4.87	276	28	20	17	28	0.583	2119	469 2/3	502	68	198	424	282	254	1.49	-

구속/구사율/피안타율

구종	평균구속	종합	초구	2-2	좌타자	우타자	피안타율
포심패스트볼	146	49%	50%	48%	55%	45%	0.361
투심/싱커	-	-	-	-	-	-	-
컷패스트볼	-	-	-	-	-	-	-
슬라이더	135	22%	20%	21%	16%	26%	0.107
커브	-	-	-	-	-	-	-
체인지업	-	-	-	-	-	-	-
포크/SF/너클	135	29%	30%	31%	29%	29%	0.202

볼카운트별 피안타율

볼카운트	피안타율	타수	피안타	볼카운트	피안타율	타수	피안타
0-0	0.289	38	11	2-0	0.500	4	2
0-1	0.345	29	10	2-1	0.353	17	6
0-2	0.207	29	6	2-2	0.273	66	18
1-0	0.231	26	6	3-0	-	0	0
1-1	0.308	26	8	3-1	0.500	4	2
1-2	0.194	62	12	3-2	0.175	40	7

S〉B : 0.233 / S=B : 0.285 / S〈B : 0.253

기타 기록

상대 타자 타구 방향

39% 26% 35%

이닝당 투구수 17.6
땅볼 / 뜬공 0.76

상황별 기록

상황	안타	2루타	3루타	홈런	볼넷	사구	삼진	폭투	보크	피안타율
주자 없음	46	14	2	2	13	6	41	0	0	0.267
만루	2	0	0	0	0	0	4	0	0	0.182
주자 있음	42	7	0	8	17	2	45	5	0	0.249
득점권	25	3	0	4	11	0	28	3	0	0.250
상위(1~2번)	19	5	2	0	5	3	21	0	0	0.250
중심(3~5번)	31	6	0	6	16	1	23	3	0	0.307
하위(6~9번)	38	10	0	4	9	4	42	2	0	0.232
좌타자	33	4	2	2	3	1	31	1	0	0.266
우타자	55	12	0	6	18	6	55	4	0	0.253

상대팀별 기록

구분	경기	평균자책	승	패	세이브	홀드	이닝	피안타	피홈런	볼넷	삼진	피안타율
KIA	8	2.50	1	0	0	2	18	14	1	4	20	0.215
두산	7	16.71	0	1	0	0	7	15	3	2	6	0.417
롯데	5	5.40	0	0	0	0	5	6	1	4	3	0.286
SK	6	1.29	0	0	1	0	7	4	1	8	0	0.160
LG	6	2.53	1	0	0	1	10 2/3	12	0	6	14	0.293
넥센	8	3.97	1	0	0	1	11 1/3	13	1	4	10	0.302
한화	8	4.00	1	0	0	0	9	7	2	4	7	0.206
삼성	4	2.70	0	0	0	1	3 1/3	2	0	1	4	0.167
kt	8	2.60	1	0	1	2	17 1/3	15	1	4	15	0.234

이재학

사이드암 투수로 140km/h 초반의 패스트볼과 준수한 서클체인지업을 가지고 있다. 좋은 컨트롤과 준수한 삼진 능력으로 선발로 활약하고 있다. 상대 타자들 입장에서는 패스트볼과 체인지업을 구분하기 매우 어렵다. 그러나 2015시즌부터 '투피치' 투구의 한계가 찾아왔다. 단조로운 투구 내용으로 인해 난타를 당했다. 그러나 최일언 코치는 몸의 중심이동이 제대로 되지 않아 패스트볼 구위도 저하되고 체인지업의 각도가 무너졌다고 진단했다. 그리고 어정쩡하게 새로운 구종을 사용하다 밸런스가 무너질 바에는 확실한 투피치가 더 낫다는 결론을 내렸다. 2017년 본인의 커리어 최악의 시즌을 보냈다.

투수

우언우타
1990년 10월 4일
181cm / 84kg
연봉 1억 9000만 원
경력 대구옥산초-경복중-대구고
　　　-두산
지명순위 10 두산 2라운드 10순위

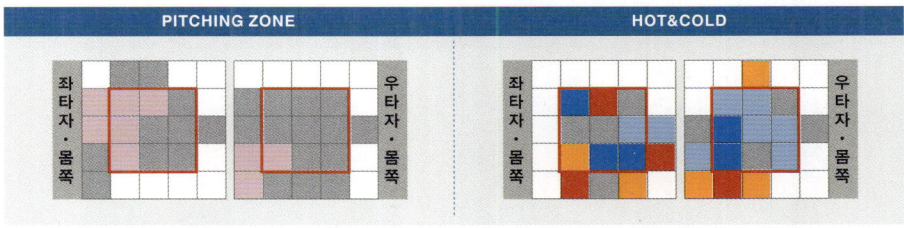

PITCHING ZONE　　　　　　　　　　　　　　　HOT&COLD

PITCHING ZONE　■ 15% 이상　■ 12~14%　■ 9~11%　■ 6~8%　■ 3~5%　□ 2% 이하
HOT&COLD　■ 피안타율 0.099 이하　■ 0.100~0.199　■ 0.200~0.299　■ 0.300~0.399　■ 피안타율 0.400 이상　□ 3타수 미만

최근 3년간 성적

연도	팀명	평균자책	경기	승	패	세이브	홀드	승률	타자수	이닝	피안타	피홈런	볼넷	탈삼진	실점	자책점	WHIP	WAR
2015	NC	4.10	29	10	8	0	1	0.556	545	125	115	17	58	116	58	57	1.38	1.83
2016	NC	4.58	26	12	4	0	0	0.750	569	127 2/3	140	19	54	134	72	65	1.52	1.75
2017	NC	5.67	28	5	7	0	0	0.417	546	119	142	22	41	117	88	75	1.54	-0.21
통산		4.24	155	48	34	1	1	0.585	3081	707	693	89	293	660	362	333	1.39	-

구속/구사율/피안타율

구종	평균구속	종합	초구	2-2	좌타자	우타자	피안타율
포심패스트볼	139	46%	41%	50%	49%	44%	0.265
투심/싱커	136	2%	3%	1%	3%	1%	0.636
컷패스트볼	134	1%	1%	0%	0%	1%	0.500
슬라이더	129	0%	0%	0%	0%	1%	-
커브	-	-	-	-	-	-	-
체인지업	123	51%	55%	50%	49%	53%	0.300
포크/SF/너클	128	0%	0%	0%	0%	0%	1.000

볼카운트별 피안타율

볼카운트	피안타율	타수	피안타	볼카운트	피안타율	타수	피안타
0-0	0.435	69	30	2-0	0.500	4	2
0-1	0.500	44	22	2-1	0.286	14	4
0-2	0.151	53	8	2-2	0.244	86	21
1-0	0.433	30	13	3-0	-	0	0
1-1	0.275	51	14	3-1	0.500	6	3
1-2	0.217	92	20	3-2	0.156	32	5

S〉B : 0.265 / S=B : 0.316 / S〈B : 0.314

기타 기록

상대 타자 타구 방향

44%　27%　29%

이닝당 투구수	17.5
땅볼 / 뜬공	1.05

상황별 기록

상황	안타	2루타	3루타	홈런	볼넷	사구	삼진	폭투	보크	피안타율
주자 없음	78	12	0	11	23	3	72	0	0	0.282
만루	3	0	0	0	2	0	1	2	0	0.375
주자 있음	64	10	0	11	18	10	45	6	0	0.314
득점권	36	6	0	4	14	4	28	3	0	0.305
상위(1~2번)	35	6	0	3	11	2	29	2	0	0.278
중심(3~5번)	51	7	0	9	15	5	39	2	0	0.304
하위(6~9번)	56	9	0	10	15	6	49	2	0	0.299
좌타자	56	14	0	6	19	7	51	1	0	0.272
우타자	86	10	0	16	22	6	66	5	0	0.313

상대팀별 기록

구분	경기	평균자책	승	패	세이브	홀드	이닝	피안타	피홈런	볼넷	삼진	피안타율
KIA	4	5.17	0	0	0	0	15 2/3	23	4	6	13	0.348
두산	3	4.85	1	0	0	0	13	11	3	5	14	0.216
롯데	4	4.41	0	2	0	0	16 1/3	15	3	6	17	0.246
SK	5	8.27	2	2	0	0	20 2/3	26	6	9	23	0.306
LG	2	5.06	0	0	0	0	10 2/3	11	1	2	12	0.275
넥센	3	16.71	0	1	0	0	7	16	4	3	9	0.457
한화	3	3.65	1	0	0	0	12 1/3	17	0	3	11	0.333
삼성	1	3.86	0	1	0	0	4 2/3	6	1	2	6	0.300
kt	3	2.89	1	1	0	0	18 2/3	17	0	5	14	0.236

투수

우투우타
1985년 8월 25일
183cm / 85kg
연봉 2억 5000만 원
경력 광주대성초-광주동성중
-광주동성고-연세대-우리-히어로즈
-경찰-넥센
지명순위 08 현대 2차 2라운드 11순위

NO. 45 임창민

　최고 150km/h의 포심 패스트볼, 슬라이더와 스플리터를 주로 구사한다. 9이닝당 탈삼진은 2017년 9.75개. 그러면서 볼넷도 적게 준다. 단 주자를 쌓아놓고 경기를 마무리하는 날이 다수라서 팬들을 노심초사하게 하는 날이 많다. 주자가 있는 상황에서 2017년 5월 22일 기준으로 피안타율이 1할도 되지 않는다는 것은 정말 미스터리다. 이러한 스타일 때문인지 체력 저하가 후반기에 빠르게 오는 편이다. 그러다 보니 전반기에 쌓아둔 기록을 후반기에 다 까먹는 경우도 생긴다. 하이패스트볼 구사 비율이 높은 편이며, 헛스윙을 유도하는 능력이 매우 뛰어나다. 2017시즌부터 스플리터 구사 비율이 낮아진 대신, 슬라이더 비중이 늘어났다. 둘 다 위력적인 공이라는 점은 변함없다.

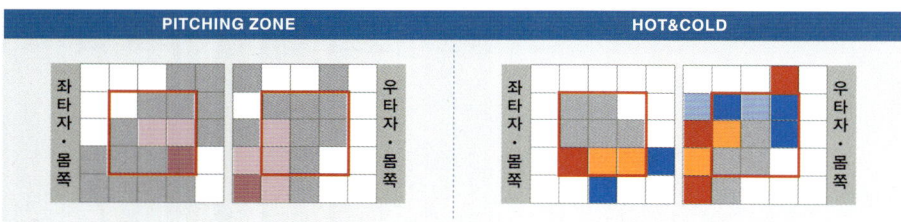

PITCHING ZONE	■ 15% 이상	■ 12~14%	■ 9~11%	■ 6~8%	■ 3~5%	□ 2% 이하
HOT&COLD	■ 피안타율 0.099 이하	■ 0.100~0.199	■ 0.200~0.299	■ 0.300~0.399	■ 피안타율 0.400 이상	□ 3타수 미만

최근 3년간 성적

연도	팀명	평균자책	경기	승	패	세이브	홀드	승률	타수	이닝	피안타	피홈런	볼넷	탈삼진	실점	자책점	WHIP	WAR
2015	NC	3.80	61	1	5	31	0	0.167	266	64	57	7	21	72	28	27	1.22	1.11
2016	NC	2.57	65	1	3	26	6	0.250	302	70	61	5	30	91	22	20	1.30	1.79
2017	NC	3.68	60	4	3	29	0	0.571	272	66	60	10	23	62	27	27	1.26	1.04
통산		3.71	286	18	20	91	20	0.474	1370	323	274	37	141	343	140	133	1.28	-

구속/구사율/피안타율

구종	평균구속	종합	초구	2-2	좌타자	우타자	피안타율
포심패스트볼	143	53%	47%	62%	54%	52%	0.210
투심/싱커	-	-	-	-	-	-	-
컷패스트볼	-	-	-	-	-	-	-
슬라이더	129	30%	36%	23%	28%	32%	0.290
커브	-	-	-	-	-	-	-
체인지업	-	-	-	-	-	-	-
포크/SF/너클	135	17%	16%	15%	18%	16%	0.300

볼카운트별 피안타율

볼카운트	피안타율	타수	피안타	볼카운트	피안타율	타수	피안타
0-0	0.294	34	10	2-0	0.000	1	0
0-1	0.333	18	6	2-1	0.583	12	7
0-2	0.059	17	1	2-2	0.178	45	8
1-0	0.350	20	7	3-0	-	0	0
1-1	0.250	28	7	3-1	0.333	6	2
1-2	0.179	39	7	3-2	0.208	24	5

S〉B : 0.189 / S=B : 0.234 / S〈B : 0.333

기타 기록

상대 타자 타구 방향

45% 24% 31%

이닝당 투구수	16.3
땅볼 / 뜬공	0.84

상황별 기록

상황	안타	2루타	3루타	홈런	볼넷	사구	삼진	폭투	보크	피안타율
주자 없음	36	6	0	7	13	0	31	0	0	0.254
만루	1	1	0	0	0	0	0	0	0	1.000
주자 있음	24	6	0	3	10	1	31	4	0	0.235
득점권	12	4	0	2	5	0	17	3	0	0.226
상위(1~2번)	9	1	0	0	4	0	8	0	0	0.200
중심(3~5번)	24	5	0	6	13	1	18	3	0	0.338
하위(6~9번)	27	6	0	4	6	0	36	1	0	0.211
좌타자	23	3	0	3	10	0	24	2	0	0.242
우타자	37	9	0	7	13	1	38	2	0	0.248

상대팀별 기록

구분	경기	평균자책	승	패	세이브	홀드	이닝	피안타	피홈런	볼넷	삼진	피안타율
KIA	7	7.04	1	1	3	0	7 2/3	12	2	2	5	0.375
두산	6	5.40	0	1	2	0	6 2/3	6	2	1	4	0.240
롯데	6	6.00	1	1	2	0	6	7	1	4	5	0.318
SK	6	0.00	0	0	3	0	6 1/3	4	0	5	7	0.174
LG	8	1.17	0	0	6	0	7 2/3	8	0	1	7	0.276
넥센	7	5.68	0	0	4	0	6 1/3	6	2	1	6	0.240
한화	8	4.32	0	0	5	0	8 1/3	8	1	3	6	0.250
삼성	6	2.57	0	0	2	0	7	6	1	3	6	0.174
kt	7	1.80	2	0	2	0	10	5	1	4	14	0.152

NO. 50 장현식

최고 153km/h, 평균 145km/h대의 포심 패스트볼과 떨어지는 각이 예리한 종슬라이더를 주 무기로 삼는 투수다. 이외에 커브, 체인지업, 스플리터를 구사한다. 특히 좌타자 상대 백도어 슬라이더로 재미를 보고 있다. 이렇듯 타자를 압도할 수 있는 구위를 가지고 있지만 아직까지 경험 부족으로 인해 안정감이 떨어지는 면이 있고, 제구도 들쭉날쭉한 모습을 보인다. 컨디션이 좋을 때는 존 구석구석을 잘 활용하지만, 나쁠 때는 종잡을 수 없는 제구를 보여주며 존에서 완전히 빠지는 공도 자주 던진다. 2017시즌 기존 투구 폼에서 와인드업 시 글러브를 머리 뒤로 넘기는 동작을 추가하면서 제구력을 크게 향상시켰다. 예전에 비해 9이닝당 볼넷 비율이 많이 줄어들었다.

우투우타
1995년 2월 24일
181cm / 91kg
연봉 1억 200만 원
경력 신도초-이수중-서울고
　　　-NC-경찰
지명순위 13 NC 1라운드 9순위

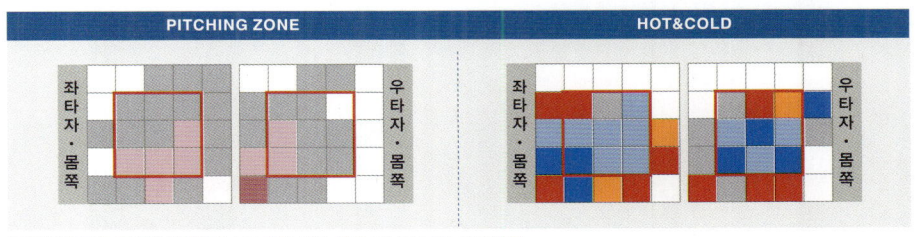

PITCHING ZONE ■ 15% 이상 ■ 12~14% ■ 9~11% ■ 6~8% ■ 3~5% □ 2% 이하
HOT&COLD ■ 피안타율 0.099 이하 □ 0.100~0.199 ■ 0.200~0.299 ■ 0.300~0.399 ■ 피안타율 0.400 이상 □ 3타수 미만

최근 3년간 성적

연도	팀명	평균자책	경기	승	패	세이브	홀드	승률	타자수	이닝	피안타	피홈런	볼넷	탈삼진	실점	자책점	WHIP	WAR
2015	NC	9.00	2	0	0	0	0	-	11	2	3	0	2	3	2	2	2.50	-0.04
2016	NC	4.48	37	1	3	0	1	0.250	331	76 1/3	68	5	43	59	40	38	1.45	0.81
2017	NC	5.29	31	9	9	0	0	0.500	600	134 1/3	139	18	66	120	86	79	1.53	0.56
통산		5.11	72	10	12	0	1	0.455	953	214 2/3	216	23	111	182	131	122	1.52	-

구속/구사율/피안타율

구종	평균구속	종합	초구	2-2	좌타자	우타자	피안타율
포심패스트볼	145	67%	63%	70%	69%	66%	0.280
투심/싱커	141	1%	2%	0%	2%	1%	0.667
컷패스트볼	-	-	-	-	-	-	-
슬라이더	130	27%	29%	27%	23%	30%	0.233
커브	120	0%	1%	0%	0%	0%	-
체인지업	135	1%	2%	0%	1%	1%	0.429
포크/SF/너클	137	3%	4%	3%	5%	3%	0.235

볼카운트별 피안타율

볼카운트	피안타율	타수	피안타	볼카운트	피안타율	타수	피안타
0-0	0.383	60	23	2-0	0.250	12	3
0-1	0.353	34	12	2-1	0.500	26	13
0-2	0.150	40	6	2-2	0.170	88	15
1-0	0.444	36	16	3-0	-	0	0
1-1	0.255	51	13	3-1	0.400	10	4
1-2	0.218	87	19	3-2	0.200	75	15

S〉B : 0.230 / S=B : 0.256 / S〈B : 0.321

기타 기록

상대 타자 타구 방향
41% 21% 38%

이닝당 투구수	18.5
땅볼 / 뜬공	0.86

상황별 기록

상황	안타	2루타	3루타	홈런	볼넷	사구	삼진	폭투	보크	피안타율
주자 없음	76	17	0	9	28	1	54	0	0	0.267
만루	5	1	0	0	4	1	4	0	0	0.313
주자 있음	63	11	0	9	38	4	66	15	0	0.269
득점권	42	8	0	8	29	4	41	11	0	0.323
상위(1~2번)	33	10	0	1	19	0	23	1	0	0.258
중심(3~5번)	60	7	0	10	21	3	43	8	0	0.324
하위(6~9번)	46	11	0	7	26	2	54	6	0	0.223
좌타자	63	8	0	8	25	0	49	6	0	0.278
우타자	76	16	0	10	41	5	71	10	0	0.260

상대팀별 기록

구분	경기	평균자책	승	패	세이브	홀드	이닝	피안타	피홈런	볼넷	삼진	피안타율
KIA	3	7.15	1	2	0	0	11 1/3	12	0	9	8	0.279
두산	6	4.91	1	3	0	0	33	33	6	17	32	0.252
롯데	4	5.71	0	2	0	0	17 1/3	17	2	6	22	0.258
SK	2	4.00	1	0	0	0	9	8	2	6	6	0.258
LG	2	8.22	0	0	0	0	7 2/3	9	1	8	11	0.281
넥센	2	2.53	1	0	0	0	10 2/3	7	0	4	15	0.184
한화	4	4.87	2	0	0	0	20 1/3	24	2	4	13	0.308
삼성	5	5.23	2	1	0	0	20 2/3	22	5	6	10	0.272
kt	3	8.31	1	0	0	0	4 1/3	7	0	4	3	0.368

우투우타
1989년 4월 26일
195cm / 95kg
연봉 1억 2500만 원
경력 서흥초–동산중–인천고
–인하대
지명순위 12 NC 육성선수

NO. 66 최금강

불펜에서 활약하던 시절에는 패스트볼 평균구속 140km/h 초반대를 유지했지만 2016시즌 선발로 전환하고 나서는 138~139km/h대를 던지고 있다. 주 무기는 각이 큰 슬라이더와 투심. 슬라이더는 2016년 기준 피치 밸류 7.5를 기록했고, 피안타율은 0.209에 불과할 정도로 수준급이었다. 2014시즌까지는 고질적인 제구 불안으로 포수들에게 강제로 극한 직업을 찍게 했지만, 2015시즌부터는 제구 불안에서 완전히 벗어난 모습을 보였다. 2017년 포스트시즌 사구 논란을 지속적으로 일으킨 점도 주목할 만하다. 제구 불안도 있겠지만, 감정적으로 투구하는게 아닌지 오해를 살 수 있기에 앞으로 더 성숙한 모습을 보여줄 필요가 있다.

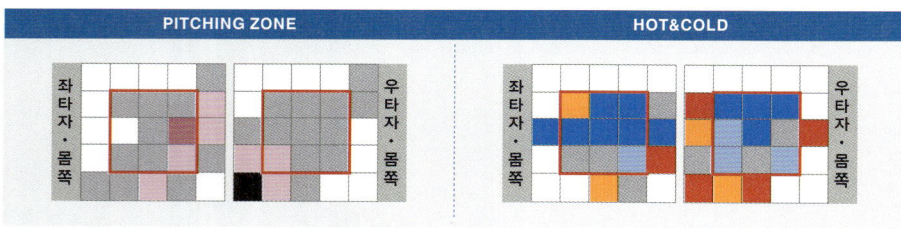

PITCHING ZONE ■ 15% 이상 ■ 12~14% ■ 9~11% ■ 6~8% ■ 3~5% □ 2% 이하
HOT&COLD ■ 피안타율 0.099 이하 ■ 0.100~0.199 □ 0.200~0.299 ■ 0.300~0.399 ■ 피안타율 0.400 이상 □ 3타수 미만

최근 3년간 성적

연도	팀명	평균자책	경기	승	패	세이브	홀드	승률	타자수	이닝	피안타	피홈런	볼넷	탈삼진	실점	자책점	WHIP	WAR
2015	NC	3.71	78	6	5	1	14	0.545	384	89 2/3	77	11	37	61	40	37	1.27	0.47
2016	NC	5.00	52	11	4	2	4	0.733	486	108	123	13	36	84	65	60	1.47	0.56
2017	NC	7.33	39	5	3	0	0	0.625	418	89 2/3	111	15	34	51	79	73	1.62	-1.29
통산		5.27	203	22	14	3	22	0.611	1470	326	352	39	129	233	206	191	1.48	-

구속/구사율/피안타율

구종	평균구속	종합	초구	2-2	좌타자	우타자	피안타율
포심패스트볼	138	29%	29%	26%	27%	31%	0.341
투심/싱커	137	21%	25%	22%	28%	17%	0.308
컷패스트볼	-	-	-	-	-	-	-
슬라이더	121	41%	39%	49%	37%	43%	0.260
커브	112	6%	5%	2%	7%	6%	0.214
체인지업	-	-	-	-	-	-	-
포크/SF/너클	125	3%	3%	2%	3%	3%	0.429

볼카운트별 피안타율

볼카운트	피안타율	타수	피안타	볼카운트	피안타율	타수	피안타
0-0	0.407	59	24	2-0	0.286	7	2
0-1	0.351	37	13	2-1	0.286	14	4
0-2	0.136	22	3	2-2	0.215	65	14
1-0	0.517	29	15	3-0	-	0	0
1-1	0.368	38	14	3-1	0.444	9	4
1-2	0.175	40	7	3-2	0.250	44	11

S〉B : 0.232 / S=B : 0.321 / S〈B : 0.350

기타 기록

상대 타자 타구 방향

40% 25% 36%

이닝당 투구수	17.1
땅볼 / 뜬공	1.08

상황별 기록

상황	안타	2루타	3루타	홈런	볼넷	사구	삼진	폭투	보크	피안타율
주자 없음	56	7	0	10	16	6	25	2	0	0.290
만루	5	2	0	0	2	1	2	0	0	0.556
주자 있음	55	9	0	5	18	6	26	10	0	0.322
득점권	35	5	0	4	11	5	18	6	0	0.368
상위(1~2번)	25	5	0	2	4	4	10	1	0	0.291
중심(3~5번)	42	6	0	8	17	4	16	4	0	0.339
하위(6~9번)	44	5	0	5	13	4	25	7	0	0.286
좌타자	52	4	0	3	10	2	13	6	0	0.347
우타자	59	7	0	12	24	10	38	9	0	0.276

상대팀별 기록

구분	경기	평균자책	승	패	세이브	홀드	이닝	피안타	피홈런	볼넷	삼진	피안타율
KIA	4	3.52	0	0	0	0	7 2/3	11	2	3	5	0.344
두산	4	9.35	0	0	0	0	8 2/3	12	0	5	4	0.324
롯데	4	3.78	2	0	0	0	16 2/3	18	1	4	9	0.286
SK	4	13.50	1	1	0	0	7 1/3	11	5	3	6	0.306
LG	6	2.38	1	0	0	0	11 1/3	11	1	6	5	0.275
넥센	5	19.29	1	1	0	0	7	14	2	5	4	0.389
한화	6	11.17	0	1	0	0	9 2/3	15	1	1	9	0.375
삼성	3	7.15	0	0	0	0	11 1/3	12	1	6	5	0.261
kt	3	3.60	1	1	0	0	10	7	1	3	6	0.206

포수

우투우타
1986년 3월 30일
176cm / 85kg
연봉 5300만 원
경력 대전신흥초-충남중-대전고
-단국대-kt
지명순위 09 히어로즈 육성선수

NO. 44 김종민

2014년 kt가 KBO 퓨처스리그에 데뷔할 때 창단 멤버로 합류했다. 2017년 5월 31일 NC 투수 강장산과 1:1 트레이드로 NC로 이적. 하지만 2할을 넘기지 못하는 타율 때문에 타격에서 여러 차례 지적받았고, 결국 7월 13일자로 2군으로 내려갔다. 수비 실력은 리그 평균 이상을 보여줬다. 그러나 타격이 시원찮다는 고질적인 문제점이 여전히 남아 이적 이후 수비에서 각성한 박광열과 신인 신진호에게 밀려 후반기에는 9월 3경기 출장에 그쳤고 포스트시즌에는 아예 출장하지 못했다. 2018시즌에는 주전 포수인 김태군의 군 입대로 NC 포수진이 무주공산 상태지만, 타격에서 발전이 없다면 기회를 얻기에는 상당히 어려울 것으로 전망된다.

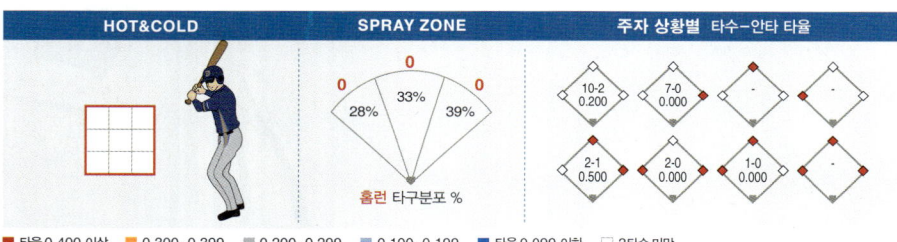

HOT&COLD　　　**SPRAY ZONE**　　　**주자 상황별** 타수-안타 타율

홈런 타구분포 %

| 타율 0.400 이상 | 0.300~0.399 | 0.200~0.299 | 0.100~0.199 | 타율 0.099 이하 | 3타수 미만 |

최근 3년간 성적

연도	팀명	타율	경기	타수	득점	안타	2루타	3루타	홈런	루타	타점	도루	볼넷	삼진	장타율	출루율	실책	OPS	WAR
2015	kt	0.219	26	32	2	7	0	0	0	7	1	0	2	3	0.219	0.286	1	0.505	-0.21
2016	kt	0.244	78	180	17	44	3	0	0	47	20	0	21	32	0.261	0.329	6	0.590	-0.24
2017	NC	0.136	22	22	2	3	0	0	0	3	1	0	2	2	0.136	0.208	0	0.344	-0.22
통산		0.231	126	234	21	54	3	0	0	57	22	0	25	37	0.244	0.312	7	0.556	-

구종별 타격 성적

구종	전체	VS우투	VS좌투
포심패스트볼	0.200	0.111	1.000
투심/싱커	0.500	0.500	-
컷패스트볼	-	-	-
슬라이더	0.000	0.000	-
커브	-	-	-
체인지업	0.000	-	0.000
포크/SF/너클	0.000	0.000	0.000

볼카운트별 타율-타점

볼카운트	타율	타수	안타	타점	볼카운트	타율	타수	안타	타점
0-0	0.200	5	1	0	2-0	-	0	0	0
0-1	0.000	2	0	0	2-1	1.000	1	1	0
0-2	0.000	3	0	0	2-2	0.000	1	0	1
1-0	0.000	2	0	0	3-0	-	0	0	0
1-1	-	0	0	0	3-1	-	0	0	0
1-2	0.167	6	1	0	3-2	0.000	2	0	0
					S>B : 0.091 / S=B : 0.167 / S<B : 0.200				

수비 기록

위치	자살	보살	실책	수비율
포수	65	4	0	1.000

상황별 기록

상황	타율	타수	안타	2루타	3루타	홈런	타점	볼넷	사구	삼진	병살
주자 없음	0.200	10	2	0	0	0	0	1	0	0	0
주자 있음	0.083	12	1	0	0	0	1	1	0	2	1
득점권	0.000	5	1	0	0	0	1	1	0	1	1
좌투수	0.167	6	1	0	0	0	0	0	0	0	1
우투수	0.133	15	2	0	0	0	1	2	0	2	0
언더	0.000	1	0	0	0	0	0	0	0	0	0
노아웃	0.125	8	1	0	0	0	0	0	0	0	0
원아웃	0.333	6	2	0	0	0	1	1	0	1	1
투아웃	0.000	8	0	0	0	0	0	1	0	1	0

상대팀별 기록

구분	경기	타율	타수	득점	안타	홈런	타점	도루	볼넷	삼진	병살
KIA	-	-	-	-	-	-	-	-	-	-	-
두산	3	0.000	7	0	0	0	0	0	0	0	0
롯데	6	0.333	3	0	1	0	1	0	0	0	0
SK	3	0.000	3	0	0	0	0	0	0	1	0
LG	3	0.333	3	1	1	0	0	0	1	0	0
넥센	4	1.000	1	1	1	0	0	0	2	0	0
한화	1	0.000	1	0	0	0	0	0	0	0	0
삼성	1	-	-	-	-	-	-	-	-	-	-
kt	2	0.000	4	0	0	0	0	0	0	0	1

NO.20 박광열

고교 시절 2013 IBAF U-18 대회에 발탁되기도 했으며 체격 조건, 장래성, 잠재력, 포수로서 기량을 가지고 있다고 여겨 2014년 신인드래프트 때 1차 2라운드로 지명됐다. 그러나 1군의 벽은 두꺼웠다. 주전 김태군이 타격 상승세를 보이며 공수에서 일취월장한 모습을 과시했기 때문. 그러다 7월 28일 kt전에서 7회 교체된 김태군을 대신해 경기 끝까지 블로킹을 선보이면서 안정적인 수비를 보였다. 시즌 초반에 비하면 환골탈태한 모습이다. 그러나 결정적으로 2할이 안 되는 타격이 그의 발목을 계속 잡고 있다.

우투우타
1995년 8월 28일
182cm / 85kg
연봉 3600만 원
경력 서울도곡초-이수중-휘문고
지명순위 14 NC 2차 2라운드 25순위

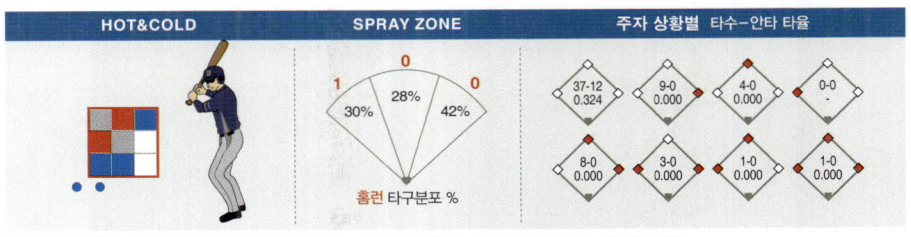

HOT&COLD	SPRAY ZONE	주자 상황별 타수-안타 타율

SPRAY ZONE: 1 0 0 / 30% 28% 42% / 홈런 타구분포 %

주자 상황별:
37-12 0.324 | 9-0 0.000 | 4-0 0.000 | 0-0 -
8-0 0.000 | 3-0 0.000 | 1-0 0.000 | 1-0 0.000

■ 타율 0.400 이상　■ 0.300~0.399　■ 0.200~0.299　■ 0.100~0.199　■ 타율 0.099 이하　□ 3타수 미만

최근 3년간 성적

연도	팀명	타율	경기	타수	득점	안타	2루타	3루타	홈런	루타	타점	도루	볼넷	삼진	장타율	출루율	실책	OPS	WAR
2015	NC	0.286	33	21	2	6	1	0	0	7	3	0	0	6	0.333	0.273	0	0.606	0.01
2016	NC	0.400	13	15	0	6	0	0	0	6	0	0	0	3	0.400	0.400	2	0.800	0.02
2017	NC	0.190	60	63	5	12	7	1	1	24	1	0	2	18	0.381	0.215	1	0.596	-0.14
통산		0.242	106	99	7	24	8	1	1	37	4	0	2	27	0.374	0.255	3	0.629	

구종별 타격 성적

구종	전체	VS우투	VS좌투
포심패스트볼	0.310	0.304	0.333
투심/싱커	1.000	1.000	-
컷패스트볼	-	-	-
슬라이더	0.083	0.091	0.000
커브	0.000	0.000	-
체인지업	0.167	-	0.167
포크/SF/너클	0.000	0.000	-

볼카운트별 타율-타점

볼카운트	타율	타수	안타	타점	볼카운트	타율	타수	안타	타점
0-0	0.308	13	4	0	2-0	1.000	1	1	0
0-1	0.167	6	1	0	2-1	-	0	0	0
0-2	0.100	10	1	0	2-2	0.100	10	1	0
1-0	1.000	1	1	0	3-0	-	-	-	-
1-1	0.125	8	1	0	3-1	1.000	1	1	0
1-2	0.000	11	0	0	3-2	0.500	2	1	1

S〉B : 0.074 / S=B : 0.194 / S〈B : 0.800

수비 기록

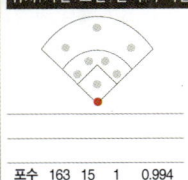

위치	자살	보살	실책	수비율
포수	163	15	1	0.994

상황별 기록

상황	타율	타수	안타	2루타	3루타	홈런	타점	볼넷	사구	삼진	병살
주자 없음	0.324	37	12	7	1	1	1	1	0	8	0
주자 있음	0.000	26	0	0	0	0	0	1	0	10	3
득점권	0.000	17	0	0	0	0	0	1	0	7	2
좌투수	0.231	13	3	3	0	0	0	0	0	4	0
우투수	0.209	43	9	4	1	1	1	1	0	10	3
언더	0.000	7	0	0	0	0	0	1	0	2	0
노아웃	0.250	20	5	2	0	1	0	0	0	3	1
원아웃	0.150	20	3	2	1	0	1	0	0	7	2
투아웃	0.174	23	4	3	0	0	0	1	0	8	0

상대팀별 기록

구분	경기	타율	타수	득점	안타	홈런	타점	도루	볼넷	삼진	병살
KIA	7	0.429	7	3	3	0	0	0	0	2	0
두산	6	0.143	7	0	1	0	0	0	0	4	0
롯데	6	0.500	4	1	2	1	0	0	0	0	0
SK	7	0.083	12	0	1	0	0	0	1	4	2
LG	3	0.000	4	0	0	0	0	0	0	0	1
넥센	3	0.667	3	1	2	0	0	0	0	0	0
한화	13	0.154	13	0	2	0	0	0	1	5	0
삼성	5	0.100	10	0	1	0	0	0	0	3	0
kt	6	0.000	3	0	0	0	0	0	0	0	0

내야

우투우타
1985년 5월 8일
188cm / 89kg
연봉 1억 8500만 원
경력 광주화정초-충장중-광주제일고
－성균관대-SK-상무-SK
지명순위 08 SK 2차 1라운드
3순위

NO. 3 모창민

3할대의 타격과 10개 이상의 홈런, 두 자릿수 이상의 도루를 해낼 수 있는 능력을 지녔다. 타율 대비 출루율이 저조하다. 빠른 승부를 즐기다 보니 타석에서 인내심이 부족해 초구 승부를 좋아해 게임의 흐름을 막는 모습도 종종 보인다. 수비가 약해 지명타자로 나서는 게 팀에 도움이 될 정도. 그나마 1루 수비는 좋으나 3루 수비는 문제가 많다. 또한 체력이 약해 2017시즌에는 주로 지명타자로 출전했다. 그럼에도 2017시즌 그는 자신의 커리어하이를 달성했다. 타율 0.312, 홈런 17개로 데뷔 이래 본인의 개인 최다 홈런, 타점, 안타 기록을 경신하며 중심 타선의 한 축을 담당했다.

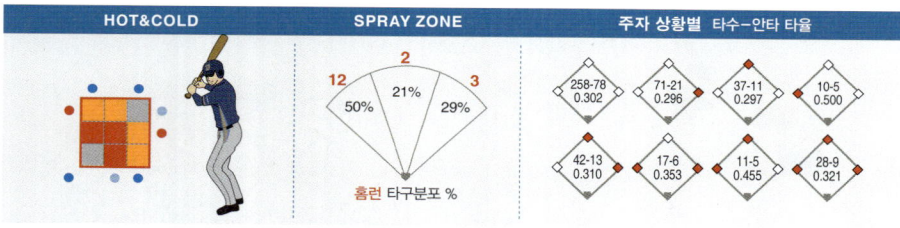

HOT&COLD	SPRAY ZONE	주자 상황별 타수-안타 타율

SPRAY ZONE
12 — 50% / 2 — 21% / 3 — 29%
홈런 타구분포 %

주자 상황별 타수-안타 타율:
258-78 0.302 / 71-21 0.296 / 37-11 0.297 / 10-5 0.500
42-13 0.310 / 17-6 0.353 / 11-5 0.455 / 28-9 0.321

■ 타율 0.400 이상　■ 0.300~0.399　■ 0.200~0.299　■ 0.100~0.199　■ 타율 0.099 이하　□ 3타수 미만

최근 3년간 성적

연도	팀명	타율	경기	타수	득점	안타	2루타	3루타	홈런	루타	타점	도루	볼넷	삼진	장타율	출루율	실책	OPS	WAR
2015	NC	0.290	103	214	23	62	14	0	6	94	35	5	18	52	0.439	0.340	6	0.779	0.55
2016	NC	0.331	63	133	16	44	8	0	5	67	20	3	9	24	0.504	0.370	3	0.874	0.95
2017	NC	0.312	136	474	64	148	25	3	17	230	90	9	39	81	0.485	0.361	6	0.846	2.62
통산		0.278	795	1971	304	548	100	8	63	853	309	69	168	396	0.433	0.333	45	0.766	-

구종별 타격 성적

구종	전체	VS우투	VS좌투
포심패스트볼	0.318	0.324	0.302
투심/싱커	0.480	0.524	0.250
컷패스트볼	0.250	0.273	0.000
슬라이더	0.288	0.282	0.333
커브	0.319	0.333	0.250
체인지업	0.261	0.294	0.241
포크/SF/너클	0.333	0.310	0.385

볼카운트별 타율-타점

볼카운트	타율	타수	안타	타점	볼카운트	타율	타수	안타	타점
0-0	0.280	75	21	15	2-0	0.308	13	4	3
0-1	0.360	50	18	7	2-1	0.500	22	11	6
0-2	0.238	42	10	3	2-2	0.329	70	23	14
1-0	0.372	43	16	10	3-0	-	0	0	0
1-1	0.360	50	18	8	3-1	0.667	3	2	3
1-2	0.219	64	14	10	3-2	0.262	42	11	11

S > B : 0.269 / S = B : 0.318 / S < B : 0.358

수비 기록

위치	자살	보살	실책	수비율
1루수	272	16	1	0.997
2루수	1	2	0	1.000
3루수	13	34	5	0.904

상황별 기록

상황	타율	타수	안타	2루타	3루타	홈런	타점	볼넷	사구	삼진	병살
주자 없음	0.302	258	78	13	1	10	10	14	1	45	0
주자 있음	0.324	216	70	12	2	7	80	25	1	36	6
득점권	0.338	145	49	7	2	5	74	22	1	22	1
좌투수	0.291	127	37	4	1	6	31	6	1	26	1
우투수	0.318	292	93	19	2	8	48	26	1	50	5
언더	0.327	55	18	2	0	3	11	7	0	8	0
노아웃	0.371	159	59	8	0	7	19	7	1	22	2
원아웃	0.273	154	42	5	0	5	28	12	0	31	4
투아웃	0.292	161	47	12	1	5	43	20	1	28	0

상대팀별 기록

구분	경기	타율	타수	득점	안타	홈런	타점	도루	볼넷	삼진	병살
KIA	15	0.280	50	6	14	2	9	2	8	10	0
두산	16	0.361	61	5	22	1	15	1	4	13	1
롯데	16	0.300	60	13	18	6	16	0	4	10	2
SK	13	0.317	41	7	13	1	2	1	5	9	1
LG	16	0.333	54	8	18	3	13	0	2	10	2
넥센	16	0.355	62	9	22	1	12	2	2	4	0
한화	15	0.275	51	6	14	1	8	0	5	8	0
삼성	14	0.383	47	5	18	0	6	0	4	10	0
kt	16	0.188	48	5	9	1	12	1	2	8	0

NO. 2 **박민우**

내야

정확한 타격과 선구안을 바탕으로 매년 3할대 타율에 4할대 출루율을 기록하고 40개 이상의 도루를 달성할 수 있는 능력을 보유했다. 리그 최상급 리드오프다. 데뷔 이래 끊임없이 발전해 왔고, 앞으로도 발전의 여지가 있는 선수다. 선구안이 좋아지면서 정확해진 타격과 함께 양질의 타구를 날리기 시작했다. 또한 내야안타가 줄어들고 장타력이 향상되면서 중장거리 타자로 변신했다. 그러나 어처구니없는 송구 실책을 범하며 팀을 위기에 빠트리기도 했다. 결국 수비에 대한 트라우마로 2군에서 심리 상담을 받았다. 그 결과 시즌 후반기부터 안정적인 모습을 보여주며 그 누구도 대체할 수 없는 내야진의 중심이 됐다.

우투좌타
1993년 2월 6일
185cm / 80kg
연봉 3억 2000만 원
경력 마포초(용산리틀)-선린중
　　　-휘문고
지명순위 12 NC 1라운드 9순위

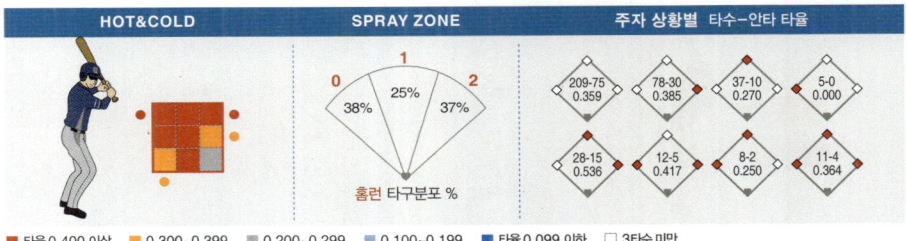

HOT&COLD	SPRAY ZONE	주자 상황별 타수-안타 타율

SPRAY ZONE
0 : 38%　1 : 25%　2 : 37%
홈런 타구분포 %

주자 상황별:
209-75 0.359 | 78-30 0.385 | 37-10 0.270 | 5-0 0.000
28-15 0.536 | 12-5 0.417 | 8-2 0.250 | 11-4 0.364

■ 타율 0.400 이상　■ 0.300~0.399　■ 0.200~0.299　■ 0.100~0.199　■ 타율 0.099 이하　□ 3타수 미만

최근 3년간 성적

연도	팀명	타율	경기	타수	득점	안타	2루타	3루타	홈런	루타	타점	도루	볼넷	삼진	장타율	출루율	실책	OPS	WAR
2015	NC	0.304	141	520	111	158	31	6	3	210	47	46	73	108	0.404	0.399	11	0.803	4.43
2016	NC	0.343	121	435	84	149	16	6	3	186	55	20	55	70	0.428	0.420	14	0.848	3.94
2017	NC	0.363	106	388	84	141	25	4	3	183	47	11	46	51	0.472	0.441	7	0.913	5.16
통산		0.324	518	1800	376	583	94	25	10	757	195	136	235	324	0.421	0.410	45	0.831	-

구종별 타격 성적

구종	전체	VS우투	VS좌투
포심패스트볼	0.366	0.347	0.407
투심/싱커	0.429	0.500	0.000
컷패스트볼	0.400	0.429	0.333
슬라이더	0.317	0.391	0.270
커브	0.321	0.250	0.417
체인지업	0.472	0.400	0.833
포크/SF/너클	0.231	0.265	0.000

볼카운트별 타율-타점

볼카운트	타율	타수	안타	타점	볼카운트	타율	타수	안타	타점
0-0	0.347	49	17	5	2-0	0.400	10	4	1
0-1	0.324	34	11	4	2-1	0.542	24	13	5
0-2	0.143	28	4	2	2-2	0.392	51	20	8
1-0	0.457	46	21	4	3-0	-	0	0	0
1-1	0.455	44	20	10	3-1	0.500	12	6	1
1-2	0.224	49	11	1	3-2	0.341	41	14	6

S〉B : 0.234 / S=B : 0.396 / S〈B : 0.436

수비 기록

위치	자살	보살	실책	수비율
2루수	187	252	7	0.984

상황별 기록

상황	타율	타수	안타	2루타	3루타	홈런	타점	볼넷	사구	삼진	병살
주자 없음	0.359	209	75	13	3	0	0	27	5	33	0
주자 있음	0.369	179	66	12	1	3	47	19	6	18	8
득점권	0.356	101	36	8	1	1	42	13	2	12	3
좌투수	0.352	122	43	9	1	0	9	14	4	23	2
우투수	0.362	221	80	12	3	2	31	26	6	25	5
언더	0.400	45	18	4	0	1	7	6	1	3	1
노아웃	0.357	126	45	12	1	0	8	14	2	16	6
원아웃	0.400	150	60	9	2	1	21	14	6	19	2
투아웃	0.321	112	36	4	0	1	18	18	3	16	0

상대팀별 기록

구단	경기	타율	타수	득점	안타	홈런	타점	도루	볼넷	삼진	병살
KIA	10	0.294	34	9	10	0	5	2	5	4	1
두산	11	0.516	31	6	16	0	5	2	5	7	0
롯데	8	0.241	29	3	7	0	0	2	3	5	0
SK	15	0.400	55	13	22	0	6	1	9	4	2
LG	13	0.327	49	11	16	1	5	1	3	9	1
넥센	16	0.390	59	13	23	0	9	1	10	5	0
한화	13	0.379	58	13	22	0	5	2	4	2	2
삼성	10	0.314	35	7	11	2	6	0	3	9	1
kt	10	0.368	38	9	14	0	6	0	4	6	1

내야

우투우타
1985년 6월 22일
178cm / 88kg
연봉 7억 5000만 원
경력 율하초-경북중-대구고-삼성
-상무-삼성
지명순위 04 삼성 1차

NO. **18** 박석민

콘택트 능력이 좋고 선구안이 뛰어나다. 전형적인 배드 볼 히터. 컨디션이 좋을 때는 어떤 공도 희한하게 갖다 맞춰 안타를 만들어낸다. 특히 바깥쪽 공을 당겨 치거나 안쪽 공을 밀어치는 타격으로도 안타를 만들어내는 재주가 있다. 2009년을 기점으로 출루율이 상승하면서 통산 출루율 4할을 넘고 연간 20홈런 이상을 치는 장타력을 보유하고 있다. 고질적인 손가락 골절과 잔부상으로 우스꽝스러운 타격 폼을 가지게 됐는데, 본인 말로는 통증을 털어내는 과정이라고 한다. 수비력 또한 리그 평균 이상. 3루 수비를 보면서 해를 거듭할수록 리그 최상급 수비 실력을 인정받았다. 특이하게도 투수용 글로브를 사용한다. 그러나 타격 시 풀스윙을 하다 배트를 놓쳐 위험한 상황을 자주 연출한다.

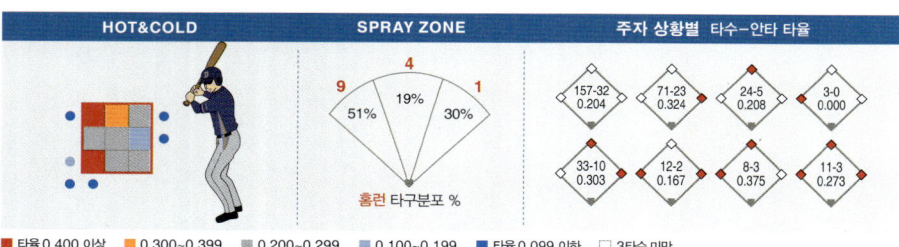

■ 타율 0.400 이상   ■ 0.300~0.399   ■ 0.200~0.299   ■ 0.100~0.199   ■ 타율 0.099 이하   □ 3타수 미만

최근 3년간 성적

연도	팀명	타율	경기	타수	득점	안타	2루타	3루타	홈런	루타	타점	도루	볼넷	삼진	장타율	출루율	실책	OPS	WAR
2015	삼성	0.321	135	448	90	144	25	0	26	247	116	3	83	97	0.551	0.441	14	0.992	6.01
2016	NC	0.307	126	427	77	131	20	0	32	247	104	2	56	95	0.578	0.404	15	0.982	4.08
2017	NC	0.245	101	319	43	78	15	0	14	135	56	1	50	92	0.423	0.369	9	0.792	1.46
통산		0.294	1254	4023	696	1183	214	8	209	2040	798	21	628	861	0.507	0.407	120	0.914	-

구종별 타격 성적

구종	전체	VS우투	VS좌투
포심패스트볼	0.319	0.388	0.150
투심/싱커	0.074	0.040	0.500
컷패스트볼	0.167	0.167	-
슬라이더	0.148	0.174	0.000
커브	0.242	0.192	0.429
체인지업	0.162	0.071	0.217
포크/SF/너클	0.375	0.353	0.429

볼카운트별 타율-타점

볼카운트	타율	타수	안타	타점	볼카운트	타율	타수	안타	타점
0-0	0.355	31	11	11	2-0	0.200	5	1	0
0-1	0.381	21	8	4	2-1	0.357	14	5	6
0-2	0.118	17	2	0	2-2	0.228	57	13	10
1-0	0.375	16	6	5	3-0	-	0	0	0
1-1	0.243	37	9	8	3-1	0.583	12	7	5
1-2	0.108	65	7	7	3-2	0.205	44	9	7

S>B : 0.165 / S=B : 0.264 / S<B : 0.308

수비 기록

위치	자살	보살	실책	수비율
3루수	41	115	9	0.945

상황별 기록

상황	타율	타수	안타	2루타	3루타	홈런	타점	볼넷	사구	삼진	병살
주자 없음	0.204	157	32	7	0	7	7	26	4	52	0
주자 있음	0.284	162	46	8	0	7	49	24	9	40	17
득점권	0.253	91	23	5	0	5	43	15	7	26	7
좌투수	0.207	87	18	5	0	3	9	11	3	28	5
우투수	0.272	184	50	6	0	10	38	33	7	50	11
언더	0.208	48	10	4	0	1	9	6	3	14	1
노아웃	0.231	117	27	6	0	3	8	16	4	39	10
원아웃	0.242	95	23	4	0	4	18	19	2	22	7
투아웃	0.262	107	28	5	0	7	30	15	7	31	0

상대팀별 기록

구분	경기	타율	타수	득점	안타	홈런	타점	도루	볼넷	삼진	병살
KIA	9	0.226	31	6	7	2	9	0	4	8	3
두산	12	0.237	38	4	9	1	7	0	4	10	2
롯데	10	0.276	29	7	8	5	8	1	7	9	0
SK	10	0.200	30	2	6	1	3	0	2	14	1
LG	14	0.220	41	4	9	0	2	0	6	8	2
넥센	12	0.286	42	7	12	2	12	0	6	17	2
한화	10	0.286	28	4	8	1	3	0	6	6	1
삼성	11	0.306	36	6	11	1	5	0	11	5	3
kt	13	0.182	44	3	8	1	6	0	6	11	1

NO. 13 손시헌

단신에 리치가 짧고 스피드도 떨어져 유격수에 적합하지는 않았다. 그러나 피나는 노력으로 극복했다. 강한 어깨와 큰 손, 안정적인 포구 동작과 물 흐르는 듯한 연계 동작을 바탕으로 리그 정상급의 건실한 수비 실력을 보여준다. 타격에서는 매우 공격적이지만 발이 느려 도루를 기대할 수 없다. 수준급 콘택트 능력과 찬스에 강한 면모를 보여주는 타자다. 수비에서 실책은 많지 않으나 결정적 순간의 실수로 게임 자체를 망쳐버리는 장면을 가끔 보여준다. 그중 가장 인상적인 건 2010년 플레이오프 5차전 끝내기 실책 포구 미스다. 2017시즌에서 자신의 커리어하이를 달성하며 3할 5푼 고타율과 하위 타선의 핵으로 등장했다.

우투우타
1980년 10월 19일
172cm / 73kg
연봉 5억 원
경력 화곡초-선린중-선린정보고
　　　-동의대-두산-상무-두산
지명순위 03 두산 육성선수

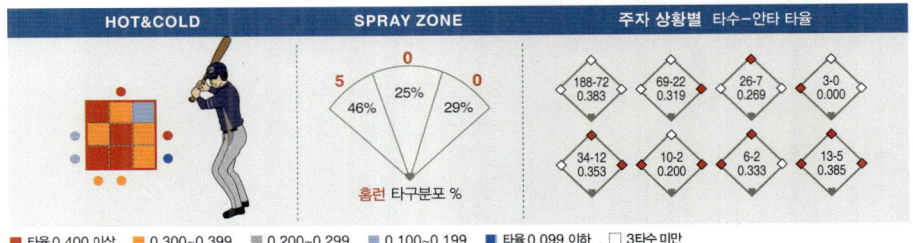

| HOT&COLD | SPRAY ZONE | 주자 상황별 타수-안타 타율 |

SPRAY ZONE
5　　0
46%　25%　29%
0
홈런 타구분포 %

주자 상황별 타수-안타 타율
188-72 0.383 | 69-22 0.319 | 26-7 0.269 | 3-0 0.000
34-12 0.353 | 10-2 0.200 | 6-2 0.333 | 13-5 0.385

■ 타율 0.400 이상　■ 0.300~0.399　■ 0.200~0.299　■ 0.100~0.199　■ 타율 0.099 이하　□ 3타수 미만

최근 3년간 성적

연도	팀명	타율	경기	타수	득점	안타	2루타	3루타	홈런	루타	타점	도루	볼넷	삼진	장타율	출루율	실책	OPS	WAR
2015	NC	0.245	140	440	56	108	24	2	13	175	58	1	36	66	0.398	0.319	13	0.717	1.46
2016	NC	0.305	110	341	36	104	21	2	5	144	39	1	38	48	0.422	0.394	13	0.816	2.92
2017	NC	0.350	124	349	32	122	17	1	5	156	45	1	16	44	0.447	0.386	10	0.833	2.70
통산		0.274	1424	4394	517	1205	216	24	66	1667	526	28	410	650	0.379	0.347	130	0.726	-

구종별 타격 성적

구종	전체	VS우투	VS좌투
포심패스트볼	0.427	0.425	0.432
투심/싱커	0.286	0.300	0.000
컷패스트볼	0.222	0.333	0.000
슬라이더	0.262	0.268	0.200
커브	0.407	0.350	0.571
체인지업	0.289	0.333	0.259
포크/SF/너클	0.265	0.222	0.429

볼카운트별 타율-타점

볼카운트	타율	타수	안타	타점	볼카운트	타율	타수	안타	타점
0-0	0.517	60	31	12	2-0	0.400	5	2	3
0-1	0.347	49	17	8	2-1	0.167	12	2	1
0-2	0.417	24	10	3	2-2	0.245	49	12	2
1-0	0.586	29	17	7	3-0	-	0	0	0
1-1	0.342	38	13	5	3-1	0.500	2	1	0
1-2	0.211	57	12	1	3-2	0.208	24	5	3

S〉B : 0.300 / S=E : 0.381 / S〈B : 0.375

수비 기록

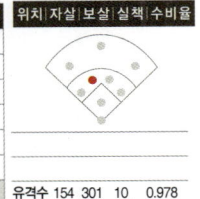

위치	자살	보살	실책	수비율
유격수	154	301	10	0.978

상황별 기록

상황	타율	타수	안타	2루타	3루타	홈런	타점	볼넷	사구	삼진	병살
주자 없음	0.383	188	72	7	0	4	4	9	2	16	0
주자 있음	0.311	161	50	10	1	1	41	7	6	28	5
득점권	0.304	92	28	5	1	1	39	6	2	17	0
좌투수	0.356	87	31	5	0	1	13	7	0	11	0
우투수	0.353	215	76	10	1	3	30	7	7	26	5
언더	0.319	47	15	2	0	1	2	2	1	7	0
노아웃	0.409	110	45	9	0	3	4	4	0	10	1
원아웃	0.320	125	40	6	0	3	16	5	3	20	4
투아웃	0.325	114	37	6	1	2	17	6	5	18	0

상대팀별 기록

구분	경기	타율	타수	득점	안타	홈런	타점	도루	볼넷	삼진	병살
KIA	13	0.342	38	3	13	1	4	0	1	7	0
두산	13	0.444	36	2	16	1	7	0	2	1	0
롯데	12	0.447	38	0	17	0	10	0	2	6	0
SK	15	0.368	38	4	14	0	4	1	3	3	2
LG	13	0.130	23	2	3	1	1	0	1	1	1
넥센	16	0.440	50	13	22	0	5	0	2	7	0
한화	16	0.356	45	0	16	0	5	0	3	7	1
삼성	13	0.256	43	4	11	1	2	0	1	6	0
kt	13	0.263	38	4	10	0	3	0	1	5	0

내야

우투우타
1987년 9월 23일
183cm / 98kg
경력 미국 라스베이거스대
지명순위 17 NC 자유선발

NO. 35 스크럭스

KBO리그에서 가장 큰 배트를 사용하며 극단적인 레벨스윙을 한다. 발도 느리지 않아 종종 도루도 기록했다. 단점은 부족한 정확성과 선구안. 콘택트 능력이 떨어지고 삼진이 많다. 콘택트율은 69.6%로 리그 꼴찌를 기록했으며 삼진도 134개로 구자욱에 이어 2위를 기록했다. 그나마 볼넷 65개를 얻어 타율에 비해 출루율이 높다. 낮은 콘택트율을 높은 장타율과 높은 출루율, 그리고 클러치 능력으로 상쇄하고 있다. 주로 1루수를 맡고 있으나 팀 사정상 외야수로 활약할 수도 있다. 그러나 1루수나 우익수나 불안하기는 마찬가지다. 아쉬운 수비력과 콘택트 능력은 개선해야 한다. 전반적인 타격에서는 대체 불가능할 정도로 높은 성적을 기록한 타자다.

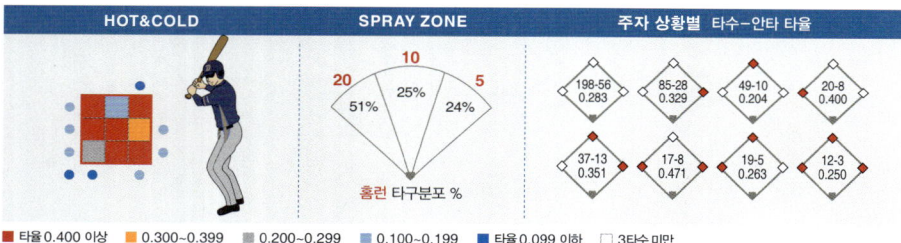

| HOT&COLD | SPRAY ZONE | 주자 상황별 타수-안타 타율 |

홈런 타구분포 %

20 51% / 10 25% / 5 24%

198-56 0.283 | 85-28 0.329 | 49-10 0.204 | 20-8 0.400
37-13 0.351 | 17-8 0.471 | 19-5 0.263 | 12-3 0.250

■ 타율 0.400 이상 ■ 0.300~0.399 ■ 0.200~0.299 ■ 0.100~0.199 ■ 타율 0.099 이하 □ 3타수 미만

최근 3년간 성적

연도	팀명	타율	경기	타수	득점	안타	2루타	3루타	홈런	루타	타점	도루	볼넷	삼진	장타율	출루율	실책	OPS	WAR
2015	–	-	-	-	-	-	-	-	-	-	-	-	-	-	-	-	-	-	-
2016	–	-	-	-	-	-	-	-	-	-	-	-	-	-	-	-	-	-	-
2017	NC	0.300	115	437	91	131	24	0	35	260	111	4	65	134	0.595	0.402	9	0.997	5.21
통산		0.300	115	437	91	131	24	0	35	260	111	4	65	134	0.595	0.402	9	0.997	-

구종별 타격 성적

구종	전체	VS우투	VS좌투
포심패스트볼	0.305	0.312	0.293
투심/싱커	0.462	0.417	1.000
컷패스트볼	0.286	0.333	0.000
슬라이더	0.273	0.258	0.333
커브	0.333	0.314	0.500
체인지업	0.245	0.100	0.333
포크/SF/너클	0.239	0.229	0.273

볼카운트별 타율-타점

볼카운트	타율	타수	안타	타점	볼카운트	타율	타수	안타	타점
0-0	0.409	44	18	16	2-0	0.364	11	4	6
0-1	0.484	31	15	11	2-1	0.484	31	15	11
0-2	0.036	28	1	0	2-2	0.180	89	16	11
1-0	0.481	27	13	16	3-0	-	0	0	0
1-1	0.483	29	14	12	3-1	0.500	18	9	6
1-2	0.188	69	13	5	3-2	0.217	60	13	7

S〉B : 0.227 / S=B : 0.296 / S〈B : 0.367

수비 기록

위치	자살	보살	실책	수비율
1루수	791	43	9	0.989
우익수	2	0	0	1.000

상황별 기록

상황	타율	타수	안타	2루타	3루타	홈런	타점	볼넷	사구	삼진	병살
주자 없음	0.283	198	56	5	0	16	16	21	4	63	0
주자 있음	0.314	239	75	19	0	19	95	44	8	71	9
득점권	0.305	154	47	12	0	13	79	33	4	42	6
좌투수	0.320	125	40	6	0	10	29	17	2	41	2
우투수	0.311	257	80	16	0	21	68	40	7	73	7
언더	0.200	55	11	2	0	4	14	8	3	20	0
노아웃	0.254	142	36	7	0	6	19	24	7	46	2
원아웃	0.356	146	52	14	0	17	54	14	1	41	7
투아웃	0.289	149	43	3	0	12	38	17	4	47	0

상대팀별 기록

구분	경기	타율	타수	득점	안타	홈런	타점	도루	볼넷	삼진	병살
KIA	9	0.281	32	7	9	2	4	0	7	12	0
두산	11	0.220	41	5	9	2	7	0	6	9	3
롯데	12	0.326	43	15	14	6	14	0	7	16	0
SK	13	0.310	42	8	13	4	11	1	13	12	1
LG	13	0.294	51	7	15	4	8	0	5	19	0
넥센	11	0.400	45	14	18	6	14	0	7	12	0
한화	16	0.328	64	13	21	4	15	1	5	13	0
삼성	16	0.222	54	9	12	3	11	0	11	20	3
kt	14	0.321	56	12	18	6	20	1	2	15	1

NO.7 이상호

내야

대주자로만 기용되더라도 한 시즌 20도루는 거뜬히 해낼 수 있다. 빠른 발과 백업으로서는 크게 나쁘지 않은 타격 능력의 소유자. 또한 내야 유틸리티 플레이어로서 전 포지션을 소화할 수 있다는 것이 장점. 문제는 수비력. 글러브질이나 송구 모두 리그 평균 이하다. 또한 똑딱이 타자이면서 선구안도 그리 좋지 못하다. 리그 하위권이다. 대부분 단타에 그치면서 순장타율도 2푼 5리로 꼴찌. 이 때문에 표면적인 성적에 비해 생산성은 낮은 타자다. 군 전역 후 콘택트 능력 자체는 크게 늘었지만 아직까지는 리그 전체적으로 평균 이하의 야수다. 물론 이것도 예전에 비해 장족의 발전을 한 것이기 때문에 성장 가능성은 아직까지 있다.

우투우타
1989년 2월 5일
180cm / 82kg
연봉 7500만 원
경력 대구옥산초-경운중
　　　-대구상원고-영동대-NC
　　　-상무
지명순위 10 롯데 육성선수

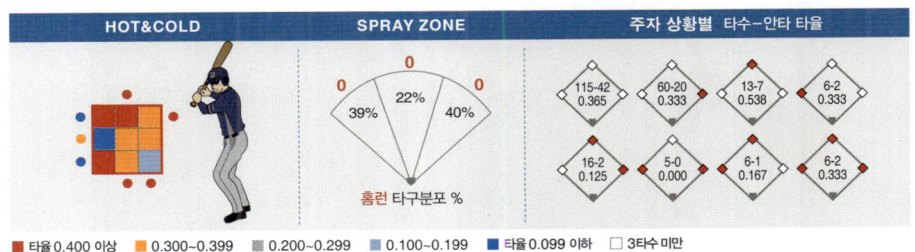

HOT&COLD	SPRAY ZONE	주자 상황별 타수-안타 타율

SPRAY ZONE: 0 / 0 / 0 / 39% / 22% / 40%
홈런 타구분포 %

주자 상황별:
115-42 0.365 / 60-20 0.333 / 13-7 0.538 / 6-2 0.333
16-2 0.125 / 5-0 0.000 / 6-1 0.167 / 6-2 0.333

■ 타율 0.400 이상　■ 0.300~0.399　■ 0.200~0.299　■ 0.100~0.199　■ 타율 0.099 이하　□ 3타수 미만

최근 3년간 성적

연도	팀명	타율	경기	타수	득점	안타	2루타	3루타	홈런	루타	타점	도루	볼넷	삼진	장타율	출루율	실책	OPS	WAR
2015	-																		
2016	NC	0.280	15	25	1	7	2	0	0	9	1	3	0	4	0.360	0.333	1	0.693	0.05
2017	NC	0.335	95	227	33	76	8	0	0	84	15	12	7	15	0.370	0.360	8	0.730	0.65
통산		0.292	309	428	90	125	19	1	1	149	34	51	19	50	0.348	0.327	15	0.675	-

구종별 타격 성적

구종	전체	VS우투	VS좌투
포심패스트볼	0.316	0.305	0.344
투심/싱커	0.333	0.364	0.250
컷패스트볼	0.333	0.333	-
슬라이더	0.293	0.219	0.556
커브	0.545	0.500	0.600
체인지업	0.444	0.667	0.400
포크/SF/너클	0.316	0.250	0.667

볼카운트별 타율-타점

볼카운트	타율	타수	안타	타점	볼카운트	타율	타수	안타	타점
0-0	0.426	47	20	4	2-0	0.333	3	1	0
0-1	0.357	28	10	2	2-1	0.235	17	4	1
0-2	0.278	18	5	0	2-2	0.368	19	7	1
1-0	0.333	24	8	2	3-0	-	0	0	0
1-1	0.440	25	11	3	3-1	0.500	2	1	1
1-2	0.206	34	7	1	3-2	0.200	10	2	0

S〉B : 0.275 / S=B : 0.418 / S〈B : 0.286

수비 기록

위치	자살	보살	실책
1루	7-0-0	2루	67-98-6
3루	2-5-1	유격	2-5-1

상황별 기록

상황	타율	타수	안타	2루타	3루타	홈런	타점	볼넷	사구	삼진	병살
주자 없음	0.365	115	42	6	0	0	0	4	1	7	0
주자 있음	0.304	112	34	2	0	0	15	3	1	8	7
득점권	0.269	52	14	2	0	0	15	0	0	3	2
좌투수	0.412	68	28	1	0	0	4	0	0	4	2
우투수	0.288	132	38	6	0	0	7	3	1	11	5
언더	0.370	27	10	1	0	0	4	1	0	0	0
노아웃	0.374	91	34	3	0	0	1	3	0	5	4
원아웃	0.299	77	23	3	0	0	5	2	1	4	3
투아웃	0.322	59	19	2	0	0	5	1	0	6	0

상대팀별 기록

구분	경기	타율	타수	득점	안타	홈런	타점	도루	볼넷	삼진	병살
KIA	11	0.364	33	2	12	0	3	4	2	2	1
두산	12	0.400	30	5	12	0	3	1	2	2	1
롯데	12	0.346	26	4	9	0	0	1	1	4	1
SK	10	0.190	21	0	4	0	1	0	0	3	0
LG	8	0.400	5	4	2	0	2	0	1	0	0
넥센	11	0.406	32	10	13	0	1	1	0	0	1
한화	11	0.321	28	3	9	0	1	0	1	0	0
삼성	11	0.308	26	1	8	0	3	1	0	2	0
kt	11	0.269	26	4	7	0	1	3	0	1	0

내야

우투우타
1985년 6월 22일
178cm / 88kg
연봉 7억 5000만 원
경력 율하초-경복중-대구고-삼성
　　　-상무-삼성
지명순위 ○

NO. 18 **최준석**

지난 2월 11일, 롯데 자이언츠와 연봉 5500만 원에 계약한 뒤 NC 다이노스로 트레이드됐다. 지난 연말 FA를 신청했다가 그 어떤 구단으로부터도 관심을 받지 못해 미아가 될 뻔했지만 다행히 선수 생활을 연장한다. 롯데는 최준석의 미래를 위해 조건 없이 풀어줬고, NC는 베테랑의 방망이를 기대하며 트레이드에 응했다. 이제 최준석이 제 몫을 해낸다면 선수 본인, 롯데, NC 등 3자가 '원-원-원' 할 수 있다. 최준석은 여전히 타선에서 '한 방'을 때려낼 수 있는 타자다. 최준석은 발이 느린 데다 NC의 선발 라인업이 워낙 탄탄하기에 주전으로 뛸 가능성은 거의 없다. 대신 결정적인 순간에 대타로 출전해 타점을 올려준다면 김경문 감독으로서는 더 바랄 게 없을 것이다. 최준석은 신인의 마음가짐으로 불꽃을 태워야 한다.

HOT&COLD	SPRAY ZONE	주자 상황별 타수-안타 타율

SPRAY ZONE: 6 / 37%　2 / 27%　6 / 36%　홈런 타구분포 %

주자 상황별:
190-46 0.242 | 88-30 0.242 | 44-15 0.242 | 7-2 0.286
39-10 0.256 | 17-5 0.294 | 11-5 0.455 | 13-6 0.462

■ 타율 0.400 이상　■ 타율 0.300~0.399　■ 타율 0.200~0.299　■ 타율 0.100~0.199　■ 타율 0.099 이하　□ 3타수 미만

최근 3년간 성적

연도	팀명	타율	경기	타수	득점	안타	2루타	3루타	홈런	루타	타점	도루	볼넷	삼진	장타율	출루율	실책	OPS	WAR
2015	롯데	0.306	144	507	78	155	18	1	31	268	109	0	108	134	0.529	0.428	0	0.957	5.29
2016	롯데	0.262	116	325	49	85	10	0	19	152	70	0	64	102	0.468	0.384	0	0.852	1.85
2017	롯데	0.291	125	409	43	119	15	0	14	176	82	0	49	89	0.430	0.364	1	0.794	1.69
통산		0.276	1471	4460	536	1231	174	5	197	2006	857	10	653	1038	0.450	0.369	16	0.819	-

구종별 타격 성적

구종	전체	VS우투	VS좌투
포심패스트볼	0.332	0.292	0.421
투심/싱커	0.259	0.261	0.250
컷패스트볼	0.250	0.167	0.333
슬라이더	0.297	0.296	0.300
커브	0.208	0.238	0.000
체인지업	0.225	0.250	0.208
포크/SF/너클	0.290	0.316	0.250

볼카운트별 타율-타점

볼카운트	타율	타수	안타	타점	볼카운트	타율	타수	안타	타점
0-0	0.372	43	16	13	2-0	0.600	5	3	1
0-1	0.324	37	12	6	2-1	0.400	30	12	4
0-2	0.167	18	3	2	2-2	0.153	72	11	9
1-0	0.556	18	10	3	3-0	0.000	3	0	0
1-1	0.436	39	17	16	3-1	0.533	15	8	4
1-2	0.147	68	10	8	3-2	0.279	61	17	16

S〉B : 0.203 / S=B : 0.286 / S〈B : 0.379

수비 기록

위치	자살	보살	실책	수비율
1루수	134	9	1	0.993

상황별 기록

상황	타율	타수	안타	2루타	3루타	홈런	타점	볼넷	사구	삼진	병살
주자 없음	0.242	190	46	4	0	8	8	24	0	45	0
주자 있음	0.333	219	73	11	0	6	74	25	1	44	24
득점권	0.328	131	43	6	0	4	68	11	1	24	11
좌투수	0.320	128	41	8	0	6	30	10	1	26	7
우투수	0.292	243	71	7	0	6	46	34	0	52	13
언더	0.184	38	7	0	0	2	6	5	0	11	4
노아웃	0.276	134	37	2	0	4	13	16	1	29	5
원아웃	0.338	160	54	6	0	7	36	12	0	34	19
투아웃	0.243	115	28	7	0	4	33	21	0	26	0

상대팀별 기록

구분	경기	타율	타수	득점	안타	홈런	타점	도루	볼넷	삼진	병살
KIA	13	0.439	41	5	18	1	6	0	8	7	5
두산	14	0.240	50	2	12	1	10	0	6	10	2
롯데	14	0.133	45	4	6	1	6	0	3	11	1
SK	12	0.273	33	4	9	1	7	0	2	7	2
LG	15	0.229	48	4	11	1	7	0	3	12	2
넥센	14	0.364	55	8	20	6	16	0	8	5	6
한화	14	0.350	40	5	14	0	8	0	5	7	0
삼성	14	0.205	39	3	8	1	7	0	8	13	1
kt	14	0.362	58	8	21	2	13	0	7	7	7

NO. 36 권희동

외야

타율과 출루율은 낮지만, 장타력이 좋은 타자다. 1군 첫 시즌에서 397타석에서 15개의 홈런을 쏘아 올렸을 정도로 힘이 있다. 특히 2사 후 타점이 많고, 홈런 상당수가 2점차 이내의 접전에서 나오는 등 타점 영양가가 높다. 수비는 외야수로서는 좋은 편이다. 집중력이 있고 실책이 적어 오히려 수비에서 높은 평가를 받았다. 특히 위기 상황에서 호수비가 인상적이다. 코너 외야수뿐만 아니라 중견수, 포수도 가능하다. 주력과 송구 능력은 보통 수준. 하지만 냉정하게 따지면 타율이 2할을 겨우 넘는 수준이며 백업 외야수로서도 가치가 높지 않다. 하지만 장타력이 워낙 뛰어나고 수비력도 준수하기 때문에 팀으로서는 집중적으로 키울 가치는 있다. 힘 있는 타자는 상당히 귀하기 때문이다.

우투우타
1990년 12월 30일
177cm / 85kg
연봉 1억 3000만 원
경력 동천초-경주중-경주고
  -경남대-NC-상무
지명순위 13 NC 9라운드 84순위

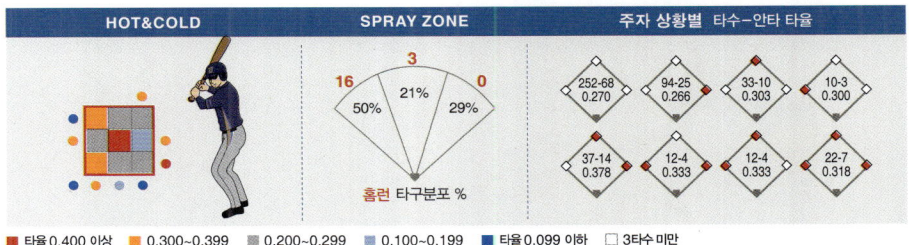

HOT&COLD | SPRAY ZONE | 주자 상황별 타수-안타 타율

SPRAY ZONE: 16 / 3 / 0 ; 50% 21% 29%
홈런 타구분포 %

주자 상황별:
252-68 0.270 | 94-25 0.266 | 33-10 0.303 | 10-3 0.300
37-14 0.378 | 12-4 0.333 | 12-4 0.333 | 22-7 0.318

■ 타율 0.400 이상　■ 0.300~0.399　■ 0.200~0.299　■ 0.100~0.199　■ 타율 0.099 이하　□ 3타수 미만

최근 3년간 성적

연도	팀명	타율	경기	타수	득점	안타	2루타	3루타	홈런	루타	타점	도루	볼넷	삼진	장타율	출루율	실책	OPS	WAR
2015																			
2016	NC	0.268	14	41	4	11	0	0	1	14	9	0	5	9	0.341	0.362	0	0.703	-0.02
2017	NC	0.286	141	472	72	135	20	2	19	216	86	3	51	90	0.458	0.371	3	0.829	3.06
통산		0.259	377	1083	157	280	49	5	42	465	185	13	117	217	0.429	0.340	8	0.769	-

구종별 타격 성적

구종	전체	VS우투	VS좌투
포심패스트볼	0.270	0.280	0.250
투심/싱커	0.387	0.414	0.000
컷패스트볼	0.250	0.273	0.000
슬라이더	0.205	0.191	0.267
커브	0.327	0.278	0.462
체인지업	0.292	0.364	0.256
포크/SF/너클	0.324	0.323	0.333

볼카운트별 타율-타점

볼카운트	타율	타수	안타	타점	볼카운트	타율	타수	안타	타점
0-0	0.435	62	27	22	2-0	0.375	8	3	3
0-1	0.319	47	15	7	2-1	0.345	29	10	3
0-2	0.143	35	5	0	2-2	0.267	86	23	14
1-0	0.364	33	12	12	3-0	1.000	1	1	2
1-1	0.242	33	8	7	3-1	0.333	9	3	0
1-2	0.145	69	10	5	3-2	0.300	60	18	11

S〉B : 0.199 / S＝B : 0.320 / S〈B : 0.336

수비 기록

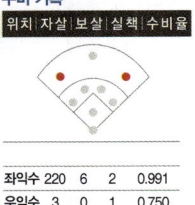

위치	자살	보살	실책	수비율
좌익수	220	6	2	0.991
우익수	3	0	1	0.750

상황별 기록

상황	타율	타수	안타	2루타	3루타	홈런	타점	볼넷	사구	삼진	병살
주자 없음	0.270	252	68	11	2	9	9	30	10	44	0
주자 있음	0.305	220	67	9	0	10	77	21	7	46	12
득점권	0.333	126	42	6	0	6	68	20	6	26	3
좌투수	0.272	136	37	6	0	3	20	19	1	26	3
우투수	0.288	285	82	11	2	15	60	26	11	61	8
언더	0.314	51	16	3	0	1	6	6	5	3	1
노아웃	0.270	148	40	10	1	6	20	12	4	27	7
원아웃	0.258	159	41	5	0	7	30	20	6	27	5
투아웃	0.327	165	54	5	1	6	36	19	7	36	0

상대팀별 기록

구분	경기	타율	타수	득점	안타	홈런	타점	도루	볼넷	삼진	병살
KIA	15	0.237	38	6	9	1	7	0	8	5	0
두산	15	0.294	51	6	15	1	5	0	6	13	2
롯데	16	0.393	56	13	22	5	13	1	6	16	1
SK	15	0.189	53	4	10	0	8	0	6	11	1
LG	16	0.264	53	4	14	1	10	0	2	11	1
넥센	16	0.345	58	12	20	2	12	0	4	11	1
한화	16	0.291	55	9	16	5	9	0	8	9	2
삼성	16	0.204	54	9	11	4	7	0	6	8	3
kt	16	0.333	54	9	18	2	5	1	5	6	1

외야

우투우타
1993년 5월 1일
181cm / 83kg
연봉 1억 500만 원
경력 광주서림초-충장중-진흥고
지명순위 12 NC 3라운드 32순위

NO.31 김성욱

향후 20-20 클럽을 기대할 수 있는 타자. 한 방을 때려낼 수 있는 파워와 빠른 발을 가지고 있다. 2016시즌에 15홈런을 터뜨리면서 장타력을 증명했지만, 아직까지 선구안이나 콘택트에서는 약점을 보이고 있다. 2017시즌에는 극도의 부진을 보였기에 아직은 배워야 할 점이 많다. 2017년에 부족한 타격에도 리그 최고 수준의 외야 수비 능력 덕분에 꾸준히 1군 엔트리에 붙어 있었다. 타구 판단이 아주 좋아 키를 넘길 만한 타구도 대부분 걷어내며 빠른 발을 활용해 슬라이딩 캐치 이전에 잡아버리는 모습을 보여주기도 한다. 어깨 또한 리그 최상급이다. 수비와 주루에서는 검증된 이상 타격에서 조금 더 나은 모습을 보인다면 중견수로서 NC 외야진의 중심을 지킬 선수다.

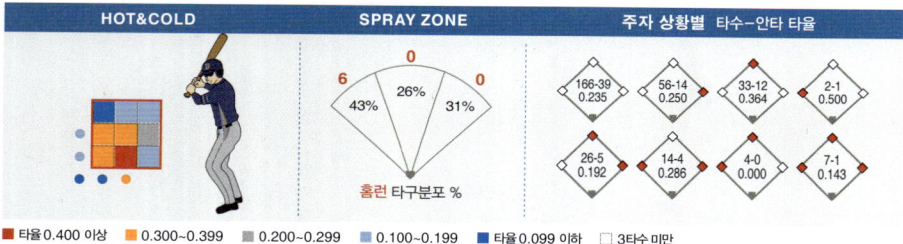

■ 타율 0.400 이상　■ 0.300~0.399　■ 0.200~0.299　■ 0.100~0.199　■ 타율 0.099 이하　□ 3타수 미만

최근 3년간 성적

연도	팀명	타율	경기	타수	득점	안타	2루타	3루타	홈런	루타	타점	도루	볼넷	삼진	장타율	출루율	실책	OPS	WAR
2015	NC	0.258	125	182	32	47	8	3	6	66	26	3	17	52	0.363	0.333	0	0.696	0.97
2016	NC	0.265	130	306	60	81	15	1	15	143	51	5	30	64	0.467	0.334	1	0.801	1.63
2017	NC	0.247	124	308	60	76	18	4	6	120	31	10	24	59	0.390	0.315	0	0.705	1.27
통산		0.254	409	823	158	209	42	6	25	338	110	19	74	186	0.411	0.325	1	0.736	-

구종별 타격 성적

구종	전체	VS우투	VS좌투
포심패스트볼	0.212	0.179	0.294
투심/싱커	0.385	0.417	0.000
컷패스트볼	0.333	0.400	0.000
슬라이더	0.208	0.217	0.143
커브	0.297	0.222	0.500
체인지업	0.204	0.182	0.211
포크/SF/너클	0.333	0.412	0.200

볼카운트별 타율-타점

볼카운트	타율	타수	안타	타점	볼카운트	타율	타수	안타	타점
0-0	0.320	50	16	5	2-0	0.429	7	3	2
0-1	0.308	26	8	5	2-1	0.412	17	7	5
0-2	0.107	28	3	0	2-2	0.143	42	6	4
1-0	0.308	26	8	2	3-0	-	0	0	0
1-1	0.290	31	9	5	3-1	0.200	5	1	0
1-2	0.211	57	12	2	3-2	0.158	19	3	1

S〉B : 0.207 / S=B : 0.252 / S〈B : 0.297

수비 기록

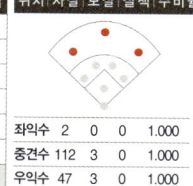

위치	자살	보살	실책	수비율
좌익수	2	0	0	1.000
중견수	112	3	0	1.000
우익수	47	3	0	1.000

상황별 기록

상황	타율	타수	안타	2루타	3루타	홈런	타점	볼넷	사구	삼진	병살
주자 없음	0.235	166	39	9	1	5	5	15	6	27	0
주자 있음	0.261	142	37	9	3	1	26	9	3	32	4
득점권	0.267	86	23	5	2	0	22	9	2	20	2
좌투수	0.257	101	26	8	1	1	7	7	5	17	0
우투수	0.222	176	39	8	3	4	18	15	4	35	3
언더	0.355	31	11	2	0	1	6	2	1	7	1
노아웃	0.248	105	26	12	0	4	5	8	5	19	1
원아웃	0.222	108	24	4	3	1	13	7	1	22	3
투아웃	0.274	95	26	2	1	1	14	9	3	18	0

상대팀별 기록

구분	경기	타율	타수	득점	안타	홈런	타점	도루	볼넷	삼진	병살
KIA	14	0.292	48	10	14	0	5	1	5	8	0
두산	11	0.265	34	7	9	1	4	2	2	8	0
롯데	16	0.162	37	2	6	0	2	2	0	7	0
SK	11	0.167	18	5	3	1	1	0	3	4	1
LG	16	0.139	36	6	5	0	0	0	4	6	1
넥센	11	0.389	36	11	14	3	11	4	2	5	0
한화	14	0.290	31	6	9	0	5	1	1	8	1
삼성	16	0.225	40	6	9	0	5	1	5	11	1
kt	15	0.250	28	7	7	0	1	0	4	6	0

NO. 47 나성범

외야

현 KBO의 대표적인 5툴 플레이어 중 하나. 매년 3할 타율과 150안타 이상을 안정적으로 보장하는 콘택트에 20홈런 이상과 5할 이상의 장타율을 꾸준히 기록할 파워를 가졌다. 2014년에는 3할 30홈런 100타점도 기록했다. 20-20 클럽 기록도 갖고 있는 준족이자 플레이오프에서 투수좌타자지만 좌완 상대로 굉장히 강했다. 2016시즌에는 좌완 상대 타율이 4할이 넘었던 적도 있었을 정도. 공격을 살리기 위해 우익수로 전향했지만 중견수까지 가능할 정도의 수비까지 갖춘 만능 선수다. 다섯 가지 툴중 선구안이 아직 완성되지 않은 선수로 브레이킹볼, 그중에서도 떨어지는 공에 매우 약한 모습이 자주 보인다. 현재 NC에서 가장 믿을 만한 타자다.

좌투좌타
1989년 10월 3일
183cm / 100kg
연봉 4억 3000만 원
경력 광주대성초-진흥중-진흥고
　　　-연세대
지명순위 12 NC 2라운드 10순위

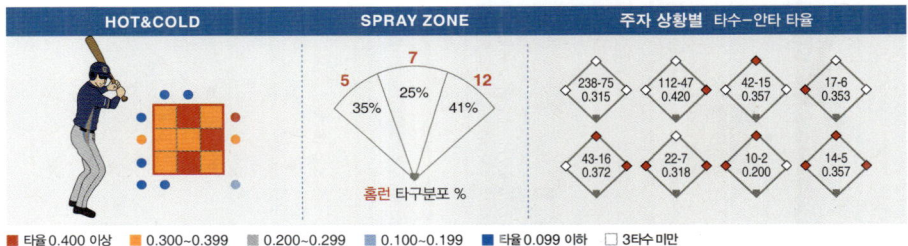

HOT&COLD | SPRAY ZONE | 주자 상황별　타수-안타 타율

SPRAY ZONE: 7 / 25% / 5 35% / 12 41%
홈런 타구분포 %

주자 상황별:
238-75 0.315 | 112-47 0.420 | 42-15 0.357 | 17-6 0.353
43-16 0.372 | 22-7 0.318 | 10-2 0.200 | 14-5 0.357

■ 타율 0.400 이상　■ 0.300~0.399　■ 0.200~0.299　■ 0.100~0.199　■ 타율 0.099 이하　□ 3타수 미만

최근 3년간 성적

연도	팀명	타율	경기	타수	득점	안타	2루타	3루타	홈런	루타	E-점	도루	볼넷	삼진	장타율	출루율	실책	OPS	WAR
2015	NC	0.326	144	564	112	184	34	5	28	312	135	23	32	127	0.553	0.373	6	0.926	5.98
2016	NC	0.309	144	572	116	177	37	2	22	284	113	7	67	136	0.497	0.388	8	0.885	3.69
2017	NC	0.347	125	498	103	173	42	2	24	291	99	17	48	116	0.584	0.415	8	0.999	5.55
통산		0.314	640	2515	474	789	159	19	118	1340	512	73	222	602	0.533	0.381	28	0.914	-

구종별 타격 성적

구종	전체	VS우투	VS좌투
포심패스트볼	0.412	0.444	0.365
투심/싱커	0.500	0.500	0.500
컷패스트볼	0.357	0.385	0.000
슬라이더	0.358	0.382	0.340
커브	0.239	0.250	0.227
체인지업	0.250	0.234	0.333
포크/SF/너클	0.270	0.282	0.000

볼카운트별 타율-타점

볼카운트	타율	타수	안타	타점	볼카운트	타율	타수	안타	타점
0-0	0.373	83	31	19	2-0	0.636	11	7	4
0-1	0.438	32	14	7	2-1	0.364	22	8	3
0-2	0.234	47	11	6	2-2	0.273	77	21	10
1-0	0.702	47	33	15	3-0	-	0	0	0
1-1	0.488	43	21	13	3-1	0.714	7	5	4
1-2	0.167	84	14	11	3-2	0.178	45	8	7
S〉B : 0.239 / S=B : 0.360 / S〈B : 0.462									

수비 기록

위치	자살	보살	실책	수비율
중견수	3	0	0	1.000
우익수	242	9	8	0.969

상황별 기록

상황	타율	타수	안타	2루타	3루타	홈런	타점	볼넷	사구	삼진	병살
주자 없음	0.315	238	75	18	1	16	16	13	6	64	0
주자 있음	0.377	260	98	24	1	8	83	35	6	52	8
득점권	0.345	148	51	11	0	5	69	27	5	33	3
좌투수	0.337	169	57	14	0	6	28	18	6	44	1
우투수	0.339	283	96	21	2	15	54	27	3	68	5
언더	0.435	46	20	7	0	3	17	3	3	4	2
노아웃	0.333	165	55	14	1	5	22	11	2	34	3
원아웃	0.392	171	67	11	1	8	39	20	4	40	5
투아웃	0.315	162	51	9	0	11	38	17	6	42	0

상대팀별 기록

구분	경기	타율	타수	득점	안타	홈런	타점	도루	볼넷	삼진	병살
KIA	13	0.353	51	10	18	1	10	1	9	15	0
두산	13	0.315	54	8	17	2	8	0	4	12	2
롯데	13	0.283	53	8	15	2	5	3	4	14	2
SK	15	0.453	53	13	24	2	11	4	8	10	1
LG	13	0.277	47	6	13	1	6	2	5	17	0
넥센	13	0.275	51	13	14	3	15	1	5	13	0
한화	16	0.359	64	14	23	6	17	2	5	8	1
삼성	16	0.366	71	16	26	5	17	3	5	18	1
kt	13	0.426	54	18	23	8	19	4	3	9	1

235

외야

좌투좌타
1980년 6월 18일
176cm / 78kg
연봉 5억 원
경력 면목초–홍은중–선린정보고
　　　–영남대–현대–상무–두산
지명순위 99 현대 2차 2라운드
　　　16순위

NO. 39 **이종욱**

　발야구의 선봉장으로 이름을 떨친 만큼 빠른 발과 탁월한 주루 센스를 자랑한다. 프로 입단 후 홈에서 아웃된 적이 몇 번 없을 정도로 타구와 상대 수비를 읽고 호시탐탐 '한 베이스 더'를 노린다. 타격에서는 투수의 습관이나 승부 패턴을 읽는 눈이 뛰어나 상황에 맞는 타격을 한다. 2006년 이후 기습 번트 시도는 확연히 줄었으나 그 후 적극적으로 타구를 외야로 보내는 스윙을 하면서 타격 능력은 더 좋아졌다. 수비력은 빠른 발과 훌륭한 타구 판단 능력, 좋은 글러브질을 겸비해 최고 레벨의 중견수 수비를 선보였다. 전성기에는 현역 최고의 외야 수비수로도 곧잘 뽑혔을 정도. 머리 위로 넘어가는 타구를 워닝 트랙까지 따라가 잡아내는 모습은 명불허전. 어깨도 준수한 편이다.

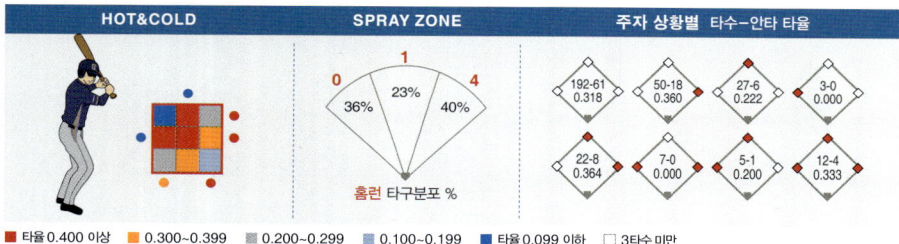

■ 타율 0.400 이상　■ 0.300~0.399　■ 0.200~0.299　■ 0.100~0.199　■ 타율 0.099 이하　□ 3타수 미만

최근 3년간 성적

연도	팀명	타율	경기	타수	득점	안타	2루타	3루타	홈런	루타	타점	도루	볼넷	삼진	장타율	출루율	실책	OPS	WAR
2015	NC	0.268	125	440	63	118	25	2	5	162	52	17	54	78	0.368	0.350	1	0.718	1.42
2016	NC	0.305	134	453	73	138	24	4	5	185	57	15	54	73	0.408	0.376	2	0.784	3.49
2017	NC	0.308	107	318	52	98	15	0	5	128	34	9	28	30	0.403	0.371	0	0.774	1.80
통산		0.292	1403	4959	831	1450	218	51	40	1890	535	339	519	663	0.381	0.361	29	0.742	-

구종별 타격 성적

구종	전체	VS우투	VS좌투
포심패스트볼	0.320	0.345	0.268
투심/싱커	0.313	0.348	0.222
컷패스트볼	0.000	0.000	-
슬라이더	0.296	0.250	0.346
커브	0.343	0.292	0.455
체인지업	0.344	0.355	0.000
포크/SF/너클	0.286	0.292	0.250

볼카운트별 타율-타점

볼카운트	타율	타수	안타	타점	볼카운트	타율	타수	안타	타점
0-0	0.382	34	13	1	2-0	0.200	5	1	0
0-1	0.286	49	14	13	2-1	0.313	16	5	1
0-2	0.286	14	4	0	2-2	0.333	45	15	5
1-0	0.500	14	7	4	3-0	-	0	0	0
1-1	0.377	53	20	4	3-1	0.143	7	1	3
1-2	0.213	47	10	1	3-2	0.235	34	8	2
					S>B : 0.255 / S=B : 0.364 / S<B : 0.289				

수비 기록

위치	자살	보살	실책	수비율
좌익수	17	0	0	1.000
중견수	108	1	0	1.000
우익수	0	0	0	-

상황별 기록

상황	타율	타수	안타	2루타	3루타	홈런	타점	볼넷	사구	삼진	병살
주자 없음	0.318	192	61	10	0	2	2	18	2	17	0
주자 있음	0.294	126	37	5	0	3	32	10	3	13	5
득점권	0.250	76	19	2	0	2	29	8	3	10	1
좌투수	0.312	93	29	4	0	1	6	11	2	11	1
우투수	0.324	185	60	9	0	4	24	15	2	17	3
언더	0.225	40	9	2	0	0	2	2	1	2	1
노아웃	0.309	162	50	6	0	3	3	13	1	10	3
원아웃	0.325	83	27	3	0	2	6	2	2	9	1
투아웃	0.288	73	21	6	0	1	19	10	2	11	0

상대팀별 기록

구분	경기	타율	타수	득점	안타	홈런	타점	도루	볼넷	삼진	병살
KIA	13	0.225	40	7	9	2	7	0	6	4	1
두산	13	0.459	37	9	17	0	5	1	4	3	0
롯데	11	0.237	38	3	9	1	4	3	0	4	0
SK	12	0.226	31	2	7	0	0	1	1	1	0
LG	13	0.361	36	5	13	0	5	3	1	3	0
넥센	13	0.278	36	5	10	0	5	2	4	2	0
한화	11	0.273	33	4	9	0	3	0	1	4	0
삼성	9	0.360	25	4	9	0	4	1	1	3	0
kt	12	0.357	42	11	15	1	5	3	4	3	0

투수

민태호

NO. 17

우투우타
1989년 9월 12일
182cm / 80kg
연봉 4000만 원
경력 도신초–영남중–중앙고
　　　–우리–히어로즈
지명순위 08 현대 2차
　　　3라운드 22순위

연도	팀명	평균자책	경기	승–패–세–홀	이닝	피안타	피홈런	볼넷	탈삼진	WHIP	WAR
2017	NC	6.23	7	0-0-0-0	8 2/3	10	1	3	7	1.50	-0.05
통산		5.66	60	4-0-0-1	70	79	5	46	49	1.79	-

볼카운트별 피안타율

볼카운트	피안타율	타수	피안타	볼카운트	피안타율	타수	피안타
0-0	0.667	3	2	2-0	-	-	-
0-1	0.200	5	1	2-1	0.500	4	2
0-2	0.000	2	0	2-2	0.000	4	0
1-0	0.500	4	2	3-0	-	-	-
1-1	0.250	4	1	3-1	0.000	1	0
1-2	0.250	4	1	3-2	0.333	3	1

S〉B : 0.182 / S=B : 0.273 / S〈B : 0.417

2008년 신인 지명에서 2차 3라운드에 지명돼 넥센에 입단했다. 그러나 군 제대 후 팀에서 방출됐다. 이후 NC 테스트를 받아 합격해 미국 전지훈련에 합류. 2017시즌 5월 23일 넥센전에서 선발 에릭 해커가 내려간 뒤 7회부터 등판했지만 3피안타 3실점을 하며 아웃카운트 2개밖에 못 잡고 강판됐다.

상황별 기록

상황	안타	삼진	피안타율
주자 없음	4	4	0.222
만루	2	0	1.000
주자 있음	6	3	0.375
득점권	4	2	0.364
상위(1~2번)	4	0	0.500
중심(3~5번)	2	1	0.286
하위(6~9번)	4	6	0.211
좌타자	5	4	0.227
우타자	5	3	0.417

상대팀별 기록

구분	경기	평균자책	승–패–세–홀	이닝
KIA	-	-	-	-
두산	1	40.50	0-0-0-0	0 2/3
롯데	-	-	-	-
SK	1	0.00	0-0-0-0	0 1/3
LG	1	0.00	0-0-0-0	1
넥센	2	10.13	0-0-0-0	2 2/3
한화	1	0.00	0-0-0-0	0 1/3
삼성	1	0.00	0-0-0-0	3 2/3
kt	-	-	-	-

구속/구사율/피안타율

구종	평균구속	구사율	피안타율
포심패스트볼	141	33%	0.400
투심/싱커	133	37%	0.222
컷패스트볼	-	-	-
슬라이더	130	20%	0.000
커브	114	1%	1.000
체인지업	126	7%	0.250
포크/SF/너클	128	3%	-

기타 기록

상대 타자 타구 방향
32% 24% 44%

이닝당 투구수	17.5
땅볼 / 뜬공	3.25

PITCHING ZONE

좌타자·몸쪽 / 우타자·몸쪽

■ 15% 이상　■ 12~14%　■ 9~11%　■ 6~8%　■ 3~5%　□ 2% 이하

투수

배재환

NO. 58

우투우타
1995년 2월 24일
186cm / 95kg
연봉 3000만 원
경력 가동초–잠신중–서울고
지명순위 14 NC 2차 1라운드
　　　1순위

연도	팀명	평균자책	경기	승–패–세–홀	이닝	피안타	피홈런	볼넷	탈삼진	WHIP	WAR
2017	NC	9.00	3	0-1-0-0	8	13	4	3	4	2.38	-0.29
통산		5.81	15	1-2-0-0	31	31	5	18	21	1.58	-

볼카운트별 피안타율

볼카운트	피안타율	타수	피안타	볼카운트	피안타율	타수	피안타
0-0	0.667	6	4	2-0	1.000	1	1
0-1	0.500	4	2	2-1	0.000	2	0
0-2	0.000	3	0	2-2	0.167	6	1
1-0	1.000	1	1	3-0	-	-	-
1-1	0.000	2	0	3-1	-	1	0
1-2	0.250	4	1	3-2	0.600	5	3

S〉B : 0.273 / S=B : 0.357 / S〈B : 0.556

우완 정통파. 186cm, 95kg의 좋은 체격을 바탕으로 140km/h 초반의 패스트볼과 슬라이더, 체인지업을 구사한다. 고2까지는 최대어라는 평가를 받았으나 이후 팔꿈치 부상으로 뚜렷한 활약을 펼치지 못했다. 7월 말에는 인대 접합 수술까지 받았다. 2016시즌 9월 23일 기아전에서 4.2이닝 노히트로 막으며 첫 승을 올렸다.

상황별 기록

상황	안타	삼진	피안타율
주자 없음	7	1	0.438
만루	0	0	0.000
주자 있음	6	3	0.333
득점권	3	3	0.231
상위(1~2번)	2	2	0.222
중심(3~5번)	5	1	0.455
하위(6~9번)	6	1	0.429
좌타자	6	0	0.353
우타자	7	4	0.412

상대팀별 기록

구분	경기	평균자책	승–패–세–홀	이닝
KIA	-	-	-	-
두산	1	13.50	0-1-0-0	2 2/3
롯데	-	-	-	-
SK	1	16.20	0-0-0-0	1 2/3
LG	-	-	-	-
넥센	-	-	-	-
한화	1	2.45	0-0-0-0	3 2/3
삼성	-	-	-	-
kt	-	-	-	-

구속/구사율/피안타율

구종	평균구속	구사율	피안타율
포심패스트볼	143	62%	0.421
투심/싱커	141	1%	-
컷패스트볼	-	-	-
슬라이더	129	22%	0.375
커브	110	12%	0.167
체인지업	136	3%	1.000
포크/SF/너클	-	-	-

기타 기록

상대 타자 타구 방향
42% 26% 32%

이닝당 투구수	21.1
땅볼 / 뜬공	1.83

PITCHING ZONE

좌타자·몸쪽 / 우타자·몸쪽

유원상

연도	팀명	평균자책	경기	승-패-세-홀	이닝	피안타	피홈런	볼넷	탈삼진	WHIP	WAR
2017	LG	6.14	6	0-0-0-0	7 1/3	8	0	4	1	1.64	-0.16
통산		5.07	338	31-44-5-51	703	779	84	320	422	1.56	-

볼카운트별 피안타율

볼카운트	피안타율	타수	피안타	볼카운트	피안타율	타수	피안타
0-0	0.400	5	2	2-0	-	0	0
0-1	0.750	4	3	2-1	0.000	2	0
0-2	-	-	-	2-2	0.250	4	1
1-0	0.500	2	1	3-0	-	0	0
1-1	0.000	3	0	3-1	0.000	1	0
1-2	0.200	5	1	3-2	0.000	2	0

S>B : 0.444 / S=B : 0.250 / S<B : 0.143

상황별 기록

상황	안타	삼진	피안타율
주자 없음	5	0	0.556
만루	0	0	0.000
주자 있음	3	1	0.158
득점권	0	1	0.000
상위(1~2번)	3	0	0.500
중심(3~5번)	2	0	0.222
하위(6~9번)	3	1	0.231
좌타자	2	0	0.200
우타자	6	1	0.333

상대팀별 기록

구분	경기	평균자책	승-패-세-홀	이닝
KIA				
두산	1	0.00	0-0-0-0	0 1/3
롯데	1	18.00	0-0-0-0	1
NC	1	0.00	0-0-0-0	2 1/3
SK				
넥센				
한화	1	0.00	0-0-0-0	1 1/3
삼성	1	0.00	0-0-0-0	1
kt	1	20.25	0-0-0-0	1 1/3

구속/구사율/피안타율

구종	평균구속	구사율	피안타율
포심패스트볼	139	43%	0.333
투심/싱커	138	6%	0.000
컷패스트볼	-	-	-
슬라이더	131	43%	0.300
커브	117	6%	0.500
체인지업	-	-	-
포크/SF/너클	123	2%	0.000

기타 기록

상대 타자 타구 방향
42% 23% 35%

이닝당 투구수	18.0
땅볼/뜬공	0.50

유원상

NO. 17

우투우타
1986년 6월 17일
187cm / 93kg
경력 둔촌초-잠신중-북일고
-(목원대)-한화
지명순위 06 한화 1차

투수

LG 시절 셋업맨으로 좋은 활약을 펼쳤다. 그러나 2016년과 2017년 부상, 수술, 재활로 시간을 다 보냈다. 결국 지난해 11월 프로야구 2차 드래프트를 통해 NC로 옮겼다. NC 필승조는 KBO리그 정상급이다. 유원상이 제 컨디션을 회복하고 주무기인 패스트볼과 슬라이더를 제대로 뿌린다면 팀에게 큰 도움이 될 것이다.

PITCHING ZONE

좌타자·몸쪽 / 우타자·몸쪽

■ 15% 이상　■ 12~14%　■ 9~11%　■ 6~8%　■ 3~5%　□ 2% 이하

윤수호

연도	팀명	평균자책	경기	승-패-세-홀	이닝	피안타	피홈런	볼넷	탈삼진	WHIP	WAR
2017	NC	5.36	40	2-1-0-1	47	41	3	30	42	1.51	-0.11
통산		5.36	40	2-1-0-1	47	41	3	30	42	1.51	-

볼카운트별 피안타율

볼카운트	피안타율	타수	피안타	볼카운트	피안타율	타수	피안타
0-0	0.217	23	5	2-0	0.500	4	2
0-1	0.231	13	3	2-1	0.286	7	2
0-2	0.063	16	1	2-2	0.188	32	6
1-0	0.250	8	2	3-0	0.000	1	0
1-1	0.333	15	5	3-1	0.286	7	2
1-2	0.241	29	7	3-2	0.300	20	6

S>B : 0.190 / S=B : 0.229 / S<B : 0.298

상황별 기록

상황	안타	삼진	피안타율
주자 없음	18	17	0.257
만루	4	3	0.400
주자 있음	23	25	0.219
득점권	16	14	0.250
상위(1~2번)	10	5	0.294
중심(3~5번)	12	12	0.250
하위(6~9번)	19	25	0.204
좌타자	12	23	0.207
우타자	29	19	0.248

상대팀별 기록

구분	경기	평균자책	승-패-세-홀	이닝
KIA	4	21.60	0-0-0-0	3 1/3
두산	2	0.00	0-0-0-0	4
롯데	6	3.18	0-0-0-0	5 2/3
SK	4	19.64	0-1-0-0	3 2/3
LG	4	3.60	0-0-0-1	5
넥센	4	3.60	1-0-0-0	5
한화	2	2.45	0-0-0-0	3 2/3
삼성	7	2.45	1-0-0-0	11
kt	5	3.18	0-0-0-0	5 2/3

구속/구사율/피안타율

구종	평균구속	구사율	피안타율
포심패스트볼	145	60%	0.299
투심/싱커	-	-	-
컷패스트볼	-	-	-
슬라이더	134	22%	0.182
커브	120	3%	0.333
체인지업	-	-	-
포크/SF/너클	132	16%	0.063

기타 기록

상대 타자 타구 방향
46% 24% 30%

이닝당 투구수	18.6
땅볼/뜬공	1.04

윤수호

NO. 41

우투우타
1992년 7월 9일
183cm / 90kg
연봉 4700만 원
경력 성동초-배명중-경기고
-단국대-kt
지명순위 15 kt 2차 특별 12순위

투수

평균 144km/h대의 묵직한 패스트볼과 136km/h대에 형성되는 슬라이더, 포크볼을 구사한다. 코칭스태프들은 향후 150km/h까지 던지는 투수로 성장할 수 있다고 판단했다고 한다. 이러한 평가를 바탕으로 그를 2차 드래프트에서 지명했다. 2017시즌 1군에 입성해 2승 평균자책점 5.36을 기록했다.

PITCHING ZONE

좌타자·몸쪽 / 우타자·몸쪽

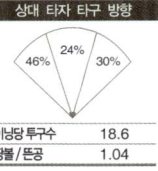
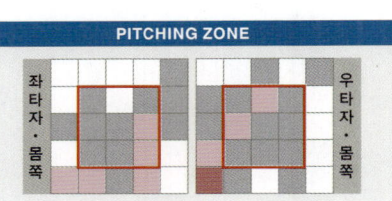

투수

이형범

NO. 21

우투우타
1994년 2월 27일
181cm / 86kg
연봉 3500만 원
경력 화순초-화순중
　　　-화순고-NC-경찰
지명순위 12 NC 특별 23순위

연도	팀명	평균자책	경기	승-패-세-홀	이닝	피안타	피홈런	볼넷	탈삼진	WHIP	WAR
2017	NC	3.07	14	1-2-0-0	29 1/3	26	2	13	14	1.33	0.23
통산		3.71	16	1-2-0-0	34	34	3	16	16	1.47	-

볼카운트별 피안타율

볼카운트	피안타율	타수	피안타	볼카운트	피안타율	타수	피안타
0-0	0.364	11	4	2-0	0.667	3	2
0-1	0.091	11	1	2-1	0.250	4	1
0-2	0.000	6	0	2-2	0.235	17	4
1-0	0.154	13	2	3-0	-	-	-
1-1	0.364	11	4	3-1	0.200	5	1
1-2	0.200	15	3	3-2	0.400	10	4

S〉B: 0.125 / S=B: 0.308 / S〈B: 0.286

140km/h 초반대로 빠른 속도는 아니지만 공 끝이 예리하게 변화하는 투심성 패스트볼 컨트롤이 뛰어나다. 과감한 몸 쪽 승부를 즐겨 한다. 슬라이더와 체인지업도 던진다. 몸 쪽 투심의 컨트롤이 뛰어나 타자들이 치는 데 어려움을 많이 겪는다. 볼넷은 주지 않는다는 마인드로 경기에 임한다고 한다.

상황별 기록

상황	안타	삼진	피안타율
주자 없음	16	11	0.246
만루	-	-	-
주자 있음	10	3	0.244
득점권	7	1	0.304
상위(1~2번)	7	2	0.269
중심(3~5번)	12	3	0.316
하위(6~9번)	7	9	0.167
좌타자	10	3	0.278
우타자	16	11	0.229

상대팀별 기록

구분	경기	평균자책	승-패-세-홀	이닝
KIA	3	0.00	0-0-0-0	7 1/3
두산	1	40.50	0-1-0-0	1 1/3
롯데	3	2.08	0-0-0-0	4 1/3
SK	1	13.50	0-1-0-0	2
LG	1	0.00	0-0-0-0	2 1/3
넥센	-	-	-	-
한화	2	0.00	0-0-0-0	2
삼성	2	0.00		3 2/3
kt	1	0.00	1-0-0-0	6 1/3

구속/구사율/피안타율

구종	평균구속	구사율	피안타율
포심패스트볼	140	13%	0.000
투심/싱커	138	51%	0.264
컷패스트볼	-	-	-
슬라이더	128	24%	0.281
커브	118	1%	0.000
체인지업	128	11%	0.182
포크/SF/너클	129	1%	-

기타 기록

상대 타자 타구 방향
48% 14% 38%

이닝당 투구수	16.7
땅볼/뜬공	1.62

PITCHING ZONE

좌타자·몸쪽 / 우타자·몸쪽

■ 15% 이상　■ 12~14%　■ 9~11%　■ 6~8%　■ 3~5%　□ 2% 이하

투수

정수민

NO. 37

우투우타
1990년 4월 1일
188cm / 92kg
연봉 4200만 원
경력 김해한림초(김해엔젤스리
틀)-부산중-부산고
지명순위 16 NC 2차 1라운드
8순위

연도	팀명	평균자책	경기	승-패-세-홀	이닝	피안타	피홈런	볼넷	탈삼진	WHIP	WAR
2017	NC	6.75	15	1-1-0-0	28	31	7	16	28	1.68	-0.32
통산		6.39	30	4-4-0-0	76	90	11	45	59	1.78	-

볼카운트별 피안타율

볼카운트	피안타율	타수	피안타	볼카운트	피안타율	타수	피안타
0-0	0.625	8	5	2-0	0.333	3	1
0-1	0.300	10	3	2-1	0.750	4	3
0-2	0.000	13	0	2-2	0.077	13	1
1-0	0.429	14	6	3-0	1.000	1	1
1-1	0.308	13	4	3-1	0.333	3	1
1-2	0.083	12	1	3-2	0.313	16	5

S〉B: 0.114 / S=B: 0.294 / S〈B: 0.415

고교 시절 147km/h에 이르는 패스트볼과 커브가 주 무기였다. 미국 진출 후 153km/h에 이를 정도로 구속이 증가했고 투심 패스트볼과 체인지업도 구사했다. 어깨 부상으로 국내에 들어와 2016년 NC와 계약을 맺었다. 입단 후 스프링 캠프에서 선발 수업을 받으며 여러 종류의 변화구를 시험한 결과 포크볼이 가장 좋았다고 한다.

상황별 기록

상황	안타	삼진	피안타율
주자 없음	14	18	0.233
만루	2	1	0.667
주자 있음	17	10	0.340
득점권	12	6	0.429
상위(1~2번)	9	5	0.346
중심(3~5번)	11	11	0.282
하위(6~9번)	11	12	0.244
좌타자	9	13	0.200
우타자	22	15	0.338

상대팀별 기록

구분	경기	평균자책	승-패-세-홀	이닝
KIA	2	12.27	0-1-0-0	3 2/3
두산	1	2.08	0-0-0-0	4 1/3
롯데	2	9.00	0-0-0-0	2
SK	2	6.35	0-0-0-0	5 2/3
LG	2	10.80	0-0-0-0	5
넥센	4	2.08	1-0-0-0	4 1/3
한화	3	6.00	0-0-0-0	3
삼성	-	-	-	-
kt				

구속/구사율/피안타율

구종	평균구속	구사율	피안타율
포심패스트볼	145	56%	0.297
투심/싱커	-	-	-
컷패스트볼	-	-	-
슬라이더	-	-	-
커브	122	10%	0.300
체인지업	-	-	-
포크/SF/너클	133	35%	0.250

기타 기록

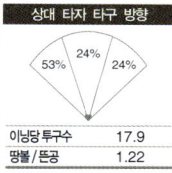

상대 타자 타구 방향
53% 24% 24%

이닝당 투구수	17.9
땅볼/뜬공	1.22

PITCHING ZONE

좌타자·몸쪽 / 우타자·몸쪽

연도	팀명	평균자책	경기	승-패-세-홀	이닝	피안타	피홈런	볼넷	탈삼진	WHIP	WAR
2017	NC	9.53	7	0-0-0-0	11 1/3	17	4	7	8	2.12	-0.34
통산		7.31	14	0-0-0-0	16	25	4	9	12	2.13	-

최성영

NO. 53

좌투좌타
1997년 4월 28일
180cm / 85kg
연봉 2900만 원
경력 영랑초-설악중-설악고
지명순위 16 NC 2차 2라운드 13순위

투수

볼카운트별 피안타율

볼카운트	피안타율	타수	피안타	볼카운트	피안타율	타수	피안타
0-0	0.750	4	3	2-0	0.500	2	1
0-1	0.000	4	0	2-1	1.000	2	2
0-2	0.000	4	0	2-2	0.308	13	4
1-0	0.500	4	2	3-0	-	0	0
1-1	0.000	1	0	3-1	-	0	0
1-2	0.000	7	0	3-2	0.714	7	5

S>B : 0.000 / S=B : 0.389 / S<B : 0.667

상황별 기록

상황	안타	삼진	피안타율
주자 없음	8	5	0.320
만루	1	0	1.000
주자 있음	9	3	0.391
득점권	6	2	0.500
상위(1~2번)	4	2	0.333
중심(3~5번)	7	2	0.438
하위(6~9번)	6	4	0.300
좌타자	4	5	0.235
우타자	13	3	0.419

상대팀별 기록

구분	경기	평균자책	승-패-세-홀	이닝
KIA	-	-	-	-
두산	1	9.82	0-0-0-0	3 2/3
롯데	3	7.36	0-0-0-0	3 2/3
SK	-	-	-	-
LG	-	-	-	-
넥센	2	6.75	0-0-0-0	2 2/3
한화	1	20.25	0-0-0-0	1 1/3
삼성	-	-	-	-
kt	-	-	-	-

구속/구사율/피안타율

구종	평균구속	구사율	피안타율
포심패스트볼	140	64%	0.433
투심/싱커	-	-	-
컷패스트볼	-	-	-
슬라이더	126	13%	0.125
커브	-	-	-
체인지업	127	23%	0.300
포크/SF/너클	-	-	-

기타 기록

상대 타자 타구 방향

44% 15% 41%

이닝당 투구수	21.7
땅볼/뜬공	0.53

평균 138km/h대의 패스트볼과 슬라이더 체인지업 등을 구사한다. 구속은 느린 편에 속하지만 구속 상승의 여지가 있고, 제구력은 좋은 평가를 받았다. 또한 투구 시 몸통과 다리를 비틀어 손을 숨기는 디셉션 동작 역시 장점으로 꼽히고 있다. 그2 때부터 팀의 에이스로 발돋움했으며 청소년 국가대표 상비군에 뽑히기도 했다.

PITCHING ZONE

좌타자·몸쪽 / 우타자·몸쪽

■ 15% 이상 ■ 12~14% ■ 9~11% ■ 6~8% ■ 3~5% □ 2% 이하

연도	팀명	타율	경기	타수	득점	안타	홈런	타점	도루	볼넷	삼진	장타율	OPS	WAR
2017	NC	0.083	9	12	1	1	0	0	0	0	5	0.167	0.250	-0.15
통산		0.083	9	12	1	1	0	0	0	0	5	0.167	0.250	-

신진호

NO. 44

우투우타
1991년 10월 20일
186cm / 103kg
연봉 2800만 원
경력 화순초-화순중-화순고
지명순위 17 NC 2차 1라운드 8순위

포수

볼카운트별 타율-타점

볼카운트	타율	타수	안타	타점	볼카운트	타율	타수	안타	타점
0-0	0.000	2	0	0	2-0	-	-	-	-
0-1	0.500	2	1	0	2-1	-	-	-	-
0-2	0.000	2	0	0	2-2	0.000	3	0	0
1-0	-	-	-	-	3-0	-	-	-	-
1-1	-	-	-	-	3-1	-	-	-	-
1-2	0.000	3	0	0	3-2	-	-	-	-

S>B : 0.143 / S=B : 0.000 / S<B : -

상황별 기록

구분	타율	타수	안타	타점
주자 없음	0.100	10	1	0
주자 있음	0.000	2	0	0
득점권	0.000	1	0	0
좌투수	0.333	3	1	0
우투수	0.000	9	0	0
언더	-	-	-	-
노아웃	0.167	6	1	0
원아웃	0.000	3	0	0
투아웃	0.000	3	0	0

상대팀별 기록

상대팀	타율	타수	안타	타점
KIA	-	-	-	-
두산	-	-	-	-
롯데	-	-	-	-
SK	-	-	-	-
LG	0.000	4	0	0
넥센	0.000	2	0	0
한화	0.000	3	0	0
삼성	0.333	3	1	0
kt	-	-	-	-

구종별 타격 성적

구종	전체	VS우투	VS좌투
포심패스트볼	0.143	0.000	1.000
투심/싱커	-	-	-
컷패스트볼	-	-	-
슬라이더	0.000	0.000	-
커브	-	-	-
체인지업	0.000	-	0.000
포크/SF/너클	0.000	0.000	-

수비 기록

위치	자살	보살	실책	수비율
포수	36	2	1	0.974

2009년, 포수로 당시 고교 랭킹 1, 2위를 다투었다. 특히 장타력은 탈고교급이라는 평가를 받았으며 캔자스시티 로열스와 계약금 60만 달러에 사인하며 화제를 모았다. 부상으로 귀국 후 NC에 입단해 공격력에서 많은 문제점을 드러냈으나 수비에서는 어려운 투구를 여러 차례 블로킹하면서 만족스러운 모습을 보였다.

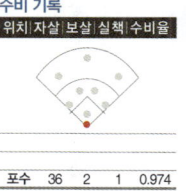

HOT&COLD
vs. 전체투수

우타자

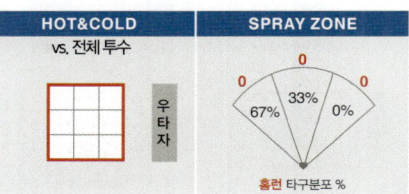

SPRAY ZONE

0 / 0

67% 33% 0%

홈런 타구분포 %

강진성

NO. 49

내야

우투우타
1993년 10월 19일
180cm / 81kg
연봉 3000만 원
경력 가동초-잠신중-경기고-NC
-경찰
지명순위 12 NC 4라운드 33순위

연도	팀명	타율	경기	타수	득점	안타	홈런	타점	도루	볼넷	삼진	장타율	OPS	WAR
2017	NC	0.296	28	27	5	8	1	5	0	4	4	0.519	0.925	0.25
통산		0.310	31	29	6	9	1	5	0	5	4	0.552	0.981	-

볼카운트별 타율-타점

볼카운트	타율	타수	안타	타점	볼카운트	타율	타수	안타	타점
0-0	0.500	4	2	4	2-0	-	-	-	-
0-1	0.000	2	0	0	2-1	0.500	2	1	0
0-2	1.000	1	0	0	2-2	0.200	5	1	0
1-0	1.000	1	1	1	3-0	-	-	-	-
1-1	-	-	-	-	3-1	-	0	0	0
1-2	0.333	9	3	0	3-2	1.000	3	0	0

S〉B : 0.250 / S=B : 0.333 / S〈B : 0.333

상황별 기록

구분	타율	타수	안타	타점
주자 없음	0.500	12	6	1
주자 있음	0.133	15	2	4
득점권	0.250	8	2	4
좌투수	0.167	6	1	1
우투수	0.333	15	5	0
언더	0.333	6	2	4
노아웃	0.167	6	1	0
원아웃	0.364	11	4	2
투아웃	0.300	10	3	3

상대팀별 기록

상대팀	타율	타수	안타	타점
KIA	0.000	2	0	0
두산	0.000	2	0	0
롯데	1.000	1	1	0
SK	0.167	6	1	0
LG	-	-	-	-
넥센	0.200	5	1	1
한화	0.750	4	3	4
삼성	0.000	3	0	0
kt	1.000	2	2	0

유격수를 제외한 내야 전 포지션을 거치다 3루수에 안착했다. 김경문 감독은 "일단 1루, 3루, 중견수를 모두 보게 할 것"이라고 말했다. 멀티 포지션을 소화시키면서 경험을 쌓게 하고, 올시즌 이후 포지션을 정할 예정이다. 2017시즌 9월 10일 한화전에서는 9회 솔로 홈런을 치며 데뷔 첫 홈런을 기록했다.

구종별 타격 성적

구종	전체	VS우투	VS좌투
포심패스트볼	0.308	0.333	0.250
투심/싱커	-	-	-
컷패스트볼	-	-	-
슬라이더	0.429	0.429	-
커브	0.333	0.333	-
체인지업	0.000	-	0.000
포크/SF/너클	0.000	-	0.000

수비 기록

위치	자살	보살	실책	수비율
1루수	3	0	0	1.000
3루수	0	1	0	1.000
중견수	1	0	0	1.000

HOT&COLD vs. 전체 투수 — 우타자

SPRAY ZONE 1 0 0 / 43% 14% 43%
홈런 타구분포 %

■ 타율 0.400 이상 ■ 0.300~0.399 ■ 0.200~0.299 ■ 0.100~0.199 ■ 타율 0.099 이하 ☐ 3타수 미만

도태훈

NO. 65

내야

우투좌타
1993년 3월 18일
184cm / 85kg
연봉 3000만 원
경력 양정초-개성중-부산고
-동의대
지명순위 16 NC 육성선수

연도	팀명	타율	경기	타수	득점	안타	홈런	타점	도루	볼넷	삼진	장타율	OPS	WAR
2017	NC	0.191	32	47	3	9	1	4	0	4	7	0.277	0.532	-0.24
통산		0.189	38	53	4	10	1	4	0	4	9	0.264	0.523	-

볼카운트별 타율-타점

볼카운트	타율	타수	안타	타점	볼카운트	타율	타수	안타	타점
0-0	0.200	5	1	0	2-0	-	-	-	-
0-1	0.286	7	2	1	2-1	0.250	4	1	2
0-2	-	-	-	-	2-2	0.167	6	1	0
1-0	-	-	-	-	3-0	-	-	-	-
1-1	0.111	9	1	0	3-1	0.000	1	0	0
1-2	0.182	11	2	1	3-2	0.250	4	1	0

S〉B : 0.222 / S=B : 0.150 / S〈B : 0.222

상황별 기록

구분	타율	타수	안타	타점
주자 없음	0.167	24	4	0
주자 있음	0.217	23	5	4
득점권	0.200	15	3	2
좌투수	0.273	11	3	2
우투수	0.148	27	4	2
언더	0.222	9	2	0
노아웃	0.071	14	1	1
원아웃	0.300	20	6	1
투아웃	0.154	13	2	2

상대팀별 기록

상대팀	타율	타수	안타	타점
KIA	0.111	9	1	0
두산	0.167	6	1	0
롯데	0.000	2	0	0
SK	-	-	-	-
LG	0.500	4	2	0
넥센	0.000	2	0	0
한화	0.333	3	1	0
삼성	0.235	17	4	4
kt	0.000	4	0	0

부산고 입학 당시만 해도 대형 유격수 자원으로 꼽혔으나 대학 진학 후 2루수로 뛰었다. 2016년 육성선수로 NC에 입단했다. 개막전 엔트리에 드는 데 성공했지만 바로 2군으로 내려갔다. 하지만 내야진에서 줄 부상이 이어지자 4월 중순부터 다시 1군에 이름을 올렸다. 아주 뛰어난 활약은 아니었지만 오랜만에 출전한 것치고 괜찮은 경기력을 보였다.

구종별 타격 성적

구종	전체	VS우투	VS좌투
포심패스트볼	0.130	0.063	0.286
투심/싱커	0.000	0.000	-
컷패스트볼	1.000	1.000	1.000
슬라이더	0.000	0.000	0.000
커브	0.000	0.000	-
체인지업	0.500	0.500	-
포크/SF/너클	0.286	0.286	-

수비 기록

위치	자살	보살	실책	수비율
2루수	4	10	0	1.000
3루수	10	19	2	0.935
유격수	6	12	1	0.947

HOT&COLD vs. 전체 투수 — 좌타자

SPRAY ZONE 0 0 1 / 34% 29% 37%
홈런 타구분포 %

연도	팀명	타율	경기	타수	득점	안타	홈런	타점	도루	볼넷	삼진	장타율	OPS	WAR
2017	NC	0.239	121	268	29	64	6	24	1	22	67	0.366	0.684	0.56
통산		0.228	949	2140	231	488	43	248	10	171	531	0.345	0.645	-

지석훈

NO. 10

우투우타
1984년 3월 17일
181cm / 74kg
연봉 1억 4900만 원
경력 가동초-휘문중-휘문고-현대-우리-상무-넥센
지명순위 03 현대 2차 1라운드 6순위

내야

볼카운트별 타율-타점

볼카운트	타율	타수	안타	타점	볼카운트	타율	타수	안타	타점
0-0	0.293	41	12	2	2-0	0.333	3	1	1
0-1	0.429	21	9	3	2-1	0.417	12	5	2
0-2	0.154	26	4	4	2-2	0.184	49	9	1
1-0	0.333	12	4	2	3-0	0.000	1	0	0
1-1	0.400	25	10	2	3-1	0.600	5	3	4
1-2	0.102	49	5	2	3-2	0.083	24	2	1

S〉B : 0.188 / S=B : 0.270 / S〈B : 0.263

내야 백업으로 빈자리가 생길 때나 주전들의 휴식이 필요할 때 내야 틈새를 메우는 역할을 충분히 잘 맡았다. 타격에서는 필요할 때 하나씩 날려주는 모습을 보여주기도 했다. 그러나 2할대 초반에 불과한 타율과 한 자릿수 홈런은 여전히 답답하다. 또한 수비력도 리그 평균 수준. 2018시즌예는 공격력을 더 보강해야 한다.

상황별 기록

구분	타율	타수	안타	타점
주자 없음	0.248	129	32	4
주자 있음	0.230	139	32	20
득점권	0.197	76	15	17
좌투수	0.276	76	21	5
우투수	0.234	158	37	18
언더	0.176	34	6	1
노아웃	0.250	80	20	2
원아웃	0.315	92	29	10
투아웃	0.156	96	15	12

상대팀별 기록

상대팀	타율	타수	안타	타점
KIA	0.175	40	7	2
두산	0.185	27	5	0
롯데	0.200	35	7	4
SK	0.333	30	10	4
LG	0.219	32	7	2
넥센	0.200	15	3	1
한화	0.304	23	7	1
삼성	0.385	26	10	7
kt	0.200	40	8	3

구종별 타격 성적

구종	전체	VS우투	VS좌투
포심패스트볼	0.256	0.259	0.250
투심/싱커	0.333	0.300	0.500
컷패스트볼	0.000	0.000	-
슬라이더	0.140	0.108	0.333
커브	0.211	0.235	0.000
체인지업	0.129	0.000	0.222
포크/SF/너클	0.474	0.429	0.600

수비 기록

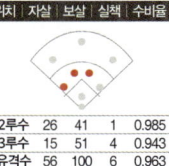

위치	자살	보살	실책	수비율
2루수	26	41	1	0.985
3루수	15	51	4	0.943
유격수	56	100	6	0.963

HOT&COLD vs. 전체투수 — 우타자

SPRAY ZONE — 0 / 6 / 0 / 48% 26% 26% — 홈런 타구분포 %

연도	팀명	타율	경기	타수	득점	안타	홈런	타점	도루	볼넷	삼진	장타율	OPS	WAR
2017	NC	0.000	3	2	0	0	0	0	1	0	2	0.000	0.000	-0.04
통산		0.280	494	1343	249	376	6	90	128	135	255	0.351	0.708	-

김종호

NO. 9

좌투좌타
1984년 5월 31일
183cm / 82kg
경력 성수초-청량중-배재고-건국대-삼성-상무-삼성
지명순위 07 삼성 2차 4라운드 25순위

외야

볼카운트별 타율-타점

볼카운트	타율	타수	안타	타점	볼카운트	타율	타수	안타	타점
0-0	-	-	-	-	2-0	-	-	-	-
0-1	-	-	-	-	2-1	-	-	-	-
0-2	-	-	-	-	2-2	0.000	1	0	0
1-0	-	-	-	-	3-0	-	-	-	-
1-1	-	-	-	-	3-1	-	-	-	-
1-2	0.000	1	0	0	3-2	-	-	-	-

S〉B : 0.000 / S=B : 0.000 / S〈B : -

2017년에 자리를 잃고 2군에서 맹활약했음에도 불구하고 1군 대주자 자리에서마저 밀려나버렸다. 신생팀 초기만 해도 노력을 통해 주전 자리를 쟁취했지만 팀이 강해지면서 툴의 한계로 입지를 잃었다. NC 입단 첫해만큼의 퍼포먼스를 보여주지 못한다면 출루율과 장타율을 중시하는 현대야구에서 대우받기 어렵다는 평가다.

상황별 기록

구분	타율	타수	안타	타점
주자 없음	0.000	2	0	0
주자 있음	-	-	-	-
득점권	-	-	-	-
좌투수	-	-	-	-
우투수	0.000	1	0	0
언더	0.000	1	0	0
노아웃	-	-	-	-
원아웃	0.000	1	0	0
투아웃	0.000	1	0	0

상대팀별 기록

상대팀	타율	타수	안타	타점
KIA	0.000	1	0	0
두산	-	-	-	-
롯데	0.000	1	0	0
SK	-	-	-	-
LG	-	-	-	-
넥센	-	-	-	-
한화	-	-	-	-
삼성	-	-	-	-
kt	-	-	-	-

구종별 타격 성적

구종	전체	VS우투	VS좌투
포심패스트볼	0.000	0.000	-
투심/싱커	-	-	-
컷패스트볼	-	-	-
슬라이더	-	-	-
커브	-	-	-
체인지업	-	-	-
포크/SF/너클	-	-	-

수비 기록

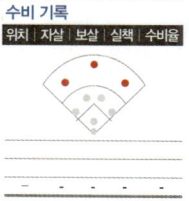

위치	자살	보살	실책	수비율
-	-	-	-	-

HOT&COLD vs. 전체투수 — 좌타자

SPRAY ZONE — 0 / 0 / 0 — 홈런 타구분포 %

외야 김준완

NO. 1

우투좌타
1991년 1월 20일
174cm / 73kg
경력 길동초-건대부중-장충고
-고려대
지명순위 13 NC 육성선수

연도	팀명	타율	경기	타수	득점	안타	홈런	타점	도루	볼넷	삼진	장타율	OPS	WAR
2017	NC	0.253	104	124	19	31	0	8	2	15	27	0.282	0.613	-0.21
통산		0.253	265	430	92	109	1	22	7	92	103	0.291	0.677	-

볼카운트별 타율-타점

볼카운트	타율	타수	안타	타점	볼카운트	타율	타수	안타	타점
0-0	0.333	12	4	0	2-0	0.500	2	1	1
0-1	0.000	7	0	1	2-1	0.500	4	2	1
0-2	0.182	11	2	0	2-2	0.185	27	5	1
1-0	0.571	7	4	2	3-0	-	0	0	0
1-1	0.214	14	3	0	3-1	0.500	2	1	0
1-2	0.158	19	3	0	3-2	0.316	19	6	2

S〉B : 0.135 / S=B : 0.226 / S〈B : 0.412

적극적으로 공을 치기보다는 뛰어난 선구안을 바탕으로 일단 많은 공을 지켜보는 유형의 타자. 콘택트 능력이 떨어져 맞추는 능력이 부족해 삼진을 많이 당한다. 주력 자체는 빠른 편이지만 주루 센스가 부족하다. 수비는 뛰어나다. 특히 어느새 달려와 몸을 내던져 잡아내는 다이빙 캐치는 그의 전매특허다.

상황별 기록

구분	타율	타수	안타	타점
주자 없음	0.218	78	17	0
주자 있음	0.304	46	14	8
득점권	0.292	24	7	7
좌투수	0.200	30	6	1
우투수	0.280	75	21	5
언더	0.211	19	4	2
노아웃	0.268	56	15	0
원아웃	0.231	39	9	2
투아웃	0.241	29	7	6

상대팀별 기록

상대팀	타율	타수	안타	타점
KIA	0.200	15	3	1
두산	0.250	20	5	1
롯데	0.267	15	4	0
SK	0.154	13	2	0
LG	0.231	13	3	1
넥센	0.318	22	7	4
한화	0.231	13	3	1
삼성	0.333	6	2	0
kt	0.286	7	2	0

HOT&COLD
vs. 전체 투수

좌타자

SPRAY ZONE

0 0 0
36%
34% 31%

홈런 타구분포 %

구종별 타격 성적

구종	전체	VS우투	VS좌투
포심패스트볼	0.300	0.327	0.200
투심/싱커	0.667	0.667	-
컷패스트볼	0.000	0.000	-
슬라이더	0.250	0.222	0.273
커브	0.000	0.000	0.000
체인지업	0.167	0.167	-
포크/SF/너클	0.167	0.167	-

수비 기록

위치	자살	보살	실책	수비율
좌익수	39	0	1	0.975
중견수	41	1	1	0.977
우익수	4	0	0	1.000

■ 타율 0.400 이상　■ 0.300~0.399　■ 0.200~0.299　■ 0.100~0.199　■ 타율 0.099 이하　□ 3타수 미만

외야 이재율

NO. 68

좌투좌타
1993년 5월 2일
185cm / 75kg
연봉 3200만 원
경력 본리초-포철중-포철공고
-영남대
지명순위 16 NC 2차 4라운드 33순위

연도	팀명	타율	경기	타수	득점	안타	홈런	타점	도루	볼넷	삼진	장타율	OPS	WAR
2017	NC	0.167	52	24	16	4	0	1	9	0	9	0.167	0.398	-0.07
통산		0.162	84	37	25	6	0	1	17	0	12	0.162	0.367	-

볼카운트별 타율-타점

볼카운트	타율	타수	안타	타점	볼카운트	타율	타수	안타	타점
0-0	0.125	8	1	0	2-0	-	-	-	-
0-1	-	0	0	0	2-1	0.000	1	0	0
0-2	0.000	2	0	0	2-2	0.333	3	1	0
1-0	-	-	-	-	3-0	-	-	-	-
1-1	0.000	1	0	0	3-1	1.000	1	1	1
1-2	0.125	8	1	0	3-2	0.000	1	0	0

S〉B : 0.100 / S=B : 0.182 / S〈B : 0.333

대학 4년 동안 69도루를 기록할 정도로 빠른 발을 자랑했던 선수다. 2017시즌 1군과 2군을 왔다 갔다 하다 5월 12일 kt전에서 1번 좌익수로 시즌 첫 선발 출전을 했다. 첫 타석부터 몸에 맞는 공으로 출루한 이후 도루와 땅볼로 3루까지 진출했고, 적시타 때 득점에 성공했다. 시즌 기록은 24타수 4안타 1타점 16득점. 여전히 타격은 답이 없었다.

상황별 기록

구분	타율	타수	안타	타점
주자 없음	0.000	10	0	0
주자 있음	0.286	14	4	1
득점권	0.500	6	3	1
좌투수	0.333	3	1	1
우투수	0.200	15	3	0
언더	0.000	6	0	0
노아웃	0.182	11	2	0
원아웃	0.333	3	1	1
투아웃	0.100	10	1	1

상대팀별 기록

상대팀	타율	타수	안타	타점
KIA	0.000	1	0	0
두산	0.667	3	2	0
롯데	0.500	2	1	0
SK	0.000	1	0	0
LG	0.000	1	0	0
넥센	-	0	0	0
한화	-	0	0	0
삼성	0.000	3	0	0
kt	0.100	10	1	1

HOT&COLD
vs. 전체 투수

좌타자

SPRAY ZONE

0 0 0
21%
50% 29%

홈런 타구분포 %

구종별 타격 성적

구종	전체	VS우투	VS좌투
포심패스트볼	0.167	0.200	0.000
투심/싱커	0.000	0.000	-
컷패스트볼	-	-	-
슬라이더	-	-	-
커브	0.500	0.500	-
체인지업	0.200	0.000	1.000
포크/SF/너클	0.000	0.000	-

수비 기록

위치	자살	보살	실책	수비율
좌익수	7	1	0	1.000
중견수	1	0	0	1.000
우익수	-	-	-	-

SK
WYVERNS

SK 와이번스

TEAM PROFILE

구단 창립 2000년
마스코트 아테나&와울
구단주 최창원
모기업 SK그룹
감독 트레이 힐만
단장 염경엽

HOME

현재 연고지 인천광역시
이전 연고지 –
홈구장 인천 SK 행복드림구장
수용인원 2만 6000명
영구결번 26번(박경완)

PERFORMANCE

한국시리즈 우승 3회
2007, 2008, 2010년

한국시리즈 출전 7회
2003, 2007, 2008, 2009, 2010,
2011, 2012년

플레이오프 출전 4회
2003, 2009, 2011, 2012년

준플레이오프 출전 3회
2003, 2005, 2011년

UNIFORM

Home / Away

LINE-UP

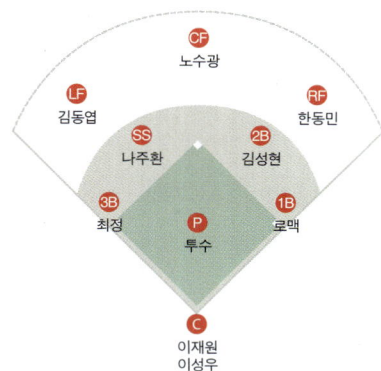

ROTATION	
SP	메릴 켈리
SP	앙헬산체스
SP	박종훈
SP	문승원
SP	김광현 外

BULLPEN	
RP	윤희상
RP	신재웅
RP	서진용
RP	김주한
RP	박희수
RP	백인식
CL	박정배

BATTING	
1	노수광
2	나주환
3	최정
4	제이미 로맥
5	정의윤
6	한동민
7	김동엽
8	이재원
9	김성현

UTILITY PLAYERS	
IF	박정권
IF	박성한
IF	최항
OF	조용호
OF	정진기
OF	김재현

재미있는 야구에서
이제는 이기는 야구로

색깔 뚜렷한 야구 선보인 시즌. 막강한 홈런군단, 그러나 허약한 불펜

2017시즌 SK만큼 색깔이 뚜렷한 야구를 선보인 팀이 있을까. SK는 지난해 팀홈런 234개로 KBO리그 역사에 새로운 이정표를 세웠다. 그 어렵다는 백투백투백 홈런이 수시로 터졌고, 한 경기 홈런 5개를 쏟아낼 때도 많았다. 한때 무색무취했던 SK 야구는 외국인 감독 트레이 힐만과 함께 보다 다이내믹해지고, 재밌어졌다. 하지만 그만큼 약점도 뚜렷했다. 홈런이 터지지 않는 날엔 타선이 꽁꽁 묶이며 침묵할 때가 많았다. 허약한 불펜도 문제였다. 시즌 내내 마무리투수가 수시로 바뀌었고, 투수 교체 타이밍과 투수 선택에서도 문제점이 드러났다. 시즌 막판 잠시 하위권으로 떨어지기도 했던 SK는 막판 상승세로 5위로 시즌을 마쳤다. 와일드카드 결정전에선 NC의 벽을 넘지 못해 아쉽게 포스트시즌을 마감했다.

기존 전력 유지에 초점 맞춘 오프시즌

시즌이 끝난 뒤 SK는 기존 전력 유지에 중점을 두고 오프시즌을 보냈다. 외국인 선수 가운데 메릴 켈리, 제이미 로맥과 재계약했다. 스캇 다이아몬드의 빈 자리는 강속구 투수 앙헬 산체스를 데려와 채웠다. 내부 FA 정의윤과는 적절한 수준의 계약을 체결했고, 그외 큰 전력 누수 없이 무난한 오프시즌을 보냈다. 지난 시즌 SK엔 1군 경험이 많지 않은 선수들이 올라와 기대 이상의 성과를 냈다. SK는 이 선수들이 지난해 경험을 바탕으로 올 시즌 한 단계 더 올라설 것이라 기대하고 있다. 따라서 외부 영입보다는 기존 선수단의 성장과, 젊은 선수 육성이 현재 SK에 적합한 방향이란 판단이다.

젊은 선수들 성장, 손혁 코치 등 보강 어떤 효과 낼지

외부 영입은 없지만, 외부 영입보다 더 강력한 전력 보강이 있다. 재활을 끝낸 김광현이 올 시즌 선수단에 돌아온다. SK는 첫 해 이닝 제한을 걸어 김광현을 철저하게 보호할 계획이다. 건강한 김광현은 어느 외국인 선수, FA 선수보다 팀에 큰 도움이 될 수 있는 존재다. 투수코치도 손혁 전 해설위원을 영입해 보강했다. 손 코치는 넥센에서 젊은 투수들의 성장을 이끌어내 좋은 평가를 받는다. SK가 가진 좋은 투수 자원들이 손 코치와 만나 어떤 결과를 만들어낼지 주목된다. 지난해 아쉬움이 많았던 불펜 기용 면에서도 개선이 기대된다. 지난 시즌 한국야구를 경험한 힐만 감독이 올해 어떤 전략으로 시즌을 치를지도 관심사다.

동화
SK

화학
LG화
SEOUL
Green Car
카셰

SK
Wyverns
BLACKYAK

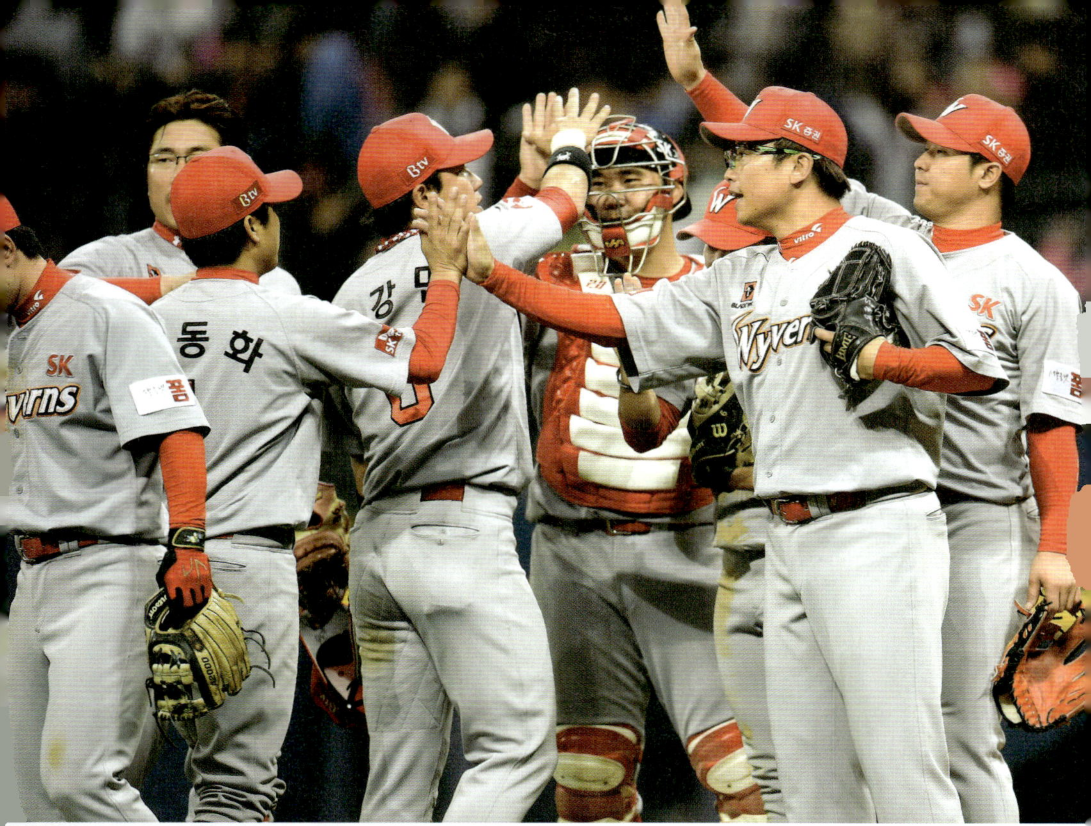

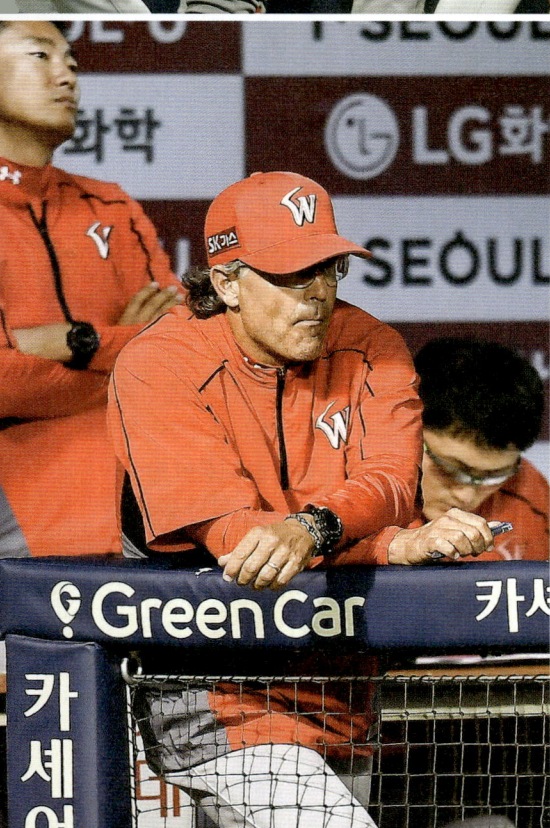

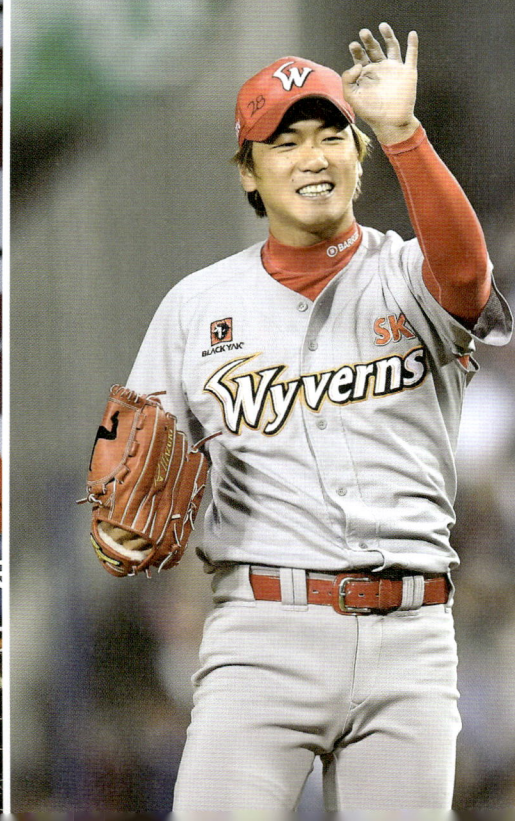

No.88 | 트레이 힐만
1963년 1월 4일
178cm | 81kg
프로 입단 연도 1985년
연봉 60만 달러(2018년)

감독 **트레이 힐만**

　일본(니혼 햄 파이터즈)과 메이저리그(캔자스시티 로얄즈) 감독을 역임했다. SK 감독에 취임 첫해인 2017년, 5위를 기록하며 가을야구에 초대 받았다. 그러나 와일드카드 NC 전에서 5:10로 패하며 내년을 기약하게 됐다. 취임 첫해 절반의 성공을 이룬셈. 힐먼감독은 일본 감독 시절 전형적인 스몰볼을 구사했으나 나SK에서 더 과감한 작전을 구사했다. 과감한 시프트와 독특한 불펜진 운용으로 경기력에 기복을 보인 측면이 있다. 김광현이 돌아오는 2018년에는 반등이 예상된다. 적극적인 트레이드와 세이버매트릭스에 기반한 경기운용, KBO리그에서 생소한 감독 스타일로 많은 야구인, 야구팬들의 주목을 받았던 한 해였다.

TEAM STATS

*는 수치가 낮을수록 순위가 높아짐

투수 기록

항목	평균자책점	승	패	세이브	홀드	승률	이닝	피안타	피홈런	볼넷	사구	탈삼진	실점	자책점	WHIP
기록	5.02	75	68	30	64	0.524	1270 2/3	1443	154	481	105	940	767	709	1.51
순위	6위	5위	5위	8위	3위	9위	9위	5위	5위	9위	9위	8위	7위	6위	6위

항목	완투	완봉	QS	불펜S	타자수	투구수	피안타율	2루타	3루타	희생번트	희생플라이	고의사구	폭투	보크
기록	2	4	57	24	5692	21752	0.288	271	17	58	36	35	61	7
순위	5위	9위	6위	10위	5위	7위	5위	6위	3위	6위	2위	10위	3위	9위

타자 기록

항목	타율	경기	타석	타수	득점	안타	2루타	3루타	홈런	총루타	타점	희생번트
기록	0.271	144	5564	4925	761	1337	222	15	234	2291	733	57
순위	10위		9위	10위	5위	4위	9위	10위	1위	3위	4위	7위

항목	희생플라이	볼넷	고의볼넷	사구	삼진	병살타	장타율	출루율	OPS	멀티히트	득점권	대타타율
기록	41	427	20	113	1100	97	0.465	0.341	0.806	337	0.273	0.237
순위	8위	8위	2위	2위	10위	1위	2위	8위	4위	9위	10위	5위

득점 분포 및 승패

득점	0	1	2	3	4	5	6	7	8	9	10	11	12	13	14	15	16	17	18
경기	7	10	19	13	20	14	19	9	13	4	3	2	2	4	1	2	0	1	1
승	0	0	6	2	11	6	12	8	11	4	2	2	2	4	1	2	0	1	1
패	7	10	13	11	9	8	6	1	2	0	1	0	0	0	0	0	0	0	0
무	0	0	0	0	0	0	1	0	0	0	0	0	0	0	0	0	0	0	0
승률	0.000	0.000	0.316	0.154	0.550	0.429	0.667	0.889	0.846	1.000	0.667	1.000	1.000	1.000	1.000	1.000	-	1.000	1.000

실점 분포 및 승패

실점	0	1	2	3	4	5	6	7	8	9	10	11	12	13	14	15	16	17	18	19
경기	4	18	15	14	14	17	18	10	10	5	7	4	2	1	1	1	0	2	0	1
승	4	17	13	10	9	9	3	4	2	0	3	0	0	0	0	0	0	1	0	0
패	0	1	2	4	5	8	14	6	8	5	4	4	2	1	1	0	1	0	0	1
무	0	0	0	0	0	0	1	0	0	0	0	0	0	0	0	0	0	0	0	0
승률	1.000	0.944	0.867	0.714	0.643	0.529	0.176	0.400	0.200	0.000	0.429	0.000	0.000	0.000	0.000	0.000	-	0.500	-	0.000

이닝별 득점

이닝	경기	0점	1+점	1점	2점	3점	4점	5+점	최다	합계	평균	평균/9
1	144	95	49	28	8	5	8	0	4	91	0.63	5.69
2	144	100	44	19	17	5	1	2	7	84	0.58	5.25
3	144	90	54	23	9	12	5	5	7	125	0.87	7.81
4	144	101	43	18	15	5	2	3	7	89	0.62	5.56
5	144	102	42	24	14	3	0	1	6	67	0.47	4.19
6	143	96	47	27	8	5	2	5	7	93	0.65	5.85
7	143	107	36	18	3	7	4	4	10	87	0.61	5.48
8	143	101	42	24	11	3	2	2	6	74	0.52	4.66
9	110	83	27	16	8	2	1	0	4	42	0.38	3.44
10	8	7	1	0	0	1	0	0	3	3	0.38	3.38
11	5	4	1	0	0	0	1	0	5	5	1.00	9.00
12	2	1	1	1	0	0	0	0	1	1	0.50	4.50
합계	1274	887	387	198	93	48	25	23	10	761	0.60	5.38

이닝별 실점

이닝	경기	0점	1+점	1점	2점	3점	4점	5+점	최다	합계	평균	평균/9
1	144	97	47	29	7	8	3	0	4	79	0.55	4.94
2	144	106	38	19	9	4	1	5	7	83	0.58	5.19
3	144	103	41	25	6	5	2	3	7	78	0.54	4.88
4	144	91	53	29	10	10	1	3	6	100	0.69	6.25
5	144	105	39	22	8	4	1	4	12	89	0.62	5.56
6	143	103	40	19	9	6	2	2	10	86	0.60	5.41
7	143	98	45	25	10	8	1	1	5	80	0.56	5.03
8	143	93	50	28	11	7	3	1	5	88	0.62	5.54
9	109	67	42	19	8	2	1	2	5	75	0.69	6.19
10	8	5	3	2	0	1	0	0	4	6	0.75	6.75
11	5	3	2	1	0	0	0	0	2	3	0.60	5.40
12	2	2	0	0	0	0	0	0				
합계	1273	873	400	218	89	53	18	22	12	767	0.60	5.42

투수

좌투좌타
1988년 7월 22일
188cm / 88kg
연봉 연봉 14억 원
경력 덕성초(안산리틀)–안산중앙중
–안산공고–건국대–SK
지명순위 07 SK 1차

NO. 29 김광현

　프로야구 최고 좌완 투수 중 1명이었던 김광현이 돌아온다. 그는 2017년 1월 팔꿈치 인대 접합수술을 받은 이후 긴 재활을 거쳤다. 지난 시즌을 통으로 쉬었기에 매우 조심스럽게 복귀한다. 몸이 건강하다면 올 시즌 초반에는 SK 로테이션의 '제5 선발'로 출발할 것이다. 김광현은 명실상부한 SK의 에이스였고, 프로야구 전체에서도 양현종(KIA), 장원준(두산), 차우찬(LG) 등과 함께 최고 좌완 자리를 놓고 선의의 경쟁을 해왔다. 이제 김광현의 가세로 프로야구는 더욱 뜨거워질 전망이다. 정상 컨디션일 경우 김광현은 평균 140km/h 중후반대, 최고 150km/h의 포심패스트볼을 던진다. 키가 큰 데다 타점이 높아 내리 꽂는 위력이 대단하다. 여기에 필살의 승부구인 종으로 떨어지는 슬라이더는 최고의 무기다.

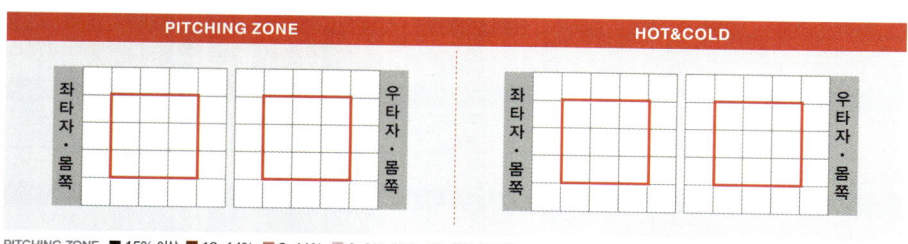

| PITCHING ZONE | | | | | | HOT&COLD | | | | | |

PITCHING ZONE ■ 15% 이상 ■ 12~14% ■ 9~11% ■ 6~8% ■ 3~5% □ 2% 이하
HOT&COLD ■ 피안타율 0.099 이하 ■ 0.100~0.199 ■ 0.200~0.299 ■ 0.300~0.399 ■ 피안타율 0.400 이상 □ 3타수 미만

최근 3년간 성적

연도	팀명	평균자책	경기	승	패	세이브	홀드	승률	타자수	이닝	피안타	피홈런	볼넷	탈삼진	실점	자책점	WHIP	WAR
2015	SK	3.72	30	14	6	0	1	0.700	754	176 2/3	173	19	66	160	86	73	-	-
2016	SK	3.88	27	11	8	0	1	0.579	583	137	139	17	41	116	68	59	-	-
2017	SK	-	-	-	-	-	-	-	-	-	-	-	-	-	-	-	-	-
통산		3.41	242	108	63	0	2	0.632	5707	1347 1/3	1254	114	578	1146	579	511	-	-

구속/구사율/피안타율

구종	평균구속	종합	초구	2-2	좌타자	우타자	피안타율
포심패스트볼	-	-	-	-	-	-	-
투심/싱커	-	-	-	-	-	-	-
컷패스트볼	-	-	-	-	-	-	-
슬라이더	-	-	-	-	-	-	-
커브	-	-	-	-	-	-	-
체인지업	-	-	-	-	-	-	-
포크/SF/너클	-	-	-	-	-	-	-

볼카운트별 피안타율

볼카운트	피안타율	타수	피안타	볼카운트	피안타율	타수	피안타
0-0	-	-	-	-	-	-	-
0-1	-	-	-	-	-	-	-
0-2	-	-	-	-	-	-	-
1-0	-	-	-	-	-	-	-
1-1	-	-	-	-	-	-	-
1-2	-	-	-	-	-	-	-
	S>B : 0.158 / S=B : 0.362 / S<B : 0.382						

기타 기록

상대 타자 타구 방향

39%　28%　33%

이닝당 투구수　17.3
땅볼/뜬공　1.11

상황별 기록

상황	안타	2루타	3루타	홈런	볼넷	사구	삼진	폭투	보크	피안타율
주자 없음	-	-	-	-	-	-	-	-	-	-
만루	-	-	-	-	-	-	-	-	-	-
주자 있음	-	-	-	-	-	-	-	-	-	-
득점권	-	-	-	-	-	-	-	-	-	-
상위(1~2번)	-	-	-	-	-	-	-	-	-	-
중심(3~5번)	-	-	-	-	-	-	-	-	-	-
하위(6~9번)	-	-	-	-	-	-	-	-	-	-
좌타자	-	-	-	-	-	-	-	-	-	-
우타자	-	-	-	-	-	-	-	-	-	-

상대팀별 기록

구분	경기	평균자책	승	패	세이브	홀드	이닝	피안타	피홈런	볼넷	삼진	피안타율
KIA	-	-	-	-	-	-	-	-	-	-	-	-
두산	-	-	-	-	-	-	-	-	-	-	-	-
롯데	-	-	-	-	-	-	-	-	-	-	-	-
NC	-	-	-	-	-	-	-	-	-	-	-	-
LG	-	-	-	-	-	-	-	-	-	-	-	-
넥센	-	-	-	-	-	-	-	-	-	-	-	-
한화	-	-	-	-	-	-	-	-	-	-	-	-
삼성	-	-	-	-	-	-	-	-	-	-	-	-
kt	-	-	-	-	-	-	-	-	-	-	-	-

NO. 59 **김주한**

우완 사이드암 투수. 패스트볼의 평균구속은 140km/h 초반이며 서클체인지업, 커브, 슬라이더 등 다양한 변화구를 구사한다. 도망가는 피칭 대신 정면승부를 펼치는 스타일이다. 공격적인 성향과 빠른 공의 움직임이 좋고 제구력이 뛰어나다. 2017시즌 초반, 팀 선발에 구멍이 나면서 임시 선발로 투입됐으나 4월 13일 롯데전에서 8득점의 지원을 받고도 3.2이닝 8실점으로 처참하게 무너지면서 불펜에서 활약하게 됐다. 하반기 불펜에서도 체력과 구위의 저하로 저조한 성적을 냈다. 약해진 불펜을 구하려다 결국 본인도 무너져버린 시즌이었다. 그러나 새로 부임한 손혁 코치의 지도 아래 2018시즌은 분명히 한 단계 더 성장하리라 기대를 모으고 있다.

투수

우언우타
1993년 2월 3일
184cm / 93kg
연봉 9000만 원
경력 동천초-경주중-성남고
－고려대
지명순위 16 SK 2차 2라운드
15순위

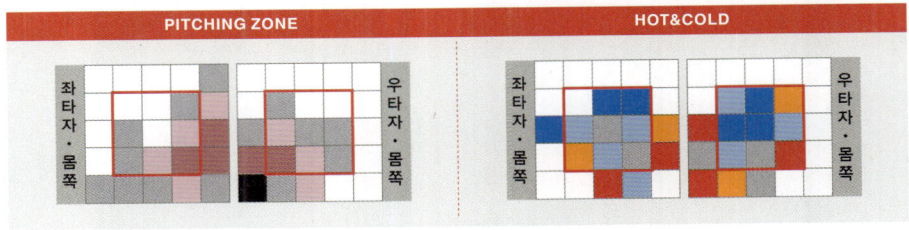

PITCHING ZONE ■ 15% 이상 ■ 12~14% ■ 9~11% ■ 6~8% ■ 3~5% □ 2% 이하
HOT&COLD ■ 피안타율 0.099 이하 ■ 0.100~0.199 ■ 0.200~0.299 ■ 0.300~0.399 ■ 피안타율 0.400 이상 □ 3타수 미만

최근 3년간 성적

연도	팀명	평균자책	경기	승	패	세이브	홀드	승률	타자수	이닝	피안타	피홈런	볼넷	탈삼진	실점	자책점	WHIP	WAR
2015	-	-	-	-	-	-	-	-	-	-	-	-	-	-	-	-	-	-
2016	SK	4.25	39	3	1	1	2	0.750	254	59 1/3	62	6	14	50	28	28	1.28	0.94
2017	SK	5.94	63	6	5	5	11	0.545	320	69 2/3	82	10	32	45	51	46	1.64	-0.27
통산		5.16	102	9	6	6	13	0.600	574	129	144	16	46	95	79	74	1.47	-

구속/구사율/피안타율

구종	평균구속	종합	초구	2-2	좌타자	우타자	피안타율
포심패스트볼	139	49%	61%	27%	46%	52%	0.361
투심/싱커	136	5%	5%	1%	5%	4%	0.308
컷패스트볼	-	-	-	-	-	-	-
슬라이더	124	14%	13%	13%	8%	20%	0.400
커브	-	-	-	-	-	-	-
체인지업	125	32%	21%	59%	41%	25%	0.193
포크/SF/너클	-	-	-	-	-	-	-

볼카운트별 피안타율

볼카운트	피안타율	타수	피안타	볼카운트	피안타율	타수	피안타
0-0	0.366	41	15	2-0	0.400	5	2
0-1	0.233	30	7	2-1	0.333	12	4
0-2	0.059	17	1	2-2	0.212	33	7
1-0	0.467	15	7	3-0	-	0	0
1-1	0.516	31	16	3-1	0.500	8	4
1-2	0.146	48	7	3-2	0.333	36	12
S > B : 0.158 / S = B : 0.362 / S < B : 0.382							

기타 기록

상대 타자 타구 방향
39% 28% 33%

이닝당 투구수	17.3
땅볼 · 뜬공	1.11

상황별 기록

상황	안타	2루타	3루타	홈런	볼넷	사구	삼진	폭투	보크	피안타율
주자 없음	40	6	2	5	13	3	20	0	0	0.288
만루	2	1	0	0	1	0	2	0	0	0.200
주자 있음	42	7	2	5	19	2	25	2	1	0.307
득점권	24	6	2	2	16	1	15	0	1	0.273
상위(1~2번)	19	2	2	2	7	0	8	1	0	0.306
중심(3~5번)	27	4	0	6	13	3	19	1	1	0.318
하위(6~9번)	36	7	2	2	12	2	18	0	0	0.279
좌타자	37	4	3	2	16	1	18	1	0	0.296
우타자	45	5	1	8	16	4	27	1	1	0.298

상대팀별 기록

구분	경기	평균자책	승	패	세이브	홀드	이닝	피안타	피홈런	볼넷	삼진	피안타율
KIA	6	3.68	2	1	0	1	7 1/3	8	1	3	5	0.296
두산	6	8.53	0	1	0	1	6 1/3	10	4	2	6	0.345
롯데	7	12.15	1	0	0	0	6 2/3	14	1	5	5	0.412
NC	6	0.87	0	0	0	0	10 1/3	7	0	4	9	0.194
LG	10	3.09	0	0	1	3	11 2/3	7	1	4	7	0.184
넥센	4	4.91	2	0	0	1	11	11	0	7	5	0.275
한화	5	1.69	0	0	2	2	5 1/3	4	0	2	4	0.190
삼성	7	14.29	1	2	1	0	5 2/3	9	1	3	6	0.360
kt	9	11.81	0	1	0	2	5 1/3	12	2	2	3	0.462

투수

우투우타
1989년 11월 28일
183cm / 85kg
연봉 9000만 원
경력 가동초-배명중-배명고
　　-고려대-SK-상무
지명순위 12 SK 1라운드 8순위

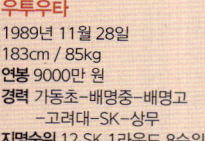

NO. **42**　**문승원**

　고교시절 내·외야수를 전전하다 3학년 때 투수로 전향했다. 대학시절 2완봉승과 150km/h를 기록하며 SK에서 화려하게 데뷔했다. 패스트볼 평균구속은 140km/h 초반대이고 슬라이더, 포크볼, 커브를 간간이 던진다. 구속은 묵직하지만 밋밋하게 들어오는 직구는 통타를 당한다. 그나마 2017시즌에는 환골탈태하여 토종 선수 중 박종훈과 함께 SK 마운드를 책임지며 고분분 투했지만, 뭔가 부족한 면을 보였다. 특히 후반기에 한 번 등판해서 잘 던지면 다음 등판에서 망가지는 풍당풍당 투구로 모두를 애태우게 했다. 그러나 발전 가능성이 무궁무진한 투수이기에 2018시즌 5선발 역할을 제대로 수행한다면 SK 입장에서는 천군만마를 얻는 셈이다.

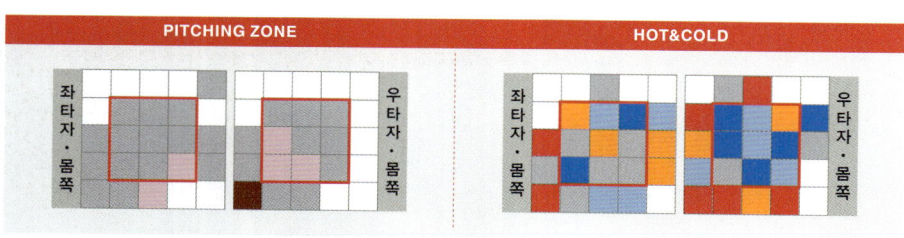

PITCHING ZONE ■ 15% 이상 ■ 12~14% ■ 9~11% ■ 6~8% ■ 3~5% □ 2% 이하
HOT&COLD ■ 피안타율 0.099 이하 ■ 0.100~0.199 ■ 0.200~0.299 ■ 0.300~0.399 ■ 피안타율 0.400 이상 □ 3타수 미만

최근 3년간 성적

연도	팀명	평균자책	경기	승	패	세이브	홀드	승률	타자수	이닝	피안타	피홈런	볼넷	탈삼진	실점	자책점	WHIP	WAR
2015	-	-	-	-	-	-	-	-	-	-	-	-	-	-	-	-	-	-
2016	SK	6.64	20	4	4	0	0	0.500	306	63 2/3	86	12	33	49	52	47	1.87	-0.01
2017	SK	5.33	29	6	12	0	0	0.333	695	155 1/3	181	25	54	86	98	92	1.51	1.20
통산		5.69	67	10	17	0	0	0.370	1117	245 1/3	298	42	93	151	167	155	1.59	

구속/구사율/피안타율

구종	평균구속	종합	초구	2-2	좌타자	우타자	피안타율
포심패스트볼	144	50%	48%	46%	52%	48%	0.334
투심/싱커	129	5%	8%	1%	8%	3%	0.357
컷패스트볼	-	-	-	-	-	-	-
슬라이더	132	18%	15%	21%	7%	27%	0.264
커브	116	12%	16%	13%	9%	15%	0.197
체인지업	124	5%	8%	3%	9%	1%	0.360
포크/SF/너클	132	10%	6%	16%	15%	6%	0.214

볼카운트별 피안타율

볼카운트	피안타율	타수	피안타	볼카운트	피안타율	타수	피안타
0-0	0.289	83	24	2-0	0.385	13	5
0-1	0.424	59	25	2-1	0.375	40	15
0-2	0.238	42	10	2-2	0.222	99	22
1-0	0.356	59	21	3-0	-	0	0
1-1	0.373	59	22	3-1	0.667	15	10
1-2	0.179	84	15	3-2	0.190	63	12
S) B : 0.270 / S=B : 0.282 / S< B : 0.332							

기타 기록

상대 타자 타구 방향
43% 27% 30%

이닝당 투구수	17.4
땅볼 / 뜬공	0.99

상황별 기록

상황	안타	2루타	3루타	홈런	볼넷	사구	삼진	폭투	보크	피안타율
주자 없음	104	14	2	16	26	6	49	0	0	0.303
만루	7	2	0	1	0	1	6	1	0	0.467
주자 있음	77	18	0	9	28	5	37	5	1	0.282
득점권	40	9	0	7	23	4	22	3	1	0.272
상위(1~2번)	49	8	2	4	17	2	14	1	0	0.325
중심(3~5번)	60	10	0	11	19	2	29	2	1	0.275
하위(6~9번)	72	14	0	10	18	7	43	2	0	0.291
좌타자	79	14	2	10	30	2	33	0	0	0.288
우타자	102	18	0	15	24	9	53	5	1	0.298

상대팀별 기록

구분	경기	평균자책	승	패	세이브	홀드	이닝	피안타	피홈런	볼넷	삼진	피안타율
KIA	4	5.25	1	2	0	0	24	21	4	10	10	0.233
두산	4	6.43	0	2	0	0	21	33	5	7	11	0.359
롯데	1	13.50	0	1	0	0	4	7	2	1	3	0.368
NC	6	4.36	2	2	0	0	32	39	2	10	16	0.298
LG	3	4.61	1	1	0	0	13 2/3	15	3	3	12	0.300
넥센	2	3.00	0	1	0	0	12	10	1	5	8	0.222
한화	4	5.48	1	0	0	0	21 1/3	30	3	6	11	0.345
삼성	3	3.93	1	1	0	0	18 1/3	17	3	6	9	0.239
kt	2	10.13	0	2	0	0	8	9	2	7	4	0.290

NO. 32 박정배

투수

평균구속 142km/h, 최고 150km/h의 패스트볼과 슬라이더, 포크볼이 주 무기다. 패스트볼 평균구속은 빠르지 않으나 구위가 묵직하여 돌직구의 위력을 발휘한다. 또한 낙차 큰 포크볼은 빠른 공의 위력을 배가시켜준다. 그리고 인터벌이 길다. 2012년 자신의 커리어하이를 기록하며 SK의 새로운 미들맨으로 등장했다. 평범한 제구력과 잦은 부상은 그의 아킬레스건. 때문에 반드시 세심한 관리가 필요한 선수다. 그나마 2017시즌 붕괴된 SK 불펜 마운드를 잡아주는 마당쇠 역할을 잘 수행했다. 팀 내 채병용과 더불어 불펜 핵심이자 경험이 적은 불펜의 젊은 선수들을 이끌며 노장의 역할을 무난히 수행한다면 2018 SK의 정상권 전력에 일조할 것이다.

우투우타
1982년 4월 1일
180cm / 85kg
연봉 1억 4000만 원
경력 공주중동초-공주중-공주고 -한양대-두산
지명순위 05 두산 2차 6라운드 41순위

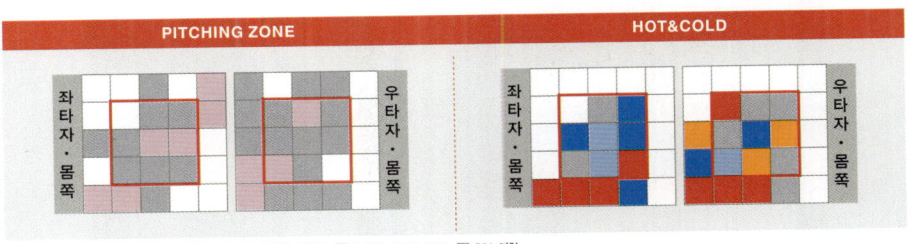

PITCHING ZONE 좌타자·몸쪽 / 우타자·몸쪽

HOT&COLD 좌타자·몸쪽 / 우타자·몸쪽

PITCHING ZONE ■15% 이상 ■12~14% ■9~11% ■6~8% ■3~5% □2% 이하
HOT&COLD ■피안타율 0.099 이하 ■0.100~0.199 ■0.200~0.299 ■0.300~0.399 ■피안타율 0.400 이상 □3타수 미만

최근 3년간 성적

연도	팀명	평균자책	경기	승	패	세이브	홀드	승률	타수	이닝	피안타	피홈런	볼넷	탈삼진	실점	자책점	WHIP	WAR
2015	SK	5.33	24	2	2	0	2	0.500	115	25 1/3	25	3	13	28	15	15	1.50	0.10
2016	SK	5.40	49	2	3	2	11	0.400	223	51 2/3	55	6	17	26	34	31	1.39	-0.04
2017	SK	3.57	61	5	3	7	16	0.625	290	68	58	9	33	49	32	27	1.34	0.94
통산		4.44	304	26	19	11	56	0.578	1650	381	361	43	166	275	202	188	1.38	-

구속/구사율/피안타율

구종	평균구속	종합	초구	2-2	좌타자	우타자	피안타율
포심패스트볼	144	48%	53%	44%	53%	45%	0.248
투심/싱커	140	1%	1%	0%	1%	0%	1.000
컷패스트볼	-	-	-	-	-	-	-
슬라이더	134	24%	26%	14%	15%	31%	0.258
커브	118	4%	7%	7%	3%	5%	0.333
체인지업	133	1%	1%	1%	2%	0%	-
포크/SF/너클	132	22%	11%	33%	27%	19%	0.156

볼카운트별 피안타율

볼카운트	피안타율	타수	피안타	볼카운트	피안타율	타수	피안타
0-0	0.297	37	11	2-0	0.286	7	2
0-1	0.358	19	7	2-1	0.143	7	1
0-2	0.176	17	3	2-2	0.286	28	8
1-0	0.233	30	7	3-0	1.000	1	1
1-1	0.212	33	7	3-1	0.400	5	2
1-2	0.103	39	4	3-2	0.263	19	5

S〉B : 0.187 / S=B : 0.265 / S〈B : 0.261

기타 기록

상대 타자 타구 방향

42% / 22% / 37%

이닝당 투구수 15.2
땅볼 / 뜬공 0.79

상황별 기록

상황	안타	2루타	3루타	홈런	볼넷	사구	삼진	폭투	보크	피안타율
주자 없음	32	6	2	6	17	1	26	0	0	0.264
만루	0	0	0	0	1	4	0	0	0	0.000
주자 있음	26	6	3	16	2	23	4	0	0.215
득점권	14	4	0	1	12	2	17	3	0	0.184
상위(1~2번)	9	2	0	0	9	1	8	1	0	0.200
중심(3~5번)	23	6	2	4	8	0	9	1	0	0.291
하위(6~9번)	26	4	0	5	4	2	32	2	0	0.220
좌타자	27	5	1	4	15	1	13	2	0	0.284
우타자	31	7	1	6	18	2	36	1	0	0.211

상대팀별 기록

구분	경기	평균자책	승	패	세이브	홀드	이닝	피안타	피홈런	볼넷	삼진	피안타율
KIA	5	1.42	0	0	1	1	6 1/3	2	0	2	5	0.095
두산	7	4.50	1	1	2	2	8	5	2	6	4	0.185
롯데	8	0.90	1	0	0	2	10	3	1	4	8	0.097
NC	7	1.04	0	0	0	1	8 2/3	6	1	3	5	0.250
LG	7	3.38	0	0	0	4	5 1/3	2	1	3	6	0.167
넥센	5	3.38	1	1	0	2	5 1/3	6	1	6	3	0.300
한화	8	5.06	0	1	1	1	10 2/3	7	0	1	4	0.263
삼성	7	8.53	2	0	1	1	6 1/3	14	2	3	2	0.429
kt	7	4.91	0	0	2	2	7 1/3	9	1	3	4	0.333

투수

우언우타
1991년 8월 13일
186cm / 85kg
연봉 2억 원
경력 군산중앙초-군산중
　　　-군산상고-SK-상무
지명순위 10 SK 2라운드 9순위

NO. 50 박종훈

　국내는 물론 미국에서도 관심을 끌었던 언더핸드 투수. 손끝이 땅에 긁힐 정도로 릴리스포인트가 낮다. 130km/h 대의 포심 패스트볼과 커브, 싱커, 슬라이더, 투심 등을 던진다. 특히 바닥에서 치솟는 공의 움직임이 변화무쌍하다. 그러나 제구력이 좋지 않아 볼넷을 많이 내주는 문제점을 드러냈다. 또한 도루에 약하다. 팔을 크게 뒤로 당기는 투구 폼 때문에 공을 뿌리는 데까지 걸리는 시간이 길기 때문이다. 1루 견제 시 공의 변화로 1루수가 잡기 까다롭다. 제구력만 보완한다면 국제용으로 요긴하게 쓸 수 있다. 군복무 후 2017시즌에서 12승을 달성하여 연봉(2억 원)도 대폭 상승했다. 그간 사이드암은 많았지만 언더핸드는 드물었기에 그의 선전이 SK로서는 기쁘기만 하다.

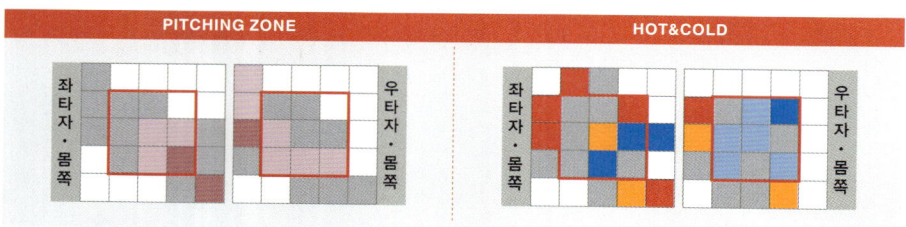

PITCHING ZONE　좌타자·몸쪽　우타자·몸쪽　　HOT&COLD　좌타자·몸쪽　우타자·몸쪽

PITCHING ZONE ■ 15% 이상　■ 12~14%　■ 9~11%　■ 6~8%　■ 3~5%　□ 2% 이하
HOT&COLD ■ 피안타율 0.099 이하　■ 0.100~0.199　■ 0.200~0.299　■ 0.300~0.399　■ 피안타율 0.400 이상　□ 3타수 미만

최근 3년간 성적

연도	팀명	평균자책	경기	승	패	세이브	홀드	승률	타자수	이닝	피안타	피홈런	볼넷	탈삼진	실점	자책점	WHIP	WAR
2015	SK	5.19	33	6	8	0	0	0.429	530	118	123	7	53	105	74	68	1.49	1.32
2016	SK	5.66	28	8	13	0	0	0.381	650	140	141	17	94	104	102	88	1.66	0.88
2017	SK	4.10	29	12	7	0	1	0.632	664	151 1/3	145	16	61	107	74	69	1.36	2.67
통산		5.04	105	27	30	0	1	0.474	1959	434	434	41	222	337	269	243	1.51	-

구속/구사율/피안타율

구종	평균구속	종합	초구	2-2	좌타자	우타자	피안타율
포심패스트볼	132	54%	55%	46%	54%	54%	0.302
투심/싱커	130	0%	0%	0%	0%	0%	1.000
컷패스트볼	-	-	-	-	-	-	-
슬라이더	-	-	-	-	-	-	-
커브	119	35%	30%	49%	31%	39%	0.149
체인지업	123	6%	7%	4%	2%	4%	0.316
포크/SF/너클	124	5%	8%	2%	7%	3%	0.292

볼카운트별 피안타율

볼카운트	피안타율	타수	피안타	볼카운트	피안타율	타수	피안타
0-0	0.348	66	23	2-0	0.333	6	2
0-1	0.298	57	17	2-1	0.444	36	16
0-2	0.074	54	4	2-2	0.145	83	12
1-0	0.500	42	21	3-0	-	0	0
1-1	0.241	58	14	3-1	0.400	15	6
1-2	0.184	98	18	3-2	0.218	55	12

S〉B : 0.187 / S=B : 0.237 / S〈B : 0.370

기타 기록

상대 타자 타구 방향

38%　29%　34%

이닝당 투구수	17.0
땅볼/뜬공	1.24

상황별 기록

상황	안타	2루타	3루타	홈런	볼넷	사구	삼진	폭투	보크	피안타율
주자 없음	86	14	0	10	25	11	52	0	0	0.254
만루	2	0	0	0	2	0	5	0	0	0.100
주자 있음	59	12	0	6	36	14	55	4	0	0.255
득점권	38	10	0	4	26	8	39	4	0	0.245
상위(1~2번)	27	6	0	1	13	7	25	2	0	0.181
중심(3~5번)	56	14	0	8	20	10	43	1	0	0.271
하위(6~9번)	62	6	0	7	28	8	39	1	0	0.290
좌타자	67	14	0	1	25	18	54	1	0	0.238
우타자	78	14	0	9	36	7	53	4	0	0.271

상대팀별 기록

구분	경기	평균자책	승	패	세이브	홀드	이닝	피안타	피홈런	볼넷	삼진	피안타율
KIA	3	7.71	1	1	0	0	16 1/3	17	3	5	5	0.270
두산	6	5.59	2	1	0	0	29	39	3	10	23	0.322
롯데	3	5.00	0	1	0	0	18	12	3	10	9	0.194
NC	2	0.90	0	1	0	0	10	8	0	5	4	0.219
LG	2	1.50	1	0	0	0	12	7	1	1	14	0.167
넥센	1	5.06	0	1	0	0	5 1/3	7	0	1	3	0.304
한화	6	1.23	5	0	0	0	29 1/3	24	0	10	23	0.222
삼성	3	6.28	1	0	0	0	14 1/3	18	5	11	10	0.316
kt	3	3.71	2	1	0	0	17	14	1	6	14	0.226

NO. 47 박희수

실질적인 SK 마무리 투수지만 클로저로서 위압감이나 확실한 임팩트가 부족하다. 130km/h 중후반대의 투심패스트볼과 슬라이더, 서클체인지업, 커브가 주 무기다. 제구가 뛰어나며 팔스윙이 빠르고 공을 잘 감춰서 던진다. 특히 체인지업성 투심패스트볼은 홈플레이트 근처에서 급격하게 꺾이기 때문에 타자 입장에서는 배트 중심에 공을 맞추기 쉽지 않다. 구속은 과거에 비해 현저히 떨어졌지만 뛰어난 제구력을 바탕으로 무너진 SK 마운드 최후의 보루로 활약했다. 2017시즌 26세이브를 기록하며 리그 3위에 올랐다. 가뜩이나 불펜이 취약한 팀 형편상 그의 활약 여부가 큰 희망이 될 것이다. 2017시즌 서진용의 부진으로 마무리를 맡았지만 그 역시 확실한 믿음을 주기엔 역부족이었다.

투수

좌투좌타
1983년 7월 13일
184cm / 88kg
연봉 1억 8500만 원
경력 대전유천초-한밭중-대전고
　　　-동국대-SK-상무
지명순위 02 SK 2차 6라운드
　　　43순위

PITCHING ZONE　　　**HOT&COLD**

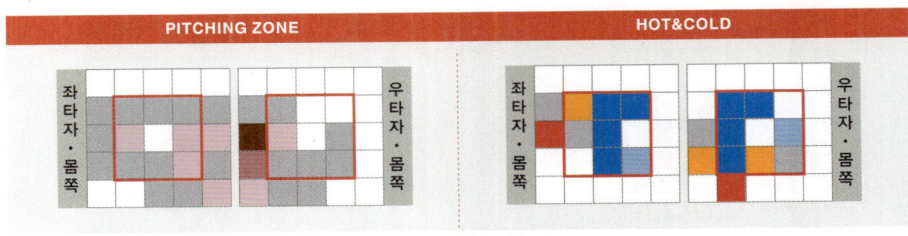

PITCHING ZONE ■ 15% 이상　■ 12~14%　■ 9~11%　■ 6~8%　□ 3~5%　□ 2% 이하
HOT&COLD ■ 피안타율 0.099 이하　■ 0.100~0.199　■ 0.200~0.299　■ 0.300~0.399　■ 피안타율 0.400 이상　□ 3타수 미만

최근 3년간 성적

연도	팀명	평균자책	경기	승	패	세이브	홀드	승률	타자수	이닝	피안타	피홈런	볼넷	탈삼진	실점	자책점	WHIP	WAR
2015	SK	5.40	14	0	0	0	2	-	51	10	13	3	8	12	6	6	2.10	-0.06
2016	SK	3.29	51	4	5	26	0	0.444	237	54 2/3	43	3	26	37	23	20	1.26	1.04
2017	SK	6.63	48	2	6	8	9	0.250	183	38	49	8	19	29	29	28	1.79	-0.43
통산		2.94	300	20	18	78	54	0.526	1415	340	275	23	141	338	120	111	1.22	-

구속/구사율/피안타율

구종	평균구속	종합	초구	2-2	좌타자	우타자	피안타율
포심패스트볼	137	50%	52%	50%	54%	47%	0.319
투심/싱커	131	36%	25%	32%	20%	47%	0.258
컷패스트볼	-	-	-	-	-	-	-
슬라이더	122	6%	8%	7%	13%	1%	0.417
커브	110	8%	15%	10%	14%	5%	0.444
체인지업	-	-	-	-	-	-	-
포크/SF/너클	-	-	-	-	-	-	-

볼카운트별 피안타율

볼카운트	피안타율	타수	피안타	볼카운트	피안타율	타수	피안타
0-0	0.500	16	8	2-0	1.000	2	2
0-1	0.368	19	7	2-1	0.077	13	1
0-2	0.143	7	1	2-2	0.308	26	8
1-0	0.091	11	1	3-0	-	0	0
1-1	0.417	12	5	3-1	0.400	5	2
1-2	0.304	23	7	3-2	0.292	24	7

S > B : 0.306 / S = B : 0.389 / S < B : 0.236

기타 기록

상대 타자 타구 방향
37%　20%　43%

이닝당 투구수 19.6
땅볼/뜬공 1.29

상황별 기록

상황	안타	2루타	3루타	홈런	볼넷	사구	삼진	폭투	보크	피안타율
주자 없음	24	10	0	2	6	2	14	0	0	0.282
만루	2	0	0	0	0	3	0	0	0	0.250
주자 있음	25	3	0	6	13	2	15	1	0	0.342
득점권	19	3	0	4	6	1	8	1	0	0.404
상위(1~2번)	13	3	0	3	4	0	6	0	0	0.310
중심(3~5번)	20	5	0	3	8	2	11	1	0	0.339
하위(6~9번)	16	5	0	3	7	2	12	0	0	0.281
좌타자	21	4	0	2	5	3	13	1	0	0.328
우타자	28	9	0	6	14	1	16	0	0	0.298

상대팀별 기록

구분	경기	평균자책	승	패	세이브	홀드	이닝	피안타	피홈런	볼넷	삼진	피안타율
KIA	7	7.20	0	2	1	1	5	6	2	4	7	0.261
두산	3	15.43	0	0	0	0	2 2/3	4	1	0	1	0.364
롯데	8	22.09	1	2	0	1	3 2/3	8	2	4	2	0.444
NC	5	3.60	1	1	0	0	5	4	1	5	6	0.222
LG	4	2.25	0	0	1	0	4	3	1	0	2	0.214
넥센	5	20.25	0	1	0	0	2 2/3	11	1	2	2	0.579
한화	7	0.00	0	0	3	3	7	5	0	3	4	0.227
삼성	5	-	0	0	0	1	5 1/3	3	0	1	3	0.167
kt	4	6.00	0	0	0	0	3	5	0	1	3	0.333

투수

NO. 52 백인식

우언우타
1987년 11월 19일
185cm / 95kg
연봉 4000만 원
경력 백운초-덕수중-청원고
　　　-제주산업대
지명순위 08 SK 2차 2라운드
　　　14순위

185cm, 86kg의 좋은 신체조건을 갖추고 있다. 입단 당시에는 오버스로 투수였으나 사이드암 투수로 변신했다. 140km/h 후반대 포심패스트볼과 움직임이 좋은 체인지업, 그리고 커브를 구사한다. 그러나 항상 제구력이 들쑥날쑥하고 완급 조절 능력이 부족하다. 2015년 토미존 수술을 받은 후 2017년 후반기에 1군에 복귀했다. 8월 8일 두산전에 선발로 나와 4이닝 4실점 했는데 투수 김강률에게 1타점 적시타를 맞았다. 그것도 투수가 타석에서 멀찍이 떨어져 있는데도 쓰리볼까지 주다가 3볼 1스트라이크에서 몰린 공을 맞았다. SK 입장에서는 백인식과 김주한, 두 사이드암 투수들이 제 몫을 해준다면 천군만마를 얻는 심정일 것이다. 그러나 항상 가능성은 있지만 제대로 꽃을 피우지 못하는 이들이 안타까울 뿐이다.

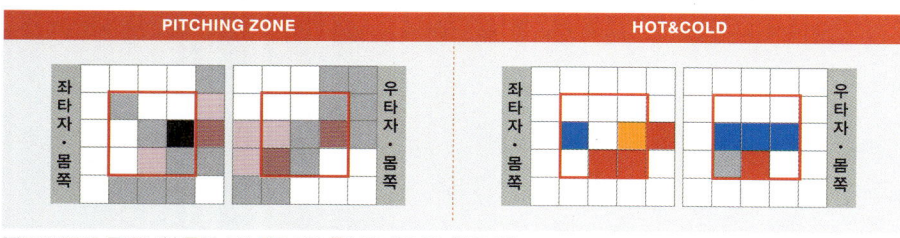

PITCHING ZONE　　　　　　　　　HOT&COLD

좌타자·몸쪽　　　　우타자·몸쪽　　　　좌타자·몸쪽　　　　우타자·몸쪽

PITCHING ZONE　■ 15% 이상　■ 12~14%　■ 9~11%　■ 6~8%　■ 3~5%　□ 2% 이하
HOT&COLD　■ 피안타율 0.099 이하　□ 0.100~0.199　■ 0.200~0.299　■ 0.300~0.399　■ 피안타율 0.400 이상　□ 3타수 미만

최근 3년간 성적

연도	팀명	평균자책	경기	승	패	세이브	홀드	승률	타자수	이닝	피안타	피홈런	볼넷	탈삼진	실점	자책점	WHIP	WAR
2015	SK	4.79	7	1	2	0	0	0.333	94	20 2/3	24	2	11	14	13	11	1.69	0.09
2016	–																	
2017	SK	2.41	11	0	0	2	2	-	74	18 2/3	15	0	5	10	5	5	1.07	0.62
통산		4.56	43	6	8	2	2	0.429	615	140	146	10	59	77	77	71	1.46	-

구속/구사율/피안타율

구종	평균구속	종합	초구	2-2	좌타자	우타자	피안타율
포심패스트볼	142	56%	53%	35%	60%	52%	0.308
투심/싱커	-	-	-	-	-	-	-
컷패스트볼	-	-	-	-	-	-	-
슬라이더	-	-	-	-	-	-	-
커브	121	15%	23%	12%	6%	24%	0.286
체인지업	128	29%	24%	53%	34%	24%	0.053
포크/SF/너클	-	-	-	-	-	-	-

볼카운트별 피안타율

볼카운트	피안타율	타석	피안타	볼카운트	피안타율	타석	피안타
0-0	0.125	8	1	2-0	0.250	4	1
0-1	0.250	4	1	2-1	1.000	2	2
0-2	0.500	6	3	2-2	0.000	7	0
1-0	0.333	6	2	3-0			
1-1	0.222	9	2	3-1	0.200	5	1
1-2	0.125	8	1	3-2	0.167	6	1

S>B : 0.278 / S=B : 0.125 / S<B : 0.304

기타 기록

상대 타자 타구 방향

43%　33%　24%

이닝당 투구수　15.5
땅볼 / 뜬공　0.90

상황별 기록

상황	안타	2루타	3루타	홈런	볼넷	사구	삼진	폭투	보크	피안타율
주자 없음	8	2	0	0	2	2	5	0	0	0.216
만루	1	0	0	0	0	0	0	0	0	0.500
주자 있음	7	0	0	0	3	2	5	0	1	0.250
득점권	6	0	0	0	2	2	2	0	1	0.375
상위(1~2번)	2	0	0	0	2	2	4	0	1	0.100
중심(3~5번)	3	2	0	0	4	2	2	0	0	0.188
하위(6~9번)	10	0	0	0	1	0	4	0	0	0.345
좌타자	4	0	0	0	2	1	7	0	0	0.125
우타자	11	2	0	0	3	3	3	0	1	0.333

상대팀별 기록

구분	경기	평균자책	승	패	세이브	홀드	이닝	피안타	피홈런	볼넷	삼진	피안타율
KIA	2	0.00	0	0	1	1	3	2	0	0	1	0.222
두산	3	3.86	0	0	1	0	2 1/3	3	0	1	3	0.300
롯데	2	0.00	0	0	0	0	2	0	0	1	1	0.000
NC	1	0.00	0	0	0	0	1 1/3	1	0	0	1	0.250
LG	–											
넥센	–											
한화	2	4.00	0	0	0	0	9	8	0	3	5	0.235
삼성	–											
kt	1	0.00	0	0	0	0	1	1	0	0	0	0.333

NO. 15 산체스

도미니카 출신 파이어볼러. 메이저리그 통산 8경기 12.1이닝 동안 1승 0패 10탈삼진 ERA 8.76을, 마이너리그 통산 160경기 675.1이닝에 출전해 38승 47패 1세이브 ERA 4.41를 각각 기록 했다. 그는 올해 SK에서 총액 110만 달러(연봉 85만 달러·옵션 25만 달러)에 계약했다. 평균 구속 154km의 포심패스트볼이 매우 위력적이다. 선천적으로 유연한 데다 팔이 길고, 하체를 최대한 끌고 나와 던지기에 익스텐션이 매우 좋다. 이 때문에 포심 볼끝이 살아 있다. 염경엽 단장은 "헨리 소사보다 볼끝이 더 좋다"고 말한다. 여기에 커브와 체인지업을 섞어 던진다. 일반적으로 파이어볼러 투수는 제구가 잘 안 돼 스스로 무너지는 경우가 많다. 그러나 산체스의 K/BB는 3.04(탈삼진 3개 당 볼넷 1개꼴)로 안정 적이다.

투수

우투우타
1989년 11월 28일
185cm / 88kg
연봉 85만 달러
경력 피츠버그

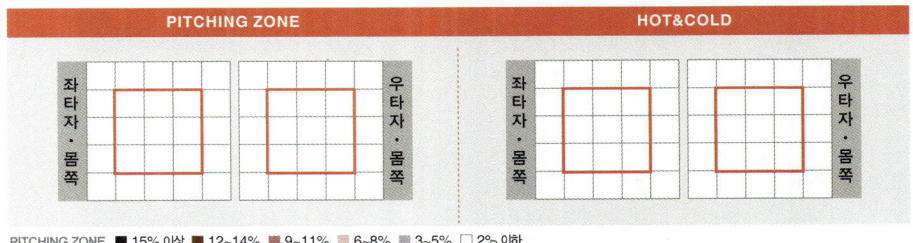

PITCHING ZONE

HOT&COLD

좌타자·몸쪽 / 우타자·몸쪽 / 좌타자·몸쪽 / 우타자·몸쪽

PITCHING ZONE ■ 15% 이상 ■ 12~14% ■ 9~11% ■ 6~8% ■ 3~5% □ 2% 이하
HOT&COLD ■ 피안타율 0.099 이하 ■ 0.100~0.199 ■ 0.200~0.299 ■ 0.300~0.399 ■ 피안타율 0.400 이상 □ 3타수 미만

최근 3년간 성적

연도	팀명	평균자책	경기	승	패	세이브	홀드	승률	타자수	이닝	피안타	피홈런	볼넷	탈삼진	실점	자책점	WHIP	WAR
2015	-	-	-	-	-	-	-	-	-	-	-	-	-	-	-	-	-	-
2016	-	-	-	-	-	-	-	-	-	-	-	-	-	-	-	-	-	-
2017	-	-	-	-	-	-	-	-	-	-	-	-	-	-	-	-	-	-
통산		-	-	-	-	-	-	-	-	-	-	-	-	-	-	-	-	-

구속/구사율/피안타율

구종	평균구속	종합	초구	2-2	좌타자	우타자	피안타율
포심패스트볼	-	-	-	-	-	-	-
투심/싱커	-	-	-	-	-	-	-
컷패스트볼	-	-	-	-	-	-	-
슬라이더	-	-	-	-	-	-	-
커브	-	-	-	-	-	-	-
체인지업	-	-	-	-	-	-	-
포크/SF/너클	-	-	-	-	-	-	-

볼카운트별 피안타율

볼카운트	피안타율	타수	피안타	볼카운트	피안타율	타수	피안타
0-0	-	-	-				
0-1	-	-	-				
0-2	-	-	-				
1-0	-	-	-				
1-1	-	-	-				
1-2	-	-	-				

S>B:-/S=B:-/S<B:-

기타 기록

상대 타자 타구 방향

-% / -% / -%

이닝당 투구수 -
땅볼 / 뜬공 -

상황별 기록

상황	안타	2루타	3루타	홈런	볼넷	사구	삼진	폭투	보크	피안타율
주자 없음	-	-	-	-	-	-	-	-	-	-
만루	-	-	-	-	-	-	-	-	-	-
주자 있음	-	-	-	-	-	-	-	-	-	-
득점권	-	-	-	-	-	-	-	-	-	-
상위(1~2번)	-	-	-	-	-	-	-	-	-	-
중심(3~5번)	-	-	-	-	-	-	-	-	-	-
하위(6~9번)	-	-	-	-	-	-	-	-	-	-
좌타자	-	-	-	-	-	-	-	-	-	-
우타자	-	-	-	-	-	-	-	-	-	-

상대팀별 기록

구분	경기	평균자책	승	패	세이브	홀드	이닝	피안타	피홈런	볼넷	삼진	피안타율
KIA	-	-	-	-	-	-	-	-	-	-	-	-
두산	-	-	-	-	-	-	-	-	-	-	-	-
롯데	-	-	-	-	-	-	-	-	-	-	-	-
SK	-	-	-	-	-	-	-	-	-	-	-	-
LG	-	-	-	-	-	-	-	-	-	-	-	-
넥센	-	-	-	-	-	-	-	-	-	-	-	-
한화	-	-	-	-	-	-	-	-	-	-	-	-
삼성	-	-	-	-	-	-	-	-	-	-	-	-
kt	-	-	-	-	-	-	-	-	-	-	-	-

투수

우투우타
1992년 10월 2일
184cm / 88kg
연봉 6000만 원
경력 남부민초-대동중-경남고
　　　-상무
지명순위 11 SK 1라운드 7순위

NO. 22 서진용

우완 정통파. 패스트볼 최고구속 153km/h 평균구속 146km/h를 기록한 파이어볼러다. 또한 슬라이더와 마구 수준의 포크볼을 장착했다. 그러나 제구력이 불안해 볼넷을 남발하다 스스로 무너진다. 컨디션이 좋은 날 메이저리거 수준을 보이는 것과 비교하면 '널뛰기'가 매우 심한 편이다. 리그 초반 감독의 신뢰를 받고 마무리로 나섰지만 기량 부족과 약한 멘탈로 난타를 당하면서 박희수에게 마무리를 맡기고 셋업맨으로 전환했다. 2017시즌 기록을 보면 완전히 넘어간 경기나 5점차 이상의 리드 상황에 등판했을 경우에는 오승환이 되는데, 4점차 리드부터는 블론왕이 된다. 2018시즌 그의 기량이 꽃핀다면 SK에게는 큰 축복이 될 것이다.

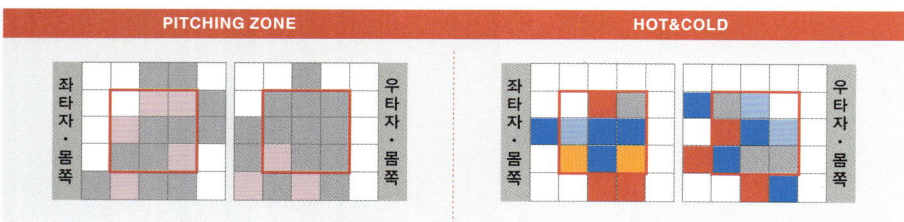

PITCHING ZONE — 좌타자·몸쪽 / 우타자·몸쪽

HOT&COLD — 좌타자·몸쪽 / 우타자·몸쪽

PITCHING ZONE ■ 15% 이상 ■ 12~14% ■ 9~11% ■ 6~8% ■ 3~5% □ 2% 이하
HOT&COLD ■ 피안타율 0.099 이하 □ 0.100~0.199 ■ 0.200~0.299 □ 0.300~0.399 ■ 피안타율 0.400 이상 □ 3타수 미만

최근 3년간 성적

연도	팀명	평균자책	경기	승	패	세이브	홀드	승률	타자수	이닝	피안타	피홈런	볼넷	탈삼진	실점	자책점	WHIP	WAR
2015	SK	5.91	18	0	0	0	0	-	95	21 1/3	25	4	6	24	14	14	1.45	0.01
2016	SK	4.73	25	0	0	0	3	-	120	26 2/3	26	3	13	30	16	14	1.46	0.17
2017	SK	3.91	42	2	3	3	3	0.400	198	46	43	4	23	55	21	20	1.43	0.82
통산		4.60	85	2	3	3	6	0.400	413	94	94	11	42	109	51	48	1.45	-

구속/구사율/피안타율

구종	평균구속	종합	초구	2-2	좌타자	우타자	피안타율
포심패스트볼	146	64%	67%	60%	65%	63%	0.264
투심/싱커	-	-	-	-	-	-	-
컷패스트볼	-	-	-	-	-	-	-
슬라이더	133	13%	19%	8%	4%	18%	0.231
커브	-	-	-	-	-	-	-
체인지업	-	-	-	-	-	-	-
포크/SF/너클	132	24%	14%	32%	31%	20%	0.226

볼카운트별 피안타율

볼카운트	피안타율	타수	피안타	볼카운트	피안타율	타수	피안타
0-0	0.167	18	3	2-0	0.250	4	1
0-1	0.364	11	4	2-1	0.167	6	1
0-2	0.179	28	5	2-2	0.231	26	6
1-0	0.571	14	8	3-0	-	0	0
1-1	0.500	14	7	3-1	0.667	3	2
1-2	0.182	33	6	3-2	0.100	20	2

S〉B : 0.208 / S=B : 0.259 / S〈B : 0.298

기타 기록

상대 타자 타구 방향

41% 　 29% 　 30%

이닝당 투구수 17.8
땅볼 / 뜬공 0.63

상황별 기록

상황	안타	2루타	3루타	홈런	볼넷	사구	삼진	폭투	보크	피안타율
주자 없음	19	4	0	1	15	0	32	0	0	0.184
만루	1	0	0	0	0	0	0	0	0	0.500
주자 있음	24	5	0	3	8	0	23	3	0	0.343
득점권	12	2	0	1	7	0	12	3	0	0.343
상위(1~2번)	5	1	0	0	5	0	14	0	0	0.135
중심(3~5번)	12	2	0	2	9	0	21	2	0	0.222
하위(6~9번)	26	6	0	2	9	0	20	1	0	0.317
좌타자	17	5	0	1	8	0	23	1	0	0.230
우타자	26	4	0	3	15	0	32	2	0	0.263

상대팀별 기록

구분	경기	평균자책	승	패	세이브	홀드	이닝	피안타	피홈런	볼넷	삼진	피안타율
KIA	7	7.36	0	1	0	1	7 1/3	10	2	2	12	0.313
두산	6	2.84	1	0	0	0	6 1/3	3	0	5	5	0.143
롯데	3	6.00	1	0	0	0	3	4	1	1	6	0.308
NC	5	3.38	0	0	1	0	5 1/3	6	1	1	4	0.300
LG	3	0.00	0	0	0	0	5 2/3	4	0	3	5	0.200
넥센	5	1.13	0	1	0	2	8	6	0	2	8	0.207
한화	6	8.44	0	0	1	0	5 1/3	7	0	4	8	0.318
삼성	2	27.00	0	1	0	0	0 2/3	4	0	2	1	0.667
kt	3	0.00	0	0	0	0	4 1/3	1	0	1	6	0.077

신재웅

투수

좌투좌타
1982년 3월 28일
181cm /85kg
연봉 1억 2000만 원
경력 사파초-창원신월중-마산고
-동의대-LG-두산-LG
지명순위 05 LG 2차 3라운드
19순위

2013시즌까지 제구력 위주 투수로 평균구속이 138km/h였으나 2014년 150km/h 가까운 강속구 투수가 됐다. 체인지업이 일품이다. LG-두산-LG-SK로 소속이 바뀌었다. 좌완 셋업맨으로 140km/h 중후반대의 구속과 간결한 투구 폼, 제구력이 유지되면서 1이닝 또는 원포인트 릴리프로 활약했다. 2017시즌 집단으로 무너진 SK의 불펜에서 나름대로 제 몫을 해준 선수다. 30대 중반 나이에도 불구하고 볼의 스피드는 여전히 잘 나오고 있으며 절체절명의 타이밍에 1이닝이나 원포인트 릴리프의 가치가 높은 선수다. 또한 전반기에 약하고 후반기에 강한 스타일이다. 2017시즌 7월 29일 경기에서 9회초 팀이 4:1로 리드한 상황에 등판해 1이닝을 무실점으로 막아 프로 데뷔 첫 세이브를 달성했다.

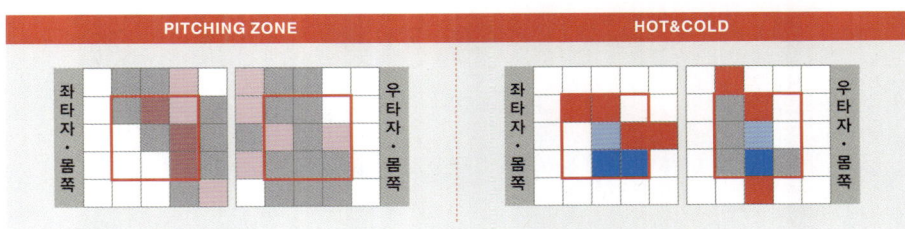

PITCHING ZONE | HOT&COLD

좌타자·몸쪽 | 우타자·몸쪽 | 좌타자·몸쪽 | 우타자·몸쪽

PITCHING ZONE ■ 15% 이상 ■ 12~14% ■ 9~11% ■ 6~8% ■ 3~5% □ 2% 이하
HOT&COLD ■ 피안타율 0.099 이하 ■ 0.100~0.199 ■ 0.200~0.299 ■ 0.300~0.399 ■ 피안타율 0.400 이상 □ 3타수 미만

최근 3년간 성적

연도	팀명	평균자책	경기	승	패	세이브	홀드	승률	타자수	이닝	피안타	피홈런	볼넷	탈삼진	실점	자책점	WHIP	WAR
2015	LG·SK	4.11	61	0	1	0	9	0.000	236	50 1/3	72	5	17	49	28	23	1.77	0.12
2016	SK	5.50	35	0	1	0	4	0.000	91	18	16	4	17	17	12	11	1.83	-0.18
2017	SK	3.19	32	0	1	2	4	0.000	126	31	23	3	15	29	11	11	1.23	0.63
통산		3.99	263	19	14	2	28	0.576	1481	343	351	34	143	231	165	152	1.44	-

구속/구사율/피안타율

구종	평균구속	종합	초구	2-2	좌타자	우타자	피안타율
포심패스트볼	145	68%	62%	62%	70%	67%	0.243
투심/싱커	-	-	-	-	-	-	-
컷패스트볼	-	-	-	-	-	-	-
슬라이더	131	9%	9%	11%	22%	2%	0.077
커브	117	5%	10%	5%	8%	3%	0.250
체인지업	129	4%	3%	5%	0%	6%	0.000
포크/SF/너클	131	14%	16%	16%	0%	22%	0.211

볼카운트별 피안타율

볼카운트	피안타율	타수	피안타	볼카운트	피안타율	타수	피안타
0-0	0.267	15	4	2-0	0.500	2	1
0-1	0.144	9	4	2-1	0.000	2	0
0-2	0.200	15	3	2-2	0.059	17	1
1-0	0.286	7	2	3-0	-	0	0
1-1	0.200	5	1	3-1	0.400	5	2
1-2	0.136	22	3	3-2	0.182	11	2
	S〉B : 0.217 / S=B : 0.162 / S〈B : 0.259						

기타 기록

상대 타자 타구 방향

49% 20% 31%

이닝당 투구수	16.5
땅볼 / 뜬공	1.36

상황별 기록

상황	안타	2루타	3루타	홈런	볼넷	사구	삼진	폭투	보크	피안타율
주자 없음	10	2	0	1	6	0	15	0	0	0.167
만루	1	0	0	1	1	0	1	0	0	0.167
주자 있음	13	4	1	2	9	0	14	1	0	0.260
득점권	8	2	1	1	8	0	9	1	0	0.267
상위(1~2번)	5	1	1	0	5	0	3	0	0	0.179
중심(3~5번)	9	3	0	2	5	0	16	0	0	0.200
하위(6~9번)	9	2	0	1	5	0	10	1	0	0.243
좌타자	9	3	1	0	4	0	9	0	0	0.214
우타자	14	3	0	3	11	0	20	1	0	0.206

상대팀별 기록

구분	경기	평균자책	승	패	세이브	홀드	이닝	피안타	피홈런	볼넷	삼진	피안타율
KIA	1	0.00	0	0	0	0	1	2	0	0	1	0.500
두산	6	5.06	0	0	0	2	5 1/3	5	0	2	5	0.263
롯데	6	4.50	0	0	0	0	6	7	1	2	2	0.304
NC	5	0.00	0	0	0	0	5	1	0	2	4	0.063
LG	3	0.00	0	0	1	0	2 2/3	2	0	3	2	0.222
넥센	4	5.79	0	1	0	0	4 2/3	4	1	0	6	0.222
한화	2	0.00	0	0	0	0	1	0	0	1	0	0.000
삼성	3	4.91	0	0	0	1	3 2/3	1	1	1	3	0.083
kt	2	0.00	0	0	0	1	1 2/3	1	0	2	3	0.167

우투우타
1985년 5월 17일
193cm / 96kg
연봉 1억 3000만 원
경력 구리초(구리리틀)
　－구리인창중－선린인터넷고
지명순위 04 SK 2차 1라운드
　3순위

NO. 66 윤희상

　190㎝의 큰 키에서 내리꽂는 140km/h 중반대의 페스트볼과 포크볼이 주 무기. 슬라이더, 체인지업, 커브 등 다양한 변화구를 구사한다. 큰 키에도 불구하고 수준급 수비 실력을 갖고 있다. 문제는 기복이 심하다는 것. 전반적으로 잘 던지다가도 부진할 때는 속절없이 무너진다. 김광현이 부상과 재활로 인해 한 해를 통째로 날렸기 때문에 실질적인 SK의 토종 선발 에이스 역할을 해야 한다. 2017시즌 7, 8월 심각하게 문제 있는 피칭을 거듭하다가 결국 8월 10일 2군으로 내려가는 수모를 겪었다. 2012년 10승을 달성한 이후 답보 상태에 머물면서 본인이나 팀 모두에게 아쉬움을 남겼다. 그가 두 자리 승수를 기록한다면 SK 전력은 훨씬 단단해질 것이다.

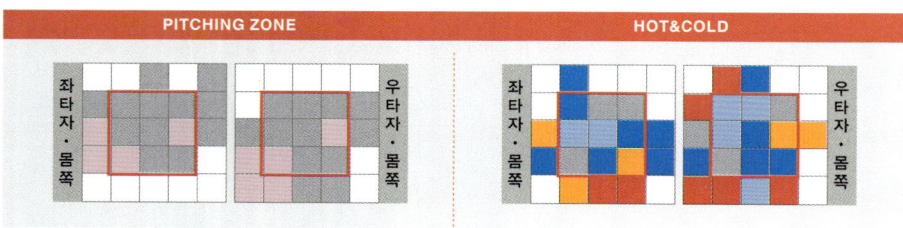

PITCHING ZONE: ■ 15% 이상　■ 12~14%　■ 9~11%　■ 6~8%　■ 3~5%　□ 2% 이하
HOT&COLD: ■ 피안타율 0.099 이하　■ 0.100~0.199　■ 0.200~0.299　■ 0.300~0.399　■ 피안타율 0.400 이상　□ 3타수 미만

최근 3년간 성적

연도	팀명	평균자책	경기	승	패	세이브	홀드	승률	타자수	이닝	피안타	피홈런	볼넷	탈삼진	실점	자책점	WHIP	WAR
2015	SK	5.88	21	5	9	0	0	0.357	415	93 1/3	113	15	34	67	65	61	1.58	0.38
2016	SK	4.84	23	9	6	0	0	0.600	540	122 2/3	143	18	44	74	69	66	1.52	1.98
2017	SK	6.00	23	6	7	0	0	0.462	538	120	149	16	33	82	85	80	1.52	0.85
통산		4.81	166	41	42	0	0	0.494	3288	749	847	89	239	506	429	400	1.45	-

구속/구사율/피안타율

구종	평균구속	종합	초구	2-2	좌타자	우타자	피안타율
포심패스트볼	141	43%	48%	41%	43%	44%	0.351
투심/싱커	133	4%	5%	1%	5%	3%	0.700
컷패스트볼	-	-	-	-	-	-	-
슬라이더	128	10%	14%	6%	2%	16%	0.317
커브	108	6%	6%	7%	4%	8%	0.407
체인지업	119	10%	15%	5%	16%	6%	0.250
포크/SF/너클	132	27%	12%	41%	31%	24%	0.227

볼카운트별 피안타율

볼카운트	피안타율	타수	피안타	볼카운트	피안타율	타수	피안타
0-0	0.448	67	30	2-0	0.333	6	2
0-1	0.474	57	27	2-1	0.167	24	4
0-2	0.212	52	11	2-2	0.206	68	14
1-0	0.355	31	11	3-0	0.000	1	0
1-1	0.388	49	19	3-1	0.333	9	3
1-2	0.245	89	22	3-2	0.242	33	8
S〉B : 0.293 / S=B : 0.342 / S〈B : 0.269							

기타 기록

상대 타자 타구 방향
41%　22%　37%
이닝당 투구수 16.5
땅볼 / 뜬공 1.11

상황별 기록

상황	안타	2루타	3루타	홈런	볼넷	사구	삼진	폭투	보크	피안타율
주자 없음	82	15	0	9	13	5	58	0	0	0.291
만루	4	0	0	0	0	0	1	1	0	0.444
주자 있음	67	15	0	7	20	5	24	5	2	0.328
득점권	40	9	0	3	15	3	20	3	0	0.320
상위(1~2번)	38	5	0	3	10	2	21	2	0	0.328
중심(3~5번)	58	12	0	8	11	5	24	1	0	0.335
하위(6~9번)	53	13	0	5	12	3	37	2	2	0.269
좌타자	61	11	0	7	11	2	34	3	1	0.303
우타자	88	19	0	9	22	8	48	2	1	0.309

상대팀별 기록

구분	경기	평균자책	승	패	세이브	홀드	이닝	피안타	피홈런	볼넷	삼진	피안타율
KIA	2	6.10	0	0	0	0	10 1/3	10	1	2	7	0.250
두산	2	0.00	0	0	0	0	1	0	0	1	0	0.000
롯데	3	12.21	0	1	0	0	14	29	4	5	7	0.420
NC	4	4.95	2	2	0	0	20	22	1	10	18	0.282
LG	2	9.00	0	2	0	0	10	20	3	4	7	0.465
넥센	3	5.63	0	1	0	0	16	18	5	7	10	0.281
한화	2	2.84	1	0	0	0	12 2/3	13	1	3	10	0.265
삼성	2	7.41	1	0	0	0	17	24	0	2	6	0.333
kt	3	2.37	2	1	0	0	19	13	1	2	14	0.191

NO. 21 **임준혁**

투수

2004년 KIA 입단 당시 포수에서 투수로 전향했다. 좋은 체격(182㎝, 98㎏)과 150km/h 초반을 상회하는 패스트볼이 주 무기. 그러나 제구력 난조와 잦은 부상이 문제. 여러 번의 수술과 재활로 인상적인 활약을 펼치지 못하고 2017시즌 SK로 트레이드 됐다. 2015년 패스트볼 속도를 낮추며 제구력이 많이 향상되면서 그해 커리어하이를 기록했다. 2017시즌 팀이 추격할 때 주로 활약하며 나쁘지 않은 성적을 거뒀다. 최종 성적은 43경기 45.1이닝 1세이브 2홀드 평균자책점 4.57을 기록하며 나름대로 선전했다. 잦은 부상에서 벗어나 제구력에 좀 더 신경을 쓰는 피칭을 이어간다면 2018시즌에는 더 좋은 활약이 예상된다.

우투우타
1984년 10월 9일
182cm /100kg
연봉 9500만 원
경력 인천숭의초–동산중–동산고
–KIA–상무–KIA
지명순위 03 KIA 2차 2라운드
12순위

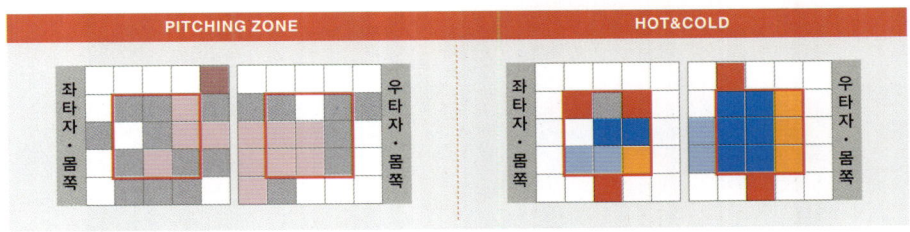

PITCHING ZONE
좌타자·몸쪽 / 우타자·몸쪽

HOT&COLD
좌타자·몸쪽 / 우타자·몸쪽

PITCHING ZONE ■ 15% 이상 ■ 12~14% ■ 9~11% ■ 6~8% ■ 3~5% □ 2% 이하
HOT&COLD ■ 피안타율 0.099 이하 ■ 0.100~0.199 ■ 0.200~0.299 ■ 0.300~0.399 ■ 피안타율 0.400 이상 □ 3타수 미만

최근 3년간 성적

연도	팀명	평균자책	경기	승	패	세이브	홀드	승률	타자수	이닝	피안타	피홈런	볼넷	탈삼진	실점	자책점	WHIP	WAR
2015	KIA	4.10	27	9	6	0	2	0.600	514	118 2/3	125	11	43	73	58	54	1.42	2.40
2016	KIA·SK	10.06	12	2	6	0	0	0.250	169	34	57	6	10	20	41	38	1.97	-0.50
2017	SK	4.57	43	0	0	1	2	-	223	45 1/3	54	4	29	30	27	23	1.83	0.16
통산		5.33	207	19	22	2	10	0.463	1693	361 2/3	416	32	190	235	235	214	1.68	-

구속/구사율/피안타율

구종	평균구속	종합	초구	2-2	좌타자	우타자	피안타율
포심패스트볼	137	56%	58%	33%	52%	58%	0.284
투심/싱커	-	-	-	-	-	-	-
컷패스트볼	-	-	-	-	-	-	-
슬라이더	126	25%	21%	30%	17%	29%	0.245
커브	113	8%	14%	14%	10%	7%	0.294
체인지업	-	-	-	-	-	-	-
포크/SF/너클	128	11%	7%	22%	21%	6%	0.423

볼카운트별 피안타율

볼카운트	피안타율	타수	피안타	볼카운트	피안타율	타수	피안타
0-0	0.222	18	4	2-0	0.500	4	2
0-1	0.391	23	9	2-1	0.200	10	2
0-2	0.292	24	7	2-2	0.321	28	9
1-0	0.417	12	5	3-0	-	0	0
1-1	0.313	16	5	3-1	0.333	9	3
1-2	0.214	28	6	3-2	0.167	12	2

S > B : 0.293 / S = B : 0.290 / S < B : 0.298

기타 기록

상대 타자 타구 방향
38% 28% 34%

이닝당 투구수	19.5
땅볼 / 뜬공	0.73

상황별 기록

상황	안타	2루타	3루타	홈런	볼넷	사구	삼진	폭투	보크	피안타율
주자 없음	28	6	0	2	8	1	12	0	0	0.333
만루	3	1	0	1	0	2	1	0	0	0.150
주자 있음	26	4	0	2	21	4	18	3	1	0.260
득점권	16	2	0	2	20	2	10	2	0	0.267
상위(1~2번)	7	2	0	0	4	3	4	1	0	0.189
중심(3~5번)	22	4	0	2	14	0	11	1	0	0.361
하위(6~9번)	25	4	0	2	11	2	15	1	1	0.291
좌타자	16	0	0	0	11	1	12	1	0	0.235
우타자	38	10	0	4	18	4	18	1	1	0.328

상대팀별 기록

구분	경기	평균자책	승	패	세이브	홀드	이닝	피안타	피홈런	볼넷	삼진	피안타율
KIA	3	0.00	0	0	0	0	3	2	0	1	3	0.182
두산	5	0.00	0	0	0	0	4 1/3	4	0	3	3	0.250
롯데	5	11.57	0	0	0	0	4 2/3	7	0	5	2	0.318
NC	7	3.52	0	0	0	1	7 2/3	8	1	7	5	0.258
LG	4	9.00	0	0	0	0	4	5	0	3	1	0.412
넥센	6	6.35	0	0	0	0	5 2/3	8	1	5	2	0.333
한화	6	6.35	0	0	0	0	5 2/3	8	1	2	4	0.333
삼성	4	2.25	0	0	1	0	4	4	0	2	3	0.250
kt	3	1.42	0	0	0	0	6 1/3	6	1	1	7	0.261

투수

우투우타
1988년 10월 14일
188cm / 86kg
연봉 85만 달러
경력 미국 데저트 마운틴고
　　　－미국 애리조나 스테이트대
지명순위 15 SK 자유선발

NO. 23 **켈리**

　2015년부터 SK에서 뛰었다. 이제 4년차가 되는 수준급 용병이다. 150km/h 초반대의 패스트볼과 슬라이더, 체인지업 등 다양한 구종에 정교한 피칭을 구사하면서 타자의 타이밍을 빼앗는다. 최상급 이닝 소화력, 완급 조절, 강속구를 포함하여 다수의 수준급 변화구를 던지는 에이스다. 또한 체인지업을 활용하여 땅볼 비율이 매우 높은 편이다. 아쉬운 점이라면 좋은 투구를 펼치고도 타선의 지원과 승운이 잘 따라주지 않는다는 것. 특히 2017시즌에는 초반에 대량 실점을 하면서 조기 강판되는 일이 잦아졌고, 2017 와일드카드에서도 초반에 쉽게 무너지면서 패전의 빌미를 제공했다. 기복 있는 피칭을 다듬으면 리그에서 손꼽히는 용병 중 한 명이 될 것이다.

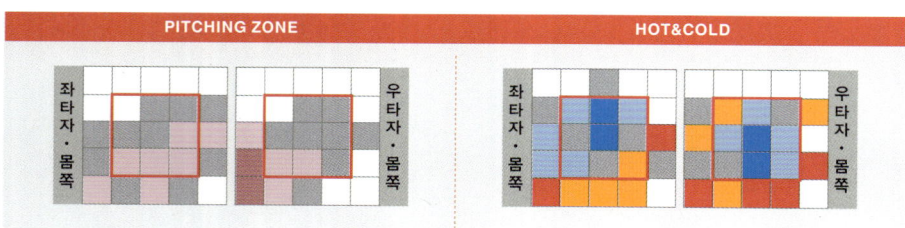

PITCHING ZONE ■ 15% 이상 ■ 12~14% ■ 9~11% ■ 6~8% ■ 3~5% □ 2% 이하
HOT&COLD ■ 피안타율 0.099 이하 ■ 0.100~0.199 ■ 0.200~0.299 ■ 0.300~0.399 ■ 피안타율 0.400 이상 □ 3타수 미만

최근 3년간 성적

연도	팀명	평균자책	경기	승	패	세이브	홀드	승률	타수	이닝	피안타	피홈런	볼넷	탈삼진	실점	자책점	WHIP	WAR
2015	SK	4.13	30	11	10	0	0	0.524	775	181	188	16	54	139	87	83	1.34	3.88
2016	SK	3.68	31	9	8	0	0	0.529	846	200 1/3	205	15	60	152	91	82	1.32	5.84
2017	SK	3.60	30	16	7	0	0	0.696	815	190	204	16	45	189	85	76	1.31	5.36
통산		3.80	91	36	25	0	0	0.590	2436	571 1/3	597	47	159	480	263	241	1.32	-

구속/구사율/피안타율

구종	평균구속	종합	초구	2-2	좌타자	우타자	피안타율
포심패스트볼	148	34%	32%	38%	38%	31%	0.307
투심/싱커	146	10%	15%	1%	6%	13%	0.283
컷패스트볼	144	21%	21%	16%	20%	22%	0.320
슬라이더	137	0%	0%	1%	0%	0%	0.250
커브	129	13%	15%	15%	10%	15%	0.198
체인지업	136	22%	16%	29%	26%	19%	0.213
포크/SF/너클	-	-	-	-	-	-	-

볼카운트별 피안타율

볼카운트	피안타율	타수	피안타	볼카운트	피안타율	타수	피안타
0-0	0.376	117	44	2-0	0.563	16	9
0-1	0.323	65	21	2-1	0.343	35	12
0-2	0.111	81	9	2-2	0.258	97	25
1-0	0.351	57	20	3-0	1.000	1	1
1-1	0.351	57	20	3-1	0.533	15	8
1-2	0.158	146	23	3-2	0.190	63	12

S〉B : 0.182 / S＝B : 0.328 / S〈B : 0.332

기타 기록

상대 타자 타구 방향

40%　25%　36%

이닝당 투구수 15.9
땅볼 / 뜬공 1.62

상황별 기록

상황	안타	2루타	3루타	홈런	볼넷	사구	삼진	폭투	보크	피안타율
주자 없음	118	19	1	9	23	4	107	0	0	0.281
만루	1	1	0	1	0	3	0	1	0	0.083
주자 있음	86	19	2	7	22	7	82	9	1	0.261
득점권	43	10	2	3	16	4	44	3	1	0.244
상위(1~2번)	48	7	1	1	13	4	37	1	0	0.261
중심(3~5번)	60	10	1	6	16	2	73	6	0	0.233
하위(6~9번)	96	21	1	9	16	5	79	2	1	0.312
좌타자	86	14	3	3	21	2	65	4	0	0.261
우타자	118	24	0	13	24	9	124	5	1	0.280

상대팀별 기록

구분	경기	평균자책	승	패	세이브	홀드	이닝	피안타	피홈런	볼넷	삼진	피안타율
KIA	4	9.00	1	1	0	0	20	33	2	9	18	0.379
두산	3	3.32	2	1	0	0	19	22	3	5	19	0.293
롯데	6	1.91	2	1	0	0	42 1/3	40	2	5	42	0.253
NC	1	3.00	1	0	0	0	6	6	1	1	4	0.250
LG	3	3.10	2	1	0	0	20 1/3	23	1	2	22	0.271
넥센	4	5.61	3	1	0	0	25 2/3	29	5	5	25	0.274
한화	2	2.25	2	0	0	0	12	9	1	3	8	0.217
삼성	4	3.38	2	1	0	0	26 2/3	25	1	13	28	0.248
kt	3	1.00	1	1	0	0	18	16	1	3	22	0.235

포수

우투우타
1981년 9월 1일
180cm / 91kg
연봉 9000만 원
경력 백운초-청원중-성남서고
　　-상무-SK-KIA
지명순위 05 SK 육성선수

NO. 35 **이성우**

　LG-KIA-SK로 트레이드 됐다. 30대 중반으로 약간의 절박 감을 가지고 있다. KIA 시절 동료 포수들의 잦은 도루 저지 실패 탓에, 이 부분에서는 이성우가 제일 나은 모습을 보였다. 특히 SK로 트레이드 된 후 포수들 중 가장 안정적인 수비를 펼쳤다. 이성우는 스캇 다이아몬드와 호흡을 잘 맞춘 편이다. 이 때문에 이재원, 이홍구 등 공격형 포수들의 백업으로 제 몫을 해냈다. 공격력은 리그 평균 이하지만 중요한 경기에서 득점권 타율은 높은 편이다. 10개 구단 포수들 중 발이 가장 느린 선수 중 한 명. 2017시즌 안정적인 포수 리드로 30대 중반에 찾아온 전성기를 자신의 커리어하이로 화답했다. 64경기 타율 0.279, 타점 14점을 기록했다.

| HOT&COLD | SPRAY ZONE | 주자 상황별 타수-안타 타율 |

홈런 타구분포 %

■ 타율 0.400 이상　■ 0.300~0.399　■ 0.200~0.299　■ 0.100~0.199　■ 타율 0.099 이하　□ 3타수 미만

최근 3년간 성적

연도	팀명	타율	경기	타수	득점	안타	2루타	3루타	홈런	루타	타점	도루	볼넷	삼진	장타율	출루율	실책	OPS	WAR
2015	KIA	0.222	79	117	8	26	8	0	1	37	16	0	9	20	0.316	0.271	2	0.587	-0.37
2016	KIA	0.211	55	76	9	16	1	0	0	17	6	0	5	10	0.224	0.282	2	0.506	-0.35
2017	SK	0.279	64	111	6	31	5	0	1	39	14	0	6	17	0.351	0.322	3	0.673	0.22
통산		0.224	369	527	43	118	18	0	4	148	51	0	27	88	0.281	0.266	15	0.547	-

구종별 타격 성적

구종	전체	VS우투	VS좌투
포심패스트볼	0.327	0.378	0.200
투심/싱커	0.375	0.375	-
컷패스트볼	0.000	0.000	-
슬라이더	0.286	0.313	0.200
커브	0.111	0.143	0.000
체인지업	0.083	0.000	0.111
포크/SF/너클	0.375	0.286	1.000

볼카운트별 타율-타점

볼카운트	타율	타수	안타	타점	볼카운트	타율	타수	안타	타점
0-0	0.375	8	3	2	2-0	0.000	2	0	0
0-1	0.273	11	3	2	2-1	0.333	3	1	0
0-2	0.000	8	0	0	2-2	0.200	15	3	2
1-0	0.538	13	7	1	3-0	-	0	0	0
1-1	0.214	14	3	2	3-1	0.000	2	0	0
1-2	0.250	20	5	2	3-2	0.400	15	6	3

S〉B : 0.205 / S＝B : 0.243 / S〈B : 0.400

수비 기록

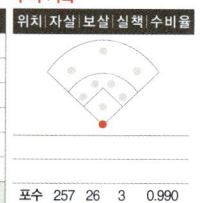

위치	자살	보살	실책	수비율
포수	257	26	3	0.990

상황별 기록

상황	타율	타수	안타	2루타	3루타	홈런	타점	볼넷	사구	삼진	병살
주자 없음	0.276	58	16	1	0	1	1	3	1	9	0
주자 있음	0.283	53	15	4	0	0	13	3	0	8	2
득점권	0.333	36	12	4	0	0	13	2	0	5	1
좌투수	0.188	32	6	2	0	0	2	4	0	6	2
우투수	0.353	68	24	3	0	1	12	2	1	11	0
언더	0.091	11	1	0	0	0	0	0	0	0	0
노아웃	0.259	27	7	1	0	0	2	2	0	4	1
원아웃	0.294	51	15	2	0	0	5	3	1	7	1
투아웃	0.273	33	9	2	0	1	7	1	0	6	0

상대팀별 기록

구분	경기	타율	타수	득점	안타	홈런	타점	도루	볼넷	삼진	병살
KIA	8	0.533	15	0	8	0	0	0	0	0	1
두산	9	0.200	10	0	2	0	4	0	1	1	1
롯데	9	0.294	17	0	5	0	0	0	2	5	0
NC	8	0.000	6	0	0	0	0	0	0	2	0
LG	7	0.222	18	1	4	0	1	0	1	4	0
넥센	6	0.300	10	1	3	0	0	0	1	0	0
한화	4	0.000	7	0	0	0	0	0	0	1	0
삼성	5	0.308	13	3	4	1	3	0	0	1	0
kt	8	0.333	15	1	5	0	0	0	1	3	0

NO. 20 이재원

고교 포수 최대어로 SK에 입단했다. 좌투수에 압도적인 강점을 보였다(648타수 206안타 0.317). 콘택트 능력은 뛰어나지만 발이 느리고 큰 체격에(185cm, 98kg) 비해 파워가 부족하여 20홈런의 벽을 넘지 못하고 있다. 포수 능력은 그리 화려하지 않지만 평균 이상의 실력을 갖춘 선수다. 2012년 데뷔 초기에 박경환, 정상호, 조인성의 그늘에 가려 2년간 2군에서 기량을 닦은 후 2014년 대타와 포수를 겸업하면서 커리어하이를 찍었다. 2017 시즌은 자존심이 상한 한 해였다. 잔부상과 부진으로 인해 114 경기에서 타율 0.242, 홈런 9개, 42타점을 기록하는 데 그쳤다. 팀이 포스트시즌에 진출하는 데 크게 기여하지 못했다. 팀 내 이홍구와 번갈아 마스크를 쓰면서 주전 포수의 역할을 잘 수행하고 있다.

포수

우투우타
1988년 2월 24일
185cm / 98kg
연봉 3억 5000만 원
경력 인천숭의초-상인천중-인천고-SK-상무
지명순위 06 SK 1차

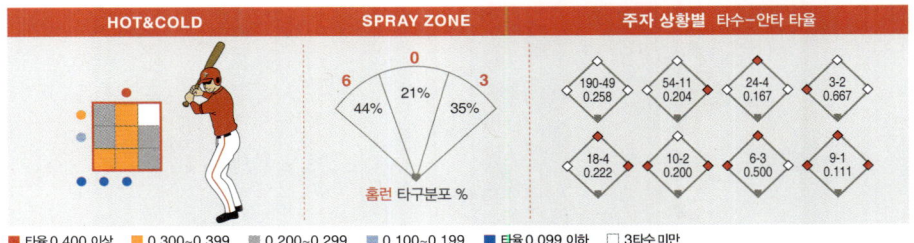

HOT&COLD

SPRAY ZONE
6 | 0 | 3
44% | 21% | 35%
홈런 타구분포 %

주자 상황별 타수-안타 타율

190-49 0.258	54-11 0.204	24-4 0.167	3-2 0.667
18-4 0.222	10-2 0.200	6-3 0.500	9-1 0.111

■ 타율 0.400 이상　■ 0.300~0.399　■ 0.200~0.299　■ 0.100~0.199　■ 타율 0.099 이하　□ 3타수 미만

최근 3년간 성적

연도	팀명	타율	경기	타수	득점	안타	2루타	3루타	홈런	루타	타점	도루	볼넷	삼진	장타율	출루율	실책	OPS	WAR
2015	SK	0.282	140	489	58	138	18	1	17	209	100	1	54	85	0.427	0.363	3	0.790	2.29
2016	SK	0.290	130	411	49	119	15	0	15	179	64	1	43	76	0.436	0.364	8	0.800	1.83
2017	SK	0.242	114	314	32	76	15	0	9	118	42	0	16	55	0.376	0.292	3	0.668	0.19
통산		0.291	838	2284	259	664	116	5	70	1000	399	10	222	376	0.438	0.362	29	0.800	-

구종별 타격 성적

구종	전체	VS우투	VS좌투
포심패스트볼	0.282	0.291	0.256
투심/싱커	0.111	0.111	-
컷패스트볼	0.286	0.286	-
슬라이더	0.172	0.178	0.154
커브	0.304	0.333	0.200
체인지업	0.148	0.100	0.176
포크/SF/너클	0.242	0.269	0.143

볼카운트별 타율-타점

볼카운트	타율	타수	안타	타점	볼카운트	타율	타수	안타	타점
0-0	0.283	60	17	17	2-0	0.500	4	2	1
0-1	0.250	40	10	2	2-1	0.333	12	4	1
0-2	0.118	17	2	0	2-2	0.244	45	11	8
1-0	0.323	31	10	0	3-0	-	0	0	0
1-1	0.241	29	7	5	3-1	-	0	0	0
1-2	0.180	50	9	3	3-2	0.154	26	4	5

S〉B : 0.196 / S=B : 0.261 / S〈B : 0.274

수비 기록

위치	자살	보살	실책	수비율
포수	546	54	3	0.995

상황별 기록

상황	타율	타수	안타	2루타	3루타	홈런	타점	볼넷	사구	삼진	병살
주자 없음	0.258	190	49	9	0	5	5	9	3	38	0
주자 있음	0.218	124	27	6	0	4	37	7	5	17	9
득점권	0.229	70	16	3	0	2	31	5	2	9	8
좌투수	0.210	81	17	1	0	2	13	6	1	13	2
우투수	0.253	190	48	14	0	5	20	12	4	35	7
언더	0.256	43	11	0	0	2	9	2	4	7	0
노아웃	0.250	100	25	3	0	2	3	4	0	12	4
원아웃	0.266	109	29	7	0	7	21	5	3	24	2
투아웃	0.210	105	22	5	0	2	20	6	2	17	0

상대팀별 기록

구분	경기	타율	타수	득점	안타	홈런	타점	도루	볼넷	삼진	병살
KIA	13	0.214	42	5	9	2	10	0	4	7	1
두산	13	0.205	39	5	8	2	7	0	2	7	2
롯데	12	0.172	29	0	5	0	1	0	2	11	1
NC	14	0.216	37	5	8	2	3	0	2	8	0
LG	10	0.259	27	1	7	0	3	0	0	3	1
넥센	11	0.250	32	3	8	0	6	0	0	4	2
한화	15	0.286	42	3	12	1	4	0	4	7	0
삼성	13	0.250	36	5	9	0	6	0	0	5	0
kt	11	0.333	30	5	10	0	9	0	0	3	0

내야

우투우타
1987년 3월 9일
172cm / 72kg
연봉 2억 5000만 원
경력 송정동초-충장중-광주제일고
-SK-상무
지명순위 06 SK 2차 3라운드
20순위

NO. 6 **김성현**

타격의 재능은 좋으나 발이 느리고 홈런을 칠 수 있는 파워는 부족하다. 투스트라이크 이후에 스트라이드를 크게 벌리며 스윙을 하는데 이때 패스트볼을 잘 공략한다. 투스트라이크 이후 삼진 비율이 KBO 리그 전체에서 두 번째로 낮다. 콘택트 능력이 뛰어나기 때문이다. 그러나 발이 너무 느려 대주자로 쓰기에는 무리다. 체력이 뛰어나며 상당히 튼튼하다. 2011년 데뷔 이후 부상 경력이 거의 없는 선수다. 어려운 타구를 곧잘 잡으면서 평범한 타구를 실책하는 이해하기 어려운 수비력을 보여준다. 결국 주전 유격수에서 2루수로 전환한 후, 수비가 좋아졌다.

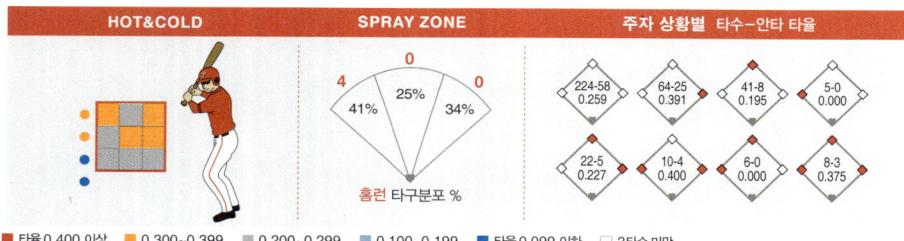

HOT&COLD	SPRAY ZONE	주자 상황별 타수-안타 타율

SPRAY ZONE: 4 / 0 / 0 / 41% / 25% / 34%
홈런 타구분포 %

주자 상황별:
224-58 0.259 / 64-25 0.391 / 41-8 0.195 / 5-0 0.000
22-5 0.227 / 10-4 0.400 / 6-0 0.000 / 8-3 0.375

■ 타율 0.400 이상　■ 0.300~0.399　■ 0.200~0.299　■ 0.100~0.199　■ 타율 0.099 이하　□ 3타수 미만

최근 3년간 성적

연도	팀명	타율	경기	타수	득점	안타	2루타	3루타	홈런	루타	타점	도루	볼넷	삼진	장타율	출루율	실책	OPS	WAR
2015	SK	0.297	129	397	49	118	20	0	8	162	48	1	31	42	0.408	0.357	23	0.765	1.70
2016	SK	0.319	138	479	66	153	28	0	8	205	65	3	33	37	0.428	0.366	16	0.794	2.76
2017	SK	0.271	130	380	45	103	14	0	4	129	29	2	34	28	0.339	0.335	6	0.674	1.09
통산		0.282	728	1994	293	563	97	5	28	754	215	21	181	218	0.378	0.348	71	0.726	-

구종별 타격 성적

구종	전체	VS우투	VS좌투
포심패스트볼	0.271	0.258	0.300
투심/싱커	0.450	0.444	0.500
컷패스트볼	0.000	0.000	0.000
슬라이더	0.231	0.245	0.188
커브	0.231	0.200	0.273
체인지업	0.300	0.176	0.391
포크/SF/너클	0.269	0.263	0.286

볼카운트별 타율-타점

볼카운트	타율	타수	안타	타점	볼카운트	타율	타수	안타	타점
0-0	0.293	58	17	3	2-0	0.333	12	4	1
0-1	0.270	37	10	5	2-1	0.286	28	8	3
0-2	0.231	26	6	2	2-2	0.333	48	16	4
1-0	0.385	39	15	4	3-0	-	0	0	1
1-1	0.256	39	10	1	3-1	0.167	6	1	0
1-2	0.182	55	10	1	3-2	0.188	32	6	4
S〉B : 0.220 / S＝B : 0.297 / S〈B : 0.291									

수비 기록

위치	자살	보살	실책	수비율
2루수	229	340	6	0.990
유격수	2	13	0	1.000

상황별 기록

상황	타율	타수	안타	2루타	3루타	홈런	타점	볼넷	사구	삼진	병살
주자 없음	0.259	224	58	7	0	3	3	19	2	14	0
주자 있음	0.288	156	45	7	0	1	26	15	2	14	8
득점권	0.217	92	20	4	0	1	25	10	1	11	2
좌투수	0.301	123	37	5	0	1	9	8	1	7	4
우투수	0.281	203	57	8	0	2	17	22	2	17	3
언더	0.167	54	9	1	0	1	3	4	1	4	1
노아웃	0.262	126	33	3	0	1	2	4	2	7	4
원아웃	0.336	131	44	7	0	3	15	16	2	10	4
투아웃	0.211	123	26	4	0	0	12	0	0	11	0

상대팀별 기록

구분	경기	타율	타수	득점	안타	홈런	타점	도루	볼넷	삼진	병살
KIA	16	0.294	51	5	15	0	6	1	5	3	1
두산	14	0.175	40	4	7	0	4	0	4	3	1
롯데	14	0.283	46	3	13	1	6	0	4	1	2
NC	14	0.380	50	7	19	0	4	0	2	2	0
LG	13	0.057	35	1	2	0	1	0	2	7	1
넥센	15	0.386	44	8	17	0	9	0	7	2	1
한화	14	0.133	30	4	4	0	0	0	3	4	0
삼성	16	0.308	39	7	12	1	0	0	3	3	1
kt	14	0.311	45	6	14	1	0	0	4	1	0

NO.3 나주환

내야 수비의 전 포지션과 포수까지 맡을 수 있는 유틸리티 맨. 강한 어깨와 넓은 수비 범위, 부드러운 초구, 정확한 송구까지 좋은 수비수의 자질을 갖췄다. 스윙이 크고 배트 스피드가 빨라 장타력이 있으나 적극적인 타격에 삼진이 많고 볼넷이 적은 편이다. 유인구나 변화구 대처 능력이 떨어지는 아쉬움도 있다. 발은 빠르나 주루 센스가 평균 수준이라 도루 능력은 평범하다. 베테랑의 능력을 보여주면서 필요한 여러 포지션(주로 2루수, 유격수)에서 자기 역할을 해낸다. 타격과 수비 모두에서, 팀 내 최정과 함께 규정타석을 채웠다. 2017시즌 내야 전 포지션을 소화하며 122경기에서 타율 0.291, 홈런 19개, 65타점을 기록하며 위기의 순간마다 팀 승리에 보탬이 됐다.

내야

우투우타
1984년 6월 14일
180cm / 84kg
연봉 3억 원
경력 성동초(월드리틀)–휘문중
　　　–북일고–두산
지명순위 03 두산 2차 2라운드
　　　16순위

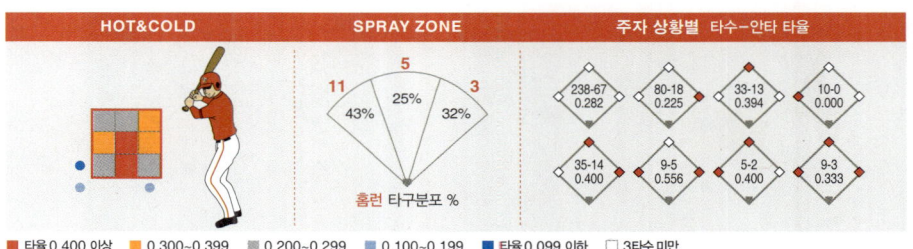

HOT&COLD

SPRAY ZONE
11 43% / 5 25% / 3 32%
홈런 타구분포 %

주자 상황별 타수–안타 타율
238-67 0.282 / 80-18 0.225 / 33-13 0.394 / 10-0 0.000
35-14 0.400 / 9-5 0.556 / 5-2 0.400 / 9-3 0.333

■ 타율 0.400 이상　■ 0.300~0.399　■ 0.200~0.299　■ 0.100~0.199　■ 타율 0.099 이하　□ 3타수 미만

최근 3년간 성적

연도	팀명	타율	경기	타수	득점	안타	2루타	3루타	홈런	루타	타점	도루	볼넷	삼진	장타율	출루율	실책	OPS	WAR
2015	SK	0.268	96	246	31	66	15	0	5	96	22	3	12	47	0.390	0.307	7	0.697	0.01
2016	SK	0.386	24	57	13	22	2	0	5	39	12	0	2	6	0.684	0.435	2	1.119	0.67
2017	SK	0.291	122	419	69	122	24	1	19	205	65	0	19	85	0.489	0.329	7	0.818	2.12
통산		0.265	1210	3064	435	811	145	12	68	1184	391	77	226	616	0.386	0.322	117	0.708	-

구종별 타격 성적

구종	전체	VS우투	VS좌투
포심패스트볼	0.316	0.344	0.245
투심/싱커	0.320	0.333	0.000
컷패스트볼	0.333	0.143	1.000
슬라이더	0.228	0.197	0.333
커브	0.318	0.333	0.000
체인지업	0.286	0.269	0.304
포크/SF/너클	0.295	0.343	0.111

볼카운트별 타율–타점

볼카운트	타율	타수	안타	타점	볼카운트	타율	타수	안타	타점
0-0	0.373	51	19	10	2-0	0.500	6	3	6
0-1	0.424	33	14	8	2-1	0.318	22	7	3
0-2	0.222	36	8	6	2-2	0.190	79	15	7
1-0	0.429	21	9	3	3-0	-	0	0	0
1-1	0.333	48	16	11	3-1	0.778	9	7	2
1-2	0.195	77	15	9	3-2	0.243	37	9	4
				S〉B : 0.253 / S＝B : 0.281 / S〈B : 0.368					

수비 기록

위치	자살	보살	실책
포수	1-0-0		
1루	66-4-0		
2루	48-68-0		
3루	9-16-1		
유격	94-175-6		

상황별 기록

상황	타율	타수	안타	2루타	3루타	홈런	타점	볼넷	사구	삼진	병살
주자 없음	0.282	238	67	11	0	12	12	8	3	50	0
주자 있음	0.304	181	55	13	1	7	53	11	2	35	15
득점권	0.366	101	37	8	1	5	47	7	2	19	5
좌투수	0.264	106	28	5	0	4	9	7	2	21	1
우투수	0.303	251	76	13	0	14	41	10	1	45	13
언더	0.290	62	18	6	1	1	15	2	2	19	1
노아웃	0.319	135	43	11	0	4	19	4	0	30	3
원아웃	0.266	158	42	4	0	9	24	7	3	23	12
투아웃	0.294	126	37	1	1	6	30	8	2	32	0

상대팀별 기록

구분	경기	타율	타수	득점	안타	홈런	타점	도루	볼넷	삼진	병살
KIA	11	0.429	35	11	15	2	7	0	1	6	0
두산	14	0.256	43	6	11	1	4	0	1	7	0
롯데	10	0.313	32	6	10	2	5	0	1	7	4
NC	13	0.171	41	6	7	0	5	0	2	11	4
LG	13	0.288	52	6	15	1	3	0	4	7	1
넥센	13	0.222	45	7	10	0	3	0	7	16	1
한화	15	0.270	63	11	17	4	12	0	2	9	0
삼성	16	0.390	59	8	23	5	13	0	0	13	1
kt	15	0.286	49	8	14	2	9	0	1	9	0

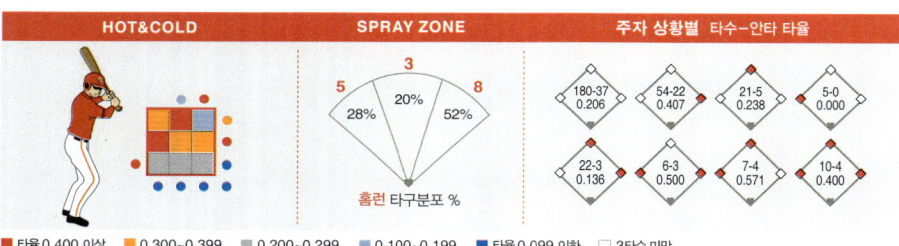

내야

좌투좌타
1981년 7월 21일
187cm / 96kg
연봉 4억 원
경력 효자초-전주동중-전주고
  -동국대-SK-상무
지명순위 00 쌍방울 2차 9라운드
  65순위

NO.36 박정권

문학구장 좌, 중, 우를 가리지 않고 넘길 수 있는 파워로 매년 20홈런 정도는 때려내는 타자다. 그러나 선구안은 좋지 않다. 통산 볼넷 대비 삼진율이 1:2에 육박하며 통산 타율을 0.276에 불과하게 만들었다. 수비는 1루수를 주로 보나 가끔 우익수를 보기도 한다. 큰 체격과 평고 연습량이 많아 1루 수비만큼은 메이저리그 급이다. 또한 내야수 나쁜 송구도 척척 잘 받아준다. 특히 라인드라이브 타구를 다이빙하며 걷어내는 호수비도 간간이 보이며, 빠른 땅볼을 잡아내 베이스 커버에 들어오는 투수에게 송구도 정확한 편이다. 그러나 2017시즌 들어서 타격 부진이 수비로 전염돼 수비조차도 옛 모습을 보여주지 못하고 있다. 또한 홈 송구 시 공이 뒤로 빠져 비난을 많이 받았다.

HOT&COLD / SPRAY ZONE / 주자 상황별 타수-안타 타율

SPRAY ZONE
- 3: 20%
- 5: 28%
- 8: 52%

홈런 타구분포 %

주자 상황별 타수-안타 타율
- 180-37 0.206
- 54-22 0.407
- 21-5 0.238
- 5-0 0.000
- 22-3 0.136
- 6-3 0.500
- 7-4 0.571
- 10-4 0.400

■ 타율 0.400 이상 ■ 0.300~0.399 ■ 0.200~0.299 ■ 0.100~0.199 ■ 타율 0.099 이하 □ 3타수 미만

최근 3년간 성적

연도	팀명	타율	경기	타수	득점	안타	2루타	3루타	홈런	루타	타점	도루	볼넷	삼진	장타율	출루율	실책	OPS	WAR
2015	SK	0.281	124	438	66	123	23	0	21	209	70	3	46	119	0.477	0.353	8	0.830	1.91
2016	SK	0.277	125	422	59	117	17	3	18	194	59	4	35	99	0.460	0.337	6	0.797	1.73
2017	SK	0.256	118	305	37	78	14	1	16	142	51	1	30	78	0.466	0.328	7	0.794	1.10
통산		0.275	1276	4089	602	1123	208	17	175	1890	668	56	443	922	0.462	0.348	53	0.810	-

구종별 타격 성적

구종	전체	VS우투	VS좌투
포심패스트볼	0.374	0.371	0.429
투심/싱커	0.263	0.294	0.000
컷패스트볼	0.333	0.333	-
슬라이더	0.150	0.192	0.071
커브	0.050	0.067	0.000
체인지업	0.122	0.122	-
포크/SF/너클	0.228	0.218	0.500

볼카운트별 타율-타점

볼카운트	타율	타수	안타	타점	볼카운트	타율	타수	안타	타점
0-0	0.281	32	9	11	2-0	0.125	8	1	0
0-1	0.320	25	8	6	2-1	0.333	15	5	4
0-2	0.087	23	2	3	2-2	0.233	60	14	7
1-0	0.524	21	11	5	3-0	-	0	0	0
1-1	0.333	24	8	5	3-1	1.000	2	2	1
1-2	0.188	64	12	7	3-2	0.194	31	6	7

S〉B : 0.196 / S=B : 0.267 / S〈B : 0.325

수비 기록

위치	자살	보살	실책	수비율
1루수	667	67	7	0.991

상황별 기록

상황	타율	타수	안타	2루타	3루타	홈런	타점	볼넷	사구	삼진	병살
주자 없음	0.206	180	37	6	0	9	9	21	1	48	0
주자 있음	0.328	125	41	8	1	7	42	9	3	30	4
득점권	0.268	71	19	2	1	4	35	5	0	20	1
좌투수	0.161	31	5	2	0	0	5	4	2	10	0
우투수	0.284	208	59	9	1	11	36	22	2	49	3
언더	0.212	66	14	3	0	5	10	4	1	16	1
노아웃	0.252	107	27	5	0	3	9	7	1	28	3
원아웃	0.297	101	30	4	1	10	25	7	2	24	1
투아웃	0.216	97	21	5	0	3	17	9	2	26	0

상대팀별 기록

구분	경기	타율	타수	득점	안타	홈런	타점	도루	볼넷	삼진	병살
KIA	12	0.222	27	4	6	1	5	0	2	3	0
두산	12	0.250	28	1	7	0	2	0	4	5	0
롯데	12	0.303	33	7	10	3	4	0	5	14	0
NC	15	0.182	33	2	6	2	2	1	4	10	0
LG	12	0.308	26	3	8	0	2	0	1	3	0
넥센	14	0.282	39	5	11	2	8	0	5	6	0
한화	14	0.310	42	4	13	1	5	0	1	3	0
삼성	15	0.273	44	7	12	3	10	0	6	12	1
kt	13	0.152	33	4	5	2	7	0	0	5	0

NO. 37 정의윤

고교야구 시절 박병호와 함께 양대 거포로 불리며 같이 LG에 입단했다. 2군 무대를 초토화시키면서도 1군 무대만 오르면 조용해지는 타격을 보였는데, 2015년 7월 SK로 트레이드 되면서 기량이 만개했다. 일발 장타력을 갖추었으나 선구안이 부족하고 타선에서 집중력이 떨어져 2스트라이크 이후 260타석에서 76개의 삼진(2017시즌)을 당했다. 후반기에 체력이 떨어지면서 공격력이 약화됐다. 발은 빠르나 주루 센스가 좋지 않다. 수비력은 리그 평균 이하이며 주로 지명타자로 활약하면서 팀에 공격력을 보탰다. 2017시즌 초반 부진을 뒤로 하고 뜨거운 타격감을 보이며 주전으로 복귀하면서 후반기에 팀의 상승세를 이끌었다. 타율 0.321을 기록했으나 아쉽게도 홈런 15개에 만족해야 했다.

외야

우투우타
1986년 7월 25일
185cm / 90kg
연봉 3억 원
경력 신곡초(부산마린스리틀)
－대천중－부산고－LG－상무－LG
지명순위 05 LG 2차 1라운드 3순위

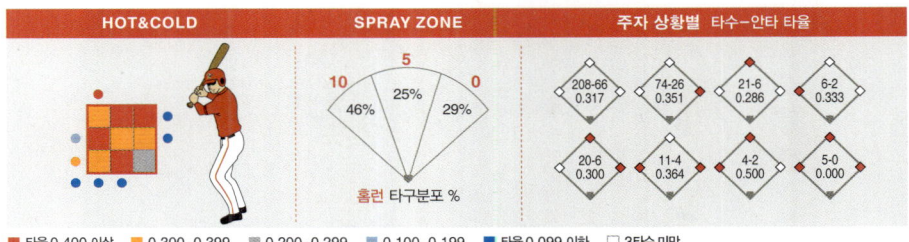

HOT&COLD	SPRAY ZONE	주자 상황별 타수-안타 타율

SPRAY ZONE
10 5 0
46% 25% 29%
홈런 타구분포 %

주자 상황별 타수-안타 타율
| 208-66 0.317 | 74-26 0.351 | 21-6 0.286 | 6-2 0.333 |
| 20-6 0.300 | 11-4 0.364 | 4-2 0.500 | 5-0 0.000 |

■ 타율 0.400 이상 ■ 0.300~0.399 ■ 0.200~0.299 ■ 0.100~0.199 ■ 타율 0.099 이하 □ 3타수 미만

최근 3년간 성적

연도	팀명	타율	경기	타수	득점	안타	2루타	3루타	홈런	루타	타점	도루	볼넷	삼진	장타율	출루율	실책	OPS	WAR
2015	LG·SK	0.320	91	259	38	83	14	0	14	139	51	5	26	46	0.537	0.397	1	0.934	2.82
2016	SK	0.311	144	576	68	179	32	1	27	294	100	2	25	76	0.510	0.347	5	0.857	3.17
2017	SK	0.321	112	349	44	112	16	0	15	173	45	0	19	61	0.496	0.367	0	0.863	2.20
통산		0.282	1048	3111	352	878	145	12	87	1308	422	28	196	477	0.420	0.334	28	0.754	-

구종별 타격 성적

구종	전체	VS우투	VS좌투
포심패스트볼	0.315	0.319	0.308
투심/싱커	0.400	0.417	0.333
컷패스트볼	0.429	0.429	-
슬라이더	0.315	0.310	0.333
커브	0.281	0.250	0.375
체인지업	0.306	0.625	0.214
포크/SF/너클	0.368	0.344	0.500

볼카운트별 타율-타점

볼카운트	타율	타수	안타	타점	볼카운트	타율	타수	안타	타점
0-0	0.490	51	25	14	2-0	0.500	6	3	2
0-1	0.341	44	15	4	2-1	0.421	19	8	3
0-2	0.250	32	8	2	2-2	0.208	48	10	3
1-0	0.538	26	14	6	3-0	1.000	1	1	0
1-1	0.500	30	15	7	3-1	0.000	9	0	0
1-2	0.132	53	7	3	3-2	0.200	30	6	1
					S〉B : 0.233 / S=B : 0.388 / S〈B : 0.352				

수비 기록

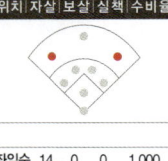

위치	자살	보살	실책	수비율
좌익수	14	0	0	1.000
우익수	14	0	0	1.000

상황별 기록

상황	타율	타수	안타	2루타	3루타	홈런	타점	볼넷	사구	삼진	병살
주자 없음	0.317	208	66	11	0	8	8	14	6	35	0
주자 있음	0.326	141	46	5	0	7	37	5	3	26	11
득점권	0.299	67	20	3	0	1	24	5	1	18	4
좌투수	0.297	111	33	6	0	6	14	3	0	17	4
우투수	0.330	188	62	8	0	8	26	13	7	37	5
언더	0.340	50	17	2	0	1	5	3	2	7	2
노아웃	0.273	128	35	5	0	5	10	7	4	18	4
원아웃	0.350	117	41	8	0	5	17	6	4	22	7
투아웃	0.346	104	36	3	0	7	26	3	3	21	0

상대팀별 기록

구분	경기	타율	타수	득점	안타	홈런	타점	도루	볼넷	삼진	병살
KIA	13	0.339	56	9	19	2	6	0	1	6	1
두산	16	0.320	50	6	16	3	7	0	5	7	1
롯데	12	0.293	41	3	12	0	3	0	1	7	3
NC	14	0.333	33	3	11	0	3	0	7	6	0
LG	10	0.160	25	3	4	0	2	0	2	6	0
넥센	13	0.316	38	3	12	3	6	0	0	9	0
한화	12	0.500	38	8	19	5	11	0	1	6	1
삼성	13	0.314	35	4	11	1	5	0	2	7	2
kt	10	0.242	33	5	8	4	5	0	0	4	3

내야

NO. 14 최정

우투우타
1987년 2월 28일
180cm / 90kg
연봉 12억 원
경력 대일초-평촌중-유신고
지명순위 05 SK 1차

김광현과 더불어 SK 최고의 프렌차이즈 스타다. 잡아당겨 치는 호쾌한 어퍼스윙으로 리그 최정상급 타자로 군림하며 2016, 2017 연속 40홈런을 기록했다. 특히 적극적인 타격 자세로 몸쪽 공을 피하지 않아 리그 최고의 사구왕이 됐다. 좋은 선구안으로 많은 볼넷을 얻어내고 홈런과 장타력이 아주 높은 타자다. 그러나 컨디션이 떨어지면 많은 삼진을 당하는 등 기복을 보인다. 입단 초기 형편없는 3루 수비를 보였으나 김성근 감독의 혹독한 조련으로 리그를 대표하는 3루수로 성장했다. 2017시즌 타율 0.316, 46홈런, 113타점을 폭발시키며 첫 홈런왕 타이틀을 거머쥐었으나 20승을 달성한 양현종에 밀려 MVP를 놓친 불운을 겪었다. 당분간 리그를 대표하는 홈런 타자로 맹활약할 것이다.

HOT&COLD	SPRAY ZONE	주자 상황별 타수-안타 타율

SPRAY ZONE: 31 / 59% | 12 / 20% | 3 / 22%
홈런 타구분포 %

주자 상황별:
248-76 0.306 | 84-22 0.262 | 33-9 0.273 | 5-1 0.200
30-13 0.433 | 12-9 0.750 | 6-2 0.333 | 12-4 0.333

■ 타율 0.400 이상 ■ 0.300~0.399 ■ 0.200~0.299 ■ 0.100~0.199 ■ 타율 0.099 이하 □ 3타수 미만

최근 3년간 성적

연도	팀명	타율	경기	타수	득점	안타	2루타	3루타	홈런	루타	타점	도루	볼넷	삼진	장타율	출루율	실책	OPS	WAR
2015	SK	0.295	81	275	43	81	17	0	17	149	58	5	46	78	0.542	0.401	4	0.943	2.59
2016	SK	0.288	141	500	106	144	24	1	40	290	106	2	77	126	0.580	0.403	14	0.983	5.04
2017	SK	0.316	130	430	89	136	18	1	46	294	113	1	70	107	0.684	0.427	6	1.111	5.20
통산		0.294	1392	4742	831	1394	260	7	271	2481	911	126	571	1054	0.523	0.390	124	0.913	-

구종별 타격 성적

구종	전체	VS우투	VS좌투
포심패스트볼	0.348	0.316	0.426
투심/싱커	0.421	0.421	-
컷패스트볼	0.200	0.250	0.000
슬라이더	0.417	0.397	0.500
커브	0.118	0.059	0.176
체인지업	0.259	0.333	0.194
포크/SF/너클	0.258	0.245	0.308

볼카운트별 타율-타점

볼카운트	타율	타수	안타	타점	볼카운트	타율	타수	안타	타점
0-0	0.532	62	33	24	2-0	0.222	9	2	0
0-1	0.458	24	11	8	2-1	0.333	21	7	9
0-2	0.143	28	4	2	2-2	0.242	91	22	17
1-0	0.481	27	13	20	3-0	1.000	1	1	0
1-1	0.406	32	13	8	3-1	0.364	11	4	2
1-2	0.215	65	14	13	3-2	0.203	59	12	10

S > B : 0.248 / S = B : 0.368 / S < B : 0.305

수비 기록

위치	자살	보살	실책	수비율
3루수	77	213	6	0.980

상황별 기록

상황	타율	타수	안타	2루타	3루타	홈런	타점	볼넷	사구	삼진	병살
주자 없음	0.306	248	76	10	1	27	27	25	11	67	0
주자 있음	0.330	182	60	8	0	19	86	45	8	40	8
득점권	0.388	98	38	6	0	14	75	32	6	21	2
좌투수	0.315	127	40	3	0	13	29	23	3	35	4
우투수	0.299	234	70	11	1	24	57	38	11	52	4
언더	0.377	69	26	4	0	9	27	9	5	20	0
노아웃	0.393	122	48	10	0	20	38	16	6	36	1
원아웃	0.322	143	46	2	0	12	32	27	3	38	7
투아웃	0.255	165	42	2	1	14	43	32	7	33	0

상대팀별 기록

구분	경기	타율	타수	득점	안타	홈런	타점	도루	볼넷	삼진	병살
KIA	15	0.281	57	11	16	4	14	0	7	15	4
두산	15	0.417	48	9	20	7	13	0	7	5	0
롯데	15	0.231	52	8	12	3	7	0	11	16	1
NC	15	0.362	58	15	21	10	20	0	9	9	0
LG	13	0.195	41	8	8	4	9	0	7	13	1
넥센	15	0.240	50	8	12	3	11	1	6	16	1
한화	13	0.250	48	9	12	5	9	0	5	9	0
삼성	13	0.500	40	13	20	7	18	0	9	11	0
kt	15	0.375	48	9	18	3	11	0	8	13	1

NO. 38 김동엽

외야

우투우타
1990년 7월 24일
186cm / 101kg
연봉 1억 1500만 원
경력 천안남산초–천안북중–북일고
지명순위 16 SK 2차 9라운드 86순위

시카고 컵스(55만 달러)와 계약하여 메이저리거의 꿈을 키웠으나 부상으로 중도하차했다. 2016년 SK에 데뷔. 무시무시한 장타력을 가졌다. 187㎝, 100㎏의 거구답게 2017시즌 22개의 홈런을 기록했다. 특히 타격 밸런스가 무너진 상황에서도 무서운 손목 힘으로 홈런을 만들어낸다. 또한 발이 빠르고 주루 센스도 뛰어나 16도루를 시도하여 15도루를 성공시켰다. 그러나 선구안이 떨어지고 타율도 좋지 못하다. 특히 삼진이 볼넷의 8배에 이를 정도로 선구안에 문제가 있다. 또한 수비 능력도 좋지 못하다. 좌익수는 다른 포지션에 비해 상대적으로 수비가 중요하지 않음에도 불구하고 팬이나 벤치를 답답하게 하는 수비를 보여줄 때가 많았다. 여기까지만 보면 2군에 어울릴 것 같지만, 잠재력은 무궁무진하다.

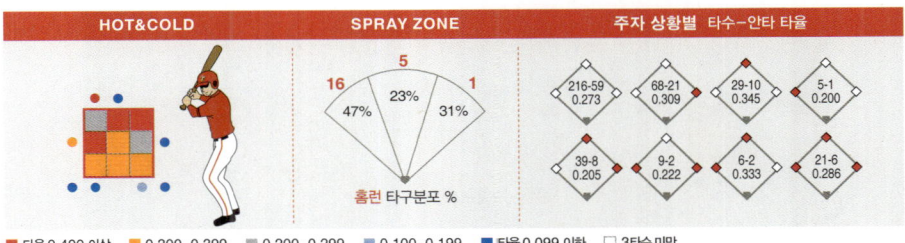

HOT&COLD	SPRAY ZONE	주자 상황별 타수–안타 타율

SPRAY ZONE
16 — 5 — 1
47% 23% 31%
홈런 타구분포 %

주자 상황별 타수–안타 타율
216-59 0.273 / 68-21 0.309 / 29-10 0.345 / 5-1 0.200
39-8 0.205 / 9-2 0.222 / 6-2 0.333 / 21-6 0.286

■ 타율 0.400 이상　■ 0.300~0.399　■ 0.200~0.299　■ 0.100~0.199　■ 타율 0.099 이하　□ 3타수 미만

최근 3년간 성적

연도	팀명	타율	경기	타수	득점	안타	2루타	3루타	홈런	루타	타점	도루	볼넷	삼진	장타율	출루율	실책	OPS	WAR
2015	–	–	–	–	–	–	–	–	–	–	–	–	–	–	–	–	–	–	–
2016	SK	0.336	57	143	19	48	8	0	6	74	23	2	5	41	0.517	0.360	0	0.877	0.86
2017	SK	0.277	125	393	58	109	18	1	22	195	70	2	23	62	0.496	0.329	5	0.825	0.97
통산		0.293	182	536	77	157	26	1	28	269	33	4	28	103	0.502	0.337	5	0.839	–

구종별 타격 성적

구종	전체	VS우투	VS좌투
포심패스트볼	0.302	0.311	0.290
투심/싱커	0.300	0.267	0.400
컷패스트볼	0.500	0.500	-
슬라이더	0.267	0.271	0.250
커브	0.400	0.474	0.167
체인지업	0.259	0.208	0.300
포크/SF/너클	0.154	0.088	0.278

볼카운트별 타율–타점

볼카운트	타율	타수	안타	타점	볼카운트	타율	타수	안타	타점
0-0	0.373	83	31	19	2-0	0.625	8	5	3
0-1	0.405	37	15	8	2-1	0.600	10	6	0
0-2	0.097	31	3	2	2-2	0.204	49	10	11
1-0	0.300	30	9	7	3-0	-	0	0	0
1-1	0.279	43	12	7	3-1	0.500	4	2	0
1-2	0.145	76	11	7	3-2	0.227	22	5	6

S〉B : 0.201 / S = B : 0.303 / S〈B : 0.365

수비 기록

위치	자살	보살	실책	수비율
좌익수	137	1	5	0.965

상황별 기록

상황	타율	타수	안타	2루타	3루타	홈런	타점	볼넷	사구	삼진	병살
주자 없음	0.273	216	59	9	1	12	12	12	5	32	0
주자 있음	0.282	177	50	9	0	10	58	11	4	30	6
득점권	0.266	109	29	4	0	6	48	10	2	19	4
좌투수	0.278	144	40	6	0	8	22	6	1	24	1
우투수	0.279	201	56	10	0	13	42	16	7	31	4
언더	0.271	48	13	2	1	1	6	1	1	7	1
노아웃	0.278	108	30	5	1	5	5	3	1	18	0
원아웃	0.288	132	38	7	0	7	22	5	5	16	6
투아웃	0.268	153	41	6	0	10	36	14	1	28	0

상대팀별 기록

구분	경기	타율	타수	득점	안타	홈런	타점	도루	볼넷	삼진	병살
KIA	14	0.372	43	10	16	4	9	0	4	7	0
두산	14	0.250	44	4	11	1	4	0	1	9	1
롯데	14	0.229	35	4	8	1	6	0	4	4	1
NC	15	0.321	53	10	17	5	10	0	4	10	1
LG	14	0.264	53	7	14	1	5	1	2	8	0
넥센	15	0.208	48	6	10	3	11	1	5	5	1
한화	14	0.340	47	9	16	4	10	0	1	7	1
삼성	14	0.229	35	4	8	0	7	0	3	7	1
kt	13	0.257	35	4	9	2	6	0	3	5	0

외야

우투좌타
1990년 8월 6일
180cm / 80kg
연봉 1억 3000만 원
경력 대전유천초-청주중-청주고
　　　-건국대-한화-KIA
지명순위 13 한화 육성선수

NO. 17 **노수광**

　한화와 KIA를 거쳐 트레이드로 SK에 안착했다. 대단한 근성과 악바리 기질을 가진 선수로, 파워를 바탕으로 한 중장거리 타자다. 특히 발이 빨라 내야땅볼을 안타로 연결하는 능력을 가졌다. 그러나 주전 경력이 일천하여 변화구 대처가 미흡하다. 빠른 발을 갖춘 외야수라 중견수도 볼 수 있을 것 같지만 낙구 지점, 낙구 포구 면에서 미흡한 모습을 보인다. 그래서 중견수보다는 양쪽 외야수가 더 잘 맞는 자리일 듯싶다. 이적 초반에는 적응에 어려움을 겪었고 시즌 마지막엔 슬럼프가 이어지면서 3할 대 입성에 실패했다. 그러나 주루 센스가 좋고 멘탈이 강해 앞으로 더 기대되는 선수다. 날로 성장하는 모습이 2018년에는 대형사고를 칠 전망이다.

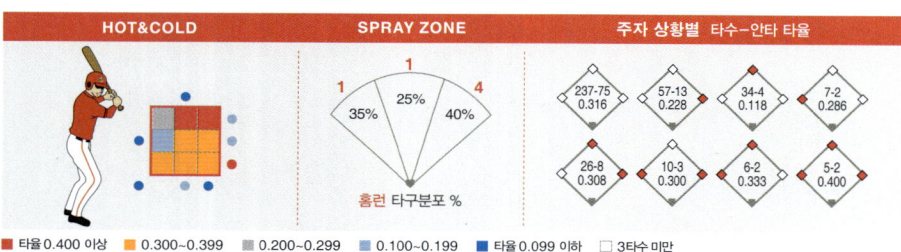

HOT&COLD	SPRAY ZONE	주자 상황별 타수-안타 타율

홈런 타구분포 %

■ 타율 0.400 이상　■ 0.300~0.399　■ 0.200~0.299　■ 0.100~0.199　■ 타율 0.099 이하　□ 3타수 미만

최근 3년간 성적

연도	팀명	타율	경기	타수	득점	안타	2루타	3루타	홈런	루타	타점	도루	볼넷	삼진	장타율	출루율	실책	OPS	WAR
2015	KIA	0.083	10	12	2	1	1	0	0	2	1	0	2	7	0.167	0.214	0	0.381	-0.14
2016	KIA	0.309	77	207	43	64	4	2	4	84	30	12	20	46	0.406	0.373	1	0.779	1.21
2017	KIA·SK	0.285	131	382	72	109	18	3	6	151	39	16	25	84	0.395	0.340	5	0.735	1.04
통산		0.289	219	602	117	174	23	5	10	237	70	28	47	138	0.394	0.348	6	0.742	-

구종별 타격 성적

구종	전체	VS우투	VS좌투
포심패스트볼	0.326	0.331	0.316
투심/싱커	0.333	0.429	0.000
컷패스트볼	0.125	0.125	-
슬라이더	0.304	0.304	0.303
커브	0.321	0.250	0.417
체인지업	0.152	0.161	0.000
포크/SF/너클	0.224	0.209	0.333

볼카운트별 타율-타점

볼카운트	타율	타수	안타	타점	볼카운트	타율	타수	안타	타점
0-0	0.429	49	21	11	2-0	0.625	8	5	1
0-1	0.324	37	12	2	2-1	0.350	20	7	2
0-2	0.190	42	8	2	2-2	0.212	66	14	3
1-0	0.316	19	6	1	3-0	1.000	1	1	2
1-1	0.412	34	14	8	3-1	0.167	6	1	1
1-2	0.164	73	12	3	3-2	0.296	27	8	3
S〉B: 0.211 / S=B: 0.329 / S〈B: 0.346									

수비 기록

위치	자살	보살	실책	수비율
좌익수	18	3	0	1.000
중견수	135	1	4	0.971
우익수	49	1	1	0.980

상황별 기록

상황	타율	타수	안타	2루타	3루타	홈런	타점	볼넷	사구	삼진	병살
주자 없음	0.316	237	75	10	2	4	4	13	3	57	0
주자 있음	0.234	145	34	8	1	2	35	12	6	27	3
득점권	0.239	88	21	6	0	0	29	10	4	15	1
좌투수	0.313	112	35	2	1	2	15	6	2	24	2
우투수	0.266	218	58	11	2	4	21	14	5	45	1
언더	0.308	52	16	5	0	0	3	5	2	15	0
노아웃	0.310	168	52	9	2	4	9	7	2	38	1
원아웃	0.306	121	37	5	0	1	12	8	2	26	0
투아웃	0.215	93	20	4	1	1	18	8	5	20	0

상대팀별 기록

구분	경기	타율	타수	득점	안타	홈런	타점	도루	볼넷	삼진	병살
KIA	13	0.233	43	9	10	1	9	1	3	13	0
두산	16	0.324	34	8	11	0	4	2	5	10	0
롯데	16	0.152	46	6	7	1	2	5	4	13	2
NC	15	0.163	49	7	8	0	5	1	4	10	0
SK	2	0.000	6	1	0	0	0	0	2	2	0
LG	14	0.333	42	5	14	1	5	2	3	9	0
넥센	15	0.435	46	9	20	3	4	1	5	6	0
한화	15	0.333	30	8	10	1	2	2	2	8	0
삼성	17	0.346	52	12	18	1	4	1	4	12	0
kt	12	0.324	34	7	11	1	5	1	2	7	0

로맥

좋은 선구안과 강력한 파워를 과시하는 장거리 타자. 지난해 0.242로 타율은 낮았지만 31개의 홈런과 0.898의 장타율을 기록했다. 반면 삼진을 많이 당했다. 결국 '모 아니면 도' 식으로 삼진 아니면 홈런의 타격 스타일을 보여준 셈이다. 로먹은 전형적인 좌투수 킬러다. 우투수 대비 장타율이 2할 가까이 높게 나왔다. 변화구를 잘 때려내고, 언더핸드나 사이드암투수에게 강한 면모를 보였다. 반면 정통파 투수의 '하이패스트볼'에는 약점을 보였다. 올해도 상대 투수들은 로맥의 이점을 집중공략할 것이다. 반대로 로맥 입장에서는 이 약점을 극복한다면 오히려 상대의 허를 찌를 수 있다. 수비에서는 멀티-포지션 플레이어라 할 정도로 다재다능하다. 포수를 제외한 전 포지션을 소화할 수 있다. 물론 강한 어깨 덕분에 외야수로 뛸 가능성이 높다.

내야

우투우타
1985년 9월 30일
188cm / 100kg
연봉 30만 달러
경력 캐나다 루카스고
지명순위 17 SK 자유선발

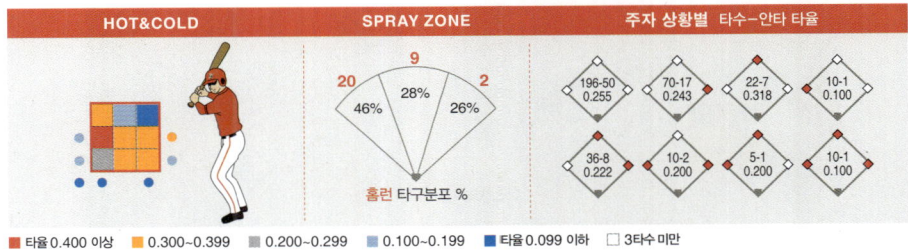

HOT&COLD / SPRAY ZONE / 주자 상황별 타수-안타 타율

SPRAY ZONE
9
20 28% 2
46% 26%
홈런 타구분포 %

주자 상황별 타수-안타 타율
196-50 0.255 | 70-17 0.243 | 22-7 0.318 | 10-1 0.100
36-8 0.222 | 10-2 0.200 | 5-1 0.200 | 10-1 0.100

■ 타율 0.400 이상　■ 0.300~0.399　■ 0.200~0.299　■ 0.100~0.199　■ 타율 0.099 이하　□ 3타수 미만

최근 3년간 성적

연도	팀명	타율	경기	타수	득점	안타	2루타	3루타	홈런	루타	타점	도루	볼넷	삼진	장타율	출루율	실책	OPS	WAR
2015	–	-	-	-	-	-	-	-	-	-	-	-	-	-	-	-	-	-	-
2016	–	-	-	-	-	-	-	-	-	-	-	-	-	-	-	-	-	-	-
2017	SK	0.242	102	359	58	87	19	0	31	199	64	1	50	116	0.554	0.344	7	0.898	2.37
통산		0.242	102	359	58	87	19	0	31	199	64	1	50	116	0.554	0.344	7	0.898	-

구종별 타격 성적

구종	전체	VS우투	VS좌투
포심패스트볼	0.208	0.209	0.208
투심/싱커	0.400	0.400	-
컷패스트볼	0.143	0.000	1.000
슬라이더	0.278	0.186	0.636
커브	0.323	0.286	0.667
체인지업	0.243	0.077	0.333
포크/SF/너클	0.189	0.161	0.333

볼카운트별 타율-타점

볼카운트	타율	타수	안타	타점	볼카운트	타율	타수	안타	타점
0-0	0.273	44	12	12	2-0	0.500	10	5	6
0-1	0.238	21	5	3	2-1	0.591	22	13	10
0-2	0.152	33	5	0	2-2	0.097	62	6	3
1-0	0.389	18	7	5	3-0	0.000	2	0	0
1-1	0.269	26	7	6	3-1	0.455	11	5	2
1-2	0.161	56	9	3	3-2	0.241	54	13	14

S〉B : 0.173 / S=B : 0.189 / S〈B : 0.368

수비 기록

위치	자살	보살	실책

1루 323-16-1　2루 5-2-2
3루 7-19-4　우익 80-4-0

상황별 기록

상황	타율	타수	안타	2루타	3루타	홈런	타점	볼넷	사구	삼진	병살
주자 없음	0.255	196	50	11	0	18	18	20	2	58	0
주자 있음	0.227	163	37	8	0	13	46	30	4	58	6
득점권	0.215	93	20	5	0	6	32	19	4	37	0
좌투수	0.309	97	30	7	0	9	19	14	0	25	3
우투수	0.193	202	39	9	0	16	30	30	6	74	1
언더	0.300	60	18	3	0	6	15	6	0	17	2
노아웃	0.291	117	34	11	0	10	13	14	0	31	2
원아웃	0.218	124	27	2	0	9	22	15	4	36	4
투아웃	0.220	118	26	6	0	12	28	22	2	49	0

상대팀별 기록

구분	경기	타율	타수	득점	안타	홈런	타점	도루	볼넷	삼진	병살
KIA	14	0.232	56	12	13	6	15	0	8	12	2
두산	8	0.133	30	1	4	0	1	0	2	12	1
롯데	13	0.357	42	9	15	6	11	0	4	13	0
NC	11	0.171	41	5	7	2	5	1	6	16	0
LG	12	0.200	40	5	8	3	3	0	4	17	0
넥센	10	0.265	34	6	9	4	9	0	7	12	1
한화	10	0.182	33	4	6	4	9	0	7	10	1
삼성	11	0.167	36	5	6	0	3	0	4	15	1
kt	13	0.404	47	11	19	4	9	0	8	9	0

외야

우투좌타
1989년 9월 9일
170cm / 75kg
연봉 6200만 원
경력 성동초-잠신중-야탑고-단국대
지명순위 14 SK 육성선수

NO. 13 조용호

중고 신인. 신인 드래프트 미지명-고양 원더스 입단 후 방출-군복무-우유 배달-중국집 주방장-SK 육성선수로 야구 시작. 대학시절 크고 작은 부상으로 시력을 겪었던 그는 2년 7개월 간 파란만장한 삶을 살았다. 공·수·주를 갖춘 타자로 전형적인 리드오프 감이다. 스몰볼이 어울리며 좌타자에 외야수로 뛸 때 가치가 극대화된다. 팀 내에서는 스타일이 비슷한 노수광과 선의의 경쟁을 벌여야 한다. 콘택트 능력과 야구 센스가 좋으며 빠른 발을 가지고 있다. 특히 타석에서 상대 투수를 끈질기게 물고 늘어지는 스타일의 선수다. 2017시즌 전반기에는 이명기의 공백을 지울 정도로 새로운 테이블세터의 위력을 보여줬고, 후반기에는 수비와 타격 부진을 겪으며 벤치 신세가 됐지만 가능성을 보여준 한 해였다.

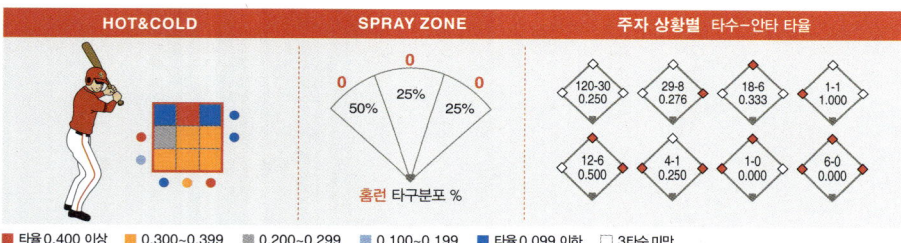

HOT&COLD	SPRAY ZONE	주자 상황별 타수-안타 타율

홈런 타구분포 %

■ 타율 0.400 이상　■ 0.300~0.399　■ 0.200~0.299　■ 0.100~0.199　■ 타율 0.099 이하　□ 3타수 미만

최근 3년간 성적

연도	팀명	타율	경기	타수	득점	안타	2루타	3루타	홈런	루타	타점	도루	볼넷	삼진	장타율	출루율	실책	OPS	WAR
2015	-	-	-	-	-	-	-	-	-	-	-	-	-	-	-	-	-	-	-
2016	-	-	-	-	-	-	-	-	-	-	-	-	-	-	-	-	-	-	-
2017	SK	0.272	69	191	34	52	7	1	0	61	10	11	25	39	0.319	0.365	1	0.684	0.82
통산		0.272	69	191	34	52	7	1	0	61	10	11	25	39	0.319	0.365		0.684	-

구종별 타격 성적

구종	전체	VS우투	VS좌투
포심패스트볼	0.309	0.354	0.219
투심/싱커	0.400	0.400	-
컷패스트볼	0.167	0.200	0.000
슬라이더	0.314	0.294	0.333
커브	0.000	0.000	0.000
체인지업	0.222	0.235	0.000
포크/SF/너클	0.154	0.167	0.000

볼카운트별 타율-타점

볼카운트	타율	타수	안타	타점	볼카운트	타율	타수	안타	타점
0-0	0.370	27	10	1	2-0	0.000	1	0	0
0-1	0.353	17	6	4	2-1	0.667	3	2	1
0-2	0.208	24	5	0	2-2	0.091	33	3	1
1-0	0.364	11	4	0	3-0	-	0	0	0
1-1	0.385	13	5	1	3-1	0.667	3	2	0
1-2	0.257	35	9	1	3-2	0.250	24	6	2
					S>B : 0.263 / S=B : 0.247 / S<B : 0.333				

수비 기록

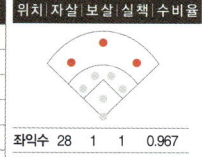

위치	자살	보살	실책	수비율
좌익수	28	1	1	0.967
중견수	70	3	0	1.000
우익수	5	0	0	1.000

상황별 기록

상황	타율	타수	안타	2루타	3루타	홈런	타점	볼넷	사구	삼진	병살
주자 없음	0.250	120	30	4	1	0	0	19	0	21	0
주자 있음	0.310	71	22	3	0	0	10	6	3	18	4
득점권	0.333	42	14	3	0	0	10	5	1	9	4
좌투수	0.236	55	13	2	0	0	3	9	0	10	2
우투수	0.305	105	32	5	1	0	7	16	0	21	2
언더	0.226	31	7	0	0	0	3	0	3	8	0
노아웃	0.213	89	19	3	0	0	4	14	0	23	0
원아웃	0.364	55	20	3	0	0	3	2	2	10	4
투아웃	0.277	47	13	1	1	0	3	9	1	6	0

상대팀별 기록

구분	경기	타율	타수	득점	안타	홈런	타점	도루	볼넷	삼진	병살
KIA	8	0.333	27	9	9	0	2	2	4	5	0
두산	8	0.278	18	4	5	0	1	0	3	2	0
롯데	9	0.263	19	3	5	0	1	4	4	8	0
NC	6	0.176	17	3	3	0	1	1	2	3	1
LG	8	0.238	21	3	5	0	0	0	4	7	0
넥센	8	0.273	33	2	9	0	0	1	1	6	2
한화	6	0.333	12	3	4	0	0	0	0	2	0
삼성	8	0.174	23	4	4	0	0	0	4	5	0
kt	8	0.381	21	3	8	0	2	1	3	1	1

NO. 62 한동민

고교시절 경남고 전성기를 이끌던 주역. 190㎝, 95㎏의 우람한 체격에서 뿜어져 나오는 타격은 KBO 리그에서 가장 호쾌한 홈런 스윙을 가진 타자다. 2017시즌 부상으로 시즌 아웃(8월 8일 NC전)까지 29홈런을 기록하면서 절정의 타격감을 선보였다. 기복 없이 꾸준하게 홈런을 터뜨리는 선수다. 거포들이 그러하듯 삼진이 많고 콘택트나 선구안은 떨어지는 편. 수비는 우익수, 1루수, 지명타자를 겸한다. 그러나 일발 장타력이 모든 약점을 커버하고도 남는다. 2017시즌 최형우와 함께 좌타 거포 양대 산맥으로 부상했다. 그러나 8월 8일 NC와의 경기에서 발목이 심각하게 돌아가는 부상을 입고 선수 생명에 심각한 위기가 왔다. 그가 부상을 이겨내고 다시 한 번 호쾌한 스윙을 한다면 SK에 큰 힘이 될 것이다.

외야

우투좌타
1989년 8월 9일
190cm / 95kg
연봉 1억 5000만 원
경력 중앙초(해운대리틀)-대천중
　　　-경남고-경성대-SK-상무
지명순위 12 SK 9라운드 85순위

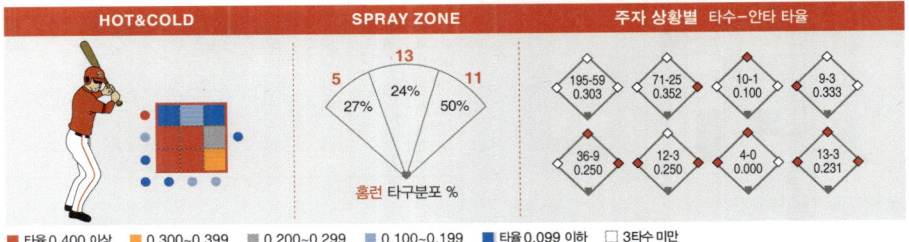

HOT&COLD / SPRAY ZONE / 주자 상황별　타수-안타 타율

SPRAY ZONE
5 13 11
27% 24% 50%
홈런 타구분포 %

주자 상황별
195-59 0.303 | 71-25 0.352 | 10-1 0.100 | 9-3 0.333
36-9 0.250 | 12-3 0.250 | 4-0 0.000 | 13-3 0.231

■ 타율 0.400 이상　■ 0.300~0.399　■ 0.200~0.299　■ 0.100~0.199　■ 타율 0.099 이하　□ 3타수 미만

최근 3년간 성적

연도	팀명	타율	경기	타수	득점	안타	2루타	3루타	홈런	루타	타점	도루	볼넷	삼진	장타율	출루율	실책	OPS	WAR
2015		-	-	-	-	-	-	-	-	-	-	-	-	-	-	-	-	-	-
2016	SK	0.278	6	18	3	5	0	0	0	5	0	1	1	5	0.278	0.350	0	0.628	-0.02
2017	SK	0.294	103	350	64	103	21	2	29	215	73	2	46	79	0.614	0.396	5	1.010	3.74
통산		0.275	282	803	121	221	46	7	46	419	149	5	78	221	0.522	0.363	8	0.885	-

구종별 타격 성적

구종	전체	VS우투	VS좌투
포심패스트볼	0.354	0.412	0.240
투심/싱커	0.333	0.375	0.200
컷패스트볼	0.333	0.333	-
슬라이더	0.283	0.333	0.250
커브	0.115	0.105	0.143
체인지업	0.277	0.286	0.200
포크/SF/너클	0.200	0.200	0.200

볼카운트별 타율-타점

볼카운트	타율	타수	안타	타점	볼카운트	타율	타수	안타	타점
0-0	0.361	36	13	7	2-0	0.375	8	3	3
0-1	0.381	21	8	7	2-1	0.320	25	8	6
0-2	0.130	23	3	2	2-2	0.375	56	21	8
1-0	0.294	34	10	12	3-0	1.000	2	2	1
1-1	0.379	29	11	7	3-1	0.222	9	2	1
1-2	0.145	62	9	8	3-2	0.289	45	13	11

S > B : 0.189 / S = B : 0.372 / S < B : 0.309

수비 기록

위치	자살	보살	실책	수비율
1루수	65	4	3	0.958
좌익수	39	2	1	0.976
우익수	106	1	1	0.991

상황별 기록

상황	타율	타수	안타	2루타	3루타	홈런	타점	볼넷	사구	삼진	병살
주자 없음	0.303	195	59	11	0	18	18	21	6	42	0
주자 있음	0.284	155	44	10	2	11	55	25	9	37	8
득점권	0.226	84	19	5	1	7	44	13	7	18	3
좌투수	0.231	108	25	3	1	6	17	9	4	32	1
우투수	0.328	201	66	15	1	19	46	32	8	42	7
언더	0.293	41	12	3	0	4	10	5	3	5	0
노아웃	0.276	123	34	5	1	9	11	6	1	30	3
원아웃	0.288	111	32	6	1	7	17	16	4	24	5
투아웃	0.319	116	37	10	0	9	30	26	5	25	0

상대팀별 기록

구분	경기	타율	타수	득점	안타	홈런	타점	도루	볼넷	삼진	병살
KIA	10	0.294	34	7	10	3	9	0	3	8	0
두산	11	0.263	38	6	10	2	2	0	6	16	1
롯데	12	0.286	42	9	12	3	7	0	6	10	2
NC	12	0.356	45	10	16	6	17	1	5	6	1
LG	12	0.342	38	8	13	6	9	0	7	5	1
넥센	12	0.263	38	4	10	2	9	0	4	8	0
한화	12	0.282	39	9	11	4	10	0	7	8	1
삼성	11	0.357	42	6	15	3	5	1	3	8	1
kt	11	0.176	34	5	6	1	6	0	5	10	1

투수

김대유
NO. 97

좌투좌타
1991년 5월 8일
187cm / 92kg
연봉 3000만 원
경력 부산중앙초–부산중
–부산고–넥센
지명순위 10 넥센 3라운드
18순위

연도	팀명	평균자책	경기	승-패-세-홀	이닝	피안타	피홈런	볼넷	탈삼진	WHIP	WAR
2017	SK	9.64	6	0-0-0-0	4 2/3	8	1	2	3	2.14	-0.12
통산		9.92	15	0-1-0-0	16 1/3	20	2	21	17	2.51	

볼카운트별 피안타율

볼카운트	피안타율	타수	피안타	볼카운트	피안타율	타수	피안타
0-0	0.000	3	0	2-0	-	-	-
0-1	1.000	2	2	2-1	0.750	4	3
0-2	-	-	-	2-2	0.000	3	0
1-0	-	-	-	3-0	1.000	1	1
1-1	0.500	2	1	3-1	-	-	-
1-2	0.250	4	1	3-2	0.000	2	0

S〉B : 0.500 / S=B : 0.125 / S〈B : 0.571

상황별 기록

상황	안타	삼진	피안타율
주자 없음	2	0	0.333
만루	1	0	1.000
주자 있음	6	3	0.400
득점권	5	3	0.385
상위(1~2번)	3	2	0.375
중심(3~5번)	4	1	0.500
하위(6~9번)	1	0	0.200
좌타자	4		0.444
우타자	4	1	0.333

상대팀별 기록

구분	경기	평균자책	승-패-세-홀	이닝
KIA	-	-	-	-
두산	-	-	-	-
롯데	-	-	-	-
NC	1	-	0-0-0-0	0
LG	2	9.00	-	2
넥센	1	6.75	-	1 1/3
한화	-	-	-	-
삼성	2	0.00	-	1 1/3
kt	-	-	-	-

구속/구사율/피안타율

구종	평균구속	구사율	피안타율
포심패스트볼	136	45%	0.556
투심/싱커	-	-	-
컷패스트볼	131	31%	0.222
슬라이더	128	15%	0.500
커브	-	-	-
체인지업	128	9%	0.000
포크/SF/너클	-	-	-

기타 기록

상대 타자 타구 방향
22%   50%   28%

이닝당 투구수	20.8
땅볼/뜬공	0.57

좌완으로 186cm, 90kg의 좋은 체격을 갖췄다. 부산고 시절 5경기에서 8점대의 방어율을 기록하고도 SK에 3라운드에 지명됐다. 140km/h 초반의 패스트볼과 커터, 슬라이더, 투심을 다채롭게 구사한다. 그러나 1군 기록은 2014년 9경기(1패, 평균자책점 10.03)가 전부였다. 사실상 전력 외로 분류된 선수다.

PITCHING ZONE

좌타자·몸쪽 / 우타자·몸쪽

■ 15% 이상 ■ 12~14% ■ 9~11% ■ 6~8% ■ 3~5% □ 2% 이하

투수

김태훈
NO. 60

좌투좌타
1990년 5월 19일
176cm / 88kg
연봉 4000만 원
경력 동구초(구리시립리틀)
–구리인창중–구리인창고
–SK–상무
지명순위 09 SK 1차

연도	팀명	평균자책	경기	승-패-세-홀	이닝	피안타	피홈런	볼넷	탈삼진	WHIP	WAR
2017	SK	6.53	21	2-2-0-3	41 1/3	61	8	19	34	1.94	-0.26
통산		5.96	63	2-4-0-4	83	106	9	54	64	1.93	-

볼카운트별 피안타율

볼카운트	피안타율	타수	피안타	볼카운트	피안타율	타수	피안타
0-0	0.500	16	8	2-0	0.333	6	2
0-1	0.233	30	7	2-1	0.533	15	8
0-2	0.300	10	3	2-2	0.381	21	8
1-0	0.313	16	5	3-0	0.000	1	0
1-1	0.545	11	6	3-1	0.200	5	1
1-2	0.229	35	8	3-2	0.300	10	3

S〉B : 0.240 / S=B : 0.458 / S〈B : 0.362

상황별 기록

상황	안타	삼진	피안타율
주자 없음	32	25	0.291
만루	2	2	0.222
주자 있음	29	9	0.408
득점권	16	8	0.348
상위(1~2번)	14	13	0.269
중심(3~5번)	21	8	0.339
하위(6~9번)	26	13	0.388
좌타자	25	12	0.397
우타자	36	22	0.305

상대팀별 기록

구분	경기	평균자책	승-패-세-홀	이닝
KIA	4	9.00	0-0-0-1	10
두산	-	-	-	-
롯데	1	9.00	0-0-0-0	1
NC	2	2.70	0-1-0-0	6 2/3
LG	2	9.00	1-1-0-0	7
넥센	1	7.88	0-0-0-0	8
한화	2	3.00	1-0-0-0	3
삼성	2	5.40	0-0-0-2	1 2/3
kt	2	2.25	0-0-0-0	4

구속/구사율/피안타율

구종	평균구속	구사율	피안타율
포심패스트볼	141	43%	0.446
투심/싱커	137	19%	0.406
컷패스트볼	-	-	-
슬라이더	125	19%	0.159
커브	120	1%	-
체인지업	120	19%	0.258
포크/SF/너클	-	-	-

기타 기록

상대 타자 타구 방향
38%   26%   36%

이닝당 투구수	18.7
땅볼/뜬공	0.74

빠른 공 구위로 한정할 경우 좌완 왕국인 SK의 좌완 투수진 중에서도 손에 꼽힐 정도다. 다만 이 주 무기를 받쳐줄 만한 변화구가 부족하다는 게 한계다. 적절한 변화구만 장착한다면 투 피치로도 대성할 것으로 보인다. 거기에 또 다른 장점으로는 도망가는 피칭이 아니라 정면승부를 즐긴다는 것이다. 몸이 유연하지 못해 부상의 위험이 다른 선수보다 높다는 단점이 있다.

PITCHING ZONE

좌타자·몸쪽 / 우타자·몸쪽

연도	팀명	평균자책	경기	승-패-세-홀	이닝	피안타	피홈런	볼넷	탈삼진	WHIP	WAR
2017	SK	7.05	46	2-4-2-5	44 2/3	51	5	20	41	1.59	-0.25
통산		6.73	141	5-12-3-17	182	226	32	77	153	1.66	-

볼카운트별 피안타율

볼카운트	피안타율	타수	피안타	볼카운트	피안타율	타수	피안타
0-0	0.333	12	4	2-0	0.500	4	2
0-1	0.353	17	6	2-1	0.455	11	5
0-2	0.095	21	2	2-2	0.265	34	9
1-0	0.500	8	4	3-0	-	0	0
1-1	0.353	17	6	3-1	0.167	6	1
1-2	0.321	28	9	3-2	0.231	13	3

S>B : 0.258 / S=B : 0.302 / S<B : 0.357

상황별 기록

상황	안타	삼진	피안타율
주자 없음	25	23	0.255
만루	4	6	0.250
주자 있음	26	18	0.356
득점권	15	14	0.319
상위(1~2번)	15	7	0.366
중신(3~5번)	15	13	0.319
하위(6~9번)	21	21	0.253
좌타자	18	18	0.277
우타자	33	23	0.311

상대팀별 기록

구분	경기	평균자책	승-패-세-홀	이닝
KIA	6	8.59	0-0-0-0	7 1/3
두산	2	7.71	0-0-0-1	2 1/3
롯데	7	7.71	0-2-0-0	7
NC	5	1.69	0-0-0-0	5 1/3
LG	3	34.71	0-1-1-1	2 1/3
넥센	5	5.06	0-0-0-0	5 1/3
한화	3	2.45	0-1-0-0	3 2/3
삼성	8	4.05	1-0-1-2	6 2/3
kt	5	5.79	1-0-0-1	4 2/3

구속/구사율/피안타율

구종	평균구속	구사율	피안타율
포심패스트볼	143	61%	0.271
투심/싱커	-	-	-
컷패스트볼	-	-	-
슬라이더	128	15%	0.345
커브	119	6%	0.500
체인지업	-	-	-
포크/SF/너클	132	19%	0.256

기타 기록

상대 타자 타구 방향

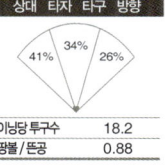

41% 34% 26%

이닝당 투구수 18.2
땅볼/뜬공 0.88

문광은

NO. 41

우투우타
1987년 11월 9일
180cm / 85kg
연봉 6000만 원
경력 광주서림초-진흥중-진흥고-동의대
지명순위 10 SK 1라운드 8순위

투수

2017시즌 중후반부터 중간계투에서 다양한 역할로 등판하면서 예전보다 구위나 안정성이 한결 좋아졌다. 하지만 등판 수와 이닝에 비해 성과가 나지 않았다. 46경기 44⅔이닝을 던졌지만 평균자책점은 7.05에 그쳤다. 긍정적인 면을 찾자면 FIP(수비 무관 평균 자책점)는 4.83이었다는 점. 그 차이를 줄이는 일이 관건이다.

PITCHING ZONE

좌타자·몸쪽 / 우타자·몸쪽

■ 15% 이상 ■ 12~14% ■ 9~11% ■ 6~8% ■ 3~5% □ 2% 이하

연도	팀명	평균자책	경기	승-패-세-홀	이닝	피안타	피홈런	볼넷	탈삼진	WHIP	WAR
2017	SK	33.75	3	0-0-0-0	1 1/3	3	1	3	1	5.25	-0.17
통산		31.50	3	0-0-0-0	2	6	1	3	2	4.50	-

볼카운트별 피안타율

볼카운트	피안타율	타수	피안타	볼카운트	피안타율	타수	피안타
0-0	1.000	1	1	2-0	-	-	-
0-1	1.000	1	1	2-1	1.000	1	1
0-2	-	-	-	2-2	0.500	2	1
1-0	-	-	-	3-0	-	-	-
1-1	-	-	-	3-1	0.000	1	0
1-2	0.000	2	0	3-2	-	0	0

S>B : 0.333 / S=B : 0.667 / S<B : 0.500

상황별 기록

상황	안타	삼진	피안타율
주자 없음	2	1	1.000
만루	-	-	-
주자 있음	2	1	0.333
득점권	1	1	0.500
상위(1~2번)	1	0	0.500
중신(3~5번)	3	0	0.600
하위(6~9번)	0	1	0.000
좌타자	2	0	0.500
우타자	2	1	0.500

상대팀별 기록

구분	경기	평균자책	승-패-세-홀	이닝
KIA	-	-	-	-
두산	1	81.00	0-0-0-0	0 1/3
롯데	-	-	-	-
NC	-	-	-	-
LG	1	18.00	0-0-0-0	1
넥센	-	-	-	-
한화	-	-	-	-
삼성	-	-	-	-
kt	-	-	-	-

구속/구사율/피안타율

구종	평균구속	구사율	피안타율
포심패스트볼	142	52%	0.600
투심/싱커	-	-	-
컷패스트볼	-	-	-
슬라이더	131	15%	-
커브	121	7%	0.000
체인지업	129	26%	0.500
포크/SF/너클	-	-	-

기타 기록

상대 타자 타구 방향

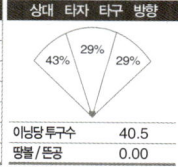

43% 29% 29%

이닝당 투구수 40.5
땅볼/뜬공 0.00

이건욱

NO. 61

우투우타
1995년 2월 13일
182cm / 85kg
경력 신도초-동산중-동산고
지명순위 14 SK 1차

투수

우완 투수로 140km/h 중후반대의 포심패스트볼을 구사하며 커브, 슬라이더, 체인지업을 던진다. 부드러운 투구 폼 덕분에 같은 학교 선배인 송은범을 떠올리게 한다. 2017시즌 7월 13일 1군에 콜업되었다. 그러나 2경기 1.1이닝에서 5실점을 하며 ERA 33.75를 찍은 뒤 1주일 만에 말소됐다.

PITCHING ZONE

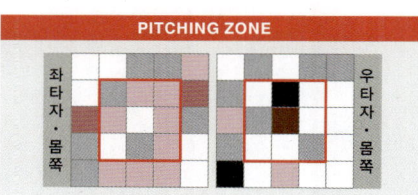

좌타자·몸쪽 / 우타자·몸쪽

투수

전유수

NO. 31

우투좌타
1986년 11월 29일
185cm / 95kg
연봉 8500만 원
경력 여고초–사직중–경남상고
–현대–우리–히어로즈–경찰–넥센
지명순위 05 현대 2차 8라운드
58순위

연도	팀명	평균자책	경기	승-패-세-홀	이닝	피안타	피홈런	볼넷	탈삼진	WHIP	WAR
2017	SK	6.53	18	0-0-0-1	20 2/3	28	1	13	20	1.98	-0.07
통산		5.08	294	15-14-3-17	347 1/3	381	37	168	286	1.58	-

볼카운트별 피안타율

볼카운트	피안타율	타수	피안타	볼카운트	피안타율	타수	피안타
0-0	0.200	5	1	2-0	0.000	2	0
0-1	0.500	6	3	2-1	0.333	9	3
0-2	0.000	9	0	2-2	0.421	19	8
1-0	0.250	8	2	3-0	-	0	0
1-1	0.429	7	3	3-1	0.000	1	0
1-2	0.444	9	4	3-2	0.444	9	4
S〉B : 0.292 / S=B : 0.387 / S〈B : 0.310							

리그를 대표하는 불펜의 마당쇠. 평균구속 140km/h 초반대의 묵직한 패스트볼과 120km/h 후반대의 종으로 떨어지는 슬라이더와 스플리터를 구사한다. 팔 스윙이 크지 않으면서 역동적인 투구폼을 가지고 있다. 특히 SK의 불펜 마운드가 무너지면서 2014년부터 줄곧 혹사를 당했다. 84.2이닝을 소화하면서 불펜 투수 중 최다 이닝을 기록했다.

상황별 기록

상황	안타	삼진	피안타율
주자 없음	12	10	0.308
만루	1	0	0.333
주자 있음	16	10	0.356
득점권	10	7	0.370
상위(1~2번)	4	1	0.364
중심(3~5번)	12	6	0.444
하위(6~9번)	12	13	0.261
좌타자	9	9	0.281
우타자	19	11	0.365

상대팀별 기록

구분	경기	평균자책	승-패-세-홀	이닝
KIA	2	2.08	0-0-0-0	4 1/3
두산	1		0-0-0-0	1
롯데	2	9.00	0-0-0-0	2
NC	1	13.50	0-0-0-0	0 2/3
LG	3	22.09	0-0-0-0	3 2/3
넥센	3		0-0-0-0	2 1/3
한화	2		0-0-0-1	2
삼성	3	3.38	0-0-0-0	2 2/3
kt	2	4.50	0-0-0-0	2

PITCHING ZONE

좌타자·몸쪽 / 우타자·몸쪽

구속/구사율/피안타율

구종	평균구속	구사율	피안타율
포심패스트볼	144	54%	0.381
투심/싱커	138	4%	0.200
컷패스트볼	136	4%	0.000
슬라이더	131	14%	0.286
커브	114	4%	0.333
체인지업	127	2%	0.500
포크/SF/너클	132	18%	0.263

기타 기록

상대 타자 타구 방향
40% 26% 34%

이닝당 투구수	21.0
땅볼/뜬공	1.24

■ 15% 이상　■ 12~14%　■ 9~11%　■ 6~8%　■ 3~5%　□ 2% 이하

투수

채병용

NO. 45

우투우타
1982년 4월 25일
185cm / 100kg
연봉 3억 원
경력 군산초–신월중–신일고
지명순위 01 SK 2차 6라운드
34순위

연도	팀명	평균자책	경기	승-패-세-홀	이닝	피안타	피홈런	볼넷	탈삼진	WHIP	WAR
2017	SK	6.84	43	6-4-0-6	50	62	8	15	43	1.54	-0.32
통산		4.18	418	82-72-20-25	1302 1/3	1291	152	485	950	1.36	-

볼카운트별 피안타율

볼카운트	피안타율	타수	피안타	볼카운트	피안타율	타수	피안타
0-0	0.511	45	23	2-0	0.000	3	0
0-1	0.316	19	6	2-1	0.067	15	1
0-2	0.000	10	0	2-2	0.161	31	5
1-0	0.545	11	6	3-0	-	0	0
1-1	0.474	19	9	3-1	0.800	5	4
1-2	0.125	32	4	3-2	0.222	18	4
S〉B : 0.164 / S=B : 0.389 / S〈B : 0.288							

패스트볼 구속은 140km/h 초반대로 평범한 편이나 구위가 묵직해 스피드 저하를 상쇄하고도 남는다. 특히 바깥쪽으로 흘러나가는 슬라이더와 몸 쪽에서 종으로 떨어지는 슬라이더가 꽤나 위력적이다. SK 암흑기와 전성기 시절 선발, 중간계투, 클로저 등 보직을 가리지 않고 팀에 헌신했다.

상황별 기록

상황	안타	삼진	피안타율
주자 없음	27	25	0.257
만루	3	1	0.429
주자 있음	35	18	0.340
득점권	23	10	0.354
상위(1~2번)	19	8	0.422
중심(3~5번)	18	11	0.277
하위(6~9번)	25	24	0.255
좌타자	27	17	0.314
우타자	35	26	0.287

상대팀별 기록

구분	경기	평균자책	승-패-세-홀	이닝
KIA	3	12.15	1-1-0-1	6 2/3
두산	3	0.00	1-0-0-0	3
롯데	3	0.00	0-0-0-0	4 2/3
NC	6	9.00	1-1-0-0	5
LG	2	3.86	0-1-0-1	2 1/3
넥센	3	22.09	0-0-0-0	3 2/3
한화	7	5.40	1-1-0-2	8 1/3
삼성	6	4.05	2-0-0-0	4 2/3
kt	6	5.59	0-0-0-0	9 2/3

PITCHING ZONE

좌타자·몸쪽 / 우타자·몸쪽

구속/구사율/피안타율

구종	평균구속	구사율	피안타율
포심패스트볼	138	44%	0.238
투심/싱커	133	22%	0.375
컷패스트볼	133	18%	0.395
슬라이더	127	2%	0.000
커브	116	3%	0.200
체인지업	-	-	-
포크/SF/너클	118	12%	0.231

기타 기록

상대 타자 타구 방향
41% 29% 30%

이닝당 투구수	16.5
땅볼/뜬공	1.17

연도	팀명	평균자책	경기	승-패-세-홀	이닝	피안타	피홈런	볼넷	탈삼진	WHIP	WAR
2017	SK	8.64	8	0-0-0-0	8 1/3	15	1	2	3	2.04	-0.12
통산		5.40	11	0-0-0-0	13 1/3	18	1	4	4	1.65	-

볼카운트별 피안타율

볼카운트	피안타율	타수	피안타	볼카운트	피안타율	타수	피안타
0-0	0.222	9	2	2-0	1.000	1	1
0-1	1.000	1	1	2-1	0.500	2	1
0-2	0.286	7	2	2-2	0.500	2	1
1-0	0.500	4	2	3-0	-	-	-
1-1	0.000	4	0	3-1	-	0	0
1-2	0.571	7	4	3-2	0.500	2	1

S〉B : 0.467 / S=B : 0.200 / S〈B : 0.556

상황별 기록

상황	안타	삼진	피안타율
주자 없음	7	1	0.438
만루	2	1	0.500
주자 있음	8	2	0.348
득점권	3	1	0.300
상위(1~2번)	1	1	0.167
중심(3~5번)	5	1	0.417
하위(6~9번)	9	1	0.429
좌타자	3	1	0.375
우타자	12	2	0.387

상대팀별 기록

구분	경기	평균자책	승-패-세-홀	이닝
KIA				
두산	1	9.00	0-0-0-0	1
롯데	1	1.00	0-0-0-0	2
NC	1	1.00	0-0-0-0	1
LG	1	67.50	0-0-0-0	0 2/3
넥센				
한화				
삼성	2	0.00	0-0-0-0	1 2/3
kt	2	9.00	0-0-0-0	2

구속/구사율/피안타율

구종	평균구속	구사율	피안타율
포심패스트볼	139	50%	0.391
투심/싱커	136	10%	0.000
컷패스트볼	136	2%	0.500
슬라이더	127	20%	0.500
커브	-	-	-
체인지업	-	-	-
포크/SF/너클	131	18%	0.500

기타 기록

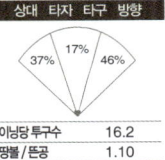

상대 타자 타구 방향
37% 17% 46%

이닝당 투구수	16.2
땅볼/뜬공	1.10

허건엽

투수

NO. 43

우투우타
1993년 7월 24일
178cm / 88kg
연봉 3400만 원
경력 대구도산초-포철중
 -포철공고-SK-상무
지명순위 12 SK 4라운드 34순위

평균구속 130km대 후반의 패스트볼과, 컷패스트볼, 투심패스트볼을 던진다. 장점은 묵직한 구위다. 구속이 빠르지 않지만 체중이 실린 공에 힘이 있다는 평가를 받고 있다. 투심의 완성도가 높아지면 좀 더 수월하게 타자를 상대할 수 있다. 우타자의 경우, 투심으로 땅볼을 유도하는 연습을 많이 하고 있다.

PITCHING ZONE

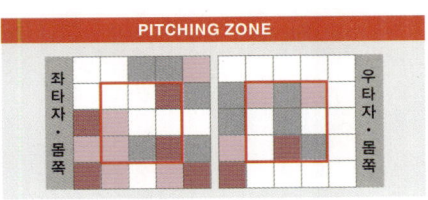

좌타자·몸쪽 ／ 우타자·몸쪽

■ 15% 이상 ■ 12~14% ■ 9~11% ■ 6~8% ■ 3~5% □ 2% 이하

이홍구

NO. 24

우투우타
1990년 12월 11일
180cm / 95kg
경력 장안초–건대부중–장충고
–단국대–KIA
지명순위 13 KIA 2라운드 14순위

연도	팀명	타율	경기	타수	득점	안타	홈런	타점	도루	볼넷	삼진	장타율	OPS	WAR
2017	KIA·SK	0.188	53	101	14	19	10	18	0	5	43	0.515	0.754	0.03
통산		0.222	322	653	72	145	33	111	1	41	217	0.432	0.712	-

볼카운트별 타율–타점

볼카운트	타율	타수	안타	타점	볼카운트	타율	타수	안타	타점
0-0	0.083	12	1	1	2-0	0.500	2	1	2
0-1	0.333	9	3	2	2-1	0.571	7	4	4
0-2	0.091	11	1	0	2-2	0.222	18	4	3
1-0	0.333	3	1	1	3-0	-	-	-	-
1-1	0.000	2	0	0	3-1	0.500	2	1	2
1-2	0.040	25	1	2	3-2	0.200	10	2	1
S〉B : 0.111 / S=B : 0.156 / S〈B : 0.375									

2013년 KIA에서 데뷔한 후 2017년 SK로 트레이드 됐다. 포수로서 좋은 파워를 보유했고 찬스에 강한 면모를 보여준다. 그러나 발이 느리고 콘택트와 선구안이 떨어져 삼진을 많이 당한다. 대학 4학년 때 주전 포수로 기용돼 포수 경력이 짧아 도루 저지와 블로킹이 약하다. 또한 투수 리드 면에서도 부족하다는 지적을 받고 있다.

상황별 기록

구분	타율	타수	안타	타점
주자 없음	0.182	55	10	6
주자 있음	0.196	46	9	12
득점권	0.185	27	5	8
좌투수	0.152	33	5	6
우투수	0.189	53	10	9
언더	0.267	15	4	3
노아웃	0.143	21	3	3
원아웃	0.237	38	9	8
투아웃	0.167	42	7	7

상대팀별 기록

상대팀	타율	타수	안타	타점
KIA	0.333	3	1	1
두산	0.182	11	2	2
롯데	0.444	9	4	6
NC	0.154	13	2	2
LG	0.077	13	1	0
넥센	0.111	18	2	1
한화	0.111	9	1	1
삼성	0.250	16	4	3
kt	0.222	9	2	1

구종별 타격 성적

구종	전체	VS우투	VS좌투
포심패스트볼	0.233	0.292	0.158
투심/싱커	0.200	0.250	0.000
컷패스트볼	0.333	0.333	-
슬라이더	0.000	0.000	0.000
커브	0.273	0.375	0.000
체인지업	0.444	0.667	0.333
포크/SF/너클	0.000	0.000	0.000

수비 기록

위치	자살	보살	실책	수비율
포수	180	22	2	0.990

HOT&COLD
vs. 전체투수

8 · 2 · 0
64% · 16% · 21%

우타자

SPRAY ZONE

2 · 0
16% · 21%

홈런 타구분포 %

■ 타율 0.400 이상 ■ 0.300~0.399 ■ 0.200~0.299 ■ 0.100~0.199 ■ 타율 0.099 이하 □ 3타수 미만

박승욱

NO. 2

우투좌타
1992년 12월 4일
184cm / 78kg
연봉 4500만 원
경력 칠성초–경복중–대구상원고
지명순위 12 SK 3라운드 31순위

연도	팀명	타율	경기	타수	득점	안타	홈런	타점	도루	볼넷	삼진	장타율	OPS	WAR
2017	SK	0.203	73	158	25	32	3	11	0	16	57	0.304	0.595	-0.69
통산		0.224	125	272	50	61	6	25	3	28	95	0.338	0.646	-

볼카운트별 타율–타점

볼카운트	타율	타수	안타	타점	볼카운트	타율	타수	안타	타점
0-0	0.280	25	7	1	2-0	0.500	2	1	0
0-1	0.250	8	2	0	2-1	0.250	4	1	0
0-2	0.000	11	0	0	2-2	0.176	34	6	1
1-0	0.500	8	4	0	3-0	-	0	0	0
1-1	0.462	13	6	4	3-1	0.167	6	1	1
1-2	0.065	31	2	2	3-2	0.125	16	2	2
S〉B : 0.080 / S=B : 0.264 / S〈B : 0.250									

2017시즌 주전 유격수로 전격 발탁돼 4월 한 달 동안 좋은 수비와 타격을 선보이며 기대를 모았으나 리그를 대표하는 화약고로 전락하는 데는 오랜 시간이 걸리지 않았다. 계속되는 실책과 2할대 초반의 타율로 2군으로 내려갔다가 1군으로 복귀 후에도 실책을 남발했다. 콘택트 능력과 타격 기술을 보강해야 한다.

상황별 기록

구분	타율	타수	안타	타점
주자 없음	0.208	96	20	1
주자 있음	0.194	62	12	10
득점권	0.098	41	4	7
좌투수	0.250	28	7	2
우투수	0.194	103	20	5
언더	0.185	27	5	4
노아웃	0.184	49	9	3
원아웃	0.196	56	11	3
투아웃	0.226	53	12	5

상대팀별 기록

상대팀	타율	타수	안타	타점
KIA	0.000	9	0	0
두산	0.182	11	2	2
롯데	0.200	15	3	0
NC	0.292	24	7	3
LG	0.222	18	4	2
넥센	0.316	19	6	3
한화	0.125	24	3	0
삼성	0.136	22	3	1
kt	0.250	16	4	0

구종별 타격 성적

구종	전체	VS우투	VS좌투
포심패스트볼	0.156	0.156	0.154
투심/싱커	0.500	0.500	-
컷패스트볼	0.250	0.250	-
슬라이더	0.280	0.286	0.273
커브	0.000	0.000	0.000
체인지업	0.235	0.267	0.000
포크/SF/너클	0.136	0.136	-

수비 기록

위치	자살	보살	실책	수비율
유격수	67	144	11	0.950

HOT&COLD
vs. 전체투수

0 · 0 · 3
23% · 27% · 50%

좌타자

SPRAY ZONE

홈런 타구분포 %

연도	팀명	타율	경기	타수	득점	안타	홈런	타점	도루	볼넷	삼진	장타율	OPS	WAR
2017	SK	0.276	58	105	18	29	0	4	3	10	20	0.343	0.693	0.51
통산		0.257	1186	2855	327	735	35	299	43	224	521	0.354	0.673	-

볼카운트별 타율-타점

볼카운트	타율	타수	안타	타점	볼카운트	타율	타수	안타	타점
0-0	0.273	11	3	0	2-0	-	-	-	-
0-1	0.417	12	5	0	2-1	0.714	7	5	3
0-2	0.333	6	2	0	2-2	0.000	10	0	0
1-0	0.455	11	5	0	3-0	-	0	0	0
1-1	0.167	6	1	0	3-1	0.250	4	1	1
1-2	0.192	26	5	0	3-2	0.167	12	2	0

S〉B : 0.273 / S=B : 0.148 / S〈B : 0.382

상황별 기록

구분	타율	타수	안타	타점
주자 없음	0.271	70	19	0
주자 있음	0.286	35	10	4
득점권	0.190	21	4	4
좌투수	0.314	35	11	1
우투수	0.281	57	16	3
언더	0.154	13	2	0
노아웃	0.275	40	11	0
원아웃	0.333	36	12	1
투아웃	0.207	29	6	3

상대팀별 기록

상대팀	타율	타수	안타	타점
KIA	0.238	21	5	1
두산	0.429	14	6	0
롯데	0.300	20	6	0
NC	0.500	6	3	0
LG	0.091	11	1	0
넥센	0.000	6	0	0
한화	0.364	11	4	3
삼성	0.000	4	0	0
kt	0.333	12	4	0

구종별 타격 성적

구종	전체	VS우투	VS좌투
포심패스트볼	0.250	0.176	0.389
투심/싱커	0.545	0.625	0.333
컷패스트볼	0.333	0.400	0.000
슬라이더	0.250	0.273	0.000
커브	0.111	0.125	0.000
체인지업	0.364	0.500	0.333
포크/SF/너클	0.000	0.000	0.000

수비 기록

위치	자살	보살	실책	수비율
2루수	5	2	0	1.000
3루수	3	2	0	1.000
유격수	52	100	0	0.968

이대수

NO. 9

우투우타
1981년 8월 21일
175cm / 75kg
연봉 7000만 원
경력 군산중앙초-군산중
－군산상고-SK-두산-한화
지명순위 01 SK 육성선수

내야

유격수로 수비 범위는 그리 넓지 않지만 글러브 핸들링이 좋고 땅볼 타구에 강한 선수다. 수비에 비해 공격은 떨어지지만 중요한 타이밍에서 한 건 올려주는 찬스에도 강한 편이다. 백업요원으로는 리그 평균 수준을 상회한다. 특히 근성이 강하고 승부욕이 대단한 선수다. 37세라는 고령의 나이에도 불구하고 여전히 파이팅이 넘친다.

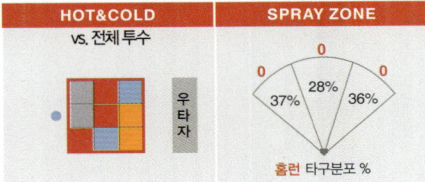

| HOT&COLD | SPRAY ZONE |
| vs. 전체 투수 | |

홈런 타구분포 %

■ 타율 0.400 이상　■ 0.300～0.399　■ 0.200～0.299　■ 0.100～0.199　■ 타율 0.099 이하　□ 3타수 미만

연도	팀명	타율	경기	타수	득점	안타	홈런	타점	도루	볼넷	삼진	장타율	OPS	WAR
2017	SK	0.233	31	90	11	21	6	16	0	7	34	0.478	0.774	0.17
통산		0.238	143	362	46	86	27	70	0	41	126	0.494	0.814	-

볼카운트별 타율-타점

볼카운트	타율	타수	안타	타점	볼카운트	타율	타수	안타	타점
0-0	0.385	13	5	7	2-0	0.000	1	0	0
0-1	0.429	7	3	1	2-1	0.500	2	1	0
0-2	0.200	10	2	4	2-2	0.190	21	4	2
1-0	0.400	5	2	0	3-0	-	0	0	1
1-1	0.125	8	1	0	3-1	0.200	5	1	1
1-2	0.118	17	2	0	3-2	0.200	5	1	1

S〉B : 0.206 / S=B : 0.238 / S〈B : 0.286

상황별 기록

구분	타율	타수	안타	타점
주자 없음	0.192	52	10	3
주자 있음	0.289	38	11	13
득점권	0.211	19	4	10
좌투수	0.160	25	4	2
우투수	0.291	55	16	14
언더	0.100	10	1	0
노아웃	0.088	34	3	3
원아웃	0.290	31	9	8
투아웃	0.360	25	9	5

상대팀별 기록

상대팀	타율	타수	안타	타점
KIA	0.571	7	4	5
두산	0.250	8	2	3
롯데	0.250	12	3	1
NC	0.111	9	1	0
LG	0.400	20	8	6
넥센	0.000	4	0	0
한화	0.000	6	0	0
삼성	0.182	11	2	0
kt	0.077	13	1	1

구종별 타격 성적

구종	전체	VS우투	VS좌투
포심패스트볼	0.286	0.313	0.200
투심/싱커	0.000	0.000	-
컷패스트볼	0.000	0.000	-
슬라이더	0.125	0.167	0.000
커브	0.167	0.333	0.000
체인지업	0.250	0.250	0.250
포크/SF/너클	0.300	0.333	0.250

수비 기록

위치	자살	보살	실책	수비율
1루수	93	3	1	0.990
3루수	0	0	0	-

최승준

NO. 10

우투우타
1988년 1월 11일
188cm / 88kg
연봉 5600만 원
경력 인천서림초-동산중-동산고
－LG
지명순위 06 LG 2차 7라운드 51순위

내야

동산고에 재학하면서 포수로 류현진과 배터리를 이뤘다. 2006년 LG와 계약했지만 계약금도 5천만 원으로 적었고 포수로서는 크게 기대가 안 되는 평가를 받았다. 그러나 타격 잠재력을 믿고 지명했다. 2017시즌 LG에서 5년 간 기록한 안타 수와 1개월에 SK에서 친 홈런 개수가 하나만 차이 날 정도로 타격에 눈을 뜨고 있다.

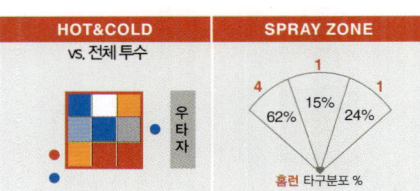

| HOT&COLD | SPRAY ZONE |
| vs. 전체 투수 | |

홈런 타구분포 %

내야

최항
NO. 4
우투좌타
1994년 1월 3일
183cm / 88kg
연봉 4200만 원
경력 대일초–매송중–유신고
지명순위 12 SK 8라운드 70순위

연도	팀명	타율	경기	타수	득점	안타	홈런	타점	도루	볼넷	삼진	장타율	OPS	WAR
2017	SK	0.321	37	106	14	34	1	16	0	3	29	0.425	0.776	0.35
통산		0.321	37	106	14	34	1	16	0	3	29	0.425	0.776	-

볼카운트별 타율–타점

볼카운트	타율	타수	안타	타점	볼카운트	타율	타수	안타	타점
0-0	0.353	17	6	4	2-0				
0-1	0.714	7	5	0	2-1	0.333	9	3	2
0-2	0.091	11	1	0	2-2	0.238	21	5	3
1-0	0.300	10	3	1	3-0				
1-1	0.800	5	4	3	3-1	-	0	0	0
1-2	0.133	15	2	1	3-2	0.455	11	5	2

S>B : 0.242 / S=B : 0.349 / S<B : 0.367

상황별 기록

구분	타율	타수	안타	타점
주자 없음	0.305	59	18	1
주자 있음	0.340	47	16	15
득점권	0.429	28	12	14
좌투수	0.286	28	8	3
우투수	0.329	73	24	13
언더	0.400	5	2	0
노아웃	0.375	40	15	3
원아웃	0.289	38	11	5
투아웃	0.286	28	8	8

상대팀별 기록

상대팀	타율	타수	안타	타점
KIA	0.400	15	6	2
두산	0.176	17	3	5
롯데	0.167	12	2	0
NC	0.750	4	3	0
LG	0.429	7	3	2
넥센	0.231	13	3	2
한화	0.444	9	4	2
삼성	0.286	14	4	1
kt	0.400	15	6	2

최정의 동생. 2012년 SK에 입단하여 2017년 3월 21일 두산과의 1군 경기FH 데뷔했다. 부드러우면서도 투구 궤적에 맞춘 날카로운 스윙과 빠른 배트 스피드에 어퍼 스윙을 하는 스타일이다. 특별하게 타격에 약점을 보이지는 않지만, 수비는 1루수가 주 포지션이라 1루 또는 2루 백업요원으로 만족할 만한 수준은 아니다. 그러나 향후 훈련을 통해 얼마든지 향상될 가능성은 있다.

HOT&COLD	SPRAY ZONE
vs. 전체 투수	

좌타자

0
0 1
38% 31% 31%

홈런 타구분포 %

구종별 타격 성적

구종	전체	VS우투	VS좌투
포심패스트볼	0.209	0.267	0.077
투심/싱커	0.500	0.500	-
컷패스트볼	0.000	0.000	-
슬라이더	0.450	0.444	0.455
커브	0.625	0.600	0.667
체인지업	0.400	0.400	-
포크/SF/너클	0.286	0.300	0.000

수비 기록

위치	자살	보살	실책	수비율
1루수	35	1	1	0.973
2루수	22	28	0	1.000
3루수	11	32	2	0.956

■ 타율 0.400 이상　■ 0.300~0.399　■ 0.200~0.299　■ 0.100~0.199　■ 타율 0.099 이하　□ 3타수 미만

외야

김강민
NO. 0
우투우타
1982년 9월 13일
182cm / 85kg
연봉 6억 원
경력 본리초–대구중–경북고
지명순위 01 SK 2차 2라운드 18순위

연도	팀명	타율	경기	타수	득점	안타	홈런	타점	도루	볼넷	삼진	장타율	OPS	WAR
2017	SK	0.219	88	183	31	40	5	18	10	15	50	0.339	0.635	-0.20
통산		0.277	1314	3880	585	1075	89	481	171	330	763	0.408	0.749	-

볼카운트별 타율–타점

볼카운트	타율	타수	안타	타점	볼카운트	타율	타수	안타	타점
0-0	0.143	7	1	0	2-0	0.500	2	1	1
0-1	0.167	18	3	2	2-1	0.167	12	2	2
0-2	0.160	25	4	3	2-2	0.321	28	9	2
1-0	0.600	5	3	1	3-0	-	0	0	0
1-1	0.200	15	3	0	3-1	0.600	5	3	0
1-2	0.133	45	6	5	3-2	0.238	21	5	2

S>B : 0.148 / S=B : 0.260 / S<B : 0.311

상황별 기록

구분	타율	타수	안타	타점
주자 없음	0.204	108	22	3
주자 있음	0.240	75	18	15
득점권	0.311	45	14	11
좌투수	0.222	72	16	4
우투수	0.224	98	22	14
언더	0.154	13	2	0
노아웃	0.280	75	21	6
원아웃	0.190	42	8	2
투아웃	0.167	66	11	10

상대팀별 기록

상대팀	타율	타수	안타	타점
KIA	0.182	22	4	0
두산	0.273	22	6	4
롯데	0.150	20	3	2
NC	0.077	13	1	1
LG	0.167	6	1	0
넥센	0.286	21	6	3
한화	0.290	31	9	3
삼성	0.235	17	4	3
kt	0.194	31	6	2

2002년 SK 입단 당시에 투수였으나 바로 중견수로 전향했다. 파워가 좋고, 뛰어난 주루 센스를 갖췄다. 빠른 발과 뛰어난 판단력, 투수 출신답게 강한 어깨를 가졌으며 레이저 송구로 유명하다. 또한 수비수에게 필요한 모든 요소를 갖췄다. 2015년 FA로 대박(4년 56억)을 터뜨렸으나 그 후 잦은 부상과 슬럼프로 먹튀의 대명사가 됐다.

HOT&COLD	SPRAY ZONE
vs. 전체 투수	

우타자

2
3 0
48% 30% 22%

홈런 타구분포 %

구종별 타격 성적

구종	전체	VS우투	VS좌투
포심패스트볼	0.233	0.225	0.242
투심/싱커	0.375	0.375	-
컷패스트볼	0.000	0.000	-
슬라이더	0.250	0.286	0.143
커브	0.182	0.059	0.600
체인지업	0.130	0.000	0.158
포크/SF/너클	0.208	0.222	0.167

수비 기록

위치	자살	보살	실책	수비율
중견수	108	1	2	0.982
우익수	9	0	0	1.000

연도	팀명	타율	경기	타수	득점	안타	홈런	타점	도루	볼넷	삼진	장타율	OPS	WAR
2017	SK	0.285	131	382	72	109	6	39	16	25	84	0.395	0.735	1.04
통산		0.289	219	602	117	174	10	70	28	47	138	0.394	0.742	-

볼카운트별 타율-타점

볼카운트	타율	타수	안타	타점	볼카운트	타율	타수	안타	타점
0-0	0.429	49	21	11	2-0	0.625	8	5	1
0-1	0.324	37	12	2	2-1	0.350	20	7	2
0-2	0.190	42	8	2	2-2	0.212	66	14	3
1-0	0.316	19	6	1	3-0	1.000	1	1	2
1-1	0.412	34	14	8	3-1	0.167	6	1	1
1-2	0.164	73	12	3	3-2	0.296	27	8	3

S〉B : 0.211 / S=B : 0.329 / S〈B : 0.346

상황별 기록

구분	타율	타수	안타	타점
주자없음	0.316	237	75	4
주자있음	0.234	145	34	35
득점권	0.239	88	21	29
좌투수	0.313	112	35	15
우투수	0.266	218	58	21
언더	0.308	52	16	3
노아웃	0.310	168	52	9
원아웃	0.306	121	37	12
투아웃	0.215	93	20	18

상대팀별 기록

상대팀	타율	타수	안타	타점
KIA	0.233	43	10	9
두산	0.324	34	11	4
롯데	0.152	46	7	2
NC	0.163	49	8	5
SK	0.000	6	0	0
LG	0.333	42	14	5
넥센	0.435	46	20	3
한화	0.333	30	10	2
삼성	0.346	52	18	4
kt	0.324	34	11	5

구종별 타격 성적

구종	전체	VS우투	VS좌투
포심패스트볼	0.326	0.331	0.316
투심/싱커	0.333	0.429	0.000
컷패스트볼	0.125	0.125	-
슬라이더	0.304	0.304	0.303
커브	0.321	0.250	0.417
체인지업	0.152	0.161	0.000
포크/SF/너클	0.224	0.209	0.333

수비 기록

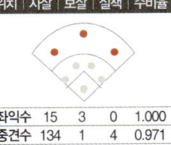

위치	자살	보살	실책	수비율
좌익수	15	3	0	1.000
중견수	134	1	4	0.971
우익수	40	1	0	0.976

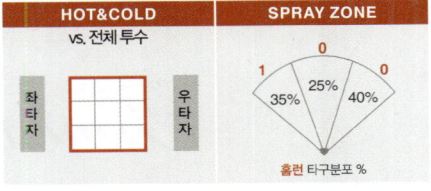

노수광

NO.17

외야

우투좌타
1990년 8월 6일
180cm / 80kg
경력 대전유천초–청주중–청주고
–건국대–한화–KIA
지명순위 13 한화 육성선수

대단한 근성과 악바리 기질을 가진 선수. 파워를 바탕으로 한 중장거리 타자다. 발이 빨라 내야 땅볼을 안타로 연결하는 능력을 가졌다. 그러나 주전 경력이 일천해 변화구 대처가 미흡하고, 수비력 또한 아직까지 부족한 편이다. 뛰어난 주루 센스와 멘탈이 강해 앞으로가 더 기대되는 선수다.

HOT&COLD vs. 전체 투수	SPRAY ZONE

좌타자 / 우타자

SPRAY ZONE: 1 0 0 / 35% 25% 40% / 홈런 타구분포 %

■ 타율 0.400 이상　■ 0.300~0.399　■ 0.200~0.299　■ 0.100~0.199　■ 타율 0.099 이하　□ 3타수 미만

연도	팀명	타율	경기	타수	득점	안타	홈런	타점	도루	볼넷	삼진	장타율	OPS	WAR
2017	SK	0.234	90	197	37	46	11	35	4	15	61	0.437	0.718	-0.30
통산		0.224	114	214	40	48	11	35	4	12	61	0.411	0.692	-

볼카운트별 타율-타점

볼카운트	타율	타수	안타	타점	볼카운트	타율	타수	안타	타점
0-0	0.310	29	9	10	2-0	0.250	4	1	0
0-1	0.500	16	8	2	2-1	0.400	5	2	4
0-2	0.167	12	2	3	2-2	0.119	42	5	0
1-0	0.273	11	3	4	3-0	-	0	0	0
1-1	0.389	18	7	5	3-1	0.500	4	2	2
1-2	0.088	34	3	3	3-2	0.182	22	4	3

S〉B : 0.210 / S=B : 0.236 / S〈B : 0.261

상황별 기록

구분	타율	타수	안타	타점
주자없음	0.230	113	26	7
주자있음	0.238	84	20	28
득점권	0.300	50	15	24
좌투수	0.235	34	8	5
우투수	0.236	127	30	22
언더	0.222	36	8	8
노아웃	0.279	68	19	8
원아웃	0.239	67	16	16
투아웃	0.177	62	11	11

상대팀별 기록

상대팀	타율	타수	안타	타점
KIA	0.118	17	2	0
두산	0.250	20	5	1
롯데	0.345	29	10	10
NC	0.188	16	3	0
LG	0.207	29	6	5
넥센	0.111	9	1	1
한화	0.280	25	7	4
삼성	0.250	32	8	10
kt	0.200	20	4	4

구종별 타격 성적

구종	전체	VS우투	VS좌투
포심패스트볼	0.267	0.295	0.143
투심/싱커	0.250	0.250	-
컷패스트볼	0.100	0.125	0.000
슬라이더	0.320	0.308	0.333
커브	0.267	0.300	0.200
체인지업	0.167	0.138	1.000
포크/SF/너클	0.189	0.189	-

수비 기록

위치	자살	보살	실책	수비율
좌익수	27	0	3	0.900
중견수	21	1	0	1.000
우익수	27	0	2	0.931

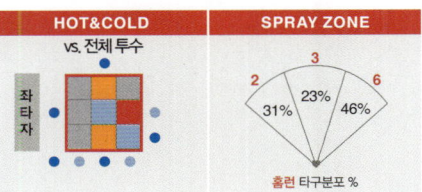

정진기

NO. 19

외야

우투좌타
1992년 10월 10일
185cm / 92kg
연봉 6200만 원
경력 화순초–화순중–화순고–SK
지명순위 11 SK 3라운드 23순위

줄곧 2군에서 활약하다 2017시즌 개막 후 외야 한 자리를 차지하게 됐다. 185cm, 92kg의 좋은 체격을 바탕으로 호타준족의 파워 있는 배팅을 한다. 특히 신인들이 1군 무대에서 공통적으로 겪는 선구안과 변화구 대처 능력의 보완 여부에 따라, 1군을 고수할 수 있을지 결정될 것이다. 또한 외야에 넘치는 베테랑을 이겨내는 것도 관건이다.

HOT&COLD vs. 전체 투수	SPRAY ZONE

좌타자

SPRAY ZONE: 2 3 6 / 31% 23% 46% / 홈런 타구분포 %

GOLF

Time to complete

your perfect play

It support dynamic

and perfect doing

for players.

(주)데니스 서울특별시 방배동 765-1 데니스빌딩 TEL : 02-3481-2250 FAX : 02-3486-0526 www.denniskorea.co.kr

LG
TWINS
LG 트윈스

TEAM PROFILE

구단 창립 1990년
마스코트 팀웍이&근성이
구단주 구본준
모기업 LG그룹
감독 류중일
단장 양상문

HOME

현재 연고지 서울특별시
이전 연고지 –
홈구장 서울종합운동장 야구장
수용인원 2만 6000명
영구결번 41번(김용수)

PERFORMANCE

한국시리즈 우승 2회
1990, 1994년

한국시리즈 출전 5회
1990, 1994, 1997, 1998, 2002년

플레이오프 출전 9회
1993, 1995, 1997, 1998, 2000, 2002, 2013, 2014, 2016년

준플레이오프 출전 5회
1993, 1998, 2002, 2014, 2016년

UNIFORM

Home / Away

LINE-UP

ROTATION	
SP	헨리 소사
SP	타일러 윌슨
SP	차우찬
SP	김대현
SP	임찬규外

BULLPEN	
RP	이동현
RP	정찬헌
RP	신정락
RP	고우석
RP	진해수
RP	윤지웅
CL	임정우

BATTING	
1	안익훈
2	이형종
3	김현수
4	가르시아
5	박용택
6	양석환
7	오지환
8	유강남
9	강승호

UTILITY PLAYERS	
IF	강승호
IF	김재율
IF	김주성
OF	이천웅
OF	문선재

류중일의 꿈은 이루어질까

색팀 평균자책 1위를 하고도 포스트시즌 진출 실패

지난해 LG는 팀 평균자책 4.32로 두산(4.38)을 제치고 이 부문 리그 1위에 올랐다. 기록만 보면 리그 최강의 무시무시한 마운드를 자랑한 것처럼 보이지만, 실상은 그렇지 못했다. 특히 불펜 쪽에 문제가 심각했다. 마무리투수는 시즌 내내 여러 투수가 돌아가며 나섰고, 끝까지 적임자를 찾지 못했다. 경기 후반 한두점차 승부에서 다 잡은 경기를 놓치는 날도 많았다. 여기에 팀 홈런 최하위에 그친 타선의 빈약한 공격력도 매 경기를 한두 점차 승부로 만든 원인이다. 양상문 감독(단장)은 재임기간 내내 젊은 야수들을 중용해 리빌딩을 추구했지만, 끝내 야수 쪽에선 뚜렷한 결실을 내지 못하고 자리에서 물러났다.

류중일 감독 영입, 반격의 오프시즌

2017시즌을 실패로 마무리한 뒤 LG는 인즈쇄신을 단행했다. 기존 송구홍 단장이 2군 감독이 되고, 양상문 감독이 단장이 되는 희한한 인사이동이 이뤄졌다. 새 감독으로는 삼성에서 4년 연속 우승을 달성한 류중일 감독을 영입했다. 오프시즌 초반 정성훈, 손주인 등 베테랑 선수가 방출과 2차 드래프트로 팀을 떠나자 LG 팬들은 양상문 단장을 거세게 비난했다. 황재균 등 외부 FA를 놓친 것과 외국인 선수 영입 과정의 난맥상도 비난을 샀다. 그러나 반전이 기다리고 있었다. 메이저리그에서 유턴한 김현수를 4년 115억에 영입하면서 비난 여론이 다소 진화됐다. 이어 새 외국인 투수 타일러 윌슨, 아도니스 가르시아 영입이 이어지며 비난 여론은 잦아들었다. 과정은 순탄치 않았지만 결과적으로 전력보강에는 성공한 LG의 오프시즌이다.

오지환, 마무리 등 변수 산재. 꿈은 이루어질 수 있을까

류중일 감독은 취임 뒤 선수단 앞에서 '꿈은 이루어진다'고 강조했다. 삼성 시절 우승 감독다운 자신감으로 선수단에 '확신'을 불어넣으려는 노력이다. 하지만 류 감독이 말한 꿈이 이루어지려면 몇 가지 선결과제가 있다. LG는 오지환, 임정우 등 핵심 선수들이 스프링캠프에 참가하지 못했다. 오지환은 병역 문제가 해결되지 않아 국내에서 훈련하고, 임정우는 사생활 문제로 징계성 캠프 제외 처분을 내렸다. 오지환은 주전 유격수, 임정우는 유력한 마무리 후보다. 두 자리를 어떻게 해결할지가 과제다. 여기에 지난해 팀홈런 꼴찌에 그친 타선의 공격력 강화도 LG에 주어진 숙제다. 김현수, 가르시아 등 외부 영입 선수와 윤대영 등 젊은 선수들의 활약이 절실하다.

No.75 | 류중일
1963년 4월 28일
176cm | 74kg
프로 입단 연도 1986년
드래프트 순위 1987년 1차 2순위
(삼성 라이온즈)
첫 경기 KBO 1987년
마지막 경기 KBO 1999년
연봉 5억 원(2018년)

감독 **류중일**

　KBO 리그 역사상 최초로 4년 연속 정규 시즌 우승과 한국시리즈 우승을 차지한 감독. 그러나 이후 선수들이 불법 도박과 카지노 출입으로 팀 내분이 생기며 한국시리즈 우승을 못하고 감독직에서 물러났다. 그러나 삼성 라이온즈 역대 감독 중 선수들과 가장 가까이에서 호흡하고 민주적인 운용을 했던 명장이었다. 2016년 9위라는 아쉬운 성적을 남기고 감독직을 떠났다. 구단에서 좋은 선수들을 포기하고 용병 영입도 실패했으며 이 모든 책임을 감독에게 묻는 아쉬운 행동을 했다. 그리고 LG 감독에 부임했다. 지난해 공격력 부족으로 성적이 좋지 않았으나 올해는 메이저리그 출신 김현수를 영입하는 등 타선 보강에 힘을 썼다. 류 감독은 LG 프런트의 투자에 성적으로 결과를 내야 한다.

TEAM STATS

투수 기록

*는 수치가 낮을수록 순위가 높아짐

항목	평균자책점	승	패	세이브	홀드	승률	이닝	피안타	피홈런	볼넷	사구	탈삼진	실점	자책점	WHIP
기록	4.30	69	72	32	66	0.489	1279	1305	124	379	102	1040	677	611	1.32
순위	1위	6위	6위	5위	1위	6위	1위	1위	1위	8위	4위	1위	1위	1위	1위

항목	완투	완봉	QS	블론S	타자수	투구수	피안타율	2루타	3루타	희생번트	희생플라이	고의사구	폭투	보크
기록	4	6	62	18	5507	21107	0.266	249	29	57	54	31	81	3
순위	2위	5위	3위	4위	10위	10위	1위	4위	9위	5위	8위	9위	9위	1위

타자 기록

항목	타율	경기	타석	타수	득점	안타	2루타	3루타	홈런	총루타	타점	희생번트
기록	0.281	144	5614	4944	699	1390	216	20	110	1976	663	76
순위	7위	-	8위	8위	9위	8위	10위	4위	10위	10위	9위	2위

항목	희생플라이	볼넷	고의볼넷	사구	삼진	병살타	장타율	출루율	OPS	멀티히트	득점권	대타율
기록	55	438	17	101	1021	123	0.400	0.348	0.748	370	0.295	0.217
순위	2위	6위	6위	4위	8위	8위	10위	7위	9위	8위	3위	9위

득점 분포 및 승패

득점	0	1	2	3	4	5	6	7	8	9	10	11	12	13	14	15	16	17	18	19
경기	10	18	11	24	24	7	12	5	5	8	7	4	5	1	0	1	1	0	0	1
승	0	0	4	6	12	6	9	3	5	7	5	3	5	1	0	1	1	0	0	1
패	10	16	7	18	12	1	3	2	0	0	2	1	0	0	0	0	0	0	0	0
무	0	2	0	0	0	0	0	0	0	1	0	0	0	0	0	0	0	0	0	0
승률	0.000	0.000	0.364	0.250	0.500	0.857	0.750	0.600	1.000	1.000	0.714	0.750	1.000	1.000	-	1.000	1.000	-	-	1.000

실점 분포 및 승패

실점	0	1	2	3	4	5	6	7	8	9	10	11	12	13	14	15
경기	6	17	19	18	18	17	13	4	11	7	7	4	1	1	0	1
승	6	14	13	12	7	6	4	1	3	3	0	0	0	0	0	0
패	0	1	6	6	11	11	9	3	8	3	7	4	1	1	0	1
무	0	2	0	0	0	0	0	0	1	0	0	0	0	0	0	0
승률	1.000	0.933	0.684	0.667	0.389	0.353	0.308	0.250	0.273	0.500	0.000	0.000	0.000	0.000	-	0.000

이닝별 득점

이닝	경기	0점	1+점	1점	2점	3점	4점	5+점	최다	합계	평균	평균/9
1	144	107	37	20	9	4	0	4	6	73	0.51	4.56
2	144	100	44	23	15	3	1	2	7	78	0.54	4.88
3	144	101	43	24	11	4	0	4	7	82	0.57	5.13
4	144	109	35	15	12	3	3	2	7	73	0.51	4.56
5	144	107	37	15	15	5	0	2	7	72	0.50	4.50
6	144	91	53	26	16	6	1	4	6	102	0.71	6.38
7	142	108	34	19	8	2	2	3	5	64	0.45	4.06
8	142	98	44	24	10	7	0	4	7	77	0.54	4.88
9	111	84	27	12	6	4	3	2	5	58	0.52	4.70
10	13	8	5	3	0	1	0	1	5	11	0.85	7.62
11	7	6	1	0	0	0	0	1	8	8	1.14	10.29
12	4	3	1	1	0	0	0	0	1	1	0.25	2.25
합계	1283	922	361	182	102	39	13	25	8	699	0.54	4.90

이닝별 실점

이닝	경기	0점	1+점	1점	2점	3점	4점	5+점	최다	합계	평균	평균/9
1	144	103	41	24	10	3	3	1	7	72	0.50	4.50
2	144	110	34	17	12	5	0	0	3	56	0.39	3.50
3	144	107	37	19	6	7	2	3	5	74	0.51	4.63
4	144	103	41	23	7	9	1	1	5	73	0.51	4.56
5	144	98	46	24	14	6	1	1	5	79	0.55	4.94
6	144	96	48	26	10	5	2	5	6	91	0.63	5.69
7	143	105	38	20	10	5	2	1	5	68	0.48	4.28
8	142	97	45	23	16	4	1	1	5	87	0.61	5.51
9	112	78	34	22	6	3	2	1	4	62	0.55	4.98
10	13	9	4	2	1	0	0	1	5	9	0.69	6.23
11	7	4	3	3	0	0	0	0	2	4	0.57	5.14
12	4	2	2	2	0	0	0	0	1	2	0.50	4.50
합계	1285	912	373	204	87	48	21	13	9	677	0.53	4.74

투수

우투우타
1997년 3월 8일
188cm / 100kg
연봉 7000만 원
경력 홍연초(마포리틀)-흥은중
　　　-선린인터넷고
지명순위 16 LG 1차

NO. **45** **김대현**

　구위가 묵직하며 147~148km/h의 패스트볼과 슬라이더, 포크볼, 커브 등 다양한 래퍼토리를 선보인다. 빠른 공이 매우 위력적이지만 들쭉날쭉한 제구력이 단점이다. 2016 신인 드래프트 1차 지명으로 LG 유니폼을 입었고 2017 시즌 LG의 5선발로 활약하면서 신데렐라 같은 경기력을 보였다. 26경기에 등판해 5승 7패 평균자책점 5.36을 기록하며 좋은 활약을 펼쳤고, 2017 아시아프로야구챔피언십(APBC) 대표팀에 승선했다. 2017 시즌 27경기 95와 2/3이닝 동안 평균자책점 5.36과 5승 7패를 기록했다. 다양한 구종의 변화구도 좋지만 본인의 확실한 승부구가 필요하다. 2018시즌이 더욱 기대되는 선수다.

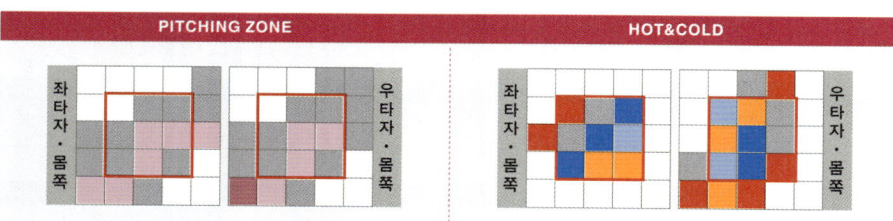

PITCHING ZONE　■ 15% 이상　■ 12~14%　■ 9~11%　■ 6~8%　■ 3~5%　□ 2% 이하
HOT&COLD　■ 피안타율 0.099 이하　■ 0.100~0.199　■ 0.200~0.299　■ 0.300~0.399　■ 피안타율 0.400 이상　□ 3타수 미만

최근 3년간 성적

연도	팀명	평균자책	경기	승	패	세이브	홀드	승률	타자수	이닝	피안타	피홈런	볼넷	탈삼진	실점	자책점	WHIP	WAR
2015	-																	
2016	LG	5.40	1	0	0	0	0	-	10	1 2/3	3	0	0	0	2	1	1.80	-0.05
2017	LG	5.36	26	5	7	0	0	0.417	397	94	95	13	32	49	59	56	1.35	-0.56
통산		5.36	27	5	7	0	0	0.417	407	95 2/3	98	13	32	49	61	57	1.36	-

구속/구사율/피안타율

구종	평균구속	종합	초구	2-2	좌타자	우타자	피안타율
포심패스트볼	144	53%	56%	46%	55%	51%	0.285
투심/싱커	140	0%	1%	0%	0%	0%	-
컷패스트볼	-	-	-	-	-	-	-
슬라이더	130	37%	39%	41%	33%	39%	0.241
커브	114	7%	4%	7%	6%	8%	0.412
체인지업	-	-	-	-	-	-	-
포크/SF/너클	127	4%	2%	7%	2%	2%	0.125

볼카운트별 피안타율

볼카운트	피안타율	타수	피안타	볼카운트	피안타율	타수	피안타
0-0	0.261	46	12	2-0	0.125	8	1
0-1	0.375	48	18	2-1	0.400	20	8
0-2	0.194	31	6	2-2	0.220	50	11
1-0	0.310	29	9	3-0	-	0	0
1-1	0.250	32	8	3-1	0.667	12	8
1-2	0.196	46	9	3-2	0.167	30	5

S〉B : 0.264 / S=B : 0.242 / S〈B : 0.313

기타 기록

상대 타자 타구 방향

23%
46%　31%

이닝당 투구수	15.4
땅볼 / 뜬공	1.12

상황별 기록

상황	안타	2루타	3루타	홈런	볼넷	사구	삼진	폭투	보크	피안타율
주자 없음	53	9	1	7	16	5	24	1	0	0.256
만루	2	1	0	0	2	0	0	0	0	0.286
주자 있음	42	10	2	6	16	1	25	11	0	0.290
득점권	21	8	2	2	13	0	16	6	0	0.288
상위(1~2번)	24	2	1	3	6	2	8	1	0	0.258
중심(3~5번)	33	7	0	6	13	3	17	7	0	0.270
하위(6~9번)	38	10	2	4	13	1	24	4	0	0.277
좌타자	41	6	3	6	12	2	18	5	0	0.279
우타자	54	13	0	7	20	4	31	7	0	0.263

상대팀별 기록

구분	경기	평균자책	승	패	세이브	홀드	이닝	피안타	피홈런	볼넷	삼진	피안타율
KIA	4	11.74	0	2	0	0	15 1/3	27	5	5	8	0.403
두산	3	9.00	1	1	0	0	11	12	3	6	6	0.267
롯데	3	1.76	1	1	0	0	15 1/3	9	1	5	7	0.176
NC	2	0.00	0	0	0	0	5 2/3	1	0	1	2	0.063
SK	4	5.73	1	0	0	0	11	15	2	6	8	0.319
넥센	3	3.86	0	0	0	0	7	5	0	2	6	0.217
한화	4	4.40	2	0	0	0	14 1/3	15	1	6	10	0.273
삼성	0						1 1/3	1	0	1	0	0.200
kt	4	3.46	2	0	0	0	13	10	1	5	3	0.233

NO. 48 김지용

투수

140km/h 초반대의 패스트볼과 130km/h대의 슬라이더, 체인지업, 114km/h의 커브를 던진다. 타자와 승부를 피하지 않고 정면승부를 즐긴다. 제구력이 좋고 포심, 슬라이더, 체인지업을 구사하는 '쓰리-피치' 투수다. 가끔 커브를 던지는데 각도가 밋밋해 잘 맞아나간다. 불펜투수치고는 빠르진 않지만 예리한 슬라이더 제구와 구위로 만회하는 스타일이다. 뛰어난 위기관리 능력을 갖추었으나 2017시즌에는 3구 이내에 홈런을 맞는 모습이 너무 많이 보였다. 13개의 피 홈런을 기록하며 불펜투수 중 피 홈런 공동 1위(NC 김진성 13개, 한화 송창식 13개)의 불명예를 당했다. 2018시즌 새로운 구종을 개발하는 등 환골탈태하지 않는다면 1군에서 사라질 수 있는 위기상황이다.

우투우타
1988년 2월 20일
177cm / 81kg
연봉 9000만 원
경력 이문초(노원리틀)-청량중
-중앙고-영동대
지명순위 10 LG 9라운드 65순위

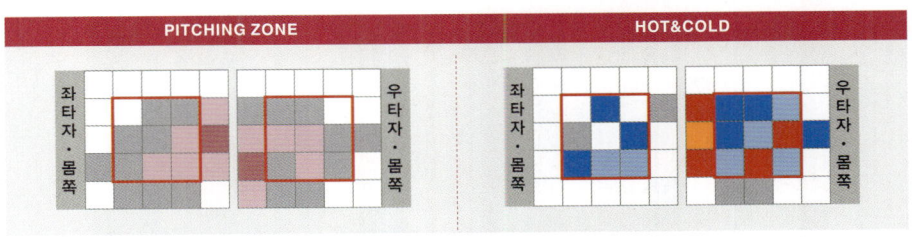

PITCHING ZONE | 좌타자·몸쪽 | 우타자·몸쪽

HOT&COLD | 좌타자·몸쪽 | 우타자·몸쪽

PITCHING ZONE ■ 15% 이상 ■ 12~14% ■ 9~11% ■ 6~8% ■ 3~5% □ 2% 이하
HOT&COLD ■ 피안타율 0.099 이하 ■ 0.100~0.199 ■ 0.200~0.299 ■ 0.300~0.399 ■ 피안타율 0.400 이상 □ 3타수 미만

최근 3년간 성적

연도	팀명	평균자책	경기	승	패	세이브	홀드	승률	타수	이닝	피안타	피홈런	볼넷	탈삼진	실점	자책점	WHIP	WAR
2015	LG	4.13	24	1	1	0	0	0.500	137	32 2/3	30	4	12	28	15	15	1.29	0.09
2016	LG	3.57	51	3	4	0	17	0.429	258	63	52	9	18	56	25	25	1.11	0.68
2017	LG	5.09	53	4	3	3	8	0.571	235	53	59	13	14	39	33	30	1.38	-1.07
통산		4.42	133	8	8	3	25	0.500	664	156 2/3	151	28	47	128	80	77	1.26	-

구속/구사율/피안타율

구종	평균구속	종합	초구	2-2	좌타자	우타자	피안타율
포심패스트볼	142	50%	44%	52%	53%	49%	0.298
투심/싱커	-	-	-	-	-	-	-
컷패스트볼	-	-	-	-	-	-	-
슬라이더	132	44%	52%	39%	37%	48%	0.237
커브	114	1%	1%	1%	1%	2%	0.667
체인지업	132	1%	0%	1%	1%	0%	1.000
포크/SF/너클	132	4%	2%	7%	8%	2%	0.286

볼카운트별 피안타율

볼카운트	피안타율	타수	피안타	볼카운트	피안타율	타수	피안타
0-0	0.382	34	13	2-0	0.000	2	0
0-1	0.278	18	5	2-1	0.900	10	9
0-2	0.125	16	2	2-2	0.286	42	12
1-0	0.500	12	6	3-0	0.000	1	0
1-1	0.091	11	1	3-1	-	0	0
1-2	0.170	47	8	3-2	0.158	19	3

S > B : 0.185 / S = B : 0.299 / S < B : 0.409

기타 기록

상대 타자 타구 방향
42% 21% 36%

이닝당 투구수 17.2
땅볼 / 뜬공 0.64

상황별 기록

상황	안타	2루타	3루타	홈런	볼넷	사구	삼진	폭투	보크	피안타율
주자 없음	33	7	2	7	4	1	19	0	0	0.297
만루	1	0	0	0	0	0	2	0	0	0.200
주자 있음	26	3	0	6	10	1	20	2	1	0.257
득점권	12	1	0	3	9	1	10	1	1	0.235
상위(1~2번)	12	4	0	1	2	0	4	1	0	0.324
중심(3~5번)	16	1	1	4	3	1	15	0	0	0.250
하위(6~9번)	31	5	1	8	4	2	27	0	1	0.279
좌타자	21	5	2	5	0	0	11	1	0	0.333
우타자	38	5	0	10	8	2	28	1	1	0.255

상대팀별 기록

구분	경기	평균자책	승	패	세이브	홀드	이닝	피안타	피홈런	볼넷	삼진	피안타율
KIA	6	5.40	0	0	0	2	6 2/3	6	2	2	6	0.214
두산	8	7.36	0	2	0	1	7 1/3	7	2	2	4	0.250
롯데	8	8.44	1	0	1	1	5 1/3	10	3	2	5	0.417
NC	7	3.86	0	0	0	0	7	4	1	3	5	0.154
SK	2	5.40	0	0	0	1	1 2/3	3	1	1	2	0.375
넥센	3	0.00	0	0	0	0	4 1/3	6	0	1	3	0.353
한화	7	4.32	1	0	1	1	8 1/3	8	2	0	6	0.250
삼성	4	8.10	0	0	0	0	3 1/3	3	1	1	3	0.231
kt	10	4.00	1	1	1	2	9	12	0	2	8	0.333

투수

우투우타
1983년 5월 30일
190cm / 105kg
연봉 2억 9000만 원
경력 용답초(동부리틀)-청량중
    -덕수정보고
지명순위 07 해외진출선수
    특별지명

NO. 11 류제국

　　시카고 컵스 시절 최고구속 158km/h에 이르는 파이어볼러였으나 부상으로 구속도 떨어지고 제구력에 문제가 생겼다. LG 입단 후 구속은 더 떨어져 리그 평균 구속에 머물고 있다. 그러나 커터, 커브, 체인지업을 구사한다. '썩어도 준치'라고 LG의 실질적인 에이스 역할을 담당하고 있으나 35살의 나이가 그의 발목을 잡는 최대 복병이다. 2017년 커리어로우 시즌을 보낸 데는 직구 구속 하락이 가장 큰 요인이다. 2016시즌에는 구속 하락을 변화구로 막아냈으나 2017년에는 변화구마저 신통치 않았다. 고교시절 동기인 KIA 김진우에 비해 상황은 조금 좋은 편이지만 매년 올해가 마지막이라는 각오로 피칭해야 한다. 그가 부활한다면 LG를 4강으로 이끄는 원동력이 될 수도 있다.

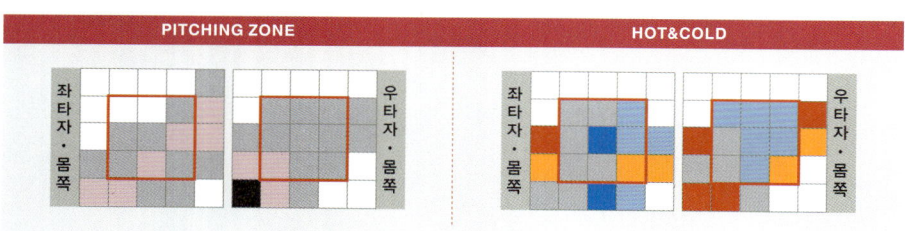

| PITCHING ZONE | | HOT&COLD | |

PITCHING ZONE ■ 15% 이상 ■ 12~14% ■ 9~11% ■ 6~8% ■ 3~5% □ 2% 이하
HOT&COLD ■ 피안타율 0.099 이하 ■ 0.100~0.199 ■ 0.200~0.299 ■ 0.300~0.399 ■ 피안타율 0.400 이상 □ 3타수 미만

최근 3년간 성적

연도	팀명	평균자책	경기	승	패	세이브	홀드	승률	타자수	이닝	피안타	피홈런	볼넷	탈삼진	실점	자책점	WHIP	WAR
2015	LG	4.78	24	4	9	0	0	0.308	572	130	134	16	55	88	72	69	1.45	0.42
2016	LG	4.30	29	13	11	0	0	0.542	701	161 1/3	152	14	70	138	83	77	1.38	2.41
2017	LG	5.35	25	8	6	0	0	0.571	591	131 1/3	140	10	55	107	87	78	1.48	-0.29
통산		4.70	125	46	35	0	0	0.568	3010	682	681	64	288	549	392	356	1.42	

구속/구사율/피안타율

구종	평균구속	종합	초구	2-2	좌타자	우타자	피안타율
포심패스트볼	138	48%	50%	46%	47%	48%	0.301
투심/싱커	138	1%	1%	1%	2%	1%	0.571
컷패스트볼	136	8%	10%	6%	6%	9%	0.295
슬라이더	-	-	-	-	-	-	-
커브	109	20%	9%	34%	16%	23%	0.175
체인지업	127	23%	29%	13%	29%	18%	0.290
포크/SF/너클	-	-	-	-	-	-	-

볼카운트별 피안타율

볼카운트	피안타율	타수	피안타	볼카운트	피안타율	타수	피안타
0-0	0.387	62	24	2-0	0.400	10	4
0-1	0.367	49	18	2-1	0.324	37	12
0-2	0.160	50	8	2-2	0.174	69	12
1-0	0.349	43	15	3-0	-	0	0
1-1	0.351	37	13	3-1	0.462	13	6
1-2	0.138	87	12	3-2	0.296	54	16

S〉B : 0.204 / S=B : 0.292 / S〈B : 0.338

기타 기록

상대 타자 타구 방향

44%　23%　33%

이닝당 투구수	17.5
땅볼/뜬공	1.23

상황별 기록

상황	안타	2루타	3루타	홈런	볼넷	사구	삼진	폭투	보크	피안타율
주자 없음	68	11	1	4	32	10	57	0	0	0.252
만루	0	0	0	0	3	0	2	0	0	0.000
주자 있음	72	21	1	6	23	9	50	15	0	0.290
득점권	39	12	1	3	17	4	28	8	0	0.285
상위(1~2번)	41	7	2	4	11	5	23	2	0	0.306
중심(3~5번)	56	14	0	4	21	7	38	9	0	0.309
하위(6~9번)	43	11	0	2	23	7	46	4	0	0.219
좌타자	65	14	2	4	26	3	45	5	0	0.289
우타자	75	18	0	6	29	16	62	10	0	0.262

상대팀별 기록

구분	경기	평균자책	승	패	세이브	홀드	이닝	피안타	피홈런	볼넷	삼진	피안타율
KIA	1	6.75	1	0	0	0	5 1/3	6	0	1	6	0.273
두산	3	4.11	1	0	0	0	15 1/3	15	0	11	9	0.250
롯데	3	3.78	1	0	0	0	16 2/3	18	1	7	18	0.290
NC	3	6.46	0	2	0	0	15 1/3	17	3	14	13	0.283
SK	2	0.75	1	0	0	0	12	5	1	6	9	0.122
넥센	4	5.11	1	1	0	0	24 2/3	24	2	8	20	0.264
한화	3	6.75	1	2	0	0	14 2/3	18	2	1	6	0.295
삼성	3	7.71	1	1	0	0	14	22	2	6	7	0.361
kt	3	7.43	1	0	0	0	13 1/3	15	1	0	10	0.283

NO. 50 소사

도미니카 출신 파이어볼러. 평균구속 150km/h의 패스트볼과 7~8회에도 최고 150km/h 중후반대의 뛰어난 구속을 자랑한다. 슬라이더, 커브, 포크볼을 구사하며 내구성 체력도 뛰어난 7년차 장수 용병이다. 우타자에게 강하고 좌타자에겐 약하다. 그러나 뛰어난 구속에도 불구하고 변화구가 좋지 않아 삼진 비율이 낮다. 만약 그의 변화구까지 뛰어났다면 메이저리그에서 활약하고 있을 것이다. KIA에서 LG로 이적한 후 잠실에서는 강하지만 타자 친화적인 구장에서는 평균 5점대의 평균자책점을 보이고 있다. 뜬공 투수라 구장의 크기가 큰 영향을 미친다. 특히 문학구장에서의 성적이 나쁘고, 수원구장에서는 심각한 수준의 배팅볼러가 된다. 롱런을 위해 반드시 극복해야 할 문제다.

투수

우투우타
1985년 7월 28일
185cm / 95kg
경력 도미니카 어거스토베라고
—KIA-넥센
지명순위 12 KIA 자유선발

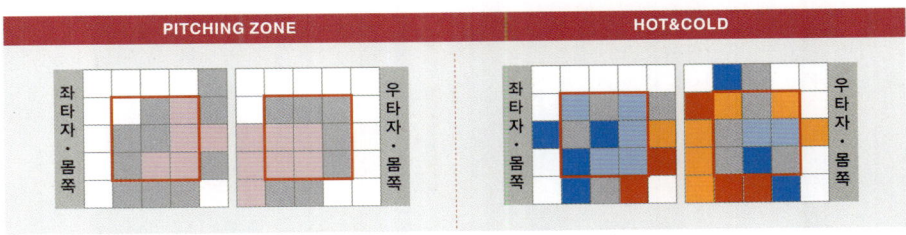

PITCHING ZONE | HOT&COLD

좌타자·몸쪽 / 우타자·몸쪽

PITCHING ZONE ■ 15% 이상 ■ 12~14% ■ 9~11% ■ 6~8% ■ 3~5% □ 2% 이하
HOT&COLD ■ 피안타율 0.099 이하 ■ 0.100~0.199 ■ 0.200~0.299 ■ 0.300~0.399 ■ 피안타율 0.400 이상 □ 3타수 미만

최근 3년간 성적

연도	팀명	평균자책	경기	승	패	세이브	홀드	승률	타수	이닝	피안타	피홈런	볼넷	탈삼진	실점	자책점	WHIP	WAR
2015	LG	4.03	32	10	12	0	1	0.455	809	194 1/3	199	16	36	177	102	87	1.21	2.91
2016	LG	5.16	33	10	9	0	0	0.526	870	199	258	12	38	107	121	114	1.49	2.58
2017	LG	3.88	30	11	11	1	0	0.500	769	185 1/3	189	11	38	153	86	80	1.22	3.20
통산		4.46	167	59	51	1	2	0.536	4347	1015 2/3	1119	77	264	782	548	503	1.36	-

구속/구사율/피안타율

구종	평균구속	종합	초구	2-2	좌타자	우타자	피안타율
포심패스트볼	150	49%	48%	51%	52%	46%	0.254
투심/싱커	149	4%	5%	1%	5%	4%	0.476
컷패스트볼	–	–	–	–	–	–	–
슬라이더	136	28%	26%	33%	16%	38%	0.212
커브	128	3%	3%	1%	3%	3%	0.368
체인지업	–	–	–	–	–	–	–
포크/SF/너클	133	16%	18%	14%	25%	10%	0.346

볼카운트별 피안타율

볼카운트	피안타율	타수	피안타	볼카운트	피안타율	타수	피안타
0-0	0.293	92	27	2-0	0.750	4	3
0-1	0.294	85	25	2-1	0.333	33	11
0-2	0.175	80	14	2-2	0.190	105	20
1-0	0.356	45	16	3-0	–	0	0
1-1	0.357	70	25	3-1	0.154	13	2
1-2	0.224	134	30	3-2	0.291	55	16

S〉B : 0.231 / S=B : 0.270 / S〈B : 0.320

기타 기록

상대 타자 타구 방향

39% 27% 34%

이닝당 투구수 15.4
땅볼 / 뜬공 0.83

상황별 기록

상황	안타	2루타	3루타	홈런	볼넷	사구	삼진	폭투	보크	피안타율
주자 없음	113	19	6	8	14	2	101	0	0	0.265
만루	2	1	0	0	0	0	2	0	0	0.286
주자 있음	76	17	3	3	24	1	52	3	0	0.262
득점권	46	12	2	2	14	0	20	1	0	0.303
상위(1~2번)	61	9	3	8	1	26	2	0		0.345
중심(3~5번)	63	15	1	3	17	2	56	0	0	0.253
하위(6~9번)	65	12	5	5	10	0	71	1	0	0.224
좌타자	90	16	6	6	1	1	55	2	0	0.299
우타자	99	20	3	6	17	2	98	1	0	0.239

상대팀별 기록

구분	경기	평균자책	승	패	세이브	홀드	이닝	피안타	피홈런	볼넷	삼진	피안타율
KIA	5	4.68	2	3	0	0	32 2/3	36	2	7	17	0.283
두산	4	2.54	1	1	0	0	28 1/3	25	0	9	28	0.240
롯데	4	4.85	0	2	0	0	13	14	2	1	14	0.269
NC	2	5.11	1	1	0	0	12 1/3	15	1	4	10	0.288
SK	5	4.98	1	1	1	0	21 2/3	28	2	6	20	0.326
넥센	5	4.35	2	2	0	0	31	30	3	9	31	0.250
한화	3	1.88	2	0	0	0	24	17	0	2	18	0.198
삼성	2	2.19	1	1	0	0	12 1/3	12	1	0	13	0.245
kt	2	5.40	1	1	0	0	10	12	0	0	6	0.300

투수

우언우타
1987년 5월 13일
177cm / 78kg
연봉 1억 500만 원
경력 천안남산초-천안북중
-북일고-고려대
지명순위 10 LG 1라운드 1순위

NO. 31 신정락

　우완 사이드암 투수. 140km/h 후반대의 패스트볼과 마구처럼 꿈틀거리는 슬라이더가 주 무기. 제구력도 준수하고 패스트볼 구위가 좋아 LG의 마무리를 담당하고 있다. 그러나 작은 체구, 부상을 쉽게 당하는 유리 몸, 위기관리 능력이 떨어진다는 것이 약점이다. 원래 150km/h를 오가는 강속구와 마구처럼 꿈틀거리는 슬라이더가 주 무기였으나 2013년 팔의 각도를 낮춰 구속을 잃은 대신 제구를 얻었다. 마무리로서 필요한 연투 능력이 부족하다. 사회복무요원을 마치고 복귀한 2017시즌은 가능성과 아쉬움을 남긴 한 해였다. 분명 마무리로서 구위는 좋으나 새가슴 스타일이라 1~2점차의 상황에서 코치진에 신뢰감을 줄 수 없다는 약점을 극복하는 것이 중요하다.

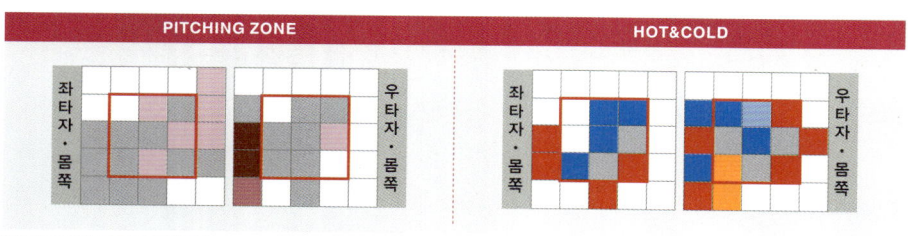

PITCHING ZONE　■ 15% 이상　■ 12~14%　■ 9~11%　■ 6~8%　■ 3~5%　□ 2% 이하
HOT&COLD　■ 피안타율 0.099 이하　■ 0.100~0.199　■ 0.200~0.299　■ 0.300~0.399　■ 피안타율 0.400 이상　□ 3타수 미만

최근 3년간 성적

연도	팀명	평균자책	경기	승	패	세이브	홀드	승률	타자수	이닝	피안타	피홈런	볼넷	탈삼진	실점	자책점	WHIP	WAR
2015	-	-	-	-	-	-	-	-	-	-	-	-	-	-	-	-	-	-
2016	-	-	-	-	-	-	-	-	-	-	-	-	-	-	-	-	-	-
2017	LG	5.34	63	3	5	10	12	0.375	265	59	61	4	24	58	42	35	1.44	-0.96
통산		4.91	140	13	14	10	15	0.481	1216	277	279	21	101	222	170	151	1.37	

구속/구사율/피안타율

구종	평균구속	종합	초구	2-2	좌타자	우타자	피안타율
포심패스트볼	141	50%	47%	39%	51%	50%	0.319
투심/싱커	-	-	-	-	-	-	-
컷패스트볼	-	-	-	-	-	-	-
슬라이더	128	11%	17%	4%	5%	13%	0.130
커브	118	26%	24%	46%	22%	27%	0.246
체인지업	127	2%	2%	1%	2%	1%	0.667
포크/SF/너클	131	11%	9%	10%	20%	8%	0.250

볼카운트별 피안타율

볼카운트	피안타율	타수	피안타	볼카운트	피안타율	타수	피안타
0-0	0.462	26	12	2-0	0.000	2	0
0-1	0.313	16	5	2-1	0.417	12	5
0-2	0.200	10	2	2-2	0.206	34	7
1-0	0.267	15	4	3-0	-	0	0
1-1	0.083	24	2	3-1	1.000	2	2
1-2	0.224	58	13	3-2	0.346	26	9

S〉B : 0.238 / S=B : 0.250 / S〈B : 0.351

기타 기록

상대 타자 타구 방향

28%
37%　36%

이닝당 투구수　17.8
땅볼 / 뜬공　1.08

상황별 기록

상황	안타	2루타	3루타	홈런	볼넷	사구	삼진	폭투	보크	피안타율
주자 없음	27	5	1	3	9	3	30	1	0	0.252
만루	4	0	0	1	1	2	0	0		0.364
주자 있음	34	3	1	1	15	7	28	4	0	0.288
득점권	26	1	1	1	11	3	19	3	0	0.338
상위(1~2번)	11	0	0	2	5	0	3	1	0	0.306
중심(3~5번)	16	3	1	1	9	6	24	3	0	0.208
하위(6~9번)	34	5	1	0	10	4	33	3	0	0.304
좌타자	17	2	0	1	9	2	23	1	0	0.274
우타자	44	6	2	3	18	8	35	2	0	0.270

상대팀별 기록

구분	경기	평균자책	승	패	세이브	홀드	이닝	피안타	피홈런	볼넷	삼진	피안타율
KIA	8	4.26	1	1	1	0	6 1/3	7	1	3	7	0.292
두산	8	2.45	1	0	1	1	7 1/3	4	0	2	7	0.167
롯데	10	7.59	0	0	2	3	10 2/3	14	1	4	12	0.318
NC	5	8.10	0	1	0	0	3 1/3	6	1	4	3	0.375
SK	7	4.05	0	0	0	2	6 2/3	5	1	2	6	0.192
넥센	7	3.86	0	1	0	0	7	6	0	3	6	0.240
한화	6	6.00	0	1	0	1	6	6	0	2	5	0.348
삼성	4	6.75	0	0	1	0	2 2/3	3	0	1	5	0.333
kt	10	5.87	1	0	4	1	7 2/3	6	0	3	7	0.214

NO. 18 이동현

192cm, 98kg의 큰 키에서 뿌려내는 위력적인 패스트볼과 낙차 큰 포크볼이 주 무기다. 그러나 포크볼 과다 사용으로 여러 번 수술을 거듭하다 포크볼은 자제하고 슬라이더, 너클커브 등을 던진다. 제구력이 뛰어나고 연투 능력도 좋다. 세 번의 수술에도 불구하고 패스트볼의 구위는 여전히 묵직하다. 그러나 이상하게 넥센만 만나면 난타를 당하는 징크스가 있다. LG의 붙박이 마무리였던 봉중근의 부진으로 불펜에서 그의 역할이 막중해졌다. 특히 2017시즌에서 팀의 클로저 역할을 담당하며 LG 불펜의 수호신으로 거듭나고 있다. 2017시즌 고민에 빠진 LG를 구해낸 새로운 클로저로 자리매김 하였으나 9월 9일 넥센과의 경기에서 0.1이닝 7자책점, 방어율 189.0을 기록하며 3점대 방어율 기록이 무산되었다.

우투우타
1983년 1월 12일
192cm / 98kg
연봉 6억 원
경력 영일초－영남중－경기고
지명순위 01 LG 1차

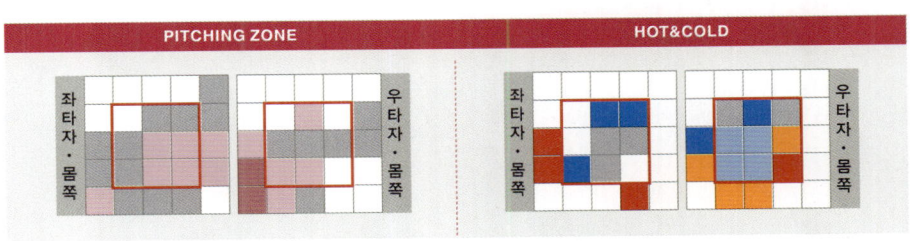

PITCHING ZONE ■ 15% 이상 ■ 12~14% ■ 9~11% ■ 6~8% ■ 3~5% □ 2% 이하
HOT&COLD ■ 피안타율 0.099 이하 ■ 0.100~0.199 ■ 0.200~0.299 ■ 0.300~0.399 ■ 피안타율 0.400 이상 □ 3타수 미만

최근 3년간 성적

연도	팀명	평균자책	경기	승	패	세이브	홀드	승률	타수	이닝	피안타	피홈런	볼넷	탈삼진	실점	자책점	WHIP	WAR
2015	LG	4.40	60	5	5	4	11	0.500	258	59 1/3	65	4	20	55	33	29	1.43	0.19
2016	LG	5.40	46	4	3	2	5	0.571	195	43 1/3	54	5	14	38	26	26	1.57	-0.08
2017	LG	4.80	45	3	6	7	5	0.333	211	50 2/3	52	4	10	39	30	27	1.22	-0.08
통산		3.93	660	51	46	41	109	0.526	3768	869	872	78	357	659	422	379	1.41	-

구속/구사율/피안타율

구종	평균구속	종합	초구	2-2	좌타자	우타자	피안타율
포심패스트볼	142	54%	51%	64%	51%	56%	0.293
투심/싱커	-	-	-	-	-	-	-
컷패스트볼	136	15%	15%	10%	21%	13%	0.297
슬라이더	132	21%	27%	14%	12%	25%	0.286
커브	115	3%	6%	1%	3%	3%	0.200
체인지업	-	-	-	-	-	-	-
포크/SF/너클	129	7%	2%	11%	10%	5%	0.091

볼카운트별 피안타율

볼카운트	피안타율	타수	피안타	볼카운트	피안타율	타수	피안타
0-0	0.520	25	13	2-0	0.000	2	0
0-1	0.333	18	6	2-1	0.600	10	6
0-2	0.000	6	0	2-2	0.156	32	5
1-0	0.286	14	4	3-0	-	0	0
1-1	0.318	22	7	3-1	1.000	2	2
1-2	0.179	28	5	3-2	0.143	28	4

S〉B : 0.212 / S=B : 0.316 / S〈B : 0.286

기타 기록

상대 타자 타구 방향

40% 25% 35%

이닝당 투구수 15.8
땅볼/뜬공 1.28

상황별 기록

상황	안타	2루타	3루타	홈런	볼넷	사구	삼진	폭투	보크	피안타율
주자 없음	32	6	0	1	1	1	26	0	0	0.296
만루	5	1	0	2	0	0	0	0	0	0.556
주자 있음	20	5	0	3	2	13	7	0	0	0.253
득점권	17	4	0	2	8	2	12	4	0	0.279
상위(1~2번)	11	2	0	0	2	0	8	2	0	0.314
중심(3~5번)	18	3	0	3	4	1	12	2	0	0.321
하위(6~9번)	23	6	0	2	2	19	3	0	0	0.240
좌타자	18	4	0	1	7	13	0	0	0	0.295
우타자	34	7	0	3	2	26	4	0	0	0.270

상대팀별 기록

구분	경기	평균자책	승	패	세이브	홀드	이닝	피안타	피홈런	볼넷	삼진	피안타율
KIA	4	18.00	0	0	0	0	3	5	1	1	3	0.385
두산	4	2.84	0	0	1	0	6 1/3	5	0	2	7	0.238
롯데	3	0.00	0	1	0	0	4 1/3	3	0	2	4	0.231
NC	5	3.00	0	1	1	0	6	6	1	1	4	0.300
SK	3	0.00	0	0	1	0	3 1/3	2	0	1	1	0.154
넥센	7	4.91	1	1	0	2	7 1/3	6	1	2	5	0.231
한화	4	3.18	0	1	0	1	5 2/3	7	0	0	5	0.350
삼성	6	5.40	1	1	2	1	6 2/3	5	0	0	6	0.208
kt	9	7.88	1	0	1	2	8	13	1	1	4	0.351

우투우타
1991년 4월 2일
183cm / 77kg
연봉 1억 4000만 원
경력 서울도곡초-영동중
　　-서울고-SK
지명순위 11 SK 4라운드 26순위

NO. 20 임정우

　원래 포심 평균구속이 140km/h 초중반이었으나 마무리로 전업한 후 140km/h 후반대로 상승했다. 포심과 함께 낙차 큰 커브가 주 무기다. 입단 초기에는 선발과 불펜을 오가는 스윙맨 역할을 했으나 2016년 마무리로 보직을 바꿨다. 그의 커브는 김원형, 김진우, 윤성환의 계보를 잇는 엄청난 위력을 보여주고 있다. 정상 컨디션일 경우, 리그에서 가장 위력적인 마무리 중 하나다. 다양한 레퍼토리는 리그 평균 수준 이상. 또한 멘탈이 강해졌고 제구력이 향상되면서 2016년 평균자책점 3.82, 2017년 평균자책점 2.70으로 갈수록 모든 지표가 좋아지고 있다. 그러나 직구 피OPS(출루율+장타율)가 무려 10할이 넘는다. 이는 높은 실투율 때문이다.

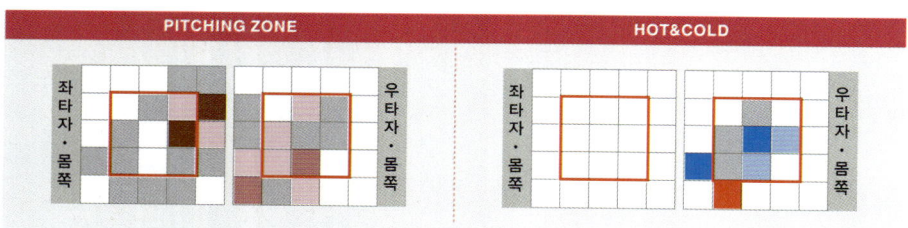

PITCHING ZONE ■ 15% 이상 ■ 12~14% ■ 9~11% ■ 6~8% ■ 3~5% □ 2% 이하
HOT&COLD ■ 피안타율 0.099 이하 ■ 0.100~0.199 ■ 0.200~0.299 ■ 0.300~0.399 ■ 피안타율 0.400 이상 □ 3타수 미만

최근 3년간 성적

연도	팀명	평균자책	경기	승	패	세이브	홀드	승률	타자수	이닝	피안타	피홈런	볼넷	탈삼진	실점	자책점	WHIP	WAR
2015	LG	5.04	54	6	9	5	3	0.400	501	109	123	8	50	99	65	61	1.59	0.08
2016	LG	3.82	67	3	8	28	0	0.273	317	70 2/3	73	5	36	87	31	30	1.54	1.04
2017	LG	2.70	17	0	0	0	1	-	70	16 2/3	14	1	6	17	6	5	1.20	0.23
통산		4.51	227	14	25	34	7	0.359	1630	367 1/3	386	24	163	326	194	184	1.49	-

구속/구사율/피안타율

구종	평균구속	종합	초구	2-2	좌타자	우타자	피안타율
포심패스트볼	142	40%	56%	28%	40%	40%	0.409
투심/싱커	140	0%	0%	0%	0%	1%	0.000
컷패스트볼	141	0%	0%	0%	0%	1%	–
슬라이더	132	42%	39%	44%	39%	43%	0.080
커브	118	15%	3%	28%	15%	16%	0.167
체인지업	–	–	–	–	–	–	–
포크/SF/너클	129	2%	1%	0%	6%	0%	1.000

볼카운트별 피안타율

볼카운트	피안타율	타수	피안타	볼카운트	피안타율	타수	피안타
0-0	0.333	9	3	2-0	1.000	1	1
0-1	0.500	4	2	2-1	–	–	–
0-2	0.125	8	1	2-2	0.125	8	1
1-0	0.500	4	2	3-0	–	0	0
1-1	0.300	10	3	3-1	0.000	2	0
1-2	0.111	9	1				

S）B：0.190 / S＝B：0.259 / S〈B：0.231

기타 기록

상대 타자 타구 방향

39%　30%　32%

이닝당 투구수 15.7
땅볼/뜬공 0.88

상황별 기록

상황	안타	2루타	3루타	홈런	볼넷	사구	삼진	폭투	보크	피안타율
주자 없음	9	0	1	1	3	0	15	0	0	0.205
만루	0	0	0	0	1	1	0	0	0	-
주자 있음	5	0	0	0	3	1	2	0	0	0.294
득점권	2	0	0	0	3	1	1	0	0	0.250
상위(1~2번)	2	0	1	0	1	0	3	0	0	0.200
중심(3~5번)	7	0	0	1	2	0	9	0	0	0.350
하위(6~9번)	5	0	0	0	3	2	5	0	0	0.161
좌타자	2	0	0	0	3	0	6	0	0	0.133
우타자	12	0	1	1	3	1	11	0	0	0.261

상대팀별 기록

구분	경기	평균자책	승	패	세이브	홀드	이닝	피안타	피홈런	볼넷	삼진	피안타율
KIA	1	0.00	0	0	0	0	1 1/3	0	0	1	2	0.000
두산	2	0.00	0	0	0	0	2 1/3	1	0	1	3	0.143
롯데	1	0.00	0	0	0	0	1	0	0	0	1	0.000
NC	3	1.93	0	0	0	1	4 2/3	2	1	0	6	0.133
SK	3	5.40	0	0	0	0	3 1/3	4	0	1	1	0.333
넥센	1	-	0	0	0	0	1	0	0	1	0	-
한화	3	6.75	0	0	0	0	1 1/3	3	0	1	0	0.429
삼성	1	-	0	0	0	0	1	1	0	0	1	0.500
kt	2	3.38	0	0	0	0	2 2/3	3	0	0	3	0.273

NO.1 임찬규

140km/h 중후반대의 패스트볼과 서클 체인지업, 슬로커브 등을 구사한다. 통상적으로 젊은 선수들이 투피치로 일관하는 데 비해 쓰리피치가 가능한 투수이며 패스트볼이 묵직하다. 경찰청 복무를 마친 2017시즌에는 데뷔 이래 처음으로 커리어하이를 달성했다. 예년과 달리 승부를 빨리 가져가는 데다 결정구인 체인지업, 낙차 큰 커브도 좋은 무기가 되었다. 멘탈이 강해져 자기 공에 대한 믿음과 상대를 인정하는 마음을 가진 것 같다. 또한 과감하게 투구 동작을 교정해 커브를 완성하고 한결 성숙한 모습을 보여줬다. 2017시즌 27경기 124와 1/3이닝 6승 10패, 평균자책점 4.84를 기록했다. 2018시즌에서도 이러한 페이스를 유지한다면 LG의 플레이오프 진출은 낙관할 수 있을 것이다.

투수

우투우타
1992년 11월 20일
185cm / 80kg
연봉 1억 1500만 원
경력 가동초-청원중-휘문고
　　　-LG-경찰
지명순위 11 LG 1라운드 2순위

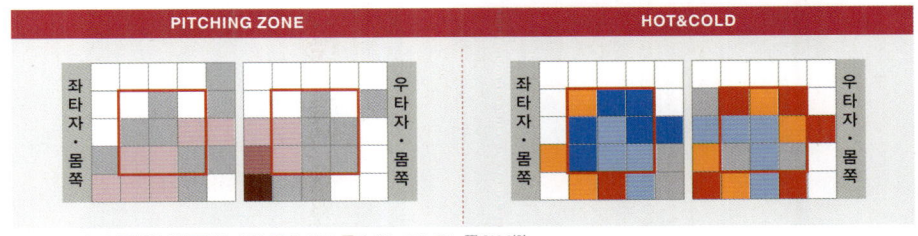

PITCHING ZONE　좌타자·몸쪽　우타자·몸쪽

HOT&COLD　좌타자·몸쪽　우타자·몸쪽

PITCHING ZONE ■ 15% 이상　■ 12~14%　■ 9~11%　■ 6~8%　■ 3~5%　□ 2% 이하
HOT&COLD ■ 피안타율 0.099 이하　■ 0.100~0.199　■ 0.200~0.299　■ 0.300~0.399　■ 피안타율 0.400 이상　□ 3타수 미만

최근 3년간 성적

연도	팀명	평균자책	경기	승	패	세이브	홀드	승률	타자수	이닝	피안타	피홈런	볼넷	탈삼진	실점	자책점	WHIP	WAR
2015	–	–	–	–	–	–	–	–	–	–	–	–	–	–	–	–	–	–
2016	LG	6.51	15	3	3	0	1	0.500	215	47	46	6	32	38	35	34	1.66	-0.25
2017	LG	4.63	27	6	10	0	0	0.375	560	124 1/3	133	12	45	113	70	64	1.43	0.46
통산		4.84	142	20	25	7	2	0.444	1594	353 2/3	374	38	182	289	203	190	1.57	-

구속/구사율/피안타율

구종	평균구속	종합	초구	2-2	좌타자	우타자	피안타율
포심패스트볼	139	47%	43%	45%	50%	45%	0.306
투심/싱커	-	-	-	-	-	-	-
컷패스트볼	-	-	-	-	-	-	-
슬라이더	124	7%	8%	6%	2%	10%	0.235
커브	109	21%	19%	23%	15%	25%	0.239
체인지업	120	25%	30%	26%	33%	21%	0.266
포크/SF/너클	-	-	-	-	-	-	-

볼카운트별 피안타율

볼카운트	피안타율	타수	피안타	볼카운트	피안타율	타수	피안타
0-0	0.317	60	19	2-0	0.333	9	3
0-1	0.373	51	19	2-1	0.423	26	11
0-2	0.173	52	9	2-2	0.247	73	18
1-0	0.318	22	7	3-0	-	0	0
1-1	0.357	42	15	3-1	0.250	12	3
1-2	0.216	97	21	3-2	0.222	36	8

S > B : 0.245 / S = B : 0.297 / S < B : 0.305

기타 기록

상대 타자 타구 방향
43%　25%　32%

이닝당 투구수 17.1
땅볼 / 뜬공 1.29

상황별 기록

상황	안타	2루타	3루타	홈런	볼넷	사구	삼진	폭투	보크	피안타율
주자 없음	79	15	0	5	22	12	62	0	0	0.306
만루	4	1	0	0	1	1	5	2	0	0.333
주자 있음	54	13	0	7	23	12	51	8	0	0.243
득점권	26	7	0	2	15	10	32	5	0	0.215
상위(1~2번)	39	2	0	4	10	4	21	4	0	0.310
중심(3~5번)	58	20	0	6	15	8	36	1	0	0.339
하위(6~9번)	36	6	0	2	20	12	56	3	0	0.197
좌타자	63	11	0	6	21	3	42	4	0	0.333
우타자	70	17	0	6	24	21	71	4	0	0.241

상대팀별 기록

구분	경기	평균자책	승	패	세이브	홀드	이닝	피안타	피홈런	볼넷	삼진	피안타율
KIA	3	7.84	0	1	0	0	10 1/3	14	1	4	11	0.326
두산	3	7.43	0	0	0	0	13 1/3	22	3	5	8	0.373
롯데	3	3.60	1	1	0	0	10	7	0	4	6	0.206
NC	4	3.05	2	2	0	0	20 2/3	18	3	8	18	0.254
SK	4	3.43	1	3	0	0	21	18	2	6	23	0.225
넥센	1	2.08	0	0	0	0	4 1/3	6	0	2	5	0.333
한화	3	2.81	2	0	0	0	16	19	0	3	11	0.302
삼성	3	8.78	0	2	0	0	13 1/3	18	2	5	12	0.333
kt	4	3.52	0	0	0	0	15 1/3	10	1	8	19	0.182

투수

우투우타
1990년 1월 26일
187cm / 94kg
연봉 9500만 원
경력 송정동초-충장중-광주제일고
지명순위 08 LG 2차 1라운드
1순위

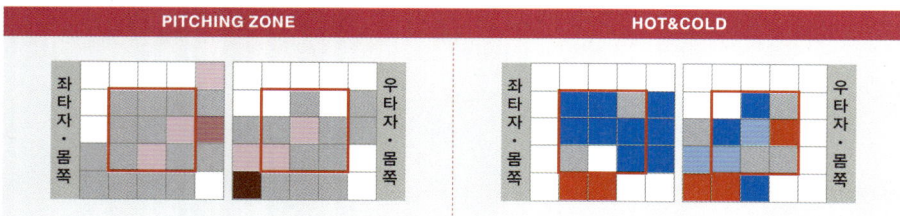

NO. 26 **정찬헌**

우완 정통파 투수. 140km/h 중반대의 패스트볼과 슬로커브, 너클커브가 주 무기. 불펜 필승조로 활약하며 1~2이닝을 책임지고 마무리에게 넘겨주는 역할을 한다. 나이에 비해 경기 운용 능력이 뛰어나고 타자와의 승부 때 피하지 않고 정면승부를 선호한다. 제구력은 준수한 편이지만 높은 피안타율, 간혹 일발장타를 허용하는 게 문제다. 위기상황에서 믿음이 가지 않기 때문에 셋업맨보다는 선발이 더 낫지 않을까 했지만, 팀에서는 불펜 에이스 역할을 바라고 있다. 팀내 멘토인 이동현에게 투구 폼과 다양한 구종을 전수받았으며, 상대팀 별로 보면 넥센에게 매우 강했으나 한화에는 약한 모습을 보여줬다.

PITCHING ZONE / HOT&COLD

PITCHING ZONE: ■ 15% 이상 ■ 12~14% ■ 9~11% ■ 6~8% ■ 3~5% □ 2% 이하
HOT&COLD: ■ 피안타율 0.099 이하 ■ 0.100~0.199 ■ 0.200~0.299 ■ 0.300~0.399 ■ 피안타율 0.400 이상 □ 3타수 미만

최근 3년간 성적

연도	팀명	평균자책	경기	승	패	세이브	홀드	승률	타수	이닝	피안타	피홈런	볼넷	탈삼진	실점	자책점	WHIP	WAR
2015	LG	5.52	32	3	6	1	5	0.333	191	44	49	3	14	32	27	27	1.43	-0.25
2016	LG	3.38	6	0	0	0	0	-	34	8	7	0	3	4	3	3	1.25	0.11
2017	LG	5.84	61	8	7	7	3	0.533	280	61 2/3	75	5	25	57	43	40	1.62	-0.82
통산		5.42	248	21	34	13	28	0.382	1597	354	407	36	141	250	221	213	1.55	-

구속/구사율/피안타율

구종	평균구속	종합	초구	2-2	좌타자	우타자	피안타율
포심패스트볼	144	25%	25%	18%	25%	22%	0.294
투심/싱커	144	26%	28%	23%	31%	24%	0.405
컷패스트볼	137	1%	1%	2%	1%	1%	0.333
슬라이더	134	24%	31%	19%	15%	28%	0.304
커브	121	23%	13%	33%	23%	23%	0.186
체인지업	-	-	-	-	-	-	-
포크/SF/너클	134	3%	2%	5%	6%	2%	0.500

볼카운트별 피안타율

볼카운트	피안타율	타수	피안타	볼카운트	피안타율	타수	피안타
0-0	0.300	40	12	2-0	0.500	6	3
0-1	0.444	27	12	2-1	0.385	13	5
0-2	0.130	23	3	2-2	0.088	34	3
1-0	0.615	13	8	3-0	-	0	0
1-1	0.533	15	8	3-1	0.400	5	2
1-2	0.286	42	12	3-2	0.304	23	7

S〉B : 0.293 / S=B : 0.258 / S〈B : 0.417

기타 기록

상대 타자 타구 방향
38% / 26% / 36%

이닝당 투구수	17.3
땅볼/뜬공	1.09

상황별 기록

상황	안타	2루타	3루타	홈런	볼넷	사구	삼진	폭투	보크	피안타율
주자 없음	34	6	0	3	8	2	27	0	0	0.298
만루	3	0	1	0	0	2	0	0	0	0.250
주자 있음	41	8	1	2	17	2	30	7	0	0.323
득점권	25	2	1	2	17	1	19	6	0	0.309
상위(1~2번)	20	4	1	0	3	0	6	0	0	0.513
중심(3~5번)	24	5	0	4	13	3	19	2	0	0.279
하위(6~9번)	31	5	0	1	9	1	32	5	0	0.267
좌타자	32	4	1	1	23	2	0			0.386
우타자	43	9	1	4	16	3	34	5	0	0.272

상대팀별 기록

구분	경기	평균자책	승	패	세이브	홀드	이닝	피안타	피홈런	볼넷	삼진	피안타율
KIA	4	5.79	1	1	1	0	4 2/3	5	0	0	3	0.263
두산	8	4.50	0	1	1	1	8	9	1	2	12	0.310
롯데	8	9.00	1	0	1	0	9	14	1	6	6	0.400
NC	7	8.10	0	1	0	0	6 2/3	11	1	4	6	0.367
SK	7	5.40	0	1	1	0	6 2/3	6	1	6	3	0.250
넥센	8	0.00	5	0	0	0	8 1/3	2	0	1	5	0.080
한화	6	3.60	1	1	1	1	5	5	0	1	5	0.250
삼성	6	2.35	1	0	1	0	7 2/3	7	0	3	4	0.259
kt	7	15.88	1	2	0	0	5 2/3	16	0	5	8	0.500

NO. 21 진해수

투수

좌완으로 140km/h 초반의 포심패스트볼과 투심패스트볼, 스플리터가 주 무기. 투구 폼이 특이하다. 와인드업 없이 바로 앞으로 스트라이드를 내는 투구 동작을 가지고 있다. KIA와 SK를 거쳐 LG에 안착했다. LG에서 투구 폼을 교정해 2017시즌 데뷔 12년 만에 첫 개인 타이틀인 홀드왕(75경기 25홀드)을 차지했다. 사실 LG에 입단하기 전까지 '진해수소폭탄'이라는 별명이 말해주듯 난타당하기 일쑤였다. 홀드를 쉽게 올리지만 실패할 때도 많아 편차가 심각하게 큰 선수다. 특히 전반기에는 약하다가도 후반기에는 날아오르는 실력을 보여준다. 그래서 LG에서의 선전을 바탕으로 '진해수도사령부'라는 새로운 별명을 얻게 됐다. 2018년 활약이 더욱 기대되는 투수다.

좌투좌타
1986년 6월 26일
187cm / 85kg
연봉 1억 9000만 원
경력 동삼초-경남중-부경고
-KIA-상무-KIA-SK
지명순위 05 KIA 2차 7라운드
50순위

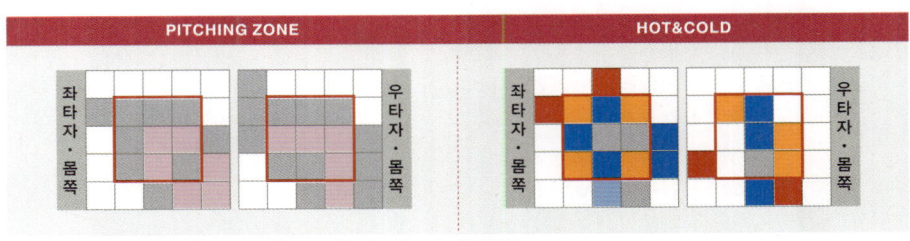

PITCHING ZONE 좌타자·몸쪽 / 우타자·몸쪽

HOT&COLD 좌타자·몸쪽 / 우타자·몸쪽

PITCHING ZONE ■ 15% 이상 ■ 12~14% ■ 9~11% ■ 6~8% ■ 3~5% □ 2% 이하
HOT&COLD ■ 피안타율 0.099 이하 ■ 0.100~0.199 ■ 0.200~0.299 ■ 0.300~0.399 ■ 피안타율 0.400 이상 □ 3타수 미만

최근 3년간 성적

연도	팀명	평균자책	경기	승	패	세이브	홀드	승률	타자수	이닝	피안타	피홈런	볼넷	탈삼진	실점	자책점	WHIP	WAR
2015	SK·LG	5.72	39	2	2	0	4	0.500	128	28 1/3	29	2	16	20	19	18	1.59	-0.30
2016	LG	4.67	75	0	4	1	17	0.000	254	54	57	5	37	54	30	28	1.74	-0.06
2017	LG	3.93	75	3	3	1	24	0.500	221	52 2/3	52	6	15	48	23	23	1.27	0.44
통산		5.69	441	9	24	2	77	0.273	1541	333 2/3	387	31	173	249	224	211	1.68	-

구속/구사율/피안타율

구종	평균구속	종합	초구	2-2	좌타자	우타자	피안타율
포심패스트볼	139	41%	42%	46%	40%	42%	0.299
투심/싱커	135	10%	9%	14%	8%	14%	0.259
컷패스트볼	-	-	-	-	-	-	-
슬라이더	131	31%	38%	19%	33%	27%	0.255
커브	118	15%	7%	20%	17%	12%	0.243
체인지업	-	-	-	-	-	-	-
포크/SF/너클	133	3%	3%	1%	2%	4%	0.222

볼카운트별 피안타율

볼카운트	피안타율	타수	피안타	볼카운트	피안타율	타수	피안타
0-0	0.520	25	13	2-0			
0-1	0.261	23	6	2-1	0.333	3	1
0-2	0.095	21	2	2-2	0.241	29	7
1-0	0.238	21	5	3-0		0	0
1-1	0.636	11	7	3-1	0.000	1	0
1-2	0.162	37	6	3-2	0.208	24	5

S)B : 0.173 / S=B : 0.415 / S〈B : 0.224

기타 기록

상대 타자 타구 방향

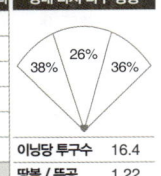

38% 26% 36%

이닝당 투구수	16.4
땅볼/뜬공	1.22

상황별 기록

상황	안타	2루타	3루타	홈런	볼넷	사구	삼진	폭투	보크	피안타율
주자 없음	27	6	0	3	8	1	32	0	0	0.225
만루	1	1	0	0	1	0	1	0	0	0.250
주자 있음	25	5	2	3	7	1	16	1	0	0.333
득점권	14	2	0	1	5	1	8	1	0	0.318
상위(1~2번)	19	4	0	0	5	1	17	1	0	0.250
중심(3~5번)	23	4	2	6	6	0	11	0	0	0.359
하위(6~9번)	10	2	0	0	4	1	20	0	0	0.182
좌타자	34	4	1	2	9	1	29	1	0	0.270
우타자	18	4	1	4	6	1	19	0	0	0.261

상대팀별 기록

구분	경기	평균자책	승	패	세이브	홀드	이닝	피안타	피홈런	볼넷	삼진	피안타율
KIA	7	3.18	1	0	0	2	5 2/3	4	0	1	4	0.190
두산	10	6.75	0	1	0	3	5 1/3	10	2	1	4	0.455
롯데	10	7.50	0	1	1	4	6	7	1	1	7	0.292
NC	7	3.00	0	0	0	1	3	4	0	0	4	0.400
SK	8	1.13	1	0	0	1	5 2/3	3	0	0	7	0.176
넥센	10	1.93	0	0	0	4	9 1/3	4	0	3	10	0.138
한화	4	4.50	0	0	0	3	4	4	0	1	2	0.200
삼성	6	4.26	1	1	0	1	6 1/3	6	1	1	3	0.261
kt	11	4.91	0	0	0	6	7 1/3	9	1	0	7	0.310

투수

우투우타
1997년 5월 31일
185cm / 80kg
연봉 10억 원
경력 군산초-군산남중-군산상고
-(대구사이버대)-삼성
지명순위 06 삼성 2차 1라운드
7순위

NO. 23 차우찬

좌완으로 140km/h 후반대의 강속구와 수준급 슬라이더, 커브, 체인지업을 던진다. 제구력의 약점은 있었지만 LG로 이적후 많이 보완됐다. 탈삼진 능력이 뛰어나지만 피 홈런이 많은 편이며 볼넷도 많다. 즉 삼진도 많이 잡고 볼넷도 자주 허용한다. 투구수 100개가 넘어가면 공이 좋아지는 특이한 투수다. 원래 제구가 안 좋은 투수였으나 2010년 이후 자신감 있게 피칭하면서 개선됐다. 삼성시절 선발, 롱릴리프, 계투 등 온갖 마당쇠 역할을 수행했지만 LG로 이적한 후 선발로 활약하며 팀의 2선발을 굳힌 상태다. LG에서 삼성으로 이적한 우규민보다 성적이 훨씬 뛰어난 점을 보았을 때 LG 입장에서는 신의 한 수였다. 또한 뛰어난 체력을 바탕으로 완투 능력을 갖춘 국내에서도 드문 강견이다.

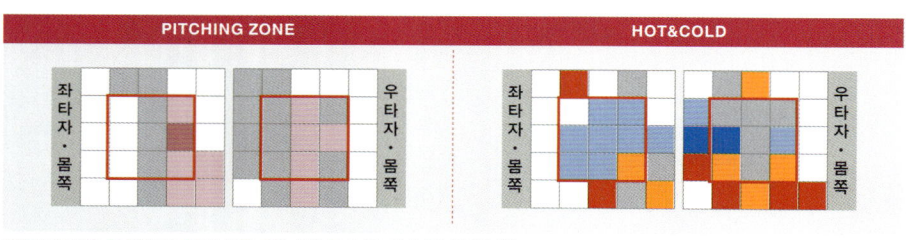

PITCHING ZONE ■ 15% 이상 ■ 12~14% ■ 9~11% ■ 6~8% ■ 3~5% □ 2% 이하
HOT&COLD ■ 피안타율 0.099 이하 ■ 0.100~0.199 □ 0.200~0.299 □ 0.300~0.399 ■ 피안타율 0.400 이상 □ 3타수 미만

최근 3년간 성적

연도	팀명	평균자책	경기	승	패	세이브	홀드	승률	타자수	이닝	피안타	피홈런	볼넷	탈삼진	실점	자책점	WHIP	WAR
2015	삼성	4.79	31	13	7	0	1	0.650	743	173	160	28	74	194	98	92	1.35	2.68
2016	삼성	4.73	24	12	6	0	0	0.667	671	152 1/3	168	16	65	120	87	80	1.53	3.02
2017	LG	3.43	28	10	7	0	0	0.588	732	175 2/3	171	20	38	157	75	67	1.19	2.75
통산		4.30	381	80	55	1	32	0.593	5430	1244	1231	144	557	1090	658	594	1.44	-

구속/구사율/피안타율

구종	평균구속	종합	초구	2-2	좌타자	우타자	피안타율
포심패스트볼	143	43%	44%	40%	42%	44%	0.286
투심/싱커	-	-	-	-	-	-	-
컷패스트볼	-	-	-	-	-	-	-
슬라이더	128	27%	30%	21%	42%	20%	0.217
커브	109	13%	8%	19%	15%	12%	0.196
체인지업	-	-	-	-	-	-	-
포크/SF/너클	130	17%	18%	19%	14%	24%	0.271

볼카운트별 피안타율

볼카운트	피안타율	타수	피안타	볼카운트	피안타율	타수	피안타
2-0	0.387	75	29	2-0	0.500	6	3
0-1	0.359	64	23	2-1	0.400	30	12
0-2	0.141	64	9	2-2	0.154	130	20
1-0	0.292	48	14	3-0	-	0	0
1-1	0.313	64	20	3-1	0.571	7	4
1-2	0.142	120	17	3-2	0.286	70	20

S〉B:0.198 / S=B:0.257 / S〈B:0.329

기타 기록

상대 타자 타구 방향
41% 27% 32%

이닝당 투구수	16.4
땅볼 / 뜬공	0.77

상황별 기록

상황	안타	2루타	3루타	홈런	볼넷	사구	삼진	폭투	보크	피안타율
주자 없음	103	17	2	15	23	2	91	1	0	0.254
만루	2	1	0	1	0	5	0	0		0.182
주자 있음	68	16	2	5	15	5	66	9	0	0.249
득점권	29	8	0	2	9	2	40	5	0	0.192
상위(1~2번)	46	8	1	5	10	6	34	3	0	0.277
중심(3~5번)	55	13	2	10	15	0	63	4	0	0.241
하위(6~9번)	70	12	1	5	13	1	60	3	0	0.246
좌타자	56	4	2	5	12	2	56	2	0	0.264
우타자	115	25	2	15	26	5	101	8	0	0.247

상대팀별 기록

구분	경기	평균자책	승	패	세이브	홀드	이닝	피안타	피홈런	볼넷	삼진	피안타율
KIA	3	3.79	0	1	0	0	19	19	4	6	21	0.257
두산	2	5.25	1	1	0	0	12	11	1	3	11	0.229
롯데	3	3.29	1	1	0	0	27 1/3	28	4	2	19	0.259
NC	4	3.28	1	2	0	0	24 2/3	21	0	7	26	0.269
SK	2	3.55	1	1	0	0	12 2/3	12	4	1	11	0.240
넥센	-	-	-	-	-	-	-	-	-	-	-	-
한화	3	3.94	0	0	0	0	16	17	1	7	11	0.270
삼성	6	2.70	3	1	0	0	40	33	3	6	32	0.219
kt	4	3.38	3	0	0	0	24	26	3	5	18	0.286

포수

우투우타
1992년 7월 15일
182cm / 88kg
연봉 1억 8500만 원
경력 청원초-휘문중-서울고-LG-상무
지명순위 11 LG 7라운드 50순위

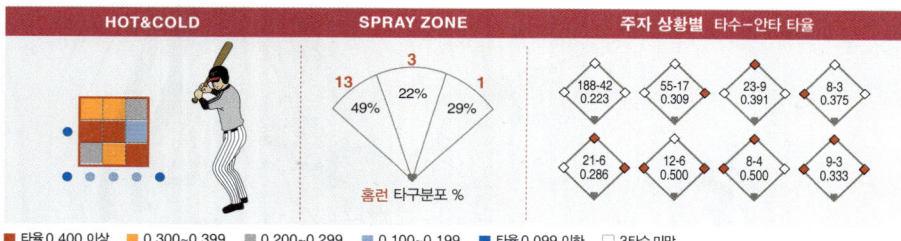

NO. 27 유강남

공격형 포수. 수준급 어깨를 가지고 있다. 또한 젊은 나이에도 불구하고 마운드에서 위기에 빠진 투수들을 잘 던지게 만든다. 타격에서는 콘택트 능력이 뛰어나며, 거침없는 스윙으로 장타력이 좋다. 그러나 좋은 공, 나쁜 공을 가리지 않고 자기 콘택트를 믿고 갖다 맞추려고 무리한 타격을 한다. 2017시즌 규정타석을 채우지 못하고도 17개의 홈런을 쳤으며 규정타석을 채우면 20홈런 이상은 거뜬한 선수다. 아직 나이가 어리기 때문에 발전 가능성이 무궁무진하며 정상호와 번갈아 안방을 책임졌지만 조만간 주전 자리를 꿰찰 게 확실하다. 특히 2017시즌은 포수로서의 능력을 마음껏 발휘하며 용병 투수들과 호흡을 잘 맞췄다. 취약한 블로킹 능력을 키우는 게 과제다.

HOT&COLD

SPRAY ZONE

3
13   22%   1
49%   29%

홈런 타구분포 %

주자 상황별 타수-안타 타율

188-42 0.223	55-17 0.309	23-9 0.391	8-3 0.375
21-6 0.286	12-6 0.500	8-4 0.500	9-3 0.333

■ 타율 0.400 이상　■ 0.300~0.399　■ 0.200~0.299　■ 0.100~0.199　■ 타율 0.099 이하　□ 3타수 미만

최근 3년간 성적

연도	팀명	타율	경기	타수	득점	안타	2루타	3루타	홈런	루타	타점	도루	볼넷	삼진	장타율	출루율	실책	OPS	WAR
2015	LG	0.272	126	279	26	76	11	1	8	113	37	2	19	55	0.405	0.333	3	0.738	1.45
2016	LG	0.266	100	263	28	70	7	0	8	101	47	0	17	48	0.384	0.321	5	0.705	0.95
2017	LG	0.278	118	324	43	90	13	0	17	154	66	2	14	72	0.475	0.335	4	0.810	2.97
통산		0.268	360	893	98	239	31	1	33	371	151	4	50	180	0.415	0.325	13	0.740	-

구종별 타격 성적

구종	전체	VS우투	VS좌투
포심패스트볼	0.289	0.274	0.318
투심/싱커	0.357	0.385	0.000
컷패스트볼	0.200	0.250	0.000
슬라이더	0.309	0.300	0.400
커브	0.205	0.214	0.182
체인지업	0.310	0.231	0.345
포크/SF/너클	0.220	0.179	0.308

볼카운트별 타율-타점

볼카운트	타율	타수	안타	타점	볼카운트	타율	타수	안타	타점
0-0	0.567	30	17	17	2-0	0.429	7	3	1
0-1	0.375	48	18	9	2-1	0.278	18	5	3
0-2	0.114	44	5	1	2-2	0.150	40	6	3
1-0	0.423	26	11	12	3-0	1.000	1	1	1
1-1	0.333	27	9	8	3-1	0.333	6	2	0
1-2	0.145	62	9	7	3-2	0.267	15	4	4
S＞B : 0.208 / S＝B : 0.330 / S＜B : 0.356									

수비 기록

위치	자살	보살	실책	수비율

포수 | 733 | 43 | 4 | 0.995

상황별 기록

상황	타율	타수	안타	2루타	3루타	홈런	타점	볼넷	사구	삼진	병살
주자 없음	0.223	188	42	4	0	8	8	8	5	43	0
주자 있음	0.353	136	48	9	0	9	58	6	10	29	4
득점권	0.383	81	31	5	0	6	49	3	8	19	0
좌투수	0.308	104	32	2	0	7	17	4	3	20	0
우투수	0.264	182	48	8	0	7	36	9	7	43	4
언더	0.263	38	10	3	0	3	13	1	5	9	0
노아웃	0.233	86	20	3	0	4	4	3	1	17	1
원아웃	0.280	107	30	4	0	6	20	4	9	27	3
투아웃	0.305	131	40	7	0	7	39	7	5	28	0

상대팀별 기록

구분	경기	타율	타수	득점	안타	홈런	타점	도루	볼넷	삼진	병살
KIA	16	0.405	42	7	17	4	13	0	2	5	0
두산	17	0.259	27	4	7	2	3	1	3	7	0
롯데	15	0.244	45	3	11	1	5	0	1	12	0
NC	11	0.333	33	5	11	2	9	0	0	5	3
SK	12	0.207	29	4	6	0	0	0	0	10	0
넥센	12	0.216	37	5	8	3	6	0	0	4	0
한화	14	0.306	36	5	11	1	9	0	2	5	0
삼성	14	0.286	35	5	10	3	9	1	1	4	1
kt	14	0.225	40	5	9	1	10	0	2	4	1

포수

NO. 42 정상호

185cm, 106kg의 거구이며 장타력을 갖췄다. 그러나 타격의 섬세함과 세기가 떨어지며 삼진을 많이 당한다. 배트 스피드가 느리고 발도 빠르지 않다. 수비에서는 미트 컨트롤과 송구 능력이 뛰어나다. 인사이트 워크가 좋아 투수들이 포수에 대해 안정감을 느낀다. 또한 2루 견제를 앉아서 할 수 있는 국내 극소수의 포수다. 그러나 파울플라이를 잡을 때 종종 범실을 하고 타자와의 수 싸움, 블로킹에 약점이 있다. 선발 포수로 자주 출전하면서 많이 나아지고 있다. 또한 체격에 비해 의외로 유리 몸이며 15시즌 동안 300타석 이상 출전한 것이 3번뿐이며 나머지는 규정타석조차 채우지 못했다. 연봉 총액 32억 원을 받아 '먹튀' 논란에 휩싸였다.

우투우타
1982년 12월 24일
187cm / 100kg
연봉 5억 원
경력 석천초–동인천중–동산고
　　　–SK–상무–SK
지명순위 01 SK 1차

HOT&COLD	SPRAY ZONE	주자 상황별 타수–안타 타율

SPRAY ZONE
3　　0　　0
47%　23%　30%
홈런 타구분포 %

주자 상황별:
| 67-17 0.254 | 24-8 0.333 | 11-4 0.364 | 6-2 0.333 |
| 16-2 0.125 | 7-2 0.286 | 4-1 0.250 | 2-0 0.000 |

■ 타율 0.400 이상　■ 0.300~0.399　■ 0.200~0.299　■ 0.100~0.199　■ 타율 0.099 이하　□ 3타수 미만

최근 3년간 성적

연도	팀명	타율	경기	타수	득점	안타	2루타	3루타	홈런	루타	타점	도루	볼넷	삼진	장타율	출루율	실책	OPS	WAR
2015	SK	0.254	113	279	34	71	11	1	12	120	49	1	22	80	0.430	0.342	7	0.772	1.00
2016	LG	0.182	77	132	12	24	5	0	1	32	10	0	17	39	0.242	0.290	3	0.532	-0.62
2017	LG	0.263	79	137	16	36	3	0	3	48	17	0	4	32	0.350	0.308	3	0.658	0.28
통산		0.251	1017	2228	270	559	115	3	72	896	327	3	174	620	0.402	0.319	60	0.721	-

구종별 타격 성적

구종	전체	VS우투	VS좌투
포심패스트볼	0.323	0.302	0.368
투심/싱커	0.182	0.182	-
컷패스트볼	0.250	0.250	-
슬라이더	0.208	0.190	0.333
커브	0.167	0.111	0.333
체인지업	0.300	0.500	0.250
포크/SF/너클	0.154	0.182	0.000

볼카운트별 타율–타점

볼카운트	타율	타수	안타	타점	볼카운트	타율	타수	안타	타점
0-0	0.250	12	3	5	2-0	0.800	5	4	1
0-1	0.400	10	4	2	2-1	0.375	8	3	2
0-2	0.263	19	5	1	2-2	0.286	14	4	1
1-0	0.250	12	3	0	3-0	-	0	0	0
1-1	0.294	17	5	0	3-1	0.000	1	0	1
1-2	0.138	29	4	3	3-2	0.100	10	1	1

S〉B : 0.224 / S=B : 0.279 / S〈B : 0.306

수비 기록

위치	자살	보살	실책	수비율
포수	259	21	3	0.989

상황별 기록

상황	타율	타수	안타	2루타	3루타	홈런	타점	볼넷	사구	삼진	병살
주자 없음	0.254	67	17	2	0	0	0	1	3	15	0
주자 있음	0.271	70	19	1	0	3	17	3	2	17	8
득점권	0.239	46	11	1	0	3	17	2	1	10	5
좌투수	0.314	35	11	0	0	2	8	4	1	5	3
우투수	0.268	82	22	3	0	1	7	3	2	15	2
언더	0.150	20	3	0	0	1	2	1	2	7	3
노아웃	0.289	45	13	0	0	0	3	0	4	6	3
원아웃	0.255	47	12	2	0	1	8	3	1	12	5
투아웃	0.244	45	11	0	0	1	6	3	0	14	0

상대팀별 기록

구분	경기	타율	타수	득점	안타	홈런	타점	도루	볼넷	삼진	병살
KIA	9	0.333	12	3	4	1	3	0	0	2	2
두산	9	0.391	23	3	9	0	1	0	0	3	2
롯데	7	0.500	10	2	5	1	3	0	0	3	1
NC	11	0.286	21	1	6	0	1	0	0	6	0
SK	11	0.222	18	3	4	1	5	0	1	5	2
넥센	8	0.083	12	0	1	0	0	0	1	5	0
한화	7	0.273	11	1	3	0	1	0	2	0	0
삼성	8	0.211	19	2	4	0	1	0	0	7	0
kt	9	0.000	11	1	0	0	0	0	0	1	1

내야

우투우타
1985년 4월 12일
175cm / 93kg
경력 애틀란타

NO. 3 가르시아

총액 80만 달러의 쿠바 국가대표 출신 우투우타 내야수다. 주 포지션은 3루. 지난 2015년 애틀란타 브레이브스에서 메이저리그에 데뷔한 후 3년간 통산 244경기 출전해 타율 0.267, 홈런 29개, 110타점을 기록했다. 가르시아는 그동안 LG가 영입한 외국인 타자 중 경력으로는 페타지니를 잇는 역대급으로 꼽힌다. KBO리그에서 무난하게 적응해 장타력을 뽐낼지 지켜볼 일이다. 류중일 LG 감독은 가르시아가 팀의 최대 약점인 타선의 득점력을 높여줄 것으로 기대하고 있다. 류 감독은 올해 박용택-가르시아-김현수의 클린업트리오를 구상하고 있다. 가르시아가 4번을 칠 가능성이 많다. 팀 타선의 중심을 잡아 한방씩 터뜨려주면 앞뒤에 포진한 박-김 '좌타 안타제조기' 2명이 가르시아를 제대로 뒷받침할 것이다.

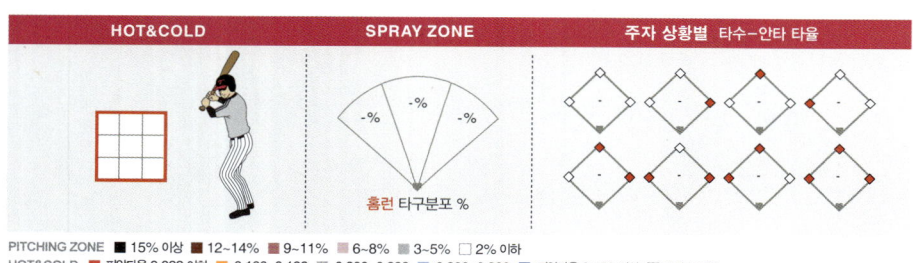

	HOT&COLD	SPRAY ZONE	주자 상황별 타수-안타 타율

홈런 타구분포 %

PITCHING ZONE ■ 15% 이상 ■ 12~14% ■ 9~11% ■ 6~8% ■ 3~5% □ 2% 이하
HOT&COLD ■ 피안타율 0.099 이하 ■ 0.100~0.199 ■ 0.200~0.299 ■ 0.300~0.399 ■ 피안타율 0.400 이상 □ 3타수 미만

최근 3년간 성적

연도	팀명	평균자책	경기	승	패	세이브	홀드	승률	타수	이닝	피안타	피홈런	볼넷	탈삼진	실점	자책점	WHIP	WAR
2015	-	-	-	-	-	-	-	-	-	-	-	-	-	-	-	-	-	-
2016	-	-	-	-	-	-	-	-	-	-	-	-	-	-	-	-	-	-
2017	-	-	-	-	-	-	-	-	-	-	-	-	-	-	-	-	-	-
통산	-	-	-	-	-	-	-	-	-	-	-	-	-	-	-	-	-	-

구종별 타격 성적

구종	전체	VS우투	VS좌투
포심패스트볼	-	-	-
투심/싱커	-	-	-
컷패스트볼	-	-	-
슬라이더	-	-	-
커브	-	-	-
체인지업	-	-	-
포크/SF/너클	-	-	-

볼카운트별 타율-타점

볼카운트	타율	타수	안타	타점	볼카운트	타율	타수	안타	타점
0-0									
0-1									
0-2									
1-0									
1-1									
1-2									
S〉B: -/S=B: -/S〈B: -									

수비 기록

위치	자살	보살	실책	수비율

상황별 기록

상황	안타	2루타	3루타	홈런	볼넷	사구	삼진	폭투	보크	피안타율
주자 없음	-	-	-	-	-	-	-	-	-	-
만루	-	-	-	-	-	-	-	-	-	-
주자 있음	-	-	-	-	-	-	-	-	-	-
득점권	-	-	-	-	-	-	-	-	-	-
상위(1~2번)	-	-	-	-	-	-	-	-	-	-
중심(3~5번)	-	-	-	-	-	-	-	-	-	-
하위(6~9번)	-	-	-	-	-	-	-	-	-	-
좌타자	-	-	-	-	-	-	-	-	-	-
우타자	-	-	-	-	-	-	-	-	-	-

상대팀별 기록

구분	경기	평균자책	승	패	세이브	홀드	이닝	피안타	피홈런	볼넷	삼진	피안타율
KIA	-	-	-	-	-	-	-	-	-	-	-	-
두산	-	-	-	-	-	-	-	-	-	-	-	-
롯데	-	-	-	-	-	-	-	-	-	-	-	-
SK	-	-	-	-	-	-	-	-	-	-	-	-
LG	-	-	-	-	-	-	-	-	-	-	-	-
넥센	-	-	-	-	-	-	-	-	-	-	-	-
한화	-	-	-	-	-	-	-	-	-	-	-	-
삼성	-	-	-	-	-	-	-	-	-	-	-	-
kt	-	-	-	-	-	-	-	-	-	-	-	-

NO.66 강승호

입단 이후 2군에서 머물다 경찰청 근무를 마치고 2016년에 복귀했다. 1군에서 잠시 활약했지만 주로 2군에서 뛰었다. 내야수로서 타격은 꽤 괜찮은 편이지만 상위 타선에 들어갈 정도는 아니다. 선구안이 별로 좋지 못하고 장타력은 대체적으로 떨어진다. 득점권에서 가끔 장타를 터뜨리기도 하나 원래 일발 장타력이 있는 선수는 아니다. 빠른 발을 가졌지만 주루 센스가 부족해 도루는 거의 하지 않는다. 수비는 평범한 수준. 송구가 다소 불안하고 앞으로 전진이 약해 실책도 종종 범한다. 멘탈도 좋지 않아 경기 도중 눈빛이 흔들리고, 집중력 역시 부족하다. 무지막지하게 공격적인 타격을 하지만 선구안이 떨어져 삼진을 꽤 많이 당한다.

내야

우투우타
1994년 2월 9일
179cm / 77kg
연봉 6600만 원
경력 순천북초-천안북중-북일고-LG-경찰
지명순위 13 LG 1라운드 3순위

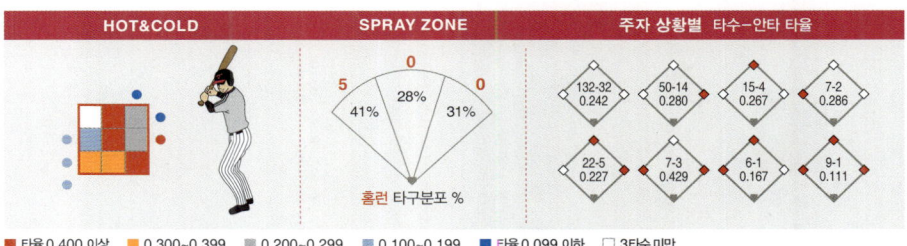

| HOT&COLD | SPRAY ZONE | 주자 상황별 타수-안타 타율 |

홈런 타구분포 %

■ 타율 0.400 이상　■ 0.300~0.399　■ 0.200~0.299　■ 0.100~0.199　■ 타율 0.099 이하　□ 3타수 미만

최근 3년간 성적

연도	팀명	타율	경기	타수	득점	안타	2루타	3루타	홈런	루타	타점	도루	볼넷	삼진	장타율	출루율	실책	OPS	WAR
2015	-	-	-	-	-	-	-	-	-	-	-	-	-	-	-	-	-	-	-
2016	LG	0.184	18	38	4	7	3	0	0	10	3	0	2	12	0.263	0.220	5	0.483	-0.30
2017	LG	0.250	85	248	42	62	14	2	5	95	31	2	7	67	0.383	0.272	12	0.655	-0.26
통산		0.241	103	286	46	69	17	2	5	105	34	2	9	79	0.367	0.265	17	0.632	-

구종별 타격 성적

구종	전체	VS우투	VS좌투
포심패스트볼	0.304	0.311	0.290
투심/싱커	0.444	0.471	0.000
컷패스트볼	0.200	0.250	0.000
슬라이더	0.275	0.265	0.333
커브	0.040	0.000	0.167
체인지업	0.229	0.250	0.222
포크/SF/너클	0.156	0.125	0.250

볼카운트별 타율-타점

볼카운트	타율	타수	안타	타점	볼카운트	타율	타수	안타	타점
0-0	0.364	33	12	7	2-0	1.000	5	5	4
0-1	0.280	25	7	2	2-1	0.400	10	4	1
0-2	0.042	24	1	1	2-2	0.200	40	8	6
1-0	0.500	22	11	7	3-0	-	0	0	0
1-1	0.474	19	9	1	3-1	0.000	2	0	0
1-2	0.100	50	5	2	3-2	0.000	18	0	0
					S＞B : 0.131 / S＝B : 0.315 / S＜B : 0.351				

수비 기록

위치	자살	보살	실책	수비율

위치	자살	보살	실책	수비율
2루수	135	196	11	0.968
유격수	3	9	1	0.923
좌익수	0	0	0	-

상황별 기록

상황	타율	타수	안타	2루타	3루타	홈런	타점	볼넷	사구	삼진	병살
주자 없음	0.242	132	32	8	1	2	2	3	2	36	0
주자 있음	0.259	116	30	6	1	3	29	4	1	31	5
득점권	0.242	66	16	3	0	3	27	4	0	20	1
좌투수	0.250	80	20	4	1	1	9	3	1	29	1
우투수	0.272	136	37	9	1	4	19	4	1	38	4
언더	0.156	32	5	1	0	0	3	0	2	8	1
노아웃	0.274	73	20	5	1	2	4	1	1	17	2
원아웃	0.259	81	21	5	0	3	12	3	1	19	3
투아웃	0.223	94	21	4	1	1	14	2	1	31	0

상대팀별 기록

구분	경기	타율	타수	득점	안타	홈런	타점	도루	볼넷	삼진	병살
KIA	8	0.393	28	7	11	1	7	0	1	6	0
두산	11	0.226	31	4	7	0	3	1	0	5	0
롯데	8	0.250	24	3	6	0	0	0	2	11	0
NC	7	0.429	21	5	9	1	5	0	0	3	0
SK	10	0.188	32	5	6	1	6	0	2	10	1
넥센	10	0.200	25	4	5	0	1	0	0	8	0
한화	12	0.188	32	4	6	1	3	0	1	9	2
삼성	11	0.219	32	5	7	0	1	0	1	10	2
kt	8	0.217	23	7	5	0	1	0	0	5	0

내야

우투우타
1991년 7월 15일
185cm / 90kg
연봉 1억 6000만 원
경력 백운초-신일중-신일고-동국대
지명순위 14 LG 2차 3라운드
28순위

NO. 53 양석환

LG가 공을 들여 키우고 있는 우타 유망주. 콘택트 능력과 파워가 뛰어나고 빠른 발을 가지고 있다. 그러나 빠른 발에 비해 주루 센스는 떨어진다. 그래서 경기 후반 출루하면 대주자로 많이 교체되는 편이다. 두산 전에 매우 강하여 '두산 전은 홈런 치는 날'이라는 말이 팬들에게 회자되고 있다. 2015년부터 3시즌 동안 3할 이상 타율은 기록하지 못했지만 2017시즌 커리어하이 시즌을 보내며 주전 3루수로서 처음으로 두 자리 숫자(14개) 홈런을 기록했다. 규정타석을 채우고 팀 내 타점 2위(83타점)를 기록했으나, 8월 이후부터 침체기에 빠지면서 전반기 활약을 무색하게 만들었다. 대수비, 대주자로 많이 기용되다 보니 확실하게 정해진 포지션이 없다. 고교시절엔 유격수로 활약했다.

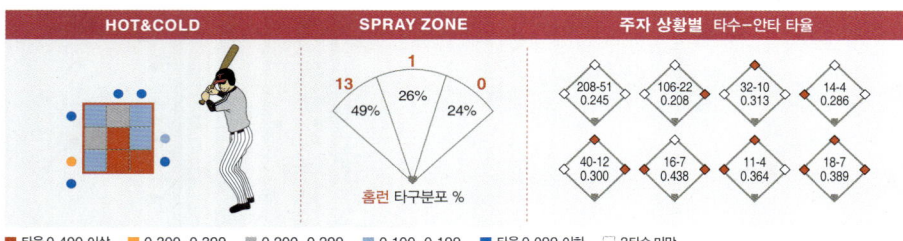

HOT&COLD	SPRAY ZONE	주자 상황별 타수-안타 타율

홈런 타구분포 %

■ 타율 0.400 이상　■ 0.300~0.399　■ 0.200~0.299　■ 0.100~0.199　■ 타율 0.099 이하　□ 3타수 미만

최근 3년간 성적

연도	팀명	타율	경기	타수	득점	안타	2루타	3루타	홈런	루타	타점	도루	볼넷	삼진	장타율	출루율	실책	OPS	WAR
2015	LG	0.260	125	358	36	93	22	1	8	141	48	6	18	75	0.394	0.293	10	0.687	0.65
2016	LG	0.276	80	203	24	56	10	1	6	86	37	3	6	48	0.424	0.297	5	0.721	0.38
2017	LG	0.263	132	445	62	117	27	3	14	192	83	3	38	93	0.431	0.326	8	0.757	1.88
통산		0.264	337	1006	122	266	59	5	28	419	168	12	62	216	0.417	0.309	23	0.726	-

구종별 타격 성적

구종	전체	VS우투	VS좌투
포심패스트볼	0.255	0.228	0.308
투심/싱커	0.238	0.263	0.000
컷패스트볼	0.364	0.333	0.500
슬라이더	0.318	0.328	0.250
커브	0.222	0.178	0.444
체인지업	0.242	0.333	0.195
포크/SF/너클	0.279	0.258	0.333

볼카운트별 타율-타점

볼카운트	타율	타수	안타	타점	볼카운트	타율	타수	안타	타점
0-0	0.344	32	11	9	2-0	0.364	11	4	2
0-1	0.304	46	14	9	2-1	0.526	19	10	12
0-2	0.214	42	9	5	2-2	0.205	83	17	10
1-0	0.296	27	8	8	3-0	1.000	1	1	1
1-1	0.429	49	21	8	3-1	0.308	13	4	5
1-2	0.094	85	8	3	3-2	0.270	37	10	11

S > B : 0.179 / S = B : 0.299 / S < B : 0.343

수비 기록

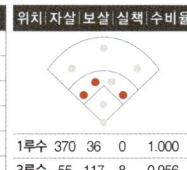

위치	자살	보살	실책	수비율
1루수	370	36	0	1.000
3루수	55	117	8	0.956
유격수	0	0	0	-

상황별 기록

상황	타율	타수	안타	2루타	3루타	홈런	타점	볼넷	사구	삼진	병살
주자 없음	0.245	208	51	9	1	7	7	12	2	47	0
주자 있음	0.278	237	66	18	2	7	76	26	4	46	13
득점권	0.336	131	44	12	2	6	72	20	3	22	2
좌투수	0.281	139	39	7	2	8	25	19	1	27	3
우투수	0.274	237	65	17	1	4	48	16	1	49	4
언더	0.188	69	13	3	0	2	10	3	4	17	6
노아웃	0.260	150	39	11	0	3	9	2	2	25	6
원아웃	0.336	143	48	7	1	5	38	15	2	32	7
투아웃	0.197	152	30	9	2	6	36	19	3	36	0

상대팀별 기록

구분	경기	타율	타수	득점	안타	홈런	타점	도루	볼넷	삼진	병살
KIA	16	0.300	60	10	18	3	13	2	7	13	0
두산	14	0.250	52	8	13	3	14	0	7	10	2
롯데	14	0.209	43	3	9	0	4	0	1	11	0
NC	14	0.292	48	6	14	3	8	0	3	10	2
SK	16	0.288	52	8	15	0	9	1	8	9	4
넥센	14	0.200	45	3	9	1	8	2	3	12	1
한화	13	0.282	39	6	11	2	6	0	2	10	1
삼성	16	0.236	55	10	13	2	14	0	6	14	1
kt	15	0.294	51	8	15	1	6	0	1	6	0

NO. 2 오지환

내야

타격은 준수한 편. 밀어치기 타법으로 잠실구장을 넘기는 장타력과 빠른 발, 레이저 송구가 가능한 투수 출신 강견 유격수다. 매년 20도루를 할 수 있는 능력을 가진 선수다. 또한 손목 힘이 좋아 장타력도 뛰어나다. 풋워크가 좋고, 송구 스피드는 좋으나 정확성이 떨어지고 포구실력도 리그 평균 이하. 또한 그날 컨디션에 따라 들쑥날쑥한 기복 있는 플레이가 단점이다. 기본기가 좋지 않아 평범한 땅볼을 놓치거나 거듭되는 실수로 안 좋은 영향을 미치는 경우가 있다. 매년 혹독한 수비 훈련을 통해 많이 개선되고 있는 중이다. 그래도 KBO 리그를 대표하는 유격수다. 2016년 문신으로 인해 상무 지원이 탈락되면서 2018년 아시안게임을 통해 병역문제를 해결하려고 절치부심하고 있다.

우투좌타
1990년 3월 12일
186cm / 80kg
연봉 2억 9000만 원
경력 군산초-자양중-경기고
지명순위 09 LG 1차

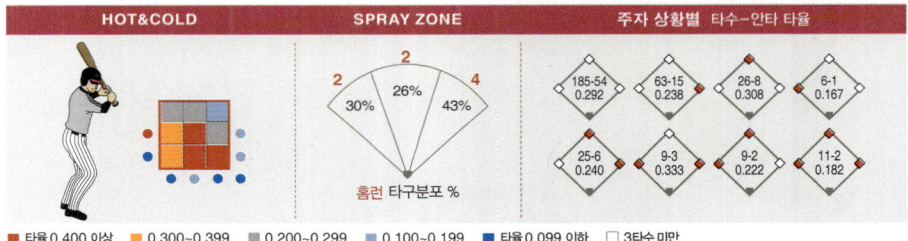

HOT&COLD	SPRAY ZONE	주자 상황별 타수-안타 타율

SPRAY ZONE: 2 / 30% / 26% / 43% / 2 / 4
홈런 타구분포 %

주자 상황별:
185-54 0.292 / 63-15 0.238 / 26-8 0.308 / 6-1 0.167
25-6 0.240 / 9-3 0.333 / 9-2 0.222 / 11-2 0.182

■ 타율 0.400 이상 ■ 0.300~0.399 ■ 0.200~0.299 ■ 0.100~0.199 ■ 타율 0.099 이하 □ 3타수 미만

최근 3년간 성적

연도	팀명	타율	경기	타수	득점	안타	2루타	3루타	홈런	루타	타점	도루	볼넷	삼진	장타율	출루율	실책	OPS	WAR
2015	LG	0.278	138	497	76	138	41	4	11	220	56	25	59	121	0.443	0.357	15	0.800	4.44
2016	LG	0.280	121	393	73	110	14	5	20	194	78	17	65	97	0.494	0.387	17	0.881	4.61
2017	LG	0.272	107	334	47	91	13	4	8	136	39	10	45	105	0.407	0.362	11	0.769	2.15
통산		0.260	929	3041	492	790	150	37	83	1263	406	151	393	859	0.415	0.350	146	0.765	-

구종별 타격 성적

구종	전체	VS우투	VS좌투
포심패스트볼	0.292	0.256	0.353
투심/싱커	0.250	0.300	0.000
컷패스트볼	0.300	0.375	0.000
슬라이더	0.212	0.241	0.174
커브	0.375	0.308	0.455
체인지업	0.222	0.267	0.200
포크/SF/너클	0.275	0.293	0.200

볼카운트별 타율-타점

볼카운트	타율	타수	안타	타점	볼카운트	타율	타수	안타	타점
0-0	0.469	32	15	5	2-0	0.714	7	5	3
0-1	0.240	25	6	3	2-1	0.333	15	5	3
0-2	0.161	31	5	2	2-2	0.190	63	12	6
1-0	0.346	26	9	4	3-0	-	0	0	0
1-1	0.500	24	12	4	3-1	0.286	7	2	1
1-2	0.183	60	11	4	3-2	0.205	44	9	4

S〉B : 0.190 / S=B 0.328 / S〈B : 0.303

수비 기록

위치	자살	보살	실책	수비율
유격수	132	255	11	0.972

상황별 기록

상황	타율	타수	안타	2루타	3루타	홈런	타점	볼넷	사구	삼진	병살
주자 없음	0.292	185	54	7	3	6	6	24	3	61	0
주자 있음	0.248	149	37	6	1	2	33	21	2	44	8
득점권	0.256	86	22	4	1	2	33	15	2	28	5
좌투수	0.271	107	29	2	1	4	12	12	2	32	5
우투수	0.302	179	54	11	2	6	24	25	3	55	2
언더	0.167	48	8	0	1	3	6	9	0	18	1
노아웃	0.302	116	35	4	1	5	7	14	1	43	3
원아웃	0.205	127	26	5	2	1	13	15	2	38	5
투아웃	0.330	91	30	5	1	2	19	21	2	24	0

상대팀별 기록

구분	경기	타율	타수	득점	안타	홈런	타점	도루	볼넷	삼진	병살
KIA	12	0.188	32	1	6	0	0	0	4	14	1
두산	10	0.324	34	2	11	0	6	1	2	5	0
롯데	13	0.359	39	7	14	1	7	2	8	17	1
NC	12	0.211	38	4	8	0	1	0	5	12	0
SK	12	0.395	43	6	17	2	6	4	1	8	0
넥센	12	0.211	38	8	8	3	5	1	9	16	3
한화	11	0.250	32	2	8	0	2	0	3	12	1
삼성	10	0.343	35	10	12	1	7	1	4	11	0
kt	14	0.163	43	7	7	1	3	1	9	10	2

외야

우투좌타
1985년 8월 20일
187cm / 74kg
연봉 9000만 원
경력 사당초−선린중−선린인터넷고
−고려대−두산
지명순위 08 두산 2차 4라운드
29순위

NO. **8** **김용의**

뛰어난 콘택트 능력과 끈질긴 승부욕을 가졌으나, 파워 부족으로 인한 장타력이 문제다. 도루 성공률이 높은 빠른 발을 가진 선수. 수비는 두산 시절부터 포지션을 찾지 못하고 내·외야를 전전하다가 현재 1루수를 맡고 있다. 여러 포지션을 맡고 있지만 1루수를 제외하면 전부 불안한 수준이며 1루 수비 또한 좋은 편은 아니다. 게다가 종종 수비나 주루에서 본헤드 플레이를 자주 연출한다. 곱상한 외모에 호리호리한 체격. 그러나 팀 내에서 체력은 최고이며 어깨 힘도 강하다. 큰 키(187㎝, 74kg)에 비해 부실한 몸무게로 5시즌 동안 8개의 홈런을 기록할 정도로 단타 위주 타격을 하며, 주로 대타나 대수비요원으로 활약하고 있다. 차라리 정교한 배팅에 주력하여 전문 대타요원으로 활로를 모색해야 할 것이다.

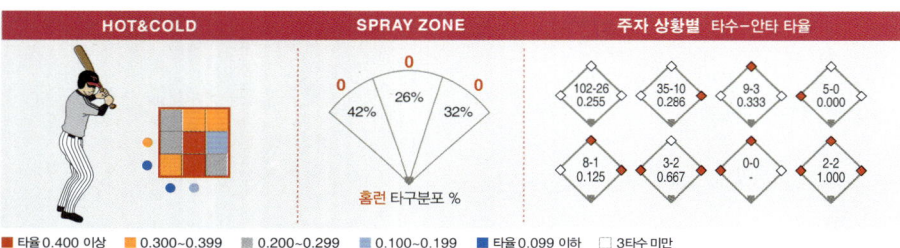

| HOT&COLD | SPRAY ZONE | 주자 상황별 타수−안타 타율 |

홈런 타구분포 %

■ 타율 0.400 이상 ■ 0.300~0.399 ■ 0.200~0.299 ■ 0.100~0.199 ■ 타율 0.099 이하 □ 3타수 미만

주자 상황별:
- 102-26 0.255
- 35-10 0.286
- 9-3 0.333
- 5-0 0.000
- 8-1 0.125
- 3-2 0.667
- 0-0 0.000
- 2-2 1.000

SPRAY ZONE: 0, 0, 0 / 42%, 26%, 32%

최근 3년간 성적

연도	팀명	타율	경기	타수	득점	안타	2루타	3루타	홈런	루타	타점	도루	볼넷	삼진	장타율	출루율	실책	OPS	WAR
2015	LG	0.251	71	171	30	43	5	1	0	50	15	11	22	38	0.292	0.347	2	0.639	0.30
2016	LG	0.318	105	308	62	98	18	4	1	127	20	19	35	64	0.412	0.388	0	0.800	1.55
2017	LG	0.268	60	164	17	44	6	2	0	54	8	9	19	49	0.329	0.344	1	0.673	-0.06
통산		0.270	549	1347	212	364	46	13	8	460	121	75	150	310	0.341	0.345	16	0.686	-

구종별 타격 성적

구종	전체	VS우투	VS좌투
포심패스트볼	0.286	0.321	0.214
투심/싱커	0.667	1.000	0.000
컷패스트볼	0.143	0.000	0.500
슬라이더	0.143	0.133	0.167
커브	0.200	0.333	0.000
체인지업	0.400	0.357	1.000
포크/SF/너클	0.263	0.278	0.000

볼카운트별 타율−타점

볼카운트	타율	타수	안타	타점	볼카운트	타율	타수	안타	타점
0-0	0.083	12	1	1	2-0	0.667	3	2	0
0-1	0.286	14	4	0	2-1	0.375	8	3	0
0-2	0.200	15	3	0	2-2	0.229	35	8	2
1-0	0.429	14	6	0	3-0	-	0	0	0
1-1	0.389	18	7	0	3-1	1.000	1	1	2
1-2	0.207	29	6	2	3-2	0.200	15	3	1

S〉B : 0.224 / S=B : 0.246 / S〈B : 0.366

수비 기록

위치	자살	보살	실책	수비율
2루수	0	1	0	1.000
중견수	85	1	1	0.989
우익수	0	0	0	-

상황별 기록

상황	타율	타수	안타	2루타	3루타	홈런	타점	볼넷	사구	삼진	병살
주자 없음	0.255	102	26	5	1	0	0	13	0	33	0
주자 있음	0.290	62	18	1	1	0	8	6	0	16	2
득점권	0.296	27	8	0	1	0	8	6	0	7	0
좌투수	0.200	45	9	1	0	0	0	4	0	10	1
우투수	0.326	92	30	4	2	0	6	14	0	31	1
언더	0.185	27	5	1	0	0	1	0	0	8	0
노아웃	0.284	67	19	3	0	0	1	9	0	14	0
원아웃	0.333	51	17	2	1	0	3	5	0	16	2
투아웃	0.174	46	8	1	1	0	5	5	0	19	0

상대팀별 기록

구분	경기	타율	타수	득점	안타	홈런	타점	도루	볼넷	삼진	병살
KIA	6	0.333	18	2	6	0	1	1	1	5	1
두산	7	0.263	19	4	5	0	1	2	5	8	0
롯데	5	0.000	9	1	0	0	0	0	2	3	0
NC	9	0.320	25	3	8	0	3	0	1	6	0
SK	8	0.280	25	1	7	0	1	1	2	6	0
넥센	6	0.158	19	3	3	0	0	1	1	5	0
한화	8	0.313	16	0	5	0	1	0	1	3	1
삼성	6	0.389	18	1	7	0	1	1	1	4	0
kt	5	0.200	15	2	3	0	0	0	1	7	0

NO. 22 김현수

외야

좋은 선구안, 높은 장타율, 좌투수에 대한 강점 등 한국을 대표하는 좌타자다. 의욕이 지나쳐 간혹 변화구에 약줌을 보인다. 국가대표팀에서 첫 타석에 들어선 후 선수들이 상대 투수에 대한 정보를 반드시 물어볼 정도로 선수들에게 신뢰 받고 있다. 활약도 만점이다. 느린 발로 인해 주루능력은 떨어진다. 수비력에 있어서는 약한 어깨를 제외하면 나무랄 데 없는 수비력을 보여준다. 뛰어난 타구 판단, 펜스 플레이, 간혹 보이는 호수비, 또한 송구가 매우 정확하다. 공격력에 비해 수비력은 다소 떨어지나 리그 평균 이상의 수비력을 보여준다. 볼티모어 시절 철저한 플래툰 시스템의 희생자였지만 좌투수 공을 우투수 공보다 더 잘 친다. 두산, 볼티모어, 필라델피아를 거쳐 LG에 정착하면서 LG의 중심타선을 이끌 것이다.

우투좌타
1988년 1월 12일
188cm / 100kg
연봉 14억 원
경력 쌍문초−신일중−신일고
−두산−볼티모어−필라델피아
지명순위 06 두산 육성선수

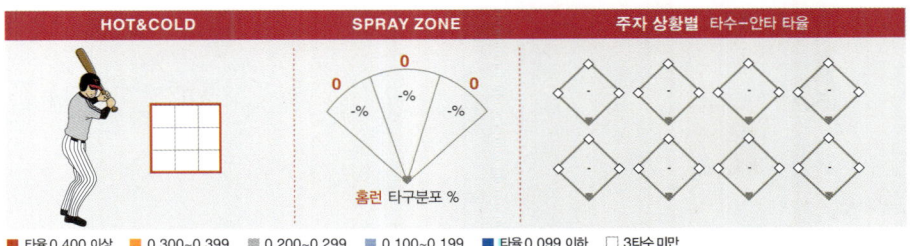

HOT&COLD	SPRAY ZONE	주자 상황별 타수−안타 타율

홈런 타구분포 %

■ 타율 0.400 이상   ■ 0.300~0.399   ■ 0.200~0.299   ■ 0.100~0.199   ■ 타율 0.099 이하   □ 3타수 미만

최근 3년간 성적

연도	팀명	타율	경기	타수	득점	안타	2루타	3루타	홈런	루타	타점	도루	볼넷	삼진	장타율	출루율	실책	OPS	WAR
2015	두산	0.326	141	512	103	167	26	0	28	277	-21	11	101	63	0.541	0.438	1	0.979	6.18
2016	−	-	-	-	-	-	-	-	-	-	-	-	-	-	-	-	-	-	-
2017	−	-	-	-	-	-	-	-	-	-	-	-	-	-	-	-	-	-	-
통산		0.318	1131	4066	660	1294	230	18	142	1986	-71	54	597	501	0.488	0.406	25	0.894	-

구종별 타격 성적

구종	전체	VS우투	VS좌투
포심패스트볼	-	-	-
투심/싱커	-	-	-
컷패스트볼	-	-	-
슬라이더	-	-	-
커브	-	-	-
체인지업	-	-	-
포크/SF/너클	-	-	-

볼카운트별 타율−타점

볼카운트	타율	타수	안타	타점	볼카운트	타율	타수	안타	타점
0-0					2-0				
0-1					2-1				
0-2					2-2				
1-0					3-0				
1-1					3-1				
1-2					3-2				
S〉B : −/S=B : −/S〈B : −									

수비 기록

위치	자살	보살	실책	수비율

좌익수

상황별 기록

상황	타율	타수	안타	2루타	3루타	홈런	타점	볼넷	사구	삼진	병살
주자 없음	-	-	-	-	-	-	-	-	-	-	-
주자 있음	-	-	-	-	-	-	-	-	-	-	-
득점권	-	-	-	-	-	-	-	-	-	-	-
좌투수	-	-	-	-	-	-	-	-	-	-	-
우투수	-	-	-	-	-	-	-	-	-	-	-
언더	-	-	-	-	-	-	-	-	-	-	-
노아웃	-	-	-	-	-	-	-	-	-	-	-
원아웃	-	-	-	-	-	-	-	-	-	-	-
투아웃	-	-	-	-	-	-	-	-	-	-	-

상대팀별 기록

구분	경기	타율	타수	득점	안타	홈런	타점	도루	볼넷	삼진	병살
KIA	-	-	-	-	-	-	-	-	-	-	-
두산	-	-	-	-	-	-	-	-	-	-	-
롯데	-	-	-	-	-	-	-	-	-	-	-
NC	-	-	-	-	-	-	-	-	-	-	-
SK	-	-	-	-	-	-	-	-	-	-	-
넥센	-	-	-	-	-	-	-	-	-	-	-
한화	-	-	-	-	-	-	-	-	-	-	-
삼성	-	-	-	-	-	-	-	-	-	-	-
kt	-	-	-	-	-	-	-	-	-	-	-

외야

우투좌타
1979년 4월 21일
185cm / 90kg
연봉 8억 원
경력 고명초–휘문중–휘문고
–고려대
지명순위 98 LG 2차우선

NO. 33 박용택

　LG의 살아있는 전설이자 한국 프로야구의 레전드다. 특히 끝이 보이지 않았던 암흑기 동안 팀을 지탱해온 프랜차이즈 스타이자 트윈스의 진정한 클러치 히터다. '타격은 기술이 아니고 과학'이라고 할 정도로 완성돼 있으며 수비에서 흠잡을 데 없는 플레이를 보여준다. 현재 한국야구의 모든 기록을 갈아치우는 중이다. 16시즌 동안 통산타율 0.309, 7년 연속 150안타, 10년 연속 3할 타율, 총 안타 2,225개(프로야구 최다 안타 양준혁 2,318개) 등 역사를 쓰고 있다. 특이하게도 30대에 들어와 20대보다도 더 좋은 성적을 내고 있다. 통상적으로 모든 선수들이 30대 중후반의 나이에 하향세를 겪는 데 반해 오히려 모든 성적이 상승하고 있다. 그가 써내려가는 새로운 역사를 지켜보는 것도 대단한 즐거움이다.

HOT&COLD	SPRAY ZONE	주자 상황별 타수-안타 타율

SPRAY ZONE: 2 / 6 / 6 / 37% / 25% / 39% / 홈런 타구분포 %

주자 상황별: 275-96 0.349 / 116-36 0.310 / 41-13 0.317 / 12-4 0.333 / 35-13 0.371 / 9-4 0.444 / 8-3 0.375 / 13-6 0.462

■ 타율 0.400 이상　■ 0.300~0.399　■ 0.200~0.299　■ 0.100~0.199　■ 타율 0.099 이하　□ 3타수 미만

최근 3년간 성적

연도	팀명	타율	경기	타수	득점	안타	2루타	3루타	홈런	루타	타점	도루	볼넷	삼진	장타율	출루율	실책	OPS	WAR
2015	LG	0.326	128	487	66	159	28	2	18	245	83	11	34	73	0.503	0.370	2	0.873	4.57
2016	LG	0.346	138	509	84	176	24		11	233	90	6	58	71	0.458	0.412	0	0.870	3.63
2017	LG	0.344	138	509	83	175	23	2	14	244	90	4	72	88	0.479	0.424	0	0.903	5.27
통산		0.309	1941	7203	1129	2225	379	43	195	3275	1059	305	713	1221	0.455	0.373	18	0.828	-

구종별 타격 성적

구종	전체	VS우투	VS좌투
포심패스트볼	0.363	0.341	0.398
투심/싱커	0.552	0.542	0.600
컷패스트볼	0.467	0.400	0.600
슬라이더	0.296	0.310	0.286
커브	0.300	0.211	0.381
체인지업	0.316	0.293	0.375
포크/SF/너클	0.260	0.290	0.091

볼카운트별 타율-타점

볼카운트	타율	타수	안타	타점	볼카운트	타율	타수	안타	타점
0-0	0.310	42	13	5	2-0	0.500	8	4	4
0-1	0.395	43	17	7	2-1	0.355	31	11	9
0-2	0.308	39	12	7	2-2	0.301	93	28	9
1-0	0.435	46	20	9	3-0	0.000	1	0	0
1-1	0.429	56	24	15	3-1	0.455	11	5	4
1-2	0.281	89	25	9	3-2	0.320	50	16	12

S〉B : 0.316 / S=B : 0.340 / S〈B : 0.381

수비 기록

위치	자살	보살	실책	수비율
좌익수	20	0	0	1.000

상황별 기록

상황	타율	타수	안타	2루타	3루타	홈런	타점	볼넷	사구	삼진	병살
주자 없음	0.349	275	96	13	1	7	7	34	4	46	0
주자 있음	0.338	234	79	10	1	7	83	38	2	42	13
득점권	0.364	118	43	7	1	3	73	26	1	19	3
좌투수	0.360	186	67	3	2	2	32	20	2	29	6
우투수	0.309	259	80	15	0	8	46	46	3	49	7
언더	0.438	64	28	5	0	4	12	6	1	10	0
노아웃	0.331	160	53	4	0	4	14	14	1	31	4
원아웃	0.343	172	59	9	0	5	33	29	2	35	9
투아웃	0.356	177	63	10	2	5	43	32	3	22	0

상대팀별 기록

구분	경기	타율	타수	득점	안타	홈런	타점	도루	볼넷	삼진	병살
KIA	15	0.283	60	8	17	2	9	0	8	13	2
두산	15	0.294	51	7	15	1	13	2	13	6	0
롯데	13	0.286	49	5	14	1	9	1	7	8	3
NC	16	0.283	53	11	15	0	6	0	15	13	3
SK	16	0.340	53	7	18	0	8	1	7	6	4
넥센	16	0.354	65	7	23	1	9	0	4	15	1
한화	16	0.375	56	9	21	4	13	0	7	6	2
삼성	16	0.426	61	17	26	5	10	0	6	6	0
kt	15	0.426	61	12	26	0	11	0	6	6	0

이형종

외야

서울고 시절 152km/h의 강속구를 뿌리던 파이어볼러였지만 흑사로 인해 토미존 수술만 2번을 받은 끝에 타자로 전향했다. 강한 파워가 눈에 띄며 타구의 질도 좋아 2루타 이상의 장타를 곧잘 생산한다. 주루 능력도 뛰어나지만 순수한 주력 자체도 좋은 선수다. 팀에서는 주로 중견수로 출전하지만 우익수 수비도 무난하게 소화한다. 투수 출신답게 송구가 강하고 날카롭다. 2016년부터 타자로서 재능을 서서히 꽃피우기 시작했다. 2017시즌 하이 레그 킥으로 4월 한 달간 리그를 지배하다 슬럼프를 겪었다. 하지만 데뷔 후 처음으로 100안타 타율 0.269로 커리어 하이 시즌을 보냈다. 2018시즌이 더욱 기대되는 선수다.

우투우타
1989년 6월 7일
183cm / 80kg
연봉 1억 500만 원
경력 화곡초-양천중-서울고
지명순위 08 LG 1차

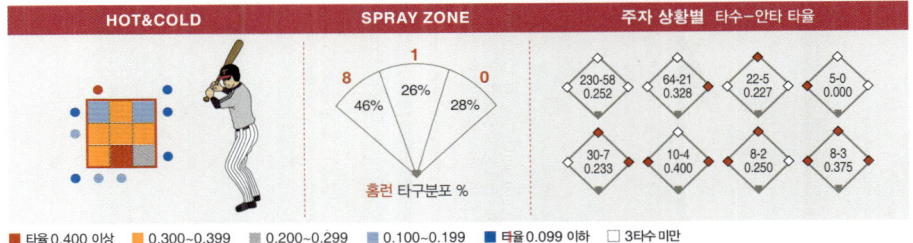

HOT&COLD	SPRAY ZONE	주자 상황별 타수-안타 타율

	8 1 0	230-58 0.252 / 64-21 0.328 / 22-5 0.227 / 5-0 0.000
	46% 26% 28%	30-7 0.233 / 10-4 0.400 / 8-2 0.250 / 8-3 0.375

홈런 타구분포 %

■ 타율 0.400 이상 ■ 0.300~0.399 ■ 0.200~0.299 ■ 0.100~0.199 ■ 타율 0.099 이하 □ 3타수 미만

최근 3년간 성적

연도	팀명	타율	경기	타수	득점	안타	2루타	3루타	홈런	루타	타점	도루	볼넷	삼진	장타율	출루율	실책	OPS	WAR
2015	-	-	-	-	-	-	-	-	-	-	-	-	-	-	-	-	-	-	-
2016	LG	0.282	61	124	14	35	4	2	1	46	14	1	15	20	0.371	0.366	0	0.737	0.00
2017	LG	0.265	128	377	57	100	18	0	9	145	44	11	40	73	0.385	0.351	2	0.736	2.64
통산		0.269	189	501	71	135	22	2	10	191	58	12	55	93	0.381	0.355	2	0.736	-

구종별 타격 성적

구종	전체	VS우투	VS좌투
포심패스트볼	0.291	0.291	0.292
투심/싱커	0.238	0.250	0.200
컷패스트볼	0.333	0.167	0.667
슬라이더	0.347	0.325	0.444
커브	0.088	0.087	0.091
체인지업	0.267	0.182	0.294
포크/SF/너클	0.189	0.192	0.182

볼카운트별 타율-타점

볼카운트	타율	타수	안타	타점	볼카운트	타율	타수	안타	타점
0-0	0.395	43	17	8	2-0	0.500	10	5	2
0-1	0.383	47	18	3	2-1	0.188	16	3	2
0-2	0.229	35	8	5	2-2	0.190	63	12	5
1-0	0.440	25	11	7	3-0	-	0	0	0
1-1	0.281	32	9	5	3-1	0.125	8	1	1
1-2	0.182	55	10	4	3-2	0.140	43	6	2

S〉B : 0.263 / S=B : 0.275 / S〈B : 0.255

수비 기록

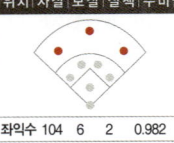

위치	자살	보살	실책	수비율
좌익수	104	6	2	0.982
중견수	84	3	0	1.000
우익수	32	1	0	1.000

상황별 기록

상황	타율	타수	안타	2루타	3루타	홈런	타점	볼넷	사구	삼진	병살
주자 없음	0.252	230	58	9	0	4	4	18	4	45	0
주자 있음	0.286	147	42	9	0	5	40	22	7	28	7
득점권	0.253	83	21	4	0	4	36	18	6	18	2
좌투수	0.283	138	39	7	0	4	15	18	3	26	2
우투수	0.281	192	54	9	0	5	28	19	5	38	5
언더	0.149	47	7	2	0	0	1	3	0	9	0
노아웃	0.276	156	43	9	0	5	8	17	5	24	3
원아웃	0.225	111	25	4	0	1	8	9	1	23	4
투아웃	0.291	110	32	3	0	3	28	14	5	26	0

상대팀별 기록

구분	경기	타율	타수	득점	안타	홈런	타점	도루	볼넷	삼진	병살
KIA	16	0.364	44	11	16	2	6	4	7	7	0
두산	15	0.351	37	3	13	1	5	2	3	7	1
롯데	16	0.196	51	5	10	1	4	1	5	9	1
NC	13	0.206	34	5	7	0	3	1	4	9	2
SK	12	0.265	34	7	9	0	4	0	8	7	2
넥센	13	0.319	47	8	15	1	8	0	1	15	0
한화	15	0.179	39	5	7	1	5	2	3	6	1
삼성	15	0.273	44	7	12	3	5	1	6	4	0
kt	14	0.234	47	6	11	1	3	1	3	4	0

외야

우투우타
1990년 2월 6일
186cm / 92kg
연봉 1억 1000만 원
경력 순천북초-순천이수중-효천고
지명순위 09 LG 육성선수

NO. 55 채은성

　기본적으로 배트 스피드가 느리고, 장타보다는 바깥쪽 공에 약해 내야땅볼 타구가 많이 나온다. 어퍼스윙에서 레벨스윙으로 바꾸면서 타율이 좋아졌다. 볼넷 대비 삼진이 많고 발이 느리다. 선구안도 리그 평균 이하로 좋지 않다. 그러나 느린 발에 비해 주루 센스는 뛰어나 가끔 허를 찌르는 도루를 성공시킨다. 어깨는 강하지만 포수에서 외야 수비로 전향한 후 본헤드 플레이나 부정확한 송구, 미숙한 펜스 플레이 등 수비에서 많이 부족한 점을 노출했다. 그러나 피나는 노력으로 극복했고 보살 순위도 리그 상위권으로 올라섰다. LG에서 미래의 자원으로 생각하고 지속적으로 밀어주니 2018시즌이 그에게는 중요한 시기가 될 것이다.

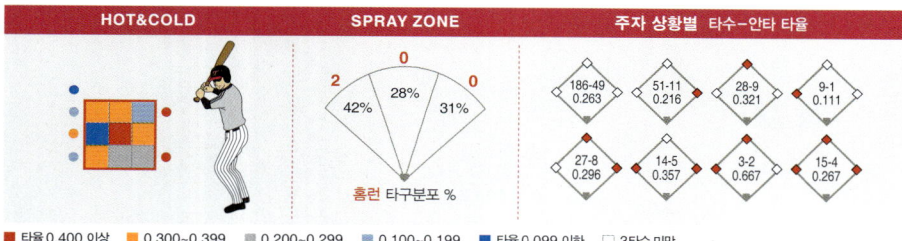

HOT&COLD	SPRAY ZONE	주자 상황별 타수-안타 타율

홈런 타구분포 %

■ 타율 0.400 이상　■ 0.300~0.399　■ 0.200~0.299　■ 0.100~0.199　■ 타율 0.099 이하　□ 3타수 미만

최근 3년간 성적

연도	팀명	타율	경기	타수	득점	안타	2루타	3루타	홈런	루타	타점	도루	볼넷	삼진	장타율	출루율	실책	OPS	WAR
2015	LG	0.249	90	173	25	43	11	2	4	70	20	3	14	39	0.405	0.318	1	0.723	0.14
2016	LG	0.313	128	403	64	126	20	3	9	179	81	7	31	75	0.444	0.365	4	0.809	2.32
2017	LG	0.267	114	333	28	89	12	3	2	113	35	5	17	66	0.339	0.323	3	0.662	-0.23
통산		0.283	394	1068	135	302	54	9	16	422	151	20	83	216	0.395	0.348	9	0.743	-

구종별 타격 성적

구종	전체	VS우투	VS좌투
포심패스트볼	0.340	0.372	0.277
투심/싱커	0.133	0.143	0.000
컷패스트볼	0.167	0.222	0.000
슬라이더	0.231	0.245	0.000
커브	0.229	0.250	0.182
체인지업	0.217	0.071	0.281
포크/SF/너클	0.219	0.375	0.063

볼카운트별 타율-타점

볼카운트	타율	타수	안타	타점	볼카운트	타율	타수	안타	타점
0-0	0.432	44	19	15	2-0	0.000	2	0	1
0-1	0.350	40	14	3	2-1	0.300	10	3	0
0-2	0.167	42	7	1	2-2	0.150	40	6	3
1-0	0.292	24	7	0	3-0	-	0	0	0
1-1	0.313	48	15	6	3-1	0.167	6	1	0
1-2	0.186	59	11	4	3-2	0.333	18	6	0

S > B : 0.227 / S = B : 0.303 / S < B : 0.283

수비 기록

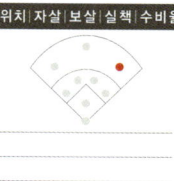

위치	자살	보살	실책	수비율
우익수	192	6	3	0.985

상황별 기록

상황	타율	타수	안타	2루타	3루타	홈런	타점	볼넷	사구	삼진	병살
주자 없음	0.263	186	49	7	0	0	0	9	7	33	0
주자 있음	0.272	147	40	5	3	2	35	8	4	33	8
득점권	0.302	96	29	4	1	2	32	4	2	23	4
좌투수	0.221	113	25	4	1	1	13	7	0	21	1
우투수	0.302	179	54	7	2	1	18	8	8	34	5
언더	0.244	41	10	1	0	0	4	2	3	11	2
노아웃	0.241	112	27	4	0	0	2	4	2	16	2
원아웃	0.301	113	34	4	1	2	16	4	4	28	6
투아웃	0.259	108	28	4	2	1	10	7	3	22	0

상대팀별 기록

구분	경기	타율	타수	득점	안타	홈런	타점	도루	볼넷	삼진	병살
KIA	15	0.238	42	5	10	0	4	0	2	10	2
두산	10	0.425	40	4	17	0	3	1	3	9	0
롯데	13	0.341	41	3	14	1	9	1	1	4	0
NC	13	0.209	43	1	9	0	2	0	1	9	0
SK	15	0.250	40	4	10	0	1	0	2	9	1
넥센	14	0.297	37	4	11	0	3	1	1	7	1
한화	10	0.091	22	2	2	0	1	0	1	4	0
삼성	11	0.321	28	1	9	0	1	1	1	10	1
kt	13	0.175	40	4	7	0	7	0	3	4	0

투수

고우석

NO. **19**

우투우타
1998년 8월 6일
182cm / 90kg
연봉 4000만 원
경력 갈산초–양천중–충암고
지명순위 17 LG 1차

연도	팀명	평균자책	경기	승-패-세-홀	이닝	피안타	피홈런	볼넷	탈삼진	WHIP	WAR
2017	LG	4.50	25	0-0-0-1	26	30	2	11	23	1.58	0.02
통산		4.50	25	0-0-0-1	26	30	2	11	23	1.58	-

볼카운트별 피안타율

볼카운트	피안타율	타수	피안타	볼카운트	피안타율	타수	피안타
0-0	0.429	14	6	2-0	0.750	4	3
0-1	0.375	8	3	2-1	0.250	8	2
0-2	0.111	9	1	2-2	0.214	14	3
1-0	0.429	7	3	3-0	0.000	2	0
1-1	0.333	9	3	3-1	0.500	4	2
1-2	0.154	13	2	3-2	0.182	11	2

S〉B : 0.200 / S=B : 0.324 / S〈B : 0.333

150km/h대의 패스트볼과 슬라이더, 체인지업을 던진다. 시원시원한 직구로 데뷔전인 kt와의 경기에서 팀이 7회초 7:4로 리드한 상황에서 나와 1k 삼자범퇴로 깔끔하게 막았다. 느린 와인드업 자세에서 갑자기 공을 던지고 뒤쪽 다리를 높게 드는 모습이 상당히 역동적이다. '돌부처' 오승환의 투구 모습과 흡사하다.

상황별 기록

상황	안타	삼진	피안타율
주자 없음	13	10	0.295
만루	1	0	0.333
주자 있음	17	13	0.288
득점권	8	9	0.229
상위(1~2번)	7	6	0.292
중심(3~5번)	12	6	0.343
하위(6~9번)	11	11	0.250
좌타자	15	8	0.357
우타자	15	15	0.246

상대팀별 기록

구분	경기	평균자책	승-패-세-홀	이닝
KIA	2	13.50	0-0-0-0	1 1/3
두산	2	6.75	0-0-0-0	4
롯데	1	0.00	0-0-0-0	1 1/3
NC	3	3.00	0-0-0-0	3
SK	6	5.40	0-0-0-0	5
넥센	1	0.00	0-0-0-0	2
한화	2	0.00	0-0-0-0	2 2/3
삼성	4	4.50	0-0-0-0	4
kt	4	6.75	0-0-0-1	2 2/3

PITCHING ZONE

좌타자·몸쪽   우타자·몸쪽

구속/구사율/피안타율

구종	평균구속	구사율	피안타율
포심패스트볼	148	70%	0.312
투심/싱커	-	-	-
컷패스트볼	-	-	-
슬라이더	136	29%	0.231
커브	125	1%	-
체인지업	-	-	-
포크/SF/너클	-	-	-

기타 기록

상대 타자 타구 방향

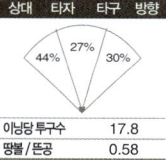

44% 27% 30%

이닝당 투구수	17.8
땅볼/뜬공	0.58

■ 15% 이상 ■ 12~14% ■ 9~11% ■ 6~8% ■ 3~5% □ 2% 이하

투수

신승현

NO. **37**

우언우타
1983년 8월 13일
193cm / 102kg
경력 금평초–전주동중–전주고
–(전남과학대)–SK–KIA
지명순위 00 쌍방울 2차
11라운드 81순위

연도	팀명	평균자책	경기	승-패-세-홀	이닝	피안타	피홈런	볼넷	탈삼진	WHIP	WAR
2017	LG	0.00	3	0-0-0-0	3 2/3	1	0	0	1	0.27	0.14
통산		4.55	324	27-28-2-26	605 1/3	602	66	217	392	1.35	-

볼카운트별 피안타율

볼카운트	피안타율	타수	피안타	볼카운트	피안타율	타수	피안타
0-0		0	0	2-0			
0-1				2-1			
0-2	0.000	1	0	2-2	0.250	4	1
1-0	0.000	1	0	3-0			
1-1	0.000	1	0	3-1			
1-2	0.000	2	0	3-2	0.000	1	0

S〉B : 0.000 / S=B : 0.200 / S〈B : 0.000

193cm, 97kg의 좋은 신체 조건을 갖춘 장신의 사이드암 투수. 140km/h 초반대의 패스트볼과 120kn/h 중반대의 싱커성 체인지업, 113km/h의 느린 커브를 던진다. 완급 조절을 통해 타자를 요리하고 체인지업과 커브로 좌타자에게 강하다. SK, KIA, LG를 거친 저니맨으로 통산 13시즌 동안 리그 평균 이하의 성적을 남기고 있다.

상황별 기록

상황	안타	삼진	피안타율
주자 없음	1	1	0.167
만루	0	0	-
주자 있음	0	0	0.000
득점권	0	0	0.000
상위(1~2번)	0	0	0.000
중심(3~5번)	1	1	0.200
하위(6~9번)	0	0	0.000
좌타자	0	1	0.000
우타자	1	0	0.125

상대팀별 기록

구분	경기	평균자책	승-패-세-홀	이닝
KIA	1	0.00	0-0-0-0	0 2/3
두산				
롯데				
NC				
SK	1	0.00	0-0-0-0	1 2/3
넥센				
한화				
삼성				
kt	1	0.00	0-0-0-0	1 1/3

PITCHING ZONE

좌타자·몸쪽   우타자·몸쪽

구속/구사율/피안타율

구종	평균구속	구사율	피안타율
포심패스트볼	137	56%	0.000
투심/싱커	-	-	-
컷패스트볼	-	-	-
슬라이더	125	30%	0.333
커브	-	-	-
체인지업	-	-	-
포크/SF/너클	123	14%	0.000

기타 기록

상대 타자 타구 방향

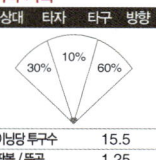

30% 10% 60%

이닝당 투구수	15.5
땅볼/뜬공	1.25

연도	팀명	평균자책	경기	승-패-세-홀	이닝	피안타	피홈런	볼넷	탈삼진	WHIP	WAR
2017	LG	4.50	5	0-0-0-0	6	6	0	1	5	1.17	0.04
통산		4.50	5	0-0-0-0	6	6	0	1	5	1.17	-

볼카운트별 피안타율

볼카운트	피안타율	타수	피안타	볼카운트	피안타율	타수	피안타
0-0	0.000	1	0	2-0	-	-	-
0-1	-	-	-	2-1	0.200	5	1
0-2	0.500	2	1	2-2	0.125	8	1
1-0	0.500	2	1	3-0	-	-	-
1-1	-	0	1	3-1	0.500	2	1
1-2	1.000	1	1	3-2	0.000	2	0

S〉B : 0.667 / S=B : 0.111 / S〈B : 0.273

상황별 기록

상황	안타	삼진	피안타율
주자 없음	5	3	0.357
만루	0	1	0.000
주자 있음	1	2	0.111
득점권	0	2	0.000
상위(1~2번)	1	0	0.250
중심(3~5번)	2	4	0.182
하위(6~9번)	3	1	0.375
좌타자	4	5	0.286
우타자	2	0	0.222

상대팀별 기록

구분	경기	평균자책	승-패-세-홀	이닝
KIA	1	6.75	0-0-0-0	1 1/3
두산	-	-	-	-
롯데	-	-	-	-
SK	1	6.75	0-0-0-0	1 1/3
넥센	-	-	-	-
한화	1	0.00	0-0-0-0	0 2/3
삼성	2	3.38	0-0-0-0	2 2/3
kt	-	-	-	-

구속/구사율/피안타율

구종	평균구속	구사율	피안타율
포심패스트볼	137	76%	0.286
투심/싱커	-	-	-
컷패스트볼	-	-	-
슬라이더	124	21%	0.000
커브	113	3%	-
체인지업	-	-	-
포크/SF/너클	-	-	-

기타 기록

상대	타자	타구	방향
56%	17%	28%	

이닝당 투구수	19.7
땅볼/뜬공	0.86

손주영

NO. 43

좌투좌타
1998년 12월 2일
191cm / 95kg
연봉 3000만 원
경력 울산대현초-부산개성중
-경남고
지명순위 17 LG 2차 1라운드
2순위

투수

140km/h 중반대의 패스트볼과 슬라이더를 던진다. 패스트볼의 경우 공 끝이 묵직하다는 평을 받는다. 2016년 U-18 야구 국가대표팀에 선출됐고 제 11회 아시아청소년야구선수권대회에도 참가했다. 2017년 LG에 입단. 올해 1군 5경기에 구원 등판해 6이닝을 던졌고 평균자책점 4.50을 기록했다. 기본적인 제구력과 변화구 완성도가 좋아졌다.

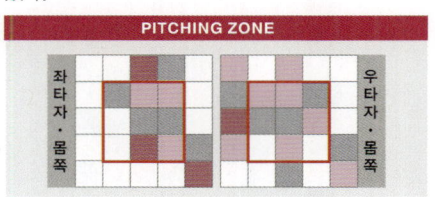

PITCHING ZONE

좌타자·몸쪽 / 우타자·몸쪽

■ 15% 이상　■ 12~14%　■ 9~11%　■ 6~8%　■ 3~5%　□ 2% 이하

연도	팀명	평균자책	경기	승-패-세-홀	이닝	피안타	피홈런	볼넷	탈삼진	WHIP	WAR
2017	LG	0.00	3	0-0-0-1	3 1/3	4	0	3	2	2.10	0.15
통산		6.59	43	4-6-0-1	99 2/3	115	22	54	65	1.70	-

볼카운트별 피안타율

볼카운트	피안타율	타수	피안타	볼카운트	피안타율	타수	피안타
0-0	1.000	1	1	2-0	-	-	-
0-1	0.000	2	0	2-1	0.000	2	0
0-2	0.000	2	0	2-2	0.333	3	1
1-0	0.000	2	0	3-0	-	0	0
1-1	-	-	-	3-1	0.000	1	0
1-2	1.000	2	2	3-2	-	0	0

S〉B : 0.400 / S=B : 0.500 / S〈B : 0.000

상황별 기록

상황	안타	삼진	피안타율
주자 없음	1	1	0.250
만루	-	-	-
주자 있음	3	2	0.300
득점권	1	2	0.167
상위(1~2번)	1	2	0.333
중심(3~5번)	0	0	0.000
하위(6~9번)	3	1	0.375
좌타자	1	3	0.250
우타자	3	0	0.300

상대팀별 기록

구분	경기	평균자책	승-패-세-홀	이닝
KIA	1	0.00	0-0-0-1	0 1/3
두산	1	0.00	0-0-0-0	1
롯데	-	-	-	-
NC	-	-	-	-
SK	1	0.00	0-0-0-0	2
넥센	-	-	-	-
한화	-	-	-	-
삼성	-	-	-	-
kt	-	-	-	-

구속/구사율/피안타율

구종	평균구속	구사율	피안타율
포심패스트볼	142	59%	0.444
투심/싱커	-	-	-
컷패스트볼	-	-	-
슬라이더	130	23%	0.000
커브	116	2%	-
체인지업	125	17%	0.000
포크/SF/너클	-	-	-

기타 기록

상대	타자	타구	방향
20%	40%	40%	

이닝당 투구수	20.7
땅볼/뜬공	0.17

여건욱

NO. 54

우투우타
1986년 9월 16일
185cm / 92kg
연봉 4000만 원
경력 광주서림초-광주동성중
-광주제일고-고려대-SK
-경찰-SK
지명순위 09 SK 2차 5라운드 40순위

투수

고려대에 진학해 2008년 베이징올림픽 예비 엔트리에 들어갈 만큼 성장했다. 140km/h 중반대의 패스트볼과 커브, 슬라이더, 체인지업을 던진다. 우타자에게 커브와 슬라이더, 좌타자에게 체인지업을 상대적으로 많이 던진다. 파워 피처의 구속을 가진 기교파 투수다. 제구력이 불안정하여 종종 난타를 당하고, 확실한 승부구의 부재가 그의 발목을 잡는다.

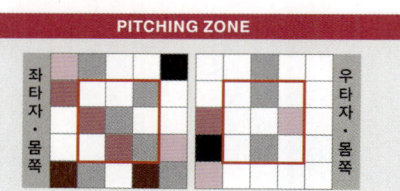

PITCHING ZONE

좌타자·몸쪽 / 우타자·몸쪽

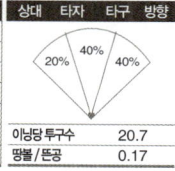

투수 윤지웅

윤지웅
NO. 29
좌투좌타
1988년 3월 11일
180cm / 75kg
연봉 5800만 원
경력 부산대연초-부산중
-부산공고-동의대-넥센
-LG-경찰
지명순위 11 넥센 1라운드 3순위

연도	팀명	평균자책	경기	승-패-세-홀	이닝	피안타	피홈런	볼넷	탈삼진	WHIP	WAR
2017	LG	3.86	34	1-1-1-3	35	39	4	10	22	1.40	-0.11
통산		4.51	277	11-6-1-41	205 2/3	208	19	75	166	1.38	-

볼카운트별 피안타율

볼카운트	피안타율	타수	피안타	볼카운트	피안타율	타수	피안타
0-0	0.333	15	5	2-0	0.000	2	0
0-1	0.407	27	11	2-1	0.400	10	4
0-2	0.000	6	0	2-2	0.125	16	2
1-0	0.250	8	2	3-0	-	0	0
1-1	0.385	13	5	3-1	1.000	1	1
1-2	0.167	24	4	3-2	0.357	14	5

S〉B : 0.263 / S=B : 0.273 / S〈B : 0.343

평균 130km/h 중후반, 최고 142km/h의 패스트볼에 슬라이더와 체인지업을 섞는다. 아마추어 시절 선발투수와 외야수로 활약하며 좋은 모습을 보여줬으나 프로 입단 후 불펜 투수로 활약하고 있다. 넥센을 거쳐 LG로 이적한 후 2017시즌 선발과 중간계투에서 좋은 모습을 보여줬으나 7월 10일 음주운전으로 시즌 아웃 됐다.

상황별 기록

상황	안타	삼진	피안타율
주자 없음	18	13	0.214
만루	1	1	0.200
주자 있음	21	9	0.404
득점권	8	6	0.296
상위(1~2번)	8	6	0.200
중심(3~5번)	14	7	0.422
하위(6~9번)	12	9	0.235
좌타자	17	9	0.250
우타자	22	13	0.324

상대팀별 기록

구분	경기	평균자책	승-패-세-홀	이닝
KIA	8	6.75	0-0-0-0	6 2/3
두산	5	3.38	0-0-0-2	2 2/3
롯데	4	5.68	0-0-0-0	6 1/3
NC	5	4.50	0-1-1-0	6
SK	4	0.00	0-0-0-0	3
넥센	4	1.42	1-0-0-0	6 1/3
한화	4	0.00	0-0-0-1	2 2/3
삼성	1	27.00	0-0-0-0	1/3
kt	1	0.00	0-0-0-0	1

PITCHING ZONE

좌타자·몸쪽 / 우타자·몸쪽

구속/구사율/피안타율

구종	평균구속	구사율	피안타율
포심패스트볼	135	42%	0.293
투심/싱커	132	1%	-
컷패스트볼	-	-	-
슬라이더	128	26%	0.235
커브	117	6%	0.375
체인지업	125	26%	0.306
포크/SF/너클	-	-	-

기타 기록

상대	타자	타구	방향
42%	20%	38%	

이닝당 투구수	15.8
땅볼/뜬공	1.26

■ 15% 이상　■ 12~14%　■ 9~11%　■ 6~8%　■ 3~5%　□ 2% 이하

투수 최동환

최동환
NO. 12
우투우타
1989년 9월 19일
184cm / 83kg
연봉 6500만 원
경력 인헌초-선린중-경동고
지명순위 09 LG 2차 2라운드
13순위

연도	팀명	평균자책	경기	승-패-세-홀	이닝	피안타	피홈런	볼넷	탈삼진	WHIP	WAR
2017	LG	5.68	35	1-2-1-5	38	39	9	15	31	1.42	-0.92
통산		6.24	118	4-3-3-8	131 1/3	148	25	70	89	1.66	-

볼카운트별 피안타율

볼카운트	피안타율	타수	피안타	볼카운트	피안타율	타수	피안타
0-0	0.429	21	9	2-0	1.000	1	1
0-1	0.250	16	4	2-1	0.538	13	7
0-2	0.200	10	2	2-2	0.154	26	4
1-0	0.154	13	2	3-0	-	-	-
1-1	0.417	12	5	3-1	0.000	2	0
1-2	0.154	26	4	3-2	0.111	9	1

S〉B : 0.192 / S=B : 0.305 / S〈B : 0.289

사이드암 투수였으나 지금은 정통파 오버스로 투수가 됐다. 평균 140km/h 초반대, 최고구속 150km/h에 육박하는 포심패스트볼로 아웃카운트를 뺏을 정도로 위력적. 그러나 확실하게 주 무기로 삼을 만한 변화구 부재가 가장 아쉬운 선수다. 지난 9년 동안 팀에 안착을 못하고 주로 2군에 머물렀고, 1군에서는 주로 패전 처리용으로 기용되기 일쑤였다.

상황별 기록

상황	안타	삼진	피안타율
주자 없음	20	19	0.222
만루	3	2	0.300
주자 있음	19	12	0.322
득점권	8	10	0.300
상위(1~2번)	12	3	0.400
중심(3~5번)	11	14	0.193
하위(6~9번)	16	14	0.258
좌타자	24	7	0.429
우타자	15	24	0.161

상대팀별 기록

구분	경기	평균자책	승-패-세-홀	이닝
KIA	4	3.86	0-0-0-0	4 2/3
두산	3	16.20	0-1-1-0	1 2/3
롯데	4	9.00	0-0-0-2	4
NC	4	0.00	1-0-0-0	3
SK	6	7.71	0-1-0-0	9 1/3
넥센	2	0.00	0-0-0-0	0 2/3
한화	3	2.25	0-0-0-0	4
삼성	4	8.31	0-0-0-0	4 1/3
kt	6	2.84	0-0-0-2	6 1/3

PITCHING ZONE

좌타자·몸쪽 / 우타자·몸쪽

구속/구사율/피안타율

구종	평균구속	구사율	피안타율
포심패스트볼	144	64%	0.261
투심/싱커	-	-	-
컷패스트볼	-	-	-
슬라이더	129	31%	0.226
커브	109	2%	-
체인지업	-	-	-
포크/SF/너클	128	3%	0.750

기타 기록

상대	타자	타구	방향
37%	23%	40%	

이닝당 투구수	16.9
땅볼/뜬공	0.63

연도	팀명	타율	경기	타수	득점	안타	홈런	타점	도루	볼넷	삼진	장타율	OPS	WAR
2017	LG	0.237	25	38	3	9	0	2	0	2	6	0.237	0.505	-0.16
통산		0.200	81	130	10	26	0	17	0	3	32	0.223	0.445	

조윤준

NO. 4
우투우타
1989년 8월 30일
185cm / 95kg
연봉 4000만 원
경력 대전신흥초-한밭중
　　　-북일고-중앙대
지명순위 12 LG 1라운드 3순위

포수

볼카운트별 타율-타점

볼카운트	타율	타수	안타	타점	볼카운트	타율	타수	안타	타점
0-0	0.182	11	2	2	2-0				
0-1	0.250	4	1	0	2-1				
0-2	0.167	6	1	1	2-2	0.000	3	0	0
1-0	0.667	3	2	1	3-0				
1-1	0.500	2	1	2	3-1	1.000	1	1	0
1-2	0.143	7	1	0	3-2	0.000	1	0	0

S)B : 0.176 / S=B : 0.188 / S(B : 0.600

상황별 기록

구분	타율	타수	안타	타점
주자 없음	0.150	20	3	0
주자 있음	0.333	18	6	8
득점권	0.333	15	5	8
좌투수	0.333	6	2	3
우투수	0.200	20	4	5
언더	0.250	12	3	0
노아웃	0.333	6	2	1
원아웃	0.067	15	1	3
투아웃	0.353	17	6	4

상대팀별 기록

상대팀	타율	타수	안타	타점
KIA	0.250	4	1	1
두산	0.250	8	2	3
롯데	0.000	3	0	0
NC	0.000	4	0	0
SK	0.429	7	3	3
넥센	0.333	3	1	0
한화	-	0	0	0
삼성	0.333	3	1	1
kt	0.167	6	1	0

구종별 타격 성적

구종	전체	VS우투	VS좌투
포심패스트볼	0.417	0.400	0.500
투심/싱커	0.000	0.000	-
컷패스트볼	1.000	1.000	-
슬라이더	0.091	0.091	-
커브	0.250	0.250	-
체인지업	0.143	0.000	0.250
포크/SF/너클	0.000	0.000	-

수비 기록

위치	자살	보살	실책	수비율
포수	92	2	0	1.000

전형적인 공격형 포수. 아마추어 시절 뜨거운 타격감을 선보였다. 그러나 타격할 때 발이 빠지는 약점으로 좋은 체격에도 불구하고 타구에 힘을 싣지 못하는 약점을 갖고 있다. 2군에서 열심히 했으나 성장세가 너무 느리고 멘탈에 문제가 발생했다. 한 번 슬럼프에 빠지면 좀처럼 회복하지 못할 정도로 지난 3년 간 시행착오의 연속이었다.

HOT & COLD vs. 전체 투수 — 우타자

SPRAY ZONE 38% 32% 29% 0 0 0 홈런 타구분포 %

■ 타율 0.400 이상 　■ 0.300~0.399 　■ 0.200~0.299 　■ 0.100~0.199 　■ 타율 0.099 이하 　□ 3타수 미만

연도	팀명	타율	경기	타수	득점	안타	홈런	타점	도루	볼넷	삼진	장타율	OPS	WAR
2017	LG	0.304	75	181	21	55	6	28	0	10	35	0.453	0.798	1.00
통산		0.262	120	244	26	64	7	37	0	18	52	0.393	0.709	-

김재율

NO. 14
우투우타
1989년 1월 14일
186cm / 90kg
연봉 6800만 원
경력 부산중앙초-충장중
　　　-광주제일고-고려대-LG
　　　-경찰
지명순위 11 LG 5라운드 34순위

내야

볼카운트별 타율-타점

볼카운트	타율	타수	안타	타점	볼카운트	타율	타수	안타	타점
0-0	0.458	24	11	6	2-0	0.000	5	0	0
0-1	0.429	21	9	4	2-1	0.500	8	4	7
0-2	0.190	21	4	0	2-2	0.333	27	9	6
1-0	0.417	12	5	1	3-0		0	0	0
1-1	0.316	19	6	2	3-1		0	0	0
1-2	0.152	33	5	1	3-2	0.182	11	2	1

S)B : 0.240 / S=B : 0.371 / S(B : 0.306

상황별 기록

구분	타율	타수	안타	타점
주자 없음	0.358	95	34	4
주자 있음	0.244	86	21	24
득점권	0.260	50	13	22
좌투수	0.263	57	15	6
우투수	0.357	98	35	18
언더	0.192	26	5	4
노아웃	0.333	63	21	4
원아웃	0.271	59	16	7
투아웃	0.305	59	18	17

상대팀별 기록

상대팀	타율	타수	안타	타점
KIA	0.263	19	5	2
두산	0.316	19	6	1
롯데	0.222	18	4	2
NC	0.455	22	10	5
SK	0.333	12	4	6
넥센	0.350	20	7	3
한화	0.227	22	5	1
삼성	0.300	20	6	3
kt	0.276	29	8	5

구종별 타격 성적

구종	전체	VS우투	VS좌투
포심패스트볼	0.333	0.327	0.345
투심/싱커	0.333	0.364	0.000
컷패스트볼	0.333	0.400	0.000
슬라이더	0.269	0.273	0.250
커브	0.167	0.200	0.000
체인지업	0.350	0.600	0.267
포크/SF/너클	0.238	0.313	0.000

수비 기록

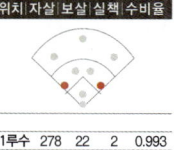

위치	자살	보살	실책	수비율
1루수	278	22	2	0.993
3루수	7	22	0	1.000

186cm, 95kg 당당한 체격의 거포 스타일 내야수다. 2011년 LG에 지명돼 그해 퓨처스리그 올스타전에서 MVP를 차지했다. 2011년 인대 파열 부상으로 시즌 아웃되고, 2013시즌 경찰청에 입대했다. 그가 실질적으로 활약한 시즌은 2017년. 9월 달에는 대단한 활약을 했다. 그러나 그가 2018시즌에 주전으로 확정되기란 실로 어려운 상황이다.

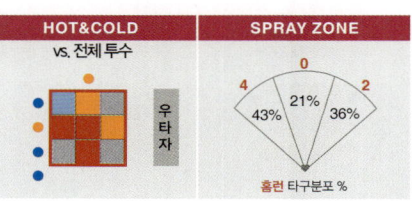

HOT & COLD vs. 전체 투수 — 우타자

SPRAY ZONE 43% 21% 36% 4 0 2 홈런 타구분포 %

내야 — 문선재 NO. 49

우투우타
1990년 5월 20일
184cm / 80kg
경력 광주서림초-광주동성중-광주동성고-LG-상무
지명순위 09 LG 2차 7라운드 52순위

연도	팀명	타율	경기	타수	득점	안타	홈런	타점	도루	볼넷	삼진	장타율	OPS	WAR
2017	LG	0.261	35	92	17	24	2	14	0	10	24	0.413	0.746	0.21
통산		0.251	312	657	107	165	18	87	25	59	187	0.399	0.716	-

볼카운트별 타율-타점

볼카운트	타율	타수	안타	타점	볼카운트	타율	타수	안타	타점
0-0	0.083	12	1	2	2-0	0.000	1	0	0
0-1	0.444	9	4	2	2-1	0.500	4	2	0
0-2	0.333	6	2	2	2-2	0.333	12	4	2
1-0	0.400	5	2	2	3-0	-	0	0	0
1-1	0.429	7	3	0	3-1	0.000	1	0	0
1-2	0.174	23	4	2	3-2	0.167	12	2	2

S > B : 0.263 / S = B : 0.258 / S < B : 0.261

호쾌하고 파워 있는 스윙으로 빠른 볼에 강점 있는 타격을 한다. 그러나 선구안에 약점이 있고, 타격의 정교함이 떨어진다. 좌투수 특히 KIA 양현종에게 강해 2017시즌 그에게서 홈런 3개를 터트렸다. 도루 능력이 뛰어나지만 약점이 많이 드러나 주로 외야수로 기용되고 있다. 좋은 어깨와 빠른 발을 바탕으로 중견수를 맡는다.

상황별 기록

구분	타율	타수	안타	타점
주자 없음	0.241	58	14	0
주자 있음	0.294	34	10	14
득점권	0.286	21	6	11
좌투수	0.283	46	13	8
우투수	0.250	44	11	6
언더	0.000	2	0	0
노아웃	0.200	35	7	0
원아웃	0.381	21	8	3
투아웃	0.250	36	9	11

상대팀별 기록

상대팀	타율	타수	안타	타점
KIA	0.308	13	4	0
두산	0.118	17	2	0
롯데	0.167	12	2	1
NC	0.154	13	2	2
SK	-	-	-	-
넥센	0.333	9	3	2
한화	0.667	3	2	2
삼성	0.200	10	2	2
kt	0.467	15	7	5

구종별 타격 성적

구종	전체	VS우투	VS좌투
포심패스트볼	0.233	0.200	0.261
투심/싱커	0.500	0.500	-
컷패스트볼	0.250	0.250	-
슬라이더	0.286	0.400	0.000
커브	0.200	0.000	0.500
체인지업	0.267	0.000	0.286
포크/SF/너클	0.400	0.429	0.333

수비 기록

위치	자살	보살	실책	수비율
좌익수	34	2	3	0.923
중견수	2	0	0	1.000

HOT&COLD vs. 전체 투수 — 우타자

SPRAY ZONE: 2 · 0 · 0 / 49% · 20% · 31% / 홈런 타구분포 %

■ 타율 0.400 이상　■ 0.300~0.399　■ 0.200~0.299　■ 0.100~0.199　■ 타율 0.099 이하　□ 3타수 미만

외야 — 안익훈 NO. 15

좌투좌타
1996년 2월 12일
176cm / 70kg
연봉 9000만 원
경력 대전신흥초-충남중-대전고
지명순위 15 LG 2차 1라운드 7순위

연도	팀명	타율	경기	타수	득점	안타	홈런	타점	도루	볼넷	삼진	장타율	OPS	WAR
2017	LG	0.320	108	219	38	70	1	15	3	18	28	0.356	0.735	1.24
통산		0.316	226	326	60	103	1	22	5	33	47	0.359	0.743	-

볼카운트별 타율-타점

볼카운트	타율	타수	안타	타점	볼카운트	타율	타수	안타	타점
0-0	0.333	24	8	1	2-0	0.250	4	1	1
0-1	0.350	20	7	2	2-1	0.545	11	6	1
0-2	0.063	16	1	0	2-2	0.244	45	11	3
1-0	0.421	19	8	1	3-0	-	0	0	0
1-1	0.464	28	13	2	3-1	0.500	4	2	1
1-2	0.148	27	4	0	3-2	0.429	21	9	3

S > B : 0.190 / S = B : 0.330 / S < B : 0.441

노쇠화가 분명한 LG 외야를 다시 일으켜 세울 재목으로 주목받고 있다. 배트 컨트롤이 뛰어나고, 콘택트 능력을 바탕으로 투수와 끈질긴 승부를 자주 연출한다. 특히 리드오프 자격이 충만한 선수다. 발은 리그 평균 이상이나 도루는 별로 시도하지 않는 편. 주루 센스는 뛰어나다. 수비 부분은 거의 완성됐다.

상황별 기록

구분	타율	타수	안타	타점
주자 없음	0.293	133	39	1
주자 있음	0.360	86	31	14
득점권	0.326	46	15	14
좌투수	0.308	52	16	4
우투수	0.308	133	41	6
언더	0.382	34	13	5
노아웃	0.347	72	25	2
원아웃	0.311	74	23	4
투아웃	0.301	73	22	9

상대팀별 기록

상대팀	타율	타수	안타	타점
KIA	0.235	17	4	0
두산	0.313	32	10	1
롯데	0.321	28	9	1
NC	0.182	22	4	0
SK	0.286	14	4	1
넥센	0.269	26	7	3
한화	0.160	25	4	0
삼성	0.440	25	11	1
kt	0.567	30	17	6

구종별 타격 성적

구종	전체	VS우투	VS좌투
포심패스트볼	0.361	0.364	0.355
투심/싱커	0.250	0.267	0.000
컷패스트볼	0.333	0.333	-
슬라이더	0.360	0.417	0.308
커브	0.200	0.143	0.333
체인지업	0.238	0.278	0.000
포크/SF/너클	0.273	0.281	0.000

수비 기록

위치	자살	보살	실책	수비율
좌익수	3	0	0	1.000
중견수	130	3	2	0.985

HOT&COLD vs. 전체 투수 — 좌타자

SPRAY ZONE: 0 · 0 · 1 / 53% · 25% · 22% / 홈런 타구분포 %

이천웅 NO. 32 외야

연도	팀명	타율	경기	타수	득점	안타	홈런	타점	도루	볼넷	삼진	장타율	OPS	WAR
2017	LG	0.284	75	232	35	66	2	27	8	24	45	0.371	0.737	0.36
통산		0.284	192	532	75	151	9	71	16	61	100	0.383	0.750	-

볼카운트별 타율-타점

볼카운트	타율	타수	안타	타점	볼카운트	타율	타수	안타	타점
0-0	0.323	31	10	7	2-0	0.000	5	0	0
0-1	0.389	18	7	1	2-1	0.368	19	7	6
0-2	0.167	18	3	0	2-2	0.227	44	10	3
1-0	0.500	20	10	2	3-0	-	0	0	0
1-1	0.333	24	8	3	3-1	0.500	2	1	2
1-2	0.167	36	6	0	3-2	0.267	15	4	3

S〉B : 0.222 / S=B : 0.283 / S〈B : 0.361

상황별 기록

구분	타율	타수	안타	타점
주자없음	0.229	131	30	0
주자있음	0.356	101	36	27
득점권	0.380	50	19	24
좌투수	0.268	41	11	9
우투수	0.336	143	48	18
언더	0.146	48	7	0
노아웃	0.247	93	23	1
원아웃	0.305	82	25	10
투아웃	0.316	57	18	16

상대팀별 기록

상대팀	타율	타수	안타	타점
KIA	0.300	20	6	2
두산	0.231	26	6	2
롯데	0.267	30	8	7
NC	0.316	19	6	1
SK	0.314	35	11	4
넥센	0.314	35	11	5
한화	0.238	21	5	0
삼성	0.219	32	7	3
kt	0.429	14	6	3

구종별 타격 성적

구종	전체	VS우투	VS좌투
포심패스트볼	0.239	0.236	0.250
투심/싱커	0.300	0.333	0.000
컷패스트볼	0.600	0.600	-
슬라이더	0.314	0.300	0.333
커브	0.167	0.190	0.000
체인지업	0.417	0.409	0.500
포크/SF/너클	0.306	0.313	0.250

수비 기록

위치	자살	보살	실책	수비율
좌익수	66	1	4	0.944
중견수	7	0	0	1.000
우익수	48	0	0	1.000

이천웅 NO. 32 외야
좌투좌타
1988년 10월 20일
182cm / 83kg
연봉 8000만 원
경력 군산남초-성일중-성남서고-고려대-LG-경찰
지명순위 11 LG 육성선수

외야수를 시작한 지 얼마 되지 않아 수비 센스가 떨어진다. 그러나 피나는 훈련을 통해 지금은 팀 내에서 가장 수비를 잘한다는 평가다. 외야 전 포지션을 볼 수 있고, 다이빙캐치도 자주 보여준다. 타격에서는 콘택트 능력이 좋고, 장타력을 보유했으며 배트 스피드가 빠른 선수다. 기본적인 주속이 빠르고 주루 센스도 뛰어나지만 도루 실패도 많은 편이다.

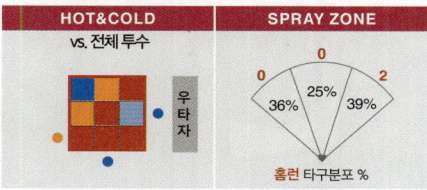

HOT&COLD vs. 전체 투수 / 우타자 / SPRAY ZONE / 0 0 2 / 36% 25% 39% / 홈런 타구분포 %

■ 타율 0.400 이상　■ 0.300~0.399　■ 0.200~0.299　■ 0.100~0.199　■ 타율 0.099 이하　□ 3타수 미만

임훈 NO. 24 외야

연도	팀명	타율	경기	타수	득점	안타	홈런	타점	도루	볼넷	삼진	장타율	OPS	WAR
2017	LG	0.293	42	82	8	24	0	7	1	2	16	0.305	0.623	-0.28
통산		0.271	616	1597	219	433	5	142	36	153	284	0.333	0.674	-

볼카운트별 타율-타점

볼카운트	타율	타수	안타	타점	볼카운트	타율	타수	안타	타점
0-0	0.000	4	0	0	2-0	-	-	-	-
0-1	0.200	5	1	1	2-1	0.000	3	0	0
0-2	0.222	9	2	0	2-2	0.300	20	6	1
1-0	0.833	6	5	1	3-0	-	-	-	-
1-1	0.286	7	2	0	3-1	0.000	1	0	0
1-2	0.231	13	3	0	3-2	0.357	14	5	4

S〉B : 0.222 / S=B : 0.258 / S〈B : 0.417

상황별 기록

구분	타율	타수	안타	타점
주자없음	0.405	42	17	0
주자있음	0.175	40	7	7
득점권	0.136	22	3	7
좌투수	0.273	11	3	0
우투수	0.278	54	15	3
언더	0.353	17	6	4
노아웃	0.400	30	12	1
원아웃	0.222	27	6	2
투아웃	0.240	25	6	4

상대팀별 기록

상대팀	타율	타수	안타	타점
KIA	0.583	12	7	2
두산	0.200	10	2	0
롯데	0.231	13	3	0
NC	0.125	8	1	0
SK	0.077	13	1	2
넥센	0.333	3	1	0
한화	0.273	11	3	0
삼성	0.667	3	2	3
kt	0.444	9	4	0

구종별 타격 성적

구종	전체	VS우투	VS좌투
포심패스트볼	0.359	0.371	0.250
투심/싱커	0.400	0.400	-
컷패스트볼	0.000	0.000	-
슬라이더	0.375	0.167	1.000
커브	0.143	0.333	0.000
체인지업	0.200	0.222	0.000
포크/SF/너클	0.167	0.167	-

수비 기록

위치	자살	보살	실책	수비율
좌익수	2	0	0	1.000
중견수	8	0	0	1.000
우익수	27	0	0	1.000

임훈 NO. 24 외야
좌투좌타
1985년 7월 17일
186cm / 86kg
연봉 7000만 원
경력 수유초-신일중-신일고-SK-롯데-SK
지명순위 04 SK 2차 5라운드 35순위

8시즌 동안 홈런은 5개에 불과하지만 2루타, 3루타를 많이 만들어내는 전형적인 중거리 타자다. 발이 빠르고 주루 센스가 뛰어나 단타성 타구를 2루타로, 2루타성을 3루타로 만드는 능력을 가졌다. 뛰어난 콘택트 능력을 가지고 있고, 전형적인 리드오프 감이다. 빠른 발을 바탕으로 수비 범위가 상당히 넓고 고교시절 투수 출신답게 강한 어깨를 자랑한다.

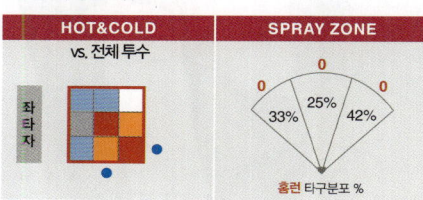

HOT&COLD vs. 전체 투수 / 좌타자 / SPRAY ZONE / 0 0 0 / 33% 25% 42% / 홈런 타구분포 %

NEXEN
HEROES
___

넥센 히어로즈

TEAM PROFILE

구단 창립 2008년
마스코트 동글이&돔돌이&턱돌이
구단주 박세영
모기업 –
감독 장정석
단장 고형욱

HOME

현재 연고지 서울특별시
이전 연고지 –
홈구장 고척 스카이돔
수용인원 1만 7000명
영구결번 –

PERFORMANCE

한국시리즈 출전 1회
2014년

플레이오프 출전 1회
2014년

준플레이오프 출전 3회
2013, 2015, 2016년

UNIFORM

Home / Away

LINE-UP

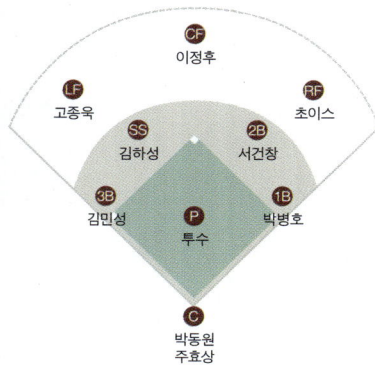

ROTATION	
SP	에스밀 로저스
SP	제이크 브리검
SP	최원태
SP	신재영
SP	한현희

BULLPEN	
RP	문성현
RP	김성민
RP	하영민
RP	오주원
RP	이보근
RP	김상수
CL	조상우

BATTING	
1	이정후
2	서건창
3	초이스
4	박병호
5	김하성
6	김민성
7	장영석
8	박동원
9	고종욱

UTILITY PLAYERS	
IF	김지수
IF	송성문
IF	김혜성
OF	허정협
OF	박정음
OF	이택근

넥벤져스 재결성

충격의 포스트시즌 탈락. 1점차 승부와 마무리 문제

넥센의 2017년은 악몽으로 시작해 악몽으로 끝났다. 시즌 개막과 함께 5연패 이상을 두 차례나 당하며 힘든 시즌 초반을 보냈다. 이후 타선 폭발과 선발 안정으로 상위권으로 올라섰지만, 시즌 중반 이후 불펜이 발목을 잡았다. 2016년 탄탄했던 이보근, 김상수, 김세현 필승조가 지난해엔 별다른 위력을 발휘하지 못했다. 김세현은 시즌 중반 KIA로 트레이드됐다. 한현희, 김상수 등이 번갈아 마무리를 맡았지만 1점차 승부 최다 패배라는 결과로 돌아왔다. 여기에 최원태, 조상우 등의 부상 이탈도 넥센의 하락세를 재촉했다. 8월까지 4강 싸움을 이어가던 넥센은 9월 이후 승률이 급격히 추락하며 결국 7위로 시즌을 마감했다.

오프시즌 박병호-로저스 가세, 부상 선수 복귀로 탄탄한 전력 구축

아쉬움 속에 2017시즌을 마친 넥센은 오프시즌 굵직굵직한 영입을 통해 시선을 사로잡았다. 메이저리그 생활을 접은 박병호를 다시 영입했고, 한화에서 괴물투수로 위력을 떨친 에스밀 로저스를 새 외국인 투수로 영입했다. 한국 무대에서의 박병호, 건강할 때의 로저스는 KBO리그 최고 타자와 투수로 활약이 기대된다. 여기에 최원태, 조상우 등 기존 부상 선수들도 재활을 끝내고 하나둘씩 팀에 복귀했다. 그간 트레이드 등을 통해 수집한 유망주들도 하나둘씩 1군에 선을 보일 준비를 하고 있다. 군복무를 마치고 돌아온 문성현, 김동준 등 원군도 충분하다.

선수단 진용만 놓고 보면 우승 도전. 문제는 선수단 외부

선수 구성만 놓고 보면 넥센은 KIA, 두산이 부럽지 않은 강력한 진용을 갖췄다. 후보가 넘치는 선발투수진부터 모든 타자가 3할 타율-두 자릿수 홈런이 가능한 타선까지 큰 약점이 보이지 않는다. 관건은 불펜이다. 지난해 확실한 마무리가 없어 어려움을 겪은 넥센은 올해 조상우를 마무리투수로 기용할 계획이다. 부상에서 돌아온 조상우가 얼만큼 위력적인 공을 던질지 지켜봐야 한다. 감독 2년차를 맞는 장정석 감독이 지난해 시행착오를 딛고 안정적인 경기 운영을 펼치는 것도 넥센에겐 중요하다. 무엇보다 이장석 구단주를 둘러싼 구단 운영상의 문제가 깨끗하게 해결돼야 넥센이 안정적으로 한 시즌을 보낼 수 있다.

No.40 ｜ 장정석
1973년 4월 12일
177cm ｜ 76kg
프로 입단 연도 1996년
드래프트 순위 1996년 2차 3순위
(현대 유니콘스)
첫 경기 KBO 1996년
마지막 경기 KBO 2003년
연봉 2억 원(2018년)

감독 장정석

　장 감독은 스타플레이어 출신이 아니다. 당초 많은 사람들이 그에 대해 "비스타 출신이 프로야구판에서 어떻게 적응할까" 하고 걱정했다. 하지만 장 감독은 카리스마 대신 따뜻한 '형님 리더십'을 선보였다. 비스타 출신이기에 더욱 인간적으로 다가서며 선수들을 이끌었다. 지난해 그는 '절반의 성공'을 거뒀다. 4년 연속 포스트시즌에 진출했던 팀을 6위로 마감시킨 건 분명 실패다. 하지만 외국인 선수들의 극심한 부진, 주전 선수들의 줄부상 속에 본인의 리더십과 지략으로 중위권 싸움을 대혼전으로 만들었다. 이 부분은 어느 정도 인정을 해줘야 한다. 하지만 팬, 언론과의 밀월은 끝났다. 이제 프로 감독으로서 성적을 내야 한다. 올해는 박병호도 가세했기에 최소 포스트시즌에는 진출해야 능력을 인정받을 것이다.

TEAM STATS

*는 수치가 낮을수록 순위가 높아짐

투수 기록

항목	평균자책점	승	패	세이브	홀드	승률	이닝	피안타	피홈런	볼넷	사구	탈삼진	실점	자책점	WHIP
기록	5.03	69	73	40	66	0.486	1271	1488	149	388	97	1005	764	710	1.48
순위	7위	6위	7위	1위	1위	7위	8위	7위	4위	2위	6위	5위	6위	7위	5위

항목	완투	완봉	QS	블론S	타자수	투구수	피안타율	2루타	3루타	희생번트	희생플라이	고의사구	폭투	보크
기록	2	5	60	18	5663	21258	0.292	280	21	47	40	10	56	3
순위	5위	6위	5위	4위	7위	9위	6위	8위	5위	1위	4위	1위	2위	1위

타자 기록

항목	타율	경기	타석	타수	득점	안타	2루타	3루타	홈런	총루타	타점	희생번트
기록	0.290	144	5712	5098	789	1479	267	30	141	2229	748	21
순위	4위	-	4위	3위	3위	4위	5위	2위	8위	5위	3위	10위

항목	희생플라이	볼넷	고의볼넷	사구	삼진	병살타	장타율	출루율	OPS	멀티히트	득점권	대타타율
기록	42	468	15	83	1066	129	0.437	0.357	0.794	388	0.290	0.229
순위	7위	4위	8위	8위	9위	9위	5위	4위	5위	3위	5위	6위

득점 분포 및 승패

득점	0	1	2	3	4	5	6	7	8	9	10	11	12	13	14	15	16	17	18
경기	1	11	20	17	20	19	10	8	12	8	2	3	3	5	4	0	0	0	1
승	0	0	4	2	5	13	7	7	9	6	2	3	2	5	3	0	0	0	
패	1	10	16	15	15	6	2	1	3	2	0	0	1	0	1	0	0	0	0
무	0	1	0	0	0	0	1	0	0	0	0	0	0	0	0	0	0	0	
승률	0.000	0.000	0.200	0.118	0.250	0.684	0.778	0.875	0.750	0.750	1.000	1.000	0.667	1.000	0.750	-	-	-	1.000

실점 분포 및 승패

1	2	3	4	5	6	7	8	9	10	11	12	13	14	15	16	16	17
12	12	22	18	17	15	10	10	6	6	1	1	4	1	3	0	1	0	2
11	9	17	10	8	3	2	2	1	1	0	0	0	0	0	0	0	0	1
0	3	5	8	9	11	8	8	5	5	1	1	4	1	3	0	1	0	0
1	0	0	0	0	1	0	0	0	0	0	0	0	0	0	0	0	0	
1.000	0.750	0.773	0.556	0.471	0.214	0.200	0.200	0.167	0.167	0.000	0.000	0.000	0.000	0.000	-	0.000	-	0.500

이닝별 득점

이닝	경기	0점	1+점	1점	2점	3점	4점	5+점	최다	합계	평균	평균/9
1	144	92	52	26	12	7	4	3	6	103	0.72	6.44
2	144	91	53	31	15	4	2	1	10	91	0.63	5.69
3	144	107	37	14	10	8	3	2	7	82	0.57	5.13
4	144	104	40	12	14	12	1	1	5	85	0.59	5.31
5	144	94	50	23	12	6	4	5	8	110	0.76	6.88
6	144	97	47	23	12	6	5	1	8	92	0.64	5.75
7	143	99	44	18	13	7	3	3	6	93	0.65	5.85
8	143	100	43	24	13	5	0	1	5	90	0.49	4.41
9	106	78	28	14	5	4	3	2	4	60	0.57	5.09
10	11	9	2	2	0	0	0	0	1	2	0.18	1.64
11	3	3	0	0	0	0	0	0	0	0		
12	3	2	1	1	0	0	0	0	1	1	0.33	3.00
합계		0점	1+점	1점	2점	3점	4점	5+점	최다	합계	평균	평균/9
1273	876	397	188	106	59	25	19	10	789	0.62	5.58

이닝별 실점

이닝	경기	0점	1+점	1점	2점	3점	4점	5+점	최다	합계	평균	평균/9
1	144	98	46	19	10	9	6	2	5	100	0.69	6.25
2	144	97	47	26	13	4	2	2	8	85	0.59	5.31
3	144	100	44	19	11	3	4	7	8	106	0.74	6.63
4	144	98	46	27	8	8	0	3	7	86	0.60	5.38
5	144	103	41	16	13	8	5	2	5	84	0.58	5.25
6	144	100	44	25	10	4	1	4	7	84	0.58	5.25
7	143	106	37	18	11	4	1	3	7	74	0.52	4.66
8	143	102	41	22	13	5	1	0	7	67	0.47	4.22
9	109	73	36	18	9	8	1	0	6	64	0.59	5.28
10	11	3	6	2	0	0	0	0	2	10	0.91	8.18
11	3	3	0	0	0	0	0	0	0	0		
12	3	2	1	0	0	0	0	1	0	4	1.33	12.00
합계		0점	1+점	1점	2점	3점	4점	5+점	최다	합계	평균	평균/9
1276	885	391	196	100	53	19	23	8	764	0.60	5.39

투수

우투우타
1988년 1월 2일
180cm / 88kg
연봉 1억 6500만 원
경력 신자초(자이언츠리틀)
　－자양중－신일고－(방송통신대)
　－삼성－넥센－상무
지명순위 06 삼성 2차 2라운드 15순위

NO. 24　김상수

　　2015년에는 140km/h 초중반의 평범한 속구 및 슬라이더, 커브, 체인지업을 조금씩 섞어 던지는 투수였으나 불펜진에 합류한 이후 스플리터를 장착하면서 성적이 크게 좋아졌다. 이보근과 함께 필승조로 활약하면서 튼튼한 중간 계투진을 형성하고 있다. 패스트볼로 카운터를 잡고, 스플리터를 결정구로 사용하면서 과거에 사용하던 변화구는 가끔씩만 구사한다. 볼넷을 줄이기 위해 커맨드에 신경 쓴 나머지 패스트볼 구속은 140km/h 초반을 기록한다. 전반기에 좋은 성적을 올렸으나 후반기에는 잔부상과 부진에 시달렸다. 넥센 불펜 최후의 보루로 활약하면서 60경기 31과 1/3이닝 0승 7패 15세이브 평균자책점 3.82의 준수한 성적을 남겼다. 2018시즌 활약이 기대되는 선수다.

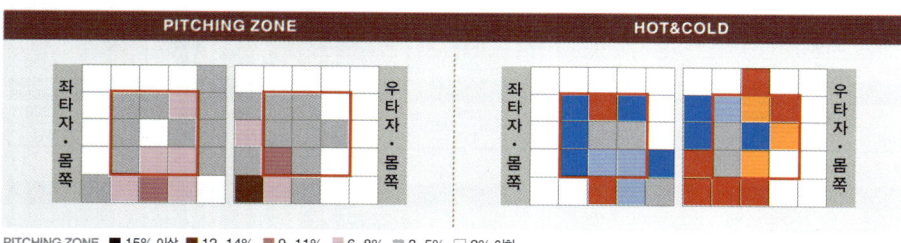

PITCHING ZONE	■ 15% 이상	■ 12~14%	■ 9~11%	■ 6~8%	■ 3~5%	□ 2% 이하
HOT&COLD	■ 피안타율 0.099 이하	■ 0.100~0.199	■ 0.200~0.299	■ 0.300~0.399	■ 피안타율 0.400 이상	□ 3타수 미만

최근 3년간 성적

연도	팀명	평균자책	경기	승	패	세이브	홀드	승률	타자수	이닝	피안타	피홈런	볼넷	탈삼진	실점	자책점	WHIP	WAR
2015	넥센	10.80	2	0	1	0	0	0.000	30	5	10	1	5	2	8	6	3.00	-0.20
2016	넥센	4.62	67	6	5	0	21	0.545	331	74	77	6	34	76	40	38	1.50	1.28
2017	넥센	3.82	60	0	7	15	9	0.000	262	61 1/3	59	8	22	62	29	26	1.32	1.31
통산		5.41	271	13	25	15	32	0.342	1808	392 2/3	430	38	225	361	255	236	1.67	-

구속/구사율/피안타율

구종	평균구속	종합	초구	2-2	좌타자	우타자	피안타율
포심패스트볼	141	52%	64%	24%	48%	55%	0.322
투심/싱커	142	0%	0%	1%	0%	1%	-
컷패스트볼	-	-	-	-	-	-	-
슬라이더	128	0%	0%	0%	1%	0%	0.000
커브	120	13%	17%	9%	13%	14%	0.182
체인지업	120	2%	1%	2%	3%	1%	0.000
포크/SF/너클	126	32%	18%	64%	36%	30%	0.226

볼카운트별 피안타율

볼카운트	피안타율	타수	피안타	볼카운트	피안타율	타수	피안타
0-0	0.407	27	11	2-0	0.250	4	1
0-1	0.333	12	4	2-1	0.250	8	2
0-2	0.167	36	6	2-2	0.225	40	9
1-0	0.444	9	4	3-0	-	-	-
1-1	0.211	19	4	3-1	0.500	2	1
1-2	0.156	45	7	3-2	0.323	31	10

S〉B : 0.183 / S＝B : 0.279 / S〈B : 0.333

기타 기록

상대 타자 타구 방향
37%　31%　33%

이닝당 투구수	17.6
땅볼 / 뜬공	0.61

상황별 기록

상황	안타	2루타	3루타	홈런	볼넷	사구	삼진	폭투	보크	피안타율
주자 없음	37	6	0	5	10	0	31	0	0	0.301
만루	2	0	0	0	1	0	2	0	0	0.250
주자 있음	22	3	0	3	12	3	31	5	1	0.200
득점권	14	0	0	2	10	2	17	2	0	0.233
상위(1~2번)	16	0	0	1	4	0	5	1	0	0.333
중심(3~5번)	21	6	0	3	6	1	27	2	1	0.256
하위(6~9번)	22	3	0	4	12	2	30	2	0	0.214
좌타자	29	4	0	5	8	2	26	1	0	0.319
우타자	30	4	0	3	14	1	36	4	1	0.211

상대팀별 기록

구분	경기	평균자책	승	패	세이브	홀드	이닝	피안타	피홈런	볼넷	삼진	피안타율
KIA	7	9.00	0	2	3	0	6	13	2	1	3	0.433
두산	9	9.31	0	1	1	1	9 2/3	13	5	5	10	0.310
롯데	8	1.42	0	0	4	1	6 1/3	5	0	4	8	0.217
NC	6	2.35	0	1	1	0	7 2/3	9	0	1	7	0.310
SK	5	5.00	0	0	1	0	5	1	0	2	5	0.063
LG	7	2.70	0	1	3	0	6 2/3	6	1	3	8	0.261
한화	8	1.69	0	1	2	3	5 1/3	3	0	1	6	0.167
삼성	8	0.00	0	0	0	2	4	1	0	3	5	0.033
kt	5	7.71	0	1	0	2	4 2/3	8	0	1	6	0.364

NO.43 **김성민**

투수

대구 상원고 시절인 2011년, 청룡기 전국고교야구대회에서 홀로 3승, 평균자책점 0점으로 팀을 우승으로 이끌고, 대회 MVP까지 석권했다. 당시 고교야구 좌완 랭킹 1위라는 평가를 받기도 했던 유망주 중 하나였다. 그러나 볼티모어와 불법적인 계약을 함으로써 물의를 일으켰고, 결국 일본 후쿠오카대학으로 진학해 2016년 넥센과 어렵게 계약했다. 2017년 시즌 구속이 140km/h 초반대도 안 나왔으나 팀의 어려운 사정상 선발, 중간계투 등 1, 2군을 넘나들며 활약했다. 14게임 1홀드 평균자책점 4.93. 체력을 키운다면 더 좋은 피칭을 할 수 있으며 우완 일색인 팀의 선발진에 합류한다면 큰 힘이 될 것으로 보인다. 개선해야 할 사항은 0.315로 높은 좌타자 상대 피안타율.

좌투좌타
1994년 4월 26일
181cm / 90kg
연봉 5500만 원
경력 대구옥산초-경복중
　　　-대구상원고-일본경제대-SK
지명순위 17 SK 2차 1라운드
　　　6순위

PITCHING ZONE	HOT&COLD

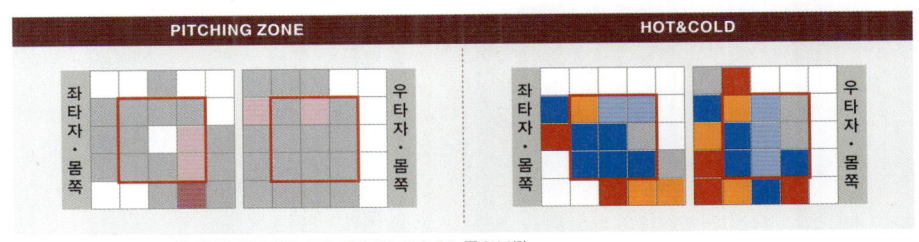

PITCHING ZONE ■ 15% 이상　■ 12~14%　■ 9~11%　■ 6~8%　■ 3~5%　□ 2% 이하
HOT&COLD ■ 피안타율 0.099 이하　■ 0.100~0.199　■ 0.200~0.299　■ 0.300~0.399　■ 피안타율 0.400 이상　□ 3타수 미만

최근 3년간 성적

연도	팀명	평균자책	경기	승	패	세이브	홀드	승률	타자수	이닝	피안타	피홈런	볼넷	탈삼진	실점	자책점	WHIP	WAR
2015	-	-	-	-	-	-	-	-	-	-	-	-	-	-	-	-	-	-
2016	-	-	-	-	-	-	-	-	-	-	-	-	-	-	-	-	-	-
2017	SK·넥센	4.93	33	4	3	0	1	0.571	411	87 2/3	104	12	40	75	54	48	1.64	0.91
통산		4.93	33	4	3	0	1	0.571	411	87 2/3	104	12	40	75	54	48	1.64	-

구속/구사율/피안타율

구종	평균구속	종합	초구	2-2	좌타자	우타자	피안타율
포심패스트볼	137	55%	56%	47%	54%	55%	0.333
투심/싱커	-	-	-	-	-	-	-
컷패스트볼	-	-	-	-	-	-	-
슬라이더	129	9%	8%	7%	21%	3%	0.231
커브	114	14%	14%	13%	19%	11%	0.317
체인지업	120	22%	22%	33%	5%	31%	0.200
포크/SF/너클	123	1%	0%	1%	1%	0%	1.000

볼카운트별 피안타율

볼카운트	피안타율	타수	피안타	볼카운트	피안타율	타수	피안타
0-0	0.460	50	23	2-0	1.000	3	3
0-1	0.464	28	13	2-1	0.300	20	6
0-2	0.171	35	6	2-2	0.182	55	10
1-0	0.407	27	11	3-0	-	0	0
1-1	0.472	36	17	3-1	0.333	9	3
1-2	0.117	60	7	3-2	0.147	34	5

S) B : 0.211 / S = B : 0.355 / S (B : 0.301

기타 기록

상대 타자 타구 방향

23%
48%　29%

이닝당 투구수 18.2
땅볼 / 뜬공 0.77

상황별 기록

상황	안타	2루타	3루타	홈런	볼넷	사구	삼진	폭투	보크	피안타율
주자 없음	58	11	0	5	22	3	33	0	0	0.310
만루	1	0	0	0	0	0	4	0	0	0.200
주자 있음	46	9	1	7	18	6	42	2	0	0.271
득점권	23	5	1	2	10	2	22	1	0	0.271
상위(1~2번)	25	2	0	2	12	1	18	0	0	0.275
중심(3~5번)	38	6	0	8	12	6	26	0	0	0.304
하위(6~9번)	41	12	1	6	2	31	2	0	0	0.291
좌타자	39	5	1	5	14	5	25	0	0	0.315
우타자	65	15	0	9	30	4	50	2	0	0.279

상대팀별 기록

구분	경기	평균자책	승	패	세이브	홀드	이닝	피안타	피홈런	볼넷	삼진	피안타율
KIA	1	1.69	0	0	0	0	5 1/3	5	0	3	4	0.263
두산	3	7.04	0	1	0	0	7 2/3	11	1	4	6	0.333
롯데	3	7.71	0	0	0	1	4 2/3	7	2	1	5	0.333
NC	5	7.20	0	0	0	0	10	15	3	3	9	0.341
SK	3	6.75	1	1	0	0	14 2/3	15	2	11	6	0.278
LG	3	2.25	0	0	0	0	4	7	0	2	5	0.350
넥센	1	0.00	0	0	0	0	1 1/3	1	0	1	1	0.200
한화	2	0.00	0	0	0	0	1 2/3	2	0	1	1	0.286
삼성	8	5.06	2	0	0	0	21 1/3	27	3	11	20	0.300
kt	4	2.65	1	1	0	0	17	14	2	3	16	0.219

투수

우투우타
1988년 2월 10일
190cm / 90kg
경력 미국 센트럴 플로리다
　　　크리스찬고
지명순위 17 넥센 자유선발

NO. 8 브리검

190cm, 95kg의 좋은 체격과 150km/h 초반대의 패스트볼, 슬라이더, 커브, 체인지업 등 다양한 변화구를 구사한다. 간결하고 깔끔한 투구 폼을 가지고 있다. 장신이면서도 릴리스 포인트가 높지 않다는 특징이 있다. 좌타자에게 약하고 홈런을 종종 맞는 게 문제. 또한 피칭 시 슬라이드 스텝이 느려 도루를 쉽게 허용하는 모습을 보였다. 오셜리번의 부진으로 5월에 영입된 그는 처음 6경기에서 아주 좋은 모습을 보여줬으나, 한국 타자에게 공이 익숙해지자 4경기에서 평균 6실점을 하는 등 좋지 못한 피칭을 이어갔다. 그러다 다시 6경기에서 호투하면서 넥센의 실적적인 에이스 역할을 수행했다. 기복은 있었지만 연봉(65만 달러) 대비 훌륭한 피칭으로 24경기 10승 6패 144이닝 98삼진 평균자책점 4.38을 기록했다.

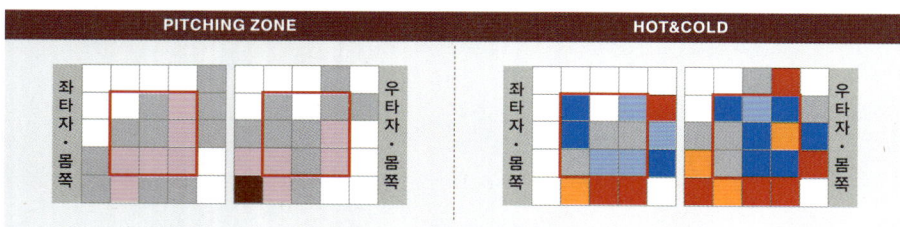

PITCHING ZONE ■ 15% 이상 ■ 12~14% ■ 9~11% ■ 6~8% ■ 3~5% ■ 2% 이하
HOT&COLD ■ 피안타율 0.099 이하 ■ 0.100~0.199 ■ 0.200~0.299 ■ 0.300~0.399 ■ 피안타율 0.400 이상 □ 3타수 미만

최근 3년간 성적

연도	팀명	평균자책	경기	승	패	세이브	홀드	승률	타자수	이닝	피안타	피홈런	볼넷	탈삼진	실점	자책점	WHIP	WAR
2015	–	-	-	-	-	-	-	-	-	-	-	-	-	-	-	-	-	-
2016	–	-	-	-	-	-	-	-	-	-	-	-	-	-	-	-	-	-
2017	넥센	4.38	24	10	6	0	0	0.625	619	144	166	17	26	98	77	70	1.33	3.02
통산		4.38	24	10	6	0	0	0.625	619	144	166	17	26	98	77	70	1.33	

구속/구사율/피안타율

구종	평균구속	종합	초구	2-2	좌타자	우타자	피안타율
포심패스트볼	145	16%	19%	11%	15%	16%	0.382
투심/싱커	143	34%	40%	20%	36%	32%	0.357
컷패스트볼	-	-	-	-	-	-	-
슬라이더	133	27%	26%	36%	16%	35%	0.181
커브	123	14%	11%	16%	15%	13%	0.238
체인지업	-	-	-	-	-	-	-
포크/SF/너클	135	10%	5%	16%	18%	4%	0.292

볼카운트별 피안타율

볼카운트	피안타율	타수	피안타	볼카운트	피안타율	타수	피안타
0-0	0.382	68	26	2-0	0.474	19	9
0-1	0.446	65	29	2-1	0.206	34	7
0-2	0.214	42	9	2-2	0.173	75	13
1-0	0.380	50	19	3-0	0.000	1	0
1-1	0.317	60	19	3-1	0.286	14	4
1-2	0.200	100	20	3-2	0.234	47	11

S) B : 0.280 / S = B : 0.286 / S (B : 0.303

기타 기록

상대 타자 타구 방향

47% | 22% | 32%

이닝당 투구수	15.6
땅볼 / 뜬공	1.52

상황별 기록

상황	안타	2루타	3루타	홈런	볼넷	사구	삼진	폭투	보크	피안타율
주자 없음	91	15	2	9	16	6	54	0	0	0.281
만루	4	1	0	0	1	0	0	0	0	0.571
주자 있음	75	6	2	8	10	7	44	8	0	0.299
득점권	41	4	1	6	6	2	25	5	0	0.313
상위(1~2번)	41	4	1	4	6	3	17	2	0	0.281
중심(3~5번)	64	9	2	10	12	7	35	2	0	0.335
하위(6~9번)	61	8	1	3	8	3	46	4	0	0.256
좌타자	72	12	4	4	12	2	29	3	0	0.300
우타자	94	15	0	13	14	11	69	5	0	0.281

상대팀별 기록

구분	경기	평균자책	승	패	세이브	홀드	이닝	피안타	피홈런	볼넷	삼진	피안타율
KIA	2	2.57	2	0	0	0	14	15	2	2	9	0.278
두산	2	2.25	1	0	0	0	12	14	0	3	10	0.311
롯데	4	4.22	2	1	0	0	32	32	6	6	17	0.267
NC	4	8.31	1	3	0	0	21 2/3	34	1	6	15	0.347
SK	-	-	-	-	-	-	-	-	-	-	-	-
LG	4	2.19	2	1	0	0	24 2/3	18	1	2	26	0.198
한화	3	6.32	1	0	0	0	15 2/3	21	3	4	8	0.318
삼성	3	5.82	1	0	0	0	17	26	4	1	6	0.347
kt	1	0.00	0	0	0	0	7	6	0	0	7	0.231

NO. 37 신재영

130km/h 후반대에서 140km/h의 포심패스트볼과 최상급 슬라이더, 서클체인지업, 싱커를 던진다. 공의 스피드만 본다면 유희관과 대동소이하다. 제구력이 뛰어나고 타자들의 타이밍을 잘 빼앗는다. 또한 결정구인 슬라이더는 종, 횡으로 변하는 두 가지를 사용한다. 멘탈과 위기관리 능력이 뛰어나다. 피안타율이 꽤 높은 편이지만 득점권에서 패스트볼과 슬라이더 구사율이 높아지면서 실점을 최소화한다. 2016년 신인왕으로 등극했고, 30과 2/3이닝 무 볼넷을 기록하기도 했다. 그러나 2017시즌 상반기에는 2년차 징크스로 고전하다가 부상으로 제대로 활약하지 못하고 신인왕 출신이라는 타이틀을 무색하게 만들었다.

우언우타
1989년 11월 18일
185cm / 91kg
연봉 1억 4000만 원
경력 대전유천초-한밭중-대전고
-단국대-NC-넥센-경찰
지명순위 12 NC 8라운드 69순위

PITCHING ZONE

좌타자·몸쪽 / 우타자·몸쪽

HOT&COLD

좌타자·몸쪽 / 우타자·몸쪽

PITCHING ZONE ■ 15% 이상 ■ 12~14% ■ 9~11% ■ 6~8% ■ 3~5% □ 2% 이하
HOT&COLD ■ 피안타율 0.099 이하 ■ 0.100~0.199 ■ 0.200~0.299 ■ 0.300~0.399 ■ 피안타율 0.400 이상 □ 3타수 미만

최근 3년간 성적

연도	팀명	평균자책	경기	승	패	세이브	홀드	승률	타자수	이닝	피안타	피홈런	볼넷	탈삼진	실점	자책점	WHIP	WAR
2015	-	-	-	-	-	-	-	-	-	-	-	-	-	-	-	-	-	-
2016	넥센	3.90	30	15	7	0	0	0.682	718	168 2/3	192	19	21	99	76	73	1.26	5.05
2017	넥센	4.54	34	6	7	1	2	0.462	537	125	137	14	25	75	68	63	1.30	2.14
통산		4.17	64	21	14	1	2	0.600	1255	293 2/3	329	33	46	174	144	136	1.28	-

구속/구사율/피안타율

구종	평균구속	종합	초구	2-2	좌타자	우타자	피안타율
포심패스트볼	134	35%	43%	30%	36%	34%	0.303
투심/싱커	130	0%	0%	0%	0%	1%	0.500
컷패스트볼	-	-	-	-	-	-	-
슬라이더	123	58%	54%	63%	49%	65%	0.258
커브	109	0%	0%	0%	0%	0%	-
체인지업	123	6%	2%	6%	13%	1%	0.343
포크/SF/너클	122	1%	0%	1%	0%	1%	0.500

볼카운트별 피안타율

볼카운트	피안타율	타수	피안타	볼카운트	피안타율	타수	피안타
0-0	0.388	80	31	2-0	0.571	7	4
0-1	0.394	66	26	2-1	0.261	23	6
0-2	0.184	49	9	2-2	0.296	54	16
1-0	0.326	43	14	3-0	-	0	0
1-1	0.224	49	11	3-1	0.143	7	1
1-2	0.203	74	15	3-2	0.118	34	4

S 〉 B : 0.265 / S = B : 0.317 / S 〈 B : 0.254

기타 기록

상대 타자 타구 방향

44% 27% 29%

이닝당 투구수	14.9
땅볼 / 뜬공	0.64

상황별 기록

상황	안타	2루타	3루타	홈런	볼넷	사구	삼진	폭투	보크	피안타율
주자 없음	79	20	0	5	13	8	38	0	0	0.290
만루	0	0	0	0	0	0	4	0	0	0.000
주자 있음	58	11	2	9	12	8	37	1	0	0.271
득점권	36	8	2	6	7	5	21	1	0	0.303
상위(1~2번)	31	8	0	1	9	1	11	0	0	0.272
중심(3~5번)	48	10	0	7	9	4	28	1	0	0.291
하위(6~9번)	58	13	2	6	7	11	36	0	0	0.280
좌타자	66	14	0	6	16	5	22	0	0	0.310
우타자	71	17	0	8	9	11	53	1	0	0.260

상대팀별 기록

구분	경기	평균자책	승	패	세이브	홀드	이닝	피안타	피홈런	볼넷	삼진	피안타율
KIA	5	3.60	1	0	0	2	20	23	2	2	11	0.288
두산	3	5.87	1	0	0	0	7 2/3	8	2	4	4	0.267
롯데	3	7.27	0	2	0	0	8 2/3	18	0	1	3	0.462
NC	5	7.11	1	2	0	0	19	26	4	4	10	0.333
SK	2	0.00	0	0	0	0	2 2/3	2	0	1	4	0.222
LG	3	2.53	0	1	0	0	10 2/3	4	1	2	10	0.114
한화	4	4.97	1	1	0	0	25 1/3	26	4	4	15	0.265
삼성	4	9.72	0	1	0	0	8 1/3	17	3	5	5	0.436
kt	5	0.79	2	0	1	0	22 2/3	13	0	2	13	0.167

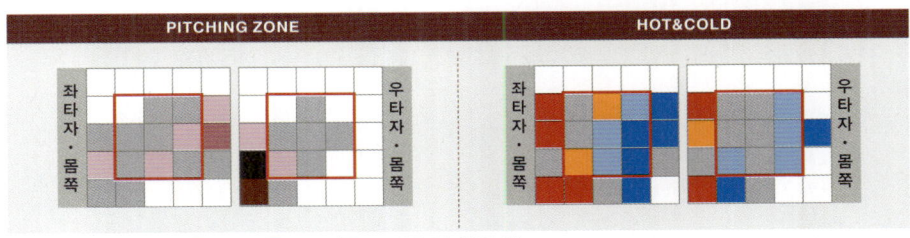

NO. 15 오주원

　　130km/h 후반대에서 140km/h 초반대의 패스트볼과 슬라이더, 커브, 서클체인지업 등을 다양하게 던진다. 그러나 딱히 결정구로 삼을 만한 구종이 없다. 커맨드가 뛰어난 것은 장점. 기본적으로 패스트볼 위치로 피칭하면서 타자들을 요리하나 다양한 변화구로 최대한 장타를 억제하는 투구를 한다. 그러나 70구 정도가 넘어가면 구위가 현저히 저하되는 약점을 보인다. 좌완이 귀한 팀 사정상 원포인트 릴리프, 필승조 등 전천후 역할을 맡고 있다. 2014년 신인왕에 등극할 정도로 실력은 갖추었으나 그 이후 눈에 띄게 발전된 모습을 보이지 못하고 평범한 투수로 전락하고 말았다. 2017시즌 다른 팀의 불펜에 비해 높은 평균자책점인 4점대를 기록했으나 팀에 대한 공헌도는 높았다.

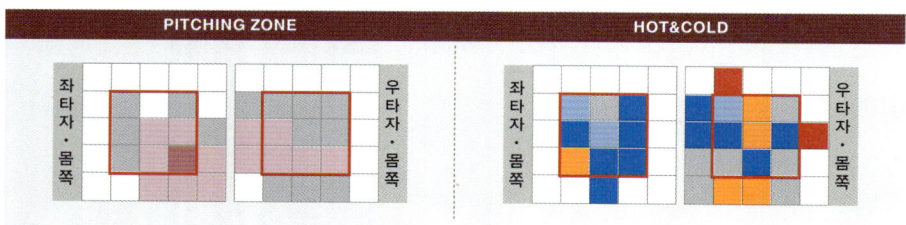

PITCHING ZONE	■ 15% 이상	■ 12~14%	■ 9~11%	■ 6~8%	■ 3~5%	■ 2% 이하
HOT&COLD	■ 피안타율 0.099 이하	■ 0.100~0.199	■ 0.200~0.299	■ 0.300~0.399	■ 피안타율 0.400 이상	□ 3타수 미만

최근 3년간 성적

연도	팀명	평균자책	경기	승	패	세이브	홀드	승률	타자수	이닝	피안타	피홈런	볼넷	탈삼진	실점	자책점	WHIP	WAR
2015	넥센	9.33	9	0	2	0	0	0.000	96	18 1/3	31	4	12	11	19	19	2.35	-0.29
2016	넥센	4.41	55	3	2	2	7	0.600	220	51	55	3	17	40	25	25	1.31	0.78
2017	넥센	4.76	57	2	7	1	18	0.222	329	73 2/3	96	10	15	56	44	39	1.51	0.94
통산		4.59	419	31	46	5	64	0.403	2810	645 2/3	669	70	265	424	362	329	1.45	-

구속/구사율/피안타율

구종	평균구속	종합	초구	2-2	좌타자	우타자	피안타율
포심패스트볼	137	66%	70%	51%	64%	66%	0.291
투심/싱커	-	-	-	-	-	-	-
컷패스트볼	-	-	-	-	-	-	-
슬라이더	127	6%	6%	10%	11%	5%	0.263
커브	111	8%	9%	4%	12%	6%	0.316
체인지업	125	7%	10%	5%	1%	10%	0.370
포크/SF/너클	124	14%	6%	30%	12%	14%	0.350

볼카운트별 피안타율

볼카운트	피안타율	타수	피안타	볼카운트	피안타율	타수	피안타
0-0	0.381	42	16	2-0	0.455	11	5
0-1	0.410	39	16	2-1	0.308	13	4
0-2	0.233	30	7	2-2	0.195	41	8
1-0	0.464	28	13	3-0	-	0	0
1-1	0.292	24	7	3-1	0.200	5	1
1-2	0.250	64	16	3-2	0.273	11	3
S〉B : 0.293 / S = B : 0.290 / S〈B : 0.382							

기타 기록

상대 타자 타구 방향

44%　22%　34%

이닝당 투구수	15.5
땅볼 / 뜬공	0.72

상황별 기록

상황	안타	2루타	3루타	홈런	볼넷	사구	삼진	폭투	보크	피안타율
주자 없음	54	12	1	5	7	1	31	0	0	0.309
만루	2	1	0	0	0	1	0	0	0	0.500
주자 있음	42	10	0	5	8	0	25	6	0	0.316
득점권	22	5	0	2	8	0	15	4	0	0.301
상위(1~2번)	24	5	1	1	1	1	14	1	0	0.296
중심(3~5번)	30	9	0	4	9	0	22	2	0	0.306
하위(6~9번)	42	8	0	5	5	1	20	3	0	0.326
좌타자	38	6	1	3	1	1	9	2	0	0.352
우타자	58	14	0	6	12	1	37	4	0	0.290

상대팀별 기록

구분	경기	평균자책	승	패	세이브	홀드	이닝	피안타	피홈런	볼넷	삼진	피안타율
KIA	5	8.10	0	0	0	1	3 1/3	7	1	0	3	0.412
두산	7	6.52	0	2	0	1	9 2/3	18	1	2	9	0.400
롯데	6	8.31	0	2	0	1	8 2/3	15	2	2	7	0.385
NC	7	3.38	0	0	0	1	5 1/3	9	1	2	6	0.360
SK	5	5.73	1	0	0	4	11	13	2	0	9	0.295
LG	5	0.00	0	0	0	2	7 2/3	2	0	0	6	0.087
한화	7	11.57	0	1	0	3	7	8	1	4	4	0.281
삼성	9	0.75	1	1	1	3	12	8	0	3	10	0.271
kt	5	2.00	0	0	0	3	9	10	0	0	6	0.286

윤영삼

투수

장충고 에이스로 주목받던 유망주였으나 프로의 벽은 높았다. 삼성에서 NC로, NC에서 다시 넥센으로 드래프트되었다. 130km/h 후반대의 패스트볼과 포크볼이 주 무기다. 그러나 상대타자를 잡을 변화구가 포크볼뿐이라는 점이 아쉬운 대목이다. 신인투수들이 볼넷으로 자멸하는 일이 흔한데 볼넷이 적은 건 장점이다. 특히 공 끝의 무브먼트가 좋아 상대 타자가 정확한 콘택트를 하기 힘들다는 점은 칭찬할 만하다. 2017시즌 28경기 49와 2/3이닝 1승 4패 평균자책점 5.62를 기록했다. 당분간 팀에서는 넉넉한 점수 차나 패전처리용으로 기회가 주어지겠지만, 본인의 책임을 다한다면 가능성이 많은 투수임에는 틀림없다.

우투양타
1992년 7월 14일
181cm / 87kg
연봉 4500만 원
경력 서울이수초-이수중-장충고
　　　-삼성-NC-넥센-경찰
지명순위 11 삼성 2라운드 13순위

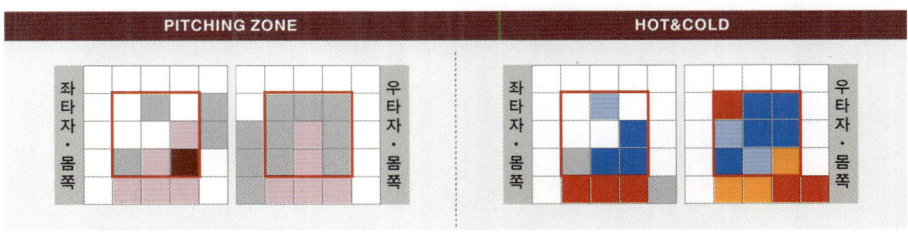

PITCHING ZONE

좌타자·몸쪽 / 우타자·몸쪽

HOT&COLD

좌타자·몸쪽 / 우타자·몸쪽

PITCHING ZONE ■ 15% 이상　■ 12~14%　■ 9~11%　■ 6~8%　■ 3~5%　□ 2% 이하
HOT&COLD ■ 피안타율 0.099 이하　■ 0.100~0.199　■ 0.200~0.299　■ 0.300~0.399　■ 피안타율 0.400 이상　□ 3타수 미만

최근 3년간 성적

연도	팀명	평균자책	경기	승	패	세이브	홀드	승률	타자수	이닝	피안타	피홈런	볼넷	탈삼진	실점	자책점	WHIP	WAR
2015	-	-	-	-	-	-	-	-	-	-	-	-	-	-	-	-	-	-
2016	-	-	-	-	-	-	-	-	-	-	-	-	-	-	-	-	-	-
2017	넥센	5.62	28	1	4	1	0	0.200	229	49 2/3	67	8	17	46	31	31	1.69	0.40
통산		7.21	29	1	4	1	0	0.200	256	53 2/3	78	11	23	50	43	43	1.88	-

구속/구사율/피안타율

구종	평균구속	종합	초구	2-2	좌타자	우타자	피안타율
포심패스트볼	137	46%	70%	9%	48%	44%	0.311
투심/싱커	-	-	-	-	-	-	-
컷패스트볼	-	-	-	-	-	-	-
슬라이더	129	12%	11%	6%	3%	17%	0.520
커브	-	-	-	-	-	-	-
체인지업	-	-	-	-	-	-	-
포크/SF/너클	131	43%	18%	86%	48%	40%	0.285

볼카운트별 피안타율

볼카운트	피안타율	타수	피안타	볼카운트	피안타율	타수	피안타
0-0	0.333	24	8	2-0	1.000	1	1
0-1	0.600	25	15	2-1	0.368	19	7
0-2	0.200	20	4	2-2	0.125	32	4
1-0	0.409	22	9	3-0	0.000	1	0
1-1	0.524	21	11	3-1	1.000	1	1
1-2	0.115	26	3	3-2	0.235	17	4

S 〉 B : 0.310 / S = B : 0.299 / S 〈 B : 0.361

기타 기록

상대 타자 타구 방향
48% / 21% / 31%

이닝당 **투구수**	17.1
땅볼 / **뜬공**	0.80

상황별 기록

상황	안타	2루타	3루타	홈런	볼넷	사구	삼진	폭투	보크	피안타율
주자 없음	36	6	0	4	4	0	28	0	0	0.298
만루	3	0	0	1	1	0	0	0	0	0.600
주자 있음	31	7	2	4	13	0	18	5	0	0.352
득점권	19	4	2	4	10	0	13	4	0	0.365
상위(1~2번)	18	3	0	4	6	0	13	0	0	0.340
중심(3~5번)	21	4	2	2	0	0	20	4	0	0.300
하위(6~9번)	28	6	0	3	5	0	17	1	0	0.326
좌타자	26	4	2	1	6	0	15	5	0	0.347
우타자	41	9	0	7	10	0	31	2	0	0.306

상대팀별 기록

구분	경기	평균자책	승	패	세이브	홀드	이닝	피안타	피홈런	볼넷	삼진	피안타율
KIA	2	20.25	0	1	0	0	2 2/3	5	1	4	4	0.385
두산	1	5.40	0	0	0	0	1 2/3	2	1	0	0	0.286
롯데	2	3.86	0	1	0	0	2 1/3	4	1	0	3	0.400
NC	4	4.66	0	0	0	0	9 2/3	12	2	2	8	0.300
SK	3	3.86	0	0	0	0	4 2/3	6	0	1	3	0.333
LG	4	4.15	0	0	0	0	8 2/3	10	1	2	12	0.278
한화	4	4.50	0	0	0	0	6	7	1	4	7	0.318
삼성	4	6.14	0	0	0	0	7 1/3	13	0	3	6	0.371
kt	4	5.40	1	0	0	0	6 2/3	8	1	1	1	0.286

우투우타
1986년 4월 30일
187cm / 90kg
연봉 1억 4000만 원
경력 봉천초-강남중-서울고
　　 -(방송통신대)-현대-우리
　　 -히어로즈
지명순위 05 현대 2차 5라운드 39순위

NO. 47 이보근

　최고 150km/h 초반의 강속구를 던질 수 있는 투수. 패스트볼과 스플리터 위주의 피칭을 하며 슬라이더, 커브, 체인지업을 구사한다. 특히 포크볼(스플리터)의 완성도가 향상되어 구사 비율이 높아졌다. 기본적으로 구위가 묵직하여 홈런을 잘 허용하지 않는다. 제구력이 정교하지 못해 볼넷을 자주 내주고, 스터프를 효율적으로 활용하지 못한다. 확실한 결정구 부재로 위력적인 구위에 비해 삼진이 부족하다. 투구 폼이 깔끔해 타자들이 타이밍을 맞추기 쉬워 피안타율이 높은 편이다. 고교시절 수술을 한 데다 넥센에서 마당쇠 역할을 수행하다 보니 갈수록 스피드나 구위가 떨어지고 있다. 구위 회복이 좋은 성적의 관건이다. 2017시즌 잔부상과 상대적으로 중요한 후반기에 부진을 거듭하여 5강 탈락의 주범으로 몰리는 최악의 피칭을 했다.

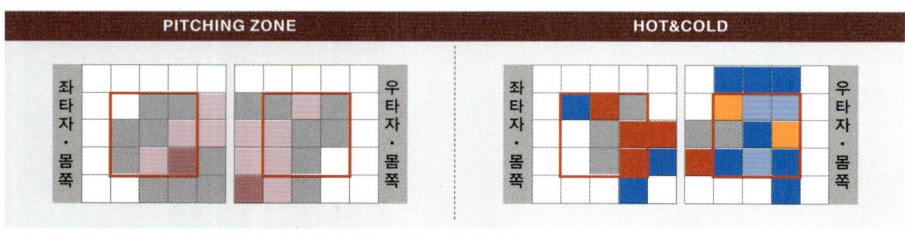

PITCHING ZONE ■ 15% 이상 ■ 12~14% ■ 9~11% ■ 6~8% ■ 3~5% □ 2% 이하
HOT&COLD ■ 피안타율 0.099 이하 ■ 0.100~0.199 ■ 0.200~0.299 ■ 0.300~0.399 ■ 피안타율 0.400 이상 □ 3타수 미만

최근 3년간 성적

연도	팀명	평균자책	경기	승	패	세이브	홀드	승률	타자수	이닝	피안타	피홈런	볼넷	탈삼진	실점	자책점	WHIP	WAR
2015	-	-	-	-	-	-	-	-	-	-	-	-	-	-	-	-	-	-
2016	넥센	4.45	67	5	7	0	25	0.417	290	64 2/3	69	3	27	56	36	32	1.48	1.07
2017	넥센	5.47	55	6	2	6	18	0.750	236	52 2/3	62	9	17	58	32	32	1.50	0.60
통산		4.43	387	28	30	15	57	0.483	2319	529 2/3	537	41	243	351	286	261	1.47	-

구속/구사율/피안타율

구종	평균구속	종합	초구	2-2	좌타자	우타자	피안타율
포심패스트볼	143	75%	80%	68%	76%	74%	0.256
투심/싱커	-	-	-	-	-	-	-
컷패스트볼	-	-	-	-	-	-	-
슬라이더	134	3%	4%	3%	0%	4%	0.556
커브	116	1%	0%	0%	1%	2%	0.667
체인지업	-	-	-	-	-	-	-
포크/SF/너클	132	21%	16%	30%	23%	21%	0.326

볼카운트별 피안타율

볼카운트	피안타율	타수	피안타	볼카운트	피안타율	타수	피안타
0-0	0.381	21	8	2-0	1.000	3	3
0-1	0.316	19	6	2-1	0.417	12	5
0-2	0.105	19	2	2-2	0.314	51	16
1-0	0.167	12	2	3-0	-	0	0
1-1	0.636	11	7	3-1	0.250	4	1
1-2	0.156	45	7	3-2	0.294	17	5

S 〉 B : 0.181 / S = B : 0.373 / S 〈 B : 0.333

기타 기록

상대 타자 타구 방향

39%　20%　41%

이닝당 투구수 18.7
땅볼/뜬공 0.80

상황별 기록

상황	안타	2루타	3루타	홈런	볼넷	사구	삼진	폭투	보크	피안타율
주자 없음	31	4	0	8	9	0	29	0	0	0.274
만루	0	0	0	0	0	0	5	0	0	0.000
주자 있음	31	5	0	1	8	0	29	2	0	0.307
득점권	18	4	0	1	6	0	15	1	0	0.305
상위(1~2번)	13	3	0	1	5	0	11	1	0	0.310
중심(3~5번)	16	0	0	3	7	0	20	0	0	0.246
하위(6~9번)	33	6	0	5	5	0	27	1	0	0.308
좌타자	15	1	0	1	8	0	27	0	0	0.197
우타자	47	6	0	8	9	0	31	2	0	0.341

상대팀별 기록

구분	경기	평균자책	승	패	세이브	홀드	이닝	피안타	피홈런	볼넷	삼진	피안타율
KIA	6	7.20	0	0	0	2	5	6	0	3	4	0.273
두산	7	0.00	0	0	1	4	7	6	0	4	5	0.231
롯데	6	3.60	0	1	0	2	5	1	1	1	4	0.063
NC	6	1.50	0	0	1	1	6	4	1	2	10	0.182
SK	7	12.00	1	0	0	3	6	15	1	2	9	0.484
LG	5	9.53	0	0	1	0	5 2/3	10	0	0	8	0.385
한화	7	9.45	1	0	2	6 2/3	10	2	2	7		0.345
삼성	6	1.50	2	0	2	1	6	4	1	5		0.190
kt	5	5.06	1	0	1	2	5 1/3	6	3	0	7	0.286

투수

KBO 리그를 대표하는 파이어볼러. 188cm, 110kg의 메이저리거 같은 체격과 30인치에 달하는 말벅지의 소유자다. 쓰리쿼터 피칭을 하며 150km/h 초반의 불같은 포심패스트볼과 140km/h 초반의 슬라이더, 130km/h 대의 서클체인지업을 구사한다. 특히 투심패스트볼은 횡적인 무브먼트가 심해 타자들이 제대로 치지 못한다. 최근에는 스플리터를 연마 중이나 부상의 위험을 걱정해 구단에서 자제시키고 있다. 특히 2015시즌에는 리그 최저 수준의 피안타율, 피장타율을 기록할 정도로 공이 위력적이었다. 이때 코칭스태프는 이기거나, 지거나, 비기거나 점수차 3점 이내면 무조건 마구잡이로 등판시켜, 오로지 불펜에서만 93이닝을 던지게 하는 혹사를 시켰다. 몸만 건강하면 리그 최고의 마무리 등극이 멀지 않은 투수다.

우투우타
1994년 9월 4일
181cm / 97kg
연봉 1억 2000만 원
경력 서화초―상인천중―대전고
지명순위 13 넥센 1라운드 1순위

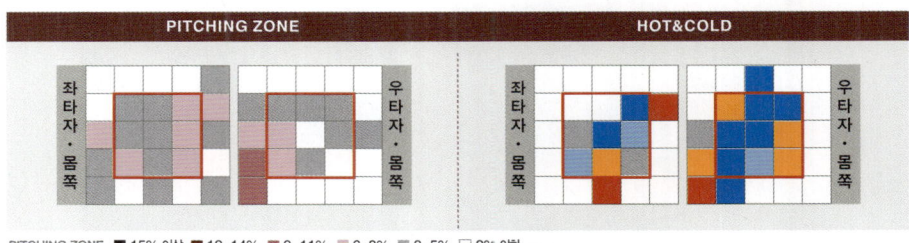

PITCHING ZONE ■ 15% 이상 ■ 12~14% ■ 9~11% ■ 6~8% □ 3~5% □ 2% 이하
HOT&COLD ■ 피안타율 0.099 이하 ■ 0.100~0.199 □ 0.200~0.299 ■ 0.300~0.399 ■ 피안타율 0.400 이상 □ 3타수 미만

최근 3년간 성적

연도	팀명	평균자책	경기	승	패	세이브	홀드	승률	타자수	이닝	피안타	피홈런	볼넷	탈삼진	실점	자책점	WHIP	WAR
2015	넥센	3.09	70	8	5	5	19	0.615	382	93 1/3	65	4	41	89	36	32	1.14	2.46
2016	-	-	-	-	-	-	-	-	-	-	-	-	-	-	-	-	-	-
2017	넥센	4.87	13	5	3	0	2	0.625	198	44 1/3	53	3	15	45	25	24	1.53	1.00
통산		3.31	136	19	10	5	32	0.655	900	215	182	9	90	214	86	79	1.27	-

구속/구사율/피안타율

구종	평균구속	종합	초구	2-2	좌타자	우타자	피안타율
포심패스트볼	145	59%	63%	57%	67%	54%	0.343
투심/싱커	145	4%	4%	2%	3%	4%	0.400
컷패스트볼	-	-	-	-	-	-	-
슬라이더	131	24%	24%	32%	10%	34%	0.270
커브	112	5%	4%	4%	5%	5%	0.083
체인지업	127	2%	0%	2%	5%	1%	0.333
포크/SF/너클	136	6%	6%	4%	10%	3%	0.188

볼카운트별 피안타율

볼카운트	피안타율	타석	피안타	볼카운트	피안타율	타석	피안타
0-0	0.294	17	5	2-0	0.250	4	1
0-1	0.438	16	7	2-1	0.333	9	3
0-2	0.286	21	6	2-2	0.154	26	4
1-0	0.429	7	3	3-0	-	0	0
1-1	0.500	14	7	3-1	0.667	3	2
1-2	0.209	43	9	3-2	0.286	14	4

S〉B : 0.275 / S=B : 0.295 / S〈B : 0.351

기타 기록

상대 타자 타구 방향

33% 30% 38%

이닝당 투구수	17.6
땅볼 / 뜬공	1.10

상황별 기록

상황	안타	2루타	3루타	홈런	볼넷	사구	삼진	폭투	보크	피안타율
주자 없음	25	6	0	2	7	0	26	0	0	0.250
만루	2	0	0	0	1	2	0	0		0.286
주자 있음	28	7	0	1	8	1	19	0	0	0.359
득점권	19	6	0	0	6	1	14	0	0	0.358
상위(1~2번)	14	1	0	0	4	0	12	0	0	0.298
중심(3~5번)	18	4	0	3	7	0	20	0	0	0.281
하위(6~9번)	21	8	0	0	4	1	13	0	0	0.313
좌타자	19	2	0	1	3	0	17	0	0	0.268
우타자	34	11	0	1	7	1	28	0	0	0.318

상대팀별 기록

구분	경기	평균자책	승	패	세이브	홀드	이닝	피안타	피홈런	볼넷	삼진	피안타율
KIA	-	-	-	-	-	-	-	-	-	-	-	-
두산	-	-	-	-	-	-	-	-	-	-	-	-
롯데	1	1.80	0	0	0	0	5	4	0	2	4	0.235
NC	1	15.75	0	1	0	0	4	9	1	2	4	0.450
SK	2	3.68	0	0	0	0	7 1/3	8	0	1	8	0.290
LG	2	5.87	1	1	0	0	7 2/3	11	0	2	7	0.379
한화	4	2.16	1	1	0	2	8 1/3	7	0	5	9	0.226
삼성	1	7.20	1	0	0	0	5	6	2	1	1	0.286
kt	2	2.57	1	0	0	0	7	7	0	1	8	0.241

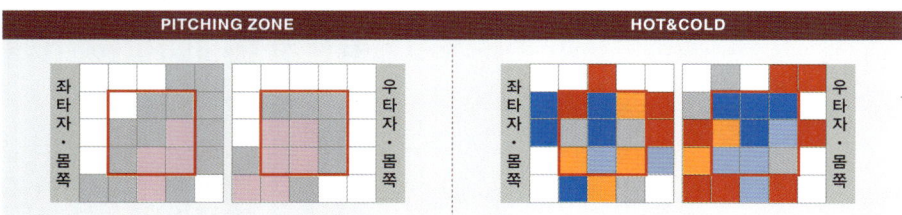

투수

No. 20 최원태

우투우타
1997년 1월 7일
184cm / 93kg
연봉 1억 5000만 원
경력 인헌초(용산리틀)
　　 -서울경원중-서울고
지명순위 15 넥센 1차

140km/h 후반대의 패스트볼과 120km/h 초반의 커브, 130km/h 후반대의 슬라이더를 구사한다. 제구력이 불안하고 포심패스트볼 위력이 들쭉날쭉하다. 2017 투심을 장착한 이후 강력한 선발의 모습을 보여주고 있다. 현재는 제구 불안이 발목을 잡고 있다. 제구만 제대로 잡힌다면 팀에 큰 도움이 될 투수다. 본인이 포심패스트볼에 상당한 자부심이 있었지만 위력이 뛰어나지 않다는 것을 깨닫고 투심패스트볼을 구사해 좋은 성적을 올리고 있다. 20대 초반으로 발전 가능성이 크며 한국을 대표하는 우완 정통파 투수의 계보를 이을 수 있을 것으로 평가된다. 팀 내 신재영과 함께 팀을 이끌어갈 쌍두마차로 평가된다. 넥센뿐 아니라 한국 야구를 위해서도 그의 성장이 기대된다.

PITCHING ZONE

HOT&COLD

좌타자·몸쪽 / 우타자·몸쪽

PITCHING ZONE ■ 15% 이상 ■ 12~14% ■ 9~11% ■ 6~8% ■ 3~5% □ 2% 이하

HOT&COLD ■ 피안타율 0.099 이하 ■ 0.100~0.199 ■ 0.200~0.299 ■ 0.300~0.399 ■ 피안타율 0.400 이상 □ 3타수 미만

최근 3년간 성적

연도	팀명	평균자책	경기	승	패	세이브	홀드	승률	타자수	이닝	피안타	피홈런	볼넷	탈삼진	실점	자책점	WHIP	WAR
2015	-																	
2016	넥센	7.23	17	2	3	0	0	0.400	293	61	89	6	23	42	51	49	1.84	0.29
2017	넥센	4.46	25	11	7	0	0	0.611	637	149 1/3	161	19	34	126	76	74	1.31	3.40
통산		5.26	42	13	10	0	0	0.565	930	210 1/3	250	25	57	168	127	123	1.46	

구속/구사율/피안타율

구종	평균구속	종합	초구	2-2	좌타자	우타자	피안타율
포심패스트볼	143	1%	1%	1%	1%	2%	0.667
투심/싱커	142	54%	60%	46%	56%	52%	0.284
컷패스트볼	-	-	-	-	-	-	-
슬라이더	130	6%	5%	5%	2%	9%	0.216
커브	119	13%	11%	9%	13%	13%	0.308
체인지업	125	26%	23%	39%	29%	24%	0.239
포크/SF/너클	-	-	-	-	-	-	-

볼카운트별 피안타율

볼카운트	피안타율	타수	피안타	볼카운트	피안타율	타수	피안타
0-0	0.342	73	25	2-0	0.333	9	3
0-1	0.348	46	16	2-1	0.323	31	10
0-2	0.174	69	12	2-2	0.216	97	21
1-0	0.447	47	21	3-0	-	0	0
1-1	0.360	50	18	3-1	0.600	10	6
1-2	0.169	118	20	3-2	0.273	33	9

S〉B : 0.206 / S = B : 0.291 / S〈B : 0.377

기타 기록

상대 타자 타구 방향		
48%	20%	32%

이닝당 투구수 15.7
땅볼 / 뜬공 1.19

상황별 기록

상황	안타	2루타	3루타	홈런	볼넷	사구	삼진	폭투	보크	피안타율
주자 없음	92	13	1	12	20	4	89	1	0	0.270
만루	5	1	1	2	1	0	1	0	0	0.556
주자 있음	69	11	2	7	14	8	37	4	1	0.285
득점권	32	5	1	4	10	6	25	3	1	0.244
상위(1~2번)	43	9	0	2	8	0	30	1	0	0.295
중심(3~5번)	49	7	1	12	16	10	45	2	1	0.250
하위(6~9번)	69	8	2	5	10	2	51	2	0	0.286
좌타자	64	14	2	8	16	5	54	3	0	0.268
우타자	97	10	1	14	18	7	72	2	1	0.282

상대팀별 기록

구분	경기	평균자책	승	패	세이브	홀드	이닝	피안타	피홈런	볼넷	삼진	피안타율
KIA	3	4.05	1	2	0	0	20	23	1	4	7	0.295
두산	5	5.02	2	1	0	0	28 2/3	30	4	11	25	0.268
롯데	2	3.46	1	1	0	0	18	13	1	2	11	0.217
NC	2	4.15	2	1	0	0	17 1/3	19	1	3	22	0.275
SK	2	5.40	1	0	0	0	10	14	2	5	10	0.350
LG	2	2.84	0	0	0	0	12 2/3	12	2	2	13	0.261
한화	4	3.33	3	0	0	0	27	24	5	3	22	0.240
삼성	1	6.00	0	1	0	0	6	7	1	1	6	0.280
kt	3	7.36	1	2	0	0	14 2/3	22	1	4	12	0.328

한현희

사이드암 투수로 140km/h 중후반대의 패스트볼과 슬라이더를 던진다. 특히 슬라이더는 결정구로 구종 가치가 리그 최상급 수준이다. 우타자에게 매우 강점을 보이는 구종이다. 또한 기본적으로 체격과 운동능력이 뛰어나며 특히 유연성은 발군이다. 투구 폼이 대단히 부드러워 큰 무리 없이 공을 뿌리며 데뷔 이후 큰 부상이 없는 모습을 보여줬다. 그러나 좌타자에게 약점을 보이면서 제3의 구종이 절대적으로 필요하다는 평가를 받았다. 경남고 시절부터 시작해 넥센에서도 선발, 중간계투, 마무리에 이르기까지 혹사를 당하다 보니, 패스트볼 구속이 매년 조금씩 떨어지고 있다. 게다가 토미존 수술을 받은 병력도 있기에 구단에서 투구 수를 제한하여 철저하게 관리해야 할 투수다.

투수

우언우타
1993년 6월 25일
182cm / 95kg
연봉 2억 3000만 원
경력 동삼초-정남중-경남고
지명순위 12 넥센 1라운드 2순위

PITCHING ZONE

좌타자·몸쪽 / 우타자·몸쪽

HOT&COLD

좌타자·몸쪽 / 우타자·몸쪽

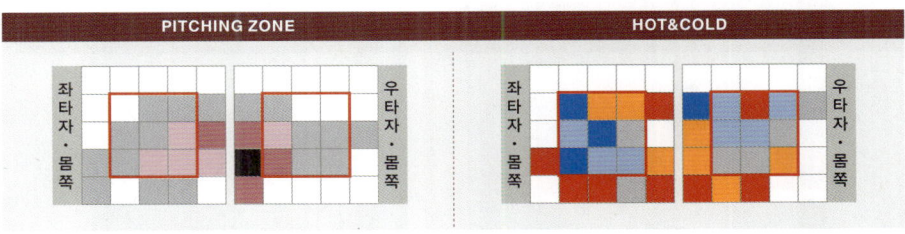

PITCHING ZONE ■ 15% 이상 ■ 12~14% ■ 9~11% ■ 6~8% ■ 3~5% □ 2% 이하
HOT&COLD ■ 피안타율 0.099 이하 □ 0.100~0.199 □ 0.200~0.299 □ 0.300~0.399 ■ 피안타율 0.400 이상 □ 3타수 미만

최근 3년간 성적

연도	팀명	평균자책	경기	승	패	세이브	홀드	승률	타자수	이닝	피안타	피홈런	볼넷	탈삼진	실점	자책점	WHIP	WAR
2015	넥센	4.82	45	11	4	0	10	0.733	542	123 1/3	126	14	41	122	70	66	1.35	2.08
2016	-	-	-	-	-	-	-	-	-	-	-	-	-	-	-	-	-	-
2017	넥센	4.47	38	5	6	5	5	0.455	457	106 2/3	105	14	17	79	61	53	1.14	1.69
통산		3.94	261	28	16	8	80	0.636	1909	445 1/3	424	45	136	394	214	195	1.26	-

구속/구사율/피안타율

구종	평균구속	종합	초구	2-2	좌타자	우타자	피안타율
포심패스트볼	143	47%	52%	37%	50%	44%	0.321
투심/싱커	-	-	-	-	-	-	-
컷패스트볼	-	-	-	-	-	-	-
슬라이더	130	47%	45%	57%	36%	56%	0.197
커브	-	-	-	-	-	-	-
체인지업	132	6%	3%	7%	14%	0%	0.207
포크/SF/너클	-	-	-	-	-	-	-

볼카운트별 피안타율

볼카운트	피안타율	타수	피안타	볼카운트	피안타율	타수	피안타
0-0	0.352	54	19	2-0	0.833	6	5
0-1	0.314	51	16	2-1	0.304	23	7
0-2	0.150	40	6	2-2	0.143	63	9
1-0	0.421	38	16	3-0	-	0	0
1-1	0.286	42	12	3-1	0.400	5	2
1-2	0.141	64	9	3-2	0.148	27	4

S〉B : 0.200 / S = B : 0.252 / S〈B : 0.343

기타 기록

상대 타자 타구 방향		
39%	28%	34%

이닝당 **투구수**	15.4
땅볼 / **뜬공**	1.46

상황별 기록

상황	안타	2루타	3루타	홈런	볼넷	사구	삼진	폭투	보크	피안타율
주자 없음	60	12	0	10	9	6	44	0	0	0.242
만루	3	0	1	1	0	1	3	1	0	0.333
주자 있음	45	10	2	4	8	11	35	3	0	0.273
득점권	30	6	2	2	6	4	24	1	0	0.319
상위(1~2번)	23	5	1	3	4	5	17	1	0	0.230
중심(3~5번)	38	7	0	10	5	3	26	0	0	0.281
하위(6~9번)	44	10	1	1	8	9	36	2	0	0.247
좌타자	50	6	1	10	11	5	33	0	0	0.287
우타자	55	12	4	6	12	46	3	0		0.230

상대팀별 기록

구분	경기	평균자책	승	패	세이브	홀드	이닝	피안타	피홈런	볼넷	삼진	피안타율
KIA	4	6.43	2	0	0	1	14	19	2	2	4	0.311
두산	4	0.75	1	0	1	0	12	7	0	1	10	0.167
롯데	5	5.40	0	1	0	1	13	9	3	3	10	0.231
NC	2	15.00	0	0	1	0	3	7	0	1	1	0.467
SK	8	3.63	1	1	2	1	22 1/3	16	4	4	22	0.190
LG	5	5.23	0	0	1	0	10 1/3	13	2	2	6	0.317
한화	1	3.60	0	0	0	0	5	8	0	0	2	0.348
삼성	6	3.98	2	0	1	0	20 1/3	7	3	3	15	0.233
kt	3	4.66	1	0	0	0	9 2/3	9	1	1	9	0.257

포수

우투우타
1993년 3월 18일
178cm / 80kg
연봉 5000만 원
경력 진북초-전라중-대전고
지명순위 12 넥센 8라운드 76순위

NO. 32 김재현

　원래는 투수로 입단했으나 이후 포수로 전향했다. 포수치고는 발이 꽤 빠른 편이다. 타격은 뛰어나지 않지만 포구와 블로킹 능력이 좋다. 입단 이후 계속 퓨처스리그에서만 뛰고 있다. 2014시즌은 퓨처스리그도 극심한 타고투저였는데도 고작 2할 4푼의 타율을 기록했다. 타격은 확실히 기대에 못 미친다. 2015년부터 1군에 데뷔해 적절한 안타와 안정적인 블로킹, 송구로 좋은 성장을 보이고 있다. 2017시즌 여전히 박동원의 백업으로 활약했다. 시즌 초 박동원이 심한 부진을 겪으며 종종 선발로 출장했고, 박동원이 2군행을 통보받은 후엔 콜업된 주효상과 함께 경기를 뛰었다. 여전히 타격은 미덥지 못해 경기 중후반쯤 대타로 교체되곤 한다. 거의 최원태의 전담 포수로 활약했다.

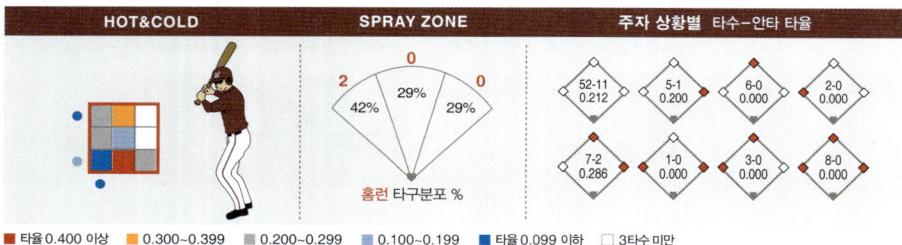

■ 타율 0.400 이상　■ 0.300~0.399　■ 0.200~0.299　■ 0.100~0.199　■ 타율 0.099 이하　□ 3타수 미만

최근 3년간 성적

연도	팀명	타율	경기	타수	득점	안타	2루타	3루타	홈런	루타	타점	도루	볼넷	삼진	장타율	출루율	실책	OPS	WAR
2015	넥센	0.262	59	65	7	17	3	0	1	23	6	0	2	15	0.354	0.290	2	0.644	-0.07
2016	넥센	0.181	56	72	8	13	2	0	0	15	8	0	7	14	0.208	0.263	1	0.471	-0.39
2017	넥센	0.167	70	84	6	14	2	0	2	22	6	0	3	27	0.262	0.205	1	0.467	-0.38
통산		0.199	185	221	21	44	7	0	3	60	20	0	12	56	0.271	0.249	4	0.520	-

구종별 타격 성적

구종	전체	VS우투	VS좌투
포심패스트볼	0.222	0.185	0.333
투심/싱커	0.000	0.000	-
컷패스트볼	0.667	0.667	-
슬라이더	0.167	0.188	0.000
커브	0.000	0.000	-
체인지업	0.000	0.000	-
포크/SF/너클	0.250	0.250	

볼카운트별 타율-타점

볼카운트	타율	타수	안타	타점	볼카운트	타율	타수	안타	타점
0-0	0.133	15	2	0	2-0	0.000	1	0	0
0-1	0.250	4	1	0	2-1	0.250	4	1	2
0-2	0.111	9	1	0	2-2	0.188	16	3	0
1-0	0.400	5	2	1	3-0	-	0	0	0
1-1	0.250	12	3	2	3-1	-	0	0	0
1-2	0.067	15	1	0	3-2	0.000	3	0	1

S > B : 0.107 / S = B : 0.186 / S < B : 0.231

수비 기록

위치	자살	보살	실책	수비율

| 포수 | 223 | 25 | 1 | 0.996 |

상황별 기록

상황	타율	타수	안타	2루타	3루타	홈런	타점	볼넷	사구	삼진	병살
주자 없음	0.212	52	11	1	0	2	2	2	1	19	0
주자 있음	0.094	32	3	1	0	0	4	1	0	8	4
득점권	0.074	27	2	1	0	0	4	1	0	5	3
좌투수	0.158	19	3	0	0	1	2	1	0	9	0
우투수	0.182	55	10	2	0	1	3	2	1	16	4
언더	0.100	10	1	0	0	0	1	0	0	2	0
노아웃	0.194	31	6	0	0	2	2	0	0	11	1
원아웃	0.161	31	5	1	0	0	1	0	1	10	3
투아웃	0.136	22	3	1	0	0	3	2	1	6	0

상대팀별 기록

구분	경기	타율	타수	득점	안타	홈런	타점	도루	볼넷	삼진	병살
KIA	10	0.091	11	0	1	0	1	0	0	4	0
두산	8	0.250	8	1	2	0	0	0	0	4	0
롯데	10	0.125	8	0	1	0	0	0	0	3	1
NC	9	0.125	16	2	2	1	2	0	1	5	0
SK	9	0.125	8	1	1	0	1	0	0	5	0
LG	8	0.000	3	0	0	0	0	0	0	0	0
한화	8	0.167	18	0	3	1	3	0	2	7	2
삼성	7	0.333	3	0	1	0	0	0	0	3	1
kt	6	0.400	5	0	2	0	0	0	0	0	0

포수

우투우타
1990년 4월 7일
179cm / 92kg
연봉 1억 8000만 원
경력 양정초-개성중-개성고
　　　-히어로즈-넥센-상무
지명순위 09 히어로즈 2차 3라운드
　　　19순위

NO. 27 박동원

　강민호, 양의지 급의 포수는 아니지만 넥센의 고질적인 포수 난을 해결해줬다. 데뷔 시절(2013년)에 비해, 포수치고는 실책이 많으나 우려할 수준은 아니다. 또한 블로킹, 도루 저지율, 송구 능력 등이 점차 좋아지고 있다. 타격에서도 매년 20홈런을 칠 수 있는 펀치력을 가졌고 경기 흐름을 바꾸는 클러치 능력도 보유했다. 타격은 꽤나 적극적인 편이고 장타를 많이 노린다. 하위 타선에서 간간이 쳐주는 장타로 팀에 도움을 준다. 항상 자신감 넘치는 풀스윙을 하나 극단적인 끌어치는 공격으로 (근본적으로) 콘택트 능력이 떨어지고, 병살타를 많이 기록한다. 볼넷 대비 삼진 비율도 좋지 않지만, 득점권 타율 및 장타력이 이 모든 것을 상쇄한다. 특히 한화에 매우 강한 모습을 보인다. 프로 데뷔 첫 홈런도 한화를 상대로 기록했다.

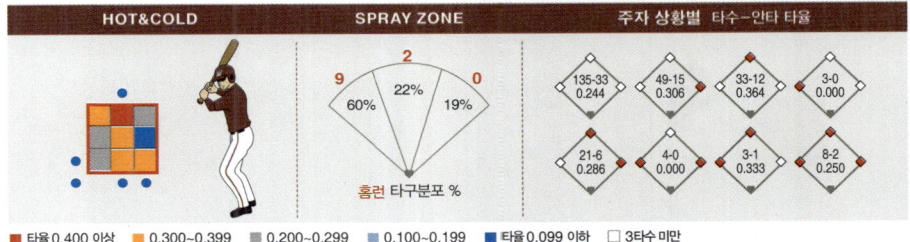

■ 타율 0.400 이상　■ 0.300~0.399　■ 0.200~0.299　■ 0.100~0.199　■ 타율 0.099 이하　□ 3타수 미만

최근 3년간 성적

연도	팀명	타율	경기	타수	득점	안타	2루타	3루타	홈런	루타	타점	도루	볼넷	삼진	장타율	출루율	실책	OPS	WAR
2015	넥센	0.266	127	379	47	101	12	1	14	157	61	0	37	93	0.414	0.339	10	0.753	1.57
2016	넥센	0.248	127	411	44	102	25	1	14	171	70	3	27	93	0.416	0.304	7	0.720	0.73
2017	넥센	0.270	103	256	33	69	9	0	11	111	39	2	17	56	0.434	0.320	8	0.754	0.69
통산		0.254	509	1320	161	335	59	4	46	540	202	6	101	312	0.409	0.316	38	0.725	-

구종별 타격 성적

구종	전체	VS우투	VS좌투
포심패스트볼	0.358	0.392	0.286
투심/싱커	0.231	0.200	0.333
컷패스트볼	0.100	0.143	0.000
슬라이더	0.292	0.262	0.500
커브	0.100	0.095	0.111
체인지업	0.174	0.250	0.133
포크/SF/너클	0.217	0.125	0.429

볼카운트별 타율-타점

볼카운트	타율	타수	안타	타점	볼카운트	타율	타수	안타	타점
0-0	0.321	56	18	6	2-0	0.333	3	1	0
0-1	0.304	23	7	5	2-1	0.333	12	4	5
0-2	0.091	11	1	0	2-2	0.122	41	5	2
1-0	0.500	18	9	6	3-0	-	0	0	0
1-1	0.381	21	8	5	3-1	0.800	5	4	2
1-2	0.216	37	8	5	3-2	0.138	29	4	3

S > B : 0.225 / S = B : 0.263 / S < B : 0.328

수비 기록

위치	자살	보살	실책	수비율
포수	527	48	8	0.986

상황별 기록

상황	타율	타수	안타	2루타	3루타	홈런	타점	볼넷	사구	삼진	병살
주자 없음	0.244	135	33	5	0	5	5	9	1	33	0
주자 있음	0.298	121	36	4	0	6	34	8	2	23	9
득점권	0.292	72	21	3	0	3	28	3	2	15	2
좌투수	0.256	78	20	1	0	2	7	4	1	15	1
우투수	0.269	156	42	7	0	8	28	11	1	34	7
언더	0.318	22	7	1	0	1	4	2	1	7	1
노아웃	0.227	75	17	3	0	5	4	4	0	20	2
원아웃	0.250	88	22	4	0	5	12	8	0	16	7
투아웃	0.323	93	30	2	0	5	24	4	0	20	0

상대팀별 기록

구분	경기	타율	타수	득점	안타	홈런	타점	도루	볼넷	삼진	병살
KIA	12	0.207	29	1	6	0	1	1	4	5	0
두산	10	0.444	27	7	12	2	10	0	2	6	0
롯데	10	0.200	25	2	5	1	2	0	1	9	0
NC	11	0.278	18	4	5	1	4	0	3	2	0
SK	13	0.222	36	3	8	5	5	0	0	5	1
LG	10	0.167	30	1	5	0	2	0	2	9	1
한화	10	0.458	24	7	11	2	10	0	1	3	2
삼성	10	0.292	24	4	7	2	3	1	3	5	1
kt	14	0.233	43	4	10	1	2	0	1	8	4

우투우타
1988년 12월 17일
181cm / 94kg
연봉 3억 5000만 원
경력 고명초-잠신중-덕수정보고
-(영남사이버대)-롯데
지명순위 07 롯데 2차 2라운드
13순위

NO.3 김민성

콘택트 능력과 파워는 KBO 평균 이상이다. 특히 SK 김광현에게 특별하게 강점을 가지고 있다. 2016년까지 43타수 17안타 1홈런 5타점 타율 0.359를 기록하고 있다. 2011년에 지적받던 파워의 부족을 시즌 후부터 웨이트트레이닝으로 보강했고, 그 후 타구의 질이 전반적으로 좋아지면서 모든 기록이 향상됐다. 그러나 안타를 몰아서 치는 단점을 가지고 있다. 또한 발이 느리고 적극적인 타격으로 병살타가 많은 편이다. 수비는 내야 전 포지션을 아우르는 유틸리티 선수이며 좋은 포구와 경쾌한 스텝으로 정면 타구를 잘 처리한다. 하지만 어깨가 좋지 않아 송구 능력은 불안한 편이다. 수비 범위는 좁으나 라인드라이브나 강습타구는 발군의 기량으로 처리한다. 리그에서도 공수를 갖춘 상위권에 속하는 선수다.

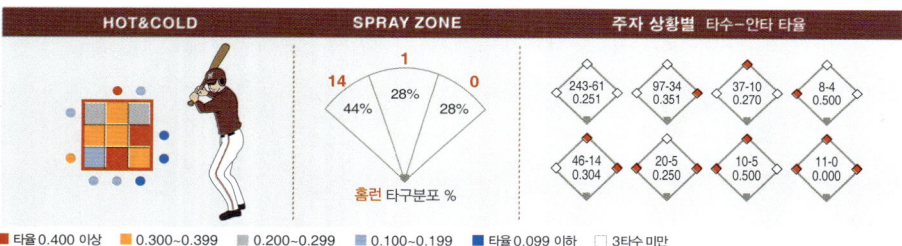

HOT&COLD / SPRAY ZONE / 주자 상황별 타수-안타 타율

홈런 타구분포 %

■ 타율 0.400 이상　■ 0.300~0.399　■ 0.200~0.299　■ 0.100~0.199　■ 타율 0.099 이하　□ 3타수 미만

최근 3년간 성적

연도	팀명	타율	경기	타수	득점	안타	2루타	3루타	홈런	루타	타점	도루	볼넷	삼진	장타율	출루율	실책	OPS	WAR
2015	넥센	0.303	118	445	60	135	24	0	16	207	71	1	31	62	0.465	0.357	5	0.822	2.38
2016	넥센	0.306	141	510	76	156	39	5	17	256	90	6	53	89	0.502	0.367	7	0.869	2.38
2017	넥센	0.282	133	472	59	133	26	1	15	206	78	0	43	93	0.436	0.345	6	0.781	1.78
통산		0.277	1049	3389	459	939	183	11	89	1411	483	42	308	636	0.416	0.347	61	0.763	-

구종별 타격 성적

구종	전체	VS우투	VS좌투
포심패스트볼	0.258	0.257	0.259
투심/싱커	0.345	0.304	0.500
컷패스트볼	0.313	0.333	0.250
슬라이더	0.296	0.246	0.583
커브	0.286	0.364	0.125
체인지업	0.315	0.227	0.375
포크/SF/너클	0.273	0.270	0.286

볼카운트별 타율-타점

볼카운트	타율	타수	안타	타점	볼카운트	타율	타수	안타	타점
0-0	0.429	35	15	10	2-0	0.625	8	5	4
0-1	0.349	43	15	10	2-1	0.517	29	15	8
0-2	0.100	40	4	2	2-2	0.230	100	23	9
1-0	0.485	33	16	12	3-0	-	0	0	0
1-1	0.245	53	13	7	3-1	0.133	15	2	0
1-2	0.221	68	15	7	3-2	0.208	48	10	9
				S > B : 0.225 / S = B : 0.271 / S < B : 0.361					

수비 기록

위치	자살	보살	실책	수비율
2루수	0	0	0	-
3루수	110	242	6	0.983
유격수	7	6	0	1.000

상황별 기록

상황	타율	타수	안타	2루타	3루타	홈런	타점	볼넷	사구	삼진	병살
주자없음	0.251	243	61	5	1	8	8	12	3	48	0
주자있음	0.314	229	72	21	0	7	70	31	4	45	15
득점권	0.288	132	38	14	0	4	59	21	4	26	6
좌투수	0.311	132	41	8	1	5	20	10	1	28	3
우투수	0.263	274	72	16	0	7	49	29	4	52	7
언더	0.303	66	20	2	0	3	9	4	2	13	5
노아웃	0.263	171	45	7	0	6	13	7	5	32	6
원아웃	0.343	140	48	9	0	6	29	20	1	40	9
투아웃	0.248	161	40	10	1	3	36	16	1	35	0

상대팀별 기록

구분	경기	타율	타수	득점	안타	홈런	타점	도루	볼넷	삼진	병살
KIA	16	0.264	53	7	14	2	9	0	7	9	2
두산	16	0.323	65	7	21	0	7	0	1	10	1
롯데	16	0.213	47	3	10	1	9	0	7	10	3
NC	11	0.282	39	3	11	3	6	0	2	10	1
SK	15	0.211	57	7	12	0	9	0	4	10	1
LG	16	0.283	53	4	15	1	7	0	3	11	1
한화	16	0.339	56	12	19	4	13	0	9	3	0
삼성	16	0.362	58	11	21	2	11	0	7	12	3
kt	12	0.227	44	5	10	2	6	0	3	6	3

NO. 7　김하성

내야

　KBO 리그를 대표하는 유격수. 수비 부담이 큰 포지션에서도 매년 20홈런 이상을 생산할 수 있다. 홈런뿐만 아니라 한 시즌에 30개 내외의 2루타를 칠 정도로 장타 자체가 많이 나온다. 전형적인 '5툴 플레이어'로 손목의 힘이 엄청나다. 콘택트 능력은 평범하나 선구안이 안정적이다. 시즌이 더해 갈수록 볼을 고르는 능력이 향상되고 있다. 스윙이 크지만, 떨어지는 변화구에도 삼진은 적은 편이다. 수비 또한 수준급이며 순발력이 좋아 수비 범위가 넓고 강한 어깨를 가지고 있다. 그러나 실책이 많은 것이 '옥에 티'. 주루 능력도 출중해 한 시즌 20개 이상의 도루를 할 수 있다. 체력도 좋아 매년 140경기 이상을 출장할 정도로 팀의 보배와 같은 존재다.

우투우타
1995년 10월 17일
175cm / 76kg
연봉 3억 2000만 원
경력 부천북초-부천중-야탑고
지명순위 14 넥센 2차 3라운드
　　　　　29순위

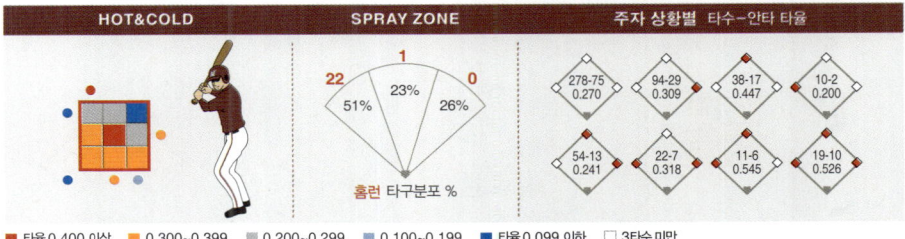

HOT&COLD　　**SPRAY ZONE**　　**주자 상황별 타수-안타 타율**

22　1　0
51%　23%　26%

홈런 타구분포 %

278-75 0.270	94-29 0.309	38-17 0.447	10-2 0.200
54-13 0.241	22-7 0.318	11-6 0.545	19-10 0.526

■ 타율 0.400 이상　■ 0.300~0.399　■ 0.200~0.299　■ 0.100~0.199　■ 타율 0.099 이하　□ 3타수 미만

최근 3년간 성적

연도	팀명	타율	경기	타수	득점	안타	2루타	3루타	홈런	루타	타점	도루	볼넷	삼진	장타율	출루율	실책	OPS	WAR
2015	넥센	0.290	140	511	89	148	35	5	19	250	73	22	56	115	0.489	0.362	21	0.851	3.82
2016	넥센	0.281	144	526	92	148	29	7	20	251	34	28	60	80	0.477	0.358	21	0.835	2.50
2017	넥센	0.302	141	526	90	159	36	3	23	270	14	16	58	65	0.513	0.376	18	0.889	4.53
통산		0.288	485	1611	288	464	102	16	64	790	278	70	182	273	0.490	0.363	61	0.853	-

구종별 타격 성적

구종	전체	VS우투	VS좌투
포심패스트볼	0.282	0.301	0.235
투심/싱커	0.382	0.400	0.250
컷패스트볼	0.267	0.273	0.250
슬라이더	0.307	0.313	0.273
커브	0.275	0.316	0.154
체인지업	0.311	0.381	0.275
포크/SF/너클	0.357	0.333	0.500

볼카운트별 타율-타점

볼카운트	타율	타수	안타	타점	볼카운트	타율	타수	안타	타점
0-0	0.468	47	22	10	2-0	0.278	18	5	3
0-1	0.391	46	18	11	2-1	0.342	38	13	8
0-2	0.212	33	7	1	2-2	0.189	74	14	11
1-0	0.182	44	8	13	3-0	0.400	5	2	5
1-1	0.364	55	20	14	3-1	0.545	22	12	9
1-2	0.211	90	19	13	3-2	0.352	54	19	16

S〉B : 0.260 / S=B 0.318 / S〈B : 0.326

수비 기록

위치	자살	보살	실책	수비율
유격수	207	422	18	0.972

상황별 기록

상황	타율	타수	안타	2루타	3루타	홈런	타점	볼넷	사구	삼진	병살
주자 없음	0.270	278	75	16	1	8	8	22	4	32	0
주자 있음	0.339	248	84	20	2	15	106	36	4	33	8
득점권	0.357	154	55	12	2	10	94	28	3	20	4
좌투수	0.257	148	38	9	1	5	26	13	1	14	2
우투수	0.288	319	92	23	1	14	69	39	7	47	5
언더	0.492	59	29	4	1	4	19	6	0	4	1
노아웃	0.319	182	58	16	1	9	17	21	1	21	2
원아웃	0.276	185	51	7	1	11	49	15	6	28	6
투아웃	0.314	159	50	13	1	6	46	23	1	16	0

상대팀별 기록

구분	경기	타율	타수	득점	안타	홈런	타점	도루	볼넷	삼진	병살
KIA	16	0.304	56	11	17	4	14	2	9	5	2
두산	16	0.231	65	9	15	1	14	2	6	7	1
롯데	16	0.270	63	8	17	2	10	0	4	10	1
NC	16	0.375	56	12	21	2	8	2	5	6	0
SK	15	0.333	54	13	18	5	15	1	5	10	0
LG	16	0.316	57	8	18	0	7	0	7	10	2
한화	16	0.271	59	6	16	2	6	2	7	11	1
삼성	16	0.355	62	11	22	3	17	4	6	5	1
kt	16	0.278	54	9	15	3	13	9	3	0	1

내야

우투좌타
1989년 8월 22일
176cm / 84kg
연봉 3억 8000만 원
경력 송정동초-충장중
-광주제일고-LG
지명순위 08 LG 육성선수

NO. 14 서건창

넥센 역대 최고의 좌타자. 신고 선수로 LG에 입단해 우여곡절 끝에 넥센 유니폼을 입고 2014년 201개의 최다 안타와 타율 0.370을 기록하는 엄청난 기록을 남겼다. 전형적인 똑딱이 타자로 정교함과 밀어치기, 당겨치기에 능한 선수다. 주루 능력은 매 시즌 29도루 이상 가능하다. 그러나 도루 수에 비해 도루 실패가 많다. 도루를 많이 하면서도 도루 실패를 줄이는 게 관건이다. 베이스를 돌 때의 가속이 좋아 타격 후 한 베이스를 더 진루하는 경우가 상대적으로 많다. 빠른 발과 베이스러닝이 뛰어나 3루타가 2012년 10개, 2014년 17개로 각각 1위를 차지했다. 수비 범위는 넓으나 강견은 아니다. 그러나 게임의 흐름을 바꾸는 1루 악송구와 갈수록 좁아지는 수비 범위에 코칭스탭과 팬들의 우려를 사고 있다.

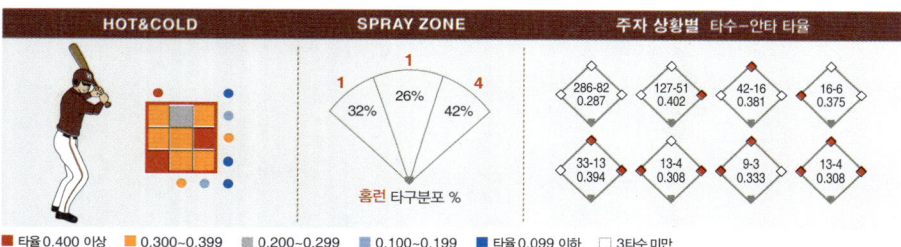

■ 타율 0.400 이상 ■ 0.300~0.399 ■ 0.200~0.299 ■ 0.100~0.199 ■ 타율 0.099 이하 □ 3타수 미만

최근 3년간 성적

연도	팀명	타율	경기	타수	득점	안타	2루타	3루타	홈런	루타	타점	도루	볼넷	삼진	장타율	출루율	실책	OPS	WAR
2015	넥센	0.298	85	312	52	93	24	4	3	134	37	9	42	24	0.429	0.381	11	0.810	1.75
2016	넥센	0.325	140	560	111	182	30	7	7	247	63	26	69	58	0.441	0.406	15	0.847	3.98
2017	넥센	0.332	139	539	87	179	28	3	6	231	76	15	67	68	0.429	0.403	12	0.832	4.08
통산		0.316	706	2704	508	854	157	43	24	1169	301	163	315	270	0.432	0.392	56	0.824	-

구종별 타격 성적

구종	전체	VS우투	VS좌투
포심패스트볼	0.373	0.422	0.299
투심/싱커	0.370	0.412	0.250
컷패스트볼	0.345	0.391	0.167
슬라이더	0.264	0.250	0.273
커브	0.289	0.222	0.350
체인지업	0.366	0.313	0.556
포크/SF/너클	0.204	0.196	0.333

볼카운트별 타율-타점

볼카운트	타율	타수	안타	타점	볼카운트	타율	타수	안타	타점
0-0	0.438	64	28	15	2-0	0.273	11	3	2
0-1	0.333	57	19	11	2-1	0.425	40	17	3
0-2	0.229	35	8	1	2-2	0.216	74	16	6
1-0	0.479	48	23	11	3-0	-	0	0	1
1-1	0.426	47	20	4	3-1	0.231	13	3	1
1-2	0.300	90	27	14	3-2	0.250	60	15	7

S > B : 0.297 / S = B : 0.346 / S < B : 0.355

수비 기록

위치	자살	보살	실책	수비율
2루수	254	329	12	0.980

상황별 기록

상황	타율	타수	안타	2루타	3루타	홈런	타점	볼넷	사구	삼진	병살
주자 없음	0.287	286	82	13	2	4	4	32	0	38	0
주자 있음	0.383	253	97	15	1	2	72	35	1	30	11
득점권	0.365	126	46	6	0	0	62	20	1	13	4
좌투수	0.305	203	62	10	0	0	25	15	0	31	6
우투수	0.344	285	98	16	3	5	41	49	1	31	4
언더	0.373	51	19	2	0	1	10	3	0	6	1
노아웃	0.337	199	67	12	0	4	23	20	1	27	4
원아웃	0.346	185	64	9	0	2	19	26	0	26	7
투아웃	0.310	155	48	7	3	2	34	21	0	15	0

상대팀별 기록

구분	경기	타율	타수	득점	안타	홈런	타점	도루	볼넷	삼진	병살
KIA	16	0.339	59	11	20	0	6	0	9	1	
두산	15	0.351	57	10	20	1	12	2	8	5	2
롯데	16	0.258	62	8	16	1	8	5	10	9	1
NC	16	0.328	58	10	19	1	7	1	4	9	0
SK	14	0.327	55	6	18	0	10	1	7	6	3
LG	16	0.242	62	7	15	1	0	1	2	6	0
한화	16	0.439	66	13	29	1	9	0	8	5	0
삼성	14	0.397	58	13	23	1	8	2	8	2	1
kt	16	0.306	62	9	19	0	14	3	6	13	1

내야

NO. 23 장영석

부천고 시절 에이스이자 4번 타자였다. 넥센에 입단해 3루수나 1루수를 주로 봤다. 경찰청에서 활동하면서 수비, 타격 등 모든 것이 좋아졌다. 특히 파워가 있고 밀어치기에 능한 선수다. 2017시즌 수비, 타격이 월등하게 좋아졌다. 풀타임 주전이 아님에도 불구하고 강력한 파워를 바탕으로 두 자릿수 홈런을 치고 호수비도 보이는 등 좋은 활약을 보이면서 윤석민의 이적에 따른 공백을 잘 메꾸어주었다. 이 정도 모습만 보여준다면 팀 타선의 중심을 맡을 수도 있다. 아직 풀타임 선수는 아니지만 백업요원으로 꾸준히 자기 기량을 펼친다면 내야 한 자리를 차지하는 것은 시간문제다. 아직 젊기에 본인의 잠재력을 폭발시킬 시간은 남아 있다.

우투우타
1990년 5월 14일
186cm / 95kg
연봉 6000만 원
경력 신도초-성남중-부천고
　　　(방송통신대)-히어로즈-넥센
　　　-경찰
지명순위 09 히어로즈 2차 1라운드 3순위

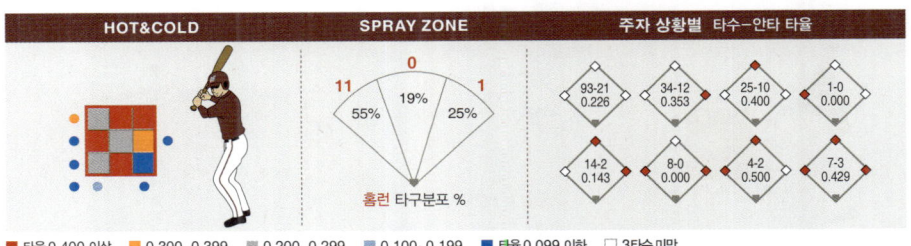

HOT&COLD

SPRAY ZONE

0
11　　19%　　1
55%　　　25%

홈런 타구분포 %

주자 상황별　타수-안타 타율

93-21	34-12	25-10	1-0
0.226	0.353	0.400	0.000

14-2	8-0	4-2	7-3
0.143	0.000	0.500	0.429

■ 타율 0.400 이상　■ 0.300~0.399　■ 0.200~0.299　■ 0.100~0.199　■ 타율 0.099 이하　□ 3타수 미만

최근 3년간 성적

연도	팀명	타율	경기	타수	득점	안타	2루타	3루타	홈런	루타	타점	도루	볼넷	삼진	장타율	출루율	실책	OPS	WAR
2015	넥센	0.125	6	8	0	1	0	0	0	1	0	0	0	2	0.125	0.125	1	0.250	-0.17
2016	넥센	0.192	23	26	6	5	2	0	0	7	3	0	7	10	0.269	0.364	3	0.633	-0.14
2017	넥센	0.269	60	186	30	50	14	0	12	100	38	0	17	50	0.538	0.358	9	0.896	1.06
통산		0.225	211	481	61	108	24	1	19	191	71	0	45	146	0.397	0.321	21	0.718	-

구종별 타격 성적

구종	전체	VS우투	VS좌투
포심패스트볼	0.282	0.357	0.091
투심/싱커	0.250	0.273	0.000
컷패스트볼	0.400	0.250	1.000
슬라이더	0.273	0.250	0.500
커브	0.296	0.286	0.333
체인지업	0.348	0.500	0.294
포크/SF/너클	0.053	0.056	0.000

볼카운트별 타율-타점

볼카운트	타율	타수	안타	타점	볼카운트	타율	타수	안타	타점
0-0	0.333	12	4	3	2-0	0.333	3	1	2
0-1	0.267	15	4	1	2-1	0.250	4	1	1
0-2	0.000	12	0	0	2-2	0.289	45	13	9
1-0	0.556	18	10	11	3-0	0.000	1	0	0
1-1	0.333	12	4	2	3-1	0.500	6	3	2
1-2	0.152	33	5	2	3-2	0.200	25	5	4
			S〉B : 0.150 / S = B : 0.304 / S〈B : 0.351						

수비 기록

위치	자살	보살	실책	수비율
1루수	258	10	4	0.985
3루수	10	28	5	0.884

상황별 기록

상황	타율	타수	안타	2루타	3루타	홈런	타점	볼넷	사구	삼진	병살
주자 없음	0.226	93	21	4	0	5	5	5	5	31	0
주자 있음	0.312	93	29	10	0	7	33	12	4	19	4
득점권	0.288	59	17	6	0	4	26	10	3	13	1
좌투수	0.220	50	11	3	0	2	8	9	1	14	2
우투수	0.302	116	35	9	0	9	26	8	7	29	2
언더	0.200	20	4	2	0	1	4	0	1	7	0
노아웃	0.299	67	20	6	0	3	15	2	2	20	1
원아웃	0.217	69	15	5	0	4	16	6	5	17	3
투아웃	0.300	50	15	3	0	5	17	9	2	13	0

상대팀별 기록

구분	경기	타율	타수	득점	안타	홈런	타점	도루	볼넷	삼진	병살
KIA	7	0.250	20	3	5	0	3	0	4	6	0
두산	6	0.455	11	2	5	1	1	0	2	3	0
롯데	8	0.273	33	5	9	2	5	0	2	8	0
NC	8	0.222	27	5	6	2	8	0	1	9	0
SK	6	0.333	18	5	6	2	6	0	2	4	0
LG	7	0.280	25	5	7	2	7	0	2	1	1
한화	7	0.143	7	0	1	0	0	0	1	4	0
삼성	7	0.353	17	3	6	1	10	0	1	4	1
kt	8	0.179	28	2	5	2	6	0	3	5	2

외야

우투좌타
1989년 1월 11일
184cm / 83kg
연봉 1억 1000만 원
경력 역삼초-대치중-경기고-한양대
　　　-넥센-상무
지명순위 11 넥센 3라운드 19순위

NO. 53 고종욱

　고샤인 볼트라는 닉네임에 어울리게 100m를 11초에 주파한다. 콘택트 능력이 뛰어나지만 신인 시절 빠른 발만 믿고 무모한 도루 시도로 경기 흐름을 끊는 모습을 자주 연출했다. 그러면서 선구안과 주루 센스가 떨어져 병살타와 주루사가 빈번하게 이루어졌다. 그러나 세월이 흘러 2016년에는 한층 발전하면서 모든 약점이 개선되었으나 여전히 주루사와 도루 실패가 많았다. 테이블세터치고 두 자릿수 홈런에 장타율도 높은 편이라 팀 내 중심 타자로 성공할 자질도 보인다. 수비 범위가 넓기는 하지만 타구 판단이 미숙해 수비 때마다 불안감을 노출한다. 외야수로서 리그 평균 수준이며 근본적으로 어깨가 약하기에 좌익수가 그의 한계다. 그래도 팀에서는 고종욱 만한 알짜가 있다는 게 다행스럽다.

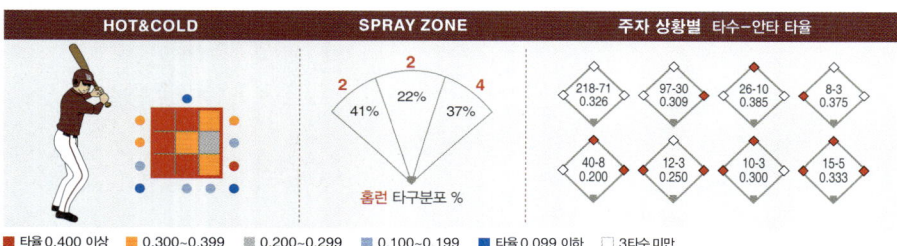

HOT&COLD	SPRAY ZONE	주자 상황별 타수-안타 타율

■ 타율 0.400 이상　■ 0.300~0.399　■ 0.200~0.299　■ 0.100~0.199　■ 타율 0.099 이하　□ 3타수 미만

최근 3년간 성적

연도	팀명	타율	경기	타수	득점	안타	2루타	3루타	홈런	루타	타점	도루	볼넷	삼진	장타율	출루율	실책	OPS	WAR
2015	넥센	0.310	119	407	81	126	25	4	10	189	51	22	25	81	0.464	0.358	3	0.822	1.50
2016	넥센	0.334	133	527	92	176	22	9	8	240	72	28	28	103	0.455	0.370	1	0.825	2.16
2017	넥센	0.312	123	426	70	133	24	8	8	197	54	16	22	92	0.462	0.349	5	0.811	1.21
통산		0.312	437	1477	257	461	76	25	27	668	186	74	82	306	0.452	0.352	9	0.804	

구종별 타격 성적

구종	전체	VS우투	VS좌투
포심패스트볼	0.317	0.342	0.250
투심/싱커	0.296	0.300	0.286
컷패스트볼	0.381	0.429	0.286
슬라이더	0.333	0.226	0.404
커브	0.382	0.385	0.375
체인지업	0.306	0.281	0.500
포크/SF/너클	0.215	0.230	0.000

볼카운트별 타율-타점

볼카운트	타율	타수	안타	타점	볼카운트	타율	타수	안타	타점
0-0	0.400	55	22	8	2-0	0.429	7	3	1
0-1	0.353	34	12	4	2-1	0.381	21	8	8
0-2	0.216	37	8	1	2-2	0.273	55	15	2
1-0	0.273	33	9	5	3-0	-	0	0	0
1-1	0.395	38	15	10	3-1	0.500	12	6	4
1-2	0.244	90	22	6	3-2	0.295	44	13	5
S〉B : 0.261 / S=B : 0.351 / S〈B : 0.333									

수비 기록

위치	자살	보살	실책	수비율
좌익수	190	3	4	0.980
중견수	2	0	1	0.667
우익수	0	0	0	-

상황별 기록

상황	타율	타수	안타	2루타	3루타	홈런	타점	볼넷	사구	삼진	병살
주자 없음	0.326	218	71	13	6	4	4	13	1	48	0
주자 있음	0.298	208	62	11	2	4	50	9	2	44	11
득점권	0.288	111	32	3	2	4	44	7	2	22	5
좌투수	0.328	122	40	5	1	1	16	2	0	24	2
우투수	0.298	255	76	13	7	6	32	17	1	57	8
언더	0.347	49	17	4	0	1	6	3	2	11	1
노아웃	0.304	138	42	7	3	3	11	7	1	33	2
원아웃	0.349	166	58	12	3	3	25	5	2	33	9
투아웃	0.270	122	33	5	0	2	18	10	0	26	0

상대팀별 기록

구분	경기	타율	타수	득점	안타	홈런	타점	도루	볼넷	삼진	병살
KIA	12	0.163	43	3	7	0	2	1	8	8	1
두산	13	0.388	49	10	19	1	8	3	4	6	2
롯데	13	0.279	43	8	12	1	5	1	0	8	0
NC	14	0.325	40	5	13	1	6	1	0	8	2
SK	13	0.233	43	6	10	0	4	3	2	11	0
LG	16	0.281	57	8	16	1	10	3	4	15	2
한화	11	0.229	35	8	8	0	5	0	0	5	1
삼성	16	0.452	62	14	28	1	14	2	14	14	2
kt	15	0.370	54	10	20	1	3	3	1	15	0

이정후

정교한 타격과 경쾌한 발놀림, 뛰어난 야구 센스, 빠른 배트 스피드, 뛰어난 배트 컨트롤을 이용해 안타를 만들어낸다. 도저히 고졸 1년차 신인이라고 믿기 어려울 정도다. 장타 비중을 조금씩 끌어올리면서 더욱 주목받고 있다. 아버지 이종범에게 물려받은 재능과 본인 노력의 산물로 2017년 신인왕을 차지했다. 발은 빠르지 않지만 타고난 주루 센스는 물론 타율과 출루율도 좋은 편이다. 수비는 원래 3루수였으나 송구 부담 때문에 외야수로 이동해 경력에 비해 안정된 수비 실력을 보여준다. 홈런은 2개에 그쳤지만, 웨이트트레이닝을 통해 파워를 보강한다면 중장거리 타자로의 변신도 멀지 않을 듯 싶다. 2018시즌 2년차 징크스를 털어낼지 기대 되는 유망주다.

외야

우투좌타
1998년 8월 20일
185cm / 78kg
연봉 1억 1000만 원
경력 광주서석초-휘문중-휘문고
지명순위 17 넥센 1차

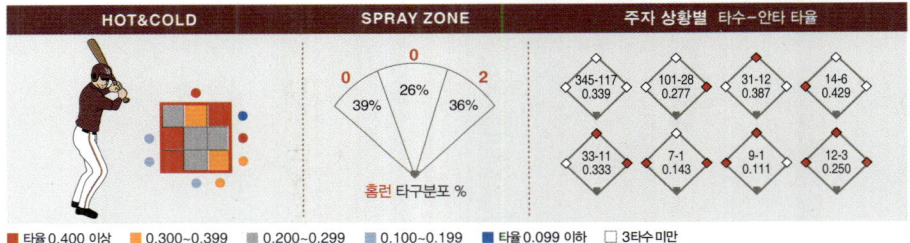

| HOT&COLD | SPRAY ZONE | 주자 상황별 타수-안타 타율 |

SPRAY ZONE: 0 0 2 / 39% 26% 36%
홈런 타구분포 %

주자 상황별 타수-안타 타율:
345-117 0.339 | 101-28 0.277 | 31-12 0.387 | 14-6 0.429
33-11 0.333 | 7-1 0.143 | 9-1 0.111 | 12-3 0.250

■ 타율 0.400 이상 ■ 0.300~0.399 ■ 0.200~0.299 ■ 0.100~0.199 ■ 타율 0.099 이하 □ 3타수 미만

최근 3년간 성적

연도	팀명	타율	경기	타수	득점	안타	2루타	3루타	홈런	루타	타점	도루	볼넷	삼진	장타율	출루율	실책	OPS	WAR
2015	-	-	-	-	-	-	-	-	-	-	-	-	-	-	-	-	-	-	-
2016	-	-	-	-	-	-	-	-	-	-	-	-	-	-	-	-	-	-	-
2017	넥센	0.324	144	552	111	179	29	8	2	230	47	12	60	67	0.417	0.395	3	0.812	4.57
통산		0.324	144	552	111	179	29	8	2	230	47	12	60	67	0.417	0.395	3	0.812	-

구종별 타격 성적

구종	전체	VS우투	VS좌투
포심패스트볼	0.354	0.382	0.308
투심/싱커	0.167	0.174	0.143
컷패스트볼	0.333	0.357	0.000
슬라이더	0.304	0.346	0.279
커브	0.360	0.355	0.368
체인지업	0.255	0.316	0.077
포크/SF/너클	0.317	0.328	0.000

볼카운트별 타율-타점

볼카운트	타율	타수	안타	타점	볼카운트	타율	타수	안타	타점
0-0	0.347	49	17	3	2-0	0.500	4	2	1
0-1	0.328	67	22	9	2-1	0.463	41	19	3
0-2	0.130	46	6	0	2-2	0.381	97	37	10
1-0	0.231	39	9	3	3-0	-	0	0	0
1-1	0.283	53	15	4	3-1	0.409	22	9	3
1-2	0.325	77	25	5	3-2	0.316	57	18	6

S) B : 0.279 / S = B : 0.347 / S (B : 0.350

수비 기록

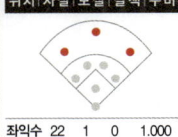

위치	자살	보살	실책	수비율
좌익수	22	1	0	1.000
중견수	209	4	1	0.995
우익수	64	3	2	0.971

상황별 기록

상황	타율	타수	안타	2루타	3루타	홈런	타점	볼넷	사구	삼진	병살
주자 없음	0.339	345	117	15	5	0	0	35	2	36	0
주자 있음	0.300	207	62	14	3	2	47	25	4	31	9
득점권	0.321	106	34	11	3	1	44	22	3	12	3
좌투수	0.280	189	53	9	1	1	12	16	3	21	2
우투수	0.341	299	102	15	5	0	24	40	2	35	7
언더	0.375	64	24	5	2	1	11	4	1	11	0
노아웃	0.362	246	89	13	3	0	3	21	2	24	5
원아웃	0.307	153	47	8	4	2	21	19	2	18	4
투아웃	0.281	153	43	8	1	0	23	20	1	25	0

상대팀별 기록

구분	경기	타율	타수	득점	안타	홈런	타점	도루	볼넷	삼진	병살
KIA	16	0.397	63	9	25	0	5	1	11	6	2
두산	16	0.206	63	13	13	2	7	1	5	4	4
롯데	16	0.276	58	11	16	0	2	1	7	10	0
NC	16	0.387	62	10	24	0	5	0	6	7	0
SK	16	0.375	64	16	24	0	6	3	8	7	0
LG	16	0.228	57	7	13	0	2	0	2	8	2
한화	16	0.419	62	16	26	0	6	1	7	9	1
삼성	16	0.365	63	16	23	0	9	3	5	5	0
kt	16	0.250	60	13	15	0	5	2	4	10	0

외야

우투우타
1980년 7월 10일
183cm / 89kg
연봉 5억 원
경력 배정초-대천중-경남상고
 -고려대-현대-우리-히어로즈
 -LG
지명순위 99 현대 2차 3라운드 24순위

NO. 29 이택근

　전형적인 '5툴 플레이어'다. 통산타율 3할이 넘는 콘택트 능력으로 삼진보다 볼넷이 월등히 많다. 매 시즌 두 자릿수 홈런을 쳐낼 수 있는 장타력과 뛰어난 주루 센스로 매년 두 자릿수 도루를 할 수 있다. 상대 수비진의 허점을 노리고 야금야금 한 베이스씩 먹고 들어가는 유형이다. 또한 번트와 밀어치기 타법에도 능하다. 작전 수행 능력이 뛰어나 팀에서 주로 2번 타자를 맡고 있다. 리그 평균 이상의 수비력과 타구 판단, 포구, 범위, 펜스플레이 모두 평균 이상이다. 나이가 들어가면서(38세) 운동능력이 급감하여 2015년 이후부터 공격력, 수비력이 하향곡선을 걷고 있다. 은퇴 시점이 점점 가까워지고 있다는 점은 아쉬운 대목이다.

■ 타율 0.400 이상　■ 0.300~0.399　■ 0.200~0.299　■ 0.100~0.199　■ 타율 0.099 이하　□ 3타수 미만

최근 3년간 성적

연도	팀명	타율	경기	타수	득점	안타	2루타	3루타	홈런	루타	타점	도루	볼넷	삼진	장타율	출루율	실책	OPS	WAR
2015	넥센	0.326	105	347	61	113	16	1	10	161	44	11	44	53	0.464	0.402	0	0.866	2.75
2016	넥센	0.309	127	398	64	123	19	1	8	168	65	7	53	56	0.422	0.389	1	0.811	2.08
2017	넥센	0.278	100	241	27	67	15	1	3	93	29	0	25	58	0.386	0.347	0	0.733	0.22
통산		0.303	1527	4996	806	1515	269	11	132	2202	714	174	552	661	0.441	0.380	50	0.821	-

구종별 타격 성적

구종	전체	VS우투	VS좌투
포심패스트볼	0.266	0.254	0.283
투심/싱커	0.500	0.375	0.625
컷패스트볼	0.333	0.250	0.500
슬라이더	0.219	0.160	0.429
커브	0.286	0.273	0.333
체인지업	0.259	0.333	0.250
포크/SF/너클	0.286	0.231	0.375

볼카운트별 타율-타점

볼카운트	타율	타수	안타	타점	볼카운트	타율	타수	안타	타점
0-0	0.400	25	10	4	2-0	0.222	9	2	0
0-1	0.600	15	9	7	2-1	0.278	18	5	3
0-2	0.154	13	2	0	2-2	0.098	41	4	2
1-0	0.583	12	7	2	3-0	-	0	0	0
1-1	0.417	12	5	2	3-1	0.455	11	5	1
1-2	0.196	46	9	5	3-2	0.231	39	9	5

S〉B : 0.270 / S = B : 0.244 / S〈 B : 0.315

수비 기록

위치	자살	보살	실책	수비율
1루수	0	0	0	-
좌익수	20	0	0	1.000
우익수	51	0	0	1.000

상황별 기록

상황	타율	타수	안타	2루타	3루타	홈런	타점	볼넷	사구	삼진	병살
주자 없음	0.284	116	33	10	1	2	2	7	0	29	0
주자 있음	0.272	125	34	5	0	1	27	18	1	29	9
득점권	0.264	72	19	2	0	1	25	12	1	13	5
좌투수	0.321	106	34	7	1	2	17	12	1	25	2
우투수	0.231	121	28	6	1	1	11	12	0	30	6
언더	0.357	14	5	0	0	1	1	0	0	3	1
노아웃	0.260	96	25	1	2	0	4	0	0	22	4
원아웃	0.313	80	25	5	0	0	10	0	0	18	5
투아웃	0.262	65	17	5	0	0	10	13	1	18	0

상대팀별 기록

구분	경기	타율	타수	득점	안타	홈런	타점	도루	볼넷	삼진	병살
KIA	15	0.209	43	3	9	0	4	0	1	13	2
두산	10	0.323	31	5	10	0	3	0	7	8	1
롯데	13	0.323	31	3	10	1	2	0	2	6	1
NC	9	0.250	20	1	5	0	0	0	0	5	0
SK	9	0.375	24	4	9	0	3	0	1	4	0
LG	10	0.095	21	1	2	0	1	0	3	5	2
한화	13	0.333	24	5	8	0	3	0	4	3	0
삼성	11	0.357	28	5	10	1	4	0	3	6	0
kt	10	0.211	19	1	4	0	4	0	1	6	0

NO. 94 초이스

외야

메이저리그 1라운드 출신. 최상급 파워와 뛰어난 주루 플레이를 갖췄다. 배트 스피드가 빠르고 콘택트 동작 시 타격 후에도 양 손을 놓지 않는 독특한 폼으로 파워 있는 타격을 한다. 그러나 몸 쪽 높은 공과 변화구에 약점을 보인다. 시즌 중 대니돈의 부진으로 뒤늦게 합류한 초이스는 마이너리그 성적이 워낙 나빴기 때문에 기대치는 그다지 높지 않았다. 총액 20만 달러에 입단하여 대부분의 용병들이 초반에 적응하지 못해 애를 먹는 데 비해 비교적 초반 적응력을 보여주며 연착륙했다. 수비는 외야수로 종종 타구 판단 미스가 눈에 거슬린다. 그러나 송구 능력은 메이저리그 출신답게 국내 최고 수준을 자랑하며 송구의 정확성 또한 일품이다. 줄곧 외야수로 활약했지만 1루 수비도 가능하다.

우투우타
1989년 11월 10일
182.9cm / 97.5kg
경력 미국 텍사스 알링턴대
지명순위 17 넥센 자유선발

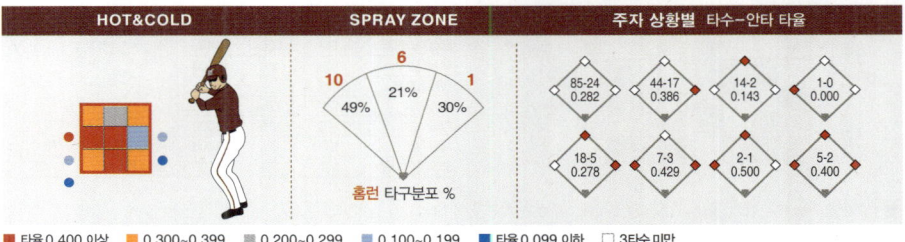

HOT&COLD	SPRAY ZONE	주자 상황별 타수-안타 타율

SPRAY ZONE
10 6 1
49% 21% 30%
홈런 타구분포 %

주자 상황별 타수-안타 타율
85-24 0.282 | 44-17 0.386 | 14-2 0.143 | 1-0 0.000
18-5 0.278 | 7-3 0.429 | 2-1 0.500 | 5-2 0.400

■ 타율 0.400 이상　■ 0.300~0.399　■ 0.200~0.299　■ 0.100~0.199　■ 타율 0.099 이하　□ 3타수 미만

최근 3년간 성적

연도	팀명	타율	경기	타수	득점	안타	2루타	3루타	홈런	루타	타점	도루	볼넷	삼진	장타율	출루율	실책	OPS	WAR
2015	–	–	–	–	–	–	–	–	–	–	–	–	–	–	–	–	–	–	–
2016	–	–	–	–	–	–	–	–	–	–	–	–	–	–	–	–	–	–	–
2017	넥센	0.307	46	176	37	54	8	1	17	115	42	0	17	49	0.653	0.388	1	1.041	2.23
통산		0.307	46	176	37	54	8	1	17	115	42	0	17	49	0.653	0.388	1	1.041	-

구종별 타격 성적

구종	전체	VS우투	VS좌투
포심패스트볼	0.302	0.200	0.500
투심/싱커	0.600	0.571	0.667
컷패스트볼	0.364	0.500	0.200
슬라이더	0.276	0.292	0.200
커브	0.321	0.296	1.000
체인지업	0.333	0.200	0.400
포크/SF/너클	0.067	0.071	0.000

볼카운트별 타율-타점

볼카운트	타율	타수	안타	타점	볼카운트	타율	타수	안타	타점
0-0	0.400	10	4	5	2-0	0.500	2	1	0
0-1	0.556	18	10	5	2-1	0.385	13	5	4
0-2	0.077	13	1	0	2-2	0.147	34	5	7
1-0	0.476	21	10	9	3-0	-	0	0	0
1-1	0.231	13	3	4	3-1	0.000	6	0	0
1-2	0.261	23	6	5	3-2	0.391	23	9	3

S 〉 B : 0.315 / S = B : 0.211 / S 〈 B : 0.385

수비 기록

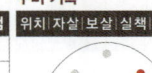

위치	자살	보살	실책	수비율

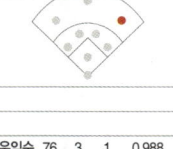

우익수	76	3	1	0.988

상황별 기록

상황	타율	타수	안타	2루타	3루타	홈런	타점	볼넷	사구	삼진	병살
주자 없음	0.282	85	24	4	1	8	8	6	0	24	0
주자 있음	0.330	91	30	4	0	9	34	11	7	25	5
득점권	0.277	47	13	1	0	3	21	8	5	15	1
좌투수	0.415	53	22	6	1	7	13	2	2	13	2
우투수	0.245	102	25	2	0	9	25	14	3	30	2
언더	0.333	21	7	0	0	1	4	1	2	6	1
노아웃	0.317	60	19	3	1	5	9	4	1	14	4
원아웃	0.277	65	18	3	0	6	14	3	4	23	1
투아웃	0.333	51	17	2	0	6	19	8	2	12	0

상대팀별 기록

구분	경기	타율	타수	득점	안타	홈런	타점	도루	볼넷	삼진	병살
KIA	4	0.250	16	3	4	1	1	0	1	4	1
두산	4	0.133	15	1	2	0	2	0	2	8	0
롯데	8	0.371	35	5	13	4	7	0	1	7	0
NC	6	0.304	23	9	7	3	7	0	3	10	1
SK	7	0.333	27	8	9	3	9	0	3	6	0
LG	4	0.267	15	1	4	0	1	0	2	3	0
한화	3	0.200	10	1	2	1	3	0	1	4	1
삼성	5	0.400	20	7	8	4	8	0	3	6	1
kt	5	0.333	15	2	5	1	4	0	1	2	2

김정인
NO. **61**

우투우타
1996년 6월 3일
183cm / 70kg
연봉 3200만 원
경력 광주화정초–무등중
–화순고
지명순위 15 넥센 2차 7라운드
69순위

연도	팀명	평균자책	경기	승-패-세-홀	이닝	피안타	피홈런	볼넷	탈삼진	WHIP	WAR
2017	넥센	5.93	13	0-0-0-0	13 2/3	19	0	4	13	1.68	0.09
통산		4.86	16	0-0-0-0	16 2/3	22	0	7	14	1.74	-

볼카운트별 피안타율

볼카운트	피안타율	타수	피안타	볼카운트	피안타율	타수	피안타
0-0	0.636	11	7	2-0	0.500	2	1
0-1	-	-	-	2-1	0.600	5	3
0-2	0.200	5	1	2-2	0.231	13	3
1-0	0.000	3	0	3-0	-	0	0
1-1	0.250	8	2	3-1	-	0	0
1-2	0.143	7	1	3-2	0.250	4	1

S > B : 0.167 / S = B : 0.375 / S < B : 0.357

140km/h 초반의 패스트볼과 체인지업이 주무기다. 그러나 변화구가 다양하지 않고 체력도 부족해 주로 패전처리 투수로 활약하고 있다. 투구 시 상체와 머리가 흔들리는 문제로 인해 제구력도 좋지 않고 구속도 떨어진다. 2017시즌 13경기 13과 2/3이닝을 던지며 평균자책점 5.93을 기록했다.

상황별 기록

상황	안타	삼진	피안타율
주자 없음	9	6	0.360
만루			
주자 있음	10	7	0.303
득점권	6	6	0.240
상위(1~2번)	5	3	0.385
중심(3~5번)	6	3	0.462
하위(6~9번)	6	8	0.250
좌타자	8	8	0.273
우타자	13	5	0.361

상대팀별 기록

구분	경기	평균자책	승-패-세-홀	이닝
KIA	2	0.00	0-0-0-0	4
두산				
롯데	2	33.75	0-0-0-0	1 1/3
NC	2	10.80	0-0-0-0	1 2/3
SK	2	0.00	0-0-0-0	2
LG	2	10.80	0-0-0-0	1 2/3
한화				2
삼성	1	0.00	0-0-0-0	1
kt				

PITCHING ZONE

좌타자·몸쪽

우타자·몸쪽

구속/구사율/피안타율

구종	평균구속	구사율	피안타율
포심패스트볼	143	62%	0.433
투심/싱커	139	3%	1.000
컷패스트볼	-	-	-
슬라이더	132	17%	0.286
커브	119	13%	0.000
체인지업	129	3%	0.000
포크/SF/너클	131	2%	0.000

기타 기록

상대 타자 타구 방향
31% 31% 38%

이닝당 투구수	18.0
땅볼/뜬공	1.08

■ 15% 이상 ■ 12~14% ■ 9~11% ■ 6~8% ■ 3~5% □ 2% 이하

이영준
NO. **64**

좌투좌타
1991년 10월 10일
184cm / 97kg
연봉 2900만 원
경력 영일초–영남중
–덕수고–단국대–kt
지명순위 14 kt 2차 7라운드
75순위

연도	팀명	평균자책	경기	승-패-세-홀	이닝	피안타	피홈런	볼넷	탈삼진	WHIP	WAR
2017	넥센	5.40	10	1-0-0-0	8 1/3	10	0	4	4	1.68	0.06
통산		5.40	10	1-0-0-0	8 1/3	10	0	4	4	1.68	-

볼카운트별 피안타율

볼카운트	피안타율	타수	피안타	볼카운트	피안타율	타수	피안타
0-0	0.200	5	1	2-0	0.667	3	2
0-1	0.500	2	1	2-1	-	-	-
0-2	1.000	2	2	2-2	0.400	5	2
1-0	0.667	3	2	3-0	-	-	-
1-1	0.000	3	0	3-1	-	-	-
1-2	0.000	2	0	3-2	0.000	4	0

S > B : 0.250 / S = B : 0.231 / S < B : 0.400

180cm, 97kg으로 비교적 큰 체격을 갖췄다. 140km/h 초반 패스트볼이 비교적 제구가 잘되는 편이다. 팀 내에서 귀한 좌완 구원투수다. 2017시즌 8월말 LG전에서 7이닝 2실점으로 호투했던 선발 최대원에 이어 두 번째 투수로 등판해 감격의 첫 승을 거뒀다. 2017시즌 10경기 8과 1/3이닝 동안 평균자책점 5.40을 기록했다.

상황별 기록

상황	안타	삼진	피안타율
주자 없음	5	3	0.294
만루	0	0	0.000
주자 있음	5	1	0.278
득점권	3	1	0.300
상위(1~2번)	1	0	0.200
중심(3~5번)	4	1	0.400
하위(6~9번)	4	3	0.267
좌타자	4	2	0.235
우타자	6	2	0.333

상대팀별 기록

구분	경기	평균자책	승-패-세-홀	이닝
KIA	3	8.10	0-0-0-0	3 1/3
두산				
롯데	1		0-0-0-0	1
NC				
SK	2	6.75	0-0-0-0	1 1/3
LG	2	6.75	1-0-0-0	1 1/3
한화				
삼성	1	0.00	0-0-0-0	2
kt	1	0.00	0-0-0-0	0 1/3

PITCHING ZONE

좌타자·몸쪽

우타자·몸쪽

구속/구사율/피안타율

구종	평균구속	구사율	피안타율
포심패스트볼	138	78%	0.269
투심/싱커	-	-	-
컷패스트볼	-	-	-
슬라이더	121	12%	0.250
커브	-	-	-
체인지업	125	10%	0.400
포크/SF/너클	-	-	-

기타 기록

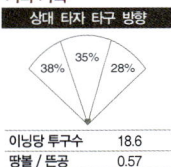

상대 타자 타구 방향
38% 35% 28%

이닝당 투구수	18.6
땅볼/뜬공	0.57

정대현

NO. 13

좌투좌타
1991년 7월 19일
186cm / 97kg
경력 인천서림초-청원중
-성남고-두산-kt
지명순위 10 두산 3라운드
23순위

연도	팀명	평균자책	경기	승-패-세-홀	이닝	피안타	피홈런	볼넷	탈삼진	WHIP	WAR
2017	kt·넥센	7.06	17	3-8-0-0	66 1/3	91	13	23	27	1.72	-0.12
통산		6.63	128	14-32-0-1	363 2/3	452	53	196	220	1.78	-

볼카운트별 피안타율

볼카운트	피안타율	타수	피안타	볼카운트	피안타율	타수	피안타
0-0	0.282	39	11	2-0	0.500	12	6
0-1	0.480	25	12	2-1	0.471	17	8
0-2	0.333	21	7	2-2	0.320	50	16
1-0	0.421	19	8	3-0	-	-	-
1-1	0.306	36	11	3-1	0.333	3	1
1-2	0.133	30	4	3-2	0.318	22	7

S > B : 0.303 / S = B : 0.304 / S < B : 0.411

상황별 기록

상황	안타	삼진	피안타율
주자 없음	44	15	0.280
만루	2	0	0.286
주자 있음	47	12	0.402
득점권	27	8	0.384
상위(1~2번)	27	6	0.403
중심(3~5번)	35	11	0.368
하위(6~9번)	29	10	0.259
좌타자	31	7	0.360
우타자	60	20	0.319

상대팀별 기록

구분	경기	평균자책	승-패-세-홀	이닝
KIA	2	17.00	0-2-0-0	9
두산	1	0.00	0-0-0-0	1
롯데	2	5.68	0-1-0-0	6 1/3
NC	2	11.57	0-0-0-0	7
SK	3	1.98	2-1-0-0	13 2/3
LG	1	8.44	0-1-0-0	5 1/3
넥센	1	7.50	0-0-0-0	6
한화	1	3.00	0-0-0-0	3
삼성	3	4.38	1-1-0-0	12 1/3
kt	1	6.75	0-0-0-0	2 2/3

구속/구사율/피안타율

구종	평균구속	구사율	피안타율
포심패스트볼	133	51%	0.328
투심/싱커	129	2%	1.000
컷패스트볼	-	-	-
슬라이더	125	14%	0.419
커브	107	6%	0.000
체인지업	119	27%	0.329
포크/SF/너클	-	-	-

기타 기록

상대 타자 타구 방향
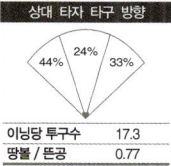
44% 24% 33%

이닝당 투구수	17.3
땅볼 / 뜬공	0.77

윤석민과 트레이드로 Kt에서 넥센으로 왔다. Kt에서도 주로 패전 조에 머물렀으나, 넥센 불펜에 좌완이 드물어 낙점을 받았다. 구속도 느리고 (140km/h 초반대) 구위도 부족하지만 변화구 구사 능력(슬라이더, 커브, 체인지업 구사)은 수준급이다. 자신감 있는 피칭을 하는 스타일이다. 마운드에서 대담함과 침착함이 돋보이는 투수다.

PITCHING ZONE

좌타자·몸쪽 / 우타자·몸쪽

하영민

NO. 34

우투우타
1995년 5월 7일
180cm / 68kg
연봉 5500만 원
경력 광주수창초-진흥중
-진흥고
지명순위 14 넥센 2차 1라운드
4순위

연도	팀명	평균자책	경기	승-패-세-홀	이닝	피안타	피홈런	볼넷	탈삼진	WHIP	WAR
2017	넥센	4.76	28	1-1-0-1	45 1/3	49	5	30	23	1.74	0.42
통산		5.95	71	7-7-0-2	171	214	23	79	106	1.71	-

볼카운트별 피안타율

볼카운트	피안타율	타수	피안타	볼카운트	피안타율	타수	피안타
0-0	0.292	24	7	2-0	0.400	5	2
0-1	0.389	18	7	2-1	0.571	7	4
0-2	0.333	18	6	2-2	0.235	17	4
1-0	0.409	22	9	3-0	-	-	-
1-1	0.250	20	5	3-1	0.000	1	0
1-2	0.120	25	3	3-2	0.200	10	2

S > B : 0.262 / S = B : 0.262 / S < B : 0.347

상황별 기록

상황	안타	삼진	피안타율
주자 없음	25	11	0.301
만루	4	4	0.267
주자 있음	24	12	0.273
득점권	16	7	0.286
상위(1~2번)	10	5	0.286
중심(3~5번)	16	9	0.262
하위(6~9번)	23	9	0.307
좌타자	17	6	0.283
우타자	32	17	0.288

상대팀별 기록

구분	경기	평균자책	승-패-세-홀	이닝
KIA	2	3.38	1-0-0-0	10 2/3
두산	2	12.00	0-0-0-0	3
롯데	4	3.00	0-0-0-0	3
NC	3	3.52	0-1-0-1	7 2/3
SK	3	2.25	0-0-0-0	4
LG	3	13.50	0-0-0-0	2 2/3
한화	3	8.10	0-0-0-0	3 1/3
삼성	3	4.91	0-0-0-0	3 2/3
kt	1	0.00	0-0-0-0	1 1/3

구속/구사율/피안타율

구종	평균구속	구사율	피안타율
포심패스트볼	141	38%	0.431
투심/싱커	139	5%	0.375
컷패스트볼	-	-	-
슬라이더	130	32%	0.254
커브	116	11%	0.167
체인지업	130	14%	0.107
포크/SF/너클	-	-	-

기타 기록

상대 타자 타구 방향
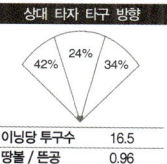
42% 24% 34%

이닝당 투구수	16.5
땅볼 / 뜬공	0.96

140km/h 중반의 패스트볼과 130km/h 중반의 슬라이더, 120km/h 대의 커브를 구사한다. 2014년 넥센에서 데뷔해 2016년 잠재력이 폭발하며 잘 나가다 5월 25일 팔꿈치 통증을 호소하며 자진 강판했는데 팔꿈치 인대파열로 인해 그해 10경기로 시즌을 마감했다. 2017년 5월 7일, 1군에 콜업돼 5월 7일 NC전에서 1이닝 무실점으로 막았다.

PITCHING ZONE

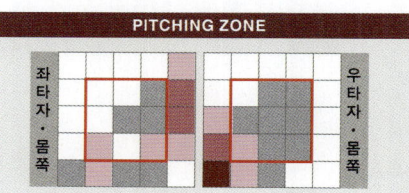

좌타자·몸쪽 / 우타자·몸쪽

황덕균

NO. 11

우투우타
1983년 4월 28일
180cm / 84kg
경력 도신초—선린중
—선린인터넷고—두산—NC
—kt
지명순위 02 두산 2차 4라운드
33순위

연도	팀명	평균자책	경기	승-패-세-홀	이닝	피안타	피홈런	볼넷	탈삼진	WHIP	WAR
2017	넥센	9.60	13	0-1-0-0	15	26	4	3	5	1.93	-0.31
통산		6.94	24	1-1-0-0	35	40	7	16	10	1.60	-

볼카운트별 피안타율

볼카운트	피안타율	타수	피안타	볼카운트	피안타율	타수	피안타
0-0	0.615	13	8	2-0	0.000	2	0
0-1	0.273	11	3	2-1	0.000	3	0
0-2	0.571	7	4	2-2	0.286	7	2
1-0	0.750	4	3	3-0	-	0	0
1-1	0.333	6	2	3-1	0.500	2	1
1-2	0.250	12	3	3-2	0.000	1	0

S > B : 0.333 / S = B : 0.462 / S < B : 0.333

140km/h 초반의 패스트볼과 투심, 슬라이더, 체인지업을 던진다. 패스트볼과 비슷한 유형의 구종으로 타자들을 현혹해 범타 유도형 피칭을 한다. 어떻게든 빗겨 때리게 하는 피칭 스타일을 가졌다. 투구 이닝 수에 삼진이 극히 적은 이유도 범타 유도 피칭의 결과물이다. 2017시즌 13경기 12이닝 1패 평균자책점 9.06이라는 최악의 피칭을 선보였다.

상황별 기록

상황	안타	삼진	피안타율
주자 없음	11	3	0.306
만루	1	0	1.000
주자 있음	15	2	0.469
득점권	9	1	0.529
상위(1~2번)	7	2	0.412
중심(3~5번)	7	2	0.292
하위(6~9번)	12	1	0.444
좌타자	9	3	0.429
우타자	17	2	0.362

상대팀별 기록

구분	경기	평균자책	승-패-세-홀	이닝
KIA	-	-	-	-
두산	3	10.80	0-1-0-0	3 1/3
롯데	2	6.00	0-0-0-0	3
NC	3	17.36	0-0-0-0	4 2/3
SK	1	0.00	0-0-0-0	0 1/3
LG	1	0.00	0-0-0-0	1
한화	1	0.00	0-0-0-0	1
삼성	2	5.40	0-0-0-0	1 2/3
kt	-	-	-	-

PITCHING ZONE

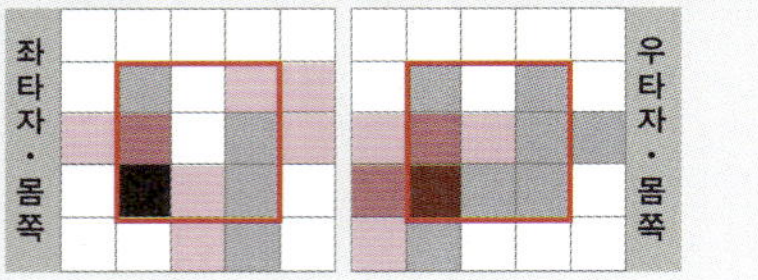

좌타자·몸쪽

우타자·몸쪽

■ 15% 이상　■ 12~14%　■ 9~11%　■ 6~8%　■ 3~5%　□ 2% 이하

구속/구사율/피안타율

구종	평균구속	구사율	피안타율
포심패스트볼	138	15%	0.625
투심/싱커	137	2%	-
컷패스트볼	133	52%	0.448
슬라이더	122	3%	0.333
커브	119	1%	-
체인지업			
포크/SF/너클	126	28%	0.250

기타 기록

상대 타자 타구 방향

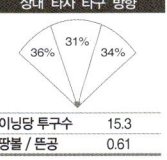

36%　31%　34%

이닝당 투구수	15.3
땅볼 / 뜬공	0.61

연도	팀명	타율	경기	타수	득점	안타	홈런	타점	도루	볼넷	삼진	장타율	OPS	WAR
2017	넥센	0.195	64	118	10	23	1	9	0	9	51	0.263	0.527	-0.43
통산		0.199	76	136	13	27	1	12	0	10	60	0.265	0.529	-

주효상

NO. 2

포수

우투좌타
1997년 11월 11일
182cm / 85kg
연봉 3500만 원
경력 역북초-강남중-서울고
지명순위 16 넥센 1차

볼카운트별 타율-타점

볼카운트	타율	타수	안타	타점	볼카운트	타율	타수	안타	타점
0-0	0.429	7	3	0	2-0	0.000	1	0	0
0-1	0.625	8	5	5	2-1	0.000	5	0	0
0-2	0.000	13	0	0	2-2	0.154	26	4	1
1-0	0.333	6	2	1	3-0	-	0	0	0
1-1	0.250	8	2	0	3-1	0.000	1	0	0
1-2	0.103	29	3	0	3-2	0.286	14	4	2

S > B : 0.160 / S = B : 0.220 / S < B : 0.222

상황별 기록

구분	타율	타수	안타	타점
주자 없음	0.182	66	12	0
주자 있음	0.212	52	11	9
득점권	0.233	30	7	9
좌투수	0.108	37	4	2
우투수	0.215	65	14	5
언더	0.313	16	5	2
노아웃	0.182	33	6	0
원아웃	0.200	50	10	2
투아웃	0.200	35	7	7

상대팀별 기록

상대팀	타율	타수	안타	타점
KIA	0.100	10	1	0
두산	0.222	18	4	2
롯데	0.158	19	3	0
NC	0.083	12	1	1
SK	0.375	8	3	0
LG	0.167	12	2	1
한화	0.462	13	6	4
삼성	0.053	19	1	0
kt	0.286	7	2	1

구종별 타격 성적

구종	전체	VS우투	VS좌투
포심패스트볼	0.203	0.214	0.176
투심/싱커	0.333	0.400	0.000
컷패스트볼	0.200	0.000	0.333
슬라이더	0.083	0.167	0.000
커브	0.100	0.500	0.000
체인지업	0.250	0.286	0.000
포크/SF/너클	0.222	0.235	0.000

수비 기록

위치	자살	보살	실책	수비율
포수	266	15	2	0.993

운동신경이 좋고 몸놀림이 민첩하다. 도루 저지, 프레이밍 등 포수의 기본 능력이 약간 부족하다. 또한 어깨가 약해 도루를 자주 허용한다. 상대의 16번 도루 시도 중 고작 2번만 잡았으며 블로킹 실패 비율도 높다. 외인투수 브리검 선발 시 선발 포수로 활약한다. 그러나 주로 백업 포수로 기량과 실력을 더 연마해야 한다.

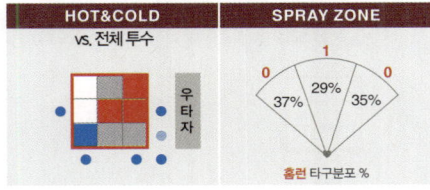

HOT&COLD
vs. 전체투수 — 우타자

SPRAY ZONE
0 · 1 · 0
37% · 29% · 35%
홈런 타구분포 %

■ 타율 0.400 이상　■ 0.300~0.399　■ 0.200~0.299　■ 0.100~0.199　■ 타율 0.099 이하　□ 3타수 미만

연도	팀명	타율	경기	타수	득점	안타	홈런	타점	도루	볼넷	삼진	장타율	OPS	WAR
2017	넥센	0.188	16	16	1	3	0	2	0	1	6	0.313	0.548	-0.13
통산		0.188	16	16	1	3	0	2	0	1	6	0.313	0.548	-

김혜성

NO. 4

내야

우투좌타
1990년 1월 27일
179cm / 78kg
연봉 2900만 원
경력 문촌초(고양시리틀)-동산중-동산고
지명순위 17 넥센 2차 1라운드 7순위

볼카운트별 타율-타점

볼카운트	타율	타수	안타	타점	볼카운트	타율	타수	안타	타점
0-0	0.000	1	0	0	2-0	1.000	1	1	1
0-1	-	-	-	-	2-1	-	-	-	-
0-2	0.000	2	0	0	2-2	0.000	3	0	0
1-0	0.333	3	1	0	3-0	-	-	-	-
1-1	-	-	-	-	3-1	0.000	1	0	0
1-2	0.250	4	1	0	3-2	0.000	1	0	0

S > B : 0.167 / S = B : 0.000 / S < B : 0.333

상황별 기록

구분	타율	타수	안타	타점
주자 없음	0.125	8	1	0
주자 있음	0.250	8	2	2
득점권	1.000	2	2	2
좌투수	0.333	3	1	0
우투수	0.200	10	2	1
언더	-	0	0	0
노아웃	0.000	2	0	0
원아웃	0.250	4	1	1
투아웃	0.333	6	2	1

상대팀별 기록

상대팀	타율	타수	안타	타점
KIA	-	-	-	-
두산	-	-	-	-
롯데	-	-	-	-
NC	0.222	9	2	1
SK	-	-	-	-
LG	0.000	1	0	0
한화	0.000	1	0	0
삼성	0.200	5	1	1
kt	-	0	0	0

구종별 타격 성적

구종	전체	VS우투	VS좌투
포심패스트볼	0.333	0.333	0.333
투심/싱커	0.250	0.250	-
컷패스트볼	0.000	0.000	-
슬라이더	0.000	0.000	-
커브	0.000	0.000	-
체인지업	0.000	0.000	-
포크/SF/너클	-	-	-

수비 기록

위치	자살	보살	실책	수비율
2루수	3	4	0	1.000
3루수	1	0	0	1.000
유격수	4	6	1	0.909

2017년 2차 1라운드 출신으로 가고시마 캠프에 동행한 신인은 이정후와 둘 뿐이었다. 동산고 시절 이영민 타격상을 수상했을 정도로 타격 재능이 뛰어나 제2의 강정호를 꿈꾸고 있다. 발이 빠르고 공을 배트에 맞추는 콘택트 능력이 좋다. 2루수나 유격수를 책임질 수 있는 수비 실력을 갖추었다. 그러나 송구 능력이 떨어진다는 약점이 있다.

HOT&COLD
vs. 전체투수 — 좌타자

SPRAY ZONE
0
1 · 0
47% · 32% · 21%
홈런 타구분포 %

포수

박윤

NO. 45

좌투좌타
1988년 3월 7일
181cm / 99kg
경력 동막초–상인천중–인천고
–SK–상무–SK
지명순위 07 SK 2차 5라운드
38순위

연도	팀명	타율	경기	타수	득점	안타	홈런	타점	도루	볼넷	삼진	장타율	OPS	WAR
2017	넥센	0.313	9	16	2	5	0	0	0	2	4	0.375	0.764	0.05
통산		0.188	56	101	6	19	0	4	0	5	31	0.208	0.439	-

볼카운트별 타율-타점

볼카운트	타율	타수	안타	타점	볼카운트	타율	타수	안타	타점
0-0	0.000	2	0	0	2-0	-	-	-	-
0-1	0.000	1	0	0	2-1	-	0	0	0
0-2	1.000	1	1	0	2-2	0.000	3	0	0
1-0	-	-	-	-	3-0	-	-	-	-
1-1	0.500	2	1	0	3-1	-	-	-	-
1-2	0.333	6	2	0	3-2	1.000	1	1	0

S > B : 0.375 / S = B : 0.143 / S < B : 1.000

장타력을 지닌 좌타 거포. 2군에서 두 자릿수 홈런과 3할 대의 고타율을 기록했다. 그러나 1군에만 올라오면 공을 제대로 때려내지 못하는 트라우마가 있는 선수다. 2016년 1군에서 7경기 출전해 1안타, 9푼 1리에 그쳤다. 또한 수비 실력도 리그 평균 이하라 대수비요원으로 활용하는 것도 어렵다. 빠른 발은 아니지만 퓨처스리그에서 16개의 도루에 성공했다.

상황별 기록

구분	타율	타수	안타	타점
주자 없음	0.300	10	3	0
주자 있음	0.333	6	2	0
득점권	0.000	3	0	0
좌투수	0.000	3	0	0
우투수	0.250	8	2	0
언더	0.600	5	3	0
노아웃	0.167	6	1	0
원아웃	0.429	7	3	0
투아웃	0.333	3	1	0

상대팀별 기록

상대팀	타율	타수	안타	타점
KIA	-	-	-	-
두산	0.000	1	0	0
롯데	0.500	4	2	0
NC	0.000	1	0	0
SK	-	-	-	-
LG	-	-	-	-
한화	0.500	6	3	0
삼성	-	-	-	-
kt	-	-	-	-

구종별 타격 성적

구종	전체	VS우투	VS좌투
포심패스트볼	0.250	0.400	0.000
투심/싱커	-	-	-
컷패스트볼	0.000	0.000	-
슬라이더	0.000	0.000	-
커브	1.000	1.000	-
체인지업	-	-	-
포크/SF/너클	0.500	0.500	-

수비 기록

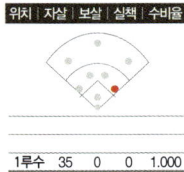

위치	자살	보살	실책	수비율
1루수	35	0	0	1.000

HOT&COLD vs. 전체 투수 — 좌타자

SPRAY ZONE — 0 / 0 / 0 — 58% 17% 25% — 홈런 타구분포 %

■ 타율 0.400 이상 ■ 0.300~0.399 ■ 0.200~0.299 ■ 0.100~0.199 ■ 타율 0.099 이하 □ 3타수 미만

내야

송성문

NO. 57

우투좌타
1996년 8월 29일
183cm / 88kg
연봉 3500만 원
경력 봉천초(용산리틀)–홍은중
–장충고
지명순위 15 넥센 2차 5라운드
49순위

연도	팀명	타율	경기	타수	득점	안타	홈런	타점	도루	볼넷	삼진	장타율	OPS	WAR
2017	넥센	0.273	38	77	11	21	1	8	0	10	16	0.338	0.698	0.14
통산		0.270	45	89	11	24	1	9	0	10	19	0.326	0.673	-

볼카운트별 타율-타점

볼카운트	타율	타수	안타	타점	볼카운트	타율	타수	안타	타점
0-0	0.364	11	4	2	2-0	-	-	-	-
0-1	0.333	3	1	0	2-1	0.600	5	3	0
0-2	0.250	8	2	1	2-2	0.308	13	4	1
1-0	0.000	5	0	0	3-0	-	0	0	0
1-1	0.000	5	0	0	3-1	0.000	1	0	1
1-2	0.333	12	4	0	3-2	0.182	11	2	3

S > B : 0.308 / S = B : 0.276 / S < B : 0.227

2014 고교리그 4할 6푼 8리의 성적으로 이영민 타격상을 수상했다. 타격 폼이 예쁘고 결 따라 치는 능력을 갖고 있다. 2015년 5월 5일 1군에 데뷔했다. 2017년 첫 1군 경기에서 1번 타자 2루수로 출전해 보우덴을 상대로 2타점 3루타 포함, 2안타 3타점을 기록하며 1번 타자로 화려한 출발을 했다. 그러나 발이 너무 느려 팀 내에서도 거의 꼴찌 수준이다.

상황별 기록

구분	타율	타수	안타	타점
주자 없음	0.267	45	12	1
주자 있음	0.281	32	9	7
득점권	0.375	16	6	7
좌투수	0.333	12	4	1
우투수	0.240	50	12	5
언더	0.333	15	5	2
노아웃	0.250	32	8	1
원아웃	0.304	23	7	2
투아웃	0.273	22	6	5

상대팀별 기록

상대팀	타율	타수	안타	타점
KIA	0.455	11	5	0
두산	0.250	8	2	3
롯데	0.000	4	0	0
NC	0.375	8	3	0
SK	0.333	18	6	4
LG	0.111	9	1	0
한화	0.333	3	1	0
삼성	0.250	12	3	1
kt	0.000	4	0	0

구종별 타격 성적

구종	전체	VS우투	VS좌투
포심패스트볼	0.267	0.270	0.250
투심/싱커	0.000	0.000	0.000
컷패스트볼	-	-	-
슬라이더	0.000	0.000	-
커브	0.500	0.250	1.000
체인지업	0.286	0.286	-
포크/SF/너클	0.364	0.364	-

수비 기록

위치	자살	보살	실책	수비율
1루수	44	2	1	0.979
2루수	26	40	1	0.985
3루수	0	0	0	-

HOT&COLD vs. 전체 투수 — 좌타자

SPRAY ZONE — 0 / 0 / 1 — 33% 25% 42% — 홈런 타구분포 %

연도	팀명	타율	경기	타수	득점	안타	홈런	타점	도루	볼넷	삼진	장타율	OPS	WAR
2017	넥센	0.311	46	90	14	28	4	7	0	9	24	0.500	0.880	0.48
통산		0.266	691	1832	251	487	79	290	9	288	466	0.442	0.820	-

김태완
NO. 0 내야
우투우타
1984년 1월 27일
189cm / 105kg
연봉 6000만 원
경력 양목초-신월중-중앙고-성균관대-한화
지명순위 02 한화 2차 8라운드 60순위

볼카운트별 타율-타점

볼카운트	타율	타수	안타	타점	볼카운트	타율	타수	안타	타점
0-0	0.500	16	8	2	2-0	0.667	3	2	2
0-1	0.400	5	2	1	2-1	0.250	4	1	0
0-2	0.000	6	0	0	2-2	0.250	12	3	0
1-0	0.667	6	4	2	3-0	-	0	0	0
1-1	0.500	4	2	0	3-1	0.000	3	0	0
1-2	0.190	21	4	0	3-2	0.200	10	2	0

S > B : 0.188 / S = B : 0.406 / S < B : 0.346

상황별 기록

구분	타율	타수	안타	타점
주자 없음	0.408	49	20	3
주자 있음	0.195	41	8	4
득점권	0.125	24	3	2
좌투수	0.353	34	12	4
우투수	0.294	51	15	3
언더	0.200	5	1	0
노아웃	0.382	34	13	2
원아웃	0.429	28	12	3
투아웃	0.107	28	3	2

상대팀별 기록

상대팀	타율	타수	안타	타점
KIA	0.273	11	3	0
두산	1.000	3	3	0
롯데	0.389	18	7	1
NC	0.200	15	3	1
SK	0.000	2	0	0
LG	0.000	3	0	0
한화	0.385	26	10	4
삼성	0.200	10	2	1
kt	0.200	10	2	1

구종별 타격 성적

구종	전체	VS우투	VS좌투
포심패스트볼	0.268	0.217	0.333
투심/싱커	0.500	0.400	1.000
컷패스트볼	-	-	-
슬라이더	0.333	0.385	0.000
커브	0.125	0.000	0.500
체인지업	0.417	0.500	0.333
포크/SF/너클	0.375	0.429	0.000

수비 기록

위치	자살	보살	실책	수비율
1루수	27	2	1	0.967

뛰어난 선구안, 야구 센스로 변화구 공략을 잘한다. 긴 팔다리와 하체의 힘을 활용해 회전력을 극대화하며 파워 있는 장타를 선보인다. 타격에 비해 수비력은 떨어진다. 주로 1루수와 우익수로 출장하지만 강습 타구와 플라이볼 처리에 애를 먹는다. 또한 유리 몸의 소유자이며 발이 느리다. 한 번 슬럼프에 빠지면 극복하는 데 시간이 걸리는 편이다.

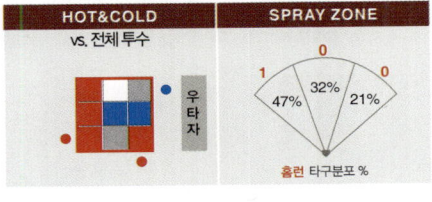

HOT&COLD vs. 전체 투수 · 우타자

SPRAY ZONE
1 — 47% · 0 — 32% · 0 — 21%
홈런 타구분포 %

■ 타율 0.400 이상 ■ 0.300~0.399 ■ 0.200~0.299 ■ 0.100~0.199 ■ 타율 0.099 이하 □ 3타수 미만

연도	팀명	타율	경기	타수	득점	안타	홈런	타점	도루	볼넷	삼진	장타율	OPS	WAR
2017	넥센	0.238	14	21	5	5	0	2	0	1	6	0.333	0.637	-0.10
통산		0.238	14	21	5	5	0	2	0	1	6	0.333	0.637	-

김규민
NO. 36 외야
좌투좌타
1993년 1월 26일
188cm / 80kg
연봉 2900만 원
경력 일산초-자양중-휘문고
지명순위 12 넥센 6라운드 58순위

볼카운트별 타율-타점

볼카운트	타율	타수	안타	타점	볼카운트	타율	타수	안타	타점
0-0	0.500	2	1	2	2-0	0.500	2	1	0
0-1	0.500	2	1	0	2-1	0.000	1	0	0
0-2	0.000	1	0	0	2-2	0.000	4	0	0
1-0	0.500	2	1	0	3-0	-	-	-	-
1-1	0.500	2	1	0	3-1	0.000	1	0	0
1-2	0.000	3	0	0	3-2	0.000	1	0	0

S > B : 0.167 / S = B : 0.250 / S < B : 0.286

상황별 기록

구분	타율	타수	안타	타점
주자 없음	0.300	10	3	0
주자 있음	0.182	11	2	2
득점권	0.167	6	1	2
좌투수	0.000	1	0	0
우투수	0.176	17	3	0
언더	0.667	3	2	0
노아웃	0.333	6	2	0
원아웃	0.167	6	1	0
투아웃	0.222	9	2	2

상대팀별 기록

상대팀	타율	타수	안타	타점
KIA	0.143	7	1	0
두산	0.000	3	0	0
롯데	-	-	-	-
NC	0.333	3	1	2
SK	0.286	7	2	0
LG	-	-	-	-
한화	-	0	0	0
삼성	-	-	-	-
kt	1.000	1	1	0

구종별 타격 성적

구종	전체	VS우투	VS좌투
포심패스트볼	0.333	0.333	-
투심/싱커	0.000	0.000	-
컷패스트볼	-	-	-
슬라이더	0.500	1.000	0.000
커브	1.000	1.000	-
체인지업	0.000	0.000	-
포크/SF/너클	0.000	0.000	-

수비 기록

위치	자살-보살-실책	위치	자살-보살-실책
1루	12-1-0	좌익	1-0-0
중견	7-0-1	우익	4-0-0

2012년 신인 드래프트 6라운드 지명을 받아 입단했다. 입단 후 팔꿈치 인대 70%가 손상되는 큰 부상을 입은 후 군에 입대했다. 2015년 넥센에 들어가 2017시즌 5월 4일 KIA전에서 손영민을 상대로 첫 안타를 쳤다. 타격에 재능이 뛰어나고 투수 유형을 가리지 않고 중장거리 타구를 날릴 수 있는 타자다. 14경기 21타수 5안타 타율 0.238을 기록했다.

HOT&COLD vs. 전체 투수 · 좌타자

SPRAY ZONE
0 — 20% · 0 — 33% · 0 — 47%
홈런 타구분포 %

내야

박정음

NO. 9

좌투좌타
1989년 4월 15일
175cm / 77kg
연봉 5500만 원
경력 금평초-전라중-전주고
-성균관대-넥센-상무
지명순위 12 넥센 4라운드
40순위

연도	팀명	타율	경기	타수	득점	안타	홈런	타점	도루	볼넷	삼진	장타율	OPS	WAR
2017	넥센	0.243	81	140	26	34	2	15	3		39	0.329	0.652	-0.35
통산		0.284	179	363	71	103	6	41	19	39	91	0.380	0.748	-

볼카운트별 타율-타점

볼카운트	타율	타수	안타	타점	볼카운트	타율	타수	안타	타점
0-0	0.353	17	6	0	2-0	0.000	1	0	0
0-1	0.417	12	5	1	2-1	0.429	7	3	1
0-2	0.143	14	2	0	2-2	0.000	20	0	0
1-0	0.400	5	2	1	3-0	-	0	0	1
1-1	0.385	13	5	4	3-1	0.000	1	0	0
1-2	0.321	53	17	3	3-2	0.222	9	2	2

S > B : 0.239 / S = B : 0.220 / S < B : 0.304

체격이 평범하고 어깨도 강하지 않다. 그러나 근성 있는 플레이로 자신의 약점을 상쇄하고도 남는다. 타격과 주루 능력이 뛰어나다. 부실한 넥센 외야의 보배로 거듭나고 있다. 빠른 발로 주루 능력도 뛰어나다. 하지만 수비 위치 선정 능력이 떨어져서, 전진수비를 하다가 머리 뒤로 공이 넘어가는 애매한 수비를 보여주곤 한다. 좌투수에게 약점을 보이는 것도 문제.

상황별 기록

구분	타율	타수	안타	타점
주자 없음	0.225	80	18	2
주자 있음	0.267	60	16	13
득점권	0.270	37	10	13
좌투수	0.172	29	5	2
우투수	0.272	92	25	13
언더	0.211	19	4	0
노아웃	0.321	53	17	3
원아웃	0.270	37	10	5
투아웃	0.140	50	7	7

상대팀별 기록

상대팀	타율	타수	안타	타점
KIA	0.273	11	3	1
두산	0.250	12	3	2
롯데	0.143	14	2	2
NC	0.118	17	2	1
SK	0.250	8	2	0
LG	0.286	14	4	1
한화	0.323	31	10	4
삼성	0.154	13	2	2
kt	0.300	20	6	2

구종별 타격 성적

구종	전체	VS우투	VS좌투
포심패스트볼	0.200	0.229	0.083
투심/싱커	0.467	0.636	0.000
컷패스트볼	0.000	0.000	-
슬라이더	0.231	0.235	0.222
커브	0.333	0.200	0.500
체인지업	0.143	0.143	-
포크/SF/너클	0.238	0.238	-

수비 기록

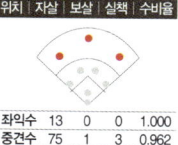

위치	자살	보살	실책	수비율
좌익수	13	0	0	1.000
중견수	75	1	3	0.962
우익수	1	0	0	1.000

HOT&COLD vs. 전체 투수

좌타자

SPRAY ZONE

0   0   2
32% 31% 38%

홈런 타구분포 %

타율 0.400 이상 | 0.300~0.399 | 0.200~0.299 | 0.100~0.199 | 타율 0.099 이하 | 3타수 미만

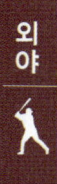

외야

허정협

NO. 31

우투우타
1990년 2월 17일
184cm / 92kg
연봉 4500만 원
경력 부천북초-부천중-인천고
-서울문화예술대
지명순위 15 넥센 육성선수

연도	팀명	타율	경기	타수	득점	안타	홈런	타점	도루	볼넷	삼진	장타율	OPS	WAR
2017	넥센	0.237	83	228	35	54	9	39	1	24	73	0.395	0.735	0.20
통산		0.235	100	251	36	59	9	40	1	27	83	0.378	0.715	-

볼카운트별 타율-타점

볼카운트	타율	타수	안타	타점	볼카운트	타율	타수	안타	타점
0-0	0.438	16	7	6	2-0	1.000	4	4	2
0-1	0.333	18	6	4	2-1	0.273	11	3	1
0-2	0.150	20	3	1	2-2	0.184	49	9	3
1-0	0.444	18	8	9	3-0	-	0	0	0
1-1	0.500	12	6	5	3-1	0.250	4	1	3
1-2	0.104	48	5	1	3-2	0.071	28	2	4

S > B : 0.163 / S = B : 0.286 / S < B : 0.277

거포 잠재력을 갖춘 선수로, 2015년부터 백업 요원으로 활동했다. 늦은 타자 전향으로 수비 실력이 상당히 좋지 않았으나 수비가 점점 나아지고 있다. 2017년 시즌 초반에는 신인왕까지 거론될 정도로 잘했으나 갈수록 성적이 떨어지며 1, 2군을 들락거렸다. 투수들에게 금장 약점이 파악되고 선구안과 수비력도 아쉬웠다.

상황별 기록

구분	타율	타수	안타	타점
주자 없음	0.281	114	32	5
주자 있음	0.193	114	22	34
득점권	0.225	71	16	30
좌투수	0.227	75	17	11
우투수	0.228	127	29	22
언더	0.308	26	8	6
노아웃	0.233	60	14	4
원아웃	0.293	82	24	18
투아웃	0.186	86	16	17

상대팀별 기록

상대팀	타율	타수	안타	타점
KIA	0.240	25	6	4
두산	0.240	25	6	7
롯데	0.320	25	8	5
NC	0.125	24	3	5
SK	0.257	35	9	2
LG	0.227	22	5	4
한화	0.259	27	7	6
삼성	0.200	20	4	1
kt	0.240	25	6	5

구종별 타격 성적

구종	전체	VS우투	VS좌투
포심패스트볼	0.245	0.242	0.250
투심/싱커	0.000	0.000	0.000
컷패스트볼	0.200	0.222	0.000
슬라이더	0.294	0.276	0.400
커브	0.450	0.412	0.667
체인지업	0.214	0.250	0.200
포크/SF/너클	0.115	0.158	0.000

수비 기록

위치	자살	보살	실책	수비율
좌익수	51	0	0	1.000
우익수	63	2	1	0.985

HOT&COLD vs. 전체 투수

우타자

SPRAY ZONE

3
6   24%   0
42%   34%

홈런 타구분포 %

행복과 꿈이 있는 그곳,
선수촌병원입니다

스포츠부상·관절·척추·통증치료
비수술 및 수술 스포츠 특화병원

최첨단 의료장비와 의료시설을 갖춘 선수촌병원에서
수준 높은 진료와 전문적인 치료를 경험해 보세요.
선수촌병원은 두산베어스, FC서울 프로축구팀, (주)FNC 등
80여 개가 넘는 스포츠구단 및 협회의 지정병원으로서
많은 운동선수들과 일반인 분들의 건강을 책임지고 있습니다.

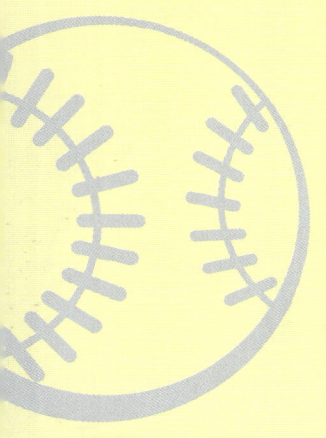

- ☑ 어깨회전근개파열
- ☑ 팔꿈치인대파열
- ☑ 무릎십자인대파열
- ☑ 무릎연골파열
- ☑ 허리 · 목디스크
- ☑ 발목인대파열

진료시간
평 일 09:00 ~ 19:00 (점심시간 12:30 ~ 13:30)
토요일 09:00 ~ 14:00 (점심시간 없이 진료)

찾아오시는 길
서울시 송파구 올림픽로 76 J타워 B1, F3, F4, F5, F6
🚌 종합운동장 사거리 정류장 🚇 잠실새내역 · 종합운동장역

센터별 의료진

선수촌병원은 각 센터별로 국내 최고의
전문의들이 여러분의 건강을 책임집니다.
다년간 쌓아온 경험과 실력으로 언제나
최선을 다해 치료하겠습니다.

근본적인 원인치료

선수촌병원에서는 겉으로만 드러나는
치료를 하는 데 급급하지 않고, 안전한
방법으로 오랜 시간 건강을 유지할 수
있도록 근본적인 원인을 치료합니다.

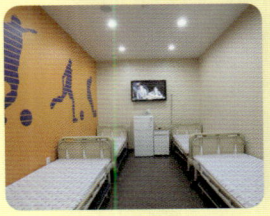
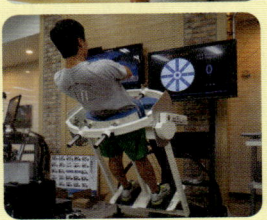

DOOSAN BEARS 두산베어스 **공식 지정병원**

무릎·어깨·발목·팔꿈치·허리 야구통증!
선수촌병원에서 치료하세요!

선수촌병원
1661-3379

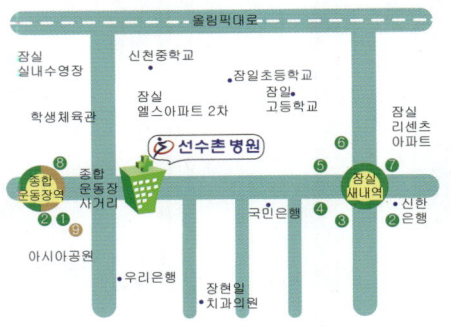

HANWHA EAGLES

한화 이글스

TEAM PROFILE

구단 창립 1986년
        (1993년 현재 명칭으로 변경)
마스코트 위니
구단주 김승연
모기업 한화그룹
감독 한용덕
단장 박종훈

HOME

현재 연고지 대전광역시
이전 연고지 –
홈구장 대전 한화생명 이글스 파크
수용인원 1만 3000명
영구결번 21번(송진우), 23번(정민철), 35번(장종훈)

PERFORMANCE

한국시리즈 우승 1회
1999년

한국시리즈 출전 6회
1988, 1989, 1991, 1992, 1999, 2006년

플레이오프 출전 7회
1988, 1991, 1994, 1999, 2005, 2006, 2007년

준플레이오프 출전 7회
1990, 1994, 1996, 2001, 2005, 2006, 2007년

UNIFORM

Home / Away

LINE-UP

ROTATION	
SP	키버스 샘슨
SP	제임스 휠러
SP	윤규진
SP	김재영
SP	배영수

BULLPEN	
RP	안영명
RP	박정진
RP	권혁
RP	송창식
RP	김경태
RP	서균
CL	정우람

BATTING	
1	정근우
2	이용규
3	제라드 호잉
4	김태균
5	최진행
6	송광민
7	양성우
8	최재훈
9	하주석

UTILITY PLAYERS	
IF	임익준
IF	오선진
IF	강경학
OF	이성열
OF	장민석
OF	최진행

건강야구 시즌 2, 성적까지 잡을까

김성근 감독 체제 종말, 이상군 감독대행 무난한 운영

김성근 감독 체제가 마침내 끝났다. 2015년과 2016년 온갖 논란 속에 포스트시즌 진출 실패에 그친 김성근 감독 체제는 2017년 5월 갑작스럽게 종말을 맞았다. 이후 이상군 감독대행이 자리를 이어받아 시즌 끝까지 선수단을 지휘했다. 이 대행은 큰 욕심을 부리지 않고 안정적으로 선수단을 운영해 나갔다. 선수단의 과도한 훈련을 경계하고, 김 감독 체제에서 지친 투수들에게는 충분한 휴식을 부여했다. 퀵 후크도 가급적 자제하고 선발에게 긴 이닝을 맡겨 불펜 투수들을 보호했다. 또 선발과 불펜을 확실히 구분해 마구잡이식 기용을 막았다. 일명 '건강야구'로 불린 이런 기용 덕분에 한화는 시즌 후반 어느정도 마운드 안정을 이룰 수 있었다. 그러나 주전 야수들이 잇달아 햄스트링 부상으로 쓰러진 탓에, 성적 향상까지는 이어지지 않았다.

외부 영입보다는 육성 목표로 조용한 오프시즌

먼 길을 돌고 돌아 마침내 한용덕 감독이 정식으로 한화 감독이 됐다. 오프시즌 한화는 예년처럼 대형 FA를 영입하는 대신, '육성'을 과제로 삼고 조용하게 움직였다. 김성근 감독 시절 나이 많고 몸값 비싼 외부 영입을 잔뜩 단행했지만 성공을 거두지 못한 데서 교훈을 얻은 한화다. 이용규가 FA를 포기하고 잔류했고, 정근우−안영명−박정진 등 내부 FA와 재계약을 맺었다. 외국인 선수 세 명은 전원 교체했다. 예년처럼 화려한 이름값과 비싼 몸값보다는 실속 있는 영입을 추구했다.

육성은 단기간에 성과가 나지 않는다

한용덕 감독은 과거 한화 감독대행을 맡아 안정적인 투수 운영 능력을 선보였다. 두산에서는 수석코치를 맡아 팀을 상위권으로 이끄는데 기여했다. 한화 구단 안팎에서는 김응용, 김성근 감독 선임 당시 구단 의견대로 한용덕 감독을 선임했다면 지난 몇 년간의 시행착오를 없었을 거란 얘기도 나온다. 다만 당장 올 시즌 한화가 상위권으로 도약하기는 상황이 만만찮다. 하위권 팀들이 일제히 외부 영입으로 전력을 보강했지만, 한화는 별다른 외부 영입 없이 오프시즌을 보냈다. '육성'을 강조하고 있지만, 젊은 선수들이 당장 올 시즌 1군에서 활약을 펼친다는 보장은 없다. 하지만 야구는 전력의 합만으로 성적이 나는 스포츠가 아니다. 지난 몇 년간 외부 영입으로 화려한 선수진을 구축했지만 성적과는 거리가 멀었던 한화다. 젊은 선수들의 성장과 긍정적인 팀 분위기, 장기적인 안목의 선수 기용이 시너지 효과를 이루면 올 시즌 한화도 기대 이상의 성과를 거둘지도 모른다.

No.40 | 한용덕
1965년 6월 2일
184cm | 84kg
프로 입단 연도 1987년
드래프트 순위 지명 없음(신고 선수 입단)
첫 경기 KBO 1988년
마지막 경기 KBO 2004년
연봉 3억 원(2018년)

감독 한용덕

　　연습생 신화를 썼던 한용덕 감독은 한화를 대표하는 프랜차이즈 스타 출신이다. 482경기에 등판해 120승 118패 11홀드 24세이브 평균자책점 3.54를 기록했다. 선동렬 감독이 슈퍼스타 출신이었다면 한용덕 감독은 눈물 젖은 빵을 먹어보았던 감독이라 선수들에게 좌절감을 이겨낼 수 있도록 조언과 격려를 해줄 수 있다. 취임 인터뷰에서 "구단이 내부육성이라는 장기적인 비전으로 갈 길을 정해둔 상태이니 외부 FA없이 선수육성으로 목표를 잡았다"라고 말했다. 그동안 두산에서 투수코치직을 수행하면서 필드경험이 풍부하고 투수교체 타이밍과 화수분야구의 위력을 실감한 그는 한화에서 리빌딩과 성적이라는 두 마리 토끼를 잡아야하는 어려움을 극복해야 한다.

TEAM STATS

투수 기록

*는 수치가 낮을수록 순위가 높아짐

항목	평균자책점	승	패	세이브	홀드	승률	이닝	피안타	피홈런	볼넷	사구	탈삼진	실점	자책점	WHIP
기록	5.28	61	81	31	49	0.430	1273	1474	166	446	100	914	820	747	1.51
순위	8위	8위	8위	7위	6위	8위	7위	6위	7위	5위	9위	8위	8위	8위	6위

항목	완투	완봉	QS	블론S	타자수	투구수	피타율	2루타	3루타	희생번트	희생플라이	고의사구	폭투	보크
기록	1	5	54	21	5698	22066	0.293	278	16	71	57	13	77	4
순위	7위	6위	7위	8위	4위	5위	7위	2위	9위	9위	5위	7위	4위	

타자 기록

항목	타율	경기	타석	타수	득점	안타	2루타	3루타	홈런	총루타	타점	희생번트
기록	0.287	144	5665	5030	737	1445	261	16	150	2188	684	85
순위	5위	-	7위	6위	8위	5위	6위	9위	5위	6위	8위	1위

항목	희생플라이	볼넷	고의볼넷	사구	삼진	병살타	장타율	출루율	OPS	멀티히트	득점권	대타타율
기록	38	416	15	94	974	112	0.435	0.350	0.785	386	0.290	0.281
순위	9위	9위	8위	6위	3위	3위	6위	6위	7위	4위	5위	1위

득점 분포 및 승패

득점	0	1	2	3	4	5	6	7	8	9	10	11	12	13	14	15
경기	5	14	20	14	17	13	21	6	12	6	5	3	1	4	2	1
승	0	0	3	5	3	6	16	2	7	3	5	3	1	4	2	1
패	5	14	17	9	14	7	5	3	4	3	0	0	0	0	0	0
무	0	0	0	0	0	0	0	1	1	0	0	0	0	0	0	0
승률	0.000	0.000	0.150	0.357	0.176	0.462	0.762	0.400	0.636	0.500	1.000	1.000	1.000	1.000	1.000	1.000

실점 분포 및 승패

실점	0	1	2	3	4	5	6	7	8	9	10	11	12	13	14	15	16	17	18	19
경기	5	13	12	16	14	15	10	14	17	10	3	3	4	6	1	0	1	0	0	0
승	5	13	9	12	6	6	1	1	4	2	0	0	1	0	1	0	0	0	0	0
패	0	0	3	4	8	9	9	12	12	8	3	3	3	6	0	0	0	1	0	0
무	0	0	0	0	0	0	0	1	1	0	0	0	0	0	0	0	0	0	0	0
승률	1.000	1.000	0.750	0.750	0.429	0.400	0.100	0.077	0.250	0.200	0.000	0.000	0.250	0.000	1.000	-	-	0.000	-	-

이닝별 득점

이닝	경기	0점	1+점	1점	2점	3점	4점	5+점	최다	합계	평균	평균/9
1	144	94	50	22	16	4	8	0	4	98	0.68	6.13
2	144	100	44	22	14	4	2	2	5	80	0.56	5.00
3	144	105	39	18	8	6	4	3	7	85	0.59	5.31
4	144	108	36	20	9	4	1	2	6	64	0.44	4.00
5	144	102	42	26	10	3	2	1	5	68	0.47	4.25
6	144	93	51	27	13	8	2	1	7	92	0.64	5.75
7	143	103	40	19	11	2	4	4	7	86	0.60	5.41
8	143	97	46	24	11	6	4	1	5	85	0.59	5.35
9	117	74	43	28	9	3	1	2	5	69	0.59	5.31
10	11	7	4	3	0	1	0	0	3	6	0.55	4.91
11	6	3	3	2	1	0	0	0	2	4	0.67	6.00
12	2	2	0	0	0	0	0	0	0	0	0.00	0.00
합계		0점	1+점	1점	2점	3점	4점	5+점	최다	합계	평균	평균/9
	1286	888	398	211	102	41	28	16	7	737	0.57	5.16

이닝별 실점

이닝	경기	0점	1+점	1점	2점	3점	4점	5+점	최다	합계	평균	평균/9
1	144	103	41	18	12	4	4	3	6	87	0.60	5.44
2	144	99	45	21	17	4	1	2	6	82	0.57	5.13
3	144	92	52	25	6	10	2	3	6	110	0.76	6.88
4	144	99	45	23	14	3	0	5	6	92	0.64	5.75
5	144	96	48	26	13	3	3	3	8	94	0.65	5.88
6	144	91	53	28	12	8	3	2	6	99	0.69	6.19
7	143	95	48	23	11	5	5	4	5	100	0.70	6.29
8	143	94	49	24	13	8	3	1	5	91	0.64	5.73
9	107	76	31	16	7	2	6	0	4	60	0.56	5.05
10	11	10	1	0	0	0	0	0	1	1	0.09	0.82
11	5	2	3	3	0	0	0	0	1	3	0.60	5.40
12	2	1	1	1	0	0	0	0	1	1	0.50	4.50
합계		0점	1+점	1점	2점	3점	4점	5+점	최다	합계	평균	평균/9
	1275	858	417	209	105	53	27	23	8	820	0.64	5.79

투수

좌투좌타
1983년 11월 6일
192cm / 100kg
연봉 4억 5000만 원
경력 대구수창초-성광중
　　-포철공고-삼성
지명순위 02 삼성 1차

NO. 47 권혁

　150km/k를 상회하는 패스트볼을 가진, 좌완 파이어볼러다. 패스트볼과 슬라이더의 투피치 스타일로 단조로운 투구를 한다. 기본적인 제구력은 떨어지나 빠른 구속과 묵직한 구위로 타자들을 윽박지른다. 그는 투고타저의 영향으로 삼성시절부터 시작해 한화에서 혹사를 당했다. 그로 인해 팔 스윙이 느려지고 공의 무브먼트나 구위가 저하돼 삼성에서 한화로 이적하는 계기가 됐다. 2년 간 불펜투수가 200이닝을 던지는 말도 안 되는 혹사 끝에 결국 팔꿈치 수술을 받아야했고, 2017년 복귀 후 과거에 비해 구위 저하와 믿음직한 모습이 사라졌다. 설상가상, 허리도 좋지 않아 팀에서 충분한 휴식과 등판간격의 배려가 필요한 상황이다.

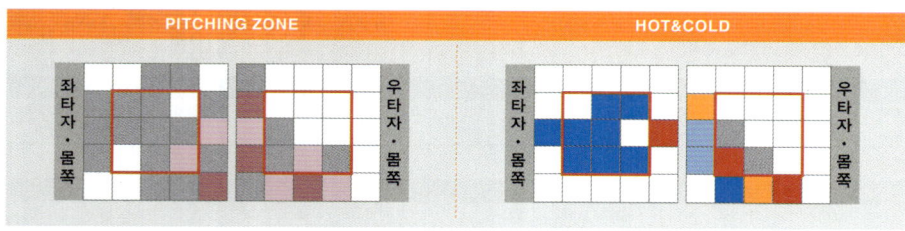

PITCHING ZONE　　　　　　　　　HOT&COLD

좌타자·몸쪽　　　우타자·몸쪽　　　좌타자·몸쪽　　　우타자·몸쪽

PITCHING ZONE　■ 15% 이상　■ 12~14%　■ 9~11%　■ 6~8%　■ 3~5%　□ 2% 이하
HOT&COLD　■ 피안타율 0.099 이하　■ 0.100~0.199　■ 0.200~0.299　■ 0.300~0.399　■ 피안타율 0.400 이상　□ 3타수 미만

최근 3년간 성적

연도	팀명	평균자책	경기	승	패	세이브	홀드	승률	타자수	이닝	피안타	피홈런	볼넷	탈삼진	실점	자책점	WHIP	WAR
2015	한화	4.98	78	9	13	17	6	0.409	506	112	124	15	53	88	68	62	1.58	0.69
2016	한화	3.87	66	6	2	3	13	0.750	418	95 1/3	93	5	42	77	45	41	1.42	1.95
2017	한화	6.32	37	1	3	0	11	0.250	147	31 1/3	39	6	9	17	23	22	1.53	-0.25
통산		3.67	693	53	42	31	143	0.558	3507	818 2/3	744	79	360	723	366	334	1.35	-

구속/구사율/피안타율

구종	평균구속	종합	초구	2-2	좌타자	우타자	피안타율
포심패스트볼	142	70%	71%	71%	75%	66%	0.326
투심/싱커	-	-	-	-	-	-	-
컷패스트볼	-	-	-	-	-	-	-
슬라이더	131	11%	6%	12%	15%	8%	0.333
커브	123	6%	8%	5%	9%	3%	0.000
체인지업	129	1%	2%	0%	0%	2%	-
포크/SF/너클	135	12%	13%	12%	1%	21%	0.333

볼카운트별 피안타율

볼카운트	피안타율	타수	피안타	볼카운트	피안타율	타수	피안타
0-0	0.227	22	5	2-0	0.000	1	0
0-1	0.500	6	3	2-1	0.000	9	0
0-2	0.625	8	5	2-2	0.308	26	8
1-0	0.286	14	4	3-0	0.000	1	0
1-1	0.571	14	8	3-1	1.000	1	1
1-2	0.133	15	2	3-2	0.273	11	3
S > B : 0.345 / S = B : 0.339 / S < B : 0.216							

기타 기록

상대 타자 타구 방향

32%　24%　44%

이닝당 투구수	17.9
땅볼/뜬공	0.74

상황별 기록

상황	안타	2루타	3루타	홈런	볼넷	사구	삼진	폭투	보크	피안타율
주자 없음	18	6	0	3	3	2	9	0	0	0.281
만루	3	0	0	1	0	0	0	0	0	0.750
주자 있음	21	2	0	3	6	3	8	3	0	0.328
득점권	13	1	0	3	6	3	5	2	0	0.325
상위(1~2번)	10	4	0	2	1	9	1	0	0	0.323
중심(3~5번)	15	4	0	3	4	2	6	1	0	0.326
하위(6~9번)	14	0	0	3	2	1	6	2	0	0.275
좌타자	22	7	0	4	4	3	6	2	0	0.367
우타자	17	1	0	4	5	2	8	2	0	0.250

상대팀별 기록

구분	경기	평균자책	승	패	세이브	홀드	이닝	피안타	피홈런	볼넷	삼진	피안타율
KIA	1	0.00	0	0	0	0	1	1	0	1	1	0.250
두산	6	3.86	0	0	0	2	4 2/3	7	1	0	2	0.389
롯데	4	6.75	0	1	0	2	4	4	1	1	2	0.267
NC	3	3.38	0	0	0	2	2 2/3	4	1	1	0	0.200
SK	6	3.38	1	0	0	1	5 1/3	2	1	2	2	0.125
LG	5	13.50	0	0	0	2	4	8	2	1	4	0.400
넥센	4	7.71	0	0	0	1	2 1/3	5	0	0	2	0.417
삼성	6	13.50	0	1	0	0	3	6	0	2	1	0.400
kt	3	0.00	0	1	0	2	3 1/3	2	0	0	3	0.154

NO. 41 김재영

폼은 사이드암이지만 딜리버리는 쓰리쿼터에 가깝다. 140km/h대 후반의 빠른 공과 커브, 포크볼이 주 무기다. 체인지업 등 변화구를 하나 정도 더 연마한다면 지금보다도 위력이 배가될 것이다. 150구까지도 소화할 수 있는 완투능력을 갖고 있다. 제구력에 문제가 있지만 야구에 대한 노력과 연구를 게을리하지 않는 선수다. 그가 성공적인 선발투수가 되기 위해서는 안정적인 제구력과 서드피치를 갈고 닦아야한다. 특히 60% 수준에 있는 횡으로 휘는 슬라이더를 더 연마한다면 10승 이상의 성적을 올릴 수 있는 투수가 될 수 있다. 특히 2017시즌 KIA와 LG에 강세를 보였다. 또한 웨이트 트레이닝을 강화하여 체력을 보강할 필요가 있다. 2018년은 그가 비상을 해야 한화가 살고 본인도 살 수 있다.

투수

우언우타
1993년 7월 22일
187cm / 84kg
연봉 5300만 원
경력 방배초－영동중－서울고 －홍익대
지명순위 16 한화 2차 1라운드 2순위

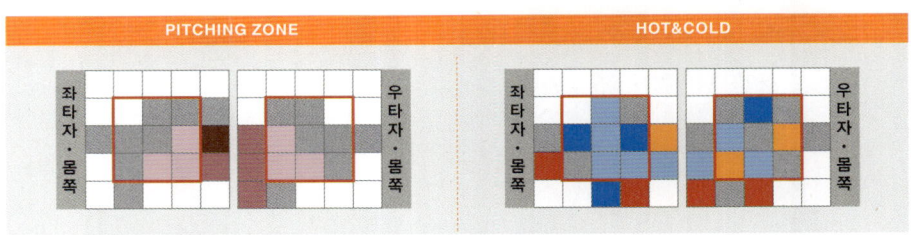

PITCHING ZONE: ■ 15% 이상 ■ 12~14% ■ 9~11% ■ 6~8% ■ 3~5% □ 2% 이하
HOT&COLD: ■ 피안타율 0.099 이하 ■ 0.100~0.199 ■ 0.200~0.299 ■ 0.300~0.399 ■ 피안타율 0.400 이상 □ 3타수 미만

최근 3년간 성적

연도	팀명	평균자책	경기	승	패	세이브	홀드	승률	타자수	이닝	피안타	피홈런	볼넷	탈삼진	실점	자책점	WHIP	WAR
2015	-	-	-	-	-	-	-	-	-	-	-	-	-	-	-	-	-	-
2016	한화	10.32	11	0	0	0	0	-	58	11 1/3	18	2	8	4	14	13	2.29	-0.27
2017	한화	4.54	20	5	7	0	0	0.417	370	85 1/3	101	9	19	51	51	43	1.41	1.16
통산		5.21	31	5	7	0	0	0.417	428	96 2/3	119	11	27	55	65	56	1.51	-

구속/구사율/피안타율

구종	평균구속	종합	초구	2-2	좌타자	우타자	피안타율
포심패스트볼	138	55%	57%	42%	54%	56%	0.295
투심/싱커	-	-	-	-	-	-	-
컷패스트볼	-	-	-	-	-	-	-
슬라이더	-	-	-	-	-	-	-
커브	113	3%	5%	0%	1%	5%	0.200
체인지업	-	-	-	-	-	-	-
포크/SF/너클	124	42%	38%	58%	45%	39%	0.325

볼카운트별 피안타율

볼카운트	피안타율	타수	피안타	볼카운트	피안타율	타수	피안타
0-0	0.375	32	12	2-0	0.333	6	2
0-1	0.371	35	13	2-1	0.389	18	7
0-2	0.207	29	6	2-2	0.321	53	17
1-0	0.478	23	11	3-0	-	0	0
1-1	0.361	36	13	3-1	0.182	11	2
1-2	0.176	51	9	3-2	0.281	32	9
S > 3 : 0.243 / S = B : 0.347 / S < B : 0.344							

기타 기록

상대 타자 타구 방향
40% 23% 36%

이닝당 투구수	17.0
땅볼 / 뜬공	1.48

상황별 기록

상황	안타	2루타	3루타	홈런	볼넷	사구	삼진	폭투	보크	피안타율
주자 없음	61	8	0	5	11	6	27	0	0	0.343
만루	3	3	0	0	0	0	2	0	0	0.429
주자 있음	40	8	0	4	8	6	24	3	0	0.270
득점권	22	7	0	2	5	2	12	1	0	0.306
상위(1~2번)	30	2	0	2	1	2	15	1	0	0.341
중심(3~5번)	41	9	0	6	9	3	18	0	0	0.363
하위(6~9번)	30	5	0	1	9	7	18	2	0	0.240
좌타자	54	8	0	8	1	29	1	0		0.346
우타자	47	8	0	6	11	11	22	2	0	0.276

상대팀별 기록

구분	경기	평균자책	승	패	세이브	홀드	이닝	피안타	피홈런	볼넷	삼진	피안타율
KIA	2	0.69	2	0	0	0	13	13	0	3	8	0.265
두산	-	-	-	-	-	-	-	-	-	-	-	-
롯데	2	5.40	0	0	0	0	5	5	1	1	5	0.263
NC	3	15.19	0	0	0	0	5 1/3	14	2	2	2	0.483
SK	3	5.25	0	2	0	0	12	11	3	1	10	0.239
LG	4	2.28	2	0	0	0	27 2/3	21	1	6	13	0.228
넥센	3	8.03	0	2	0	0	12 1/3	22	2	5	9	0.407
삼성	2	13.50	0	1	0	0	2/3	2	0	0	0	0.667
kt	2	3.86	1	0	0	0	9 1/3	13	0	1	4	0.382

투수

좌투좌타
1976년 5월 27일
183cm / 88kg
연봉 2억 5000만 원
경력 청주중앙초-청주중-세광고
-연세대
지명순위 99 한화 1차

NO. **17** 박정진

150km/h의 좌완 강속구에 필살의 슬라이더를 가진 투피치 스타일이다. 제구가 거칠고 묵직한 구위의 패스트볼과 날카로운 슬라이더로 승부하는 전형적인 파워피처다. 불혹의 나이임에도 어깨가 싱싱하다. 임창용과 더불어 KBO리그 최고령자다. 아주 높은 릴리스 포인트에서 내리 꽂는 직구와 슬라이더는 신체적 조건(183cm)을 이겨내기 위해 최대한 높은 곳에서 투구한다. 그의 피칭을 지켜보면 눈물겹다. 타점이 높고 최대한 공을 숨겨 나오기 때문에 KBO리그를 대표하는 최형우, 은퇴한 이승엽 등도 공략하기 제일 어려운 투수라고 말했다. 특히 25년간 갈고 닦은 슬라이더는 장인의 경지에 올라있는 구종이다. 팬들은 박정진이 나이와 상관없이 롱런하기를 바란다.

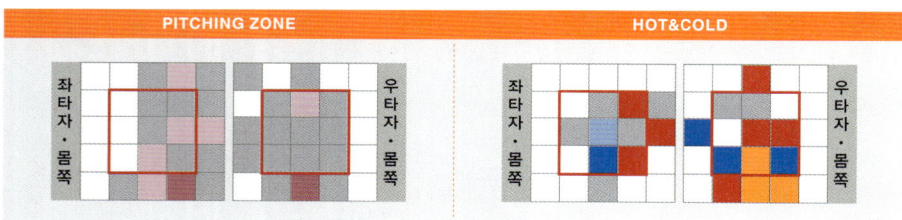

PITCHING ZONE ■ 15% 이상 ■ 12~14% ■ 9~11% ■ 6~8% ■ 3~5% □ 2% 이하
HOT&COLD ■ 피안타율 0.099 이하 ■ 0.100~0.199 ■ 0.200~0.299 ■ 0.300~0.399 ■ 피안타율 0.400 이상 □ 3타수 미만

최근 3년간 성적

연도	팀명	평균자책	경기	승	패	세이브	홀드	승률	타자수	이닝	피안타	피홈런	볼넷	탈삼진	실점	자책점	WHIP	WAR
2015	한화	3.09	76	6	1	1	15	0.857	411	96	84	8	39	92	37	33	1.28	2.16
2016	한화	5.57	77	4	4	0	6	0.500	374	84	96	11	33	85	58	52	1.54	0.42
2017	한화	3.94	55	3	2	1	7	0.600	205	48	38	6	24	51	28	21	1.29	0.38
통산		4.55	691	45	43	35	96	0.511	3448	789 1/3	727	82	380	722	446	399	1.40	-

구속/구사율/피안타율

구종	평균구속	종합	초구	2-2	좌타자	우타자	피안타율
포심패스트볼	137	52%	65%	41%	43%	61%	0.233
투심/싱커	-	-	-	-	-	-	-
컷패스트볼	-	-	-	-	-	-	-
슬라이더	128	44%	32%	54%	53%	33%	0.210
커브	108	5%	3%	4%	4%	5%	0.273
체인지업	-	-	-	-	-	-	-
포크/SF/너클	130	0%	0%	1%	0%	1%	-

볼카운트별 피안타율

볼카운트	피안타율	타수	피안타	볼카운트	피안타율	타수	피안타
0-0	0.333	18	6	2-0	0.000	1	0
0-1	0.357	14	5	2-1	0.333	3	1
0-2	0.286	21	6	2-2	0.280	25	7
1-0	0.444	9	4	3-0	-	0	0
1-1	0.125	16	2	3-1	0.167	6	1
1-2	0.139	36	5	3-2	0.045	22	1
S > B : 0.225 / S = B : 0.254 / S < B : 0.171							

기타 기록

상대 타자 타구 방향
42% 23% 35%

이닝당 투구수	17.9
땅볼 / 뜬공	0.63

상황별 기록

상황	안타	2루타	3루타	홈런	볼넷	사구	삼진	폭투	보크	피안타율
주자 없음	21	3	0	0	11	2	24	1	0	0.263
만루	0	0	0	0	1	0	3	0	0	0.000
주자 있음	17	3	0	6	13	1	27	2	0	0.187
득점권	8	2	0	4	10	0	11	2	0	0.178
상위(1~2번)	17	1	0	2	8	1	12	0	0	0.321
중심(3~5번)	10	3	0	3	9	2	22	2	0	0.164
하위(6~9번)	11	2	0	1	7	0	17	1	0	0.193
좌타자	20	4	0	2	15	0	22	1	0	0.230
우타자	18	2	0	4	9	3	29	1	0	0.214

상대팀별 기록

구분	경기	평균자책	승	패	세이브	홀드	이닝	피안타	피홈런	볼넷	삼진	피안타율
KIA	8	7.11	0	0	0	1	6 1/3	5	2	5	7	0.238
두산	7	1.69	0	0	0	1	5 1/3	2	0	3	6	0.118
롯데	4	18.00	0	1	0	0	1	2	5	1	3	0.500
NC	4	0.00	1	0	0	0	6 1/3	3	0	1	4	0.136
SK	8	2.25	0	0	0	2	8	7	1	2	12	0.250
LG	5	1.80	1	0	1	1	5	5	0	3	4	0.250
넥센	6	5.40	1	0	0	0	5	4	1	4	5	0.111
삼성	8	6.75	0	0	0	2	6 2/3	6	1	4	6	0.208
kt	5	5.00	0	1	0	0	3 1/3	3	1	1	3	0.333

배영수

투수

우투우타
1981년 5월 4일
184cm / 90kg
연봉 5억 원
경력 칠성초–경복중–경북고–삼성
지명순위 00 삼성 1차

전성기(2006년까지)시절 140km/h 후반대와 150km/h 초반대의 패스트볼과 슬라이더, 스플리터를 던졌다. 2004년에는 10이닝 노히트노런을 기록할 뻔했고, 원투능력 또한 대단했다. 그러나 잦은 부상으로 평균구속이 10km/h 감소하면서, 변화구를 주로 구사하며 맞춰 잡는 투구 스타일로 바뀌었다. 그러면서 꾸준히 변화구 구사 능력을 키워 서클 체인지업, 싱커, 너클커브까지 새로운 레퍼토리를 개발하면서 잃어버린 속구 10km/h를 대신했다. 제구력은 리그 상위권이다. 볼넷 숫자가 40개를 넘은 시즌이 손에 꼽을 정도다. 제구력에 너무 의존하다보니 조금만 흔들려도 민감해진다. 2016년 한화로 이적한 후 실질적인 팀 에이스 역할을 수행하며 37살의 나이를 무색하게 만들었다.

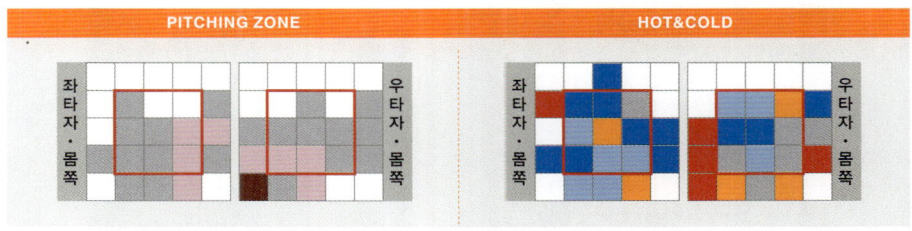

| PITCHING ZONE | | HOT&COLD | |

PITCHING ZONE ■ 15% 이상 ■ 12~14% ■ 9~11% ■ 6~8% ■ 3~5% □ 2% 이하
HOT&COLD ■ 피안타율 0.099 이하 ■ 0.100~0.199 ■ 0.200~0.299 ■ 0.300~0.399 ■ 피안타율 0.400 이상 □ 3타수 미만

최근 3년간 성적

연도	팀명	평균자책	경기	승	패	세이브	홀드	승률	타자수	이닝	피안타	피홈런	볼넷	탈삼진	실점	자책점	WHIP	WAR
2015	한화	7.04	32	4	11	0	1	0.267	469	101	124	21	39	56	93	79	1.61	-0.72
2016	–																	
2017	한화	5.06	25	7	8	0	0	0.467	575	128	155	17	29	86	82	72	1.44	1.50
통산		4.40	451	135	117	3	7	0.536	9014	2066 2/3	2247	190	698	1379	1117	1010	1.43	

구속/구사율/피안타율

구종	평균구속	종합	초구	2-2	좌타자	우타자	피안타율
포심패스트볼	137	45%	47%	46%	49%	43%	0.285
투심/싱커	137	1%	1%	0%	2%	1%	0.750
컷패스트볼	-	-	-	-	-	-	-
슬라이더	127	23%	20%	25%	9%	32%	0.238
커브	110	1%	1%	0%	1%	1%	1.000
체인지업	123	11%	14%	6%	12%	11%	0.327
포크/SF/너클	128	19%	17%	24%	28%	12%	0.330

볼카운트별 피안타율

볼카운트	피안타율	타석	피안타	볼카운트	피안타율	타석	피안타
0-0	0.296	71	21	2-0	0.583	12	7
0-1	0.286	56	16	2-1	0.400	40	16
0-2	0.111	27	3	2-2	0.241	87	21
1-0	0.333	39	13	3-0	0.000	1	0
1-1	0.417	60	25	3-1	0.556	9	5
1-2	0.211	71	15	3-2	0.271	48	13
S > B : 0.221 / S = B : 0.307 / S < B : 0.362							

기타 기록

상대 타자 타구 방향

28%
44% 28%

이닝당 투구수	16.8
땅볼 / 뜬공	1.23

상황별 기록

상황	안타	2루타	3루타	홈런	볼넷	사구	삼진	폭투	보크	피안타율
주자 없음	92	23	2	11	7	7	43	0	0	0.297
만루	2	0	0	0	1	0	2	0	0	0.200
주자 있음	63	6	0	6	22	6	43	2	2	0.299
득점권	39	2	0	4	13	3	27	2	0	0.302
상위(1~2번)	47	10	0	1	4	3	19	0	1	0.346
중심(3~5번)	47	5	1	11	14	7	33	1	0	0.261
하위(6~9번)	61	14	1	5	11	3	34	1	1	0.298
좌타자	71	6	2	4	13	1	28	0	1	0.350
우타자	84	17	0	13	16	12	58	2	1	0.264

상대팀별 기록

구분	경기	평균자책	승	패	세이브	홀드	이닝	피안타	피홈런	볼넷	삼진	피안타율
KIA	1	18.90	0	1	0	0	3 1/3	8	0	2	3	0.500
두산	1	7.20	0	1	0	0	5	5	1	4	4	0.250
롯데	6	3.45	1	3	0	0	28 2/3	31	2	5	19	0.277
NC	5	3.38	2	1	0	0	24	22	3	6	17	0.237
SK	5	5.63	0	2	0	0	16	18	4	6	10	0.277
LG	1	1.17	1	0	0	0	7 2/3	5	1	2	5	0.179
넥센	3	6.46	1	0	0	0	15 1/3	25	4	2	12	0.362
삼성	2	4.26	1	0	0	0	12 2/3	17	1	0	7	0.333
kt	3	7.63	1	0	0	0	15 1/3	24	3	2	9	0.358

 투수

우투우타
1991년 1월 6일
188cm / 102kg
연봉 40만 달러
경력 신시내티-애리조나-마이애미

NO. **48** **샘슨**

　미국 출신 우완투수. 지난해 떠들썩했던 오간도에 비해 이름값은 떨어지는 게 사실. 그러나 미국 무대에서 큰 부상 없이 불펜과 선발을 오가며 꾸준히 활약해왔기에 한화 코칭스태프의 기대는 크다. 최고 150km/h의 포심패스트볼을 기본으로 브레이킹볼(슬라이더, 커브), 오프-스피드 피치(체인지업) 등 4가지 구종을 자유롭게 구사할 수 있다. 메이저리그에선 K/9(9이닝당 탈삼진) 8.22에 BB/9(9이닝 당 볼넷) 5.18이었다. K/BB 1.5 정도로 썩 좋은 건 아니었다. 150km/h를 넘나드는 빠른 공은 위력적이었지만 제구가 들쭉날쭉 했다. 특히 1회에 상대 팀 리드오프 타자들에게 안타 혹은 볼넷으로 출루를 허용한 뒤 쉽게 점수를 내준 적이 많았다. 이점만 잘 보완한다면 올해 한화에서 좋은 성적을 낼 수 있을 것이다

PITCHING ZONE		HOT&COLD	
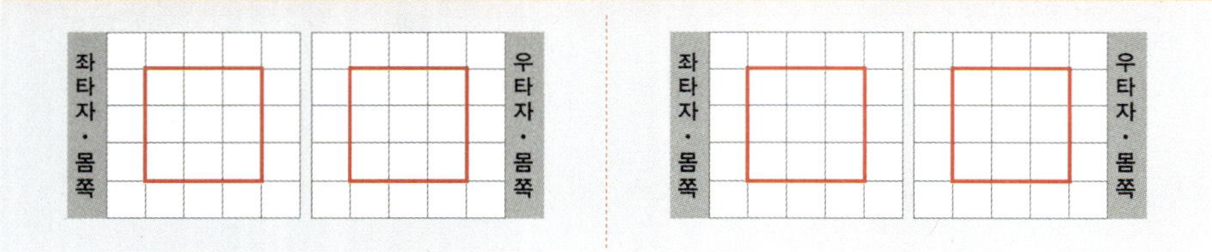 좌타자·몸쪽	우타자·몸쪽	좌타자·몸쪽	우타자·몸쪽

PITCHING ZONE ■ 15% 이상 ■ 12~14% ■ 9~11% ■ 6~8% ■ 3~5% □ 2% 이하
HOT&COLD ■ 피안타율 0.099 이하 ■ 0.100~0.199 ■ 0.200~0.299 ■ 0.300~0.399 ■ 피안타율 0.400 이상 □ 3타수 미만

최근 3년간 성적

연도	팀명	평균자책	경기	승	패	세이브	홀드	승률	타자수	이닝	피안타	피홈런	볼넷	탈삼진	실점	자책점	WHIP	WAR
2015	-	-	-	-	-	-	-	-	-	-	-	-	-	-	-	-	-	-
2016	-	-	-	-	-	-	-	-	-	-	-	-	-	-	-	-	-	-
2017	-	-	-	-	-	-	-	-	-	-	-	-	-	-	-	-	-	-
통산	-	-	-	-	-	-	-	-	-	-	-	-	-	-	-	-	-	-

구속/구사율/피안타율

구종	평균구속	종합	초구	2-2	좌타자	우타자	피안타율
포심패스트볼	-	-	-	-	-	-	-
투심/싱커	-	-	-	-	-	-	-
컷패스트볼	-	-	-	-	-	-	-
슬라이더	-	-	-	-	-	-	-
커브	-	-	-	-	-	-	-
체인지업	-	-	-	-	-	-	-
포크/SF/너클	-	-	-	-	-	-	-

볼카운트별 피안타율

볼카운트	피안타율	타수	피안타	볼카운트	피안타율	타수	피안타
0-0	-	-	-				
0-1	-	-	-				
0-2	-	-	-				
1-0	-	-	-				
1-1	-	-	-				
1-2	-	-	-	S〉B:-/S=B:-/S〈B:-			

기타 기록

상대 타자 타구 방향

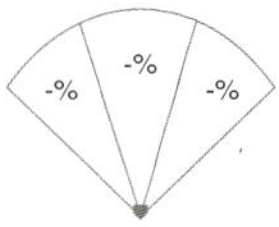

-% / -% / -%

이닝당 투구수 | -
땅볼 / 뜬공 | -

상황별 기록

상황	안타	2루타	3루타	홈런	볼넷	사구	삼진	폭투	보크	피안타율
주자 없음	-	-	-	-	-	-	-	-	-	-
만루	-	-	-	-	-	-	-	-	-	-
주자 있음	-	-	-	-	-	-	-	-	-	-
득점권	-	-	-	-	-	-	-	-	-	-
상위(1~2번)	-	-	-	-	-	-	-	-	-	-
중심(3~5번)	-	-	-	-	-	-	-	-	-	-
하위(6~9번)	-	-	-	-	-	-	-	-	-	-
좌타자	-	-	-	-	-	-	-	-	-	-
우타자	-	-	-	-	-	-	-	-	-	-

상대팀별 기록

구분	경기	평균자책	승	패	세이브	홀드	이닝	피안타	피홈런	볼넷	삼진	피안타율
KIA	-	-	-	-	-	-	-	-	-	-	-	-
두산	-	-	-	-	-	-	-	-	-	-	-	-
롯데	-	-	-	-	-	-	-	-	-	-	-	-
SK	-	-	-	-	-	-	-	-	-	-	-	-
LG	-	-	-	-	-	-	-	-	-	-	-	-
넥센	-	-	-	-	-	-	-	-	-	-	-	-
한화	-	-	-	-	-	-	-	-	-	-	-	-
삼성	-	-	-	-	-	-	-	-	-	-	-	-
kt	-	-	-	-	-	-	-	-	-	-	-	-

NO. 31 **송창식**

빠른 구속으로 타자를 제압하는 스타일이 아니라 정교한 제구를 바탕으로 한다. 140km/h 중반대 패스트볼과 120km/h의 포크볼, 100km/h의 커브를 던진다. 완급조절을 잘하며 타자의 눈을 속이는데 능하다. 특히 결정구로 사용하는 커브가 일품이다. 팀 내에서는 선발, 중간계투에 이르기까지 전천후로 기용되며 류현진이 떠난 이후 가장 혹사를 당한 투수 중 한 명이다. 한화의 암흑시절 구단의 명예와 존엄을 지켜주었으며, 병마와 싸워 이겨낸 인간승리의 주인공이기도 하다. 2016년 혹사로 인해 수술대에 올랐다. 2017시즌 팀에 복귀해 여전히 혹사를 당하면서(구원 등판 1위 24게임, 1141/3이닝) 평균자책점 6.27이라는 초라한 성적을 남겼다. 2018시즌 무리한 등판만 자제한다면 커리어하이를 달성할 선수다.

투수

우투우타
1985년 3월 25일
183cm / 104kg
연봉 2억 4000만 원
경력 서원초-세광중-세광고
지명순위 04 한화 2차 1라운드 2순위

PITCHING ZONE   **HOT&COLD**

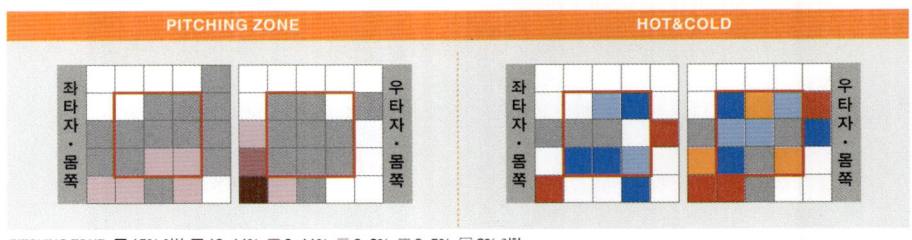

PITCHING ZONE ■ 15% 이상 ■ 12~14% ■ 9~11% ■ 6~8% ■ 3~5% □ 2% 이하
HOT&COLD ■ 피안타율 0.099 이하 ■ 0.100~0.199 ■ 0.200~0.299 ■ 0.300~0.399 ■ 피안타율 0.400 이상 □ 3타수 미만

최근 3년간 성적

연도	팀명	평균자책	경기	승	패	세이브	홀드	승률	타자수	이닝	피안타	피홈런	볼넷	탈삼진	실점	자책점	WHIP	WAR
2015	한화	6.44	64	8	7	0	11	0.533	503	109	115	29	64	87	82	78	1.64	-0.67
2016	한화	4.98	66	8	5	0	8	0.615	437	97 2/3	97	10	45	77	61	54	1.45	0.65
2017	한화	6.63	63	5	6	0	15	0.455	331	73 1/3	77	13	33	64	56	54	1.50	-0.50
통산		5.29	418	42	41	22	50	0.506	3094	694 1.3	689	100	322	539	424	408	1.46	-

---

구속/구사율/피안타율

구종	평균구속	종합	초구	2-2	좌타자	우타자	피안타율
포심패스트볼	139	52%	55%	45%	52%	52%	0.316
투심/싱커	-	-	-	-	-	-	-
컷패스트볼	-	-	-	-	-	-	-
슬라이더	125	12%	12%	10%	8%	14%	0.278
커브	108	16%	15%	29%	17%	15%	0.170
체인지업	124	0%	0%	0%	0%	0%	-
포크/SF/너클	127	21%	18%	16%	24%	19%	0.226

볼카운트별 피안타율

볼카운트	피안타율	타수	피안타	볼카운트	피안타율	타수	피안타
0-0	0.344	32	11	2-0	0.857	7	6
0-1	0.208	24	5	2-1	0.474	19	9
0-2	0.125	24	3	2-2	0.269	52	14
1-0	0.333	18	6	3-0	1.000	1	1
1-1	0.476	21	10	3-1	0.250	4	1
1-2	0.143	63	9	3-2	0.091	22	2

S > B : 0.153 / S = B : 0.333 / S < B : 0.352

기타 기록

상대 타자 타구 방향
41% 30% 30%

이닝당 투구수	18.0
땅볼 / 뜬공	0.77

상황별 기록

상황	안타	2루타	3루타	홈런	볼넷	사구	삼진	폭투	보크	피안타율
주자 없음	43	11	2	6	11	2	31	0	0	0.283
만루	5	2	0	1	0	0	4	0	0	0.333
주자 있음	34	9	0	7	22	3	33	0	0	0.252
득점권	25	8	0	6	19	3	21	2	0	0.250
상위(1~2번)	17	7	0	1	11	1	16	0	0	0.293
중심(3~5번)	21	3	1	6	13	3	17	2	0	0.263
하위(6~9번)	39	10	1	6	9	1	31	0	0	0.262
좌타자	23	4	1	1	15	1	20	0	0	0.271
우타자	54	12	1	12	18	4	44	2	0	0.267

상대팀별 기록

구분	경기	평균자책	승	패	세이브	홀드	이닝	피안타	피홈런	볼넷	삼진	피안타율
KIA	5	6.75	0	0	0	0	4	4	1	3	3	0.286
두산	8	5.19	0	1	0	4	8 2/3	7	0	2	4	0.233
롯데	7	5.06	0	0	0	1	10 2/3	12	2	2	10	0.293
NC	4	9.00	0	2	0	1	5	5	1	2	5	0.263
SK	6	9.90	1	1	0	3	10	13	3	6	8	0.317
LG	6	5.40	1	0	0	3	8 1/3	5	1	4	8	0.179
넥센	6	6.75	1	2	0	0	7	5	0	5	3	0.212
삼성	6	9.82	0	0	0	3	7 1/3	14	2	3	6	0.378
kt	9	3.97	2	0	0	2	11 1/3	10	1	6	11	0.227

투수

우투우타
1984년 11월 19일
183cm / 90kg
연봉 3억 5000만 원
경력 천안남산초–천안북중–북일고
–(대전대)–한화–KIA
지명순위 03 한화 1차

NO. **45** 안영명

우완 정통파 파워피처. 140km/h 후반대의 패스트볼과 슬라이더, 커브, 체인지업을 구사하지만 슬라이더를 제외하면 나머지 변화구는 평균이다. 자주 스트라이크 존에 피칭을 하여 장타나 피 홈런이 많은 스타일이다. 배짱이 두둑해 홈런을 맞더라도 패스트볼로 정면승부하는 담대한 피칭을 한다. 그러나 그의 가장 큰 문제점은 변화구 구사도 적게 하면서 패스트볼만 던진다는 점이다. 이로 인해 게스 히터(미리 추측하여 스윙하는 타자)들에게는 만만한 먹잇감으로 전락했다. 옷자란 어깨뼈 제거 수술이후 구속이 감소돼 빠른공을 던질 수 없어 투심 위주 피칭으로 땅볼유도를 하는 투수로 변신했다. 패스트볼 위주의 피칭에서 변화구 비율이 높아져 탈삼진은 늘었지만 투구 수가 늘어나 비효율적인 투구를 하는 경향이 있다.

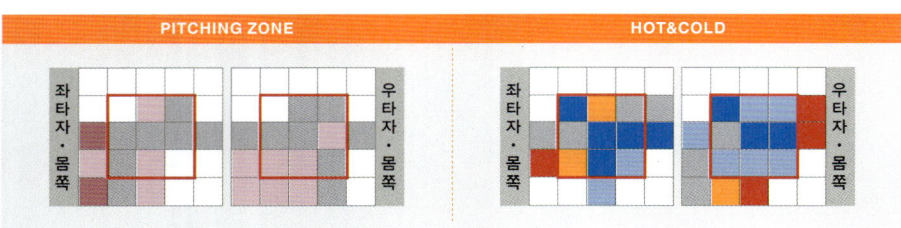

PITCHING ZONE						HOT&COLD					

PITCHING ZONE ■ 15% 이상 ■ 12~14% ■ 9~11% ■ 6~8% ■ 3~5% □ 2% 이하
HOT&COLD ■ 피안타율 0.099 이하 ■ 0.100~0.199 ■ 0.200~0.299 ■ 0.300~0.399 ■ 피안타율 0.400 이상 □ 3타수 미만

최근 3년간 성적

연도	팀명	평균자책	경기	승	패	세이브	홀드	승률	타자수	이닝	피안타	피홈런	볼넷	탈삼진	실점	자책점	WHIP	WAR
2015	한화	5.10	35	10	6	0	1	0.625	568	125 1/3	137	15	60	82	77	71	1.57	1.62
2016	한화	20.25	2	0	1	0	0	0.000	22	2 2/3	9	0	4	1	10	6	4.88	-0.30
2017	한화	5.75	25	1	8	0	0	0.111	410	87 2/3	123	11	28	54	62	56	1.72	0.61
	통산	4.90	377	49	46	16	36	0.516	3744	836	909	124	356	587	501	455	1.51	-

구속/구사율/피안타율

구종	평균구속	종합	초구	2-2	좌타자	우타자	피안타율
포심패스트볼	138	10%	11%	6%	10%	10%	0.281
투심/싱커	139	51%	55%	52%	51%	50%	0.344
컷패스트볼	-	-	-	-	-	-	-
슬라이더	128	31%	27%	34%	24%	34%	0.341
커브	117	4%	2%	5%	4%	3%	0.273
체인지업	127	5%	7%	4%	11%	2%	0.350
포크/SF/너클	-	-	-	-	-	-	-

볼카운트별 피안타율

볼카운트	피안타율	타수	피안타	볼카운트	피안타율	타수	피안타
0-0	0.400	40	16	2-0	0.286	7	2
0-1	0.442	43	19	2-1	0.429	28	12
0-2	0.161	31	5	2-2	0.362	58	21
1-0	0.321	28	9	3-0	-	0	0
1-1	0.525	40	21	3-1	0.250	4	1
1-2	0.132	53	7	3-2	0.294	34	10

S > B : 0.244 / S = B : 0.420 / S < B : 0.337

기타 기록

상대 타자 타구 방향

40% 26% 34%

이닝당 투구수	17.8
땅볼 / 뜬공	0.88

상황별 기록

상황	안타	2루타	3루타	홈런	볼넷	사구	삼진	폭투	보크	피안타율
주자 없음	70	17	2	7	12	4	28	0	0	0.363
만루	5	0	0	0	0	0	0	0	0	0.625
주자 있음	53	13	0	4	16	1	26	5	1	0.306
득점권	32	8	0	2	13	1	12	2	1	0.327
상위(1~2번)	30	7	2	3	5	0	8	2	1	0.319
중심(3~5번)	43	10	0	6	10	2	23	2	0	0.347
하위(6~9번)	50	13	0	2	13	3	23	1	0	0.338
좌타자	53	14	2	4	13	0	20	3	1	0.373
우타자	70	16	0	7	15	5	34	2	0	0.313

상대팀별 기록

구분	경기	평균자책	승	패	세이브	홀드	이닝	피안타	피홈런	볼넷	삼진	피안타율
KIA	4	5.09	0	2	0	0	17 2/3	25	1	4	10	0.329
두산	3	15.75	0	2	0	0	8	17	4	4	7	0.425
롯데	4	4.63	0	2	0	0	23 1/3	30	2	5	10	0.330
NC	3	5.25	1	0	0	0	12	15	1	3	9	0.306
SK	3	3.86	0	1	0	0	9 1/3	12	1	5	3	0.343
LG	2	6.00	0	0	0	0	3	5	0	2	4	0.385
넥센	2	3.24	0	0	0	0	8 1/3	11	1	3	9	0.306
삼성												
kt	2	6.00	0	1	0	0	6	8	1	2	4	0.308

윤규진

투수

우투우타
1984년 7월 28일
185cm / 90kg
연봉 2억 1000만 원
경력 대전신흥초–충남중–대전고
–(대전대)
지명순위 03 한화 2차 2라운드
13순위

140km/h 중반대의 패스트볼과 포크볼의 '투피치 투수'다. 포크볼의 완성도는 매우 높은 편으로 카운트를 잡는 목적과 결정구 목적 두 가지로 활용된다. 투피치에 가깝지만 두 가지만 던지는 투수는 결코 아니다. 역대 한화 감독들이 혹사시켜 고전했으나, 군복무 이후 자신의 페이스를 찾을 수 있었다. 팀 내에서는 선발, 중간, 마무리 등 닥치는 대로 등판했다. 부상 이후 수술로 인해 내구성이 떨어지면서 선발 등판 시 5~6이닝 이후에는 난타를 당하는 경향이 있다. 장기적으로는 불펜에서 필승조로 1,2이닝을 책임지는 셋업맨 역할을 수행한다면 팀과 본인을 위해서도 바람직할 것이다. 여전히 팀에서는 이만한 투수가 드물 정도로 인정받고 있다.

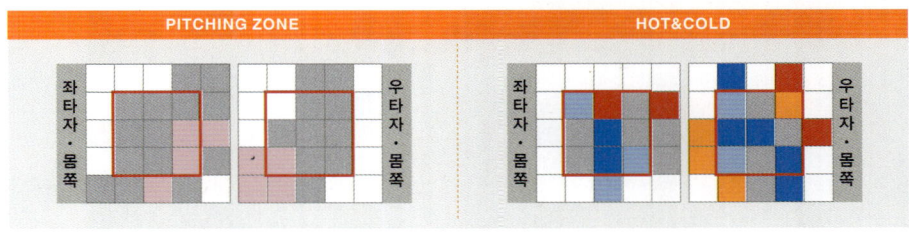

PITCHING ZONE
좌타자·몸쪽 / 우타자·몸쪽

HOT&COLD
좌타자·몸쪽 / 우타자·몸쪽

PITCHING ZONE ■ 15% 이상 ■ 12~14% ■ 9~11% ■ 6~8% ■ 3~5% □ 2% 이하
HOT&COLD ■ 피안타율 0.099 이하 ■ 0.100~0.199 ■ 0.200~0.299 ■ 0.300~0.399 ■ 피안타율 0.400 이상 □ 3타수 미만

최근 3년간 성적

연도	팀명	평균자책	경기	승	패	세이브	홀드	승률	타수	이닝	피안타	피홈런	볼넷	탈삼진	실점	자책점	WHIP	WAR
2015	한화	2.66	40	3	2	10	3	0.600	205	50 2/3	39	3	21	48	15	15	1.18	1.57
2016	한화	6.82	41	7	7	1	3	0.500	472	100 1/3	125	19	54	74	78	76	1.78	0.25
2017	한화	5.22	36	8	7	0	2	0.533	526	119	138	19	44	93	71	69	1.53	1.30
통산		4.90	395	40	37	30	37	0.519	3236	722	778	85	359	579	430	393	1.57	-

구속/구사율/피안타율

구종	평균구속	종합	초구	2-2	좌타자	우타자	피안타율
포심패스트볼	141	49%	48%	45%	52%	47%	0.320
투심/싱커	-	-	-	-	-	-	-
컷패스트볼	-	-	-	-	-	-	-
슬라이더	129	14%	17%	12%	5%	21%	0.265
커브	118	5%	11%	2%	5%	6%	0.261
체인지업	-	-	-	-	-	-	-
포크/SF/너클	128	31%	24%	40%	38%	26%	0.293

볼카운트별 피안타율

볼카운트	피안타율	타수	피안타	볼카운트	피안타율	타수	피안타
0-0	0.367	60	22	2-0	0.222	9	2
0-1	0.436	39	17	2-1	0.381	21	8
0-2	0.100	40	4	2-2	0.188	80	15
1-0	0.333	45	15	3-0	-	0	0
1-1	0.405	42	17	3-1	0.200	15	3
1-2	0.299	77	23	3-2	0.333	36	12
S > B : 0.282 / S = B : 0.297 / S < B : 0.317							

기타 기록

상대 타자 타구 방향

42% 28% 30%

이닝당 투구수	17.0
땅볼 / 뜬공	0.74

상황별 기록

상황	안타	2루타	3루타	홈런	볼넷	사구	삼진	폭투	보크	피안타율
주자 없음	77	10	1	10	22	1	62	0	0	0.285
만루	1	0	0	0	0	0	2	0	0	0.111
주자 있음	61	10	1	9	22	4	31	5	0	0.314
득점권	25	3	1	6	17	2	20	2	0	0.278
상위(1~2번)	36	6	1	5	10	0	17	1	0	0.333
중심(3~5번)	51	4	1	8	21	0	33	2	0	0.315
하위(6~9번)	51	10	0	6	13	4	43	2	0	0.263
좌타자	56	8	2	3	21	1	34	3	0	0.311
우타자	82	12	0	16	23	3	55	3	0	0.289

상대팀별 기록

구분	경기	평균자책	승	패	세이브	홀드	이닝	피안타	피홈런	볼넷	삼진	피안타율
KIA	3	5.68	1	1	0	0	6 1/3	6	1	3	2	0.250
두산	4	8.53	2	1	0	0	12 2/3	19	3	5	6	0.352
롯데	4	4.85	2	1	0	0	13	16	2	5	16	0.308
NC	4	3.72	1	1	0	1	19 1/3	23	2	11	15	0.295
SK	6	6.89	0	2	0	1	15 2/3	15	6	4	18	0.254
LG	4	2.25	1	1	0	0	16	13	0	3	11	0.250
넥센	5	4.74	1	0	0	0	19	24	2	10	13	0.329
삼성	5	7.04	0	1	0	0	15 1/3	22	3	4	10	0.328
kt	1	0.00	0	0	0	0	1 2/3	0	0	2	0	0.000

투수

우투좌타
1990년 7월 3일
192cm / 97kg
연봉 7300만 원
경력 여수서초-여수중-효천고
지명순위 10 한화 5라운드 36순위

NO. 22 이태양

　그는 한때 최고구속 150km/h에 이르는 파이어볼러였다. 190cm, 98kg의 좋은 하드웨어를 가지고 패스트볼과 스플리터, 포크볼, 횡으로 움직이는 슬라이더, 체인지업, 커브를 선보였다. 그러나 2016년 부상 이후로 포심 패스트볼은 140km/h에도 미치지 못한다. 필살의 포크볼만 계속해서 던지고 있다. 우완 정통파투수였지만 수술 이후 기교파 투수로 변신했다. 2017시즌 복귀하여 전년도에 받은 토미존 수술도 잊고 무리를 하다 결국 부상으로 시즌아웃 돼버렸다. 평균자책점 7.17이라는 초라한 성적표를 받았다. 팀 내에서 차지하는 비중은 크지만, 내심 또 부상을 당하지 않을까 노심초사하는 투수다.

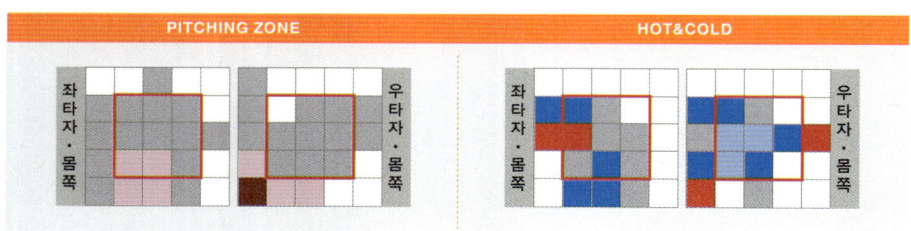

PITCHING ZONE ■ 15% 이상 ■ 12~14% ■ 9~11% ■ 6~8% ■ 3~5% □ 2% 이하
HOT&COLD ■ 피안타율 0.099 이하 ■ 0.100~0.199 ■ 0.200~0.299 ■ 0.300~0.399 ■ 피안타율 0.400 이상 □ 3타수 미만

최근 3년간 성적

연도	팀명	평균자책	경기	승	패	세이브	홀드	승률	타자수	이닝	피안타	피홈런	볼넷	탈삼진	실점	자책점	WHIP	WAR
2015	–																	
2016	한화	4.97	29	5	8	1	0	0.385	512	112 1/3	128	15	62	60	66	62	1.69	1.76
2017	한화	7.17	16	3	6	0	0	0.333	275	59	79	12	26	29	49	47	1.78	-0.23
통산		5.67	107	15	27	1	0	0.357	1754	387	470	64	153	225	262	244	1.61	-

구속/구사율/피안타율

구종	평균구속	종합	초구	2-2	좌타자	우타자	피안타율
포심패스트볼	140	51%	50%	58%	53%	50%	0.352
투심/싱커	-	-	-	-	-	-	-
컷패스트볼	-	-	-	-	-	-	-
슬라이더	127	17%	19%	13%	8%	25%	0.400
커브	113	6%	12%	1%	7%	5%	0.375
체인지업	-	-	-	-	-	-	-
포크/SF/너클	126	26%	20%	28%	32%	20%	0.219

볼카운트별 피안타율

볼카운트	피안타율	타수	피안타	볼카운트	피안타율	타수	피안타
0-0	0.320	25	8	2-0	0.250	4	1
0-1	0.296	27	8	2-1	0.385	13	5
0-2	0.333	12	4	2-2	0.275	40	11
1-0	0.231	13	3	3-0	1.000	1	1
1-1	0.455	33	15	3-1	0.400	5	2
1-2	0.283	46	13	3-2	0.348	23	8
S > B : 0.294 / S = B : 0.347 / S < B : 0.339							

기타 기록

상대 타자 타구 방향

37%　30%　34%

이닝당 투구수	18.9
땅볼 / 뜬공	0.86

상황별 기록

상황	안타	2루타	3루타	홈런	볼넷	사구	삼진	폭투	보크	피안타율
주자 없음	43	9	0	7	14	1	21	0	0	0.321
만루	3	0	0	2	0	1	0	0	0	0.500
주자 있음	36	7	1	5	12	1	8	2	0	0.333
득점권	20	1	1	4	10	1	3	1	0	0.351
상위(1~2번)	24	3	0	1	4	1	9	1	0	0.369
중심(3~5번)	25	2	0	9	13	1	13	1	0	0.305
하위(6~9번)	30	11	1	2	9	0	7	0	0	0.316
좌타자	34	4	0	6	10	0	13	1	0	0.333
우타자	45	9	1	6	16	2	16	1	0	0.321

상대팀별 기록

구분	경기	평균자책	승	패	세이브	홀드	이닝	피안타	피홈런	볼넷	삼진	피안타율
KIA	2	7.00	0	2	0	0	9	14	1	4	5	0.368
두산	2	3.86	1	1	0	0	7	7	1	3	3	0.259
롯데	-											
NC	2	0.00	0	0	0	0	1 2/3	1	0	2	0	0.200
SK	3	11.91	0	1	0	0	11 1/3	19	5	10	5	0.380
LG	1	1.80	1	0	0	0	5	5	0	0	4	0.250
넥센	2	4.76	0	1	0	0	11 1/3	10	1	0	4	0.250
삼성	1	21.00	0	1	0	0	3	7	1	1	0	0.438
kt	3	6.75	1	0	0	0	10 2/3	16	1	3	3	0.348

투수

130km/h 후반의 패스트볼과 커브, 너클커브, 포크볼, 슬라이더, 체인지업을 구사한다. 특히 류현진에게 전수받은 너클커브가 일품. 몸 쪽 승부보다는 바깥 쪽 승부를 선호하는 편이며, 포크볼처럼 종으로 떨어지는 변화구로 삼진을 유인하는 피칭을 한다. 제구력은 조금 부족하고 배짱 있는 투구를 한다. 느린 구속의 한계로 인해 피 홈런이 많다. 의외로 정신력은 약한 편이라 상대의 빗맞은 안타나 제구가 잘된 공이 안타를 맞거나, 야수들의 실책이 나올 때 거의 배팅볼투수 수준으로 급전직하하는 스타일이다. 2017시즌 33경기에 등판하여 32와 2/3이닝동안 2승 5패 피홈런 11개, 평균자책점 7.76을 기록했다. 고교시절 '제2의 한기주'로 불렸던 그가 한계를 넘어설 수 있을까.

우투우타
1990년 3월 19일
184cm / 98kg
연봉 7100만 원
경력 광주화정초-무등중
　　　-광주제일고
지명순위 09 한화 2차 3라운드
　　　22순위

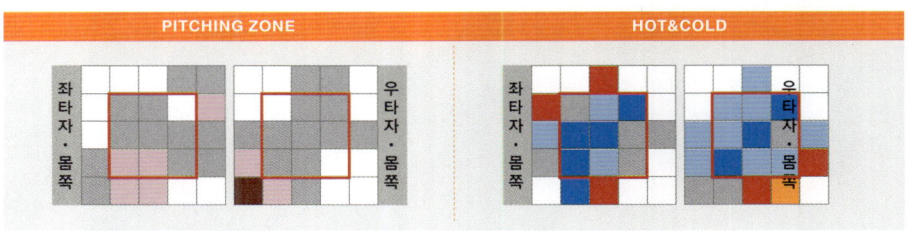

PITCHING ZONE ■ 15% 이상 ■ 12~14% ■ 9~11% ▨ 6~8% ▨ 3~5% □ 2% 이하
HOT&COLD ■ 피안타율 0.099 이하 ▨ 0.100~0.199 ▨ 0.200~0.299 ▨ 0.300~0.399 ■ 피안타율 0.400 이상 □ 3타수 미만

최근 3년간 성적

연도	팀명	평균자책	경기	승	패	세이브	홀드	승률	타수	이닝	피안타	피홈런	볼넷	탈삼진	실점	자책점	WHIP	WAR
2015	한화	18.00	4	0	0	0	0	-	25	4	9	1	7	3	8	8	4.00	-0.19
2016	한화	4.68	48	6	6	0	1	0.500	542	119 1/3	133	15	67	92	66	62	1.68	1.62
2017	한화	7.76	33	2	5	0	0	0.286	303	62 2/3	94	11	23	30	60	54	1.87	-0.89
통산		5.93	134	10	18	0	2	0.357	1357	290	365	40	151	181	204	191	1.78	-

구속/구사율/피안타율

구종	평균구속	종합	초구	2-2	좌타자	우타자	피안타율
포심패스트볼	138	60%	54%	54%	62%	60%	0.340
투심/싱커	-	-	-	-	-	-	-
컷패스트볼	-	-	-	-	-	-	-
슬라이더	124	15%	18%	14%	2%	23%	0.444
커브	111	12%	16%	12%	10%	13%	0.250
체인지업	124	12%	10%	19%	25%	4%	0.406
포크/SF/너클	124	1%	2%	1%	2%	1%	0.500

볼카운트별 피안타율

볼카운트	피안타율	타수	피안타	볼카운트	피안타율	타수	피안타
0-0	0.276	29	8	2-0	0.500	6	3
0-1	0.250	24	6	2-1	0.467	15	7
0-2	0.167	12	2	2-2	0.231	39	9
1-0	0.690	29	20	3-0	0.500	2	1
1-1	0.400	35	14	3-1	0.455	11	5
1-2	0.176	34	6	3-2	0.394	33	13
S > B : 0.200 / S = B : 0.301 / S < B : 0.510							

기타 기록

상대 타자 타구 방향

44% / 22% / 34%

이닝당 투구수	18.8
땅볼 / 뜬공	0.94

상황별 기록

상황	안타	2루타	3루타	홈런	볼넷	사구	삼진	폭투	보크	피안타율
주자 없음	48	13	0	2	12	1	16	0	0	0.348
만루	1	0	0	1	1	0	0	0	0	0.250
주자 있음	46	11	1	9	11	1	14	6	1	0.351
득점권	24	7	0	6	8	1	12	4	1	0.333
상위(1~2번)	14	4	0	6	1	0	5	2	0	0.259
중심(3~5번)	32	8	1	6	13	1	11	2	0	0.352
하위(6~9번)	48	12	0	5	9	1	14	2	1	0.387
좌타자	27	7	1	3	10	1	12	4	0	0.290
우타자	67	17	0	8	13	1	18	2	0	0.381

상대팀별 기록

구분	경기	평균자책	승	패	세이브	홀드	이닝	피안타	피홈런	볼넷	삼진	피안타율
KIA	3	12.00	0	1	0	0	6	12	1	2	1	0.429
두산	5	2.84	0	0	0	0	6 1/3	8	2	2	4	0.286
롯데	3	11.25	0	0	0	0	4	7	1	2	2	0.438
NC	5	5.87	1	0	0	0	7 2/3	15	0	4	3	0.441
SK	5	6.38	1	1	0	0	18 1/3	21	3	3	9	0.296
LG	1	5.40	0	1	0	0	1 2/3	2	0	1	0	0.333
넥센	2	24.55	0	1	0	0	3 2/3	11	2	3	2	0.524
삼성	2	5.79	0	0	0	0	4 2/3	7	1	0	1	0.350
kt	7	6.10	0	1	0	0	10 1/3	11	2	4	7	0.244

 Eagles

투수

좌투좌타
1985년 6월 1일
181cm / 82kg
연봉 12억 원
경력 하단초-대동중-경남상고-SK
지명순위 04 SK 2차 2라운드
11순위

NO. **57** **정우람**

130km/h 후반대 패스트볼과 서클체인지업을 사용한다. 구속은 빠르지 않지만 묵직한 속구와 로케이션으로 이를 커버한다. 부드러운 투구 폼을 가졌고, 삼진을 많이 잡는 유형의 투수다. 속구 피안타율이 2할이 채 되지 않을 만큼 위력을 발휘하는 구종이다. 속구 구사율이 높고 수직 무브먼트가 좋아 타자들의 헛스윙을 유도한다. 일명 고무팔로, 부상 당하지 않는 내구성이 강한 투수다. 그러나 30대를 넘어서면서 연투를 하면 힘이 떨어져 난타를 당하곤 한다. KBO리그에서도 손꼽히는 마무리 투수지만 중요한 시기에 블론세이브를 저지르는 모습을 최근에 많이 보여주면서 과거의 위용을 찾아보기 힘들어졌다. 팀에서 충분한 휴식을 보장하며, 관리가 필요하다.

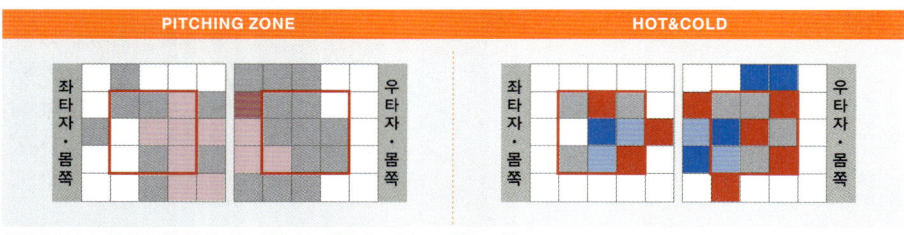

PITCHING ZONE	HOT&COLD

PITCHING ZONE ■15% 이상 ■12~14% ■9~11% ■6~8% ■3~5% □2% 이하
HOT&COLD ■피안타율 0.099 이하 ■0.100~0.199 ■0.200~0.299 ■0.300~0.399 ■피안타율 0.400 이상 □3타수 미만

최근 3년간 성적

연도	팀명	평균자책	경기	승	패	세이브	홀드	승률	타자수	이닝	피안타	피홈런	볼넷	탈삼진	실점	자책점	WHIP	WAR
2015	SK	3.21	69	7	5	16	11	0.583	287	70	52	3	28	90	25	25	1.14	2.45
2016	한화	3.33	61	8	5	16	1	0.615	331	81	64	7	26	85	33	30	1.11	2.21
2017	한화	2.75	56	6	4	26	0	0.600	247	59	47	5	19	78	20	18	1.12	2.20
통산		2.90	717	51	30	104	129	0.630	2904	708 1/3	534	47	277	698	248	228	1.14	-

구속/구사율/피안타율

구종	평균구속	종합	초구	2-2	좌타자	우타자	피안타율
포심패스트볼	142	68%	55%	68%	67%	68%	0.162
투심/싱커	130	0%	1%	0%	0%	1%	0.000
컷패스트볼	-	-	-	-	-	-	-
슬라이더	123	5%	8%	4%	11%	2%	0.444
커브	114	1%	2%	1%	3%	0%	-
체인지업	123	26%	34%	27%	19%	30%	0.317
포크/SF/너클	-	-	-	-	-	-	-

볼카운트별 피안타율

볼카운트	피안타율	타수	피안타	볼카운트	피안타율	타수	피안타
0-0	0.481	27	13	2-0	0.500	2	1
0-1	0.200	15	3	2-1	0.143	7	1
0-2	0.091	22	2	2-2	0.160	50	8
1-0	0.667	6	4	3-0	1.000	1	1
1-1	0.125	16	2	3-1	0.500	4	2
1-2	0.167	48	8	3-2	0.091	22	2

S > B : 0.153 / S = B : 0.247 / S < B : 0.262

기타 기록

상대 타자 타구 방향

42% 30% 29%

이닝당 투구수	17.4
땅볼 / 뜬공	0.52

상황별 기록

상황	안타	2루타	3루타	홈런	볼넷	사구	삼진	폭투	보크	피안타율
주자 없음	29	6	0	3	7	0	37	0	0	0.230
만루	3	1	0	1	2	0	4	1	0	0.333
주자 있음	18	4	0	2	12	4	41	5	0	0.191
득점권	13	3	0	1	9	3	18	4	0	0.255
상위(1~2번)	11	2	0	0	3	1	17	2	0	0.234
중심(3~5번)	14	2	0	2	9	2	20	0	0	0.187
하위(6~9번)	22	6	0	3	7	1	41	3	0	0.224
좌타자	15	3	0	2	8	3	28	3	0	0.195
우타자	32	7	0	3	11	1	50	2	0	0.224

상대팀별 기록

구분	경기	평균자책	승	패	세이브	홀드	이닝	피안타	피홈런	볼넷	삼진	피안타율
KIA	4	3.00	0	0	2	0	3	1	0	2	3	0.100
두산	9	3.00	0	1	4	0	9	7	2	3	15	0.206
롯데	8	2.35	1	1	3	0	7 2/3	6	0	2	7	0.214
NC	4	1.29	0	0	3	0	7	6	0	1	15	0.276
SK	4	2.45	1	0	2	0	3 2/3	3	1	3	5	0.214
LG	7	0.00	1	0	6	0	8 1/3	5	0	0	11	0.161
넥센	7	6.75	1	0	4	0	5 1/3	4	1	2	6	0.211
삼성	6	6.48	1	0	4	0	8 1/3	9	2	1	9	0.281
kt	6	0.00	1	0	5	0	6 2/3	4	0	1	10	0.174

NO. **42** **휠러**

투수

좌투좌타
1990년 10월 27일
198cm / 116kg
연봉 47만 5천 달러
경력 미네소타-LA 다저스
—볼티모어

올시즌 한화의 제1선발 후보. 198cm, 116kg의 거대한 체격을 지닌 좌완 정통파 투수다. 큰 키에서 내리꽂는 포심패스트볼의 각이 좋다. 평균 구속 141km/h, 최고 구속 147km/h로 압도적인 파이어볼러는 아니다. 그러나 장신 좌완 투수의 희소성을 가진 데다 몸쪽과 바깥쪽을 두루 공략하는 점을 감안한다면 다른 투수들이 던지는 150km/h 속구 이상의 효과를 볼 수 있을 것이다. 마이너리그에서 뛸 당시 9이닝 당 평균 볼넷이 2.4개에 불과했다. 적어도 제구력 때문에 문제가 생긴 적은 없다. 포심을 기본으로 날카로운 슬라이더와 체인지업을 주무기로 구사한다. 한화는 KBO리그 10개 구단 중 선발진이 약한 편에 속한다. 휠러가 안정된 제구력을 바탕으로 팀 선발진의 중심을 잡아준다면 지난해보다 크게 안정된 모습을 보일 것이다.

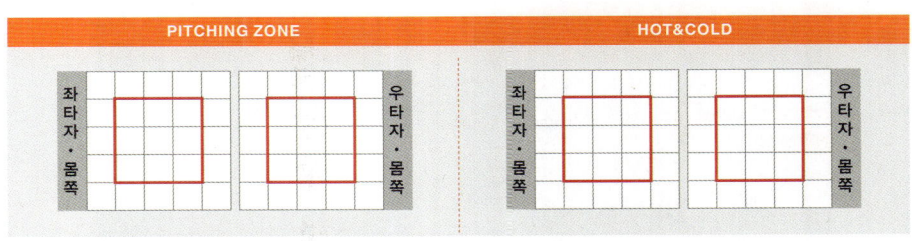

PITCHING ZONE		HOT&COLD	
좌타자·몸쪽	우타자·몸쪽	좌타자·몸쪽	우타자·몸쪽

PITCHING ZONE ■ 15% 이상 ■ 12~14% ■ 9~11% ■ 6~8% ■ 3~5% □ 2% 이하
HOT&COLD ■ 피안타율 0.099 이하 ■ 0.100~0.199 ■ 0.200~0.299 ■ 0.300~0.399 ■ 피안타율 0.400 이상 □ 3타수 미만

최근 3년간 성적

연도	팀명	평균자책	경기	승	패	세이브	홀드	승률	타자수	이닝	피안타	피홈런	볼넷	탈삼진	실점	자책점	WHIP	WAR
2015	-	-	-	-	-	-	-	-	-	-	-	-	-	-	-	-	-	-
2016	-	-	-	-	-	-	-	-	-	-	-	-	-	-	-	-	-	-
2017	-	-	-	-	-	-	-	-	-	-	-	-	-	-	-	-	-	-
통산	-	-	-	-	-	-	-	-	-	-	-	-	-	-	-	-	-	-

구속/구사율/피안타율

구종	평균구속	종합	초구	2-2	좌타자	우타자	피안타율
포심패스트볼	-	-	-	-	-	-	-
투심/싱커	-	-	-	-	-	-	-
컷패스트볼	-	-	-	-	-	-	-
슬라이더	-	-	-	-	-	-	-
커브	-	-	-	-	-	-	-
체인지업	-	-	-	-	-	-	-
포크/SF/너클	-	-	-	-	-	-	-

볼카운트별 피안타율

볼카운트	피안타율	타수	피안타	볼카운트	피안타율	타수	피안타
0-0	-	-	-	-	-	-	-
0-1	-	-	-	-	-	-	-
0-2	-	-	-	-	-	-	-
1-0	-	-	-	-	-	-	-
1-1	-	-	-	-	-	-	-
1-2	-	-	-	-	-	-	-

S〉B:-/S=B:-/S〈B:-

기타 기록

상대 타자 타구 방향

이닝당 투구수 -
땅볼 / 뜬공 -

상황별 기록

상황	안타	2루타	3루타	홈런	볼넷	사구	삼진	폭투	보크	피안타율
주자 없음	-	-	-	-	-	-	-	-	-	-
만루	-	-	-	-	-	-	-	-	-	-
주자 있음	-	-	-	-	-	-	-	-	-	-
득점권	-	-	-	-	-	-	-	-	-	-
상위(1~2번)	-	-	-	-	-	-	-	-	-	-
중심(3~5번)	-	-	-	-	-	-	-	-	-	-
하위(6~9번)	-	-	-	-	-	-	-	-	-	-
좌타자	-	-	-	-	-	-	-	-	-	-
우타자	-	-	-	-	-	-	-	-	-	-

상대팀별 기록

구분	경기	평균자책	승	패	세이브	홀드	이닝	피안타	피홈런	볼넷	삼진	피안타율
KIA	-	-	-	-	-	-	-	-	-	-	-	-
두산	-	-	-	-	-	-	-	-	-	-	-	-
롯데	-	-	-	-	-	-	-	-	-	-	-	-
SK	-	-	-	-	-	-	-	-	-	-	-	-
LG	-	-	-	-	-	-	-	-	-	-	-	-
넥센	-	-	-	-	-	-	-	-	-	-	-	-
한화	-	-	-	-	-	-	-	-	-	-	-	-
삼성	-	-	-	-	-	-	-	-	-	-	-	-
kt	-	-	-	-	-	-	-	-	-	-	-	-

포수

우투우타
1987년 3월 26일
184cm / 94kg
연봉 5500만 원
경력 내덕초-청주중-청주기공고
-(영남사이버대)-한화-상무
지명순위 06 한화 2차 3라운드
18순위

NO.20 정범모

　오랫동안 팀에 헌신해왔다. 한때 주전 후보로 꼽히기도 했으나 당초 예상했던 것에 비해서는 발전이 더뎠다. 포수라는 포지션 특성 상 세월이 흐르고 경험이 쌓일수록 좋지만 정범모에게는 상당히 아쉬운 점이 많았을 것이다. 한때 외야수 전향을 고려했지만 결국 "포수가 천직"이라며 홈플레이트에 눌러 앉았다. 올해도 일단 팀의 백업 포수로 출전할 것이다. 184cm, 88kg 건장한 체격에 어깨가 강한 편이다. 그의 가장 큰 장점은 인사이드워크. 볼배합을 할 때 완급을 잘 조절하고 투수들이 최대한 편하게 느끼도록 만들어준다. 그는 선발 출장과 관계없이 매일 경기 비디오를 보며 상대 타자를 분석하는 데 힘을 쏟는 노력파다. 가끔 큰 실수로 우왕좌왕하는 모습을 보이지만 침착하게 냉정을 유지할 때에는 누구보다 안정감이 있다.

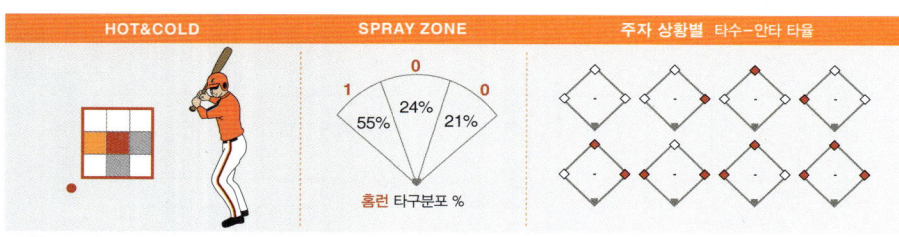

HOT&COLD	SPRAY ZONE	주자 상황별 타수-안타 타율
	0 1 0 55% 24% 21% 홈런 타구분포 %	

■ 타율 0.400 이상　■ 0.300~0.399　■ 0.200~0.299　■ 0.100~0.199　■ 타율 0.099 이하　□ 3타수 미만

최근 3년간 성적

연도	팀명	타율	경기	타수	득점	안타	2루타	3루타	홈런	루타	타점	도루	볼넷	삼진	장타율	출루율	실책	OPS	WAR
2015	한화	0.135	51	96	3	13	-	-	0	-	10	1	9	23	0.156	-	-	0.371	-1.38
2016	한화	0.000	5	4	0	0	-	-	0	-	0	0	0	3	0.000	-	-	0.000	-0.10
2017	한화	0.256	22	43	5	11	-	-	1	-	3	0	5	15	0.372	-	-	0.705	0.01
통산		0.256	333	687	59	148	-	-	12	-	68	11	60	180	0.320	-	-	0.601	

구종별 타격 성적

구종	전체	VS우투	VS좌투
포심패스트볼	0.100	0.133	0.000
투심/싱커	0.000	0.000	-
컷패스트볼	0.500	0.500	-
슬라이더	0.500	0.400	1.000
커브	0.600	1.000	-
체인지업	0.000	-	0.000
포크/SF/너클	0.500	0.500	0.500

볼카운트별 타율-타점

볼카운트	타율	타수	안타	타점	볼카운트	타율	타수	안타	타점
0-0	0.286	7	2	2	2-0	0.000	1	0	0
0-1	0.000	1	0	0	2-1	0.000	1	0	0
0-2	0.300	10	3	0	2-2	0.286	7	2	1
1-0	1.000	1	1	0	3-0	-	0	0	0
1-1	0.000	2	0	0	3-1	-	0	0	0
1-2	0.250	8	2	0	3-2	0.200	5	1	0
S〉B : 0.263 / S = B : 0.250 / S〈B : 0.250									

수비 기록

위치	자살	보살	실책	수비율
포수	86	9	2	0.979

상황별 기록

상황	타율	타수	안타	2루타	3루타	홈런	타점	볼넷	사구	삼진	병살
주자 없음	0.231	26	6	-	-	-	1	-	-	-	-
주자 있음	0.294	17	5	-	-	-	2	-	-	-	-
득점권	0.125	8	1	-	-	-	2	-	-	-	-
좌투수	0.143	14	2	-	-	-	2	-	-	-	-
우투수	0.261	23	6	-	-	-	1	-	-	-	-
언더	0.500	6	3	-	-	-	0	-	-	-	-
노아웃	0.308	13	4	-	-	-	3	-	-	-	-
원아웃	0.278	18	5	-	-	-	0	-	-	-	-
투아웃	0.167	12	2	-	-	-	0	-	-	-	-

상대팀별 기록

구분	경기	타율	타수	득점	안타	홈런	타점	도루	볼넷	삼진	병살
KIA	-	0.200	5	-	1	-	0	-	-	-	-
두산	-	0.167	6	-	1	-	0	-	-	-	-
롯데	-	0.000	2	-	0	-	0	-	-	-	-
NC	-	0.500	6	-	3	-	0	-	-	-	-
SK	-	0.000	3	-	0	-	0	-	-	-	-
LG	-	0.333	3	-	1	-	0	-	-	-	-
넥센	-	0.429	7	-	3	-	2	-	-	-	-
삼성	-	0.000	1	-	0	-	0	-	-	-	-
kt	-	0.200	10	-	2	-	1	-	-	-	-

NO. 13 최재훈

덕수고 시절 팀의 4번 타자이자 주전포수였으나 178cm, 76kg의 작은 체구로 인해 두산에 2008년 신고선수르 입단했다. 1년 후 경찰청에 들어가 타격에 눈을 뜨면서 북부리그 타점왕을 차지했다. 2012년 팀에 복귀하니 양의지라는 거물이 버티고 있어 주로 백업 요원으로 활약했다. 블로킹이 좋고 도루저지율이 뛰어나다. 수비면에서는 양의지에 필적하지만, 공격력에서 앞선 양의지에 밀려 2017년 한화로 트레이드됐다. 주전 조인성의 노쇠화로 그동안 극심한 포수 난을 겪고 있던 한화에게는 한줄기 희망이 됐다. 2017시즌은 104경기 269타수 69안타 1홈런 타율 .257을 기록하는 평범한 성적을 기록했지만, 첫 풀타임치고는 나쁘지 않았다. 2018시즌이 더욱 기대되는 선수다.

포수

우투우타
1989년 8월 27일
178cm / 76kg
연봉 8000만 원
경력 화곡초-덕수중-덕수고
-(방송통신대)-두산-경찰-두산
지명순위 08 두산 육성선수

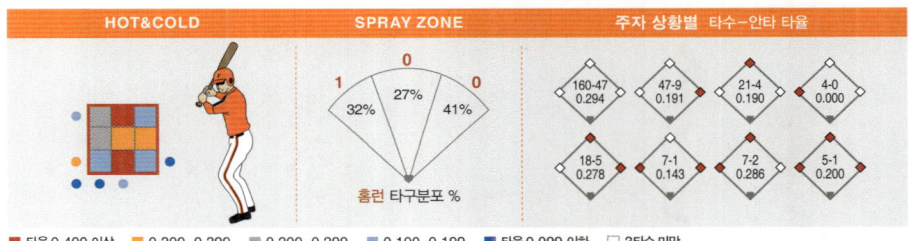

| HOT&COLD | SPRAY ZONE | 주자 상황별 타수-안타 타율 |

SPRAY ZONE: 32% / 27% / 41% / 1 / 0 / 0
홈런 타구분포 %

주자 상황별:
160-47 0.294 | 47-9 0.191 | 21-4 0.190 | 4-0 0.000
18-5 0.278 | 7-1 0.143 | 7-2 0.286 | 5-1 0.200

■ 타율 0.400 이상 ■ 0.300~0.399 ■ 0.200~0.299 ■ 0.100~0.199 ■ 타율 0.099 이하 □ 3타수 미만

최근 3년간 성적

연도	팀명	타율	경기	타수	득점	안타	2루타	3루타	홈런	루타	타점	도루	볼넷	삼진	장타율	출루율	실책	OPS	WAR
2015	두산	0.152	71	99	6	15	3	0	0	18	7	0	3	19	0.182	0.234	1	0.416	-0.73
2016	두산	0.167	22	18	1	3	1	0	0	4	4	0	2	2	0.222	0.273	1	0.495	-0.15
2017	두산·한화	0.257	104	269	22	69	10	0	1	82	16	0	26	36	0.305	0.340	1	0.645	0.36
통산		0.232	375	678	59	157	26	1	5	200	53	0	46	115	0.295	0.308	13	0.603	-

구종별 타격 성적

구종	전체	VS우투	VS좌투
포심패스트볼	0.280	0.238	0.382
투심/싱커	0.167	0.174	0.000
컷패스트볼	0.600	0.750	0.000
슬라이더	0.282	0.297	0.000
커브	0.167	0.211	0.000
체인지업	0.250	0.231	0.267
포크/SF/너클	0.158	0.125	0.182

볼카운트별 타율-타점

볼카운트	타율	타수	안타	타점	볼카운트	타율	타수	안타	타점
0-0	0.111	9	1	0	2-0	0.444	9	4	2
0-1	0.242	33	8	3	2-1	0.333	12	4	0
0-2	0.250	20	5	1	2-2	0.196	46	9	3
1-0	0.333	21	7	3	3-0	-	0	0	0
1-1	0.294	34	10	0	3-1	0.286	7	2	1
1-2	0.300	40	12	3	3-2	0.184	38	7	0
S > B : 0.225 / S = E : 0.263 / S < B : 0.328									

수비 기록

위치	자살	보살	실책	수비율

| 포수 | 536 | 34 | 1 | 0.998 |

상황별 기록

상황	타율	타수	안타	2루타	3루타	홈런	타점	볼넷	사구	삼진	병살
주자 없음	0.294	160	47	4	0	0	0	17	2	21	0
주자 있음	0.202	109	22	6	0	1	16	9	6	15	10
득점권	0.210	62	13	4	0	1	15	7	4	10	2
좌투수	0.278	72	20	3	0	0	6	7	1	10	3
우투수	0.224	165	37	5	0	1	6	17	2	24	6
언더	0.375	32	12	2	0	0	4	2	5	2	1
노아웃	0.264	87	23	1	0	0	9	7	1	8	3
원아웃	0.242	95	23	3	0	1	4	11	4	15	7
투아웃	0.264	87	23	6	0	1	12	8	3	13	0

상대팀별 기록

구분	경기	타율	타수	득점	안타	홈런	타점	도루	볼넷	삼진	병살
KIA	9	0.167	24	1	4	0	0	0	3	2	1
두산	7	0.429	21	2	9	0	2	0	1	2	1
롯데	15	0.077	39	1	3	0	0	0	3	8	2
NC	10	0.360	25	4	9	0	2	0	3	4	0
SK	6	0.429	14	1	6	0	1	0	2	1	0
LG	15	0.098	41	0	4	0	3	0	4	3	0
넥센	18	0.381	42	5	16	1	7	0	4	6	0
한화	1	0.000	1	0	0	0	0	0	0	0	0
삼성	8	0.160	25	3	4	0	0	0	3	4	1
kt	13	0.378	37	5	14	0	4	0	4	5	2

내야

우투우타

1982년 5월 29일
185cm / 110kg
연봉 14억 원
경력 천안남산초-천안북중-북일고
(대전대)
지명순위 01 한화 1차

NO. **52** **김태균**

일본에서 활동하던 시절을 제외한 14시즌 동안 타율 .325 출루율 .429 장타율 .534를 기록할 정도로 우타자 랭킹 1,2위급이다. 통산기록으로 3할 타율, 4할 출루율, 5할 장타율은 2017년 기준으로 역대 4명만이 보유한 기록이다. 본인이 은퇴할 때까지 부진한 성적을 내도 이 기록은 밑으로 내려가지 않을 것이다. 뛰어난 선구안과 콘택트를 바탕으로 나쁜 공은 걸러내고 자신만의 코스만 공략한다. 그러나 한화 팬들이 가장 아쉬워하는 부분은 2008년 31개의 홈런으로, 홈런왕을 차지한 이후 홈런 개수가 확연하게 줄었다는 점이다. 사실 김태균은 전형적인 장거리타자라기보다는 교타자에 가까운 선수다. 또한 팀의 전력이 하위권에 맴돌다보니 출루율과 득점권 찬스에서 홈런보다는 안타가 중요하기에 무리한 스윙을 자제한 결과였다.

HOT&COLD	SPRAY ZONE	주자 상황별 타수-안타 타율

SPRAY ZONE: 1 / 12 / 4 / 45% / 23% / 32% / 홈런 타구분포 %

주자 상황별: 173-50 0.289 / 85-32 0.376 / 32-16 0.500 / 15-5 0.333 / 25-9 0.360 / 6-3 0.500 / 12-4 0.333 / 8-2 0.250

■ 타율 0.400 이상　■ 0.300~0.399　■ 0.200~0.299　■ 0.100~0.199　■ 타율 0.099 이하　□ 3타수 미만

최근 3년간 성적

연도	팀명	타율	경기	타수	득점	안타	2루타	3루타	홈런	루타	타점	도루	볼넷	삼진	장타율	출루율	실책	OPS	WAR
2015	한화	0.316	133	408	61	129	28	0	21	220	104	3	98	80	0.539	0.457	9	0.996	4.49
2016	한화	0.365	144	529	94	193	39	0	23	301	136	1	108	97	0.569	0.475	4	1.044	6.90
2017	한화	0.340	94	356	51	121	22	0	17	194	76	0	43	56	0.545	0.413	1	0.958	2.95
통산		0.325	1747	5994	938	1949	356	8	293	3200	1233	25	1044	1192	0.534	0.430	63	0.964	-

구종별 타격 성적

구종	전체	VS우투	VS좌투
포심패스트볼	0.373	0.409	0.279
투심/싱커	0.350	0.368	0.000
컷패스트볼	0.462	0.300	1.000
슬라이더	0.267	0.268	0.250
커브	0.333	0.308	0.500
체인지업	0.317	0.261	0.389
포크/SF/너클	0.160	0.158	0.167

볼카운트별 타율-타점

볼카운트	타율	타수	안타	타점	볼카운트	타율	타수	안타	타점
0-0	0.414	29	12	8	2-0	0.400	10	4	3
0-1	0.529	34	18	10	2-1	0.316	19	6	5
0-2	0.267	30	8	3	2-2	0.254	59	15	8
1-0	0.385	26	10	9	3-0	-	0	0	0
1-1	0.359	39	14	8	3-1	0.500	10	5	1
1-2	0.297	64	19	15	3-2	0.278	36	10	6

S > B : 0.352 / S = B : 0.323 / S < B : 0.347

수비 기록

위치	자살	보살	실책	수비율
1루수	100	5	1	0.991

상황별 기록

상황	타율	타수	안타	2루타	3루타	홈런	타점	볼넷	사구	삼진	병살
주자 없음	0.289	173	50	12	0	8	8	12	3	32	0
주자 있음	0.388	183	71	10	0	9	68	31	1	24	13
득점권	0.398	98	39	6	0	4	55	27	1	11	6
좌투수	0.333	84	28	7	0	4	16	10	0	16	1
우투수	0.343	213	73	12	0	11	46	29	4	28	10
언더	0.339	59	20	3	0	2	14	4	0	12	2
노아웃	0.317	120	38	8	0	7	15	6	2	14	7
원아웃	0.370	119	44	5	0	5	24	18	1	12	6
투아웃	0.333	117	39	4	0	5	37	19	1	24	0

상대팀별 기록

구분	경기	타율	타수	득점	안타	홈런	타점	도루	볼넷	삼진	병살
KIA	13	0.347	49	4	17	1	8	0	4	8	2
두산	14	0.327	55	9	18	3	11	0	7	4	2
롯데	8	0.179	28	3	5	2	4	0	5	9	1
NC	12	0.370	46	7	17	1	11	0	5	3	0
SK	12	0.267	30	3	8	0	5	0	3	3	0
LG	11	0.375	40	6	15	2	5	0	4	2	1
넥센	8	0.294	34	4	10	1	5	0	4	4	1
삼성	14	0.340	53	9	18	3	19	0	4	8	2
kt	6	0.619	21	5	13	1	7	0	2	1	1

송광민

평균 3할대를 치는 선수이나 장단점을 다 가지고 있다. 스트라이크존에 들어오는 변화구에 밀어치는 엄청난 강점이 있으나, 대체적으로 변화구에 잘 속으며 상대가 포크볼을 던지면 여지없이 헛스윙을 한다. 초구타율이 4할 대를 기록할 정도로 초구공략에 능하다. 기본적으로 콘택트 능력이 뛰어난 클러치타자 유형이다. 매년 20개 이상의 홈런을 기대할 선수지만 항상 10개 중반의 홈런을 기록하고 있다. 그러나 장타력 부재, 좋지 않은 선구안, 유리 몸이 문제였다. 출루율과 타율의 차이가 별로 없고 장타력도 거포 급 장타율이 아니라 실질적인 장타율은 떨어지는 편. 수비력은 강견으로 유격수, 외야수도 맡을 수 있는 전천후 스타일이다. 분명 수비능력은 있지만 실책이 많을 때에는 3루수나 1루수로 출전한다.

내야

우투우타
1983년 6월 24일
184cm / 90kg
연봉 2억 4000만 원
경력 대전신흥초-충남중-공주고
－동국대
지명순위 02 한화 2차 10라운드
76순위

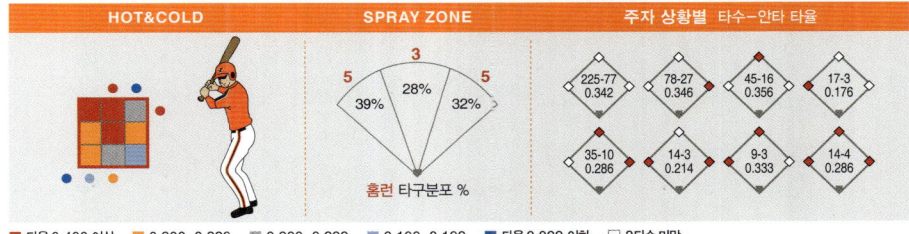

HOT&COLD	SPRAY ZONE	주자 상황별 타수-안타 타율

SPRAY ZONE: 5 — 39% / 28% / 32% — 5 (3)
홈런 타구분포 %

주자 상황별:
225-77 0.342 | 78-27 0.346 | 45-16 0.356 | 17-3 0.176
35-10 0.286 | 14-3 0.214 | 9-3 0.333 | 14-4 0.286

■ 타율 0.400 이상　■ 0.300~0.399　■ 0.200~0.299　■ 0.100~0.199　■ 타율 0.099 이하　□ 3타수 미만

최근 3년간 성적

연도	팀명	타율	경기	타수	득점	안타	2루타	3루타	홈런	루타	타점	도루	볼넷	삼진	장타율	출루율	실책	OPS	WAR
2015	한화	0.243	12	37	2	9	2	0	0	11	1	0	2	11	0.297	0.300	0	0.597	-0.12
2016	한화	0.325	116	449	80	146	27	2	17	228	83	3	28	86	0.508	0.366	14	0.874	2.52
2017	한화	0.327	117	437	71	143	26	0	13	208	75	2	21	88	0.476	0.356	9	0.832	2.28
통산		0.294	731	2436	345	715	124	5	77	1080	357	18	139	559	0.443	0.335	79	0.778	-

구종별 타격 성적

구종	전체	VS우투	VS좌투
포심패스트볼	0.351	0.371	0.282
투심/싱커	0.407	0.417	0.333
컷패스트볼	0.250	0.400	0.000
슬라이더	0.382	0.350	0.625
커브	0.294	0.262	0.444
체인지업	0.279	0.259	0.294
포크/SF/너클	0.227	0.212	0.273

볼카운트별 타율-타점

볼카운트	타율	타수	안타	타점	볼카운트	타율	타수	안타	타점
0-0	0.371	70	26	12	2-0	0.529	17	9	3
0-1	0.611	36	22	12	2-1	0.556	18	10	10
0-2	0.171	35	6	3	2-2	0.161	62	10	8
1-0	0.442	52	23	17	3-0	0.000	1	0	0
1-1	0.382	34	13	5	3-1	0.625	8	5	3
1-2	0.182	66	12	1	3-2	0.184	38	7	1
S > B : 0.292 / S = B : 0.295 / S < B : 0.403									

수비 기록

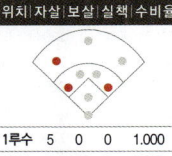

위치	자살	보살	실책	수비율
1루수	5	0	0	1.000
3루수	68	202	9	0.968
좌익수	1	0	0	1.000

상황별 기록

상황	타율	타수	안타	2루타	3루타	홈런	타점	볼넷	사구	삼진	병살
주자 없음	0.342	225	77	13	0	6	6	10	2	44	0
주자 있음	0.311	212	66	13	0	7	69	11	1	44	11
득점권	0.291	134	39	6	0	5	63	7	1	28	5
좌투수	0.318	107	34	8	0	5	23	6	0	21	6
우투수	0.336	262	88	16	0	7	48	13	3	50	5
언더	0.309	68	21	2	0	1	4	2	0	17	0
노아웃	0.329	146	48	10	0	5	21	6	1	26	8
원아웃	0.338	130	44	8	0	5	24	6	0	25	3
투아웃	0.317	161	51	8	0	3	31	9	2	37	0

상대팀별 기록

구분	경기	타율	타수	득점	안타	홈런	타점	도루	볼넷	삼진	병살
KIA	14	0.345	55	10	19	1	9	0	1	8	2
두산	14	0.431	51	11	22	2	11	0	4	7	1
롯데	12	0.125	40	2	5	0	6	0	2	10	1
NC	14	0.313	48	7	15	1	2	0	0	10	1
SK	13	0.283	53	7	15	4	4	2	0	6	1
LG	16	0.313	64	10	20	3	16	0	2	16	0
넥센	10	0.235	34	2	8	0	3	0	3	8	1
삼성	13	0.400	45	11	18	2	13	0	5	8	3
kt	11	0.447	47	11	21	2	11	0	2	11	1

내야

우투우타
1989년 7월 7일
178cm / 80kg
연봉 8600만 원
경력 화곡초-성남중-성남고-한화
-상무
지명순위 08 한화 2차 4라운드
26순위

NO.4 오선진

성남고 시절 고교 유격수 중에서 발군의 실력을 과시한 선수다. 수비력은 문제가 없지만 공격력은 훈련을 통해 연마를 해야 할 상황이었다. 2008년 한화에 입단해 대주자 대수비요원으로 꾸준한 활동을 하다 2017년 정근우의 부상으로 주전 2루수를 고정적으로 맡으며 그 기회를 잘 살렸다. 65경기 57안타(2루타 11개), 2홈런, 21타점, 23득점 타율 .310을 기록하며 정근우의 빈자리를 잘 막았다. 그러나 2012년에도 후반기에 잘하다가 2013년 상반기에 말아먹었던 전력으로 보아 전반기는 약하지만, 후반기에 강한 선수다. 2017시즌 또한 전반기에 성적이 좋지 않은 상황에서 새벽까지 술을 마시는 모습을 보여 팬들에게 질타를 받기도 했으나, 후반기에 대활약을 하면서 역시 후반기에 강한 선수임을 입증했다.

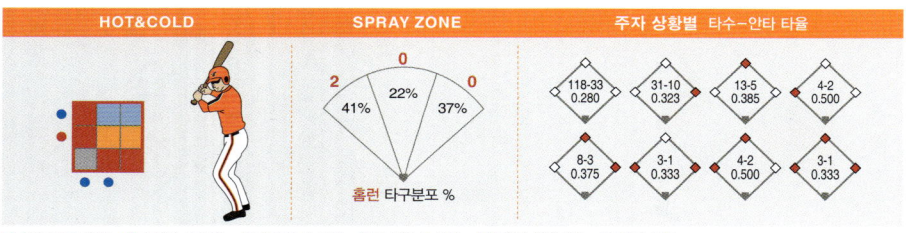

HOT&COLD	SPRAY ZONE	주자 상황별 타수-안타 타율

주자 상황별 타수-안타 타율:
118-33 0.280 / 31-10 0.323 / 13-5 0.385 / 4-2 0.500
8-3 0.375 / 3-1 0.333 / 4-2 0.500 / 3-1 0.333

홈런 타구분포 %: 2 / 0 / 0 / 41% / 22% / 37%

■ 타율 0.400 이상 ■ 0.300~0.399 ■ 0.200~0.299 ■ 0.100~0.199 ■ 타율 0.099 이하 □ 3타수 미만

최근 3년간 성적

연도	팀명	타율	경기	타수	득점	안타	2루타	3루타	홈런	루타	타점	도루	볼넷	삼진	장타율	출루율	실책	OPS	WAR
2015	-	-	-	-	-	-	-	-	-	-	-	-	-	-	-	-	-	-	-
2016	한화	0.163	57	43	6	7	0	0	0	7	3	0	5	8	0.163	0.280	0	0.443	-0.22
2017	한화	0.310	65	184	23	57	11	0	2	74	21	3	15	22	0.402	0.371	4	0.773	0.65
통산		0.243	625	1415	155	344	55	6	9	438	127	35	94	272	0.310	0.303	32	0.613	-

구종별 타격 성적

구종	전체	VS우투	VS좌투
포심패스트볼	0.356	0.377	0.308
투심/싱커	0.313	0.313	-
컷패스트볼	0.667	0.667	-
슬라이더	0.320	0.400	0.000
커브	0.200	0.200	0.200
체인지업	0.160	0.214	0.091
포크/SF/너클	0.357	0.222	0.600

볼카운트별 타율-타점

볼카운트	타율	타수	안타	타점	볼카운트	타율	타수	안타	타점
0-0	0.167	12	2	2	2-0	1.000	1	1	2
0-1	0.381	21	8	1	2-1	0.250	12	3	0
0-2	0.154	13	2	0	2-2	0.219	32	7	3
1-0	0.333	12	4	3	3-0	-	0	0	0
1-1	0.591	22	13	7	3-1	0.750	4	3	0
1-2	0.150	40	6	1	3-2	0.533	15	8	2
	S > B : 0.216 / S = B : 0.333 / S < B : 0.432								

수비 기록

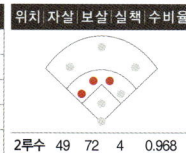

위치	자살	보살	실책	수비율
2루수	49	72	4	0.968
3루수	11	23	0	1.000
유격수	8	9	0	1.000

상황별 기록

상황	타율	타수	안타	2루타	3루타	홈런	타점	볼넷	사구	삼진	병살
주자 없음	0.280	118	33	6	0	1	1	9	2	16	0
득점권	0.364	66	24	5	0	1	20	6	2	6	5
득점권	0.400	35	14	3	0	1	19	4	1	2	2
좌투수	0.245	53	13	2	0	0	3	5	0	5	1
우투수	0.362	116	42	9	0	2	18	6	4	16	2
언더	0.133	15	2	0	0	0	0	4	0	1	2
노아웃	0.299	77	23	3	0	0	7	4	0	5	2
원아웃	0.309	55	17	5	0	0	6	4	4	6	0
투아웃	0.327	52	17	3	0	2	14	6	0	6	0

상대팀별 기록

구분	경기	타율	타수	득점	안타	홈런	타점	도루	볼넷	삼진	병살
KIA	10	0.486	37	5	18	1	6	1	0	4	0
두산	5	0.214	14	2	3	0	1	0	2	2	0
롯데	6	0.250	20	0	5	0	0	0	0	2	1
NC	7	0.259	27	5	7	0	2	0	1	5	1
SK	7	0.294	17	1	5	0	0	1	2	3	3
LG	6	0.333	18	3	6	0	4	0	1	1	0
넥센	6	0.267	15	2	4	1	2	0	3	3	0
삼성	6	0.077	13	0	1	0	2	0	0	1	0
kt	5	0.348	23	5	8	0	4	0	2	2	0

정근우

한국을 대표하는 2루수다. 정교한 타력과 빠른 발, 강한 파워가 장점. 매년 3할대를 기록하며 팀 배팅이 뛰어나고 파이팅 넘치는 주루플레이로 두 자릿수 도루를 기록할 능력을 갖췄다. 수비에서는 넓은 수비범위와 발 빠른 풋워크로 최고의 2루수로 평가받으며 진기명기 장면을 많이 연출한다. 한화로 이적 후 나이가 들면서 주력은 감소했지만, 수비력과 콘택트 능력, 파워는 건재했다. 한화에서 파워와 펀치력이 증가해 3년간 매년 두 자릿수 홈런을 기록했다. 한화에서 중장거리 타자로 변신한 모습을 보여준 것. 대형계약을 맺은 선수들 중 유일하게 본인의 책임을 다하는 선수다. 그는 여전히 전설을 써가는 선수 중 한 명이다.

내야

우투우타
1982년 10월 2일
172cm / 80kg
연봉 7억 원
경력 성북초(부산동래마린스리틀)
　　　 -부산동성중-부산고-고려대-SK
지명순위 05 SK 2차 1라운드 7순위

| HOT&COLD | SPRAY ZONE | 주자 상황별 타수-안타 타율 |

SPRAY ZONE
2 / 9 / 0
57% / 23% / 19%
홈런 타구분포 %

주자 상황별 타수-안타 타율:
244-79 0.324 / 62-21 0.339 / 35-14 0.400 / 9-1 0.111
15-7 0.467 / 12-3 0.250 / 7-2 0.286 / 7-2 0.286

■ 타율 0.400 이상　■ 0.300~0.399　■ 0.200~0.299　■ 0.100~0.199　■ 타율 0.099 이하　□ 3타수 미만

최근 3년간 성적

연도	팀명	타율	경기	타수	득점	안타	2루타	3루타	홈런	루타	타점	도루	볼넷	삼진	장타율	출루율	실책	OPS	WAR
2015	한화	0.316	126	468	99	148	30	2	12	218	66	21	61	66	0.466	0.403	10	0.869	4.53
2016	한화	0.310	138	575	121	178	31	2	18	267	88	22	60	58	0.464	0.381	16	0.845	4.08
2017	한화	0.330	105	391	73	129	22	0	11	184	46	6	32	48	0.471	0.392	11	0.863	3.05
통산		0.305	1485	5413	949	1649	281	32	106	2312	621	350	589	622	0.427	0.380	147	0.807	-

구종별 타격 성적

구종	전체	VS우투	VS좌투
포심패스트볼	0.390	0.364	0.472
투심/싱커	0.308	0.238	0.600
컷패스트볼	0.333	0.385	0.000
슬라이더	0.258	0.237	0.667
커브	0.317	0.324	0.250
체인지업	0.277	0.200	0.333
포크/SF/너클	0.174	0.143	0.222

볼카운트별 타율-타점

볼카운트	타율	타수	안타	타점	볼카운트	타율	타수	안타	타점
0-0	0.456	57	26	16	2-0	0.615	13	8	4
0-1	0.371	35	13	2	2-1	0.346	26	9	4
0-2	0.290	31	9	2	2-2	0.222	54	12	1
1-0	0.400	40	16	6	3-0	-	0	0	0
1-1	0.286	35	10	2	3-1	0.200	10	2	2
1-2	0.170	53	9	2	3-2	0.405	37	15	5
S > B : 0.261 / S = B : 0.329 / S < B : 0.397

수비 기록

위치	자살	보살	실책	수비율
2루수	231	292	11	0.979
중견수	0	0	0	-

상황별 기록

상황	타율	타수	안타	2루타	3루타	홈런	타점	볼넷	사구	삼진	병살
주자 없음	0.324	244	79	15	0	8	8	팀	1	35	0
주자 있음	0.340	147	50	7	0	3	38	16	7	13	12
득점권	0.341	85	29	4	0	2	34	13	2	7	2
좌투수	0.407	91	37	6	0	3	16	6	0	9	3
우투수	0.322	230	74	12	0	8	25	21	8	28	6
언더	0.257	70	18	5	0	0	5	2	1	11	2
노아웃	0.324	176	57	10	0	4	6	9	4	24	8
원아웃	0.349	106	37	4	0	4	19	9	4	13	4
투아웃	0.321	109	35	8	0	2	21	20	2	11	0

상대팀별 기록

구분	경기	타율	타수	득점	안타	홈런	타점	도루	볼넷	삼진	병살
KIA	8	0.222	27	2	6	0	2	0	5	2	2
두산	13	0.341	44	10	15	2	8	1	2	3	2
롯데	12	0.457	46	9	21	3	5	1	3	6	1
NC	12	0.229	35	4	8	0	4	0	2	5	1
SK	13	0.360	50	10	18	1	9	8	5	0	
LG	11	0.273	44	6	12	0	1	0	1	4	2
넥센	13	0.226	53	9	12	1	3	2	5	8	0
삼성	13	0.418	55	14	23	1	9	5	1	7	2
kt	13	0.378	37	9	14	2	9	0	1	8	2

내야

우투좌타
1994년 2월 25일
184cm / 84kg
연봉 1억 2000만 원
경력 강남초-덕수중-신일고-한화
-상무
지명순위 12 한화 1라운드 1순위

NO. 16 하주석

　2012년 데뷔 당시 선구안이 좋지 않아 삼진을 많이 당했다. 초구에 타격하는 것을 무척이나 좋아한다. 참을성이 부족하여 삼구 삼진을 많이 당한다. 일발장타력은 있지만 볼넷 대비 삼진 비율이 좋지 않아 출루율도 떨어졌다. 강견이지만 전체적인 수비능력은 떨어지는 편. 그러나 2017시즌 회전력을 이용한 타격으로 포텐이 폭발하여 두 자릿수 홈런을 기록했고, 삼진 개수도 많이 줄었다. 그러나 여전히 출루율과 선구안은 개선해야할 상황이다. 수비력은 일취월장하여 2016년 19개의 실책에서 9개로 줄어들었다. 최악의 수비수에서 중상위권 수비수로 환골탈태했다. 아직 젊기 때문에 발전가능성은 무궁무진한 선수다.

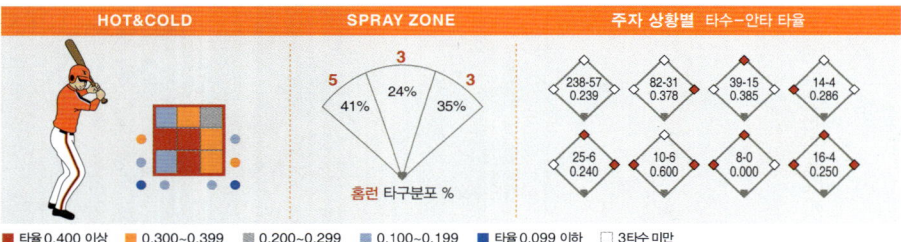

HOT&COLD	SPRAY ZONE	주자 상황별 타수-안타 타율

SPRAY ZONE: 5 / 3 / 3, 41% / 24% / 35%, 홈런 타구분포 %

주자 상황별:
238-57 0.239 / 82-31 0.378 / 39-15 0.385 / 14-4 0.286
25-6 0.240 / 10-6 0.600 / 8-0 0.000 / 16-4 0.250

■ 타율 0.400 이상　■ 0.300~0.399　■ 0.200~0.299　■ 0.100~0.199　■ 타율 0.099 이하　□ 3타수 미만

최근 3년간 성적

연도	팀명	타율	경기	타수	득점	안타	2루타	3루타	홈런	루타	타점	도루	볼넷	삼진	장타율	출루율	실책	OPS	WAR
2015	한화	0.300	4	10	3	3	0	0	0	3	1	0	1	4	0.300	0.364	0	0.664	0.04
2016	한화	0.279	115	405	58	113	21	1	10	166	57	5	18	115	0.410	0.323	19	0.733	0.63
2017	한화	0.285	111	432	69	123	18	8	11	190	52	7	23	83	0.440	0.328	9	0.768	1.69
통산		0.266	305	985	140	262	40	9	22	386	114	19	51	256	0.392	0.311	35	0.703	-

구종별 타격 성적

구종	전체	VS우투	VS좌투
포심패스트볼	0.325	0.319	0.340
투심/싱커	0.368	0.412	0.000
컷패스트볼	0.300	0.375	0.000
슬라이더	0.292	0.314	0.267
커브	0.255	0.147	0.471
체인지업	0.227	0.167	0.500
포크/SF/너클	0.203	0.214	0.000

볼카운트별 타율-타점

볼카운트	타율	타수	안타	타점	볼카운트	타율	타수	안타	타점
0-0	0.275	69	19	8	2-0	0.778	9	7	4
0-1	0.404	52	21	11	2-1	0.522	23	12	2
0-2	0.151	53	8	5	2-2	0.132	38	5	0
1-0	0.333	30	10	6	3-0	-	0	0	0
1-1	0.333	42	14	3	3-1	0.429	7	3	4
1-2	0.222	81	18	6	3-2	0.214	28	6	3
S > B : 0.253 / S = B : 0.255 / S < B : 0.392									

수비 기록

위치	자살	보살	실책	수비율
3루수	0	6	0	1.000
유격수	158	298	9	0.981
중견수	0	0	0	-

상황별 기록

상황	타율	타수	안타	2루타	3루타	홈런	타점	볼넷	사구	삼진	병살
주자 없음	0.239	238	57	5	6	5	5	13	0	51	0
주자 있음	0.340	194	66	13	2	6	47	10	5	32	6
득점권	0.313	112	35	9	1	3	40	6	4	20	1
좌투수	0.350	117	41	4	3	5	17	4	0	21	2
우투수	0.246	248	61	11	4	5	25	18	4	51	2
언더	0.313	67	21	3	1	1	10	1	1	11	2
노아웃	0.319	141	45	5	6	6	19	1	2	24	1
원아웃	0.298	141	42	6	2	3	20	6	1	23	5
투아웃	0.240	150	36	7	0	2	24	9	1	34	0

상대팀별 기록

구분	경기	타율	타수	득점	안타	홈런	타점	도루	볼넷	삼진	병살
KIA	12	0.341	41	5	14	0	2	1	1	4	0
두산	8	0.267	30	5	8	1	3	1	3	3	0
롯데	12	0.256	43	5	11	1	2	2	3	10	0
NC	10	0.205	44	4	9	1	5	0	0	13	1
SK	16	0.214	56	5	12	0	8	1	3	10	2
LG	10	0.194	36	4	7	0	3	0	4	3	0
넥센	14	0.407	59	15	24	3	10	1	2	5	2
삼성	15	0.254	63	13	16	1	9	0	5	12	2
kt	14	0.367	60	13	22	4	15	1	3	12	1

NO. 28 양성우

외야

우투좌타
1989년 5월 2일
174cm / 84kg
연봉 1억 원
경력 하안북초-선린중-충암고
　　　-동국대-한화-경찰
지명순위 12 한화 4라운드 41순위

　중학교 때까지 투수였으나 러닝이 싫어 외야수로 전향했다. 동국대 시절 타격의 정확성과 장타력, 수비력, 주루능력, 강한 어깨를 가진 '5툴 출신' 선수였다. 2012년 한화에 입단하여 대타, 대수비요원으로 활약하다 2016년 주전으로 활약했다. 우투수 상대 .331/.406/.450을 기록한 반면, 좌 투수에게는 .219/.359/.250을 기록할 정도로 좌투수에게 약점을 보였다. 전반기에 주목할 만한 활약을 하다 후반기에 추락했다. 그러나 2016시즌에 비해 한 단계 더 성장하고 가능성을 인정받았다. 2017시즌 규정타석을 채우며 골든글로브 후보까지 올랐다. 입단 후 굴곡이 많았지만 타격과 수비에서 리그평균 이상의 실력을 보여주며 2018시즌을 더욱 기대하게 만드는 선수다.

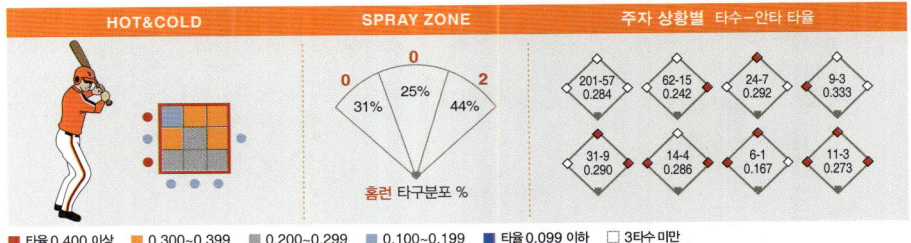

| HOT&COLD | SPRAY ZONE | 주자 상황별 타수-안타 타율 |

SPRAY ZONE
0　　0　　2
31%　25%　44%
홈런 타구분포 %

주자 상황별 타수-안타 타율
201-57 0.284 / 62-15 0.242 / 24-7 0.292 / 9-3 0.333
31-9 0.290 / 14-4 0.286 / 6-1 0.167 / 11-3 0.273

■ 타율 0.400 이상　■ 0.300~0.399　■ 0.200~0.299　■ 0.100~0.199　■ 타율 0.099 이하　□ 3타수 미만

최근 3년간 성적

연도	팀명	타율	경기	타수	득점	안타	2루타	3루타	홈런	루타	타점	도루	볼넷	삼진	장타율	출루율	실책	OPS	WAR
2015		-	-	-	-	-	-	-	-	-	-	-	-	-	-	-	-	-	-
2016	한화	0.271	108	384	52	104	12	4	4	136	53	5	39	67	0.354	0.347	3	0.701	0.81
2017	한화	0.277	118	358	42	99	26	1	2	133	40	4	38	51	0.372	0.363	4	0.735	0.98
통산		0.265	272	831	106	220	41	5	6	289	96	15	92	146	0.348	0.350	7	0.698	-

구종별 타격 성적

구종	전체	VS우투	VS좌투
포심패스트볼	0.293	0.293	0.294
투심/싱커	0.480	0.500	0.000
컷패스트볼	0.154	0.167	0.000
슬라이더	0.214	0.217	0.211
커브	0.176	0.125	0.300
체인지업	0.268	0.275	0.000
포크/SF/너클	0.273	0.267	0.333

볼카운트별 타율-타점

볼카운트	타율	타수	안타	타점	볼카운트	타율	타수	안타	타점
0-0	0.286	56	16	2	2-0	0.333	9	3	0
0-1	0.310	29	9	6	2-1	0.522	23	12	4
0-2	0.111	27	3	1	2-2	0.194	62	12	3
1-0	0.222	27	6	3	3-0	-	0	0	0
1-1	0.267	30	8	3	3-1	0.385	13	5	6
1-2	0.319	47	15	8	3-2	0.286	35	10	4
S > B : 0.262 / S = B : 0.243 / S < B : 0.336									

수비 기록

위치	자살	보살	실책	수비율
좌익수	60	2	0	1.000
중견수	38	3	1	0.976
우익수	100	1	3	0.971

상황별 기록

상황	타율	타수	안타	2루타	3루타	홈런	타점	볼넷	사구	삼진	병살
주자 없음	0.284	201	57	16	0	2	2	22	7	30	0
주자 있음	0.268	157	42	10	1	0	38	16	5	21	8
득점권	0.284	95	27	8	1	0	37	11	5	13	2
좌투수	0.265	68	18	6	0	0	9	9	6	15	1
우투수	0.282	227	64	19	1	1	25	26	6	32	7
언더	0.270	63	17	1	0	1	6	3	0	4	0
노아웃	0.288	111	32	7	0	1	7	15	2	11	2
원아웃	0.248	145	36	13	1	1	15	13	6	24	6
투아웃	0.304	102	31	6	0	1	18	10	4	16	0

상대팀별 기록

구분	경기	타율	타수	득점	안타	홈런	타점	도루	볼넷	삼진	병살
KIA	14	0.357	42	6	15	1	6	1	3	5	1
두산	12	0.378	37	6	14	1	6	1	5	4	0
롯데	11	0.200	30	1	6	0	1	0	6	5	1
NC	12	0.152	46	4	7	0	2	0	3	8	1
SK	14	0.317	41	4	13	0	5	0	6	5	4
LG	14	0.256	43	3	11	0	6	0	6	2	2
넥센	13	0.311	45	7	14	0	5	0	5	5	1
삼성	14	0.200	35	2	7	0	3	0	0	8	1
kt	14	0.308	39	9	12	0	6	1	6	7	1

외야

우투좌타
1984년 7월 13일
185cm / 102kg
연봉 2억 5000만 원
경력 순천북초-이수중-효천고
-LG-두산-넥센
지명순위 03 LG 2차 1라운드
3순위

NO. 50 이성열

　외야수로 수비력이나 콘택트 능력, 선구안 등 모든 지표에서 기대에 못 미치나, 이 모든 것을 상쇄하고도 남는 전형적인 파워 타자다. 타고난 장타력은 발군이었지만 나쁜 공에 곧잘 배트가 나가 볼넷 대 삼진 비율이 극악이었다. 두산시절 2010년 잠실구장을 홈으로 쓰면서도 24개의 홈런을 칠 정도로 장타력이 타고난 선수다. 2017시즌 들어 정교한 콘택트 능력과 선구안을 앞세워 7시즌 만에 20홈런을 달성했고, 생애 처음 타율 .307로 3할대 타자가 됐다. 호사다마라고 했던가. 7월 13일 경기에서 햄스트링 부상으로 6주간 공백이 생겼으나 부상과 9월의 부진이 아쉬울 정도로 매우 뛰어난 성적을 기록했다. 시즌 끝까지 잘 마무리해 최고의 한 해를 보냈다.

HOT&COLD	SPRAY ZONE	주자 상황별 타수-안타 타율

■ 타율 0.400 이상　■ 0.300~0.399　■ 0.200~0.299　■ 0.100~0.199　■ 타율 0.099 이하　□ 3타수 미만

최근 3년간 성적

연도	팀명	타율	경기	타수	득점	안타	2루타	3루타	홈런	루타	타점	도루	볼넷	삼진	장타율	출루율	실책	OPS	WAR
2015	넥센·한화	0.250	101	232	35	58	10	2	9	99	36	1	20	87	0.427	0.331	2	0.758	0.51
2016	한화	0.288	86	198	29	57	7	3	10	100	29	0	11	62	0.505	0.350	2	0.855	1.74
2017	한화	0.307	81	280	41	86	16	1	21	167	65	3	19	80	0.596	0.364	4	0.960	3.44
통산		0.252	1121	2889	414	727	132	15	125	1264	457	44	252	997	0.438	0.336	22	0.774	-

구종별 타격 성적

구종	전체	VS우투	VS좌투
포심패스트볼	0.372	0.354	0.414
투심/싱커	0.583	0.750	0.250
컷패스트볼	0.375	0.286	1.000
슬라이더	0.217	0.250	0.182
커브	0.400	0.389	0.417
체인지업	0.235	0.258	0.000
포크/SF/너클	0.234	0.244	0.167

볼카운트별 타율-타점

볼카운트	타율	타수	안타	타점	볼카운트	타율	타수	안타	타점
0-0	0.419	43	18	13	2-0	0.600	5	3	5
0-1	0.474	19	9	8	2-1	0.375	16	6	5
0-2	0.320	25	8	4	2-2	0.143	49	7	0
1-0	0.227	22	5	6	3-0	-	0	0	0
1-1	0.579	19	11	7	3-1	0.667	3	2	3
1-2	0.222	54	12	5	3-2	0.200	25	5	5
S > B : 0.296 / S = B : 0.324 / S < B : 0.296									

수비 기록

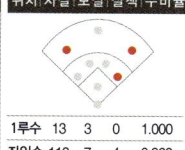

위치	자살	보살	실책	수비율
1루수	13	3	0	1.000
좌익수	119	7	4	0.969
우익수	5	0	0	1.000

상황별 기록

상황	타율	타수	안타	2루타	3루타	홈런	타점	볼넷	사구	삼진	병살
주자 없음	0.315	146	46	5	0	15	15	9	5	40	0
주자 있음	0.299	134	40	11	1	6	50	10	4	40	0
득점권	0.259	81	21	6	0	3	40	9	1	25	0
좌투수	0.296	81	24	6	0	5	23	5	1	26	0
우투수	0.331	160	53	8	1	14	39	14	6	46	0
언더	0.231	39	9	2	0	2	3	0	2	8	0
노아웃	0.247	85	21	5	0	4	10	5	1	23	0
원아웃	0.353	102	36	6	0	11	23	6	3	30	0
투아웃	0.312	93	29	5	1	6	32	8	5	27	0

상대팀별 기록

구분	경기	타율	타수	득점	안타	홈런	타점	도루	볼넷	삼진	병살
KIA	10	0.207	29	4	6	1	9	0	1	13	0
두산	8	0.300	30	5	9	4	9	0	1	7	0
롯데	8	0.231	26	2	6	2	4	1	2	7	0
NC	6	0.458	24	5	11	3	7	1	1	6	0
SK	10	0.297	37	2	11	1	4	0	3	9	0
LG	9	0.357	28	4	10	1	7	0	1	7	0
넥센	8	0.303	33	7	10	5	10	0	1	10	0
삼성	13	0.395	38	5	15	3	8	0	4	10	0
kt	9	0.229	35	7	8	1	2	1	1	11	0

NO.15 이용규

전형적인 좌타 교타자. 콘택트가 좋고 출루율이 우수하며 밀어치기 타법에 능하다. 또한 원하는 코스의 공이 안 들어오면 계속적으로 커트하여 일명 '용규놀이'라는 신조어를 만들어냈다 (넥센 박준수 20개 커트). 한 시즌 삼진이 50개를 넘어본 적이 없다. 빠른 발로 도루를 시도하지만 성공률이 그렇게 높은 편은 아니다. '야구 IQ'가 매우 높다. 중견수로서 송구 능력은 떨어지나 타구 판단, 수비 범위는 톱 수준. 야구에 대한 열정이 넘치는 선수다. 단점은 잦은 부상으로 인해 매년 20~30경기 불참하는 것. 풀타임 출장기록이 없고 데뷔 이래 시즌 최다출장 경기수가 2010년 129경기였다. 한화 이적 후 잦은 부상으로 '먹튀' 대열에 합류한 선수이기도 하다.

외야

좌투좌타
1985년 8월 26일
175cm / 70kg
연봉 4억 원
경력 성동초-잠신중-덕수정보고
-LG-KIA
지명순위 04 LG 2차 2라운드
15순위

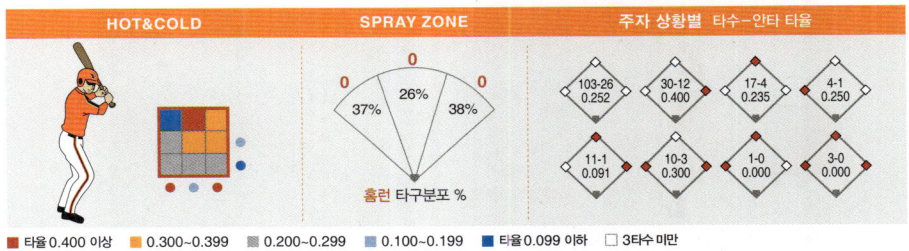

HOT&COLD	SPRAY ZONE	주자 상황별 타수-안타 타율

SPRAY ZONE: 0 / 0 / 37% / 26% / 38%
홈런 타구분포 %

주자 상황별:
103-26 0.252 / 30-12 0.400 / 17-4 0.235 / 4-1 0.250
11-1 0.091 / 10-3 0.300 / 1-0 0.000 / 3-0 0.000

■ 타율 0.400 이상 ■ 0.300~0.399 ■ 0.200~0.299 ■ 0.100~0.199 ■ 타율 0.099 이하 □ 3타수 미만

최근 3년간 성적

연도	팀명	타율	경기	타수	득점	안타	2루타	3루타	홈런	루타	타점	도루	볼넷	삼진	장타율	출루율	실책	OPS	WAR
2015	한화	0.341	124	493	94	168	15	7	4	209	42	28	68	45	0.424	0.427	3	0.851	4.41
2016	한화	0.352	113	452	98	159	20	4	3	196	41	21	63	29	0.434	0.438	3	0.872	4.64
2017	한화	0.263	57	179	31	47	8	1	0	57	12	10	17	20	0.318	0.332	0	0.650	-0.04
통산		0.303	1438	5242	896	1586	216	50	23	1971	415	316	636	529	0.376	0.386	19	0.762	-

구종별 타격 성적

구종	전체	VS우투	VS좌투
포심패스트볼	0.262	0.230	0.348
투심/싱커	0.385	0.364	0.500
컷패스트볼	0.000	0.000	0.000
슬라이더	0.261	0.250	0.286
커브	0.300	0.250	0.500
체인지업	0.250	0.286	0.000
포크/SF/너클	0.214	0.200	0.250

볼카운트별 타율-타점

볼카운트	타율	타수	안타	타점	볼카운트	타율	타수	안타	타점
0-0	0.269	26	7	1	2-0	0.333	3	1	1
0-1	0.375	16	6	3	2-1	0.615	13	8	2
0-2	0.154	13	2	0	2-2	0.156	32	5	1
1-0	0.214	14	3	1	3-0	-	0	0	0
1-1	0.400	15	6	0	3-1	0.250	4	1	1
1-2	0.154	26	4	1	3-2	0.235	17	4	1

S > B : 0.218 / S = B : 0.247 / S < B : 0.333

수비 기록

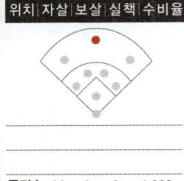

위치	자살	보살	실책	수비율
중견수	89	0	0	1.000

상황별 기록

상황	타율	타수	안타	2루타	3루타	홈런	타점	볼넷	사구	삼진	병살
주자 없음	0.252	103	26	4	0	0	0	7	2	9	0
주자 있음	0.276	76	21	4	1	0	12	10	0	11	4
득점권	0.196	46	9	2	0	0	11	8	0	8	2
좌투수	0.310	42	13	0	1	0	4	4	1	7	1
우투수	0.282	117	33	8	0	0	8	12	0	10	2
언더	0.050	20	1	0	0	0	1	1	1	3	1
노아웃	0.338	65	22	4	1	0	3	5	1	4	0
원아웃	0.212	66	14	2	0	0	5	4	0	7	3
투아웃	0.229	48	11	2	0	0	4	8	1	9	0

상대팀별 기록

구분	경기	타율	타수	득점	안타	홈런	타점	도루	볼넷	삼진	병살
KIA	4	0.200	10	3	2	0	0	2	1	0	1
두산	6	0.313	16	3	5	0	0	1	2	1	0
롯데	11	0.250	36	7	9	0	4	3	5	3	0
NC	8	0.280	25	5	7	0	3	0	4	3	2
SK	3	0.375	8	2	3	0	2	1	0	0	0
LG	9	0.344	32	8	11	0	2	1	3	6	0
넥센	6	0.217	23	1	5	0	0	0	0	0	0
삼성	3	0.143	7	0	1	0	0	0	0	2	1
kt	7	0.182	22	2	4	0	3	1	1	1	0

NO.25 최진행

외야

우투우타
1985년 8월 17일
188cm / 100kg
연봉 1억 9000만 원
경력 서울동원초-청량중
　　-덕수정보고-(우송대)-한화
　　-경찰
지명순위 04 한화 2차 2라운드 10순위

188cm, 100kg의 거구로 매 시즌 20~30개의 홈런을 칠 수 있는 장타력을 보유했다. 발도 느리고 선구안이나 콘택트 능력은 떨어지지만, 이 모든 것을 상쇄하고도 남을 장타력이 있어 팀에서도 활용가치가 높은 선수로 평가받는다. 원래 포지션은 좌익수이나 발이 느리고 수비 시 불안한 모습을 보이는 경우가 많다. 딱히 수비가 뛰어나지 않아 지명타자로 많이 활약하고 있다. 고질적인 무릎 부상으로 인해 공격력이 저하되는 경우가 많으며 수비 시 불안한 모습을 보이는 경우가 많다. 2016년 금지약물을 복용하여 큰 비난을 받았다. 그의 커리어에 오점을 남겼다. 본인은 우연한 실수라고 하지만 팬들의 시선은 차갑기만 하다. 2017년 후반기에는 돌아온 파워 히터의 면모를 보여줬다.

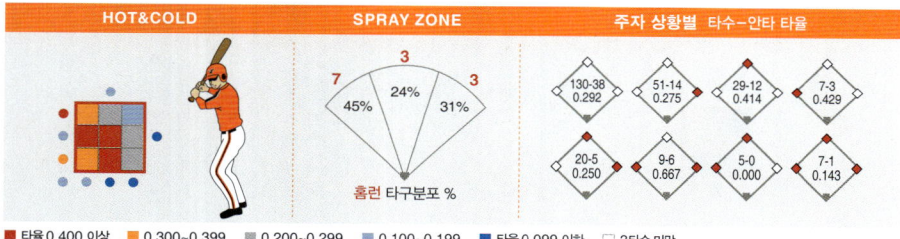

HOT&COLD	SPRAY ZONE	주자 상황별　타수-안타 타율

주자 상황별 (타수-안타 타율):
130-38 0.292 | 51-14 0.275 | 29-12 0.414 | 7-3 0.429
20-5 0.250 | 9-6 0.667 | 5-0 0.000 | 7-1 0.143

SPRAY ZONE: 7 / 45% | 3 / 24% | 3 / 31%
홈런 타구분포 %

■ 타율 0.400 이상　■ 0.300~0.399　■ 0.200~0.299　■ 0.100~0.199　■ 타율 0.099 이하　□ 3타수 미만

최근 3년간 성적

연도	팀명	타율	경기	타수	득점	안타	2루타	3루타	홈런	루타	타점	도루	볼넷	삼진	장타율	출루율	실책	OPS	WAR
2015	한화	0.291	109	333	55	97	17	0	18	168	64	0	65	101	0.505	0.410	1	0.915	2.93
2016	한화	0.329	28	70	4	23	2	0	1	28	9	0	11	16	0.400	0.434	0	0.834	0.46
2017	한화	0.306	89	258	29	79	21	0	13	139	50	0	19	77	0.539	0.375	1	0.914	2.10
통산		0.270	918	2889	381	780	155	1	131	1330	489	17	374	812	0.460	0.362	15	0.822	-

구종별 타격 성적

구종	전체	VS우투	VS좌투
포심패스트볼	0.321	0.363	0.219
투심/싱커	0.333	0.400	0.000
컷패스트볼	0.500	0.500	-
슬라이더	0.239	0.233	0.333
커브	0.385	0.286	0.800
체인지업	0.296	0.455	0.188
포크/SF/너클	0.207	0.227	0.143

볼카운트별 타율-타점

볼카운트	타율	타수	안타	타점	볼카운트	타율	타수	안타	타점
0-0	0.333	21	7	9	2-0	0.400	5	2	1
0-1	0.393	28	11	4	2-1	0.286	14	4	2
0-2	0.346	26	9	6	2-2	0.255	47	12	5
1-0	0.385	13	5	2	3-0	-			
1-1	0.464	28	13	13	3-1	0.625	8	5	5
1-2	0.128	47	6	3	3-2	0.238	21	5	0
S > B : 0.257 / S = B : 0.333 / S < B : 0.344									

수비 기록

위치	자살	보살	실책	수비율
좌익수	62	1	1	0.984
우익수	9	0	0	1.000

상황별 기록

상황	타율	타수	안타	2루타	3루타	홈런	타점	볼넷	사구	삼진	병살
주자 없음	0.292	130	38	12	0	6	6	9	3	33	0
주자 있음	0.320	128	41	9	0	7	44	10	7	44	3
득점권	0.351	77	27	9	0	5	39	4	4	27	1
좌투수	0.242	66	16	4	0	2	12	2	3	14	2
우투수	0.320	169	54	12	0	11	34	13	6	55	1
언더	0.391	23	9	5	0	0	4	5	1	8	0
노아웃	0.286	84	24	6	0	4	6	1	24	2	
원아웃	0.325	83	27	7	0	6	20	7	5	21	1
투아웃	0.308	91	28	8	0	3	24	4	4	32	0

상대팀별 기록

구분	경기	타율	타수	득점	안타	홈런	타점	도루	볼넷	삼진	병살
KIA	10	0.438	32	6	14	2	5	0	1	5	1
두산	13	0.167	36	3	6	2	10	0	3	13	1
롯데	11	0.286	35	5	10	2	6	0	3	15	0
NC	12	0.500	32	7	16	4	9	0	3	3	1
SK	8	0.217	23	3	5	2	5	0	4	5	0
LG	10	0.200	30	5	6	0	4	0	1	12	0
넥센	9	0.261	23	5	6	0	2	0	3	6	0
삼성	7	0.294	17	0	5	1	6	0	1	6	0
kt	9	0.367	30	5	11	1	8	0	3	9	0

NO. 30 호잉

외야

우투좌타
1989년 5월 18일
190cm / 92kg
연봉 40만 달러
경력 텍사스

텍사스 레인저스 출신 중장거리 타자. 한화와 총액 70만 달러에 계약했다. AAA 통산 512경기 1938타수 493안타 2루타 107개 3루타 26개 83홈런 300득점 272타점 143볼넷, 78도루, 468삼진을 기록했다. 데뷔 초기에는 상체와 하체가 따로 움직이는 타격 매커니즘의 문제를 지적받으며 성적이 들쭉날쭉했다. 선천적인 파워를 배트에 제대로 실어 보내지 못했던 것. 거기에 더해 컨디션이 좋을 때와 나쁠 때 심한 기복을 드러냈고, 선구안이 좋지 않아 나쁜 공게 손을 많이 대면서 구단에 신뢰를 주지 못했다. 그러다 2014년 좀더 침착하게 볼을 보기 시작하면서 성적이 좋아졌다. 한화는 호잉의 가세로 내-외야 교통정리가 필요한 상황이다. 김태균과 김태완의 1루수 및 지명타자, 이용규, 양성우, 이성열의 외야 중 한자리가 영향을 받는다.

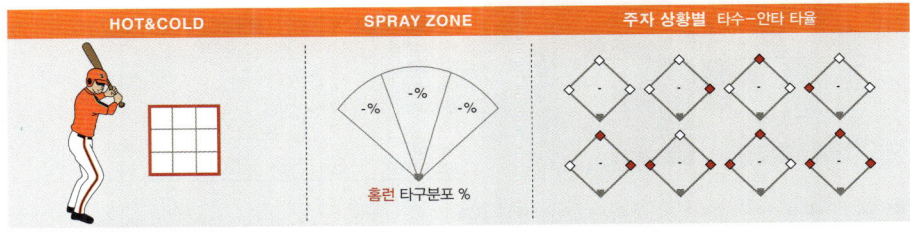

HOT&COLD	SPRAY ZONE	주자 상황별 타수-안타 타율
	-% -% -%	
	홈런 타구분포 %	

PITCHING ZONE ■ 15% 이상 ■ 12~14% ■ 9~11% ■ 6~8% ■ 3~5% □ 2% 이하
HOT&COLD ■ 피안타율 0.099 이하 ■ 0.100~0.199 ■ 0.200~0.299 ■ 0.300~0.399 ■ 피안타율 0.400 이상 □ 3타수 미만

최근 3년간 성적

연도	팀명	평균자책	경기	승	패	세이브	홀드	승률	타자수	이닝	피안타	피홈런	볼넷	탈삼진	실점	자책점	WHIP	WAR
2015	-	-	-	-	-	-	-	-	-	-	-	-	-	-	-	-	-	-
2016	-	-	-	-	-	-	-	-	-	-	-	-	-	-	-	-	-	-
2017	-	-	-	-	-	-	-	-	-	-	-	-	-	-	-	-	-	-
통산	-	-	-	-	-	-	-	-	-	-	-	-	-	-	-	-	-	-

구종별 타격 성적

구종	전체	VS우투	VS좌투
포심패스트볼	-	-	-
투심/싱커	-	-	-
컷패스트볼	-	-	-
슬라이더	-	-	-
커브	-	-	-
체인지업	-	-	-
포크/SF/너클	-	-	-

볼카운트별 타율-타점

볼카운트	타율	타수	안타	타점	볼카운트	타율	타수	안타	타점
0-0									
0-1									
0-2									
1-0									
1-1									
1-2									
	S〉B:-/S=B -/S〈B:-								

수비 기록

위치	자살	보살	실책	수비율

상황별 기록

상황	안타	2루타	3루타	홈런	볼넷	사구	삼진	폭투	보크	피안타율
주자 없음	-	-	-	-	-	-	-	-	-	-
만루	-	-	-	-	-	-	-	-	-	-
주자 있음	-	-	-	-	-	-	-	-	-	-
득점권	-	-	-	-	-	-	-	-	-	-
상위(1~2번)	-	-	-	-	-	-	-	-	-	-
중심(3~5번)	-	-	-	-	-	-	-	-	-	-
하위(6~9번)	-	-	-	-	-	-	-	-	-	-
좌자타	-	-	-	-	-	-	-	-	-	-
우타자	-	-	-	-	-	-	-	-	-	-

상대팀별 기록

구분	경기	평균자책	승	패	세이브	홀드	이닝	피안타	피홈런	볼넷	삼진	피안타율
KIA	-	-	-	-	-	-	-	-	-	-	-	-
두산	-	-	-	-	-	-	-	-	-	-	-	-
롯데	-	-	-	-	-	-	-	-	-	-	-	-
SK	-	-	-	-	-	-	-	-	-	-	-	-
LG	-	-	-	-	-	-	-	-	-	-	-	-
넥센	-	-	-	-	-	-	-	-	-	-	-	-
한화	-	-	-	-	-	-	-	-	-	-	-	-
삼성	-	-	-	-	-	-	-	-	-	-	-	-
kt	-	-	-	-	-	-	-	-	-	-	-	-

투수

강승헌

NO. 11

우투좌타
1985년 10월 6일
186cm / 94kg
연봉 3700만 원
경력 사당초-서울경원중
-서울고-단국대
지명순위 08 롯데 2차 3라운드
18순위

연도	팀명	평균자책	경기	승-패-세-홀	이닝	피안타	피홈런	볼넷	탈삼진	WHIP	WAR
2017	한화	5.87	31	0-1-0-1	38 1/3	42	4	15	40	1.49	0.19
통산		8.61	42	0-2-0-1	54 1/3	77	8	23	52	1.84	-

볼카운트별 피안타율

볼카운트	피안타율	타수	피안타	볼카운트	피안타율	타수	피안타
0-0	0.435	23	10	2-0	0.500	2	1
0-1	0.385	13	5	2-1	0.167	6	1
0-2	0.167	12	2	2-2	0.250	24	6
1-0	0.500	8	4	3-0	0.000	1	0
1-1	0.235	17	4	3-1	0.000	5	0
1-2	0.167	30	5	3-2	0.364	11	4

S > B : 0.218 / S = B : 0.313 / S < B : 0.333

140km/h 후반의 패스트볼을 던진다. 구속은 빠르나, 스트라이크존 한가운데로 공이 들어와 타자들에게 난타를 당하며 본인의 ERA 관리를 어렵게 만든다. 이를 극복할 변화구 장착이 시급하다. 한 가지 재미있는 점은 제구가 잘 되지 않음에도 삼진을 많이 잡는 기이한 현상이 벌어진다는 것. 상대 타자들이 나쁜 볼에 잘 속았다.

상황별 기록

상황	안타	삼진	피안타율
주자 없음	20	26	0.267
만루	1	0	0.500
주자 있음	22	14	0.297
득점권	13	11	0.250
상위(1~2번)	7	7	0.292
중심(3~5번)	16	6	0.364
하위(6~9번)	19	27	0.235
좌타자	17	13	0.333
우타자	25	27	0.255

상대팀별 기록

구분	경기	평균자책	승-패-세-홀	이닝
KIA	4	5.06	0-0-0-0	5 1/3
두산	3	8.44	0-0-0-0	5 1/3
롯데	5	6.75	0-1-0-0	4
NC	3	12.27	0-0-0-0	3 2/3
SK	2	0.00	0-0-0-0	2
LG	2	3.38	0-0-0-0	2 2/3
넥센	4	4.05	0-0-0-0	6 2/3
삼성	3	4.76	0-0-0-1	5 2/3
kt	3	6.00	0-0-0-0	3

구속/구사율/피안타율

구종	평균구속	구사율	피안타율
포심패스트볼	144	48%	0.273
투심/싱커	-	-	-
컷패스트볼	-	-	-
슬라이더	130	10%	0.333
커브	121	1%	1.000
체인지업	-	-	-
포크/SF/너클	129	42%	0.263

기타 기록

상대 타자 타구 방향

35% 29% 36%

이닝당 투구수	16.5
땅볼 / 뜬공	1.23

PITCHING ZONE

좌타자·몸쪽 / 우타자·몸쪽

■ 15% 이상 ■ 12~14% ■ 9~11% ■ 6~8% ■ 3~5% □ 2% 이하

투수

김경태

NO. 29

좌투좌타
1991년 2월 28일
183cm / 90kg
연봉 4000만 원
경력 축현초-대헌중-동산고
-한화-경찰
지명순위 10 한화 7라운드
52순위

연도	팀명	평균자책	경기	승-패-세-홀	이닝	피안타	피홈런	볼넷	탈삼진	WHIP	WAR
2017	한화	1.42	19	1-0-0-6	12 2/3	12	0	9	17	1.66	0.40
통산		5.36	49	1-4-0-8	50 1/3	51	3	42	47	1.85	-

볼카운트별 피안타율

볼카운트	피안타율	타수	피안타	볼카운트	피안타율	타수	피안타
0-0	0.250	4	1	2-0	-	-	-
0-1	1.000	1	1	2-1	0.000	4	0
0-2	0.000	2	0	2-2	0.333	9	3
1-0	1.000	1	1	3-0	-	0	0
1-1	0.667	3	2	3-1	0.250	4	1
1-2	0.100	10	1	3-2	0.250	8	2

S > B : 0.154 / S = B : 0.375 / S < B : 0.235

한화 이글스의 좌완 투수다. 오랜 기간 유망주였다, 2017시즌부터 본격적으로 등판했다. 선발 강판 시 롱 릴리프로 등판한 적도 있다. 주로 원포인트 릴리프로 등판했다. 2017시즌부턴 필승조로 등판하기도 했다. 구속도 시속 130km대 초반이었던 투수로 한화가 오로지 장래성만을 보고 뽑았다. 2017시즌은 드디어 가능성을 보여준 한 해였다.

상황별 기록

상황	안타	삼진	피안타율
주자 없음	7	7	0.333
만루			
주자 있음	5	10	0.200
득점권	2	5	0.167
상위(1~2번)	3	8	0.188
중심(3~5번)	6	5	0.300
하위(6~9번)	3	4	0.300
좌타자	8	9	0.308
우타자	4	8	0.200

상대팀별 기록

구분	경기	평균자책	승-패-세-홀	이닝
KIA	4	0.00	0-0-0-2	3 1/3
두산	2	0.00	0-0-0-0	2
롯데	2	6.75	0-0-0-1	1 1/3
NC	4	5.40	0-0-0-2	1 2/3
SK	-	-	-	-
LG	1	0.00	0-0-0-0	0 1/3
넥센	2	0.00	1-0-0-0	1 1/3
삼성	2	0.00	0-0-0-0	1 1/3
kt	1	0.00	0-0-0-0	1

구속/구사율/피안타율

구종	평균구속	구사율	피안타율
포심패스트볼	138	58%	0.200
투심/싱커	-	-	-
컷패스트볼	-	-	-
슬라이더	123	1%	-
커브	116	32%	0.316
체인지업	128	1%	-
포크/SF/너클	128	8%	0.500

기타 기록

상대 타자 타구 방향

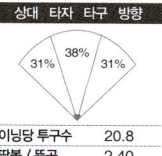

31% 38% 31%

이닝당 투구수	20.8
땅볼 / 뜬공	2.40

PITCHING ZONE

좌타자·몸쪽 / 우타자·몸쪽

김범수

연도	팀명	평균자책	경기	승-패-세-홀	이닝	피안타	피홈런	볼넷	탈삼진	WHIP	WAR
2017	한화	8.71	15	0-4-0-0	31	43	7	24	16	2.16	-0.49
통산		8.42	35	1-6-0-0	51 1/3	59	8	50	31	2.12	-

볼카운트별 피안타율

볼카운트	피안타율	타수	피안타	볼카운트	피안타율	타수	피안타
0-0	0.200	15	3	2-0	0.333	9	3
0-1	0.364	11	4	2-1	0.143	7	1
0-2	0.143	7	1	2-2	0.316	19	6
1-0	0.889	9	8	3-0	-	0	0
1-1	0.333	12	4	3-1	0.800	5	4
1-2	0.316	19	6	3-2	0.200	15	3

S > B : 0.297 / S = B : 0.283 / S < B : 0.422

상황별 기록

상황	안타	삼진	피안타율
주자 없음	22	10	0.349
만루	1	0	0.167
주자 있음	21	6	0.323
득점권	11	1	0.393
상위(1~2번)	9	3	0.250
중심(3~5번)	19	5	0.463
하위(6~9번)	15	8	0.294
좌타자	18	5	0.321
우타자	25	11	0.347

상대팀별 기록

구분	경기	평균자책	승-패-세-홀	이닝
KIA	2	10.80	0-1-0-0	6 2/3
두산	2	18.00	0-1-0-0	5
롯데	1	0.00	0-0-0-0	1
NC	2	6.75	0-0-0-0	1 1/3
SK			0-0-0-0	
LG	3	8.22	0-2-0-0	7 2/3
넥센	2	0.00	0-0-0-0	2 1/3
삼성	2	5.40	0-0-0-0	1 2/3
kt	1	5.06	0-0-0-0	5 1/3

구속/구사율/피안타율

구종	평균구속	구사율	피안타율
포심패스트볼	144	58%	0.388
투심/싱커	-	-	-
컷패스트볼	-	-	-
슬라이더	131	19%	0.143
커브	109	6%	0.333
체인지업	-	-	-
포크/SF/너클	131	17%	0.357

기타 기록

상대 타자 타구 방향

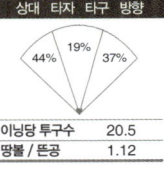

44%　19%　37%

이닝당 투구수	20.5
땅볼 / 뜬공	1.12

투수

김범수

NO. 69

좌투좌타
1995년 10월 3일
182cm / 81kg
연봉 3600만 원
경력 온양온천초-온양중
　　　-북일고
지명순위 15 한화 1차

140km/h 중반대의 패스트볼을 던진다. 컨트롤에 너무 신경을 쓰다 볼넷을 많이 내주는 스타일. 3시즌 동안 평균자책점이 8.42일 정도로 갈 길이 한창인 선수다. 패스트볼 구속은 좋은 편이나 쓸 만한 변화구의 부재가 발목을 잡는다. 20대 초반의 나이가 그나마 발전할 여지를 주고 있다. 2015년 7월 처음으로 1군에 등판했다.

PITCHING ZONE

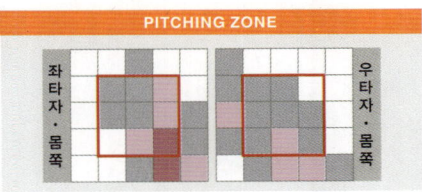

좌타자・몸쪽　　　우타자・몸쪽

■ 15% 이상　■ 12~14%　■ 9~11%　■ 6~8%　■ 3~5%　□ 2% 이하

박상원

연도	팀명	평균자책	경기	승-패-세-홀	이닝	피안타	피홈런	볼넷	탈삼진	WHIP	WAR
2017	한화	4.15	18	0-0-0-1	21 2/3	19	3	7	13	1.20	0.18
통산		4.15	18	0-0-0-1	21 2/3	19	3	7	13	1.20	-

볼카운트별 피안타율

볼카운트	피안타율	타수	피안타	볼카운트	피안타율	타수	피안타
0-0	0.200	10	2	2-0	0.500	4	2
0-1	0.400	5	2	2-1	0.500	4	2
0-2	0.000	7	0	2-2	0.222	9	2
1-0	0.333	9	3	3-0	0.000	1	0
1-1	0.143	7	1	3-1	0.500	4	2
1-2	0.143	14	2	3-2	0.200	5	1

S > B : 0.154 / S = B : 0.192 / S < B : 0.370

상황별 기록

상황	안타	삼진	피안타율
주자 없음	10	8	0.222
만루	0	0	0.000
주자 있음	9	5	0.265
득점권	6	3	0.353
상위(1~2번)	6	3	0.261
중심(3~5번)	6	5	0.286
하위(6~9번)	7	5	0.200
좌타자	9	8	0.250
우타자	10	5	0.233

상대팀별 기록

구분	경기	평균자책	승-패-세-홀	이닝
KIA	3	2.70	0-0-0-1	3 1/3
두산	3	7.71	0-0-0-0	4 2/3
롯데	1	0.00	0-0-0-0	1
NC	4	1.42	0-0-0-0	6 1/3
SK	1	0.00	0-0-0-0	2
LG	2	0.00	0-0-0-0	1
넥센	2	6.75	0-0-0-0	1 1/3
삼성	1	9.00	0-0-0-0	1
kt	1	18.00	0-0-0-0	1

구속/구사율/피안타율

구종	평균구속	구사율	피안타율
포심패스트볼	146	60%	0.320
투심/싱커	-	-	-
컷패스트볼	-	-	-
슬라이더	131	26%	0.000
커브	-	-	-
체인지업	-	-	-
포크/SF/너클	136	15%	0.071

기타 기록

상대 타자 타구 방향

39%　22%　39%

이닝당 투구수	14.6
땅볼 / 뜬공	0.81

투수

박상원

NO. 58

우투우타
1994년 9월 9일
189cm / 88kg
연봉 3100만 원
경력 백운초-이수중-휘문고
　　　-연세대
지명순위 17 한화 2차 3라운드
　　　5순위

최고구속 150km/h, 평균구속 140km/h 중반의 패스트볼과 슬라이더, 포크볼을 사용한다. 투구 폼을 보면 상체위주의 투구를 하며 하체를 이용하지 못하는 피칭을 한다. 본인은 개선하려하나 코치진에서 폼이 장점이니 바꾸지 말라고 했다. 2017시즌 등판일지를 보면 알 수 있듯 장래성이 있는 선수다. 주로 패전처리조로 활약했다.

PITCHING ZONE

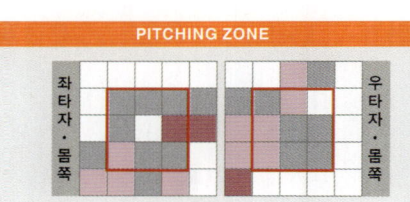

좌타자・몸쪽　　　우타자・몸쪽

송은범

NO. 46

우투우타
1984년 3월 17일
182cm / 93kg
연봉 4억 5000만 원
경력 서흥초–동산중
　　　–동산고–SK–KIA
지명순위 03 SK 1차

연도	팀명	평균자책	경기	승-패-세-홀	이닝	피안타	피홈런	볼넷	탈삼진	WHIP	WAR
2017	한화	6.51	13	0-4-1-0	37 1/3	45	4	23	15	1.82	-0.13
통산		4.29	429	72-80-23-26	1191	1341	124	531	787	1.57	-

볼카운트별 피안타율

볼카운트	피안타율	타수	피안타	볼카운트	피안타율	타수	피안타
0-0	0.433	30	13	2-0	0.400	5	2
0-1	0.385	13	5	2-1	0.385	13	5
0-2	0.000	4	0	2-2	0.235	17	4
1-0	0.263	19	5	3-0	1.000	1	1
1-1	0.500	14	7	3-1	0.000	2	0
1-2	0.063	16	1	3-2	0.143	14	2

S > B : 0.182 / S = B : 0.393 / S < B : 0.278

140km/h 초중반대의 패스트볼과 슬라이더, 슬로 커브, 스플리터, 체인지업 등을 던진다. 한때 슬라이더는 리그 최상위급 위력이었으나 현재는 아니다. 탈삼진 능력은 뛰어나지 않으나 주로 맞춰 잡는 피칭을 한다. 패스트볼은 무브먼트와 회전수가 적은 밋밋한 공이라 정타로 맞으면 자주 장타를 허용한다. 리그 평균이하의 투수로 전락하면서 '먹튀'로 불리고 있다.

PITCHING ZONE

좌타자·몸쪽　　　우타자·몸쪽

상황별 기록

상황	안타	삼진	피안타율
주자 없음	21	9	0.280
만루	2	0	0.333
주자 있음	24	6	0.329
득점권	14	2	0.341
상위(1~2번)	16	2	0.444
중심(3~5번)	10	5	0.400
하위(6~9번)	19	8	0.306
좌타자	16	4	0.340
우타자	29	11	0.287

상대팀별 기록

구분	경기	평균자책	승-패-세-홀	이닝
KIA	2	4.50	0-0-0-0	8
두산	3	3.52	0-0-0-0	7 2/3
롯데				
NC	3	4.76	0-1-0-0	5 2/3
SK	2	5.40	0-1-1-0	3 1/3
LG				
넥센	1	14.54	0-1-0-0	4 1/3
삼성				
kt	2	8.64	0-1-0-0	8 1/3

구속/구사율/피안타율

구종	평균구속	구사율	피안타율
포심패스트볼	144	43%	0.316
투심/싱커	144	4%	0.400
컷패스트볼	-	-	-
슬라이더	135	32%	0.302
커브	116	14%	0.318
체인지업	126	7%	0.400
포크/SF/너클	-	-	-

기타 기록

상대 타자 타구 방향
40%　22%　38%

이닝당 투구수	17.2
땅볼/뜬공	1.23

■ 15% 이상　■ 12~14%　■ 9~11%　■ 6~8%　■ 3~5%　□ 2% 이하

심수창

NO. 1

우투우타
1981년 2월 9일
185cm / 85kg
연봉 2억 원
경력 고명초–이수중–배명고
　　　–한양대–LG–넥센–롯데
지명순위 00 LG 2차 11라운드
　　　83순위

연도	팀명	평균자책	경기	승-패-세-홀	이닝	피안타	피홈런	볼넷	탈삼진	WHIP	WAR
2017	한화	4.74	48	3-1-2-2	57	71	8	22	54	1.63	0.59
통산		5.34	382	41-67-14-24	912 1/3	1130	111	390	522	1.67	-

볼카운트별 피안타율

볼카운트	피안타율	타수	피안타	볼카운트	피안타율	타수	피안타
0-0	0.357	28	10	2-0	0.400	5	2
0-1	0.423	26	11	2-1	0.538	13	7
0-2	0.043	23	1	2-2	0.235	34	8
1-0	0.389	18	7	3-0	0.000	0	0
1-1	0.375	16	6	3-1	0.600	5	3
1-2	0.310	42	13	3-2	0.143	21	3

S > B : 0.275 / S = B : 0.308 / S < B : 0.355

야구인생 굴곡이 많았던 투수다. 140km/h 초반대의 포심 패스트볼과 투심, 포크볼이 주 무기다. 다양한 변화구로 맞춰 잡는 피칭을 하는 기교파투수. 오버스로 폼으로 던지면서 카운트를 잡고, 결정구는 사이드암에 가까운 쓰리쿼터로 던지며 타자를 요리한다. 2016년 한화로 이적하면서 불펜에서 필승조의 역할을 담당하고 있다.

PITCHING ZONE

좌타자·몸쪽　　　우타자·몸쪽

상황별 기록

상황	안타	삼진	피안타율
주자 없음	31	23	0.298
만루	2	2	0.200
주자 있음	40	31	0.315
득점권	23	22	0.267
상위(1~2번)	17	11	0.362
중심(3~5번)	23	17	0.343
하위(6~9번)	31	26	0.265
좌타자	33	19	0.434
우타자	38	35	0.245

상대팀별 기록

구분	경기	평균자책	승-패-세-홀	이닝
KIA	5	3.18	1-1-1-0	5 2/3
두산	6	3.68	1-0-0-0	7 1/3
롯데	4	15.00	0-0-0-0	3
NC	3	6.00	0-0-0-0	6
SK	8	2.89	0-0-0-0	9 1/3
LG	5	2.25	0-0-0-1	4
넥센	6	6.30	0-0-0-0	10
삼성	8	2.70	1-0-0-1	6 2/3
kt	4	5.40	0-0-1-0	5

구속/구사율/피안타율

구종	평균구속	구사율	피안타율
포심패스트볼	142	42%	0.352
투심/싱커	139	1%	1.000
컷패스트볼	-	-	-
슬라이더	131	4%	0.250
커브	117	4%	0.250
체인지업	-	-	-
포크/SF/너클	131	50%	0.265

기타 기록

상대 타자 타구 방향
42%　25%　33%

이닝당 투구수	17.5
땅볼/뜬공	0.73

이동걸 — NO. 12

연도	팀명	평균자책	경기	승-패-세-홀	이닝	피안타	피홈런	볼넷	탈삼진	WHIP	WAR
2017	한화	4.17	24	0-0-1-2	36 2/3	36	5	5	22	1.12	0.35
통산		4.73	83	2-1-1-3	125 2/3	142	20	49	76	1.52	-

볼카운트별 피안타율

볼카운트	피안타율	타수	피안타	볼카운트	피안타율	타수	피안타
0-0	0.435	23	10	2-0	0.000	4	0
0-1	0.375	8	3	2-1	0.286	7	2
0-2	0.000	12	0	2-2	0.158	19	3
1-0	0.333	9	3	3-0	0.000	1	0
1-1	0.211	19	4	3-1	0.500	2	1
1-2	0.190	21	4	3-2	0.462	13	6

S > B : 0.171 / S = B : 0.279 / S < B : 0.333

상황별 기록

상황	안타	삼진	피안타율
주자 없음	23	15	0.277
만루	1	1	0.250
주자 있음	13	7	0.236
득점권	10	3	0.270
상위(1~2번)	11	4	0.478
중심(3~5번)	9	6	0.220
하위(6~9번)	16	12	0.216
좌타자	14	10	0.241
우타자	22	12	0.275

상대팀별 기록

구분	경기	평균자책	승-패-세-홀	이닝
KIA	4	3.38	0-0-0-0	8
두산	3	0.00	0-0-0-0	2 2/3
롯데	3	6.75	0-0-0-0	2 2/3
NC	3	9.64	0-0-0-0	4 2/3
SK	3	9.00	0-0-0-0	3
LG	-	-	-	-
넥센	3	5.06	0-0-0-0	5 1/3
삼성	2	2.25	0-0-0-0	4
kt	4	0.00	0-0-1-2	6 1/3

구속/구사율/피안타율

구종	평균구속	구사율	피안타율
포심패스트볼	139	36%	0.317
투심/싱커	135	1%	0.500
컷패스트볼	-	-	-
슬라이더	122	14%	0.200
커브	112	0%	-
체인지업	-	-	-
포크/SF/너클	131	49%	0.208

기타 기록

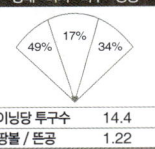

상대 타자 타구 방향 — 49% 17% 34%

이닝당 투구수	14.4
땅볼 / 뜬공	1.22

투수

NO. 12
우투우타
1983년 8월 12일
185cm / 95kg
연봉 5400만 원
경력 언북초-휘문중-휘문고-동국대-삼성
지명순위 07 삼성 2차 7라운드 52순위

140km/h 중반대의 패스트볼과 포크볼을 사용한다. 우완 정통파로 파워 피처에 가까운 스타일이다. 한화로 이적한 후 패스트볼 구속이 140km/h 초반까지 떨어졌으며 주 무기 포크볼 외에 스플리터, 슬라이더, 커브, 체인지업을 던진다. 그러나 근본적으로 제구력이 떨어져 도망가는 피칭으로 일관하다 자멸하는 일도 있다.

PITCHING ZONE

■ 15% 이상 ■ 12~14% ■ 9~11% ■ 6~8% ■ 3~5% □ 2% 이하

정재원 — NO. 39

연도	팀명	평균자책	경기	승-패-세-홀	이닝	피안타	피홈런	볼넷	탈삼진	WHIP	WAR
2017	한화	3.43	14	0-2-0-1	21	23	0	11	9	1.62	0.14
통산		8.26	126	1-9-0-7	170	236	22	107	116	2.02	-

볼카운트별 피안타율

볼카운트	피안타율	타수	피안타	볼카운트	피안타율	타수	피안타
0-0	0.231	13	3	2-0	0.500	2	1
0-1	0.444	9	4	2-1	0.500	2	1
0-2	1.000	1	1	2-2	0.158	19	3
1-0	0.500	8	4	3-0	-	0	0
1-1	0.125	8	1	3-1	0.500	2	1
1-2	0.364	11	4	3-2			

S > B : 0.429 / S = B : 0.175 / S < B : 0.350

상황별 기록

상황	안타	삼진	피안타율
주자 없음	13	3	0.394
만루	1	0	0.200
주자 있음	10	6	0.208
득점권	7	2	0.269
상위(1~2번)	6	2	0.375
중심(3~5번)	7	2	0.304
하위(6~9번)	10	5	0.238
좌타자	9	2	0.321
우타자	14	7	0.264

상대팀별 기록

구분	경기	평균자책	승-패-세-홀	이닝
KIA	2	10.13	0-0-0-0	2 2/3
두산	2	0.00	0-0-0-0	3
롯데	2	1.80	0-1-0-0	5
NC	3	1.93	0-0-0-0	4 2/3
SK	2	0.00	0-0-0-0	1 1/3
LG	2	6.00	0-1-0-0	3
넥센	-	-	-	-
삼성	-	-	-	-
kt	1	6.75	0-0-0-1	1 1/3

구속/구사율/피안타율

구종	평균구속	구사율	피안타율
포심패스트볼	141	54%	0.362
투심/싱커	-	-	-
컷패스트볼	-	-	-
슬라이더	-	-	-
커브	119	29%	0.111
체인지업	130	14%	0.286
포크/SF/너클	133	2%	0.000

기타 기록

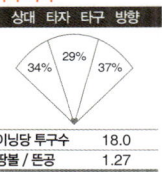

상대 타자 타구 방향 — 34% 29% 37%

이닝당 투구수	18.0
땅볼 / 뜬공	1.27

투수

NO. 39
우언우타
1984년 8월 11일
187cm / 84kg
연봉 4000만 원
경력 광주서림초-충장중-안산공고
지명순위 04 한화 2차 4라운드 26순위

사이드암 투수로 최고 시속 140km/h 후반까지 나오는 빠른 강속구가 주 무기. 구속과 구위 모두 뛰어나며 볼 끝도 지저분해 패스트볼 코너웍이 되면 롤모델인 임창용 못지않은 파워피칭을 보여준다. 제구력도 이전보다 훨씬 좋아진 덕에 결정구인 슬라이더 구사도 잘 되고 있으며 어느 정도 연투 능력도 생겼다.

PITCHING ZONE

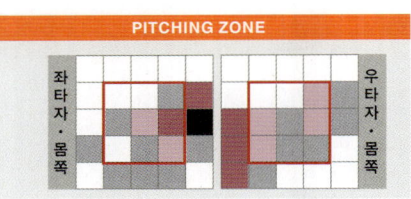

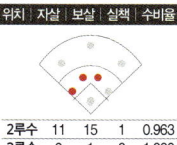

내야

김회성
NO. 6
우투우타
1985년 12월 4일
190cm / 92kg
연봉 5800만 원
경력 대전신흥초-한밭중
-세광고-경성대-한화
-경찰
지명순위 09 한화 1차

연도	팀명	타율	경기	타수	득점	안타	홈런	타점	도루	볼넷	삼진	장타율	OPS	WAR
2017	한화	0.235	54	85	10	20	3	13	0	13	24	0.388	0.731	0.13
통산		0.204	292	589	87	120	28	81	2	72	182	0.402	0.714	-

볼카운트별 타율-타점

볼카운트	타율	타수	안타	타점	볼카운트	타율	타수	안타	타점
0-0	0.417	12	5	2	2-0	0.000	3	0	0
0-1	0.286	7	2	1	2-1	0.500	4	2	1
0-2	0.300	10	3	1	2-2	0.071	14	1	0
1-0	0.500	4	2	4	3-0	-	-	-	-
1-1	0.500	8	4	2	3-1	-	0	0	0
1-2	0.063	16	1	0	3-2	0.000	7	0	2

S > B : 0.182 / S = B : 0.294 / S < B : 0.222

상황별 기록

구분	타율	타수	안타	타점
주자 없음	0.200	45	9	1
주자 있음	0.275	40	11	12
득점권	0.217	23	5	8
좌투수	0.179	28	5	5
우투수	0.255	47	12	7
언더	0.300	10	3	1
노아웃	0.200	25	5	1
원아웃	0.182	22	4	2
투아웃	0.289	38	11	10

상대팀별 기록

상대팀	타율	타수	안타	타점
KIA	0.267	15	4	0
두산	0.000	3	0	2
롯데	0.250	4	1	3
NC	0.286	7	2	2
SK	0.211	19	4	1
LG	0.222	9	2	0
넥센	0.333	6	2	1
삼성	0.182	11	2	1
kt	0.273	11	3	3

구종별 타격 성적

구종	전체	VS우투	VS좌투
포심패스트볼	0.325	0.333	0.300
투심/싱커	0.333	0.250	0.500
컷패스트볼	0.000	0.000	0.000
슬라이더	0.188	0.231	0.000
커브	0.143	0.167	0.000
체인지업	0.000	0.000	0.000
포크/SF/너클	0.100	0.000	0.143

수비 기록

위치	자살	보살	실책	수비율
1루수	129	8	1	0.993
3루수	4	14	0	1.000

190cm의 거구에서 나오는 파워는 대단한 선수다. 선구안은 좋으나 콘택트 능력이 부족하다. 그 결과 통산 타율이 가까스로 2할을 넘는다. 그러나 일발 장타력이 뛰어나 통산 장타율이 4할대다. 잔부상이 많고 발이 느리다. 수비 또한 좋지 않아 실책성 플레이를 연발한다. 2015년부터는 수비 실력이 많이 향상되었으나, 아직까지는 리그 평균 수준에 미치지 못한다.

HOT&COLD
vs. 전체 투수
우타자

SPRAY ZONE
0
2   1
44% 18% 38%
홈런 타구분포 %

■ 타율 0.400 이상　■ 0.300~0.399　■ 0.200~0.299　■ 0.100~0.199　■ 타율 0.099 이하　□ 3타수 미만

내야

정경운
NO. 63
우투우타
1993년 8월 9일
179cm / 76kg
연봉 3300만 원
경력 광주서석초-충장중
-광주제일고-성균관대
지명순위 16 한화 육성선수

연도	팀명	타율	경기	타수	득점	안타	홈런	타점	도루	볼넷	삼진	장타율	OPS	WAR
2017	한화	0.236	46	106	8	25	1	7	2	9	24	0.302	0.593	-0.35
통산		0.236	46	106	8	25	1	7	2	9	24	0.302	0.593	-

볼카운트별 타율-타점

볼카운트	타율	타수	안타	타점	볼카운트	타율	타수	안타	타점
0-0	0.400	15	6	1	2-0	0.429	7	3	2
0-1	0.231	13	3	0	2-1	0.286	7	2	3
0-2	0.000	11	0	0	2-2	0.000	11	0	0
1-0	0.714	7	5	0	3-0	-	-	-	-
1-1	0.250	8	2	1	3-1	0.000	1	0	0
1-2	0.050	20	1	0	3-2	0.500	6	3	0

S > B : 0.091 / S = B : 0.235 / S < B : 0.464

상황별 기록

구분	타율	타수	안타	타점
주자 없음	0.300	60	18	1
주자 있음	0.152	46	7	6
득점권	0.154	26	4	6
좌투수	0.265	34	9	1
우투수	0.238	63	15	6
언더	0.111	9	1	0
노아웃	0.240	25	6	1
원아웃	0.275	40	11	2
투아웃	0.195	41	8	4

상대팀별 기록

상대팀	타율	타수	안타	타점
KIA	0.400	20	8	2
두산	0.188	16	3	3
롯데	0.364	11	4	2
NC	0.190	21	4	0
SK	0.250	4	1	0
LG	0.158	19	3	0
넥센				
삼성	0.000	2	0	0
kt	0.222	9	2	0

구종별 타격 성적

구종	전체	VS우투	VS좌투
포심패스트볼	0.326	0.360	0.278
투심/싱커	0.000	0.000	0.000
컷패스트볼	0.000	0.000	0.000
슬라이더	0.200	0.077	1.000
커브	0.133	0.182	0.000
체인지업	0.000	0.000	0.000
포크/SF/너클	0.333	0.167	0.667

수비 기록

위치	자살	보살	실책	수비율
2루수	11	15	1	0.963
3루수	0	1	0	1.000
유격수	38	74	5	0.957

2016년 신고선수로 한화에 입단해 2017시즌 1군에 데뷔했다. 포지션은 유격수로 타격이 한참 부족하다. 신인이기에 물론 벽찰 수 있다. 무난한 타구처리가 장점이지만 집중력이 떨어져 포수나 투수의 견제구를 흘리는 실책을 하거나, 1루수나 포수의 원바운드 송구를 막아주지 못해 야수나 포수의 실책으로 돌려주기도 한다.

HOT&COLD
vs. 전체 투수
우타자

SPRAY ZONE
0
1   0
46% 32% 22%
홈런 타구분포 %

최윤석

연도	팀명	타율	경기	타수	득점	안타	홈런	타점	도루	볼넷	삼진	장타율	OPS	WAR
2017	한화	0.219	21	32	3	7	0	2	0	0	6	0.219	0.438	-0.31
통산		0.205	315	517	66	106	2	32	17	87	125	0.242	0.574	-

볼카운트별 타율-타점

볼카운트	타율	타수	안타	타점	볼카운트	타율	타수	안타	타점
0-0	-	-	-	-	2-0	0.000	3	0	0
0-1	0.333	6	2	0	2-1	-	-	-	-
0-2	0.000	4	0	0	2-2	0.600	5	3	1
1-0	0.500	2	1	0	3-0	-	-	-	-
1-1	0.000	1	0	0	3-1	-	0	0	0
1-2	0.200	5	1	1	3-2	0.000	6	0	0

S > B : 0.200 / S = B : 0.500 / S < B : 0.091

상황별 기록

구분	타율	타수	안타	타점
주자 없음	0.240	25	6	0
주자 있음	0.143	7	1	2
득점권	0.250	4	1	2
좌투수	0.250	16	4	2
우투수	0.214	14	3	0
언더	0.000	2	0	0
노아웃	0.250	12	3	0
원아웃	0.083	12	1	1
투아웃	0.375	8	3	1

상대팀별 기록

상대팀	타율	타수	안타	타점
KIA	0.091	11	1	1
두산	0.333	3	1	0
롯데	0.400	5	2	0
NC	0.000	2	0	0
SK	0.000	3	0	1
LG	-	-	-	-
넥센	1.000	2	2	0
삼성	0.250	4	1	0
kt	0.000	2	0	0

구종별 타격 성적

구종	전체	VS우투	VS좌투
포심패스트볼	0.167	0.100	0.250
투심/싱커	0.000	-	0.000
컷패스트볼	-	-	-
슬라이더	0.333	0.333	
커브	0.500	0.500	
체인지업	0.200		0.250
포크/SF/너클	0.333	-	0.333

수비 기록

위치	자살	보살	실책	수비율
2루수	5	2	0	1.000
3루수	2	9	0	1.000
유격수	4	16	1	0.952

최윤석 NO. 3  내야

우투우타
1987년 3월 28일
175cm / 75kg
연봉 4800만 원
경력 화곡초-덕수중-성남고-홍익대-SK-한화-경찰
지명순위 10 SK 5라운드 40순위

2010년 SK에 입단해 기대를 모았다. 안정된 포구와 부드러운 송구 동작, 빠른 발을 가졌다. 처음 등장 시 강렬한 인상을 남긴 선수였다. 그러나 타격이 1할도 안될 정도로 답답한 모습을 보여주다 2013년 한화에 드래프트로 입단한 후 2014년 경찰청 복무를 마치고, 2016년 한화에 복귀했다. 이후 좋았던 수비마저 나빠졌다.

HOT&COLD vs. 전체투수 / 우타자

SPRAY ZONE: 0 0 0 / 65% 15% 19% / 홈런 타구분포 %

타율 0.400 이상 | 0.300~0.399 | 0.200~0.299 | 0.100~0.199 | 타율 0.099 이하 | 3타수 미만

백창수

연도	팀명	타율	경기	타수	득점	안타	홈런	타점	도루	볼넷	삼진	장타율	OPS	WAR
2017	LG	0.327	52	101	15	33	4	18	1	12	18	0.535	0.947	1.10
통산		0.259	173	282	45	73	6	34	5	34	56	0.394	0.740	-

볼카운트별 타율-타점

볼카운트	타율	타수	안타	타점	볼카운트	타율	타수	안타	타점
0-0	0.462	13	6	5	2-0	0.000	4	0	0
0-1	0.364	11	4	0	2-1	0.333	9	3	2
0-2	0.111	9	1	0	2-2	0.200	10	2	0
1-0	0.750	4	3	4	3-0	-	0	0	0
1-1	0.333	6	2	2	3-1	0.750	4	3	2
1-2	0.263	19	5	1	3-2	0.333	12	4	2

S > B : 0.256 / S = B : 0.345 / S < B : 0.394

상황별 기록

구분	타율	타수	안타	타점
주자 없음	0.311	61	19	3
주자 있음	0.350	40	14	15
득점권	0.400	20	8	13
좌투수	0.226	53	12	6
우투수	0.444	45	20	11
언더	0.333	3	1	1
노아웃	0.308	39	12	5
원아웃	0.303	33	10	5
투아웃	0.379	29	11	8

상대팀별 기록

상대팀	타율	타수	안타	타점
KIA	0.467	15	7	3
두산	0.143	14	2	0
롯데	0.286	7	2	0
NC	0.333	9	3	1
SK	0.313	16	5	4
LG	0.250	16	4	0
넥센	0.500	6	3	2
삼성	0.143	7	1	0
kt	0.545	11	6	8

구종별 타격 성적

구종	전체	VS우투	VS좌투
포심패스트볼	0.309	0.417	0.226
투심/싱커	0.500	-	0.500
컷패스트볼	0.333	0.500	0.000
슬라이더	0.429	0.455	0.333
커브	0.286	0.333	0.250
체인지업	0.400	0.800	0.200
포크/SF/너클	0.000	0.000	0.000

수비 기록

위치	자살	보살	실책	수비율
1루수	3	0	0	1.000
3루수	30	0	1	0.968

백창수 NO. 52 외야

우투우타
1988년 5월 9일
179cm / 79kg
경력 고명초-덕수중-경기고-(영남사이버대)-LG-경찰
지명순위 09 LG 육성선수

지난해 11월 열린 KBO 2차 드래프트에서 한화에 지명됐다. 지난 2009년 LG 육성군으로 합류한 이후 주로 2군에 머물렀지만 1군에 콜-업 될 때마다 가능성을 조금씩 보였다. 그리고 지난해 LG 1군으로 52경기에 출전해 타율 0.327, 4홈런, 18타점, 15득점의 전천후 활약을 보였다. 우타 외야수가 부족했던 한화에 꼭 필요한 존재다.

HOT&COLD vs. 전체투수 / 우타자

SPRAY ZONE: 3 1 0 / 48% 22% 29% / 홈런 타구분포 %

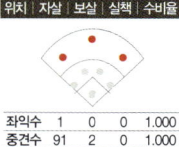

<table>
<tr><td>외야</td></tr>
</table>

장민석
NO. 53
좌투좌타
1982년 5월 9일
180cm / 73kg
연봉 1억 1000만 원
경력 감천초-대동중-경남고-현대
-우리-히어로즈-넥센-두산
지명순위 01 현대 2차 1라운드
9순위

연도	팀명	타율	경기	타수	득점	안타	홈런	타점	도루	볼넷	삼진	장타율	OPS	WAR
2017	한화	0.278	88	299	38	83	1	21	8	15	58	0.318	0.629	-0.61
통산		0.251	742	2130	324	535	16	177	126	174	396	0.328	0.636	-

볼카운트별 타율-타점

볼카운트	타율	타수	안타	타점	볼카운트	타율	타수	안타	타점
0-0	0.286	28	8	3	2-0	0.600	5	3	2
0-1	0.400	35	14	5	2-1	0.182	11	2	0
0-2	0.259	27	7	2	2-2	0.200	45	9	4
1-0	0.407	27	11	1	3-0	-	0	0	1
1-1	0.323	31	10	2	3-1	0.400	5	2	0
1-2	0.213	61	13	1	3-2	0.167	24	4	0

S > B : 0.276 / S = B : 0.260 / S < B : 0.306

상황별 기록

구분	타율	타수	안타	타점
주자 없음	0.267	172	46	0
주자 있음	0.291	127	37	21
득점권	0.289	76	22	20
좌투수	0.273	66	18	3
우투수	0.302	179	54	14
언더	0.204	54	11	4
노아웃	0.292	89	26	1
원아웃	0.287	115	33	8
투아웃	0.253	95	24	12

상대팀별 기록

상대팀	타율	타수	안타	타점
KIA	0.282	39	11	1
두산	0.333	30	10	2
롯데	0.182	22	4	2
NC	0.371	35	13	2
SK	0.340	47	16	6
LG	0.160	25	4	2
넥센	0.192	26	5	3
삼성	0.220	41	9	2
kt	0.324	34	11	1

구종별 타격 성적

구종	전체	VS우투	VS좌투
포심패스트볼	0.263	0.258	0.278
투심/싱커	0.308	0.308	-
컷패스트볼	0.389	0.400	0.333
슬라이더	0.366	0.370	0.357
커브	0.385	0.429	0.200
체인지업	0.152	0.172	0.000
포크/SF/너클	0.214	0.208	0.250

수비 기록

위치	자살	보살	실책	수비율
좌익수	1	0	0	1.000
중견수	91	2	0	1.000
우익수	94	2	3	0.970

선구안이 제대로 잡혀있지 않고 타석에서 참을성이 부족하다. 준족이라 도루성공률은 상당히 높지만 견제사를 자주 당해 비판을 받는다. 수비력은 평범하지만, 투수 출신답게 강견이라 홈까지 노바운드 송구도 가능하다. 보살능력이 탁월해서 결정적인 주자를 홈에서 자주 잡아내지만, 어이없는 실수도 자주 저지른다.

HOT&COLD
vs. 전체 투수

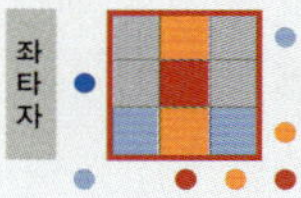

좌타자

SPRAY ZONE
0
0   1
33%   27%   40%
홈런 타구분포 %

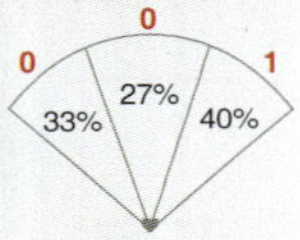

■ 타율 0.400 이상 ■ 0.300~0.399 ■ 0.200~0.299 ■ 0.100~0.199 ■ 타율 0.099 이하 □ 3타수 미만

SAMSUNG LIONS

삼성 라이온즈

TEAM PROFILE

구단 창립 1982년
마스코트 블레오 패밀리
구단주 이수빈
모기업 제일기획
감독 김한수
단장 홍준학

HOME

현재 연고지 대구광역시
이전 연고지 –
홈구장 대구 삼성 라이온즈 파크
수용인원 2만 9000명
영구결번 10번(양준혁)

PERFORMANCE

한국시리즈 우승 8회
1985, 2002, 2005, 2006, 2011,
2012, 2013, 2014년

한국시리즈 출전 17회
1982, 1984, 1986, 1987, 1990,
1993, 2001, 2002, 2004, 2005,
2006, 2010, 2011, 2012, 2013,
2014, 2015년

플레이오프 출전 12회
1986, 1988, 1990, 1991, 1993,
1997, 1998, 1999, 2000, 2004,
2008, 2010년

준플레이오프 출전 9회
1989, 1990, 1991, 1992, 1997,
2000, 2003, 2007, 2008년

UNIFORM

Home / Away

LINE-UP

ROTATION	
SP	팀 아델만
SP	외국인 투수
SP	윤성환
SP	백정현
SP	우규민

BULLPEN	
RP	장원삼
RP	김대우
RP	최지광
RP	최충연
RP	박근홍
RP	심창민
CL	장필준

BATTING	
1	박해민
2	김상수
3	구자욱
4	대린 러프
5	강민호
6	이원석
7	김헌곤
8	이지영
9	강한울

UTILITY PLAYERS	
IF	조동찬
IF	김성훈
IF	손주인
OF	배영섭
OF	박한이
OF	이성곤

위기의 사자 군단,
벼랑 끝에서 더 강해져야

최악의 성적으로 시즌 출발. 2년 연속 9위 충격 성적표

삼성의 2017시즌 초반은 악몽이었다. 에이스로 기대하고 데려온 레나도와 우규민의 부상으로 시즌 시작부터 먹구름이 꼈다. 기대하고 영입한 외국인 타자 러프도 좀처럼 감을 잡지 못했다. 마운드는 선발 불펜 할 것 없이 일제히 붕괴했다. 첫 30경기 동안 5승밖에 거두지 못하는(승률 0.179) '역대급' 부진에 빠진 삼성이다. 이후 전열을 정비해 조금씩 승률을 회복했지만, 시즌 초반의 부진을 만회하기엔 한계가 뚜렷했다. 결국 삼성은 2년 연속 리그 9위라는 충격적인 성적으로 시즌을 마감했다. 장필준-심창민 등 불펜 투수들의 혹사, 투수 유망주들의 잦은 자리 이동 등 투수 기용도 도마에 올랐다.

강민호 영입, 아델만 영입 등간만에 전력 보강

2년 연속 하위권 추락이 충격을 줬을까. 오프시즌 삼성은 예년과는 달리 적극적인 전력 보강에 나섰다. FA 시장에서 포수 강민호를 4년 80억을 주고 영입해 포수 약점을 채웠다. 시즌 중반 이후 이름값을 해낸 다린 러프와 재계약했고, 외국인 투수로는 메이저리그 출신 빅네임 팀 아델만을 데려왔다. 투수와 포수, 중심타선에 든든한 전력 보강을 이루면서 삼성을 보는 외부 시선도 달라졌다. 신인드래프트에서 뽑은 최채흥, 양창섭 등 젊은 투수들도 1군 즉시전력감으로 기대를 모은다.

올해 승부 걸어야 하는 사자들

올해 삼성에는 절체절명의 위기에 놓인 선수가 유독 많다. 외야수 박해민은 군입대와 국가대표를 놓고 최후의 일전을 앞두고 있다. FA 자격 취득에 실패한 김상수는 올해 FA에 재도전한다. 윤성환, 장원삼, 조동찬 등 베테랑 선수들도 올 시즌 승부를 걸어야 할 입장이다. 무엇보다 2년차가 된 김한수 감독도 올 시즌에는 뭔가를 보여줘야만 계약 기간을 무사히 채울 수 있다. 이런 '벼랑 끝' 위기상황이 삼성의 올 시즌에 어떤 변수로 작용할지 두고볼 일이다. 삼성이 성적을 내기 위해선 마운드 운영 방식을 재고해야 한다는 견해도 많다. 젊고 힘있는 공을 던지는 투수 유망주는 많지만, 지난해 같은 기용을 되풀이해선 선수들의 성장을 기대하기 어렵다.

No.86 | 김한수
1971년 10월 30일
186cm | 88kg
프로 입단 연도 1994년
드래프트 순위 1994년 2차 1순위
　　　　　　　　(삼성 라이온즈)
첫 경기 KBO 1994년
마지막 경기 KBO 2007년
연봉 2억 원(2018년)

감독 **김한수**

　　2016년 10월 15일 류중일 전 감독에 이어 삼성 지휘봉을 잡았다. 만약 김한수 감독이 한 번이라도 우승을 한다면 선수-코치-감독으로 우승한 최초의 감독이 된다. 그는 프랜차이즈 스타 출신이다. 그래서 삼성의 전력이 전성기에 비해 현저히 약해진 걸 감안하더라도 구단과 팬들은 감독에게 어느 정도 기대를 했던 게 사실이다. 하지만 현실은 냉혹했다. 2017시즌 첫해 9위로 마감한 것. 성적에 대한 책임은 감독이 지는 게 맞다. 하지만 삼성의 전력 자체가 약했기에 포스트시즌 진출은 애초부터 어려운 일이었다. 그런데 올해는 다르다. 일단 팀 아델만이라는 정통과 투수를 제1선발로 영입했고, 공격형 포수 강민호를 FA로 영입했다. 투타의 기둥이 확실히 들어선 것이다. 본인이나 구단이나 올해를 명예 회복의 해로 삼아야 한다.

TEAM STATS

*는 수치가 낮을수록 순위가 높아짐

투수 기록

항목	평균자책점	승	패	세이브	홀드	승률	이닝	피안타	피홈런	볼넷	사구	탈삼진	실점	자책점	WHIP
기록	5.88	55	84	27	34	0.396	1281 1/3	1541	187	548	118	1063	911	837	1.63
순위	10위	9위	9위	9위	10위	9위	5위	10위	10위	10위	10위	3위	10위	10위	10위

항목	완투	완봉	QS	블론S	타자수	투구수	피안타율	2루타	3루타	희생번트	희생플라이	고의사구	폭투	보크
기록	1	3	43	12	5916	23196	0.300	281	28	56	59	15	74	4
순위	7위	10위	10위	2위	1위	1위	9위	9위	8위	4위	10위	6위	6위	4위

타자 기록

항목	타율	경기	타석	타수	득점	안타	2루타	3루타	홈런	총루타	타점	희생번트
기록	0.279	144	5707	5095	757	1419	255	36	145	2181	703	58
순위	8위		4위	4위	6위	7위	7위	1위	7위	7위	6위	6위

항목	희생플라이	볼넷	고의볼넷	사구	삼진	병살타	장타율	출루율	OPS	멀티히트	득점권	대타타율
기록	55	429	17	70	983	97	0.428	0.340	0.768	371	0.285	0.220
순위	2위	7위	6위	9위	5위	1위	8위	9위	8위	6위	8위	8위

득점 분포 및 승패

득점	0	1	2	3	4	5	6	7	8	9	10	11	12	13	14	15	16
경기	7	11	13	17	20	19	10	12	11	7	5	4	3	3	1	0	1
승	0	0	0	5	5	7	8	5	5	5	4	3	3	3	1	0	1
패	7	11	13	11	13	12	2	6	6	2	1	0	0	0	0	0	0
무	0	0	0	1	2	0	0	1	0	0	0	1	0	0	0	0	0
승률	0.000	0.000	0.000	0.313	0.278	0.368	0.800	0.455	0.455	0.714	0.800	1.000	1.000	1.000	1.000	-	1.000

실점 분포 및 승패

실점	0	1	2	3	4	5	6	7	8	9	10	11	12	13	14	15	16	17	18	19	20	21	22
경기	3	10	14	13	16	17	11	13	7	11	7	7	2	4	4	0	1	1	1	0	0	1	1
승	3	8	12	9	7	8	2	2	2	1	1	0	0	0	0	0	0	0	0	0	0	0	0
패	0	2	2	3	7	9	9	10	5	10	6	6	2	4	4	0	1	1	1	0	0	1	1
무	0	0	0	1	2	0	0	1	0	0	0	1	0	0	0	0	0	0	0	0	0	0	0
승률	1.000	0.800	0.857	0.750	0.500	0.471	0.182	0.167	0.286	0.091	0.143	0.000	0.000	0.000	0.000	-	0.000	0.000	0.000	-	-	0.000	0.000

이닝별 득점

이닝	경기	0점	1+점	1점	2점	3점	4점	5+점	최다	합계	평균	평균/9
1	144	105	39	18	10	5	3	3	6	82	0.57	5.13
2	144	98	46	23	16	5	2	0	4	78	0.54	4.88
3	144	98	46	21	14	9	0	2	6	87	0.60	5.44
4	144	103	41	20	10	9	1	1	8	79	0.55	4.94
5	144	98	46	22	10	9	2	3	8	95	0.66	5.94
6	144	95	48	22	13	9	3	1	5	92	0.64	5.79
7	143	102	41	24	8	3	1	5	5	78	0.55	4.91
8	143	99	44	25	10	7	4	1	6	83	0.59	5.29
9	118	82	36	20	10	3	1	2	7	65	0.55	4.96
10	16	10	6	3	1	0	2	0	4	13	0.81	7.31
11	6	4	2	1	1	0	0	0	2	3	0.50	4.50
12	4	4	0	0	0	0	0	0	0	0	0.00	0.00
합계	1293	898	395	196	103	59	19	18	8	757	0.59	5.27

이닝별 실점

이닝	경기	0점	1+점	1점	2점	3점	4점	5+점	최다	합계	평균	평균/9
1	144	85	59	28	14	6	8	3	6	123	0.85	7.69
2	144	92	52	22	17	6	3	4	10	116	0.81	7.25
3	144	99	45	26	7	7	3	2	10	90	0.63	5.63
4	144	97	47	24	9	6	4	4	7	99	0.69	6.19
5	144	93	51	26	10	6	3	6	6	114	0.79	7.13
6	143	85	58	28	19	7	3	2	7	109	0.76	6.86
7	143	94	49	21	16	7	3	1	5	93	0.65	5.85
8	143	94	49	26	14	6	10	2	6	84	0.59	5.29
9	110	79	31	15	9	3	2	5	5	60	0.55	4.91
10	16	10	6	3	1	1	0	1	5	13	0.81	7.31
11	7	4	3	2	0	0	0	1	8	10	1.43	12.86
12	4	4	0	0	0	0	0	0	0	0	0.00	0.00
합계	1286	832	454	229	112	54	33	26	10	911	0.71	6.38

투수

우언우타
1980년 3월 9일
182cm / 80kg
연봉 1억 5000만 원
경력 화곡초-선린중-선린정보고
지명순위 99 삼성 2차 1라운드
6순위

NO. 45 권오준

　전성기 때 150km/h를 넘나드는 강속구 사이드암 투수였으나, 혹사로 인한 3번의 토미존 수술로 구속이 130km/h 중반대로 떨어졌다. 슬라이더, 서클체인지업을 던지는데 낙차 폭이 큰 서클체인지업은 명품으로 통한다. 2005년 한국시리즈 3차전 2사 만루위기에서 안경현에게 던진 공이 한가운데 오다가 타자 앞에서 바닥으로 내리꽂힌 서클체인지업은 지금까지도 회자될 정도로 위력적이었다. 주로 중간계투에서 1~3이닝을 책임지며 삼성왕조 구축에 상당한 공헌을 했다. 당시 삼성에는 뛰어난 계투요원이 즐비했지만 사이드암 선수는 유일무이했다. 2017시즌 30대 후반의 나이로 들어서면서 과거의 모습은 찾기 힘들지만 한때 '중간계투의 선동렬'로 불리며 일세를 호령했던 선수다.

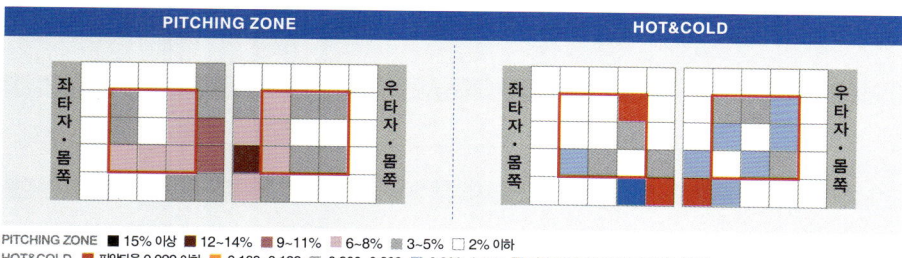

PITCHING ZONE	■ 15% 이상	■ 12~14%	■ 9~11%	■ 6~8%	■ 3~5%	□ 2% 이하
HOT&COLD	■ 피안타율 0.099 이하	■ 0.100~0.199	■ 0.200~0.299	■ 0.300~0.399	■ 피안타율 0.400 이상	□ 3타수 미만

최근 3년간 성적

연도	팀명	평균자책	경기	승	패	세이브	홀드	승률	타수	이닝	피안타	피홈런	볼넷	탈삼진	실점	자책점	WHIP	WAR
2015	삼성	8.04	30	0	0	0	0	-	131	28	33	5	9	24	27	25	1.50	-0.40
2016	삼성	3.88	41	1	3	0	7	0.250	194	46 1/3	48	9	11	35	20	20	1.27	0.44
2017	삼성	5.14	45	1	2	0	1	0.333	233	56	57	11	14	55	32	32	1.27	0.42
통산		3.39	486	31	22	23	82	0.585	2605	627	568	60	168	596	252	236	1.17	-

구속/구사율/피안타율

구종	평균구속	종합	초구	2-2	좌타자	우타자	피안타율
포심패스트볼	137	47%	38%	54%	42%	50%	0.253
투심/싱커	-	-	-	-	-	-	-
컷패스트볼	-	-	-	-	-	-	-
슬라이더	128	18%	22%	11%	23%	16%	0.405
커브	119	10%	13%	11%	9%	11%	0.273
체인지업	125	25%	26%	24%	27%	24%	0.268
포크/SF/너클	-	-	-	-	-	-	-

볼카운트별 피안타율

볼카운트	피안타율	타수	피안타	볼카운트	피안타율	타수	피안타
0-0	0.414	29	12	2-0	0.000	5	0
0-1	0.429	7	3	2-1	0.333	12	4
0-2	0.308	13	4	2-2	0.180	50	9
1-0	0.636	11	7	3-0	-	0	0
1-1	0.294	17	5	3-1	0.000	2	0
1-2	0.216	37	8	3-2	0.250	20	5
S > B : 0.263 / S = B : 0.271 / S < B : 0.320							

기타 기록

상대 타자 타구 방향

42%　22%　36%

이닝당 투구수	16.7
땅볼 / 뜬공	0.66

상황별 기록

상황	안타	2루타	3루타	홈런	볼넷	사구	삼진	폭투	보크	피안타율
주자 없음	31	7	0	6	8	3	25	0	0	0.323
만루	4	2	0	1	0	0	4	0	0	0.364
주자 있음	26	5	0	5	6	1	30	2	0	0.243
득점권	14	4	0	3	5	1	22	2	0	0.233
상위(1~2번)	5	1	0	1	2	0	10	0	0	0.185
중심(3~5번)	21	6	0	5	8	3	22	0	0	0.304
하위(6~9번)	31	5	0	5	4	1	23	2	0	0.290
좌타자	13	3	0	2	6	0	17	0	0	0.250
우타자	44	9	0	9	8	4	38	2	0	0.291

상대팀별 기록

구분	경기	평균자책	승	패	세이브	홀드	이닝	피안타	피홈런	볼넷	삼진	피안타율
KIA	4	16.20	0	0	0	0	5	12	2	0	4	0.462
두산	5	10.57	0	1	0	0	7 2/3	11	4	4	7	0.367
롯데	3	3.52	0	1	0	0	7 2/3	4	0	0	4	0.174
NC	7	1.74	0	0	0	0	10 1/3	9	2	1	13	0.250
SK	6	1.42	0	0	0	0	6 1/3	1	0	3	4	0.056
LG	6	1.93	0	0	0	0	4 2/3	5	0	1	4	0.294
넥센	6	1.42	0	0	0	0	6 1/3	4	0	0	6	0.182
한화	3	3.00	0	0	0	0	5	2	0	0	6	0.182
kt	3	9.00	1	0	0	0	3	9	3	1	1	0.450

NO. 60 김승현

투수

최고 150km/h 초반의 묵직한 패스트볼과 너클커브를 사용한다. 그러나 영점이 잡히지 않으면서 상대 타자를 압도할 수 없다는 것을 깨달았으며, 제구력이 뒷받침되지 않으면 살아남기 힘들다는 것을 뼈저리게 느낀 한 해였다. 제구력 향상과 새로운 구종의 변화구를 연마해야 한다. 2017시즌 41경기에서 승리 없이 3패, 평균자책점 5.77을 기록했다. 기본적으로 가지고 있는 구위에 비해 너무도 초라한 성적이다. 투구 시 시선이 흔들리는 약점이 있는데, 이를 개선한다면 제구력이 한층 나아질 것이다. 아직 젊기 때문에 가능성은 무궁무진하다. 기본적인 패스트볼이 뛰어나 제구력과 주 무기인 너클커브가 조화를 이룬다면 미래의 삼성 에이스로 성장할 날도 멀지 않았다.

우투우타
1992년 7월 9일
180cm / 105kg
연봉 4000만 원
경력 노암초-경포중-강릉고
-건국대
지명순위 16 삼성 2차 1라운드
10순위

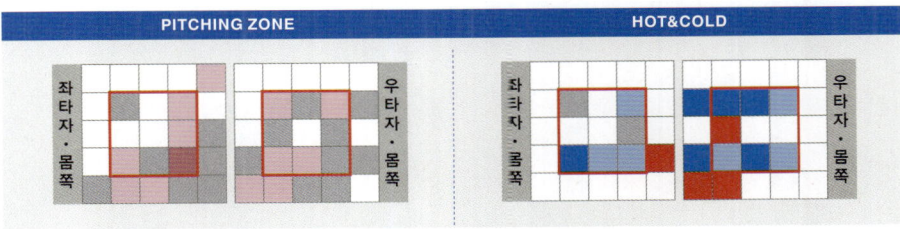

PITCHING ZONE ■ 15% 이상 ■ 12~14% ■ 9~11% ■ 6~8% ■ 3~5% □ 2% 이하
HOT&COLD ■ 피안타율 0.099 이하 ■ 0.100~0.199 ■ 0.200~0.299 ■ 0.300~0.399 ■ 피안타율 0.400 이상 □ 3타수 미만

최근 3년간 성적

연도	팀명	평균자책	경기	승	패	세이브	홀드	승률	타자수	이닝	피안타	피홈런	볼넷	탈삼진	실점	자책점	WHIP	WAR
2015	-	-	-	-	-	-	-	-	-	-	-	-	-	-	-	-	-	-
2016	삼성	0.00	2	0	0	0	0	-	7	2	1	0	0	1	0	0	0.50	0.05
2017	삼성	5.77	41	0	3	0	0	0.000	215	43 2/3	51	7	34	37	31	28	1.95	-0.21
통산		5.52	43	0	3	0	0	0.000	222	45 2/3	52	7	34	38	31	28	1.88	-

구속/구사율/피안타율

구종	평균구속	종합	초구	2-2	좌타자	우타자	피안타율
포심패스트볼	144	77%	80%	68%	83%	73%	0.282
투심/싱커	-	-	-	-	-	-	-
컷패스트볼	-	-	-	-	-	-	-
슬라이더	133	21%	17%	32%	15%	25%	0.281
커브	111	1%	2%	0%	1%	1%	0.500
체인지업	-	-	-	-	-	-	-
포크/SF/너클	135	1%	1%	0%	1%	1%	0.500

볼카운트별 피안타율

볼카운트	피안타율	타수	피안타	볼카운트	피안타율	타수	피안타
0-0	0.300	20	6	2-0	0.333	3	1
0-1	0.338	9	3	2-1	0.444	9	4
0-2	0.338	18	6	2-2	0.043	23	1
1-0	0.471	17	8	3-0	-	0	0
1-1	0.409	22	9	3-1	0.667	6	4
1-2	0.227	22	5	3-2	0.182	22	4

S > B 0.286 / S = B : 0.246 / S < B : 0.368

기타 기록

상대 타자 타구 방향

34% 30% 36%

이닝당 투구수 19.9
땅볼 / 뜬공 2.04

상황별 기록

상황	안타	2루타	3루타	홈런	볼넷	사구	삼진	폭투	보크	피안타율
주자 없음	27	4	0	5	16	4	19	0	0	0.329
만루	4	0	0	1	0	1	1	0	0	0.400
주자 있음	24	3	0	2	18	2	18	8	0	0.270
득점권	15	1	0	2	10	1	12	4	0	0.268
상위(1~2번)	5	0	0	0	5	1	9	1	0	0.143
중심(3~5번)	26	5	0	7	14	2	10	2	0	0.426
하위(6~9번)	20	2	0	0	15	3	18	5	0	0.267
좌타자	19	1	0	0	15	0	16	3	0	0.244
우타자	32	6	0	7	19	6	21	5	0	0.344

상대팀별 기록

구분	경기	평균자책	승	패	세이브	홀드	이닝	피안타	피홈런	볼넷	삼진	피안타율
KIA	5	7.04	0	0	0	0	7 2/3	14	2	5	7	0.389
두산	9	4.70	0	0	0	0	7 2/3	6	1	9	11	0.207
롯데	3	0.00	0	0	0	0	1 2/3	2	0	2	0	0.333
NC	2	8.10	0	0	0	0	3 1/3	3	0	5	2	0.273
SK	3	5.79	0	1	0	0	4 2/3	3	1	2	2	0.188
LG	4	5.40	0	1	0	0	3 1/3	3	0	2	4	0.250
넥센	5	3.18	0	0	0	0	5 2/3	5	0	4	4	0.250
한화	6	3.86	0	0	0	0	7	4	2	3	6	0.296
kt	4	16.88	0	1	0	0	2 2/3	7	1	2	3	0.500

투수

좌투좌타
1987년 7월 13일
184cm / 80kg
연봉 1억 5500만 원
경력 대구옥산초-대구중
-대구상원고
지명순위 07 삼성 2차 1라운드
8순위

NO. 29 백정현

처음에는 140km/h 후반대를 넘나드는 강속구 좌완이었으나, 십자인대 파열로 구속이 140km/h 초반대로 떨어졌다. 볼이 위력적이며 탈삼진 능력이 뛰어나다. 그러나 서드 피치의 부재와 이닝 당 투구 수가 많아 확실한 선발진으로 자리를 잡지 못했다. 2017년 체인지업의 위력이 좋아지면서 선발 출장이 늘었으며 망가진 삼성마운드에 그나마 한줄기 빛이 되었다. 2017년은 그에게 커리어하이 시즌이었다. 윤성환과 더불어 좌우 명실상부한 삼성의 원투펀치로 자리매김했다. 100과 2/3이닝 동안 8승 4패 평균자책점 4.38을 기록했다. 팀 내 믿음직한 좌완 불펜이 전무하다시피 해 코칭스태프에서 내린 결정이지만, 2017시즌 선발로 보여준 가능성을 생각해 이러한 결정에 비판여론이 많다.

PITCHING ZONE / HOT&COLD

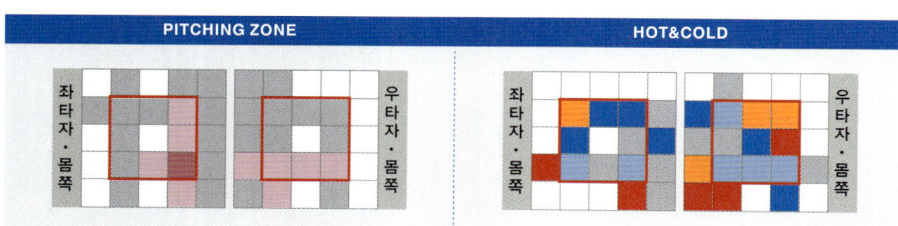

PITCHING ZONE ■ 15% 이상 ■ 12~14% ■ 9~11% ■ 6~8% ■ 3~5% □ 2% 이하
HOT&COLD ■ 피안타율 0.099 이하 ■ 0.100~0.199 ■ 0.200~0.299 ■ 0.300~0.399 ■ 피안타율 0.400 이상 □ 3타수 미만

최근 3년간 성적

연도	팀명	평균자책	경기	승	패	세이브	홀드	승률	타자수	이닝	피안타	피홈런	볼넷	탈삼진	실점	자책점	WHIP	WAR
2015	삼성	6.11	31	0	0	0	2	-	135	28	32	3	20	37	19	19	1.86	0.07
2016	삼성	5.77	70	6	3	0	9	0.667	306	68 2/3	73	9	30	77	44	44	1.50	0.51
2017	삼성	4.38	35	8	4	0	3	0.667	446	100 2/3	110	11	36	94	52	49	1.45	2.05
통산		5.32	274	17	13	1	24	0.567	1524	335	373	38	163	339	204	198	1.60	-

구속/구사율/피안타율

구종	평균구속	종합	초구	2-2	좌타자	우타자	피안타율
포심패스트볼	138	58%	55%	62%	64%	54%	0.266
투심/싱커	-	-	-	-	-	-	-
컷패스트볼	135	1%	0%	1%	1%	0%	0.333
슬라이더	129	15%	13%	15%	22%	9%	0.356
커브	109	6%	10%	3%	7%	5%	0.571
체인지업	129	21%	21%	19%	7%	32%	0.267
포크/SF/너클	132	0%	0%	0%	0%	0%	-

볼카운트별 피안타율

볼카운트	피안타율	타수	피안타	볼카운트	피안타율	타수	피안타
0-0	0.351	37	13	2-0	0.444	9	4
0-1	0.300	30	9	2-1	0.429	14	6
0-2	0.229	35	8	2-2	0.244	82	20
1-0	0.438	32	14	3-0	0.000	1	0
1-1	0.375	32	12	3-1	0.500	6	3
1-2	0.197	66	13	3-2	0.160	50	8
S > B : 0.229 / S = B : 0.298 / S < B : 0.313							

기타 기록

상대 타자 타구 방향

42% 25% 34%

이닝당 투구수	18.2
땅볼 / 뜬공	1.00

상황별 기록

상황	안타	2루타	3루타	홈런	볼넷	사구	삼진	폭투	보크	피안타율
주자 없음	59	8	2	7	21	4	51	0	0	0.266
만루	2	0	0	0	0	0	4	0	0	-
주자 있음	51	15	0	4	15	2	43	4	0	0.297
득점권	23	9	0	3	11	1	26	3	0	0.256
상위(1~2번)	32	6	1	3	5	2	28	1	0	0.278
중심(3~5번)	39	6	1	6	17	2	34	1	0	0.287
하위(6~9번)	39	11	0	2	14	2	32	0	0	0.273
좌타자	46	10	0	4	16	5	46	2	0	0.297
우타자	64	13	0	7	20	1	48	2	0	0.268

상대팀별 기록

구분	경기	평균자책	승	패	세이브	홀드	이닝	피안타	피홈런	볼넷	삼진	피안타율
KIA	4	4.63	0	0	0	0	11 2/3	14	2	6	9	0.304
두산	4	0.00	0	0	0	1	6 2/3	3	0	0	11	0.136
롯데	3	2.25	1	0	0	0	12	9	1	3	13	0.209
NC	7	2.25	4	0	0	1	24	19	1	7	25	0.213
SK	4	4.26	0	1	0	0	6 1/3	11	1	4	4	0.393
LG	2	5.68	0	1	0	0	6 1/3	6	2	2	4	0.250
넥센	5	7.33	2	2	0	0	23 1/3	35	3	9	16	0.350
한화	3	5.40	1	0	0	1	8 1/3	9	1	3	10	0.273
kt	3	13.50	0	0	0	0	4	4	0	2	2	0.444

NO. 18 심창민

사이드암 투수임에도 140km/h 후반대의 패스트볼과 슬라이더, 체인지업, 싱커가 주 무기다. 속구와 변화구를 적절히 섞어 많은 탈삼진을 잡는 파이어볼러다. 현재는 살이 찌고 최근의 혹사 때문인지 140km/h 초반대로 떨어졌다. 슬라이더 외에 이렇다 할 서드피치를 개발하지 못한 아쉬움이 있다. 삼성 왕조 시절 주로 불펜 필승조에서 활약하다 특급 마무리들이 다 떠난 후 뒷문을 책임지고 있다. 2017년 마무리로서 안정감을 주지 못하고 난타를 당하거나, 세이브가 필요한 상황에서 게임을 말아먹는 등 과거의 위용을 찾을 수 없을 정도였다. 2017년 4승 7패 6세이브 평균자책점 4.18이 말해주듯 최악의 시즌을 보냈다. 그가 분발해야 삼성도 살아난다.

투수

우언우타
1993년 2월 1일
185cm / 86kg
연봉 2억 3000만 원
경력 동삼초-경남중-경남고
지명순위 11 삼성 1라운드 4순위

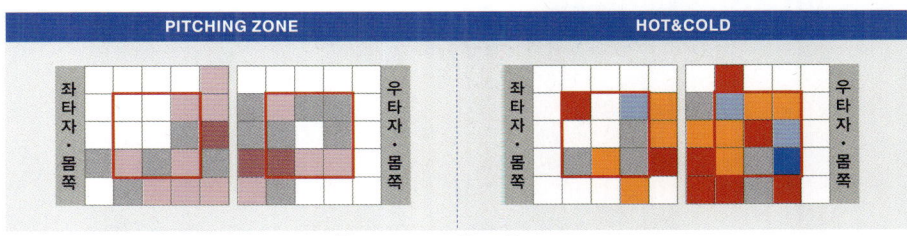

| PITCHING ZONE | HOT&COLD |

PITCHING ZONE ■ 15% 이상 ■ 12~14% ■ 9~11% ■ 6~8% ■ 3~5% □ 2% 이하
HOT&COLD ■ 피안타율 0.099 이하 ■ 0.100~0.199 ■ 0.200~0.299 ■ 0.300~0.399 ■ 피안타율 0.400 이상 □ 3타수 미만

최근 3년간 성적

연도	팀명	평균자책	경기	승	패	세이브	홀드	승률	타자수	이닝	피안타	피홈런	볼넷	탈삼진	실점	자책점	WHIP	WAR
2015	삼성	4.28	61	6	3	0	9	0.667	280	67 1/3	54	7	24	91	32	32	1.16	1.11
2016	삼성	2.97	62	2	6	25	4	0.250	303	72 2/3	59	6	26	76	29	24	1.17	1.96
2017	삼성	4.18	66	4	7	6	16	0.364	333	75 1/3	55	12	44	103	36	35	1.31	1.37
통산		3.75	328	20	20	34	56	0.500	1464	343 1/3	271	35	156	406	153	143	1.24	-

구속/구사율/피안타율

구종	평균구속	종합	초구	2-2	좌타자	우타자	피안타율
포심패스트볼	142	55%	63%	49%	58%	53%	0.250
투심/싱커	-	-	-	-	-	-	-
컷패스트볼	-	-	-	-	-	-	-
슬라이더	128	22%	18%	21%	12%	27%	0.182
커브	118	13%	11%	19%	5%	17%	0.154
체인지업	127	11%	8%	11%	24%	3%	0.129
포크/SF/너클	-	-	-	-	-	-	-

볼카운트별 피안타율

볼카운트	피안타율	타수	피안타	볼카운트	피안타율	타수	피안타
0-0	0.258	31	8	2-0	0.000	3	0
0-1	0.227	22	5	2-1	0.333	12	4
0-2	0.148	27	4	2-2	0.238	63	15
1-0	0.200	10	2	3-0	-	0	0
1-1	0.292	24	7	3-1	0.500	6	3
1-2	0.055	55	3	3-2	0.174	23	4

S > B : 0.115 / S = B : 0.254 / S < B : 0.241

기타 기록

상대 타자 타구 방향
44% 22% 34%

이닝당 투구수	18.4
땅볼 / 뜬공	0.63

상황별 기록

상황	안타	2루타	3루타	홈런	볼넷	사구	삼진	폭투	보크	피안타율
주자 없음	30	4	0	7	16	4	50	0	0	0.207
만루	3	1	0	1	2	1	11	0	0	0.136
주자 있음	25	3	0	5	28	3	53	5	0	0.191
득점권	13	4	0	2	23	1	40	3	0	0.148
상위(1~2번)	11	0	0	2	10	1	19	2	0	0.224
중심(3~5번)	14	4	0	2	15	2	32	1	0	0.154
하위(6~9번)	30	3	0	8	19	4	52	2	0	0.221
좌타자	20	4	0	3	17	3	36	2	0	0.217
우타자	35	4	0	8	25	4	67	3	0	0.190

상대팀별 기록

구분	경기	평균자책	승	패	세이브	홀드	이닝	피안타	피홈런	볼넷	삼진	피안타율
KIA	3	10.13	0	2	0	0	2 2/3	6	0	3	4	0.429
두산	6	8.10	1	1	0	0	6 2/3	7	2	4	10	0.269
롯데	8	0.00	0	0	1	5	11 1/3	4	0	5	13	0.108
NC	9	2.89	0	0	1	2	9 1/3	8	2	4	12	0.229
SK	9	5.59	1	1	1	1	9 2/3	7	3	7	15	0.194
LG	9	7.04	1	1	0	2	7 2/3	6	2	6	16	0.207
넥센	5	3.86	0	1	0	1	7	6	1	3	13	0.231
한화	9	3.65	1	1	2	2	12 1/3	6	1	8	11	0.136
kt	8	3.12	0	0	1	3	8 2/3	7	1	4	9	0.172

NO. **2** # 우규민

투수

우언좌타
1985년 1월 21일
184cm / 75kg
연봉 7억 원
경력 성동초-휘문중-휘문고-LG
　　　-경찰-LG
지명순위 03 LG 2차 3라운드
　　　19순위

　최고 구속 145km/h, 평균 138km/h대의 패스트볼과 떨어지는 싱커, 체인지업이 주 무기다. 간간히 커브와 슬라이더로 카운트를 잡는다. 전형적인 맞춰 잡는 투수로 땅볼 유도 능력이 뛰어나다. 사이드암 투수라 이닝 소화 능력이 떨어지는 게 단점. 그러나 가장 큰 문제는 피 홈런이 해마다 증가하고 있다는 점이다. 우규민처럼 땅볼유도 투수는 피홈런이 늘어나게 되면 삼진을 많이 잡는 투수보다도 훨씬 치명적이다. 2017시즌 삼성으로 이적 후 선발 등판하여 7승 10패 평균자책점 4점대 후반을 기록하며 65억 '먹튀'로 전락하고 말았다. 부진 원인은 체인지업과 슬라이더가 예전 같지 않은 데다, 허리부상으로 무브먼트가 사라진 이유. 2018년은 명예회복을 해야 한다.

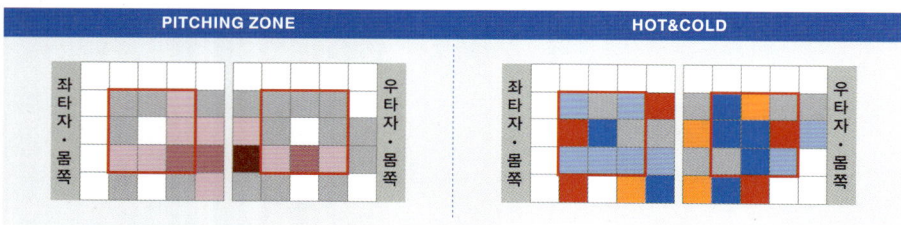

PITCHING ZONE　　　HOT&COLD

PITCHING ZONE ■ 15% 이상　■ 12~14%　■ 9~11%　■ 6~8%　■ 3~5%　□ 2% 이하
HOT&COLD ■ 피안타율 0.099 이하　■ 0.100~0.199　■ 0.200~0.299　■ 0.300~0.399　■ 피안타율 0.400 이상　□ 3타수 미만

최근 3년간 성적

연도	팀명	평균자책	경기	승	패	세이브	홀드	승률	타자수	이닝	피안타	피홈런	볼넷	탈삼진	실점	자책점	WHIP	WAR
2015	LG	3.42	25	11	9	0	0	0.550	621	152 2/3	163	13	17	119	64	58	1.18	3.18
2016	LG	4.91	28	6	11	0	1	0.353	599	132	166	16	36	81	89	72	1.53	0.52
2017	삼성	5.21	27	7	10	0	0	0.412	591	133	161	19	23	100	95	77	1.38	1.31
통산		3.92	429	63	68	65	25	0.481	4617	1078 2/3	1164	83	255	654	545	470	1.32	-

구속/구사율/피안타율

구종	평균구속	종합	초구	2-2	좌타자	우타자	피안타율
포심패스트볼	137	44%	44%	38%	42%	46%	0.258
투심/싱커	132	5%	6%	3%	5%	5%	0.520
컷패스트볼	-	-	-	-	-	-	-
슬라이더	126	13%	11%	20%	10%	16%	0.313
커브	116	17%	14%	19%	16%	17%	0.284
체인지업	122	21%	25%	19%	27%	16%	0.371
포크/SF/너클	129	0%	0%	1%	1%	5%	0.000

볼카운트별 피안타율

볼카운트	피안타율	타수	피안타	볼카운트	피안타율	타수	피안타
0-0	0.377	77	29	2-0	0.429	7	3
0-1	0.385	65	25	2-1	0.577	26	15
0-2	0.156	45	7	2-2	0.185	81	15
1-0	0.351	37	13	3-0	-	0	0
1-1	0.429	56	24	3-1	0.167	12	2
1-2	0.228	79	18	3-2	0.192	52	10

S > B : 0.265 / S = B : 0.318 / S < B : 0.321

기타 기록

상대 타자 타구 방향
39%　28%　33%

이닝당 투구수	16.5
땅볼/뜬공	1.16

상황별 기록

상황	안타	2루타	3루타	홈런	볼넷	사구	삼진	폭투	보크	피안타율
주자 없음	86	16	3	11	11	3	74	0	0	0.276
만루	2	0	0	0	0	1	0	0	0	0.222
주자 있음	75	12	1	8	12	13	26	2	0	0.333
득점권	43	8	0	2	5	9	13	2	0	0.347
상위(1~2번)	44	4	1	5	5	5	22	1	0	0.326
중심(3~5번)	61	8	2	9	4	4	39	0	0	0.319
하위(6~9번)	56	16	1	5	14	7	39	1	0	0.265
좌타자	72	11	2	14	10	7	40	1	0	0.308
우타자	89	17	2	5	13	9	60	1	0	0.294

상대팀별 기록

구분	경기	평균자책	승	패	세이브	홀드	이닝	피안타	피홈런	볼넷	삼진	피안타율
KIA	3	8.59	0	1	0	0	14 2/3	22	1	1	13	0.338
두산	3	9.31	0	1	0	0	9 2/3	18	1	5	7	0.391
롯데	3	2.57	1	0	0	0	14	7		2	1	0.208
NC	3	3.86	1	0	0	0	11 2/3	15		1	1	0.306
SK	2	8.10	0	1	0	0	10	10		4	1	0.250
LG	3	4.05	2	1	0	0	13 1/3	15		0	13	0.300
넥센	3	6.61	0	3	0	0	16 1/3	27		1	8	0.375
한화	4	5.00	1	0	0	0	18	23		3	14	0.319
kt	5	2.51	2	1	0	0	32 1/3	26	4	7	30	0.222

NO. 1　**윤성환**

투수

우투우타
1981년 10월 8일
183cm / 88kg
연봉 8억 원
경력 감천초-대신중-부산상고
　　　-동의대
지명순위 04 삼성 2차 1라운드
　　　8순위

주 무기는 커브. 구속은 느리나 KBO리그에서 가장 컨트롤이 뛰어난 투수 중 한 명이다. 평균구속 138km/h~140km/h 초반의 패스트볼과 커브, 슬라이더, 싱커, 체인지업 등 다양한 변화구를 던진다. 바깥쪽, 안쪽 구석구석을 정교한 제구력을 앞세워 공략하고, 의표를 찌르는 커브로 삼진을 잡는 아트피칭의 달인이다. 그러나 사실 커브로 유명하지만, 승부구는 슬라이더다. 또한 공의 구속이 아닌 무브먼트를 활용하여 스트라이크 존에 쑤셔 넣는 걸 두려워하지 않는다. 5시즌 연속 10승을 달성하고 170이닝을 던진 삼성의 에이스. 30대 후반에 접어들면서 체력이 떨어지는 후반에 피안타율이 높아지면서 실점을 많이 하고 있다. 체력을 꾸준히 보강한다면 매년 10승 달성은 어렵지 않을 것이다.

PITCHING ZONE　　　**HOT&COLD**

좌타자·몸쪽　　우타자·몸쪽　　　좌타자·몸쪽　　우타자·몸쪽

PITCHING ZONE ■ 15% 이상 ■ 12~14% ■ 9~11% ■ 6~8% ■ 3~5% □ 2% 이하
HOT&COLD ■ 피안타율 0.099 이하 ■ 0.100~0.199 ■ 0.200~0.299 ■ 0.300~0.399 ■ 피안타율 0.400 이상 □ 3타수 미만

최근 3년간 성적

연도	팀명	평균자책	경기	승	패	세이브	홀드	승률	타자수	이닝	피안타	피홈런	볼넷	탈삼진	실점	자책점	WHIP	WAR
2015	삼성	3.76	30	17	8	0	0	0.680	809	194	199	27	30	164	86	81	1.18	4.76
2016	삼성	4.35	28	11	10	0	0	0.524	767	180	202	25	41	85	95	87	1.35	3.51
2017	삼성	4.28	28	12	9	0	0	0.571	731	174 1/3	181	22	37	130	86	83	1.25	3.87
통산		3.96	369	122	82	1	28	0.598	6892	1633 2/3	1691	170	388	1199	772	719	1.27	-

구속/구사율/피안타율

구종	평균구속	종합	초구	2-2	좌타자	우타자	피안타율
포심패스트볼	135	46%	48%	41%	44%	48%	0.313
투심/싱커	133	1%	1%	0%	1%	1%	0.000
컷패스트볼	-	-	-	-	-	-	-
슬라이더	126	34%	28%	39%	31%	37%	0.231
커브	111	14%	16%	15%	14%	14%	0.227
체인지업	121	5%	7%	2%	11%	1%	0.452
포크/SF/너클	123	1%	0%	2%	0%	1%	0.333

볼카운트별 피안타율

볼카운트	피안타율	타수	피안타	볼카운트	피안타율	타수	피안타
0-0	0.384	99	38	2-0	0.154	13	2
0-1	0.348	66	23	2-1	0.324	37	12
0-2	0.137	51	7	2-2	0.266	124	33
1-0	0.394	33	13	3-0	-	0	0
1-1	0.310	71	22	3-1	0.273	11	3
1-2	0.154	91	14	3-2	0.194	72	14

S > B : 0.212 / S = B : 0.316 / S < B : 0.265

기타 기록

상대 타자 타구 방향

40%　24%　36%

이닝당 투구수	16.1
땅볼 / 뜬공	0.86

상황별 기록

상황	안타	2루타	3루타	홀런	볼넷	사구	삼진	폭투	보크	피안타율
주자 없음	107	21	2	14	19	8	80	0	0	0.262
만루	3	1	0	0	1	0	0	0	0	0.333
주자 있음	74	18	2	8	18	7	50	3	0	0.286
득점권	36	9	2	3	14	5	34	1	0	0.243
상위(1~2번)	53	8	2	7	7	2	27	1	0	0.312
중심(3~5번)	62	14	1	13	17	9	42	2	0	0.277
하위(6~9번)	66	17	1	2	13	4	61	0	0	0.241
좌타자	79	15	4	9	18	6	42	1	0	0.315
우타자	102	24	0	13	19	9	88	2	0	0.245

상대팀별 기록

구분	경기	평균자책	승	패	세이브	홀드	이닝	피안타	피홈런	볼넷	삼진	피안타율
KIA	3	9.56	1	2	0	0	16	26	2	5	11	0.366
두산	3	5.06	0	1	0	0	16	21	1	4	12	0.318
롯데	5	5.17	2	3	0	0	38 1/3	46	5	7	27	0.307
NC	2	2.77	1	1	0	0	13	11	2	3	10	0.234
SK	5	5.23	2	1	0	0	32 2/3	33	9	9	28	0.260
LG	2	1.42	1	0	0	0	12 2/3	13	1	3	12	0.265
넥센												
한화	3	4.02	2	0	0	0	15 2/3	15	1	4	10	0.268
kt	4	0.90	3	1	0	0	30	16	1	2	20	0.157

투수

우투우타
1987년 11월 13일
196cm / 102kg
연봉 95만 달러
경력 신시내티

아델만

　삼성은 전통적으로 외국인 장신 우완 파이어볼러를 제1선발로 쓰고 싶어했다. 류중일 전 감독이나 김한수 현 감독 모두 마찬가지다. 예전 밴덴헐크의 성공을 보면서 그런 기류는 더욱 강해졌다. 올해 삼성은 볼티모어, 신시내티에서 메이저리그 경력을 쌓은 팀 아델만과 계약해 그에게 제1선발 중책을 맡긴다. 아델만은 평균 148km/h의 포심패스트볼을 주무기로 싱커, 커브, 체인지업을 섞어 던진다. 그의 포심은 흔히 말하는 '테일링' 즉 움직이는 볼끝이 있다는 평을 받는다. 한번 꽂히는 날엔 매우 위력적이다. 2016년엔 커브, 2017년엔 패스트볼이 장타를 많이 허용하면서 고전했다. 그러나 기본적으로 구위가 뛰어난 투수이기에 메이저리그에서 고전했던 원인을 제대로 분석하고 대처한다면 충분히 1선발의 몫을 할 수 있을 것이다.

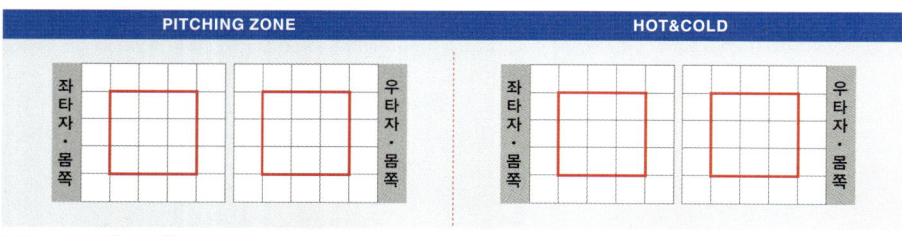

PITCHING ZONE		HOT&COLD	

PITCHING ZONE　■15% 이상　■12~14%　■9~11%　■6~8%　■3~5%　□2% 이하
HOT&COLD　■피안타율 0.099 이하　■0.100~0.199　■0.200~0.299　■0.300~0.399　■피안타율 0.400 이상　□3타수 미만

최근 3년간 성적

연도	팀명	평균자책	경기	승	패	세이브	홀드	승률	타자수	이닝	피안타	피홈런	볼넷	탈삼진	실점	자책점	WHIP	WAR
2015	-	-	-	-	-	-	-	-	-	-	-	-	-	-	-	-	-	-
2016	-	-	-	-	-	-	-	-	-	-	-	-	-	-	-	-	-	-
2017	-	-	-	-	-	-	-	-	-	-	-	-	-	-	-	-	-	-
통산	-	-	-	-	-	-	-	-	-	-	-	-	-	-	-	-	-	-

구속/구사율/피안타율

구종	평균구속	종합	초구	2-2	좌타자	우타자	피안타율
포심패스트볼	-	-	-	-	-	-	-
투심/싱커	-	-	-	-	-	-	-
컷패스트볼	-	-	-	-	-	-	-
슬라이더	-	-	-	-	-	-	-
커브	-	-	-	-	-	-	-
체인지업	-	-	-	-	-	-	-
포크/SF/너클	-	-	-	-	-	-	-

볼카운트별 피안타율

볼카운트	피안타율	타수	피안타	볼카운트	피안타율	타수	피안타
0-0	-	-	-				
0-1	-	-	-				
0-2	-	-	-				
1-0	-	-	-				
1-1	-	-	-				
1-2	-	-	-				

S〉B:-/S=B:-/S〈B:-

기타 기록

상대 타자 타구 방향

-% 　-% 　-%

이닝당 투구수	-
땅볼 / 뜬공	-

상황별 기록

상황	안타	2루타	3루타	홈런	볼넷	사구	삼진	폭투	보크	피안타율
주자 없음	-	-	-	-	-	-	-	-	-	-
만루	-	-	-	-	-	-	-	-	-	-
주자 있음	-	-	-	-	-	-	-	-	-	-
득점권	-	-	-	-	-	-	-	-	-	-
상위(1~2번)	-	-	-	-	-	-	-	-	-	-
중심(3~5번)	-	-	-	-	-	-	-	-	-	-
하위(6~9번)	-	-	-	-	-	-	-	-	-	-
좌타자	-	-	-	-	-	-	-	-	-	-
우타자	-	-	-	-	-	-	-	-	-	-

상대팀별 기록

구분	경기	평균자책	승	패	세이브	홀드	이닝	피안타	피홈런	볼넷	삼진	피안타율
KIA	-	-	-	-	-	-	-	-	-	-	-	-
두산	-	-	-	-	-	-	-	-	-	-	-	-
롯데	-	-	-	-	-	-	-	-	-	-	-	-
SK	-	-	-	-	-	-	-	-	-	-	-	-
LG	-	-	-	-	-	-	-	-	-	-	-	-
넥센	-	-	-	-	-	-	-	-	-	-	-	-
한화	-	-	-	-	-	-	-	-	-	-	-	-
삼성	-	-	-	-	-	-	-	-	-	-	-	-
kt	-	-	-	-	-	-	-	-	-	-	-	-

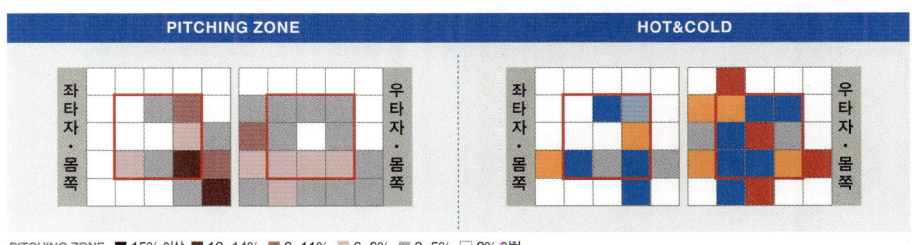

NO. 13 장원삼

평균구속 140km/h를 간신히 넘기는 포심 패스트볼과 투심, 슬라이더, 커브, 포크볼, 서클체인지업 등 실로 다양한 구종을 선보인다. 주 무기는 포심과 슬라이더. 팀 동료인 윤성환처럼 아트피칭의 달인이다. 뛰어난 완급조절 능력이나 제구력으로 타자와 승부를 한다. 경기 운영능력이나 이닝 소화능력도 좋다. 또한 볼넷이 많고 피홈런도 많은 스타일이다. 정교한 크너웍을 바탕으로 공격적인 피칭을 한다. 메이저리그 톰 글래빈과 유사한 피칭을 한다. 그러나 2017은 그에게 악몽과도 같은 시즌이었다. 구위가 떨어져 난타를 당하다 2군으로 내려갔고, 1군에 올라와 과거와 같은 위용을 전혀 보여주지 못했다. 아무리 제구력이 뛰어나도 구위가 떨어지면 무용지물이라는 것을 새삼 일깨워줬다.

좌투좌타
1983년 6월 9일
181cm / 81kg
연봉 2억 원
경력 사파초–창원신월중–용마고 –경성대–현대–우리–히어로즈
지명순위 02 현대 2차 11라운드 89순위

PITCHING ZONE ■ 15% 이상 ■ 12~14% ■ 9~11% ■ 6~8% ■ 3~5% □ 2% 이하
HOT&COLD ■ 피안타율 0.099 이하 ■ 0.100~0.199 ■ 0.200~0.299 ■ 0.300~0.399 ■ 피안타율 0.400 이상 □ 3타수 미만

최근 3년간 성적

연도	팀명	평균자책	경기	승	패	세이브	홀드	승률	타자수	이닝	피안타	피홈런	볼넷	탈삼진	실점	자책점	WHIP	WAR
2015	삼성	5.80	26	10	9	0	0	0.526	599	136 2/3	151	29	50	107	96	88	1.47	0.51
2016	삼성	7.01	26	5	8	0	0	0.385	366	78 1/3	114	16	23	53	69	61	1.75	-0.08
2017	삼성	5.61	49	4	5	0	6	0.444	310	67 1/3	96	8	17	55	48	42	1.68	0.52
통산		4.13	338	118	92	1	9	0.562	6831	1599	1647	186	514	1152	803	733	1.35	-

구속/구사율/피안타율

구종	평균구속	종합	초구	2-2	좌타자	우타자	피안타율
포심패스트볼	136	47%	52%	43%	52%	43%	0.352
투심/싱커	-	-	-	-	-	-	-
컷패스트볼	132	4%	4%	2%	3%	5%	0.500
슬라이더	129	30%	23%	40%	39%	23%	0.369
커브	115	4%	7%	4%	5%	3%	0.308
체인지업	127	3%	1%	2%	1%	5%	0.143
포크/SF/너클	126	12%	13%	9%	0%	20%	0.306

볼카운트별 피안타율

볼카운트	피안타율	타수	피안타	볼카운트	피안타율	타수	피안타
0-0	0.442	43	19	2-0	0.500	4	2
0-1	0.385	26	10	2-1	0.385	13	5
0-2	0.217	23	5	2-2	0.381	42	16
1-0	0.286	14	4	3-0	-	0	0
1-1	0.387	31	12	3-1	0.500	2	1
1-2	0.276	58	16	3-2	0.240	25	6

S > 3 : 0.290 / S = B : 0.405 / S < B : 0.310

기타 기록

상대 타자 타구 방향

36% 26% 39%

이닝당 투구수	17.0
땅볼 / 뜬공	0.79

상황별 기록

상황	안타	2루타	3루타	홈런	볼넷	사구	삼진	폭투	보크	피안타율
주자 없음	51	9	0	4	7	2	34	0	0	0.347
만루	4	0	0	2	0	1	0	0	0	0.400
주자 있음	45	5	0	4	10	3	21	2	0	0.336
득점권	27	4	0	2	5	3	14	2	0	0.337
상위(1~2번)	37	6	0	1	2	1	13	1	0	0.381
중심(3~5번)	34	3	0	6	9	3	19	0	0	0.374
하위(6~9번)	25	5	0	1	6	1	23	1	0	0.269
좌타자	50	5	0	2	1	2	4	1	0	0.379
우타자	46	8	0	7	15	4	31	1	0	0.309

상대팀별 기록

구분	경기	평균자책	승	패	세이브	홀드	이닝	피안타	피홈런	볼넷	삼진	피안타율
KIA	3	3.24	2	0	0	0	8 1/3	7	1	2	6	0.241
두산	5	4.26	0	1	0	0	6 1/3	9	1	1	5	0.333
롯데	8	4.35	1	0	0	2	10 1/3	14	2	3	8	0.333
NC	4	10.13	0	1	0	1	5 1/3	10	1	2	5	0.400
SK	4	10.50	0	1	0	0	6	10	2	2	5	0.370
LG	9	8.10	0	2	0	1	10	24	0	1	9	0.462
넥센	4	7.36	0	0	0	0	3 2/3	9	0	1	5	0.474
한화	5	4.63	0	0	0	1	11 2/3	11	1	2	8	0.262
kt	5	0.00	1	0	0	1	5 2/3	2	0	2	4	0.111

투수

우투우타
1988년 4월 8일
190cm / 90kg
연봉 1억 4000만 원
경력 온양온천초-온양중-북일고
-상무
지명순위 15 삼성 2차 1라운드
9순위

NO. **26** **장필준**

평균 140km/h 중반대의 포심 패스트볼과 슬라이더, 커브를 던진다. 패스트볼 비중이 70%에 육박할 정도. 또한 구위도 최상급 수준이다. 변화구로는 슬라이더 7%, 커브 7%, 체인지업 %를 던진다. 다만 패스트볼에 비해 변화구 구사 능력은 떨어진다. 실질적인 삼성의 마무리다. 첫 이닝, 첫 타자에게는 강하나 다음 이닝에는 약한 모습을 보여 롱릴리프와는 거리가 멀다. 깔끔하게 1,2이닝을 던지면 좋을 것이다. 메이저리그에 진출했다 컴백한 '중고 신인'이지만 미래가 기대되는 선수다. 2017 아시아프로야구챔피언쉽에서 맹활약하며 차세대 국가대표 마무리를 예약한 상태다. 2018년에는 심창민을 대신해 주전 마무리로 낙점될 것으로 보인다.

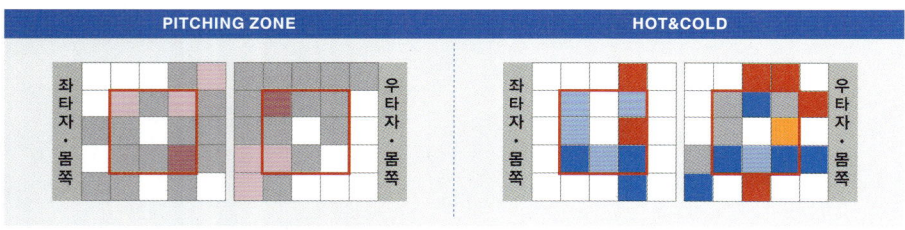

PITCHING ZONE ■ 15% 이상 ■ 12~14% ■ 9~11% ■ 6~8% ■ 3~5% □ 2% 이하
HOT&COLD ■ 피안타율 0.099 이하 ■ 0.100~0.199 ■ 0.200~0.299 ■ 0.300~0.399 ■ 피안타율 0.400 이상 □ 3타수 미만

최근 3년간 성적

연도	팀명	평균자책	경기	승	패	세이브	홀드	승률	타자수	이닝	피안타	피홈런	볼넷	탈삼진	실점	자책점	WHIP	WAR
2015	삼성	15.75	2	0	0	0	0	–	22	4	10	2	0	4	7	7	2.50	−0.20
2016	삼성	5.13	56	4	6	4	9	0.400	317	72	82	9	26	57	42	41	1.50	0.48
2017	삼성	4.68	56	4	8	21	3	0.333	307	67 1/3	82	6	26	82	37	35	1.60	1.39
통산		5.21	114	8	14	25	12	0.364	646	143 1/3	174	17	52	143	86	83	1.58	–

구속/구사율/피안타율

구종	평균구속	종합	초구	2-2	좌타자	우타자	피안타율
포심패스트볼	146	73%	70%	66%	75%	72%	0.303
투심/싱커	-	-	-	-	-	-	-
컷패스트볼	-	-	-	-	-	-	-
슬라이더	129	7%	6%	9%	4%	10%	0.300
커브	114	7%	15%	4%	6%	8%	0.385
체인지업	124	2%	3%	2%	2%	1%	0.600
포크/SF/너클	130	10%	7%	19%	12%	9%	0.306

볼카운트별 피안타율

볼카운트	피안타율	타수	피안타	볼카운트	피안타율	타수	피안타
0-0	0.600	25	15	2-0	0.200	5	1
0-1	0.333	9	3	2-1	0.467	15	7
0-2	0.130	23	3	2-2	0.125	56	7
1-0	0.444	27	12	3-0	-	0	0
1-1	0.500	18	9	3-1	0.600	5	3
1-2	0.222	54	12	3-2	0.278	36	10
S > B : 0.209 / S = B : 0.313 / S < B : 0.375							

기타 기록

상대 타자 타구 방향
40% 32% 28%

이닝당 투구수	19.4
땅볼 / 뜬공	0.96

상황별 기록

상황	안타	2루타	3루타	홈런	볼넷	사구	삼진	폭투	보크	피안타율
주자 없음	37	3	1	2	10	2	46	0	0	0.272
만루	5	0	0	0	1	4	0	0	0.333
주자 있음	45	6	1	4	16	2	36	3	0	0.328
득점권	25	4	0	0	10	2	22	2	0	0.313
상위(1~2번)	23	2	1	3	3	1	16	1	0	0.365
중심(3~5번)	28	5	1	0	16	1	23	1	0	0.322
하위(6~9번)	31	2	0	3	7	2	43	1	0	0.252
좌타자	32	4	2	3	8	1	36	0	0	0.302
우타자	50	7	0	3	18	1	46	3	0	0.299

상대팀별 기록

구분	경기	평균자책	승	패	세이브	홀드	이닝	피안타	피홈런	볼넷	삼진	피안타율
KIA	3	0.00	0	0	1	0	3	3	0	1	3	0.231
두산	6	6.48	1	1	1	0	8 1/3	10	0	7	11	0.294
롯데	6	3.86	1	0	3	1	7	8	0	4	8	0.276
NC	7	4.32	0	1	3	0	8	7	1	3	9	0.233
SK	7	7.56	1	2	0	0	8 1/3	13	3	1	11	0.351
LG	7	6.00	0	1	2	0	6	11	1	0	8	0.379
넥센	7	2.57	1	0	2	0	7	11	0	2	12	0.344
한화	7	3.38	0	1	3	2	10 2/3	11	1	4	9	0.275
kt	7	5.19	0	2	4	0	8 2/3	8	0	5	8	0.276

NO.51 최충연

140km/h 중반대의 패스트볼과 커브, 슬라이더, 프크볼을 던진다. 어린 나이에 비해 변화구 완성도는 높지만 패스트볼 구사율이 50%에 불과할 정도로 상대적인 변화구 구사율이 높다. 또한 패스트볼 제구가 흔들릴 때마다 대신해 던지는 커브가 위력적이다. 그의 가장 큰 단점은 패스트볼이 타자들에게 너무도 콘택트가 잘된다는 점. 무려 91.5%의 콘택트 비율을 보였다. 좋은 변화구를 가지고 있는데도 불구하고 콘택트가 잘된다는 것은 패스트볼을 구체적으로 분석할 필요가 있다. 볼의 속도가 좋은데도 무브먼트가 안 좋은 건지, 회전수가 나쁜 건지 미지수다. 패스트볼 가치에서도 꼴찌를 차지할 정도로 문제가 심각하다. 이를 극복한다면 당당히 3,4선발까지 노려볼 수 있을 것이다.

투수

우투우타
1997년 3월 5일
190cm / 85kg
연봉 4500만 원
경력 대구수창초-대구중-경북고
지명순위 16 삼성 1차

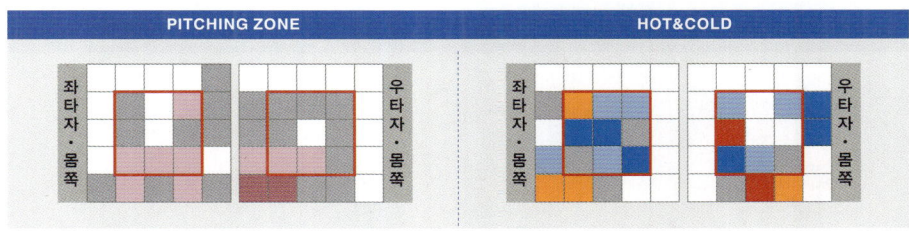

PITCHING ZONE ■ 15% 이상 ■ 12~14% ■ 9~11% ■ 6~8% ■ 3~5% □ 2% 이하
HOT&COLD ■ 피안타율 0.099 이하 ■ 0.100~0.199 ■ 0.200~0.299 ■ 0.300~0.399 ■ 피안타율 0.400 이상 □ 3타수 미만

최근 3년간 성적

연도	팀명	평균자책	경기	승	패	세이브	홀드	승률	타자수	이닝	피안타	피홈런	볼넷	탈삼진	실점	자책점	WHIP	WAR
2015	-	-	-	-	-	-	-	-	-	-	-	-	-	-	-	-	-	-
2016	삼성	12.91	3	0	2	0	0	0.000	45	7 2/3	11	2	11	6	11	11	2.87	-0.25
2017	삼성	7.61	42	3	8	0	3	0.273	416	84	110	12	48	74	71	71	1.88	-0.39
통산		8.05	45	3	10	0	3	0.231	461	91 2/3	121	14	59	80	82	82	1.96	-

구속/구사율/피안타율

구종	평균구속	종합	초구	2-2	좌타자	우타자	피안타율
포심패스트볼	143	51%	57%	37%	52%	49%	0.352
투심/싱커	-	-	-	-	-	-	-
컷패스트볼	-	-	-	-	-	-	-
슬라이더	129	14%	13%	12%	9%	18%	0.333
커브	116	15%	21%	19%	12%	18%	0.174
체인지업	-	-	-	-	-	-	-
포크/SF/너클	133	20%	10%	32%	26%	16%	0.236

볼카운트별 피안타율

볼카운트	피안타율	타수	피안타	볼카운트	피안타율	타수	피안타
0-0	0.341	41	14	2-0	0.500	10	5
0-1	0.593	27	16	2-1	0.476	21	10
0-2	0.208	24	5	2-2	0.157	51	8
1-0	0.349	43	15	3-0	1.000	2	2
1-1	0.448	29	13	3-1	0.600	10	6
1-2	0.150	60	9	3-2	0.200	35	7

S > B : 0.270 / S = B : 0.289 / S < B : 0.372

기타 기록

상대 타자 타구 방향
45% 25% 30%

이닝당 투구수	19.1
땅볼 / 뜬공	1.21

상황별 기록

상황	안타	2루타	3루타	홈런	볼넷	사구	삼진	폭투	보크	피안타율
주자 없음	55	10	0	7	16	4	40	0		0.299
만루	13	2	0	2	1	0	1	0		0.650
주자 있음	55	8	1	5	32	5	34	7	0	0.325
득점권	34	7	1	2	19	5	24	1	0	0.318
상위(1~2번)	31	2	0	2	15	1	12	4	0	0.356
중심(3~5번)	42	8	0	7	15	3	26	2	0	0.356
하위(6~9번)	37	8	1	3	18	5	36	1	0	0.250
좌타자	45	8	1	5	24	2	31	3	0	0.315
우타자	65	10	0	7	24	7	43	4	0	0.310

상대팀별 기록

구분	경기	평균자책	승	패	세이브	홀드	이닝	피안타	피홈런	볼넷	삼진	피안타율
KIA	4	12.19	1	1	0	0	10 1/3	18	1	5	4	0.391
두산	4	11.37	0	2	0	0	6 1/3	9	3	4	7	0.333
롯데	7	3.29	1	0	0	0	13 2/3	15	0	7	16	0.273
NC	4	6.75	0	0	0	0	9 1/3	9	1	7	11	0.250
SK	3	24.55	0	1	0	0	3 2/3	11	1	1	2	0.478
LG	6	5.93	0	1	0	2	13 2/3	11	1	9	12	0.216
넥센	6	9.28	0	2	0	0	10 2/3	17	4	7	9	0.347
한화	6	5.40	1	0	0	0	6 2/3	7	1	6	4	0.269
kt	5	2.79	0	1	0	1	9 2/3	13	0	3	7	0.325

포수

우투우타
1985년 8월 18일
185cm / 100kg
연봉 10억 원
경력 제주신광초-포철중-포철공고
-(국제디지털대)
지명순위 04 롯데 2차 3라운드
17순위

NO.47 강민호

　현재 한국을 대표하는 포수이며, 박경완 이후 최고의 공격력을 가진 포수다. 수비능력보다는 공격이 더 활발한 공격형 포수. 장타율, 홈런, 만루 홈런에서도 좋은 기록을 가지고 있고 일발 장타력과 클러치능력이 뛰어나다. 당겨치기 풀스윙을 선호하기 때문에 많은 장타를 양산하나 바깥쪽 낮은 곳으로 떨어지는 포크볼, 체인지업에 삼진을 많이 당한다. 또한 볼넷도 많은데 선구안이 좋기보다는 투수들이 장타를 의식해 도망가는 피칭의 산물이다. 새로운 타격 폼을 장착해 정교함과 장타력을 훨씬 발전시켰다. 공격력에 비해 상대적으로 수비능력은 리그 평균 수준. 초창기에 비해 수비가 많이 좋아졌다. 최근 노쇠화 진행되면서 수비력은 다소 쇠퇴하는 모습을 보이고 있다.

HOT&COLD	SPRAY ZONE	주자 상황별 타수-안타 타율

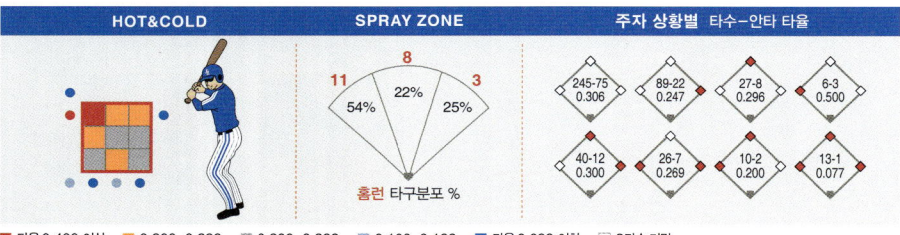

홈런 타구분포 %

■ 타율 0.400 이상　■ 0.300~0.399　▨ 0.200~0.299　▨ 0.100~0.199　■ 타율 0.099 이하　□ 3타수 미만

최근 3년간 성적

연도	팀명	타율	경기	타수	득점	안타	2루타	3루타	홈런	루타	타점	도루	볼넷	삼진	장타율	출루율	실책	OPS	WAR
2015	롯데	0.311	123	380	63	118	18	1	35	243	86	0	60	112	0.639	0.421	8	1.060	5.47
2016	롯데	0.323	116	381	65	123	26	0	20	209	72	4	66	91	0.549	0.433	4	0.982	4.75
2017	롯데	0.285	130	456	62	130	22	1	22	220	68	0	41	104	0.482	0.361	11	0.843	2.36
통산		0.277	1495	4853	640	1345	247	10	218	2266	778	23	540	1075	0.467	0.360	108	0.827	-

구종별 타격 성적

구종	전체	VS우투	VS좌투
포심패스트볼	0.319	0.319	0.320
투심/싱커	0.200	0.167	1.000
컷패스트볼	0.400	0.375	0.500
슬라이더	0.304	0.311	0.200
커브	0.167	0.167	0.167
체인지업	0.239	0.318	0.167
포크/SF/너클	0.302	0.323	0.250

볼카운트별 타율-타점

볼카운트	타율	타수	안타	타점	볼카운트	타율	타수	안타	타점
0-0	0.359	64	23	15	2-0	0.143	7	1	0
0-1	0.412	34	14	8	2-1	0.346	26	9	4
0-2	0.156	32	5	1	2-2	0.171	76	13	3
1-0	0.351	37	13	11	3-0	-	0	0	0
1-1	0.449	49	22	9	3-1	0.400	15	6	7
1-2	0.185	65	12	5	3-2	0.235	51	12	5
S > B : 0.237 / S = B : 0.307 / S < B : 0.301									

수비 기록

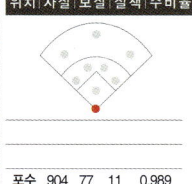

위치	자살	보살	실책	수비율
포수	904	77	11	0.989

상황별 기록

상황	타율	타수	안타	2루타	3루타	홈런	타점	볼넷	사구	삼진	병살
주자 없음	0.306	245	75	13	1	11	11	18	7	45	0
주자 있음	0.261	211	55	9	0	11	57	23	8	59	15
득점권	0.270	122	33	6	0	7	47	20	6	35	3
좌투수	0.274	113	31	5	1	8	17	9	2	23	2
우투수	0.288	278	80	16	0	13	42	26	11	62	6
언더	0.292	65	19	1	0	1	9	6	2	15	1
노아웃	0.316	158	50	4	1	9	9	6	6	31	6
원아웃	0.272	151	41	10	0	5	17	11	6	35	9
투아웃	0.265	147	39	8	0	8	31	18	3	38	0

상대팀별 기록

구분	경기	타율	타수	득점	안타	홈런	타점	도루	볼넷	삼진	병살
KIA	14	0.306	49	4	15	4	10	0	4	14	0
두산	13	0.298	47	7	14	3	5	0	2	7	3
NC	13	0.186	43	4	8	2	6	0	4	12	0
SK	16	0.418	55	13	23	1	7	0	8	9	2
LG	14	0.302	43	8	13	2	3	0	4	13	3
넥센	15	0.224	49	5	11	1	6	0	3	15	4
한화	15	0.263	57	8	15	3	9	0	2	11	3
삼성	14	0.245	49	4	12	1	5	0	7	8	2
kt	16	0.297	64	9	19	3	10	0	5	17	2

이지영

초구에 거침없이 방망이를 휘두르는 적극적인 성향의 타자다. 밀어치고 당겨 치며 콘택트 능력도 좋은 타자. 포수치고 발도 빠르고, 번트능력도 좋다. 삼진과 볼넷이 적고, 장타력이 빈약하다. 통산타율은 .276으로 적당하지만 콘택트 능력을 제외한 나머지 수치가 떨어지면서 타격이 리그 평균 하위권에 속한다. 안타 생산능력도 있어 아예 타격이 떨어지는 수준이 아니기 때문에 8번 타자에 기용된다면 제몫의 플레이를 해줄 수 있다. 프레이밍, 인사이드워크가 좋다. 좋은 어깨에 비해 도루저지는 별로. 꾸준한 연습으로 3할대에 육박하는 도루저지 능력을 보여주고 있다. 2015년 이후 3년 연속 팀의 주전 포수로 활약해왔다. 그러나 2018년에는 강민호의 백업 요원으로 활약한다.

포수

우투우타
1986년 2월 27일
178cm / 83kg
연봉 2억 1000만 원
경력 서화초-신흥중-제물포고
　　　-경성대-삼성-상무
지명순위 08 삼성 육성선수

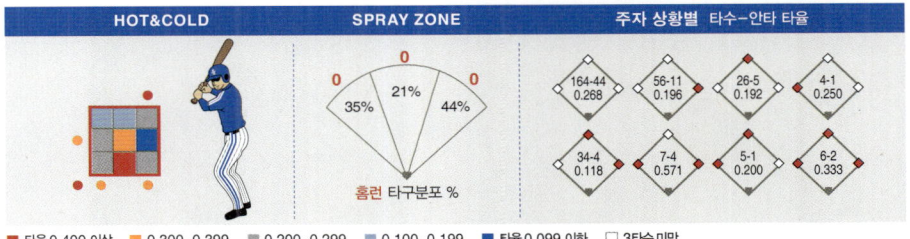

HOT&COLD　　SPRAY ZONE　　주자 상황별　타수-안타 타율

164-44 0.268	56-11 0.196	26-5 0.192	4-1 0.250
34-4 0.118	7-4 0.571	5-1 0.200	6-2 0.333

홈런 타구분포 %

■ 타율 0.400 이상　■ 0.300~0.399　■ 0.200~0.299　■ 0.100~0.199　■ 타율 0.099 이하　□ 3타수 미만

최근 3년간 성적

연도	팀명	타율	경기	타수	득점	안타	2루타	3루타	홈런	루타	타점	도루	볼넷	삼진	장타율	출루율	실책	OPS	WAR
2015	삼성	0.305	124	361	36	110	10	1	1	125	55	1	14	32	0.346	0.333	7	0.679	0.60
2016	삼성	0.297	129	390	36	116	12	0	1	149	50	3	12	32	0.382	0.328	10	0.710	0.86
2017	삼성	0.238	105	302	31	72	10	2	0	86	26	4	20	40	0.285	0.294	6	0.579	-0.82
통산		0.276	647	1750	179	483	49	7	11	579	138	15	78	200	0.331	0.313	39	0.644	

구종별 타격 성적

구종	전체	VS우투	VS좌투
포심패스트볼	0.282	0.288	0.275
투심/싱커	0.000	0.000	0.000
컷패스트볼	0.400	0.500	0.000
슬라이더	0.174	0.189	0.111
커브	0.067	0.091	0.000
체인지업	0.241	0.400	0.158
포크/SF/너클	0.333	0.364	0.200

볼카운트별 타율-타점

볼카운트	타율	타수	안타	타점	볼카운트	타율	타수	안타	타점
0-0	0.304	46	14	4	2-0	0.000	6	0	0
0-1	0.273	44	12	1	2-1	0.158	19	3	1
0-2	0.100	30	3	1	2-2	0.212	33	7	5
1-0	0.400	35	14	6	3-0	-	0	0	0
1-1	0.344	32	11	4	3-1	0.000	5	0	0
1-2	0.182	44	8	1	3-2	0.000	8	0	0

S > B : 0.195 / S = B : 0.288 / S < B : 0.233

수비 기록

위치	자살	보살	실책	수비율
포수	638	42	6	0.991

상황별 기록

상황	타율	타수	안타	2루타	3루타	홈런	타점	볼넷	사구	삼진	병살
주자 없음	0.268	164	44	5	1	0	0	8	0	25	0
주자 있음	0.203	138	28	5	1	0	26	12	5	15	16
득점권	0.207	82	17	2	1	0	25	7	3	8	7
좌투수	0.210	100	21	3	0	0	7	0	1	19	5
우투수	0.230	178	41	6	2	0	11	10	3	19	8
언더	0.417	24	10	1	0	0	6	3	2	3	3
노아웃	0.237	97	23	3	0	0	7	1	1	14	6
원아웃	0.243	111	27	4	0	0	7	5	3	16	10
투아웃	0.234	94	22	3	1	0	17	11	1	10	0

상대팀별 기록

구분	경기	타율	타수	득점	안타	홈런	타점	도루	볼넷	삼진	병살
KIA	11	0.233	30	2	7	0	3	0	2	10	2
두산	12	0.333	36	4	12	0	2	0	1	5	2
롯데	14	0.167	42	3	7	0	4	0	4	5	2
NC	8	0.105	19	2	2	0	0	2	0	1	2
SK	11	0.345	29	5	10	0	6	1	5	1	1
LG	11	0.222	27	2	6	0	1	0	0	6	1
넥센	13	0.200	35	4	7	0	2	0	2	4	1
한화	12	0.225	40	4	9	0	5	1	2	5	2
kt	13	0.273	44	5	12	0	3	0	4	5	3

내야

우투좌타
1991년 9월 12일
181cm / 66kg
연봉 1억 5500만 원
경력 사당초–중앙중–안산공고
–원광대–KIA
지명순위 14 KIA 2차 1라운드
5순위

NO. 9 강한울

　KIA에서 삼성으로 이적 후 김상수의 공백을 대신하여 유격수를 맡으면서 대망의 3할대를 기록했다. 콘택트 능력과 선구안이 떨어진다. 2루타 이상의 장타는 기대하기 어려운 전형적인 똑딱이 타자다. 특히 빠른 발을 바탕으로 기습 번트안타가 많다. 수비력은 리그 평균 상위권에 속한다. 2루와 유격수를 맡을 수 있으며 어깨가 좋아 노스텝 송구가 가능하다. 아주 어려운 타구도 진기명기 같은 수준으로 잡아낸다. 그러나 가장 기본적인 수비에서 치명적인 에러를 범하고 기본적인 풋워크가 불안하며 뜬 공처리에 약점을 보인다. 발이 빨라 선발로 출장하지 않더라도 경기 후반 대주자로도 종종 모습을 나타낸다. 빠른 발에 비해 도루시도를 별로 하지 않아 도루 개수는 많지 않다.

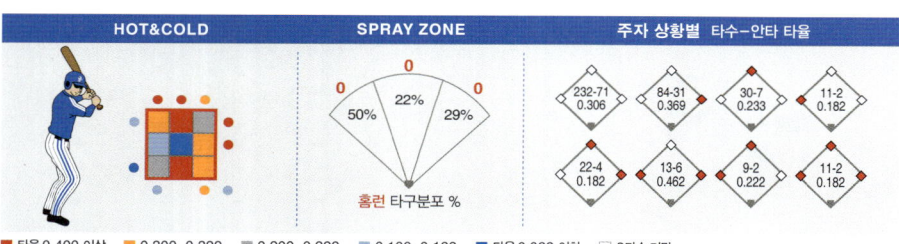

■ 타율 0.400 이상　■ 0.300~0.399　■ 0.200~0.299　■ 0.100~0.199　■ 타율 0.099 이하　□ 3타수 미만

최근 3간 성적

연도	팀명	타율	경기	타수	득점	안타	2루타	3루타	홈런	루타	타점	도루	볼넷	삼진	장타율	출루율	실책	OPS	WAR
2015	KIA	0.205	90	264	30	54	8	3	0	68	12	9	13	51	0.258	0.250	12	0.508	-1.16
2016	KIA	0.272	104	298	36	81	13	3	0	100	27	7	15	46	0.336	0.307	11	0.643	0.02
2017	삼성	0.303	135	412	58	125	9	3	0	140	24	12	26	57	0.340	0.344	16	0.684	0.91
통산		0.266	422	1182	156	315	35	13	0	376	77	32	62	198	0.318	0.305	50	0.623	-

구종별 타격 성적

구종	전체	VS우투	VS좌투
포심패스트볼	0.340	0.389	0.242
투심/싱커	0.444	0.444	-
컷패스트볼	0.286	0.364	0.000
슬라이더	0.267	0.207	0.323
커브	0.240	0.188	0.333
체인지업	0.273	0.286	0.200
포크/SF/너클	0.208	0.190	0.333

볼카운트별 타율-타점

볼카운트	타율	타수	안타	타점	볼카운트	타율	타수	안타	타점
0-0	0.474	38	18	4	2-0	0.667	3	2	0
0-1	0.270	37	10	2	2-1	0.533	15	8	1
0-2	0.229	48	11	2	2-2	0.265	68	18	4
1-0	0.423	26	11	8	3-0	-	0	0	0
1-1	0.275	51	14	2	3-1	0.125	8	1	1
1-2	0.301	83	25	0	3-2	0.200	35	7	0

S〉B : 0.274 / S = B : 0.318 / S〈B : 0.333

수비 기록

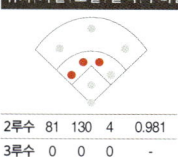

위치	자살	보살	실책	수비율
2루수	81	130	4	0.981
3루수	0	0	0	-
유격수	106	204	12	0.963

상황별 기록

상황	타율	타수	안타	2루타	3루타	홈런	타점	볼넷	사구	삼진	병살
주자없음	0.306	232	71	5	1	0	0	12	0	31	0
주자있음	0.300	180	54	4	2	0	24	14	0	26	4
득점권	0.240	96	23	3	0	0	22	10	0	14	3
좌투수	0.258	128	33	2	0	0	3	8	0	22	1
우투수	0.327	245	80	5	3	0	20	14	0	28	3
언더	0.308	39	12	2	0	0	1	4	0	7	0
노아웃	0.341	138	47	4	0	0	3	8	0	15	1
원아웃	0.257	152	39	1	3	0	6	6	0	25	3
투아웃	0.320	122	39	4	0	0	15	12	0	17	0

상대팀별 기록

구분	경기	타율	타수	득점	안타	홈런	타점	도루	볼넷	삼진	병살
KIA	16	0.351	57	10	20	0	1	1	4	6	0
두산	15	0.238	42	5	10	0	0	1	2	6	0
롯데	14	0.375	32	6	12	0	1	1	2	4	0
NC	14	0.295	44	7	13	0	3	0	1	4	0
SK	14	0.244	45	8	11	0	1	3	3	9	1
LG	15	0.386	44	6	17	0	8	1	5	5	2
넥센	16	0.271	48	5	13	0	2	0	3	5	0
한화	16	0.321	53	7	17	0	5	2	3	10	0
kt	15	0.255	47	4	12	0	3	3	7	8	1

NO. 7 김상수

우투우타
1990년 3월 23일
175cm / 68kg
연봉 2억 4000만 원
경력 대구옥산초-경복중-경북고
지명순위 09 삼성 1차

한때는 리그에서 강정호 다음가는 랭킹 2위 유격수였다. 그러나 빈약한 공격으로 지금은 평균이하의 유격수로 전락했다. 타격은 2할 중후반대를 기록하며, 볼넷을 고르기 전에 치고 나가려는 타격성향으로 출루율과 장타력이 좋지 않다. 발이 빨라 2014년 도루왕을 차지하기도 했다. 몸이 날래고 순발력이 좋아 수비력은 리그 상위권에 속한다. 야구센스가 뛰어나 특히 땅볼, 플라이, 다이빙 캐치 등 상급수준의 수비력을 보여준다. 반면 무리한 송구로 추가 진루를 허용하는 단점도 노출한다. 풋워크가 좋고 어깨가 약한 편도 아닌데 바운드 송구로 실책을 범하기도 한다. 주전을 차지한 이후 매해 두 자릿수 실책을 기록했다. 2018년에는 과거의 모습을 찾는 게 급선무다.

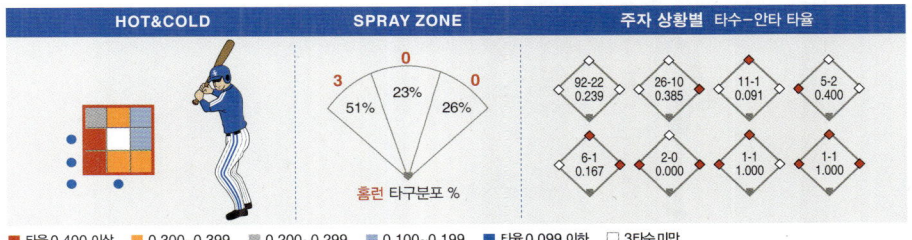

HOT&COLD **SPRAY ZONE** **주자 상황별** 타수-안타 타율

| 92-22 | 26-10 | 11-1 | 5-2 |
| 0.239 | 0.385 | 0.091 | 0.400 |

| 6-1 | 2-0 | 1-1 | 1-1 |
| 0.167 | 0.000 | 1.000 | 1.000 |

홈런 타구분포 %

■ 타율 0.400 이상 ■ 0.300~0.399 ■ 0.200~0.299 ■ 0.100~0.199 ■ 타율 0.099 이하 □ 3타수 미만

최근 3년간 성적

연도	팀명	타율	경기	타수	득점	안타	2루타	3루타	홈런	루타	타점	도루	볼넷	삼진	장타율	출루율	실책	OPS	WAR
2015	삼성	0.278	132	449	67	125	30	4	8	187	63	26	43	56	0.416	0.345	18	0.761	2.42
2016	삼성	0.271	105	358	56	97	13	0	3	119	35	6	23	39	0.332	0.326	15	0.658	0.19
2017	삼성	0.264	42	144	17	38	7	0	3	54	13	1	5	26	0.375	0.291	7	0.666	0.08
통산		0.274	977	3099	468	850	147	26	30	1139	343	202	282	455	0.368	0.342	123	0.710	-

구종별 타격 성적

구종	전체	VS우투	VS좌투
포심패스트볼	0.323	0.286	0.367
투심/싱커	0.286	0.364	0.000
컷패스트볼	0.667	0.500	1.000
슬라이더	0.182	0.143	1.000
커브	0.231	0.273	0.000
체인지업	0.091	0.167	0.000
포크/SF/너클	0.214	0.125	0.333

볼카운트별 타율-타점

볼카운트	타율	타수	안타	타점	콜카운트	타율	타수	안타	타점
0-0	0.375	8	3	4	2-0	0.400	5	2	1
0-1	0.294	17	5	0	2-1	0.500	10	5	1
0-2	0.077	13	1	2	2-2	0.143	21	3	1
1-0	0.556	9	5	3	3-0	-	-	-	-
1-1	0.391	23	9	0	3-1	0.500	2	1	0
1-2	0.125	24	3	0	3-2	0.083	12	1	1

S 〉 B : 0.167 / S = B : 0.288 / S 〈 B : 0.368

수비 기록

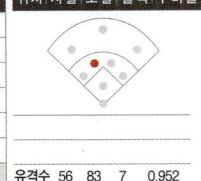

위치	자살	보살	실책	수비율
유격수	56	83	7	0.952

상황별 기록

상황	타율	타수	안타	2루타	3루타	홈런	타점	볼넷	사구	삼진	병살
주자 없음	0.239	92	22	5	0	2	2	4	0	19	0
주자 있음	0.308	52	16	2	0	1	11	1	1	7	4
득점권	0.231	26	6	1	0	0	8	1	1	4	0
좌투수	0.313	48	15	1	0	1	5	3	0	10	0
우투수	0.268	82	22	6	0	2	8	2	0	14	3
언더	0.071	14	1	0	0	0	0	0	1	2	1
노아웃	0.294	51	15	1	0	2	3	1	0	12	1
원아웃	0.192	52	10	3	0	1	5	1	1	7	3
투아웃	0.317	41	13	1	0	0	5	3	0	7	0

상대팀별 기록

구분	경기	타율	타수	득점	안타	홈런	타점	도루	볼넷	삼진	병살
KIA	3	0.417	12	0	5	0	3	0	0	4	0
두산	8	0.320	25	2	8	0	2	0	1	5	1
롯데	3	0.167	12	1	2	0	1	0	0	0	0
NC	5	0.308	13	3	4	1	3	0	1	2	0
SK	6	0.240	25	4	6	1	3	1	1	3	0
LG	4	0.357	14	2	5	1	1	0	0	3	1
넥센	4	0.294	17	3	5	0	1	1	2	3	0
한화	5	0.118	17	1	2	0	0	0	0	4	1
kt	3	0.111	9	1	1	0	0	0	1	2	1

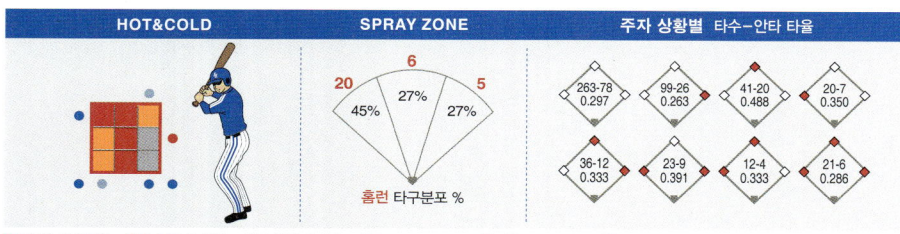

내야

우투우타
1986년 7월 28일
192cm / 105kg
경력 미국 크레이튼대
지명순위 17 삼성 자유선발

NO.50 러프

콘택트 능력은 평범하지만 2017시즌 31개의 홈런을 기록할 정도로 장타력이 있다. 공을 오래 지켜본다. 그러나 좋은 선구안에도 불구하고 삼진이 다소 많다. 러프는 기교파 투수에 사이드 암, 언더핸드에 약점을 보이는 다른 외인타자들과 달리 강점을 보이며 46타수 18안타, 3홈런 .391로 기록이 좋았다. 초반 2달 정도는 적응하느라 부진했지만 여름이 되면서 폭발하기 시작했다. 발은 느린 편이며 좌 투수를 상대로 바깥쪽으로 흐르는 볼에 힘을 싣지 못하고 건드리다가 아웃되면서 MLB와 달리 좌 투수 킬러의 면모를 보이지 못했다. 수비는 안정적이며 내야수들의 좋지 않은 송구도 비교적 잘 받아낸다. 1년간의 적응기를 끝냈기에 2018시즌은 더 좋은 성적이 예상된다.

HOT&COLD	SPRAY ZONE	주자 상황별 타수-안타 타율

SPRAY ZONE
6
27%
20 / 45%   5 / 27%
홈런 타구분포 %

주자 상황별 타수-안타 타율
263-78 0.297 / 99-26 0.263 / 41-20 0.488 / 20-7 0.350
36-12 0.333 / 23-9 0.391 / 12-4 0.333 / 21-6 0.286

■ 타율 0.400 이상 ■ 0.300~0.399 ■ 0.200~0.299 ■ 0.100~0.199 ■ 타율 0.099 이하 □ 3타수 미만

최근 3년간 성적

연도	팀명	타율	경기	타수	득점	안타	2루타	3루타	홈런	루타	타점	도루	볼넷	삼진	장타율	출루율	실책	OPS	WAR
2015	–	-	-	-	-	-	-	-	-	-	-	-	-	-	-	-	-	-	-
2016	–	-	-	-	-	-	-	-	-	-	-	-	-	-	-	-	-	-	-
2017	삼성	0.315	134	515	90	162	38	0	31	293	124	2	60	107	0.569	0.396	7	0.965	5.29
통산		0.315	134	515	90	162	38	0	31	293	124	2	60	107	0.569	0.396	7	0.965	-

구종별 타격 성적

구종	전체	VS우투	VS좌투
포심패스트볼	0.371	0.387	0.339
투심/싱커	0.345	0.391	0.167
컷패스트볼	0.300	0.500	0.000
슬라이더	0.323	0.321	0.333
커브	0.263	0.226	0.429
체인지업	0.297	0.500	0.190
포크/SF/너클	0.233	0.243	0.217

볼카운트별 타율-타점

볼카운트	타율	타수	안타	타점	볼카운트	타율	타수	안타	타점
0-0	0.273	44	12	9	2-0	0.533	15	8	7
0-1	0.370	46	17	7	2-1	0.515	33	17	18
0-2	0.075	40	3	3	2-2	0.238	80	19	7
1-0	0.463	41	19	18	3-0	1.000	1	1	0
1-1	0.432	44	19	13	3-1	0.533	15	8	11
1-2	0.209	91	19	14	3-2	0.308	65	20	17
S〉B : 0.220 / S=B : 0.298 / S〈B : 0.429									

수비 기록

위치	자살	보살	실책	수비율
1루수	827	71	7	0.992

상황별 기록

상황	타율	타수	안타	2루타	3루타	홈런	타점	볼넷	사구	삼진	병살
주자 없음	0.297	263	78	15	0	13	13	20	4	58	0
주자 있음	0.333	252	84	23	0	18	111	40	8	49	14
득점권	0.379	153	58	16	0	13	98	27	5	31	5
좌투수	0.256	168	43	11	0	7	35	28	3	50	7
우투수	0.336	301	101	22	0	21	75	29	8	65	6
언더	0.391	46	18	5	0	3	14	3	1	12	1
노아웃	0.300	180	54	11	0	9	23	18	5	39	4
원아웃	0.369	157	58	17	0	12	53	14	2	33	0
투아웃	0.281	178	50	10	0	10	48	28	5	35	0

상대팀별 기록

구분	경기	타율	타수	득점	안타	홈런	타점	도루	볼넷	삼진	병살
KIA	12	0.217	46	9	10	3	9	1	4	11	2
두산	16	0.393	56	7	22	4	14	0	9	9	1
롯데	15	0.309	55	14	17	4	11	0	8	16	3
NC	14	0.357	56	13	20	3	13	0	6	10	0
SK	16	0.180	50	3	9	1	8	0	7	9	2
LG	16	0.273	66	8	18	3	13	0	3	13	2
넥센	16	0.359	64	12	23	6	18	1	8	13	0
한화	16	0.415	65	16	27	3	21	0	5	13	1
kt	16	0.281	57	8	16	4	17	0	10	13	3

손주인

내야

우투우타
1983년 12월 1일
179cm / 82kg
경력 광주서석초-진흥중-진흥고
-삼성-경찰-삼성
지명순위 02 삼성 2차 3라운드
24순위

내야 전 포지션에서 뛸 수 있는 올-라운드 플레이어. 삼성은 내야수들이 부족하다. 더욱이 1군 무대를 경험한 내야수 가운데 미필 선수들이 다수를 이룬다. 그렇기에 손주인의 가세는 팀에 큰 힘이 될 수 있다. 손주인은 LG에서 뛰며 삼성 시절보다 공격력이 향상됐다. 지난해 다소 불규칙한 출전 기회에도 불구하고 82안타, 5홈런, 33타점에 타율 0.279을 기록했다. 기량이 한층 나아져 삼성으로 복귀했기에 최대한 많은 경기에 출전해 팀 승리를 뒷받침하겠다는 각오다. 김한수 감독은 트레이닝캠프에서 선수들 간 무한 경쟁을 예고했다. 기존 삼성 주전급 내야수들도 긴장의 끈을 놓지 못할 전망이다. 2002년 삼성에 프로로 입단한 손주인은 2013시즌을 앞두고 LG 트윈스로 트레이드됐다. 그리고 5년 만에 친정으로 복귀했다.

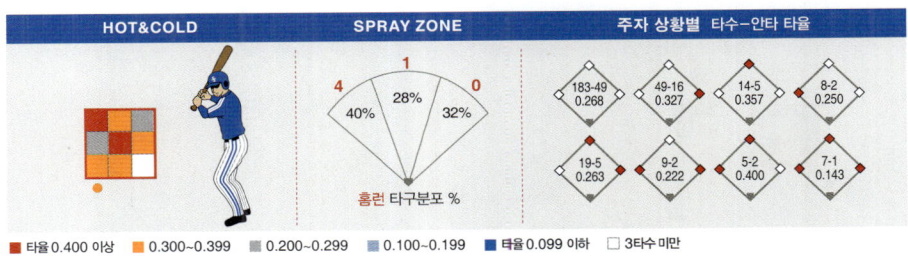

HOT&COLD	SPRAY ZONE	주자 상황별 타수-안타 타율

홈런 타구분포 %

■ 타율 0.400 이상　■ 0.300~0.399　■ 0.200~0.299　■ 0.100~0.199　■ 타율 0.099 이하　□ 3타수 미만

최근 3년간 성적

연도	팀명	타율	경기	타수	득점	안타	2루타	3루타	홈런	루타	타점	도루	볼넷	삼진	장타율	출루율	실책	OPS	WAR
2015	LG	0.246	98	244	27	60	9	0	0	69	14	3	20	41	0.283	0.307	9	0.590	-0.63
2016	LG	0.322	122	354	47	114	20	3	2	146	39	5	33	35	0.412	0.385	2	0.797	2.16
2017	LG	0.279	115	294	48	82	13	0	5	110	33	4	20	41	0.374	0.329	7	0.703	1.30
통산		0.274	889	2066	258	566	89	8	16	719	200	26	171	298	0.348	0.336	58	0.684	-

구종별 타격 성적

구종	전체	VS우투	VS좌투
포심패스트볼	0.336	0.333	0.341
투심/싱커	0.222	0.250	0.000
컷패스트볼	0.200	0.143	0.333
슬라이더	0.149	0.163	0.000
커브	0.316	0.286	0.400
체인지업	0.250	0.308	0.211
포크/SF/너클	0.238	0.231	0.250

볼카운트별 타율-타점

볼카운트	타율	타수	안타	타점	볼카운트	타율	타수	안타	타점
0-0	0.324	37	12	4	2-0	0.250	8	2	3
0-1	0.278	36	10	2	2-1	0.563	16	9	2
0-2	0.160	25	4	2	2-2	0.163	43	7	0
1-0	0.474	19	9	5	3-0	-	0	0	0
1-1	0.241	29	7	2	3-1	0.667	9	6	5
1-2	0.280	50	14	3	3-2	0.091	22	2	5

S > B : 0.252 / S = B : 0.239 / S < B : 0.378

수비 기록

위치	자살	보살	실책	수비율
2루수	102	165	4	0.985
3루수	0	2	0	1.000
유격수	36	83	3	0.975

상황별 기록

상황	타율	타수	안타	2루타	3루타	홈런	타점	볼넷	사구	삼진	병살
주자 없음	0.268	183	49	6	0	4	4	8	2	30	0
주자 있음	0.297	111	33	7	0	1	29	12	3	11	10
득점권	0.274	62	17	4	0	0	27	7	2	7	5
좌투수	0.282	85	24	1	0	0	10	6	1	11	6
우투수	0.280	164	46	9	0	3	19	12	2	22	1
언더	0.267	45	12	3	0	2	4	2	2	8	3
노아웃	0.253	95	24	4	0	1	9	5	2	9	2
원아웃	0.306	98	30	5	0	4	15	9	3	12	8
투아웃	0.277	101	28	4	0	0	17	9	1	20	0

상대팀별 기록

구분	경기	타율	타수	득점	안타	홈런	타점	도루	볼넷	삼진	병살
KIA	15	0.362	47	9	17	1	9	0	1	2	5
두산	16	0.229	35	6	8	1	5	0	5	2	0
롯데	13	0.267	30	6	8	0	1	2	1	4	0
NC	13	0.200	25	4	5	0	0	1	4	9	0
SK	13	0.366	41	8	15	2	4	0	2	5	1
넥센	12	0.219	32	3	7	0	5	0	1	6	2
한화	8	0.348	23	6	8	1	6	0	1	1	0
삼성	13	0.300	30	4	9	0	3	1	6	6	1
kt	13	0.161	31	2	5	0	1	0	1	6	1

내야

우투우타
1986년 10월 21일
182cm / 82kg
연봉 3억 원
경력 학강초-광주동성중
　　　-광주동성고-(세민디지털대)
　　　-롯데-두산-상무-두산
지명순위 05 롯데 2차 2라운드 9순위

NO. 17 이원석

　　원래 포지션인 유격수를 비롯해 내야 전체를 수비할 수 있는 전천후 유틸리티 선수다. 송구능력이 뛰어나나 발이 느리다. FA를 맞아 삼성으로 이적 후 주전 3루수 자리를 꿰차며 안착했다. 선상으로 빠질 만한 타구를 낚아채 정확한 송구로 아웃카운트를 잡아내는 모습이 인상적이다. 시즌초반 5월까지 1할대의 타율을 기록하자 '먹튀'라는 말이 나왔다. 그 이후 8번 타순에 배치되면서 타격의 상승세가 시작되고 공포의 8번 타자의 위용을 유감없이 보여줬다. 2017시즌 18개 홈런과 .265의 타율을 기록하며 자신의 홈런기록 커리어하이를 기록했고, 시즌 초반 '먹튀'에서 후반기에는 거포로 변신했다. FA로 NC로 이적한 박석민보다 좋은 성적을 올리며 초반의 명에를 벗고 성공적인 한 해를 보냈다.

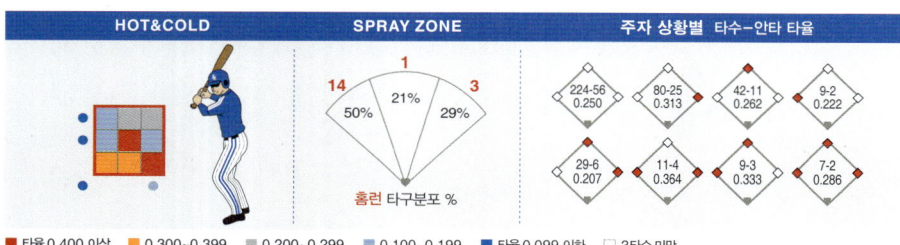

HOT&COLD　　　**SPRAY ZONE**　　　**주자 상황별** 타수-안타 타율

홈런 타구분포 %

■ 타율 0.400 이상　■ 0.300~0.399　■ 0.200~0.299　■ 0.100~0.199　■ 타율 0.099 이하　□ 3타수 미만

최근 3년간 성적

연도	팀명	타율	경기	타수	득점	안타	2루타	3루타	홈런	루타	타점	도루	볼넷	삼진	장타율	출루율	실책	OPS	WAR
2015	-	-	-	-	-	-	-	-	-	-	-	-	-	-	-	-	-	-	-
2016	두산	0.316	7	19	3	6	3	0	2	15	7	0	2	2	0.789	0.364	2	1.153	0.33
2017	삼성	0.265	121	411	55	109	20	1	18	185	62	2	34	80	0.450	0.323	12	0.773	0.94
통산		0.262	1107	3114	388	816	136	15	71	1195	391	20	261	558	0.384	0.323	109	0.707	

구종별 타격 성적

구종	전체	VS우투	VS좌투
포심패스트볼	0.288	0.295	0.275
투심/싱커	0.500	0.471	0.667
컷패스트볼	0.250	0.250	-
슬라이더	0.226	0.245	0.154
커브	0.194	0.160	0.273
체인지업	0.130	0.143	0.120
포크/SF/너클	0.383	0.394	0.357

볼카운트별 타율-타점

볼카운트	타율	타수	안타	타점	볼카운트	타율	타수	안타	타점
0-0	0.300	40	12	5	2-0	0.600	15	9	6
0-1	0.278	36	10	8	2-1	0.360	25	9	4
0-2	0.200	35	7	4	2-2	0.103	68	7	5
1-0	0.485	33	16	10	3-0	-	0	0	0
1-1	0.295	44	13	5	3-1	0.333	9	3	6
1-2	0.246	57	14	5	3-2	0.184	49	9	4
S〉B : 0.242 / S=B : 0.211 / S〈B : 0.351									

수비 기록

위치	자살	보살	실책	수비율
3루수	69	191	12	0.956
유격수	14	24	0	1.000

상황별 기록

상황	타율	타수	안타	2루타	3루타	홈런	타점	볼넷	사구	삼진	병살
주자 없음	0.250	224	56	6	1	12	12	22	1	47	0
주자 있음	0.283	187	53	14	0	6	50	12	3	33	4
득점권	0.262	107	28	9	0	1	40	7	2	19	2
좌투수	0.231	134	31	4	0	6	14	5	2	27	2
우투수	0.283	237	67	14	0	12	41	25	2	43	2
언더	0.275	40	11	2	1	0	7	4	0	10	0
노아웃	0.189	127	24	5	0	5	10	13	0	35	1
원아웃	0.279	140	39	4	1	5	19	8	3	23	3
투아웃	0.319	144	46	11	0	8	33	13	1	25	0

상대팀별 기록

구분	경기	타율	타수	득점	안타	홈런	타점	도루	볼넷	삼진	병살
KIA	13	0.267	45	4	12	1	5	0	3	9	0
두산	13	0.182	33	4	6	2	4	0	4	6	0
롯데	13	0.314	51	8	16	2	9	1	3	10	0
NC	16	0.216	51	5	11	3	7	0	7	15	0
SK	15	0.358	53	14	19	4	10	1	4	8	0
LG	15	0.276	58	8	16	4	10	0	2	7	0
넥센	13	0.255	47	5	12	0	6	0	3	6	2
한화	12	0.282	39	3	11	0	6	0	6	6	0
kt	11	0.176	34	4	6	2	4	0	4	9	2

조동찬

콘택트 능력이 뛰어나고 발이 빠르다. 기본적인 힘은 장사이나 체력이 약해 입단 후 15시즌 동안 풀타임 활약한 적이 없다. 주 포지션은 3루수이나 유격수, 2루수는 물론 외야수로도 뛸 수 있다. 사실상 풀타임을 기대할 수 없을 수준의 유리 몸과 기복이 심하고 현재 기대치에 못 미치는 타격을 보여주고 있지만 건강하기만 하면 주전감이다. 발이 빨라 2015시즌까지 0.840의 도루성공율을 기록하고 있는데 이는 통산 100도루 이상 기록한 선수들 중 성공률 1위다. 또한 번트를 매우 잘하여 완벽한 번트로 안타를 만들어낸다. 30대 후반 나이와 기대에 못 미치는 체력, 유리 몸 등이 그의 발목을 잡지만 팀이 필요할 때 긴요하게 쓸 수 있는 좋은 백업 요원이다.

내야

우투우타
1983년 7월 27일
180cm / 80kg
연봉 4억 원
경력 공주중동초-공주중-공주고
지명순위 02 삼성 2차 1라운드
8순위

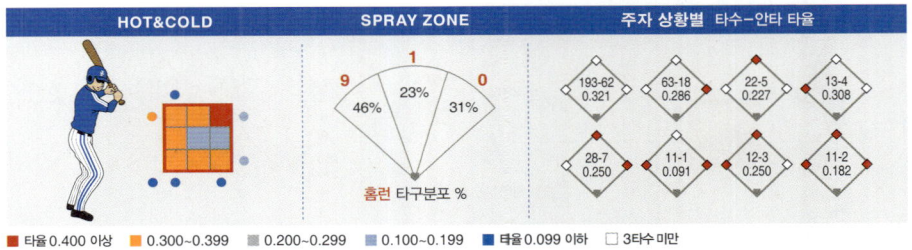

HOT&COLD

SPRAY ZONE

9   1   0
46%   23%   31%

홈런 타구분포 %

주자 상황별   타수-안타 타율

| 193-62 0.321 | 63-18 0.286 | 22-5 0.227 | 13-4 0.308 |
| 28-7 0.250 | 11-1 0.091 | 12-3 0.250 | 11-2 0.182 |

■ 타율 0.400 이상   ■ 0.300~0.399   ■ 0.200~0.299   ■ 0.100~0.199   ■ 타율 0.099 이하   □ 3타수 미만

최근 3년간 성적

연도	팀명	타율	경기	타수	득점	안타	2루타	3루타	홈런	루타	타점	도루	볼넷	삼진	장타율	출루율	실책	OPS	WAR
2015	-	-	-	-	-	-	-	-	-	-	-	-	-	-	-	-	-	-	-
2016	삼성	0.275	90	247	32	68	11	1	10	111	36	0	26	64	0.449	0.348	11	0.797	0.67
2017	삼성	0.289	122	353	35	102	23	0	10	155	45	3	22	72	0.439	0.344	8	0.783	1.59
통산		0.259	1143	3306	465	855	155	6	91	1295	424	150	307	770	0.392	0.333	110	0.725	-

구종별 타격 성적

구종	전체	VS우투	VS좌투
포심패스트볼	0.306	0.348	0.231
투심/싱커	0.474	0.444	1.000
컷패스트볼	0.333	0.200	1.000
슬라이더	0.327	0.333	0.300
커브	0.125	0.077	0.182
체인지업	0.297	0.400	0.259
포크/SF/너클	0.206	0.158	0.267

볼카운트별 타율-타점

볼카운트	타율	타수	안타	타점	볼카운트	타율	타수	안타	타점
0-0	0.420	50	21	11	2-0	0.333	9	3	0
0-1	0.414	29	12	3	2-1	0.500	18	9	5
0-2	0.154	26	4	3	2-2	0.206	63	13	5
1-0	0.385	26	10	6	3-0	-	0	0	0
1-1	0.357	28	10	3	3-1	0.600	5	3	1
1-2	0.141	64	9	3	3-2	0.229	35	8	6
					S > B : 0.210 / S = B : 0.312 / S < B : 0.355				

수비 기록

위치	자살	보살	실책

| 1루 | 73-3-0 | 2루 | 112-170-6 |
| 3루 | 16-28-2 | 유격 | 0-1-0 |

상황별 기록

상황	타율	타수	안타	2루타	3루타	홈런	타점	볼넷	사구	삼진	병살
주자 없음	0.321	193	62	14	0	7	7	5	0	33	0
주자 있음	0.250	160	40	9	0	3	39	15	5	39	8
득점권	0.227	97	22	5	0	0	31	11	4	23	3
좌투수	0.252	127	32	11	0	3	15	10	2	27	1
우투수	0.310	200	62	11	0	5	27	11	5	41	6
언더	0.308	26	8	1	0	2	4	1	3	4	1
노아웃	0.365	104	38	12	0	4	11	6	1	16	4
원아웃	0.311	132	41	5	0	5	21	7	4	27	4
투아웃	0.197	117	23	6	0	1	14	9	5	29	0

상대팀별 기록

구분	경기	타율	타수	득점	안타	홈런	타점	도루	볼넷	삼진	병살
KIA	16	0.463	41	5	19	1	5	0	2	11	1
두산	13	0.194	36	4	7	1	2	0	2	7	1
롯데	11	0.256	39	3	10	0	6	0	2	10	0
NC	14	0.325	40	5	13	2	9	1	2	6	2
SK	14	0.306	36	4	11	2	6	0	3	5	2
LG	12	0.243	37	2	9	0	3	0	0	5	0
넥센	14	0.167	36	0	6	0	4	0	4	10	0
한화	13	0.302	43	9	13	3	7	2	5	6	1
kt	15	0.311	45	3	14	1	4	0	1	9	1

외야

우투좌타
1993년 2월 12일
189cm / 75kg
연봉 2억 5000만 원
경력 본리초-경복중-대구고
　　　-삼성-상무
지명순위 12 삼성 2라운드 12순위

NO.65 구자욱

　좋은 선구안과 콘택트 능력을 갖췄으며, 부드러운 스윙을 구사하는 전형적인 중장거리 타자. 전에는 빠른 발을 활용하여 2루타를 만들어냈다면, 2017시즌에는 그동안 벌크업을 통해 장타력이 더 향상되면서 안전한 2루타와 홈런 21개를 쏘아 올렸다. 높은 타율과 나쁘지 않은 선구안 그리고 빠른 발로 장타력을 커버하면서, 2년 연속 OPS(출루율+장타율) 0.950을 돌파했다. 그러나 스윙이 커지면서 삼진 수가 급격히 늘어났다. 과도기라 생각한다면 변신에 성공한 셈이다. 수비력은 우익수에서 리그 평균 상위권의 수비력을 보여주며 어깨는 강하면서 송구 정확도도 뛰어나다. 빠른 발과 주루센스가 뛰어나지만 도루성공율은 6할 정도로 그리 높지 않다. 2018시즌이 더욱 기대가 되는 선수다.

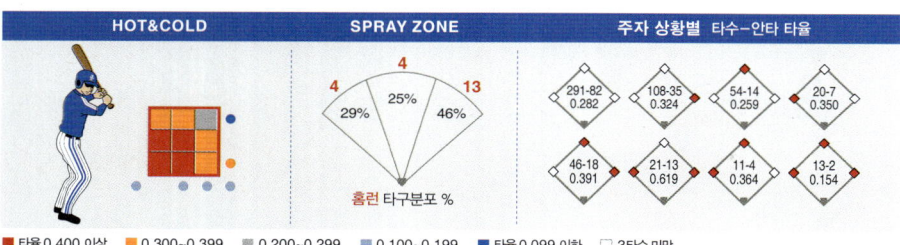

HOT&COLD	SPRAY ZONE	주자 상황별 타수-안타 타율

SPRAY ZONE: 4 / 29% 4 / 25% 46% 13 / 홈런 타구분포 %

주자 상황별:
291-82 0.282 | 108-35 0.324 | 54-14 0.259 | 20-7 0.350
46-18 0.391 | 21-13 0.619 | 11-4 0.364 | 13-2 0.154

■ 타율 0.400 이상　■ 0.300~0.399　■ 0.200~0.299　■ 0.100~0.199　■ 타율 0.099 이하　□ 3타수 미만

최근 3년간 성적

연도	팀명	타율	경기	타수	득점	안타	2루타	3루타	홈런	루타	타점	도루	볼넷	삼진	장타율	출루율	실책	OPS	WAR
2015	삼성	0.349	116	410	97	143	33	5	11	219	57	17	45	79	0.534	0.417	13	0.951	4.88
2016	삼성	0.343	108	428	105	147	19	13	14	234	77	10	55	68	0.547	0.420	7	0.967	4.85
2017	삼성	0.310	144	564	108	175	39	10	21	297	107	10	63	138	0.527	0.383	5	0.910	5.75
통산		0.332	368	1402	310	465	91	28	46	750	241	37	163	285	0.535	0.404	25	0.939	-

구종별 타격 성적

구종	전체	VS우투	VS좌투
포심패스트볼	0.329	0.347	0.298
투심/싱커	0.421	0.444	0.000
컷패스트볼	0.286	0.250	0.333
슬라이더	0.366	0.364	0.367
커브	0.308	0.355	0.265
체인지업	0.305	0.286	0.400
포크/SF/너클	0.208	0.213	0.167

볼카운트	타율	타수	안타	타점	볼카운트	타율	타수	안타	타점
0-0	0.412	68	28	20	2-0	0.500	10	5	6
0-1	0.311	45	14	11	2-1	0.353	17	6	3
0-2	0.184	49	9	4	2-2	0.223	94	21	11
1-0	0.471	34	16	11	3-0	-	0	0	0
1-1	0.429	56	24	15	3-1	0.467	15	7	6
1-2	0.300	110	33	19	3-2	0.182	66	12	6
	S〉B : 0.275 / S=B : 0.335 / S〈B : 0.324								

수비 기록

위치	자살	보살	실책	수비율
우익수	278	13	5	0.983

상황별 기록

상황	타율	타수	안타	2루타	3루타	홈런	타점	볼넷	사구	삼진	병살
주자 없음	0.282	291	82	17	8	11	11	27	2	82	0
주자 있음	0.341	273	93	22	2	10	96	36	8	56	1
득점권	0.352	165	58	10	1	8	89	30	4	39	0
좌투수	0.303	211	64	13	4	7	43	28	5	49	0
우투수	0.313	313	98	22	6	10	53	32	3	79	1
언더	0.325	40	13	4	0	4	11	3	2	10	0
노아웃	0.335	161	54	11	3	7	15	24	2	34	0
원아웃	0.311	180	56	10	3	7	33	19	6	42	1
투아웃	0.291	223	65	18	4	7	51	34	2	62	0

상대팀별 기록

구분	경기	타율	타수	득점	안타	홈런	타점	도루	볼넷	삼진	병살
KIA	16	0.284	67	10	19	3	10	2	5	16	0
두산	16	0.306	62	6	19	3	8	1	8	17	0
롯데	16	0.344	61	14	21	3	16	2	8	22	0
NC	16	0.254	63	11	16	2	10	1	5	18	1
SK	16	0.318	66	11	21	3	11	0	6	19	0
LG	16	0.226	62	8	14	0	9	0	6	11	0
넥센	16	0.393	61	16	24	3	9	1	7	13	0
한화	16	0.355	62	17	22	0	8	0	5	5	0
kt	16	0.317	60	15	19	4	17	0	9	17	0

NO. 34 김헌곤

174cm, 81kg으로 신체조건은 뛰어나지 않지만, 타격밸런스가 좋고 장타 능력이 뛰어나다. 특히 팀 내 이승엽의 은퇴로 클린업 트리오 중 한자리를 차지할 것으로 예상된다. 외야에서 한 번에 홈으로 송구할 정도로 강견이다. 비교적 빠른 발의 소유자다. 2011시즌부터 백업 요원으로 활약했지만 2017시즌 주전으로 뛰면서 4월에는 괴물 같은 플레이를 보여주었다. 타율 .341 타점 18 홈런 3개를 기록하며 팀 내 부동의 1위였다. 그러나 5,6월에 들어서면서 급격하게 성적이 곤두박질했다. 그러다 7월에 1군 엔트리에서 제외되고, 8월에 1군에 컴백하였으나 9월에도 기대에 못 미치는 성적을 냈다. 외야 수비력은 리그 평균 수준. 시즌 후반으로 갈수록 체력이 떨어진 것이 결정적이나, 잠재력은 엄청나 2018시즌을 기대해본다.

외야

우투우타
1988년 11월 9일
174cm / 81kg
연봉 8500만 원
경력 회원초-경복중-제주관광고
　　　-영남대-삼성-상무
지명순위 11 삼성 5라운드 36순위

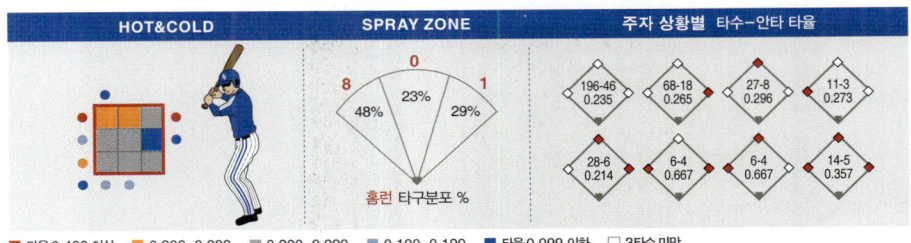

HOT&COLD

SPRAY ZONE

8　0　1
48%　23%　29%

홈런 타구분포 %

주자 상황별 타수-안타 타율

196-46 0.235	68-18 0.265	27-8 0.296	11-3 0.273
28-6 0.214	6-4 0.667	6-4 0.667	14-5 0.357

■ 타율 0.400 이상　■ 0.300~0.399　■ 0.200~0.299　■ 0.100~0.199　■ 타율 0.099 이하　□ 3타수 미만

최근 3년간 성적

연도	팀명	타율	경기	타수	득점	안타	2루타	3루타	홈런	루타	타점	도루	볼넷	삼진	장타율	출루율	실책	OPS	WAR
2015	-	-	-	-	-	-	-	-	-	-	-	-	-	-	-	-	-	-	-
2016	-	-	-	-	-	-	-	-	-	-	-	-	-	-	-	-	-	-	-
2017	삼성	0.264	123	356	51	94	13	2	9	138	47	11	29	45	0.388	0.331	2	0.719	1.35
통산		0.252	227	512	69	129	19	5	12	194	70	13	42	76	0.379	0.324	3	0.703	-

구종별 타격 성적

구종	전체	VS우투	VS좌투
포심패스트볼	0.219	0.223	0.212
투심/싱커	0.267	0.167	0.667
컷패스트볼	0.545	0.444	1.000
슬라이더	0.333	0.326	0.364
커브	0.136	0.148	0.118
체인지업	0.314	0.364	0.292
포크/SF/너클	0.286	0.263	0.333

볼카운트별 타율-타점

볼카운트	타율	타수	안타	타점	볼카운트	타율	타수	안타	타점
0-0	0.154	39	6	6	2-0	0.125	8	1	2
0-1	0.326	43	14	9	2-1	0.267	15	4	2
0-2	0.324	37	12	2	2-2	0.222	45	10	6
1-0	0.500	26	13	8	3-0	-	0	0	0
1-1	0.227	44	10	4	3-1	0.500	6	3	0
1-2	0.186	59	11	2	3-2	0.294	34	10	6
S > B : 0.266 / S = B : 0.203 / S < B : 0.348									

수비 기록

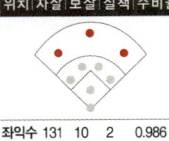

위치	자살	보살	실책	수비율
좌익수	131	10	2	0.986
중견수	29	0	0	1.000
우익수	1	0	0	1.000

상황별 기록

상황	타율	타수	안타	2루타	3루타	홈런	타점	볼넷	사구	삼진	병살
주자 없음	0.235	196	46	7	1	4	4	14	4	24	0
주자 있음	0.300	160	48	6	1	5	43	15	4	21	11
득점권	0.326	92	30	5	1	4	41	12	3	12	2
좌투수	0.271	129	35	4	0	6	16	9	3	12	4
우투수	0.251	207	52	6	2	2	28	18	5	31	7
언더	0.350	20	7	1	0	1	3	2	0	2	0
노아웃	0.273	121	33	3	0	5	16	9	2	16	0
원아웃	0.273	128	35	4	2	4	16	9	5	14	4
투아웃	0.243	107	26	2	2	3	23	10	2	15	7

상대팀별 기록

구분	경기	타율	타수	득점	안타	홈런	타점	도루	볼넷	삼진	병살
KIA	14	0.279	43	6	12	2	9	1	3	4	2
두산	15	0.208	48	5	10	2	5	3	5	1	
롯데	10	0.300	20	3	6	0	4	0	2	1	1
NC	14	0.225	40	5	9	1	6	1	5	7	1
SK	14	0.275	40	4	11	0	6	5	5	10	1
LG	15	0.195	41	7	8	2	7	1	1	6	1
넥센	11	0.289	38	4	11	2	3	2	2	4	1
한화	15	0.283	46	9	13	0	8	0	2	3	0
kt	13	0.350	40	8	14	0	4	4	4	2	2

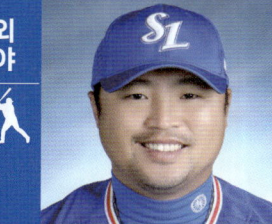

외야

1979년 1월 28일
182cm / 91kg
연봉 2억 5000만 원
경력 초량초-부산중-부산고
　　　-동국대
지명순위 97 삼성 2차 6라운드
　　　44순위

NO. 33 박한이

　박한이는 꾸준함의 대명사다. 선구안이 뛰어나고 콘택트 능력이 좋다. 좋은 선구안을 바탕으로 출루율이 높은 선수다. 통산타율 2할9푼으로 준수하고, 16년 연속 세 자릿수 안타를 쳐낼 정도로 타격에 재능이 있다. 그러나 삼성왕조 시절 즐비한 거포들로 인해 1번 타자를 맡으면서 출루율에 신경을 쓰다 장타율이 실종됐다. 스윙이 간결하고 빠르며 공을 끝까지 보기 때문에 출루율이 높지만 발은 빠른 편이면서도 주루센스에는 문제가 있다. 수비에서는 리그 상위권의 실력을 보이며, 빠른 타구판단능력과 예측수비로 어려운 타구도 잘 잡아낸다. 어깨도 좋아 송구 능력도 뛰어나다. 사실 박한이는 저평가된 선수 중 한 명이다. 그의 존재가 과거 삼성의 전성기를 이끌었다.

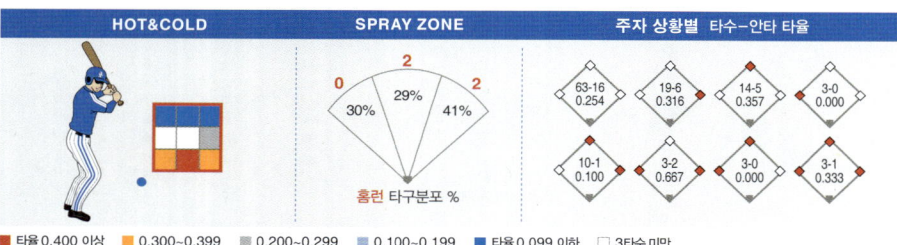

HOT&COLD	SPRAY ZONE	주자 상황별 타수-안타 타율

홈런 타구분포 %

■ 타율 0.400 이상　■ 0.300~0.399　■ 0.200~0.299　■ 0.100~0.199　■ 타율 0.099 이하　□ 3타수 미만

최근 3년간 성적

연도	팀명	타율	경기	타수	득점	안타	2루타	3루타	홈런	루타	타점	도루	볼넷	삼진	장타율	출루율	실책	OPS	WAR
2015	삼성	0.300	94	367	62	110	17	4	11	168	52	6	53	63	0.458	0.389	2	0.847	2.73
2016	삼성	0.301	110	349	57	105	21	0	14	168	69	1	40	72	0.481	0.372	0	0.853	2.25
2017	삼성	0.263	68	118	14	31	9	0	4	52	14	0	13	33	0.441	0.333	1	0.774	0.11
통산		0.295	1983	6976	1158	2058	349	32	134	2873	850	144	976	1022	0.412	0.384	41	0.796	-

구종별 타격 성적

구종	전체	VS우투	VS좌투
포심패스트볼	0.326	0.308	0.429
투심/싱커	0.167	0.167	-
컷패스트볼	0.125	0.125	-
슬라이더	0.238	0.222	0.333
커브	0.111	0.000	0.500
체인지업	0.200	0.200	-
포크/SF/너클	0.273	0.273	-

볼카운트별 타율-타점

볼카운트	타율	타수	안타	타점	볼카운트	타율	타수	안타	타점
0-0	0.200	10	2	0	2-0	0.500	2	1	0
0-1	0.429	7	3	2	2-1	0.250	8	2	1
0-2	0.154	13	2	1	2-2	0.235	17	4	1
1-0	0.429	7	3	3	3-0	-	0	0	0
1-1	0.438	16	7	4	3-1	0.000	1	0	0
1-2	0.150	20	3	0	3-2	0.235	17	4	2
					S > B : 0.200 / S = B : 0.302 / S < B : 0.286				

수비 기록

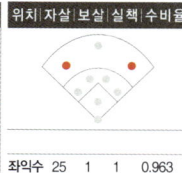

위치	자살	보살	실책	수비율
좌익수	25	1	1	0.963
우익수	5	0	0	1.000

상황별 기록

상황	타율	타수	안타	2루타	3루타	홈런	타점	볼넷	사구	삼진	병살
주자 없음	0.254	63	16	5	0	2	2	5	0	18	0
주자 있음	0.273	55	15	4	0	2	12	8	0	15	2
득점권	0.250	36	9	3	0	1	10	5	0	9	1
좌투수	0.462	13	6	0	0	0	3	1	0	1	1
우투수	0.244	82	20	6	0	3	7	9	0	22	1
언더	0.217	23	5	3	0	1	4	3	0	10	0
노아웃	0.235	34	8	3	0	0	3	1	0	8	0
원아웃	0.256	43	11	1	0	2	2	6	0	14	0
투아웃	0.293	41	12	5	0	2	10	6	0	10	0

상대팀별 기록

구분	경기	타율	타수	득점	안타	홈런	타점	도루	볼넷	삼진	병살
KIA	5	0.000	7	0	0	0	0	0	1	1	0
두산	9	0.300	20	2	6	1	2	0	2	6	0
롯데	7	0.417	12	1	5	0	0	0	2	1	0
NC	9	0.227	22	1	5	1	3	0	2	7	0
SK	8	0.400	10	1	4	0	1	0	1	3	0
LG	8	0.333	9	5	3	1	2	0	4	0	0
넥센	12	0.240	25	3	6	0	0	0	0	6	0
한화	4	0.000	4	0	0	0	0	0	0	2	0
kt	6	0.222	9	1	2	1	3	0	0	5	0

박해민

3년 연속 도루왕을 차지할 정도로 빠른 발과 주루센스는 타의 추종을 불허한다. 2018시즌 가장 강력한 도루왕으로 예상된다. 그러나 선구안은 좋지만 콘택트 능력은 떨어진다. 전형적인 똑딱이 타자로 장타력은 기대할 수 없고 타구의 비거리 자체가 짧다. 그리고 출루율이 떨어지며 삼진이 많으면서 홈런은 빈약하다. 그러나 이 모든 것을 상쇄해버릴 최고의 외야수비력을 보여준다. 수비는 외야 전 포지션을 소화할 수 있다. 국내 최고 중견수로 우수한 낙하지점 판단과 빠른 발을 활용한 슬라이딩 캐치, 더 진일보하여 일반 야수들이 어렵게 잡거나 놓칠 곳을 타구 음만 듣고 낙구지점을 예상하고 쉽게 잡아낸다. 그러나 어깨가 매우 약해 리그에서도 거의 바닥수준이다.

우투좌타
1990년 2월 24일
180cm / 75kg
연봉 2억 9000만 원
경력 영중초-양천중-신일고-한양대
지명순위 12 삼성 육성선수

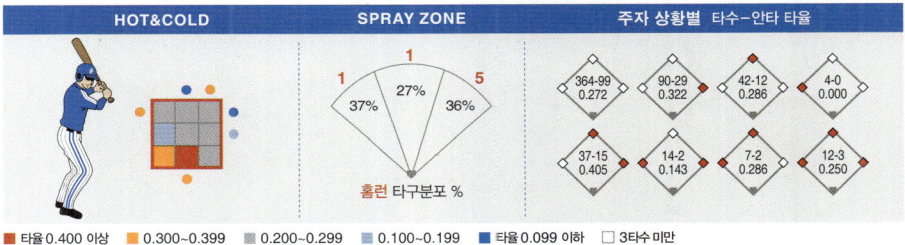

HOT&COLD	SPRAY ZONE	주자 상황별 타수-안타 타율

SPRAY ZONE: 1 1 5 / 37% 27% 36%
홈런 타구분포 %

주자 상황별:
364-99 0.272 | 90-29 0.322 | 42-12 0.286 | 4-0 0.000
37-15 0.405 | 14-2 0.143 | 7-2 0.286 | 12-3 0.250

■ 타율 0.400 이상　■ 0.300~0.399　■ 0.200~0.299　■ 0.100~0.199　■ 타율 0.099 이하　□ 3타수 미만

최근 3년간 성적

연도	팀명	타율	경기	타수	득점	안타	2루타	3루타	홈런	루타	타점	도루	볼넷	삼진	장타율	출루율	실책	OPS	WAR
2015	삼성	0.293	144	525	96	154	22	7	0	190	47	60	56	126	0.362	0.362	3	0.724	2.44
2016	삼성	0.300	141	564	109	169	26	12	4	231	51	52	49	87	0.410	0.357	2	0.767	2.53
2017	삼성	0.284	144	570	96	162	25	8	7	224	54	40	50	78	0.393	0.338	1	0.731	2.94
통산		0.293	549	1969	366	577	84	31	12	759	93	188	192	336	0.385	0.357	9	0.742	-

구종별 타격 성적

구종	전체	VS우투	VS좌투
포심패스트볼	0.274	0.286	0.255
투심/싱커	0.345	0.333	0.500
컷패스트볼	0.231	0.250	0.200
슬라이더	0.207	0.256	0.163
커브	0.289	0.269	0.316
체인지업	0.354	0.349	0.400
포크/SF/너클	0.349	0.375	0.000

볼카운트별 타율-타점

볼카운트	타율	타수	안타	타점	볼카운트	타율	타수	안타	타점
0-0	0.436	78	34	8	2-0	0.333	6	2	4
0-1	0.356	59	21	4	2-1	0.207	29	6	6
0-2	0.119	42	5	0	2-2	0.267	105	28	4
1-0	0.297	37	11	4	3-0	0.000	1	0	1
1-1	0.356	59	21	7	3-1	0.222	9	2	3
1-2	0.200	90	18	5	3-2	0.255	55	14	8
					S > B : 0.230 / S = B 0.343 / S < B : 0.255				

수비 기록

위치	자살	보살	실책	수비율
1루수	29	2	0	1.000
중견수	323	7	1	0.997

상황별 기록

상황	타율	타수	안타	2루타	3루타	홈런	타점	볼넷	사구	삼진	병살
주자 없음	0.272	364	99	16	4	4	4	31	1	53	0
주자 있음	0.306	206	63	9	4	3	50	19	0	25	6
득점권	0.293	116	34	6	4	3	50	16	0	10	2
좌투수	0.259	197	51	3	1	3	15	17	1	29	1
우투수	0.297	330	98	18	4	5	33	30	0	45	3
언더	0.302	43	13	4	1	1	6	3	0	4	2
노아웃	0.281	267	75	9	2	3	6	39	0	42	3
원아웃	0.262	145	38	2	1	1	17	15	1	15	3
투아웃	0.310	158	49	8	4	3	31	17	0	21	0

상대팀별 기록

구분	경기	타율	타수	득점	안타	홈런	타점	도루	볼넷	삼진	병살
KIA	16	0.219	64	8	14	1	6	3	3	7	2
두산	16	0.231	52	8	12	0	6	2	4	6	1
롯데	16	0.271	70	12	19	1	3	5	6	15	0
NC	16	0.206	63	11	13	1	4	10	6	8	1
SK	16	0.364	66	13	24	3	12	2	6	5	0
LG	16	0.313	64	13	20	1	11	4	8	8	0
넥센	16	0.246	65	6	16	0	3	3	5	6	0
한화	16	0.353	68	10	24	0	5	3	3	14	1
kt	16	0.345	58	15	20	0	4	8	7	9	1

외야

우투우타
1986년 6월 27일
178cm / 78kg
연봉 1억 3000만 원
경력 신곡초-수원북중-유신고
　　　-동국대-삼성-경찰
지명순위 09 삼성 2차 4라운드
　　　28순위

NO. 25 **배영섭**

기복 없이 꾸준한 타격감에 공을 정확히 맞추는 타자다. 공수주를 갖춘 플레이어로 좋은 콘택트 능력과 선구안 그리고 빠른 배트 스피드를 자랑한다. 1980년대 스타일 타격을 하는데, 즉 일발장타를 노리지 않고 공을 맞춰 안타를 치는 스타일로 단타형 타자라 장타력은 떨어진다. 주루능력은 과거에 비해 다소 낮아졌다. 한때 20개 이상의 도루를 했으나 지금은 도루사가 많아졌다. 수비에서는 외야수 어떤 포지션도 소화할 수 있는 능력을 갖췄다. 수비센스와 타구판단이 좋고 수비범위도 넓으며, 포구도 잘한다. 그러나 수비 시 콜 플레이를 잘 하지 않아 몇 번 충돌 위기가 있었다. 어깨가 약해 송구능력은 리그 평균 이하다.

HOT&COLD / SPRAY ZONE / 주자 상황별 타수-안타 타율

SPRAY ZONE
5 / 1 / 0
41% / 22% / 37%
홈런 타구분포 %

주자 상황별 타수-안타 타율
106-31 0.292 | 52-18 0.346 | 18-6 0.333 | 4-0 0.000
23-6 0.261 | 6-2 0.333 | 5-1 0.200 | 4-2 0.500

■ 타율 0.400 이상　■ 0.300~0.399　■ 0.200~0.299　■ 0.100~0.199　■ 타율 0.099 이하　□ 3타수 미만

최근 3년간 성적

연도	팀명	타율	경기	타수	득점	안타	2루타	3루타	홈런	루타	타점	도루	볼넷	삼진	장타율	출루율	실책	OPS	WAR
2015	삼성	0.375	4	16	2	6	0	0	0	6	2	1	2	4	0.375	0.444	0	0.819	0.26
2016	삼성	0.266	93	323	53	86	17	0	4	115	22	5	51	42	0.356	0.374	0	0.730	1.41
2017	삼성	0.303	92	218	39	66	11	1	6	97	26	1	19	44	0.445	0.365	3	0.810	0.68
통산		0.279	534	1726	280	482	76	7	16	620	149	91	203	274	0.359	0.368	9	0.727	-

구종별 타격 성적

구종	전체	VS우투	VS좌투
포심패스트볼	0.298	0.233	0.386
투심/싱커	0.625	1.000	0.000
컷패스트볼	0.000	0.000	0.000
슬라이더	0.296	0.316	0.250
커브	0.412	0.400	0.429
체인지업	0.348	0.333	0.350
포크/SF/너클	0.176	0.000	0.375

볼카운트별 타율-타점

볼카운트	타율	타수	안타	타점	볼카운트	타율	타수	안타	타점
0-0	0.316	19	6	6	2-0	0.333	6	2	0
0-1	0.350	20	7	5	2-1	0.429	14	6	1
0-2	0.158	19	3	1	2-2	0.195	41	8	3
1-0	0.667	9	6	2	3-0	-	0	0	0
1-1	0.722	18	13	6	3-1	0.250	4	1	0
1-2	0.263	38	10	2	3-2	0.133	30	4	0

S > B : 0.260 / S = B : 0.346 / S < B : 0.302

수비 기록

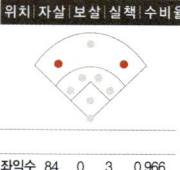

위치	자살	보살	실책	수비율
좌익수	84	0	3	0.966
우익수	2	0	0	1.000

상황별 기록

상황	타율	타수	안타	2루타	3루타	홈런	타점	볼넷	사구	삼진	병살
주자 없음	0.292	106	31	7	0	4	4	7	2	24	0
주자 있음	0.313	112	35	4	1	2	22	12	1	20	5
득점권	0.283	60	17	1	1	1	19	10	1	8	1
좌투수	0.337	104	35	9	0	1	6	9	2	20	3
우투수	0.257	105	27	1	1	5	20	9	1	23	2
언더	0.444	9	4	1	0	0	0	1	0	1	0
노아웃	0.232	82	19	1	0	1	2	6	1	22	1
원아웃	0.380	79	30	4	1	5	14	6	2	12	4
투아웃	0.298	57	17	4	0	0	10	7	0	10	0

상대팀별 기록

구분	경기	타율	타수	득점	안타	홈런	타점	도루	볼넷	삼진	병살
KIA	15	0.432	44	7	19	1	4	0	5	12	0
두산	12	0.207	29	4	6	1	3	0	4	5	1
롯데	12	0.281	32	6	9	1	8	0	2	4	2
NC	12	0.267	15	2	4	0	2	0	1	4	0
SK	10	0.222	18	5	4	1	3	0	2	2	1
LG	8	0.071	14	1	1	0	0	0	1	1	0
넥센	10	0.333	24	3	8	0	6	0	1	4	1
한화	6	0.286	14	5	4	1	4	0	1	0	0
kt	10	0.393	28	8	11	1	5	1	2	1	0

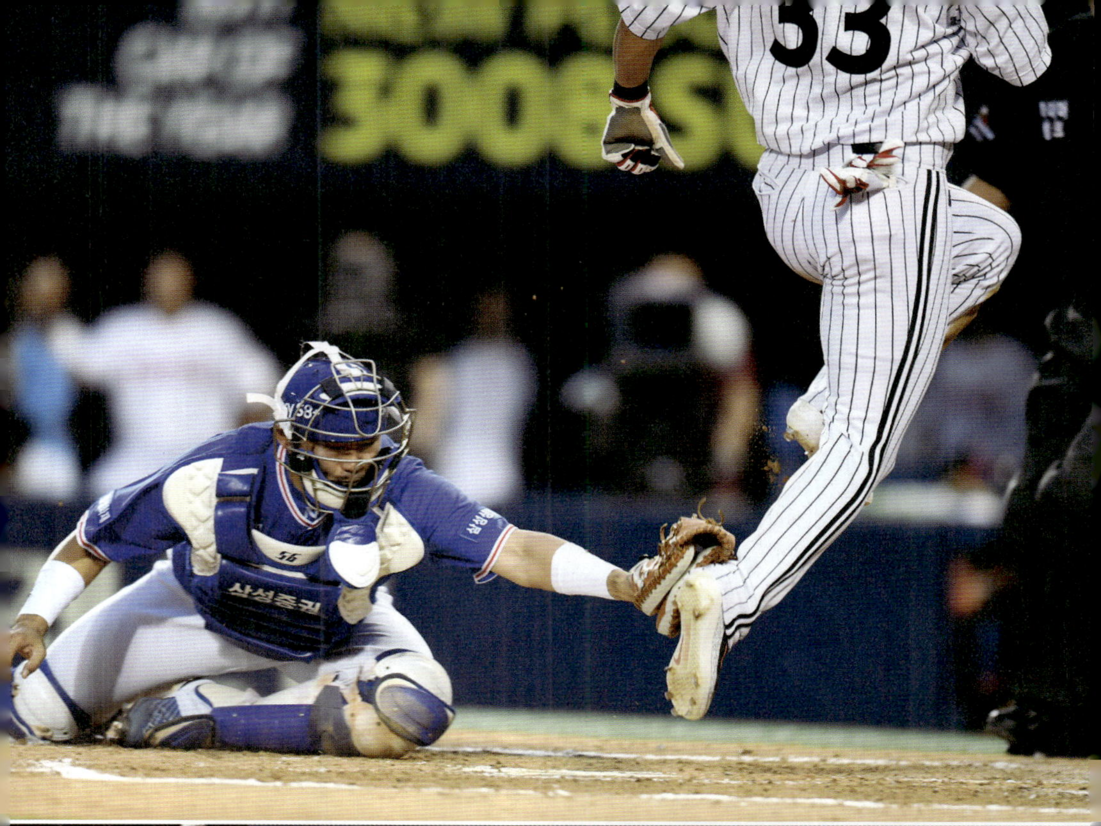
삼성증권
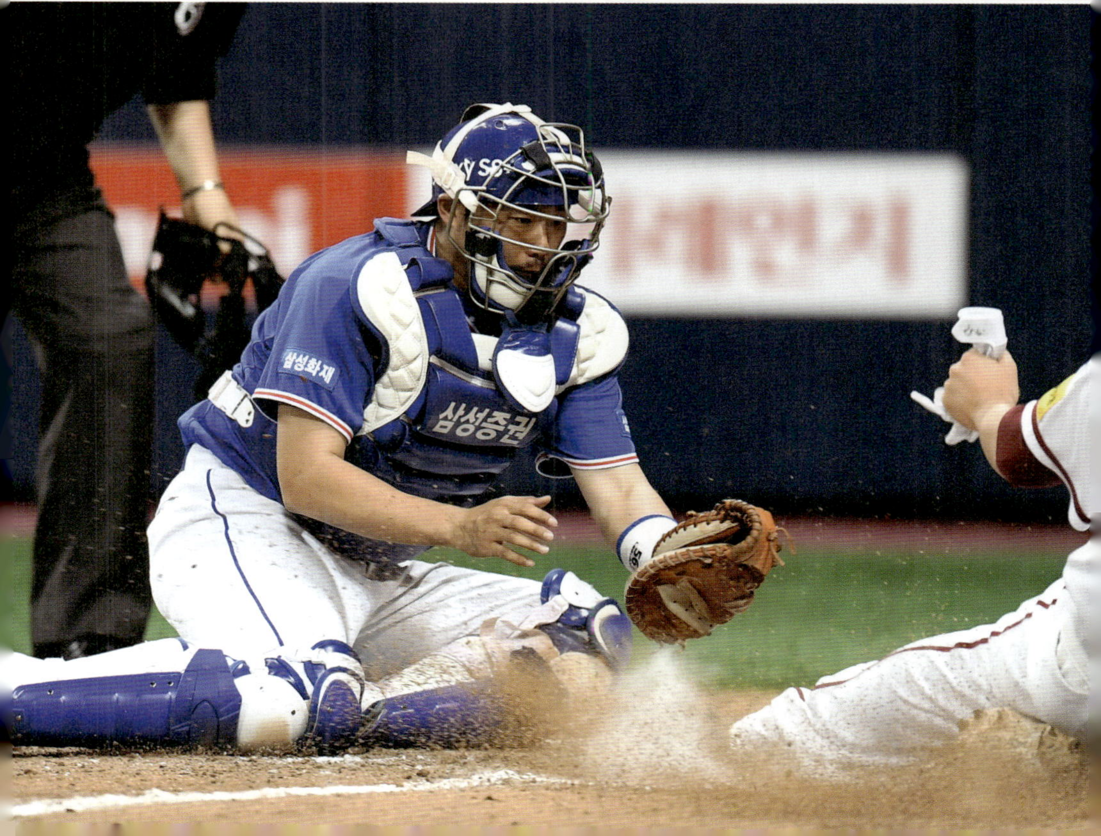
삼성화재
삼성증권

김시현
NO. 67

우투우타
1998년 9월 26일
181cm / 89kg
연봉 3300만 원
경력 백운초–건대부중
–강릉고
지명순위 17 삼성 2차 3라운드
29순위

연도	팀명	평균자책	경기	승-패-세-홀	이닝	피안타	피홈런	볼넷	탈삼진	WHIP	WAR
2017	삼성	7.59	17	0-0-0-0	21 1/3	29	4	15	16	2.06	-0.20
통산		7.59	17	0-0-0-0	21 1/3	29	4	15	16	2.06	

볼카운트별 피안타율

볼카운트	피안타율	타수	피안타	볼카운트	피안타율	타수	피안타
0-0	0.533	15	8	2-0	0.000	1	0
0-1	0.500	8	4	2-1	0.250	4	1
0-2	0.143	7	1	2-2	0.111	9	1
1-0	0.714	7	5	3-0	-	0	0
1-1	0.444	9	4	3-1	0.500	2	1
1-2	0.200	15	3	3-2	0.167	6	1

S > B : 0.267 / S = B : 0.394 / S < B : 0.400

140km/h 중반대의 빠른 공을 던지며 슬라이더가 주 무기인 투 피치 스타일이다. 가장 큰 강점은 강타자가 나왔을 때 피하지 않고 정면승부를 펼치는 점. 그러나 주 무기인 슬라이더는 예리하게 들어갈 때는 엄청나지만, 조금만 제구력이 안 되면 장타를 허용하곤 한다. 2017시즌 17경기 21과1/3을 던지면서 평균자책점 7.59를 기록하며 프로의 높은 벽을 실감했다.

상황별 기록

상황	안타	삼진	피안타율
주자 없음	15	7	0.395
만루	0	1	0.000
주자 있음	14	9	0.311
득점권	7	5	0.304
상위(1~2번)	7	4	0.333
중심(3~5번)	12	3	0.545
하위(6~9번)	10	9	0.250
좌타자	13	9	0.382
우타자	16	7	0.327

상대팀별 기록

구분	경기	평균자책	승-패-세-홀	이닝
KIA	1	54.00	0-0-0-0	0 2/3
두산	4	6.35	0-0-0-0	5 2/3
롯데	1	0.00	0-0-0-0	0 2/3
NC	4	5.40	0-0-0-0	5
SK	-	-	-	-
LG	1	9.00	0-0-0-0	2
넥센	2	9.00	0-0-0-0	3
한화	2	7.71	0-0-0-0	2 1/3
kt	1	9.00	0-0-0-0	2

구속/구사율/피안타율

구종	평균구속	구사율	피안타율
포심패스트볼	140	46%	0.436
투심/싱커	-	-	-
컷패스트볼	-	-	-
슬라이더	131	40%	0.241
커브	119	11%	0.333
체인지업	-	-	-
포크/SF/너클	134	4%	0.333

기타 기록

상대 타자 타구 방향
30% 41% 29%

이닝당 투구수	17.8
땅볼 / 뜬공	0.78

PITCHING ZONE

박근홍
NO. 28

좌투좌타
1985년 8월 22일
180cm / 90kg
연봉 8000만 원
경력 양정초–부산동성중
–부산고–KIA
지명순위 04 KIA 2차 2라운드
14순위

연도	팀명	평균자책	경기	승-패-세-홀	이닝	피안타	피홈런	볼넷	탈삼진	WHIP	WAR
2017	삼성	9.39	24	0-0-0-1	15 1/3	13	2	14	14	1.76	-0.34
통산		5.14	300	4-9-1-31	241 2/3	229	18	166	222	1.63	

볼카운트별 피안타율

볼카운트	피안타율	타수	피안타	볼카운트	피안타율	타수	피안타
0-0	0.250	4	1	2-0	1.000	1	1
0-1	0.000	10	0	2-1	0.750	4	3
0-2	0.000	3	0	2-2	0.111	9	1
1-0	0.000	4	0	3-0	-	-	-
1-1	0.250	4	1	3-1	1.000	1	1
1-2	0.091	11	1	3-2	0.800	5	4

S > B : 0.042 / S = B : 0.176 / S < B : 0.600

부산고 재학시절 이영민 타격 상을 받을 만큼 타격에 재능이 있어 KIA시절 타자로 전향할 것을 권유받았으나 본인이 이를 거절했다. KIA에서 방출된 후 2011년 삼성에 지명됐다. 140km/h 초중반대 패스트볼을 던지는 좌완이다. 2017시즌 24경기 15와1/3이닝을 던지며 평균자책점 9.39를 기록해 데뷔 이래 최악의 시즌을 보냈다.

상황별 기록

상황	안타	삼진	피안타율
주자 없음	5	8	0.192
만루	1	1	0.250
주자 있음	8	6	0.267
득점권	6	4	0.300
상위(1~2번)	4	5	0.200
중심(3~5번)	5	6	0.286
하위(6~9번)	3	4	0.200
좌타자	6	11	0.162
우타자	7	3	0.368

상대팀별 기록

구분	경기	평균자책	승-패-세-홀	이닝
KIA	6	1.80	0-0-0-1	5
두산	2	67.50	0-0-0-0	1 1/3
롯데	2	27.00	0-0-0-0	0 1/3
NC	2	13.50	0-0-0-0	0 2/3
SK	3	20.25	0-0-0-0	1 1/3
LG	3	0.00	0-0-0-0	1 1/3
넥센	-	-	-	-
한화	4	0.00	0-0-0-0	2 2/3
kt	2	0.00	0-0-0-0	2 2/3

구속/구사율/피안타율

구종	평균구속	구사율	피안타율
포심패스트볼	142	54%	0.348
투심/싱커	-	-	-
컷패스트볼	-	-	-
슬라이더	133	25%	0.200
커브	118	7%	0.000
체인지업	-	-	-
포크/SF/너클	134	15%	0.143

기타 기록

상대 타자 타구 방향
40% 25% 35%

이닝당 투구수	20.2
땅볼 / 뜬공	1.21

PITCHING ZONE

■ 15% 이상　■ 12~14%　■ 9~11%　■ 6~8%　■ 3~5%　□ 2% 이하

연도	팀명	평균자책	경기	승-패-세-홀	이닝	피안타	피홈런	볼넷	탈삼진	WHIP	WAR
2017	삼성	5.06	11	0-0-0-0	10 2/3	11	0	4	4	1.41	0.05
통산		6.11	50	2-0-0-2	35 1/3	48	5	19	19	1.90	

임현준
NO. 57

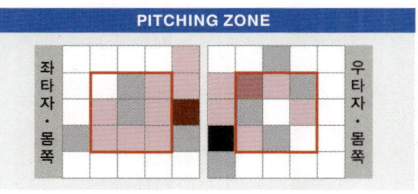

좌언좌타
1988년 12월 21일
185cm / 88kg
연봉 3500만 원
경력 본리초-대구중-대구고
　　　-경성대-삼성-상무
지명순위 11 삼성 4라운드
　　　29순위

볼카운트별 피안타율

볼카운트	피안타율	타수	피안타	볼카운트	피안타율	타수	피안타
0-0	0.250	4	1	2-0	-	-	-
0-1	0.800	5	4	2-1	0.200	5	1
0-2	0.200	5	1	2-2	0.222	9	2
1-0	1.000	1	1	3-0	-	0	0
1-1	0.333	3	1	3-1	0.000	1	0
1-2	0.000	1	0	3-2	0.000	2	0

S > B : 0.333 / S = B : 0.250 / S < B : 0.222

상황별 기록

상황	안타	삼진	피안타율
주자 없음	5	2	0.263
만루	1	0	1.000
주자 있음	6	2	0.286
득점권	5	1	0.357
상위(1~2번)	5	2	0.333
중심(3~5번)	4	0	0.333
하위(6~9번)	2	2	0.154
좌타자	4	4	0.182
우타자	7	0	0.389

상대팀별 기록

구분	경기	평균자책	승-패-세-홀	이닝
KIA	1	0.00	0-0-0-0	1
두산	3	0.00	0-0-0-0	4 2/3
롯데	-	-	-	-
NC	1	0.00	0-0-0-0	0 2/3
SK	1	18.00	0-0-0-0	2
LG	2	13.50	0-0-0-0	0 2/3
넥센	-	-	-	-
한화	2	0.00	0-0-0-0	1 1/3
kt	1	27.00	0-0-0-0	0 1/3

구속/구사율/피안타율

구종	평균구속	구사율	피안타율
포심패스트볼	126	59%	0.273
투심/싱커	122	1%	-
컷패스트볼	-	-	-
슬라이더	112	23%	0.300
커브	111	14%	0.000
체인지업	118	1%	1.000
포크/SF/너클	120	2%	0.000

기타 기록

상대 타자 타구 방향　44% 19% 36%

이닝당 투구수 18.1
땅볼/뜬공 0.86

PITCHING ZONE

좌타자·몸쪽　우타자·몸쪽

　　국내 유일의 좌완 사이드암 투수다. 원래는 좌완 정통파였으나 구속이 느려 사이드암으로 변신했다. 평균구속은 떨어지나 제구력이 뛰어나고 변화구 구사능력이 좋으며, 게임운용이 좋은 편이다. 현재는 추격 조에서, 혹은 원 포인트 릴리프로 활동을 하지만 희귀한 좌완 사이드암이라는 점은 매력적인 카드다.

■ 15% 이상　■ 12~14%　■ 9~11%　■ 6~8%　▨ 3~5%　☐ 2% 이하

연도	팀명	평균자책	경기	승-패-세-홀	이닝	피안타	피홈런	볼넷	탈삼진	WHIP	WAR
2017	삼성	9.84	9	1-4-0-0	32	46	9	14	27	1.88	-0.38
통산		5.55	120	18-18-1-1	338 2/3	352	51	172	262	1.55	

정인욱
NO. 11

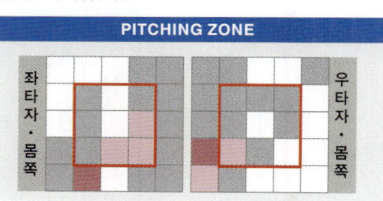

우투우타
1990년 12월 18일
186cm / 85kg
연봉 5700만 원
경력 본리초-경운중-대구고
　　　-삼성-상무
지명순위 09 삼성 2차 3라운드
　　　21순위

볼카운트별 피안타율

볼카운트	피안타율	타수	피안타	볼카운트	피안타율	타수	피안타
0-0	0.389	18	7	2-0	0.000	2	0
0-1	0.412	17	7	2-1	0.250	12	3
0-2	0.286	7	2	2-2	0.286	21	6
1-0	0.364	11	4	3-0	-	0	0
1-1	0.455	11	5	3-1	0.500	4	2
1-2	0.125	16	2	3-2	0.421	19	8

S > B : 0.275 / S = B : 0.360 / S < B : 0.354

상황별 기록

상황	안타	삼진	피안타율
주자 없음	23	19	0.291
만루	2	0	0.500
주자 있음	23	8	0.390
득점권	12	6	0.316
상위(1~2번)	12	4	0.333
중심(3~5번)	16	12	0.314
하위(6~9번)	18	11	0.353
좌타자	18	8	0.300
우타자	28	19	0.359

상대팀별 기록

구분	경기	평균자책	승-패-세-홀	이닝
KIA	1	4.26	0-1-0-0	6 1/3
두산	2	12.00	0-1-0-0	6
롯데	-	-	-	-
NC	1	1.69	1-0-0-0	5 1/3
SK	1	9.00	0-0-0-0	5
LG	1	11.25	0-1-0-0	4
넥센	2	60.75	0-0-0-0	1 1/3
한화	1	9.00	0-1-0-0	4
kt	-	-	-	-

구속/구사율/피안타율

구종	평균구속	구사율	피안타율
포심패스트볼	138	45%	0.339
투심/싱커	-	-	-
컷패스트볼	-	-	-
슬라이더	126	24%	0.300
커브	103	6%	0.500
체인지업	-	-	-
포크/SF/너클	128	25%	0.341

기타 기록

상대 타자 타구 방향　43% 29% 28%

이닝당 투구수 19.0
땅볼/뜬공 0.74

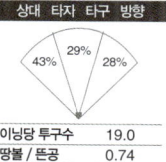

PITCHING ZONE

좌타자·몸쪽　우타자·몸쪽

　　140km/h 초반대의 패스트볼과 다양한 변화구를 던진다. 피하지 않고 정면승부를 하는 스타일이며 리그 평균 이상의 제구력을 가졌다. 그러나 구위가 좋지 않고 특출 난 변화구 부재가 그의 발목을 잡는다. 7시즌 동안 임팩트 없는 피칭으로 터지지 않는 '노망주'가 돼버렸다. 2017시즌에도 거의 배팅볼 투수처럼 9경기에서 9점대의 평균자책점을 기록했다.

투수

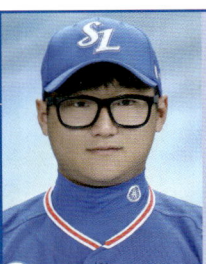

최지광

NO. **21**

우투우타
1998년 3월 13일
173cm / 85kg
연봉 3100만 원
경력 감천초−대신중−부산고
지명순위 17 삼성 2차 1라운드
9순위

연도	팀명	평균자책	경기	승-패-세-홀	이닝	피안타	피홈런	볼넷	탈삼진	WHIP	WAR
2017	삼성	6.48	11	0-2-0-0	25	28	2	22	23	2.00	0.01
통산		6.48	11	0-2-0-0	25	28	2	22	23	2.00	-

볼카운트별 피안타율

볼카운트	피안타율	타수	피안타	볼카운트	피안타율	타수	피안타
0-0	0.400	10	4	2-0	0.500	2	1
0-1	0.333	6	2	2-1	0.750	4	3
0-2	0.000	2	0	2-2	0.167	24	4
1-0	0.444	9	4	3-0	-	0	0
1-1	0.417	12	5	3-1	0.000	2	0
1-2	0.133	15	2	3-2	0.273	11	3
			S > B : 0.174 / S = B : 0.283 / S < B : 0.393				

173cm의 작은 신장으로 부산고시절 16경기에 등판해 9승 무패 평균자책점 0.91을 기록했다. 뛰어난 성적을 바탕으로 1라운드 전체 9번으로 삼성에 지명을 받았다. 140km/h 초반의 패스트볼과 슬라이더 등 안정적인 구속과 뛰어난 탈삼진 능력을 가졌다. 2017시즌 데뷔하여 11경기에서 25이닝 2패, 평균자책점 6.48을 기록하며 프로의 높은 벽을 실감했다.

상황별 기록

상황	안타	삼진	피안타율
주자 없음	13	12	0.255
만루	1	1	0.200
주자 있음	15	11	0.326
득점권	6	6	0.250
상위(1~2번)	10	4	0.417
중심(3~5번)	8	7	0.258
하위(6~9번)	10	9	0.238
좌타자	12	13	0.286
우타자	16	10	0.291

상대팀별 기록

구분	경기	평균자책	승-패-세-홀	이닝
KIA	3	7.04	0-1-0-0	7 2/3
두산	1	0.00	0-0-0-0	1
롯데	-	-	-	-
NC	2	5.40	0-0-0-0	1 2/3
SK	2	5.40	0-0-0-0	1 2/3
LG	2	5.40	0-0-0-0	5
넥센	1	6.23	0-1-0-0	4 1/3
한화	1	9.82	0-0-0-0	3 2/3
kt	-	-	-	-

PITCHING ZONE

좌타자 · 몸쪽 / 우타자 · 몸쪽

구속/구사율/피안타율

구종	평균구속	구사율	피안타율
포심패스트볼	140	47%	0.283
투심/싱커	138	4%	0.667
컷패스트볼	-	-	-
슬라이더	128	31%	0.345
커브	112	10%	0.000
체인지업	-	-	-
포크/SF/너클	132	8%	0.300

기타 기록

상대 타자 타구 방향
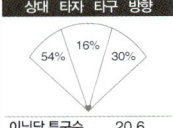
54% 16% 30%

이닝당 투구수	20.6
땅볼 / 뜬공	1.29

■ 15% 이상　■ 12~14%　■ 9~11%　■ 6~8%　■ 3~5%　□ 2% 이하

투수

황수범

NO. **38**

우투우타
1986년 11월 17일
183cm / 81kg
연봉 3800만 원
경력 둔촌초−배명중−배명고
−한민대
지명순위 11 삼성 육성선수

연도	팀명	평균자책	경기	승-패-세-홀	이닝	피안타	피홈런	볼넷	탈삼진	WHIP	WAR
2017	삼성	8.04	10	1-2-0-0	31 1/3	45	7	19	26	2.04	-0.46
통산		8.04	10	1-2-0-0	31 1/3	45	7	19	26	2.04	-

볼카운트별 피안타율

볼카운트	피안타율	타수	피안타	볼카운트	피안타율	타수	피안타
0-0	0.600	10	6	2-0	0.750	4	3
0-1	0.600	5	3	2-1	0.250	12	3
0-2	0.000	5	0	2-2	0.194	31	6
1-0	0.467	15	7	3-0	-	0	0
1-1	0.364	11	4	3-1	0.600	5	3
1-2	0.176	17	3	3-2	0.368	19	7
			S > B : 0.222 / S = B : 0.308 / S < B : 0.418				

중학교 때까지 포수였으나 어깨가 강해 투수로 전향했다. 최고 140km/h대 후반 강속구를 던지나 제구력이 안 좋아 2011년 2군 경기에서 99개의 사사구를 허용할 정도로 큰 문제점을 드러냈다. 그러나 잔부상 없이 가장 많은 이닝을 소화하는 능력으로 보아 내구성은 충분히 입증했다.

상황별 기록

상황	안타	삼진	피안타율
주자 없음	20	14	0.294
만루	2	1	0.400
주자 있음	25	12	0.379
득점권	13	7	0.361
상위(1~2번)	10	5	0.270
중심(3~5번)	22	6	0.478
하위(6~9번)	13	15	0.255
좌타자	13	11	0.255
우타자	32	15	0.386

상대팀별 기록

구분	경기	평균자책	승-패-세-홀	이닝
KIA	1	7.20	0-0-0-0	5
두산	2	9.39	1-1-0-0	7 2/3
롯데	1	13.50	0-0-0-0	3 1/3
NC	-	-	-	-
SK	1	0.00	0-0-0-0	1
LG	2	1.29	0-0-0-0	7
넥센	-	-	-	-
한화	1	3.00	0-0-0-0	3
kt	2	18.69	0-0-0-0	4 1/3

PITCHING ZONE

좌타자 · 몸쪽 / 우타자 · 몸쪽

구속/구사율/피안타율

구종	평균구속	구사율	피안타율
포심패스트볼	142	53%	0.403
투심/싱커	-	-	-
컷패스트볼	-	-	-
슬라이더	128	4%	0.500
커브	108	16%	0.231
체인지업	-	-	-
포크/SF/너클	126	27%	0.255

기타 기록

상대 타자 타구 방향
46% 26% 28%

이닝당 투구수	21.4
땅볼 / 뜬공	0.80

김성훈

연도	팀명	타율	경기	타수	득점	안타	홈런	타점	도루	볼넷	삼진	장타율	OPS	WAR
2017	삼성	0.318	47	151	27	48	0	18	4	12	16	0.371	0.741	0.97
통산		0.318	47	151	27	48	0	18	4	12	16	0.371	0.741	-

볼카운트별 타율-타점

볼카운트	타율	타수	안타	타점	볼카운트	타율	타수	안타	타점
0-0	0.565	23	13	2	2-0	0.500	2	1	0
0-1	0.235	17	4	0	2-1	0.222	9	2	2
0-2	0.235	17	4	1	2-2	0.269	26	7	2
1-0	0.556	9	5	4	3-0	-	0	0	0
1-1	0.278	18	5	1	3-1	-	0	0	0
1-2	0.211	19	4	4	3-2	0.273	11	3	1

S > B : 0.226 / S = B : 0.373 / S < B : 0.355

상황별 기록

구분	타율	타수	안타	타점
주자 없음	0.295	88	26	0
주자 있음	0.349	63	22	18
득점권	0.357	42	15	18
좌투수	0.152	33	5	1
우투수	0.366	101	37	12
언더	0.353	17	6	5
노아웃	0.245	49	12	0
원아웃	0.333	60	20	3
투아웃	0.381	42	16	15

상대팀별 기록

상대팀	타율	타수	안타	타점
KIA	0.100	10	1	0
두산	0.462	26	12	0
롯데	0.353	17	6	2
NC	0.231	26	6	6
SK	0.200	10	2	2
LG	0.300	20	6	2
넥센	0.429	21	9	3
한화	0.357	14	5	3
kt	0.143	7	1	0

구종별 타격 성적

구종	전체	VS우투	VS좌투
포심패스트볼	0.342	0.371	0.214
투심/싱커	0.429	0.500	0.000
컷패스트볼	0.333	0.333	-
슬라이더	0.259	0.400	0.083
커브	0.429	0.500	0.250
체인지업	0.200	0.250	0.000
포크/SF/너클	0.211	0.222	0.000

수비 기록

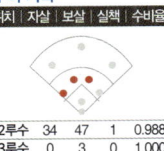

위치	자살	보살	실책	수비율
2루수	34	47	1	0.988
3루수	0	3	0	1.000
유격수	26	51	1	0.987

김성훈 NO. 4 내야
우투좌타
1993년 10월 27일
172cm / 68kg
연봉 4700만 원
경력 길동초-건대부중-청원고 -문화예술대
지명순위 16 삼성 2차 6라운드 51순위

크지 않은 체격이지만 대학시절 준수한 타격능력을 바탕으로 활약하여 광주유니버시아드 대표팀에 승선했다. 입단 당시에 구단에서 거는 기대에 걸맞게 내야안타 비율이 높고 수비에서는 2루수로는 좋은 평가를 받지만 유격수, 3루수 수비는 다소 아쉬운 면이 있다. 좀 더 노력한다면 허약한 삼성 내야진의 한줄기 희망이 될 수 있다.

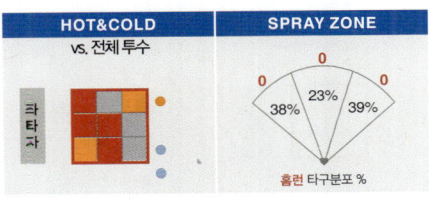

HOT&COLD vs. 전체 투수 / SPRAY ZONE (좌타자) 38% 23% 39% 홈런 타구분포 %

정병곤

연도	팀명	타율	경기	타수	득점	안타	홈런	타점	도루	볼넷	삼진	장타율	OPS	WAR
2017	삼성	0.216	74	74	16	16	2	7		4	21	0.297	0.572	0.34
통산		0.213	139	155	29	33	2	14	1	7	43	0.271	0.530	-

볼카운트별 타율-타점

볼카운트	타율	타수	안타	타점	볼카운트	타율	타수	안타	타점
0-0	0.111	9	1	0	2-0	0.500	2	1	0
0-1	0.000	6	0	0	2-1	1.000	1	1	0
0-2	0.083	12	1	0	2-2	0.417	12	5	5
1-0	0.167	6	1	1	3-0	-	0	0	0
1-1	0.250	8	2	0	3-1	-	0	0	0
1-2	0.286	14	4	0	3-2	0.000	4	0	1

S > B : 0.156 / S = B : 0.276 / S < B : 0.231

상황별 기록

구분	타율	타수	안타	타점
주자 없음	0.217	46	10	1
주자 있음	0.214	28	6	6
득점권	0.158	19	3	6
좌투수	0.167	24	4	3
우투수	0.200	45	9	3
언더	0.600	5	3	1
노아웃	0.200	20	4	1
원아웃	0.194	31	6	0
투아웃	0.261	23	6	6

상대팀별 기록

상대팀	타율	타수	안타	타점
KIA	0.286	7	2	2
두산	0.231	13	3	0
롯데	0.222	18	4	0
NC	0.176	17	3	3
SK	0.500	2	1	0
LG	0.250	4	1	0
넥센	0.250	4	1	0
한화	0.333	3	1	2
kt	0.000	6	0	0

구종별 타격 성적

구종	전체	VS우투	VS좌투
포심패스트볼	0.273	0.348	0.100
투심/싱커	0.000	0.000	-
컷패스트볼	-	-	-
슬라이더	0.000	0.000	-
커브	1.000	1.000	-
체인지업	0.250	0.000	0.286
포크/SF/너클	0.100	0.143	0.000

수비 기록

위치	자살	보살	실책	수비율
2루수	10	20	1	0.968
3루수	4	10	0	1.000
유격수	24	59	1	0.988

정병곤 NO. 62 내야
우투우타
1988년 3월 23일
176cm / 72kg
연봉 4500만 원
경력 내당초(삼성리틀)-경복중 -경북고-단국대-LG
지명순위 11 LG 9라운드 66순위

타격능력은 부족하지만 전문 수비요원으로 각광받는 선수다. 2013시즌 한국시리즈에서 주전 김상수의 부상으로 찬스를 잡아 무난한 수비로 그의 공백을 잘 막아냈다. 또한 5차전에서 타격은 떨어졌지만 역사에 길이 남을 페이크 번트 슬래시를 성공시켰고, 6차전에서는 김태완과 더블 스틸을 성공시켜 팀의 역전승에 일조했다.

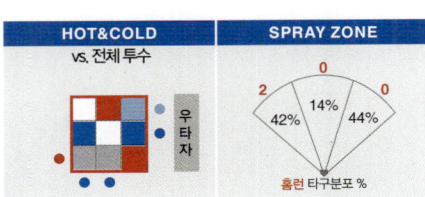

HOT&COLD vs. 전체 투수 / SPRAY ZONE (우타자) 42% 14% 44% 홈런 타구분포 %

내야

최원제
NO. 66

우투좌타
1989년 2월 4일
183cm / 95kg
연봉 3200만 원
경력 사당초–이수중–장충고
　　　–삼성–경찰
지명순위 08 삼성 2차
　　　1라운드 8순위

연도	팀명	타율	경기	타수	득점	안타	홈런	타점	도루	볼넷	삼진	장타율	OPS	WAR
2017	삼성	0.222	11	18	3	4	0	3	0	0	6	0.389	0.611	-0.09
통산		0.222	13	18	3	4	0	3	0	0	6	0.389	0.611	-

볼카운트별 타율–타점

볼카운트	타율	타수	안타	타점	볼카운트	타율	타수	안타	타점
0-0	0.000	1	0	0	2-0	-	-	-	-
0-1					2-1	0.500	2	1	0
0-2	0.333	3	1	1	2-2	0.500	4	2	2
1-0					3-0	-	-	-	-
1-1	0.000	1	0	0	3-1	-	-	-	-
1-2	0.000	6	0	0	3-2	0.000	1	0	0

S > B : 0.111 / S = B : 0.333 / S < B : 0.333

투수출신으로, 2008년 타자로 전향했다. 미네소타에서 데려가려 할 정도로 거포로서의 뛰어난 자질을 보여줬다. 그러나 입단 후 당시 선동열 감독의 권유로 투수로 복귀했으나 성공하지 못하고, 2016년 다시 타자로 활약했다. 타자 전향 후 14, 15시즌 잠깐 반짝하다 부상 등의 이유로 별로 활약을 못하면서 잊혀진 이름이 돼버렸다.

상황별 기록

구분	타율	타수	안타	타점
주자 없음	0.125	8	1	0
주자 있음	0.300	10	3	3
득점권	0.143	7	1	2
좌투수	0.000	1	0	0
우투수	0.286	14	4	3
언더	0.000	3	0	0
노아웃	0.000	4	0	0
원아웃	0.300	10	3	2
투아웃	0.250	4	1	1

상대팀별 기록

상대팀	타율	타수	안타	타점
KIA	-	-	-	-
두산	0.125	8	1	0
롯데	-	-	-	-
NC	0.200	5	1	2
SK	1.000	1	1	0
LG	0.333	3	1	1
넥센	-	-	-	-
한화	0.000	1	0	0
kt	-	-	-	-

구종별 타격 성적

구종	전체	VS우투	VS좌투
포심패스트볼	0.222	0.222	
투심/싱커	0.000	0.000	
컷패스트볼	-	-	-
슬라이더	0.250	0.333	0.000
커브	1.000	1.000	
체인지업			
포크/SF/너클	0.000	0.000	

수비 기록

위치	자살	보살	실책	수비율
1루수	16	0	0	1.000

HOT&COLD
vs. 전체 투수

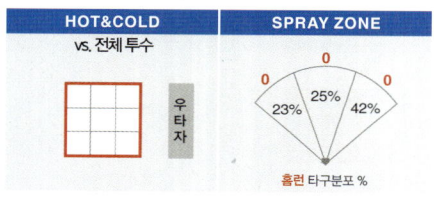

SPRAY ZONE

우
타
자

0
0　　　　0
23%　25%　42%

홈런 타구분포 %

■ 타율 0.400 이상　■ 0.300~0.399　■ 0.200~0.299　■ 0.100~0.199　■ 타율 0.099 이하　□ 3타수 미만

외야

이현동
NO. 31

우투우타
1993년 3월 27일
183cm / 83kg
연봉 3000만 원
경력 광주화정초–충장중
　　　–광주제일고–삼성–경찰
지명순위 12 삼성 1라운드 7순위

연도	팀명	타율	경기	타수	득점	안타	홈런	타점	도루	볼넷	삼진	장타율	OPS	WAR
2017	삼성	0.188	16	16	1	3	0	0	1	0	7	0.250	0.438	-0.16
통산		0.188	16	16	1	3	0	0	1	0	7	0.250	0.438	-

볼카운트별 타율–타점

볼카운트	타율	타수	안타	타점	볼카운트	타율	타수	안타	타점
0-0	-	-	-	-	2-0	-	-	-	-
0-1	-	-	-	-	2-1	-	-	-	-
0-2	0.000	4	0	0	2-2	0.250	4	1	0
1-0	0.000	2	0	0	3-0	-	-	-	-
1-1	1.000	1	1	0	3-1	-	-	-	-
1-2	0.250	4	1	0	3-2	0.000	1	0	0

S > B : 0.125 / S = B : 0.400 / S < B : 0.000

2012년 삼성에 입단 후 경찰청 근무를 마치고 팀에 복귀한 다음 타자로 전향했다. 전향한 지 불과 반 년만에 1군으로 올라오는 빠른 성장세를 보였다. 그러나 2017년 타자로 전향 후 16경기 16타석 타율 .188을 기록하며 타자로의 적응이 쉽지 않다는 것을 보여주었다. 백업요원으로 중견수를 맡고 있으며 투수 출신답게 어깨가 강하다.

상황별 기록

구분	타율	타수	안타	타점
주자 없음	0.300	10	3	0
주자 있음	0.000	6	0	0
득점권	0.000	1	0	0
좌투수	0.400	5	2	0
우투수	0.100	10	1	0
언더	-	-	-	-
노아웃	0.143	7	1	0
원아웃	0.000	3	0	0
투아웃	0.333	6	2	0

상대팀별 기록

상대팀	타율	타수	안타	타점
KIA	0.000	1	0	0
두산	0.400	5	2	0
롯데	0.167	6	1	0
NC	-	0	0	0
SK	0.000	2	0	0
LG	0.000	1	0	0
넥센	-	-	-	-
한화	0.000	1	0	0
kt	-	-	-	-

구종별 타격 성적

구종	전체	VS우투	VS좌투
포심패스트볼	0.500	0.000	1.000
투심/싱커			
컷패스트볼			
슬라이더	0.167	0.167	
커브			
체인지업	0.500		0.500
포크/SF/너클	0.000	0.000	0.000

수비 기록

위치	자살	보살	실책	수비율
좌익수	8	0	0	1.000
중견수	0	0	0	-

HOT&COLD
vs. 전체 투수

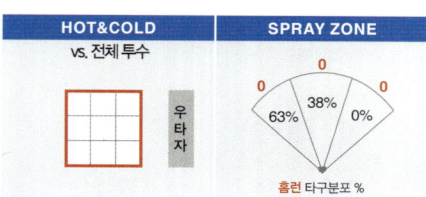

SPRAY ZONE

우
타
자

0
0　　　　0
63%　38%　0%

홈런 타구분포 %

33년 전통의 야구 소프트볼 전문

킹스포츠

야구를 사랑하는 학교 선수 및 사회인 야구인에게 사랑을 받아온
킹스포츠!
글러브와 소프트볼 용품 판매, 유니폼 제작은 물론 남양주 별내면의
에코킹리그 야구장 운영에 이르기까지 고객들에게 최선의 서비스를
제공하는 킹스포츠가 되겠습니다.

주소 서울특별시 중구 퇴계로 333 (광희동 2가 55)
전화 02-2265-7634 | **팩스** 02) 2268-3172
대표자 이덕순 H.P 010-5270-4705

UPSET

일본 야구용품 전문업체 〈업셋〉 국내 상륙!

kt
WIZ

kt 위즈

TEAM PROFILE

구단 창립 2013년
마스코트 빅&또리
구단주 황창규
모기업 kt
감독 김진욱
단장 임종택

HOME

현재 연고지 경기도 수원시
이전 연고지 –
홈구장 수원 케이티 위즈 파크
수용인원 2만 2000명
영구결번 –

PERFORMANCE

한국시리즈 우승 0회

한국시리즈 출전 0회

플레이오프 출전 0회

준플레이오프 출전 0회

UNIFORM

Home / Away

LINE-UP

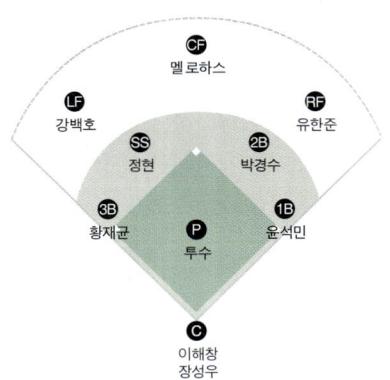

ROTATION	
SP	라이언 피어밴드
SP	더스틴 니퍼트
SP	고영표
SP	류희운
SP	주권

BULLPEN	
RP	이상화
RP	심재민
RP	정성곤
RP	엄상백
RP	홍성용
RP	금민철
CL	김재윤

BATTING	
1	이대형
2	멜로하스
3	황재균
4	윤석민
5	유한준
6	박경수
7	정현
8	이해창
9	강백호

UTILITY PLAYERS	
IF	박기혁
IF	심우준
IF	남태혁
OF	오정복
OF	전민수
OF	김진곤

4년 연속 꼴찌, 그것만은 제발

3년 연속 최하위. 시즌 초만 해도 분위기 좋았지만...

시즌 초만 해도 분위기가 좋았다. 스프링캠프를 둘러본 방송 해설위원들은 'kt 캠프 분위기가 가장 좋았다'며 '올 시즌 kt의 반격을 기대해도 좋을 것 같다'고 하나같이 말했다. 개막 이후에도 한동안 상위권을 질주하며 좋은 분위기를 이어갔다. 그러나 시즌이 진행될수록 kt는 서서히 원래 자리를 찾아갔다. 무기력하게 연패에 빠지는 날이 점점 늘어갔다. 주전 선수들의 크고 작은 부상, 컨디션 저하도 kt의 발목을 잡았다. 성적이 좋지 않은 팀은 아무리 감독과 고참들이 좋은 분위기를 만들려 해도 한계가 뚜렷하다. 좋은 팀 분위기는 승리에서 나온다. '분위기'만으로는 성적을 끌어올리는데 한계가 있음을 보여준 kt의 2017시즌이다.

바쁜 오프시즌. 선수단 훈련 방식부터 큰 변화

3년 연속 최하위에 그친 kt는 그 어느 해보다 공격적인 오프시즌을 보냈다. 메이저리그에서 돌아온 황재균을 4년 88억 원 계약으로 잡아 3루와 중심타자를 한번에 보강했다. 외국인 투수로는 장고 끝에 더스틴 니퍼트를 영입해 피어밴드-니퍼트로 이어지는 강력한 선발 라인을 구축했다. 코칭스태프도 전면 재조정했다. 넥센에서 이지풍 트레이닝 코치를 영입한 것도 큰 변화다. 창단 이후 강훈련으로 일관한 kt의 선수단 훈련 방식, 컨디션 관리 방식에 대대적인 변화를 예고했다.

전력만 놓고 보면 탈꼴찌 가능성 충분하다

팀 전력만 놓고 보면, 올 시즌 kt의 전망은 결코 나쁘지 않다. 피어밴드-니퍼트의 1, 2선발과 고영표 등 상위 선발진은 충분히 경쟁력이 있다. 김재윤, 이상화 등 불펜의 힘도 평균 이상은 된다. 황재균이 가세한 타선도 지난해보다 한층 힘과 무게감을 더했다. 신인 강백호가 기대만큼 활약을 해준다면 더 강한 화력을 갖출 수 있다. 다만 확실한 주인이 없는 4, 5선발진과 주전 선수 부재시 빈 자리를 채울 백업 선수층을 강화하는게 kt가 해결할 숙제다. kt 내부에선 올 시즌만큼은 반드시 탈꼴찌를 해야 한다는 위기감이 크다. kt가 지난해 실패를 딛고, 올 시즌엔 분위기도 좋고 성적도 좋은 팀으로 거듭날 수 있을지 지켜보자.

감독 **김진욱**

    3년 연속 최하위를 기록한 kt는 2018시즌 목표가 탈꼴찌
년차를 맞이하면서 나름대로 원칙을 정했다. 첫째, 올해 목
것이다. 5할 승률 달성을 위해서는 전력 보강 외 선수들의
들이 이뤄져야 한다. 컨트롤을 못하는 투수들은 마운드에 불
에게 얘기했다. 둘째, "시즌 초부터 전력을 다하자"라고 강

TEAM STATS

*는 수치가 낮을수록 순위가 높아짐

투수 기록

항목	평균자책점	승	패	세이브	홀드	승률	이닝	피안타	피홈런	볼넷	사구	탈삼진	실점	자책점	WHIP
기록	5.75	50	94	22	41	0.347	1256	1524	174	433	95	913	876	803	1.56
순위	9위	10위	10위	10위	9위	10위	10위	9위	9위	3위	5위	10위	9위	9위	9위

항목	완투	완봉	QS	블론S	타자수	투구수	피안타율	2루타	3루타	희생번트	희생플라이	고의사구	폭투	보크
기록	4	7	49	18	5702	21518	0.301	283	27	68	49	11	77	6
순위	2위	4위	8위	4위	3위	8위	10위	7위	8위	6위	2위	7위	8위	

타자 기록

항목	타율	경기	타석	타수	득점	안타	2루타	3루타	홈런	총루타	타점	희생번트
기록	0.275	144	5485	4937	655	1360	274	17	119	2025	625	62
순위	9위	-	10위	9위	10위	9위	3위	7위	9위	9위	10위	4위

항목	희생플라이	볼넷	고의볼넷	사구	삼진	병살타	장타율	출루율	OPS	멀티히트	득점권	대타타율
기록	45	374	11	66	1017	118	0.410	0.332	0.742	320	0.290	0.239
순위	6위	10위	10위	10위	6위	5위	9위	10위	10위	10위	9위	4위

득점 분포 및 승패

득점	0	1	2	3	4	5	6	7	8	9	10	11	12	13	14	15	16	17	18	19	20
경기	9	17	18	25	18	19	6	5	6	6	4	3	2	2	1	2	0	0	0	0	1
승	0	2	2	9	3	7	3	3	3	4	4	3	2	2	0	2	0	0	0	0	1
패	9	15	16	16	15	12	3	2	3	2	0	0	0	0	1	0	0	0	0	0	0
무	0	0	0	0	0	0	0	0	0	0	0	0	0	0	0	0	0	0	0	0	0
승률	0.000	0.118	0.111	0.360	0.167	0.368	0.500	0.600	0.500	0.667	1.000	1.000	1.000	1.000	1.000	1.000	-	-	-	-	1.000

실점 분포 및 승패

실점	0	1	2	3	4	5	6	7	8	9	10	11	12	13	14	15	16	17	18	19	20
경기	7	7	16	15	12	17	9	11	13	9	9	6	2	3	3	0	1	0	0		1
승	7	7	10	9	4	4	1	2	4	1	0	1	0	0	0	0	0	0	0		0
패	0	0	6	6	8	13	8	9	9	8	9	5	2	3	3	0	1	0	0		1
무	0	0	0	0	0	0	0	0	0	0	0	0	0	0	0	0	0	0	0		0
승률	1.000	1.000	0.625	0.600	0.333	0.235	0.111	0.182	0.308	0.111	0.000	0.167	0.000	0.000	0.000	0.000	-	0.000	-		0.000

이닝별 득점

이닝	경기	0점	1+점	1점	2점	3점	4점	5+점	최다	합계	평균	평균/9
1	144	98	46	30	6	5	3	2	8	82	0.57	5.13
2	144	106	38	22	11	3	1	1	6	63	0.44	3.94
3	144	115	29	12	9	5	3	0	4	57	0.40	3.56
4	144	101	43	18	13	9	1	1	5	85	0.59	5.31
5	144	101	43	22	13	3	0	5	8	88	0.61	5.50
6	143	106	37	19	9	6	2	1	5	68	0.48	4.28
7	142	100	42	22	12	5	1	2	12	82	0.58	5.20
8	142	118	24	14	9	5	0	1	5	60	0.42	2.54
9	121	81	40	19	15	3	2	1	9	75	0.62	5.58
10	12	6	6	4	0	2	0	0	1	14	1.17	10.50
11	3	2	1	1	0	0	0	0	1	1	0.33	3.00
12	-	-	-	-	-	-	-	-	-	-	-	-
합계		0점	1+점	1점	2점	3점	4점	5+점	최다	합계	평균	평균/9
	1283	934	349	182	96	40	15	16	12	655	0.51	4.59

이닝별 실점

이닝	경기	0점	1+점	1점	2점	3점	4점	5+점	최다	합계	평균	평균/9
1	144	99	45	20	14	4	5	2	6	91	0.63	5.69
2	144	94	50	28	10	4	5	3	5	95	0.66	5.94
3	144	93	51	18	16	7	3	7	12	132	0.92	8.25
4	144	92	52	18	16	14	1	3	5	111	0.77	6.94
5	144	96	48	22	14	8	3	1	5	91	0.63	5.69
6	144	90	54	30	12	7	4	1	7	98	0.68	6.13
7	142	91	51	22	12	7	4	6	11	111	0.78	7.04
8	142	99	43	23	7	8	3	0	5	75	0.58	5.26
9	97	66	28	13	9	4	1	1	5	52	0.54	4.82
10	12	6	3	2	1	0	0	0	1	10	0.83	7.50
11	3	1	2	2	0	0	0	0	1	2	0.67	6.00
12	-	-	-	-	-	-	-	-	-	-	-	-
합계		0점	1+점	1점	2점	3점	4점	5+점	최다	합계	평균	평균/9
	1260	832	428	198	110	61	38	21	12	876	0.70	6.26

투수

우언우타
1991년 9월 16일
187cm / 88kg
연봉 1억 1500만 원
경력 광주대성초-광주동성중
　　　-화순고-동국대
지명순위 14 kt 2차 1라운드
　　　10순위

NO. **1** 고영표

　사이드암 투수로 140km/h 초반의 패스트볼과 커브, 싱커, 체인지업을 구사한다. 결정구는 체인지업이다. 고영표의 체인지업은 스트라이크존을 향해 살짝 솟구쳐 오르다 5시 방향을 '뚝' 떨어진다. 게다가 옆으로 채는 팔스윙이라 공이 날아오는 궤적이 더 생소하다. 타자로선 방망이에 맞히기가 매우 어렵다. 공이 빠르진 않지만 제구력이 좋고, 볼넷을 적게 준다. 뜬공보다 땅볼이 많은 전형적인 땅볼 투수. 약점은 몸에 맞는 볼이 많고, 특히 좌타자 상대로 약하다는 점이다. 이는 어느 '옆구리 투수'와 마찬가지다. 2017시즌은 팀 내에서 토종 에이스의 면모를 보여줬다. 다행히 지난해엔 볼넷 억제력과 삼진 대비 볼넷 비율이 많이 좋아져 리그 상위권 수준의 기록을 남겼다. 수비의 도움을 못 받아 저평가된 선수다.

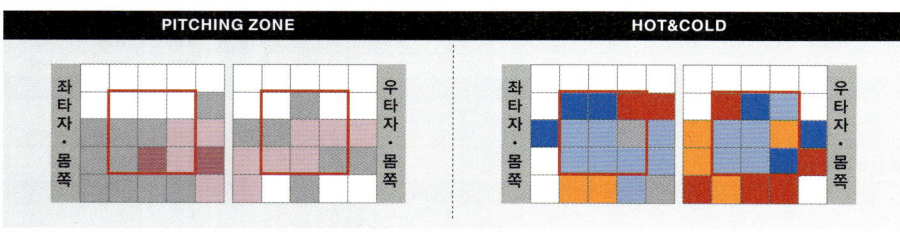

PITCHING ZONE ■ 15% 이상　■ 12~14%　■ 9~11%　■ 6~8%　■ 3~5%　□ 2% 이하
HOT&COLD ■ 피안타율 0.099 이하　■ 0.100~0.199　■ 0.200~0.299　■ 0.300~0.399　■ 피안타율 0.400 이상　□ 3타수 미만

최근 3년간 성적

연도	팀명	평균자책	경기	승	패	세이브	홀드	승률	타자수	이닝	피안타	피홈런	볼넷	탈삼진	실점	자책점	WHIP	WAR
2015	kt	5.68	46	3	4	0	0	0.429	266	57	63	2	19	57	41	36	1.53	0.58
2016	kt	5.59	53	2	4	0	5	0.333	260	56 1/3	65	6	19	62	38	35	1.49	0.44
2017	kt	5.08	25	8	12	0	1	0.400	612	141 2/3	170	13	16	125	84	80	1.31	3.27
통산		5.33	124	13	20	0	6	0.394	1138	255	303	21	54	244	163	151	1.40	-

구속/구사율/피안타율

구종	평균구속	종합	초구	2-2	좌타자	우타자	피안타율
포심패스트볼	134	9%	8%	11%	9%	10%	0.340
투심/싱커	134	38%	44%	25%	36%	40%	0.378
컷패스트볼	-	-	-	-	-	-	-
슬라이더	-	-	-	-	-	-	-
커브	111	18%	25%	14%	14%	23%	0.297
체인지업	115	35%	23%	50%	42%	28%	0.200
포크/SF/너클	-	-	-	-	-	-	-

볼카운트별 피안타율

볼카운트	피안타율	타수	피안타	볼카운트	피안타율	타수	피안타
0-0	0.343	70	24	2-0	0.444	18	8
0-1	0.407	59	24	2-1	0.222	18	4
0-2	0.174	69	12	2-2	0.184	76	14
1-0	0.340	50	17	3-0	-	0	0
1-1	0.561	41	23	3-1	0.615	13	8
1-2	0.210	119	25	3-2	0.314	35	11

S〉B : 0.247 / S=B : 0.326 / S〈B : 0.358

기타 기록

상대 타자 타구 방향

39%　24%　37%

이닝당 투구수	15.4
땅볼／뜬공	1.64

상황별 기록

상황	안타	2루타	3루타	홈런	볼넷	사구	삼진	폭투	보크	피안타율
주자 없음	92	16	1	3	2	10	76	0	0	0.267
만루	4	2	0	0	1	0	1	0	0	0.444
주자 있음	78	16	0	10	14	8	49	6	1	0.348
득점권	45	11	0	6	11	3	28	4	0	0.344
상위(1~2번)	43	6	0	4	1	34	3	1	0.295
중심(3~5번)	62	11	0	9	5	9	44	2	0	0.308
하위(6~9번)	65	15	1	7	8	47	1	0	0.294
좌타자	92	16	0	7	9	7	59	4	1	0.325
우타자	78	16	1	4	9	11	66	2	0	0.274

상대팀별 기록

구분	경기	평균자책	승	패	세이브	홀드	이닝	피안타	피홈런	볼넷	삼진	피안타율
KIA	1	6.75	0	1	0	0	5 1/3	8	1	0	6	0.333
두산	5	2.70	2	1	0	0	30	32	4	4	26	0.271
롯데	1	12.60	0	1	0	0	5	10	1	0	3	0.417
NC	3	6.61	1	2	0	0	16 1/3	21	2	1	13	0.304
SK	3	5.26	3	1	0	1	25 2/3	31	3	1	29	0.307
LG	3	2.45	1	2	0	0	22	19	0	2	15	0.241
넥센	4	4.61	0	2	0	0	13 2/3	14	0	2	12	0.255
한화	3	4.86	1	1	0	0	16 2/3	16	1	4	17	0.250
삼성	2	14.14	0	1	0	0	7	19	1	0	8	0.559

NO. 58 금민철

투수

좌투좌타
1986년 11월 7일
181cm / 87kg
경력 부천북초–부천중–동산고
–(한국디지털대)–두산
지명순위 05 두산 2차 4라운드
26순위

140km/h의 패스트볼과 컷패스트볼, 스플리터, 커브 등 다양한 변화구를 섞어 던진다. 구속으로 승부하기 보다는 다양한 변화구를 섞어 승부하는 스타일이다. 특히 패스트볼은 상대하기가 상당히 까다롭고 볼 끝이 좋은 컷패스트볼도 상대하기 힘들다. 기본적으로 구위가 좋아 삼진능력이 있지만 제구력에 문제가 있고 컨디션이 안 좋으면 볼넷이 많아지면서 이닝이터의 능력이 떨어지는 단점이 있다. 구속으로 승부하기보다 좋은 볼 끝과 컷 패스트볼 등 다양한 변화구로 승부하는 스타일이다. 또한 투구 폼에 문제가 많아 이를 교정하려고 노력했지만 공의 위력이 떨어지는 단점이 발생해 예전의 폼에 하체를 고전시키는 궁여지책으로 더 이상 투구 폼을 건드리지 않는 방향으로 가닥을 잡았다.

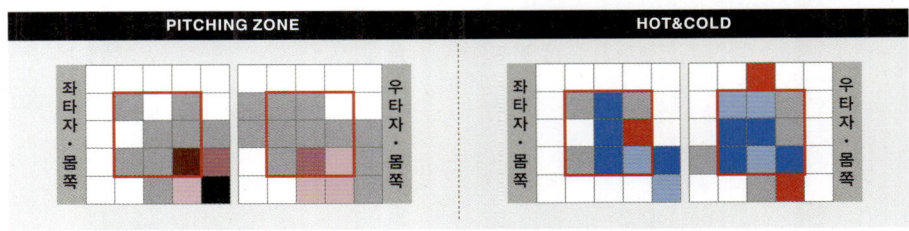

PITCHING ZONE ■ 15% 이상 ■ 12~14% ■ 9~11% ■ 6~8% ■ 3~5% □ 2% 가하
HOT&COLD ■ 피안타율 0.099 이하 ■ 0.100~0.199 ■ 0.200~0.299 ■ 0.300~0.399 ■ 피안타율 0.400 이상 □ 3타수 미만

최근 3년간 성적

연도	팀명	평균자책	경기	승	패	세이브	홀드	승률	타자수	이닝	피안타	피홈런	볼넷	탈삼진	실점	자책점	WHIP	WAR
2015	넥센	4.50	7	1	1	0	0	0.500	104	22	25	2	14	11	11	11	1.77	0.34
2016	넥센	5.13	14	1	1	0	0	0.500	125	26 1/3	36	2	9	16	16	15	1.71	0.22
2017	넥센	6.33	36	4	4	0	3	0.500	269	54	81	3	33	42	40	38	2.11	0.28
통산		4.57	310	30	38	0	20	0.441	2766	608	623	41	360	428	348	309	1.62	-

구속/구사율/피안타율

구종	평균구속	종합	초구	2-2	좌타자	우타자	피안타율
포심패스트볼	133	77%	80%	72%	80%	76%	0.337
투심/싱커	-	-	-	-	-	-	-
컷패스트볼	-	-	-	-	-	-	-
슬라이더	116	1%	0%	2%	1%	1%	0.000
커브	114	22%	19%	26%	19%	23%	0.421
체인지업	-	-	-	-	-	-	-
포크/SF/너클	-	-	-	-	-	-	-

볼카운트별 피안타율

볼카운트	피안타율	타수	피안타	볼카운트	피안타율	타수	피안타
0-0	0.364	33	12	2-0	0.500	4	2
0-1	0.571	21	12	2-1	0.333	9	3
0-2	0.182	22	4	2-2	0.250	40	10
1-0	0.500	16	8	3-0	-	0	0
1-1	0.429	21	9	3-1	0.600	5	3
1-2	0.341	41	14	3-2	0.211	19	4

S〉B 0.357 / S=B : 0.330 / S〈B : 0.377

기타 기록

상대 타자 타구 방향

47% 24% 30%

이닝당 투구수	19.3
땅볼 / 뜬공	1.42

상황별 기록

상황	안타	2루타	3루타	홈런	볼넷	사구	삼진	폭투	보크	피안타율
주자 없음	30	3	1	2	20	0	18	0	0	0.330
만루	1	0	0	0	1	1	0	0	0	0.167
주자 있음	51	11	0	1	13	3	24	2	0	0.364
득점권	27	7	0	1	8	2	18	2	0	0.325
상위(1~2번)	20	2	0	1	7	2	11	0	0	0.339
중심(3~5번)	36	9	0	1	13	0	14	0	0	0.409
하위(6~9번)	25	3	1	1	13	1	17	2	0	0.298
좌타자	29	4	0	1	17	0	14	0	0	0.354
우타자	52	10	1	3	16	3	28	2	0	0.349

상대팀별 기록

구분	경기	평균자책	승	패	세이브	홀드	이닝	피안타	피홈런	볼넷	삼진	피안타율
KIA	5	0.00	0	0	0	0	4 1/3	3	0	3	2	0.200
두산	4	10.13	0	1	0	1	5 1/3	11	0	2	4	0.407
롯데	3	2.70	1	0	0	1	6 2/3	5	1	4	9	0.208
NC	3	7.88	0	0	0	0	8	13	1	3	1	0.382
SK	2	0.00	0	0	0	1	2	3	0	2	1	0.375
LG	3	3.86	0	1	0	0	7	9	0	4	9	0.310
한화	4	15.00	0	1	0	0	3	6	0	6	2	0.400
삼성	3	7.71	1	0	0	0	3 1/3	4	0	3	6	0.366
kt	4	7.56	1	1	0	0	8 1/3	16	1	4	6	0.421

kt wiz suwon

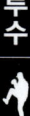

투수

우투우타
1990년 9월 16일
185cm / 91kg
연봉 1억 1000만 원
경력 서울도곡초-휘문중-휘문고
지명순위 15 kt 2차 특별 13순위

NO.62 김재윤

150km/h 초반의 묵직한 패스트볼과 슬라이더 스플리터를 던지는 우완 파이어볼러다. 패스트볼 하나만큼은 컨트롤과 구위 측면에서 매우 좋은 투수다. 빠른 공의 공 끝이 매우 좋고 컨디션이 좋은 날에는 무브먼트가 심하게 걸릴 정도. 컨트롤 또한 좋아서 높은 평가를 받는다. 포수에서 투수로 전환한 탓인지 투구 수가 많아지면 구위가 많이 떨어지는 게 약점. kt 데뷔 후 통산 K/9이 12개에 BB/9이 2개 근처, FIP는 2점대로 좋은 편이다. 2015년, 최하위 팀에서 새롭게 나타난 구원왕 후보였지만, 클로저가 아닌 관계로 좀처럼 세이브 기회를 잡지 못했다. 그러나 2017시즌 41경기 37과 1/3이닝 동안 3승 5패 15세이브, 평균자책점 5.79를 기록했다. 제2의 오승환을 꿈꾸는 그가 2018시즌에 나래를 펼 수 있을까.

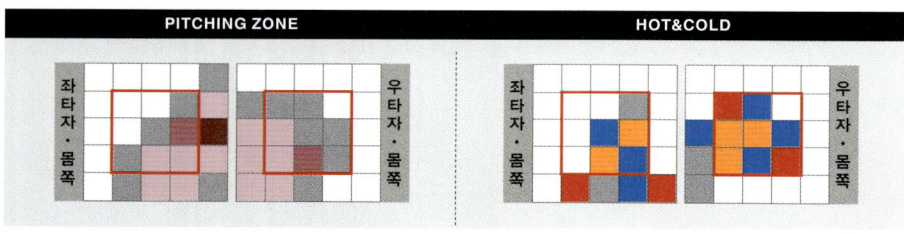

PITCHING ZONE ■ 15% 이상 ■ 12~14% ■ 9~11% ▨ 6~8% ▨ 3~5% □ 2% 이하
HOT&COLD ■ 피안타율 0.099 이하 ■ 0.100~0.199 ■ 0.200~0.299 ■ 0.300~0.399 ■ 피안타율 0.400 이상 □ 3타수 미만

최근 3년간 성적

연도	팀명	평균자책	경기	승	패	세이브	홀드	승률	타수	이닝	피안타	피홈런	볼넷	탈삼진	실점	자책점	WHIP	WAR
2015	kt	4.23	42	1	2	0	6	0.333	188	44 2/3	46	3	12	70	23	21	1.30	1.46
2016	kt	4.97	52	8	1	1	14	0.889	235	54 1/3	61	6	15	73	31	30	1.40	1.28
2017	kt	5.79	41	3	5	15	0	0.375	161	37 1/3	41	1	11	31	25	24	1.39	0.75
통산		4.95	135	12	8	29	7	0.600	584	136 1/3	148	10	38	174	79	75	1.36	-

구속/구사율/피안타율

구종	평균구속	종합	초구	2-2	좌타자	우타자	피안타율
포심패스트볼	145	79%	86%	76%	79%	78%	0.300
투심/싱커	-	-	-	-	-	-	-
컷패스트볼	-	-	-	-	-	-	-
슬라이더	135	13%	9%	15%	6%	19%	0.259
커브	-	-	-	-	-	-	-
체인지업	-	-	-	-	-	-	-
포크/SF/너클	134	8%	5%	10%	15%	3%	0.364

볼카운트별 피안타율

볼카운트	피안타율	타수	피안타	볼카운트	피안타율	타수	피안타
0-0	0.172	29	5	2-0	0.500	2	1
0-1	0.333	9	3	2-1	0.400	5	2
0-2	0.200	15	3	2-2	0.217	23	5
1-0	0.455	11	5	3-0	-	0	0
1-1	0.364	11	4	3-1	0.000	4	0
1-2	0.417	24	10	3-2	0.250	12	3

S>B : 0.333 / S=B : 0.222 / S<B : 0.324

기타 기록

상대 타자 타구 방향: 42% 27% 31%

이닝당 투구수	16.3
땅볼 / 뜬공	0.79

상황별 기록

상황	안타	2루타	3루타	홈런	볼넷	사구	삼진	폭투	보크	피안타율
주자 없음	19	5	1	1	3	1	19	0	0	0.238
만루	4	0	0	0	0	0	2	0	0	0.400
주자 있음	22	1	3	0	8	0	12	1	0	0.338
득점권	16	1	2	0	7	0	10	1	0	0.356
상위(1~2번)	11	2	1	0	3	1	2	1	0	0.407
중심(3~5번)	16	4	1	0	5	0	9	0	0	0.356
하위(6~9번)	14	0	2	1	3	0	20	0	0	0.192
좌타자	17	4	2	0	4	0	12	0	0	0.327
우타자	24	4	2	1	7	1	19	1	0	0.258

상대팀별 기록

구분	경기	평균자책	승	패	세이브	홀드	이닝	피안타	피홈런	볼넷	삼진	피안타율
KIA	4	4.91	1	0	3	0	3 2/3	5	0	3	3	0.313
두산	4	0.00	0	0	1	0	3 1/3	0	0	1	3	0.000
롯데	4	4.91	0	1	3	0	3 2/3	4	0	1		0.267
NC	4	1.69	1	1	0	0	5 1/3	3	0	1		0.176
SK	5	0.00	0	0	4	0	6	3	0	0	5	0.158
LG	7	18.00	0	1	1	0	4	9	0	0	4	0.450
넥센	3	0.00	0	0	2	0	4	2	0	0	3	0.286
한화	4	6.23	0	0	1	0	4 1/3	2	1	1	4	0.368
삼성	4	14.40	1	1	2	0	5	8	0	4	5	0.348

NO. 40 니퍼트

투수

2m의 큰 키에서 내리꽂는 150km/h 초반의 패스트볼과 슬라이더, 서클 체인지업, 커브를 던진다. 선수들이 뽑은 최고의 직구를 가지고 있다. 특히 패스트볼의 1분당 회전수(2600rpm)가 오승환 선수(2300rpm)보다 많다. 특히 슬라이더는 선수들 사이에서 마구로 통한다. 준수한 제구력과 위기관리 능력이 뛰어나다. 평상시 70 내지 80% 정도의 힘으로 던지다가 주자가 나가면 100%의 힘으로 전력투구를 한다. 한국에서의 연차가 쌓이면서 경험도 늘고 그만큼 한국 타자들을 상대로 한 수싸움에 능해졌다. 38세의 많은 나이와 예전만 못한 구위, 그리고 2017 한국시리즈에서의 부진 등으로 방출되어 Kt로 왔다. 썩어도 준치라는 말이 있듯이 2018시즌 멋지게 재기하기 바란다.

우투우타
1981년 5월 6일
203cm / 103kg
경력 미국 웨스트 버지니아대
지명순위 11 두산 자유선발

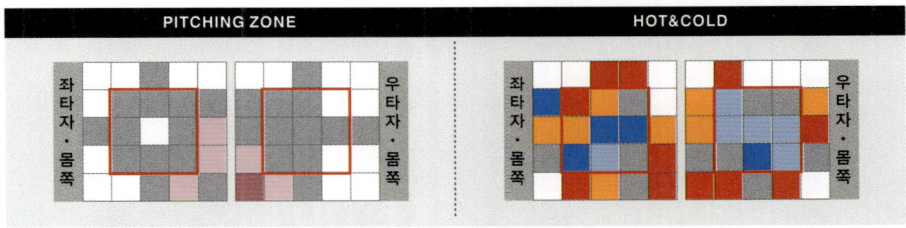

PITCHING ZONE ■ 15% 이상 ■ 12~14% ■ 9~11% ■ 6~8% ■ 3~5% □ 2% 이하
HOT&COLD ■ 피안타율 0.099 이하 ■ 0.100~0.199 ■ 0.200~0.299 ■ 0.300~0.399 ■ 피안타율 0.400 이상 □ 3타수 미만

최근 3년간 성적

연도	팀명	평균자책	경기	승	패	세이브	홀드	승률	타자수	이닝	피안타	피홈런	볼넷	탈삼진	실점	자책점	WHIP	WAR
2015	두산	5.10	20	6	5	0	0	0.545	404	90	104	4	33	76	54	51	1.52	1.39
2016	두산	2.95	28	22	3	0	0	0.880	701	167 2/3	151	15	57	142	61	55	1.24	5.15
2017	두산	4.06	30	14	8	0	0	0.636	782	179 2/3	175	20	77	161	88	81	1.40	2.68
통산		3.48	185	94	43	0	1	0.686	4677	1115 2/3	1030	86	381	917	469	432	1.26	-

구속/구사율/피안타율

구종	평균구속	종합	초구	2-2	좌타자	우타자	피안타율
포심패스트볼	147	54%	58%	44%	56%	52%	0.277
투심/싱커	144	2%	1%	2%	1%	2%	0.333
컷패스트볼	-	-	-	-	-	-	-
슬라이더	130	23%	16%	33%	4%	35%	0.213
커브	118	3%	8%	1%	1%	5%	0.429
체인지업	132	19%	16%	20%	39%	5%	0.228
포크/SF/너클	-	-	-	-	-	-	-

볼카운트별 피안타율

볼카운트	피안타율	타수	피안타	볼카운트	피안타율	타수	피안타
0-0	0.370	81	30	2-0	0.455	11	5
0-1	0.339	62	21	2-1	0.182	33	6
0-2	0.172	64	11	2-2	0.200	100	20
1-0	0.340	50	17	3-0	1.000	1	1
1-1	0.343	70	24	3-1	0.563	16	9
1-2	0.134	82	11	3-2	0.179	112	20

S > B : 0.207 / S = B : 0.295 / S < B : 0.260

기타 기록

상대 타자 타구 방향

42% 24% 34%

이닝당 투구수	17.6
땅볼 / 뜬공	0.92

상황별 기록

상황	안타	2루타	3루타	홈런	볼넷	사구	삼진	폭투	보크	피안타율
주자 없음	97	19	4	11	39	7	86	0	0	0.253
만루	3	1	0	0	0	0	3	0	0	0.300
주자 있음	78	16	1	9	38	3	75	13	0	0.261
득점권	41	13	1	4	26	1	53	7	0	0.225
상위(1~2번)	55	9	3	3	20	0	38	4	0	0.316
중심(3~5번)	60	13	1	8	29	4	54	6	0	0.250
하위(6~9번)	60	13	1	9	28	6	69	3	0	0.224
좌타자	62	14	3	4	39	1	59	3	0	0.239
우타자	113	21	1	14	38	9	102	10	0	0.267

상대팀별 기록

구분	경기	평균자책	승	패	세이브	홀드	이닝	피안타	피홈런	볼넷	삼진	피안타율
KIA	4	9.00	1	3	0	0	20	29	3	11	19	0.337
롯데	1	0.00	1	0	0	0	6	6	0	2	8	0.250
NC	4	5.56	1	1	0	0	22 2/3	26	4	11	17	0.295
SK	3	1.80	1	1	0	0	20	10	1	5	20	0.143
LG	1	6.00	0	1	0	0	6	6	1	7	4	0.300
넥센	4	4.07	2	1	0	0	24 1/3	22	3	10	14	0.244
한화	4	4.15	3	0	0	0	26	24	5	13	29	0.250
삼성	5	1.50	3	0	0	0	30	24	3	8	25	0.223
kt	4	4.01	3	1	0	0	24 2/3	27	0	10	25	0.281

투수

NO. 29 류희운

191cm, 103kg의 좋은 신체 조건과 140km/h 중후반대의 패스트볼, 슬라이더, 포크볼과 커브를 장착했다. 북일고 시절 8승 5패 평균자책점 1.88을 기록하며 박세웅, 심재민과 고교 에이스 3총사로 불렸다. kt 계약 1호 선수였으나, 2014년 입단하자마자 토미 존 수술을 받았다. 투구 시 상체가 쏠리는 문제가 발생해 훈련을 통해 많이 교정했다. 1년 반 동안 재활에만 매진한 뒤 2016년 불펜에서 8.1이닝만 던졌다. 2017년 24경기에 등판해 81이닝을 투구하면서, 선발로 출전해 4승 4패, 평균자책점 7.67로 가능성과 한계를 동시에 보여줬다. 특히 선발과 중간 계투를 하면서 팀이 가장 어려운 시기에 활약하며 연패를 끊는 등 도움을 줬다. 선발승이 2승이고 구원승이 2승으로 1년간 바쁘게 움직였다.

우투우타
1995년 6월 19일
191cm / 103kg
연봉 4000만 원
경력 천안남산초―천안북중―북일고
지명순위 14 kt 우선지명

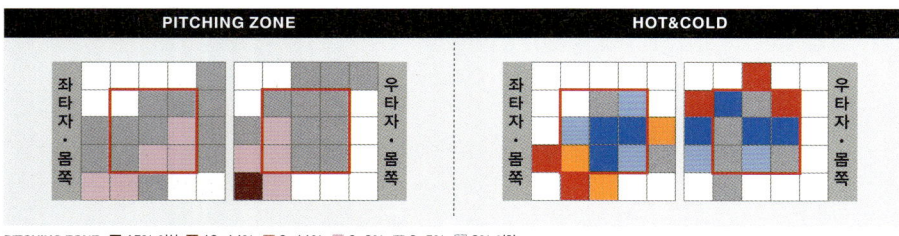

PITCHING ZONE ■ 15% 이상 ■ 12~14% ■ 9~11% ■ 6~8% ■ 3~5% □ 2% 이하
HOT&COLD ■ 피안타율 0.099 이하 ■ 0.100~0.199 ■ 0.200~0.299 ■ 0.300~0.399 ■ 피안타율 0.400 이상 □ 3타수 미만

최근 3년간 성적

연도	팀명	평균자책	경기	승	패	세이브	홀드	승률	타자수	이닝	피안타	피홈런	볼넷	탈삼진	실점	자책점	WHIP	WAR
2015	―																	
2016	kt	10.80	5	0	0	0	0		40	8 1/3	13	1	3	3	10	10	1.92	-0.10
2017	kt	7.67	24	4	4	0	0	0.500	395	81	99	18	53	52	72	69	1.88	-0.46
통산		7.96	29	4	4	0	0	0.500	435	89 1/3	112	19	56	55	82	79	1.88	

구속/구사율/피안타율

구종	평균구속	종합	초구	2-2	좌타자	우타자	피안타율
포심패스트볼	143	54%	59%	51%	61%	49%	0.351
투심/싱커	-	-	-	-	-	-	-
컷패스트볼	-	-	-	-	-	-	-
슬라이더	131	17%	15%	17%	6%	25%	0.271
커브	116	8%	8%	10%	6%	9%	0.321
체인지업	-	-	-	-	-	-	-
포크/SF/너클	130	21%	18%	22%	27%	17%	0.271

볼카운트별 피안타율

볼카운트	피안타율	타수	피안타	볼카운트	피안타율	타수	피안타
0-0	0.250	40	10	2-0	0.286	7	2
0-1	0.435	23	10	2-1	0.438	16	7
0-2	0.294	17	5	2-2	0.295	61	18
1-0	0.481	27	13	3-0	1.000	1	1
1-1	0.286	35	10	3-1	0.333	9	3
1-2	0.145	55	8	3-2	0.333	36	12

S 〉 B : 0.242 / S = B : 0.279 / S 〈 B : 0.396

기타 기록

상대 타자 타구 방향

45% 19% 36%

이닝당 투구수 19.6
땅볼 / 뜬공 0.72

상황별 기록

상황	안타	2루타	3루타	홈런	볼넷	사구	삼진	폭투	보크	피안타율
주자 없음	50	10	1	12	26	3	24	0	0	0.305
만루	5	2	0	1	2	0	0	0	0	0.417
주자 있음	49	14	1	6	27	5	28	5	1	0.301
득점권	33	10	1	3	18	4	18	2	1	0.333
상위(1~2번)	27	9	1	1	17	2	3	2	0	0.355
중심(3~5번)	34	9	1	8	20	1	23	2	0	0.304
하위(6~9번)	38	6	0	9	16	5	26	1	1	0.273
좌타자	45	14	1	7	19	3	27	3	0	0.308
우타자	54	10	1	11	34	5	25	2	1	0.298

상대팀별 기록

구분	경기	평균자책	승	패	세이브	홀드	이닝	피안타	피홈런	볼넷	삼진	피안타율
KIA	3	14.63	0	1	0	0	8	16	2	3	5	0.421
두산	4	6.23	1	0	0	0	13	17	2	13	11	0.333
롯데	3	7.30	1	1	0	0	12 1/3	18	3	5	9	0.340
NC	2	7.00	0	0	0	0	9	11	0	4	8	0.282
SK	1	10.38	0	1	0	0	4 1/3	3	1	5	2	0.200
LG	1	5.40	0	0	0	0	5	4	0	1	6	0.222
넥센	2	7.00	1	0	0	0	7	4	1	8	7	0.222
한화	2	9.53	0	0	0	0	11 1/3	15	4	8	6	0.341
삼성	3	3.00	1	0	0	0	9	7	0	4	4	0.212

NO.34 심재민

투수

초등학교 시절부터 130km/h의 패스트볼을 기록할 정도로 야구 신동이었다. 그러나 이후 제대로 크지 못했고 구속은 생각대로 올라오지 못한 '조숙증 투수'가 되고 말았다. 평균구속 137km/h, 최고구속 147km/h에 이르는 패스트볼, 슬라이더, 커브를 구사하는 자완 정통파 수투로 특히 슬라이더가 위력적이다. 그러나 입단 후 토미 존 수술을 받았다. 구속, 구위가 완벽하지 않은 편이며 제구력이 들쭉날쭉하다. 또한 2016년도에도 스프링 캠프 도중 팔꿈치 통증으로 중도 하차했다. 2017시즌 완전하게 붕괴된 kt 불펜의 유일한 좌완 필승 계투로 마당쇠와 같은 활약을 보였다. 그리고 아시아 프로야구 챔피언십에 이름을 올렸다. 2018시즌 실질적으로 kt 마운드를 책임져야 할 신예이기에 구단의 기대가 크다.

좌투좌타
1994년 2월 18일
182cm / 92kg
연봉 8000만 원
경력 장유초(김해엔젤스리틀)
~개성중~개성고~(전남과학대)
지명순위 14 kt 우선지명

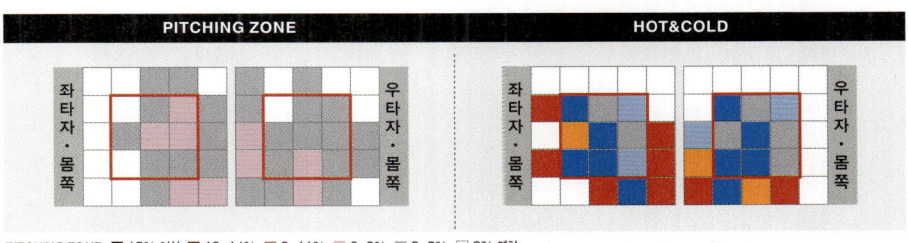

| PITCHING ZONE | | | HOT&COLD | | |

PITCHING ZONE ■ 15% 이상 ■ 12~14% ■ 9~11% ■ 6~8% ■ 3~5% □ 2% 이하
HOT&COLD ■ 피안타율 0.099 이하 ■ 0.100~0.199 ■ 0.200~0.299 ■ 0.300~0.399 ■ 피안타율 0.400 이상 □ 3타수 미만

최근 3년간 성적

연도	팀명	평균자책	경기	승	패	세이브	홀드	승률	타수	이닝	피안타	피홈런	볼넷	탈삼진	실점	자책점	WHIP	WAR
2015	kt	6.87	50	2	3	0	1	0.400	270	56 1/3	68	3	41	29	45	43	1.93	0.11
2016	kt	5.47	59	2	3	0	7	0.400	255	54 1/3	75	4	24	30	36	33	1.82	0.25
2017	kt	5.18	64	1	7	0	13	0.125	344	74 2/3	86	11	31	69	48	43	1.57	0.84
통산		5.78	173	5	13	0	21	0.278	869	185 1/3	229	18	96	128	129	119	1.75	-

구속/구사율/피안타율

구종	평균구속	종합	초구	2-2	좌타자	우타자	피안타율
포심패스트볼	141	49%	52%	46%	47%	52%	0.310
투심/싱커	-	-	-	-	-	-	-
컷패스트볼	-	-	-	-	-	-	-
슬라이더	130	19%	19%	21%	38%	5%	0.294
커브	119	12%	11%	19%	13%	11%	0.286
체인지업	129	20%	19%	15%	2%	34%	0.276
포크/SF/너클	-	-	-	-	-	-	-

볼카운트별 피안타율

볼카운트	피안타율	타수	피안타	볼카운트	피안타율	타수	피안타
0-0	0.433	29	14	2-0	0.538	13	7
0-1	0.519	27	14	2-1	0.238	21	5
0-2	0.333	15	5	2-2	0.213	47	10
1-0	0.364	22	8	3-0	0.000	2	0
1-1	0.346	26	9	3-1	1.000	3	3
1-2	0.035	63	6	3-2	0.167	30	5

S > B : 0.238 / S = B : 0.324 / S < B : 0.308

기타 기록

상대 타자 타구 방향

41%　24%　35%

이닝당 투구수 18.2
땅볼 / 뜬공 1.01

상황별 기록

상황	안타	2루타	3루타	홈런	볼넷	사구	삼진	폭투	보크	피안타율
주자없음	42	5	0	5	16	1	41	0	0	0.276
만루	2	0	0	0	0	0	0	0	0	0.500
주자있음	44	7	1	6	15	3	28	4	1	0.301
득점권	25	4	1	5	10	3	20	2	0	0.298
상위(1~2번)	22	4	0	2	9	1	16	0	0	0.268
중심(3~5번)	36	2	1	4	11	2	24	4	1	0.336
하위(6~9번)	28	6	0	5	11	1	29	0	0	0.257
좌타자	36	6	1	0	10	2	36	2	1	0.252
우타자	50	5	0	9	18	4	33	2	0	0.323

상대팀별 기록

구분	경기	평균자책	승	패	세이브	홀드	이닝	피안타	피홈런	볼넷	삼진	피안타율
KIA	6	6.97	0	1	0	2	10 1/3	17	3	3	10	0.362
두산	6	5.14	0	0	0	2	7	7	1	5	8	0.250
롯데	6	3.55	0	0	0	1	8 2/3	7	0	4	8	0.233
NC	5	4.50	0	0	0	2	4	3	1	5	2	0.200
SK	6	2.70	0	1	0	0	3 1/3	3	1	1	5	0.231
LG	8	7.45	0	2	0	1	9 2/3	15	2	5	8	0.357
넥센	8	3.24	0	1	0	2	8 1/3	8	0	4	8	0.250
한화	11	2.77	1	1	0	3	12	12	2	1	8	0.250
삼성	8	6.97	0	1	0	2	10 1/3	14	1	6	7	0.326

투수

우언우타
1996년 10월 4일
187cm / 72kg
연봉 7600만 원
경력 역삼초-언북중-덕수고
지명순위 15 kt 1차

NO. 12 **엄상백**

　평균 141~142km/h, 2017시즌 들어 최고 153km/h의 구속을 달성했다. 패스트볼 구속도 좋지만 무브먼트도 매우 좋은 편이다. 이제 고졸 2년차 선수라 패스트볼 구속, 구위 성장 가능성이 충분히 남아 있다고 할 수 있다. 종으로 꺾이는 슬라이더, 체인지업의 무브먼트도 우수하다. 특히 체인지업의 경우는 슬라이더보다 주 무기로 사용할 만큼 구종이 훌륭한 편이다. 다만 주자가 쌓일 때 평정심 유지가 안 되는 게 문제다. 멘탈 문제만 해결된다면 더 좋은 피칭을 이어갈 수 있다. 2016시즌은 주로 선발로 등판했지만, 2017시즌에는 중간 계투로 많이 활약했다. 팀과 본인을 위해서라도 선발로 등판해야 한다. 야구에서는 맞으면서 성장한다는 말이 있다. 실망하기보다는 미래 지향적인 피칭을 해야 한다.

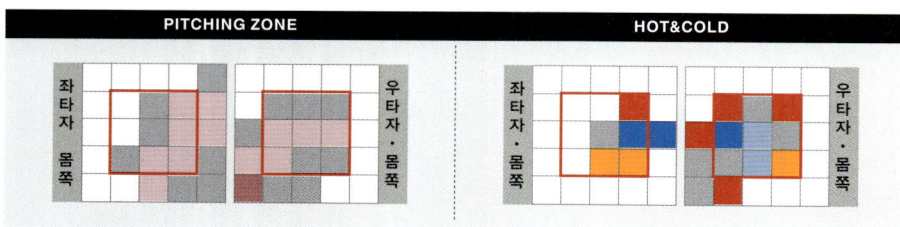

PITCHING ZONE　■ 15% 이상　■ 12~14%　■ 9~11%　■ 6~8%　■ 3~5%　□ 2% 이하
HOT&COLD　■ 피안타율 0.099 이하　■ 0.100~0.199　■ 0.200~0.299　■ 0.300~0.399　■ 피안타율 0.400 이상　□ 3타수 미만

최근 3년간 성적

연도	팀명	평균자책	경기	승	패	세이브	홀드	승률	타자수	이닝	피안타	피홈런	볼넷	탈삼진	실점	자책점	WHIP	WAR
2015	kt	6.66	28	5	6	0	0	0.455	465	100	127	15	50	78	77	74	1.77	1.15
2016	kt	6.75	52	1	5	1	8	0.167	345	73 1/3	93	8	40	57	61	55	1.81	0.08
2017	kt	4.15	52	1	3	0	8	0.250	229	52	48	3	22	39	28	24	1.35	0.83
통산		6.11	132	7	14	1	16	0.333	1039	225 1/3	268	26	112	174	166	153	1.69	-

구속/구사율/피안타율

구종	평균구속	종합	초구	2-2	좌타자	우타자	피안타율
포심패스트볼	147	73%	74%	71%	78%	72%	0.250
투심/싱커	-	-	-	-	-	-	-
컷패스트볼	-	-	-	-	-	-	-
슬라이더	133	12%	9%	13%	2%	15%	0.294
커브	127	8%	8%	5%	2%	10%	0.133
체인지업	131	7%	9%	11%	18%	4%	0.357
포크/SF/너클	-	-	-	-	-	-	-

볼카운트별 피안타율

볼카운트	피안타율	타수	피안타	볼카운트	피안타율	타수	피안타
0-0	0.394	33	13	2-0	0.500	4	2
0-1	0.235	17	4	2-1	0.400	5	2
0-2	0.125	16	2	2-2	0.094	32	3
1-0	0.389	18	7	3-0	1.000	1	1
1-1	0.238	21	5	3-1	0.500	2	1
1-2	0.103	29	3	3-2	0.250	20	5

S〉B : 0.145 / S=B : 0.244 / S〈B : 0.360

기타 기록

상대 타자 타구 방향

40%　25%　35%

이닝당 투구수	17.1
땅볼 / 뜬공	0.77

상황별 기록

상황	안타	2루타	3루타	홈런	볼넷	사구	삼진	폭투	보크	피안타율
주자 없음	28	6	0	3	5	2	22	0	0	0.241
만루	1	0	0	0	1	0	0	0	0	0.333
주자 있음	20	2	0	0	17	2	17	1	0	0.244
득점권	14	0	0	0	12	1	10	0	0	0.269
상위(1~2번)	5	1	0	0	4	0	0	0	0	0.192
중심(3~5번)	27	5	0	2	8	2	21	0	0	0.338
하위(6~9번)	16	2	0	1	10	2	18	1	0	0.174
좌타자	12	4	0	1	8	1	10	1	0	0.235
우타자	36	4	0	2	14	3	29	0	0	0.245

상대팀별 기록

구분	경기	평균자책	승	패	세이브	홀드	이닝	피안타	피홈런	볼넷	삼진	피안타율
KIA	5	0.00	0	0	0	2	4 2/3	0	0	0	4	0.000
두산	7	6.75	0	2	0	1	6 2/3	6	2	3	5	0.250
롯데	6	2.08	0	0	0	1	8 2/3	9	1	2	10	0.273
NC	8	2.61	0	1	0	0	10 1/3	6	0	5	4	0.162
SK	6	6.23	0	0	0	0	4 1/3	8	0	1	3	0.381
LG	7	7.71	0	0	0	0	7	8	0	6	5	0.276
넥센	4	1.59	1	0	0	1	5 2/3	4	0	4	7	0.190
한화	4	2.70	0	0	0	2	3 1/3	2	0	1	0	0.182
삼성	4	20.25	0	0	0	1	1 1/3	5	0	2	1	0.625

NO. 21 이상화

130km/h 후반의 패스트볼과 130km/h 초반의 슬라이더를 갖춘 '투피치' 투수다. 패스트볼 구속이 떨어졌지만, 디셉션, 무브먼트, 커맨드 등은 여전했다. 2016년, 롯데에서 이적해 kt의 새로운 마무리로 등장했다. 2017시즌 커터를 장착하면서 커터 47.8%, 패스트볼 39.2% 비율로 던졌다. 커터를 던지면서 재미를 많이 보았고 간간히 결정구로 너클커브를 보여주기 시작했다. 좌타자일 때는 커터, 패스트볼을 던지며 우타자일 때는 커터 대신 스플리터를 던졌다. 2017시즌에 활약하면서 큰 기복 없이 필승 계투 진으로 거듭나 코칭스태프와 팬들의 신뢰를 얻었다. 2017시즌 70경기 66이닝 4승 3패 6세이브 4홀드로 평균자책점 3.59를 기록하며 2018시즌 전망을 밝게 하고 있다.

투수

우투우타
1988년 3월 1일
188cm / 95kg
연봉 1억 원
경력 양정초-경남중-경남고-롯데
지명순위 07 롯데 1차

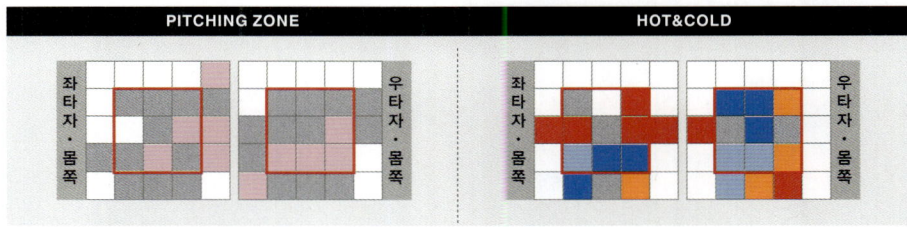

PITCHING ZONE

HOT&COLD

PITCHING ZONE ■ 15% 이상 ■ 12~14% ■ 9~11% ■ 6~8% ■ 3~5% □ 2% 이하
HOT&COLD ■ 피안타율 0.099 이하 ■ 0.100~0.199 ■ 0.200~0.299 ■ 0.300~0.399 ■ 피안타율 0.400 이상 □ 3타수 미만

최근 3년간 성적

연도	팀명	평균자책	경기	승	패	세이브	홀드	승률	타자수	이닝	피안타	피홈런	볼넷	탈삼진	실점	자책점	WHIP	WAR
2015	롯데	6.55	14	3	8	0	0	0.273	255	55	69	7	25	35	43	40	1.71	0.37
2016	kt	7.99	16	0	0	0	0	-	160	32 2/3	55	7	10	24	32	29	1.99	-0.31
2017	kt	3.95	70	4	3	6	4	0.571	277	66	68	4	16	57	32	29	1.27	1.55
	통산	5.94	126	10	17	6	5	0.370	1030	225 2/3	294	27	80	162	162	149	1.66	-

구속/구사율/피안타율

구종	평균구속	종합	초구	2-2	좌타자	우타자	피안타율
포심패스트볼	139	30%	33%	24%	31%	29%	0.279
투심/싱커	-	-	-	-	-	-	-
컷패스트볼	135	54%	47%	57%	56%	52%	0.298
슬라이더	131	2%	3%	0%	1%	3%	0.000
커브	117	10%	16%	16%	6%	13%	0.364
체인지업	-	-	-	-	-	-	-
포크/SF/너클	129	5%	2%	4%	6%	4%	0.000

볼카운트별 피안타율

볼카운트	피안타율	타수	피안타	볼카운트	피안타율	타수	피안타
0-0	0.407	27	11	2-0	0.600	10	6
0-1	0.250	12	3	2-1	0.353	17	6
0-2	0.235	17	4	2-2	0.216	51	11
1-0	0.368	19	7	3-0	-	0	0
1-1	0.250	32	8	3-1	0.667	3	2
1-2	0.182	33	6	3-2	0.143	28	4

S〉B : 0.210 / S=B : 0.273 / S〈B : 0.325

기타 기록

상대 타자 타구 방향

35% 31% 34%

이닝당 투구수	16.8
땅볼 / 뜬공	0.77

상황별 기록

상황	안타	2루타	3루타	홈런	볼넷	사구	삼진	폭투	보크	피안타율
주자 없음	32	5	0	0	7	2	31	0	0	0.254
만루	3	1	0	0	0	0	2	0	0	0.375
주자 있음	36	7	1	4	9	2	26	4	1	0.293
득점권	22	4	1	2	7	2	19	3	0	0.310
상위(1~2번)	16	3	0	0	2	1	10	0	0	0.281
중심(3~5번)	24	4	0	2	5	1	19	1	0	0.296
하위(6~9번)	28	5	1	2	9	2	25	3	1	0.252
좌타자	25	1	0	0	7	1	29	1	0	0.269
우타자	43	11	1	4	9	3	28	3	1	0.276

상대팀별 기록

구분	경기	평균자책	승	패	세이브	홀드	이닝	피안타	피홈런	볼넷	삼진	피안타율
KIA	5	8.31	0	0	0	0	4 1/3	7	0	4	4	0.389
두산	8	2.57	1	0	1	0	7	9	0	2	2	0.333
롯데	10	6.75	0	1	0	1	8	13	0	4	4	0.394
NC	9	7.50	0	1	1	0	6	7	2	0	5	0.292
SK	8	0.00	0	0	1	0	9	4	0	0	12	0.133
LG	9	2.57	2	0	1	1	9	11	0	2	4	0.306
넥센	7	4.50	1	0	2	0	8	6	1	0	10	0.200
한화	5	5.14	1	0	0	1	7	7	1	0	7	0.269
삼성	9	2.35	0	0	2	1	7 2/3	4	0	4	9	0.160

투수

좌투좌타
1996년 7월 10일
176cm / 74kg
연봉 4700만 원
경력 역삼초-휘문중-구리인창고
지명순위 15 kt 2차 2라운드
14순위

NO. 58 정성곤

140km/h 중반대의 패스트볼, 슬라이더, 체인지업을 사용한다. kt의 좌완투수로 체격은 작지만 팀 내 선발 유망주로 높은 기대를 받았다. 그러나 기대만큼 성장하지 못하면서 주로 패전 처리조 롱릴리프 역할을 수행해왔다. 2017시즌에 첫 번째 10패 투수가 되는 불명예를 얻었다. 시즌 준비는 선발로 시작했으나 5월 5일 한화전에서 5이닝 15피안타(1홈런) 1사사구, 12실점이라는 처참한 성적을 남겼다. 그러나 5월 27일 두산 니퍼트를 상대로 10점의 타선 지원을 받으며 시즌 첫 승과 더불어 617일 만에 선발승을 거두었다. 그 이후 선발보다는 주로 불펜에서 활약하면서 26경기 107과 2/3이닝 3승 12패 평균자책점 8.11을 기록했다. 유망주 출신답게 2018시즌에 포텐을 터트릴 수 있을까.

PITCHING ZONE	HOT&COLD

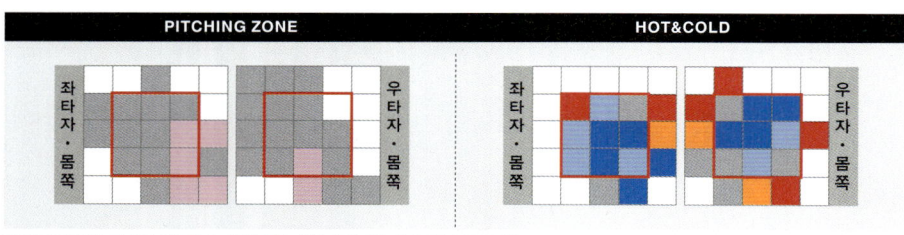

PITCHING ZONE ■ 15% 이상 ■ 12~14% ■ 9~11% ■ 6~8% ■ 3~5% □ 2% 이하
HOT&COLD ■ 피안타율 0.099 이하 ■ 0.100~0.199 ■ 0.200~0.299 ■ 0.300~0.399 ■ 피안타율 0.400 이상 □ 3타수 미만

최근 3년간 성적

연도	팀명	평균자책	경기	승	패	세이브	홀드	승률	타자수	이닝	피안타	피홈런	볼넷	탈삼진	실점	자책점	WHIP	WAR
2015	kt	8.53	20	2	6	0	0	0.250	300	58	81	12	51	41	58	55	2.28	-0.12
2016	kt	5.83	28	0	7	0	0	0.000	304	66 1/3	72	4	33	46	52	43	1.58	0.12
2017	kt	8.11	26	3	12	0	0	0.200	511	107 2/3	151	20	41	72	99	97	1.78	-0.19
통산		7.56	74	5	25	0	0	0.167	1115	232	304	36	125	159	209	195	1.85	-

구속/구사율/피안타율

구종	평균구속	종합	초구	2-2	좌타자	우타자	피안타율
포심패스트볼	140	49%	52%	40%	53%	47%	0.386
투심/싱커	-	-	-	-	-	-	-
컷패스트볼	-	-	-	-	-	-	-
슬라이더	125	10%	8%	10%	22%	3%	0.326
커브	114	6%	6%	14%	7%	7%	0.300
체인지업	126	29%	27%	34%	17%	35%	0.303
포크/SF/너클	132	6%	7%	2%	2%	8%	0.167

볼카운트별 피안타율

볼카운트	피안타율	타수	피안타	볼카운트	피안타율	타수	피안타
0-0	0.362	58	21	2-0	0.111	18	2
0-1	0.439	41	18	2-1	0.737	19	14
0-2	0.265	34	9	2-2	0.377	77	29
1-0	0.419	43	18	3-0	-	0	0
1-1	0.306	49	15	3-1	0.545	11	6
1-2	0.150	60	9	3-2	0.227	44	10
	S〉B : 0.267 / S=B : 0.353 / S〈B : 0.370						

기타 기록

상대 타자 타구 방향

47% 22% 32%

이닝당 투구수 18.0
땅볼 / 뜬공 0.81

상황별 기록

상황	안타	2루타	3루타	홈런	볼넷	사구	삼진	폭투	보크	피안타율
주자 없음	73	13	1	11	18	1	36	0	0	0.316
만루	8	0	0	1	1	0	3	0	0	0.500
주자 있음	78	18	0	9	23	5	36	8	1	0.350
득점권	49	10	0	6	17	3	22	2	0	0.357
상위(1~2번)	41	7	0	6	9	2	19	2	0	0.357
중심(3~5번)	56	12	0	8	17	3	24	4	1	0.359
하위(6~9번)	54	12	1	6	15	1	29	2	0	0.295
좌타자	52	8	1	4	14	3	30	3	0	0.349
우타자	99	23	0	18	27	3	42	5	1	0.325

상대팀별 기록

구분	경기	평균자책	승	패	세이브	홀드	이닝	피안타	피홈런	볼넷	삼진	피안타율
KIA	1	10.38	0	0	0	0	4 1/3	9	1	0	2	0.409
두산	3	11.81	0	2	0	0	5 1/3	7	0	4	4	0.304
롯데	2	7.11	1	1	0	0	6 1/3	10	2	3	2	0.400
NC	3	7.20	1	1	0	0	15	20	1	5	8	0.339
SK	4	7.11	0	2	0	0	12 2/3	9	1	0	9	0.196
LG	6	6.56	0	1	0	0	23 1/3	28	3	10	10	0.295
넥센	4	9.88	0	2	0	0	13 2/3	24	6	5	9	0.412
한화	2	9.41	1	2	0	0	22	33	5	4	23	0.347
삼성	5	5.40	0	1	0	0	5	7	0	6	5	0.333

NO. 60 주권

투수

140km/h 중후반의 패스트볼과 슬라이더, 커브 등을 사용하며 정교한 제구력이 강점이다. KBO 역사상 첫 조선족 출신 투수로, 2017 WBC 중국 대표로 뽑혔다. KBO리그 역사상 최초로 데뷔 첫 승을 무사사구 완봉으로 장식하며 화려한 스포트라이트를 받았다. 2016시즌에는 kt의 실질적인 에이스로 활약하면서 기대주로 주목받았다. 그러나 2017시즌에는 안 좋은 모습을 보이며 2016년의 주권이 맞나 싶을 정도로 털렸다. 여러 이유가 있었겠지만, 일단 선발에서 밀려나 불펜에서 추격조나 필승조에서 활약하면서 기대에 못 미치는 피칭으로 일관했기 때문이다. 39경기 81과 2/3이닝 동안 5승 6패 1세이브 3홀드 평균자책점 6.61을 기록했다. 2018시즌에는 부활해야 한다. kt의 성적을 위해.

우투우타
1995년 5월 31일
181cm / 82kg
연봉 7600만 원
경력 청주우암초-청주중-청주고
지명순위 15 kt 우선지명

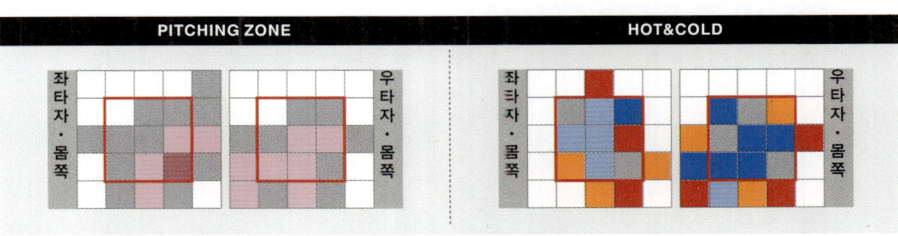

PITCHING ZONE ■ 15% 이상 ■ 12~14% ■ 9~11% ■ 6~8% ■ 3~5% □ 2% 이하
HOT&COLD ■ 피안타율 0.099 이하 ■ 0.100~0.199 ■ 0.200~0.299 ■ 0.300~0.399 ■ 피안타율 0.400 이상 □ 3타수 미만

최근 3년간 성적

연도	팀명	평균자책	경기	승	패	세이브	홀드	승률	타자수	이닝	피안타	피홈런	볼넷	탈삼진	실점	자책점	WHIP	WAR
2015	kt	8.51	15	0	2	0	0	0.000	123	24 1/3	43	6	9	13	26	23	2.14	-0.19
2016	kt	5.10	28	6	8	0	0	0.429	594	134	162	14	44	63	80	76	1.54	2.70
2017	kt	6.61	39	5	6	1	3	0.455	379	81 2/3	101	15	31	47	64	60	1.62	0.13
통산		5.96	82	11	16	1	3	0.407	1096	240	306	35	84	123	170	159	1.63	-

구속/구사율/피안타율

구종	평균구속	종합	초구	2-2	좌타자	우타자	피안타율
포심패스트볼	140	51%	51%	48%	50%	52%	0.353
투심/싱커	136	2%	2%	1%	2%	1%	0.167
컷패스트볼	-	-	-	-	-	-	-
슬라이더	123	6%	7%	10%	2%	10%	0.474
커브	117	4%	7%	5%	2%	5%	0.222
체인지업	124	24%	23%	26%	31%	20%	0.227
포크/SF/너클	133	13%	11%	10%	13%	13%	0.224

볼카운트별 피안타율

볼카운트	피안타율	타수	피안타	볼카운트	피안타율	타수	피안타
0-0	0.393	56	22	2-0	0.375	8	3
0-1	0.341	41	14	2-1	0.353	17	6
0-2	0.278	18	5	2-2	0.229	48	11
1-0	0.480	25	12	3-0	0.000	1	0
1-1	0.263	38	10	3-1	0.500	4	2
1-2	0.227	44	10	3-2	0.200	30	6

S〉B : 0.282 / S = B : 0.303 / S〈B : 0.341

기타 기록

상대 타자 타구 방향
41% 21% 39%

이닝당 투구수	17.1
땅볼 / 뜬공	0.84

상황별 기록

상황	안타	2루타	3루타	홈런	볼넷	사구	삼진	폭투	보크	피안타율
주자 없음	52	12	2	7	17	3	29	0	0	0.306
만루	1	0	0	0	1	0	1	0	0	0.167
주자 있음	49	13	1	8	14	3	18	4	0	0.306
득점권	28	6	1	5	9	1	12	4	0	0.286
상위(1~2번)	15	2	0	2	5	0	10	0	0	0.190
중심(3~5번)	38	7	2	8	14	2	19	2	0	0.322
하위(6~9번)	48	16	1	5	12	4	18	2	0	0.361
좌타자	34	4	2	6	15	2	18	2	0	0.250
우타자	67	21	1	9	16	4	29	2	0	0.345

상대팀별 기록

구분	경기	평균자책	승	패	세이브	홀드	이닝	피안타	피홈런	볼넷	삼진	피안타율
KIA	6	3.93	1	1	0	0	18 1/3	15	2	7	7	0.231
두산	8	6.23	1	2	0	1	17 1/3	26	2	8	6	0.371
롯데	5	4.91	0	1	0	0	11	11	4	3	8	0.250
NC	5	3.27	1	0	0	0	11	9	1	3	9	0.214
SK	2	0.00	0	0	0	0	3 1/3	1	0	3	1	0.100
LG	5	15.88	1	1	0	1	5 2/3	12	2	1	3	0.429
넥센	2	15.19	0	1	0	0	5 1/3	10	2	4	5	0.385
한화	4	15.00	1	0	0	0	6	11	2	1	6	0.469
삼성	2	2.45	1	0	0	0	3 2/3	2	0	2	3	0.154

투수

좌투좌타
1985년 8월 22일
190cm / 102kg
경력 미국 미드뷰고–넥센
지명순위 15 넥센 자유선발

NO. 32 피어밴드

190cm, 102kg의 건장한 체격과는 달리 패스트볼 평속이 143km/h로 빠른 편은 아니다. 그러나 슬라이더, 커브, 체인지업을 고루 구사할 수 있는 포피치 선발 투수다. 또한 구종 간 구속 차이가 커 타자의 타이밍을 아주 잘 뺏는다. 토미 존 수술 이후 극단적인 그라운드볼러로 변신하면서 제구형 투수로 거듭났다. 이닝당 삼진 능력은 떨어지지만 사사구 비율은 낮아, 범타 유도에 능숙한 투수가 됐다. 다만 피안타율이 높은 편이라, 맞혀 잡기가 안 되는 날에는 타자들에게 고전하는 스타일이다. 주자를 견제하는 능력이 뛰어나다. 13개의 견제아웃을 잡으며 2015년 KBO에서 이 부문 1위에 올랐다. kt로 이적한 후 코치진의 도움을 받아 자신의 레퍼토리에 너클볼을 추가했다.

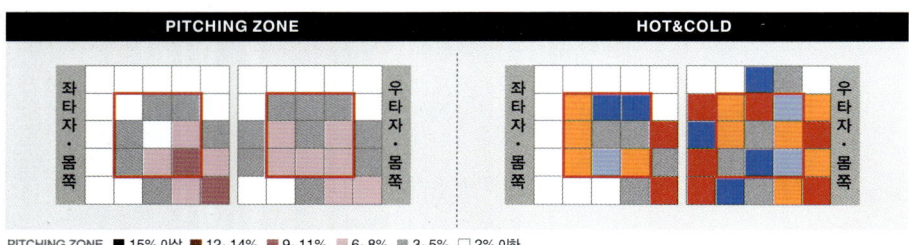

PITCHING ZONE　　■ 15% 이상　■ 12~14%　■ 9~11%　■ 6~8%　■ 3~5%　□ 2% 이하
HOT&COLD　　■ 피안타율 0.099 이하　■ 0.100~0.199　■ 0.200~0.299　■ 0.300~0.399　■ 피안타율 0.400 이상　□ 3타수 미만

최근 3년간 성적

연도	팀명	평균자책	경기	승	패	세이브	홀드	승률	타자수	이닝	피안타	피홈런	볼넷	탈삼진	실점	자책점	WHIP	WAR
2015	넥센	4.67	30	13	11	0	0	0.542	774	177 1/3	204	23	61	137	101	92	1.48	2.89
2016	넥센·kt	4.45	31	7	13	0	0	0.350	803	182	231	23	48	144	97	90	1.53	4.59
2017	kt	3.04	26	8	10	0	0	0.444	657	160	153	20	31	132	67	54	1.15	4.80
	통산	4.09	87	28	34	0	0	0.452	2234	519 1/3	586	66	140	413	265	236	1.40	-

구속/구사율/피안타율

구종	평균구속	종합	초구	2-2	좌타자	우타자	피안타율
포심패스트볼	141	46%	57%	35%	44%	47%	0.282
투심/싱커	140	1%	1%	0%	1%	1%	0.250
컷패스트볼	-	-	-	-	-	-	-
슬라이더	131	2%	1%	2%	5%	1%	0.000
커브	116	4%	9%	4%	6%	4%	0.583
체인지업	127	25%	29%	18%	22%	27%	0.254
포크/SF/너클	120	21%	4%	42%	22%	21%	0.192

볼카운트별 피안타율

볼카운트	피안타율	타수	피안타	볼카운트	피안타율	타수	피안타
0-0	0.343	67	23	2-0	0.583	12	7
0-1	0.229	70	16	2-1	0.417	36	15
0-2	0.110	73	8	2-2	0.165	91	15
1-0	0.395	43	17	3-0	-	0	0
1-1	0.339	56	19	3-1	0.429	7	3
1-2	0.183	115	21	3-2	0.225	40	9

S〉B : 0.174 / S=B : 0.266 / S〈B : 0.370

기타 기록

상대 타자 타구 방향

42%　27%　31%

이닝당 투구수	15.4
땅볼 / 뜬공	0.95

상황별 기록

상황	안타	2루타	3루타	홈런	볼넷	사구	삼진	폭투	보크	피안타율
주자 없음	87	11	3	14	16	3	92	0	0	0.222
만루	1	0	0	0	2	2	0	0	0	0.111
주자 있음	66	8	1	6	15	4	40	4	0	0.303
득점권	34	7	0	3	7	2	23	3	0	0.281
상위(1~2번)	35	4	0	4	8	2	25	0	0	0.233
중심(3~5번)	58	7	2	14	16	2	44	1	0	0.276
하위(6~9번)	60	8	2	2	7	3	63	3	0	0.240
좌타자	40	2	1	6	13	3	47	2	0	0.213
우타자	113	17	3	14	18	4	85	2	0	0.268

상대팀별 기록

구분	경기	평균자책	승	패	세이브	홀드	이닝	피안타	피홈런	볼넷	삼진	피안타율
KIA	1	0.00	1	0	0	0	8	2	0	1	10	0.071
두산	2	6.55	0	1	0	0	11	14	3	3	11	0.304
롯데	4	3.52	2	2	0	0	23	28	1	3	20	0.312
NC	3	3.06	0	1	0	0	17 2/3	21	2	3	18	0.292
SK	3	5.87	1	1	0	0	15 1/3	19	1	4	10	0.306
LG	4	1.08	1	1	0	0	25	22	1	2	10	0.234
넥센	1	3.00	0	1	0	0	3	3	2	5	5	0.136
한화	4	4.00	0	3	0	0	18	22	3	3	13	0.310
삼성	5	2.00	3	1	0	0	36	21	2	4	32	0.172

NO.10 황재균

내야

SK 최정과 함께 차기 국가대표 3루수 감으로 주목받았다. 일단 발은 빠르지만 주루는 매우 안 좋다. 차라리 도루를 안 하는 게 나을 정도로 도루사가 많다. FA를 앞둔 2016년에는 마침내 풀 시즌을 제대로 소화, 커리어 하이를 갱신하며 포틴을 제대로 터뜨렸다. 가장 큰 장점은 몸이 굉장히 튼튼하다는 점이다. 12시즌부터 14시즌까지 3년 연속 전 경기 출장 기록을 가지고 있는데 유연성이 좋은 선수가 아니라는 걸 고려하면 실로 놀라운 기록이다. 폭발적이진 않아도 갑작스러운 부상으로 시즌 구상을 어렵게 하는 일 없이 일정한 몫을 해준다는 점에서 감독들이 좋아할 만한 선수다. 또한 만루의 사나이라는 이미지가 과장은 아닌 게 20대 선수가 2016년 10시즌도 못 채웠는데 벌써 통산 만루 홈런이 7개다.

우투우타
1987년 7월 28일
183cm / 96kg
연봉 12억 원
경력 사당초-이수중-경기고-현대-우리-히어로즈-넥센-롯데-샌프란시스코
지명순위 06 현대 2차 3라운드 24순위

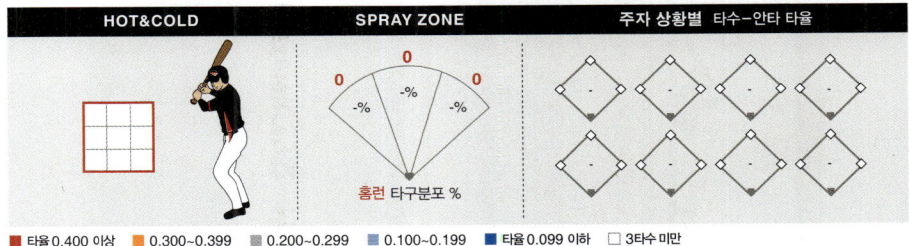

| | HOT&COLD | SPRAY ZONE | 주자 상황별 타수-안타 타율 |

홈런 타구분포 %

■ 타율 0.400 이상　■ 0.300~0.399　■ 0.200~0.299　■ 0.100~0.199　■ 타율 0.099 이하　□ 3타수 미만

최근 3년간 성적

연도	팀명	타율	경기	타수	득점	안타	2루타	3루타	홈런	루타	타점	도루	볼넷	삼진	장타율	출루율	실책	OPS	WAR
2015	롯데	0.290	144	534	95	155	41	2	26	278	97	11	48	122	0.521	0.350	16	0.871	2.22
2016	롯데	0.335	127	498	97	167	26	5	27	284	13	25	49	66	0.570	0.394	15	0.964	3.95
2017																			
통산		0.286	1184	4161	605	1191	223	27	115	1813	594	173	385	773	0.436	0.350	145	0.786	-

구종별 타격 성적

구종	전체	VS우투	VS좌투
포심패스트볼	-	-	-
투심/싱커	-	-	-
컷패스트볼	-	-	-
슬라이더	-	-	-
커브	-	-	-
체인지업	-	-	-
포크/SF/너클			

볼카운트별 타율-타점

볼카운트	타율	타수	안타	타점	볼카운트	타율	타수	안타	타점
0-0	-	-	-	-	2-0	-	-	-	-
0-1	-	-	-	-	2-1	-	-	-	-
0-2	-	-	-	-	2-2	-	-	-	-
1-0	-	-	-	-	3-0	-	-	-	-
1-1	-	-	-	-	3-1	-	-	-	-
1-2	-	-	-	-	3-2	-	-	-	-

S〉B:-/S=3:-/S〈B:-

수비 기록

위치	자살	보살	실책	수비율

3루수

상황별 기록

상황	타율	타수	안타	2루타	3루타	홈런	타점	볼넷	사구	삼진	병살
주자 없음	-	-	-	-	-	-	-	-	-	-	-
주자 있음	-	-	-	-	-	-	-	-	-	-	-
득점권	-	-	-	-	-	-	-	-	-	-	-
좌투수	-	-	-	-	-	-	-	-	-	-	-
우투수	-	-	-	-	-	-	-	-	-	-	-
언더	-	-	-	-	-	-	-	-	-	-	-
노아웃	-	-	-	-	-	-	-	-	-	-	-
원아웃	-	-	-	-	-	-	-	-	-	-	-
투아웃	-	-	-	-	-	-	-	-	-	-	-

상대팀별 기록

구분	경기	타율	타수	득점	안타	홈런	타점	도루	볼넷	삼진	병살
KIA	-	-	-	-	-	-	-	-	-	-	-
두산	-	-	-	-	-	-	-	-	-	-	-
롯데	-	-	-	-	-	-	-	-	-	-	-
NC	-	-	-	-	-	-	-	-	-	-	-
SK	-	-	-	-	-	-	-	-	-	-	-
LG	-	-	-	-	-	-	-	-	-	-	-
넥센	-	-	-	-	-	-	-	-	-	-	-
한화	-	-	-	-	-	-	-	-	-	-	-
삼성	-	-	-	-	-	-	-	-	-	-	-

포수

우투우타
1987년 5월 11일
184cm / 85kg
연봉 7100만 원
경력 강남초-이수중-경기고
　　　-한양대-넥센
지명순위 10 넥센 7라운드 50순위

NO. 43 **이해창**

　한양대 시절 무릎 부상으로 군 면제를 받았다. 포수치곤 발이 꽤 빠르고 선구안도 준수한 편이다. 송구 능력이 미흡하다는 평가가 있었지만, 2016시즌 도루 저지율 1위를 기록하며 우려를 불식시켰다. 2010시즌 넥센에 입단한 이후 2군에서 포수 수업을 받았고, 2011시즌 1군 무대를 밟았다. 2015년 kt로 이적해 백업포수로 활동하다 2017시즌 포텐이 폭발했다. 수비에서도 일취월장해 '수비형 포수'라 불러도 손색이 없을 정도다. 그동안 출장 기회가 너무 적어 본인의 능력을 발휘하지 못한 측면이 있다. 그러나 출장 기회가 늘면서 타격과 수비 모두 향상됐다. 규정 타석에 들어선다면 20홈런도 가능한 장타력을 갖췄다. 2017시즌에는 114경기 254타석 타율 0.272, 홈런 11개를 기록했다.

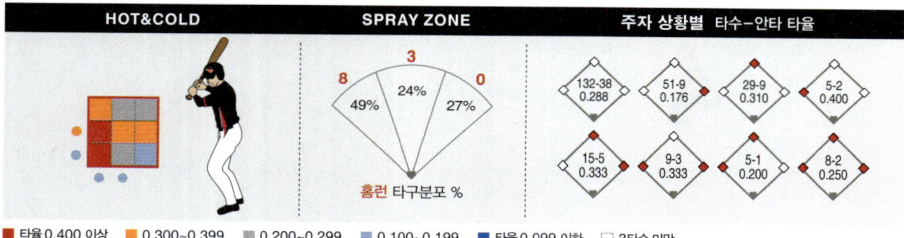

| HOT&COLD | SPRAY ZONE | 주자 상황별 타수-안타 타율 |

■ 타율 0.400 이상　■ 0.300~0.399　■ 0.200~0.299　■ 0.100~0.199　■ 타율 0.099 이하　□ 3타수 미만

최근 3년간 성적

연도	팀명	타율	경기	타수	득점	안타	2루타	3루타	홈런	루타	타점	도루	볼넷	삼진	장타율	출루율	실책	OPS	WAR
2015	kt	0.000	5	3	0	0	0	0	0	0	0	0	0	2	0.000	0.250	0	0.250	-0.04
2016	kt	0.203	88	231	16	47	10	0	6	75	22	1	9	65	0.325	0.240	8	0.565	-1.04
2017	kt	0.272	114	254	33	69	11	0	11	113	44	1	19	50	0.445	0.322	6	0.767	0.43
통산		0.235	221	498	49	117	21	0	17	189	67	2	29	122	0.380	0.281	15	0.661	-

구종별 타격 성적

구종	전체	VS우투	VS좌투
포심패스트볼	0.322	0.333	0.278
투심/싱커	0.500	0.500	-
컷패스트볼	0.250	0.333	0.000
슬라이더	0.212	0.229	0.000
커브	0.214	0.222	0.200
체인지업	0.200	0.167	0.231
포크/SF/너클	0.350	0.333	0.500

볼카운트별 타율-타점

볼카운트	타율	타수	안타	타점	볼카운트	타율	타수	안타	타점
0-0	0.282	39	11	8	2-0	1.000	2	2	2
0-1	0.500	20	10	4	2-1	0.313	16	5	4
0-2	0.250	32	8	5	2-2	0.184	38	7	4
1-0	0.417	12	5	4	3-0	-	0	0	0
1-1	0.360	25	9	6	3-1	0.500	2	1	1
1-2	0.227	44	10	5	3-2	0.042	24	1	1

S > B : 0.292 / S = B : 0.265 / S < B : 0.250

수비 기록

위치	자살	보살	실책	수비율
포수	470	51	6	0.989

상황별 기록

상황	타율	타수	안타	2루타	3루타	홈런	타점	볼넷	사구	삼진	병살
주자 없음	0.288	132	38	5	0	5	5	11	0	26	0
주자 있음	0.254	122	31	6	0	6	39	8	1	24	5
득점권	0.310	71	22	5	0	4	34	6	0	12	1
좌투수	0.236	55	13	2	0	1	8	5	0	11	2
우투수	0.272	151	41	7	0	8	27	12	0	28	2
언더	0.313	48	15	2	0	2	9	1	1	11	1
노아웃	0.263	95	25	2	0	1	7	9	0	17	3
원아웃	0.318	85	27	6	0	7	21	5	0	19	2
투아웃	0.230	74	17	5	0	3	16	5	1	14	0

상대팀별 기록

구분	경기	타율	타수	득점	안타	홈런	타점	도루	볼넷	삼진	병살
KIA	15	0.259	27	5	7	1	4	0	2	7	1
두산	12	0.120	25	1	3	0	4	0	2	4	1
롯데	12	0.222	18	1	4	1	3	1	2	3	1
NC	12	0.269	26	3	7	1	4	0	4	6	0
SK	13	0.294	34	7	10	3	8	0	1	5	1
LG	13	0.250	28	3	7	0	3	0	3	6	1
넥센	10	0.387	31	5	12	2	6	0	0	7	0
한화	13	0.290	31	5	9	0	4	0	2	8	1
삼성	14	0.294	34	3	10	2	8	0	1	9	0

장성우

포수

타고난 강견. 2010 시즌 도루 저지율 4할을 기록했다. 강력한 어깨와 야구 센스까지 합쳐져 미래가 무척 기대되는 포수였다. 상대팀에서 약간의 본헤드 주루만 나오면 바로 송구 아웃을 잡아냈다. 포수치고 주력도 빠른 편. 타격은 중장거리 타자이나 변화구 대처가 미흡하다. 2015년 kt로 트레이드돼 기량을 만개하기도 전에 불미스러운 사건으로 한동안 게임에 출장하지 못하고 자숙의 시간을 가져야 했다. 휴식이 너무 길었던 탓에 2017시즌에는 118경기 294타석 타율 0.231 홈런 8개라는 초라한 성적표를 받았다. 2011시즌 이순철 위원은 방송 해설 중에 장성우 트레이드설을 이야기하면서 "내가 감독이라면 10승 투수를 줘도 안 바꾼다"며 극찬한 적이 있다.

우투우타
1990년 1월 17일
187cm / 100kg
연봉 7300만 원
경력 감천초–경남중–경남고–롯데
  –경찰–롯데
지명순위 08 롯데 1차

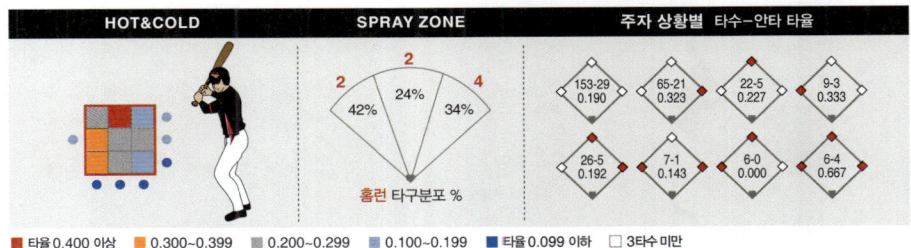

HOT&COLD	SPRAY ZONE	주자 상황별 타수–안타 타율

SPRAY ZONE
2 / 2 / 4
42% / 24% / 34%
홈런 타구분포 %

주자 상황별
153-29 0.190 | 65-21 0.323 | 22-5 0.227 | 9-3 0.333
26-5 0.192 | 7-1 0.143 | 6-0 0.000 | 6-4 0.667

■ 타율 0.400 이상　■ 0.300~0.399　■ 0.200~0.299　■ 0.100~0.199　■ 타율 0.099 이하　□ 3타수 미만

최근 3년간 성적

연도	팀명	타율	경기	타수	득점	안타	2루타	3루타	홈런	루타	타점	도루	볼넷	삼진	장타율	출루율	실책	OPS	WAR
2015	롯데·kt	0.284	133	433	55	123	20	1	13	184	77	1	46	85	0.425	0.346	8	0.771	1.49
2016		–	–	–	–	–	–	–	–	–	–	–	–	–	–	–	–	–	–
2017	kt	0.231	118	294	28	68	11	1	8	105	46	0	43	59	0.357	0.328	7	0.685	-0.24
통산		0.256	463	1071	118	274	45	2	24	395	157	4	125	233	0.369	0.330	26	0.699	–

구종별 타격 성적

구종	전체	VS우투	VS좌투
포심패스트볼	0.259	0.257	0.263
투심/싱커	0.214	0.214	–
컷패스트볼	0.250	0.000	0.333
슬라이더	0.111	0.122	0.000
커브	0.091	0.118	0.000
체인지업	0.375	0.400	0.364
포크/SF/너클	0.276	0.238	0.375

볼카운트별 타율–타점

볼카운트	타율	타수	안타	타점	볼카운트	타율	타수	안타	타점
0-0	0.263	38	10	5	2-0	0.333	6	2	2
0-1	0.250	16	4	5	2-1	0.294	17	5	5
0-2	0.174	23	4	3	2-2	0.218	55	12	4
1-0	0.391	23	9	3	3-0	–	0	0	0
1-1	0.273	22	6	7	3-1	0.273	11	3	3
1-2	0.111	45	5	3	3-2	0.211	38	8	6

S〉B : 0.155 / S=B : 0.243 / S〈B : 0.284

수비 기록

위치	자살	보살	실책	수비율
포수	461	28	7	0.986

상황별 기록

상황	타율	타수	안타	2루타	3루타	홈런	타점	볼넷	사구	삼진	병살
주자 없음	0.190	153	29	4	1	4	4	20	2	34	0
주자 있음	0.277	141	39	7	0	4	42	23	0	25	13
득점권	0.237	76	18	1	0	2	33	19	0	13	7
좌투수	0.274	73	20	3	0	2	11	10	0	18	3
우투수	0.212	184	39	6	1	4	30	29	2	35	7
언더	0.243	37	9	2	0	2	5	4	0	6	3
노아웃	0.212	113	24	5	1	3	8	6	0	24	6
원아웃	0.305	82	25	4	0	4	16	19	2	14	7
투아웃	0.192	99	19	2	0	1	22	16	0	21	0

상대팀별 기록

구분	경기	타율	타수	득점	안타	홈런	타점	도루	볼넷	삼진	병살
KIA	14	0.156	32	4	5	0	1	0	7	4	4
두산	16	0.216	37	2	8	0	8	0	6	9	2
롯데	14	0.341	41	4	14	1	9	0	2	4	2
NC	14	0.167	36	1	6	0	2	0	4	11	0
SK	12	0.313	32	6	10	4	9	0	6	9	1
LG	15	0.195	41	3	8	0	4	0	3	12	1
넥센	11	0.269	26	3	7	1	5	0	2	4	1
한화	11	0.120	25	0	3	0	2	0	4	4	0
삼성	11	0.292	24	5	7	2	6	0	4	2	2

내야

NO. 6 박경수

고교 시절부터 타격과 장타력이 좋은 선수로 평가받았다. 선구안이 좋아 LG 시절에는 1번 타자로도 기용됐으며 번트에 능해 2번 타순에도 기용됐다. 그러나 잦은 부상으로 제 기량을 발휘하지 못하며 대타나 대수비 요원으로 활약했다. 발이 평범하고 주루 센스가 뛰어나지 않아 도루 개수 및 성공률은 낮은 편이다. 그러나 kt로 이적한 후 포텐이 폭발해 타격과 장타력이 아주 좋아졌다. 수비력은 준수해 내야 전 포지션을 책임질 수 있는 유틸리티맨이다. 어깨는 부상 이후 다소 약해졌으나 러닝스로나 병살 플레이는 합격점이며 안정적인 수비력을 자랑한다. 이제 kt에서는 타격과 수비에 있어 아주 중요한 선수가 됐다.

우투우타
1984년 3월 31일
178cm / 80kg
연봉 2억 3000만 원
경력 미성초–성남중–성남고–LG
지명순위 03 LG 1차

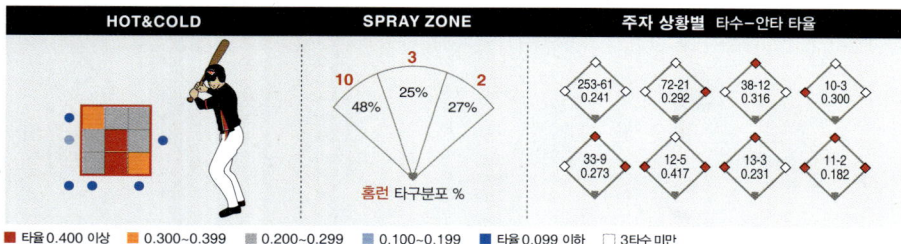

HOT&COLD **SPRAY ZONE** **주자 상황별** 타수-안타 타율

홈런 타구분포 %

■ 타율 0.400 이상 ■ 0.300~0.399 ■ 0.200~0.299 ■ 0.100~0.199 ■ 타율 0.099 이하 □ 3타수 미만

최근 3년간 성적

연도	팀명	타율	경기	타수	득점	안타	2루타	3루타	홈런	루타	타점	도루	볼넷	삼진	장타율	출루율	실책	OPS	WAR
2015	kt	0.284	137	440	75	125	30	1	22	223	73	6	74	115	0.507	0.399	6	0.906	5.29
2016	kt	0.313	121	402	64	126	22	1	20	210	80	3	65	80	0.522	0.412	13	0.934	4.15
2017	kt	0.262	131	442	62	116	27	1	15	190	66	1	57	118	0.430	0.352	6	0.782	2.20
통산		0.256	1322	3812	535	976	181	13	100	1483	465	74	534	840	0.389	0.358	120	0.747	-

구종별 타격 성적

구종	전체	VS우투	VS좌투
포심패스트볼	0.263	0.260	0.273
투심/싱커	0.296	0.296	-
컷패스트볼	0.000	0.000	0.000
슬라이더	0.239	0.217	0.429
커브	0.262	0.206	0.500
체인지업	0.271	0.350	0.214
포크/SF/너클	0.276	0.280	0.250

볼카운트별 타율-타점

볼카운트	타율	타수	안타	타점	볼카운트	타율	타수	안타	타점
0-0	0.321	28	9	2	2-0	0.667	9	6	5
0-1	0.250	32	8	4	2-1	0.423	26	11	6
0-2	0.129	31	4	1	2-2	0.229	83	19	10
1-0	0.316	19	6	3	3-0	-	0	0	0
1-1	0.431	51	22	15	3-1	0.308	13	4	0
1-2	0.077	65	5	3	3-2	0.259	85	22	11

S〉B : 0.133 / S = B : 0.309 / S〈B : 0.322

수비 기록

위치	자살	보살	실책	수비율
2루수	243	312	6	0.989

상황별 기록

상황	타율	타수	안타	2루타	3루타	홈런	타점	볼넷	사구	삼진	병살
주자 없음	0.241	253	61	16	0	7	7	26	4	78	0
주자 있음	0.291	189	55	11	1	8	59	31	2	40	14
득점권	0.291	117	34	6	1	5	50	24	1	31	6
좌투수	0.252	107	27	10	0	4	12	16	0	23	5
우투수	0.269	253	68	14	0	10	41	37	2	69	8
언더	0.256	82	21	3	1	1	13	4	4	26	1
노아웃	0.244	156	38	12	1	4	14	16	3	44	7
원아웃	0.276	152	42	5	0	5	23	15	2	37	7
투아웃	0.269	134	36	10	0	6	29	26	1	37	0

상대팀별 기록

구분	경기	타율	타수	득점	안타	홈런	타점	도루	볼넷	삼진	병살
KIA	15	0.227	44	6	10	3	7	0	7	13	1
두산	16	0.216	51	3	11	1	5	0	5	14	3
롯데	16	0.250	52	12	13	0	6	0	9	15	1
NC	15	0.255	47	11	12	3	7	0	13	15	1
SK	12	0.300	40	6	12	1	5	0	2	6	1
LG	13	0.261	46	7	12	2	11	0	4	15	2
넥센	16	0.263	57	7	15	1	6	0	3	15	0
한화	16	0.261	46	5	12	0	6	0	4	12	1
삼성	16	0.322	59	5	19	1	4	0	5	15	1

NO. 16 박기혁

수비력이 뛰어난 유격수. 공격은 수비에 비해 한참 떨어진다. 작전 수행 능력이 뛰어나고 빠른 발과 번트를 잘 대며 화려한 수비가 장점으로 꼽힌다. 강견이지만 송구 미스가 종종 일어나며 포구 시 원 바운드를 기다리지 않고 공이 그라운드에 닿기 전에 캐치하는 능력을 가졌다. 몸이 마른 체형으로 체력 또한 약한 편이다. 고교 시절에는 스위치 타자로 활약하면서 양쪽에서 홈런을 기록하기도 했다. WBC 국가대표로 뽑혀 내내 주전 유격수로 활약했다. kt로 이적한 후 롯데 시절과는 다르게 타격이 좋아졌다. 또한 수비력도 월등해 박경수와 짝을 이룬 키스톤 콤비는 리그 상위권 수준이다. 2017시즌 타격에서 타율 0.238, 홈런 2개가 전부다. 2018시즌 활약이 그의 은퇴 여부를 결정할 수 있는 중요한 시즌이 됐다.

내야

우투우타
1981년 6월 4일
179cm / 77kg
연봉 1억 5000만 원
경력 대구수창초-성광중-대구상고
-롯데
지명순위 00 롯데 2차 2라운드
15순위

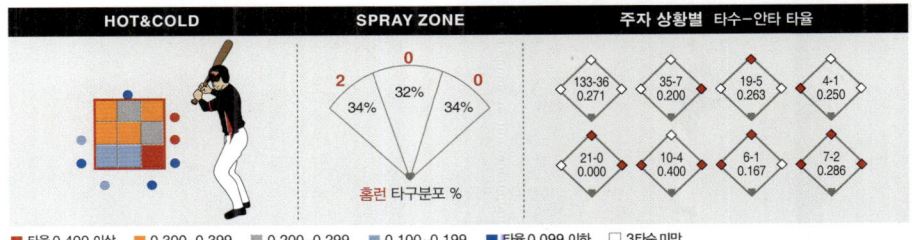

■ 타율 0.400 이상 ■ 0.300~0.399 ■ 0.200~0.299 ■ 0.100~0.199 ■ 타율 0.099 이하 □ 3타수 미만

최근 3년간 성적

연도	팀명	타율	경기	타수	득점	안타	2루타	3루타	홈런	루타	타점	도루	볼넷	삼진	장타율	출루율	실책	OPS	WAR
2015	kt	0.280	126	300	27	84	13	1	1	102	30	3	30	84	0.340	0.350	8	0.690	0.79
2016	kt	0.273	117	308	36	84	13	0	2	103	34	0	27	53	0.334	0.331	13	0.665	-0.13
2017	kt	0.238	97	235	22	56	11	1	2	75	18	2	16	51	0.319	0.289	9	0.608	-0.37
통산		0.245	1346	3484	377	854	128	12	21	1069	322	78	331	662	0.307	0.313	156	0.620	-

구종별 타격 성적

구종	전체	VS우투	VS좌투
포심패스트볼	0.311	0.333	0.240
투심/싱커	0.091	0.100	0.000
컷패스트볼	0.000	0.000	0.000
슬라이더	0.176	0.188	0.000
커브	0.214	0.250	0.000
체인지업	0.286	0.364	0.200
포크/SF/너클	0.059	0.077	0.000

볼카운트별 타율-타점

볼카운트	타율	타수	안타	타점	볼카운트	타율	타수	안타	타점
0-0	0.240	25	6	1	2-0	0.800	5	4	2
0-1	0.250	20	5	1	2-1	0.294	17	5	5
0-2	0.167	12	2	0	2-2	0.244	45	11	4
1-0	0.313	16	5	2	3-0	-	0	0	0
1-1	0.321	28	9	1	3-1	0.000	2	0	0
1-2	0.114	44	5	0	3-2	0.190	21	4	0

S〉B : 0.158 / S=B : 0.265 / S〈B : 0.295

수비 기록

위치	자살	보살	실책	수비율
유격수	85	213	9	0.971

상황별 기록

상황	타율	타수	안타	2루타	3루타	홈런	타점	볼넷	사구	삼진	병살
주자 없음	0.271	133	36	8	1	2	2	6	0	29	0
주자 있음	0.196	102	20	3	0	0	16	10	2	22	9
득점권	0.194	67	13	2	0	0	15	7	2	13	5
좌투수	0.185	54	10	3	0	0	4	1	0	17	3
우투수	0.235	149	35	6	1	2	10	11	1	30	3
언더	0.344	32	11	2	0	0	4	4	1	4	3
노아웃	0.263	76	20	7	0	1	4	9	0	17	1
원아웃	0.232	82	19	4	0	1	4	1	1	20	8
투아웃	0.221	77	17	3	0	0	8	4	1	14	0

상대팀별 기록

구분	경기	타율	타수	득점	안타	홈런	타점	도루	볼넷	삼진	병살
KIA	11	0.276	29	4	8	0	3	0	0	6	1
두산	9	0.182	22	2	4	0	1	0	1	6	1
롯데	10	0.200	20	2	4	0	2	0	3	2	2
NC	10	0.192	26	1	5	0	2	1	1	7	0
SK	7	0.316	19	3	6	1	3	0	1	3	1
LG	14	0.241	29	4	7	0	2	0	4	7	0
넥센	12	0.200	25	1	5	0	0	0	3	3	1
한화	12	0.286	35	3	10	0	1	0	1	9	2
삼성	12	0.233	30	2	7	1	4	1	5	8	1

내야

우투우타
1995년 4월 28일
183cm / 75kg
연봉 6300만 원
경력 송정동초-언북중-경기고
지명순위 14 kt 2차 특별 14순위

NO. 2 심우준

중학교 시절까지 투수로 활약하다 부상으로 인해 내야수로 변신했다. 팀 사정에 따라 3루수와 유격수를 번갈아 보고 있다. 2016시즌부터 1군에서 활약하며 122경기에 출전해 타율 0.243, 3홈런, 17타점을 기록했다. 2015년에 비해 한층 성장한 것. 빠른 발을 바탕으로 2016시즌 17개의 도루에 94.4%이라는 놀라운 성공률을 기록했다. 2017시즌 3루 자리가 비자 3루수로 꾸준히 활약했으나 황재균이라는 거물의 영입으로 입지가 좁아진 것은 사실이다. 지난해 부상으로 인해 풀타임을 소화하지 못했지만 타율 0.287, 82안타, 4홈런, 26타점, 18도루를 기록하며 좋은 성적을 올렸다. 스프링 캠프 때 스위치 타자로의 변신을 꿈꾸며 좌타석에서의 타격 훈련에 매진했다.

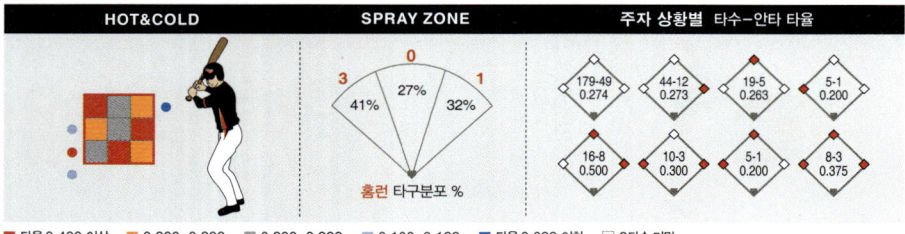

HOT&COLD	SPRAY ZONE	주자 상황별 타수-안타 타율

홈런 타구분포 %

■ 타율 0.400 이상　■ 0.300~0.399　■ 0.200~0.299　■ 0.100~0.199　■ 타율 0.099 이하　□ 3타수 미만

최근 3년간 성적

연도	팀명	타율	경기	타수	득점	안타	2루타	3루타	홈런	루타	타점	도루	볼넷	삼진	장타율	출루율	실책	OPS	WAR
2015	kt	0.169	106	142	16	24	7	0	1	34	14	5	2	35	0.239	0.181	10	0.420	-1.35
2016	kt	0.242	122	236	36	57	9	1	3	77	17	17	8	40	0.326	0.264	13	0.590	-0.46
2017	kt	0.287	103	286	38	82	15	2	4	113	26	18	8	58	0.395	0.314	19	0.709	-0.30
통산		0.245	331	664	90	163	31	3	8	224	57	40	18	133	0.337	0.269	42	0.606	-

구종별 타격 성적

구종	전체	VS우투	VS좌투
포심패스트볼	0.317	0.301	0.355
투심/싱커	0.250	0.286	0.000
컷패스트볼	0.667	0.800	0.000
슬라이더	0.314	0.283	0.600
커브	0.207	0.167	0.400
체인지업	0.238	0.091	0.400
포크/SF/너클	0.280	0.238	0.500

볼카운트별 타율-타점

볼카운트	타율	타수	안타	타점	볼카운트	타율	타수	안타	타점
0-0	0.263	38	10	2	2-0	0.667	3	2	4
0-1	0.500	36	18	6	2-1	0.333	12	4	0
0-2	0.186	43	8	5	2-2	0.103	29	3	0
1-0	0.381	21	8	4	3-0	-	0	0	0
1-1	0.304	23	7	1	3-1	0.500	4	2	1
1-2	0.226	62	14	3	3-2	0.400	15	6	0

S > B : 0.284 / S = B : 0.222 / S < B : 0.400

수비 기록

위치	자살	보살	실책	수비율
3루수	35	122	9	0.946
유격수	39	80	10	0.922

상황별 기록

상황	타율	타수	안타	2루타	3루타	홈런	타점	볼넷	사구	삼진	병살
주자 없음	0.274	179	49	12	0	1	1	3	3	44	0
주자 있음	0.308	107	33	3	2	3	25	5	1	14	4
득점권	0.333	63	21	3	2	1	21	1	0	11	4
좌투수	0.375	72	27	6	1	2	11	2	2	11	0
우투수	0.263	171	45	5	1	2	15	3	2	34	3
언더	0.233	43	10	4	0	0	0	0	0	13	1
노아웃	0.295	95	28	7	0	1	1	1	1	18	2
원아웃	0.347	98	34	5	1	2	11	2	1	18	2
투아웃	0.215	93	20	1	1	2	14	1	2	22	0

상대팀별 기록

구분	경기	타율	타수	득점	안타	홈런	타점	도루	볼넷	삼진	병살
KIA	14	0.258	31	3	8	1	6	1	1	7	0
두산	8	0.261	23	4	6	0	0	1	1	7	0
롯데	14	0.396	48	9	19	1	4	5	2	12	3
NC	9	0.071	28	3	2	0	0	0	1	9	0
SK	13	0.279	43	4	12	1	4	3	3	9	0
LG	14	0.370	27	5	10	0	6	2	0	3	1
넥센	9	0.350	20	4	7	0	1	0	0	6	0
한화	11	0.306	36	4	11	1	4	5	0	5	0
삼성	11	0.233	30	2	7	0	1	2	2	6	0

NO. 37 오태곤

내야

2017시즌 kt로 트레이드돼 중장거리 장타율을 보여주며 좋은 공격력을 선보였다. 타율은 0.283, 홈런 9개를 기록하며 경험만 쌓인다면 3할대 타율과 두 자릿수 홈런은 쉽게 달성할 수 있을 것으로 보인다. 그러나 선구안이 좋지 않고 타격 기술이 완성되지 않았음을 인증한 시즌이기도 했다. 내야 전 포지션을 소화할 수 있는 유틸리티 플레이어. 현재 팀에서는 주로 3루나 유격수를 맡고 있다. 타격 능력은 뛰어나나 수비가 안정적이지 못하다. 특히 송구 부분에서 본인도 부담을 느낀다고 한다. 수비 부분은 아직도 아쉬움이 많으나 팀 내 주전 유격수 박기혁의 노쇠화로 3루수나 유격수로 꾸준히 기용됐다. 구단에서는 그를 2018시즌에는 외야수로 활용할 계획을 가지고 있다.

우투우타
1991년 11월 18일
186cm / 88kg
연봉 8300만 원
경력 쌍문초-신월중-청원고-롯데
 -경찰-롯데
지명순위 10 롯데 3라운드 22순위

HOT&COLD / **SPRAY ZONE** / 홈런 타구분포 % / 주자 상황별 타수-안타 타율

주자 상황별 타수-안타 타율:
- 210-66 0.314
- 68-18 0.265
- 34-6 0.176
- 10-4 0.400
- 25-6 0.240
- 10-0 0.000
- 7-2 0.286
- 10-4 0.400

SPRAY ZONE: 7 / 2 / 0 — 47% / 27% / 27%

■ 타율 0.400 이상　■ 0.300~0.399　■ 0.200~0.299　■ 0.100~0.199　■ 타율 0.099 이하　□ 3타수 미만

최근 3년간 성적

연도	팀명	타율	경기	타수	득점	안타	2루타	3루타	홈런	루타	타점	도루	볼넷	삼진	장타율	출루율	실책	OPS	WAR
2015	롯데	0.275	122	327	57	90	18	1	8	134	43	15	17	100	0.410	0.318	16	0.728	0.30
2016	롯데	0.260	42	123	17	32	6	0	3	47	7	6	12	37	0.382	0.326	2	0.708	0.00
2017	롯데·kt	0.283	135	374	53	106	29	1	9	164	42	15	16	93	0.439	0.318	10	0.757	0.22
통산		0.275	357	870	137	239	56	2	21	362	97	38	50	248	0.416	0.319	31	0.735	-

구종별 타격 성적

구종	전체	VS우투	VS좌투
포심패스트볼	0.280	0.303	0.214
투심/싱커	0.409	0.421	0.333
컷패스트볼	0.250	0.333	0.000
슬라이더	0.269	0.276	0.222
커브	0.302	0.294	0.333
체인지업	0.286	0.200	0.333
포크/SF/너클	0.314	0.276	0.500

볼카운트별 타율-타점

볼카운트	타율	타수	안타	타점	볼카운트	타율	타수	안타	타점
0-0	0.298	47	14	7	2-0	0.462	13	6	0
0-1	0.289	38	11	5	2-1	0.308	13	4	2
0-2	0.194	36	7	1	2-2	0.212	52	11	5
1-0	0.436	39	17	6	3-0	-	0	0	0
1-1	0.500	32	16	7	3-1	0.400	5	2	1
1-2	0.164	73	12	3	3-2	0.231	26	6	5

S > B : 0.204 / S = B : 0.313 / S < B : 0.365

수비 기록

위치	자살	보살	실책	수비율
1루수	579	34	4	0.994
3루수	24	69	6	0.939

상황별 기록

상황	타율	타수	안타	2루타	3루타	홈런	타점	볼넷	사구	삼진	병살
주자 없음	0.314	210	66	20	0	8	8	7	6	50	0
주자 있음	0.244	164	40	9	1	1	34	9	0	43	7
득점권	0.229	96	22	6	1	0	30	7	0	25	4
좌투수	0.269	93	25	8	0	2	9	2	0	31	2
우투수	0.294	218	64	19	1	5	29	11	5	46	4
언더	0.270	63	17	2	0	2	6	3	1	16	1
노아웃	0.317	123	39	10	0	4	3	3	3	28	2
원아웃	0.289	121	35	12	1	0	9	4	0	29	5
투아웃	0.246	130	32	7	0	3	23	2	3	36	0

상대팀별 기록

구분	경기	타율	타수	득점	안타	홈런	타점	도루	볼넷	삼진	병살
KIA	15	0.333	48	11	16	2	4	0	1	11	1
두산	12	0.390	41	2	16	0	5	0	1	9	1
롯데	14	0.244	41	7	10	1	10	1	1	9	0
NC	19	0.256	39	1	10	0	1	0	1	13	0
SK	16	0.319	47	8	15	2	4	3	5	7	2
LG	16	0.286	42	8	12	1	2	3	2	11	1
넥센	14	0.231	39	5	9	1	5	2	0	12	0
한화	14	0.325	40	7	13	1	4	2	1	10	0
삼성	15	0.135	37	4	5	1	3	5	4	11	2

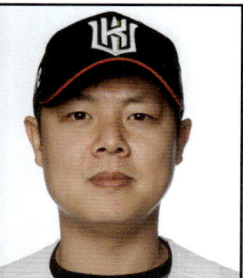

내야

우투우타
1985년 9월 4일
180cm / 88kg
연봉 3억 1000만 원
경력 구리초(구리리틀)-구리인창중
-구리인창고-두산-넥센
지명순위 04 두산 2차 3라운드
20순위

NO. 13 윤석민

　2017시즌 538타석에서 타율 0.312, 홈런 20개, 타점 105점을 기록하며 허약한 kt 타선에 기운을 불어넣고 있다. 선구안이나 콘택트 능력은 리그 평균 수준으로 손목 힘이 좋아 펀치력이 뛰어나다. 크지 않은 체구임에도 불구하고 일발 장타력을 가진 중장거리 타자다. 그러나 발이 느려 유독 병살타가 많다. 2014년에는 이성열과 플래툰으로 기용됐음에도 10개의 병살타를 기록했으며, 2017시즌에도 6-4-3으로 이어지는 병살타가 많았다. 2015년에 들어와 수비가 많이 늘었다는 평가를 받지만 아직까지 3루를 안정적으로 보기에는 역부족이다. 호수비도 자주 보여주지만 반대로 자잘한 실책이 많은 편이고, 이닝 대비 실책 비율이 높아서 리그 평균 이하의 수비력으로 평가받는다.

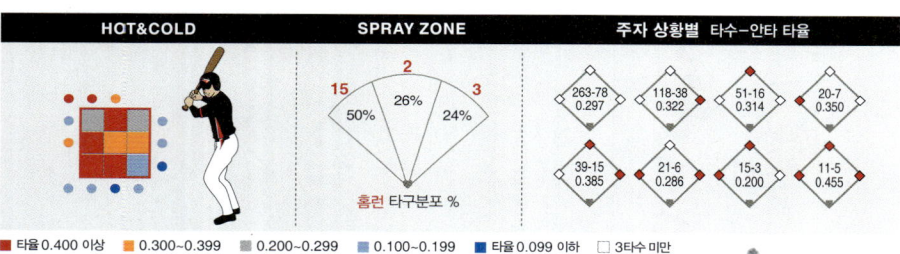

HOT&COLD	SPRAY ZONE	주자 상황별 타수-안타 타율

SPRAY ZONE: 15 / 2 / 3 / 50% / 26% / 24%
홈런 타구분포 %

주자 상황별 타수-안타 타율:
263-78 / 0.297 ， 118-38 / 0.322 ， 51-16 / 0.314 ， 20-7 / 0.350
39-15 / 0.385 ， 21-6 / 0.286 ， 15-3 / 0.200 ， 11-5 / 0.455

■ 타율 0.400 이상　■ 0.300~0.399　■ 0.200~0.299　■ 0.100~0.199　■ 타율 0.099 이하　□ 3타수 미만

최근 3년간 성적

연도	팀명	타율	경기	타수	득점	안타	2루타	3루타	홈런	루타	타점	도루	볼넷	삼진	장타율	출루율	실책	OPS	WAR
2015	넥센	0.234	108	361	54	106	24	1	14	174	71	3	37	62	0.482	0.366	13	0.848	1.82
2016	넥센	0.334	92	341	72	114	15	0	19	186	80	0	46	50	0.545	0.420	6	0.965	2.61
2017	넥센·kt	0.312	142	538	90	168	30	1	20	260	105	0	33	85	0.483	0.357	3	0.840	2.93
통산		0.235	712	2119	306	625	109	4	79	979	377	9	177	357	0.462	0.354	35	0.816	-

구종별 타격 성적

구종	전체	VS우투	VS좌투
포심패스트볼	0.339	0.386	0.240
투심/싱커	0.405	0.294	0.875
컷패스트볼	0.273	0.167	0.400
슬라이더	0.196	0.153	0.500
커브	0.264	0.273	0.222
체인지업	0.338	0.179	0.459
포크/SF/너클	0.361	0.393	0.250

볼카운트별 타율-타점

볼카운트	타율	타수	안타	타점	볼카운트	타율	타수	안타	타점
0-0	0.400	60	24	13	2-0	0.273	11	3	5
0-1	0.299	67	20	11	2-1	0.485	33	16	11
0-2	0.214	42	9	3	2-2	0.217	92	20	11
1-0	0.359	39	14	10	3-0	0.333	3	1	0
1-1	0.431	51	22	17	3-1	0.353	17	6	7
1-2	0.208	77	16	7	3-2	0.370	46	17	10

S>B : 0.242 / S=B : 0.325 / S<B : 0.383

수비 기록

위치	자살	보살	실책	수비율
1루수	355	24	0	1.000
3루수	24	55	3	0.963

상황별 기록

상황	타율	타수	안타	2루타	3루타	홈런	타점	볼넷	사구	삼진	병살
주자 없음	0.297	263	78	13	1	9	9	17	2	38	0
주자 있음	0.327	275	90	17	0	11	96	16	6	47	24
득점권	0.331	157	52	10	0	4	79	11	0	27	9
좌투수	0.355	155	55	10	0	8	34	5	3	27	6
우투수	0.323	310	100	16	1	10	63	23	3	44	13
언더	0.178	73	13	4	0	2	8	5	2	14	5
노아웃	0.325	131	62	10	1	10	21	6	2	28	13
원아웃	0.308	185	57	10	0	5	37	13	3	31	11
투아웃	0.302	162	49	10	0	5	47	14	3	26	0

상대팀별 기록

구분	경기	타율	타수	득점	안타	홈런	타점	도루	볼넷	삼진	병살
KIA	18	0.397	73	15	29	4	25	0	2	11	3
두산	18	0.356	73	13	26	3	12	0	2	9	1
롯데	12	0.237	38	6	9	3	8	0	6	10	0
NC	17	0.175	57	4	10	1	6	0	1	8	5
SK	16	0.400	65	11	26	3	13	0	5	11	4
LG	17	0.197	61	9	12	0	5	0	4	12	2
넥센	8	0.233	30	3	7	1	3	0	1	5	0
한화	15	0.311	61	9	19	1	12	0	5	10	3
삼성	13	0.347	49	8	17	2	10	0	5	9	4
kt	8	0.419	31	12	13	2	11	0	2	1	3

NO. 7 정현

2013년 삼성에 1라운드 8순위로 지명돼 2년 동안 간 13경기 출전에 머물렀고, 도합 24타수 4안타로 존재감을 보여주지 못했다. 그러나 2015시즌 kt의 특별 지명을 받고 이적한 그는 상무 전역 후 서서히 두각을 나타내기 시작했다. 2017시즌 타율 3할 (350타수 105안타) 6홈런 42타점 45득점으로 크게 활약했다. 수비에서도 정현의 존재감은 빛났다. 정현은 지난 시즌 유격수, 2루수 멀티플레이어로서 팀에 부족한 부분을 확실하게 채웠다. 심지어 전반기까지만 해도 수비에서는 믿음을 주지 못하다 막판부터 수비가 안정되고 유격수로 자리 잡았다. 3루수 황재균의 영입으로 유격수 주전 자리가 더 확고해질 듯하다. 고영표와 더불어 2017시즌 kt의 한 줄기 빛이었고, 2018시즌이 더욱 기대되는 선수다.

내야

우투우타
1994년 6월 1일
181cm / 80kg
연봉 7800만 원
경력 부산수영초-대천중-부산고
-(대구사이버대)-삼성-kt-상무
지명순위 13 삼성 1라운드 8순위

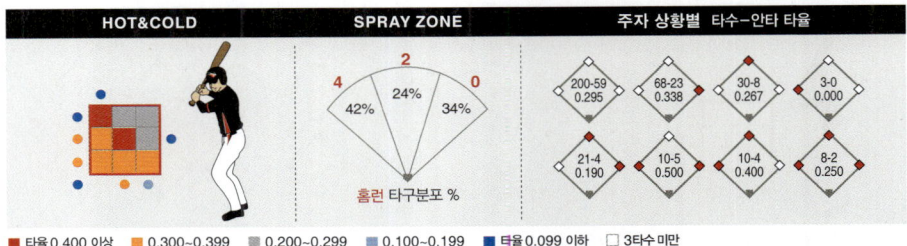

HOT&COLD

SPRAY ZONE

홈런 타구분포 %

4 2 0
42% 24% 34%

주자 상황별 타수-안타 타율

| 200-59 0.295 | 68-23 0.338 | 30-8 0.267 | 3-0 0.000 |
| 21-4 0.190 | 10-5 0.500 | 10-4 0.400 | 8-2 0.250 |

■ 타율 0.400 이상　■ 0.300~0.399　■ 0.200~0.299　■ 0.100~0.199　■ 타율 0.099 이하　□ 3타수 미만

최근 3년간 성적

연도	팀명	타율	경기	타수	득점	안타	2루타	3루타	홈런	루타	타점	도루	볼넷	삼진	장타율	출루율	실책	OPS	WAR
2015	–	-	-	-	-	-	-	-	-	-	-	-	-	-	-	-	-	-	-
2016	–	-	-	-	-	-	-	-	-	-	-	-	-	-	-	-	-	-	-
2017	kt	0.300	124	350	45	105	20	3	6	149	42	4	18	69	0.426	0.369	10	0.795	2.02
통산		0.291	137	374	48	109	21	3	7	157	44	4	18	76	0.420	0.357	10	0.777	-

구종별 타격 성적

구종	전체	VS우투	VS좌투
포심패스트볼	0.287	0.320	0.213
투심/싱커	0.421	0.421	-
컷패스트볼	0.143	0.167	0.000
슬라이더	0.269	0.309	0.083
커브	0.433	0.348	0.714
체인지업	0.353	0.353	0.353
포크/SF/너클	0.192	0.200	0.167

볼카운트별 타율-타점

볼카운트	타율	타수	안타	타점	볼카운트	타율	타수	안타	타점
0-0	0.435	46	20	10	2-0	0.333	6	2	2
0-1	0.485	33	16	2	2-1	0.333	18	6	3
0-2	0.226	31	7	1	2-2	0.196	46	9	4
1-0	0.324	34	11	4	3-0	-	0	0	0
1-1	0.361	36	13	5	3-1	0.500	8	4	1
1-2	0.194	62	12	6	3-2	0.167	30	5	4

S〉B : 0.278 / S=B : 0.328 / S〈B : 0.292

수비 기록

위치	자살	보살	실책	수비율
2루수	72	76	0	1.000
3루수	18	36	3	0.947
유격수	71	135	7	0.967

상황별 기록

상황	타율	타수	안타	2루타	3루타	홈런	타점	볼넷	사구	삼진	병살
주자 없음	0.295	200	59	10	2	5	5	13	11	41	0
주자 있음	0.307	150	46	10	1	1	37	5	11	28	14
득점권	0.280	82	23	6	1	0	33	4	8	20	3
좌투수	0.265	98	26	5	1	3	12	4	7	18	4
우투수	0.332	190	63	11	2	3	23	9	13	36	7
언더	0.258	62	16	4	0	0	7	1	2	15	3
노아웃	0.316	117	37	7	1	4	9	6	4	25	5
원아웃	0.297	118	35	7	1	0	13	8	7	29	7
투아웃	0.287	115	33	6	1	2	19	5	7	25	0

상대틉별 기록

구분	경기	타율	타수	득점	안타	홈런	타점	도루	볼넷	삼진	병살
KIA	14	0.326	46	6	15	0	0	0	0	7	1
두산	14	0.238	42	5	10	0	0	0	5	10	2
롯데	16	0.256	39	1	10	1	6	2	1	9	3
NC	14	0.237	38	7	9	0	2	0	1	11	2
SK	14	0.348	46	3	16	0	8	0	3	10	1
LG	12	0.361	36	9	13	2	6	1	0	8	2
넥센	15	0.366	41	4	15	1	7	1	5	7	1
한화	14	0.306	36	3	11	0	3	0	1	2	3
삼성	11	0.231	26	5	6	2	4	0	2	6	1

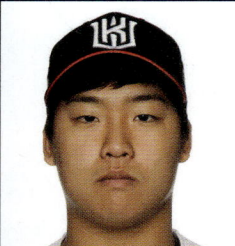

외야

우투좌타
1999년 7월 29일
184cm / 98kg
연봉 2700만 원
경력 부천북초-이수중-서울고
지명순위 18 kt 2차 1라운드 1순위

NO. 50 강백호

　가장 강력한 신인왕 후보. 2017 드래프트 1라운드 1번으로 KT에 지명됐다. 고교 시절 포수, 1루수, 투수를 겸했으나 프로에서는 1루수 혹은 외야수로 출전할 것이다. 스프링캠프 때 kt를 상대했던 상대팀 감독들은 이구동성으로 "도무지 신인 같지 않다. 올해 돌풍을 일으킬 것"이라고 말했다. 강백호는 매우 독특한 타격폼을 지녔다. 선명한 오픈스탠드에 무릎을 허리춤까지 올렸다가 내린다. 레그킥이 매우 크다는 얘기다. 그런데도 타격이 정확하고 파워도 뛰어난 편이다. '홈런' 생각만 있는 듯 시종일관 파워풀한 스윙을 한다. 그 속에서 상황에 맞는 콘택트 능력까지 갖췄다. 고교 시절 변화구에 약하다는 평가가 있었으나 프로에 와서 많이 좋아졌다는 평가를 받고 있다. 반면 어설픈 외야 수비는 보강해야 한다.

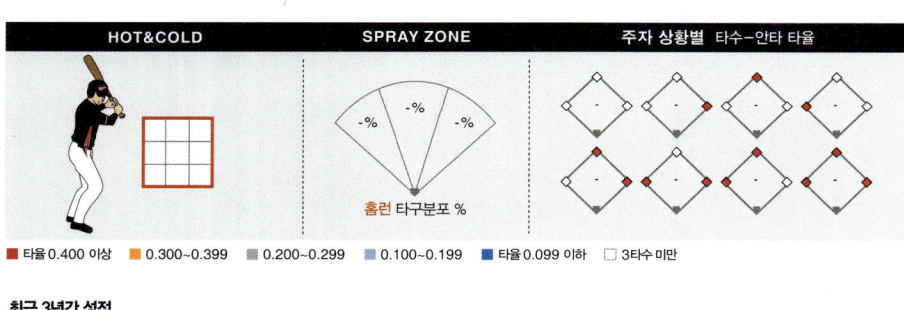

■ 타율 0.400 이상　■ 0.300~0.399　■ 0.200~0.299　■ 0.100~0.199　■ 타율 0.099 이하　□ 3타수 미만

최근 3년간 성적

연도	팀명	평균자책	경기	승	패	세이브	홀드	승률	타자수	이닝	피안타	피홈런	볼넷	탈삼진	실점	자책점	WHIP	WAR
2015	-	-	-	-	-	-	-	-	-	-	-	-	-	-	-	-	-	-
2016	-	-	-	-	-	-	-	-	-	-	-	-	-	-	-	-	-	-
2017	-	-	-	-	-	-	-	-	-	-	-	-	-	-	-	-	-	-
통산	-	-	-	-	-	-	-	-	-	-	-	-	-	-	-	-	-	-

구종별 타격 성적

구종	전체	VS우투	VS좌투
포심패스트볼	-	-	-
투심/싱커	-	-	-
컷패스트볼	-	-	-
슬라이더	-	-	-
커브	-	-	-
체인지업	-	-	-
포크/SF/너클	-	-	-

볼카운트별 타율-타점

볼카운트	타율	타수	안타	타점	볼카운트	타율	타수	안타	타점
0-0	-	-	-	-					
0-1	-	-	-	-					
0-2	-	-	-	-					
1-0	-	-	-	-					
1-1	-	-	-	-					
1-2	-	-	-	-					
S〉B:-/S=B:-/S〈B:-									

수비 기록

위치	자살	보살	실책	수비율

상황별 기록

상황	타율	타수	안타	2루타	3루타	홈런	타점	볼넷	사구	삼진	병살
주자 없음	-	-	-	-	-	-	-	-	-	-	-
주자 있음	-	-	-	-	-	-	-	-	-	-	-
득점권	-	-	-	-	-	-	-	-	-	-	-
좌투수	-	-	-	-	-	-	-	-	-	-	-
우투수	-	-	-	-	-	-	-	-	-	-	-
언더	-	-	-	-	-	-	-	-	-	-	-
노아웃	-	-	-	-	-	-	-	-	-	-	-
원아웃	-	-	-	-	-	-	-	-	-	-	-
투아웃	-	-	-	-	-	-	-	-	-	-	-

상대팀별 기록

구분	경기	타율	타수	득점	안타	홈런	타점	도루	볼넷	삼진	병살
KIA	-	-	-	-	-	-	-	-	-	-	-
두산	-	-	-	-	-	-	-	-	-	-	-
롯데	-	-	-	-	-	-	-	-	-	-	-
NC	-	-	-	-	-	-	-	-	-	-	-
SK	-	-	-	-	-	-	-	-	-	-	-
LG	-	-	-	-	-	-	-	-	-	-	-
넥센	-	-	-	-	-	-	-	-	-	-	-
한화	-	-	-	-	-	-	-	-	-	-	-
삼성	-	-	-	-	-	-	-	-	-	-	-

로하스

외야

2017년 6월, 조니 모넬의 대체 선수로 입단했다. 로하스의 경우 파워보다 콘택트가 더 돋보이는 타자다. 2017시즌 그는 호타준족의 전형을 보여줬다. 리그 판도를 뒤흔들 정도의 괴력은 아니었지만 꾸준한 모습이 돋보였고, 수비에서도 중견수로서 공헌도가 높았다. 83경기에 출전한 로하스의 최종 성적은 0.301의 타율과 18홈런 56타점. 역시 144경기로 환산하면 31홈런 97타점에 비교할 수치였다. 구단에서는 로하스에 대해 2017년 시즌 주루와 콘택트에 중점을 둔 영입이라고 언급했다. 르하스는 리그에 적응하기 위해 코칭스태프의 의견을 적극적으르 받아들이는 모습을 보였다. 타격 폼을 수정한 이후 히팅 포인트가 앞에서 맞기 시작했고, 장타 포텐이 제대로 폭발하며 기대치 이상의 활약을 선보였다. 올해 더 기대되는 타자다.

우투양타
1990년 5월 24일
188cm / 102kg
경력 미국 와바쉬밸리대
지명순위 17 kt 자유선발

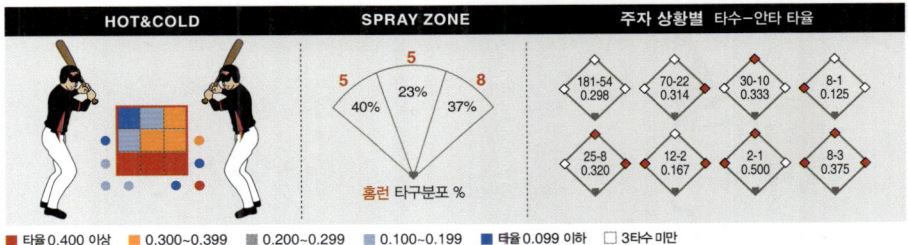

HOT&COLD

SPRAY ZONE

5
5   8
40% 23% 37%

홈런 타구분포 %

주자 상황별   타수-안타 타율

| 181-54 0.298 | 70-22 0.314 | 30-10 0.333 | 8-1 0.125 |
| 25-8 0.320 | 12-2 0.167 | 2-1 0.500 | 8-3 0.375 |

■ 타율 0.400 이상   ■ 0.300~0.399   ■ 0.200~0.299   ■ 0.100~0.199   ■ 타율 0.099 이하   □ 3타수 미만

최근 3년간 성적

연도	팀명	타율	경기	타수	득점	안타	2루타	3루타	홈런	루타	타점	도루	볼넷	삼진	장타율	출루율	실책	OPS	WAR
2015	-	-	-	-	-	-	-	-	-	-	-	-	-	-	-	-	-	-	-
2016	-	-	-	-	-	-	-	-	-	-	-	-	-	-	-	-	-	-	-
2017	kt	0.301	83	336	52	101	27	3	18	188	56	5	23	81	0.560	0.351	3	0.911	2.69
통산		0.301	83	336	52	101	27	3	18	188	56	5	23	81	0.560	0.351	3	0.911	-

구종별 타격 성적

구종	전체	VS우투	VS좌투
포심패스트볼	0.320	0.321	0.318
투심/싱커	0.571	0.636	0.333
컷패스트볼	0.143	0.167	0.000
슬라이더	0.167	0.120	0.273
커브	0.227	0.176	0.400
체인지업	0.259	0.355	0.148
포크/SF/너클	0.327	0.341	0.250

볼카운트별 타율-타점

볼카운트	타율	타수	안타	타점	볼카운트	타율	타수	안타	타점
0-0	0.542	24	13	13	2-0	0.600	10	6	0
0-1	0.333	33	11	9	2-1	0.368	19	7	2
0-2	0.143	35	5	4	2-2	0.250	52	13	6
1-0	0.333	18	6	3	3-0	0.500	2	1	0
1-1	0.333	27	9	3	3-1	0.545	11	6	6
1-2	0.175	63	11	2	3-2	0.310	42	13	8

S〉B : 0.206 / S=B : 0.340 / S〈B : 0.382

수비 기록

위치	자살	보살	실책	수비율
좌익수	8	0	1	0.889
중견수	174	4	2	0.989
우익수	1	0	0	1.000

상황별 기록

상황	타율	타수	안타	2루타	3루타	홈런	타점	볼넷	사구	삼진	병살
주자 없음	0.298	181	54	14	2	11	11	11	2	40	0
주자 있음	0.303	155	47	13	1	7	45	12	3	41	6
득점권	0.294	85	25	6	1	5	41	6	3	21	1
좌투수	0.276	105	29	7	2	4	12	5	2	27	3
우투수	0.291	182	53	15	1	9	32	17	1	48	3
언더	0.388	49	19	5	0	5	12	1	2	6	0
노아웃	0.287	115	33	8	1	7	17	5	0	33	1
원아웃	0.373	110	41	11	1	7	8	23	7	24	5
투아웃	0.243	111	27	8	1	3	16	11	3	24	0

상대팀별 기록

구분	경기	타율	타수	득점	안타	홈런	타점	도루	볼넷	삼진	병살
KIA	10	0.378	45	6	17	0	6	0	2	8	1
두산	7	0.268	41	9	11	3	6	0	6	10	1
롯데	7	0.207	29	3	6	2	5	1	1	6	0
NC	7	0.393	28	4	11	1	4	2	2	6	0
SK	10	0.195	41	6	8	1	6	0	3	10	1
LG	8	0.361	36	7	13	3	10	0	1	8	2
넥센	10	0.250	40	5	10	1	5	0	1	10	1
한화	10	0.308	39	6	12	3	8	1	6	9	0
삼성	10	0.351	37	8	13	4	6	1	1	12	0

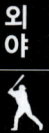

외야

우투우타
1986년 10월 13일
177cm / 75kg
연봉 7000만 원
경력 삼성초-내동중-용마고
　-인하대-삼성-NC-경찰-NC
지명순위 09 삼성 2차 7라운드
53순위

NO.27 **오정복**

　삼성과 NC를 거쳐 kt로 이적했다. 2017시즌 작년의 불미스러운 일을 만회하고자 노력해 81경기 195타석에서 타율 0.354, 홈런 2개, 타점 16점을 기록하며 자신의 커리어하이를 만들었다. 나름 콘택트 능력과 펀치력을 지녔으며 선구안이 나쁘지 않아 볼넷도 잘 골라내는 편이다. 수비력이 좋지 않다. 투지 있는 플레이는 좋지만 타구 판단, 송구 둘 다 좋지 않다. 발이 매우 느려서 주루사하는 경우가 많다. 테이블 세터로 그보다 나은 선수도 없으며 좋은 활약을 펼치는 선수다. 그러나 2016년 3월 2일 음주운전으로 물의를 일으키고 15경기 출장정지와 120시간 사회봉사로 마무리돼 솜방망이 처벌이라며 논란을 일으켰다. 2018시즌 더욱 발전한 모습을 보인다면 kt의 타순 운용에 큰 힘이 될 것이다.

HOT&COLD	SPRAY ZONE	주자 상황별　타수-안타 타율

SPRAY ZONE

2　24%　0
43%　33%

0　0

홈런 타구분포 %

주자 상황별　타수-안타 타율

100-32 0.320	50-23 0.460	17-8 0.471	6-1 0.167
12-2 0.167	3-2 0.667	4-1 0.250	3-0 0.000

■ 타율 0.400 이상　■ 0.300~0.399　■ 0.200~0.299　■ 0.100~0.199　■ 타율 0.099 이하　□ 3타수 미만

최근 3년간 성적

연도	팀명	타율	경기	타수	득점	안타	2루타	3루타	홈런	루타	타점	도루	볼넷	삼진	장타율	출루율	실책	OPS	WAR
2015	kt	0.259	66	239	34	62	11	1	5	90	29	3	33	26	0.377	0.355	2	0.732	0.08
2016	kt	0.304	96	306	45	93	11	2	5	123	36	1	28	32	0.402	0.358	3	0.760	0.48
2017	kt	0.354	81	195	24	69	13	0	2	88	16	0	9	24	0.451	0.395	1	0.846	0.86
통산		0.288	420	1063	155	306	50	4	19	421	127	7	103	137	0.396	0.354	7	0.750	-

구종별 타격 성적

구종	전체	VS우투	VS좌투
포심패스트볼	0.318	0.283	0.400
투심/싱커	0.500	0.500	-
컷패스트볼	0.600	0.750	0.000
슬라이더	0.364	0.235	0.800
커브	0.368	0.500	0.222
체인지업	0.278	0.333	0.250
포크/SF/너클	0.381	0.333	0.500

볼카운트별 타율-타점

볼카운트	타율	타수	안타	타점	볼카운트	타율	타수	안타	타점
0-0	0.417	24	10	3	2-0	0.400	5	2	1
0-1	0.407	27	11	5	2-1	0.778	9	7	0
0-2	0.167	12	2	0	2-2	0.333	30	10	0
1-0	0.364	11	4	1	3-0	-	0	0	0
1-1	0.417	24	10	4	3-1	0.200	5	1	0
1-2	0.243	37	9	1	3-2	0.273	11	3	1

S > B : 0.289 / S=B : 0.385 / S < B : 0.415

수비 기록

위치	자살	보살	실책	수비율
좌익수	63	1	1	0.985

상황별 기록

상황	타율	타수	안타	2루타	3루타	홈런	타점	볼넷	사구	삼진	병살
주자 없음	0.320	100	32	8	0	1	1	4	3	13	0
주자 있음	0.389	95	37	5	0	1	15	5	2	11	5
득점권	0.311	45	14	1	0	1	11	4	1	8	0
좌투수	0.397	68	27	4	0	2	7	2	0	4	2
우투수	0.311	106	33	5	0	0	7	6	3	18	3
언더	0.429	21	9	4	0	0	2	1	2	2	0
노아웃	0.403	72	29	4	0	1	5	4	2	6	0
원아웃	0.348	69	24	7	0	0	4	2	1	8	0
투아웃	0.296	54	16	2	0	1	5	2	1	10	0

상대팀별 기록

구분	경기	타율	타수	득점	안타	홈런	타점	도루	볼넷	삼진	병살
KIA	9	0.385	26	1	10	1	6	0	0	3	4
두산	9	0.429	28	3	12	1	3	0	2	3	1
롯데	11	0.455	33	11	15	0	1	0	2	4	0
NC	11	0.240	25	2	6	0	1	0	1	0	0
SK	9	0.412	17	0	7	0	1	0	2	1	0
LG	7	0.368	19	4	7	0	1	0	1	1	0
넥센	6	0.231	13	2	3	0	0	0	0	3	0
한화	10	0.125	16	0	2	0	0	0	0	3	0
삼성	9	0.389	18	1	7	0	2	0	2	3	0

NO. 61 유한준

2014년 이후 줄곧 3할대의 타율을 기록. 인내심이 좋고 볼을 오래 보는 스타일이다. 2014시즌을 앞두고 근육을 키운 후 타격에서 큰 발전을 이뤘다. 또한 득점권에서 매우 강하다. 5년 연속 득점권 OPS(출루율+장타율)가 평소보다 7푼 이상 높았던 유일한 타자였다. 발이 빠른 편은 아니지만, 한 베이스 더 가려는 공격적인 주루 플레이가 인상적이다. 그러나 2루 주자로 나가 있다 짧은 안타로 홈으로 쇄도하다 아웃되는 모습이 간간히 보이기도 한다. 주 포지션은 우익수이나, 중견수로도 훌륭한 수비력을 보여준다. 뛰어난 타구 판단과 넓은 수비 범위를 자랑하며 강견에서 나오는 송구 능력도 대단하다. 펜스 플레이도 좋아 파울 타구를 불펜 담장으로 넘어가면서까지 잡아낸다.

우투우타
1981년 7월 1일
186cm / 97kg
연봉 6억 원
경력 부천신흥초-부천중-유신고
-동국대-현대-우리-상무-넥센
지명순위 00 현대 2차 3라운드
20순위

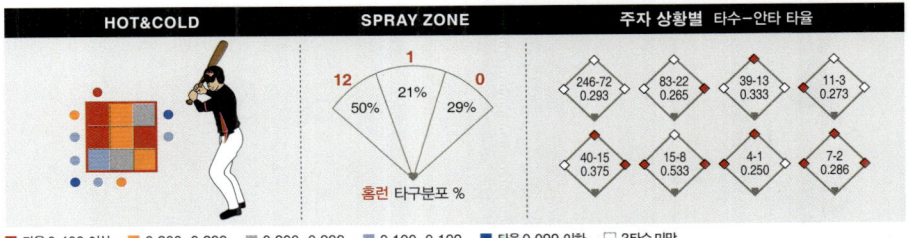

| HOT&COLD | SPRAY ZONE | 주자 상황별 타수-안타 타율 |

SPRAY ZONE
12 1 0
50% 21% 29%
홈런 타구분포 %

주자 상황별 타수-안타 타율
246-72 0.293 | 83-22 0.265 | 39-13 0.333 | 11-3 0.273
40-15 0.375 | 15-8 0.533 | 4-1 0.250 | 7-2 0.286

■ 타율 0.400 이상　■ 0.300~0.399　■ 0.200~0.299　■ 0.100~0.199　■ 타율 0.099 이하　□ 3타수 미만

최근 3년간 성적

연도	팀명	타율	경기	타수	득점	안타	2루타	3루타	홈런	루타	타점	도루	볼넷	삼진	장타율	출루율	실책	OPS	WAR
2015	넥센	0.362	139	520	103	188	42	1	23	301	116	5	67	71	0.579	0.430	2	1.009	6.26
2016	kt	0.336	110	408	70	137	22	0	14	201	64	4	47	40	0.493	0.404	1	0.897	4.04
2017	kt	0.306	133	445	52	136	19	0	13	194	68	0	45	59	0.436	0.370	1	0.806	1.71
통산		0.298	1167	3719	519	1107	211	4	101	1629	608	30	411	529	0.438	0.369	14	0.807	-

구종별 타격 성적

구종	전체	VS우투	VS좌투
포심패스트볼	0.314	0.293	0.390
투심/싱커	0.333	0.353	0.000
컷패스트볼	0.636	0.667	0.500
슬라이더	0.258	0.255	0.286
커브	0.314	0.267	0.600
체인지업	0.288	0.292	0.286
포크/SF/너클	0.333	0.269	0.571

볼카운트별 타율-타점

볼카운트	타율	타수	안타	타점	볼카운트	타율	타수	안타	타점
0-0	0.339	62	21	11	2-0	0.500	4	2	0
0-1	0.395	38	15	3	2-1	0.455	33	15	6
0-2	0.143	28	4	8	2-2	0.216	74	16	9
1-0	0.375	24	9	3	3-0	-	0	0	0
1-1	0.392	51	20	11	3-1	0.462	13	6	3
1-2	0.200	65	13	3	3-2	0.283	53	15	11

S>B : 0.244 / S=B : 0.305 / S<B : 0.370

수비 기록

위치	자살	보살	실책	수비율
중견수	15	0	0	1.000
우익수	172	3	1	0.994

상황별 기록

상황	타율	타수	안타	2루타	3루타	홈런	타점	볼넷	사구	삼진	병살
주자 없음	0.293	246	72	10	0	8	8	17	1	37	0
주자 있음	0.322	199	64	9	0	5	60	28	1	22	10
득점권	0.362	116	42	3	0	3	54	18	1	13	2
좌투수	0.352	105	37	7	0	3	18	14	0	14	0
우투수	0.325	274	89	11	0	10	48	28	1	36	9
언더	0.152	66	10	1	0	0	2	3	1	9	1
노아웃	0.313	134	42	7	0	4	6	14	1	14	4
원아웃	0.302	139	42	3	0	6	25	17	1	21	6
투아웃	0.302	172	52	8	0	3	37	14	0	21	0

상대팀별 기록

구분	경기	타율	타수	득점	안타	홈런	타점	도루	볼넷	삼진	병살
KIA	14	0.491	53	7	26	1	7	0	2	4	0
두산	14	0.227	44	3	10	2	7	0	7	10	0
롯데	14	0.435	46	8	20	3	12	0	4	4	2
NC	15	0.283	46	5	13	1	10	0	7	5	2
SK	15	0.239	46	8	11	0	4	0	5	8	3
LG	16	0.309	55	6	17	1	8	0	8	6	0
넥센	15	0.294	51	6	15	2	9	0	2	8	1
한화	16	0.246	57	7	14	1	6	0	5	5	1
삼성	15	0.213	47	4	10	2	5	0	3	8	1

외야

좌투좌타
1983년 7월 19일
184cm / 78kg
연봉 2억 원
경력 광주서림초-무등중
　　-광주제일고-LG-KIA
지명순위 03 LG 2차 2라운드
　　11순위

NO. 53 이대형

　　KBO에서도 최상위권의 빠른 발을 지녀 2007년부터 2010년까지 도루왕을 가록했다. 하지만 도루 능력에 비해 타격은 좋은 평가를 받지 못했다. 그나마 타격 시 왼손이 덮어지는 약점을 고개를 살짝 포수 방향으로 기울이는 자세로 바꾼 후 3.유간 내야 안타를 만들어내며 한 단계 성장했다. 전형적인 '똑딱이 타자'로 빠른 발을 활용한 내야안타가 많다. 종합적으로 살펴보면 타고난 야구 센스보다는 우수한 신체 능력을 바탕으로 몸 야구를 하는 선수다. 다이빙 캐치를 선보이는 등 중견수 수비가 좋으며 스타트가 빠르다. 그러나 부상 후유증으로 어깨는 리그에서도 하위권이다. 2017시즌 성적을 살펴보면 337타석에서 타율 0.267, 홈런은 없고 24타점, 23도루를 달성했다.

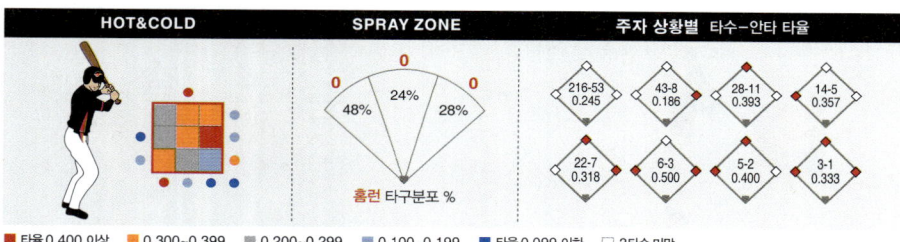

HOT&COLD　**SPRAY ZONE**　**주자 상황별** 타수-안타 타율

SPRAY ZONE: 0　0　0 / 48%　24%　28%
홈런 타구분포 %

주자 상황별:
216-53 0.245 / 43-8 0.186 / 28-11 0.393 / 14-5 0.357
22-7 0.318 / 6-3 0.500 / 5-2 0.400 / 3-1 0.333

■ 타율 0.400 이상　■ 0.300~0.399　■ 0.200~0.299　■ 0.100~0.199　■ 타율 0.099 이하　□ 3타수 미만

최근 3년간 성적

연도	팀명	타율	경기	타수	득점	안타	2루타	3루타	홈런	루타	타점	도루	볼넷	삼진	장타율	출루율	실책	OPS	WAR
2015	kt	0.302	140	546	86	165	23	3	0	194	37	44	53	92	0.355	0.370	2	0.725	1.56
2016	kt	0.320	143	600	89	192	14	3	1	215	42	37	44	90	0.358	0.368	2	0.726	1.72
2017	kt	0.267	100	337	51	90	8	3	0	104	24	23	24	54	0.309	0.315	2	0.624	-0.33
통산		0.279	1584	5068	805	1412	131	38	9	1646	357	505	433	842	0.325	0.337	25	0.662	-

구종별 타격 성적

구종	전체	VS우투	VS좌투
포심패스트볼	0.272	0.265	0.289
투심/싱커	0.250	0.250	-
컷패스트볼	0.375	0.429	0.000
슬라이더	0.231	0.217	0.250
커브	0.192	0.100	0.250
체인지업	0.286	0.250	1.000
포크/SF/너클	0.286	0.281	0.333

볼카운트별 타율-타점

볼카운트	타율	타수	안타	타점	볼카운트	타율	타수	안타	타점
0-0	0.260	50	13	7	2-0	0.250	4	1	3
0-1	0.351	37	13	1	2-1	0.381	21	8	2
0-2	0.069	29	2	0	2-2	0.240	50	12	4
1-0	0.263	19	5	0	3-0	-	0	0	0
1-1	0.489	45	22	5	3-1	0.250	4	1	0
1-2	0.131	61	8	1	3-2	0.294	17	5	1

S＞B : 0.181 / S=B : 0.324 / S〈B : 0.308

수비 기록

위치	자살	보살	실책	수비율
좌익수	102	0	2	0.981
중견수	57	1	0	1.000

상황별 기록

상황	타율	타수	안타	2루타	3루타	홈런	타점	볼넷	사구	삼진	병살
주자 없음	0.245	216	53	5	1	0	0	16	0	38	0
주자 있음	0.306	121	37	3	2	0	24	8	0	16	8
득점권	0.372	78	29	3	2	0	24	6	0	8	5
좌투수	0.245	94	23	3	1	0	5	6	0	18	1
우투수	0.265	200	53	5	1	0	17	12	0	32	5
언더	0.326	43	14	0	1	0	2	6	0	4	2
노아웃	0.306	160	49	4	2	0	4	11	0	21	2
원아웃	0.200	90	18	1	1	0	9	7	0	18	6
투아웃	0.264	87	23	3	0	0	13	6	0	15	0

상대팀별 기록

구분	경기	타율	타수	득점	안타	홈런	타점	도루	볼넷	삼진	병살
KIA	9	0.353	34	6	12	0	2	1	2	7	1
두산	10	0.324	34	5	11	0	2	2	1	4	3
롯데	12	0.279	43	4	12	0	3	2	3	9	0
NC	11	0.282	39	8	11	0	4	3	4	5	0
SK	12	0.069	29	0	2	0	1	2	0	3	0
LG	11	0.242	33	7	8	0	3	4	4	6	0
넥센	11	0.282	39	5	11	0	1	5	5	9	1
한화	12	0.286	42	9	12	0	4	1	5	5	1
삼성	12	0.250	44	7	11	0	1	3	5	2	4

강장산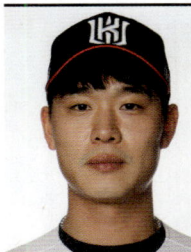

투수

NO. 41
우투우타
1990년 2월 16일
194cm / 104kg
경력 강남초–선린중
–선린인터넷고–동국대–NC
지명순위 14 NC 육성선수

연도	팀명	평균자책	경기	승-패-세-홀	이닝	피안타	피홈런	볼넷	탈삼진	WHIP	WAR
2017	NC·KT	5.47	17	0-0-0-0	26 1/3	27	3	15	16	1.59	0.08
통산		5.80	40	0-1-0-0	54 1/3	57	8	33	26	1.66	-

볼카운트별 피안타율

볼카운트	피안타율	타수	피안타	볼카운트	피안타율	타수	피안타
0-0	0.083	12	1	2-0	-	0	0
0-1	0.375	8	3	2-1	0.400	10	4
0-2	0.375	8	3	2-2	0.100	10	1
1-0	0.200	10	2	3-0	-	0	0
1-1	0.364	11	4	3-1	0.750	4	3
1-2	0.083	12	1	3-2	0.417	12	5

S〉B : 0.250 / S=B : 0.182 / S〈B : 0.389

상황별 기록

상황	안타	삼진	피안타율
주자 없음	12	10	0.261
만루	0	0	0.000
주자 있음	15	6	0.294
득점권	8	3	0.296
상위(1~2번)	8	4	0.381
중심(3~5번)	8	5	0.276
하위(6~9번)	11	8	0.234
좌타자	10	8	0.270
우타자	17	9	0.283

상대팀별 기록

구분	경기	평균자책	승-패-세-홀	이닝
KIA	2	27.00	0-0-0-0	2 1/3
두산	2	0.00	0-0-0-0	7
롯데	3	13.50	0-0-0-0	2 2/3
NC	1	0.00	0-0-0-0	1 2/3
LG	2	0.00	0-0-0-0	2 2/3
넥센	-	-	-	-
한화	3	3.38	0-0-0-0	5 1/3
삼성	2	4.50	0-0-0-0	2
kt	1	6.75	0-0-0-0	2 2/3

구속/구사율/피안타율

구종	평균구속	구사율	피안타율
포심패스트볼	142	40%	0.242
투심/싱커	140	20%	0.385
컷패스트볼	-	-	-
슬라이더	129	31%	0.182
커브	-	-	-
체인지업	128	8%	0.600
포크/SF/너클	-	-	-

기타 기록

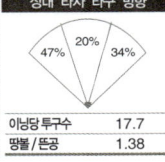

상대 타자 타구 방향
47% 20% 34%

이닝당 투구수	17.7
땅볼/뜬공	1.38

PITCHING ZONE

좌타자·몸쪽 / 우타자·몸쪽

고교 당시 194cm, 104kg의 큰 체구와 강속구로 스카우터들에게 주목을 받았으나 프로 입단에는 실패하여 동국대학교에 진학하였다. 2017시즌 5월 31일 Kt로 이적해왔다. 6월 2일 롯데전에 8점 차이에서 7회 등판하여 0이닝 4실점으로 호된 신고식을 치뤘다. 2017시즌 성적은 26과1/3이닝 동안 평균자책점 5.80을 기록했다.

■ 15% 이상　■ 12~14%　■ 9~11%　■ 6~8%　■ 3~5%　□ 2% 이하

김사율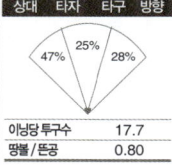

투수

NO. 55
우투우타
1980년 4월 17일
181cm / 95kg
연봉 1억 5000만 원
경력 감천초–대신중
–경남상고–롯데
지명순위 99 롯데 2차 1라운드
1순위

연도	팀명	평균자책	경기	승-패-세-홀	이닝	피안타	피홈런	볼넷	탈삼진	WHIP	WAR
2017	kt	7.27	19	3-3-0-2	34 2/3	51	7	8	28	1.70	-0.04
통산		5.07	471	25-46-65-23	742 1/3	810	96	303	527	1.50	-

볼카운트별 피안타율

볼카운트	피안타율	타수	피안타	볼카운트	피안타율	타수	피안타
0-0	0.400	15	6	2-0	0.500	4	2
0-1	0.400	20	8	2-1	0.875	8	7
0-2	0.083	12	1	2-2	0.143	21	3
1-0	0.294	17	5	3-0	-	0	0
1-1	0.471	17	8	3-1	0.200	5	1
1-2	0.250	20	5	3-2	0.385	13	5

S〉B : 0.269 / S=B : 0.321 / S〈B : 0.426

상황별 기록

상황	안타	삼진	피안타율
주자 없음	31	18	0.356
만루	0	0	0.000
주자 있음	20	10	0.308
득점권	15	3	0.405
상위(1~2번)	14	4	0.378
중심(3~5번)	17	9	0.333
하위(6~9번)	20	11	0.313
좌타자	18	11	0.321
우타자	33	17	0.344

상대팀별 기록

구분	경기	평균자책	승-패-세-홀	이닝
KIA	2	4.05	1-1-0-0	6 2/3
두산	2	18.00	0-0-0-0	3
롯데	1	4.91	1-0-0-1	7 1/3
NC	1	27.00	0-0-0-0	0 1/3
SK	2	9.00	0-0-0-0	1
LG	4	5.79	0-0-0-0	4 2/3
넥센	3	2.00	1-0-0-1	9
한화	3	31.50	0-1-0-0	2
삼성	1	13.50	0-1-0-0	0 2/3

구속/구사율/피안타율

구종	평균구속	구사율	피안타율
포심패스트볼	139	43%	0.326
투심/싱커	137	4%	0.400
컷패스트볼	133	16%	0.520
슬라이더	130	3%	0.333
커브	116	10%	0.467
체인지업	126	3%	1.000
포크/SF/너클	130	21%	0.196

기타 기록

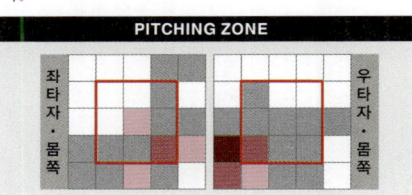

상대 타자 타구 방향
47% 25% 28%

이닝당 투구수	17.7
땅볼/뜬공	0.80

PITCHING ZONE

좌타자·몸쪽 / 우타자·몸쪽

전형적인 '8색조 투수'. 140km/h 중반대 패스트볼과 투심, 체인지업, 커브, 슬라이더, 포크볼, 너클커브를 모두 던질 수 있다. 좋은 구위를 가지고 있으나 제구력이 상대적으로 좋지 않아 피안타율이 높은 게 흠이다. 변화구로 타자의 타이밍을 뺏으며 맞춰 잡는 플레이 위주로 운영한다. 다만 제구가 좋지 않아 결정구로 던질 만한 구질은 없다.

투수

박세진
NO. 47
좌투좌타
1997년 6월 27일
178cm / 93kg
연봉 3100만 원
경력 본리초-경운중-경북고
지명순위 16 kt 1차

연도	팀명	평균자책	경기	승-패-세-홀	이닝	피안타	피홈런	볼넷	탈삼진	WHIP	WAR
2017	kt	9.53	4	0-2-0-0	11 1/3	16	0	6	8	1.94	-0.02
통산		6.68	11	0-4-0-0	32 1/3	40	5	19	16	1.82	-

볼카운트별 피안타율

볼카운트	피안타율	타수	피안타	볼카운트	피안타율	타수	피안타
0-0	0.333	6	2	2-0	0.000	4	0
0-1	0.667	3	2	2-1	1.000	1	1
0-2	0.000	1	0	2-2	0.182	11	2
1-0	0.500	2	1	3-0	-	0	0
1-1	0.667	6	4	3-1	0.250	4	1
1-2	0.400	5	2	3-2	0.250	4	1

S>B : 0.444 / S=B : 0.348 / S<B : 0.267

롯데의 특급 유망주인 투수 박세웅의 동생이다. 형과는 달리 좌완 투수다. 최고구속이 141km/h에서 130km/h 중반까지 감소하는 슬럼프에 빠지며 부진, 1차 지명권에서 멀어지는 듯했다. 그러나 구속을 회복하고 그 이상으로 끌어올리는 데 성공했다. 퓨처스리그에서 꾸준히 선발 수업을 받고 있다. 2017시즌 2패 평균자책점 6.68을 기록했다.

상황별 기록

상황	안타	삼진	피안타율
주자없음	4	6	0.200
만루			
주자있음	12	2	0.444
득점권	8	2	0.400
상위(1~2번)	4	2	0.308
중심(3~5번)	5	4	0.313
하위(6~9번)	7	2	0.389
좌타자	4	2	0.333
우타자	12	6	0.343

상대팀별 기록

구분	경기	평균자책	승-패-세-홀	이닝
KIA	1	23.63	0-1-0-0	2 2/3
두산	1	9.00	0-0-0-0	1
롯데	1	9.00	0-1-0-0	4
NC				
SK				
LG				
넥센	1	0.00	0-0-0-0	3 2/3
한화				
삼성				

구속/구사율/피안타율

구종	평균구속	구사율	피안타율
포심패스트볼	136	49%	0.444
투심/싱커	-	-	-
컷패스트볼	-	-	-
슬라이더	122	2%	-
커브	106	4%	0.667
체인지업	122	45%	0.231
포크/SF/너클	-	-	-

기타 기록

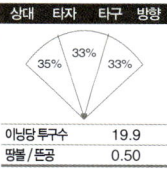

상대 타자 타구 방향: 35% 33% 33%

이닝당 투구수	19.9
땅볼/뜬공	0.50

PITCHING ZONE
좌타자·몸쪽 / 우타자·몸쪽

■ 15% 이상　■ 12~14%　■ 9~11%　■ 6~8%　■ 3~5%　□ 2% 이하

투수

배우열
NO. 18
우투양타
1986년 5월 19일
181cm / 80kg
연봉 4700만 원
경력 신곡초-수원북중-야탑고-경희대-LG-상무-LG
지명순위 09 LG 육성선수

연도	팀명	평균자책	경기	승-패-세-홀	이닝	피안타	피홈런	볼넷	탈삼진	WHIP	WAR
2017	kt	8.65	26	0-2-0-3	34 1/3	58	7	9	33	1.95	-0.29
통산		6.86	82	1-3-1-9	99 2/3	142	14	36	87	1.79	-

볼카운트별 피안타율

볼카운트	피안타율	타수	피안타	볼카운트	피안타율	타수	피안타
0-0	0.474	19	9	2-0	0.667	3	2
0-1	0.400	20	8	2-1	0.250	8	2
0-2	0.000	6	0	2-2	0.292	24	7
1-0	0.526	19	10	3-0	-	0	0
1-1	0.556	9	5	3-1	0.667	3	2
1-2	0.120	25	3	3-2	0.417	24	10

S>B : 0.216 / S=B : 0.404 / S<B : 0.456

대학 시절 신인 드래프트를 앞둔 4학년 때 72⅓이닝, ERA 1.88, 6승이라는 좋은 성적을 거뒀으나 또 다시 지명받지 못했다. 이유는 구속 때문. 포심 구속이 130km/h 중반대에 불과해 프로에서 통하지 않을 것으로 보인 듯하다. 2015년 LG에서 kt로 이적해 2017시즌 2패에 평균자책점 6.86을 기록했다.

상황별 기록

상황	안타	삼진	피안타율
주자없음	29	16	0.392
만루	1	2	0.250
주자있음	29	17	0.337
득점권	18	10	0.310
상위(1~2번)	16	5	0.457
중심(3~5번)	11	13	0.234
하위(6~9번)	31	15	0.397
좌타자	26	16	0.388
우타자	32	17	0.344

상대팀별 기록

구분	경기	평균자책	승-패-세-홀	이닝
KIA	4	4.50	0-1-0-1	6
두산	1	0.00	0-0-0-0	1
롯데	6	12.46	0-0-0-0	8 2/3
NC	4	14.73	0-0-0-0	3 1/3
SK	2	8.44	0-0-0-0	5 1/3
LG	2	0.00	0-0-0-0	2
넥센	2	0.00	0-0-0-0	2
한화	4	13.50	0-1-0-0	4 2/3
삼성	1	0.00	0-0-0-0	1

구속/구사율/피안타율

구종	평균구속	구사율	피안타율
포심패스트볼	140	45%	0.368
투심/싱커	138	4%	0.000
컷패스트볼	-	-	-
슬라이더	133	26%	0.409
커브	116	6%	0.333
체인지업	-	-	-
포크/SF/너클	131	19%	0.378

기타 기록

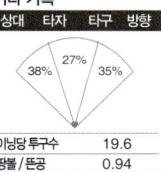

상대 타자 타구 방향: 38% 27% 35%

이닝당 투구수	19.6
땅볼/뜬공	0.94

PITCHING ZONE
좌타자·몸쪽 / 우타자·몸쪽

배제성

연도	팀명	평균자책	경기	승-패-세-홀	이닝	피안타	피홈런	볼넷	탈삼진	WHIP	WAR
2017	kt	8.72	21	0-0-0-0	32	46	4	23	21	2.16	-0.27
통산		8.72	21	0-0-0-0	32	46	4	23	21	2.16	-

볼카운트별 피안타율

볼카운트	피안타율	타수	피안타	볼카운트	피안타율	타수	피안타
0-0	0.375	24	9	2-0	0.625	8	5
0-1	0.250	8	2	2-1	0.375	8	3
0-2	0.125	8	1	2-2	0.231	13	3
1-0	0.333	21	7	3-0	1.000	1	1
1-1	0.417	12	5	3-1	0.714	7	5
1-2	0.200	10	2	3-2	0.188	16	3

S〉B : 0.192 / S=B : 0.347 / S〈B : 0.393

상황별 기록

상황	안타	삼진	피안타율
주자없음	19	10	0.297
만루	2	0	0.667
주자있음	27	11	0.375
득점권	16	7	0.348
상위(1~2번)	9	6	0.243
중심(3~5번)	16	11	0.390
하위(6~9번)	21	4	0.362
좌타자	22	6	0.367
우타자	24	15	0.316

상대팀별 기록

구분	경기	평균자책	승-패-세-홀	이닝
KIA	3	7.71	0-0-0-0	4 2/3
두산	1	2.25	0-0-0-0	4
롯데	4	9.00	0-0-0-0	4
NC	3	7.71	0-0-0-0	4 2/3
SK	2	3.18	0-0-0-0	5 2/3
LG	1	-	0-0-0-0	1
넥센	1	0.00	0-0-0-0	1
한화	4	12.00	0-0-0-0	6
삼성	2	18.00	0-0-0-0	3

구속/구사율/피안타율

구종	평균구속	구사율	피안타율
포심패스트볼	146	71%	0.398
투심/싱커	-	-	-
컷패스트볼	-	-	-
슬라이더	129	20%	0.185
커브	120	10%	0.182
체인지업	-	-	-
포크/SF/너클	138	0%	-

기타 기록

상대 타자 타구 방향
37% 30% 33%

이닝당 투구수	18.6
땅볼/뜬공	1.09

배제성

NO. 19

우투좌타
1996년 9월 29일
189cm / 85kg
연봉 3000만 원
경력 백마초-성남중-성남고
-롯데
지명순위 15 롯데 2차 9라운드
88순위

투수

최고 150km/h에 이르는 빠른 공과 커브, 슬라이더를 구사한다. 2017년 6월 20일 KIA와의 원정 경기에서 경기가 크게 기울자 8회 등판해 2이닝 동안 탈삼진 2개를 솎아내며 무실점으로 막아냈다. 구단에서 패전처리 상황 중에 불펜 대기를 시키다 육성 차원에서 올려본 것인데 생각 이상으로 활약했다. 2017시즌 32이닝을 던져 평균자책점 8.72를 기록했다.

PITCHING ZONE

좌타자·몸쪽 / 우타자·몸쪽

■ 15% 이상 ■ 12~14% ■ 9~11% ■ 6~8% ▨ 3~5% ☐ 2% 이하

윤근영

연도	팀명	평균자책	경기	승-패-세-홀	이닝	피안타	피홈런	볼넷	탈삼진	WHIP	WAR
2017	kt	3.50	12	0-0-0-1	18	23	4	5	11	1.56	0.13
통산		5.65	252	7-17-2-22	302 2/3	351	26	180	185	1.75	-

볼카운트별 피안타율

볼카운트	피안타율	타수	피안타	볼카운트	피안타율	타수	피안타
0-0	0.563	16	9	2-0	0.000	2	0
0-1	0.250	4	1	2-1	0.286	7	2
0-2	0.500	2	1	2-2	0.300	10	3
1-0	0.429	7	3	3-0	0.000	1	0
1-1	0.286	7	2	3-1	0.000	1	0
1-2	0.125	8	1	3-2	0.167	6	1

S〉B : 0.214 / S=B : 0.424 / S〈B : 0.250

상황별 기록

상황	안타	삼진	피안타율
주자없음	13	6	0.371
만루	0	1	0.000
주자있음	10	5	0.278
득점권	4	5	0.182
상위(1~2번)	8	2	0.421
중심(3~5번)	6	7	0.250
하위(6~9번)	9	2	0.321
좌타자	13	6	0.448
우타자	10	5	0.238

상대팀별 기록

구분	경기	평균자책	승-패-세-홀	이닝
KIA	2	0.00	0-0-0-0	3 2/3
두산	1	0.00	0-0-0-1	1
롯데	1	0.00	0-0-0-0	1
NC	2	1.80	0-0-0-0	5
SK	1	18.00	0-0-0-0	1
LG	2	0.00	0-0-0-0	2 1/3
넥센	2	4.50	0-0-0-0	2
한화	-			
삼성	1	13.50	0-0-0-0	2

구속/구사율/피안타율

구종	평균구속	구사율	피안타율
포심패스트볼	138	48%	0.343
투심/싱커	-	-	-
컷패스트볼	-	-	-
슬라이더	121	16%	0.857
커브	115	6%	0.250
체인지업	-	-	-
포크/SF/너클	125	29%	0.160

기타 기록

상대 타자 타구 방향
56% 18% 26%

이닝당 투구수	15.8
땅볼/뜬공	1.85

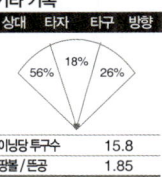

윤근영

NO. 17

좌투좌타
1986년 5월 7일
185cm / 89kg
연봉 4200만 원
경력 대전유천초-한밭중
-대전고-한화
지명순위 05 한화 1차

투수

147km/h를 던지는 좌완 파이어볼러였지만, 팔꿈치 인대가 끊겨 한동안 재활에 몰두했다. 2015시즌을 불펜으로 시작했지만 선발 투수들이 고전하면서 전반기 끝날 무렵 선발로 보직을 변경했다. 8월 16일 마산 NC전에서 5이닝 2실점으로 시즌 첫 승이자 데뷔 첫 선발승을 거뒀다. 2017시즌 패전처리조로 활약하며 18이닝 평균자책점 3.50을 기록했다.

PITCHING ZONE

좌타자·몸쪽 / 우타자·몸쪽

투수

이종혁

NO. 66

우투우타
1997년 5월 29일
190cm / 86kg
연봉 3200만 원
경력 대구옥산초-경복중-대구고
지명순위 17 kt 2차 2라운드
11순위

연도	팀명	평균자책	경기	승-패-세-홀	이닝	피안타	피홈런	볼넷	탈삼진	WHIP	WAR
2017	kt	6.63	16	2-0-0-0	19	25	3	10	10	1.84	-0.15
통산		6.63	16	2-0-0-0	19	25	3	10	10	1.84	-

볼카운트별 피안타율

볼카운트	피안타율	타수	피안타	볼카운트	피안타율	타수	피안타
0-0	0.556	9	5	2-0	0.500	4	2
0-1	0.000	7	0	2-1	0.571	7	4
0-2	0.200	5	1	2-2	0.375	8	3
1-0	0.667	6	4	3-0	1.000	1	1
1-1	0.071	14	1	3-1	0.000	2	0
1-2	0.300	10	3	3-2	0.125	8	1

S〉B : 0.182 / S=B : 0.290 / S〈B : 0.429

대구고 출신으로 2017년 신인드래프트 때 2차 2라운드로 kt에 지명된 우완투수다. 아마추어 시절 유급 경력으로 인해 1차 지명이 불가능했으나 이 기간 동안 하드웨어가 좋아지면서 구속과 구위가 향상됐다. 지난해 8월 12일 인천 SK와의 프로 데뷔전에서 상대를 삼자범퇴 처리했고, 9월 5일 수원 넥센전에서는 1이닝 2피안타 1실점을 기록하며 승리투수가 됐다.

상황별 기록

상황	안타	삼진	피안타율
주자없음	12	5	0.286
만루	0	0	0.000
주자있음	13	5	0.333
득점권	10	2	0.400
상위(1~2번)	6	1	0.316
중심(3~5번)	10	2	0.400
하위(6~9번)	9	7	0.243
좌타자	8	5	0.286
우타자	17	5	0.321

상대팀별 기록

구분	경기	평균자책	승-패-세-홀	이닝
KIA	3	15.43	0-0-0-0	2 1/3
두산	2	0.00	0-0-0-0	3 2/3
롯데	1	0.00		1
NC	1	45.00	0-0-0-0	1
SK	3	3.00	0-0-0-0	3
LG	2	6.75	1-0-0-0	1 1/3
넥센	2	3.86		2 1/3
한화	1	0.00		2 2/3
삼성	2	10.80	0-0-0-0	1 2/3

PITCHING ZONE

좌타자·몸쪽 / 우타자·몸쪽

구속/구사율/피안타율

구종	평균구속	구사율	피안타율
포심패스트볼	139	43%	0.250
투심/싱커	-	-	-
컷패스트볼	-	-	-
슬라이더	124	38%	0.343
커브	116	5%	0.800
체인지업	-	-	-
포크/SF/너클	121	13%	0.111

기타 기록

상대 타자 타구 방향
40% 24% 36%

이닝당 투구수	19.2
땅볼/뜬공	0.92

■ 15% 이상　■ 12~14%　■ 9~11%　■ 6~8%　■ 3~5%　□ 2% 이하

투수

홍성용

NO. 51

좌투좌타
1986년 11월 18일
180cm / 85kg
연봉 6800만 원
경력 온양온천초-온양중-북일고
-LG-경찰-LG-NC
지명순위 05 LG 2차 5라운드
35순위

연도	팀명	평균자책	경기	승-패-세-홀	이닝	피안타	피홈런	볼넷	탈삼진	WHIP	WAR
2017	kt	6.23	37	0-2-0-1	39	44	7	17	22	1.56	-0.03
통산		5.30	168	2-9-2-26	137 2/3	161	19	57	91	1.58	-

볼카운트별 피안타율

볼카운트	피안타율	타수	피안타	볼카운트	피안타율	타수	피안타
0-0	0.462	13	6	2-0	0.000	1	0
0-1	0.455	11	5	2-1	0.222	9	2
0-2	0.273	11	3	2-2	0.261	23	6
1-0	0.333	12	4	3-0	-	0	0
1-1	0.238	21	5	3-1	0.250	4	1
1-2	0.231	26	6	3-2	0.286	21	6

S〉B : 0.292 / S=B : 0.298 / S〈B : 0.277

투구 폼이 매우 특이하다. 정확히 말하면 투구 시 키킹 동작이 빠르다는 장점이 있다. 좌완 투수임에도 좌타자 상대로 성적이 안 좋다는 심각한 결점이 있다. 좌타자 상대 피안타율이 우타자에 비해 1할 이상 높다. 좌타자용 원 포인트 내지 추격 상황에서 아웃카운트 3~4개 정도를 책임지는 릴리프 역할을 담당할 것으로 보인다.

상황별 기록

상황	안타	삼진	피안타율
주자없음	23	11	0.295
만루	2	5	0.182
주자있음	21	11	0.284
득점권	10	7	0.270
상위(1~2번)	14	4	0.341
중심(3~5번)	11	7	0.268
하위(6~9번)	19	11	0.271
좌타자	21	7	0.339
우타자	23	15	0.256

상대팀별 기록

구분	경기	평균자책	승-패-세-홀	이닝
KIA	6	8.10		6 2/3
두산	5	5.14	0-1-0-0	7
롯데	7	10.29	0-0-0-0	7
NC	3	0.00		2 2/3
SK	4	2.25	0-0-0-0	4
LG	2	6.75		1 1/3
넥센	4	3.86	0-1-0-0	4 2/3
한화	2	13.50	0-0-0-0	2 2/3
삼성	4	3.00	0-0-0-1	3

PITCHING ZONE

좌타자·몸쪽 / 우타자·몸쪽

구속/구사율/피안타율

구종	평균구속	구사율	피안타율
포심패스트볼	134	52%	0.250
투심/싱커	130	1%	0.500
컷패스트볼	-	-	-
슬라이더	125	13%	0.500
커브	106	9%	0.214
체인지업	-	-	-
포크/SF/너클	122	26%	0.283

기타 기록

상대 타자 타구 방향
39% 29% 32%

이닝당 투구수	19.2
땅볼/뜬공	0.59

연도	팀명	타율	경기	타수	득점	안타	홈런	타점	도루	볼넷	삼진	장타율	OPS	WAR
2017	kt	0.167	10	6	0	1	0	0	0	0	3	0.167	0.334	-0.12
통산		0.143	11	7	0	1	0	0	0	0	3	0.143	0.286	

볼카운트별 타율-타점

볼카운트	타율	타수	안타	타점	볼카운트	타율	타수	안타	타점
0-0	1.000	1	1	0	2-0	-	-	-	-
0-1	-	-	-	-	2-1	-	-	-	-
0-2	0.000	1	0	0	2-2	-	-	-	-
1-0	0.000	1	0	0	3-0	-	-	-	-
1-1	-	-	-	-	3-1	-	-	-	-
1-2	0.000	2	0	0	3-2	0.000	1	0	0

S>B:0.000/S=B:1.000/S<B:0.000

상황별 기록

구분	타율	타수	안타	타점
주자없음	0.500	2	1	0
주자있음	0.000	4	0	0
득점권	0.000	3	0	0
좌투수	0.000	1	0	0
우투수	0.200	5	1	0
언더	-	-	-	-
노아웃	0.000	2	0	0
원아웃	0.333	3	1	0
투아웃	0.000	1	0	0

상대팀별 기록

상대팀	타율	타수	안타	타점
KIA	0.000	2	0	0
두산	-	-	-	-
롯데	0.000	1	0	0
NC	-	-	-	-
SK	0.500	2	1	0
LG	0.000	1	0	0
넥센	0.000	1	0	0
한화	-	-	-	-
삼성	-	-	-	-

구종별 타격 성적

구종	전체	VS우투	VS좌투
포심패스트볼	0.000	0.000	-
투심/싱커	-	-	-
컷패스트볼	-	-	-
슬라이더	0.500	0.500	-
커브	-	-	-
체인지업	0.000	-	0.000
포크/SF/너클	0.000	0.000	-

수비 기록

위치	자살	보살	실책	수비율
포수	17	2	1	0.950

김만수

NO. 44
우투우타
1996년 4월 18일
180cm / 80kg
연봉 3100만 원
경력 순천북초-순천이수중-효천고
지명순위 15 kt 2차 4라운드 34순위

포수

고교 시절 투수로 활약했다. 그러나 2015년 신인 드래프트에서 kt로부터 포수로 지명받으면서 포지션을 변경했다. 강견에 타격 능력까지 갖추고 있어 포수 수업을 쌓는다면 단기간에 좋은 선수가 될 것으로 보인다. 9월 2일 홈경기에서 대수비로 출장한 뒤 7회 첫 타석에서 SK 서진용을 상대로 좌전 안타를 뽑아냈다. 데뷔 첫 안타였다.

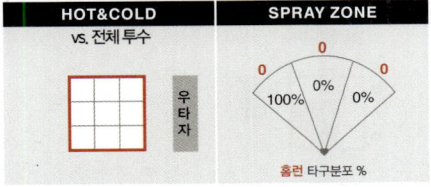

HOT&COLD vs. 전체 투수 | SPRAY ZONE 우타자

0 0 0 / 100% 0% 0%

홈런 타구분포 %

타율 0.400 이상 ■ 0.300~0.399 ■ 0.200~0.299 ■ 0.100~0.199 ■ 타율 0.099 이하 □ 3타수 미만

연도	팀명	타율	경기	타수	득점	안타	홈런	타점	도루	볼넷	삼진	장타율	OPS	WAR
2017	kt	0.287	83	209	28	60	4	24	1	6	44	0.388	0.697	-0.14
통산		0.253	131	300	40	76	7	32	2	23	74	0.363	0.675	-

볼카운트별 타율-타점

볼카운트	타율	타수	안타	타점	볼카운트	타율	타수	안타	타점
0-0	0.500	34	17	6	2-0	0.000	2	0	1
0-1	0.250	20	5	2	2-1	0.000	7	0	0
0-2	0.250	16	4	0	2-2	0.333	27	9	5
1-0	0.211	19	4	0	3-0	1.000	1	1	1
1-1	0.429	21	9	1	3-1	0.500	4	2	1
1-2	0.167	36	6	2	3-2	0.136	22	3	5

S>B:0.208/S=B:0.427/S<B:0.182

상황별 기록

구분	타율	타수	안타	타점
주자없음	0.284	109	31	3
주자있음	0.290	100	29	21
득점권	0.274	62	17	20
좌투수	0.216	37	8	2
우투수	0.313	134	42	17
언더	0.263	38	10	5
노아웃	0.364	66	24	5
원아웃	0.324	71	23	9
투아웃	0.181	72	13	10

상대팀별 기록

상대팀	타율	타수	안타	타점
KIA	0.571	7	4	2
두산	0.294	34	10	2
롯데	0.208	24	5	3
NC	0.214	28	6	3
SK	0.222	18	4	2
LG	0.412	17	7	5
넥센	0.318	22	7	1
한화	0.208	24	5	1
삼성	0.343	35	12	5

구종별 타격 성적

구종	전체	VS우투	VS좌투
포심패스트볼	0.384	0.394	0.333
투심/싱커	0.462	0.462	-
컷패스트볼	0.333	0.333	-
슬라이더	0.387	0.379	0.500
커브	0.095	0.118	0.000
체인지업	0.083	0.000	0.154
포크/SF/너클	0.125	0.133	0.000

수비 기록

위치	자살	보살	실책
1루	212-16-4	좌익	1-0-0
중견	0-0-0	우익	17-1-0

김동욱

NO. 20
우투우타
1988년 6월 24일
183cm / 89kg
연봉 4000만 원
경력 신광초-경복중-대구고-삼성
지명순위 07 삼성 1차

내야

삼성 입단 시에는 포수였으나 kt로 이적한 뒤 1루수, 외야수, 다시 포수를 거쳐 2016년 결국 1루수와 외야수로 정착을 노리고 있다. 그러나 포수에서 포지션을 전환한 선수라 타격이 매우 중요한데 1군에만 올라오면 맥을 못 추고 있다. 타격이라도 가다듬지 못한다면 도태될 수 있다. 시즌 성적이 워낙 안 좋은 탓에 900만 원 감소한 3100만 원에 사인했다.

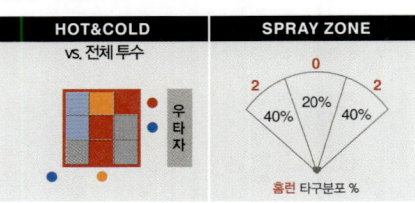

HOT&COLD vs. 전체 투수 | SPRAY ZONE 우타자

2 0 2 / 40% 20% 40%

홈런 타구분포 %

외야

김사연

NO. 25

우투우타
1988년 8월 9일
179cm / 80kg
경력 석교초-세광중-세광고-한화
지명순위 07 한화 육성선수

연도	팀명	타율	경기	타수	득점	안타	홈런	타점	도루	볼넷	삼진	장타율	OPS	WAR
2017	kt	0.216	35	51	5	11	0	3	2	0	11	0.255	0.471	-0.26
통산		0.248	127	335	42	83	7	34	18	23	96	0.346	0.644	-

볼카운트별 타율-타점

볼카운트	타율	타수	안타	타점	볼카운트	타율	타수	안타	타점
0-0	0.500	8	4	2	2-0	0.000	3	0	0
0-1	0.000	2	0	0	2-1	0.000	2	0	0
0-2	0.308	13	4	1	2-2	0.000	3	0	0
1-0	0.333	3	1	0	3-0	-	-	-	-
1-1	0.500	2	1	0	3-1	-	-	-	-
1-2	0.000	11	0	0	3-2	0.250	4	1	0

S>B : 0.154 / S=B : 0.385 / S<B : 0.167

2014년 4월 1일 퓨처스리그 개막전에서 1번 중견수로 선발 출장해 퓨처스리그 통산 21번째 사이클링히트를 기록했다. 팀의 선두타자로 나서면서 타율 0.371, 23홈런, 72타점, 37도루라는 퓨처스리그 최고 수준의 기록을 냈다. 2군에선 펄펄 날다가도 1군에 올라오면 한없이 작아진다. 특히 선구안이 나빠 빠지는 공에도 여지없이 배트가 나가면서 헛스윙을 한다.

상황별 기록

구분	타율	타수	안타	타점
주자없음	0.121	33	4	0
주자있음	0.389	18	7	3
득점권	0.364	11	4	2
좌투수	0.300	10	3	2
우투수	0.222	36	8	1
언더	0.000	5	0	0
노아웃	0.235	17	4	0
원아웃	0.190	21	4	0
투아웃	0.231	13	3	3

상대팀별 기록

상대팀	타율	타수	안타	타점
KIA	0.300	10	3	2
두산	0.000	4	0	0
롯데	0.250	12	3	0
NC	0.000	5	0	0
SK	0.500	4	2	1
LG	0.250	4	1	0
넥센	0.000	1	0	0
한화	0.125	8	1	0
삼성	0.333	3	1	0

구종별 타격 성적

구종	전체	VS우투	VS좌투
포심패스트볼	0.148	0.130	0.250
투심/싱커	1.000	1.000	
컷패스트볼	0.000		0.000
슬라이더	0.333	0.333	
커브	0.000	0.000	
체인지업	0.333	-	0.333
포크/SF/너클	0.500	0.400	1.000

수비 기록

위치	자살	보살	실책

1루 3-0-0	2루 4-7-0	
3루 0-1-0	중견 25-0-0	
우익 3-0-0		

HOT&COLD
vs. 전체투수

SPRAY ZONE
우타자
0   0   0
47% 33% 19%
홈런 타구분포 %

■ 타율 0.400 이상　■ 0.300~0.399　■ 0.200~0.299　■ 0.100~0.199　■ 타율 0.099 이하　□ 3타수 미만

외야

이진영

NO. 35

좌투좌타
1980년 6월 15일
185cm / 90kg
연봉 4억 원
경력 군산초-군산남중-군산상고-쌍방울-SK-LG
지명순위 99 쌍방울 1차

연도	팀명	타율	경기	타수	득점	안타	홈런	타점	도루	볼넷	삼진	장타율	OPS	WAR
2017	kt	0.289	103	263	28	76	2	31	0	17	34	0.418	0.753	0.29
통산		0.304	2050	6693	939	2035	166	940	110	720	871	0.440	0.813	-

볼카운트별 타율-타점

볼카운트	타율	타수	안타	타점	볼카운트	타율	타수	안타	타점
0-0	0.286	42	12	5	2-0	0.500	6	3	0
0-1	0.375	32	12	5	2-1	0.267	15	4	0
0-2	0.190	21	4	3	2-2	0.231	39	9	5
1-0	0.240	25	6	2	3-0	-	0	0	0
1-1	0.333	24	8	1	3-1	0.000	2	0	1
1-2	0.313	32	10	7	3-2	0.250	25	8	1

S>B : 0.306 / S=B : 0.276 / S<B : 0.288

'국민 우익수'로 불린다. 깎아서 치는 다운스윙의 정석을 보여준다. 어떠한 상황에서도 자기만의 스윙을 한다. 부상이 많아 풀타임 소화 능력이 떨어진다. 커터에 약하고 낮게 떨어지는 변화구에 잘 속는다. 타격 시 어떤 때는 장타 일변도의 타격을 하다가도 어떤 때는 똑딱이 타법을 구사한다. 어깨는 강하지만 송구가 부정확하다. 타격, 수비에서 베테랑의 면모를 보여줘야 한다.

상황별 기록

구분	타율	타수	안타	타점
주자없음	0.264	144	38	0
주자있음	0.319	119	38	31
득점권	0.273	66	18	27
좌투수	0.233	43	10	6
우투수	0.278	176	49	17
언더	0.386	44	17	8
노아웃	0.329	73	24	7
원아웃	0.309	97	30	10
투아웃	0.237	93	22	14

상대팀별 기록

상대팀	타율	타수	안타	타점
KIA	0.324	34	11	2
두산	0.300	10	3	0
롯데	0.192	26	5	3
NC	0.300	30	9	5
SK	0.227	22	5	2
LG	0.289	38	11	6
넥센	0.281	32	9	3
한화	0.372	43	16	6
삼성	0.250	28	7	4

구종별 타격 성적

구종	전체	VS우투	VS좌투
포심패스트볼	0.275	0.297	0.167
투심/싱커	0.429	0.417	0.500
컷패스트볼	0.200	0.200	
슬라이더	0.200	0.214	0.167
커브	0.444	0.500	0.333
체인지업	0.438	0.419	1.000
포크/SF/너클	0.136	0.150	0.000

수비 기록

위치	자살	보살	실책	수비율
우익수	51	0	0	1.000

HOT&COLD
vs. 전체투수

SPRAY ZONE
좌타자
1   1   0
32% 24% 44%
홈런 타구분포 %

전민수

연도	팀명	타율	경기	타수	득점	안타	홈런	타점	도루	볼넷	삼진	장타율	OPS	WAR
2017	kt	0.277	55	130	20	36	1	8	2	11	25	0.362	0.693	-0.21
통산		0.278	144	363	51	101	4	38	7	32	74	0.377	0.720	-

볼카운트별 타율-타점

볼카운트	타율	타수	안타	타점	볼카운트	타율	타수	안타	타점
0-0	0.412	17	7	0	2-0	0.400	5	2	0
0-1	0.250	12	3	2	2-1	0.125	8	1	1
0-2	0.083	12	1	0	2-2	0.250	16	4	1
1-0	0.400	10	4	1	3-0				
1-1	0.500	10	5	2	3-1	0.500	2	1	0
1-2	0.154	26	4	1	3-2	0.333	12	4	0

S〉B : 0.160 / S=B : 0.372 / S〈B : 0.324

상황별 기록

구분	타율	타수	안타	타점
주자없음	0.291	79	23	1
주자있음	0.255	51	13	7
득점권	0.273	33	9	7
좌투수	0.167	30	5	0
우투수	0.316	76	24	5
언더	0.292	24	7	3
노아웃	0.327	52	17	1
원아웃	0.250	52	13	3
투아웃	0.231	26	6	4

상대팀별 기록

상대팀	타율	타수	안타	타점
KIA	0.333	9	3	0
두산	0.222	9	2	1
롯데	0.467	15	7	2
NC	0.200	5	1	0
SK	0.259	27	7	3
LG	0.222	18	4	1
넥센	0.222	9	2	1
한화	0.381	21	8	0
삼성	0.118	17	2	0

구종별 타격 성적

구종	전체	VS우투	VS좌투
포심패스트볼	0.360	0.350	0.400
투심/싱커	0.000	0.000	-
컷패스트볼	0.500	0.500	-
슬라이더	0.158	0.200	0.111
커브	0.222	0.286	0.000
체인지업	0.444	0.500	0.000
포크/SF/너클	0.214	0.250	0.000

수비 기록

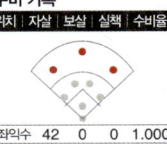

위치	자살	보살	실책	수비율
좌익수	42	0	0	1.000
중견수	19	0	0	1.000
우익수	21	0	1	0.955

전민수

NO. 54 — 외야

우투좌타
1989년 3월 18일
177cm / 76kg
연봉 5100만 원
경력 사당초-이수중-덕수고-우리 -히어로즈-경찰-넥센
지명순위 08 현대 2차 4라운드 27순위

2015년에는 kt의 퓨처스 주전으로 활약하며 4할대 고타율을 기록했다. 1군에는 올라오지 못했지만, 2군 93경기에 출장해 8홈런 81안타 41득점 7도루 타율 3할 9푼 5리를 기록했다. 2016년 1군에서 큰 활약을 했고, 어떻게 해서든지 1군에 남고 싶다는 의지와 간절함으로 9년 만에 첫 안타, 첫 홈런이라는 감동을 보여줬다. 부상만 조심하면 앞으로가 기대되는 선수다.

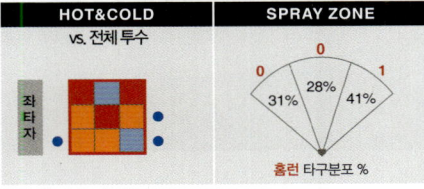

HOT&COLD vs. 전체 투수 / SPRAY ZONE — 홈런 타구분포 %

■ 타율 0.400 이상 ■ 0.300~0.399 ■ 0.200~0.299 ■ 0.100~0.199 ■ 타율 0.099 이하 □ 3타수 미만

하준호

연도	팀명	타율	경기	타수	득점	안타	홈런	타점	도루	볼넷	삼진	장타율	OPS	WAR
2017	kt	0.224	101	196	31	44	3	18	9	21	57	0.337	0.648	-0.49
통산		0.236	307	704	109	166	13	70	32	70	222	0.338	0.661	-

볼카운트별 타율-타점

볼카운트	타율	타수	안타	타점	볼카운트	타율	타수	안타	타점
0-0	0.313	16	5	5	2-0	0.000	2	0	0
0-1	0.385	13	5	0	2-1	0.500	10	5	1
0-2	0.125	32	4	1	2-2	0.211	38	8	3
1-0	0.500	8	4	1	3-0	-	0	0	0
1-1	0.500	18	9	6	3-1	0.333	3	1	0
1-2	0.083	36	3	0	3-2	0.000	20	0	1

S〉B : 0.148 / S=B : 0.306 / S〈B : 0.233

상황별 기록

구분	타율	타수	안타	타점
주자없음	0.210	119	25	1
주자있음	0.247	77	19	17
득점권	0.244	45	11	13
좌투수	0.229	35	8	2
우투수	0.239	113	27	13
언더	0.188	48	9	3
노아웃	0.134	67	9	3
원아웃	0.289	76	22	6
투아웃	0.245	53	13	9

상대팀별 기록

상대팀	타율	타수	안타	타점
KIA	0.118	17	2	0
두산	0.188	16	3	2
롯데	0.353	17	6	1
NC	0.208	24	5	1
SK	0.154	26	4	0
LG	0.333	27	9	3
넥센	0.136	22	3	1
한화	0.208	24	5	6
삼성	0.304	23	7	4

구종별 타격 성적

구종	전체	VS우투	VS좌투
포심패스트볼	0.213	0.209	0.231
투심/싱커	0.308	0.308	-
컷패스트볼	0.444	0.375	1.000
슬라이더	0.136	0.071	0.250
커브	0.154	0.167	0.143
체인지업	0.294	0.294	-
포크/SF/너클	0.222	0.240	0.000

수비 기록

위치	자살	보살	실책	수비율
좌익수	65	3	4	0.944
중견수	28	1	2	0.935
우익수	18	0	2	0.900

하준호

NO. 31 — 외야

좌투좌타
1989년 4월 29일
174cm / 78kg
연봉 5700만 원
경력 하단초-대동중-경남고-롯데
지명순위 08 롯데 2차 1라운드 2순위

야수에게 필요한 여러 재능을 가지고 있다. 투수 출신다운 강한 어깨와 빠른 발, 그리고 어느 정도의 펀치력까지 갖췄다. 그러나 외야에서 리그 평균 이하의 수비력을 보여줬다. 선구안이 좋지 않아 볼넷 출루율이 극히 저조하다. 또한 삼진 비율이 높다. 그러나 후반기에 좋은 활약을 펼치며 2017시즌 타율 0.224, 홈런 3개를 기록했다.

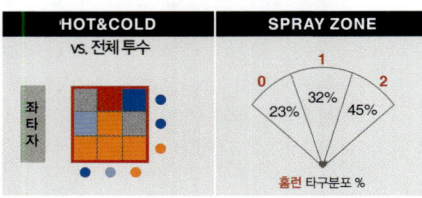

HOT&COLD vs. 전체 투수 / SPRAY ZONE — 홈런 타구분포 %

3월 경기일정

SUN	MON	TUE	WED	THU	FRI	SAT
25	26	27	28	1 삼일절	2 정월대보름 음1.15	3 납세자의 날
4	5	6 경칩	7	8	9	10
11 13:00 넥센 vs SK NC vs 한화 KIA vs 삼성 롯데 vs kt 두산 vs LG	12	13 13:00 넥센 vs 한화 두산 vs KIA LG vs 롯데 SK vs NC 삼성 vs kt	14 화이트데이 13:00 넥센 vs 한화 두산 vs KIA LG vs 롯데 SK vs NC 삼성 vs kt	15 3.15 의거 기념일 13:00 kt vs 한화 SK vs 삼성 넥센 vs KIA 두산 vs 롯데 LG vs NC	16 13:00 kt vs 한화 SK vs 삼성 넥센 vs KIA 두산 vs 롯데 LG vs NC	17 음2.1 13:00 LG vs 두산 넥센 vs SK NC vs 한화 KIA vs 삼성 롯데 vs kt
18 14:00 한화 vs 넥센 삼성 vs 두산 롯데 vs SK kt vs KIA LG vs NC	19	20 13:00 LG vs 넥센 한화 vs 두산 kt vs SK NC vs 삼성 KIA vs 롯데	21 춘분 상공의날 13:00 LG vs 넥센 한화 vs 두산 kt vs SK NC vs 삼성 KIA vs 롯데	22 세계물의날	23	24 14:00 한화 vs 넥센 삼성 vs 두산 롯데 vs SK KIA vs NC LG vs kt
25 14:00 한화 vs 넥센 삼성 vs 두산 롯데 vs SK kt vs KIA LG vs NC	26	27 18:30 LG vs 넥센 롯데 vs 두산 kt vs SK 삼성 vs KIA 한화 vs NC	28 18:30 LG vs 넥센 롯데 vs 두산 kt vs SK 삼성 vs KIA 한화 vs NC	29 18:30 LG vs 넥센 롯데 vs 두산 kt vs SK 삼성 vs KIA 한화 vs NC	30 18:30 KIA vs LG SK vs 한화 넥센 vs 삼성 NC vs 롯데 두산 vs kt	31 음2.15 17:00 KIA vs LG SK vs 한화 넥센 vs 삼성 NC vs 롯데 두산 vs kt

4월 경기일정

SUN	MON	TUE	WED	THU	FRI	SAT
1 14:00 KIA vs LG SK vs 한화 넥센 vs 삼성 NC vs 롯데 두산 vs kt	**2**	**3** 4·3 희생자 추념일 18:30 kt vs 넥센 LG vs 두산 KIA vs SK 롯데 vs 한화 삼성 vs NC	**4** 18:30 kt vs 넥센 LG vs 두산 KIA vs SK 롯데 vs 한화 삼성 vs NC	**5** 식목일 / 청명 18:30 kt vs 넥센 LG vs 두산 KIA vs SK 롯데 vs 한화 삼성 vs NC	**6** 한식 / 향토예비군의 날 18:30 NC vs 두산 삼성 vs SK 넥센 vs KIA LG vs kt 한화 vs 롯데	**7** 보건의 날 17:00 NC vs 두산 삼성 vs SK 넥센 vs KIA LG vs kt 한화 vs 롯데
8 14:00 NC vs 두산 삼성 vs SK 넥센 vs KIA LG vs kt 한화 vs 롯데	**9**	**10** 18:30 SK vs LG KIA vs 한화 두산 vs 삼성 넥센 vs 롯데 kt vs NC	**11** 18:30 SK vs LG KIA vs 한화 두산 vs 삼성 넥센 vs 롯데 kt vs NC	**12** 18:30 SK vs LG KIA vs 한화 두산 vs 삼성 넥센 vs 롯데 kt vs NC	**13** 임시정부 수립일 18:30 두산 vs 넥센 kt vs LG NC vs SK 삼성 vs 한화 롯데 vs KIA	**14** 17:00 두산 vs 넥센 kt vs LG NC vs SK 삼성 vs 한화 롯데 vs KIA
15 14:00 두산 vs 넥센 kt vs LG NC vs SK 삼성 vs 한화 롯데 vs KIA	**16** 음 3.1	**17** 18:30 NC vs 넥센 한화 vs 두산 LG vs KIA 삼성 vs 롯데 SK vs kt	**18** 18:30 NC vs 넥센 한화 vs 두산 LG vs KIA 삼성 vs 롯데 SK vs kt	**19** 4·19혁명 18:30 NC vs 넥센 한화 vs 두산 LG vs KIA 삼성 vs 롯데 SK vs kt	**20** 곡우 / 장애인의 날 18:30 KIA vs 두산 넥센 vs 한화 kt vs 삼성 SK vs 롯데 LG vs NC	**21** 과학의 날 17:00 KIA vs 두산 넥센 vs 한화 kt vs 삼성 SK vs 롯데 LG vs NC
22 정보통신의 날 14:00 KIA vs 두산 넥센 vs 한화 kt vs 삼성 SK vs 롯데 LG vs NC	**23**	**24** 18:30 넥센 vs LG 두산 vs SK NC vs 삼성 한화 vs KIA 롯데 vs kt	**25** 법의 날 18:30 넥센 vs LG 두산 vs SK NC vs 삼성 한화 vs KIA 롯데 vs kt	**26** 18:30 넥센 vs LG 두산 vs SK NC vs 삼성 한화 vs KIA 롯데 vs kt	**27** 18:30 SK vs 넥센 삼성 vs LG 한화 vs NC 두산 vs 롯데 KIA vs kt	**28** 충무공 탄신일 17:00 SK vs 넥센 삼성 vs LG 한화 vs NC 두산 vs 롯데 KIA vs kt
29 14:00 SK vs 넥센 삼성 vs LG 한화 vs NC 두산 vs 롯데 KIA vs kt	**30** 음 3.15	**1**	**2**	**3**	**4**	**5**

5월 경기일정

SUN	MON	TUE	WED	THU	FRI	SAT
29	30	1 근로자의날	2	3	4	5 어린이날 / 입하
		18:30 kt vs 두산 LG vs 한화 SK vs 삼성 KIA vs 롯데 넥센 vs NC	18:30 kt vs 두산 LG vs 한화 SK vs 삼성 KIA vs 롯데 넥센 vs NC	18:30 kt vs 두산 LG vs 한화 SK vs 롯데 KIA vs 롯데 넥센 vs NC	18:30 두산 vs LG 롯데 vs SK 한화 vs 삼성 NC vs KIA 넥센 vs kt	14:00 두산 vs LG 롯데 vs SK 한화 vs 삼성 NC vs KIA 넥센 vs kt
6	7 대체휴일	8 어버이날	9	10 유권자의날	11	12
14:00 두산 vs LG 롯데 vs SK 한화 vs 삼성 NC vs KIA 넥센 vs kt		18:30 한화 vs 넥센 롯데 vs LG 두산 vs KIA SK vs NC 삼성 vs kt	18:30 한화 vs 넥센 롯데 vs LG 두산 vs KIA SK vs NC 삼성 vs kt	18:30 한화 vs 넥센 롯데 vs LG 두산 vs KIA SK vs NC 삼성 vs kt	18:30 넥센 vs 두산 LG vs SK NC vs 한화 KIA vs 삼성 kt vs 롯데	17:00 넥센 vs 두산 LG vs SK NC vs 한화 KIA vs 삼성 kt vs 롯데
13 세계인의날	14	15 스승의날 음4.1	16	17	18 5.18 민주화운동 기념일	19 발명의날
14:00 넥센 vs 두산 LG vs SK NC vs 한화 KIA vs 삼성 kt vs 롯데		18:30 KIA vs 넥센 SK vs 두산 kt vs 한화 LG vs 삼성 롯데 vs NC	18:30 KIA vs 넥센 SK vs 두산 kt vs 한화 LG vs 삼성 롯데 vs NC	18:30 KIA vs 넥센 SK vs 두산 kt vs 한화 LG vs 삼성 롯데 vs NC		17:00 삼성 vs 넥센 한화 vs KIA SK vs LG 두산 vs 롯데 NC vs kt
20	21 소만 / 부처님오신날	22 부처님오신날	23	24	25 방재의날	26
14:00 삼성 vs 넥센 한화 vs KIA SK vs LG 두산 vs 롯데 NC vs kt		14:00 NC vs LG 넥센 vs SK 두산 vs 한화 롯데 vs 삼성 kt vs KIA	18:30 NC vs LG 넥센 vs SK 두산 vs 한화 롯데 vs 삼성 kt vs KIA	18:30 NC vs LG 넥센 vs SK 두산 vs 한화 롯데 vs 삼성 kt vs KIA	18:30 롯데 vs 넥센 삼성 vs 두산 한화 vs SK KIA vs NC LG vs kt	17:00 롯데 vs 넥센 삼성 vs 두산 한화 vs SK KIA vs NC LG vs kt
27	28	29 음4.15	30	31 바다의날	1	2
14:00 롯데 vs 넥센 삼성 vs 두산 SK vs 한화 KIA vs NC LG vs kt		18:30 SK vs 두산 NC vs 삼성 kt vs KIA 넥센 vs 한화 LG vs 롯데	18:30 SK vs 두산 NC vs 한화 kt vs 삼성 넥센 vs KIA LG vs 롯데	18:30 SK vs 두산 NC vs 삼성 kt vs KIA 넥센 vs 한화 LG vs 롯데		

6월 경기일정

SUN	MON	TUE	WED	THU	FRI	SAT
27	28	29	30	31	1 18:30 넥센 vs SK kt vs LG 두산 vs KIA 한화 vs 롯데 삼성 vs NC	2 17:00 넥센 vs LG kt vs SK 두산 vs KIA 한화 vs 롯데 삼성 vs NC
3 17:00 넥센 vs LG kt vs SK 두산 vs KIA 한화 vs 롯데 삼성 vs NC	4	5 세계 환경의 날 18:30 두산 vs 넥센 한화 vs LG 삼성 vs SK KIA vs kt	6 현충일 17:00 두산 vs 넥센 한화 vs LG 삼성 vs SK KIA vs kt	7 18:30 두산 vs 넥센 한화 vs LG 삼성 vs SK KIA vs kt	8 18:30 NC vs 두산 SK vs 한화 LG vs 삼성 KIA vs 롯데 넥센 vs kt	9 17:00 NC vs 두산 SK vs 한화 LG vs 삼성 KIA vs 롯데 넥센 vs kt
10 6.10 민주항쟁기념일 17:00 NC vs 두산 SK vs 한화 LG vs 삼성 KIA vs 롯데 넥센 vs kt	11	12 18:30 한화 vs 넥센 kt vs 두산 SK vs KIA 삼성 vs 롯데 LG vs NC	13 2018 지방선거 18:30 한화 vs 넥센 kt vs 두산 SK vs KIA 삼성 vs 롯데 LG vs NC	14 음 5.1 18:30 두산 vs 넥센 한화 vs LG 삼성 vs SK 롯데 vs NC KIA vs kt	15 18:30 삼성 vs 넥센 KIA vs LG 롯데 vs SK 두산 vs 한화 kt vs NC	16 17:00 삼성 vs 넥센 KIA vs LG 롯데 vs SK 두산 vs 한화 kt vs NC
17	18 단오	19 18:30 넥센 vs 두산 LG vs 한화 SK vs 삼성 NC vs KIA 롯데 vs kt	20 18:30 넥센 vs 두산 LG vs 한화 NC vs KIA 롯데 vs kt	21 하지 18:30 넥센 vs 두산 LG vs 한화 SK vs 삼성 NC vs KIA 롯데 vs kt	22 18:30 KIA vs 넥센 롯데 vs LG 두산 vs 삼성 한화 vs kt SK vs NC	23 17:00 KIA vs 넥센 롯데 vs LG 두산 vs 삼성 한화 vs kt SK vs NC
24 17:00 KIA vs 넥센 롯데 vs LG 두산 vs 삼성 한화 vs NC SK vs kt	25 6.25 한국전쟁	26 18:30 kt vs LG KIA vs SK 삼성 vs 한화 넥센 vs 롯데 두산 vs NC	27 18:30 kt vs LG KIA vs SK 삼성 vs 한화 넥센 vs 롯데 두산 vs NC	28 음 5.15 18:30 kt vs LG KIA vs SK 삼성 vs 한화 넥센 vs 롯데 두산 vs NC	29 18:30 KIA vs 두산 LG vs SK 롯데 vs 삼성 넥센 vs 한화 NC vs kt	30 17:00 KIA vs 두산 LG vs SK 롯데 vs 한화 넥센 vs 삼성 NC vs kt

7월 경기일정

SUN	MON	TUE	WED	THU	FRI	SAT
1 18:00 KIA vs 두산 LG vs SK 롯데 vs 한화 넥센 vs 삼성 NC vs kt	**2**	**3** 18:30 SK vs 넥센 NC vs LG 한화 vs KIA 두산 vs 롯데 삼성 vs kt	**4** 18:30 SK vs 넥센 NC vs LG 한화 vs KIA 두산 vs 롯데 삼성 vs kt	**5** 18:30 SK vs 넥센 NC vs LG 한화 vs 롯데 두산 vs KIA 삼성 vs kt	**6** 18:30 NC vs 넥센 삼성 vs 두산 한화 vs SK LG vs 롯데 kt vs KIA	**7** 소서 18:00 NC vs 넥센 삼성 vs 두산 한화 vs SK LG vs KIA kt vs 롯데
8 18:00 NC vs 넥센 삼성 vs 두산 한화 vs SK LG vs KIA kt vs 롯데	**9**	**10** 18:30 SK vs LG 넥센 vs 두산 롯데 vs 삼성 KIA vs NC 한화 vs kt	**11** 정보보호의 날 18:30 SK vs LG 넥센 vs 한화 롯데 vs 삼성 KIA vs NC 두산 vs kt	**12** 18:30 SK vs LG 넥센 vs 한화 롯데 vs 삼성 KIA vs NC 두산 vs kt	**13** 음 6.1	**14**
15	**16**	**17** 제헌절 초복 18:30 LG vs 넥센 롯데 vs 두산 NC vs SK 삼성 vs KIA 한화 vs kt	**18** 18:30 LG vs 넥센 롯데 vs 두산 NC vs SK 삼성 vs KIA 한화 vs kt	**19** 18:30 LG vs 넥센 롯데 vs 두산 NC vs SK 삼성 vs KIA 한화 vs kt	**20** 18:30 두산 vs LG 한화 vs 삼성 kt vs 롯데 SK vs KIA 넥센 vs NC	**21** 18:00 두산 vs LG 한화 vs 삼성 kt vs 롯데 SK vs KIA 넥센 vs NC
22 18:00 두산 vs LG 한화 vs 삼성 kt vs KIA SK vs 롯데 넥센 vs NC	**23** 대서	**24** 18:30 kt vs 넥센 삼성 vs LG 두산 vs SK KIA vs 한화 NC vs 롯데	**25** 18:30 kt vs 넥센 삼성 vs LG 두산 vs SK KIA vs 한화 NC vs 롯데	**26** 18:30 kt vs 넥센 삼성 vs LG 두산 vs SK KIA vs 한화 NC vs 롯데	**27** 중복 유두절 음 6.15 18:30 롯데 vs 넥센 한화 vs 두산 KIA vs 삼성 SK vs NC LG vs kt	**28** 18:00 롯데 vs 넥센 한화 vs 두산 KIA vs 삼성 SK vs NC LG vs kt
29 18:00 롯데 vs 넥센 한화 vs 두산 KIA vs 삼성 SK vs NC LG vs kt	**30**	**31** 18:30 LG vs 두산 넥센 vs 한화 kt vs 삼성 NC vs SK 롯데 vs KIA	**1**	**2**	**3**	**4**

8월 경기일정

SUN	MON	TUE	WED	THU	FRI	SAT
29	30	31	1 18:30 LG vs 두산 넥센 vs SK kt vs 한화 NC vs 삼성 롯데 vs KIA	2 18:30 LG vs 두산 넥센 vs SK kt vs 한화 NC vs 삼성 롯데 vs KIA	3	4 18:00 SK vs LG NC vs 한화 두산 vs KIA 삼성 vs 롯데 넥센 vs kt
5 18:00 SK vs LG NC vs 한화 두산 vs KIA 삼성 vs 롯데 넥센 vs kt	6 입추	7 입추 18:30 KIA vs 넥센 한화 vs 두산 삼성 vs SK LG vs 롯데 kt vs NC	8 18:30 KIA vs 넥센 한화 vs 두산 삼성 vs SK LG vs 롯데 kt vs NC	9 18:30 삼성 vs LG 넥센 vs 한화 롯데 vs KIA SK vs NC 두산 vs kt	10 18:30 삼성 vs LG 넥센 vs 한화 롯데 vs KIA SK vs NC 두산 vs kt	11 음7.1 18:00 LG vs 넥센 롯데 vs 두산 kt vs SK NC vs 한화
12 18:00 LG vs 넥센 롯데 vs 두산 KIA vs SK kt vs 한화 NC vs 삼성	13	14 18:30 SK vs 두산 넥센 vs 삼성 LG vs KIA 한화 vs 롯데 NC vs kt	15 광복절 18:00 SK vs 두산 넥센 vs 삼성 LG vs KIA 한화 vs 롯데 NC vs kt	16 말복	17 칠석	18
19	20	21	22	23 처서	24	25 음7.15
26	27	28	29	30	31	1

9월 경기일정

SUN	MON	TUE	WED	THU	FRI	SAT
26	**27**	**28**	**29**	**30**	**31**	**1**
2	**3**	**4** KIA vs 두산 넥센 vs SK 롯데 vs 한화 삼성 vs NC LG vs kt 18:30	**5** KIA vs 두산 넥센 vs SK 롯데 vs 한화 삼성 vs NC LG vs kt 18:30	**6** NC vs LG 두산 vs 삼성 넥센 vs KIA SK vs 롯데 한화 vs kt 18:30	**7** NC vs LG 두산 vs 삼성 넥센 vs KIA SK vs 롯데 한화 vs kt 18:30	**8** 백로 kt vs 넥센 한화 vs LG 두산 vs SK 삼성 vs KIA 롯데 vs NC 17:00
9 kt vs 넥센 한화 vs LG 두산 vs SK 삼성 vs KIA 롯데 vs NC 14:00	**10** 음 8.1	**11** 넥센 vs LG kt vs SK 한화 vs 삼성 두산 vs 롯데 KIA vs NC 18:30	**12** 넥센 vs LG kt vs SK 한화 vs 삼성 두산 vs 롯데 KIA vs NC 18:30	**13** kt vs 두산 SK vs 한화 LG vs 삼성 KIA vs 롯데 넥센 vs NC 18:30	**14** kt vs 두산 SK vs 한화 LG vs 삼성 KIA vs 롯데 넥센 vs NC 18:30	**15** NC vs 두산 LG vs 한화 SK vs KIA 넥센 vs 롯데 삼성 vs kt 17:00
16 NC vs 두산 LG vs 한화 SK vs KIA 넥센 vs 롯데 삼성 vs kt 14:00	**17**	**18** 철도의날 두산 vs 넥센 롯데 vs LG KIA vs 삼성 한화 vs NC SK vs kt 18:30	**19** 두산 vs 넥센 롯데 vs LG KIA vs 삼성 한화 vs NC SK vs kt 18:30	**20** 삼성 vs 넥센 두산 vs LG 한화 vs SK NC vs KIA kt vs 롯데 18:30	**21** 삼성 vs 넥센 두산 vs LG 한화 vs SK NC vs KIA kt vs 롯데 18:30	**22** SK vs 넥센 kt vs LG 롯데 vs 삼성 두산 vs NC 17:00
23 | 30 추분 SK vs 넥센 kt vs LG KIA vs 한화 롯데 vs 삼성 두산 vs NC 14:00 NC vs 넥센 kt vs 두산 SK vs 삼성 한화 vs KIA 롯데 vs NC	**24** 추석 음 8.15	**25** 넥센 vs 두산 LG vs SK 삼성 vs 한화 NC vs 롯데 KIA vs kt 14:00	**26** 대체휴일 넥센 vs 두산 LG vs SK 삼성 vs 한화 NC vs 롯데 KIA vs kt 14:00	**27** 롯데 vs 넥센 KIA vs LG NC vs SK 두산 vs 한화 kt vs 삼성 18:30	**28** 롯데 vs 넥센 KIA vs LG NC vs SK 두산 vs 한화 kt vs 삼성 18:30	**29** NC vs 넥센 LG vs 두산 SK vs 삼성 한화 vs KIA 롯데 vs kt 17:00

◇ 당신은 언제나 옳습니다. 그대의 삶을 응원합니다. — **라의눈 출판그룹**

프로야구 스카우팅 리포트
2018

초판 1쇄　2018년 2월 26일
초판 3쇄　2018년 4월 25일

지은이　박노준, 장원구, 김광수, 윤석환, 이종열, 강준막
펴낸이　설응도
펴낸곳　라의눈

편집주간　안은주
편집장　최현숙
책임편집 팀장　김동훈
편집팀　고은희
영업·마케팅　나길훈
경영지원　설동숙
전자출판　설효섭

출판등록　2014년 1월 13일(제2014-000011호)
주　　소　서울시 서초구 서초중앙로29길 26 (반포동) 낙강빌딩 2층
전화번호　02-466-1283
팩스번호　02-466-1301
e-mail　편집 editor@eyeofra.co.kr 마케팅 marketing@eyeofra.co.kr
　　　　　경영지원 management@eyeofra.co.kr

ISBN 979-11-88726-09-7 13690

공식기록　스포츠투아이
제공　KBO, 한국프로야구선수협회, OSEN
*본 도서의 연봉 정보는 추후 변동이 있을 수 있음

시미즈 히데토 지음 | 한준희 감수 | 오승민 옮김
148×210 | 184쪽 | 올컬러 | 20,000원

현역 초일류 감독 40인의 전술을
철저히 해부!

유럽 축구 4대 빅 리그 관전을 위해
새로운 시각을 제공하는 전술서!

축구 명장들의 **베이직 포메이션**,
스페셜 포메이션을 한눈에!

PROSTATUS

Pride & Spirit